Karl-Josef Kuschel
Geboren vor aller Zeit?

KARL-JOSEF KUSCHEL

GEBOREN VOR ALLER ZEIT?

Der Streit um Christi Ursprung

Piper
München · Zürich

In Dankbarkeit gewidmet

dem Institut für ökumenische Forschung
der Universität Tübingen,
das mir seit 20 Jahren
geistige Heimat ist –

meinen Studentinnen und Studenten,
die mit mir gemeinsam
über das Thema dieses Buches
gearbeitet haben.

ISBN 3-492-03374-1

Gesetzt aus der Aldus-Antiqua
Satz: Uhl + Massopust, Aalen
Druck und Bindung: Clausen & Bosse, Leck
Printed in Germany

INHALT

ZWEITER HAUPTTEIL
Leitlinien der Schrift: Präexistenzchristologie im ökumenischen Gespräch der Schriftverständigen

DRITTER HAUPTTEIL
Zum Gespräch mit der Gegenwartstheologie. Die Funktion der Präexistenz Christi für ein neues Gottesverständnis

»Der ›springende Punkt‹ dieses Konzils ist nicht die Diskussion dieses oder jenes Grundartikels der Lehre der Kirche in weitschweifiger Wiederholung der Lehre der Väter sowie der alten und modernen Theologen, welche man als unserem Geist immer gegenwärtig und vertraut voraussetzen darf. Dafür brauchte es kein Konzil. ... Ein Sprung voran, hin auf eine Lehrdurchdringung und eine Bildung der Gewissen, gewiß in einer vollkommeneren Entsprechung und Treue zur echten Lehre, doch diese studiert und dargelegt in den Formen der Forschung und literarischen Formulierung eines modernen Denkens. Etwas anderes ist ja der Gehalt der alten Lehre des Glaubens, und etwas anderes ist die Formulierung ihrer Einkleidung. Und gerade diese ist es, der man heute – wenn nötig mit Geduld – Rechnung tragen muß. Das heißt, alle Gründe müssen erwogen werden, um die Fragen zu klären, wie es einem Lehramt entspricht, dessen Wesen vorwiegend pastoral ist.«

Papst Johannes XXIII. *am 11. Oktober 1962 zur Eröffnung des II. Vatikanischen Konzils*

Worum es geht

Gottes Sohn von Ewigkeit? Präexistenz Jesu Christi? Keine Frage: Für viele sind dies nichts als rätselhafte Chiffren, unverständliche Hieroglyphen. Was aber ist gemeint? Was steckt dahinter? Ich will es an einer Geschichte erläutern. Sie spielt vor vielen Jahrhunderten des nachts in einer deutschen Stadt, und sie spielt immer. Es ist die Nacht von Karsamstag auf Ostersonntag, die Nacht zwischen Leben und Tod, zwischen Kreuz und Auferstehung.

Ein Mann, verzweifelt auf der Suche nach Erkenntnis. All die Oberflächlichkeiten des Alltags und des Wissenschaftsbetriebs? Er hat sie satt bis zum Überdruß. All die Erkenntnisquälerei? Wohin führt sie letztlich als zu der Einsicht, daß man als Mensch nichts wirklich wissen könne. All das Bemühen, die innersten Grundkräfte der Welt zu entdecken, zu begreifen, was die Wirklichkeit im tiefsten zusammenhält? Vergebliche Liebesmüh. All die Einsamkeit des suchenden Forschers, all der Verzicht auf Besitz und Anerkennung – was ist das anderes als eine Hundeexistenz? Doch in seinem Herzen gärt es weiter. Was war am Anfang aller Anfänge? Nach welchen Grundgesetzlichkeiten ist unsere Welt gebaut, was hält den Mikrokosmos ebenso zusammen wie den Makrokosmos? Sollte sich nicht mit Hilfe der Magie der Große Geist beschwören lassen? Der Geist, der in Lebensfluten und Tatenstürmen herrscht, der über Geburt und Grab, Tod und Leben, Ebbe und Flut regiert? Doch als der Große Geist erscheint, ist es der Gelehrte selbst, der ihn nicht ertragen kann, der sich furchtsam wegkrümmt wie ein Wurm. Er, der den großen Geist wie seinesgleichen behandeln wollte, bekommt kühl zur Auskunft: »Du gleichst dem Geist, den du begreifst, nicht mir!« Der Mann ist entschlossen, seinem Leben ein Ende zu setzen.

Doch das Merkwürdige geschieht. Schon die Giftflasche an den Lippen, vernimmt er auf einmal die Botschaft vom auferstandenen Christus. Er zögert, setzt ab – und dieser Moment führt ihn ins Leben zurück. Nicht weil er an die Botschaft glaubte, wohl aber weil die Erinnerung an Religion Grundkräfte in ihm freilegt, einen Lebenswillen, den er aus seiner Kindheit kennt. Und noch einmal setzt er an, versucht er, aus dem Meer des Irrtums aufzutauchen, er, der Unbefriedigte, Zerrissene, Widersprüchliche. Wieder allein in seiner Studierstube, greift er zum Neuen Testament, aus der Sehnsucht nach reiner Offenbarung, die in diesem Buche aufbewahrt sei. Noch einmal will er auf den Anfang aller Anfänge reflektieren, will er nun mit Hilfe der Schrift auf den Grund aller Gründe vordringen. Noch einmal macht er den Versuch, das Innerste der Welt, die Grundkraft und den Ursprung zu erfassen. Er beginnt – welchen Text sollte er auch sonst sich vornehmen? – mit dem Prolog zum Evangelium des Johannes, den er aus dem Original ins Deutsche zu übersetzen versucht: das Lied vom Logos im Anfang aller Anfänge, das Lied vom präexistenten Wort, das war, bevor alles wurde, und das alles, was wurde, geschaffen hat. Und der Mann beginnt sich gegen diesen Text zu wehren, ihn zu korrigieren: Aus Wort wird Sinn, aus Sinn wird Kraft, aus Kraft wird Tat . . .

Urfragen

Mit dieser Geschichte – Kenner haben es längst gemerkt – beginnt das berühmteste Drama der deutschen Literatur, *Goethes* Geschichte vom *Doktor Faust*. Keine Frage: In dieser Figur ist die archetypische Verkörperung einer Urfrage der Menschheit gelungen, der *Urfrage nach der Prä-Existenz*. Denn immer wenn Menschen nach Prä-Existenz fragen, dann fragen sie – angesichts der Fragwürdigkeit ihres Lebens und der Brüchigkeit der Welt – nach dem Anfang aller Anfänge, nach dem Grund aller Gründe, nach dem Ursprung aller Ursprünge von Zeit, Geschichte und Kosmos. Nichts anderes verbirgt sich hinter diesem theologischen Kunstwort von der Präexistenz: Ein Suchen nach dem, was »vor aller Zeit« existierte, was am Anfang aller Existenz war, was aller Wirklichkeit zugrunde liegt. Präexistenz also ein *Schlüsselbegriff für die Frage nach dem Grundprinzip von Wirklichkeit* überhaupt. Hat nicht jeder, der den Anfang kennt, auch das Ganze? Weiß nicht jeder, der den Ursprung kennt, auch das Ende? Kennt nicht jeder, der etwas vom Beginn aller Wirklichkeit weiß, auch das Grundgesetz, nach dem diese Wirklichkeit strukturiert ist? *»Präexistenz« – gewiß ein Kunstwort, hinter dem aber eine existentielle Urfrage steckt.*

Szenenwechsel: Im Jahre 30 unserer Zeitrechnung stirbt – kraft der Autorität des römischen Kaisers – ein junger Jude in Jerusalem unter lautem Schreien den qualvollen Tod eines Verbrechers am Kreuz. Er stirbt – folgt man dem Bericht des zweiten Evangelisten – mit dem Gefühl, ein von Gott, seinem Gott, Verlassener zu sein. Gut 50 Jahre später wird es von diesem Nazarener heißen, er sei das »Ebenbild des unsichtbaren Gottes«, »in ihm« sei »alles erschaffen worden« – »im Himmel und auf Erden, das Sichtbare und das Unsichtbare, Throne und Herrschaften, Mächte und Gewalten«. Er sei der »Abglanz« der Herrlichkeit Gottes, das »Abbild« von Gottes Wesen; er trage das All durch sein machtvolles Wort ...

Ja mehr noch: Gut 300 Jahre später (325) wird kraft derselben römischen Autorität auf einer von rund 300 Bischöfen besuchten *Kirchenversammlung* im Sommerpalast des Kaisers, in *Nikaia*, unweit der Hauptstadt Konstantinopel, von diesem Juden behauptet: Er sei aus dem »Wesen« Gottes, des Vaters, »Gott von Gott, Licht vom Lichte, wahrer Gott von wahrem Gott«. Er sei »gezeugt, nicht geschaffen«, »aus der Wesenheit des Vaters«, und durch ihn sei alles geschaffen worden, was im Himmel und auf der Erde sei (D 125). Gleichzeitig wird allen, die sagen, ›es gab eine Zeit, da er nicht war‹ oder ›es gab ihn nicht, bevor er gezeugt wurde‹ oder ›er ist aus nichts geworden‹ der Ausschluß aus der katholischen Kirche angedroht (D 126). Und noch einmal gut 60 Jahre später wird die folgende, in *Konstantinopel* (381) abgehaltene Kirchenversammlung ergänzen, er sei »aus dem Vater geboren vor aller Zeit« (D150), bevor schließlich und endlich noch einmal 70 Jahre später die allgemeine Kirchenversammlung zu *Chalkedon* (451) die berühmte Formel ›vere deus‹ – ›vere homo‹ prägen und von diesem Christus sagen wird: »Der eine und selbe ist wesensgleich dem Vater der Gottheit nach und wesensgleich auch uns seiner Menschheit nach ... Vor aller Zeit wurde er aus dem Vater gezeugt seiner Gottheit nach, in den letzten Tagen aber wurde derselbe für uns und unseres Heiles willen aus Maria, der Jungfrau, der Gottesgebärerin, der Menschheit nach geboren« (D 301).

Der Verbrechertod am Galgen einerseits und das Bekenntnis zu ihm als dem wesensgleichen Sohne Gottes andererseits, die Existenz eines Juden in der Provinz Galiläa in seiner Zeit und der Glaube an seine Präexistenz in Gottes Ewigkeit: wie ist es möglich, das zu glauben? Die Behauptung, in diesem Juden sei sichtbar geworden, was die Welt im Innersten zusammenhalte; in ihm sei offenbar gemacht, was das All trage, in ihm sei spürbar, was auf dem Grund der Wirklichkeit ruhe, ja, er sei selber im Ursprung, im Anfang aller

Anfänge, er selber sei das *Wort* in Person, der *Sinn* in menschlicher Gestalt, er selber sei die *Kraft*, die befreiende *Tat* des Schöpfers – er und nichts und niemand sonst: Wie ist es möglich, das zu glauben, ohne die Vernunft einem undurchschaubaren Rätsel zum Opfer zu bringen? Wie ist es möglich, etwas zu verstehen, was so widersinnig zu sein scheint: »Ein ungebildeter Handwerker aus dem verachteten Volk der Juden, von den staatlichen Organen zu schimpflichem Tod verurteilt, er sollte der göttliche Offenbarer der Wahrheit Gottes und kommende Weltenrichter sein?« (M. Hengel[1]) *»Präexistenz» – gewiß ein Kunstwort, hinter dem aber eine christliche Urfrage steckt.*

Nur eine christliche? Ist nicht in der *Geschichte der Religionen* überhaupt ein Prozeß der Verlagerung des Geschichtlich-Konkreten ins Überzeitlich-Universale, des Gegenwärtig-Zeitlichen ins Protologisch-Überzeitliche unverkennbar, kurz, ein Prozeß der Verlagerung der Existenz von Offenbarungspersonen und Offenbarungsschriften in die Präexistenz? Läßt sich dies nicht zumindest an drei großen Weltreligionen demonstrieren?[2] Unterschiede im Verständnis der Präexistenz lassen sich zeigen:

– Am *Buddhismus*: Als radikale Reformbewegung gegen das brahmanische religiöse Establishment in Indien entstanden, hatte er von Anfang an, also schon beim geschichtlichen Buddha selbst, die Lehre von der Seelenwanderung und dem Kreislauf der Existenzen (Samsara) übernommen, die sich bereits in der vorbuddhistischen Upanischaden-Literatur findet: die Lehre von präexistenten Stadien eines jeden Menschen, die abhängen von seinem Karman, den guten und bösen Taten. Das ist das eine: *Präexistenz* meint im Buddhismus vor allem die *jeweiligen Vor-Leben eines jeden Menschen* auf Erden, wurde doch jede Existenz als Zwischenstufe zwischen einer Präexistenz und einer möglichen Postexistenz verstanden – es sei denn, es gelinge der Ausstieg aus dem Samsara, dem Kreislauf von Vorleben und Nachleben, kurz die Erlösung im Nirwana. Genau dies hatte ja der historische *Siddartha Gautama* lehren wollen: einen *Weg aus dem Samsara ins Nirwana.* Nichts sonst. Spekulationen über eine präexistente ewige Seele im Menschen (wie die Griechen sie annahmen), über Fragen nach dem Wie und Was der Ewigkeit, der Existenz oder Nichtexistenz der Erlösten im Nirwana hatte der Buddha stets als sinnlos abgetan. Auch über seine eigenen Präexistenzen oder Postexistenzen dürfte er

nicht spekuliert haben, der historische Shakyamuni, der Prinz aus der Familie der Shakya, der mit 29 Jahren seine Heimat und seine Familie (Frau und ein Kind) verlassen hatte, für sich einen Weg der Erlösung fand, ihn schließlich seinen Anhängern lehrte, 80jährig starb und ins Parinirwana einging.
Aber – und dies führt zu einem *zweiten, engeren Verständnis* der Präexistenz im Buddhismus: Obwohl der historische Buddha von seiner Person völlig abgesehen hatte, wurden seine Gestalt und sein Leben im Laufe der Zeit doch mit Legenden überwuchert, wurden seine Geburt (Traum der Mutter, daß ihr Sohn in Gestalt eines weißen Elefanten in sie eingetreten sei), seine Kindheit (Wundertaten) und sein Tod (Erdbeben) mit Wunderbarem in Verbindung gebracht. Ja, mehr noch: Obwohl es ursprünglich nur einen Buddha in diesem Zeit-Raum gegeben hatte, lag es doch in der Logik des Karmangedankens, daß dieses eine große Buddha-Leben nur durch viele und bedeutende Vorleben überhaupt hatte zustande kommen können. Schon im *Theravada-Buddhismus* wurde deshalb die Vorstellung von sechs (später 28) *Vor-Buddhas* entwickelt, die für die sechs Zeitepochen vor Gautama standen. Damit aber war gleichzeitig ein Gedanke in der Welt, der für den späteren *Mahayana-Buddhismus* von größter Bedeutung werden würde: der Gedanke eines *Bodhisattva*, eines erst künftig erleuchteten Buddha, der – wie der geschichtliche Buddha in seinen präexistenten Vor-Leben – zunächst freiwillig im Samsara bleibt, um so in großem Mitleid Verdienste zu sammeln, die anderen Menschen auf ihrem Weg des Ausstiegs zugute kommen. Der Bodhisattva – eine präexistente und postexistente Gestalt zugleich – ist denn auch das große Mahayana-Ideal, das mit mythologisch-kosmischen Vorstellungen vom Buddha (»Drei-Leiber-Lehre«) immer weiter ausgebaut wird, so daß es schließlich zur Vorstellung von Tausenden, ja unendlich vielen Buddhas in jeder Weltzeit und in jeder Weltgegend kommt...

– Am *Judentum*: Im Gegensatz zum Buddhismus ist im Judentum – wir werden davon ausführlich berichten – die Präexistenzvorstellung Teil der *Schöpfungs- und Geschichtstheologie*. Aber die gleiche Grundgesetzlichkeit herrscht auch in dieser nicht zyklisch-mystischen, sondern prophetisch-monotheistischen Religion. So finden wir in den Schriften des hebräischen Kanons Reflexionen über eine präexistente Weisheit Gottes und einen präexistenten

Menschensohn. Das Judentum kennt auch in seiner rabbinischen Literatur lebhafte Diskussionen über Voraussetzungen, die Gott brauchte, um die Welt überhaupt schaffen zu können. Vor allem die *Tora*, das Buch, in dem die Gesetze Gottes für die Menschen aufgeschrieben sind, galt frommen Juden als *präexistente Schrift*, in die Gott die Grundprinzipien bereits hineingeschrieben hatte, nach denen er später die Schöpfung ermöglichte . . .

– Am *Islam*: Der Islam kennt – zum einen – wie das Judentum die Vorstellung von der *Präexistenz der Offenbarungsschrift*, die Vorzeitigkeit des *Koran*, von dem fromme Muslime glauben, er sei von Gott »im Himmel« geschrieben und dem Propheten Muhammad (selber angeblich des Schreibens unkundig) Wort für Wort diktiert worden. Der Islam kennt – zum zweiten – die Vorstellung einer Art *Urreligion*. Bereits die Nachkommen Adams (also noch in der Urgeschichte) hätten vor ihrer Geburt Allah als einzigem Gott ihre Anerkennung ausgesprochen (Sure 7,172). Der Islam ist damit keine geschichtlich späte Erscheinung; mit dieser »Theorie« kann er vielmehr seine Existenz »von Ur-Zeiten« an legitimieren. Und der Islam kennt – zum dritten –, was erst durch die neuere Forschung ans Licht gehoben wurde, in mystischen Kreisen (oft in Spannung zum orthodoxen Establishment) die Vorstellung von der *Präexistenz und Schöpfungsmittlerschaft des Propheten Muhammad* – und zwar in Texten spätestens seit dem 9. Jahrhundert. Muhammad, verstanden als das präexistente Licht von Gottes Licht, geschaffen als Ur-Schöpfung gewissermaßen vor aller Schöpfung. Muhammad, einer Lichtsäule vergleichbar, die eine Million Jahre vor Erschaffung der Menschheit vor Gott stand. Muhammad, der »vollkommene Mensch«, in dem sich die Attribute und Namen Gottes widerspiegeln, präexistenter Mikrokosmos, der in sich schon den Makrokosmos abbildete. Muhammad, Grund und Zweck der Schöpfung, durch den die Welt ins Dasein trat und der die Gnade Gottes an die Menschen vermittelt. Muhammad, aus dessen präexistentem Körper die Welt geschaffen wurde . . . Eine erstaunliche Entwicklung, die einem Mann gilt, der von sich selber gesagt hatte, er sei »nur ein Mensch« (Sure 41,5) und nichts als ein »deutlicher Warner« (Sure 46,9).

Klar ist damit schon jetzt: So verschieden die Vorstellungen von »Präexistenz« sein mögen und so genau jeweils zu fragen sein mag, um welche Art von Präexistenz es sich handelt (Vor-Leben, Ur-

Religion, Schöpfungsmittlerschaft, Schöpfung vor aller Schöpfung): *»Präexistenz« ist gewiß ein theologisches Kunstwort, hinter dem aber eine religiöse Urfrage der Menschheit steckt*, die über das Christliche weit hinausgeht.

Was verspielt wurde

Und doch – bei aller Horizontbeschreibung und bei allem Mitbedenken existentieller und universalreligiöser Aspekte: Konzentrieren wollen wir uns in dieser Studie auf die spezifisch *christliche Präexistenzvorstellung*. »Aus dem Vater geboren vor aller Zeit« – in *diesem Satz* des nizäno-konstantinopolitanischen Glaubensbekenntnisses hat sich nach einem jahrhundertelangen, komplexen Denk- und Begriffsprozeß das spezifisch *christlich-dogmatische Präexistenzverständnis* herauskristallisiert: Unerschaffenheit, Ewigkeit, Göttlichkeit der Person des Gottessohns. Zugleich aber hat christliche Theologie immer wieder den Gegenpol dieser hochchristologischen Aussagen bedenken müssen: »gekreuzigt unter Pontius Pilatus«. Dieser Spannung wollen wir in dieser Studie auf der Spur bleiben. Wie ein cantus firmus soll die Frage hörbar bleiben: Der »ewige Gottessohn« und das Kreuz? Der Schöpfungsmittler als »Mann mit dem Stacheldraht« (E. Fried[3])? Wir werden zu fragen haben: Merkt man christlicher Theologie heute noch an, daß von solchen Sätzen eine Zumutung ausgeht? Spürt man noch etwas von der *Anfechtung*, die solche Sätze bedeuten können? Oder glauben Christen nur, daß sie an eine Zumutung glauben? Oder haben sie aus dem Christlichen »ein métier gemacht, eine bürgerliche Beschäftigung, sur place, einen abwechselnd abgelassenen und wiederaufgefüllten Teich« (R. M. Rilke[4])?

Man kann sich des Eindrucks nicht erwehren: *Verspielt* hat die *dogmatische Schultheologie* oft genug die existentielle Herausforderung und die religiöse Urfrage, die sich in diesem Bilde von Gott und seinem Christus Ausdruck verschafft hat. Die »ewige Gottessohnschaft« Jesu Christi drohte nicht selten zu einem »denkerischen Fall« zu werden, zu einem Spezialproblem in der an intellektuellen Problemen nicht gerade armen Trinitätslehre.[5] Man sprach von »Problemen« und »Schwierigkeiten« und meinte nicht die Existenz des Christen, sondern den Intellekt des Theologen. *Karl Rahner* hat recht: Die dogmatischen Aussagen über die Präexistenz Christi hingen stets »mit der Unvermeidlichkeit *und* Schwierigkeit zusammen, in Gott von drei ›Personen‹ zu reden«.[6] Wobei dann wiederum sofort intellektuell erklärt werden mußte, was man unter »Personen« *in* Gott verstand. So erzeugte die eine Schwierigkeit das andere Problem. Definitionen dieses »Problems« lauteten dann gewöhnlich so: »Präexistenz bezeichnet die Tatsache, daß, weil der ewige göttliche Logos, der von Ewigkeit her vom Vater gezeugt wird, Mensch geworden ist, die *Person,* die als Jesus Christus Mensch wird, nicht erst entsteht mit dem zeitlichen Beginn der menschlichen Natur Christi (Leib und Seele), sondern diesem Ereignis schon immer vorausexistiert« (K. Rahner). Die katholische Schultheologie hatte denn auch die Trinitätslehre (drei Personen in dem einen Gott) zunächst unabhängig von der Christologie entfaltet und sie erst zusammenfallen lassen, als von der Menschwerdung des ewigen Sohnes als zweiter Person der Trinität die Rede sein mußte.

Genau das aber war das *Problem der schultheologischen Christologie*: Man hatte die Vorstellung von einem präexistenten Sohn als einer eigenen »göttlichen Person« von der geschichtlichen Gestalt des Nazareners getrennt. Man hatte ein präexistentes Gottwesen »Sohn« (vom Vater gezeugt in Ewigkeit) zunächst isoliert und für sich betrachtet und dann dieses Gottwesen bei der Inkarnation sich mit dem Menschen Jesus verbinden lassen. Konsequenz: »Leben, Werk und Schicksal Jesu von Nazareths blieben dem ewigen Leben des dreieinigen Gottes äußerlich« und hatten »für die Bestimmung der Eigenart des ewigen Sohnes Gottes keine wesentliche Bedeutung«.[7] Anders gesagt: Man konnte schultheologisch die Präexistenz des ewigen Sohnes Gottes in der Ewigkeit des dreieinigen Gottes zunächst völlig von der Geschichte des Menschgewordenen trennen, man konnte isoliert von einer metaphysischen Sohnschaft reden, ohne den konkreten Sohn überhaupt erwähnt zu haben, in dessen Namen eine solche »Theorie« entwickelt worden war.

Präexistenz Christi *als intellektuelles Problem verharmlost,* als logische Begriffskunst in die »höhere Mathematik« der Theologie wegabstrahiert und christo-logisch vom Leben des gekreuzigten Nazareners ebenso wie vom Leidens- und Hoffnungsdruck der Menschen abgebunden: das war oft genug das theologiegeschichtliche Schicksal dieses christologischen Topos. Und wer könnte es leugnen: *So* wird kaum etwas von der Zumutung spürbar, die theologisch wie anthropologisch in den Aussagen von der Präexistenz Christi steckt. Oft muß durch »Fremdprophetie« theologischer Landvermesserei klargemacht werden, welchen Goldklumpen man für den Schleifstein »stimmiger Theorien« eingetauscht hat. Oft muß erst *»von außen«* Beunruhigung, ja Erschütterung in die theologische Zunft, die amtskirchliche Bewahrungsmentalität und alltagskirchliche Gewöhnungspraxis hineinkommen, bevor sich binnentheologisch etwas bewegt und die alten Formeln mit Leben erfüllt werden. Denn die Probleme mit den Aussagen über Christi Präexistenz sind mit Händen zu greifen. Es sind Fragen von Beginn der Geschichte an, die von außen wie von innen gestellt werden.

Anfechtungen von außen

Soll dieser Jesus, so fragte man schon früh, ein Gott sein? Ein Gott, der nichts hielt von dem, was er versprach, der sich verbarg und von seinen Anhängern verraten wurde, als man ihn überführen wollte? Durfte er, wenn er Gott war, fliehen? Durfte er gebunden, abgeführt, im Stich gelassen und preisgegeben werden ausgerechnet von denen, die persönlich alles mit ihm teilten und ihn zum Lehrer hatten und ihn für den Heiland, Sohn und Boten des höchsten Gottes hielten? Fragen eines Heiden, einem Juden in den Mund gelegt, aufgezeichnet vom Kirchenlehrer *Origenes* in seiner Schrift »Gegen Celsus« bereits Mitte des 3. Jahrhunderts.[8] Noch schärfer der Jude Tryphon in einem fiktiven Dialog, den der christliche Philosoph *Justin* schon Mitte des 2. Jahrhunderts geschrieben hatte: »Deine Behauptung, der genannte Christus sei als Gott von Ewigkeit, habe aber dann sich herbeigelassen, Mensch und geboren zu werden, und er sei nicht Mensch von Menschen, scheint mir nicht nur unfaßbar, sondern geradezu töricht zu sein.«[9] Wenn es also stimmt, daß die Passion die Gottheit dieses Christus ad oculos widerlegt, wenn es stimmt, daß kein Mensch – weder Jude noch Grieche noch Römer – darauf hätte verfallen können, mit dem Galgen des Verfemten einen positiven, einen religiösen Sinn zu verbinden: Was also behaupten Christen, wenn sie die Präexistenz *dieses* Jesus Christus bekennen? Ist das die *blanke Torheit, die schiere Unvernunft*? Ein »Gott« am Kreuz? Hatte nicht schon Goethe die Abscheu vor diesem Gedanken in den klassischen Satz gebracht: »Mir willst du zum Gotte machen/Solch ein Jammerbild am Holze«?[10]

Wenn aber der, der am Holze hing, nicht »Gott« gewesen sein

kann, wie seine Anhänger behaupten, muß dann nicht auch im Christentum ein Mensch »vergottet« worden sein – ein, wie wir sahen, anscheinend universales Ausbreitungsgesetz großer Religionen: Vergottung des Stifters? War es *so*? »Jesus fühlte rein und dachte / Nur den Einen Gott im stillen; / Wer ihn selbst zum Gotte machte, / Kränkte seinen heilgen Willen«.[11] Hatte Goethe nicht auch hier den Punkt getroffen? Was also behaupten Christen, wenn sie sich zur *Präexistenz* dieses Jesus Christus bekennen? Ist das ihre *große Illusion*, ihre *ewige Projektion*? Ist die christliche Religion demnach von Anfang an die organisierte »Unredlichkeit« (mauvaise foi), »in dem Maß, wie sie nicht auf der Nachahmung Christi beruht, sondern auf der Nachahmung der Nachahmung, auf Christus*legende*, Christus*mythos*, Christus*dogma*, Christus*idealisierung*« (P. Sloterdijk[12])? Oder hat feministische Christentums-Kritik recht, wenn sie wider die in den Präexistenzaussagen veranschaulichte »Christolatrie« (M. Daly) streitet und die Präexistenzsymbolik (Vater-Sohn) als Verewigung patriarchaler Gottesaussagen kritisiert? Neben dem männlichen Vater-Gott noch ein zweiter männlicher Sohnes-Gott?[13]

Hand in Hand mit der Präexistenzkritik geht eine nicht weniger radikale aufklärerische *Trinitätskritik* »von außen«. Drei »Personen« in der einen »Natur« Gottes? Was ist das? Ein in sich verschlossenes Rätsel? Einst bestaunt, heute aber längst Gegenstand von Satire? »Wir disputierten gestern über die Dreieinigkeit« – so Heinrich Heine. »Mit dem Vater ging es noch gut; das ist ja der Weltschöpfer, und jedes Ding muß seine Ursache haben. Es haperte schon bedeutend mit dem Glauben an den Sohn, den sich der kluge Mann gern verbitten möchte, aber jedoch am Ende, mit fast ironischer Gutmütigkeit, annahm. Jedoch die dritte Person der Dreieinigkeit, der Heilige Geist, fand den unbedingtesten Widerspruch. Was der Heilige Geist ist, konnte er durchaus nicht begreifen, und plötzlich auflachend rief er: ›Mit dem Heiligen Geist hat es wohl am Ende dieselbe Bewandtnis, wie mit dem dritten Pferde, wenn man Extrapost reist; man muß immer dafür bezahlen und bekömmt es doch nie zu sehen, dieses dritte Pferd.‹« – Nachzulesen in Heines Buch zu »Ludwig Börne«.[14]

Steht Heine mit diesem Spott allein? Trinität und Präexistenz: werden sie nicht auch von Christen vielfach empfunden als *undurchschaubare Mysterien*, als widersinnige Geheimnisse, die für das fromme »christliche Selbstbewußtsein« (F. Schleiermacher[15]) nichts austragen und für das gelebte Christsein eher wertlos sind? Ja, sind sie möglicherweise nichts als Projektionen des menschlichen Selbstbewußtseins, wie es *Ludwig Feuerbach* behauptete? Die ewige Gemeinschaft zwischen Gott-Vater und Gott-Sohn möglicherweise nichts als die Projektion der menschlichen Gemeinschaftssehnsucht in den Himmel, die Vergegenständlichung des zwischenmenschlichen Bedürfnisses nach Liebe (Ich-Du) in Gott, die »Selbstbejahung des menschlichen *Herzens* als des Prinzips der Zweiheit, des gemeinschaftlichen Lebens – die Wärme«?[16] Die ewige Gemeinschaft von Vater und Sohn also nichts als Phantasie, schöner Schein, Illusion, die sich im Zuge weiterer Aufklärung auflösen wird?

Anthropologisch und politisch beerbbar?

Und doch: Wenn man nun erkannt hätte, daß diese uralte »Symbolik« (Vater-Sohn) gerade nicht zu »entlarven«, abzustreifen und auf den Abfallhaufen alter Mythologeme zu werfen, sondern neu zu entdecken wäre? – Gerade im Zeichen einer *Anthropologisierung der Religion*, der Humanisierung des Mythos? Zu entdecken – Feuerbach nach der großen Kehre von der Theologie zur Anthropologie beerbend und zugleich überwindend –, daß zum Beispiel in dieser »Symbolik« von Gott-Vater und Gott-Sohn sowie in den »Zwei-Naturen« Christi mehr *über uns Menschen* ausgesagt ist als aufklärerische Kritik wahrhaben mag? Eine Symbolik, die postaufklärerisch zur Entzifferung archetypischer innerseelischer Grundmuster herangezogen werden könnte? In der Tat liest man in *C. G. Jungs* Schrift »Antwort auf Hiob« aus der Sicht der Tiefenpsychologie bemerkenswerte Sätze über das Symbol vom »ewigen Gottessohn«, aus dem Vater geboren vor aller Zeit! Gerade tiefenpsychologisch kann dies offenbar ganz und gar positiv interpretiert werden als »fortschreitende Inkarnation Gottes im Menschen«. »Christus als der gezeugte Gottessohn und als präexistenter Mittler ist ein Erstling« – lesen wir bei Jung – »und ein göttliches Paradigma, das gefolgt wird von weiteren Inkarnationen des Heiligen Geistes im wirklichen Menschen«.[17]

Ja, mehr noch: Kann nicht das Symbol vom ewigen Gottessohn sogar politisch beerbt werden – im Zeichen einer *Enttheokratisierung des Herrscher-Gottes*? Im Zeichen einer Ablösung des jenseitigen Reiches des autoritären Über-Vaters durch das ganz und gar irdische

Freiheitsreich des Sohnes? Daß es »nichts Aufregenderes als das Jota«[18] gäbe, diese Äußerung zum klassischen christologischen Streit, der zum Konzil von Nikaia führte, stammt nicht von einem begeisterten Theologen, sondern von dem marxistischen Philosophen *Ernst Bloch*. Ist der Sohn wirklich »gottgleich« (homousios) oder nur »gottähnlich« (homo*i*usios) – hinter diesem klassischen arianisch-athanasianischen Wort-Streit steckt für diesen Philosophen mehr als das Gezänk von Theologen. Eine neue Etappe im *Prozeß der Anthropologisierung von Religion* sei erreicht: der Aufstand des Sohnes *gegen* den Vater, die Ersetzung des Göttlichen *durch* das authentisch Humane, des Vaters *durch* den Sohn: »Die Frage ›aut Caesar, aut Christus‹ ist hier für Christus gelöst, das Caesarische ist völlig aufgelöst. Das ist kein Hominismus, sondern wirklich echter Humanismus.«[19] Um was also geht es, wenn von der Präexistenz Christi als des *Sohnes Gottes* die Rede ist? Um das neu zu entdeckende große Symbol für die Zukunft des Menschen, die individuelle Zukunft (»der höhere Mensch«) ebenso wie die gesellschaftliche (»das Reich des Sohnes«)? Diese Anfragen von außen müssen theologisch ernst genommen werden. Mit ihnen stehen Probleme von grundsätzlicher Bedeutung auf dem Spiel.

Anfechtungen von innen?

Und die Christen? Noch einmal nachgefragt: Haben sie im eigenen Bereich wirklich ernst genommen, was es bedeutet, Christus sei »wahrer Gott« und »wahrer Mensch«? Lassen sie beim Umgang mit solchen Aussagen noch etwas spüren von Kierkegaardschem »Furcht und Zittern«? Oder ist heute wie zu *Sören Kierkegaards* Zeiten jegliche »Anfechtung« abgeschafft, jegliches »Ärgernis« verharmlost, das große »Paradox« verflüchtigt?[20] Oder haben Christen, statt »Furcht und Zittern« demütig auf sich zu beziehen, anderen (Ungläubigen, Heiden und Ketzern) im Namen der »Orthodoxie« das Fürchten und Zittern beigebracht? Oder hat man dieses Paradox damals wie heute in eine »Lehre« aufgelöst? Hat man – so ebenfalls Kierkegaard – »den Gott-Menschen dozierenderweise gemacht zu jener spekulativen Einheit von Gott und Mensch unter der Form des Ewigen«?[21] Worum also geht es, wenn von der Präexistenz *Jesu* Christi die Rede ist? Um die Wiedergewinnung vielleicht doch eines großen »*Paradoxons*« vom Ewigen in der Zeit, ohne die eine Christologie theoretisch flach und praktisch harmlos wäre?

Wie aber zu den großen dogmatischen Aussagen überhaupt kommen – und zwar aus geschichtlicher Perspektive, die nun einmal die Perspektive von Menschen ist? Trennt uns nicht von der Figur Jesu eine fast zweitausendjährige historische Distanz, ein »garstig breiter Graben«? Es war *Gotthold Ephraim Lessing*, der den direkten Übergang vom historisch Zufälligen zur religiösen Gewißheit für unmöglich erklärte und die Notwendigkeit eines Sprunges insinuierte, der allein die notwendige Gleichzeitigkeit mit den Erfahrungen von damals herstellen könne. *Lessings Fragen* gerade hinsichtlich auch der Präexistenzchristologie haben seither nichts an Bedeutung verloren. »Denn wenn ich historisch nichts darwider einzuwenden habe«, sagte er 1777 in seiner berühmten Schrift »Über den Beweis des Geistes und der Kraft«, »daß Christus einen Toten erweckt, muß ich darum für wahr halten, daß Gott einen Sohn habe, der mit ihm gleichen Wesens sei? ... Wenn ich historisch nichts darwider einzuwenden habe, daß dieser Christus selbst von den Toten auferstanden, muß ich darum für wahr halten, daß eben dieser auferstandene Christus der Sohn Gottes gewesen sei?«[22]

Das war *Lessings Problem*: Er sah in der Theologie gewissermaßen zwei Klassen von Wahrheiten, die er nicht vermitteln konnte. Historische Wahrheiten über Christus, die er akzeptierte, einschließlich Weissagungen, Wunder, Auferstehung. Und dann »eine ganz andere Klasse von Wahrheiten«, die von ihm verlangte, alle »metaphysischen und moralischen Begriffe« danach umzubilden.[23] Im Klartext: Lessing sah einen *Bruch zwischen der Sprache des Neuen Testamentes und der Sprache der Dogmatik*. Wie aber kommt man von der einen Wahrheit zur anderen? Muß man wirklich beides akzeptieren? Daß Christus Tote erweckt und selber gar vom Tode erstanden ist, und zugleich, daß Gott einen Sohn gleichen Wesens habe und daß Jesus Christus dieser Sohn gewesen sei? Lessing fragte: Muß man das akzeptieren, weil Christus es selbst gesagt habe? Und Lessing selber gab die Antwort: »Das wäre ganz gut. Wenn nur nicht, daß dieses Christus gesagt, gleichfalls nicht mehr als historisch gewiß wäre; wollte man mich noch weiter verfolgen und sagen: ›O doch! das ist mehr als historisch gewiß; denn inspirierte Geschichtsschreiber versichern es, die nicht irren können‹: So ist auch das leider nur historisch gewiß, daß diese Geschichtsschreiber inspiriert waren und nicht irren konnten. Das, das ist der garstig breite Graben, über den ich nicht kommen kann, so oft und ernstlich ich auch den Sprung versucht habe. Kann mir jemand hinüberhelfen, der tu's; ich bitte ihn, ich beschwöre ihn. Er verdienet ein Gotteslohn an mir.«[24]

Es ist das *Problem aller neuzeitlichen Theologie*: Wie ist es möglich, von historischen Aussagen über Jesus Christus zu Aussagen über sein metaphysisches Sein zu gelangen, die ja auch wieder nur geschichtliche Aussagen von Menschen sind? Wenn aber alle Aussagen nur historische Aussagen von Menschen sind, ist es dann nicht legitim zu fragen, »wie sich das Wissen von der geschichtlichen Gestalt Jesu so schnell in den Glauben an den himmlischen Gottessohn umgewandelt« habe – nach Martin Dibelius' klassischer Formulierung das »Hauptproblem der Christologie«?[25] Die Frage bleibt: Was im Neuen Testament noch lebendige Erfahrung war, ist heute wie bereits zu Lessings Zeiten »ein Problem«. Was damals noch »Beweise des Geistes und der Kraft« in der ersten Generation von Christen gewesen sein mögen, ist heute »zu menschlichen Zeugnissen von Geist und Kraft herabgesunken«. Ist also der, der nicht nur einfach »glauben«, sondern auch »verstehen« will, was er glaubt, nicht angewiesen auf die komplexen Rekonstruktionsprozesse der Geschichtsschreibung? Wie die Differenz zwischen dem Neuen Testament und der Dogmengeschichte, zwischen der Sprache der Schrift und der Sprache der Dogmatik überwinden? Keine Frage doch: Weil wir heute – Lessings Problem im Rücken – diese Differenz stärker als frühere Generationen spüren, muß auch die Frage nach der Präexistenz Christi, die jahrhundertelang durch die traditionelle Trinitätslehre gelöst zu sein schien, wieder neu zum *Problem* werden.

Was zu tun ist

Der Ausgangspunkt unserer Studie ist damit freigelegt. Denn hier soll die Geschichte der Wiederentdeckung der Präexistenz Christi als »Problem« erzählt werden, wie es sich in der Theologie des 20. Jahrhunderts spiegelt. Hier soll von der Geschichte gescheiterter und doch immer wieder neu geführter Gespräche berichtet werden. Hier sollen die Gründe für das Scheitern analysiert und zu verstehen versucht werden, warum Theologen diese Frage nach dem »ewigen Christus« immer wieder neu umgetrieben hat. Diese Studie ist also ein Stück *narrativer Theologie*: Theologiegeschichte als Erzählung und Erzählung als rekonstruierte Argumentation. Wir fangen dabei dort an, wo es in der Theologie des 20. Jahrhunderts erstmals aufregend wurde: beim Bruch zwischen der liberalen und der dialektischen Theologie, beim Auseinanderfallen der Dogmatik Karl Barths und der Exegesen Rudolf Bultmanns. Hier – im Raum protestantischer Theologie – vollzog sich paradigmatisch ein Grundsatzkonflikt moderner Theologie, der auch für die katholische Theologie von grundsätzlicher Bedeutung ist. Das gilt es zu verstehen: Warum hat ausgerechnet die uralte Frage nach der Präexistenz des Gottessohnes im 20. Jahrhundert wieder neu die Gemüter erregt? Was sind die geistigen und gesellschaftlichen Gründe, die »hinter« den theologischen Phänomenen stecken?

Wir werden diese Geschichte bis in die Gegenwart hinein verfolgen (W. Pannenberg, J. Moltmann, E. Jüngel, G. Ebeling) und auch Wege katholischer Gegenwartstheologie beschreiben. Denn unübersehbar ist: Seit gut 15 Jahren vollzieht sich auch im Raum des *Katholischen* ein eigenes spannendes Kapitel neuzeitlicher Theologie, eine Debatte um die Erneuerung der Christologie, die möglich wurde, seit katholische Theologen begonnen haben, nach der »Schleifung« der neuscholastischen Bastionen (H. U. v. Balthasar) sich der kritischen Exegese zu öffnen. Auch katholische Theologie der Gegenwart (K. Rahner, H. Küng, W. Kasper, E. Schillebeeckx, J. Sobrino) weiß: Die Plausibilität der klassischen chalkedonischen »Zwei-Naturen-Christologie« ist in Frage gestellt. Gewiß: Man mag die spekulative Leistung dieser Christologie nach wie vor bewundern, ihr (letztlich doch auch) soteriologisches Interesse hervorheben, ihre großen Intentionen bei der Auseinandersetzung mit der hellenistischen Philosophie bejahen (christliche »Katharsis« des Hellenismus). Aber eine schlichte Repetition der klassischen Formeln? Jesus Christus: die eine – göttliche! – Person in zwei Naturen? Gott selbst: eine Natur in drei Personen? Das wird heute auch katholischerseits als problematisch empfunden, so sehr man das chalkedonische »vere deus – vere homo« als »Wegmarken« jeglichen christologischen Denkens akzeptiert.[26]

Grundabsicht und Reichweite dieser Studie können nun bestimmt werden: *»Geboren vor aller Zeit«?* Das Fragezeichen hinter unserem Haupttitel will den Fragen und Zweifeln zahlloser Zeitgenossen gerecht werden, die oft genug verständnislos vor den traditionellen theologischen Formeln stehen. Ein Beitrag zum Verständnis dieser hohen christologischen Aussagen soll hier gewagt werden. Gefragt wird nach der Kommunikabilität eines schwierigen christologischen Topos im Horizont des 20. Jahrhunderts. *»Der Streit um Christi Ursprung«*: Dieser Untertitel will im Lichte der Sätze Papst Johannes XXIII., die wir als Motto vor diese Studie gesetzt haben, richtig verstanden sein: So wie Johannes XXIII. die alte Lehre als bekannt voraussetzte und es nicht als Aufgabe eines Konzils ansah, diese weitschweifig zu wiederholen, so setzen wir auch hier die klassische Lehre voraus. Was wir hier vorlegen, ist ein Beitrag zur *theologischen Grundlagenforschung im Blick auf diese Lehre*. Und Aufgabe solcher *Grundlagenforschung* kann es nicht sein, weitschweifig Bekanntes nur zu reproduzieren. Das lohnte ebenfalls die Mühe einer umfangreichen Studie nicht. Nein, so wie Papst Johannes es dem Konzil zur Aufgabe machte, angesichts aufgebrochener *neuer Fragen* die alte Lehre neu zu formulieren, so muß es – inspiriert vom Geist dieses Konzils – Aufgabe heutiger theologischer Forschung sein, dem »modernen Denken« einerseits und der »alten Lehre« andererseits vor neuem Problemhorizont kritisch gerecht zu werden.

Wir wollen und können hier freilich weder eine neue Christologie noch – als Konsequenz unserer Untersuchung – eine neue Trinitätslehre entwickeln. Das erforderte die Einbeziehung der patristischen Forschung und der dogmengeschichtlichen Diskussion in diesem Jahrhundert, was den Umfang dieser Studie vollends gesprengt hätte. Wir können uns hier nur auf die kritische Sichtung und Aufarbeitung desjenigen »Streites« beschränken, der im Raum von systematischer Theologie und Exegese geführt wurde – mit dem Ziel, zu einer Antwort zu gelangen, die sowohl schriftgemäß wie zeitgemäß zugleich ist.

Und so ergibt sich als Ausgangslage dieser Studie:

(1) Die weitverzweigte, komplexe innertheologische Diskussionslage ruft nach *systematischer Klärung*. Nicht darum kann es gehen, mit eigenen neuen Theorien alte zu übertrumpfen, sondern darum, das Sachproblem der Debatte freizulegen und die vielen von Theologen in den letzten Jahren ausgezogenen Gesprächsfäden aufzugreifen und neu zu bündeln. Präexistenzchristologische Aussagen müssen sich heute vor dieser komplexen Argumentationslage verantworten.

(2) Die *exegetischen Forschungen* fördern unablässig Ergebnisse zutage, die systematisch *auszuwerten* sind. Nicht darum geht es, die biblischen Forschungen mit eigenen neuen Varianten zu bereichern, sondern darum, die dogmatischen Glaubensaussagen im Lichte der biblischen Erkenntnisse neu kritisch zu prüfen. Präexistenzchristolo-

gische Aussagen der Dogmatik müssen sich vom komplexen Befund der Schrift her verantworten.

(3) Der Zusammenbruch alter theologischer Plausibilitäten ruft nach *neuen Begründungen und Legitimationen*. Nicht darum kann es gehen, alte Formeln einfach zu wiederholen oder simpel zu verwerfen, sondern darum, in einem Akt »zweiter Affirmation«, das heißt: *nach* einem Prozeß historischer, systematischer und hermeneutischer Klärung, neue Plausibilitäten im Horizont gegenwärtiger Erfahrungen (Feminismus, Befreiungstheologie, Kunst, Literatur, Naturwissenschaft) zu ermöglichen. Präexistenzchristologische Aussagen müssen sich heute vor einem gewandelten Zeit- und Wirklichkeitsverständnis verantworten.

Unser Ziel wäre erreicht, wenn es gelänge, so von der Ewigkeit des Gottessohnes zu reden, daß die biblischen Vorgaben selbstkritisch aufgenommen, die Grundintentionen der kirchlichen Tradition bewahrt, die ökumenische Herausforderung gesichtet und eine neue Plausibilität und Sprachgestalt für unsere Zeit gefunden wäre. Angestrebt wird ein systematisch-theologisches Gespräch – auf biblischer Grundlage, in ökumenischer Verantwortung und in zeitgenössischem Verstehensinteresse.

ERSTER HAUPTTEIL
Gescheiterte Gespräche gestern:

Christologie im Streit um Geschichte, Offenbarung und Mythos

A. Schlichtheit des Evangeliums – nicht Christologie: Adolf von Harnack

Wir nehmen das theologische Gespräch dort auf, wo es zu Beginn unseres Jahrhunderts schon einmal abgebrochen wurde, ja auf epochale Weise gescheitert ist. Im Konflikt der beiden großen, so gegensätzlichen Repräsentanten der protestantischen Theologie *Adolf von Harnack* und *Karl Barth* brechen Grundfragen der Christologie auf, die uns noch gegenwärtig in Atem halten. Gewiß: die oft als »liberale Theologie« verächtlich gemachte Arbeit Harnacks hat weder in der protestantischen[1] noch erst recht in der katholischen Theologie[2] heutzutage viel Kredit. Ob aber all die Theologen, die Harnack mit leichter Hand verabschiedet, ihn auch wirklich studiert haben? Die über ihn in Umlauf befindlichen politischen (»deutschnational«), theologischen (»liberal«) oder wissenschaftsgeschichtlichen (»überholt«[3]) Stereotypen legen das Gegenteil nahe.

Doch bei allen Vorbehalten gegen diese Theologie: Mit Verdikten ist uns nicht geholfen. Drei Gründe sind für unseren Einstieg mit diesem großen Vertreter der »historisierenden Richtung der Theologie« (E. Troeltsch)[4] maßgebend:

1. Mit Adolf von Harnack (1851–1930) hat die große, von Reimarus und Lessing initiierte, von Ferdinand Christian Baur und David Friedrich Strauß historisch vertiefte und von Friedrich Schleiermacher bis Albrecht Ritschl systematisch-theologisch verarbeitete *historisch-kritische Aufarbeitung der Christentumsgeschichte* einen letzten großen Exponenten gefunden, der bis ins 20. Jahrhundert hineinragt.

2. *Theologiegeschichtlich* bilden Werk und Person Harnacks für maßgebliche protestantische Theologen des 20. Jahrhunderts (Barth, Brunner, Gogarten, Tillich, Bonhoeffer, Bultmann) den entscheidenden Gegenpol, an dem sich ihr Denken entzündete und an dem sie ihren eigenen »ganz anderen« Ansatz herausprofilierten. Wer Karl Barth verstehen will, muß nicht nur Kierkegaard und Dostojewski, Feuerbach und Overbeck, Schleiermacher und die Blumhardts, der muß auch Adolf von Harnack verstehen. Um der Generation nach Harnack willen ist unser Einstieg wichtig.

3. *Wirkungsgeschichtlich* ist das von Harnack entworfene Bild vom

Christentum, besonders sein Verständnis Jesu Christi, nicht hoch genug einzuschätzen. Rudolf Bultmanns Bewertung, die er in einem Geleitwort zur Neuausgabe von Harnacks berühmtem »Wesen des Christentums« gab, ist auch heute nichts hinzuzufügen: »Der junge Theologe«, schrieb Bultmann 1950, »wird daraus auch lernen, welche Vorstellungen vom Christentum er in weiten Kreisen gebildeter und halbgebildeter Laien, an die sich seine Predigt und Lehre wenden soll, voraussetzen muß. Denn es ist kein Zweifel, daß das vulgäre Verständnis des christlichen Glaubens, soweit es nicht in bestimmten Kreisen durch die Tradition der Orthodoxie und des Pietismus geprägt ist, etwa dem von Harnack gezeichneten Bilde entspricht, auch wenn es nicht dessen Ernst und Feinheit erreicht.«[5]

Darum geht es: das gescheiterte Gespräch Harnack-Barth noch einmal aufzurollen, die Gründe des Scheiterns zu analysieren, um mit Hilfe beider Gesprächspartner Grundoptionen christologischen Denkens zu gewinnen.

I. Wider die Mysterien: Zurück zu den Ursprüngen

»Ich kann, soviel ich sehe, und ich glaube nichts Wesentliches zu übersehen, nicht einsehen, wie man die Lehre von der Präexistenz halten kann; würde ich sie halten, so müßte ich annehmen, daß in den heidnischen Völkern auch Gottesoffenbarungen stattgefunden haben, die sehr hoch anzuschlagen wären, denn nach allem, was ich übersehen kann, stammt diese Lehre doch aus heidnischer Philosophie, die sich um die Wende der alten Zeit mit semitischen Engel- und Präexistenzvorstellungen merkwürdig vermischt hat.«[6]

1. Schlüsselerfahrung des jungen Harnack

September 1873: 22 Jahre war Adolf von Harnack alt, als er – soeben zum Doktor der Theologie in Leipzig promoviert und bereits voll mit der Habilitation beschäftigt (beide Arbeiten Quellenstudien zum Gnostizismus betreffend) – diese Sätze an seinen Onkel und früheren Lehrer Moritz von Engelhardt ins heimatliche Dorpat schrieb. Es sind symptomatische Sätze in vielerlei Hinsicht. Denn der 1851 im baltischen Dorpat geborene Harnack hatte nach seinen Studienjahren an der Heimatuniversität (1869–1872) jetzt in Leipzig (ab 1872) begonnen, auf der Linie des von ihm verehrten Albrecht Ritschl und der historischen Jesus-Forschung *Kirchengeschichte* konsequent als *Geschichtswissenschaft* zu betreiben: als »Teilgebiet der gesamten Geistesgeschichte der Menschheit, das mit denselben Mitteln und nach denselben Methoden bearbeitet und erforscht werden muß, wie Geschichte überhaupt«.[7] Ja, er, der Sohn des streng orthodoxen lutherischen Theologieprofessors Theodosius Harnack, hatte ebenfalls angefangen, in Sachen des Glaubens für sich die *Dogmatik* gleichsam vom idealistischen Kopf *auf die geschichtlichen Füße* zu stellen. Schon der Zweiundzwanzigjährige zieht aus seinem geschichtlichen Ansatz die kühne Konsequenz, »daß auch *das* alles wirklich zuerst behandelt wird, was das maßgebende Ursprüngliche, das Fundament ist, und daß alles andere auch als Abgeleitetes wirklich erscheine, dem nimmermehr eine andere Geltung zukommen darf«.[8] Begreiflich, daß sich gerade an der Lehre von der vor-geschichtlichen Existenz Jesu Christi Harnacks Kritik entzünden mußte, so wie er es bei seinen großen Vorbildern Schleiermacher und Ritschl gelernt hatte, für die bereits Aussagen über die Präexistenz Christi theologisch irrelevant gewesen waren.[9] Wie kaum eine andere Frage wurde gerade die Präexistenz Christi zu einem Schlüsselproblem auch für den jungen, aufstrebenden Theologen.

Schon früh also sah Harnack in der seinerzeit geläufigen Einteilung der Dogmatik einen »verhängnisvollen Irrtum«. Warum? Weil die Dogmatik damit ein einziges Mißverständnis erzeuge. Denn schicke man »der eigentlichen Rechtfertigungs- und Erlösungslehre alle die Partien von Gottes Wesen, Dreieinigkeit und Christologie voraus«, so müsse sich ja »der Mißverstand einschleichen, als bedingten diese für uns jene, während es sich doch gerade umgekehrt verhält, und wir nur durch jene zu diesen gelangen. Daß Jemand – und wie Viele! – noch immer Anlaß nehmen können, *weil* sie die Trinität bezweifeln, auch das Christentum zu bezweifeln..., ist doch schon Grund genug, von Anfang an das Gebäude nicht vom Abstrakten zum Konkreten, sondern von der Erde zum Himmel zu bauen.«[10]

Das geschichtlich Ursprüngliche *vor* das Abgeleitete zu stellen, das Konkrete *vor* das Abstrakte, von der Erde zum Himmel aufzusteigen, erforderte für Harnack von der systematischen Theologie eine entschiedene *Sachkritik*. Er meinte genug geschichtlich »gesehen« zu haben (allein in der Leipziger Zeit bis 1872 ca. 90 Veröffentlichungen), um etwa die »Lehre von der Präexistenz« ablehnen zu können. Die üblichen Schwierigkeiten eines der konkreten Christengemeinde fernstehenden »Intellektuellen«? Nein, es war keineswegs nur die historisch-wissenschaftliche Forschung allein, die Harnack zur Überzeugung veranlaßte, »daß man wird lernen müssen, manches von den Formen unseres christlichen Glaubens abzutrennen, was man durch Gewöhnung und Sitte eng mit seinem innersten Wesen verknüpft glaubt«[11]. Es war vor allem die Erfahrung des Auseinanderfallens von »Theologie und Christentum«, die er als *Religionslehrer* (an zwei führenden Mädchenschulen), Prediger und späterer Privatdozent schon in Leipzig hatte machen müssen. Harnack hatte am eigenen Leib erfahren, daß viele seiner Zeitgenossen das Christentum zwar »ergreifen« wollten, gleichzeitig aber die »sogenannten orthodoxen Lehren« nicht zu akzeptieren bereit waren. Er hatte genug Jugendliche erlebt, die an den undurchschaubaren »Mysterien« des Christentums Anstoß nahmen, aber mit diesen »Mysterien« auch das

Christentum generell abtaten.[12] Hier – im pastoralen Erfahrungsfeld also – war Harnacks Dogmenkritik mitbegründet und mitverschärft worden.

2. Das entscheidend Christliche

Wollte aber Harnack mit seiner Kritik an der Präexistenzlehre alles Christliche »wegoperieren«? Im Gegenteil: Er kritisierte die Lehre von der Präexistenz Christi gerade deshalb, weil sie ihm den Gedanken der *Einzigartigkeit der christlichen Offenbarung* in Frage zu stellen schien. Harnack wird nur dann richtig verstanden, wenn man erkennt: positiv ging es ihm darum, »das Bild Christi von allem frei (zu) machen, was eine geschichtliche Betrachtung des Herrn hindert oder überflüssig zu machen scheint und damit den Weg zu einem lebendigen Glauben versperrt« – so der Jesuit Karlheinz Neufeld in seinen Harnack-Studien zu Recht.[13] In der Tat, zwei Jahre nach seiner Präexistenzkritik kann Harnack 1875 an Engelhardt schreiben: »Ich will nicht müde werden, es zu wiederholen und immer wieder mir selbst und den Anderen zu sagen, daß auf die Kräfte unseres Denkens in Bezug auf ein seliges und fröhliches Leben nichts zu bauen sei, und daß das Heil lediglich ein *geschichtliches* sein könne, das wir ergreifen müssen. Ich habe keinen Gedanken, den ich mit größerer Sicherheit denke, wie diesen, und er ist das Fundament meiner ganzen Lebensbetrachtung. Darum ist mir alle philosophische Verflüchtigung unseres Heilandes und dessen, was wir durch ihn haben, im Grund meiner Seele ein Zuwideres, und ich will keines anderen Glaubens Prophet sein, wenn Gott mir dieses vergönnt, als dieses, daß es gilt, nicht gleiche Empfindungen etwa wie Christus in sich hervorzurufen, sondern ihn selbst zu ergreifen.«[14]

Darum also ging es: Nicht das »Christliche« wegzuoperieren, sondern im Gegenteil, dessen »philosophischer Verflüchtigung« zu wehren! Denn Harnack war früh davon überzeugt: das Christentum dürfe den Menschen keine unlösbaren Rätsel aufgeben. »*Mysterien*« seien die *Hauptsache nicht*, und die gläubige Anerkennung und Kontemplierung der »Mysterien« mache einen Christen nicht zum Christen. Nein, Christen lebten »von den einfachen, schlichten und kindlich großen Offenbarungen, daß Gott ihr Vater ist, daß er uns in Christus, als dem Spiegel des väterlichen Herzens Gottes (wie Luther sagt), allein erkennbar und gewiß ist, daß unsere Sünde uns von Gott geschieden hat, und daß Gottes Erbarmen größer ist als unser Herz und unsere Sünde.«[15] Waren das Bekenntnisse eines heimlichen Rationalisten? Im Gegenteil: Harnack plädiert für ein Christentum, bei dem in höchstem Maße *Glauben* nötig sei. Warum? Weil uns Menschen nichts mehr *wider* die Natur und *wider* den Aberglauben gehe, als uns eines wirklichen Gottes, der uns liebhabe, zu getrösten. Nicht nötig dagegen sei »die gläubige Anerkennung irgend eines Mysteriums«![16]

Schon früh also ist eine *Doppelbewegung* Harnacks in Sachen Christologie erkennbar: *Ablehnung* aller »philosophischen Verflüchtigung unseres Heilandes« durch Spekulationen über seine Person, durch unlösbare Rätsel und Mysterien. Und gleichzeitig *Herausstellung des entscheidend Christlichen*, das auf einer »hellen Offenbarung« beruhe: Vertrauen auf die Macht, Barmherzigkeit und Güte Gottes gegenüber den Menschen in Jesus Christus. Zehn Jahre nach der ersten Präexistenzkritik hat diese christologische Grundsatzposition Harnacks ihre endgültige Form erreicht. In einem Brief aus dem Jahre 1883 kann der 32jährige Theologe – mittlerweile von Leipzig nach Gießen berufen (1879–1886) – bereits sarkastisch werden, wenn er sich gegen die orthodoxe Christologie wehren zu müssen meinte: Habe denn Christus, wenn er davon spreche, daß die Seinen Gott kennen, die Trinität gemeint? Habe denn Christus, wenn er sage, daß seine Jünger ihn kennen, gemeint, sie müßten wissen, daß er zwei Naturen habe, eine göttliche und eine menschliche? Nein: für Harnack ist im Christentum das Bekenntnis entscheidend: »daß Gott sich in Christus zu uns herabgelassen hat«. Und dann folgt im gleichen Brief die für Harnacks Christologie entscheidende *Schlüsselpassage*: »›Christus wahrhaftiger Gott und wahrhaftiger Mensch‹ – dieses Dogma antwortet auf die Frage: wie muß Christus seiner Naturausstattung nach beschaffen gewesen sein, damit er die Offenbarung Gottes und mein Heiland sein kann? Ist das eine Frage des Glaubens? Ich denke, das ist eine Frage unseres kleinen Denkens, unserer Neugier und unseres Vorwitzes. Der Glaube der Gläubigen in der christlichen Gemeinschaft sieht und erfährt, daß Gott sich in Christus zu uns herabgelassen hat. Will jemand untersuchen, wie denn dieser Christus beschaffen gewesen sein muß in seiner Natur, so wehre ich ihm nicht. Aber wenn er den Anspruch erhebt, die Paradoxien, auf die er bei der Beantwortung dieser Frage notwendig gerät, zum Wesen des Glaubens und zum positiven Christentum zu machen, so sträube ich mich, nicht im Interesse der Vernunft, sondern im Interesse des christlichen Glaubens. Denn dieser Glaube verträgt es nicht, daß man seine Gewißheit an Paradoxien hängt; er ruht auf einer hellen Offenbarung. Und wie verhängnisvoll wird infolge dieser Umsetzung die Predigt des Evangeliums umgestaltet! Nun erscheint als das Entscheidende, ob einer die Trinität, die kirchliche Christologie usw. glaubt, anstatt, daß das Entscheidende ist, ob einer aufhört, der Welt und sich selber zu dienen, und auf Gott sein felsenfestes Vertrauen setzt.«[17]

II. Die Geschichte der Präexistenzidee als ihre Kritik: Das »Lehrbuch der Dogmengeschichte«

Diese für Harnack charakteristische Zuspitzung – hier die dunklen Mysterien und Paradoxien der dogmatischen Tradition, dort die helle Offenbarung der Christusbotschaft; hier die intellektuelle und wirklichkeitsfremd gewordene dogmatische Begrifflichkeit, dort die existenziell gelebte, den Einzelnen in seiner Lebenswelt ergreifende Predigt vom gnädigen Gott; hier das abgeleitet Komplizierte der Dogmengeschichte, dort das ursprünglich Einfache der Christusverkündigung – wird fortan sein Denken bestimmen. Noch in seiner Gießener Zeit erscheint der erste Band seines »*Lehrbuchs der Dogmengeschichte*« (1885), und als der dritte und letzte Band erscheint, 1889, ist Harnack bereits – nach einem Zwischenspiel in Marburg (1886–1888) – an die Universität der Hauptstadt Berlin berufen.

Und doch: So sehr Harnack 37jährig seine Universitätskarriere mit der Prestige-Berufung nach Berlin zu krönen vermochte, kirchenpolitisch war er bereits ein *hochumstrittener Mann*. Denn seine *Berufung nach Berlin* im Jahre 1888, dem berühmten Drei-Kaiser-Jahr in Deutschland (Tod Kaiser Wilhelms I. und Kaiser Friedrichs III., Thronbesteigung Wilhelms II.), hatte zu einer schweren Auseinandersetzung zwischen dem Preußischen Kultusministerium einerseits und dem Evangelischen Oberkirchenrat andererseits geführt. Harnack wurde erstmals ein öffentlicher »Fall«, kontrovers diskutiert in der konservativen wie liberalen Presse.[18]

Was war denn so schlimm an der Harnackschen Dogmengeschichte? Hatte er denn nicht bloß – wie er gespielt-unschuldig bereits in der Rückschau 1909 schrieb – der einst »so steifen Disziplin der Dogmengeschichte so viel Leben zu geben versucht als ihre Natur verträgt und ich vermochte?«[19] Stärker wird man kaum untertreiben können! Denn der 34jährige Harnack hatte 1885 mit dem ersten Band seiner »Dogmengeschichte« nicht mehr und nicht weniger als eine neue große *Gesamtkonzeption christlicher Dogmengeschichtsschreibung* vorgelegt. In großen geschichtlichen Bögen hatte er die Geschichte eines Fortschritts (vom Alten Testament zum »Evangelium«) ebenso zu erzählen begonnen wie die Geschichte eines Abfalls (Verbindung des »Evangeliums« mit der griechischen Metaphysik), um schließlich bei der Geschichte einer Auflösung zu enden: Bei der Zertrümmerung des Dogmas durch Martin Luther und bei einer Kirche als reiner (undogmatischer) Gesinnungs- und Glaubensgemeinschaft.[20] Das war – keine Frage – in Anlage und Durchführung nicht mehr und nicht weniger als der endgültige Abschied von der lutherischen Orthodoxie, von der Theologie seines Vaters Theodosius inklusive, mit dem es denn auch über diesen ersten Band der Dogmengeschichte zum definitiven Bruch kam.

Daß Harnack schließlich doch nach Berlin berufen wurde, hatte er neben der Unterstützung durch zahlreiche andere Theologen vor allem dem Selbstbewußtsein der preußischen Staatsregierung zu verdanken. Denn die von Bismarck geführte Administration hatte offenkundig nicht die Absicht, sich von der Kirche bevormunden zu lassen und die Freiheit der Wissenschaft unbegründeten, kirchlich einseitig motivierten Repressionen zu opfern. Auch der junge, neue Kaiser – zunächst zögerlich – konnte schließlich gewonnen werden und soll die Berufungsurkunde mit der Bemerkung unterschrieben haben: »Ich will keine Mucker«![21]

In der Tat: Von einem Geist des Muckertums war denn auch bei dieser kritischen Aufarbeitung der christlichen Dogmengeschichte nichts zu spüren. Stufe für Stufe versuchte Harnack, die »Entstehung der apostolisch-katholischen Glaubenslehre« aus den Anfängen der Schrift heraus zu rekonstruieren. Bei der Überfülle des Materials müssen wir uns hier auf die Entwicklung der Präexistenzvorstellung beschränken. Wir versuchen, zunächst Harnacks Kritik in aller Grundsätzlichkeit und Schärfe zur Kenntnis zu nehmen.

1. Was Harnack bekämpfte

Wer die Herausforderung der »Dogmengeschichte« an jede christologische Orthodoxie wirklich verstehen will, muß ebenso wie Harnack von einem alles entscheidenden *Bruch in der Geschichte des Christentums* beunruhigt sein:

Da ist – auf der *einen Seite* – der Jude *Jesus von Nazaret*, der Verkünder der Gottesherrschaft, der Sündenvergebung und der besseren Gerechtigkeit, der nicht seine Person, sondern Gott, den er seinen »Vater« nannte, ins Zentrum seiner Verkündigung gestellt hat. Von einem bestimmten Zeitpunkt seines Wirkens an hat sich – Harnack zufolge – dieser Jesus als der von Gott bestimmte Messias gewußt – aufgrund seines einzigartigen, inneren Verhältnisses zu Gott. Zwei Aspekte sind entscheidend, auf die Harnack auch später immer wieder Wert legen wird: (1) Jesu Gewißheit von seiner Sohnschaft und Messianität gründet in seiner einzigartigen Gotteserkenntnis, seinem intimen Gottesbewußtsein – ein Geheimnis, das von außen weder erklärbar noch auslotbar ist. (2) Diese einzigartige Gottesbeziehung hat Jesus selbst »nicht durch Enthüllungen über das Geheimnis seiner Person, sondern durch Enthüllung des Vaters, den Eindruck seines Lebens und die Deutung seines Todes«[22] unterstrichen.

Genau dies aber – und das ist die *andere Seite* – war Harnack zufolge *ab dem zweiten Jahrhundert* geschehen: die Enthüllung des Geheimnisses von Jesu Person. Jetzt – *nach* der neutestamentlichen Periode – in der Zeit der Apostolischen Väter und der frühchristlichen Apologeten, ist schon das geistige Klima ein völlig anderes. Bei allen Unterschieden in den jeweiligen christologischen Konzeptionen (vor allem bei den Apostolischen Vätern): Unaufhaltsam setzt sich – nach Auseinandersetzung mit dem Gnostizismus und dem Marcionitismus – eine »Fixierung und allmähliche Hellenisierung des Christentums als Glaubenslehre« durch.[23] Auch dies ist für Harnack entscheidend und bleibt für sein weiteres Werk prägend: ab dem 2. Jahrhundert kommt es im Christentum zu einer *gefährlichen Hellenisierung* (freilich nur in Reaktion auf eine fortgeschrittene, akute Hellenisierung der Umwelt) und damit zu einer Auslieferung des Christentums an philosophische, kosmologische, spekulative Denksysteme.

Was heißt das für die Entwicklung der *Präexistenzchristologie*?

Harnack sah: Schon *Apostolische Väter* wie Barnabas, Clemens und Ignatius hatten eine »pneumatische Christologie« vertreten: d. h. waren der Auffassung gewesen, daß Jesus das höchste himmlische Geistwesen neben Gott sei, das auf Erden erschien, ein Menschenleben durchlief und nach Vollendung seines Werkes wieder in den Himmel zurückkehrte. Insbesondere lasse Justin erkennen, »daß er sich ein Christentum ohne den Glauben an die Präexistenz Christi eigentlich gar nicht zu denken vermag«.[24] Und all dies freilich noch im Gegensatz zu einer »adoptianischen Christologie« bei anderen Apostolischen Vätern (Hirt des Hermas), für die Jesus nichts als ein Mensch gewesen sei, den Gott sich erwählt habe. Und all dies im Gegensatz noch zu liturgischen Formeln, Gebeten, Bekenntnissen in dieser Zeit, die »kaum jemals die Präexistenz Christi angesprochen« hätten.[25]

Die Folge solch einer *»pneumatischen Christologie«*? Jesus Christus sei nun immer stärker seinem jüdisch-alttestamentlichen Wurzelboden entrissen und »auf den hellenistischen und kosmologischen Boden verpflanzt« worden. Christus sei jetzt – so Harnack – »auch als präexistenter eine selbstständige Größe neben Gott. Die Präexistenz bezieht sich nicht auf seine gesamte Erscheinung, sondern nur auf einen Teil seines Wesens. Sie dient nicht in erster Linie dazu, die Weisheit und Macht Gottes zu verherrlichen . . ., sondern sie verherrlicht Christus und bedroht damit die Monarchie Gottes.« *Konsequenz?* »Die Erscheinung Christi ist nun eine ›Fleischesannahme‹, und sehr bald mußten daher die verworrenen Fragen über die Verbindung des himmlischen Geistwesens mit dem Fleische auftauchen und wurden zunächsten durch die Theorien eines naiven Doketismus entschieden . . . So wurde die christliche Religion hineingezogen in die raffinierte Askese einer untergehenden Kultur und ihrer in der Schlichtheit so ernsten Moral ein fremder Unterbau gegeben.«[26]

Damit war für Harnack klar: Ab dem 2. Jahrhundert sieht sich das Christentum in eine »untergehende« Kultur hineingezogen und von seinem Ursprung gänzlich entfremdet. Es kommt – insbesondere bei den Apologeten – zu einer *Intellektualisierung und Doktrinalisierung des Christentums*. Und wie sehr sich dadurch in Sachen Christologie die ursprünglichen Akzente verschoben hatten, ja wie sehr eine solch hellenistische Christologie zu einer Bedrohung des ursprünglich jüdischen Gottesbildes sich entwickelte, macht Harnack mit einem Zitat seines Weggefährten, des Dogmengeschichtlers Friedrich Loofs, klar:

»Die Apologeten haben, die Übertragung des Sohnesbegriffs auf den *präexistenten* Christus als selbstverständlich betrachtend, die Entstehung des christologischen Problems des 4. Jahrh. ermöglicht; sie haben den Ausgangspunkt des christologischen Denkens verschoben (von dem historischen Christus weg in die Präexistenz), Jesu Leben der Menschwerdung gegenüber in den Schatten gerückt; sie haben die Christologie mit der Kosmologie verbunden, mit der Soteriologie sie nicht zu verknüpfen vermocht.«[27]

Das also war Harnacks *entscheidender Punkt*: Schaut man sich die Entwicklung der Christologie an, wie aus dem Verkünder der Gottesherrschaft eine Art geistiges Himmelswesen wurde, wie aus der intimen, geheimnishaften, persönlichen Gottesbeziehung des Nazareners eine Theorie über seine göttlich-menschliche Natur wurde; wie das schlichte Evangelium sich in eine philosophische Theorie aufgelöst findet; wie durch die Verselbständigung eines himmlischen Christus neben Gott die Monarchie Gottes nun bedroht ist, so kann man die Geschichte dieser Christologie nur als *Verlustgeschichte* erzählen: als Abfall vom Ursprung; als Verdrängung des historischen Jesus durch den präexistenten Christus; als intellektualistische, spekulative, kosmologische Entfremdung von der ursprünglichen Verkündigung Jesu. Hatte Harnack nicht recht, wenn er seine Kritik an *dieser* Geschichte auf die luzide Formel brachte: »Die Entwicklungsgeschichte der Präexistenzvorstellungen ist zugleich ihre Kritik, so daß man den Recurs auf unsere heutige Erkenntnistheorie, die dergleichen Speculationen nicht mehr zuläßt, entbehren kann. Erst durch den Hellenismus ist die Problemstellung hervorgebracht, die Bedeutung Christi durch eine Spekulation über seine Naturen festzustellen und an diese die konkreten Züge des geschichtlichen Christus zu heften.«[28] Das hieß im Klartext: Schon die Rekonstruktion der Geschichte selbst zeigt die Unhaltbarkeit der Präexistenzvorstellung in einem Maße, daß wir unsere heutige, nachaufklärerische Erkenntniskritik noch nicht einmal zuhilfe nehmen müssen, um sie als Christen zu entlarven und abzulegen. *Präexistenzvorstellungen dieser Art sind als unbiblisch, unjesuanisch und unvernünftig abzulehnen.* Was gab es da noch zu sagen?

Und doch gilt es mit Harnack auch hier noch einmal einen *Kontrapunkt* zu setzen. Denn Harnack fährt an gleicher Stelle mit einem »Aber« fort: »Aber selbst solche neutestamentliche Schriftsteller, die hier von dem Hellenismus irgendwie beeinflußt erscheinen, haben nicht eigentlich über die Naturen spekuliert, sondern – das Geistwesen Christus vorausgesetzt – die religiöse Bedeutung Christi an der Gesinnung desselben festgestellt: Paulus an der sittlichen Tat der Erniedrigung und des Gehorsams bis zum Tode, Johannes an der vollkommenen Abhängigkeit Christi von Gott und daher ebenfalls an dem Gehorsam wie an der zwischen Gott und Sohn waltenden Liebe.«[29]

Wie das? Sollte es doch eine Präexistenzvorstellung geben, die Harnack bereit wäre zu akzeptieren? Sollte es nach der destruktiven auch eine konstruktive Seite von Harnacks Denken geben? Sie gibt es in der Tat! Denn Harnack sieht sehr deutlich, daß es im Neuen Testament selbst eine Interpretationsbreite der Präexistenz Christi gibt, auf die seine Kritik nicht zutrifft. Wo? Es gibt sie in der Theologie des Paulus und des Johannes.

2. *Was Harnack bejahte*

Schon der ganz junge Harnack hatte ja erkannt, daß die Präexistenzvorstellung als solche keine christliche Erfindung war. Was sich im Neuen Testament an solchen Vorstellungen aufbewahrt habe, sei ein Produkt des jüdischen Hellenismus, zusammengewachsen aus spezifisch hellenistischen wie spezifisch jüdischen Elementen. Die jüdischen und die hellenistischen Präexistenzvorstellungen seien ursprünglich völlig verschieden gewesen, und Harnack versucht, ein Modell dieser Präexistenzvorstellungen idealtypisch zu rekonstruieren.[30] Für das *Judentum* sei die Vorstellung entscheidend, daß Gott durch die Geschichte nicht überrascht werde, sondern stets der *Herr der Geschichte* sei und bleibe: Alles, was in der Geschichte geschehe, sei schon vorher »bei Gott«, in Gottes »Plan« gewesen, habe Gott »vor Augen« gestanden, bevor es *ohne Substanzverlust* aus der himmlischen Verborgenheit in die irdische Öffentlichkeit getreten sei (älteste Vorstellung: Moses bildet nach himmlischem Vorbild die Stiftshütte: Ex 25,9.40; 26,30; 27,8; Num 8,4). Ganz anders freilich im *Hellenismus*, für dessen Philosophie – von Platon ausgebildet – ja von vornherein die Vorstellung von göttlichen, präexistenten, ewigen Ideen charakteristisch gewesen sei. Entscheidend sei hier jetzt der *Gegensatz von Geist und Materie*. Die präexistenten ewigen Ideen erschienen auf Erden gerade nicht so, wie sie »vor Gott« gestanden hätten. Ihr Abstieg aus der himmlischen in die niedrige, irdische

Sphäre bedeute Abwertung, Verlust: »Fleischannahme« sei etwas Negatives. So auch im *jüdischen Hellenismus*. Zwar sei es hier zunächst zu einer wichtigen Verschiebung gekommen, *insofern hier* erstmals die Präexistenz von Personen behauptet (Moses) und die Vorstellung von einem präexistenten Messias entwickelt worden sei, den die Juden sich freilich noch als Menschen vorgestellt hätten. Zum anderen aber sei es in apokalyptischen Kreisen innerjüdisch auch erstmals zu einer Abwertung der irdischen Abbilder gegenüber den himmlischen Urbildern gekommen. Wir selber werden über diese Entwicklung in unserem zweiten Hauptteil ausführlich berichten.

Und im *Neuen Testament*? Das Neue Testament weist nach Harnack eine *große Spannweite verschiedener Präexistenzvorstellungen* auf. Da gibt es *zum einen* »von geborenen Juden geschriebene christliche Schriften«, in denen sich »keine Spekulationen über die vorweltliche Existenz Jesu als des Messias«[31] finden oder nur solche, »die lediglich die altjüdische religiöse Vorstellungsart zum Ausdruck bringen und nur darin sich von ihr unterscheiden, daß sie die Erhöhung Jesu nach dem Tode durch die Auferweckung betonen.«[32] Gemeint ist damit die erwähnte altjüdische Vorstellung einer *Vorausexistenz in Gottes Gedanken*, wie sie sich für Harnack in reinster Form noch im Ersten Petrusbrief aufbewahrt hatte: »Er (Christus) war schon vor der Erschaffung der Welt dazu ausersehen, um Euretwillen ist er am Ende der Zeiten erschienen. Durch ihn seid Ihr zum Glauben an Gott gekommen, der ihn von den Toten auferweckt und ihm die Herrlichkeit gegeben hat, so daß Ihr an Gott glauben und auf ihn hoffen könnt« (1,20f.).

Zum anderen aber kennt das Neue Testament Harnack zufolge auch Schriften, »welche die Art seiner (Jesu) Präexistenz, resp. seiner himmlischen Existenz näher bestimmen«.[33] So werde ja in 2 Kor 4,4 und Kol 1,15 Christus als »Ebenbild« Gottes bezeichnet; Hebr 1,3 spreche von Christus als »Abglanz der Herrlichkeit« und »Abbild des Wesens« Gottes; Phil 2,6 nenne Christus sogar »Gott gleich«; Röm 8,29 erkläre Christus zum »Erstgeborenen von vielen Brüdern«; in Kol 1,18 sei Christus »der Ursprung« und in Eph 1,4 »erwählt vor der Erschaffung der Welt«! Und doch muß man hier – Harnack zufolge – genauer hinschauen, etwa auf die Christologie des Paulus.

Denn obwohl die *paulinische Christologie* schon stark vom hellenistischen Gegensatz von Fleisch und Geist geprägt gewesen sei, nehme sie doch – so Harnack – noch eine *Mittelstellung* zwischen der jüdischen und hellenistischen Präexistenzvorstellung ein.[34] Warum? Weil bei Paulus einerseits noch Kreuz und Auferweckung im Zentrum seiner Christologie stünden und damit die Vorstellung, daß Jesus *erst als Auferweckter* (Röm 1,3 f.) ein Geistwesen geworden und als Geistwesen weiterhin präsent sei (1 Kor 15,45 f.). Andererseits sei gerade diese Geist-Christologie für Paulus auch zum *Ausgangspunkt einer Spekulation geworden*: »Entscheidend für die Umwandlung ist die Lehre von ›Geist‹ und ›Fleisch‹ des Apostels gewesen und die ihr entsprechende Überzeugung, daß der Christus, der nicht ›nach dem Fleische‹ zu erkennen ist, Geist ist, nämlich das mächtige Geistwesen, welches die Sünde im Fleisch verdammt und es damit den Menschen ermöglicht hat, nicht nach dem Fleische zu wandeln, sondern nach dem Geist.«[35] Anders gesagt: Paulus ist für Harnack der erste Christ gewesen, der eine Präexistenzvorstellung überhaupt erst aktivierte, indem er den präexistenten Christus (als Geist) zu einem handelnden Wesen gemacht, das schon in seiner Präexistenz *selbständig neben Gott* gestanden habe. Harnack wörtlich: »Paulus ist der erste gewesen, welcher das ›Fleisch‹ Christi als ›assumpta‹ bezeichnete und in seiner Annahme an sich eine Erniedrigung erkannt hat« (etwa: 2 Kor 8,9; Phil 2,5 f.; Röm 8,3).[36]

Und *Johannes*? Auch die johanneischen Schriften nehmen für Harnack ebenfalls noch eine »Mittelstellung« ein. Zwar sei etwa der Prolog im Johannesevangelium ganz und gar hellenistisch, dennoch walte durch das ganze Evangelium hindurch in der Hauptsache die Vorstellung »von Christus, dem Sohne Gottes, vor, der, obschon mit Gott wesenhaft verbunden, doch in Gehorsam das ausführt, was ihm der Vater gezeigt und gegeben« habe. Gerade die Abschiedsreden des johanneischen Christus (Jo 13–16) und das »hohepriesterliche Gebet« (Jo 17) zeigten »nichts Hellenistisches«, d. h. überhaupt keine kosmologischen Spekulationen, sondern das innere Leben eines Mannes, der sich in einer einzigartigen und überzeitlichen Einheit mit Gott wisse. So stark auch immer bei Johannes von der Präexistenz Christi gesprochen werde, so wenig sei in diesem Evangelium – vom Prolog abgesehen – eine (typisch hellenistische) Scheidung von Geist (Logos) und Fleisch in Christus vorausgesetzt. »Alles Erhabene« gelte von der »ganzen Persönlichkeit« Christi: »Derselbe, der ›nichts von sich selber thun kann‹, ist auch der, der einst herrlich war und verherrlicht werden wird.« Gerade diese Vorstellung aber lasse sich noch immer – davon ist Harnack überzeugt – auf das altjüdische

Präexistenzmodell »vorauserkannt vor Grundlegung der Welt« zurückführen, wenn auch bei Johannes der von Gott Vorauserkannte schon immer eine eigentümliche »doxa« gehabt habe. Auch in anderen johanneischen Wendungen trete diese »älteste Auffassung« noch zutage (z. B. Jo 1,31; 5,19; 5,36; 8,40; 12,49; 15,15). Die johanneische Präexistenzvorstellung stehe somit ebenfalls noch zwischen der jüdischen (Vorauserkenntnis) und der hellenistischen (Erniedrigung eines himmlischen Geistwesens) Tradition.[37]

Damit ist für Harnacks Einschätzung neutestamentlicher Christologie dreierlei charakteristisch:

(1) *Pluralität verschiedener Präexistenzvorstellungen.* Warum? Weil in der näheren Bestimmung der Präexistenz »die Auffassungen der alten Lehrer (Paulus, der Verfasser des Hebräerbriefes, der Verfasser des Ersten Petrusbriefes, Johannes)« mannigfaltig auseinander gegangen seien.[38] Eine einheitliche Theorie, gar eine dogmatische Fixierung der Präexistenz Christi sei nirgends zu erkennen.

(2) Der *Charakter* der urchristlichen Präexistenzvorstellungen ist noch *jüdisch*: Die urchristliche Christologie sei hinsichtlich ihrer Präexistenzaussagen mit der jüdischen Messialogie noch durchaus vereinbar (vor allem: 1 Kor 15,45 f.; 1 Petr 1,18 ff.).[39]

(3) *Pluralität verschiedener Christologien*: Friedlich stünden im Neuen Testament neben der Präexistenzvorstellung solche Auffassungen, »welche in der Erhöhung (durch die Auferstehung) oder in der Verklärung auf dem Berge oder in der Geistmittheilung bei der Taufe die Einsetzung des Menschen Jesus zum Sohne Gottes erkannten oder aufgrund von Jes. 7 in der wunderbaren Entstehung Jesu den Keim seines einzigartigen Wesens gesetzt fanden«.[40]

Wir fragen nochmals: Worin besteht die *konstruktive Seite* der Harnackschen Interpretation? Antwort: Harnack kann die Präexistenz Christi auf der Linie der Theologien von Paulus und Johannes bejahen, solange der präexistente Christus die Einheit Gottes nicht gefährdet, kosmologische Spekulationen zurückgedrängt sind und sich ein Rückbezug zum Jesus der Geschichte noch erkennen läßt, kurz: solange der Raum alttestamentlicher Denkweise noch gewahrt und hellenistischer Intellektualismus und Doktrinalismus noch nicht Platz gegriffen haben.

Sobald aber ab dem zweiten Jahrhundert die paulinischen Vorstellungen von Christus als Pneuma und dem »Fleisch« als Erniedrigungsform immer stärker auf hellenistisch-philosophischen Boden fielen, mußten sie sich selbstständig weiterentwickeln. Aus Christus, werde nun immer mehr ein Wesen, das »zuerst Geist« gewesen sei, bevor es Fleisch angenommen habe (2 Clem 9,5). Hinzu sei die jüdische Messialogie mit ihrer Vorstellung gekommen, daß der Messias vor der Schöpfung ausersehen und deshalb Anfang der ganzen Schöpfung gewesen sei. Hier nun sieht Harnack das *Absprungbrett für die gesamte weitere christologische wie trinitätstheologische Entwicklung*. Sein Fazit ist wichtig genug, um als ganzes zitiert zu werden: »Dieser Gedanke wurde von den philosophierenden Griechen als ein Fundamentalsatz ergriffen, sofern sie nicht schon von selbst auf ihn geführt wurden, und streng kosmologisch gefaßt. Die *vollständige griechische Christologie* lautet nun so: ›Christus, der uns gerettet hat, war zuerst Geist und Ursprung und Werkzeug der ganzen Schöpfung, nahm Fleisch an und hat uns auf diese Weise berufen‹. Das ist das theologisch-philosophische Grundbekenntnis, welches der gesamten trinitarischen und christologischen Spekulation der Kirche der folgenden Jahrhunderte zugrunde liegt, also die Wurzel der orthodoxen Dogmatik; denn die Auffassung von Christus als dem ›Anfang der ganzen Schöpfung‹ leitete mit einer gewissen Notwendigkeit über zu der Auffassung von Christus als dem Logos. Galt doch der Logos dem Gebildeten längst als Anfang und Prinzip der Schöpfung.«[41]

In summa: *Verschiebung, Verlagerung, Verdrängung, Übermalung*: das sind die Kategorien der Harnackschen Präexistenzkritik in der Geschichte des christologischen Dogmas. Er sah zwar nicht im Neuen Testament, wohl aber in weiterer »Hellenisierung«, sprich weiterer Doktrinalisierung, die »Schlichtheit des Evangeliums« und darüber hinaus auch die Einzigartigkeit und Alleinherrschaft Gottes bedroht.[42] So hatte Harnack versucht, die Interessen seiner Epoche an einer aufgeklärten, modernen Glaubensverkündigung mit seiner historischen Arbeit zu verbinden. Er vertraute darauf, daß das, was er für das ursprünglich Christliche hielt, auch dem Menschen seiner Zeit zugemutet werden könne und daß umgekehrt das, was dem Menschen seiner Zeit unzumutbar sei (intellektualistische Spekulation), nicht dem Ursprung entspreche. Das Urteil des Historikers war damit gesprochen. Die historische Forschung hatte ihre so dringend nötige Aufklärung und kritische Analyse im Dienst des Glaubens getan. Was gab es da noch zu sagen?

III. ». . . ich denke nicht gering von der Präexistenz«: Der Apostolikumsstreit

Doch halt: Darf denn die Frage nach der Person Christi überhaupt »auf dem Wege und mit den Mitteln historischer Forschung entschieden werden«?[43] Kann denn die Geschichtsforschung die Person Christi wirklich erreichen? Kann sie gar erfassen, wer Christus *eigentlich* gewesen sei?[44] Ist das Eigentliche nicht der Christus »für uns«? Und ist dieser Christus nach der apostolischen Verkündigung nicht der, »der ewigerweise Gott zu Gott war und gottheitlich über uns waltet und entscheidet, der, zu dem wir beten sollen«?[45] Ohne die Gottheit Christi doch keine Erlösung! Ja, ohne die Gottmenschheit Jesu der Zusammenbruch aller christlicher Glaubensaussagen! Fragen eines erbitterten Gegners Adolf von Harnacks.

1892: Vier Jahre nach der Berufung auf den Lehrstuhl in Berlin war um Harnacks Theologie ein neuer, noch größerer Konflikt ausgebrochen, der die ursprünglichen Befürchtungen seiner Gegner mehr als zu bestätigen schien. Dieser Konflikt ist als *Apostolikumsstreit* in die neuere Theologiegeschichte eingegangen. Theologischer Hauptgegner in dieser, die protestantische Kirche und Theologie wahrhaft aufwühlenden Debatte? Es war der Greifswalder lutherisch-orthodoxe Theologe *Hermann Cremer*, der in einer »Streitschrift wider D. Harnack« jene soeben skizzierten Grundfragen aufgeworfen hatte. Es ging in der Tat um nichts weniger als einen »Prinzipienstreit«: Kann die historische Forschung »das entscheidende Wort über Christus sprechen oder nicht«?[46] Und auch diesmal war die Präexistenz Christi ein Testfall par excellence.

1. Der »eingeborene Sohn«: ein metaphysisches Wesen?

Was war passiert? Ausgebrochen war der Streit 1892, nachdem ein württembergischer Pfarrer deswegen vom Dienst suspendiert worden war, weil er sich aus Gewissensgründen weigerte, im Gottesdienst oder bei der Taufe das Apostolische Glaubensbekenntnis zu sprechen. Harnack, damals 41 Jahre alt, war von Studenten zur Stellungnahme aufgefordert worden, ob es für die protestantische Kirche ratsam sei, die »Entfernung des sogenannten Apostolikums aus der Verpflichtungsformel der Geistlichen und aus dem gottesdienstlichen Gebrauch«[47] zu vollziehen. Harnack hatte zunächst seine Position nur für einen kleineren Kreis schriftlich in neun Punkten dargelegt. Aufgrund wilder Gerüchte, erster Verdächtigungen und Angriffe aber sah er sich gezwungen, diese Stellungnahme schließlich doch zu veröffentlichen und später zu präzisieren: »Das Apostolische Glaubensbekenntnis. Ein geschichtlicher Bericht« (1892).[48]

In dieser Analyse legte Harnack seine *Probleme mit dem Apostolikum* freimütig offen, insbesondere seine Schwierigkeiten mit der »Jungfrauengeburt« – einem Artikel, den er als »Notstand« für »jeden aufrechten Christen«[49] bezeichnete. Andererseits machte Harnack deutlich, daß er das Apostolikum gerade dort akzeptieren könne, »wo es einfach und gewaltig, evangelisch und apostolisch«[50] sei, nämlich in seiner *Spitzenaussage über Jesus Christus*: »Gottes eingeborener Sohn, unser Herr.« Und warum konnte Harnack dies akzeptieren? Vor dem Hintergrund seiner »Dogmengeschichte« wird seine Antwort nun plausibel: »*eingeborener Sohn*« sei im Apostolikum noch ganz und gar *unmetaphysisch, unspekulativ* verstanden worden. An eine »vorzeitige, ewige Sohnschaft Christi« sei bei diesem Wort erst »in der Zeit nach dem Nicänum« gedacht worden, Mitte des vierten Jahrhunderts also.

In der *Mitte des zweiten Jahrhunderts* aber, als das *Apostolikum* entstanden sei? Mitte des zweiten Jahrhunderts habe »eingeborener Sohn« für den Verfasser des Apostolikums nichts als den »geschichtlichen Christus und ... die irdische Erscheinung« gemeint.[51] Und Harnack bringt auch hier wieder dieselbe Argumentation wie in der »Dogmengeschichte« ins Spiel: »Erst spekulierende christliche Apologeten und die gnostischen Theologen haben das Wort anders verstanden und in ihm das Verhältnis des vorgeschichtlichen Christus zu Gott ausgedrückt gefunden. Später noch wurde die ganze Zweinaturenlehre in die Worte hineingelegt: ›der eingeborene Sohn‹ bedeute die göttliche Natur und erst in dem, was folgt, werde die menschliche Natur bekannt. Es dauerte aber längere Zeit, bis sich diese Auslegung in der Kirche durchsetzte, um dann die allgemeine zu werden und die ältere zu verdrängen. Wer also die ›ewige Sohnschaft‹ in das altrömische Symbolum hineinlegt, der gibt ihm einen anderen Sinn als der ursprüngliche lautete. Aber zum Häretiker ist trotzdem nach dem dritten Jahrhundert jeder gestempelt worden, der damals noch bei dem ursprünglichen Sinn des Symbols stehen blieb und sich weigerte, die neue Deutung anzuerkennen.«[52]

2. Wie über Präexistenz streiten?

Kein Wunder, daß all dies den Hauptvertreter der lutherischen Orthodoxie dieser Zeit, Herman Cremer, der Jahre zuvor schon gegen Harnacks Berufung nach Berlin opponiert hatte, nun endgültig auf den Plan rufen mußte.[53] Wir haben sein Hauptargument gehört. Wieder reagiert Harnack öffentlich (»*Antwort auf die Streitschrift Cremers*«, 1892) und kommt dabei auf seine Analyse des Apostolikums zurück.[54] Er, Harnack, könne nun einmal nicht sehen, daß die Gottheit Christi der Hauptinhalt jenes Glaubenssymbols gewesen sein solle. Auf drei Seiten – in einer erstaunlichen Mischung aus sachlicher Argumentation, subjektivem Bekenntnis und persönlicher Betroffenheit – präzisiert Harnack am Ende seiner »Antwort« auch hier sein eigenes Verständnis von der *Präexistenz Christi*. Herausgefordert, bekennt Harnack ausdrücklich, nicht »gering von den Gedanken zu denken, die in der Vorstellung von der ›Präexistenz‹ einen Ausdruck gefunden« hätten.[55] Ein erstaunliches Zugeständnis? Nicht so erstaunlich nach allem, was wir von der »konstruktiven Seite« der »Dogmengeschichte« her bereits kennen und was wir hier voraussetzen können. Und doch überrascht, *wie* Harnack auf diesen wenigen Seiten argumentiert – auf einer doppelten Ebene nämlich, auf einer Form- oder Stilebene einerseits und einer sachlich-theologischen Ebene andererseits. Was heißt das?

Das heißt: Harnack hatte sich noch ein Gespür dafür bewahrt, daß eine »Streitschrift« ein *problematischer Ort* ist, um über die »Präexistenz Christi« zu reden. Er zögerte, weil er wußte, was auf dem Spiele stand. Keine Beliebigkeit, sondern etwas, was mit dem »innersten Heiligtum der Religion«[56] selbst zu tun habe. Nicht um ein historisches Urteil gehe es dabei, »sondern um ein Urteil des Glaubens und um ein *Zeugnis* aus der Welt des inneren Lebens«.[57] Wie könne man denn über Christus anders reden, als daß man »die Schauer der Majestät Gottes und den Reichtum seiner Liebe« empfinde?[58] Lasse aber das, was »in Zeitungsinseraten und Massenkundgebungen« so rechtgläubig von Christen gesagt werde, diese Liebe noch spüren? Nein, Harnack empfand diese Diskrepanz von Stil und Inhalt gerade hier besonders schmerzlich: Höchste Bekenntnisse vom »wahrhaftigen Gott, vom Vater in Ewigkeit geboren« würden »zornig oder kaltblütig ausgesprochen«.[59] Seien aber zu solchen Bekenntnissen wirklich alle *innerlich* berechtigt? Wäre ein »demütiges Bekenntnis«

nicht angemessener? Er, Harnack, habe Männer gekannt, »die es durften, auch in Zeitungen durften; denn ihr ganzes Leben war erfüllt von diesem Glauben«.[60] Aber so?

Nach der Kritik an orthodoxer Selbstgerechtigkeit und dogmatischem Triumphalismus, die sich gerade bei Aussagen über die Gottheit Christi nicht selten einstellen, folgt Harnacks Stellungnahme zum Inhalt. Harnack schlägt dabei jenseits von Dogmatismus und Dogmenzertrümmerung auch hier die mittlere Linie einer unspekulativen, *theologischen, christologischen und anthropologischen Neuinterpretation* der neutestamentlichen Präexistenzaussagen ein.

Theologisch: Entscheidend ist für Harnack der *Glaube an Gott*: »Wer an einen persönlichen Gott glaubt und in ihm lebt, der stellt nicht nur die Geschichte des eigenen Lebens, sondern auch das Stück Menschheitsgeschichte, das er kennt, unter dieses Licht und schaut sie unter dem Gesichtspunkte der Ewigkeit an ... Wer aber Gott als seinen Vater in Christus gefunden hat und darum Christus als den Herrn bekennt, der ist gewiß, daß hier das Geheimnis entschleiert ist.«[61]

Christologisch: Die Aussage von der Präexistenz bringt die *Vorrangstellung Christi* zur Sprache: Er ist der »Sohn Gottes und wir kennen ihn nur als den zu uns Gekommenen, der nicht von uns ist, obschon er unser Bruder ist«.[62] Seiner Natur nach sei Christus uns Menschen gleich; dem »Geist« nach aber sei er ein anderer als wir: unser Herr!

Anthropologisch: Mit den Aussagen über Christus ist auch über die *Situation des Menschen* entschieden: Wir Menschen gehören nicht in diese Zeit, »sondern in die Ewigkeit: wir sollen das werden, was er (Christus) war und ist, ein Mensch der Ewigkeit, dessen inneres Leben Gott ist.«[63]

Freilich: Es nützte Harnack nichts, daß er sich auch im Streit um das Apostolikum einer solch konstruktiven Neuinterpretation der Präexistenzaussagen befleißigt hatte. Seine orthodoxen Gegner waren mächtig, hatten vor allem bei Hofe Einfluß, und der Streit um die Orthodoxie hatte Harnack dort nicht gerade beliebter gemacht. Zwar blieb ihm eine direkte Disziplinarmaßnahme als Universitätsprofessor erspart, so daß Harnack einen erneuten Ruf in die USA an die Harvard University mit dem bezeichnenden Argument ablehnen konnte: »Wegen mangelnder wissenschaftlicher Freiheit wird hoffentlich niemals ein Preuße aus seinem Vaterlande auswandern müssen.«[64] Dennoch mußte er es hinnehmen, daß ihm in der Fakultät ein »positiver Theologe« an die Seite gesetzt wurde, ein Vertreter der kirchlichen, lutherisch-orthodoxen Lehre. Die Wahl fiel auf den 41jährigen Schweizer Theologen *Adolf Schlatter*, der seit 1888 in Greifswald lehrte und der – so lassen Schlatters Lebenserinnerungen erkennen – nur unter größtem Vorbehalt, letztlich nur der »preußischen Beamtendisziplin« gehorchend, seine Aufgabe in Berlin übernahm.[65] Kommentar der Biographin Harnacks zu diesem ganzen Vorfall: »Die Orthodoxie konnte als ihren Erfolg nur die Begründung einer neuen Professur in Berlin buchen, und es ist immerhin charakteristisch, daß hierbei zum ersten Mal in der Geschichte der Preußischen Universitäten das Wort ›Strafprofessur‹ auftaucht.«[66]

IV. Der doppelgesichtige Harnack

Und doch: Harnacks wissenschaftlicher und gesellschaftlicher Reputation tat dieser neueste Konflikt auf die Dauer keinen Abbruch. Im Gegenteil: seit 1890 Mitglied der Preußischen Akademie (seit 1891 sogar Vorsitzender der dortigen Kirchenväter-Kommission), erging 1896 an ihn der ehrenvolle Auftrag, eine Geschichte dieser Akademie zu deren 200jährigem Jubiläum zu schreiben. Harnack bewältigte diese Aufgabe, für die er nur vier Jahre Zeit hatte, mit großem Erfolg. Auch sein Einfluß auf die Schul- und Hochschulpolitik wuchs ständig. Und als er 1899/1900 vor Hörern aller Fakultäten mit einem überwältigenden Erfolg über das »Wesen des Christentums« sprach (die Ausführungen wurden frei vorgetragen!), hatte der 48jährige Harnack den vorläufigen Höhepunkt seiner akademischen und gesellschaftlichen Position erreicht. Zwar sah er sich auch nach diesem neuesten Vorstoß (schließlich veröffentlicht aufgrund einer Hörernachschrift) noch einmal einer scharfen innertheologischen Kontroverse ausgesetzt[67], vor kirchlichem Druck aber konnte er jetzt sicher sein.

1. Was ist das »Wesen« des Christentums?

In diesen seinen Vorlesungen wollte Harnack in den materialen Fragen von Theologie, Christologie und Ekklesiologie nichts Neues bieten. Und dennoch erreichte keine seiner Schriften eine solche Wirkung, ja Popularität. Der Grund dafür lag zweifellos auch in der Form: Kürze des Umfangs (ganze 12 Vorträge), Transparenz des Stils (kein Fachjargon), Allgemeinverständlichkeit des Inhalts (kein wissenschaftlicher Apparat) und eine klar profilierte Gesamtkonzeption (»Evangelium« gegen Hellenisierung). Die Proportionen der »Dogmengeschichte« hatten sich hier nun umgekehrt – zugunsten des »Wesens« des Christentums. Von 12 Vortrags-Einheiten widmete Harnack 10 der Verkündigung Jesu und dem Glauben der ersten Gemeinde, dem Neuen Testament also, und nur die letzten beiden der Entwicklung zum Katholizismus und Protestantismus. Die Paradoxie der »Dogmengeschichte« war damit endgültig aufgehoben. Eine Paradoxie, die ja darin bestand, daß Harnack auf Hunderten von Seiten mit immenser Gelehrsamkeit eine dogmengeschichtliche Entwicklung nachzeichnete, auf die es »eigentlich« für den christlichen Glauben gar nicht ankäme; daß er riesige dogmengeschichtliche Gedankengebäude wieder neu entstehen ließ, nur um sie mit Hinweis auf die »Schlichtheit des Evangeliums« wieder radikal zum Einsturz zu bringen; kurz, daß er die ungemein komplexe Geschichte des Dogmas eigentlich nur erzählte, um sie ad acta zu legen.

Das nun ist bei den Vorlesungen über das »Wesen des Christentums« anders. Harnack ist mit der Rekonstruktion der Verkündigung Jesu jetzt ganz bei seinem Thema, auf das ihm *theologisch* alles ankommt. Wissenschaftstheoretisch gesagt: Das »Wesen des Christentums« ist ein einziger kühner Versuch, für die christliche Theologie zu einer geschichtlich verantwortbaren *Komplexitätsreduktion* zu gelangen, zu einer Art »Abrüstung« in Sachen philosophisch-spekulativ-begrifflicher Überkomplexität, um so den Kernbestand der christlichen Verkündigung für heute neu freizulegen. Nicht umsonst liebte Harnack das Wort: »Bildung ist wiedergewonnene Naivität.« Und in der Tat: auch sein »Wesen des Christentums« war nichts als ein Akt »wiedergewonnener Naivität«[68], besser: eine verwegene Reduktion auf das, was Harnack selber für das »Wesentliche« hielt.

Was aber war *das Wesentliche in Sachen Christologie*? Anhand dieser Vorlesungen können wir noch einmal Harnacks Position zusammenfassen:

(1) *Gottessohnbewußtsein bei Jesus*: »Recht verstanden ist die Gotteserkenntnis der ganze Inhalt des Sohnesnamens.«[69]

(2) *Keine metaphysischen und psychologischen Spekulationen* über

das Gottessohnbewußtsein Jesu: »Wie er zu diesem Bewußtsein der Einzigartigkeit seines Sohnesverhältnisses gekommen ist, wie er zu dem Bewußtsein seiner Kraft gelangt ist und der Verpflichtung und Aufgabe, die in dieser Kraft liegen, das ist sein Geheimnis, und keine Psychologie wird es erforschen. Die Zuversicht, in der ihn Johannes zum Vater sprechen läßt: ›Du hast mich geliebt, ehe denn die Welt gegründet war‹, ist sicherlich der eigenen Gewißheit Jesu abgelauscht. Hier hat alle Forschung stille zu halten.«[70]

(3) Als Gottessohn steht Jesus für die Glaubenden in einer unüberbietbaren *Mittlerfunktion gegenüber Gott*. Einerseits: Jesus hat nicht sich verkündet, sondern das Werk des Vaters. Aber andererseits gilt auch: Er und nur »er ist der Weg zum Vater, und er ist, als der vom Vater Eingesetzte, auch der Richter«.[71] Nur wenn man diese doppelte Seite des Harnackschen Christusverständnisses sieht, kann man den berühmt-berüchtigten Satz Harnacks nicht mißverstehen: »Nicht der Sohn, sondern der Vater gehört in das Evangelium, so *wie es Jesus verkündet hat,* hinein.«[72]

In summa: Harnack konnte von der Sohnschaft Jesu reden, ohne auf Präexistenzaussagen metaphysisch-philosophischer Begrifflichkeit angewiesen zu sein. Harnacks Jesusverständnis war damit so »unchristologisch« nicht, wie eine oberflächliche Rezeption anzunehmen geneigt ist. Im Gegenteil: Harnack versuchte, ein biblisch begründetes Christusverständnis zu entwerfen auf der mittleren Linie zwischen reiner Jesulogie einerseits und begrifflich-ontologisch-metaphysischer Christologie andererseits.

2. Ratgeber des Kaisers und die Rolle im Krieg

Der Aufstieg Harnacks zu einer wissenschaftlich erfolgreichen, gesellschaftlich anerkannten und politisch einflußreichen Gelehrtenpersönlichkeit der wilhelminischen Ära war nun unaufhaltsam. Ab 1901 werden sogar die persönlichen Beziehungen zwischen dem Kaiser und dem Theologen immer enger; Harnack verkehrt jetzt zunehmend häufiger in höfischer Gesellschaft. Von 1903–1911 leitet er den »Evangelisch-Sozialen Kongreß«; 1906 übernimmt er den Posten eines Generaldirektors der Berliner Königlichen Bibliothek; 1911 wird er erster Präsident der von Wilhelm II. neugegründeten »Kaiser-Wilhelm-Gesellschaft zur Förderung der Wissenschaften« (heute Max-Planck-Gesellschaft). Und als 1914 die Erhebung in den Adelsstand erfolgte, war dies nur die äußere Krönung eines *beispiellosen Aufstiegs* von einem einstmals verdächtigten Dogmenzertrümmerer zu einem jetzt gefeierten Geistesaristokraten: bei aller Kirchenkritik letztlich kirchentreu, staatstreu, kaisertreu. Nichts hätte Stellung und Ansehen erschüttern können, wäre nicht im gleichen Jahr der große Krieg »dazwischen« gekommen . . .

In der Tat: Nichts machte die Doppelgesichtigkeit von Person und Theologie Adolf von Harnacks deutlicher als seine *Rolle im Ersten Weltkrieg*. Seine Unterschrift stand nicht nur unter dem berühmt-berüchtigten Manifest der 93 deutschen Intellektuellen »an die Kulturwelt« (vom 4. Oktober 1914), das ohne ein Wort der Selbstkritik alle Vorwürfe deutscher Kriegsschuld als Lügen und Verleumdungen der Feinde Deutschlands zurückwies. Mehr noch: Harnack persönlich war es gewesen, der den Entwurf zum entscheidenden Aufruf Kaiser Wilhelms »An das deutsche Volk« (August 1914) entworfen hatte – auf Bitten des damaligen Staatssekretärs von Delbrück.

Ein christlicher *Theologe als Verfasser eines Kriegsaufrufs*! Welche Rolle spielt er? Nutzt er die historische Stunde, um zur Besinnung zu mahnen, Mäßigung zu predigen, womöglich Versöhnung in Aussicht zu stellen? Im Gegenteil: Ein Vergleich zwischen Entwurf und definitiver Fassung zeigt, daß Kaiser Wilhelm seinerseits den Entwurf des Theologen in wesentlichen Punkten abmilderte und in die überbordende theologisch-enthusiastische Phraseologie (»Auf! Zu den Waffen! Gott will es!«) und in die nationalistisch-chauvinistische Scharfmacherei Nüchternheit hineinbrachte. »Um Sein oder Nichtsein unseres deutschen Vaterlandes handelt es sich, um deutsche Macht, deutsche Stärke, deutsche Kultur! . . . Wir aber wollen es verteidigen *bis zum letzten* Bluttropfen gegen asiatische Halbkultur und welsches Wesen« – solche Sätze aus der Feder des Theologen sucht man in der Fassung des Kaisers vergebens![73]

Nein, man kann die Augen nicht davor verschließen, daß der christliche Theologe Adolf von Harnack während des Krieges eine *fatale ideologische Rolle* spielte, während draußen auf den Schlachtfeldern das Morden jeglicher deutscher Kultur Hohn sprach. Gewiß: Die Kriegsjahre waren für Harnack keine leichte Zeit gewesen, beruflich wie familiär. All die vielen Aufgaben in Universität, Bibliothek und Kaiser-Wilhelm-Gesellschaft mußten nun unter Kriegsbedingungen mühselig weitergeführt werden. Und Tatsache ist auch: Mit zunehmender Dauer des Krieges hat Harnack in Denkschriften an den Reichskanzler Kritik an der Kriegs*führung* zu äußern gewagt, »die Notwendigkeit eingreifender Reformen« betont und den territorialen Maximalforderungen der Alldeutschen eine Absage erteilt.[74] Das alles aber kann nicht darüber hinwegtäuschen, daß Harnack noch gut ein halbes Jahr vor Kriegsende, am 28. März 1918, über »die Religion im Weltkriege« schreiben kann, ohne die Millionen von Toten in den furchtbaren Schlachten der Ost- und Westfront, ohne Verdun und die Marne, ohne den entsetzlichen Gas- und U-Boot-Krieg auch nur mit einem Wort zu erwähnen. Noch 1918 kann man von Harnack hören: »Die Ideale und Tendenzen der Religion werden durch jeden großen Krieg nicht vernichtet, sondern aufs kräftigste angespannt; denn dieser Zermalmer alles Scheins und aller Hohlheit zeigt jedem Volk, das Augen hat zu sehen, auf welcher Stufe es steht.«[75] Nein, kein Wort der Reue fällt, kein Wort der Selbstkritk, kein Wort der Einsicht in die Schuld, kein Wort der Trauer über die Millionen von Opfern! Statt dessen noch am Ende des Krieges die apologetische Unterscheidung zwischen gerechtem und ungerechtem Krieg und die Polemik gegen einen »flachen Pazifismus ...«.[76]

Nichts hatte dieser Theologe, ganz und gar verflochten in das großbürgerliche, kulturprotestantische Establishment der wilhelminischen Ära, von einem *Epochenbruch* gemerkt, der sich mit dem Ersten Weltkrieg abzuzeichnen begann. Nichts hatte er begriffen von der Erschütterung der Kirche, der Theologie, des Christentums, von der völligen Unglaubwürdigkeit der bisherigen Verbindung von Christentum und wilhelminischem Staat, die er so glänzend repräsentierte. Es waren Schriftsteller wie *Hermann Hesse*, die diese Erschütterung christlicher Glaubwürdigkeit ganz anders zu beschreiben vermochten. In seinem »Brief an einen jungen Deutschen« (1919) wußte Hesse eine Erklärung dafür, warum dieser junge Deutsche jetzt nicht mehr an Gott glauben könne. Das hänge damit zusammen, daß man zu Beginn des Krieges offenbar nur zu genau gewußt habe, wer und was Gott sei: »Er war vermutlich der Nationalgott unserer Konsistorialräte und Kriegsdichter, jener Gott, der sich ehrwürdig auf Kanonen stützt und dessen Lieblingsfarben Schwarz-Weiß-Rot sind. Es war ein Gott, gewiß, ein mächtiger, ein riesiger Gott, größer als je ein Jehova war, und es wurden ihm Hunderttausende von blutigen Schlachtopfern gebracht, ihm zu Ehren wurden hunderttausend Bäuche aufgerissen und hunderttausend Lungen zerfetzt. Er war blutrünstiger und brutaler als je ein Popanz und Götze, und während der blutigen Opfer sangen die Priester daheim, unsere Theologen, ihm ihre honorierten Loblieder. Der Rest von Religion, den wir in unseren verarmten Seelen und unseren so sehr verarmten und entseelten Kirchen besaßen, ging vollends dahin. Hat schon jemand es bedacht und sich darüber gewundert, wie unsere Theologen in diesen vier Kriegsjahren ihre eigene Religion, ihr eigenes Christentum zu Grabe getragen haben?«[77]

Doch merkwürdig: Der Monarchist Adolf von Harnack hatte nach 1918 keine Schwierigkeiten, sich auch mit der *ersten deutschen Republik* zu arrangieren. Im Gegenteil: Nach wie vor in allen wissenschaftlichen Spitzenämtern, gelingt es ihm auch unter den neuen Verhältnissen, hochschulpolitischen Einfluß zu nehmen (verfassungsmäßige Sicherung der theologischen Fakultäten an staatlichen Universitäten) und vor allem die Kaiser-Wilhelm-Gesellschaft auszubauen. 1921 bietet die Reichsregierung dem unterdessen 70jährigen Gelehrten sogar den Posten eines deutschen Botschafters bei den Vereinigten Staaten an; nach langem Zögern lehnt Harnack ab. Für die jetzt aufkommende *ökumenische Bewegung* unter Führung des schwedischen Erzbischofs und Religionswissenschaftlers Nathan Söderblom aber beginnt sich Harnack zu engagieren. Und als auf der Weltkirchenkonferenz für »Glaube und Kirchenverfassung« 1927 in Lausanne das Problem des christlichen Bekenntnisses zur Sprache kommt, legt der alte Harnack in unnachahmlicher Klarheit noch einmal seine christologisch-dogmatischen Grundprämissen offen. Seine Ausführungen, drei Jahre vor seinem Tod niedergelegt, geben uns ein letztes Mal Gelegenheit, Harnacks Position in Sachen Christologie zu bündeln.[78]

Ganz vom Geist der Stunde durchdrungen, stellte Harnack zunächst das ökumenisch Gemeinsame aller christlichen Kirchen heraus: »In der *Christologie* gibt es einen bedeutenden *Consensus*: Weder die *Einzigkeit* noch die *Einheit* der Person des Erlösers wird bestritten. Bestritten wird auch nicht, daß der christliche Glaube *Glaube an den Vater, den Sohn und den Geist* ist, und allgemeines Bekenntnis ist, daß in Jesus Christus das *Wort Fleisch geworden ist*. Endlich lehnt jeder Christ jeden Gedanken an ›Halbgöttliches‹ als Rückfall in das Heidentum ab.« Und Harnack fragte: »Sollte dieser Consensus nicht genügen, der sich in den Bekenntnissen ausdrückt, Christus ist ›der Sohn Gottes‹, der ›Gottmensch‹, ›das Ebenbild Gottes‹, ›Unser Herr‹?« Ja, Harnack war zeit seines Lebens der Meinung gewesen, daß dieser Konsens für einen Christen genügen müsse. Mehr noch: daß die Kirchen es jedem einzelnen Christen überlassen könnten, »welche begrifflichen Vorstellungen er sich über jene Bekenntnisse hinaus von der Person Christi machen« wolle.

Wird aber dieser Konsens von allen Christen geteilt? Nein. Harnack sah deutlich, daß die *Christen gerade in dieser Frage geteilt* sind. Da gäbe es die einen, die mit den großen Konzilien des Altertums nach wir vor bekennten, daß Jesus Christus »zwei Naturen habe«, und die jede Aussage über Christus als häretisch bezeichneten, welche die Zwei-Naturen-Spekulation ablehne. Und da gäbe es auf der anderen Seite seit zwei Jahrhunderten zahlreiche Christen, denen es nicht mehr möglich sei, »ihren Glauben an Christus in einer (Zwei-) Naturen-Spekulation zum Ausdruck zu bringen.« Warum nicht? »Aus erkenntnismäßigen und aus religiösen Gründen ist es ihnen unmöglich. Aus beiden Gründen und in Ehrfurcht lehnen sie es ab, von der Natur Gottes zu sprechen; aus beiden Gründen und in Ehrfurcht lehnen sie es gleichfalls ab, von einer göttlichen Natur zu sprechen, und endlich lehnen sie die Naturenspekulation auch deshalb ab, weil unter ihrer Voraussetzung die Einheit der Person Jesu eine bloße Behauptung bleibt: sie kann weder empfunden noch gedacht werden; also wird die Einheit hier auf Kosten der Menschheit Christi vollzogen, und daß dies der Fall ist, kann man in jeder ›orthodoxen‹ Dogmatik lernen.«

Es war keine Frage, daß Harnack sich der zuletzt genannten Gruppe verbunden fühlte. Einer Gruppe, die es aus philosophischen wie theologischen Gründen unnötig fand, ja es ablehnte, über den oben formulierten Konsensus hinaus dogmatisch bindende Aussagen über Christus zu machen! Außer? »Sofern sie selbst solche versuchen, sind sie der Überzeugung, daß sie nach Analogie des Wohnens Gottes in den gläubigen Menschen zu machen sind, ohne damit die Einzigkeit der Gottessohnschaft Christi aufheben zu wollen. Sie sagen nicht: Christus war Gott, sondern Gott war in Christus.«

Was hatte Harnack von dieser Konferenz aller christlichen Kirchen erwartet? Er hatte erwartet, daß sie von dogmatischen Formulierungen Abstand nähme und jede weitere Spekulation kirchlich freigeben würde. Diese Erwartung freilich wurde enttäuscht . . . Und gerade die weitere Entwicklung der protestantischen Theologie sollte zeigen, daß die Frage der dogmatischen Christologie im Raum des Protestantismus alles andere als erledigt war. Wir werden davon hören!

V. Harnack als Herausforderung heute

Eine detaillierte Kritik der Harnackschen Theologie ist hier nicht unsere Aufgabe. Die Frag-Würdigkeit dieser Theologie wird im Verlauf des ersten Hauptteils dieser Studie im Spiegel von Barth und Bultmann noch genügend deutlich werden: Harnacks Position in Sachen Gottessohn- und Messiasbewußtsein Jesu, die mangelnde Bedeutung der Kreuzestheologie und der Eschatologie für sein Christusverständnis, die individualistische Engführung seines Menschenbildes ... Auch die problematische Hermeneutik seiner Dogmengeschichtsschreibung (»Abfall-These«) und sein Frühkatholizismus-Verständnis können wir hier nicht eigens behandeln[79]; auch hier wird sich vieles indirekt durch den weiteren Fortgang klären. Wir wollen statt dessen der Herausforderung Harnacks für ein heutiges Reden von der Präexistenz Christi in aller Deutlichkeit noch einmal Gehör verschaffen.

1. Hätte Jesus das verstanden? Zur Legitimationskrise der Christologie

Wer mit Harnack von der »Erde zum Himmel bauen«, d. h. wer *geschichtlich konsequent* im Neuen Testament Ursprüngliches von Abgeleitetem trennen, sowie die verschiedenen christologischen Entwicklungsstufen gelten lassen will, kommt um eine *Entscheidung* nicht herum: Hatte Harnack recht, wenn er das spätere, spekulativ-ontologische Verständnis der Präexistenz des Gottessohnes vom Selbstverständnis Jesu her radikal infrage stellte? Hatten die dogmatische Intellektualisierung und spekulative Verbegrifflichung aus dem Jesus der Geschichte nicht in der Tat etwas »gemacht«, was dieser selbst nie beanspruchte, ja möglicherweise nie verstanden hätte? Hatte Harnack nicht recht, wenn er auf solch dogmatisch-philosophische Präexistenztheorien um der Authentizität des geschichtlichen Befundes willen verzichtete? Hatte Harnack nicht recht, wenn er die Geschichte der nachbiblischen Christologie, die Logos-Christologie zumal, »als die Geschichte der Verdrängung des historischen Christus durch den präexistenten, (des wirklichen durch den gedachten) in der Dogmatik«[80] beschrieb? Grundsätzlich gesagt: im Werk Harnacks erfährt ein *Doppelproblem neuzeitlicher Christologie* auf der

Wende vom 19. zum 20. Jahrhundert noch einmal seine radikale Zuspitzung: Wie müssen auf historisch-kritisch verantworteter neutestamentlicher Basis die späteren Aussagen der kirchlichen Christologie verstanden und gewertet werden? Aufgeworfen ist nicht nur das Problem von Schrift- und Dogmenhermeneutik, sondern auch die Frage nach einer theologisch und geschichtlich verantworteten Sachkritik. Harnacks historisch-kritische Dogmengeschichte zwingt die dogmatische Theologie in eine fundamentale *Legitimationskrise*, die zugleich eine *Prioritätenkrise* ist. Im Klartext: Harnacks Ansatz fordert von der Dogmatik nichts weniger als eine neue Prioritätenbestimmung der »Mitte«, des »Herzstücks«, des »Zentrums« des christlichen Glaubens. Die Frage nach dem methodischen *und* sachlichen Ausgangspunkt der theologischen Reflexion ist erneut gestellt.

2. *Was kann heute verstanden werden? Zur Plausibilitätskrise der Christologie*

Wer mit Harnack von einer tiefen Kluft zwischen Theologie einerseits und gelebtem Christentum andererseits ausgeht, wird um die *Frage der Vermittlung* christologischer Präexistenzaussagen *für den Menschen des 20. Jahrhunderts* nicht herumkommen. Verlangen die Aussagen über eine vorweltliche Existenz Jesu Christi, seine ewige Gottessohnschaft, vom »modernen Menschen« nicht ganz und gar ein sacrificium intellectus, ein Aufopfern seines Verstandes zugunsten einer ihm fremden kirchlichen Lehre? Ein stures »Für-wahr-halten« von kruden theologischen Objektivationen, die viele Zeitgenossen als intellektuelle Zumutung erleben? Harnack selber hatte bereits gegen Ende des vorigen Jahrhunderts die Erfahrung machen müssen, daß die hohe kirchliche Christologie pastoral wie katechetisch bei ungezählten Menschen auf erhebliche Schwierigkeiten stieß. Hat sich die Situation 4–5 Generationen nach Harnack wesentlich verändert? Sind die von Harnack erfahrenen pastoralen und pädagogischen Krisenphänomene heute überwunden? Stehen wir in der christlichen Verkündigung heute wesentlich anders da? Kaum! Ein Blick in demoskopische Untersuchungen über die Akzeptanz von kirchlicher Lehre, eine auch nur kurze Orientierung an gegenwärtiger religionspädagogischer und katechetischer Literatur zeigt, daß sich die von Harnack diagnostizierte Plausibilitätskrise der kirchlichen Christologie verschärft hat. Konkret?

Die Krise der kirchlichen Christologie spiegelt sich auf Schritt und Tritt in heutiger *religionspädagogischer und katechetischer Literatur.*[81] Die Problemanzeigen sind überall die gleichen und seit Harnacks Zeiten zu Stereotypen geronnen. Gerade Aussagen über die Präexistenz Christi seien »für einen modernen Leser besonders schwer zu verstehen«, heißt es etwa im »Neuen Glaubensbuch« 1973.[82] Den christologischen Dogmen (etwa vom göttlichen, wesensgleichen Sohn) würden viele »jede Bedeutung für heute absprechen«; viele Menschen wiesen darauf hin, »welcher Unterschied zwischen der einfachen Lehre Jesu und den komplizierten Gedankengängen der alten Konzilsväter bestehe« – so der »Evangelische Erwachsenenkatechismus« 1975.[83] Ähnlich der »Evangelische Gemeindekatechismus« 1979: Wenn das Glaubensbekenntnis im Gottesdienst gemeinsam gesprochen werde, hätten manche Menschen Schwierigkeiten. Sätze wie »gekreuzigt, gestorben und begraben« sprächen sie mit, aber bei Aussagen wie »empfangen durch den Heiligen Geist, geboren von der Jungfrau Maria« schwiegen sie; sie wollten das Bekenntnis nur mitsprechen, soweit sie es verstehen und »persönlich bejahen«.[84] Anders gesagt: Die Akzeptanzprobleme der kirchlichen Christologie gehen mitten durch die christliche Gemeinde selber. Dies räumt auch der neueste »Katholische Erwachsenenkatechismus« (1985) ein: Mit dem Bekenntnis zu Gott in drei Personen »hätten *auch viele Christen* Schwierigkeiten. Sie meinen, dieses Bekenntnis sage ihnen nichts. Sie halten es für weltferne Spekulation, von der sie oft auch behaupten, sie sei überdies bibelfern und bibelfremd.«[85]

Dieser Befund aus der religionspädagogischen und katechetischen Literatur unserer Zeit wird durch zwei *demoskopische Untersuchungen* in erschreckendem Maße bestätigt. In einer vom SPIEGEL 1967 veröffentlichten EMNID-Umfrage waren zwar 3 % der rund 2000 befragten Deutschen der Ansicht, daß Jesus »nie gelebt« habe; 15 % maßen Jesus keine Bedeutung für heute zu (»Jesus hat vor 2000 Jahren gelebt, heute leben wir in einer ganz anderen Welt«). Für 39 % ist Jesus »nur ein Mensch, aber ein großer Mensch, der die Menschen zum Guten führen« wollte und deshalb »noch heute ein Vorbild« sein könne. Nur 42 % dagegen ließen eine Nähe zur kirchlichen Christologie erkennen, wenn sie die Aussage bejahten: »Gott hat Jesus, seinen Sohn, zu den Menschen gesandt, um sie zu erlösen. Jesus wurde von den Toten auferweckt, und ich kann zu ihm beten.«[86]

Diese Umfrage wurde 1979 mit dem gleichen Fragenkatalog nochmals wiederholt, und zwar vom IFAK-Institut für Markt- und Sozialforschung. 12 Jahre später sahen die Zahlen für die kirchliche Christologie noch düsterer aus. Nicht mehr 42 %, sondern nur noch 33 % der Befragten entschieden sich für die zuletzt genannte Option und damit für den Glauben an Jesus als Gottessohn und Erlöser. Aber auch die Zahlen bei der anderen Antwortmöglichkeit gingen zurück: nicht mehr 39 %, sondern nur noch 21 % ließen Jesus als ethisches Vorbild für heute gelten, während umgekehrt die Zahl der Befragten, für die Jesus »keine Bedeutung« mehr hatte, von 15 % auf 38 % anstieg und bereits 7 % (statt 3 %) angaben, Jesus habe nie gelebt.[87]

Gewiß – man kann die Zahlen der zuletzt genannten Umfrage auch umgekehrt deuten: 1979 dachten immerhin noch 54 % der befragten Deutschen positiv über Jesus und nur 45 % maßen ihm keine Bedeutung für die Gegenwart zu. Aber können sich Vertreter von Kirche und Theologie mit dieser Auskunft »trösten«? Kaum.

Der Analyse und den Schlußfolgerungen des IFAK-Instituts zu diesen Zahlen wird man sich jedenfalls nicht entziehen können: »Allzu leicht wird beim Umgang mit Prozenten versäumt, sich vorzustellen, welche Realität sich hinter diesen nüchternen Zahlen verbirgt. Ein Rückgang von 27 % für die beiden Antworten, Jesus sei der Erlöser oder er sei ein Vorbild, bedeutet, daß mehrere Millionen Bundesbürger ihren christlichen Glauben an den Gottessohn oder ihre prochristliche Orientierung an Jesus aufgegeben haben und daß weitere Millionen groß geworden sind, ohne je diesen Christusglauben oder auch nur diese Orientierung auf Jesus hin sich zueigen gemacht zu haben. Dieser Glaubensschwund bei Millionen Menschen, die äußerlich ihrer Kirche weiter angehören, müßte die Kirchen stärker schmerzen als der alljährliche Austritt einiger Zehntausend Mitglieder ... Was muß noch geschehen, um die Kirchen aus ihrer Selbstzufriedenheit zu schütteln, in der sie weder merken, noch gar zu verhindern suchen, daß die Zahl der Deutschen, die an Jesus glauben oder ihn für ein Vorbild halten, von einer massiven Mehrheit auf nicht viel mehr als die Hälfte geschmolzen ist? Das berühmte alte Wort Karl Rahners, wir lebten ›in einem Heidenlande mit christlicher Vergangenheit und christlichen Restbeständen‹, mag früher allzu pointiert gewesen sein. Die 1979er Zahlen lassen kaum eine andere Definition der Lage in der Bundesrepublik zu.«[88]

Diese wenigen Stichproben genügen, um zu demonstrieren, daß

die Besorgnisse Harnacks hinsichtlich einer fundamentalen *Plausibilitäts- und Akzeptanzkrise* der kirchlichen Christologie bis heute fortbestehen. Unverständlichkeit, Kompliziertheit, Lebensfremdheit und Bibelfremdheit sind auch heute die Topoi einer seit Harnacks Zeiten unveränderten Krise der Glaubwürdigkeit.

3. Die neue Generation

Am 10. Juni 1930 war Adolf von Harnack 79jährig gestorben, in Heidelberg, als er die Jahresversammlung der Kaiser-Wilhelm-Gesellschaft eröffnen wollte. Bei der Trauerfeier für ihn am 15. Juni in Berlin war auch ein Vertreter der jungen Generation zu Wort gekommen, der bei Harnack in die Schule gegangen war und sich dort allmählich von ihm abgewandt hatte. Es war *Dietrich Bonhoeffer,* aufgewachsen in der Grunewalder Nachbarschaft von Harnacks Berliner Haus, der jetzt im Namen der ehemaligen Schüler eine Bilanz dieses Lebens zu ziehen versuchte. Das Wort Bonhoeffers soll am Ende auch unseres Harnack-Porträts stehen, weil es – unübertroffen bis heute – die Größe dieses Theologen instinktsicher erfaßte, die Größe eines Theologen und Gelehrten, den die nachfolgende Kritik nicht ab-, sondern aufgewertet hat: »Es wurde uns an ihm deutlich, daß Wahrheit nur aus Freiheit geboren wird. Wir sahen in ihm den Vorkämpfer des freien Ausdruckes einmal erkannter Wahrheit, der sein freies Urteil je und je bildete und es ungeachtet der ängstlichen Gebundenheit der Vielen je wieder deutlich zum Ausdruck brachte. Das machte ihn ... zum Freund aller Jugend, die ihrer Meinung freien Ausdruck gab, wie er es von ihr wollte. Und sprach er sich einmal besorgt aus oder warnte er im Hinblick auf jüngste Entwicklungen in unserer Wissenschaft, so hatte das seinen Grund ausschließlich in seiner Befürchtung, es möchte die Meinung der anderen vielleicht gefährdet sein, Sachfremdes mit dem reinen Streben nach Wahrheit zu vermengen.«[89]

Vor welcher jüngsten Entwicklung in der theologischen Wissenschaft aber hatte Harnack warnen, besorgt warnen müssen?

B. Christologie – »abfließendes Gletscherwasser« nicht »stehende Lagune«: Karl Barth

20 Jahre nach dem »Wesen des Christentums« war eine neue Generation von Theologen herangewachsen. Der Krieg war vorbei, und mit Ende dieses Krieges wurde Harnack in neue theologische Kontroversen verstrickt, gegen die sich jene mit dem Greifswalder Kollegen Cremer wie ein Scharmützel ausnahm. Ja, man kann es durchaus eine »seltsame Parallele«[1] nennen, daß eine neue Theologengeneration sich von Harnack ungefähr so radikal entfernte wie er 30 Jahre zuvor von der Generation seines Vaters. Und Exponent dieser neuen Generation war nicht eigentlich der Berliner Dietrich Bonhoeffer, sondern der Schweizer *Karl Barth*, ebenfalls ein Schüler des großen Adolf von Harnack, geboren 1886.

I. Geschichte der Offenbarung? Barth contra Harnack

In der Tat: Im WS 1906/07 war Barth, der mit 18 Jahren in Bern zu studieren begonnen hatte, in Berlin begeisterter Student bei Harnack gewesen. So begeistert, daß er – zugelassen als jüngstes Mitglied in Harnacks kirchenhistorischem Seminar über die Apostelgeschichte – alle Schönheiten Berlins vergaß, um eine 158 Seiten umfassende Seminararbeit über »die Missionstätigkeit des Paulus nach der Darstellung der Apostelgeschichte« vorlegen zu können. Ja, er, der junge Schweizer Theologe, hatte an der großen Gelehrtenpersönlichkeit Adolf von Harnack »hoch hinaufgeschaut« und sich gesagt: »Das ist der große Augenblick: du bist mit *dem* Theologen der Zeit zusammen; was kümmern dich Museen, Theater, Konzertsäle.«[2] Kein Wunder also, daß sich Barth unter diesem Einfluß ganz der Theologie Schleiermachers und seiner Erben zu öffnen begann, um schließlich – nach einem Zwischenspiel nochmals in Bern, dann in Tübingen (WS 1907/08 bei Adolf Schlatter), dort zu landen, wo er vor der Berliner Zeit eigentlich schon hatte hingehen wollen: bei Wilhelm Herrmann in Marburg, einem Theologen, der aus Barth vollends einen ganz und gar »modernen Theologen« machte – jenseits von steriler Orthodoxie und sterilem Liberalismus. Nach der Marburger Zeit verbringt Barth von 1909–1911 zwei weitere Jahre als Vikar in Genf, um 1911 sein Pfarramt in Safenwil anzutreten, einer Bauern- und Arbeitergemeinde im Aargauischen.

1. Der Weltkrieg und die Folgen

Und doch: Langsam, aber unaufhaltsam entwickelt der Pfarrer von Safenwil sein eigenes Profil: theologisch und vor allem politisch. Angesichts erheblicher sozialer Spannungen in der eigenen Gemeinde beginnen Barths Predigten und Ansprachen immer politischer zu werden. Konkretes Ergebnis dieser politischen Bewußtseinsverschärfung: 1915 tritt Barth in die Sozialistische Partei der Schweiz (SPS) ein und neigt dem »religiösen Sozialismus« eines Hermann Kutter und Leopold Ragaz zu. Es brauchte freilich den 1. August 1914, den Ausbruch des 1. Weltkriegs, daß Barth endgültig mit der liberalen Theologie seiner alten Lehrer brechen konnte.

Was war passiert? Entgeistert hatte Barth nach Kriegsausbruch mit ansehen müssen, daß seine »bis dahin gläubig verehrten theologischen Lehrer«[3] (neben Harnack auch Wilhelm Herrmann, Adolf Deissmann, Friedrich Naumann, Reinhold Seeberg, Adolf Schlatter) das »Manifest der 93 deutschen Intellektuellen«[4] unterschrieben hatten. Er wäre noch entsetzter gewesen, hätte er von Harnacks Verfasserschaft des »Aufrufs« gewußt. Was für Harnack aber und weitere 92 »Vertreter deutscher Wissenschaft und Kunst« nur völlig gerechtfertigter Protest gegen die »Lügen und Verleumdungen« der Feinde Deutschlands war[5], war für Barth ein »dies ater«[6], ein schwarzer Tag, an dem er nicht nur am Ethos, sondern auch an der Ethik, der Dogmatik, der Bibelauslegung und Geschichtsdarstellung seiner Lehrer irre geworden war. Wenn sie in dieser entscheidenden Phase des Krieges versagt hatten, mußte etwas mit ihrer ganzen Theologie nicht stimmen. Nein, er, Barth, hatte »eine Götterdämmerung erlebt«, als er »studierte, wie Harnack, Herrmann, Rade, Eucken etc. sich zu der neuen Lage stellten«, wie Religion und Wissenschaft »restlos sich in geistige 42 cm Kanonen« verwandelt hatten.[7]

Eine Götterdämmerung also war eingetreten, Grundlagen waren ins Wanken geraten. Hier hatte ein Theologe instinktsicher gemerkt, was ein Schriftsteller wie Hermann Hesse (wir hörten davon) auf seine Weise begriffen hatte: Mit dem Datum vom 1. August 1914 war die Welt eine andere geworden; alte Götter waren gestürzt, alte Fundamente erschüttert, alte Sicherheiten zerbrochen. Für Barth hatte die Theologie seiner Lehrer, die Theologie des 19. Jahrhunderts, von da ab »keine Zukunft mehr«[8]; er mußte theologisch eigene Wege gehen lernen. Und 1918 – die wilhelminische Politik, Kultur, Gesellschaft und damit auch der Kultur-Protestantismus waren vollends zusammengebrochen – ging Barth denn auch diesen eigenen Weg: mit seinem Kommentar zum »Römerbrief« des Apostels Paulus.

2. *Das Treffen in Aarau, April 1920*

In Aarau, im April 1920 sahen sie sich wieder, der alte Lehrer und sein Schüler – als Referenten bei einer der jährlichen Tagungen des Schweizer Studentenverbandes. Und schärfer hätte der theologische Gegensatz nicht mehr sein können, der jetzt zwischen Harnack, mittlerweile 69 Jahre alt, und Barth, unterdessen 34jährig, aufbrach. Der Ältere sprach über »Was hat die Historie an fester Erkenntnis zur Deutung des Weltgeschehens zu bieten?«, der Jüngere über »Biblische Fragen, Einsichten und Ausblicke«.[9]

Aarau, April 1920: Ein völlig veränderter Schweizer Gemeindepfarrer traf nun auf einen wenig veränderten deutschen »Geistesaristokraten«, für den der Krieg – wir hörten davon – theologisch *keine Zäsur* bedeutet hatte. Durch die ersten Kriegsjahre an ernsthafter produktiver Forschungsarbeit gehindert, arbeitete Harnack ab 1917 weiter, als wäre nichts geschehen. 1920 erschien sein Buch über Marcion und enthielt versteckt schon eine *Kritik an der* von ihm als »expressionistisch«[10] empfundenen *Theologie der neuen Generation* (Barth und Genossen im verfremdenden Gewande des Marcionismus »enttarnt«). Ob freilich Harnack mit den Arbeiten Karl Barths vor 1920 wirklich vertraut war, kann man nur vermuten. Barth hatte bis dahin elfmal für das liberale »Zentralorgan«, die »Christliche Welt«, Beiträge geliefert, die Harnack – auch er häufiger Autor dieses Blattes – hätte sehen können. Unklar ist weiterhin, ob Harnack den 1918 in erster Auflage erschienenen »Römerbrief«-Kommentar Barths gelesen hatte; vermutlich kannte er zumindest die Grundtendenz von Adolf Jülichers vernichtender Rezension des Barthschen Kommentars, die aber erst drei Monate nach Aarau in der »Christlichen Welt« erschien. Wie immer: *H. Martin Rumscheidt,* der die Barth-Harnack-Korrespondenz von 1923 einer eingehenden historischen wie theologischen Analyse unterzog, hat wohl recht mit der Feststellung: »Wir folgern, daß Harnack wohl erst bei der Aarauer Konferenz voll bewußt wurde, wie entscheidend sich Barth von seiner eigenen theologischen Position entfernt hatte.«[11] Diesen Bruch zwischen Barth und Harnack wollen wir uns in aller Kürze so plastisch wie möglich vergegenwärtigen. Man muß ihn verstanden haben, um Karl Barths christologischen Neuansatz zu begreifen, bei dem dann die Präexistenzchristologie eine völlig neue und zentrale Rolle spielen wird.

Größer hätte in der Tat der Gegensatz nicht sein können, der nun in Aarau bei der Frage nach dem *theologischen Umgang mit der Geschichte* aufbrach. Denn was hatte die Historie an »fester Einsicht« zu bieten? Harnack ging davon aus, daß die Historie bei ihrer Deutung der Geschichte einen »Drang« des Menschen feststellen könne, über das bloß Naturhafte hinauszukommen und nach Ganzheit zu streben. Gegenüber Spenglers Geschichtspessimismus, der einen Fortschritt in der Menschheitsgeschichte nicht gelten lassen wollte, wies er auf den Fortschritt »der Wissenschaft als Naturerkenntnis und -beherrschung« hin.[12] Wenn aber auf einer bestimmten Linie Fortschritt nicht zu verkennen sei, so sei die »entsetzliche Vorstellung abgetan, daß in der Geschichte ein nichtswürdiger Kreislauf des Denkens und des Strebens den anderen ablöst, so daß alle Hoffnung sich auf die trostlose Aussicht reduziert, die heute zerplatzende Seifenblase werde nicht die letzte sein«.[13]

Nein, auch nach Ende des Ersten Weltkriegs bleibt *Harnack* von einem »tiefsten Inhalt« der Geschichte überzeugt. Er besteht nach ihm »in der aufwärtsstrebenden Richtung, in der Kraftentwicklung, in dem Streben nach Einheit und in ihren großen und guten Personen.«[14] Harnack nennt dies »*Kultur*«. Sie ist für ihn Ergebnis der Unterwerfung des bloß Naturhaften und Zielpunkt des rastlosen Strebens des Menschen, des nie ruhenden Aufstiegs und des Drangs nach Einheit, nach Geist. Wie aber ist dieses Streben zu deuten? Gewiß, dem Historiker, der vom Empirischen ausgehe, müsse »dieses Streben vollkommen irrational« vorkommen, »ein begeisterter hoher Drang zu etwas, was man nicht sieht und hört und sich als mächtiges, beglückendes *Lebensgefühl* geltend macht«.[15] Der Theologe aber? Er sei fähig, »dieses Streben als Gottes- und Nächstenliebe« zu deuten.[16] Und so glaubte Harnack beides versöhnt zu haben: menschliche Arbeit und Liebe zu Gott, geschichtliche Tat und göttlichen Plan, Natur und Geist, Lebensgefühl und Gottesliebe, Menschenwerk und Gotteswerk, kurz: *Kultur und Religion*. Alles in allem: eine optimistische Geschichtshermeneutik, die von der Überzeugung lebt, daß »alles wertvolle Geschehen in der Geschichte von dem mächtigen Drang zu einem höheren Aufstieg über das Naturhafte« beherrscht ist; eine Geschichtsschau, in der Augustin und Goethe konfliktfrei plaziert, Spengler und Nietzsche endgültig überwunden sind und in der eine »gereifte Lebenserfahrung« sogar in der »Weltgeschichte das Weltgericht«[17] entdecken könne.

Und dagegen nun *Barth*. Auf die Frage, was die *Bibel* an Erkenntnis »zur Deutung des Weltgeschehens« zu bieten habe, antwortete er kurz und bündig: »Erkenntnis Gottes«, verstanden als genitivus subjektivus wohlgemerkt! Daß *Gott* erkennt, den Menschen *erkannt hat*, ist die *Voraussetzung aller menschlichen Erkenntnis*, »von der wir belehrt oder halbbelehrt oder unbelehrt immer schon *her*kommen bei all unseren Deutungsversuchen«.[18] Um dies und um nichts anderes ging es Barth – nicht um »Naturalismus, Historismus und Ästhetizismus«.[19] Um die »letzte Unvermeidbarkeit«[20] der Frage nach Gott; um Erwählung und Verwerfung des Menschen; um Erbsünde und Gericht, und damit um die Rechtfertigungsbedürftigkeit der menschlichen Existenz überhaupt – und nicht um Religionsgeschichte und Psychologie. Um eine *strikte Trennung von Gott und Mensch*, Physik und Metaphysik, biblischem Glauben und menschlicher Kultur – nicht um eine Vermischung oder gar harmonisierende Synthese. Begreiflich, daß Barth Harnacks Idee, man könne die Aufstiegsbewegung des Menschen von Natur zum Geist mit Gottes Schöpfertum und Liebe in Verbindung bringen, zuwider sein mußte. Warum? Weil dem Weltgeschehen ein »ganz anderer« Gott gegenüberstehe, und um dessen Erkennbarkeit habe sich alles zu drehen! Um die *Dialektik von Erkennen und Erkanntsein*: damit habe es die Theologie zu tun. Harnacks integrierendes und harmonisierendes Denken stand für alles, was er, Barth, zutiefst verachtete: »Religion«! Denn was sei Religion anderes als Selbstgenuß, Selbstgenügen, Selbstzweck des Menschen? Haben Menschen in ihrem »religiösen Übermut« das Göttliche nicht in Besitz genommen, in Betrieb gesetzt?[21] Und niemand habe es gemerkt, niemand wolle es merken, »daß alles auf Supposition beruht, auf einem ›enormen Als Ob‹ und *Quidproquo*«.[22]

An der *Figur des Täufers Johannes* auf dem berühmten Kreuzigungsbild von Matthias Grünewalds »Isenheimer Altar« machte Barth sich das Problem der Religion klar. Dieser Johannes-Figur, die von sich weg auf den Gekreuzigten verweist, war vom Künstler die Inschrift beigegeben worden: »Illum oportet crescere, me autem minui«[23], »jener muß wachsen, ich aber abnehmen«! Diese Figur des Täufers also, genauer, seine auf den Gekreuzigten weisende Hand, symbolisierte für Barth alles, was er »Religion, Frömmigkeit, Erlebnis«[24] nannte. Dies alles könne – angesichts des Kreuzes Christi – abnehmen, um so nur der *großen Sachlichkeit des biblischen Gottes* allein Platz zu machen: »Die biblische Religionsgeschichte hat die Eigentümlichkeit, daß sie in ihrem Kern, in ihrer tiefsten Tendenz, weder Religion noch Geschichte sein will – nicht Religion, sondern Wirklichkeit, nicht Geschichte, sondern Wahrheit.«[25] Darauf kam es Barth an: *Jenseitigkeit* (nicht Aufstieg vom Diesseits zum Jenseits) – *weltliche Sachlichkeit* (nicht Vermischung von menschlicher Erfahrung und *Gottes* Erkenntnis) – *Ungeschichtlichkeit* (nicht die Vermengung von menschlicher Geschichte und göttlicher Geschichte) des »ganz anderen« *biblischen* Gottes![26]

Kein Wunder, daß Harnack diese mit prophetischer Kraft und in expressionistischer Sprache vorgetragene Rede Barths wie einen »Meteor« empfand, der über dem wirklichen Leben zerplatze. Kein Satz, kein Gedanke, den er wirklich hätte mitdenken können.[27] Ein tiefer Ernst in Barths Rede, gewiß, aber was habe diese Art Religion mit dem wirklichen Leben zu tun, fragte er sich? Wie könne ein Pfarrer, der doch Seelsorger sei, *so* urteilen? Harnack war entsetzt: Seit Kierkegaard sei die Sache nicht mehr *so* schlimm gemacht worden, wie eben jetzt.[28] Kurz nach dem Vortrag trafen Barth und Harnack in Basel im Haus von Eberhard Vischer noch einmal aufeinander, und Harnack gab sich bei dieser Gelegenheit väterlich: »*Etwas* Erschütterung sei der Kirche wohl zu wünschen«, meinte er zu dem jungen Pfarrer aus Safenwil, aber Barth solle seine Auffassung von Gott doch lieber für sich behalten und keinen »Exportartikel« daraus machen. Er bezeichnete Barth als Calvinisten und Intellektualisten und entließ ihn mit der Prognose, daß – nach allen Erfahrungen der Kirchengeschichte – Barth eine Sekte gründen und Inspirationen empfangen würde.[29] Der offene Briefwechsel von 1923 offenbarte dann vollends die tiefe Kluft, das völlige Mißverstehen der beiden Theologen, die sich in der Kritik bei allem Respekt nichts schenkten. Dem Harnackschen Etikett für Barths Art von Theologie »gnostischer Okkultismus«[30] (obwohl nicht direkt auf Barth gemünzt) setzte Barth das nicht weniger schmeichelhafte Etikett »*Zuschauertheologie*«[31] für Harnack entgegen.

3. Mit dem Anfang anfangen oder was ist Theologie?

Deutlich ist: Der jungen Theologie ging es nach 1914 um eine radikale Grundlagenbesinnung von Theologie und Glaube, nachdem die bisherige Grundlage zerbröckelt war. Wie in Goethes »Faust« setzt ein neues Fragen nach dem Anfang aller menschlichen Anfänge ein, nach dem Ursprung von allen geschichtlichen Ursprüngen, nach dem Ewigen vor und in aller Zeit. Anders gesagt: auf die gesellschaftliche Zeitkrise antwortete die junge Theologie mit einer *Verschärfung der theologischen Grundlagenkrise*, welche die liberale Harmonisierung von Welt und Gott, von Zeit und Ewigkeit, von Theologie und Anthropologie radikal aufsprengte. Nur ein *radikaler Neuanfang theologischen Redens* überhaupt konnte der Krise Herr werden. Und nirgendwo wird der Unterschied zu Harnack und den Liberalen deutlicher als bei dem Wort »Sachlichkeit«. Wie ist das zu verstehen?

Die Antwort kann nur lauten: Wenn *Harnack* von theologischer *Sachlichkeit* sprach, meinte er im wesentlichen den *Wissenschaftscharakter* der Theologie, konstituiert durch das, was Harnack gegenüber den »Verächtern der wissenschaftlichen Theologie unter den Theologen« in seinen ersten 15 Fragen gebetsmühlenartig gefordert hatte: »Geschichtliches Wissen« und »kritisches Nachdenken«! Denn Harnacks ganzes Selbstverständnis und Selbstbewußtsein als Vertreter wissenschaftlicher Theologie (deren Ort ganz entschieden die universitas litterarum zu sein hatte) wurzelte hier: mittels eines wissenschaftlichen Methodeninstrumentariums sich des geschichtlichen Gegenstandes »erkenntnismäßig zu bemächtigen«.[32] Harnack konnte auf diese Weise gar nicht verstehen, daß für einen Theologen die Metaphorik »erkenntnismäßig bemächtigen« fatal klingen mußte. Warum? Weil für *Barth* die Sachlichkeit der Theologie primär nicht in ihrem Wissenschaftscharakter lag, sondern in ihrem Zeugnischarakter für die *Sache Gottes*. Muß Theologie nicht *diese* Sache zur Sprache bringen, so daß die »Wissenschaftlichkeit« der Theologie dann »ihre Gebundenheit an die Erinnerung (wäre), daß ihr Objekt *zuvor Subjekt* gewesen ist und immer wieder werden muß –

was mit ›Erfahrung‹ und ›Erlebnis‹ an sich *gar* nichts zu tun hat?«[33]

Deutlich wird: Der Neuansatz der jungen Theologie, mit der sie der epochalen Krise von Kirche und Gesellschaft begegnen wollte, war gleichbedeutend mit einer Neuentdeckung des »Zuvor« Gottes selbst, konkreter: von *Gottes radikaler Präexistenz vor aller Existenz.* Dieses neue Verständnis der Präexistenz Gottes war die Trennungslinie zu den Liberalen! Freilich: auch Harnack – wir sahen es – kannte ein »Zuvor« Gottes! Es ist das Zuvor, besser das Gegenüber *des* Gottes, der in Christus erschienen ist; es ist das Gegenüber *des* Christus, der für die Gläubigen der einzige Weg zum Vater ist. Doch Barth setzt dieses »Zuvor« radikal in den Anfang aller Anfänge, gleichsam in den Augenblick der Weltschöpfung selbst. Und diese Grundlinie hielt sich durch. Noch 1962 konnte Barth in seiner »Einführung in die evangelische Theologie« sagen: »Fortfahren heißt in der theologischen Wissenschaft immer: noch einmal mit dem Anfang anfangen.«[34]

Die Folge? Gegen Harnacks historisch-kritische Hermeneutik der Jesus-Geschichte setzt Barth nun die theologische Hermeneutik der *Gottes-Geschichte in Christus.* Gegen Harnacks voraussetzungslosen »Objektivismus« der historischen Forschung in der Theologie setzt Barth die objektiv-theologische Voraussetzung aller subjektiven theologischen Forschung. Fragt Harnack nach den geschichtlichen Ursprüngen des Christentums, so Barth nach dem Ursprung aller Geschichte, aller Wirklichkeit überhaupt, nach der nicht transzendentalen, sondern entschieden transzendenten theologischen Bedingung der Möglichkeit, von »Gott«, »Welt«, »Geschichte«, »Ich« überhaupt reden zu können. Ist Harnack auf zuverlässige Erkenntnis im Wandel der Geschichte aus, so Barth auf Erkenntnis des zuverlässigen Gottes in unserer unzuverlässigen Geschichte. Deshalb sollten ihm die »Historisch-Kritischen« kritischer sein[35], weil ihre Kritik sich nicht auf historische Methoden- und Sachkritik (so wichtig sie ist!) reduzieren lassen sollte – auf der Basis eines ansonsten ungebrochenen Schöpfungs- und Weltvertrauens. Die Kritik müsse vielmehr der durch Gott verursachten »göttlichen Krisis« selbst entstammen – immer im Bewußtsein, »daß Gott alles das schlechthin nicht ist, was aus der Entwicklung der Kultur und ihrer Erkenntnis und Moral von ihm ausgesagt wird«[36]; immer im Bewußtsein auch, daß »eben in diesem Nein . . . sich ja das Geschöpf als Werk und Eigentum des Schöpfers«[37] erkennt. Nicht »die historische Methode der Bibel- und Geschichtsforschung von der theologischen Arbeit fernhalten«

wollte Barth, sondern eine »*Verschärfung der Fragestellung*«.[38] Denn Barth sah die »theologische Funktion speziell der historischen Kritik«[39] gerade darin, den Zeugnischarakter der biblischen Texte freizulegen.

War aber diese »Verschärfung der Fragestellung« nur ein Problem der Theologen in dieser Zeit? Keineswegs, und wir müssen, um den theologischen Aufbruch der »dialektischen Theologie« besser verstehen und werten zu können, noch breiter ansetzen. Wir werden sehen: Die *Grundlagenkrise war ein weitverbreitetes, kulturelles Phänomen.* Ein neues Fragen nach den Ursprüngen, den Ur-Anfängen, dem Grund der Wirklichkeit überhaupt setzte nicht nur in der jungen Theologie ein, sondern auch in Literatur, Physik, Musik, Malerei und Psychologie. Dieses Phänomen wollen wir uns kurz vergegenwärtigen, um auf die Christologie des frühen Barth dann vor größerem gesellschaftlichem und kulturellem Horizont konkret eingehen zu können. Diese Horizontbeschreibung ist um der jeweiligen Zeitgenossenschaft und Dialogfähigkeit der Theologie willen wichtig. Leser freilich, die am Fortgang der christologischen Problematik allein interessiert sind, mögen dieses Kapitel überschlagen und beim nächsten fortfahren.

II. Die »Theologie der Krise« und der Umbruch der Epoche

Keine Frage: die »Theologie der Krise« war nicht nur Ausdruck einer Krise der Theologie. Viel zu wenig wird in der Theologie- und Kirchengeschichtsschreibung der Weimarer Zeit[1] gesehen, daß die mit der dialektischen Theologie aufgebrochenen Fragen auf ihre Weise Grundfragen der Epoche reflektieren, die auch in anderen Kulturbereichen in je spezifischer Weise aufgekommen waren. Gewiß: man hat in der protestantischen Theologie seit gut 10 Jahren begonnen, die mit der dialektischen Theologie artikulierte Herausforderung in einem größeren geistesgeschichtlichen Zusammenhang zu sehen. Barths theologische Anfänge berühren ja in der Tat »die Stellung der Theologie in der Neuzeit überhaupt«.[2] Deutlicher als früher, als man Barths Theologie meist nur werkimmanent, theologie- oder kirchenpolitisch rezipierte, wird deshalb heute die Notwendigkeit erkannt, »den ›erratischen Block‹ der dialektischen Theologie – diesen vermeintlichen Fremdling aus fernen Offenbarungswelten – in seiner spezifischen Funktion innerhalb der Zusammenhänge und Widersprüche des neuzeitlichen Denkens zu begreifen«.[3]

Auf der anderen Seite aber wird das Eigenprofil dieser Theologie noch viel zu wenig in Relation zur »*Religions- und Geistesgeschichte der Weimarer Republik*« herausgearbeitet und wenn, dann meist ohne Bezug auf die simultanen wissenschaftlichen, literarischen und künstlerischen Strömungen dieser Periode. So wie Thomas Mann oft zeitlos-verklärend unter Literaturfreunden zum letzten großen deutschen Schriftsteller erklärt wird, so *Karl Barth* nicht minder geschichtslos zum letzten »richtigen« Theologen. Aber ebenso wie Thomas Mann ist Karl Barth in erster Linie ein *Mann der Weimarer Epoche*. Obschon beide die erste deutsche Republik kommen und gehen sahen, den braunen Faschismus durch Exil und Widerstand hindurch überlebten und auch die Gründung und erste Entwicklung der zweiten deutschen Republik erlebten: ihre entscheidenden geistigen Impulse verdanken beide dieser Zeit, verdanken sie den großen geistigen Gestalten des 19. Jahrhunderts, aus dem beide kamen, verdanken sie der gesellschaftlichen und kulturellen Krise um den Ersten Weltkrieg. Und dieser *erste* große Krieg, nicht mehr der zweite, war für beide die Zäsur schlechthin: Band für Band konnte jetzt in den dreißiger und vierziger Jahren – in Barths Fall – die Kirchliche Dogmatik, im Fall Thomas Manns Band für Band die Tetralogie um Joseph und seine Brüder erscheinen – Werke, die von der jeweils überlegenen Sicht ihrer Autoren, dem großen narrativen Atem und der souveränen Stoffarrangierung ihrer Erzähler zeugen... Noch einmal: Es lohnt sich, nicht zuletzt um der Überwindung binnentheologischer Provinzialität willen, wenigstens andeutungsweise analoge Grundstrukturen in anderen kulturellen Bereichen nachzuzeichnen, deren Relevanz für eine heutige Christologie im Verlauf dieser Studie deutlich werden wird. Es geht um den Aufweis von *Epochenzeitgenossenschaft*, und das heißt: Was zwischen Barth und Harnack an Konflikten aufgebrochen war, spiegelt eine *tieferliegende Strukturkrise der Epoche*. Mehr freilich als eine Skizze zur Horizontbeschreibung kann hier nicht geleistet werden; der Bezug zur Theologie muß noch erkennbar bleiben.

1. *Wirklichkeitszertrümmerung: Die Generation der Expressionisten*

Literaturwissenschaftliche Untersuchungen (vor allem W. Rothe[4] und Ch. Eykman[5]) haben gezeigt: *Karl Barths Rede von der göttlichen Krisis,* von Jesus Christus als »Bruchstelle zwischen der uns bekannten Welt und einer unbekannten«, als »verborgener Schnittlinie von Zeit und Ewigkeit, Ding und Ursprung, Mensch und Gott«[6], Barths Rede von »Einschlagstrichtern und Hohlräumen«[7] des Göttlichen in der Geschichte, seine Ablehnung dessen, was er bürgerliche Religion nannte; *Emil Brunners* Betonung des »schroffsten Dualismus von Gott und Mensch«[8]; *Friedrich Gogartens* vehementer Protest gegen das »flimmernde Durcheinander von Göttlichem und Menschlichem«[9]; *Paul Tillichs* Rede vom »göttlichen Nein über die Religion«[10] hatte ihre Parallelen nicht nur in Texten expressionistischer Lyriker und Dramatiker, sondern auch in der Philosophie dieser Zeit, in der Martin Bubers und Ernst Blochs.

In die Zeit des »Römerbriefs« fallen Schriften *Martin Bubers* wie »Vom Geist des Judentums« (1916)[11], die ebenfalls ganz und gar den Gegensatz von »Religiosität« und »Religion«, »Unbedingt« und »Bedingt« betonen und den Dualismus von Prophet und Priester herausstellen. Der Kritik an der institutionalisierten Kirche bei den Dialektikern entspricht bei Buber die Frontstellung gegen das »offizielle Judentum«.[12] Kein Zufall auch, daß *Ernst Bloch* 1922 sein Buch über »Thomas Münzer als Theologe der Revolution«[13] herausbrachte, als Harnack die neue Theologengeneration in die Nähe dieser rebellischen theologischen Grundströmung brachte. Im »Marcion«-Buch Harnacks fallen so bezeichnende zeitgenössische Anspielungen wie: »Es liegt etwas Expressionistisches in der Marcionitischen Orientierung über Gott und die Welt, man kann auch sagen, eine gewisse Flucht vor dem Denken.«[14]

Expressionismus war in der Tat das Zauberwort der Epoche, und viel zu wenig macht man sich bewußt: Schon generationsmäßig gehören die jungen Theologen und die jungen Künstler der Epoche zusammen. Karl Barth gehört mit Hugo Ball, Gottfried Benn, Hermann Broch, und Albert Ehrenstein zum selben Jahrgang, 1886. Nur drei Jahre älter ist Ernst Stadler, nur ein Jahr jünger sind Georg Heym, Jakob van Hoddis, Kurt Schwitters und Georg Trakl, ganze vier Jahre jünger Walter Hasenclever und Franz Werfel. Auch die

Maler gehören hierher: Max Beckmann ist zwei Jahre älter als Barth, Kokoschka gleichaltrig, Oskar Schlemmer zwei Jahre jünger. Zur gleichen Generation gehören die Maler der »Brücke«: Ernst Ludwig Kirchner, Jahrgang 1880, Karl Schmidt-Rottluff, 1884, Ernst Heckel, 1883, zur gleichen Generation auch die Künstler des »Blauen Reiter«: Wassily Kandinsky (geboren 1866), Paul Klee (1879), Franz Marc (1880) und August Macke (1887).

Daß die *Literatur des expressionistischen Jahrzehnts* von 1910–1920 – anders als die des Naturalismus und Impressionismus – eine Literatur *radikalisierter Wirklichkeitserfahrung* war, ist kein Geheimnis, und dieser Radikalismus äußerte sich auf sehr verschiedene Weise: in der Beschreibung von Fluch und Faszination der Großstädte (die Stadtgedichte Georg Heyms) ebenso wie in der Beschreibung der Abgründe der menschlichen Physis und Psyche: Zerfall des Ich, Wahnsinn, Selbstmord, Tod, Verwesung. Ja, alles in allem herrschte in dieser Literatur – noch vor dem Ausbruch des großen Krieges, den Lyriker wie Jakob van Hoddis, Georg Heym, Georg Trakl seismographisch vorwegregistrierten – eine apokalyptische Grundstimmung, ein Bewußtsein von einer Epochenzäsur, einem Weltende, das in jedem Fall das Ende der bürgerlichen Welt sein würde; alles in allem herrschte – und das war nur die Kehrseite der Apokalypse – eine Stimmung des Visionären und Rauschhaften, des Ekstatischen und Beschwörenden, wo im Blick auf den Untergang noch einmal »der neue Mensch« evoziert wurde.

Mehr noch: Zu dieser radikalisierten Wirklichkeitswahrnehmung, zu dieser oft rauschhaft-ekstatisch-visionären Tiefenerfahrung gehörte auch die *Neuentdeckung der religiösen Dimension* in der expressionistischen Literatur – ob bejaht oder bestritten, ob sozialethisch oder mystisch motiviert. Aufsprengen der Krusten, Durchbrechung von Eindimensionalität, Ablehnung von Naturalismus und Historismus war die Devise. Etwas von dieser Zeitstimmung ist bis in die Sprache hinein spürbar, wenn Kurt Pinthus 1920 in der Einleitung zu seiner berühmten Anthologie expressionistischer Lyrik »Menschheitsdämmerung« schreibt: »Niemals war das Ästhetische und das L'art pour l'art-Prinzip so mißachtet wie in dieser Dichtung, die man die ›jüngste‹ oder ›expressionistische‹ nennt, weil sie ganz Eruption, Explosion, Intensität ist – sein muß, um jene feindliche Kruste zu sprengen. Deshalb meidet sie die naturalistische Schilderung der Realität als Darstellungsmittel, so handgreiflich auch diese verkommene Realität war; sondern sie erzeugt sich mit gewaltiger und gewaltsamer Energie ihre Ausdrucksmittel aus der Bewegungskraft des Geistes (und bemüht sich keineswegs, deren Mißbrauch zu meiden). Sie entschleudert ihre Welt . . . in ekstatischem Paroxismus, in quälender Traurigkeit, in süßestem musikalischen Gesang, in der Simultanität übereinanderstürzender Gefühle, in chaotischer Zerschmetterung der Sprache, grausigster Verhöhnung menschlichen Mißlebens, in flagellantisch schreiender, verzückter Sehnsucht nach Gott und dem Guten, nach Liebe und Brüderlichkeit.«[15]

Detaillierte Bildfelduntersuchungen könnten zeigen, wie sehr die jungen Theologen und die jungen Künstler in der Wahl ihrer *Symbolik und Metaphorik* zur Beschreibung dieser gesuchten göttlichen Wirklichkeit übereinstimmen. Gerade ein Gedicht wie »De Profundis«, das *Franz Werfel* 1915 in seinem Gedichtband »Einander« veröffentlichte[16], ist dafür ein beredtes Zeugnis. Die Rede von der abgründigen Existenz, vom Grauen vor dem Werke Gottes, von der schrecklichen Gnade, findet auf ihre Weise Parallelen im Barthschen Römerbriefkommentar.

»Aus meinem Abgrund zu dir aufgedreht,
Aus dieser Tiefe höre mein Gebet!
Es ruft der Mensch, der auf den Straßentagen
An deinem Stand langsam vorübergeht.

Laß deine Welt, mein Gott, mich nicht ertragen!
Vergönne mir das fürchterliche Schlagen,
Des Lebens Schauder, deines Werkes Graun,
Wenn die Gestalten durcheinanderzagen.

Gieß furchtbar Einsicht in mein leeres Schaun,
Daß die Geschöpfe schmelzen ab und taun,
Und daß ich selbst in meinem Blick vergehe,
Um aus dem Tod mich reiner aufzubaun!

Schreckliche Gnade, Einsehn, wenn ich sehe
Des Himmels Eisgang, eines Vogels Nähe, –
Laß mir die Angst vor allem, was geschieht,
Das Aufwärts-Staunen vor des Waltens Wehe!

Lösch mich nicht aus, eh' ich dahingeriet,
Daß ich noch schaudre, wenn der Flor verzieht,
Und Luzifer mit Morgenflügeln flieht!
Aus meinen Tiefen hör ich mich zu dir rufen:
Laß, was ich bin, mich sein und bleiben, Lied!«

Eine ähnliche *Bildwelt*, die etwas von dem »ganz anderen Gott« erahnen macht, läßt sich auch in Texten anderer expressionistischer Lyriker wie Georg Heym, Jakob van Hoddis, Karl Otten, Kurt Heynicke, Johannes R. Becher und Else Lasker-Schüler nachweisen.[17] Gleichzeitig mit dem »Römerbrief« Barths entstehen 1918 *Heinrich Manns* Gesellschaftssatire »Der Untertan« und *Bert Brechts* »Baal«. 1920 erscheint neben der »Menschheitsdämmerung« *Ernst Tollers* Drama »Masse Mensch«; 1919 und 1922 kommen die Romane »Demian« und »Siddhartha« von *Hermann Hesse* an die Öffentlichkeit, 1925 und 1926 erscheinen (posthum) die Romane »Der Prozeß« und »Das Schloß« eines Prager Juden, der nur drei Jahre älter war als Barth: *Franz Kafka*; 1926 beginnt *Thomas Mann* die Niederschrift seines Joseph-Romans, der sich schließlich auf 4 Bände auswachsen sollte und in dem Thomas Mann den Ur-Formen und Ur-Normen des Lebens auf der Spur war: dem Mythischen, Zeitlosen, Immerwiederkehrenden, der Ur-Zeit gewissermaßen. Ja, dieser Roman wollte »jene Brunnentiefen der Zeiten« ausloten, wo »der Mythus zu Hause ist und die Urnormen und Urformen des Lebens« gründen. Der Josephs-Roman also ein Versuch des Schriftstellers, an die mythischen Anfänge aller Anfänge zurückzukehren und vom Ur-Beginn der Geschichte, des Lebens überhaupt zu erzählen: »Tief ist der Brunnen der Vergangenheit« – so die berühmten Eingangssätze dieser Tetralogie, »sollte man ihn nicht unergründlich nennen?«[18]

Deutlich wird: *Bezüge* gibt es allüberall, nicht inhaltlich selbstverständlich, aber strukturell zwischen den Theologen und den Literaten: zwischen den *apokalyptischen Grundströmungen* in der Literatur dieser Zeit (G. Heym, K. Kraus, A. Döblin) und dem eschatologischen Grundansatz der dialektischen Theologie; zwischen der Diagnose einer sich immanent verkapselnden, in ihrer Ausweglosigkeit unter den Bedingungen des industriellen Massenzeitalters *erstickenden Welt*, beschrieben von Ernst Toller und Heinrich Mann, und dem Welt- und Gesellschaftsbild der Dialektiker; zwischen der das Selbstverständnis des Menschen *erschütternden Macht Gottes* im Raum der

Theologie und der Wiederentdeckung religiöser Urkräfte und Urmächte im Raum der Literatur; zwischen der Wiederentdeckung des göttlicheren, alle Subjektivität des Menschen radikal infragestellenden, alle Sagbarkeit transzendierenden Gottes und der *Rede vom unsagbaren und namenlosen Gott* in expressionistischen Texten, wo sich alttestamentliches Bilderverbot und mystisches Schweigen oft zu einer einzigartigen religiösen Sehnsucht verdichten (Kurt Heynickes »Das namenlose Angesicht«[19]) und Karl Ottens »Ich kann deinen Namen nicht sagen«[20]; zwischen dem Ringen um das *Problem der Zeit* (Karl Barths Rede von der »Aufhebung der Welt der Zeit, der Dinge und des Menschen«, von einer »unzeitlichen Zeit«, einem »unräumlichen Ort«, einer »unmöglichen Möglichkeit« im Römerbrief[21]) und dem Ringen um das Problem von Zeitebenen und Zeitschichten in Romanen der zwanziger Jahre, in Thomas Manns »Zauberberg« vor allem, aber auch in Hesses »Steppenwolf« und in Musils »Mann ohne Eigenschaften«; Parallelen schließlich zwischen der Krisen- und Gerichtstheologie Barths und der negativen Theologie Kafkas im Horizont von Gericht und Gesetz[22], die auch Ernst Bloch in »Atheismus im Christentum« erkannte: »Rückgang aufs Gefühl, ja Bleiben darin findet sich auch bei Barth, ein Drüben bringt es mit sich. Doch ist dieses Gefühl bei ihm nie weich und vor allem, es weiß um sich wie um das, was ihm der Verstand nimmt, was das gänzlich jenseitige Abwinkende, Unbetretbare (hier bestehen Beziehungen zu Kafkas ›Schloß‹ und ›Prozeß‹) durchaus kenntlich, doch unerkennbar macht.«[23]

Anders gesagt: Sie alle, die Künstler und Theologen auf je eigene Weise, gehörten zu einer Generation, die umgetrieben wurde von dem, was *Gottfried Benn* im Rückblick »Wirklichkeitszertrümmerung« nannte: »als rücksichtsloses An-die-Wurzel-der-Dinge-Gehen bis dorthin, wo sie nicht mehr individuell und sensualistisch gefärbt, gefälscht, verweichlicht verwertbar in den psychologischen Prozeß verschoben werden können, sondern im akausalen Dauerschweigen des absoluten Ich der seltenen Berufung durch den schöpferischen Geist entgegensehen«.[24]

Ja, mehr noch: aus den Programmerklärungen der expressionistischen jungen Dichter spricht ebenso wie bei den jungen Theologen ein expliziter *Wille zum Metaphysischen, Göttlichen, Ewigen.* Was wollten die jungen Dichter?, so fragte etwa *Kasimir Edschmid* 1918, ein prominenter Vertreter dieser Generation, und gab selbst in der Sprache der Zeit die Antwort: »Kämpferisch wie kaum eine Generation kämpfen sie um den Geist. Aus Blut und Qualm der Epoche sich hebend und fordernd treffen sie auf solchen Wegen Gott. Mit fiebrigen Händen, heißen Munden suchen sie; ergriffenste Prosa, unerhörter Rhythmus leidenschaftlichen Gedichts fängt ihn ein. Jede Erde, jedes Blatt, jedes Tier erliegt der Beschwörung, einzustimmen in solche Harmonie. Kein Raum, der nicht mitzittert im religiösen Akkord der einfachen Schöpfung. Gott wird überallhin wiedergeboren. Seine Liebe schlägt zurück, ein Kranz bildet sich um die metaphysisch schwebende Erde.« Auch das war Wirklichkeitszertrümmerung, auch das war Wegbewegung von der Eindimensionalität von Naturalismus und Historismus: »Ein neues Weltbild mußte geschaffen werden, das nicht mehr teilhatte an jenem nur erfahrungsmäßig zu erfassenden der Naturalisten ... Alles bekommt Beziehung zur Ewigkeit ... das Leid der ganzen Kreatur – lächerlich kleiner Sprung zu diesem Begreifen. Aber die Menschheit weiß noch nicht, daß die Kunst nur eine Etappe ist zu Gott.«[25]

An-die-Wurzel-der-Dinge-gehen, Neuentdeckung der Ewigkeit, Wiedergeburt Gottes: Was hier in oft ekstatischer, visionärer, energiegeladener, pathetischer Sprache im Raum der Literatur ausgesprochen wurde, hatte Barth gegen Harnack nüchtern eine »Verschärfung der Fragestellung« genannt, und das hieß: Auch er wollte die Eindimensionalität von Historismus und Psychologismus überwinden, *durch* die Geschichte und Psyche hindurchsehen bis auf die transzendentale Voraussetzung aller Erkenntnis, die Urgeschichte, das Zuvor Gottes selber. Bei allen Unterschieden zwischen den Theologen und Künstlern: ihr *gemeinsamer Nenner* war die Überwindung eines Wirklichkeitsverständnisses, das von der neuzeitlichen Subjekt-Objekt-Spaltung geprägt war, und die Suche nach einem transzendenten Grund der Wirklichkeit »vor« und »in« aller Wirklichkeit.

2. *Präexistenz-Existenz: Chiffren eines Epochenbruchs*

Konkret literarisch hieß das – vor allem in der Prosa: die Wahrnehmung und Beschreibung des »Aufstands der Dinge« (W. Jens), die auf der Erfahrung des Schriftstellers beruhte, daß die Objektwelt sich verselbständigt hatte und die Einheit von Ich und Welt zerfallen war. 1902 ist es der berühmte fiktive Brief *Hugo von Hofmannsthals,* der »Brief des Lord Chandos«, der – nach Vorbereitungen im Werk Hofmannsthals selber und Parallelen in anderen literarischen Zeugnissen – die Zäsur für die deutsche Literatur ein für allemal festhielt: die Zäsur zwischen einer früher erlebten »großen Einheit« von Ich und Welt und dem nun erfahrenen Zerfall von Subjekt und Objekt sowie der Unfähigkeit, »über irgend etwas zusammenhängend zu denken und zu sprechen«.[26]

Seltsam: es war derselbe *Hofmannsthal* (1874–1928), der in seinen späteren autobiographischen Aufzeichnungen (»ad me ipsum«, 1916–1929) für diese Bewußtseins- und Epochenzäsur bezeichnenderweise die Metaphern *Präexistenz-Existenz* wählte und damit bewußt oder unbewußt theologische Bildersprache aufgriff. »Der Anfang ist pure Magie: Präexistenz«[27]: dieses Wort umschreibt autobiographisch eine Situation, in der Hofmannsthal selber sich als Wort-Künstler einst befand. »Präexistenz« – das meinte für ihn einen »glorreichen, aber gefährlichen Zustand«, einen Zustand der Vorreflexion, der Nichtdifferenziertheit von Ich und Welt, der »magischen Herrschaft über das Wort, das Bild, das Zeichen«, einen Zustand, in dem der Künstler die Totalität der Welt noch traumhaft erfahren und darstellen konnte, wo sein Ich noch eins sein konnte mit Menschen, Tieren und Dingen, wo die fließende Zeit sich noch in einen Augenblick der Ewigkeit verwandeln konnte, wo Vergangenes und Zukünftiges zusammenfielen und die Zeit zu einem allgegenwärtigen Raum werden konnte, in dem das Ganze des Lebens noch überschaubar war. Deutlich wird: »Präexistenz« ließ bei Hofmannsthal selbst als literarische Metapher noch etwas ahnen von der ursprünglichen theologischen Bedeutung: ein dem transzendenten Ursprung von allen geschichtlichen Ursprüngen geltender Reflexionsbegriff, der eine Einheit vor aller zeitlichen und räumlichen Differenziertheit bedenkt.

Freilich: dieser Zustand der »Präexistenz« wurde von Hofmannsthal selber bereits als zutiefst ambivalent erlebt. Von einem »Zustand zwischen Präexistenz und Leben«, »zwischen Präexistenz und Verschuldung«[29] ist in seinen Aufzeichnungen ebenfalls die Rede und schließlich vom »Übergang von der Präexistenz zur Existenz: dies ist in jedem Übergang jedem Tun«.[30] Hofmannsthal hatte es erfahren und diese Problematik in seinem Werk vielfach gespiegelt: »Der Weg zum Sozialen als Weg zum Höchsten selbst: der nicht-mystische Weg. a) durch die Tat, b) durch das Werk, c) durch das Kind. Fällt das Wesen aus jener Totalität (Präexistenz, Schicksallosigkeit) heraus, so ist es in Gefahr, sich zu verlieren, zu verirren.«[31] Ja, gerade im Chandos-Brief hatte Hofmannsthal in unübertroffener Meisterschaft die oft schizophrene Spaltung des Künstlers (Präexistenz – Existenz) geschildert, die einerseits auf der Erfahrung von Daseins- und Sprachzerfall beruhte und andererseits auf der Notwendigkeit, durch Sprache gerade diese Situation noch einmal zu benennen: »Die abstrakten Worte, deren sich doch die Zunge naturgemäß bedienen muß, um irgendwelches Urteil an den Tag zu geben, zerfielen mir im Munde wie modrige Pilze... Es zerfiel mir alles in Teile, die Teile wieder in Teile, und nichts mehr ließ sich mit einem Begriff umspannen.«[32]

Einheit, Ursprung – darum ging es. Sie war für einen Künstler wie Hofmannsthal nur noch erfahrbar im Unwirklichen, im Traum, im Rausch und in der Ekstase. Der Anfang, Präexistenz, war zu einem Akt purer Magie geworden... Keine Überraschung deshalb, daß diese von Hofmannsthal erfahrene *Präexistenz-Existenz-Spaltung* auch bei anderen Künstlern dieser Epoche eine Rolle spielte, bei Rilke ebenso wie bei Franz Werfel, bei Theodor Däubler nicht minder als bei Alfred Mombert – und nicht zuletzt bei dem Salzburger *Georg Trakl*, der ein Jahr jünger war als Karl Barth, geboren 1887.[33]

Zahlreiche der Traklschen Gedichte sind Versuche, in dionysischen Rauschekstasen und Traumvisionen den Urgrund der Dinge zu beschwören, das Zeitlose zu erfahren, über Raum und Zeit hinweg »der Melodie der Ewigkeit« zu lauschen. »Drei Träume«, so beginnt bezeichnenderweise schon die erste Gedichtsammlung Trakls 1909, wo es heißt:

»Meine Seele schauert erinnungsdunkel,
Als ob sie in allem sich wiederfände –
In unergründlichen Meeren und Mächten,
Und tiefen Gesängen, ohn' Anfang und Ende«[34]

Und in deutlicher Anspielung auf das »Trunkene Lied« aus Nietzsches »Zarathustra« liest man in der gleichen Sammlung bei dem 22jährigen Autor, der 1914 bereits in den ersten Monaten des Krieges dahingerafft werden sollte:

»Aus tiefer Nacht ward ich befreit,
Meine Seele staunt in Unsterblichkeit,
Meine Seele lauscht über Raum und Zeit
Der Melodie der Ewigkeit!

Nicht Tag und Lust, nicht Nacht und Leid
Ist Melodie der Ewigkeit,
Und seit ich erlauscht die Ewigkeit,
Fühl nimmermehr ich Lust und Leid!«[35]

3. *Sprengung der alten Ordnung: Neue Physik – Neue Musik*

Daß die Wirklichkeit im Jahrzehnt nach der Jahrhundertwende in Teile und wieder in Teile zerfallen war, daß sich nichts mehr so einfach mit den herkömmlichen Begriffen »umspannen« ließ, daß die Koordinaten der Wirklichkeitswahrnehmung und Wirklichkeitsdeutung sich verschoben hatten – niemand hatte das deutlicher demonstriert als die jungen Naturwissenschaftler dieser Zeit. Zwei Jahre vor dem Chandos-Brief hatte *Max Planck* (1859–1947) die *Atomphysik* revolutioniert (Entdeckung des sog. Wirkungsquantums) und damit die klassische Newtonsche Mechanik abzulösen begonnen. Drei Jahre später (1905) lehrte *Albert Einstein* (1879–1955) mit seiner speziellen Relativitätstheorie, Wirklichkeit ohne absolutes Bezugssystem naturwissenschaftlich zu verstehen, und legte damit den Grundstein für ein *neues Verständnis von Raum und Zeit*. Einstein wußte, daß er mit dieser Theorie faktisch einen revolutionären Bruch mit der klassischen Physik vollzogen hatte, und doch weigerte er sich – zeit seines Lebens der Philosophie Spinozas verhaftet –, aus dieser seiner Erkenntnis philosophische Konsequenzen auch dann noch zu ziehen, als Physiker wie Niels Bohr und Werner Heisenberg seine Erkenntnis zur »Quantentheorie« weiterentwickelten.[36]

In der Tat: Gerade die nachfolgende Entwicklung der *Quantentheorie* in den Jahren von 1924 bis 1927 (N. Bohr, W. Heisenberg) hatte für die Selbstinfragestellung des klassischen »Weltbildes der Physik« einschneidende Konsequenzen gehabt.[37] Plötzlich war es nicht mehr möglich, mit Gewißheit (also deterministisch nach strengen Gesetzmäßigkeiten), sondern nur noch mit Wahrscheinlichkeit (also statistisch) vorauszusagen, was ein Lichtquantum tun wird, das sich paradoxerweise als schnellfliegendes Teilchen oder als Welle aufführt. Subatomare Abläufe waren plötzlich nicht mehr nach fixierten Gesetzmäßigkeiten erkennbar, sondern nur noch nach Wahrscheinlichkeiten bestimmbar: eine »Unschärfe« war in die Physik gekommen, ein »Unbestimmtheitsprinzip« (W. Heisenberg).

Was aber Einstein – aufgrund seines deterministisch-spinozistischen Glaubens – bedauerte und für inakzeptabel hielt (»die Theorie liefert viel, aber dem Geheimnis des Alten bringt sie uns kaum näher. Jedenfalls bin ich überzeugt, daß *der* nicht würfelt«[38]), war für andere Physiker, allen voran Niels Bohr, Max Born und Werner Heisenberg, Grund zu der Erkenntnis – und zwar weit über die Physik hinaus und ganz so wie Lord Chandos es geahnt hatte: Menschen sind unfähig, mit ihren Begriffen das Ganze der Wirklichkeit wahrzunehmen; die verschiedenen Aspekte müssen sich ergänzen, ganz so, wie das Licht in der Physik künftig nur in der »Komplementarität der Begriffe« (N. Bohr) beschrieben werden kann.[39] Anders gesagt: *Niels Bohrs* Entdeckung der »Komplementarität der Begriffe« (von Pascual Jordan als das philosophisch bedeutsamste Ereignis der Quantentheorie bezeichnet[40]), aber auch *Werner Heisenbergs* »Unschärferelation« führte zu einem Bewußtsein vom Versagen der dinglichen Objektivierbarkeit der Phänomene, der *Nichtobjektivierbarkeit der Wirklichkeit* überhaupt und damit zu einem Vorstoß in einen Bereich jenseits des neuzeitlichen Verständnisses von Subjekt und Objekt.

Der Physiker *Günter Howe* hat es deshalb wohl nicht zu Unrecht als ein »schicksalhaftes Zusammentreffen« bezeichnet, »daß in den für die Geschichte der Physik so entscheidungsreichen Jahren von 1924 bis 1927 auch eine tiefgehende Wendung in der evangelischen Theologie erfolgt« sei.[41] Gerade er hat herausgestellt: »Komplementarität und Nichtobjektivierbarkeit bedeuten, kurz gesagt, daß sich die drei Ebenen des *Seins*, des *Handelns* und des *Erkennens* nicht mehr in der Schärfe voneinander trennen lassen, wie es bisher für die abendländische Denktradition grundlegend gewesen ist.«[42] Mit einem Wort von *Werner Heisenberg*: »Das Ziel der Forschung ist also nicht mehr die Erkenntnis der Atome und ihrer Bewegung ›an sich‹, d. h. abgelöst von unserer experimentellen Fragestellung; vielmehr stehen wir von Anfang an in der Mitte der Auseinandersetzung zwischen Natur und Mensch, von der die Naturwissenschaft ja nur ein Teil ist, so daß die landläufigen Einteilungen der Welt in Subjekt oder Objekt, Innenwelt und Außenwelt, Körper und Seele nicht mehr recht passen wollen und zu Schwierigkeiten führen.«[43] Gerade auch die Naturwissenschaftler also waren aus ihrer »Präexistenz« herausgefallen, wo Experiment und Natur, Anschauung und Wirklichkeit, Formel und Sache noch übereinstimmten.

Relativitätstheorie in der Physik – »Musikstil der Freiheit« (H. H. Stuckenschmidt) in der *Musik des expressionistischen Jahr-*

zehnts. Auch hier macht man sich zu wenig klar, daß diejenigen jungen Musiker, die die klassische Musik revolutionierten, Alters- und Zeitgenossen der jungen Theologen waren. Gewiß, Arnold Schönberg , der »Gründervater« der Neuen Musik, war noch 12 Jahre älter als Barth (1874), aber schon seine Schüler sind beinahe gleichaltrig: *Anton Webern* (geb. 1883) und *Alban Berg* (1885), hinzu kommen *Bela Bartok* (1881), *Igor Strawinsky* (1882) und *Paul Hindemith* (1895).[44]

Keine Frage: Die Einführung der Atonalität (später der Zwölf-Ton-Musik) durch die Kompositionen der *Wiener Schule* (Schönberg und seine Schüler) ab 1908/09 hatte die klassische Sieben-Ton-Musik ebenso radikal erschüttert wie die Einsteinsche Relativitäts- und die spätere Quantentheorie die klassische Physik. Denn ein verbindlicher Bezugspunkt der Harmonik, der in der tonalen Musik prinzipiell noch herrschte, war zugunsten selbständiger musikalischer Beziehungsstrukturen aufgegeben worden. Der Komponist *Ernst Krenek* nannte dies schon 1937 »Vernichtung der geschlossenen Form«.[45] Und diese geschlossene Form, der »Klangraum« der Oktave, sprich: das klassische Siebener-Ton-System, war hier in der Tat gesprengt! Und das hieß: die bisher geltenden Gegensätze von Dur und Moll, von Dissonanz und Konsonanz und damit die Bezugnahme auf einen verbindlichen, maßgebenden Grundton waren aufgegeben worden.

Was freilich das Publikum, das diese Musik erstmals zu hören bekam, empörte, war für die Künstler selber ein *Akt großer Befreiung.* Einen Riesenskandal löste nicht nur ein Konzert der Schönberg-Schule 1912 im Großen Wiener Musiksaal aus; tumultuarische Reaktionen gab es auch in Paris 1913 bei der Uraufführung von Strawinskys später berühmtem »Sacre du Printemps«. 1947, schon im Rückblick, bekennt Strawinsky über die »Musikalische Poetik«: »Da unsere Anziehungspole nicht mehr im Mittelpunkt des geschlossenen tonalen Systems liegen, können wir zu ihnen gelangen, ohne daß wir uns dem Protokoll der Tonalität unterwerfen. Denn wir glauben nicht mehr an den absoluten Wert des Dur-Moll-Systems.«[46] Dies gilt gerade auch für die *Wiener um Arnold Schönberg.* Folgt man den Analysen des bedeutenden Musiktheoretikers Hans Heinz Stuckenschmidt, so hat ihr »Musikstil der Freiheit« die Musik »von fast allen Bindungen harmonischer, melodischer und formaler Art, die der ordnende Verstand gemäß den überlieferten Schulregeln zu knüpfen vermag«, gelöst. Konsequenz? »So ergibt sich sozusagen automatisch eine stärkere Bindung an das Gefühl als die einzige Macht, die neben dem Verstand den schöpferischen Prozeß regeln kann. In seiner um 1910 entstandenen Harmonielehre sagt Schönberg: ›Das Schaffen des Künstlers ist triebhaft. Das Bewußtsein hat wenig Einfluß darauf. Er hat das Gefühl, als wäre ihm diktiert, was er tut. Als täte er es nur nach dem Willen irgendeiner Macht in ihm, deren Gesetze er nicht kennt.‹«[47]

Lebt also die Neue Musik nur von der Zertrümmerung der alten tonalen Ordnung? Hat hier die Subjektivität des Künstlers völlig die Oberhand gewonnen? Und hat sich nicht dadurch – im Vergleich zu der Generation eines Gustav Mahler und Anton Bruckner – eine »Entgötterung der Musik« durchgesetzt? Das Bemerkenswerte freilich ist: Gerade die Vertreter der »Neuen Musik« waren persönlich tief religiös und wollten mit ihrer Musik *religiöse Tiefenerfahrungen* zum Ausdruck bringen – in einer eigentümlichen *Synthese* von Kalkül und Meditation, von rationaler Berechnung und mystischer Versenkung. Das gilt für *Strawinsky*, der kompositorisch letztlich andere Wege ging als die Wiener, ebenso wie für *Schönberg*, der seine eigene Entwicklung als Künstler unter religiöser Perspektive zu betrachten pflegte und seinen schicksalshaften Schritt über die klassische Tonart hinaus als »inneren Zwang«, als »Auftrag von oben« interpretierte. Stuckenschmidt konnte deshalb in einem Aufsatz über »Zahlenzauber und Gottsuche in der Neuen Musik«[48] auf dieses verblüffende Phänomen aufmerksam machen. 1930 schreibt Strawinsky eine Psalmensymphonie nach Texten der Vulgata, 1930 beginnt auch Schönberg, der – als Sohn jüdischer Eltern evangelischer Christ geworden – 1933 wieder der jüdischen Glaubensgemeinschaft beitreten sollte, seine Oper »Moses und Aaron« zu schreiben: »Für beide Komponisten« – so Stuckenschmidt – »war diese Wendung zum Metaphysischen und Religiösen nicht etwa eine ästhetische Nuance wie bei Debussy ... Wer Strawinsky kennt, der weiß, wie tief sein ganzes Wesen durch den Einfluß des Katholizismus geprägt ist, wie er ungern die morgendliche Messe versäumt, wie allumfassend für ihn der Gottesbegriff ist.«[49]

Und bei Schönbergs Schülern *Berg und Webern*? Auch hier das gleiche Phänomen: »Aus der Zahl heraus, aus der Einordnung der Kompositionstechnik in die seltsamen Bereiche der Mathematik scheinen metaphysische Bedingungen zu wachsen. Anton Webern hat im Ersten Weltkrieg begonnen, geistliche Texte zu komponieren.

Die ihm und seinem musikalischen Denken immanente Form des Kanons herrscht souverän in seinem Opus 16 von 1924, und im selben Jahr entstehen die drei geistlichen Volkstexte op. 17, in denen er zum ersten Mal Schönbergs zwölftonige Technik übernimmt. Webern ist es, der dann in allmählicher Entwicklung dieser Technik neue Verfahrensweisen anwendet, durch die auch andere Elemente der Musik dem Gesetz der Reihe unterworfen werden: der Rhythmus, die Dynamik und die Klangfarbe. Webern war ein im tiefsten Wesen frommer, ja naiv-frommer Mann.«[50]

Wir stehen also vor dem erstaunlichen Faktum, daß auch die *Neue Musik*, die gleichzeitig mit den revolutionierenden Entdeckungen der Naturwissenschaft und der expressionistischen Literatur entstand, einen *Bezug zum Transzendenten, Religiösen, Metaphysischen* erkennen läßt, gerade indem sie die alten Ordnungen sprengt und zu den Urprinzipien der Musik schlechthin zurückkehrt: zu einer Erneuerung der Musik aus »naturhaft-mythologischen Gründen« wie bei Strawinsky, wo eine »Rückbesinnung auf die rhythmischen Urkäfte der Musik«[51] stattgefunden hat, aber auch zu einer Erneuerung der Musik bei den Wienern, wo je länger desto mehr »Zahlenzauber und Gottsuche die seltsamste mystische Hochzeit feiern«[52], wo zwischen rechnerischer Abstraktion und mystischer Jenseitsbindung kein Widerspruch bestand.

Ja, es ist »Geist dieser Epoche«, der über Naturalismus, Historismus und Psychologismus hinaus nach Grundstrukturen und Urprinzipien der Wirklichkeit wieder neu zu fragen wagte, wenn unmittelbar nach 1918 ein Mann wie der Musikwissenschaftler *Hans Kayser* begann, die Verbindung zwischen Zahlenzauber und Gottsuche, zwischen Mathematik und Mystik, zwischen Abstraktion und Religion in der Musik neu zu erforschen. Die ersten Werke dieses 1891 in Buchau am Federsee geborenen Schönberg-Schülers Kayser, der ob seiner zu einer Weltanschauung entwickelten »Lehre von der Harmonik« zu einem Außenseiter der Musikwissenschaft sich entwikkeln sollte, begannen in den zwanziger Jahren zu erscheinen und tragen so bezeichnende Titel wie »Urformen der Natur« (1927), »Der hörende Mensch« (1932), »Vom Klang der Welt« (1937), die dann später in sein Hauptwerk »Akroasis. Die Lehre von der Harmonik der Welt« (1946) münden.[53] Ganz besessen von alten pythagoreischen und keplerschen Gedanken, daß es mathematisch bestimmbare gleiche Gesetzmäßigkeiten gäbe in der Schöpfung wie in der Musik, daß es Entsprechungen gäbe zwischen den Kräften und Gestalten des Kosmos und denen der menschlichen Seele, zwischen Mikro- und Makrokosmos, wollte Kayser die Erde als einen »gewaltigen Akkord« verstehen lehren. Mehr noch: er wollte vordringen auf die Gesetze der »Urzeugung« der Elemente und verstehen, wie es zum »Entstehen neuer Formen« überhaupt komme.[54]

Die Wirkungen Kaysers sind über seinen engeren Schülerkreis hinaus heute in den Arbeiten des Musikers und Publizisten *Joachim-Ernst Berendt* zu spüren, der sich in seinem vielgelesenen Buch »Nada Brahma. Die Welt ist Klang« (1983) ständig auf Kayser beruft und ebenso wie dieser durch die Musik eine Verbindung von Zahlenzauber und Gottsuche, von mathematischer Exaktheit und mystischer Schau, von kosmischer Weite und meditativer Versenkung sucht.[55] Ja, auf der Suche nach den Ursprüngen der Schöpfung ist auch dieser Musiker, wenn er über Themen schreibt wie diese: »Bevor wir die Musik machen, macht die Musik uns«; »Der Klang ruft«; »Gott schuf die Welt aus Klang«. Alles in allem wird hier der Versuch gemacht, gleiche Grundstrukturen der Wirklichkeitserfahrung in verschiedenen Religionen und Kulturen wiederzuentdecken.[56]

4. Zurück zu den Urformen der Schöpfung: Die Neue Malerei

Was im Raum der Literatur als Ich-Zerfall und Wirklichkeitszertrümmerung erlebt wurde, was im Raum der Physik die Erkenntnis der Nichtobjektivierbarkeit, im Raum der Musik die Aufgabe der klassischen Harmonik war, hieß im Raum der Malerei dieser Zeit: »Zweifel an der Gültigkeit des Sichtbaren«.[57] Auch für die großen Veränderungen in der bildenden Kunst waren die Umwälzungen im modernen naturwissenschaftlichen Weltbild von größter Bedeutung. Die Ersetzung des Begriffs der Materie durch den Begriff der Energie löste malerisch neue Gestaltungsmöglichkeiten aus: Kraftfelder traten an die Stelle der dinglichen, geometrisch organisierten Muster. Das statische und perspektivische Vorstellungsbild begann sich aufzulösen und in ein dynamisches und aperspektivisches Weltbild zu verwandeln.[58]

Zweifel an der Gültigkeit des Sichtbaren: Wassily Kandinsky hatte dies in seinem programmatischen Essay »Über das Geistige in der Kunst« (1907) auf die Formel gebracht: »Und jeder, der sich vertieft in die verborgenen *inneren* Schätze seiner Kunst, ist ein beneidenswerter Mitarbeiter an der geistigen Pyramide, die bis zum Himmel reichen wird ... Kurz gesagt, ist die Wirkung der inneren Notwendigkeit und also die Entwicklung der Kunst eine fortschreitende Äußerung des Ewig-Objektiven im Zeitlich-Subjektiven. Und andererseits das Bekämpfen des Subjektiven durch das Objektive.«[59] Das Ewige *im* Zeitlichen, das Objektive *im* Subjektiven – das suchten die jungen Maler auf ihre Weise wie die jungen Theologen.

Diesem Moment des *Objektiven*, dieser Überwindung des bloß naturalistisch Oberflächlichen war auch ein Mann wie *Paul Klee* auf der Spur: »Bin ich Gott? Ich habe große Dinge so viel gehäuft in mir! Mein Haupt glüht zum Springen. Ein Zuviel an Macht muß es bergen. Wollt ihr (seid ihrs wert?), daß es euch geboren werde? (Beiseite:) Sie waren seiner auch nicht wert, den sie kreuzigten«[60], notiert der 26jährige 1905 in sein Tagebuch, sich selbst als Künstler in der Gott-Rolle und der Christus-Pose zugleich spiegelnd. Was mit diesen Sätzen freilich im tiefsten angezielt war, wurde von Klee im Verlauf seiner in den Tagebüchern festgehaltenen Selbstbefragung immer deutlicher – eine *Identifizierung der Kunst mit dem Schöpfungsakt* überhaupt: »Kunst ist wie Schöpfung und gilt am ersten und am letzten Tag ... meine Liebe ist fern und religiös. Alles Faustische liegt abseits von mir. Ich nehme einen entlegeneren, ursprünglichen Schöpfungspunkt ein, wo ich Formeln voraussetze für Mensch, Tier, Pflanze, Gestein und Erde, Feuer, Wasser, Luft und für alle kreisenden Kräfte zugleich ... Kunst ist ein Schöpfungsgleichnis. Gott gab sich auch nicht mit den zufällig gegenwärtigen Stadien besonders ab.«[61]

Genau diese Selbstreduktion auf die Elementarität des Schöpfungsaktes, genau dieses Durchbrechenwollen der Oberfläche der Wirklichkeit bis hin zur Freilegung von Urformen und Formwurzeln ist es, was Klees Kunstprogramm auszeichnet: *nichtregressive Reduktion* der Wirklichkeit, »und zwar konsequent zu einer mathematischen Grundform und organischen Urform«.[62] So gestaltet Klee auch seine religiösen Motive: sein Christusbild von 1926, sein Bild vom Schöpfer 1933 und vom »Wachsamen Engel« 1939, die in ihrer suggestiven Kraft und kompositionellen Konzeption ihre Entsprechung nur bei den neun expressiven, visionären Christusblättern *Karl Schmidt-Rottluffs* haben, die dieser unmittelbar unter dem Eindruck des Kriegsendes 1918/19 gemalt hatte.[63]

Ja, lange vor der Zeit, in der auch die junge Theologengeneration wieder begann, von der Grundstruktur des Seins, den Tiefen der Schöpfung, dem Urgrund der Wirklichkeit, der Gott selbst ist, zu reden, hatten Maler wie *Franz Marc* angefangen, Kunst im Sinne einer »mystisch-innerlichen Konstruktion«, als Ausdruck eines »großen Seinszusammenhangs« zu begreifen. Im Klang der farbigen Formen sah er, Marc, die Möglichkeit, »die Urpoesie, die in der vegetativen und seelischen Verwurzelung des Menschen im ganzheitlichen Sein der Welt aufklingt, zum Ausdruck zu bringen«.[64] Unter dem Einfluß von Kandinskys kosmischen Visionen drängte es auch Marc Ende 1913 immer stärker zu abstrakten Formen. Nach den durch die Naturwissenschaft ausgelösten revolutionären Wandlungen des Wirklichkeitsverständnisses war auch er zur Erkenntnis der »Illusion der Materie« gelangt: »Wir zerlegen heute die keusche, spröde, immer täuschende Natur und fügen sie nach unserem Willen wieder zusammen. Wir blicken durch die Materie und der Tag wird nicht ferne sein, an dem wir durch ihre Schwingungsmasse hindurchgreifen werden wie durch Luft. Stoff ist etwas, das der Mensch höchstens noch duldet, aber nicht anerkennt«, schreibt er in seinen »Aphorismen« Anfang 1915, als er schon Soldat war.[65]

Gerade auch in seinem letzten Skizzenbuch, noch im Felde entworfen, bevor er am 4. März 1916 vor Verdun fällt, ist Kunst bei Marc zu einem *Nachempfinden des Schöpfungsaktes* geworden. Dem Betrachter tritt in diesen Bildern gleichsam eine Schöpfung im Entstehen entgegen. Die Bilder tragen Titel wie »Zaubriger Moment«, »Pflanzliches Leben im Werden«, »Arsenal für eine Schöpfung«, »Aus den Schöpfungstagen« und waren für spätere Bibelillustrationen vorgesehen.[66] Bezüge zur Religion sind gerade bei Marc mit Händen zu greifen: »An die Stelle des Naturgesetzes als Kunstmittel setzen wir heute das religiöse Problem des neuen Inhalts. Die Kunst unserer Epoche wird zweifellos tiefliegende Analogien mit der Kunst längst vergangener primitiver Zeiten haben«, schreibt Marc ebenfalls in seinen Aphorismen.[67] Und diese sind voll von religiösen Meditationen bezeichnenderweise auch über eine berühmte Stelle aus dem Johannesevangelium: »im Anfang war das Wort«, über den Gedanken der Inkarnation (»Gott kam einst in einer Krippe ›zur Welt‹. Heute steht sie leer. Wir suchen die Formwerdung jenseits des heiligen Stalles in der visionären, in gesetzlichen Formen sichtbar gewordenen Natur«[68]), ja über den Schöpfergott schlechthin: »Gott schuf die Welt und stellte sie zur Diskussion.«[69]

Gerade die *letzten Bilder Franz Marcs* hat man zu Recht eine bildnerische Verdichtung der Schöpfungsgeschichte genannt. Marc sah »hinter den Wirkformen der Natur eine religiöse Seinskraft, die das Wunder der Schöpfung noch allenthalben und je vollbringt « – so Werner Haftmann. Und diese Verbindung von Ich und Welt in einer übergeordneten metaphysischen Seinsordnung in Bilder auszuformen, hinderte Franz Marc der Tod. »Aber« – so nochmals Haftmann – »diese seine Idee liegt latent und sehr wirkungsmächtig unter den Gedanken, die die heutige deutsche Kunst mehr als es äußerlich den Anschein hat, bewegen«.[70]

Und die *Theologen* der damaligen Zeit? Auch *Karl Barth* hatte durchaus die expressionistische Kunst zur Kenntnis genommen. Trotz aller Vorbehalte akzeptierte er in ihr zumindest die Abwehr eines rein ästhetizistischen Kunstbegriffs und die Inbezugsetzung des Schönen »auf das Eine im Leben«, auf die Wirklichkeit des Göttlichen: »Mögen wir den Produkten der modernen expressionistischen Kunst mit tiefster Abneigung gegenüberstehen; es ist doch gerade hier besonders deutlich, daß es diesen Menschen um das Etwas, um den Inhalt, um die Beziehung des Schönen auf das Eine im Leben zu tun ist, im Gegensatz zu einer *Kunst an sich,* die sich wahrlich weder auf Raffael noch auf Dürer mit allzu großer Sicherheit berufen dürfte. Und für diese Tendenz müßten wir wiederum mehr als ein Kopfschütteln übrig haben.«[71] Auch Barth also sah in dieser Kunst seiner Zeit einen Bezug zum »Göttlichen«, zum Transzendenten, sah in dieser Kunst die eindimensionale Wirklichkeit durchstoßen.

Es war vor allem aber *Paul Tillich,* der die religiöse, ja metaphysische Bedeutung der expressionistischen Kunst schon früh erkannt hatte. Diese Kunst habe es – so meinte Tillich – jenseits von Realismus und Impressionismus gewagt, »zum Ewigen, zum unbedingten Wirklichkeitsgehalt« durchzubrechen, der »jenseits des Gegensatzes von Subjekt und Objekt«[72] liege. Und Tillich machte in seiner Schrift »Die religiöse Lage der Gegenwart« (1926) ganz auf der Linie Franz Marcs klar, daß gerade auch im Rückgriff der expressionistischen Bewegung auf ältere, exotische Formen, in der Entdeckung der »primitiven« und asiatischen Kunst gleichzeitig eine »Abwendung vom Geist der bürgerlichen Gesellschaft«[73] steckte. Tillich sah deutlich: »Die Auflösung der natürlichen Formen der Dinge nimmt geometrischen Charakter an. Darin liegt das Gefühl, wie unwahr jeder organische Formausdruck unter der Herrschaft des bürgerlich-rationalen

Geistes ist.«[74] Ja, Tillich hatte als einer der wenigen Theologen gemerkt, daß nicht eigentlich in der realistischen oder impressionistischen Motivkunst religiöse Tiefe steckte, selbst dort nicht, wo ein religiöses Motiv »vorkam«, sondern gerade hier. Nicht trotz, sondern wegen ihrer motivisch-gegenständlichen Abstinenz, wegen ihres hohen Abstraktionsgehaltes, erhielten die Flächen, Linien und Kuben der expressionistischen Kunst »mystische Transzendenz«.[75] Hier, so Tillich, zeige sich »der Durchbruch durch die in sich ruhende Form des Daseins. Nicht eine jenseitige Welt wird dargestellt, wie in der Kunst der Alten, sondern ein inneres Hinausgehen der Dinge über sich selbst ins Jenseitige.«[76]

5. Das Einströmen der Religionen: Neue Deutung alter Mythen

Zur gleichen Zeit aber, als Künstler nach der Urform, den Formwurzeln, der Urpoesie suchten und auf ihre Weise vom Durchbruch durch die Oberfläche der Wirklichkeit, durch die Eindimensionalität von Welt und Geschichte Zeugnis gaben, vollzog sich bezeichnenderweise die Suche nach Urformen auch in der deutschen *Religionswissenschaft* und *Mythenforschung*, die ihrerseits Einfluß auf die Tiefenpsychologie gewann. Zur gleichen Zeit, als der Römerbrief-Kommentar Barths geschrieben wurde, erschien eines der aufsehenerregendsten religionswissenschaftlichen Bücher unseres Jahrhunderts: »Das Heilige« von *Rudolf Otto*, dessen Untertitel ebenfalls die Frontstellung gegen das erkennen läßt, was Tillich den Geist der bürgerlichen Gesellschaft nannte: »Über das Irrationale in der Idee des Göttlichen und sein Verhältnis zum Rationalen« (1917).[77]

In der Tat: Mit den Arbeiten von *Rudolf Otto, Friedrich Heiler, Gustav Mensching, Gerhardus van der Leeuw*[78] erlebte die Religionswissenschaft in den zwanziger und dreißiger Jahren einen Aufschwung wie nie zuvor. Und eine ihrer Triebkräfte war die Suche nach den *Urformen der Religion*, wie dies der protestantische Religionswissenschaftler Rainer Flasche in einem Aufsatz über »Religionsmodelle und Erkenntnisprinzipien der Religionswissenschaft in der Weimarer Zeit«[79] überzeugend herausgestellt hat. Das Präfix ›ur-‹ sei, so Flasche, einer der Leitbegriffe der Religionswissenschaft der Weimarer Zeit überhaupt gewesen. In gut romantischem Sinn habe man nach dem Ursprung der Religion gesucht, nach dem Urerlebnis, letztlich also nach dem Urgeist, was schon die sprachlichen Ur--

Bildungen zeigten: »Bei Mensching etwa ist die Rede von den ›Urkräften des Lebens‹, von der letzten Tiefe gewisser Urahnungen echter Religion und lebensverbundener Philosophie.«[80] Heiler habe »die religiöse Urmeinung zu klären und so das Wesen alles Religiösen zu erfassen« gesucht, bei van der Leeuw sei einer der Leitbegriffe das »Ursprüngliche« gewesen, das er in der vorprimitiven, primitiven und halbantiken Welt – seinem Evolutionsschema entsprechend – vorzufinden gemeint habe.[81]

In der Tat: Im Zentrum der religionsgeschichtlichen Mythenforschung dieser Zeit stand die Frage nach dem *Ursprung der Religion, der Urreligion* überhaupt. Gerade um die Jahrhundertwende war das Material dazu ins Unermeßliche gestiegen, so daß eine vergleichende Mythologie erstmals auf breiter Basis erstellt werden konnte: Der Oxforder Kulturanthropologe *E. B. Tylor* hatte dies im Blick auf die »Naturvölker« (»Primitive Culture« 1871) getan – zusammen mit dem schottischen Forscher und Dichter *Andrew Lang* (»Myth, Ritual and Religion« 1887), und zwar schon in den letzten Jahrzehnten des 19. Jahrhunderts. Ihnen war der Deutsche *M. Mannhardt* mit Bezug auf die Germanische Mythologie gefolgt (»Mythologische Forschungen« 1884). Ja, die Frage nach dem Ursprung der Religion hatte um die Jahrhundertwende Sprachwissenschaftler (*M. Müller* »Beiträge zu einer wissenschaftlichen Mythologie« 1889) ebenso zu beschäftigen begonnen wie Soziologen (*E. Durkheim* »Les formes elementaires de la vie religieuse« 1912) und Psychologen (*W. Wundt* »Völkerpsychologie« 1905–09).[82]

Vieles, was an religionsgeschichtlicher und mythologiegeschichtlicher Forschung der Zeit zusammengetragen wurde, ob aus indischen, persischen, babylonischen oder assyrischen Quellen, ob aus ägyptischen, griechisch-hellenistischen, römischen oder germanischen, ob aus Gnosis, Astrologie, Naturkult oder Mysterienreligion, fand Eingang in eines der umstrittensten Bücher der Epoche, das auf seine Weise weg vom Historismus wollte und doch ihm ganz und gar verpflichtet war: *Arthur Drews'* »Die Christusmythe« (1909). Ein Buch, das den Ehrgeiz hatte, aus all den religionsgeschichtlichen Forschungen die Schlußfolgerung zu ziehen, daß der *Ursprung des Christentums* nicht die historische Figur Jesus von Nazaret gewesen sei, sondern »die metaphysischen Vorstellungen, religiösen Hoffnungen und äußeren wie inneren Erlebnisse der auf Jesus als Kultgott gegründeten Gemeinde«.[83]

Keine Frage: dieses Buch des Karlsruher Philosophen Drews wollte mit der liberalen Leben-Jesu-Forschung nicht minder rabiat aufräumen wie die junge Theologengeneration, wollte auf seine Weise durch die Historie hindurchstoßen bis in jene mythischen Räume der Zeit- und Geschichtslosigkeit, wo die ewigen Ideen zu Hause sind, um so auch die Idee von einem präexistenten Gottmenschen zu finden. Jesus – eine geschichtliche Persönlichkeit im Sinne Harnacks? Nein, nichts als eine große »religiöse Idee«, eine »symbolische Personifikation der Wesenseinheit von Gott und Mensch«.[84] Mit diesen Thesen schaffte es Drews, in seiner Zeit erhebliches Aufsehen auszulösen und unter dem Schlagwort: »Hat Jesus gelebt?« eine breite Diskussion zu erzeugen. Gerade *Adolf von Harnack* sah sich verschiedentlich zur Antwort gezwungen[85], und selbst *Karl Barth* war als junger Theologe von diesem Buch nicht unbeeindruckt geblieben. Wer wie er von einer hohen Christologie herkam, konnte sich hier in der Tat ein Stück verführen lassen: »Sie (die doketische Christologie)« – schreibt Barth – »kann Jesus, die historische Existenz Jesu von Nazareth, unter Umständen preisgeben und Christus, nämlich *ihren* Christus doch behalten. Sie kann gerade diese Paradoxie für einen besonderen Triumph eines starken Glaubens halten. (Ich habe als theologischer Jüngling, um 1910 – in der Zeit der A. Drews'schen Christusmythe – selber so gedacht!).«[86]

III. Christologie im Zeichen des Expressionismus

Das waren die Stichworte, die das neue geistige Klima der Epoche bestimmten: Wirklichkeitszertrümmerung, Wiederentdeckung der Ewigkeitsdimension, Wiedergeburt Gottes, Präexistenz-Existenz-Dichotomie, Nichtobjektivierbarkeit der Wirklichkeit, Synthese von Kalkül und Mystik, von Mathematik und Tiefenerfahrung, Zweifel an der Gültigkeit des Sichtbaren und Wiederentdeckung des ursprünglichen Schöpfungsaktes, Rückbesinnung auf die mythischen Ursprünge von Religion und die Urgründe der menschlichen Seele. Ist es so unbegreiflich, daß die jungen Theologen auf ihre Weise vom »Ewigen« neu reden wollten, von Grund und Ursprung der Wirklichkeit, der Gott selbst ist? Eine neue Plausibilitätsstruktur war ja geschaffen, neue Deutungskategorien standen bereit. Ist es so unbegreiflich, daß jetzt das Thema Ewigkeit, Urgeschichte, Präexistenz zu einem zentralen Topos des theologischen Denkens werden konnte und bei einem Mann wie Karl Barth dann auch wurde? Nein! Vor diesem kulturellen Horizont können wir mit noch größerem Recht sagen: *Auf die Existenzkrise der Zeit antwortete Barth mit einer Theologie der radikalen Präexistenz Gottes!* Gott selbst ist allem zuvor, bevor Menschen atmen, denken, glauben können. Gott ist der Anfang aller Anfänge...

1. Von der Persönlichkeit Jesus zum ewigen Christus

Und die Christologie? Auch die *Christologie* konnte Barth jetzt nur *von der Dimension der Ewigkeit her begreifen* – kritisch gewendet gegen eine Bewußtseinschristologie der Liberalen. Wie ist das zu verstehen? Auch Barth hatte ja einmal »modern« und »liberal« angefangen. Vor 1914 war Jesus auch für ihn ganz ähnlich wie für Harnack eine »Persönlichkeit«, dessen inneres Leben, dessen Gottesbewußtsein theologisch und christologisch entscheidend war. Denn nur in diesem »inneren Leben Christi« sei Gottes Liebe, Gottes Vergebung und Versöhnung für die Menschen verbürgt. Nur dieses innere Leben Christi könne Grund des Glaubens an einen solchen Gott sein, weil nur auf diese Weise der Mensch etwas von der Offenbarung Gottes erfahre. Kreuz und Auferweckung dagegen waren für Barth in dieser Phase nur Glaubens*gedanken* von Menschen; und Glaubensgedanken könnten als solche kein Glaubensgrund sein! Nein, der einzig objektive (historisch sichere) Glaubensgrund war für Barth das innere Leben Christi selbst gewesen.[1]

Es brauchte die Krise von 1914, bis Barth merkte, daß er mit einer solchen Bewußtseinschristologie à la Harnack die realen Gegensätze zwischen Gott und Mensch, zwischen Ewigkeit und Zeit übersprungen hatte, daß er Gottesbewußtsein und Menschenbewußtsein allzu harmonisch vereint, daß er Oben und Unten verharmlosend vermengt hatte. Es brauchte die Auseinandersetzung mit so radikalen christlichen Denkern wie Kierkegaard, Blumhardt, Dostojewski und Overbeck, daß Barth seine eigene »Wirklichkeitszertrümmerung« zu betreiben fähig war. *Auferstehung der Toten,* Eschatologie ist von jetzt ab das Urdatum Barthscher Christologie, d. h. Gottes eschatologische Tat an Christus allein und nicht das Gottesbewußtsein der großen Persönlichkeit Jesus von Nazareth. In expressionistisch anmutender Metaphorik buchstabiert Barth im »Römerbrief«-Kommentar und in seinen ersten Aufsätzen und Vorträgen (gesammelt in »Das Wort Gottes und die Theologie« 1924) diese neue Position durch.

Jesus Christus – eine *Persönlichkeit*? Nein, »in diesem Namen begegnen und trennen sich zwei Welten, scheiden sich zwei Ebenen, eine bekannte und eine unbekannte«.[2]

Jesus Christus – eine *historische Figur der Zeit*? Ja, auch, aber im tiefsten und eigentlichsten »die verborgene Schnittlinie von Zeit und Ewigkeit, Ding und Ursprung, Gott und Mensch«.[3]

Jesu Christi *inneres Leben* als Grund des Glaubens? Nein, Grund des Glaubens ist Jesu Eingesetztsein zum Sohne Gottes; die Auferstehung offenbart seine wahre Bedeutung, die historisch gerade nicht zu bestimmen ist: »Jesus als der Christus, der Messias, ist das Ende der Zeit, er ist nur als Paradox (Kierkegaard), er ist nur als der Sieger (Blumhardt), er ist nur als Ur-Geschichte (Overbeck) zu verstehen. Jesus als der Christus ist die uns unbekannte Ebene, die die uns bekannte senkrecht von oben durchschneidet. Jesus als der Christus kann innerhalb der historischen Anschauung *nur* als Problem, *nur* als Mythos verstanden werden. Jesus als der Christus bringt die Welt des Vaters, von der wir innerhalb der historischen Anschaulichkeit nichts wissen und nie etwas wissen werden.«[4]

2. *Christologie als Protest*

Wir stehen damit vor einer zweiten erstaunlichen Tatsache: Gegen die Existenzkrise der Zeit hatte Barth eine Theologie der Präexistenz Gottes gesetzt, das war das eine. Aber das andere galt genauso: Gegen die harmonisierende Jesusfrömmigkeit der Liberalen setzte Barth nun eine *Christologie des ewigen Christus*, eines Christus, der aus der Ewigkeit in die Zeit ging, eine Christologie des ewigen Gottessohnes, der Mensch wurde. Kurz, gegen eine Jesusfrömmigkeit der Liberalen stellte Barth eine anthropologiekritische, paradoxe *Präexistenz- und Inkarnationschristologie*.

Anthropologiekritisch – das ist das Stichwort. Wie die Künstler dieser Zeit wollte auch der Theologe Barth auf seine Weise weg vom Psychologismus, Historismus und Rationalismus – wir hörten es. Warum aber gab ihm ausgerechnet die paradoxe Präexistenzchristologie dazu die Möglichkeit? Weil Jesus Christus als der göttliche Sohn vor aller Zeit und Gottessohn in der Zeit für Barth die »Durchkreuzung alles Rationalismus durch das Skandalon der geschichtlichen Offenbarung des Christus«[5] war: »Gottes Liebe durchschlägt gerade in Jesus alle historisch-psychologischen Indirektheiten, Mittelbarkeiten, alles Gebundensein an Dies und Das, Hier und Dort. Als der Ewige und Allmächtige ist er der Einmalige und Einzige, nichts sonst. Des zum Erweis Jesus der Christus, der ewige Christus.«[6]

Jesus Christus also ist für Barth niemand anderer als *der gesandte ewige Sohn*: »Gott sendet ihn: aus dem Reich der ewigen, der nicht gefallenen, der uns unbekannten Welt des Anfangs und des Endes, also (wahrhaftig nun soll kein Orthodoxer zustimmend frohlocken!) ›gezeugt nicht geschaffen‹ (im Gegensatz zu allem, was wir als Kreatur kennen), also ›geboren aus Maria der Jungfrau‹ (als Protest gegen die angemaßte Ewigkeit des uns bekannten Systems von Menschheit, Natur und Geschichte), also ›wahrer Gott und wahrer Mensch‹ (als Dokument der ursprünglichen, verlorenen, nicht zu verlierenden Einheit von Gott und Mensch).«[7]

Als Protest! Keine Frage: Barths frühe Präexistenzchristologie war eine *Christologie des Protestes gegen die Selbstverewigung des Menschen*, die Barth für eine geschichtliche Katastrophe, wie sie der Erste Weltkrieg darstellte, letztlich verantwortlich machte. Eine Christologie jenseits von Orthodoxie und Liberalismus wollte er treiben und sich dabei auf begriffliche Spekulationen wie in der Orthodoxie ebensowenig einlassen wie auf die Harnacksche Alternative vom wirklichen Jesus und vom erträumten präexistenten Christus. Denn für Barth war gerade der Harnacksche Jesus nicht wirklich und der präexistente Christus kein erträumter. Im Gegenteil: Dieser ewige Christus als die Offenbarung Gottes war für Barth das Ende aller Träume, besser, aller Illusionen des Menschen über sich selbst! Er war die »Gegen-Wirklichkeit« gegenüber Mensch, Gesellschaft und Welt schlechthin! Es kann deshalb nicht überraschen, daß die Barthsche Präexistenzchristologie entschieden eine ideologie-, aber auch *gesellschaftskritische Spitze* hatte – und sich auch darin vom Liberalismus radikal unterschied. Und diese gesellschaftskritische Spitze kam in Barths berühmter Rede bei der religiös-sozialen Konferenz in Tambach im September 1919 zum Ausdruck. Thema: »Der Christ in der Gesellschaft«.[8]

3. Über die »Niederlage aller Theologie«

Wir fragen: Was ist charakteristisch für die Christologie des frühen Barth seit 1914? Worin besteht ihre Faszination? Zum *ersten*: Barths frühe Christologie zeichnet sich aus durch eine *hohe Variabilität*. Präexistenzchristologische, inkarnatorische, eschatologische Reflexionen stehen – selbstverständlich nicht ohne Zusammenhang – neben Aussagen über Kreuz, Auferstehung und Schöpfungsmittlerschaft.[9] Diese Variabilität aber ist nicht Ausdruck theologischer Kreativität des Autors, sondern erklärt sich aus der gewollten *Schriftgemäßheit* dieser Theologie. Die Abwesenheit eines übergreifenden dogmatischen Sprachsystems wirkt sich bei Barth in einer Fülle verschiedener, systematisch noch unverbundener Theologumena aus, zu denen er sich durch die Schrift selbst ermutigt fühlte. Anders aber als Harnack war Barth nicht an einer historischen Herleitung und geschichtlichen Eigenprofilierung dieser Theologumena interessiert. Sie stehen »unhistorisch« auf ein und derselben Ebene und sind unter dem einen Sachinteresse subsummiert, von der Ewigkeit in der Zeit, vom Absoluten im Relativen, von Gott in Jesus Christus adäquat reden zu können. Es sind aber gerade diese *pluralen biblischen Sprachmuster für die gleiche Sache, die die Dynamik der frühen Theologie Barths ausmachen.*

Ein *zweites* kommt hinzu. Schon die frühen Arbeiten Barths lassen erkennen: Keine Aussage kann in dieser Theologie ohne ihren *theologiepolitischen Ort*, ihre theologiegeschichtliche Frontstellung verstanden werden. Kein Satz bei Barth, der nicht in lebendiger Beziehung zur jeweiligen Zeitsituation stünde. Keine Affirmation, die nicht von einer Negation direkt oder indirekt her bestimmt wäre und umgekehrt. Konkret: An der Präexistenz Jesu Christi war Barth nicht um eines geschlossenen Systems willen interessiert; nicht um die begrifflich exakte Klärung des vorweltlichen Seins des Sohnes in des Vaters Ewigkeit war es ihm zu tun. Die Aussagen über die Ewigkeit Jesu Christi hatten vielmehr ihre *theologiepolitische Funktion in der Abwehr einer historisierenden und psychologisierenden Leben-Jesu-Theologie* à la Harnack, einer Anthropologisierung der Religion auf der Linie Schleiermacher-Ritschl, einer religionsgeschichtlichen Relativierung der christlichen Offenbarung auf der Linie Overbeck-Troeltsch, einer mythologiegeschichtlichen Auflösung des Christusereignisses im Stile eines Arthur Drews. Nicht um eine begriffliche Vivisektion der Präexistenz Christi, nicht um eine dogmatisch-terminologische Selbstfestlegung ging es Barth, sondern um die *Sache*, die sich als *Kampfmittel* wider das historistische oder religionsgeschichtlich relativierende Denken verwenden ließ. Und diese Sache hieß: Sicherung des »Voraus« des Handelns Gottes in der Geschichte Jesu Christi gegen alle historische Objektivation, geschichtliche Nivellierung oder mythologische Auflösung dieser Person. Diese Sache hieß: Christus als das »Neue von oben« verstehen, das eine »Neue Weltzeit« begründet, eine Gegen-Macht, Gegen-Wirklichkeit konstituiert, von der her sich »Welt« und »Gesellschaft« kritisch aufbrechen ließen. Die Sache hieß: das »Immer-Schon« Gottes bedenken, der von Ewigkeit her niemand anderer ist als der Vater dieses Sohnes.

Ein *drittes* muß bedacht werden. Der frühe Barth wollte auch einer *theologischen Orthodoxie* den Boden entziehen: Nicht nur, weil er die christologischen Spitzenaussagen wie im »Tambacher Vortrag«[10] gesellschafts- und kirchenkritisch zuzuspitzen verstand, sondern vor allem, weil er *sprachtheologische Hemmungen* verspürte. Die angedeuteten Vorbehalte Barths gegen die nizänischen und chalcedonischen Formeln in der Christologie haben ihren theologiepolitischen Ort in seinem Kampf gegen eine rechthaberische Orthodoxie. »Wahrhaftig, nun soll kein Orthodoxer zustimmend frohlocken!«[11] Solche Aussagen machen bei aller oberflächlichen sprachlichen Kontinuität gerade auch den *Bruch Barths mit der Orthodoxie* deutlich. Warum? Weil die Orthodoxie hatte versteinern lassen, was für Barth eine nur paradox widersprüchlich faßbare und so lebendige Wirklichkeit war – in einem von ihm neu vitalisierten theologischen Erfahrungs-, Denk- und Sprachraum. Barth hatte instinktiv gespürt: Wer in der von ihm vorgelegten Theologie nur auf die Kontinuität der Formel schaut und nicht auf die Diskontinuität der Wirklichkeit, in die und gegen die diese Formel gesprochen wird, wer sich bei ihm, Barth, mit der Anwesenheit der dogmatischen Formel beschwichtigt und nicht auf die lebendige Denkbewegung als *Ort* der dogmatischen Aussage sieht, der mußte seine glühende Theologie der Frühzeit doch wieder mit einer rasch verkrusteten Lavamasse verwechseln.

Daß diese Christologie aber, zum *vierten*, glühte und sich selbst immer wieder zum Glühen brachte, hatte mit dem *dialektischen Grundduktus des Denkens* zu tun. Wir sahen: Vieles ist noch im Fluß beim frühen Barth; eine überquellende Fülle von Bildern, Symbolen, Analogien, Paradoxien beherrscht das Christusverständnis, wenig dagegen Begriffe, systematische Theorien, formelhafte Selbstfestlegung. Eine undogmatische Sprache, die dogmatische Inhalte transportiert; ein kämpferisches Anrennen gegen formelhafte Erstarrung und dogmatische Setzung, die selber aus einer großen Axiomatik lebt (Gott in Christus); ein virtuoses Beherrschen der Kunst dialektischer Selbstaufhebung theologischer Sprache, die dennoch nie zu einem Schwebezustand zwischen Gott und Mensch führt, sondern zur Bejahung *in* aller Verneinung, zur Affirmation *in* aller Negation fähig macht. Dialektik ja, aber eine *assertorische Dialektik* beim frühen Barth!

Und hier lag *das Neue, das unerhört Mitreißende dieser Theologie,* die die Christologie wieder zu einem großen denkerischen und sprachlichen »Abenteuer« werden ließ. Welch ein Gegensatz zu Harnack und Genossen, wenn man die Barthschen Sätze einmal stilkritisch liest und auf Betonungen, Brechungen, dialektische Volten und Selbstpräzisierungen achtet: »Daß Gott (aber wirklich Gott!) Mensch (aber wirklich Mensch!) wird, das ist da gleichmäßig gesehen als jenes Lebendige, als der entscheidende Inhalt eines wirklichen von Gott Redens. Wie aber soll nun die notwendige Beziehung von beiden Seiten auf diese lebendige Mitte hergestellt werden? Der echte Dialektiker weiß, daß diese Mitte unfaßlich und unanschaulich ist, er wird sich also möglichst selten zu direkten Mitteilungen darüber hinreißen lassen, wissend, daß alle direkten Mitteilungen *darüber,* ob sie nun positiv oder negativ seien, *nicht* Mitteilungen *darüber,* sondern eben immer *entweder* Dogmatik *oder* Kritik sind. Auf diesem schmalen Felsengrat kann man nur gehen, nicht stehen, sonst fällt man herunter, entweder zur Rechten oder zur Linken, aber sicher herunter. So bleibt nur übrig, ein grauenerregendes Schauspiel für alle nicht Schwindelfreien, beides, Position und Negation, *gegenseitig aufeinander* zu beziehen. Ja am Nein zu verdeutlichen und Nein am Ja, ohne länger als einen Moment in einem starren Ja *oder* Nein zu verharren.«[12]

Und doch, zum *fünften,* muß nach Barth auch diese Kunst der Dialektik (als menschliche Kunst der Annäherung an die Wirklichkeit) noch einmal von der Wirklichkeit Gottes selbst her relativiert werden. Denn wenn die Aufgabe aller menschlichen Theologie das Wort *Gottes* ist und wenn diese Aufgabe ebenso notwendig ist wie unmöglich zu erfüllen, weil »von Gott nur Gott *selber* reden kann«[13], dann lebt jede Theologie nach Barth stets in dem Bewußtsein ihrer

Niederlage vor Gott. Wenn also das Ziel aller Theologie ist, daß Gott selber zur Sprache komme, dann dürften sich Theologen – so Barth – nicht darüber wundern, »wenn uns überall am Ende unserer Wege und wenn wir unsere Sache noch so gut gemacht haben, ja dann am meisten, der Mund *verschlossen* wird«.[14] Christologisch geredet heißt das: »Wer ›Jesus Christus‹ sagt, der darf nicht sagen: ›es könnte sein‹, sondern es ist. Aber wer von uns ist in der Lage, ›Jesus Christus‹ zu sagen?«[15]

Distanz also wollte Barth gewahrt wissen durch die Theologie, *Distanz zu Gott*. Und weil er diese letzte Distanz gerade auch in seiner Christologie gewahrt wissen wollte, weil Barth mit seiner Selbstbezeichnung als »Schrifttheologe« schon eine unüberbrückbare Schranke von Anfang an gesetzt sah (zwischen Jesus Christus und dem Zeugnis von ihm), weil also alle Theologie in seinen Augen die Wirklichkeit Jesu Christi nie direkt erfassen könne, sondern sich begnügen müsse mit dem, was gesagt *ist*, weil also alle Theologie nur noch einmal Zeugnis geben könne von einem vorgängigen Selbstzeugnis Gottes: Könne darum – so fragt Barth zum Abschluß seines großen Elgersburger Vortrags »Das Wort Gottes als Aufgabe der Theologie« – die Theologie überhaupt jemals über »Prolegomena zur Christologie« hinauskommen? »Es könnte ja auch sein, daß mit den Prolegomenen *Alles* gesagt ist.«[16]

Muß man nach all dem lange begründen, warum die Theologie des frühen Barth bis heute ihre *Faszination* auf Theologen ausübt? Kaum! Und worin besteht diese Faszination? Sie dürfte mit dem stets neuen Versuch einer dialektisch-sprachlichen Annäherung an die Wirklichkeit Gottes in Jesus Christus zu tun haben; mit der im Bewußtsein der eigenen Niederlage vollzogenen Glaubens- und Denkbewegung; mit dem immer wieder neu herausgearbeiteten sachlichen Zusammenhang zwischen Reden und Schweigen in der Theologie; mit dem stets neuen Eingedenken des »göttlichen Vorbehaltes« gegenüber aller theologischen Eigenbemühung des Menschen. Dies alles dürfte die Theologie des frühen Barth unverwechselbar machen. Sie ist dadurch für viele bis heute stilbildend geblieben!

IV. Übergänge: Von »freier Prophezei« zum »Tunnel der Dogmatik«

»Es könnte ja auch sein, daß mit den Prolegomenen alles gesagt ist«: Merkwürdig – als diese Sätze geschrieben wurden, mitten in der Arbeit am Elgersburger Vortrag 1922 spürte Barth erste Zweifel, erste Unzufriedenheiten mit dem eigenen Ansatz. »Es drängt auch bei mir etwas zum Hinausstoßen über die bloße Dialektik, zum Wort, das ›vom Himmel herabschallet‹ (Luther)«, schrieb Barth am 20. September 1922 an Eduard Thurneysen.[1] Was war geschehen? Seit *1921* war der Pfarrer von Safenwil Honorarprofessor für reformierte Theologie in *Göttingen*, ausgerechnet er, der »Römerbrief«-Autor, der noch 1920 im Aarauer Vortrag ausgerufen hatte: »*Caveant professores!* Die biblische Dogmatik ist die grundsätzliche Aufhebung aller Dogmatik.«[2] Der neuen Aufgabe gehorchend mußte Barth sich nun doch mit Dogmatik beschäftigen, und die Folgen für die eigene Theologie konnten nicht ausbleiben. 1924 las Barth erstmals Dogmatik unter dem (bedingt durch Streitigkeiten mit der Fakultät) Tarntitel »Unterricht in der christlichen Religion. Prolegomena«. 1927, mittlerweile Professor in Münster, publizierte er sein erstes größeres Buch nach dem Römerbrief: »Die christliche Dogmatik im Entwurf. Prolegomena«.[3]

1. Die befreiende Wiederentdeckung der Orthodoxie

Auch schon ein oberflächlicher Vergleich dieser neuen Publikationen mit den älteren läßt erkennen, daß eine grundlegende Veränderung mit der Barthschen Theologie vorgegangen war. Und zwar so grundlegend, daß Barth seinen Lesern gegenüber in Rechtfertigungszwang geriet. Eine »Art Randbemerkung und Glosse«[4] hatte er ja ursprünglich nur zur Theologie beisteuern wollen, bestenfalls »Korrektiv« sein. Mit einer »neuen Theologie« aber, einer neuen »Schule« gar hatte er nichts im Sinn gehabt. Nicht genug hatte er noch kurz zuvor die Theologie als Theologie relativieren können (»Not und Verheißung der christlichen Verkündigung«[5]). Und jetzt – noch keine zwei Jahre später? Doch eine neue »Theologie«? Eine Theologie obendrein, die zurückging bis auf die Kirchenväter, die Reformatoren, die altprotestantische Orthodoxie? Was also? Nach »dem Frühling der

›reformatorischen Botschaft‹« nun ein »bedenklicher scholastischer Herbst«[6]?

Was war passiert? Barth hatte im Frühjahr 1924 plötzlich die *altprotestantische Orthodoxie* wiederentdeckt, und zwar in Gestalt eines alten Lehrbuches der »Dogmatik der evangelisch-reformierten Kirche« (1861), herausgebracht von Hermann Heppe.[7] Ein Buch, »verschollen, verstaubt, unansehnlich, fast wie eine Logarithmentafel, unlustig zu lesen, starr und wunderlich fast auf allen Seiten«.[8] Aber Barth hatte bei der Lektüre nicht locker gelassen, hatte weiterstudiert und sich schließlich belohnt gefunden. Denn hier befand er sich auf einmal in einer Luft, in der der Weg über die Reformatoren zur Heiligen Schrift für ihn sinnvoller und natürlicher zu gehen war als in der Luft, die ihm »aus der durch Schleiermacher und Ritschl bestimmten theologischen Literatur nur zu vertraut war«.[9] Gewiß: Barth wollte auch jetzt nicht einfach unkritisch diese Orthodoxie reproduzieren. Und doch: trotz »Kopfzerbrechen und Staunen«[10] hatte er der Orthodoxie in fast allen Punkten recht geben müssen. Auf einmal hörte er sich im Hörsaal Dinge vortragen, von denen er sich »weder als Student noch als Safenwiler Pfarrer je hätte träumen lassen, daß sie sich wirklich so verhalten könnten«.[11]

Große Entdeckungen hatte Barth vor allem *in der Christologie* gemacht (»Mit der Menschwerdung gilt es ... vorsichtig umzugehen, damit man sich nicht in das exklusive ›Jesus-Christus-Loch‹ der Lutheraner verrennt«[12]), besonders aber in der Logoschristologie und *Trinitätslehre*. »*Wesens*trinität, nicht nur ökonomische!«[13] schreibt er nun voller Entdeckerfreude an Thurneysen am 20. April 1924: »Überhaupt die Trinitätslehre! Wenn ich da den rechten Schlüssel in die Hand bekäme, wäre einfach alles gut, aber immer wieder gerät man auf Kurzschlüssigkeiten, die sich dann irgendwo rächen.«[14] Gut fünf Wochen später, am 28. Mai, bekennt Barth bereits, daß er »eben mitten in den Geheimnissen der Dreifaltigkeit«[15] stecke: »Ich mußte lange und schwermütig darüber nachdenken, immer wieder über den Runen brütend, die die Alten uns da hinterlassen haben: essentia, persona, notiones personales, opera ad intra – ad extra, perichoresis, ›opera ad extra sunt indivisa‹ (eine wohl zu bedenkende, aber alles sehr komplizierte Sache!), das filioque nicht zu vergessen. Ihr Männer, liebe Brüder, welch ein Gedränge! Meint nur ja nicht, das sei altes Gerümpel, alles, alles scheint, bei Licht besehen, seinen guten Sinn zu haben. Ich verstehe die Trinität als das Problem *der unauf-*

hebbaren Subjektivität Gottes in seiner Offenbarung und kann dem Athanasius, der überhaupt ein ganzer Kerl gewesen sein muß, meinen Beifall nicht versagen.«[16] Und schon im gleichen Brief gibt Barth seinem Freund Thurneysen den Rat: »Kutter sieht unsere Christologie als doketisch an? Oh, oh, was müßte man ihm wohl antworten? Sieh einmal in einer alten Dogmatik nach, was man unter der ›An-Hypostasie der menschlichen Natur Christi‹ verstanden hat. *Das* war noch rasante Lehre, – die nun wieder auf den Leuchter kommen sollte, wa?«[17]

Diese Begeisterung macht verständlich, warum Barth nach solchen »Neuentdeckungen« nun ganz und gar kritisch mit seiner theologischen Vergangenheit meinte abrechnen zu müssen. Und Abrechnung war es, was er in einem Vortrag über seinen ehemaligen Marburger Lehrer *Wilhelm Herrmann* im Mai 1925 in Hannover und Halberstadt vortrug. Hier fällt denn auch das Wort, das wir in dieser Studie über unser Barth-Kapitel gesetzt haben: »Die orthodoxe Christologie ist ein aus der Höhe von 3000 m steil abfließendes Gletscherwasser; damit kann man etwas schaffen. Die Herrmannsche Christologie, so wie sie dasteht, ist der hoffnungslose Versuch, eine stehende Lagune mittels einer Handpumpe auf dieselbe Höhe zu treiben. Das geht eben nicht.«[18] Und warum ging dies nicht mehr? Weil nach Barths jetziger Überzeugung die *Person Jesu schon immer die Person des ewigen Logos gewesen sei,* so daß es »abgesehen vom Logos eine ›Person‹ Jesu überhaupt nicht«[19] gäbe. Herrmanns Christologie aber habe von der Überzeugung gelebt, »daß wir in der Macht des Menschen Jesus über uns den auf uns wirkenden Gott selbst erfassen«.[20] Und dies meinte Barth nun, als »monophysitisch«[21] zurückweisen zu müssen.

Gewiß, Barth war – wir sahen es – schon nach 1914 davon überzeugt, daß man als Glaubender durch den Menschen Jesus nie und nimmer Gott selbst »erfassen« könne. Was er hier gegen Herrmann einwandte, war also sachlich nicht neu.[22] Was aber war jetzt christologisch wirklich neu bei Barth? Neu war – nach der Wiederentdekkung der Orthodoxie – die *exklusive Betonung der Logoschristologie*! Denn für Barth stand jetzt fest: »Weil er der fleischgewordene Logos Gottes ist, nicht in ihm an sich, ›erfassen‹ wir Gott in dem Menschen Jesus. Gewiß in dem *Menschen* Jesus, nämlich in der ›*Person*‹ Jesu, aber das ist es ja eben, daß die ›Person‹ Jesu der *Logos* ist, daß es abgesehen vom Logos eine ›Person‹ Jesu überhaupt nicht gibt.«[23]

Sie war damit auf dem Leuchter: die *Lehre von der Anhypostasie* in der Christologie! Und es war kein Wunder, daß der Marburger Theologe *Martin Rade*, vielrespektierter Herausgeber des liberalen Zentralorgans »Christliche Welt«, mit Barth seit dessen Marburger Studentenzeit befreundet (1908/09) und Zeuge des Herrmann-Vortrags in Halberstadt, seinem jungen Freund gegenüber erklärte, »er sei zu alt, um sich nochmals zur Logoschristologie zu ›bekehren‹. ›*Von unten*‹, ›*von unten*‹ müsse Christus verstanden werden«.[24] Er, Rade habe »die chemische Reinigungsanstalt der Theologie«[25] vermißt, als Barth seine Zuhörer mit dem Logosbegriff überfallen habe. Sollen wir aber – so fragte Rade – »die ganze Logoschristologie so unter der Hand wieder annehmen, nachdem die christliche Kirche damit in eine Sackgasse nach der anderen geraten ist«?[26]

Noch einmal also: Was war mit der Barthschen Theologie passiert? Wie ist seine Kehre zur Orthodoxie zu verstehen? Die Antwort dürfte mit der zwiespältigen Rolle des jungen Theologen Barth, ja seiner »expressionistischen« Theologie überhaupt zu tun haben. Und Martin Rade hatte auch hier – instinktsicher, wie er war – den Finger auf die Wunde gelegt. Schon 1922 hatte er Barth nach dem Elgersburger Vortrag geschrieben: »Als was willst Du wirken, als Prophet oder als Theologe? Was Du uns gabst, war ein Wort *zwischen* beiden.«[27] Genau das war es jetzt: Barth wollte je länger desto mehr *aus einer ihm zugewachsenen Prophetenrolle heraus*. Und doch war er selbstkritisch genug, um die *Zwiespältigkeit seiner eigenen Wende* für seine Theologie und »Sendung« zu durchschauen – einerseits, andererseits.

Einerseits: »Wie schön wars doch . . . da wir uns in freier Prophezei in Aargau bewegten und Bilder auf Bilder häuften«, schreibt Barth im Februar 1925 an Thurneysen und gleichzeitig *andererseits*: »Wer weiß, ob diese Einfahrt in den Tunnel der Dogmatik – und es stehen ja noch ganz andere Partien bevor in diesem Gotthardtunnel – nicht das Ende unserer Sendung bedeutet; denn wie sollen wir da nur einigermaßen Meister werden?«[28] *Einerseits*: Freude über ein Geschenk der »Summa Theologica« des Thomas von Aquin (Weihnachten 1924) und *andererseits* die selbstzweifelnde Frage: »Geht meine Reise eigentlich *dorthin*, oder werden wir plötzlich wieder rückwärts ausbrechen zur freien Prophetie, wie wir sie früher liebten?«[29] . . . Einerseits-andererseits: doch der Zug fuhr unaufhaltsam in den Tunnel hinein, bis er Jahrzehnte später nach 9185 Seiten »Kirchlicher Dogmatik« zum Stehen kam, noch bevor er freilich das andere Ende erreicht hatte . . .

2. »*Vorbei am ganzen Modernismus*«: *Theologiepolitische Frontstellungen*

Barth also hatte große Entdeckungen gemacht, die von nun an sein christologisches Denken ganz und gar bestimmten: die *Trinitätslehre und die Logos-Christologie*. Und was hieß das für die Präexistenzproblematik? Antwort: Von einer Christologie des »ewigen Christus« in der Zeit kommt Barth nun zu einer eigentlichen und eigenen Christologie des präexistenten ewigen Sohnes Gottes – und zwar jetzt ausschließlich *im Sinne der klassischen altkirchlichen Christologie*. War er in der Zeit vor 1924 noch nicht daran interessiert, wie es sich mit der *Person* Jesu Christi dogmengeschichtlich-dogmatisch verhielt, beginnt ihn nun gerade dies zu faszinieren. Eine eigene *Präexistenzchristologie im engeren Sinne entsteht erst jetzt*, und die Entstehungsspuren dieser Christologie sind deutlich rekonstruierbar. 20. Mai 1925 an Thurneysen: »Mich hat die Dogmatik wieder vollständig in die Räder genommen. Sie geht *mit mir* ihren unerbittlichen Weg viel mehr als *ich* mit *ihr*. Es kommt alles, wie es muß. ›De persona Christi‹ (Lehre von der ›hypostatischen Union‹, die in der reformierten Dogmatik wichtiger ist als die Zwei-Naturen-Lehre, communicatio gratiarum, idiomatum, operationum) liegt schon hinter mir, und ich bin bei ›De officio mediatorio‹ (munus triplex, das durchaus als solches zu lehren ist). Es folgen dann noch die zwei ›Stände‹, die Soteriologie, die Sakramente, und als Abschluß die Kirche, als allerletzter Querstrich aber die Eschatologie.«[30]

So binnentheologisch sich das anhört, so harmlos-unpolitisch war dies alles keineswegs. Denn Barth ging es nie nur um »reine Theologie«. Seine Äußerungen über Trinität und Christologie enthalten gerade dann ihre Spannung, wenn sie in ihrem *biographischen, theologiegeschichtlichen und kirchenpolitischen Kontext* gelesen werden, wenn man ihren Aktions- und Reaktionsraum analysiert. Denn gerade mit solchen »hochtheologischen« Äußerungen hat der Theologe Barth entschieden und mit größtem Selbstbewußtsein auch »Politik« getrieben, nicht zuletzt weil er der Überzeugung war, der Wahrheit der christlichen Offenbarung, wie er sie sah, theologisch ein Stück näher zu sein als andere.

Anders gesagt: Mit der Wiederentdeckung der Trinitätslehre war für Barth gleichzeitig eine *neue polemische Situation* geschaffen, und Polemik war ihm seit dem »Römerbrief« nicht unvertraut. Ja, die Barthsche Trinitätslehre ist ebensowenig wie der »Römerbrief« ohne diese »Konfliktsituation« zu begreifen, in der allein sie ihre erhellende, aufklärerische Kraft entfaltet. Es ist ja kein Geheimnis: Schon früh wußte der berühmte »Römerbrief«-Autor nicht nur öffentliche Wirkungen zu erzielen, sondern auch zu kalkulieren, zu evaluieren und zu attackieren; wußte er mit Tagungen, Vorträgen, Rezensionen und Briefen die Lage und die Lager wahrzunehmen, zu beeinflussen und zu steuern. Der Briefwechsel Barth-Thurneysen ist gerade dafür eine einzigartige Fundgrube. 1922 tritt das eigene Lager auch publizistisch geschlossen in Erscheinung mit der Zeitschrift »Zwischen den Zeiten« (mit dabei sind Eduard Thurneysen, Friedrich Gogarten, Georg Merz). Und das alles heißt: Nicht nur »reine Theologie«, sondern auch *Theologiepolitik* wird von Barth und seinen Gesinnungsgenossen ganz selbstverständlich und ungeniert getrieben. Konkret? Nur einige wenige Kostproben:

»Nun wird der Römerbrief nächstens eintreffen«, schreibt *Thurneysen* am 15. 12. 1921, ungeduldig auf das Erscheinen der zweiten Auflage wartend. »Ich freue mich, bis er da ist, und dann legen wir uns hinter den Busch auf die Lauer und sehen zu, wie er allerorten einschlägt, z. B. in Basel ... Angesichts der Lage, wie ich sie sehe, ist er Satz für Satz am Platze. Übrigens, buchhändlerisch geht der ›Dostojewski‹ scheint's fortgesetzt gut.«[31] Und Barth am 2. 4. 1922: »Soeben meldet mir *Rade*, daß Bultmann einen sehr langen Aufsatz über den Römerbrief eingeliefert habe, über den ich mich freuen werde. Der Feind steht wohl zur Zeit wirklich mehr *rechts*!«[32] Und am 9. Mai 1922 von Göttingen aus: »Gestern war Ritschl-Feier. *Keine* gute Sache. Stange hielt seinen Vortrag, eine schlaue Sache, bei deren Anhörung man es, wo er Ritschl lobte, entschieden mit den *Gegnern* (z. B. F. Chr. Baur), und wo er ihn tadelte, entschieden mit *Ritschl* halten mußte. Überhaupt: Front nach rechts! besonders gegen das moderne Rechts. Was sich dort regt, ist schlimmste Schiebertheologie. Lieber noch der ehrliche vertrocknete Walter Bauer, mit dem ich mich sogar über den Römerbrief ganz ruhig unterhalten konnte.«[33]

»Schiebertheologie«, »der Feind steht rechts«, »Front gegen das moderne Rechts«: so oder ähnlich geht es Brief für Brief. Hier eine

Bemerkung über Publikumswirkungen, dort eine über Auflagenzahlen; hier ein Urteil über Bundesgenossen, dort eine Verurteilung theologischer Gegner. Freunde und Feinde werden eingeteilt, ja ganze Verteidigungs- und Angriffslisten erstellt, gegen wen man und für wen man schreiben wolle: »Althaus ... contra; Metzger ... pro; Th. Schlatter ... contra«.[34] Und so geht es weiter auch über Theologen wie Paul Tillich[35] und Friedrich Gogarten.[36]

Was sollen diese Hinweise? Sollen Probleme personalisiert, soll hier gar moralisch zensuriert werden? Keineswegs: Es soll nichts als die theologiegeschichtliche Umwelt skizziert und bewußt gemacht werden: In *diesem* Kontext einer sich für Barth immer deutlicher abzeichnenden theologischen und kirchenpolitischen Frontstellung sind die theologischen Weichenstellungen Barths hin zur Orthodoxie zu werten. *Der Einfluß lebensgeschichtlicher Ereignisse auf die theologische Theoriebildung darf nicht ignoriert werden.* Und man muß sich aus heutiger Sicht klar machen: Gegenüber einem von ihm bekämpften Modernismus empfand Barth seine Entdeckung der altprotestantischen Orthodoxie, aber auch der katholischen Scholastik und der altkirchlichen Väter als *Befreiung*, als ein »Mehr« an sprachlichen und denkerischen Möglichkeiten, theologisch vom unverfügbaren, freien Gott reden zu können! So erstaunlich das klingt: Ausgerechnet die Orthodoxie mit all ihren »Runen« fand Barth auf einmal bereichernd und lebendig. Er, Barth, erlebte als Kampfinstrument theologischer Wahrheitsfindung mitten in der Krise des Neuprotestantismus, was für andere (Harnack und die Liberalen) nur belastendes und kritisch zu beurteilendes Vergangenheitserbe war.

Anders und grundsätzlicher gesagt: Barths Wiederentdeckung des altprotestantischen dogmatischen Erbes war gleichzeitig eine entschiedene *Kritik an der Theologie der Moderne, der neuzeitlichen Aufgeklärtheit schlechthin.* Barth gewann die Dogmatik somit als Neuzeitkritik wieder. Seine »Theologie von oben« war auch die Entlarvung neuzeitlich-verselbständigter Anthropologie! Es ist diese enge Verknüpfung von dogmatischen Inhalten mit moderner Anthropologiekritik, die dem Barthschen Unternehmen ihre Spannung verleiht. Konkret? Konkret sichtbar wird dieser Zusammenhang gerade nochmals im Briefwechsel mit Thurneysen: »Die nächsten Punkte sind nun: Trinität, Menschwerdung, Eschatologie, Gesetz und Evangelium, Glaube und Gehorsam, Kirche«[37], schreibt Barth am 18. Mai 1924 mitten in der Vorbereitung seiner Göttinger Dogmatikvorlesung. »Im II. Kapitel dann das Schriftprinzip, im III. (Predigt) das Grundsätzliche über die Grundsätze!! Eine tolle Geschichte, in steilster Kurve vorbei am ganzen Modernismus.« Eine Wende im Denken Karl Barths von der Dialektik der frühen Phase zur Analogie der mittleren und späten Phase begann sich abzuzeichnen.[38]

Dogmatik also in kritischer Freiheit gegenüber dem »Modernismus« – das wird nun künftig das Barthsche Programm. Und wie dieses »Vorbei am ganzen Modernismus« christologisch konkret wurde, zeigen die folgenden Kapitel.

3. Wider die »Kreaturvergötterung«: Trinitätslehre als Anthropologiekritik

Zwei Anläufe brauchte Barth in den zwanziger Jahren, bevor er mit dem ersten Band der »Kirchlichen Dogmatik« (1932) sein endgültiges Fundament gelegt hatte. Diese Anläufe können nun um so besser rekonstruiert werden, als nicht nur der zweite Anlauf in einer neuen Ausgabe wieder vorliegt (»Die christliche Dogmatik im Entwurf« von 1927), sondern seit 1985 auch der erste: Die Dogmatikvorlesung nach der Wende, Göttingen 1924 unter dem erwähnten Titel: »Unterricht in der christlichen Religion«. Vergleicht man nun diese drei Entwürfe, so gilt: Wenn Barth auch die innere Durchführung seiner Dogmatik im Verlauf von acht Jahren immer wieder erweiterte, korrigierte und umgestaltete, wenn er sich auch, wie er in der Rückschau im Vorwort zu KD I/1 zugeben mußte, immer »besser verstanden zu haben« glaubte, wenn er sich und seinen Lesern auch eingestehen mußte, stets wieder von vorne angefangen zu haben, statt die begonnene Arbeit fortzuschreiben (»ich konnte und wollte dasselbe sagen wie einst; aber so wie ich es einst gesagt, konnte ich es jetzt nicht mehr sagen«: KD I/1, VI), wenn auch dies alles bei der Lektüre der verschiedenen Dogmatikentwürfe berücksichtigt werden muß – so sind doch bereits von 1924 an gerade in Sachen Christologie die entscheidenden Stützpfeiler eingezogen, die von nun an unverändert das theologische Grundgerüst Karl Barths tragen.

Um zwei Pfeiler handelt es sich dabei im wesentlichen: *Erstens*: Seit 1924 glaubte Barth sein theologisches Grundanliegen (»deus dixit«) nur noch mit Hilfe der altkirchlichen *Trinitätslehre* explizieren zu können. Seit 1924 stand ein für allemal fest: »Die Besprechung der Trinitätslehre gehört in die Prolegomena der Dogmatik.«[39] Der

Grund? Barth glaubte, mit der Trinitätslehre eine sprachliche Gestalt dafür gefunden zu haben, daß Gott, wenn er schon ganz und gar »Offenbarung« ist, nichts anderes *offenbare als sich selbst.* Gott werde »in seiner Offenbarung nie anders offenbartes Objekt denn als offenbarendes Subjekt«.[40] Wenn aber Gott nur sich selbst offenbare, könne dann der, der Gott offenbart, weniger sein als Gott? Kaum! »Wer einen Offenbarer des *Vaters* bekennt, der bekennt, wenn er weiß, was er tut – hier gilt Entweder-Oder! –, einen dem Vater *Gleichen,* gleich in seiner Gottheit, aber nicht wiederum bloß den Vater, sondern in der Gleichheit der Gottheit den Sohn.«[41] Anders gesagt: *Präexistenzchristologie war für Barth die notwendige Konsequenz des Begriffs und Vollzugs der Selbstoffenbarung Gottes.* Sie sicherte, daß Gott auch in seiner Offenbarung unverfügbares Subjekt und der Offenbarer Gott gleich bleibt.

Zweitens: Dieser offenbarungstheologische Ansatz hatte Konsequenzen für die *Lehre von der Person Christi.* Für Barth war klar: Kein Ding, keine kontingente Größe, kein geschichtliches Faktum könne Offenbarungsinhalt werden; auch der historische Jesus nicht. Subjekt und Inhalt der Offenbarung sei Gott allein. Jesus aber könne nur dann die Offenbarung *Gottes* sein, wenn er zugleich das Geschöpf des dreieinigen Gottes ist. Und Barth verweist hier auf das Axiom: »Finitum non capax infiniti«. Aus diesem Grunde hätten Lutheraner und Reformierte der menschlichen Natur Christi das Merkmal der Persönlichkeit in aller Form abgesprochen: Die *Person* des Gottmenschen sei exklusiv das Wort, der Logos Gottes. Anhypostasie-Lehre auch hier, und Barth konnte schon 1924 in allem Selbstbewußtsein sagen: »Man mag von dieser paradoxen These, der sogenannten Anhypostasie der menschlichen Natur Christi, denken, wie man will, soviel ist sicher, daß man klüger getan hätte, statt sich darüber aufzuregen, ein bißchen über ihren Sinn nachzudenken. Statt dessen stürzte man sich vom 18. Jahrhundert ab von allen Seiten immer eifriger ausgerechnet auf den *Menschen* Jesus von Nazareth als solchen, auf den Heros, die religiöse Persönlichkeit, sein inneres Leben, sofern es uns anschaulich wird, seine Gott-, Welt- und Lebensanschauung, auf den ›schönsten Herrn Jesus‹, um ausgerechnet hier: in dem lehrenden, liebenden, leidenden Jesus als solchen . . . aber jedenfalls in dem *Lebenden,* nicht in dem Gekreuzigten und Auferstandenen wie Paulus und die Reformatoren, die Offenbarung zu suchen.«[42]

Deutlich wird: Auch die *Wiederentdeckung der Anhypostasie-*

Lehre war bei Barth theologiepolitisch mitmotiviert; sie kam ihm entgegen im Kampf gegen eine Christologie à la Schleiermacher, in der die Persönlichkeit des Christus, dessen inneres Leben, dessen Gottesbewußtsein im Zentrum stand; in der »irgendeine kontingente Gottesgegenwärtigkeit« der historischen Person Jesu betont wurde, »um die eigene Gottesinnigkeit daran anzuknüpfen und zu beleben«.[43] Das aber war die Ursünde des Theologen und Christen für Barth schlechthin: »Die Verwechslung von oben und unten, die *Kreaturvergötterung*«! Nein, Dogmatik und Predigt müßten es wagen, »etwas weniger christozentrisch und dafür etwas sachlicher und männlicher (!) zu werden, indem sie Gott die Bedeutung wiedergeben, die ihm gerade laut der Offenbarung durch das geschichtliche Faktum Jesus von Nazareth zukommt: daß er allein der Inhalt der Offenbarung ist«.[44] Was aber heißt das: »sachlicher« und »männlicher«? Das heißt: im christologischen Dogma ist die menschliche Subjektivität, so fromm sie auch sei, Gott gegenüber auf Distanz gehalten. Angst vor Nivellierung liegt vor, Angst vor einem im frommen Gefühl verankerten Christozentrismus des Menschen, Angst vor »Mystik«[45], Angst vor einer christologischen Anthropologie und einer anthropologischen Christologie der Vermischung von Gott und Mensch. Wir sind damit am sachlichen Höhepunkt Barthscher Christologie.

V. Die große Synthese: »Kirchliche Dogmatik«

1. Gott in Christus: Wie die »Gottheit Christi« verstehen?

Acht Jahre also hatte Karl Barth gebraucht, bis er 1932 den ersten Band der KD vorlegen konnte, Beginn eines auf fünf Teile angelegten monumentaldogmatischen Werkes (I: Prolegomena; II: Lehre von Gott; III: Lehre von der Schöpfung; IV: Lehre von der Versöhnung; V: Lehre von der Erlösung), das freilich mit Teil IV, nach 13 Teilbänden, unvollendet abgebrochen werden mußte.[1] Davor lagen noch weitere wichtige publizistische Stationen: Neben den zwei Dogmatikentwürfen eine »Erklärung des Philipperbriefes« (1928) mit christologischen Präzisierungen des Gottseins Jesu Christi, sowie das Buch über Anselm von Canterbury »Fides quaerens intellectum« (1931), eine Abhandlung über »Anselms Beweis der Existenz Gottes im Zusammenhang seines theologischen Programms« – ein Buch, von dem Barth in der Rückschau selber einmal bekannte, es »mit der größten Liebe geschrieben zu haben«.[2]

Der Horizont: Wider Katholizismus-Liberalismus-Faschismus

Zwischen diesen Publikationen lag auch die Entdeckung des *katholisch-scholastischen* Erbes, Thomas von Aquins vor allem, vermittelt in Göttingen 1923/24 durch den damaligen protestantischen Privatdozenten Erik Peterson[3], dann in Münster durch den katholischen Theologen Franz Diekamp. »Vor mir in wuchtigen Bänden – Thomas von Aquino. Donnerwetter, das hat auf alle Fälle *Form*, wo man hineinsieht, so merkwürdig alles ist«[4], schrieb Barth im Februar 1924. Diese Beschäftigung mit dem katholischen Erbe war Barth von protestantischer Seite nicht selten als »Kryptokatholizismus« übelgenommen worden, Verdächtigungen, die Barth im Vorwort zu KD I/1 ironisch aufgriff und zurückspielte. Er wehrte sich dagegen, daß man ihm innerprotestantisch seine Anerkennung des altkirchlichen Dogmas, sein Ernstnehmen der Lehre von Trinität und Jungfrauengeburt als »Katholisieren« auslegte. Der »Zusammenhang zwischen der Reformation und der alten Kirche, das trinitarische und das christologische Dogma, der Begriff des Dogmas überhaupt und der Begriff des christlichen Kanons« seien doch schließlich nicht seine »böswilligen Erfindungen«, meinte er (I/1 IX). Oder wie gedächte man – fragte Barth ironisch zurück – in der protestantischen Theologie heute von der Trinität und Jungfrauengeburt zu lehren? Nein, er, Barth könne sich umgekehrt »nur wundern über das Banausentum, das überall, wo es einen Ethizismus nicht wiedererkennt, über ›Spekulation‹ meint jammern zu dürfen«.

Bei seiner Begründung der Dogmatik stellte sich Barth also in erster Linie gegen die Tradition des liberalen Protestantismus. Aber auch der römische Katholizismus kam nicht ungeschoren davon. Die konfessionelle Polemik im Vorwort zu KD I/1 ist nur von daher zu verstehen:
– gegen die *protestantisch-theologische* »*Linie Schleiermacher-Ritschl-Herrmann*« (»klares Verderben der protestantischen Theologie und Kirche«) das Verdikt: »zunehmende Verwilderung, Langweiligkeit und Bedeutungslosigkeit des modernen Protestantismus«;
– gegen den *römischen Katholizismus* der Kampf um die »analogia

entis«, die »natürliche Theologie«, konkret gegen die »natürliche Gotteserkenntnis im Sinne des (Ersten) Vaticanums«, gipfelnd in den nachgerade berühmten Sätzen Barths: »Ich halte die *analogia entis* für die Erfindung des Antichrist und denke, daß man ihretwegen nicht katholisch werden kann. Wobei ich mir zugleich erlaube, alle anderen Gründe, die man haben kann, nicht katholisch zu werden, für kurzsichtig und unernsthaft zu halten« (I/1, VIII f.).

Steile Sätze, gewiß, deren aufklärerisches Potential freilich zeitsituativ zu begreifen ist: *1932!* Was analogia entis innerprotestantisch und gesellschaftspolitisch hieß, ist mit dem Stichwort »*Deutsche Christen*« für unseren Zusammenhang genügend bezeichnet. Barths bewußte Rückkehr zur »Kirchenlehre«, d. h. zu einem in Kanon und Dogma sich manifestierenden subjektivitätskritischen Objektivismus der kirchlichen Lehre, sein Rückruf zu einer theologischen »Sachlichkeit«, seine Überzeugung, daß es zu politischen Klärungen der Stunde nicht kommen könne, ohne daß es *zuvor* zu »Klärungen in der Theologie und über die Theologie selbst gekommen sei« (I/1, XI), sein Vertrauen also darauf, daß die Theologie um so politischer sein könne, je theologischer sie sei, hatte nicht zuletzt mit der Selbstpreisgabe von Teilen des Protestantismus an die politischen »Offenbarungen« der Stunde zu tun. Hereingefallen, so meinte Barth, sei man »auf Hochkirche, Deutschkirche, Christengemeinschaft, religiösen Sozialismus und ähnliche betrübliche Rotten und Sekten«, »im Rauschen seines nordischen Blutes und beim politischen ›Führer‹« hätte man »religiösen Tiefsinn entdecken lernen« wollen (I/1, X). Nein, gegen all das brauche es die »Härte des ›Dogmatischen‹« (I/1,11); Gehalt und Gestalt hätten sich zu entsprechen: »Die Unverfügbarkeit des Glaubens und seines Gegenstandes soll und wird dafür sorgen, daß aus der göttlichen Gewißheit keine menschliche Sicherheit werden kann« (I/1,11) – ein Schlüsselsatz, der die Barthsche Dogmatik innerprotestantisch als Subjektivismus-Kritik etablierte und am Katholizismus dessen bloße »Zusammenstellung, Wiederholung und Umschreibung einer Anzahl schon vorhandener, ein für allemal ausgesprochener und nach Wortlaut und Sinn authentisch definierter ›Offenbarungswahrheiten‹« ablehnte (I/1,14).

Anders gesagt: Daß die *Barthsche Dogmatik* als Dogmatik zeitkritisch, gesellschaftskritisch und kirchenkritisch zugleich sein konnte und faktisch so gewirkt hat, verdankt sie nicht zuletzt den *politischen Konstellationen*. Die theologische Kritik an der Moderne, der Neuzeit, die diese Theologie durch ihren Rückgriff auf die Kirchenlehre leisten wollte, konnte um so kritischer wirken, je totalitärer eine moderne *politische Gegenmacht* auftrat: konkret der braune Faschismus deutscher Provenienz. In einer solchen Zeit mußte die Ablehnung jeglicher anthropologischen, psychologischen, gesellschaftlichen und zeitpolitischen Verifikation der christlichen Offenbarung, die Behauptung einer Selbstbegründung des Wortes Gottes, einer Selbstexplikation der Offenbarung mit Hilfe der Lehre von der Trinität sowie die Konzentrierung der gesamten christlichen Theologie im Christusereignis (und das hieß in Christus als dem ewigen Sohn und Wort) in hohem Maße auch politisch wirksam sein. Erstaunlich genug: Trinität und Präexistenz gerade in ihrer »Weltlosigkeit« weltbefreiend, in ihrer politischen Zwecklosigkeit gesellschaftskritisch, in ihrer gesellschaftlichen Irrelevanz von befreiender, desillusionierender, machtentlarvender Funktion – all dies in einer Zeit, in der die evangelische Kirche, die – so Barth – doch ihren »Führer« in Jesus Christus habe, sich »darüber schlüssig werden« müsse, »ob sie sich an *seiner* Führung und an der Möglichkeit, daß *er* uns Führer gibt, genügen oder ob sie sich mit der Kirche des Papstes und als deren schlechte Nachahmung . . . eigenmächtig in die Hände eines selbsterwählten Führers legen« wolle.[5]

Die dritte Position in der Christologie

Kühn war die »Kirchliche Dogmatik« in der Tat darin, daß sie entgegen der Schleiermacherschen Traditionslinie die Trinität statt am Ende schon in den Prolegomena zur Dogmatik behandelte (KD I/1) und in diesem Rahmen auch die Präexistenzchristologie entfaltete. Barth setzte hier fort, was die beiden Dogmatikentwürfe der zwanziger Jahre begonnen hatten. Uns kann an dieser Stelle nicht der ganze trinitätstheologische Rahmen beschäftigen, die Stellung, die Wurzeln und Spuren der Trinitätslehre, die Fragen des Gottesbegriffs (Einheit in der Dreiheit, Dreiheit in der Einheit), auch nicht die Korrekturen, die Barth an der klassischen Trinitätslehre hinsichtlich des Personenbegriffs (statt dessen: Seinsweise) vorgenommen hat. Uns interessiert hier ausschließlich die Begründung der Rede vom »ewigen Sohn«.

Da aber wird deutlich: Vom ersten Band der »Kirchlichen Dogmatik« an steht für Barth die *offenbarungstheologische Begründung* oder

»Wurzel« der Trinitätslehre fest (»Gott offenbart sich als der Herr« I/1,323). Von Anfang an ist die *Göttlichkeit des Logos*, die Einheit des ewigen Vaters mit dem ewigen Sohn im Rahmen der Trinitätslehre gegeben, so daß Barths theologischer Ehrgeiz »nur« noch darin besteht, sie innertrinitarisch zu explizieren. Diese Explikation der Gottheit Christi geschieht in verschiedenen Schritten:

(1) *Neutestamentlich* (I/1,420-422) steht für Barth durch die Anwendung des Kyrios-Namens auf Jesus, durch das bei Jesus eigentümliche Ineinander von Wort und Wundertat (insbesondere Sündenvergebung; Vollmachtsfrage), durch Titel wie Messias, Menschensohn und vor allem Gottessohn die *Gottheit Christi* fest. Nach neutestamentlichen Aussagen müsse die »Einheit des Sohnes mit dem Vater, also die Gottheit Jesu Christi als eine endgültige, eigentliche und wesentliche verstanden« (I/1,420) werden.[6]

(2) Wie aber ist die Gottheit Jesu Christi *begrifflich* zu denken (I/1, 422–426)? Als Apotheose oder Theophanie? Wurde also ein Mensch vergöttlicht, oder ist die Gottheit in einer Person auf Erden erschienen? Die *Vergöttlichungsthese*, eine Art Christusenthusiasmus, durch den die Anhängerschaft Jesu ihren Helden »zum Gott emporidealisiert« habe, lehnt Barth entschieden ab: »Das ist die ebionitische bzw. die in den Spuren des Ebionitismus historisch rekonstruierte Christologie.« Aber auch umgekehrt: Ablehnung findet ebenfalls jene Idee von der *Personifikation einer allgemeinen Wahrheit*, jene Idee eines herniedersteigenden und manifest werdenden Gottes, die in Jesus dann ihre besondere geschichtliche Kristallisation gefunden habe: »Das ist die doketische bzw. die in den Spuren des Doketismus historisch rekonstruierte Christologie.« Gibt es eine dritte Position?

Die Gottheit Christi als unabgeleiteter Grund-Satz

Was meint der Satz von der Gottheit Christi: »Im Unterschied zu der Behauptung von der Vergöttlichung eines Menschen oder von der Vermenschlichung einer göttlichen Idee ist der Satz von der Gottheit Christi so zu verstehen: Christus offenbart seinen Vater. Aber dieser sein Vater ist Gott. Wer also ihn offenbart, der offenbart Gott. Wer kann aber Gott offenbaren außer Gott selber? Gerade nicht ein erhöhter Mensch und gerade nicht eine herabgekommene Idee können das tun. Beide sind ja Kreatur. Gewiß ist der den Vater offenbarende Christus auch Kreatur und sein Werk ein kreatürliches Werk. Aber wenn er *nur* Kreatur wäre, dann könnte er auch Gott nicht offenbaren, so gewiß die Kreatur nicht an die Stelle Gottes treten und an seiner Stelle wirken kann ... Wer ihn als die Offenbarung seines Vaters bekennt, der bekennt ihn als einen diesem seinem Vater in der Gottheit Wesensgleichen« (I/1, 426f.).

Anders gesagt: Für Barth ist Jesus Christus die Offenbarung Gottes und der ewige Sohn, nicht weil Menschen an ihn glauben oder ihn als solchen »erleben« oder ihn so interpretieren; er ist es nach Barth – ganz tautologisch –, weil er es ist! Der Satz von der Gottheit Christi ist von nichts anderem abgeleitet als von der Explikation der Offenbarung selbst: »Der Satz von der Gottheit Christi ist nicht als abgeleiteter, sondern als *Grund*satz zu verstehen« (I/1, 436). Alles kommt Barth somit darauf an, daß die *Gottheit Christi Anfang und nicht Ergebnis unseres Denkens und Glaubens sei.* Das »Prä« der Existenz Christi »sichert« das »Zuvor Gottes in sich selbst« und damit die Objektivität, Unverfügbarkeit Gottes im Gegenüber zum Menschen. Gott wird nicht erst zum Versöhner; er ist es immer schon in der Seinsweise des Sohnes.[7]

Diese offenbarungs- und trinitätstheologische Begründung freilich ist nur *ein* Komplex, bei dem die Präexistenzaussage in der Barthschen Theologie relevant wird. Wie geht es weiter? Wir kommen langsam zum Zentrum der Barthschen Christologie.

2. *Der Erwählende und der Erwählte: Präexistenz und Prädestination*

War die Aufrichtung der Trinitätslehre als Prolegomenon zur Dogmatik und der Rückgriff auf die Anhypostasie-Lehre[8] in der Christologie, war überhaupt die ganze Kehre Barths von der Anthropologie zur Theologie für die protestantische Theologie des 20. Jahrhunderts wahrhaft umstürzend, so war erst recht die im Band II/2 der KD veröffentlichte *Prädestinationslehre* Barths unerhört.[9] 1942, mitten im Zweiten Weltkrieg, wurde sie vorgelegt von einem Autor, der mittlerweile 56 Jahre alt war. Barth hatte in der Zwischenzeit schwere kämpferische Jahre hinter sich. Seit 1935 von seinem Bonner Lehrstuhl an die Universität Basel vertrieben, hatte er im Rahmen der »Bekennenden Kirche« als »Schweizer Stimme« auf seine Weise *Widerstand gegen den braunen »Götzen«* im Norden geleistet. Ein Widerstand, der bis zur theologischen Bejahung des bewaffneten

Wehrdienstes für die Schweizer Christen ging. Und Barth beließ es nicht bei der Theorie, sondern meldete sich 1940 im Alter von 54 Jahren selber zum bewaffneten Hilfsdienst in der Schweizer Armee. 104 Tage Dienstzeit leistete er ab. Und so haben es denn seine Leser mit der kuriosen Tatsache zu tun, daß Barth die Druckfahnen seines im Winter 1941/42 abgeschlossenen KD II/2-Manuskriptes ausgerechnet während eines Militärdienst-Kurses zur Bewachung eines Mehllagers (in Brunnen am Vierwaldstättersee) korrigieren mußte: »zu nächtlicher Stunde in einer eidgenössischen Wachstube« (II/2, VI).

Natürlich sah sich Barth 1942 in der *Einschätzung der Lage* politisch wie theologisch längst bestätigt; bestätigt, daß »die irdischen Dinge insgemein in immer stürmischerem Tempo der Krisis« entgegengehen würden; bestätigt aber auch, daß neben aller politischen Aktivität dieser Jahre (vor allem für die »Bekennende Kirche«) es die *Sache der Dogmatik* sein müsse, an die er »im Grunde und hauptsächlich zu denken« habe (II/2, VI). Ja, Barth hielt es in diesen Jahren für seine Pflicht, dafür zu sorgen, »daß wenigstens an einer Stelle inmitten des irrsinnig gewordenen Europas, nämlich auf unserer Schweizerischen Insel ... ordentlich und ›als wäre nichts geschehen‹ Theologie getrieben werde«.[10]

»Als wäre nichts geschehen«: Über diesen Halbsatz wird später noch kritisch nachgedacht werden müssen.[11] Inhaltlich viel geschehen jedenfalls war in der Lehre von der Prädestination, die uns an dieser Stelle nicht in ihrer Richtung, Begründung und Stellung interessiert, nicht in ihrer ganzen Subtilität und systematischen Breite (einschließlich der von Barth hier behandelten Probleme wie »Israel und Kirche«, Gericht und Erbarmen Gottes, Erwählung und Verwerfung des Menschen), sondern einzig und allein wiederum in ihrem präexistenz-christologischen Argumentationszusammenhang (§ 33).

Die Urentscheidung: Gnadenwahl des Vaters

Wie schon beim »Problem der Christologie« in KD I/2 (1938) setzte Barth auch hier ganz und gar mit der Inkarnation des ewigen Sohnes ein, und wie schon vier Jahre zuvor begann Barth seine erwählungstheologischen Reflexionen überraschenderweise nochmals mit einer *Exegese von Johannes* 1,1–2. Doch hier passiert nun etwas Erstaunliches: In einer detaillierten Interpretation der drei Sätze »Im Anfang war das Wort« und »Das Wort war bei Gott« und »Gott war das Wort« liest Barth den Eingang des Johannesprologs jetzt ausschließlich »mit den Augen der sog. ›Orthodoxie‹«, also trinitätstheologisch, was im Klartext heißt: Barth liest einen Text des späten 1. Jahrhunderts von vornherein mit einer Hermeneutik des 4./5. Jahrhunderts. Ja, mehr noch: Barth vermag jetzt bei dieser Johanneischen Satztrias sogar einen »Gedankenfortschritt« zu erkennen: »Das Wort kann darum bei Gott, es kann darum wie Gott ›im Anfang‹ sein, weil es als Person (des Sohnes!) in seiner Weise mit der Person ›Gottes‹ (des Vaters!) zusammen in gleicher Würde und Vollkommenheit des einen göttlichen Wesens teilhaftig ist« (II/2,103).

Was ist damit gemeint? Das wird im folgenden klar werden. Denn Barth glaubt auf einmal, der Logos des Prologs habe hier den »Charakter eines Platzhalters« – für einen »ganz Anderen«. Für wen? Dieser »ganz Andere« sei niemand anderer als *Jesus*: »*Sein* Ort ist es, der durch die dem Logos gegebenen Prädikate gleichsam abgegrenzt, geräumt und gesichert werden soll. Er, Jesus, ist im Anfang, ist bei Gott, ist selber Gott von Art« (II 2,103). Im Klartext: Barth erkennt auf einmal eine immer schon gegebene *Identität von Jesus mit dem präexistenten Logos*. Logos dürfte nicht abstrakt, sondern müsse konkret verstanden werden, nicht als Logos asarkos, sondern als der konkrete Gott-Mensch Jesus Christus. Und für diese Identifikation beruft sich Barth nicht nur auf den Johannesprolog, sondern auch auf »Stellen« wie Gal 4,4; 1 Kor 15,20; 2 Kor 4,4 und »klassische« präexistenzchristologische Passagen des Neuen Testaments wie Kol 1 und 2, Hebr 1, Eph 1 und 3.

Warum aber diese kühne christologische Fundierung? Weil Barth auf diesem Fundament seine *spezifische Erwählungslehre* durchgeführt und gesichert wissen wollte, daß nämlich Gottes Gnadenwahl sich in niemand anderem als in der Person *Jesu* Christi vollzogen habe – mit allen inhaltlichen Folgen für das Verständnis Gottes und des Menschen. Im Anfang aller Anfänge also, im Ursprung aller Ursprünge, am »Beginn« aller göttlichen Selbstsetzung und Selbstbestimmung steht *Jesus*: »Gott hat sich selbst von Ewigkeit her in freier unbedingter Selbstbestimmung zum Träger dieses Namens bestimmt« (II 2,108).

Dieser Satz über die *freie Selbstbestimmung Gottes* muß aber – folgen wir Barth – innertrinitarisch noch einmal expliziert werden, haben wir es doch bei »Gott« jeweils stets mit Vater-Sohn-Geist zu tun. Hier aber – am Schnittpunkt von Selbstbestimmung Gottes *zum* Vater dieses Sohnes und seiner immer schon gegebenen, »ewigen« Vaterschaft *als* Vater dieses Sohnes – entsteht ein denkerisches Problem der Erwählungslehre, dem Barth zu entkommen trachtet. Denn wie geht das logisch zusammen: Selbstbestimmung *zum* und Sein *als* Vater? Setzt die Wahl als Wahl nicht voraus, daß man vorher nicht ist oder hat, was man zu wählen beabsichtigt? Und umgekehrt, wenn man schon hat oder ist, was man wählen soll, wozu dann noch eine Wahl? Barth versucht dem Problem zu entkommen, indem er Selbstbestimmung nicht als Akt, sondern als Wesen Gottes ergreift: Gott setzt sich *selbst* und ist, indem er sich selbst in seinem Sohn setzt, »immer schon« der Vater dieses Sohnes.

Einig ist sich Barth demnach mit den Vertretern der traditionellen Prädestinationslehre darin, daß Gott als Subjekt frei wählt nach »innen« und »außen«; daß es im Verhältnis Gottes zu der von ihm geschaffenen Kreatur nichts Höheres gibt als eben dieses Wählen; daß Gott darin Gott ist, daß er von Ewigkeit wählt und sich für die Kreatur, den Menschen, entscheidet; kurz, daß Gott *der in Freiheit Liebende ist um des Bundes mit den Menschen willen*. Wie aber ist dieses Wählen »nach außen« (Schöpfung, Mensch) von Gottes Beschluß *im Anfang* zu unterscheiden? Barths Antwort: Gottes »Wort und Beschluß im Anfang (ist) seine Wahl, seine freie, subjektive Selbstbestimmung« (II/2,107).

Barth aber will noch weiter gehen: Warum bestimmt sich Gott zum Bund mit den Menschen, warum wählt er das Wohl seiner Geschöpfe? Antwort: Weil Gott im Anfang selber den Namen »Jesus Christus« annahm – so und nicht anders. Und hinter *diese* Wahl gibt es kein Zurückfragen mehr nach der Wahl vor aller Wahl. Hinter dieser Wahl gibt es aber auch umgekehrt kein »decretum absolutum« im Sinne Calvins zu vermuten: einen unerforschlichen, unauslotbaren, geheimnisvoll-dunklen, absoluten Entschluß Gottes, die einen zur Seligkeit, die anderen zur Verdammnis vorherzubestimmen (»praedestinatio gemina«). Auszugehen ist also nicht von einem decretum absolutum, sondern einzig und allein von einem *decretum concretum*: Jesus Christus! Seins- und Erkenntnisgrund der Erwählung ist also nicht – und hier unterscheidet sich Barth von der Tradition – ein unbestimmtes, nicht konkret gefülltes göttliches »Wohlgefallen«, sondern eben Jesus Christus, der »selber dieses

Wohlgefallen, der Wille Gottes in Aktion« ist, »Plan und das Dekret Gottes, die inhaltlich bestimmte göttliche Entscheidung hinsichtlich aller Kreatur und ihrer ganzen Geschichte« (II/2,112).

Anders gesagt: Um Gottes Gnadenwahl theologisch zu begründen, muß Barth von einer *innertrinitarischen Urentscheidung* ausgehen: »Subjekt *und* Gegenstand« der Wahl Gottes war Jesus Christus (II/2,109)! Zwar sei dieser nicht am Anfang Gottes gewesen; Gott habe ja keinen Anfang: »Er war aber am Anfang aller Dinge, am Anfang allen Handelns Gottes mit der von ihm verschiedenen Wirklichkeit« (II/2,109). Und: Er »war Gottes Wahl hinsichtlich dieser Wirklichkeit. Er war die Wahl der dem Menschen zugewendeten Gottesgnade. Er war die Wahl des Bundes Gottes mit den Menschen.« Und deshalb, weil Gott »sich selbst in der Person seines ewigen Sohnes mit diesem Menschen Jesus von Nazareth vereinigt« hat, ist er auch »in ihm und durch ihn mit diesem Volk verbunden« (II/2,7). Die Wahl des Vaters besteht also im Bund mit den Menschen, und dieser Bund wird durch die Hingabe des Sohnes Gottes konkret bewahrheitet. Die Wahl des Sohnes besteht darin, »der Gnade gehorsam zu sein und also sich selbst hinzugeben und Mensch zu werden, damit jener Bund seine Wirklichkeit habe« (II/2,109).

Das konzeptionelle Problem, das Barth zu lösen versucht, läßt sich mit einem Hinweis auf *Thomas von Aquin* verdeutlichen. Barth zitiert ihn selber. In seiner »Summa Theologica« hatte Thomas die klassische Unterscheidung von immanenter und ökonomischer Trinität auch in der Erwählungsfrage durchgehalten: daß Christus der Sohn Gottes ist, beruht nach ihm nicht auf Erwählung (immanent ist er es »immer schon«); wohl aber beruhe die Inkarnation, das Senden in die Welt, die Durchführung des Heilswerkes auf einer Wahl Gottes (heilsökonomisch also).[12] Dieser Alternative gegenüber aber *plädiert Barth für ein Drittes.* Es sei da »jenes Sein Jesu am Anfang bei Gott, jener Akt des göttlichen Wohlgefallens, in ihm die Fülle der Gottheit wohnen zu lassen« (II/2,114). Erwählung ist also für Barth nicht nur passives Geschehen entweder am Menschen Jesus, der die göttliche Erwählung zunächst nur erleiden, empfangen und annehmen könne oder am ewigen Sohn, insofern dieser vom Vater gesandt wird. Erwählung – und darauf kommt Barth alles an – ist auch als *aktives Geschehen* zu begreifen: *der ewige Sohn selber* ist »aktives Subjekt der aeterna Dei praedestinatio zum Menschensohn, selber der erwählende Gott und nur so, und also in uneingeschränkt göttlicher Souveränität dann auch der Erwählte, der der göttlichen Prädestination Unterworfene, der in Freiheit dem Vater gehorsame Sohn« (II/2,115).

Insofern er also Gott ist, ist der *ewige Sohn* entschieden auch *Subjekt der Wahl*. Die Wahl des Vaters ist demnach auch die seine; wie der Vater ist auch er der Anfang aller Dinge, vollzieht auch er die Entscheidung zur Aufrichtung des Bundes zwischen Gott und den Menschen. Wäre es anders, wäre es so, wie sonst in der christlichen Prädestinationslehre auf der Linie des Thomas, die nur das Erwählen des Menschen Jesus im Akt der Inkarnation kennt, dann, so fürchtet Barth »hat man die Gnadenwahl doch wieder zu einem von der Person Jesu Christi gelösten göttlichen Geheimnis gemacht, um dessen Wirklichkeit wir gar nicht wissen, das wir nicht einmal glauben könnten« (II/2,115). Um des Vertrauens also auf den Gott Jesu *Christi* willen, um des Vertrauens darauf, daß Gott niemand anderer ist als der Vater *Jesu* Christi und wir es in der Erwählung Jesu Christi mit diesem *Gott* zu tun haben, ist der Zusammenfall von aktiver und passiver Erwählung Jesu Christi entscheidend. Anders wäre nach Barth die Wirklichkeit der gottmenschlichen Person (Inkarnation und die Folgen) nur als eines der unter die göttliche Prädestination fallenden göttlichen Werke neben anderen zu betrachten, »nicht aber als das Werk aller Werke, nicht als den Inhalt des Wortes und Beschlusses Gottes im Anfang aller Dinge und also nicht als das offenbare Geheimnis der Prädestination selbst« (II/2, 115).

Spekulative Verschärfung: Der präexistente Mensch Jesus

Wir sind hier auf dem christologischen Gipfelpunkt der Erwählungslehre und zugleich am sachlichen *Höhepunkt der Barthschen Präexistenzchristologie*: beim unlösbaren Zusammenhang von Präexistenz und Prädestination Christi, den erst Barth gegen die Tradition neu herausstellte – und zwar nicht nur gegen die katholische (auf den Spuren des Thomas von Aquin), sondern vor allem auch gegen die reformatorische auf der Linie Luthers und Calvins. Und kein Zweifel: Mit diesem seinem Basisgedanken, daß Jesus Christus der erwählende Gott und der erwählte Mensch zugleich ist (mit all den theologischen, soteriologischen und ekklesiologischen Konsequenzen), daß also niemand anderer als Jesus Christus die Prädestination Gottes ist,

ist es Barth nicht nur gelungen, die traditionelle christologische Zwei-Naturen-Lehre aus der bloß spekulativen in die existenzielle Vermittlungsebene hineinzuholen; gelungen ist ihm auch die *Aufwertung* der *Präexistenzchristologie* zur *Fundamentallehre des gesamten christlichen Gottesverständnisses*. Die Lehre von der Präexistenz Jesu Christi ist zum Schlüssel für die Identität der Gotteslehre als *christlicher* Rede von Gott geworden: eine einzigartige christozentrisch-präexistenzchristologische Konzentration also, die in der protestantischen und katholischen Theologie des 20. Jahrhunderts ihresgleichen sucht.

Freilich – wir deuteten dies eingangs dieses Kapitels an: Für diese seine christozentrische Erwählungslehre ist Barth bereit, einen hohen *spekulativen Preis* zu zahlen. Schaut man genau hin, so treibt Barth die Präexistenzchristologie auf eine spekulative Höhe, die sie in dieser Form in der Tradition nie erreicht hatte. Denn Barth lehrte – wie wir sahen – im Rahmen seiner Erwählungslehre eine *Aufnahme des Menschen Jesus in die Präexistenz des Logos*, eine Identität des Inkarnierten mit dem Präexistenten, des – nota bene – Fleisch*gewordenen* mit dem ewigen Sohn! Dies aber hatte er selber noch in den eigenen Prolegomena zehn Jahre zuvor nicht behaupten wollen, weder in der Trinitätslehre (I/1) noch in der Inkarnationschristologie (I/2). Die Christologie der Prolegomena hatte sich – gerade bei der Exegese des Johannesprologs – einzig auf zwei Fragen konzentriert: a) die Gottheit Christi von Ewigkeit her (der Logos *ist* der ewige Sohn) und b) die bleibende Gottheit in der Inkarnation (der ewige Logos auch *in* der Zeit, Gott auch im Menschen Jesus). Keine Rede vom präexistierenden Gottmenschen *Jesus* Christus, sondern – klassisch – vom präexistierenden Logos oder Sohn, der Mensch *wurde*; keine Rede von einem Jesus, der im Anfang bei Gott war, sondern – traditionell – vom Wort, das »Jesus wurde ... ohne aufzuhören das zu sein, was es zuvor war, zugleich das, was es zuvor nicht war und nun in der Tat war: ein Mensch, dieser Mensch«, so liest man noch in I/2,164.

Die unterschiedliche Interpretation der neutestamentlichen Schlüsselstelle Joh 1 in KD I/2 und II/2 ist für den Barthschen »Erkenntnisfortschritt« illustrativ. Der Satz »*dieser war im Anfang bei Gott*« ist nun für Barth von alles entscheidender Bedeutung. Ist aber in I/2 das Wort »dieser« nur eine Betonung der Gottheit Christi, rückverweisend auf *Vers 1*, so in II/2 das Wort »dieser« auf einmal »vorwärtsweisend« (und im Zusammenhang mit Vers 15 zu lesen), vorwärtsweisend auf *Jesus*, »der jenen mit dem Logosbegriff abgegrenzten Raum tatsächlich ausfüllt« (II/2,105). Keine Frage: Wir stehen vor dem Faktum einer *spekulativen Verschärfung der Präexistenzchristologie* bei Barth, zu der sich dieser Theologe im Prozeß seiner »Totalrevision« (II/2,373) der Prädestinationslehre als Erwählungslehre genötigt sah.

Wider den Schreckensgott: Gnadenwahl als »gute Nachricht«

Selbstverständlich werden wir den Exegesen und systematischen Konstruktionen Barths im zweiten Hauptteil kritisch nachzugehen haben. Deshalb soll am Schluß dieses Abschnitts die *große Intention* dieser Theologie noch einmal deutlich herausgestellt werden. Und von dieser großen Intention her gesehen, dürfte kein Zweifel bestehen: Eine solche Verschmelzung von Prädestination und Präexistenz Christi hätte der Erwählungslehre in der Geschichte von Theologie und Kirche in der Tat ein »anderes Gesicht« geben können. Statt ins »Zwielicht« zu geraten, statt zu einem »Gemisch von Freudens- und Schreckens-, von Heils- und Unheilsbotschaft« (II/2,12) zu verkommen, hätte sie tatsächlich als »Summe des Evangeliums« im Sinne Barths gepredigt werden können: Weil sie – Barth zufolge – nichts anderes zu lehren habe als die Selbstwahl, Selbstbestimmung Gottes (des in Freiheit Liebenden) als eines Gottes *für* die Menschen und damit die Gnade Gottes vor und in allem Zorn, die Barmherzigkeit Gottes vor und in aller Strafe, die Annahme des Menschen durch Gott vor und in aller Verwerfung. Dies wieder ans Licht zu holen, war Barths Absicht – geleitet von der Überzeugung: »Die Gnadenwahl ist das ganze Evangelium, das Evangelium in nuce. Sie ist der Inbegriff aller guten Nachricht« (II/2,13).

Als solche also, als *gute Nachricht*, als erfreuliche, aufrichtende, tröstende, hilfreiche Botschaft ist sie nach Barth wieder neu zu verkünden. Und nirgendwo wird deutlicher als hier, wie sehr der Dialektiker Barth stets eine Dialektik *Gottes* selber, eine Widersprüchlichkeit in Gott selbst ablehnte. Denn was ist konkret die Wahrheit der Prädestinationslehre? Sie ist für Barth keine »neutrale Wahrheit, kein Theorem, dessen Inhalt eine bloße Belehrung, eine bloße Aufklärung über einen gegenüber dem Unterschied von Gut und Böse, Gut und Übel indifferenten Sachverhalt« wäre (II/2,12). Gewiß, »ihr Inhalt ist auch Belehrung und Aufklärung; diese geschieht aber, indem sie uns Freude verkündigt . . . Sie ist ursprünglich und letztlich gerade nicht dialektisch, sondern undialektisch. Sie verkündet nicht im gleichen Atemzug Gut und Böses, Hilfe und Vernichtung, Leben und Tod« (II/2,12).

Anders gesagt: Was immer die Lehre von der Prädestination an dunklem Schatten in die Geschichte der Theologie geworfen haben möge, fest steht für Barth: »Sie selbst ist Licht und nicht Dunkel!« (II/2,12) Beides, Licht und Dunkel, sei theologisch gerade nicht gleichrangig, beides nicht im gleichen Atemzug zu nennen, als ob hier inhaltlich etwas ungewiß in der Schwebe bleibe. Nein: »Alle Freude, alle Wohltat seines ganzen Werkes als Schöpfer, Versöhner und Erlöser, alles göttlich Gute und damit wirklich Gute, die ganze Verheißung des explizierten Evangeliums« ist für Barth darin begründet und beschlossen, »daß Gott der Gott der ewigen Wahl seiner Gnade ist. Vom Licht dieser Wahl her wird das Ganze des Evangeliums Licht. Indem hier Ja gesagt wird, sind alle Gottesverheißungen Ja und Amen (2 Kor 1,20). Indem uns hier Aufrichtung, Trost und Hilfe zugesagt wird, geschieht es auf der ganzen Linie. Alle Rätsel und Widersprüche, denen wir dort begegnen können, hören auf, solche zu sein, wandeln sich in ihr Gegenteil, wenn wir sie in ihrem Zusammenhang sehen mit dem, was hier wirklich, was hier zu hören und zu sagen ist« (II/2,13). Wir aber müssen uns einem dritten Themenkomplex zuwenden, der für die Präexistenzproblematik bei Barth relevant ist: der Schöpfungslehre.

3. »Durch Ihn alles geschaffen«: Christus und die Schöpfung

Die Frage stellt sich eigentlich wie von selbst: Wenn die Erwählung Jesu Christi »im Anfang« steht, wie verhält sich dann diese Erwählung zur Schöpfung der Welt? Ist nicht die Welt – dem Buche Genesis zufolge – der Anfang aller Werke Gottes? 1942 bis 1945, auf dem Höhepunkt des Zweiten Weltkrieges, arbeitet Barth auf seiner »Schweizer Insel« an seiner »Lehre von der Schöpfung«, deren erster Band im Oktober 1945 abgeschlossen ist (III/1). Freilich: so wenig Barth selber die »Lehre von der Schöpfung« nach eigenen Aussagen vertraut war, so wenig er sich gerade bei ihr »sicher fühlte« (III/1, Vorwort), so sicher war er sich darin, nichts als eine »christliche Lehre von der Schöpfung« (III/1,48) vorlegen zu wollen, und das hieß: Applikation der trinitätstheologischen Form der Gotteslehre nun auch auf die Lehre von der Schöpfung. Es war ihm klar, daß er als christlicher Theologe »gerade im Blick auf die Schöpfung . . . an Jesus Christus *unmöglich* vorbeisehen« (III/1,49) konnte. Wir sind nun auf unserem Gang durch die »Kirchliche Dogmatik« nach der Gotteslehre (Trinität) und Erwählungslehre (Präexistenz und Prädestination) in der Tat bei einem dritten Topos der Präexistenzchristologie angelangt: der Lehre von der Schöpfung. Und wiederum kann uns hier nicht die Schöpfungslehre in ihrer ganzen Breite und Tiefe beschäftigen, sondern ausschließlich der enge *Zusammenhang von Christologie und Schöpfungslehre* (grundsätzlich behandelt in § 41). Hier aber müssen wir den Barthschen Argumentationssträngen und Begründungsstrukturen noch einmal im Detail nachgehen.

Schöpfung als Werk der Trinität

Applikation der Trinitätslehre – das hieß für Barth, die Schöpfung als das Werk der ganzen Trinität begreifen – dem Axiom folgend, daß die Werke der Trinität »nach außen« unteilbar seien (»opera trinitatis ad extra sunt indivisa«). Das hieß aber auch, zwischen Gottes *ursprünglicher innertrinitarischer Aktivität* (»als der *Vater* erzeugt Gott von Ewigkeit sich selbst in seinem Sohn und ist er mit seinem Sohn von Ewigkeit her auch der Ursprung seiner selbst im Heiligen Geist« III/1,52) und seiner *ursprungsetzenden Aktivität nach außen* zu unterscheiden: »Als der *Schöpfer* setzt er die Wirklichkeit aller von ihm verschiedenen Dinge« (III/1,52).

Zwischen der *inneren und äußeren Aktivität* Gottes aber, zwischen der Hervorbringung des ewigen Sohnes (»zweite Seinsweise«) aus dem Wesen des Vaters und der Hervorbringung der Schöpfung, besteht nach Barth ein *Zusammenhang*, ja eine *Entsprechung*: »In eben der Freiheit und Liebe, in welcher Gott in sich selbst nicht einsam, sondern der ewige Erzeuger des Sohnes, der ewig vom Vater Erzeugte ist, wendet er sich als Schöpfer nach außen, um auch absolut, um auch nach außen nicht einsam, sondern der in Freiheit Liebende zu sein. Oder anders ausgedrückt: Wie Gott in sich selbst nicht stumm und taub ist, sondern von Ewigkeit her auch sein *Wort* redet und hört, so will er auch außerhalb seiner Ewigkeit nicht ohne Geschöpf und Echo und also nicht ohne die Ohren und Stimmen des *Geschöpfes* sein, der er ist« (III/1,53). Für Barth findet also die ewige Gemeinschaft zwischen dem Vater und dem Sohn oder zwischen Gott und seinem Wort eine »Entsprechung (ganz anderer, aber doch nicht unähnlicher Art)« in der Gemeinschaft zwischen Gott und seinem Geschöpf (III/1,53). Es sei – so Barth – »dem Vater des ewigen Sohnes, dem Sprecher des ewigen Wortes als solchem ›*angemessen*‹«, es sei »Gottes ›*würdig*‹, in seinem Verhalten nach außen der Schöpfer zu sein« (III/1,53). Die Analogie zwischen Schöpfer und Geschöpf bestimmt hier alles aufgrund der innertrinitarischen Selbst*entsprechung* und der christologisch akzentuierten Selbst*bestimmung* Gottes.

Konkret wird dies dadurch, daß Barth auf der Linie der in II/2 erstmals faßbaren spekulativen Radikalisierung auch hier in der Schöpfungslehre unter dem Sohn oder Wort denjenigen versteht, »der in Gottes Ratschluß und Willen schon von Ewigkeit her und also vor der Schöpfung aller Dinge sich selbst *erniedrigte*, der Sichtbarkeit und Ausübung seiner Gottheit sich begab, indem er *Menschensohn*, indem er *Fleisch* werden wollte«: Jesus Christus (III/1,53). Der Zusammenhang zwischen dem Menschen *Jesus Christus* und der Schöpfung kann also für Barth nicht eng genug gedacht werden. Nur von der – Gott von Ewigkeit her »vertrauten« – Niedrigkeit und Sündenausgesetztheit Jesu Christi her vermag er zu denken, warum Gott die Welt überhaupt geliebt und geschaffen habe – »trotz und in ihrer ganzen Niedrigkeit, Nicht-Göttlichkeit, ja Wider-Göttlichkeit« (II/1,54).

Und darum – folgert Barth – weil dieser Jesus Christus einschließlich seines irdischen Geschicks bereits »im Ratschluß Gottes von Ewigkeit her existierte und also der Schöpfung präexistierte« (III/1,54), deshalb war es nicht nur angemessen und würdig, sondern sogar »*notwendig*« (III/1,54) für Gott, der Schöpfer zu sein: »Der Blick Gottes auf diesen seinen Sohn, den Menschensohn, das Wort im Fleische, ist der echte Realgrund der Schöpfung: kraft keiner anderen Notwendigkeit gewiß als der seiner *Liebe*, aber kraft der *Notwendigkeit*, in der er die Welt (Jo 3,16) so: in der Hingabe seines eingeborenen Sohnes lieben wollte und von Ewigkeit her schon liebte« (III/1,54). Insofern also Gott diesen Sohn (einschließlich seiner Menschheit) von Ewigkeit her liebte, mußte er auch die Schöpfung hervorbringen und damit den Raum und die Zeit, die zur Bedingung der Möglichkeit der Hingabe des Sohnes und damit des Heils für alle Menschen werden würde: »War Gottes ewiger Ratschluß, in der ganzen Freiheit seiner Liebe, der in der Krippe von Bethlehem, der am Kreuz von Golgatha und an der Grabstätte des Joseph von Arimathia verwirklichte Ratschluß gefaßt – dann *konnte* Gott nicht nur, dann *mußte* er Schöpfer sein« (III/1,54). *Freiheit nach innen* und *Notwendigkeit nach außen* fallen also bei Gott in eins.

Klar ist damit: Trotz aller »Notwendigkeit« geht es Barth letztlich doch um die Begründung der *Freiheit Gottes in seiner Liebe* mit Hilfe der von ihm selbst sehr gern gebrauchten Denkfigur des »Zuvor« Gottes »in sich selbst«. Denn wie Gott der Vater zuvor in sich selbst (nicht notwendig) seinen Sohn *Jesus* Christus geliebt hat, so liebt er auch (dann notwendig) die Menschen, die Welt, die er ins Sein ruft. Die Schöpfung ist also das erste (sogar aus Liebe notwendige) Werk Gottes nach außen; die Bedingung der Möglichkeit von Schöpfung aber ist die innergöttliche Liebe, die in *Jesus* Christus auch die Menschen mit einschließt, welche Gott in seinen Bund aufzunehmen gewählt hat. Der Bund Gottes mit den Menschen (in Jesus Christus geschlossen) ist demnach als innerer, sachlicher Grund der Schöpfung zu verstehen; die Schöpfung ihrerseits als äußerer Grund des Bundes.[13]

Jesus Christus – Mittler, kein Mittelwesen

Wie aber muß man sich den, durch den alles geschaffen wurde, konkret vorstellen? Ist nicht die Vorstellung von einem bei der Schöpfung mitwirkenden anderen göttlichen Wesen längst auch ein *vorchristlich bekanntes Modell* – wie ja Harnack und die Vertreter der religionsgeschichtlichen Schule aufgewiesen hatten? Kannten nicht das hellenistische Judentum (der Logos bei Philo von Alexandrien), die Zoroastrier und Mandäer Offenbarungsträger, *Mittelwesen* zwischen der niederen, dunklen Welt und dem erhabenen, reinen Gott (aufgrund der Erschütterung ihres Gottes- und Weltbewußtseins)? Barth erkennt im Neuen Testament durchaus Bezüge zu diesen religionsgeschichtlichen Parallelen; eine Entlehnung aber bestreitet er entschieden. *Literarisches Vorbild* für das Neue Testament sei vielmehr die im Alten Testament beschriebene *vorweltliche Weisheit*, von der ebenfalls Schöpfungsmittlerschaft behauptet wurde.

Die Weisheit aber habe – so Barth – schon im *Alten Testament* im Unterschied zur religiösen Umwelt nicht die Funktion einer Versöhnung des gebrochenen Gott-Welt-Verhältnisses gehabt; sie sei kein metaphysisches Erklärungsprinzip zur Vereinigung des Gottesbegriffs mit den Welträtseln gewesen. Erst recht nicht im *Neuen*

Testament. Nicht die Schriftsteller des Neuen Testamentes seien die Erschütterten (zu deren Beruhigung Mittelwesen hätten erfunden werden müssen), sondern »umgekehrt die Träger der objektiv erschütternden Botschaft vom nahe herbeigekommenen Reich Gottes«! (III 1,56). Und Jesus Christus als Schöpfungsmittler zu bezeichnen: nichts hätte »kritischer« sein können »gegenüber scheinbar gleichlautenden Aufstellungen der Zeitgenossen« (III/1,56).

Was also steckt dann genau hinter der Vorstellung des »durch ihn geschaffen« im Neuen Testament? Nicht – nach Barths Überzeugung – die Notwendigkeit einer Vermittlung zwischen der niederen Welt und dem erhabenen Gott, sondern einzig und allein die »Hervorhebung und Auszeichnung der Person Jesu Christi« (III/1,57). Warum? Weil in ihm die eschatologische »Wende der Zeiten als Erfüllung aller Verheißung des Gnadenbundes« (III/1,57) erfahren worden sei. Deshalb habe man im Neuen Testament »die ungeheure Behauptung gewagt, daß die Welt durch ihn und in ihm geschaffen sei wie durch Gott« (III/1,57).

Und doch: Damit ist der Dogmatiker in Barth noch nicht zufrieden! Denn dieser möchte gerne von den »Schriftstellern« des Neuen Testamentes eine Antwort auf die ihm wichtige Frage: »War es bei der Aussage über die Schöpfungsmittlerschaft der *ewige* Sohn (oder das *ewige* Wort) Gottes als solches und in seiner reinen Göttlichkeit, was ihnen dabei vor Augen stand? Oder umfassender und noch konkreter: der Gottessohn als *Menschen*sohn, das Wort im *Fleische*« (III/1,57)? Mit einer klassischen Unterscheidung: Der logos asarkos oder der logos ensarkos?

Man muß die für uns entscheidende, nun folgende Begründungsstruktur Barths stilkritisch lesen, um den Prozeß seiner eigenen dogmatischen Interessenwahrnehmung im Neuen Testament genau zu rekonstruieren. Wäre – meint Barth – bei der Schöpfungsmittlerschaft vom logos asarkos allgemein die Rede, erkläre das nicht die *Besonderheit der göttlichen Kausalität*, von der das Neue Testament aber offenkundig rede (*Jesus* Christus). Gewiß – meint Barth – von dem von ihm aufgezeichneten Zusammenhang zwischen dem Handeln Gottes nach innen *und* außen (es war Gott angemessen und würdig, nach außen Schöpfer zu sein) hätten die neutestamentlichen Schriftsteller *auch* reden wollen! Aber *nur* davon? Wieso dann die Bezeichnung Jesu Christi als besondere schöpferische Kausalität? Und überhaupt sei ja die ganze Vorstellung vom logos asarkos eine

»Abstraktion«, gewiß notwendig für die christologische und trinitarische Reflexion der Kirche, aber vom Neuen Testament doch – wiewohl vielfach berührt – »nirgends direkt vorgetragen« (III/1,58): »Das Neue Testament redet wohl deutlich genug von dem Jesus Christus, der vor aller Welt war, aber immer im Blick auf den konkreten Inhalt des ewigen göttlichen Willens und Ratschlusses und darum gerade nicht *aus*schließlich von dem ewigen Sohn oder Wort als solchem, sondern *ein*schließlich von ihm als von dem Mittler, als von dem vor den ewigen Augen Gottes schon mit unserer menschlichen Natur Bekleideten, darum nicht von einem gestaltlosen Christus, der dann doch wohl nur ein Christusprinzip oder dgl. sein könnte, sondern von *Jesus* dem Christus« (III/1,58).

Wider den Weltpessimismus: Schöpfung als gute Schöpfung

Man würde Barth unrecht tun, solche präexistenzchristologischen Subtilitäten als spekulativen Luxus abzutun. Wir werden auch auf sie im Lichte der heutigen dogmatischen und exegetischen Diskussion kritisch zurückzukommen haben. Barths Grundintention hinsichtlich der Schöpfungslehre soll deshalb am Ende dieses Durchgangs auch hier noch einmal deutlich hervorgehoben werden. Denn eine solche Analogiebildung von Präexistenzchristologie und Schöpfungslehre diente Barth nicht nur zur Identitätsbestimmung der Schöpfungslehre als spezifisch *christlicher* Lehre von der Schöpfung; auch nicht nur zur Aufrechterhaltung der *Subjektivität des Gottes* Jesu Christi in dessen freiem Schöpfungshandeln und ebenfalls nicht nur zur Denkbarkeit einer widerspruchsfreien Verbindung von Freiheit und Notwendigkeit in Gott (Innen-Außen-Entsprechung). Sie diente ihm vor allem zu einer großen theologischen *Bejahung der fundamentalen Gutheit der Schöpfung* – trotz aller geschichtlichen Katastrophen.

Keine Frage: *Dazu* wollte Barth gerade *am Ende eines furchtbaren Krieges* einen Beitrag leisten. Und den meinte er nur durch die Christologie leisten zu können, indem er den Bund Gottes mit den Menschen als inneren Grund der Schöpfung und die Schöpfung als äußeren Grund dieses Bundes beschrieb. Von daher zögerte Barth nicht, entschieden auch von einer christlich begründeten *Freude an der Schöpfung* zu reden, einer Freude freilich »über dem Abgrund«, wie er 1947 nach dem großen Krieg zugestehen mußte. Und das sei – so

Barth – »wirklich nicht billig«, das sei »kostbar«. Es brauche wirklich Christi Tod und seine Auferstehung dazu; es sei »ein letztes Wort«.[14] Die präexistenzchristologische Fundierung der Schöpfungslehre ist also bei Barth kein spekulativer Selbstzweck; sie ist letztlich soteriologisch intendiert (es geht trotz allen Unheils um die Bedingung der Möglichkeit des Heils für die Menschen) und schöpfungstheologisch gezielt (es geht trotz aller Bosheit um die Gutheit der Schöpfung).

Schöpfungslehre also bei Barth als »Ehrenrettung für Leibniz«[15], der philosophisch gut 200 Jahre zuvor bereits einmal diese Welt als die beste aller möglichen Welten Gottes beschrieben hatte. Schöpfungslehre aber auch im Geiste des großen Musikers *Wolfgang Amadeus Mozart*, zu dem Barth stets eine besondere Beziehung pflegte: »Ich habe, wenn ich so sagen darf, bevor ich das Kapitel schrieb, Mozart in den Ohren gehabt, und das gab mir Schwung, z. B. Flötenkonzert, Zauberflöte oder das Konzert für Horn und Fagott. Wenn man das hört, richtig hört, dann versteht man diese Zeit«[16] – eine Zeit notabene, die ähnlich wie die Zeit des Zeitgenossen Barth im Zeichen einer geschichtlichen Katastrophe stand: »Es war die Zeit, in der man den lieben Gott wegen des Erdbebens von Lissabon in Anklagezustand versetzte und in der die Theologen und andere brave Leute ihn deswegen mühsam genug zu verteidigen hatten« (III/3,337).

Und dagegen nun Mozart? Merkwürdig: Mozart habe, so Barth, hinsichtlich des Theodizeeproblems offenkundig »den Frieden Gottes, der höher ist als alle lobende, tadelnde, kritische oder spekulative Vernunft« gespürt und musikalisch gestalten können: Er, der Kapellmeister und Hofkompositeur, habe offenbar von *diesem* Ende her »den Einklang der Schöpfung gehört, zu der auch das Dunkel gehört, in welchem aber auch das Dunkel keine Finsternis ist, auch der Mangel, der doch kein Fehler ist, auch die Traurigkeit, die doch nicht zur Verzweiflung werden kann, auch das Düstere, das doch nicht zur Tragik entartet, die unendliche Wehmut, die doch nicht unter dem Zwang steht, sich selbst absolut setzen zu müssen – aber eben darum auch die Heiterkeit, aber auch ihre Grenzen, das Licht, das darum so strahlt, weil es aus dem Schatten hervorbricht, die Süßigkeit, die auch herbe ist und darum keinen Überdruß nach sich zieht, das Leben, das das Sterben nicht fürchtet, aber sehr wohl kennt. Et lux perpetua lucet (sic!) eis: auch den Toten von Lissabon« (III,3,338) – und auch, wird man im Sinne Barths an dieser Stelle hinzufügen dürfen, ja müssen: den Toten von Auschwitz, Stalingrad, Hiroshima und Archipel Gulag?

Deshalb also, weil Barth (in der Analogie vom Vater zum »ewigen Sohn«) Schöpfung auch als geliebte und gute Schöpfung begreifen konnte, mußte er Abschied nehmen von Weltmetaphern wie »Einschlagtrichter«, »Bombenkrater« aus seiner dialektischen Phase. »Es hat keinen Sinn« – so meinte er jetzt, 1947 –, »eine solche Bombentheologie zu betreiben.« »Es ist jetzt Zeit, ›Ja!‹ zu sagen, Zeit für den gesunden Menschenverstand, und zwar aus der gleichen Erkenntnis heraus, aus der ich damals: ›Nein!‹ sagen mußte.«[17]

4. Der Herr aller Zeit als Mensch in der Zeit

Ein vierter und letzter großer Themenblock bedarf bei unserem Diskurs über die Präexistenz am Leitfaden der »Kirchlichen Dogmatik« der Analyse: das Problem von Ewigkeit und Zeit. Das Wort Prä-Existenz als solches ist ja eine zeitliche Metapher, und fordert geradezu eine begrifflich-theologische Klärung des Problems der Zeit. Wie geht Barth damit um? Immer wieder hatte er ja in seiner Dogmatik zu diesem Problem Stellung nehmen müssen: In den *Prolegomena* bei der Trinitätslehre (§11: »Der ewige Sohn«) ebenso wie beim Offenbarungsverständnis (§14: »Die Zeit der Offenbarung«), dann in der *Gotteslehre* bei der Behandlung von »Gottes Ewigkeit und Herrlichkeit« (§31,3). Jetzt aber im zweiten Band der Schöpfungslehre, 1948 vorgelegt, wird das Thema in aller Breite und Gründlichkeit behandelt (III/2, §47). Dabei wird das schon aus §14 bekannte Thema von Jesus Christus als dem »Herrn der Zeit« wieder aufgenommen, um das Zeitproblem jetzt sowohl christologisch (§47,1) wie anthropologisch zu erörtern, und zwar anthropologisch nach vier Dimensionen (§47, 2–5): »Die gegebene Zeit« als Frage nach dem Leben des Menschen in den drei Zeitweisen Vergangenheit, Gegenwart und Zukunft; »die befristete Zeit« als Frage nach der Endlichkeit des menschlichen Lebens; »die angefangene Zeit« als Frage nach dem »Woher« des Menschen; »die endende Zeit« als Frage nach dem »Wohin« (Tod, Gericht). Wir müssen uns hier wiederum auf die christologischen Abschnitte beschränken und auch dort auf das Problem des vorzeitlichen Seins Jesu Christi.[18]

Das Fallen der Zeitschranken

Zunächst macht Barth klar: Gottes Ewigkeit und des Menschen Zeit unterscheiden sich im Verhältnis von eigentlicher zu uneigentlicher Zeitlichkeit, von ungeschaffener zu geschaffener Zeit, von *Ursprung* zu Verlauf, von Ineinander des Vorher, Jetzt und Nachher zu Nacheinander von Vergangenheit, Gegenwart und Zukunft. Ewigkeit ist also weder mit unendlicher Zeit (sie wäre so nicht der *Ursprung* von Zeit) noch mit Zeitlosigkeit identisch (sie wäre so nicht der Ursprung von *Zeit*). Dies wird für Barth konkret begreiflich erst im Blick auf den Menschen Jesus.

Selbstverständlich hatte auch *Jesus als Mensch* seine Zeit. Aber insofern dieser Jesus für Gott steht, Gott-Sohn ist, ragt seine Zeit gewissermaßen vertikal in die Ewigkeit Gottes selbst hinein. Seine konkrete Zeit wird damit zur *Mitte aller Zeit*, aber auch zu »Anfang und Ende aller Lebenszeiten aller Menschen« (III/2, 527). Auch seine Zeit trägt also – insofern er für Gott steht – den *Charakter der Ewigkeit*, in der dann eben auch Gegenwart, Vergangenheit und Zukunft ineinander fallen. So und nur so kann Jesus – ganz und gar Mensch in seiner Zeit – gleichzeitig der »Herr der Zeit« sein; kann er als Herr der Zeit selber zeitlich werden, Zeit haben: »Es ist der *Herr* der Zeit, der hier selber zeitlich wurde, Zeit hatte: inmitten der Zeiten des von ihm geschaffenen Seins seine Zeit so, wie er sie *vor* allem geschaffenen Sein bei sich selber hatte, wie er sie *über* allem geschaffenen Sein zu haben nicht aufhört, wie er sie mit allem geschaffenen Sein, wenn dessen Zeit *vorbei* sein wird, erst recht haben wird. Hier, *in diesem Geschöpf, in diesem Menschen*, indem dieser Mensch seine Lebens- und Sterbenszeit und darüber hinaus seine Offenbarungszeit hatte, hat Gott, der Schöpfer, der Herr, jetzt schon Zeit von *seiner* Zeit, *ewige* Zeit gehabt« (III/2, 546).

Weil es also bei der Zeit Jesu um Gottes Zeit geht, fallen hier alle Zeitdimensionen zusammen, fallen die Schranken der Zeitmodi, kommt es zu einer einzigartigen *Gleichzeitigkeit aller Zeit*. Konkret: Zwar begann auch das Leben Jesu – wie die Zeit aller Menschen – einmal in der Zeit und war denen, die es noch nicht kannten, einmal zukünftig; und doch heißt das nicht, daß es jemals nicht war. Zwar hatte auch das Leben Jesu – wie das aller Menschen – einmal seine Dauer, seine Gegenwart für die, die mit ihm lebten; und doch war gerade dieses Leben nie nur Gegenwart. Zwar kam auch das Leben

Jesu – wie das aller Menschen – an sein Ende und wurde für die, die nach ihm kamen, zur Vergangenheit. Und doch ist gerade dieses Leben nicht mit Vergangenheit identisch. Es fallen also die Schranken der Zeit, so wie umgekehrt es zu einer einzigartigen *Verschränkung von Zeit* kommt: »Der Mensch Jesus war schon, *bevor* er war . . . Der Mensch Jesus *ist*, indem er auch *war* und indem er auch sein wird . . . der Mensch Jesus war, indem er ist und sein wird« (III/2,557).

Zeitstufen der Präexistenz

Diese christologisch gewonnene, ineinanderverschränkte Zeitstruktur der Gleichzeitigkeit wird im folgenden bei Barth nun noch einmal von den *getrennten Zeitmodi* (Gegenwart, Vergangenheit, Zukunft) durchreflektiert und mit Schriftzitaten illustriert. Barth versucht dabei, vom Standpunkt der neutestamentlichen Gemeinde aus in Form eines Gedankenmodells die Vergangenheit zu rekonstruieren und die verschiedenen Präexistenzstufen zu unterscheiden.

Die *erste Stufe* (auf die die Gemeinde nach Tod und Auferstehung Jesu Christi zurückblickt) sei das *vor-österliche Leben Jesu*, erinnert als ganz und gar gefülltes Gestern, von dem das apostolische Heute »sein Geheimnis, seine Kraft, seine Würde« (III/2,570) habe (bezeichnend die Auswahl Barths für das vorösterliche Leben: die Verklärungsgeschichte Mk 9, 2–8; die Taufe am Jordan Mk 1, 9–11; die Kindheitsgeschichte Lk 2, 8–14: alles Geschichten über »Gottesererscheinungen«). *Zweite Stufe*: vom neutestamentlichen Gestern aus in das »Ehegestern«, in die Vor-Zeit des *Alten Testamentes*. Hier »präexistiert« dieser Jesus als »objektiv« (d. h. durch Gott selbst) »*vorgebildet* und subjektiv von den Menschen *erwartet*« (III/2,570). Ihn habe die neutestamentliche Gemeinde verstanden als den »im Alten Testament angezeigten Messias, Menschensohn und Gottesknecht, seine Worte als die authentische Auslegung der Worte des Gesetzes, der Propheten und der Psalmen Israels, sein Kreuz zugleich als die Bestätigung der Untreue der Väter wie als Bestätigung der noch gewaltigeren Treue, in der Gott die Väter berufen und geführt hatte« (III/2,571). Christus also präexistent im Alten Testament! Und alles kommt Barth unter Berufung auf verschiedene Schriftstellen darauf an, von einer »Erfüllung jener Vorzeit« zu sprechen. In kritischer Auseinandersetzung mit Oscar Cullmanns Buch

»Christus und die Zeit« (1946)[19] plädiert Barth gegen Cullmanns Begriff von der »linearen Zeit« für die Beibehaltung des Begriffs »*Gleichzeitigkeit*« (die Ungleichzeitigkeit nicht ausschließend) zwischen Jesus und der prophetischen Geschichte Israels. Barth muß denn auch daran von seinem präexistenzchristologischen Ansatz her ein Interesse haben, weil für ihn in der Geschichte Israels Jesus Christus »*war, bevor* er war, d. h. bevor diese Geschichte in ihm zu ihrem Ziel und Ende kam« (III/2,579).[20]

Auf der *dritten Stufe* geht der Blick noch »tiefer« hinein in die »Urgeschichte und Urzeit« (III/2,572), den Beginn von Zeit und Schöpfung überhaupt, wo Gott die Schöpfung um des Bundes mit den Menschen willen und den Bund zum Grund der Schöpfung gemacht, wo Gott also die Zeit Jesu bei der Erschaffung aller Zeit vorbedacht und zum primären Gegenstand seines Willens erwählt habe. Und nochmals zählt Barth zum wiederholten Male die klassischen Stellen von der Schöpfungsmittlerschaft und der Machtstellung Jesu über die Schöpfung auf, um dann schließlich bei der vierten Stufe zu enden.

Auf dieser *vierten Stufe* will Barth – und das ist jetzt alles andere als überraschend – nicht mehr nur von der Existenz des Menschen Jesus »im göttlichen Vorbedenken und Vorsehen in der Schöpfung« reden, sondern von einem Vorher »im Ratschluß Gottes vor der Schöpfung und also vor aller Zeit« (III/2,573). Belegen kann er dies ausdrücklich nur mit »einigen Stellen« des Neuen Testamentes. Und wieder verweist Barth auf das »dieser« von Jo 1,1 (»dieser war im Anfang bei Gott«), das den Menschen Jesus meine. Auf die Existenz des Menschen Jesus in Gottes Ewigkeit bezieht Barth auch Stellen wie Jo 17,24, wo vom Geliebtsein Jesu vor Grundlegung der Welt die Rede ist; bezieht er die Taufgeschichte ebenso wie die Verklärungsgeschichte; aber auch Stellen wie 1 Petr 1,20, wo von Christus als dem »Lamm« gesprochen werde, »vor Grundlegung der Welt zum Voraus ersehen«; dann auf Eph 1,4: Gott habe uns in Jesus Christus »vor Grundlegung der Welt« erwählt. Überhaupt, meint Barth, wo immer die Verben prohorizein, protithesthai, pröetoimazein, progignoskein und die Substantive Prognosis, Prothesis vorkämen, da habe man es »mit diesem dreifach qualifizierten Ehegestern, mit diesem Plusquamperfektum der Zeit Gottes zu tun« (III/2,582).

Schließen sich aber die Einmaligkeit Jesu in der Zeit und seine Ewigkeit in Gott und als Gott nicht aus? Im Gegenteil, meint Barth. Gerade die schlechthinnige *Einmaligkeit* jenes Geschehens werde in diesen Stellen damit unterstrichen, daß von ihm gesagt werde, es sei von *Ewigkeit* her darüber entschieden. Dieses von Ewigkeit her Beschlossene müsse also den Charakter schlechthinniger Einmaligkeit haben (III/2,582). Und so schließt sich denn der Argumentationskreis Barths von der Gottes- über die Erwählungs- bis hin zur Schöpfungslehre: »Die *Präexistenz* des Menschen Jesus fällt eben auf dieser letzten und höchsten Stufe schlicht zusammen mit seiner ewigen *Prädestination,* mit seiner Erwählung, in der die Erwählung Israels, die Erwählung der Kirche und endlich die Erwählung jedes einzelnen Gliedes seines Leibes eingeschlossen ist« (III/2,582).

Wider den Gott Chronos: Zeit als gute Zeit

Auch hier wird von der weiteren theologischen und exegetischen Diskussion her kritisch zurückzufragen sein. Und deshalb soll auch hier die *positive Grundintention* Barths in aller Deutlichkeit festgehalten werden. Denn die präexistenzchristologischen Reflexionen über Jesus als Herrn der Zeit haben bei Barth entschieden *befreiende und ideologiekritische Funktion*: sie sollen den Menschen von einer philosophischen Anschauung befreien, welche die »Zeit« bloß als »Anschauungsform, Idee oder Einbildung« (III/2,546) des Menschen kennt. Dagegen Barth: Weil *Gott* sich selbst einmal Zeit genommen und also die Zeit als *wirklich* behandelt habe, werde durch ihn die Zeit als wirkliche (gegebene und wieder zu nehmende) Zeit qualifiziert. Gott also befreit den Menschen zur Zeit als wirklicher Zeit.

Ein zweites kommt hinzu: Ebenso wenig wie man die Zeit als nur »scheinbare« verharmlosen, darf man sie Barth zufolge als unerschütterliches Gesetz verabsolutieren. Deshalb gilt für ihn *ideologiekritisch*: Wenn Jesus der »Herr der Zeit« ist, dann gibt es »keine absolute Zeit, keine unbewegliche Natur, kein unerschütterliches Gesetz der Zeit«! (III/2,547) Dann gibt es keine Zeit, die mit Gott rivalisieren dürfte oder könnte, die ihm das Maß diktierte: »Es gibt keinen Gott Chronos«! (III/2,547) Es gibt also keinen Gott »Zeit«, wohl aber – im Lichte der Zeit Jesu – einen Gott, der Zeit *hat* – pro hominibus. Der »Satz von der Präexistenz Christi« – so hatte Barth schon in den Prolegomena klargemacht – interpretiert den Satz »von seiner Existenz als Offenbarer und Versöhner, als des in der Zeit an uns und für uns handelnden Gottes« (I/1,448). Das Bekenntnis zur Präexistenz Jesu Christi enthält also für Barth die heilsame

Erkenntnis, daß unsere Zeit – die »Zeit und Geschichte des sündigen Geschöpfs«, zu der auch die Zeit der Offenbarung gehört – »eingeschlossen ist in ein göttliches ›vor aller Zeit‹« (I/1,448).

Anders gesagt: Nur durch einen, der »vor aller Zeit« war und dadurch die entscheidende Bestimmung *aller* Zeit ist, kann der Gott »Chronos« wirklich gestürzt werden. »Vor aller Zeit« darf dabei nicht selber wieder als eine zeitliche Bestimmung verstanden werden, der der Sohn unterworfen wäre. Jesus Christus ist gerade dadurch »der Herr der Zeit«, daß er der Zeit »voraus«, der Zeit mächtig, der Zeit »vorher« ist. »Sein göttliches Vorher« aber – so interpretiert Dieter Clausert zu Recht – »schließt die Zeit . . .nicht aus; es geht ihr voraus, es geht sogar in sie ein und macht sich durch bestimmte Ereignisse in der Zeit gegenwärtig«.[21]

Den Gott »Zeit« stürzen und Jesus Christus als »Herrn der Zeit« auszurufen heißt für Barth freilich gleichzeitig, alle übrige Zeit zu durchleuchten und zu relativieren vom wahren Sinn der Zeit her, der in der Zeit Jesu aufgeleuchtet ist: »Alle, auch alle andere Zeit, hat *heimlich diesen Sinn,* und da ist keine Natur, da sind keine Gesetze einer Zeit an sich, die es verhindern könnten, daß auch die anderen Zeiten außer und neben dieser einen von dieser her beherrscht werden, daß diese Zeit des Deus praesens auch ihnen – hier mehr, dort weniger, hier so, dort anders – den Stempel *ihrer* Natur und *ihres* Gesetzes aufdrückt. Daß alle anderen Zeiten dieser Zeit benachbart sind, das bedeutet: daß die *Spuren* dieser ewigen Zeit auch in ihnen nicht zu verkennen sind – ihre Spuren und damit die der eigentlichen, der wahren Zeit, an der sie, gerade weil sie selber – wenn auch auf einer anderen Stufe der Rangordnung – wirkliche Zeiten sind, notwendig ihren Anteil haben dürfen« (III/2,547).

Wir sind mit dem zweiten Band der Schöpfungslehre am Ende unseres Durchgangs durch die »Kirchliche Dogmatik«. Wie ging es für Karl Barth weiter? Ein kurzer Ausblick kann hier genügen. Bekanntlich hatte Barth in den bisherigen Bänden – so unglaublich das für Nichtkenner klingen mag – die eigentlich materialen Fragen der systematischen Christologie noch gar nicht behandelt. Mit KD IV/1 legte er 1953 – gut zwanzig Jahre nach dem ersten Band der Prolegomena – seine »eigentliche« Christologie vor und damit nach der Lehre von der Schöpfung nun die Lehre von der *Versöhnung.*

Vielfach ist von Karl Barth selber (KD IV/1 § 58), dann aber vor allem auch von seinen Interpreten herausgestellt worden, daß die auf vier Teilbände konzipierte (schließlich unvollendete) Versöhnungslehre *keine einfache Fortsetzung* bedeutete: weder der bisherigen Barthschen Christologie noch der klassischen Christologie überhaupt. Ein solcher »Umbau der traditionellen Dogmatik«[22] muß denn auch bei Barth nicht überraschen, nachdem er ja – wie wir sahen – in der Trinitäts-, Schöpfungs- und Gnadenlehre längst eigenwillige, bisweilen kühne theologische Korrekturen an der Tradition vorgenommen hatte.[23]

Unberührt aber von allen Veränderungen bleibt auch in KD IV die trinitätstheologische, präexistenzchristologische und inkarnatorische *Voraussetzung der Barthschen Christologie.*[24] Unverändert bleibt die so charakteristische *Doppelbewegung* mit klarer Prioritätenfolge: »*zuerst* von oben nach unten, von Gott her zum Menschen hin, dann aber *auch*, und das mit gleichem Ernst, von unten nach oben, vom Menschen her zu Gott hin« (IV/3,5). Wir sind nun vorbereitet, um auch hier eine kleine Zwischensumme zu ziehen.

VI. Karl Barth als Herausforderung heute

»Die Entwicklungsgeschichte der Präexistenzvorstellungen ist zugleich ihre Kritik, so daß man den Rekurs auf unsere heutige Erfahrungs- und Erkenntnistheorie, die dergleichen Spekulation nicht mehr zuläßt, entbehren kann«[1], das war der Kernsatz in Harnacks »Dogmengeschichte« gewesen, die durch ihre historische Darstellung allein schon die neuzeitliche Legitimations-, Prioritäten- und Plausibilitätskrise der Präexistenz-Christologie offengelegt hatte. Wie aber war Barth dieser Herausforderung begegnet?

1. Die Summe des Evangeliums

Keine Frage: *Beide* Theologen waren von einer tiefgreifenden *Legitimationskrise* christologischer Glaubensaussagen angesichts historischer Forschung ausgegangen. Während *Harnack* aber die Entwicklung zur klassischen Christologie, zur Logoschristologie insbesondere, als *Geschichte der Verdrängung* des historischen Jesus durch den präexistenten Christus beschrieb und so mit der entschiedenen Option für die historische Gestalt Jesu Christi dem neuzeitlichen Dilemma von Offenbarung und Geschichte zu entkommen trachtete, setzte *Barth* zur Überwindung dieses Dilemmas radikal anders an: Er stellte gerade das in Frage, was Harnacks Hermeneutik stets unbefragt voraussetzte: das Vertrauen in die Zuverlässigkeit »voraussetzungslos« gewonnener geschichtlicher Erkenntnisse des Menschen. Er, Barth, fragte nach der Voraussetzung aller Voraussetzungen, dem Anfang aller Anfänge des Menschen, nach der Bedingung der Möglichkeit, von geschichtlicher Wirklichkeit überhaupt reden zu können. Und diese *voraussetzungslose Voraussetzung* aller menschlichen Voraussetzungen, dieser anfanglose Anfang aller Anfänge des Menschen, dieser geschichtsfreie Ursprung aller geschichtlichen Ursprünge konnte nur Gott selbst sein, konkret für Christen der Gott, wie er sich in Jesus Christus selbst bestimmt hatte.

Anders gesagt: Die *Präexistenzchristologie* war gerade deshalb für Barth alles andere als eine quantité negligeable, alles andere als eine überflüssige spekulative Wucherung am jesuanischen Urgestein, weil sich gerade mit ihr für den Christen der *Anfang aller Anfänge Gottes*, der Grund aller Gründe, die »Zeit« vor aller Zeit explizieren ließ. Ja, die Verortung der Präexistenzchristologie *erstens* in der *immanenten Trinitätslehre* erlaubte es Barth, von *Gott* als dem Subjekt *und* Objekt der Offenbarung zu reden (Gott offenbart nichts als sich selbst) und gleichzeitig die Gottheit Jesu Christi auszusagen – nach dem Grundsatz: Wer Gott offenbart, kann selbst nicht weniger sein als Gott. Mit einem Wort: Die *Präexistenzchristologie hatte für Barth ihren sachlichen Grund in einer anthropologiekritischen Offenbarungstheologie.*

Ja, mehr noch. Durch die Verortung *zweitens* in der *Erwählungslehre,* in der er Präexistenz und Prädestination zusammenfallen ließ, durch die Annahme also einer Urwahl Gottes im Blick auf den Menschen Jesus waren für Barth auch alle anderen Menschen schon vor der Schöpfung in Gottes Heilswillen einbezogen! Anders gesagt: Dadurch, daß Gott sich in einem urzeitlich-innertrinitarischen Akt mit *Jesus* Christus auch für den Menschen entschied, bestimmte Gott unverwechselbar sich selber: als den in Freiheit die Menschen liebenden Gott. »Gottes Urentscheidung« – so *Eberhard Jüngel* zu Recht – ist nach Barth »zugleich die ›Urbeziehung‹ zwischen Gott und Mensch, in der Gott sich dem Menschen zuwendet und so *schon* bei dem Menschen ist, bevor dieser geschaffen ist«.[2] Mit einem Wort: *Präexistenzchristologie hatte für Barth ihr sachliches Ziel in einer menschenfreundlichen Soteriologie.*

Gerade die *Präexistenzchristologie* war damit für Barth alles andere als eine praxisferne Luxusspekulation, die man so simpel gegen das lebensnahe, schlichte Evangelium Jesu Christi ausspielen dürfe. Im Gegenteil: Gerade sie enthielt die *Summe des ganzen Evangeliums*, die Mitte der ganzen Schrift, das Herzstück des christlichen Glaubens: Gott als den in Freiheit die Menschen Liebenden! Die Frage, was zentral sei, hatte hier also ihre Antwort gefunden! Und wer hatte mehr für die Zentralität dieser zentralen Aussage getan als er, Karl Barth? Wer konnte mehr für sich beanspruchen, der Präexistenzchristologie eine existentielle Dimension im 20. Jahrhundert wiedergegeben zu haben – und zwar durch die kühne Korrektur der Lehre von der Prädestination? Wer hatte stärker die Lebensrelevanz, die Praxisbedeutung, ja die Menschlichkeit dieser Lehre für heute herausgestellt als Barth, nachdem der Neuprotestantismus von Schleiermacher bis Harnack diese Lehre bereits dem Rationalismus geopfert und auf den Abfallhaufen überholter Mythologeme geworfen hatte? Nein: die Präexistenzchristologie führte Barth nicht aus dem Zentrum weg, sie führt ihn im Gegenteil mitten ins Zentrum hinein, ja sie ist für ihn das *Zentrum christlicher Gotteslehre* schlechthin.[3]

2. *Die wahre Niederlage der Theologie*

Stichwort *Plausibilitätskrise*. Barth sah sie durchaus, aber einer oberflächlich-rationalistischen Plausibilität, bei der sich die Theologie dem Diktat von Vernünftigkeit, intellektueller Einsehbarkeit und gesellschaftlicher Lebensrelevanz einfach auslieferte, wollte Barth ganz bewußt die *Zumutung eines »ganz anderen« Gottes entgegenstellen*, dessen Offenbarsein in Jesus Christus alle oberflächliche menschliche Plausibilität gerade sprengt. Denn die wahre Plausibilitätskrise des Christlichen war für Barth nicht mit dem Vermittlungsproblem der Theologie identisch, sondern mit der Grundlage des Glaubens selber: dem unverfügbaren Gott, der sich auf unbegreifliche, unplausible Weise mit dem in Niedrigkeit geborenen und gekreuzigten Jesus Christus identifiziert. Diese *der christlichen Theologie immanente Plausibilitätskrise* war gerade das, was Barth die »Niederlage« aller Theologie nannte. So liegt denn die Herausforderung der Theologie Barths darin, daß er darauf insistiert: Die *wahre Niederlage* der Theologie hat weniger mit dem individuellen Versagen des einzelnen Theologen bei der intellektuellen Bewältigung neuzeitlicher Probleme zu tun, als vielmehr mit dem unbegreiflichen Gott selber, dessen Angebot der Vergebung und Versöhnung in Jesus Christus vom Menschen nie »verstanden«, wohl aber dankbar vertrauend angenommen werden kann. Vom frühen (vor allem dialektisch denkenden) bis zum späten (vor allem analogisch denkenden) Barth hält sich eine sprachtheologisch-erkenntniskritische Linie der Selbstrelativierung theologischen Denkens durch, die im Bewußtsein der Diskrepanz von Wirklichkeit Gottes und Sprach- und Denkvermögen des Menschen besteht. *Präexistenzchristologie hatte demnach für Barth entschieden eine plausibilitätskritische Funktion.*

3. Die politische Widerstandskraft der Christologie

Stichwort *Relevanzkrise*. Auch diese Frage nach der gesellschaftlichen und lebensgeschichtlichen Relevanz christologischer Aussagen wird von Barth anders angegangen, als Harnack je vermutet hätte. Wir sahen: Vom frühen bis zum späten Barth hält sich die Linie einer *ideologie- und gesellschaftskritischen Funktion* gerade auch der hohen christologischen Aussagen durch. Gerade als ewiger Herr über die Welt ist Christus die Kritik aller Herren dieser Welt; gerade als Mittler vor aller Schöpfung ist er die Gegenmacht zu allen Mächten in dieser Schöpfung; gerade als Herr der Zeit ist er auch der Richter über alle Zeit. *Dieter Schellong* sieht zu Recht, daß Barths Theologie gerade hier am eigenartigsten sei: in ihrer »zugleich neuzeitlichen und gegen-neuzeitlichen Geprägtheit«: »Angesichts dessen, daß die Welt heillos zerspalten ist, führt Barth gegen das, was man Wirklichkeit zu nennen pflegt, eine andere Wirklichkeit, eine Gegenwirklichkeit ein: die Wirklichkeit Jesu Christi. Sie ist die Wirklichkeit Gottes und zugleich die wahre Wirklichkeit der Menschheit.«[4]

Barths christozentrisch begründete *Faschismus-Kritik* (»Barmer Erklärung«, »Theologische Existenz heute«) war bekanntlich die präexistenzchristologische Probe auf das politische Exempel. Selbst Ernst Bloch kam nicht darum herum, bei seiner ansonsten grobschlächtigen Barth-Kritik in seinem Buch »Atheismus im Christentum« (1968) diesen Theologen wenigstens einen »festen Antifaschisten«[5] zu nennen: »Immerhin« – meinte Bloch – »hat das Barthsche, ob auch unhaltbar mit Entfremdung arbeitend, mit Ferne, Heteronomie, Transzendenz erkauft, das Problem Inkognito mit seinem Deus absconditus wieder aufgesteckt, ein Plus hier, das auch kulturprotestantisch die Gemütlichkeits-Anthropologie vertreibt.«[6]

Und Barth selber? Er konnte seine Faschismus-Kritik die »Anwendung« einer zuvor (und zwar im Anselm-Buch) erreichten »Vertiefung« nennen.[7] Er habe es – meinte Barth im Rückblick einmal ironisch – dem »Führer« zu verdanken gehabt, daß plötzlich eine politische Situation entstanden sei, in der das, was er theologisch zu sagen gehabt hätte, »nicht mehr den Charakter einer akademischen Theorie«, sondern den »eines Aufrufs, einer Herausforderung, einer Kampfparole, eines Bekenntnisses« bekommen habe: »Daß wir neben Gott keine anderen Götter haben können, daß der Heilige Geist der Schrift genügt, um die Kirche in alle Wahrheit zu leiten, daß die Gnade Jesu Christi genügt zur Vergebung unserer Sünden und zur Ordnung unseres Lebens«.[8]

Anders gesagt: Die Präexistenzchristologie Karl Barths ist auch darin herausfordernd, daß Barth sie *gesellschaftlich und politisch relationsfähig* machte, ohne ihre innere Wahrheit aufzugeben oder einer aktuellen Politisierung auszuliefern. Barth glaubte dies nur durch die Einbettung der Präexistenzchristologie in eine immanente Trinitätslehre tun zu können, d. h. durch die Sicherung des Primats der Selbstexplikation Gottes aufgrund seiner immanenten trinitarischen Selbstunterscheidung. Damit wollte Barth einer soteriologischen Funktionalisierung der Christologie ebenso wehren (erst aus dem deus per se folgt der deus pro nobis) wie einer ethischen, psychologischen und politischen Funktionalisierung zum Zwecke der praktischen Verwertbarkeit. Nein, Barth war, im Unterschied zu Harnack und den Liberalen, nicht bereit, die Präexistenzchristologie unter Hinweis auf ihre angebliche praktische Folgenlosigkeit zugunsten irgendeiner Ethik, Archetypik oder Politik aufzugeben.[9] Im Gegenteil: Er sah in ihr erst die von Gott selbst konstituierte Bedingung der Möglichkeit gegeben, als Christ in dieser Welt zu leben, ohne sich von den Machtstrukturen dieser Welt total bestimmen zu lassen. Gerade in ihrer Weltlosigkeit war diese Christologie für ihn weltkritisch, gerade in ihrer scheinbaren binnentheologischen Praxisferne war sie gesellschaftliche Praxis eröffnend, gerade in ihrer »Zwecklosigkeit« entzog sie sich allen gesellschaftlichen Verzweckungen.

4. Die Legitimationskrise der Moderne

Stichwort: *Neuzeitkritik*. Immer deutlicher wird heute in der Barth-Rezeption erkannt, daß es sich bei Barths Theologie um eine »*theolo-*

gische Neuzeitkritik« als »Kritik der vom neuzeitlichen Menschen auf den Sockel gehobenen allgemeinen Religion«[10] handelt, eine theologisch vollzogene »Dialektik der Aufklärung« also, die Max Horkheimer und Theodor W. Adorno 1944 philosophisch und soziologisch begründen sollten[11] und die schließlich auch ein katholischer Theologe wie Romano Guardini auf seine Weise mit dem Programmwort vom »Ende der Neuzeit« (1950) reflektierte.[12] Barth wird heute also zunehmend verstanden »im Zusammenhang des neuzeitlichen Theoriebildungsprozesses«, so der protestantische Theologe Falk Wagner.[13] Vor allem *Christoph Gestrich* hat mit seiner Studie »Neuzeitliches Denken und die Spaltung der dialektischen Theologie« (1977) ein »historisch-kritisches Verhältnis zur dialektischen Theologie« zu gewinnen versucht. Er hat dafür geworben, »den ›erratischen Block‹ der dialektischen Theologie – diesen vermeintlichen Fremdling aus fernen Offenbarungswelten – in seiner spezifischen Funktion innerhalb der Zusammenhänge und Widersprüche des neuzeitlichen Denkens zu begreifen«.[14] Gerade Gestrichs Arbeit zeigt den *engen Zusammenhang von Trinitätslehre und Neuzeitkritik*.

Und in der Tat: Mit seiner im Rahmen der immanenten Trinitätslehre explizierten Präexistenzchristologie war Karl Barth insofern neuzeitkritisch (nicht neuzeitfeindlich!), als vor allem sie, die Präexistenzchristologie, geeignet war, die »Selbstevidenz« der von der Theologie zu vertretenden Sache zu materialisieren. Ihre Freiheit von allen Vermittlungen, Ableitungen, Begründungen, kurz ihre Unabhängigkeit von allen Fremdevidenzen war in der durch Jesus Christus selbst konstituierten Wirklichkeit begründet. Und nur durch ein Insistieren auf der *Freiheit der Theologie* »von der Fremdherrschaft der allgemeinen Wahrheiten« (I/2,136) war für Barth die Möglichkeit zum »Ungehorsam gegenüber der Geschichte der Neuzeit«[15] geschaffen.

Barths Theologie wollte sich also – ganz im Gegensatz zu Harnack – auf die Prämissen der Moderne (selbstbestimmende Subjektivität, autonomes Selbstbewußtsein des Menschen, Geschichtlichkeit der Wirklichkeit) deshalb nicht einlassen, weil gerade sie ihm zutiefst fragwürdig waren. Barth war klar: seiner Legitimationskrise konnte der christliche Glaube in der Moderne *so* nicht entkommen. Im Gegenteil: Barth hielt alle stillschweigende Akzeptanz der Prämissen der Moderne (Schleiermacher und die Folgen) für Kapitulation, Auslieferung, ja Selbstgefangensetzung der Theologie. Er wollte theologisch ganz anders in die Offensive gehen: im Lichte der Offenbarung Gottes in Jesus Christus (des ganz anderen Gottes) sollte die *Legitimationskrise der Moderne* selber aufgedeckt werden. Dem seiner neuzeitlich-aufklärerischen Autonomie gewissen und selbstbewußten Individuum wollte Barth die eigenen Selbsttäuschungen (über eben diese Autonomie) bewußt machen, und zwar durch die Neubetonung der Diastase von Gott und Mensch und der wirklichen, einzig wahren Selbst-Bestimmung: der Gottes selber in seinem Wort, in seinem Sohn. Die Präexistenzchristologie erwies sich von daher für Barth gerade in ihrer »Un-Vernunft« als geneigt, *dem Diktat und dem Universalanspruch neuzeitlicher Rationalität Widerstand* zu leisten.

Merkwürdige *Paradoxie* in der Tat, die für Barths ganze Theologie gilt: Indem Barth auf die unzeitgemäße reformatorische Sündenlehre zurückgriff, schaffte er sich Distanz zu einem anthropologischen Optimismus der Aufklärung; indem er gegen die gesamte neuzeitliche Tradition protestantischer Theologie auf die vernunftkritische Offenbarungstheologie der Reformation zurückgriff, wirkte seine Theologie im Kontext des 20. Jahrhunderts desillusionierend im besten Sinne des Wortes; indem er auf theologische Topoi der Vor-Moderne (Trinität, Logoschristologie, Anhypostasielehre) zurückgriff, erreichte er eine widerständige Ungleichzeitigkeit zum zeitgenössischen Bewußtsein, die ihn zu einer theologischen Ideologiekritik an den Selbsttäuschungen des bürgerlich-aufgeklärten Christentums fähig machte. Ja, Barth konnte eben dies um so mehr tun, als er selber ganz und gar modern als liberaler Theologe angefangen und die Krise des modernen Wirklichkeitsverständnisses mit dem Ersten Weltkrieg durchgestanden hatte. Kurz: *Barth war gerade als »Theologe der Neuzeit«* (D. Schellong) *neuzeitkritisch.*

Und insofern Barth die Krise der Moderne nicht nur beschrieb, sondern auch theologisch durch einen Neuansatz zu überwinden trachtete, darf man ihn wohl zu Recht als »Initiator eines postmodernen Paradigmas von Theologie« bezeichnen, wie es Hans Küng vorgeschlagen hat.[16] Auch ein protestantischer Theologe wie *Friedrich Wilhelm Graf* weist in seinem Rückblick zu Barths 100. Geburtstag in die gleiche Richtung: »Barths Theologie ist vor allem insofern postmodern, als sie das Ende der Neuzeit als deren notwendige Konsequenz begreift. Ist der autonome Mensch Sünder, dann kann er in der Welt nur Unheil anrichten. Gerade Barths Neuzeitkritik enthält also auch ein aufklärerisches Moment: In genau dem Maße, wie der Mensch im Lichte der Offenbarung Gottes gesehen wird, durchschaut er den illusorischen Charakter seines Selbstverständnisses.«[17]

5. Warum das Gespräch mit Harnack scheitern mußte

Die Frage drängt sich nun förmlich auf: Warum war das Gespräch zwischen Barth und Harnack eigentlich gescheitert? Die Antwort kann nach allem, was wir gehört haben, nur lauten: Es mußte scheitern, weil zwischen diesen beiden Theologen mehr stand als ein Unterschied von Meinungen, Erfahrungen und Wertungen. Der *Riß* zwischen beiden dürfte *identisch sein mit dem Riß zweier Epochen, zweier Welt- und Wirklichkeitsverständnisse überhaupt*, zweier »Gesamtkonstellationen«. Kurz: Die gescheiterte Beziehung Barth – Harnack ist Ausdruck eines Epochenumbruchs, den man mit *Hans Küng und David Tracy* (im Anschluß an Thomas S. Kuhn) einen »*Paradigmenwechsel*« nennen kann: Umbruch von der Moderne zu einer wie immer zu nennenden »Nachaufklärung«, Nach-Neuzeit, »Postmoderne« in der Geschichte der Theologie.[18] Denn während Harnack die Prämissen der Welt der Moderne im wesentlichen noch unbefragt übernahm, war die Barthsche Theologie darauf aus, »die zwiespältige Wirkungsgeschichte der Aufklärung« aufzuarbeiten, »in der Absicht, die auf dieser Ambivalenz und Dialektik beruhende Selbstblockierung und Selbstzerstörung der Aufklärung überwinden zu helfen. Gerade als kirchliche und biblisch-reformatorische Theologie wußte sich die dialektische Theologie zu dieser therapeutischen Analyse des Neuzeitsyndroms aufgerufen«, so *Christoph Gestrich*[19], mit einigem Recht.

Die Herausforderung Barths besteht also bis heute darin, daß seine Theologie *Ideologiekritik im Namen Gottes* betrieb: im Lichte der durch die Offenbarung Gottes ermöglichten Aufklärung sollten die despotisch-destruktiven Kräfte neuzeitlicher Rationalität erkannt, der Absolutheitsanspruch aufklärerischer Subjektivität relativiert und das Selbstbewußtsein des modernen Subjekts mit seinen Selbsttäuschungen konfrontiert werden. Ja, man könnte zugespitzt sagen: Barths Theologie war immer dann befreiend, wenn es Totalitarismen und Absolutheitsansprüche, seien sie intellektuell-philosophischer, gesellschaftlich-politischer, psychologisch-tiefenpsychologischer oder kirchlich-religiöser Art zu bekämpfen galt, wenn es um *Aufklärung im Namen des ganz anderen Gottes* ging, um den göttlichen Vorbehalt gegenüber allem menschlichen Tun, sei es auch noch so fromm oder christlich. Diese *totalitätskritische Funktion* seiner Theologie, die in ganz andere Tiefen ging als die Harnacks, hing nicht zuletzt auch mit dem »Totalitätsanspruch« seiner Theologie selbst zusammen, seinem Verständnis von Christozentrik, seiner Theologie auf der Basis des »totus Christus«.

Carl Friedrich von Weizsäcker hat in einem Essay zu Dietrich Bonhoeffer die Theologie des 20. Jahrhunderts ebenfalls in den Prozeß der neuzeitlichen Bewußtseinsveränderung eingeordnet und neben der Naturwissenschaft als »harten Kern des neuzeitlichen Denkens«[20], als »zweiten der großen wissenschaftlichen Fortschritte der Neuzeit« die »Entdeckung des geschichtlichen Denkens« herausgestellt. Auch er, der Physiker von Weizsäcker, hat sich die Frage gestellt, was »die beruhigte Wissenschaft Harnacks von der durch den frühen Barth symbolisierten Unruhe trennt«?[21] Seine Antwort bringt noch einmal die *Grunddifferenz zu Harnack* zum Abschluß unseres Kapitels auf den Punkt: »Die neuzeitliche Geisteswissenschaft«, meinte von Weizsäcker, »hat ihre ungeheure Horizonterweiterung meist durch eine Neutralisierung oder, was schlimmer ist, eine Trivialisierung ihrer eigenen Werturteile erkauft. Der sogenannte Kulturprotestantismus, die Rechtfertigung des Christentums durch seinen Beitrag zur erreichten Kulturhöhe, enthält sehr gute historische Einsichten und ist gleichwohl, isoliert genommen, eine Trivialisierung, welche die Augen vor dem Abgrund verschließt, an dem die aufgeklärte Theologie entlanggeht. Ist das Christentum durch seinen Kulturbeitrag gerechtfertigt, so wird jede Kulturkritik, jede Weltveränderung, sei sie sozialdarwinistisch, technokratisch oder marxistisch, den christlichen Glauben weiter in die vergessene Vorgeschichte sinken lassen. Barth wußte genau: Wenn er es überhaupt zu Recht gewagt hatte, sein Leben auf Christus zu setzen, dann mußte Christus mehr sein als alle diese Weltveränderungen, erst recht aber mehr als die Welt, die sich so verändern ließ.«[22] Keine Frage: Hier lag und liegt die Stärke Barths gegenüber einer anthropozentrischen Theologie und jeder einseitig ausgerichteten Erfahrungstheologie.

Doch auch umgekehrt gefragt: Liegt nicht hier auch die *Grundschwierigkeit der Barthschen Theologie* – bis heute, die es problematisch macht, die Barthsche Theologie ihrerseits unkritisch zu übernehmen? War es nicht derselbe *Dietrich Bonhoeffer*, der dieser Theologie in seinen Gefängnisaufzeichnungen der 40er Jahre bereits »Offenbarungspositivismus« meinte vorwerfen zu müssen? Und hatte Bonhoeffer damit nicht schon früh die *Zwiespältigkeit des Totalitätsanspruchs der Barthschen Theologie* auf den Punkt gebracht?[23] Auch katholische Theologen wie Hans Urs von Balthasar hatten in den fünfziger Jahren bereits die große Konzentration der Barthschen Theologie in der Christologie als Engführung kritisiert.[24] Und aus dem Abstand von 20 Jahren seit Barths Tod zeichnet sich heute noch deutlicher ab: Es gibt eine fatale *Dialektik Barthscher Theologie selber*. Sie besteht darin, daß der Befreiung »nach außen« von sich absolut setzenden Gewalten und Kräften (ob Vernunft, Dogma, Kirche, Führer, Partei) nicht die gleiche Befreiung nach innen korrespondiert. Gemeint sind damit nicht die theologischen Spitzenaussagen der Barthschen Theologie, die – wie wir gezeigt haben – entschieden vom menschenfreundlichen, befreienden, versöhnenden Gott reden wollten. Gemeint ist damit die Weise, *wie* diese Theologie zu ihren Ergebnissen kommt. Gemeint ist die theologische Hermeneutik von Geschichte und Gegenwart, die bestimmte Traditionen favorisiert, andere aber polemisch verwirft. Gemeint ist der selbstverursachte Systemzwang einer Theologie, die vor lauter Abwehr eines angeblich liberalen Reduktionismus in die Falle einer spekulativen dogmatischen Überkomplexität gelaufen zu sein scheint. Gemeint ist der Verdacht, ob diese Theologie – trotz aller Betonung der Freiheit und Unverfügbarkeit Gottes – sich letztlich nicht doch einem unbiblischen dogmatischen Objektivismus ausgeliefert hat. Kurz, gemeint ist der Preis, den diese Theologie für die Gewinnung ihrer inhaltlichen Konkretionen zu bezahlen bereit war.

Nein, es entbehrt nicht einer gewissen Ironie, daß Barth ausgerechnet mit den *Mitteln der Vormoderne* (seine Gesprächspartner sind in erster Linie Theologen der Patristik, des Mittelalters, der Reformation und der protestantischen Orthodoxie) die Postmoderne eingeleitet haben soll, ohne freilich die Moderne völlig zu überspringen. Und gerade hier, bei der Frage nach dem Sinn und Unsinn des Rückgriffs auf die Vormoderne zum Zweck der Kritik der Moderne, bei der Frage nach den Schriftgründen, der biblischen Basis für eine so hohe dogmatisch-dogmengeschichtliche Überkomplexität entstand Barth ein theologischer Widersacher, der viel von Harnack und von Barth aufgenommen hatte, ohne jedoch in den theologischen Konsequenzen mit ihm und den Liberalen einig zu sein: ein Widersacher eigener Art und eigenen Rechtes: *Rudolf Bultmann.*

C. Christologie im Schatten des Mythos: Rudolf Bultmann

»Jesus Christus als ›Gottes eingeborener Sohn‹ – ist damit vom Christen der Glaube an die Präexistenz Jesu gefordert, daran, daß er ein Himmelswesen war, das auf die Erde herabgestiegen ist? Wenn nicht – was bedeutet ›Präexistenz‹ entmythologisiert?« 1966, mittlerweile 82 Jahre alt, antwortet Rudolf Bultmann auf diese Frage in einem Interview des »Spiegel«: »In den Paulinischen Sätzen über die Präexistenz Jesu Christi kommt zum Ausdruck, daß die Person und das Schicksal Jesu nicht im Zusammenhang innerweltlichen Geschehens ihren Ursprung und ihre Bedeutung haben, sondern daß Gott in ihnen gehandelt hat.« Rückfrage: »Könnte, müßte Ihnen – wenn Sie es so formulieren – nicht auch mancher konservative Theologe zustimmen?« Antwort: »Lassen Sie mich es so sagen: Es ist eine Tatsache, daß es eine von Gott autorisierte Verkündigung der zuvorkommenden Gnade und Liebe Gottes gibt. Diese Tatsache findet ihren mythologischen Ausdruck in der Rede von der Präexistenz Christi.«[1]

Christus also doch so etwas wie ein mythologisches vorweltliches »Himmelswesen«, wie es schon Harnack kritisierte? »Präexistenz« also doch ein Mythologem? Ohne Bedeutung in sich, nur menschlicher *Ausdruck* für etwas anderes? Andererseits: *Gott* hat in Christus gehandelt; es gibt eine von *Gott* autorisierte Verkündigung! Wie aber kommt beides zusammen? Was sind die theologischen Prämissen und Konsequenzen einer solchen Verbindung von Mythologie und Christologie? Deutlich wird schon jetzt: Rudolf Bultmanns christologisches Denken scheint eine Herausforderung nach links und rechts: an die liberalen Leugner wie die orthodoxen Anhänger der Rede von der Präexistenz Christi. In jedem Fall: *Kontrapunkt zu Barth.*

I. Die Wende von der liberalen zur dialektischen Theologie

Es konnte nicht ausbleiben, daß eine Theologie wie die Barths, die nicht nur ihre systematische Eigendynamik, sondern auch das ganz persönliche Profil ihres Autors erkennen ließ, die also eng verbunden war mit der persönlichen, theologiegeschichtlichen und theologiepolitischen Situation des Theologen selbst, den Kontrapunkt geradezu erzwang. Und nachdem das Gespräch mit den Liberalen gerade auch in Sachen Präexistenzchristologie gescheitert war, besser: nachdem diese Theologengruppe das Gespräch mit den Liberalen hatte scheitern lassen und einen eigenen Weg gegangen war, kamen die Probleme durch die Hintertür wieder herein – ausgerechnet bei einem Mann, der zunächst ein großer Bundesgenosse zu sein schien: beim Oldenburger *Rudolf Bultmann*, zwei Jahre älter als Barth, Jahrgang 1884.

Während die *Generation der Liberalen* in den zwanziger und dreißiger Jahren allmählich abtrat (Herrmann starb 1922, Troeltsch 1923, Heitmüller 1926, Harnack 1930, Wernle 1939, Rade 1940) und die Theologien Karl Barths und der Dialektiker immer mehr an Einfluß gewannen, erwuchs Barth ausgerechnet in ihm, dem Marburger Neutestamentler, in den vierziger und fünfziger Jahren der eigentliche Gegenspieler. Vieles ist gesagt und geschrieben worden über das Verhältnis dieser beiden Theologen und Theologien, das wir hier voraussetzen können.[2] Die Präexistenzchristologie der beiden bedarf jedoch noch gründlicher Analyse; und hier scheint der Kontrapunkt am stärksten.[3] Den Weg Rudolf Bultmanns wollen wir – mit Harnack und vor allem Barth immer im Blick – im folgenden in aller Kürze nachzeichnen: Bultmanns Anfänge bei den »Liberalen«, seine Kehre zu den »Dialektikern« und seine nochmalige Wende zu einer ganz eigenständigen Theologie. Deutlich soll werden: Bultmanns Werk unterscheidet sich nicht nur in einigen exegetischen Teilfragen von dem Barths und Harnacks. Mit ihm kommt auch eine andere *theologische Grundkonzeption* zur Sprache. Es gilt also, Bultmann als eigenständigen theologischen Denker zu beschreiben und sein Œuvre als Produkt eines eigenen theologischen Denkansatzes zu rekonstruieren. Doch fangen wir auch hier mit dem Anfang an.

1. Anfänge im Zeichen der Religionsgeschichte

So sehr sie sich später unterschieden: ihre Anfänge waren durchaus ähnlich. Beide, Barth wie Bultmann, hatten in Tübingen bei Adolf Schlatter studiert (Bultmann 1903/04, Barth 1907/08). Beide waren Schüler Harnacks in Berlin gewesen (Bultmann 1904/05, Barth 1906/07). Beide waren tief beeinflußt durch ihr Studium in Marburg bei

Wilhelm Herrmann und Wilhelm Heitmüller (Bultmann ab 1905/06, Barth 1908/09). Hier in *Marburg*, wo Bultmann Doktorand des religionsgeschichtlich orientierten Neutestamentlers Heitmüller (1869–1922) war, hatten sie sich zum erstenmal getroffen[4], beide im Hause von Martin Rade verkehrend, einig in ihrem Enthusiasmus für die moderne, historisch-kritische Theologie. Und das hieß im Falle Bultmanns: Orientierung an der *religionsgeschichtlichen Schule* eines Hermann Gunkel, Wilhelm Bousset, William Wrede, Julius Wellhausen, Paul Wernle und Richard Reitzenstein, verbunden mit einer Ablehnung dessen, was »Dogmatik« hieß.

Ganz im Geiste des Liberalismus hatte dann auch der junge Bultmann kulturell und gesellschaftlich auf *Bildung* gesetzt: »Hast Du vielleicht mal eins der ›religionsgeschichtlichen Volksbücher‹ in die Hand bekommen, deren Herausgabe vor nicht langer Zeit angefangen ist?«, schreibt der zwanzigjährige Bultmann 1904 aus Berlin an einen Freund. »Unsere Kirche hat den Laien viel von Kritik und Wissenschaft vorenthalten und muß das Versäumte schnell nachholen, wenn sie nicht bitter büßen will. *Nur durch Bildung* kann da geholfen werden.«[5] Ganz im Geiste der Liberalen war auch Bultmann theologisch an der *Persönlichkeit Jesu* orientiert: »Im einzelnen«, fährt Bultmann an dieser Briefstelle fort, »mag ja an den Resultaten der evangelischen Wissenschaft manches auszusetzen sein, so glaube ich z. B., daß Bousset (Göttingen) in seinem ›Jesus‹ die Persönlichkeit Jesu doch nicht tief genug erschöpft hat.«[6] Und ganz im Geiste der Liberalen hatte auch Bultmann das *Mißtrauen gegenüber der Dogmatik* geteilt, hatte auch er an der Kluft zwischen Historischer Theologie und Systematik gelitten. 1905 aus Berlin: »Augenblicklich ist mein größter Ärger die Dogmatik. Da brauchen wir wirklich eine Reform. Was wird da noch für ein Unsinn beibehalten von ›Offenbarung‹, ›Trinität‹, ›Wunder‹, ›göttliche Eigenschaften‹, es ist fürchterlich. Und alles geschieht nur zur Liebe der Tradition ... Wenn nicht ein Mensch, wie etwa Schleiermacher, die ganze Theologie wieder eine Stufe höher hebt, so wird sie sich mit ziemlicher Wahrscheinlichkeit zersplittern.«[7]

Kein Wunder, daß bei solch zwiespältigen Eindrücken von der akademischen Theologie, aber auch von der Großstadt Berlin überhaupt der Student aus Oldenburg von »einer eigenen Pfarrei auf dem Lande« in »irgendeinem Dorf an der Nordsee oder in der Heide oder an der Weser«[8] träumte. Es sollte anders kommen – zur Freude der einen, zum Leidwesen der anderen. Von 1910 an begann Bultmann, seine *akademische Karriere* voranzutreiben: Im selben Jahr – Barth war zur gleichen Zeit Vikar in Genf – die Promotion zum Lic. theol. bei Heitmüller über ein von Johannes Weiss angeregtes, typisch religionsgeschichtliches Thema wie »Der Stil der Paulinischen Predigt und die kynisch-stoische Diatribe«[9]; 1912 – Barth war bereits ein Jahr Pfarrer von Safenwil – die Habilitation, ebenfalls in Marburg, bei dem Neutestamentler Adolf Jülicher über »Die Exegese des Theodor von Mopsuestia«[10]; 1916 dann die Berufung auf eine außerordentliche Professur für Neues Testament nach Breslau; 1920 gar auf eine »ordentliche« nach Gießen (als Nachfolger Boussets). 1921 ist Bultmann wieder in Marburg als Ordinarius, im selben Jahr, in dem auch der Pfarrer Barth ohne weitere akademische Qualifikation, nur aufgrund des berühmten »Römerbriefs«, Professor in Göttingen geworden war.

2. Das Jesus-Bild der liberalen Theologie

Liberale Anfänge im Zeichen der religionsgeschichtlichen Forschung: davon geben sowohl die ersten *Predigten* Bultmanns Zeugnis als auch die ersten Veröffentlichungen in Form von Aufsätzen und Buchbesprechungen (seit 1908). Christologisch hieß das, daß in dieser Zeit bis 1920 das religiöse »Erleben ... durch die Person Jesu«[11] im Vordergrund stand. Forschungsmäßig wirkte sich dies in einer meist zustimmenden Beschäftigung mit Entwürfen liberaler Theologie aus, von denen Bultmann zahllose für die »Christliche Welt« rezensierte.[12]

Verwundern kann dies nicht. Denn die den Studenten prägende Zeit zwischen 1910 und 1920 war die Zeit einer neuen Faszination für das geschichtlich Erforschbare, das Unverfälscht-Ursprüngliche und Authentische gewesen. Wir erinnern uns an Harnacks »Wesen des Christentums«. Kaum ein bedeutender Theologe dieser Periode, der nicht ein Jesusbuch geschrieben hätte.[13] Für uns ist dabei die Frage wichtig: Wie wurden in diesen Publikationen *Präexistenz und Gottessohnschaft Jesu* verstanden?

Die Antwort kann nur lauten: In Sachen Präexistenz (verstanden als metaphysisch-spekulativer Topos) konnte Bultmann nur Kritisches lernen. Seine direkten oder indirekten Lehrer hatten, ähnlich wie Harnack, durch ihren Ansatz beim Jesus der Geschichte alles

Überzeitliche und Ontologische in der Christologie abgewiesen. Was blieb, war eine Ausdeutung des Gottessohn-Messias-Bewußtseins bei der konkreten Gestalt des Nazareners selber. *Wilhelm Bousset* etwa hatte unter *Messiasbewußtsein* Jesu »königliches *Führer- und Herrscherbewußtsein*« verstanden.[14] Bultmanns direkter Lehrer *Wilhelm Heitmüller* hatte von einem *Sohnesbewußtsein bei Jesus* gesprochen.[15] Und beim Basler Neutestamentler *Paul Wernle* standen sogar Sätze über das *Sohnesgefühl* Jesu zu lesen. Wörtlich heißt es in Wernles Jesus-Buch von 1916: »Nur eines ist freilich singulär, daß Jesus so offen zu den Seinen davon spricht, und daß er hier (Mt 11, 25–27) davon spricht, wie wenn er sich in besonderem Sinn als Sohn Gottes fühlte. Aber warum soll niemals im Leben Jesu ein Augenblick gekommen sein, da ihm einmal das Herz überfloß in einer Weise, die sich unvergeßlich den Seinen einprägte . . . Gern möchten wir weiterforschen, wie Jesus all das geworden ist, auf welche Weise ihm selbst das Messiasgeheimnis sich aufdrängte. Aber wir tasten hier so ziemlich im Dunkeln. Wir wissen nichts davon, daß Jesus auch im engsten vertrauten Kreis darüber sich ausgesprochen hat. Wenn er aber schwieg, wer wollte von diesen zarten Dingen etwas wissen?«[16]

3. Abschied von einer Selbstillusion: der »historische Jesus«

Nein, von diesen »zarten Dingen« wollte ein Mann wie Bultmann in der Tat nichts mehr wissen. Eine Wende seines Denkens bahnte sich an. Am 29. September 1920 hatte er auf der Wartburg bei Eisenach einen Vortrag über »Ethische und mystische Religion im Urchristentum« gehalten, den Martin Rade in seiner Zeitschrift »Christliche Welt« veröffentlichte und der prompt Empörung auslöste.[17] Paul Wernle nannte den Bultmannschen Vortrag Rade gegenüber eine »Blamage für die deutsche Theologie« und machte gleichzeitig seinem Zorn über die »neuen Propheten« in der Theologie (u. a. Gogarten, Barth) Luft.[18] Von Rade darüber informiert, nutzte Bultmann die Chance, in einem langen Brief über seine tatsächlich erfolgte *Wandlung* Rechenschaft abzulegen. Er habe früher in der Tat geglaubt – so Bultmann an Rade –, »daß die Jesusverkündigung die rechte Predigt des Evangeliums für unsere Zeit« sei, und doch sich früher oder später eingestehen müssen, von der »Wärme eines fremden Feuers gelebt« zu haben.[19] Nein, diese Art Jesus-Frömmigkeit der »liberalen Theologie« sei eine »Selbst-Illusion«: »Ich empfand das Mühselige und Krampfhafte der Versuche, die Bedeutung des historischen Jesus für unseren Glauben zu retten, wie in Boussets ›Jesus‹ und Heitmüllers Vortrag ›Jesus von Nazareth und der Weg zu Gott‹. Die Unhaltbarkeit dieser modernen Jesusfrömmigkeit ist mir aber nirgends deutlicher entgegengetreten als in Wernles ›Jesus‹. In ihm nämlich werden die Probleme, um die es sich handelt, am stärksten empfunden und die Lösung der ›liberalen Theologie‹ unfreiwillig am deutlichsten ad absurdum geführt.«[20]

Wie war Bultmann zu dieser Abkehr von den Liberalen gekommen? Wichtig ist: nicht wie Barth durch das Erlebnis des Ersten Weltkriegs und durch die Irritation über die politisch-reaktionäre Haltung der meisten deutschen Theologieprofessoren zu Beginn und während des Krieges, sondern durch seine Arbeit an der »Geschichte der synoptischen Tradition«. Dieses Buch war in der Zeit seines Breslauer Extraordinariats entstanden und dort im Frühsommer 1920 im Manuskript abgeschlossen worden.[21] Bultmann selbst bestätigt dies in einem Brief aus dem Jahre 1928: »Für viele sind freilich die Eindrücke des Krieges die Veranlassung zu einer Revision ihrer Daseinsbegriffe gewesen; ich gestehe Ihnen, daß das für mich nicht zutrifft. Vielleicht verderbe ich nach der anderen Seite wieder viel, aber ich muß Ihnen offen gestehen, daß der Krieg für mich kein erschütterndes Erlebnis war. Natürlich unendlich viel Einzelnes, aber nicht der Krieg als solcher.«[22] Nicht die kulturelle und gesellschaftliche Katastrophe also war es, die Bultmann zum Umdenken zwang, sondern vor allem die »immer erneute Durchforschung der Quellen«[23], der *Wahrheitswille* und die *Selbstkritik*, wie er sie bei seinem Lehrer Heitmüller gelernt hatte, dem er am 4. März 1926 – trotz aller inzwischen erfolgten Abkehr – in *diesem* Sinne einen eindrucksvollen Nachruf widmete: »Radikaler Wille zur Wahrheit«; »die Fähigkeit zur Selbstkritik und die Offenheit für Kritik«.[24]

II. Der Bundesgenosse einer Theologie »zwischen den Zeiten«

Was aber hatte Bultmann auf der Wartburg so Empörendes geäußert, daß ein Mann wie Wernle nur noch »Jesusentleerung« rufen konnte und sogar die Versuchung verspürte, »orthodox zu werden«?[1] Bultmann hatte in aller Nüchternheit *ein anderes Bild von der Geschichte der urchristlichen Religion* gezeichnet. Er hatte mit der hermeneutischen Prämisse der historischen Jesusforschung seit Ferdinand Christian Baur aufgeräumt, das »Wesen der christlichen Religion« sei »der geistige Gehalt der Verkündigung Jesu«, der in einer *einheitlichen, gradlinigen Entwicklung* »bei Paulus und weiter bei Johannes zu bewußter Entfaltung und Formung« gekommen sei.[2] In der Tat: Die Kehre Bultmanns von einem Anhänger der »liberalen Theologie« zum Bundesgenossen der »dialektischen Theologie« ist ohne sein neues Bild vom Urchristentum nicht zu begreifen. Wie aber sieht es konkret aus?

1. Das andere Bild vom Urchristentum

Bultmann hatte je länger desto mehr begriffen: Eine einheitliche, gradlinige Entwicklung von Jesus zu Paulus und weiter zu Johannes war in der Geschichte des Christentums gerade nicht zu entdecken. Unter dem Einfluß von Harnacks Dogmengeschichte, dem Paulus-Buch von William Wrede (1905), vor allem auch von Wilhelm Boussets »Kyrios Christos« (1913) hatte Bultmann einen anderen Faktor entdeckt, der dieses gradlinig-einheitliche Bild störte: die *hellenistische Frömmigkeit*. Bei Harnack hatte er den Gedanken gefunden, »daß der Einfluß des Evangeliums auf die Alte Kirche ein sehr geringer« gewesen sei; bei Wrede den eines »unheimlichen, klaffenden Risses zwischen Jesus und Paulus« und den eines »mythischen und mystischen Charakters« der paulinischen Theologie; bei Bousset den Nachweis, daß es ein hellenistisches Christentum *vor* Paulus gegeben habe, das die Voraussetzung für dessen Theologie gewesen sei. Kurz: Bultmann betonte jetzt erstmals programmatisch die *Bedeutung der Gemeinde* als eines theologie- und bekenntnisproduzierenden Faktors, und zwar nicht nur die der palästinischen Gemeinde (wie Jülicher in »Paulus und Jesus«, 1907), sondern vor allem der hellenistischen. Gemeinden, so meinte er, müßten künftig bei der Erforschung der religiösen Geschichte des Christentums verglichen werden, nicht bloß Personen! Denn die Analyse der synoptischen Evangelien habe gezeigt, »wie wenig Sicheres wir von Jesus wissen und wie sehr die Evangelien in erster Linie Zeugnis der palästinischen Gemeinde sind«.[3]

Und nun ist noch eines wichtig, was Bultmanns Theologie von hier ab charakterisiert (wir werden später davon mehr hören): *Jesus* und mit ihm das palästinische Urchristentum hätten eine »*ethische Religion*« besessen und seien insofern eine »Erscheinung innerhalb des Judentums, eine jüdische Sekte« geblieben. Erst das *hellenistische Christentum* habe »eine religiöse Gemeinschaft mit eigenen Formen des Mythos und Kultus und des Gemeinschaftslebens« ausgebildet; erst hier sei das Christentum zu einer »mystisch-kultischen« Religion[4] geworden. Und da Bultmann diese Entwicklung theologisch positiv bewertete, konnte er jetzt den umgekehrten Vorwurf an die »liberale Theologie« richten: sie reklamiere mit ihrer Betonung des einfachen Menschen Jesus diesen für das *ganze* Christentum! Ironie aber der Geschichte für Bultmann: Diese frühe Form des Christentums, die von den Liberalen zur Norm des Christentums schlechthin gemacht worden sei, sei »vom Standpunkt der Geschichte aus noch gar nicht als Christentum zu bezeichnen«.[5] Denn nicht ihr »historischer Jesus« sei in der Geschichte der Kirche bis heute wirksam gewesen, »sondern wesentlich der Christus-Mythos«, wie er in der hellenistischen Gemeinde ausgebildet worden sei![6] Davon wird später noch ausführlich die Rede sein.

2. *Das andere Verständnis von Religion*

Worauf aber liefen all diese formgeschichtlichen Analysen bei Bultmann *theologisch* hinaus? Diese Frage drängt sich auf, denn Bultmann verstand sich in seinen Analysen ja nie nur als reiner Historiker. Sein Ehrgeiz war stets, aus dem historischen Befund *theologische Konsequenzen* zu ziehen. So bereits auch hier, 1920. Denn indem Bultmann zwei Modelle von Religion im Urchristentum herauspräparierte, deckte er gleichzeitig die »Verfahrenheit und Hilflosigkeit unserer heutigen Lage«[7] auf. Warum? Weil sich ja theologisch die Frage stelle: Wenn es historisch beide Optionen gegeben habe – wozu sich als Christ *heute* bekennen? Was ist dann noch »die deutliche Offenbarung Gottes«? Oder noch grundsätzlicher gefragt: »Was gilt uns eigentlich als die Wirklichkeit Gottes?«[8]

Klar ist damit: Mit seiner Kritik am liberalen Rückgriff auf den historischen Jesus verfolgte Bultmann eigene theologische Interessen, und zwar in doppelter Hinsicht. Ihm ging es zum einen um die *Entkoppelung von Glauben und religiösem Moralismus,* den er den »tiefsten Fehler der ›liberalen Theologie‹«[9] nannte; war doch hier die

»Persönlichkeit« Jesus stets auch das religiös sittliche »Vorbild« für die Glaubenden gewesen. Und zum anderen ging es Bultmann um die Etablierung eines *anderen Begriffs von Religion*. Denn nicht in erster Linie sittliche Gesinnung mit dem Ziel des Guten (unter Berufung auf das Vorbild Jesu) war für ihn Religion, sondern das »Erlebnis des Vergehens vor der Wirklichkeit Gottes und des Beschenktwerdens durch die göttliche Gnade«. Und genau dies war es, was Bultmann vor allem bei *Paulus* und dessen Christologie meinte gefunden zu haben, und eben nicht so sehr beim Jesus der Geschichte selber. Religion also hatte für Bultmann vor allem mit dem »ganz Anderen« zu tun, ein Begriff, den er den Arbeiten Rudolf Ottos entnahm. In der Religion handelte es sich für ihn »um Verwandeltwerden, um Neugeschaffenwerden«[10] durch Gottes Tat, so wie Paulus dies mit seiner Christologie (Gottes gnädige Zuwendung zum Menschen) zum Ausdruck gebracht habe. Deshalb gelte: »Soll der Protestantismus nicht in religiösem Moralismus stecken bleiben, so darf er nicht die Gesinnungsethik Jesu allein predigen; denn diese ist als solche keine Religion, sondern er muß das Spezifische des religiösen Lebens kennen und zum Bewußtsein bringen, er muß von der Offenbarung reden können und für sie den mythischen und kultischen Ausdruck finden.«[11]

Und deshalb, weil Bultmann die Berufung auf den »historischen Jesus« als Legitimation eines religiös gefärbten Moralismus durchschaut zu haben meinte, von Gott wieder reden wollte als dem »ganz Anderen«, von Gottes Offenbarung als Aufdeckung des Sünderseins und der Rechtfertigung des Menschen, geriet Bultmann zum *Bundesgenossen der »Dialektischen Theologie«*: »Wir nehmen ja gar nicht Anstoß an der *Göttlichkeit* des Jesusbildes, sondern an seiner *Menschlichkeit*!« – solche Sätze in Reaktion auf Wernle geschrieben, hätte auch Barth schreiben können.[12] Wir fragen also: Welchen sachlich-theologischen Zusammenhang gibt es zwischen den theologiekritischen Arbeiten Barths (der ja auch als Exeget angefangen hatte!) und den bibelkritischen Arbeiten Bultmanns? Wie paßt der Neutestamentler in den Argumentationskreis der dialektischen Theologen? Nur wenn wir uns diesen Zusammenhang ausreichend klargemacht haben, werden wir auch Bultmanns spezifische Rezeption der Präexistenzchristologie verstehen können.

3. Die gemeinsame Front mit der dialektischen Theologie

Der *Grundgedanke Bultmanns*, der die Arbeiten der 20er Jahre durchzieht und von da an für sein ganzes Denken maßgebend bleibt[13], ist der folgende. Die historische Quellenanalyse hat zweierlei geleistet: Sie hat einmal die Unsicherheit dessen entlarvt, was man über die Persönlichkeit Jesu zu wissen glaubt; sie hat zum anderen gezeigt, daß es den Evangelien auf die Darstellung einer großen, geschichtlichen Persönlichkeit »Jesus« gar nicht ankommt. Wer also wie die Liberalen von einer »Göttlichkeit der Geschichte« ausgehe, wer der Überzeugung sei, »in den Persönlichkeiten« offenbare sich Gott, und wer so Jesus als eine Persönlichkeit zum Offenbarungsträger mache, verfalle einem »Geschichtspantheismus« (GV I,7)[14], der vergöttliche lediglich einen Menschen, ja der versuche, »eine direkte Erkenntnis des Göttlichen zu gewinnen« (GV I,8). Der Preis? Das Christentum werde so zu nichts als einer relativen Größe, zu einer innerweltlichen, »sozial-psychologischen Gesetzen« unterworfenen Erscheinung (GV I,5). *Geschichtsrelativismus* auf der einen und *Geschichtspantheismus* auf der anderen Seite (die behauptete Gottesoffenbarung ausgerechnet in der geschichtlichen Persönlichkeit Jesu) gehen dabei paradoxerweise Hand in Hand. Theologie? Nein, Theologie ist das für Bultmann nicht. Und die Alternative?

Die *Alternative*, auf die auch Theologen wie Barth und Gogarten hinauswollten, läßt sich mit ein paar Stichworten skizzieren:

- Mit den »Dialektikern« betrieb Bultmann *Theologiekritik:* Gegenstand der Theologie sei Gott und nicht der Mensch mit seinem Gottes-Verständnis.
- Mit den »Dialektikern« betonte Bultmann wieder neu die *Göttlichkeit Gottes*: Gott sei nicht eine Gegebenheit, die man als Mensch erkennen oder erleben könne (GV I,18). Gott gebe sich selbst zu erkennen, sei Tat auf den Menschen hin: »Gott kann nur Subjekt, nie Objekt des Gottes-Verhältnisses sein« (GV I,41).
- Mit den »Dialektikern« betrieb Bultmann *theologische Anthropologiekritik*: Gott bedeute die »radikale Verneinung und Aufhebung des Menschen« (GV I,2); das Wort Gottes sei »Gericht über das ganze Dasein und Sosein des Menschen« (GV I,8). Christentum habe es mit einem Skandalon zu tun: »Gottes Anderssein, Gottes Jenseitigkeit, die Durchstreichung des ganzen Menschen« (GV I, 13). Der Gott, von dem das Christentum spreche, sei die Krisis, die

»den Menschen vor die große Frage nach seinem Sinn« führe (GV I,19). Der Mensch, von dem hier die Rede sei, sei als Glaubender der »von Gott verwandelte, der von Gott getötete und erweckte Mensch, nie der natürliche Mensch« (GV I,20). Was also war für Bultmann Glaube? »Glaube ist nie das Selbstverständliche, Natürliche, sondern das Wunderbare. Daß Gott der Vater ist, daß der Mensch das Kind Gottes ist, ist keine direkt zu gewinnende Einsicht, sondern nur als Gottes wunderbare Tat immer wieder zu glauben, aber wirklich zu glauben« (GV I,20).

III. Auf dem Weg zur eigenen Christologie

Man wird ohne Übertreibung sagen können: Die Wende von der liberalen zur dialektischen Theologie ist bei Bultmann vor allem eine Wende im Verständnis der *Christologie*. Und eine entscheidende Etappe auf dem Weg zu einer eigenen Christologie und einem spezifischen Präexistenzverständnis stellt der Aufsatz »Die Christologie des Neuen Testamentes« (GV I,245–267) dar, der zugleich dokumentiert, wie sehr sich Bultmann nun auch immer mehr von den Dialektikern, Barth insbesondere, entfernen sollte. Diese Entfremdungsgeschichte ist hier nicht nachzuzeichnen.[2] Wichtiger ist: In diesem Aufsatz spielt neben den Forschungen des Göttinger Klassischen Philologen Richard Reitzenstein[3] und denen des schwedischen Theologen G. P. Wetter[4] vor allem das Buch »Kyrios Christos« von Wilhelm Bousset aus dem Jahre 1913 eine Schlüsselrolle, ein Werk, das Bultmann – kurzfristig Nachfolger des 1920 frühzeitig verstorbenen Bousset in Gießen – fast 50 Jahre später (1964) mit einem eigenen Vorwort wieder neu herausgeben sollte.[5] Damit ist das Feld abgesteckt, auf dem Bultmann sich nun selber profilierte – gegen die Liberalen und Barth einerseits sowie gegen Bousset andererseits.

1. Abgrenzungen

Das sah im Aufsatz über die Christologie des Neuen Testamentes so aus:

(1) Zunächst erfolgt bei Bultmann die Rekonstruktion der *Christologie der liberalen Theologie*, für die als Kronzeuge der Neutestament-

ler *Johannes Weiss* fungiert.[6] Zentrales Stichwort: *Christologie wird hier zugunsten der Persönlichkeit Jesu eliminiert.* Denn das Charakteristische für die liberale Theologie sei ja gerade dies gewesen, daß sie schon im Neuen Testament selber entschieden Mythologiekritik geleistet habe. Sie glaubte schon im Neuen Testament selber einen Prozeß der Vergottung des Menschen Jesus durchschaut zu haben: »aus dem Menschen Jesus wurde ein himmlisches göttliches Wesen, dem man Präexistenz zuschrieb« (GV I,264). Andererseits aber habe die liberale Theologie diese Mythologisierung als nicht spezifisch christlich entlarvt. Mit Recht – so Bultmann – hätten die Liberalen gesehen, daß auch schon die heidnischen Mysterien die Gestalt eines sterbenden Erlösergottes gekannt hätten; vor allem kenne ja die Gnosis die Gestalt eines präexistenten Gottwesens. Die von der orthodoxen Dogmatik so sehr betonte Präexistenz Christi sei also gerade nicht spezifisch christlich! (GV I,247). Konsequenz? Um zum spezifisch Christlichen zu kommen, habe die liberale Theologie hinter diese Mythologeme auf die Person Jesu selber zurückgehen wollen. War das aber die Lösung? Nur zum Teil. Gegen die Liberalen setzt Bultmann ein zweites Modell:

(2) *Das Modell der religionsgeschichtlichen Schule. Stichwort: Funktionalisierung der Christologie als Kultusfrömmigkeit.* Kronzeuge Bultmanns: *Wilhelm Bousset.* Mit den Liberalen sei auch Bousset der Meinung gewesen, die Christologie im Neuen Testament sei im Grunde nur eine Funktion des religiösen Bewußtseins gewesen, konkret eine Schöpfung des hellenistischen Christentums mit den Spezifika Kyrioskult und Kyriosglauben – eine gegenüber dem palästinischen Jesus-Verständnis völlig neue Stufe der Entwicklung. Christologie also sei auch für Bousset Produkt der Kultusfrömmigkeit gewesen nach der Devise: »Aus dem Menschen Jesus wird das Gottwesen Jesus Christus, der präexistente Gottessohn« (GV I,253). Nicht darin also habe sich Bousset von den Liberalen unterschieden; wohl aber darin, daß er nicht krampfhaft gegen die Texte habe zeigen wollen, daß der Eindruck der Persönlichkeit Jesu hinter der Ausbildung der Christologie gesteckt habe. Bousset habe statt dessen richtig erkannt: Im Kyrios-Kult des hellenistischen Christentums sei es gerade nicht um die Persönlichkeit des geschichtlichen Jesus, sondern immer um die erlösende, verwandelnde *Gegenwart des erhöhten Kyrios Christus* gegangen. Und darauf legte Bultmann nun auch für seine eigene Christologie allen Wert. Er wollte gerade hier den Historiker Bousset *theologisch* beerben. Deshalb:

(3) *Das Modell Bultmanns. Stichwort: Kerygmatisierung der Christologie*, verstanden als Verkündigung des in Christus geschehenen und gegenwärtigen Heilswirkens Gottes. Das war *Bultmanns eigene Lösung*. Konkret: Mit Bousset ging Bultmann von der inhaltlich folgenreichen Trennung von palästinischer und hellenistischer Gemeinde aus; mit ihm (und den Liberalen) war er von mythologischen Vorstellungen in der Christologie überzeugt. Aber ganz entschieden bestritt er gegen die Liberalen, daß man die Mythologie zugunsten der Persönlichkeit Jesu aufgeben müsse. Und ganz entschieden bestritt er gegen Bousset, daß für Paulus die »ekklesia« in erster Linie kultische Versammlung und die Christengemeinschaft eine mystische Lebensgemeinschaft gewesen sei. Nein, die »ekklesia« sei eine »geschichtlich-eschatologische Größe, das wahre Israel« (GV I,257). Die Gemeinde sei die neue Schöpfung in Christus, nicht eine mystische, sondern eine eschatologische Tatsache. Das Pneuma Christi sei nicht eine magisch-mystische Kraft, sondern die neue Möglichkeit des Lebens in der Freiheit. Die »Religion des Paulus« sei somit ganz und gar ein »neues Sich-Verstehen und ein damit gegebenes neues Leben« (GV I,258). Deshalb:

2. Präexistenz? »Wir bedürfen dieser Vorstellung nicht mehr«

Was heißt demnach für Bultmann *Christusglauben*? Es heißt in *Abgrenzung nach rechts* (gegen Barth): *Nicht* besondere Vorstellungen und Spekulationen über Christi metaphysisches Wesen anstellen (immanente Trinität) im Sinne späterer kirchlicher Dogmatisierung. Heißt aber auch in *Abgrenzung nach links* (gegen die Liberalen): Nicht Nachfolge Jesu anstreben als imitatio seines Gottesglaubens und seiner Lebensführung im Sinne einer Ethisierung oder Sozialisierung Jesu. Vielmehr *positiv*: »Ergreifen der durch sein (Jesu) Kreuz beschafften Vergebung und Lebensmöglichkeit« (GV I,259). Und das eben ist für Bultmann nur möglich durch »Verkündigung, Anrede« (GV I,260).

Paulinische Christologie ist also für Bultmann ganz und gar: »Verkündigung der in Christus geschehenen Heilstat Gottes« (GV I,261). Im *Zentrum* der paulinischen Theologie stehe das *Kreuz* und die *Rechtfertigungsbotschaft!* Ja, Bultmann konnte (ganz auf der Linie Karl Holls[7]) sagen: »Rechtfertigungslehre des Paulus ... ist seine eigentliche Christologie« (GV I,262). Und weil *das* so ist, bestand für

Bultmann Christologie »nicht in Wesensspekulationen, sondern in der Verkündigung des Christusereignisses«. Weil *das* so ist, könnten – so Bultmann – für uns »Begriffe und Vorstellungen, die nicht darin ihre Wurzel haben«, ruhig der Kritik anheim fallen, selbst wenn sie einst »für Paulus echter Ausdruck seiner Absicht sein konnten« (GV I,253). Und dazu gehöre nun einmal auch »die mythologische Vorstellung von Christus als einem präexistenten Himmelswesen« (GV I,263). Ihre Funktion? Sie habe für Paulus zum Ausdruck gebracht, »daß es sich im Christusereignis nicht um eine innerweltliche Person und ein innerweltliches Schicksal handelt, sondern daß uns hier Gottes Handeln begegnet« (GV I,263). Und Bultmann fügt hinzu: wir heute, ja »wir bedürfen jener Vorstellung nicht mehr und meinen doch, die christologische Intention des Paulus festzuhalten« (GV I,263)[8].

So geht *Bultmann* mit seiner Christologie jetzt einen *dritten Weg zwischen Barth und den Liberalen*: Weder wollte er wie Barth eine Christologie »als metaphysische Spekulation über ein Himmelswesen« (GV I,266) betreiben noch konnte er wie die Liberalen einen Christusglauben aufgrund der Persönlichkeit Jesu (»mit einem etwaigen Messiasbewußtsein«) akzeptieren. Und doch glaubte Bultmann dem Anliegen der Liberalen treu geblieben zu sein, ohne die »hohe Christologie« des Neuen Testamentes zu verraten. Ja, es schien für den Marburger in der Tat alles aufzugehen, denn plötzlich hatte ja auch »jene ganze Entwicklung vom Menschen Jesus bis zum gottgleichen ewigen Sohn ein neues Licht« (GV I,265) gewonnen. Und auch der von Bousset ganz richtig erkannte Unterschied zwischen palästinischem und hellenistischem Christentum hatte für Bultmann plötzlich »einen neuen Sinn« (GV I,265) erhalten, einen neuen theologischen Sinn. In summa: Er, Bultmann, konnte ganz und gar mit den Liberalen mythologiekritisch sein und doch die in mythologisches Gewand gekleideten präexistenzchristologischen Aussagen des Neuen Testamentes konstruktiv-theologisch interpretieren. Er konnte mit Bousset historisch-kritisch sein und doch paradoxerweise gerade dessen Kritik für die Ziele seiner Existenztheologie fruchtbar machen.

Die Ironie freilich des Ganzen? Worauf Karl Barth bei einer Präexistenzchristologie auch der Form nach nicht verzichten zu können meinte (Wesenstrinität, Anhypostasielehre), ja, was für Barth erst die Identität christlicher Gotteslehre als christliche konstituierte

(»der ewige Sohn«), darauf meinte Bultmann gerade nicht angewiesen zu sein: Das alles gehörte der mythologischen Vorstellungswelt von einem »Himmelswesen« an, dessen er für heute nicht mehr bedurfte. Was Barth für seine Dogmatik unbedingt zu brauchen glaubte, den dogmatisch-dogmengeschichtlichen Begriff vom »ewigen Sohn«, konnte Bultmann mit dem religionsgeschichtlichen Ausdruck »Himmelswesen« verabschieden und trotzdem die Sache auf seine Weise sagen.

Doch sehen wir noch genauer zu. Was ist konkret gemeint, wenn Bultmann bei Paulus die »mythologische Vorstellung von Christus als einem präexistenten Himmelswesen« wiederzufinden glaubt?

IV. Paulus und die gnostischen Spuren seiner Theologie

»Man lese die außerordentlich interessanten Ausführungen Reitzensteins über Paulus als Pneumatiker. Eine Seite der paulinischen Frömmigkeit . . . wird von Reitzenstein höchst eindrucksvoll gezeichnet: Paulus als Mystiker oder besser – als Gnostiker«, schrieb der siebenundzwanzigjährige Rudolf Bultmann 1911 über ein Buch, das ein Jahr zuvor erschienen war und ähnlich wie Boussets »Kyrios Christos« größten Einfluß auf ihn ausübte: Richard Reitzensteins »Die hellenistischen Mysterienreligionen«[1].

1. Der gnostische Mythos vom Erlöser

Paulus als Gnostiker: Obwohl – wie Werner Georg Kümmel, der Nachfolger Bultmanns auf dem Marburger Lehrstuhl noch jüngst gezeigt hat – das Bultmannsche Paulus-Bild vor 1920 (noch starke Abhängigkeiten von seinen liberalen Lehrern) sich nicht unwesentlich von dem nach 1920 (Eisenacher Vortrag) unterschied[2], stand für den Marburger eines schon früh fest, das er auch später nicht mehr preisgab: Es ist gnostisches Gedankengut, das hinter zentralen theologischen Überzeugungen des Paulus steht. Es gibt also eine *vorchristliche Gnosis*, die entscheidenden Einfluß auf die Anthropologie, Eschatologie und insbesondere auch Christologie vor allem von Paulus und Johannes ausgeübt hat. 25 Jahre später, 1936, kann Bultmann in einem seiner regelmäßigen Forschungsberichte zu Person und Theologie des Paulus wie selbstverständlich konstatieren: »Gnostische Gedanken stehen hinter wichtigen paulinischen Theologumena und bilden weiterhin die Voraussetzung ihrer Begrifflichkeit. Am deutlichsten tritt es in dem Begriffspaar pneumatikos-psychikos (1 Kor 2,14f.; 15,44) hervor und in der ihm entsprechenden Adam-Christus-Theorie (Röm 5,12f.; 1 Kor 15,21f.,44). Aus der Gnosis stammt die Vorstellung vom Herabstieg des himmlischen Christus in menschlicher Verkleidung, die ihn den Archonten unkennbar macht (1 Kor 2,7f., vgl. Phil 2,6ff.; 2 Kor 8,9), von dem ›Gott dieses Äons‹ (2 Kor 4,3f.), von der Gesetzgebung durch Engel und anderes.«[3]

Die Vorstellung vom Herabstieg eines präexistenten Erlösers – als prägendes Schema der Christologie des Paulus: Diese Überzeugung wird Bultmann künftig in immer neuen Variationen wiederholen. So 1940: »Die paulinische Christologie ist ohne Voraussetzung des gnostischen Erlösermythos nicht verständlich, ob dieser dem Paulus nun auf dem Wege über ein synkretistisches Judentum zugekommen ist oder nicht.«[4] Die Summe aber all seiner religionsgeschichtlichen Forschungen über den Hintergrund paulinischer Christologie zieht der 65jährige Bultmann in seinem Buch »*Das Urchristentum im Rahmen der antiken Religionen*« (1949). Es geht ihm hier um die Beschreibung des Urchristentums als eines »komplexen Phänomens«, das entstanden sei »im Schoße spätjüdischer Religion«, »befruchtet und bestimmt ... durch die geistigen Kräfte des heidnischen Hellenismus, der seinerseits das Erbe der griechischen Geistesgeschichte verwahrte«, das schließlich aber auch »bewegt und bereichert« worden sei »durch das Einströmen vorderasiatischer Religionen«.[5] Während Barth in dieser Zeit an der Schöpfungslehre saß und die zeitlich-überzeitliche Geschichte des Schöpfers mit der Welt erzählen wollte, erzählte Bultmann eine Schöpfungsgeschichte ganz eigener Art: die *Geschichte des Christentums in religionsgeschichtlichen Zusammenhängen* als Schöpfung einer historischen Entwicklung.[6]

Freilich: Bultmann wollte bei dieser seiner Darstellung ausdrücklich *als Historiker*, nicht als Apologet des Christentums auftreten. Er wollte das Christentum weder als »Krönung der antiken Religionsgeschichte« präsentieren, noch Gründe für den »Sieg« des Christentums über seine Konkurrenten benennen; er wollte also weder die Überlegenheit noch die Wahrheit des Christentums vordemonstrieren. Nein, die Wahrheit des Christentums war für ihn eine »Sache persönlicher Entscheidung«, die der Historiker niemandem abnehmen könne. Aber Bultmann wollte andererseits auch keine rein dokumentarische, antiquarische Geschichtsschreibung betreiben. Sein Ehrgeiz war, die vergangene Geschichte so lebendig werden zu lassen, daß dem Leser bewußt wird: tua res agitur – es geht um dich selber! Daher sein Akzent auf dem »*menschlichen Existenzverständnis*« – damals wie heute; auf Möglichkeiten des Daseinsverständnisses einst als Möglichkeiten für jetzt![7] Und die Gnosis?

Nirgendwo war in der antiken Religionsgeschichte die menschliche Existenz in Konkurrenz zum Christentum so zum Problem geworden wie gerade in der *Gnosis*. Vor allem in der Arbeit seines Schülers *Hans Jonas* mit dem Titel »Gnosis und spätantiker Geist« (1934) sah Bultmann nachgewiesen, daß die Gnosis ein einheitliches und geschlossenes Daseinsverständnis ausgebildet habe, neu gegenüber dem Alten Testament wie dem Griechentum und von weittragender Bedeutung nicht nur für das Weltverständnis, sondern auch für die Begrifflichkeit des Christentums.[8] Und so konnte denn Bultmann auch den »gnostischen Mythos« ganz als *Ausdruck eines bestimmten »Daseins- und Existenzverständnisses«* interpretieren; als Ausdruck »radikaler Andersheit des menschlichen Ich von allem welthaften Sein«, als Ausdruck der »Einsamkeit des Menschen in der Welt« – Welt im gnostischen Mythos nicht nur als Fremde, sondern mehr noch als Gefängnis, als finstere stinkende Höhle verstanden, in die das Ich sich geworfen wisse – ohne alles Verschulden und vor aller Wahl. Und eben dies – so Bultmann – finde im gnostischen Gedanken von der *Präexistenz des Ich*, der »Seele« seinen Ausdruck.[9]

Gerade das also hatte Bultmann an der Gnosis fasziniert: Sie hatte ihre eigene Präexistenzvorstellung, genauer: sie hatte ihren eigenen *Vorzeit-Mythos* entwickelt. Und dieser Vorzeit-Mythos habe vom Schicksal der menschlichen Seele erzählt: »von ihrem Ursprung in der himmlischen Lichtwelt, von ihrem tragischen Fall und ihrer Fremdlingsschaft auf Erden, ihrer Gefangenschaft im Leibe, von ihrer Befreiung und ihrem endlichen Aufstieg in die Lichtwelt«.[10] Diesen klar bestimmbaren Vorzeit-Mythos glaubte Bultmann im Anschluß an Reitzenstein und Bousset als eine Art *Grundmodell* wiedererkennen zu können, der allen gnostischen Erlösungsvorstellungen zugrunde gelegen habe. Es war der Mythos von einem Urmenschen, der sog. *Anthropos-Mythos*. Wie lautete er konkret?

Er soll – Bultmann zufolge – im wesentlichen so gelautet haben: Der Urmensch, eine himmlische Lichtgestalt, sei in der Vorzeit in die Gewalt dämonischer Mächte geraten, die ihn schließlich zerrissen und zerteilt hätten – aufgelöst in zahllose himmlische Lichtfunken.[11] Die menschliche Seele bestehe nun aus diesen präexistenten, himmlischen Lichtfunken, die in den Körper des Menschen eingesperrt seien. Anders gesagt: die Seele, das heißt »das eigentliche, innere Selbst des Menschen«[12], sei für den Gnostiker präexistent, göttlichen Ursprungs! Die Dämonen hier auf Erden aber wachten eifersüchtig darüber, daß der Mensch sich dieses göttlichen Ursprungs nicht erinnere. Die Dämonen suchten die Menschen »zu betäuben, sie trunken zu machen, sie einzuschläfern, damit sie die himmlische Heimat vergäßen. Gelingt das den einen, so bleibt doch bei den anderen das Bewußtsein wach, hier auf Erden in der Fremde, im Gefängnis zu sein; sie sind erfüllt von der Sehnsucht nach Befreiung.«[13]

Entscheidend sei nun für den Gnostiker die *Frage* gewesen: Wie kann der gefangene Lichtfunken befreit werden, wie kann der Mensch also wahrhaft zu sich selbst kommen? Antwort: »Die Befreiung kann nur als Erlösung kommen; als eine Erlösung, die den Menschen aus dem Gefängnis befreit, indem sie ihn von sich selbst befreit.«[14] Und diese *Erlösung*, d. h. die Rückkehr des einst präexistenten Lichtfunkens in seine Heimat, sei nicht Sache einer Selbstbefreiung des Menschen, sondern nur ermöglichbar durch eine »Botschaft aus dem Jenseits«, durch »einen ›Ruf‹, den der aus der Lichtwelt entsandte Bote« bringe.[15] Denn – so erzählt Bultmann den Mythos weiter: die höchste Gottheit habe sich der gefangenen Lichtfunken erbarmt und zu ihrer Erlösung eine himmlische Lichtgestalt, ihren Sohn, gesandt, gekleidet in das Gewand eines irdischen Leibes, damit die Dämonen ihn nicht erkannten.

2. *Was Gnosis und Christentum verbindet*

Konnte es von daher für Bultmann noch eine Frage sein, daß eine solche Konzeption ihren Einfluß auf das *hellenistische* Christentum gehabt haben mußte? Auf ein Christentum, das ja Bultmann zufolge alles andere als eine einheitliche Größe, das vielmehr »aufs Ganze gesehen ein merkwürdiges synkretistisches Gebilde« gewesen war, »in sich Spannungen und Gegensätze enthaltend, Richtungen, die von einer in der alten Kirche sich dann durchsetzenden ›Rechtgläubigkeit‹ aus der ›Ketzerei‹ beurteilt werden mußten«?[16] Kaum. Und so sieht denn Bultmann auch Christen und Gnostiker in zwei entscheidenden existentiellen Anschauungen damals übereinstimmen:

(1) Die *Situation des Menschen in der Welt* besteht in einem Zustand der *Versklavung* unter feindselige kosmische Mächte sowie in der Notwendigkeit, daß der Mensch zu seinem eigentlichen Sein *erlöst* werden müsse. Kennt nicht auch *Paulus* den Fall eines Urmenschen, den Fall Adams, der Gen 3 zufolge die Sünde in die Welt gebracht, bis Christus der Herrschaft der Sünde ein Ende gesetzt habe (Röm 5,12ff.)?

(2) Der Mensch kann seine *Erlösung nicht aus eigenen Kräften* schaffen; er bedarf dafür vielmehr eines aus der göttlichen Welt entstandenen *Erlösers*. Erlösung also nicht als Tat des, sondern als Ereignis *am* Menschen.

Konkret anschaulich wird dies für Bultmann an der Christologie der hellenistischen Gemeinde, die schon vor Paulus Jesus »mit Begriffen des gnostischen Erlösermythos interpretiert« habe: »Er ist eine göttliche Gestalt der himmlischen Lichtwelt, der Sohn des Höchsten, der vom Vater herabgesandt wurde, in Menschengestalt verhüllt, und durch sein Werk die Erlösung brachte.«[17] Schlüsseltext dafür ist das Christus-Lied Phil 2,6–11, das Paulus (wie Ernst Lohmeyer schon 1928 nachwies[18]) allem Anschein nach bereits zitathaft benutzt habe. In ihm müsse bereits davon die Rede gewesen sein, »daß Christus, ein präexistentes Gottwesen, die Himmelwelt verließ und in Knechtsgestalt auf Erden erschien und nach seinem Tod zum Herrn erhöht wurde«.[19]

Doch *Rückfrage*: Was war der Sinn einer solchen Mythenrezeption schon im Neuen Testament, genauer: Worin bestand nach Bultmann die »Attraktivität« gerade des gnostischen Erlösermythos für die Christologie?[20] Kurz gesagt: Dieser Mythos bot – im Unterschied zur jüdischen Eschatologie und ihrer Erwartung des Heils für die Zukunft – die Chance, *Eschatologie präsentisch* zu veranschaulichen: als Heil, das mit dem Kommen Christi, seinem Tod und seiner Auferweckung schon angebrochen sei. Welt sei hier schon überwunden; die Befreiung von den Mächten der Welt habe schon stattgefunden!

Das also war für Bultmann entscheidend: Für das Christentum wie für die Gnosis gilt, daß »das eschatologische Geschehen als ein in der Gegenwart anhebendes Geschehen« begriffen werden kann.[21] Für beide gilt, »daß im verkündigten Wort, der Botschaft von oben, der Erlöser präsent ist, daß sich in der Verkündigung das eschatologische Geschehen weiter vollzieht«.[22] *Präsentische Eschatologie, Botschaft von oben, Verkündigung (Kerygma)*: das alles ist Christentum und Gnosis gemeinsam, und – das alles klang sehr Bultmannianisch!

Die Frage drängt sich auf: Sind gnostischer Erlösermythos und paulinische Präexistenzchristologie im Zeichen Bultmannscher Kerygmatheologie versöhnbar? Es sah ganz so aus. Und doch haben wir zu fragen: War das die reine Geschichtsschreibung eines Historikers?

3. Eigenprofilierung auf Kosten der Gnosis

Wohl kaum. Obwohl Bultmann bloß als Historiker in diesem Buch hatte auftreten und alle *Wertungen* vermeiden wollen: dem kritischen Leser wird nicht entgehen, welche subtil-indirekte theologische *Argumentationsstrategie* in diesem Buch angelegt ist – zugunsten von Bultmanns eigenem Christentumsverständnis. Und das wiederum wird nirgendwo deutlicher als dort, wo Bultmann sich *von der Gnosis abzusetzen* versucht. Gewiß – so hatte er betont – Christentum und Gnosis wüßten beide um die uneigentliche Existenz des Menschen in der Welt und die Unfähigkeit der Selbsterlösung. Aber nach gnostischer Lehre sei diese Situation *Schicksal*, Verhängnis; nach christlicher Lehre im wesentlichen aber *Schuld*. Und diesen Unterschied machte Bultmann sich gerade daran klar, »daß das Christentum die Lehre von der Präexistenz des menschlichen Ich ausgeschieden habe«.[23] Gerade hinter der reichlich obskur anmutenden, archaisch-mythologischen Vorstellung von einem präexistenten himmlischen Lichtfunken verbargen sich nach Bultmann *anthropologische Grundanschauungen*. Und sie machten – weil vom Christentum nicht rezipiert – den ganzen Unterschied zwischen Gnosis und Christentum aus.

Worin aber bestand dieser Unterschied konkret? Das Neue Testament verstehe – so Bultmann – das menschliche Sein *geschichtlich*, die Gnosis dagegen *schicksalhaft*, in den Kategorien des naturhaften Seins. Der Gnostiker sei ein »durch seine Natur Geretteter«, der Christ durch seinen Glauben.[24] Gerade in der Lehre von der *Präexistenz der Seele* komme ja zum Ausdruck, daß das eigentliche Sein des Menschen als Voraussetzung von geschichtlich stets wieder neuem Handeln für den Gnostiker gerade nicht in den Blick komme, weil dies ja ganz und gar in die Vorzeit verlegt worden sei. Das Schicksal des Menschen habe sich für den Gnostiker ja dann erfüllt, wenn die Seele dorthin zurückgekehrt sei, wo sie herkomme, einst präexistent war. Anders im Christentum. Hier geht es für Bultmann um die *große Möglichkeit des neuen Seins in Christus*, und dieses Sein ist ein eschatologisch-geschichtliches. Der Mensch kann im Glauben hier und heute stets neu seine Existenz ergreifen! In summa: »Die urchristliche Predigt hat auf die kosmogonische Belehrung und auf die Lehre von der Präexistenz des Selbst verzichtet, und wenn sie auch das Kreuz und die Auferstehung Christi mit Hilfe einer mythologischen Begrifflichkeit als ein kosmisches Ereignis verkündet, so ist die Kreuzespredigt doch echter Entscheidungsruf, weil die Heilsbedeutung des Kreuzes (und in der Folge auch der Auferstehung) nur dem sichtbar wird, der sich ›mit Christus kreuzigen läßt‹ und den Gekreuzigten als den sein konkretes Leben bestimmenden Herrn anerkennt.«[25] *Umwandlung* der menschlichen Existenz durch das Wort Christi in der Geschichte, *nicht spekulative Lehre* über das ewige Schicksal des Menschen: das ist der Unterschied zwischen Christentum und Gnosis.

Aus all dem wird überdeutlich, wie sehr Bultmann die Gnosis aus *theologischen Eigeninteressen* heraus zu benutzen verstand, wie sehr sein Gnosisverständnis abhängig war von seinem Selbstverständnis als Theologe und Zeitgenosse. In der Tat: Gut gebrauchen konnte Bultmann die Gnosis als *geistesgeschichtliche Parallele* zu seinem eigenen existential-individualistischen Glaubens- und Weltverständnis. All diese Rede von Entfremdung, Verlorenheit und Angst in der Welt, von Einsamkeit und Geworfenheit des Menschen, von Erlösungssehnsucht und Unfähigkeit zur Selbsterlösung: sie paßte gut in Bultmanns eigenes Daseinskonzept und in eine existentialistische Zeitstimmung der ersten Jahrhunderthälfte. All diese mythischen Geschichten vom eingesperrten präexistenten Lichtfunken, der der Befreiung bedürfe: sie kamen Bultmanns eigenem soteriologischem

Individualismus entgegen. All diese Rede von einem »Urmenschen« und dann auch »Idealmenschen« als einem von der Welt Erlösten, all diese Vorliebe für Urzeit-Mythologie überhaupt, paßte nahtlos – wir sahen es bereits im vorigen Kapitel – in eine geistige und kulturelle Zeitstimmung der zwanziger und dreißiger Jahre. Der protestantische Exeget *Klaus Berger* hat hier auf überraschende Parallelen aufmerksam gemacht: »Dazu gehört nicht nur die – freilich weithin mißverstehende – Rezeption von Nietzsches ›Übermensch‹, die Betonung der idealmenschlichen Züge in der Christologie (im Liedgut beider Konfessionen Christus als ›Held‹ und als ›König‹), sondern auch die Bedeutung der Menschengestalt in der Anthroposophie R. Steiners und in der Kunst des Jugendstils.«[26]

Aus all dem wird deutlich, daß Bultmann die Gnosis durchaus auch zur *Eigenprofilierung des Christlichen* benutzte, als Kontrastfolie gewissermaßen, vor der dann die eigene Christologie um so plausibler und befreiender sich würde abheben können. Ja, Bultmann benutzte die Gnosis nicht zuletzt zur Rechtfertigung des eigenen theologischen Programms. Keine Frage doch: Mit der Betonung des naturhaft-schicksalhaften Seinsverständnisses in der Gnosis wollte Bultmann zeigen, daß die paulinische (und dann auch lutherische) Rechtfertigungslehre mit einem solchen Daseinsverständnis unvereinbar sei. Indem Bultmann also nachwies, daß die paulinische Kreuzestheologie die gnostische Erlöser-Mythologie schon konterkariert habe, demonstrierte er im Neuen Testament bereits ein Stück »Entmythologisierung« *damals*, die der moderne Exeget *heute* auf ganzer Linie durchzuführen habe. Anders gesagt: Mit der Gnosis als Kontrastfolie schaffte sich Bultmann Legitimation für sein eigenes Entmythologisierungsprogramm. Und von ihm wird noch die Rede sein!

4. Wie man »Sohn Gottes« wird: Die Geschichte eines Titels

64 Jahre ist Rudolf Bultmann mittlerweile alt, als er 1948 mit der »*Theologie des Neuen Testamentes*« seine Summe paulinischer Theologie vorzulegen beginnt.[27] Die vertrauten Topoi des paulinischen Kerygmas im Kontext antiker Religionsgeschichte kehren wieder und können in unserer Darstellung jetzt vorausgesetzt werden. Entsprechend seiner jahrzehntelang geübten Unterscheidung behandelt Bultmann im *ersten Teil* der neutestamentlichen Theologie die Verkündigung Jesu, das Kerygma der Urgemeinde und das der hellenisti-

schen Gemeinde vor und neben Paulus, und zwar – was bis dahin unerhört war – als bloße »Voraussetzungen und Motive der neutestamentlichen Theologie«[28], nicht aber als diese selber; in einem *zweiten Teil* dann die Theologien von Paulus und Johannes, schließlich in einem *dritten Teil* die Entwicklung zur alten Kirche mit den deuteropaulinischen und nachpaulinischen neutestamentlichen Schriften im Zusammenhang der altkirchlichen Apologeten.

In jeder dieser Schichten behandelt Bultmann natürlich auch die *Christologie*, darunter den für das Präexistenzverständnis entscheidenden Titel *Sohn Gottes*. Und während Karl Barth in seiner Theologie die Geschichte des Gottessohnes erzählen wollte, der aus der Ewigkeit in die Zeit kam, erzählte Bultmann die Geschichte des *Titels* »Sohn Gottes«, wie er sich von den Anfängen in der Zeit bis hin zur »Ewigkeit« entwickelt habe. Bultmanns christologische Summe wollen wir uns in aller Knappheit vergegenwärtigen.

Die *palästinische Urgemeinde*: Neben den Titeln Messias und Davidsohn ist hier vor allem der *Menschensohn-Titel* von Interesse, der in der Urgemeinde vorherrschend gewesen ist. Gerade er ist auch präexistenztheologisch bedeutsam, stammt er doch aus der jüdisch-apokalyptischen Eschatologie und meint ein »überirdisches präexistentes Wesen . . ., das am Ende der Zeit vom Himmel herabkommen wird, Gericht zu halten und das Heil zu bringen«.[29] Dabei ist Bultmann der Ansicht, daß diejenigen Worte, die in den Synoptikern vom *kommenden Menschensohn* reden, die ältesten seien, ja auf Jesus selbst zurückgingen. Bultmann folgert daraus, daß Jesus damit eine *von ihm selbst verschiedene Erlöser- und Rettergestalt erwartet* haben müsse.[30]

Und *Gottessohn*? Sohn Gottes dürfte Jesus in der Urgemeinde wohl im Anschluß an Ps 2 genannt worden sein, in dem der israelitische König »mit der altorientalischen Adoptionsformel als Sohn Gottes«[31] bezeichnet wurde. Wenn auch für Bultmann unklar ist, ob »Sohn Gottes« im Judentum als Messiastitel benutzt worden sei, so steht doch umgekehrt für ihn fest, daß der Titel Sohn Gottes »weder im Judentum noch in der christlichen Gemeinde den mythologischen Sinn haben konnte wie später im hellenistischen Christentum, daß er also nicht den Messias als ein von Gott erzeugtes, supranaturales Wesen bezeichnete, sondern einfach eine Königstitulatur war«.[32] Gerade Mk 9,7, die Verklärungsgeschichte, die ursprünglich eine Ostergeschichte gewesen sei, beweise (zusammen mit Röm 1,3), daß die Urgemeinde Jesus die *Gottessohnschaft nicht aufgrund seiner Präexistenz, sondern seiner Auferweckung* zugesprochen habe.

Die *hellenistische Gemeinde*: Unter dem Einfluß der griechischen Tradition (mit zahlreichen gottähnlichen Gestalten, die man für Göttersöhne hielt) und des orientalischen Hellenismus (mit Sohnesgottheiten, Vegetationsgottheiten, gnostischer Mythologie) bilden sich *drei Typen von Gottessohnschaft*[33] heraus.

(1) Der durch Wunder seine göttliche Vollmacht offenbarende, die göttlichen Kräfte durch den göttlichen Geist erhaltende *Gottesmann* (theios aner). In diesem Sinn erhält Jesus die *Gottessohnschaft* nach Markus *durch die Taufe*. Gleichzeitig entsteht schon früh die »Legende von der jungfräulichen Geburt des vom Heiligen Geist (Mt 1,20) bzw. von der Kraft des Himmels (Lk 1,35) erzeugten Jesus«.[34] Gottessohnschaft also durch *göttliche Zeugung auf Erden*. Alles in allem die Vorstellung einer Erzeugung des Gottessohnes durch die Gottheit, »die nicht nur die griechische Tradition kennt, sondern die auch der babylonischen und vor allem der ägyptischen Königslegende geläufig ist« und die »offenbar vom jüdischen Hellenismus in Ägypten übernommen und auf die Frommen des AT übertragen worden« sei.[35]

(2) Die Vorstellung vom *menschgewordenen präexistenten Gottessohn*: Gottessohnschaft also nicht (ja geradezu in Widerspruch dazu!) durch irdische Legitimation oder göttliche Zeugung (Präexistenz und Jungfrauengeburt schließen sich aus), sondern »immer schon«, *von Ewigkeit* her. Bultmann: »Sie ist für Paulus (wie für Johannes) selbstverständlich, und daß sie nicht erst von ihm in das christliche Denken eingeführt wurde, beweist das vorpaulinische Lied Phil 2,6–11.«[36]

(3) Die Vorstellung vom Gottessohn als *kosmischem Schöpfungsmittler*. Sie sei unter dem Einfluß der hellenistisch-jüdischen (Philo von Alexandrien) Logos- und Weisheitsspekulation auch auf Christus übertragen worden. Schon Paulus selbst kenne Anspielungen auf solch eine kosmische Rolle Christi (1 Kor 8,6: »Durch ihn ist alles und wir sind durch ihn«; 2 Kor 4,4: Christus als »Bild Gottes«). In der Zeit nach Paulus finde sich eine solche Vorstellung vor allem im Kolosser-, Epheser- und Hebräerbrief.[37]

5. Erlösungsgrund: Der Sinn der Präexistenzaussagen bei Paulus

Das alles heißt: Christologisch besteht für Bultmann kein Zweifel daran, daß das *Neue Testament* in seinen entscheidenden theologischen Hauptschriften (Paulus ebenso wie dann Johannes) *die Präexistenz Christi voraussetzt* – als Ergebnis einer Einflußnahme altorientalischer Mythologie selbstverständlich. Alles überholte Phantasmagorie, überwuchernde Spekulation aus »heidnischen Quellen« – wie Harnack meinte? Nein, Bultmann bleibt bei seiner religionsgeschichtlichen Diagnose nicht stehen. Von der Diagnose versucht er zur Interpretation fortzuschreiten und den theologischen *Sinn der Präexistenzaussagen für heute* zu eruieren. Denn Bultmann will die Präexistenzaussagen nicht wie die Liberalen eliminieren, sondern theologisch interpretieren, kamen doch gerade sie ihm für seine eigene theologische Programmatik entgegen. Zwar ist Bultmann davon überzeugt, daß Menschen in einem nachmythologischen Zeitalter solche Aussagen über die Präexistenz Christi nicht einfach *wörtlich* als »Mythologeme« für wahr halten könnten; und doch ist er nicht bereit, ihren christologischen, kerygmatischen und soteriologischen Sinn einfach aufzugeben. Im Gegenteil: Die Präexistenzaussagen bringen für ihn auf mythologische Weise zum Ausdruck:

(1) *Person und Schicksal Jesu* haben »nicht im Zusammenhang innerweltlichen Geschehens ihren Ursprung und ihre Bedeutung«, sondern nur dadurch, »daß Gott in ihnen gehandelt hat«.[38] Präexistenzaussagen sichern also das *Voraus* des Heilshandelns Gottes *in Christus* vor allem menschlichen Handeln (christologischer Aspekt).

(2) Es gibt eine »*von Gott autorisierte Verkündigung* der zuvorkommenden Gnade und Liebe«. Wer an die Präexistenz Christi glaubt, bejaht, »daß es Gottes Wort ist, das den Hörer getroffen hat«.[39] Präexistenzaussagen sichern also das *im Wort* verkündete Voraus des Heilshandelns *Gottes* in Christus (kerygmatischer Aspekt).

(3) Insofern dem Präexistenten die Rolle des *Schöpfungsmittlers* zugeschrieben wird, ist damit bejaht, »daß Schöpfung und Erlösung eine Einheit bilden, daß die im Wort und Kerygma begegnende Liebe Gottes ihren Ursprung vor aller Zeit hat«.[40] Präexistenzaussagen

sichern also das Voraus des *Heilshandelns* Gottes in Christus (soteriologischer Aspekt).[41]

Freilich: Ein ganzer Textkorpus wurde bisher ausgespart – der johanneische. Aber gerade diese johanneische Vorstellungswelt ist für Bultmanns Theologie von entscheidender Bedeutung. Wir kommen jetzt zum eigentlichen Höhepunkt Bultmannscher Präexistenzchristologie.

V. Johannes und der Mythos vom Offenbarer

Daß Bultmann sich als einer der bedeutendsten Johannes-Forscher in der Geschichte der Exegese profilieren würde, wurde erstmals 1923 sichtbar, als sich der neununddreißigjährige Marburger mit einem ersten großen Aufsatz zu Wort meldete: »Der religionsgeschichtliche Hintergrund des Prologs zum Johannesevangelium«.[1] Es folgten noch in den zwanziger Jahren beinahe alle zwei Jahre programmatische Studien[2], unter denen für unsere Problematik einmal der Aufsatz über »Die Bedeutung der neuerschlossenen mandäischen und manichäischen Quellen für das Verständnis des Johannesevangeliums« (1925) besonders wichtig ist[3], zum anderen der Forschungsbericht »Das Johannesevangelium in der neuesten Fassung« (1927).[4] Ihren Höhepunkt erreichten die Johannes-Studien 1940 mit dem Aufsatz »Johanneische Schriften und Gnosis«[5] und dem ein Jahr später erschienenen großen Kommentar zum Johannesevangelium[6], ihren Endpunkt 1967 mit der Vorlage eines Kommentars zu den drei Johannesbriefen.[7]

Ein Leben lang versuchte Bultmann das *doppelte Rätsel* des Johannesevangeliums zu klären, wie er es schon 1925 umschrieben hatte[8]: Die Stellung des Johannesevangeliums im Zusammenhang der urchristlichen Entwicklung einerseits und die Frage nach der zentralen Anschauung, der Grundkonzeption des Johannesevangeliums andererseits. Ist doch das Johannesevangelium weder mit dem palästinischen und hellenistisch-paulinischen Christentum vergleichbar noch mit den Kategorien der hellenistischen Mysterienfrömmigkeit oder der christlichen Gnosis zu erklären; ist doch sowohl das Verhältnis von Menschlichkeit und Göttlichkeit beim johanneischen Christus das Problem wie überhaupt der Inhalt der Sendung dieses Christus; ist doch die zentrale Aussage des 4. Evangeliums weder mit Kategorien der Kultusfrömmigkeit noch mit denen der Mystik ganz zu greifen.

1. Hintergründiges zum Prolog: Der Mythos vom Logos

Überblickt man Bultmanns Schriften zur Johannesexegese, so zeichnen sich für das Verständnis der Präexistenz im Prolog folgende Grundlinien ab:

(1) Seit 1923 geht Bultmann davon aus, daß höchstwahrscheinlich der *ganze Prolog* bis auf die Johannes den Täufer betreffenden Verse (6–8 und 15) einer *vorchristlichen Vorlage* entstammt[9] und daß erst die genannten Verse Zusätze des Evangelisten gewesen seien. Da aber die Quellen der gnostischen Mandäer – wie Bultmann 1925 detailliert glaubte gezeigt zu haben – die engste Verwandtschaft mit dem Johannesevangelium aufwiesen und der Ursprung der Mandäer in einer Taufsekte zu suchen sei, die auf die Wirksamkeit Johannes des Täufers am Jordan zurückginge, sei die *Quelle* für den Prolog im *mandäischen Täufertum* zu suchen[10]. Diese täuferische Sekte mußte also ihren Heros, Johannes den Täufer, bereits als präexistenten »fleischgewordenen Gottessohn und Offenbarer« gefeiert haben! Im Johannes-Kommentar ist es Bultmann vollends zur Gewißheit geworden:
a) daß die *Quelle* für den Prolog ein ursprünglich aramäisches *Lied der Täufergemeinde* gewesen sei, in dem Johannes der Täufer als der fleischgewordene, präexistente Logos galt;
b) daß der Prolog somit einen *polemischen Charakter* trage: die Autorität dieses Täufers als des Offenbarers sollte bestritten werden;
c) daß der Evangelist deshalb selbst *zur Täufergemeinde gehört* haben mußte, bis ihm die Augen darüber aufgegangen seien, daß nicht Johannes, sondern Jesus der gottgesandte Offenbarer sei (JK,4f.).

(2) Seit 1923 geht Bultmann ebenfalls davon aus, daß insbesondere die Darstellung des präexistenten *Logos selbst* im Prolog sowohl in seiner kosmologischen (V 1–3) wie heilsgeschichtlichen Funktion (V 9–13) auf *vorchristliche Quellen* zurückgehe.[11] Aber weder das Alte Testament noch die griechisch-philosophische Tradition könnten hier Modell gestanden haben; Parallelen zeigten sich am ehesten im *jüdischen Weisheitsmythos* (Bei-Gott-Sein, Schöpfungsmittlerschaft), der seinerseits aber bereits aus der heidnischen Mythologie ins Alte Testament eingewandert sei. Der Weisheitsmythos – so

Bultmann im Kommentar – sei nur »eine Variante des Offenbarer-Mythos, der in der hellenistischen und gnostischen Literatur verbreitet ist; und die Verwandtschaft des Johannes-Prologs mit der jüdischen Weisheitsspekulation beruht darauf, daß beide auf die gleiche Tradition als ihre Quelle zurückgehen« (JK,8f.).

(3) Seit 1923 geht Bultmann überdies davon aus, daß auch die Rolle des präexistenten göttlichen *Logos als Erlöser*, der in Menschengestalt auf diese Erde herabgestiegen sei, *vorchristlich gnostischen Ursprungs* ist: entstammend dem – wie wir hörten – auch Paulus vertrauten Mythos von einem Urmenschen (Anthropos) und einem »erlösten Erlöser«, den Bultmann aus verschiedenen gnostischen Quellen glaubte rekonstruieren zu können.[12] Bultmann war sich dabei der Tatsache wohl bewußt, daß alle diese Quellen jünger waren als das Johannesevangelium.[13] Im Johannes-Kommentar faßt er zusammen – und das war provozierend genug:

a) Der johanneische Prolog redet über *Präexistenz in der Sprache der gnostischen Mythologie,* und »sein Logos ist jenes Zwischenwesen, das eine zugleich kosmologische und soteriologische Gestalt ist, jenes Gottwesen, das, vom Uranfang her beim Vater existierend, um der Erlösung der Menschen willen Mensch ward« (JK,12).

b) Auch der Gedanke einer *Menschwerdung* des präexistenten Erlösers ist ursprünglich *nicht christlich, sondern gnostisch.* Erst »in den christlich-gnostischen Systemen ist der menschgewordene Erlöser mit Jesus identifiziert worden« (JK,10).

c) Das *Johannesevangelium als ganzes* bringt durchweg Gestalt und Wirken Jesu in Begriffen gnostischer Mythologie zur Darstellung.

(4) Seit 1923 geht Bultmann also davon aus[14], daß die *Christologie des ganzen Johannesevangeliums* nur von jenem Bild des Gesandten Gottes, des Offenbarers, verstanden werden könne, »das am deutlichsten die mandäischen Quellen zeigen, das aber auch aus den manichäischen Texten, aus den Oden Salomos, aus den christlichen Gnostikern sichtbar wird, und das auch Philo und die hermetische Literatur beeinflußt« habe.[15] 1927 faßt Bultmann in einem Aufsatz zur neuesten Johannes-Forschung die *Parallelen zwischen dem Mythos und der johanneischen Christologie* knapp zusammen: »Wie bei Johannes, so ist auch im Mythos der Offenbarer das ewige, präexistente Gottwesen, das im Anfang beim Vater war und vom Vater in die Welt gesandt wurde, vom Vater mit Vollmacht ausgerüstet und in dauernder Einheit mit ihm stehend. Er kommt in die Welt und spendet

Leben als der, der selbst Leben hat; er führt aus der Finsternis ins Licht, aus der Lüge in die Wahrheit, selbst ohne Fehl und Mangel. Er redet die Worte, die ihn der Vater gelehrt, und tut die Werke, die ihm jener aufgetragen hat. Er offenbart sich durch das ›Ich bin‹ als der Hirt, als der Weinstock. Er kennt die Seinen, und sie kennen ihn. In der Welt aber erscheint er als ein Fremder, gehaßt und verfolgt. Aber wie er gekommen ist, so wird er gehen; er nimmt Abschied von den Seinen, sie im Gebet dem Vater anempfehlend. Aber sein Abschied ist keine ewige Trennung, sondern wie er erhöht ist, wird er die Seinen nach sich ziehen; er wird wiederkommen und sie zu sich holen auf dem Wege, den er gebahnt hat, er selbst der Weg und die Tür. Für die Welt aber ist sein Weggang das Gericht, denn er ist der ›Mensch‹ (Menschensohn).«[16]

(5) Seit 1926 betont Bultmann aber auch den *Unterschied der johanneischen Christologie zum gnostischen Erlösermythos*. Die Kritik bündelt Bultmann in die Sätze: »Die kosmologischen Motive des Mythos sind bei Johannes so gut wie ganz ignoriert. Es fehlt die Reflexion darauf, daß die Seelen der Gläubigen präexistente Lichtteile sind, die aus der Lichtwelt in die Welt der Finsternis gebannt wurden, daß sie nämlich die Teile jenes Urmenschen sind, der einst in der Vorzeit aus der Lichtwelt in die Finsternis hinabstieg und von ihr verschlungen wurde. Es fehlt damit der Gedanke, daß der gottgesandte Erlöser das Gegenbild jenes ersten Urmenschen ist und, indem er herabkommt und die Gläubigen sammelt, jenen ersten Urmenschen, seinen Doppelgänger, erlöst. Es fehlen die Spekulationen über die Himmelsreise der erlösten Seele; nur in mythologischen Bildern, die aber den alten Sinn verloren haben, wirkt die alte Vorstellung nach.«[17] All dies aber war für Bultmann der *Beweis* dafür, daß der *Mythos älter* sei als Johannes und von Johannes nur benutzt worden sei, um seinen christlichen Offenbarungsgedanken zum Ausdruck zu bringen.

(6) Seit 1925 legt Bultmann aber auch unverhohlen sein *theologisches Interesse an der Beschäftigung mit dem Johannesevangelium* frei. Präexistenz und Menschwerdung können deswegen so unapologetisch von Bultmann als heidnische Mythologeme bezeichnet werden, weil es ihm auf sie als isolierte Heilsereignisse, als separate Glaubenstatsachen nicht ankam.[18] Daß der Verfasser des vierten Evangeliums sich nur für das »Daß« der Offenbarung Christi interessiert habe, nicht für das »Was«, ist ihm dagegen außerordentlich

wichtig: Er, Bultmann, brauchte gerade dies für seine eigene Theologie.[19] Denn was der Offenbarer inhaltlich offenbare, was die Offenbarung inhaltlich ausmache, ließe sich gerade nicht beschreiben, weder durch »spekulative Sätze« über Christi Wesen metaphysisch (wie bei Barth) noch durch »seelische Zuständlichkeiten« der Person Jesu psychologisch (wie bei den Liberalen).[20] Es liegt auf der Hand, daß Bultmann gerade dies um seines *nichtobjektivierenden Glaubens- und Gottesverständnisses* willen wichtig war. Denn: »das Göttliche« sei im Johannesevangelium gerade »nichts irgendwie Gegebenes und Beschreibbares«; das Johannesevangelium rede von Gott nicht auf der via negationis des Mystikers (es fehlen alle mystischen Gottesprädikate), sondern so, wie einzig davon geredet werden könne: durch die Darstellung der Erschütterung alles Menschlichen durch die Offenbarung. Der Gegensatz zwischen der Offenbarung und dem ›gesunden Menschenverstand‹ ziehe sich durch das ganze Evangelium hindurch. Die vielen Mißverständnisse in den Dialogen seien nicht bloß ein technisches Mittel des Verfassers, sondern tief in seiner Auffassung der Offenbarung begründet. Darstellen lasse sich die Offenbarung nur als die Vernichtung alles Menschlichen, als die Zurückweisung aller menschlichen Fragen, als die Verweigerung aller menschlichen Antworten, als die Infragestellung des Menschen.[21]

Hier also lag Bultmanns eigene theologische Leidenschaft im Blick auf die johanneische Christologie: Auch ihn interessierten nicht einzelne objektivierende Glaubensinhalte, sondern allein die *Offenbarungsstruktur der Christologie* schlechthin, verstanden als plausibilitätskritische Erschütterung, Vernichtung, Infragestellung des »bisherigen Menschen«. Anders gesagt: Christologie hatte für Bultmann als »Verweigerung« menschlicher Vernünftigkeit *produktiven Unterbrechungscharakter*. Wodurch aber wird nach Bultmann der Mensch in Frage gestellt? Was konkret läßt sich durch »gesunden Menschenverstand« nicht fassen?

2. Das Paradox: Der göttliche Logos als Mensch Jesus

Er ist schon einzigartig – dieser Prolog des Johannesevangeliums. Ohne Vorbild steht er da in christlichen Schriften dieser Zeit. Wir fragen: Was bedeutet die Tatsache, daß dieser Text den Logos gleichsam aus der Welt herausnimmt, ihn aller Zeit und aller Welt voraussein läßt, ihm schlechthinnige Jenseitigkeit zuschreibt – was soll das alles, wo es doch ausschließlich um den Jesus auf Erden, mitten unter den Menschen geht?

Das Lied vom Logos will – so Bultmann – nichts als die Tatsache preisen: gerade *in diesem Jesus von Nazaret ist der Logos Gottes selbst Fleisch* geworden, und das heißt gleichzeitig, »in der Gestalt und im Wort Jesu begegnet nichts, was in Welt und Zeit entsprungen ist, sondern begegnet die Wirklichkeit, die jenseits von Welt und Zeit liegt. Daß er und sein Wort ebenso kritische Instanz gegenüber Welt und Zeit sind, wie daß sie von Welt und Zeit befreien – das ist im ersten Satz schon vorbereitet« (JK,16). Anders gesagt: Gerade die »Jenseitigkeit«, die »Vor-Zeitigkeit« des Logos begründet seine Funktion als kritische Instanz und Befreiung *in* der Zeit. Der Satz vom präexistenten Logos, der Fleisch wird, ist also ein produktiv-, ein *befreiend-paradoxer* Satz!

Was aber ist mit der Wendung gemeint: »Und Gott war das Wort«? Was bedeutet die *Gleichsetzung des Logos mit Gott*? Ist der Logos damit zu einem eigenen Gottwesen geworden (von denen es jetzt zwei gäbe), zu »Gott und Art«, wie Karl Barth meinte?[22] Geht es um »zwei göttliche Personen nebeneinander«, wobei die eine der anderen subordiniert wäre? Nein, nichts von alledem. Nicht um eine Subordination von Gott und Logos geht es, sondern um eine Gleichsetzung: Der Logos ist niemand anderer als der Logos *Gottes*. So erst wird die ganze Paradoxalität der johanneischen Christologie ja aufgerichtet. Erst wenn der Logos Gott selbst ist, wird das christliche Paradox zum wirklichen Paradox, das darin besteht, daß im irdischen Offenbarer wirklich *Gott* begegnet. Und das heißt zugleich: Gott begegnet nicht direkt, sondern eben nur im irdischen Offenbarer (JK,17). Gerade das »Paradox« also hatte für Bultmann *distanzschaffende Funktion*, die jede platte Direktheit des menschlichen Zugriffs auf Gott verhinderte.

Was bedeutet dann: »*Dieser* war im Anfang bei Gott«? Antwort: Nicht den Menschen Jesus, wie Barth meinte, sondern eine ausdrückliche Affirmation, daß, wenn der Logos neben Gott tritt, Gott selbst »von vorneherein als der ›redende‹, als der sich offenbarende Gott verstanden« (JK,18) werden muß. Die Präexistenz des Logos bestimmt Gott selbst als einen *von Ewigkeit her im Wort sich mitteilenden Gott.* »Im Anfang war Gott; aber er war nicht allein: bei ihm war der Logos« (JK,16). Das heißt zugleich: Die Offenbarung Gottes hat »ihren Ursprung vor der Zeit«; sie ist »in der Ewigkeit und Einheit des göttlichen Willens« begründet: »Der Logos ist nicht ein jeweiliger Offenbarungsakt Gottes, sondern er ist ›präexistent‹« (JK,18), d. h. er qualifiziert Gott immer schon als einen sich offenbarenden Gott. Damit hatte Bultmann die entscheidenden christologischen Grundlagen gelegt und sein *doppeltes Interesse* an der johanneischen Präexistenzchristologie freigelegt. Zum *einen* das christologische Interesse: Die Vor-Zeitigkeit des fleischgewordenen Logos als des Logos *Gottes* ermöglicht *in* der Zeit den Vorrang der Person Jesu als kritische, befreiende Instanz zur Erschütterung einer angeblichen menschlichen Autonomie. Zum *anderen* das theologische Interesse: Die Rede von einem präexistenten Logos bestimmt Gott ein für allemal als einen nicht mysteriösen, verborgenen, schweigenden, sondern als einen konkreten, sich offenbarenden, sprechenden Gott.

Wie aber muß nun das Wort von der *Fleischwerdung* näherhin verstanden werden? (JK,38–43). Es war keine Frage für Bultmann: Der Prolog übernimmt hier die Sprache der Mythologie. Aber in dieser mythologischen Sprache komme eben der *Offenbarungsgedanke* zum Ausdruck: Offenbarung ist Geschehen von Jenseits und vollzieht sich in der menschlichen Sphäre. Das *konkrete* Ereignis der Offenbarung aber, das sich in der menschlichen Sphäre vollzogen hat, ist, so Bultmann, ganz und gar ein *Ärgernis*: denn der *Logos* erscheint bekanntlich nicht strahlend, mysteriös, faszinierend, nicht als Heros, gottbegnadeter Mensch, Wundertäter oder Mystagoge, sondern als der *Mensch Jesus von Nazaret.* Allem fromm-religiösen oder philosophisch-intellektuellen Verlangen zum Trotz: »In purer Menschlichkeit ist er der Offenbarer« (JK,40). Eine größere Zumutung für den Glaubenden ist kaum denkbar! Und warum nicht? Weil die Herrlichkeit des göttlichen Offenbarers gerade nicht neben dem Fleisch oder durch das Fleisch hindurch wie durch ein Transparent sichtbar ist, sondern als im Fleische eigentümlich verhüllt *geglaubt* werden muß. Man muß schon glauben, daß er, Jesus von Nazaret, der göttliche Logos auf Erden ist. Das aber *darf* geglaubt werden, weil dieser Logos für Bultmann nicht irgendeiner ist, »sondern Gott, sofern er sich offenbart«.[23] Ist der Fleischgewordene der Logos, so ist er auch theos![24]

In diesem paradoxen Sinn muß auch das *Täuferzeugnis* des Prologs und der nachfolgenden Perikope verstanden werden: »Dieser war es, über den ich gesagt habe: Er, der nach mir kommt, ist mir voraus, weil er vor mir war« (Joh 1,15). Was ist hier Besonderes? Charakteristisch für die johanneische Täufergeschichte (1,19–34) ist gerade die Zuspitzung auf die Präexistenz Christi im Gegensatz zu den Täufergeschichten bei den Synoptikern (Mk 1,7f. par.). Johannes läßt gerade den Täufer das Paradox formulieren, daß nach ihm einer komme, der ihm immer schon voraus gewesen sei! Indem Johannes aber ein solches Täuferwort in sein Evangelium einfügt, gibt er zu verstehen, daß für ihn »in Jesus als dem fleischgewordenen ewigen Logos alle jüdischen Messiaserwartungen und gnostischen Erlöserhoffnungen ihre Erfüllung finden« (JK,51).

Ja, Bultmann macht überdies deutlich, daß Johannes sich gerade durch sein spezifisch paradoxes Menschwerdungsverständnis sowohl von einer *doketisch-gnostischen Christologie* absetze, die »eine Identität zwischen dem Gottessohn und dem Menschen Jesus« bestreite[25] und Jesus vor lauter Göttlichkeit nur einen menschlichen Scheinleib zubillige, als auch von *jüdischen Anschauungen*, die Jesus zwar als realen Menschen anerkannt, ihm aber den Anspruch streitig gemacht hätten, »der Offenbarer Gottes zu sein«.[26] Nein: »Der Offenbarer« – so Bultmann – »erscheint nicht als Mensch überhaupt, d. h. nicht als Träger der menschlichen Natur, sondern als ein bestimmter historischer Mensch, als Jesus von Narzareth. Seine Menschheit ist eine echte.«[27]

Von daher ist es für Bultmann keine Frage, daß Johannes »keine Theorie über die wunderbare Art des Eingangs des Präexistenten in die Welt und über die Art seiner Vereinigung mit dem Menschen Jesus« kenne. Wie bei Paulus finde sich bei ihm weder »die Legende von der Jungfrauengeburt noch die von der Geburt Jesu in Bethlehem – oder wenn er sie kennt, will er von ihnen nichts wissen«.[28] Von daher ist es auch kein Zufall, daß Jesus im Johannesevangelium ganz selbstverständlich »Sohn Josefs« genannt werden kann (Joh 1,45), eine Bezeichnung, die freilich nur der richtig verstanden hat, der um die göttlich-menschliche Paradoxalität des johanneischen Christus weiß und diese Rede vom Josefssohn nicht dahingehend mißversteht, als sei Jesus »nichts als« der gewöhnliche Sohn eines menschlichen Vaters.

Damit wird deutlich, daß *Bultmann* sein – im Anschluß an das Johannesevangelium gewonnene – Verständnis der *Präexistenz Christi polemisch abzugrenzen versteht, und zwar nach zwei Seiten*:

– Einerseits gegen einen *Dogmatismus*, der meint, an das Wort von der *Präexistenz* des Logos Spekulationen anknüpfen zu dürfen. Nein: »durch das ›bei Gott‹« – so Bultmann – »ist jede Spekulation über eine Urzeugung in der göttlichen Sphäre, jede Vorstellung von einer Entfaltung der Gottheit oder einer Emanation, jeder Gedanke eines Sich-selbst-objektiv-Werdens der Urgottheit ausgeschlossen. Hinter das ›das Wort war bei Gott‹ wird nicht zurückgegangen« (JK,16). Deutlich ist dies an die Adresse einer immanenten Trinitätslehre mit ihren Kategorien der Selbstunterscheidung in Gott gesagt, Karl Barth inklusive. Das gleiche gilt auch für Bultmanns Interpretation der *Menschwerdung*. Auch hier erübrigen sich für ihn alle Fragen, wie es bei der Mensch-*Werdung* konkret zugegangen sei oder wann sich der Logos mit dem Menschen Jesus vereinigt habe. Für Bultmann ist die Glaubensaussage völlig genügend: »Der Mensch Jesus ist als Offenbarer der Logos« Gottes. Der Logos ist also »nicht ein Jemand, sondern Gott, sofern er sich offenbart«. Unberechtigt ist es deshalb für Bultmann, sich die Menschwerdung etwa im Sinne eines »physiologischen Wunders« vorzustellen. Denn gerade solch ein »wunderbarer Vorgang« würde an dieser Stelle »den Grundgedanken des Evangeliums, daß der Offenbarer ein Mensch ist, verderben«.[29]

– Andererseits wendet sich Bultmann mit der Betonung des Paradoxes gegen einen *pietistischen Fundamentalismus*, der die Menschheit Christi als Akt göttlicher Herablassung verstehe; der Gott im Offenbarer »anschaulich« machen wolle; der dem Menschen ein persönliches Verhältnis zum Offenbarer erschließen möchte. Auch ein solches Verständnis zeugt nach Bultmann nur von einem Mißverständnis des Paradoxes. Denn anschaulich werde der Logos in Jesus gerade nicht – gerade auch bei Johannes nicht: »Die Begegnung mit ihm ist nur Frage und nicht Überredung.«[30] Und wie sieht dies im Johannesevangelium nun konkret aus?

3. Präexistenz: die Nichtlegitimierbarkeit des Offenbarers

Wir können uns hier nur auf einige wenige Grundtexte beschränken. Und da kann kein Zweifel sein, daß Kap. 8 den dramatischen Höhepunkt des Streites um die Präexistenz Christi bei Johannes bildet: »Die Juden entgegneten: Du bist noch keine fünfzig Jahre alt und willst Abraham gesehen haben? Jesus erwiderte ihnen: Amen, amen, ich sage euch: Noch ehe Abraham wurde, bin ich« (8,57f.). Bekanntlich endet mit diesem Satz eine heftige Auseinandersetzung des johanneischen Christus mit »den Juden«, die erstmals im Neuen Testament hier pauschal als ungläubiges Kollektiv erscheinen. Der Vorwurf »an die Juden« gipfelt in der Behauptung, sie, die Juden, hätten »den Teufel zum Vater« (8,44). Die Juden ihrerseits revanchieren sich und halten Jesus aufgrund seines angeblichen Anspruchs, größer zu sein als Abraham, für einen vom Dämon Besessenen!

Für Bultmann ist dieser Text eine theologische Schlüsselpassage, mit dessen Hilfe sich das Problem der Legitimation Jesu anschaulich machen läßt. Denn wodurch kann sich der johanneische Jesus den Juden gegenüber *legitimieren*? Antwort: *Nur durch seine Präexistenz beim Vater!* Nur weil er aus der Vor-Zeit kommt, kann er ja von Abraham wissen: »Euer Vater Abraham jubelte, weil er meinen Tag sehen sollte. Er sah ihn und freute sich« (8,56). Gerade das aber ist Bultmann theologisch wichtig: Jesus kann sich *irdisch* gerade nicht legitimieren. Seine eigentliche Legitimation ist gerade seine irdische Nichtlegitimierbarkeit! Wiederum ein ärgerliches Paradox, ähnlich dem, wie es Johannes bereits an der Figur Johannes des Täufers in Kapitel 1 gespiegelt hatte. Hier wie dort spielt der Evangelist mit der *Paradoxie von Gleichzeitigkeit und Vorzeitigkeit*. Ist Johannes der Täufer in Kapitel 1 der Zeuge für die Präexistenz Jesu in der Gleichzeitigkeit mit den übrigen Zeitgenossen, so ist Abraham in Kapitel 8 der jüdische Zeuge der Vorzeit für dieselbe Sache: die Herkunft des Präexistenten als Ausdruck der *göttlichen* Legitimation des Offenbarers in der Zeit.

Mit produktiven Mißverständnissen, mit paradoxalen Verschlüsselungen also habe der vierte Evangelist versucht, das Geheimnis der Person Jesu *in* der Zeit, *unter* den Menschen, zu umschreiben. Sein Ziel sei: Gerade die nur *menschlichen Maßstäbe und Wertungen sollten hinterfragt werden*. Denn gerade mit der Reaktion der Juden »für wen gibst du dich aus?« habe Johannes zu zeigen versucht, daß

»die Juden« mit ihren nur menschlichen Maßstäben Jesus zutiefst mißverstanden hätten. Sie hätten die Gottgleichheit Jesu gewissermaßen individualpsychologisch, ja individualpathologisch als »den Anspruch persönlicher Geltung« (JK,246) interpretiert: »Sie messen Jesus gleichsam »an sich selbst«, da sie selber – so Bultmann – »von unbändigem Geltungsdrang erfüllt« seien (JK,246). Ja, dies ist für Bultmann das Problem aller Ungläubigen im Johannesevangelium: das Problem falscher Maßstäbe, falscher Wertungen, falscher Kriterien überhaupt. Die Juden »müssen« Jesus mißverstehen, »da sie sich von den in ihrer Sphäre herrschenden Vorstellungen von Tod und Leben nicht freimachen können. Sie kennen nur jenes Leben, das ein Sich-Festhalten an sich selbst ist, und können das Leben, das sich in der Preisgabe dieses Lebenswillens erschließt, nur Tod nennen« (JK,246f.).

Eines aber kommt bei der dramatischen Abraham-Jesus-Passage für Bultmann hinzu. Veranschaulicht werde hier nicht nur die Größe der Person Jesu, sondern auch dessen »heilsgeschichtliche Rolle«. Der Tag von Jesu Kommen sei ja über den chronologischen Tag hinaus der *eschatologische Tag*. Und auf ihn sollte die Vision des Abraham gerade verweisen: In Jesus ist die Erwartung erfüllt worden, die schon der Erzvater Abraham besessen habe! Gerade das aber bleibe den jüdischen Zeitgenossen verborgen; ihre Maßstäbe seien nur die menschlicher Plausibilität: »Du bist noch keine fünfzig Jahre alt und willst Abraham gesehen haben?« Der Offenbarer aber – so Bultmann – gehöre nach Johannes gar nicht »wie Abraham der Reihe der gewordenen Wesen an. Das ›Ich‹, das Jesus als der Offenbarer spricht, ist ja das Ich des ewigen Logos, der im Anfang war, das Ich des ewigen Gottes selbst« (JK,248). Unfaßbar also, daß das ›Ich‹ der Ewigkeit laut werde ausgerechnet in einem geschichtlichen Menschen, keine fünfzig Jahre alt, Mensch unter Menschen, dessen Vater und Mutter man kennt: in »Jesus aus Nazaret, dem Sohne Josefs« (Jo 1,45)! Unfaßbar warum? Weil der Satz von der »Präexistenz« des Offenbarers – so Bultmann – »nur im Glauben verstanden werden kann; denn nur so wird der Sinn von ›Präexistenz‹ erfaßt, nämlich als die Ewigkeit des göttlichen Offenbarungswortes. Alle spekulativen Präexistenzvorstellungen, die Jesus bzw. den Messias als ein irgendwo vorhandenes präexistierendes Wesen vorstellen, betrachten den Offenbarer gerade so unter der Kategorie der Zeit, wie es die Einrede der Juden in Vers 57 (Kap. 8) in ihrer Weise tut, während der echte Sinn der ›Präexistenz‹ gerade diese Betrachtungsweise abschneidet« (JK,248f.). Die *Präexistenzaussagen also sprengen alle geläufigen Zeitschemata*!

4. Existenzbegründung: Der Sinn der Präexistenz Christi bei Johannes

Diese repräsentativ ausgewählten Passagen genügen, um den Sinn johanneischer Präexistenzchristologie, wie Bultmann sie rekonstruierte und interpretierte, zusammenfassend zu eruieren. Wir beziehen dabei auch die »Theologie des Neuen Testamentes« ein, in der Bultmann selber noch einmal seine Summe johanneischer Theologie vorgelegt hatte. Welchen Sinn also haben die johanneischen Präexistenzaussagen für Bultmann damals wie heute?

(1) *Erster Schlüsselbegriff* ist die *Paradoxie* der *Einheit des Menschen Jesus* mit dem ewigen Logos, mit Gottes ewigem Wort.[31] Für Bultmann hat Johannes als erster im Neuen Testament (anders noch als Paulus) mit der Paradoxie des Offenbarungsgedankens radikal ernst gemacht: »Daß in Jesus Gott selbst begegnet, und zwar gerade in Jesus als einem Menschen, an dem nichts Außerordentliches wahrnehmbar ist als seine kühne Behauptung, daß in ihm Gott begegne«.[32] Gewiß – das sieht Bultmann klar: Johannes benutzt zur näheren Bestimmung dieser Einheit mythologische Formeln; und dennoch hält Bultmann daran fest, daß die johanneische Einheit weder mit Mythologie noch mit Psychologie zu greifen sei und mit »Metaphysik im Sinne der späteren Zwei-Naturen-Lehre«[33] nicht begriffen werden sollte. Gerade eine so klassische Einheitsstelle wie Joh 14,10 (»Glaubst du nicht, daß ich im Vater bin und daß der Vater in mir ist?«) will auf die Einheit von Gott und Jesus im *Wirken Jesu* hinaus und auf die »Offenheit des Menschen, der sich von dem Wirken Jesu treffen läßt«.[34] Wir halten als *erstes Ergebnis* fest: Die Präexistenzaussagen bringen auf paradoxe Weise die *Wirkeinheit des Menschen Jesus mit dem ewigen Gott* für das Heil der Menschen zum Ausdruck.

(2) *Zweiter Schlüsselbegriff*: *Johanneische Entmythologisierung.* Bei aller Anerkennung der Abhängigkeit vom Mythos durchzieht die Bultmannsche Johannes-Exegese aber auch ein Bewußtsein von der »entmythologisierenden« Funktion johanneischer Christologie gegenüber dem Mythos. Konkret: Der johanneische Christus spricht zwar ständig von dem, was er bei seinem Vater gesehen oder gehört

haben will; aber nirgends findet sich eine solche Augen- und Ohrenzeugenschaft mythologisch ausgestaltet. *Nirgendwo* wird die *Präexistenz Jesu beim Vater eigenes Thema im Johannesevangelium;* nirgends wird auch die Fleischwerdung als solche mythologisierend ausgestaltet (etwa: Jungfrauengeburt). Und anders als im gnostischen Mythos gibt es bei Johannes eben keine kosmogonischen oder soteriologischen Mysterien. *Thema* des Evangelisten ist vielmehr die *Sendung* des Präexistenten in die Welt und dessen Funktion hier auf Erden: Licht, Lebensbrot, Zeuge für die Wahrheit Gottes unter den Menschen zu sein. Damit ist für Bultmann deutlich: *Die ursprünglich mythologischen Aussagen haben bei Johannes ihren mythologischen Sinn bereits verloren:* »Im Ernste ist Jesus nicht als ein präexistentes Gottwesen vorgestellt, das in Menschengestalt auf die Erde gekommen ist, um unerhörte Geheimnisse zu offenbaren; sondern die mythologische Terminologie soll die absolute und entscheidende Bedeutung seines Wortes charakterisieren.«[35] Und deshalb halten wir als *zweites Ergebnis* fest: *Bei Johannes ist die ursprüngliche mythologische Präexistenzvorstellung nun ganz und gar Funktion des Offenbarungsgedankens.*

(3) *Dritter Schlüsselbegriff: Infragestellung des Menschen.* Seit den zwanziger Jahren hatte Bultmann als Charakteristikum johanneischer Christologie deren merkwürdige »Inhaltslosigkeit« herausgestellt. Denn die Worte des johanneischen Christus vermittelten keinen anderen Inhalt als eben den, Wort Gottes zu sein. Der Offenbarer offenbare nichts, als daß er der Offenbarer sei. Nicht also das »Was« stehe im Zentrum, sondern das »leere Daß« der Offenbarung.[36] Gerade diese berühmte Bultmannsche Wendung wurde häufig mißverstanden, als sei für Bultmann das »leere Daß« des Offenbarungs*ereignisses* mit einer »Leere der Offenbarung« schlechthin identisch. Das kann schon deshalb nicht sein, weil Bultmann gleichzeitig betont, daß bei Johannes der Offenbarer derjenige sei, »auf den die Welt wartet und der in seiner Person das bringt, worauf alle Sehnsucht des Menschen geht: Lehre und Wahrheit als die Wirklichkeit, aus der der Mensch existieren kann, Licht als die völlige Durchsichtigkeit der Existenz, in der Fragen und Rätsel ein Ende haben«.[37] Gemeint ist mit dem »leeren Daß« also nicht eine inhaltliche Leerheit der Offenbarung Jesu Christi, sondern die *Abwehr aller inhaltlichen Legitimierungen des Offenbarers* über die Tatsache hinaus, daß er und eben kein anderer der Offenbarer ist. Anders gesagt: Die Offenbarung des

Offenbarers ist keiner Fremdlegitimation unterworfen. Person und Sache sind identisch, und das heißt: Die neue Existenz des Menschen ist nicht an der Person Jesu Christi vorbei auf eine angebliche Sache, einen angeblichen Inhalt, auf rationale oder spekulative Erkenntnisse oder auf »die Reproduktion der Verkündigung des synoptischen Jesus«[38] zu gründen, sondern nur auf das Vertrauen in den Offenbarer selbst. Mit dem »leeren Daß« legt Bultmann also die Vertrauensstruktur des Glaubens an Christus als den Offenbarer Gottes frei.

Und auf diese *Glaubens-Stuktur* kommt Bultmann anthropologisch alles an. Denn wenn der Offenbarer sich gerade nicht irdisch-inhaltlich legitimieren könne, wenn vom Menschen Vertrauen ohne Legitimation verlangt und der göttliche Offenbarer darüber hinaus nichts sei als der bloße Mensch Jesus von Nazaret: dann, ja dann sei die Begegung mit *diesem* Offenbarer wahrhaftig »die Erschütterung und Negierung aller menschlichen Selbstbehauptung und aller menschlichen Maßstäbe und Wertungen«, die aber gerade als solche auch »die Bejahung und Erfüllung der menschlichen Sehnsucht nach Leben, nach echter Wirklichkeit« sei.[39] Wir halten als *drittes Ergebnis* fest: Die Präexistenzaussagen haben bei Johannes die Funktion, die *Nichtlegitimierbarkeit des Offenbarers* nach menschlich-inhaltlichen Maßstäben zu begründen und so gleichzeitig die *Maßstäbe des Menschen in Frage zu stellen.* Erst diese Infragestellung und Negierung aller menschlichen Wertungen und Maßstäbe aber ermöglicht und eröffnet das neue Leben. Deshalb:

(4) *Vierter Schlüsselbegriff: Entweltlichung.* Mit diesem für ihn zentralen Begriff kennzeichnet Bultmann die *eschatologische Existenz* des Menschen in der Welt – und zwar durch den Glauben an die eschatologische Tat Gottes in Jesus Christus selbst. Gemeint ist mit diesem mißverständlich klingenden Wort weder Weltflucht mystischer noch Weltfeindlichkeit asketischer Art, weder unpolitische Innerlichkeit noch radikalpolitische Weltbekämpfung. Gemeint ist: Leben des Christenmenschen ohne Selbstpreisgabe an die Maßstäbe dieser Welt. Leben im Glauben unter Preisgabe des bisherigen Selbstverständnisses – ohne alle Sicherheit und ohne angemaßte Selbständigkeit. Eine *innere Einheit zwischen Johannes und Paulus* ist gerade hier erkennbar: »Der Glaube ist die Abkehr von der Welt, der Akt der Entweltlichung, die Preisgabe der Scheinsicherheit und Lebenslüge, die Bereitschaft, aus dem Unsichtbaren und Unverfügbaren zu leben,

also völlig neue Maßstäbe anzunehmen von dem, was Tod und Leben heißt, und das Leben zu empfangen, das Jesus gibt und ist und das weltlich nicht aufweisbar ist.«[40]

Entweltlichung entsteht also für Bultmann *in der Begegnung mit dem Präexistenten in der Existenz*, mit dem Vorzeitigen in der Zeit – eine Begegnung, die freilich nur im Vollzug der Verkündigung passieren kann. In summa: Entweltlichung bedeutet *negativ:* Zerbrechen aller bisherigen Maßstäbe und Wertungen, Entscheidung gegen die Weltmaßstäbe, Preisgabe von Scheinsicherheit. Und *positiv:* Entscheidung für Gott, Bereitschaft, vorbehaltlos aus dem Unverfügbaren zu leben, Überwindung der Zumutung, daß »dem Menschen das Leben nur in dem Wort begegnet, das ein bloßer Mensch, Jesus von Nazareth, ihm zuspricht – ein Mensch, der den Anspruch erhebt, daß in ihm Gott begegne, ohne daß er diesen Anspruch für die Welt glaubhaft machen kann. Es ist der Anstoß des ›das Wort wurde Fleisch‹. Es ist damit der Sieg über die Welt.«[41] Wir halten als *viertes Ergebnis* fest: *Präexistenzaussagen begründen die eschatologische Existenz des Menschen* und damit diejenige Form der »Entweltlichung«, die den Glaubenden *innerhalb* der Welt den weltlichen Maßstäben, Mächten und Kräften entnommen sein läßt. Und das heißt: die Präexistenz Christi ist für Bultmann die (göttliche) *Bedingung der Möglichkeit menschlicher Freiheit in der Welt.* Und wenn *das* die Wahrheit ist, so wird *diese* Wahrheit den Menschen wirklich freimachen. Wahrheit und Freiheit? Johannes zufolge bedingen sie einander![42]

War das also nun die alle überzeugende große theologische Lösung? Hatte Bultmann mit dieser seiner Hermeneutik alle Probleme beseitigt – gerade auch in der so schwierigen Frage der Präexistenz Christi? Nein, der Streit um seine Theologie brach erst jetzt richtig los. Und zum Abschluß kommen wir nicht darum herum, einen kurzen kritischen Blick auf Bultmanns berühmteste Schrift zu werfen.

VI. Der Streit um die Entmythologisierung

Merkwürdig: Zur gleichen Zeit, als Bultmann über der Exegese des Johannesevangeliums saß, muß er an einem Manuskript geschrieben haben, das ihn berühmter *und* berüchtigter machen sollte als alles, was er vorher verfaßt hatte: »Neues Testament und Mythologie. Das Problem der Entmythologisierung der neutestamentlichen Verkündigung«, als *Vortrag* erstmals präsentiert am 21. April 1941 auf einer Tagung der Gesellschaft für Evanglische Theologie in Frankfurt/Main, am 4. Juni 1941 wiederholt in Alpirsbach im Schwarzwald.[1] Freilich: Nur die Kenner waren aufgrund der damaligen Veröffentlichung überhaupt in der Lage, den Blitz wahrzunehmen, der hier aufgezuckt war. Mitten im Kriege hatten viele evangelische Pfarrer, Theologen und Kirchenleute andere Sorgen. Das kirchliche Donnergrollen erfolgte denn auch erst nach Ende des Krieges und dann in wahrhaft erschütternder Lautstärke.[2]

Einer der Kenner, der den Blitz schon früh wahrnahm, war *Hans Asmussen*. Er sprach gleich von »Irrtümern« Bultmanns, nur denen der »Deutschen Christen« vergleichbar, und *Hans Joachim Iwand* glaubte gar, eine »Erscheinung von Senilität« bei diesem Autor, mittlerweile 57 Jahre alt, bemerkt zu haben. Anders *Dietrich Bonhoeffer*. Er begrüßte in einem Brief vom 25. Juli 1942, daß Bultmann die Katze aus dem Sack gelassen habe, und zwar nicht nur für sich, sondern auch für sehr viele andere: die liberale Sache aus dem Bekenntnissack! Er, Bultmann, habe zu sagen gewagt, was viele in sich verdrängten, ihn selber, Bonhoeffer, eingeschlossen: »Er hat damit der intellektuellen Sauberkeit und Redlichkeit einen Dienst geleistet. Der Glaubenspharisäismus, der nun dagegen von vielen Brüdern aufgeboten wird, ist mir fatal.«[3]

1. Der Blitzschlag vom Frühjahr 1941

Man hat sich später gelegentlich über die verzögerte Aufregung nach dem Bultmannschen Vortrag gewundert; der Autor habe ja in diesen Ausführungen nichts vertreten, was er nicht schon vorher gesagt habe. Das ist richtig, verkennt aber gänzlich den Ton und die Anlage, ja die literarische Strategie dieses Bultmannschen Vorstoßes. Zwar war auch schon im Johanneskommentar, wie wir hörten, von »Entmythologisierung« ständig die Rede; aber welch ein Unterschied nicht bloß im Genre, sondern der Sache nach zwischen der Rede und dem Kommentar. Während Bultmann sich im Johanneskommentar um eine differenziert christologische, offenbarungstheologische, kerygmatische und anthropologische Neuinterpretation der Präexistenzaussagen bemühte, räumt er in seinem popularisierenden Vortrag zunächst einmal forsch mit überholten Glaubensvorstellungen auf. Rhetorisch effektvoll arbeitet er im ersten Teil seines Vortrags beinahe holzschnittartig mit dem Kontrast von mythologischem und naturwissenschaftlichem Weltbild, als hätte es eine naturwissenschaftliche Grundlagenkrise nie gegeben. Im Namen eines fiktiven »modernen Menschen« spricht Bultmann von »Zumutung« an eben diesen »modernen Menschen«, als hätte er selber christologisch nie »Zumutungen« gefordert. Gemeint aber war hier die Sinnlosigkeit und Unmöglichkeit, »das mythische Weltbild als wahr anzuerkennen«.[4] Wendungen wie »kein Mensch im Ernst«, »kein erwachsener Mensch« spekulieren dabei geschickt auf das Einverständnis des Lesers und setzen weitgehend die Fraglosigkeit des eigenen Standpunktes voraus.

Was »erledigt« ist

Rhetorischer *Höhepunkt des ersten Teils der Rede* ist das vierfach eingehämmerte »erledigt«: Erledigt seien Himmelfahrt und Höllenfahrt; erledigt die Wiederkunft des Menschensohnes; erledigt der Geister- und Dämonenglauben; erledigt die Wunder! Keine Frage: Dieser Marburger Theologe war auch ein Meister der suggestiven Rede, dessen sprachlich-stilistische Raffinesse, dessen Fähigkeit zur Verbindung von Komplexität der Sache und Transparenz der Sprache noch viel zu wenig stilkritisch untersucht wurde.[5]

Erledigt, weil »fremd und unverständlich«[6], mußten aus dieser Perspektive auch die Lehre des Neuen Testamentes vom Geist und den Sakramenten[7], die Lehre von der stellvertretenden Genugtuung durch den Tod Christi und eine bestimmte Anschauung von Jesu Auferstehung[8] sein. Erst recht aber galt all dies für die Rede von der *vorweltlichen Existenz Christi.* Sie nennt Bultmann gleich zu Beginn des Vortrags nicht nur als Beispiel für überholte Mythologie, sondern führt sie darüber hinaus nur wenig später bei der Kritik an der Satisfaktionslehre vollends ad absurdum. Ja, Bultmann scheut nicht das effekthascherische Argument: »War Christus, der den Tod litt, Gottes Sohn, das präexistente Gottwesen, was bedeutet dann für ihn die Übernahme des Sterbens? Wer weiß, daß er nach drei Tagen auferstehen wird, für den will offenbar das Sterben nicht viel besagen.«[9] So ohne Differenzierung, zu der er fähig war, mit der Vorstellung gleich auch die Sache der Präexistenz eskamotierend, kann

Bultmann schließlich im Zusammenhang mit der Auferstehungsfrage die ganze »Vorstellung von einem als Himmelwesen präexistierenden Christus . . . für . . . nichtssagend, – nicht nur rational unvorstellbar«[10] abtun.

So drastisch hatte Bultmann vorher in der Tat nie geredet, hatte er sich doch im Johannes-Kommentar noch eindrucksvoll darum bemüht, die *Sache* der Präexistenzchristologie als unverzichtbar aufzuweisen. Der Redner merkte offenbar nicht, daß er in diesem Vortrag hinter den Denkstand seiner eigenen exegetisch-theologischen Arbeit zurückgefallen war, und er gab seinen Zuhörern und Lesern keine Chance, diese Differenziertheit auch in seiner Rede wahrzunehmen. Hier, bei dieser Gelegenheit, war er ganz Aufklärer. Denn was die einen schockieren mochte, war für ihn nur ein notwendiger Akt der »absuluten Klarheit und Sauberkeit«[11] des Denkens, den er gerade auch von jedem Prediger verlangte.

Aber Bultmann wäre nicht der Theologe, als den wir ihn bisher kennengelernt haben, begönne er nicht, nach dieser »Destruktion« Schritt für Schritt eine *Rekonstruktion seiner eigenen Theologie*. Die Verkündigung des Neuen Testamentes sollte ja letztlich nicht zerstört, sondern in ihrer Gültigkeit neu sichtbar gemacht werden. Schritt für Schritt legt Bultmann nun für seine Hörer und Leser eine klug berechnete Gegen-Argumentationsstrategie an.

Erster Schritt: Zuerst verschafft sich der Autor historische Legitimation für seinen kühnen Vorstoß. Er beruhigt seine Leser, die bei dem Worte Mythos Unchristliches wittern, mit einer anthropologisch-existentialen Mythosinterpretation, die er seit Jahren bereits praktizierte: der Mythos wolle ja ein objektives Weltbild gar nicht geben. Ja, Bultmann behauptet jetzt sogar, im Mythos selber sei »das Motiv zur Kritik seiner selbst, d. h. seiner objetivierenden Vorstellung, enthalten«.[12] Warum? Weil dessen eigentliche Aussagen an ein objektivierendes Weltbild gar nicht gebunden seien.

Zweiter Schritt: Inanspruchnahme des Neuen Testaments selber für die eigene Aufgabe. Die Kritik – so Bultmann – sei ja schon deshalb berechtigt, weil im Neuen Testament einzelne Vorstellungen widersprechend nebeneinander stünden (z. B. Kenose des Präexistenten sowie der Bericht von seinen Wundern; Jungfrauengeburt sowie Präexistenz) und das Neue Testament eine Entmythologisierung auf seine Weise vollziehe. Schließlich:

Dritter Schritt: Verweis auf *frühere Versuche einer Entmythologi-*

sierung: kritische Theologie des 19. Jahrhunderts, ältere liberale Theologie.

So vorbereitet, beginnt Bultmann nun, sein eigenes Kerygma-Verständnis und seine eigene existentiale Interpretation des Mythos ins Spiel zu bringen. Entscheidende Frage: »Kann es eine entmythologisierende Interpretation geben, die die Wahrheit des Kerygmas als Kerygma für den nichtmythologisch denkenden Menschen aufdeckt?«[13] Und wir verraten nicht zuviel, wenn wir sagen: Letztlich war dies für Bultmann eine rhetorische Frage.

Erst nach langen Reflexionen aber über das Problem von christlichem und philosophisch-existentiellem *Seinsverständnis* (M. Heidegger, K. Jaspers, W. Kamlah); erst nach der Auseinandersetzung mit der Frage, ob das christliche Seinsverständnis, wie Bultmann es vor allem bei Paulus und Johannes vorgefunden hatte, auch ohne Christus nachvollziehbar sei; erst nach langen Erörterungen, in denen er zahlreiche Analogien von christlichem und philosophischem Seinsverständnis aufwies und gleichzeitig das Christusgeschehen kritisch gegen das philosophische Existenzverständnis ins Spiel brachte, kommt Bultmann am Schluß seines Vortrags überraschenderweise wieder auf die Präexistenzchristologie zurück.

Ein »mythologischer Rest«?

Jetzt (endlich) räumt Bultmann auch in diesem Vortrag differenzierend ein, daß im Neuen Testament ja »Historisches und Mythisches ... eigentümlich verschlungen« seien: »Der historische Jesus, dessen Vater und Mutter man kennt, soll zugleich der präexistente Gottessohn sein.«[14] Jetzt anerkennt Bultmann auch hier den *Sinn der mythologischen Rede vom Präexistenten.* Er bestehe darin, »die Bedeutsamkeit der historischen Gestalt Jesu und seiner Geschichte, nämlich ihre Bedeutung als Heilsgestalt und Heilsgeschehen zum Ausdruck zu bringen«.[15] Jetzt schwenkt Bultmann auch in diesem Manuskript auf die Interpretation der Präexistenz Christi ein, die er im Johannes-Kommentar so ausführlich bereits niedergelegt hatte: »Was er (Jesus) für mich ist, erschöpft sich nicht in dem, ja kommt gar nicht in dem zutage, als was er für die historisch-feststellende Betrachtung erscheint ... die Bedeutung seiner Geschichte ergibt sich aus dem, was Gott mir durch sie sagen will. So ist seine Gestalt nicht aus dem innerweltlichen Zusammenhang in ihrer Bedeutsamkeit zu begreifen; d. h. in mythologischer Sprache: seine Herkunft ist aus der Ewigkeit, sein Ursprung ist kein menschlich-natürlicher.«[16]

Wie aber? Ist eine solch »entmythologisierende« Redeweise von Gott nicht ihrerseits wiederum mythologisch? Bleibt nicht auch hier ein *mythologischer Rest*? Bultmann selbst stellt sich diese Frage, ist aber bereit, einen solchen Rest in Kauf zu nehmen, wenn zuvor garantiert sei, daß bei einer solchen Rede »Mythologie im alten Sinn«[17] nicht vorliege. Denn davon bleibt der Marburger Exeget auch in diesem Vortrag überzeugt: Worum es im Christusgeschehen gehe, sei eben kein »mirakelhaftes, supranaturales Geschehen«, sondern ein »geschichtliches Geschehen in Raum und Zeit«.[18] Ja, das mythologische Gewand abstreifend käme gerade die Intention des Neuen Testamentes zum Vorschein, die Paradoxie der neutestamentlichen Verkündigung schlechthin: »Die Paradoxie nämlich, daß Gottes eschatologischer Gesandter ein konkreter historischer Mensch ist, daß Gottes eschatologisches Handeln sich in einem Menschenschicksal vollzieht, daß es also ein Geschehen ist, das sich als eschatologisches nicht weltlich ausweisen kann.«[19]

Welch merkwürdig kurvenreiche Argumentation in diesem Vortrag, an dessen Ende erst klar wird, mit welch verdeckter Argumentationsstrategie der Autor von Anfang an gearbeitet hatte. Als Leser merkt man die Absicht erst am Schluß und ist dann doppelt verstimmt. Konkret: Wurde nicht die »Vorstellung von einem als Himmelswesen präexistierenden Christus« am Ende des ersten Teiles pauschal noch als »nichtssagend« verworfen, um ausgerechnet sie am Ende im Kontext der *Auseinandersetzung mit der Existenzphilosophie* wieder hervorzuholen? Denn der »Existenzphilosophie« (zumindest den hier behandelten Autoren) unterstellt Bultmann ja ein Doppeltes: Zwar hätten auch sie – wie der christliche Glaube – ein Bewußtsein von der »Verfallenheit« des menschlichen Lebens, ja sogar positiv von dessen »Eigentlichkeit«; gleichzeitig aber meine diese Philosophie über die Eigentlichkeit des Menschen verfügen zu können, eine Selbstmächtigkeit zur Selbstverwirklichung zu besitzen. Damit aber sei die moderne Existenzphilosophie genau auf der Linie dessen, was schon das Neue Testament bekämpfe – auf der Linie der »gesetzestreuen Juden« und der »weisheitsstolzen Gnostiker«. Auch damals habe es schon die »Eigenmächtigkeit« als »Grundhaltung des Menschen«[20] gegeben. Und gegen sie gehe das Neue Testament an – und zwar unter anderem mit der mythologischen Aussage von der Präexistenz Christi: Damit sei gesagt, daß der Mensch der liebenden Tat *Gottes* in Christus bedürfe, um »das eigentliche Leben«[21] erst zu erlangen.

Merkwürdig also: Es ist ausgerechnet die mit der Präexistenzchristologie gemeinte Sache (Befreiung des Menschen durch Gottes Tat in Christus), die Bultmann der Existenzphilosophie und dem »natürlichen Seinsverständnis« (Eigenmächtigkeit des Menschen) kritisch meinte entgegenhalten zu können. Er merkte offenbar nicht, daß genau dies gegenüber der Philosophie ebenso aufgesetzt wirken mußte wie die formelhafte Redeweise von der Paradoxie des christlichen Glaubens gegenüber der traditionellen Theologie[22]. Nein, nirgendwo machte Bultmann hier ausreichend deutlich, was die christologischen, offenbarungstheologischen und anthropologischen Konsequenzen seines Ansatzes hätten sein können, wie er sie im Johannes-Kommentar beschrieben hatte. Wir kommen um die Feststellung nicht herum: Mit seiner holzschnittartigen Zeichnung der Mythologie im Neuen Testament, mit seinem einhämmernden »erledigt« fiel er hinter das Reflexions- und Interpretationsniveau zurück, das er selber gerade auch im Bezug auf die Präexistenzaussagen im Johannes-Kommentar erreicht hatte.

So mußte dieser Vortrag geradezu Mißverständnisse, ja wütende Ablehnung provozieren. *Dietrich Bonhoeffer* hatte dies offenbar schon früh geahnt. Denn im März 1942 – noch ganz unter dem Eindruck der Lektüre des Entmythologisierungs-Vortrags – verweist er die Kritiker Bultmanns an den Johannes-Kommentar. An Ernst Wolf, den Herausgeber der Erstveröffentlichung der Entmythologisierungs-Rede, schreibt Bonhoeffer: »Große Freude habe ich an dem neuen Bultmannheft. Mich beeindruckt die intellektuelle Redlichkeit seiner Arbeiten immer wieder. Hier soll kürzlich D. auf dem Berliner Konvent in ziemlich blöder Weise über Bultmann und Sie hergezogen sein, und der Konvent hätte, wie ich höre, um ein Haar einen Protest gegen Bultmanns Theologie an Sie gerichtet! Und das ausgerechnet von den Berlinern! Ich möchte wissen, ob einer von denen den Johannes-Kommentar durchgearbeitet hat. Diese Dünkelhaftigkeit, die hier floriert – ich glaube unter dem Einfluß einiger Wichtigtuer – ist für die bekennende Kirche eine wirkliche Schande ...«[23]

2. *Der »Fall Bultmann«*

Drei Jahre nach Ende des Krieges begannen Bücher zu erscheinen, die eine der wichtigsten Debatten der Theologiegeschichte des 20. Jahrhunderts widerspiegeln sollten. Unter dem Gesamttitel »*Kerygma und Mythos*« ging es in ihnen um eine Grundsatzkritik des Bultmannschen Entmythologisierungsprogramms, an der sich Philosophen und Religionsgeschichtler ebenso beteiligten wie Exegeten und Systematiker beider Konfessionen. Schon vor dem Zweiten Vatikanischen Konzil wurde auf diese Weise auch die katholische Theologie ökumenisch gefordet. 1951 bezog Bultmann selber noch einmal Stellung in Sachen Christologie, indem er das »Christologische Bekenntnis des ökumenischen Rates«, das in der Formel von »Jesus Christus als Gott und Heiland« gipfelte, einer gründlichen exegetischen und systematischen Kritik unterzog und sein Verständnis von der »Gottheit Christi« präzisierte.[24] 1952 schließlich stieg *Karl Barth* öffentlich in die Auseinandersetzung ein – mit seiner Schrift »Rudolf Bultmann. Ein Versuch ihn zu verstehen«[25], nachdem Barth schon in KD III,2 (1948) zum Problem der Auferweckung und der Entmythologisierung Grundsätzliches und Kritisches gesagt hatte. Ja, Bultmanns Theologie war nun für Barth nach dem Krieg nicht mehr öffentlich zu umgehen, nachdem auch der private Briefwechsel zwischen beiden schon 1935 abgebrochen war. 1953, im Vorwort zum ersten Band der Versöhnungslehre muß Barth eingestehen: »Die theologische Lage des Augenblickes, aber auch die besonderen Themata dieses Buches haben es nötig gemacht, daß ich mich weithin in intensivem, in der Hauptsache stillem, Gespräch mit Rudolf Bultmann befunden habe. Sein Name taucht nicht eben oft auf. Seine Sache war mir immer gegenwärtig: auch da, wo ich nun eben, seine Methode und seine Ergebnisse vor Augen, in vollem Bewußtsein an ihm vorbeigeredet habe.«[26]

Ein Häretiker?

Zum »Fall« wurde Bultmann freilich erst, als auch *evangelische Kirchenleitungen* sich zur Stellungnahme genötigt sahen, beunruhigt durch zahlreiche verunsicherte Gemeindemitglieder, Pfarrer und Theologiestudenten, unter Druck gesetzt nicht zuletzt von »bibelgläubigen Kreisen« des pietistischen Fundamentalismus, die in einem

Flugblatt 1951 effektvoll das »Erledigt« Bultmanns aufgriffen, eine lange Liste von angeblich erledigten »Heilstatsachen« zur Abschrekkung zusammenstellten und die Entmythologisierung als »Gift« bezeichneten, das sich in die Herzen der »jungen Theologen« geschlichen habe, »die einmal auf den Kanzeln unserer Kirchen stehen werden und das Evangelium von Jesus Christus verkündigen sollen«.[27]

Die *Stimmung* war in der Tat in vielen *kirchlichen Kreisen gereizt*: Man forderte eine öffentliche Stellungnahme der Kirchenleitung; mehr noch, ein Lehrzuchtverfahren, ein Anathem der Bultmannschen »Häresie«, gar – zur Ausbootung der Fakultät – die Errichtung einer »Kirchlichen Hochschule« in Marburg.[28] Im Vordergrund des Kampfes standen inhaltlich dabei weniger die Fragen der hohen Christologie (Trinität, Präexistenz, Inkarnation) als vielmehr »handfestere« Glaubenssätze wie Auferstehung, Wunder, Jungfrauengeburt, Himmel- und Höllenfahrt, Wiederkunft Christi zum Gericht.

Die Evangelische Kirche war freilich gut beraten, daß sie von all den Forderungen nur die erste erfüllte. So kam es zu einer erfreulich differenzierten, noch heute mit Gewinn zu lesenden *ersten offiziellen Stellungnahme* zur Entmythologisierung durch die (für den Marburger zuständige) Kirchenleitung von Hessen-Nassau: ein ausführliches Schreiben an die Pfarrer dieser Landeskirche, von Propst Herbert ausgearbeitet und mit einem Geleitwort von Martin Niemöller versehen.[29]

Ernste Fragen

Diese *Stellungnahme Hessen-Naussaus* nimmt Bultmanns Theologie zunächst gegen ungerechtfertigte Kritik in Schutz (»liberale Ausplünderung«) und betont ausdrücklich (wir beschränken uns hier auf die christologischen Passagen), auch Bultmann wisse »um die einmalige, ausschließliche Offenbarung Gottes in Jesus Christus«, auch er verkünde Christus als den, »in dem Gott gegenwärtig handelt, durch den Gott die Welt mit sich versöhnt« habe.[30] Andererseits aber ist im selben Schreiben auch von einem »Erschrecken« die Rede, das in der Kirche über diesen Theologen herrsche. Dies sei damit zu erklären, daß ja für Bultmann offenkundig »auch die neutestamentliche Darstellung des Heilsgeschehens selbst, soweit sie über die historische

Gestalt des Jesus von Nazareth hinausgreift, also Präexistenz und Jungfrauengeburt, leeres Grab, Höllen- und Himmelfahrt und die Wiederkunft« in den Bereich mythologischer Vorstellungsreihen gehöre.[31] Hier aber seien *ernste Fragen* angebracht, und diese Fragen gipfeln am Schluß des Schreibens in der Frage an Bultmann, ob seine Interpretation »der Fülle der neutestamentlichen Botschaft wirklich gerecht« werde.[32] Begründung: Die Verfasser des Neuen Testamentes hätten ja mythologische Begriffe und Vorstellungen durchaus bewußt verwenden können (unter »Vorbehalt« gewissermaßen: »Himmel« als Wohnung Gottes), so daß durchaus nicht alles Mythologische im Neuen Testament wirklich Mythologie sei, sondern nur ein Zeichen dafür, daß Menschen gewisse menschlich-innerweltliche Vorstellungsformen nicht entbehren könnten (z. B. Gott als Vater, Christus als Sohn Gottes). Kurz, die Warnung vor Bultmanns Entmythologisierungsversuch wird dahingehend zugespitzt: Wer vollständig entmythologisiere, dem könne es passieren, »daß mit dem Versuch eines Vermeidens der mythologischen Ausdrucksform sich unversehens auch die Botschaft selber verändere, verarme und ihre Fülle verlöre«.[33] Eine nicht unberechtigte Gefahrenanzeige, auf deren grundsätzliche systematisch-theologische Bedeutung wir zurückzukommen haben.

VII. Versuch eines Dreiecksgesprächs zwischen Harnack, Barth und Bultmann

Wir sind nun in der Lage, am Ende des ersten Teiles dieser Studie die Fäden zu bündeln. Jeder der drei Theologen wurde im Spiegel der Präexistenzproblematik porträtiert und in seinen christologischen Grundintentionen gewürdigt. Wir fassen nun am Schluß dieses Durchganges die Argumentationsstränge zusammen und versuchen, alle drei Theologen in Form eines Dreiecksgesprächs direkt miteinander zu konfrontieren. Was verbindet sie, was trennt sie? Wo sind sie untereinander gegen wen Verbündete?

1. Bultmann als Herausforderung heute

Um es direkt zu sagen: Die Herausforderung Bultmanns besteht bis heute darin, daß er das Christentum mit seinem mythischen Erbe kritisch konfrontiert, auch unbeschadet der Tatsache, daß sich heute eine positive *Neubewertung des Mythischen* auch im Raum der Theologie vollzieht. Politisch haben dies Dorothee Sölle[1], tiefenpsychologisch Eugen Drewermann[2] oder feministisch Christa Mulack[3] versucht. Gewiß: Das Entmythologisierungsprogramm Bultmanns muß heute vor dem Hintergrund eines neuen Interesses an der Funktion des Mythos auch im Raum der Philosophie (M. Frank, H. Blumenberg[4]), Kulturanthropologie (C. Levi-Strauß[5]), vergleichenden Religionsgeschichte (M. Eliade[6]) und der Literaturwissenschaft (W. Barner[7]) neu durchdacht werden. Gerade die neuere Mythenforschung hat erneut gezeigt, daß es sich bei Mythen nicht um eine Ansammlung phantasievoller märchenartiger Geschichten handelt, um naive, vorrationale Welt- und Naturerklärungen, gar irrationale Wirklichkeitsvorstellungen, sondern »um ein System der Erfahrung, das allerdings von dem uns heute leitenden, dem der Wissenschaft, grundsätzlich verschieden ist.«[8] Mythos und Wissenschaft haben somit beide ihr eigenes Recht und ihre eigene Würde, die sie einander nicht streitig machen können. Diese Erkenntnis – darauf hat der evangelische Theologe *Wolfhart Pannenberg* zu Recht aufmerksam gemacht[9] – ist gerade für den Umgang der Theologie mit dem Mythos wichtig. Denn – so Pannenberg – die moderne christliche Theologie müsse selbstkritisch zugeben: Mit der Preisgabe des Mythos habe sie sich nicht selten der instrumentellen Vernunft des wissenschaftlichen Weltbildes ausgeliefert und sei nun ihrerseits mit der Krise der neuzeitlichen, wissenschaftlich-technologischen Rationalität in die Krise geraten.

Das *eigentliche kritische Anliegen Bultmanns* aber ist damit im *Kern nicht berührt*. Denn das Provozierende an Bultmanns Hauptthese war ja dies: Die Vorstellung von der Präexistenz und der Menschwerdung eines »himmlischen Wesens« ist ein vorchristliches Anschauungsmodell, das dem Weltbild des Mythos entstammt. Erst in christlicher Zeit ist es aus dem Raum der Gnosis oder der jüdischen Apokalyptik auf Jesus übertragen worden. Freilich: So provozierend das war, geklärt war damit noch längst nicht alles.

Ein unpräziser Mythosbegriff: Bultmanns schwacher Punkt

Es ist in der Entmythologisierungs-Debatte vielfach kritisiert worden, wie *konturenlos der Bultmannsche Mythos-Begriff* sei.[10] In der Tat zeigte sich Bultmann auch während der Debatte an einer präziseren Bestimmung des Mythos nie sonderlich interessiert.[11] Er begnügte sich stets mit einer allgemeinen religionswissenschaftlichen Umschreibung: »Mythologisch ist die Vorstellungsweise, in der das Unweltliche, Göttliche als Weltliches, Menschliches, das Jenseitige als Diesseitiges erscheint, in der z. B. Gottes Jenseitigkeit als räumliche Ferne gedacht wird; eine Vorstellungsweise, derzufolge der Kultus als ein Handeln verstanden wird, in dem durch materielle Mittel nichtmaterielle Kräfte vermittelt werden.«[12] In der Tat wurden mit dieser sehr allgemeinen Umschreibung die *Grenzen* zwischen dem Mythischen und Nichtmythischen *verwischt*; Mythologie wurde damit bei Bultmann faktisch zu einer *Universalkategorie für das Reden von Gott schlechthin*. Das wirkte sich etwa für die Frage nach der Präexistenz Christi verhängnisvoll aus. Denn mit der parataktischen Aufzählung mythologischer Elemente des Neuen Testamentes zu Beginn seiner Entmythologisierungs-Rede (von der Sendung eines »präexistenten Gottwesens« angefangen über das Verständnis von Kreuz und Auferstehung bis hin zum Sturz dämonischer Weltmächte und der Wiederkunft Christi auf den Wolken) ebnete Bultmann im Neuen Testament mythologisch fast alles ein und erklärte pauschal, solche mythologische Rede sei »für den Menschen von heute unglaubhaft«.[13] Präexistenz und Inkarnation, Kreuz und Auferweckung werden somit faktisch auf eine Stufe gestellt mit dem Geister- und Dämonenglauben im Neuen Testament.

Es war der Neutestamentler *Julius Schniewind*, der schon in der ersten Debattenrunde von »Kerygma und Mythos« darauf verwiesen hatte, daß das Neue Testament umgekehrt etwa vom Kreuz (als Kerygma) »völlig unmythologisch« rede: »Nicht ein Ansatz Ausmalung dessen, was in Jesu Seele vorging, was zwischen Gott und Jesus vorging (auch nirgends ein Gespräch Gottes mit dem Präexistenten über das Heilswerk, wie in Luthers und P. Gerhardts Liedern).«[14] Und Schniewind warf die Frage nach der Bildhaftigkeit des Mythologischen grundsätzlich auf: Man dürfe nicht alle uns fernliegenden Vorstellungen für »Bilder« ausgeben und sie dann durch andere Vorstellungen ersetzen: »Die Vorstellung, daß der Menschensohn mit den Wolken des Himmels kommt, ist kein bloßes Bild. Die Vorstellung der Präexistenz ist kein bloßes Bild. Dennoch haben wir ein Recht, von der Bildhaftigkeit der neutestamentlichen Vorstellungen zu reden: Die Notwendigkeit, vom Unanschaulichen anschaulich zu reden, prägt sich in diesen Vorstellungen aus. Ihr Sinn ist offenkundig.«[15] Und was ist der Sinn der Präexistenz-Aussage? »Sie bedeutet, daß Gott selbst in Jesu Worten und Taten einmalig gegenwärtig ist.«[16]

Gerade dies aber hatte *Bultmann* im Johannes-Kommentar ebenfalls des längeren und breiteren ausgeführt. Er konnte deshalb in der Antwort an Schniewind keinen Unterschied zu seinem Entmythologisierungsversuch an diesem Punkt feststellen.[17] Aber Bultmann weigerte sich auch nach der Kritik, mit dem Exegeten *Werner Georg Kümmel* zwischen einem inadäquaten und einem adäquaten Mythos im Neuen Testament zu unterscheiden. Kümmel bestritt nicht, daß es im Neuen Testament mythische Einzelzüge gäbe (Präexistenz Christi, Herabkunft, Höllen- und Himmelfahrt, endzeitliche Parusie), ja, daß das Neue Testament nicht nur mythische Einzelvorstellungen verwende, sondern in weitem Umfang mythologische Aussagen mache zur Glaubensdeutung von Gestalt und Geschichte Jesu; insofern bestehe Bultmanns Entmythologisierungs-Forderung zu Recht.[18] Die entscheidende Frage aber sei: »Sind die für die Bedeutung des Christusgeschehens verwerteten mythologischen Vorstellungen ohne Schaden für das Kerygma ablösbar, oder ist die mythologische Rede *notwendige* Ausdrucksform für die Glaubensaussage von dem göttlichen Handeln in der Christusgeschichte?«[19]

Kümmel hatte damit in der Tat den *schwachen Punkt* bei Bultmann getroffen, den auch die *katholische Exegese* (R. Marle, A. Vögtle, R. Schnackenburg, F. Mussner) seinerzeit herausgestellt hatte.[20] Durch sein allzu weites Mythos-Verständnis habe Bultmann – so Kümmel – »Elemente des neutestamentlichen Weltbildes und die mythischen Züge des Christuskerygmas unter den gemeinsamen Begriff des ›Mythos‹« zusammengefaßt und sich so die Möglichkeit verbaut, »die dem zentralen neutestamentlichen Kerygma vielleicht unentbehrlichen mythischen Züge von den entbehrlichen oder mißverständlichen Zügen und von den bloßen zeitgeschichtlichen Schranken des Weltbildes zu sondern«.[21] Es ging Kümmel also nicht um die Alternative Mythos oder Nicht-Mythos im Neuen Testament, sondern um eine Entmythologisierung nach inner-neutestamentlichen Kriterien, die die Sache des Kerygmas von ihrer weltbildhaften Einkleidung trennt.

Dem Mythos gerecht werden: Bultmanns starker Punkt

Noch einmal: Bultmanns Herausforderung in Sachen Entmythologisierungsdebatte besteht bis heute darin, daß er die christliche Theologie ein für allemal dazu verpflichtet, den mit der Aufklärung definitiv vollzogenen Bruch zwischen einem mythisch geformten und einem neuzeitlich-wissenschaftlich geprägten Weltbild theologisch ernst zu nehmen. Christliche Theologie kann gerade hinsichtlich der in mythologischer Sprache gefaßten Glaubensaussagen nicht mehr so tun, als hätte es die Aufklärung nicht gegeben. Das Bultmannsche Programm ist denn auch immer dort neu ins Spiel zu bringen, wo bei Glaubensaussagen das *mythische Weltbild* objektivierend repristiniert und den Menschen von heute als wahr anzuerkennende Glaubenstatsache zugemutet wird. Das gilt für das raum-zeitliche Himmel-Erde-Hölle-Weltbild ebenso wie für eine krude Satanologie und Dämonologie. Das gilt für alle Geschichten, in denen – so Bultmann selber – »von den Göttern menschlich« geredet wird.[22] Bultmann selber hatte ja gezeigt, daß es im mythischen Denken auf ein fixiertes, objektiviertes Weltbild gar nicht ankomme. Für das mythische Denken sei noch *Einheit* (Göttliches-Menschliches; Diesseits-Jenseits), was für das objektivierende, naturwissenschaftlich geprägte neuzeitliche Denken zur Zweiheit zerbrochen sei: Gott *gegenüber* dem Menschen; Diesseits *gegenüber* dem Jenseits. Zwar werde im Mythos das Jenseits im Diesseits objektiviert, der Mythos selber aber wolle von seinem einheitlichen Wirklichkeitsverständnis her kein objektives Weltbild geben.

Wer also – darin hatte Bultmann recht – die Elemente des mythischen Weltbildes konserviert und im Rahmen eines neuzeitlichen Denkens wie Objekte, wie Tatsachen behandelt, vergreift sich gerade am Mythos. Das Wort Gottes wird dann in der Tat »mit den menschlich-weltanschaulichen Aussagen, in die es hineingebunden ist« verwechselt, wie es in einem sehr ausgewogenen *Gutachten* der *evangelisch-theologischen Fakultät* der Universität Tübingen 1952 zur Theologie Rudolf Bultmanns heißt, das an diesem Punkt Bultmann ausdrücklich zustimmt.[23] Und der Züricher Neutestamentler *Hans Weder* hat noch in einer der neuesten Debatten über die

Funktion des Mythos Bultmann gerade hier zu Recht in Schutz genommen: »Das entscheidende Problem für die neutestamentliche Botschaft besteht nicht in ihrem mythologischen Charakter als solchem, sondern darin, daß mythisches Reden nicht mehr als solches wahrgenommen und demzufolge mit dem rationalen Reden verwechselt wird. In der Neuzeit wird das Mythische verwechselt mit den Protokollen über das, was in der Welt der Fall ist.«[24]

Anders gesagt: Entmythologisieren war für Bultmann gleichbedeutend mit der Forderung an den heutigen Rezipienten, *dem Mythos nach dessen Eigengesetzlichkeiten gerecht zu werden.* Im Kern ging es Bultmann darum, der Verwechslung von mythischem und nachmythischem Reden zu wehren, um dem Logos im Mythos auch unter neuzeitlichen Bedingungen Geltung zu verschaffen. »Die existentiale Interpretation« – so Weder zu Recht – »bringt den Logos des Mythos, der aus weltanschaulichen Gründen in die religiöse Hinterwelt verbannt ist, zurück in den Vordergrund menschlichen Daseins. ... Das Sachanliegen der Entmythologisierung ist gerade nicht der Abschied vom Mythos im Namen der Säkularität, sondern der Versuch, auch in säkularer Zeit ein vernünftiges Verhältnis zum Mythischen zu gewinnen.«[25]

Das eigentliche Problem der Bultmannschen Entmythologisierung ist somit nicht die Preisgabe des Mythischen zugunsten einer aufklärerischen Rationalität, sondern die Frage, ob Bultmann den Mythos dann *richtig* interpretiert, wenn er ihn in die *begriffliche* Sprache heideggerisch beeinflußter existentialer Ontologie übersetzt. Entscheidend ist also die *Rückfrage*: Hat Bultmann das Mythische ohne Verlust entscheidender Dimensionen interpretiert, wenn er es *nur* existential interpretiert?

2. *Was Barth und Bultmann gegen Harnack verbindet*

Sie waren sich bei allen späteren Differenzen ein Leben lang einig in ihrer Gegnerschaft zur »liberalen Theologie«, Barth und Bultmann. Was immer in der Gegenwart und für die Zukunft unvereinbar schien, ein Zurück zu Harnack gab es für keinen von beiden.

Nein, »daß der christliche Glaube kein Phänomen der Religionsgeschichte ist, daß er nicht auf einem ›religiösen a priori‹ (Troeltsch) beruht und daß daher die Theologie den christlichen Glauben nicht als ein Phänomen der religiösen oder kulturellen Geschichte zu betrachten« habe[26]: diese von Bultmann in einer autobiographischen Skizze noch 1959 betonten Merkmale machten ihn ein Leben lang auch zum *Bundesgenossen Karl Barths*. Und auch positiv: »daß der christliche Glaube die Antwort auf das Wort des transzendenten Gottes ist, der dem Menschen begegnet, und daß sich die Theologie mit diesem Wort und dem Menschen, der davon getroffen worden ist, zu befassen hat«.[27] Auch Barth kam nicht umhin zuzugeben – so in einem Schreiben an Bischof Wurm 1947: Bultmann sei einer bestimmten »Grundabsicht bis auf diesen Tag treu geblieben« und diese sei mit der »Neuorientierung der evangelischen Theologie« zu Anfang der zwanziger Jahre identisch: »Klare Konfrontierung des menschlichen Subjekts mit der ihm begegnenden göttlichen Offenbarung.«[28]

Möglich war dies für beide nur »christologisch« vom Gedanken der *Selbst*offenbarung Gottes in Christus her. *Theologie* ist für Barth wie Bultmann *nur von der Christologie her* möglich. Und Christologie hatte ja auch bei Bultmann Offenbarungsstruktur. Die Inkarnationsaussage von Joh 1,14 war für beide die Schlüsselstelle ihrer Christologie. Und die Präexistenzaussagen sicherten für beide das Voraus des Heilshandelns Gottes in Christus vor allem menschlichen Handeln. Ein Leben lang hielt auch Bultmann daran fest, daß es eine *von Gott selbst* autorisierte Verkündigung der zuvorkommenden Gnade und Liebe Gottes gebe, die in der Rede von der Präexistenz Christi ihren (mythologischen) Ausdruck gefunden habe. Viel radikaler als Harnack betonten also beide, Barth wie Bultmann, die Unverfügbarkeit und freie Subjektivität Gottes in seiner Offenbarung – als kritische Infragestellung des Menschen. Das wirkte sich auch in der Frage der Entmythologisierung aus.

Präexistenz – nachmythologisch relevant

Wo stand Karl Barth in der Frage der Entmythologisierung? Selbstverständlich wollte auch Karl Barth christologisch nicht zum Mirakelglauben und zum Supernaturalismus zurück. Auch er lehnte stets eine »üble Orthodoxie« ab und damit die »Begründung des Glaubensaktes in dem Für-wahr-Halten biblischer Texte oder kirchlicher Satzungen« (KD IV/1,850). Andererseits aber bezeichnete es Barth als »Katastrophenpolitik«, wenn Bultmann den Theologen auffordere, das mythische Weltbild entweder ganz zu verwerfen oder ganz zu akzeptieren. Die Christenheit, meinte Barth, habe nicht den Auftrag, »Weltbilder zu akzeptieren oder zu verwerfen, als ob sie hinsichtlich der verschiedenen Weltbilder nicht aus guten Gründen immer eklektisch gewesen wäre! Wir brauchen uns wirklich nicht auf jenes mythische Weltbild festzulegen.« Umgekehrt aber solle man nach Barth auch nicht verkennen, »daß jenes mythische Weltbild Elemente enthielt, von denen die urchristliche Gemeinde, indem sie von Jesus Christus zu zeugen hatte, mit Bedacht und mit gutem Recht Gebrauch machte, während sie in dem, was wir als unser modernes Weltbild zu erkennen meinen, mit Unrecht verschwunden oder doch zurückgetreten sind, so daß wir allen Anlaß haben, in bestimmten Zusammenhängen mit bestem Gewissen ›mythisch‹ zu reden, weil wir sonst, wenn wir uns allzu gründlich ›entmythologisieren‹ würden, gerade von Jesus Christus nicht mehr zeugen könnten«.[29] Aber hatte nicht auch Bultmann einen gewissen »mythischen Rest« in der Christologie zugegeben?

Daraus folgt: Barth und Bultmann waren sich (gegen Harnack) darin einig, daß die *Rede vom präexistenten Christus auch für ein nachmythologisches Zeitalter relevant war*, ja als Herausforderung an ein neuzeitlich-modernes Weltbild unbedingt zur Sprache gebracht werden mußte. Beide sahen: Der christliche Glaube kann um der Offenbarungsstruktur des Christusereignisses willen nicht darauf verzichten, ein Stück weit nach wie vor »mythisch« oder mit einem »mythologischen Rest« zu reden.

Entmythologisierung ja – Entpoetisierung nein

Beide, Barth wie Bultmann, setzten dabei voraus, daß es schon im Neuen Testament einen *Fundamentalunterschied von Christologie und Mythologie* gab. Beide wußten: Das Neue Testament hatte die Christologie nicht in Mythologie aufgelöst, sondern das mythische Erbe vom konkreten Christusereignis her kritisch relativiert. Mit ihrem Ansatz bei Jo 1,14 gingen beide, Barth wie Bultmann, davon aus, daß das Neue Testament selber ein gutes Stück bereits entmythologisiert habe. Und gerade dies hatte auch ein so berühmter Gräzist wie Karl Kerényi in der Entmythologisierungsdebatte bestätigt. Zu Jo 1,14 meinte er: »Dieser Satz selbst wäre dann schon ›Entmythisierung‹. Der *Mythos*, die Aussage eines göttlichen Ereignisses, wird verlassen für das *Geschehen im Fleische*. Die heilige Geschichte des Christentums kann nicht Mythos sein wollen. Sie muß bei ihrer Historizität bleiben und könnte nicht zugeben, daß sie sich nicht im Fleische, sondern *nur* im Geiste ereignete, wie *theos* und *mythos* in Griechenland.«[30]

Beide, Barth wie Bultmann, gingen also davon aus, daß *im Neuen Testament die mythologischen Elemente bereits jede selbständige Bedeutung verloren* hatten und theologisch funktionalisiert waren. Das galt gerade auch von den noch am stärksten mythologisch klingenden Aussagen über Christi Präexistenz. Gerade sie waren ja ein einziger Versuch, das Unanschauliche Gottes selber zu veranschaulichen, die »unbegreifbare« Wirklichkeit des Absoluten mit menschlich-relativen Vorstellungen von Raum und Zeit »begreifbar« zu machen. Barth wie Bultmann wußten: Menschen können nicht anders als in Bildern, Vergleichen, Symbolen von der Wirklichkeit Gottes reden. Und insofern für sie Christus Gott repräsentierte, »von Gott gekommen«, »bei Gott« gewesen war, vor aller Schöpfung, vor aller Zeit, ist der Glaubende gerade auch in Sachen Präexistenzchristologie auf eine Bildersprache angewiesen, auf die Kraft der Poesie. Beide, Barth wie Bultmann, wußten aber auch, daß Menschen nur dann krude mythologisierende Mißverständnisse bei der Rede von Gott vermeiden können, wenn sie sich der Diskrepanz von (menschlichem) Wort und (göttlicher) Wirklichkeit, von Bild und Realität bewußt blieben und nicht anfingen, die Wirklichkeit Gottes selbst mit den je eigenen Bildvorstellungen glatt zu identifizieren. Beiden war klar: Bilder sind unvermeidlich, will Theologie nicht das bewußte Schweigen zur einzig adäquaten »Redeform« von Gott erklären; aber: Bilder bleiben Bilder! Anders gesagt: Theologie ist letztlich nicht auf den Mythos, wohl aber auf die Poesie angewiesen. Der Satz von Friedrich Hölderlin gilt gerade hier: »So wäre alle Religion ihrem Wesen nach poetisch.«[31]

Und so läßt sich im Anschluß an Barth und Bultmann als *Herausforderung* festhalten: *Die Rede vom präexistenten Christus ist auch für ein nachmythologisches Zeitalter relevant, ja als Herausforderung moderner Rationalität kritisch zur Sprache zu bringen. Der christliche Glaube kann um der Offenbarungsstruktur des Christusereignisses willen nicht darauf verzichten, ein Stück weit »mythisch« oder mit einem »mythischen Rest« zu reden. Besser: Christliche Theologie nach der Aufklärung muß gewiß entmythologisieren; entbildlichen, entpoetisieren darf sie nicht.*

Wie weit aber ging der Konsens in den materialen christologischen Aussagen? Schaut man genau hin, so bricht bei der Frage der Präexistenz Jesu die entscheidende Differenz auf.

3. Was Harnack, Barth und Bultmann unterscheidet

Bei aller Gemeinsamkeit im Grundansatz – Barth und Bultmann kommen zu diesem Ansatz auf sehr verschiedenen Wegen und vertraten ihn aus sehr verschiedenen Grundpositionen heraus. Wir fassen die Grundlinien noch einmal zusammen.

Der Dogmengeschichtler

Adolf von Harnack dachte als Dogmengeschichtler ganz und gar in Entwicklungslinien der Präexistenz*vorstellung*, die sich – von Jesus nicht in Anspruch genommen – im Neuen Testament noch ganz im Rahmen jüdisch-hellenistischer Theologie bewegte, sich aber in nach-neutestamentlicher Zeit immer stärker spekulativ verselbständigte und schließlich zu einer hellenistischen Bedrohung des biblischen Gottesbildes geführt hatte. Die Rekonstruktion der Geschichte der Präexistenzchristologie war für Harnack gleichzeitig deren schärfste Kritik – und zwar vom einfachen Evangelium Gottes, des Vaters Jesu Christi selbst her. Eine Präexistenzchristologie, wie sie sich nachneutestamentlich entwickelt hatte, schien Harnack deshalb unjesuanisch und unvernünftig. Sie hatte nur zu metaphysischen Spekulationen über das Wesen der Person Christi geführt, über Fleischesannahme und zwei Naturen und damit vom Entscheidenden weg. In einer Schriftstelle des Neuen Testamentes war für Harnack das Entscheidende zum Ausdruck gebracht: 1 Petr 1,20, eine präexistenzchristologische Aussage, die weder eine empirische Betrachtung der Geschichte noch die Vernunft entwurzele und die gleichzeitig einen ursprünglich alttestamentlichen und urchristlichen Gedanken enthalte: daß nämlich Gott der Herr der Geschichte und dieser Herr der Geschichte in Jesus Christus so auf den Plan getreten sei, wie er es von Ewigkeit her beschlossen habe: »Vor der Gründung der Welt war er ausersehen – jetzt am Ende der Zeiten ist er hervorgetreten um euretwillen.«

Der Dogmatiker

Ganz anders der Dogmatiker *Karl Barth* – der Autor der »Kirchlichen Dogmatik« vor allem. Für ihn war die Präexistenzchristologie alles – und zwar aus grundsätzlichen theologischen, besser: offenbarungstheologischen Gründen (Gott offenbart nichts als sich selbst; wer Gott offenbart, muß selber Gott sein). Barth konnte sich von daher Jesus Christus nie anders als »von Ewigkeit« her vorstellen und fand dafür den begrifflich adäquatesten Ausdruck in der klassischen Ontologie, konkret der Logoschristologie und Trinitätslehre. Jesus war eben für ihn niemand anderer als der fleichgewordene göttliche Logos, eines Wesens mit dem Vater. Es störte Barth dabei nicht, daß er für seine Christologie eine dogmengeschichtliche Entwicklung des 4. und 5. Jahrhunderts in Anspruch nahm, der Harnack soeben noch akute Hellenisierung, eine Diskontinuität mit dem geschichtlichen Ursprung des Christentums bescheinigt hatte. Nein, der Ursprung Jesu war für Barth von vornherein *nicht* die Geschichte, sondern die Vor-Geschichte Gottes selbst, *nicht* die menschliche Zeit, sondern die Ewigkeit Gottes. Der Ursprung Jesu war für ihn nicht mit einer geschichtlichen Urkunde identisch, sondern der Anfang aller Anfänge selber.

Dies aber fand Barth am besten in der vollentwickelten Logoschristologie des 4. und 5. Jahrhunderts zum Ausdruck gebracht (Anhypostasie-Lehre). Die Präexistenzchristologie war damit für Barth keineswegs eine »Bedrohung« des biblischen Gottesbildes; im Gegenteil: sie erst gab ihm die Möglichkeit, die eigentliche (Selbst-) Bestimmung Gottes als Vater dieses ewigen Sohnes adäquat zur Sprache zu bringen. So gab es für Barth keine christologische Schriftstelle, die er nicht schon präexistenzchristologisch las; ja, er scheute sich nicht, die ganz verschiedenen christologischen Vorstellungen des Neuen Testamentes auf einen trinitätstheologischen Nenner zu bringen, von den paulinischen und johanneischen Vorstellungen angefangen bis hin zu den protologischen und kosmologischen Aussagen im Epheser-, Kolosser- und Hebräerbrief.

Höhepunkt ist dabei zweifellos die Interpretation von Jo 1,1, wo Barth die Präexistenz des Menschen Jesus nachgewiesen zu haben glaubte.

Der Exeget

Und der Exeget *Bultmann*? Er stand wie so oft gerade hier zwischen beiden. Als *Theologe* hielt es Bultmann entschieden *mit Barth*, und zwar von seinem offenbarungstheologischen Verständnis der Christologie her. Im Gegensatz zu Harnack konnte Bultmann auf diese Weise – wir sahen es – erstaunlich frei und theologisch konstruktiv mit bestimmten Präexistenzaussagen des Neuen Testamentes umgehen. Als *Historiker* aber hielt es Bultmann entschieden *mit Harnack*. Auch er sah und anerkannte – auf der Linie der religionsgeschichtlichen Schule – eine Entwicklung der Christologie im Neuen Testament; sah und anerkannte, daß aus Jesus von Nazaret der präexistente Gottessohn *wurde* – im Übergang von der palästinischen zur hellenistischen Gemeinde. Mit Harnack war Bultmann entschieden der Meinung, daß das Neue Testament Spekulationen über die ontologische Natur Christi nicht kenne und daß man folglich als Theologe davon Abstand nehmen müsse, wolle man sich nicht einer alten, überholten Ontologie ausliefern und damit dem Verdacht der Objektivierung. Als *Exeget* konnte Bultmann deshalb der präexistenzchristologischen Hermeneutik Karl Barths nie folgen, mit der dieser bereits das ganze Neue Testament las. Bei Jo 1,1 verbat er sich vom Text her »jede Spekulation über eine Urzeugung in der göttlichen Sphäre, jede Vorstellung von einer Entfaltung der Gottheit oder einer Emanation«, wies er »jeden Gedanken eines Sich-selbst-objektiv-Werdens der Urgottheit« zurück. Kurz, Bultmann lehnte mit Harnack einen trinitätstheologischen Einsatz der Theologie ab – nicht aus Willkür, sondern aus exegetischen Gründen, aus Gründen des Schriftverständnisses selber. Wir sind hier nun am entscheidenden Differenzpunkt.

4. Der entscheidende Streitpunkt zwischen Barth und Bultmann

Die Grunddifferenz von Barth und Bultmann in Sachen Präexistenzchristologie können wir uns am besten mit Bultmanns Schlüsselaufsatz über das »christologische Bekenntnis des Ökumenischen Rates« klarmachen, in dem der Marburger sein Verständnis der »Gottheit Christi« präzisiert hatte.

Wie von der Gottheit Christi reden?

Bultmann war auf der Linie seiner präexistenzchristologischen Interpretationen auch hier davon ausgegangen: Im Neuen Testament werden über Jesu Göttlichkeit oder Gottheit Aussagen gemacht, »die nicht seine Natur, sondern seine Bedeutsamkeit zum Ausdruck bringen wollen; Aussagen, die bekennen, daß das, was er sagt, und das, was er ist, nicht innerweltlichen Ursprungs ist, nicht menschliche Gedanken, nicht weltliche Geschehnisse sind, sondern daß darin Gott zu uns redet, an uns und für uns handelt« (GV II, 252 f.). Genau dies aber werde durch die Präexistenzaussagen in mythischer Form zur Sprache gebracht.

Bultmann hatte daraus gefolgert, daß die »Göttlichkeit oder Gottheit Christi sich in dem Geschehen erweist, in das wir dadurch gestellt sind, daß die Predigt erklingt, die ihn als die uns erschienene Gnade Gottes verkündet« (GV II, 256). Hatte Bultmann damit das Neue Testament richtig verstanden? Oder hatte er nur Mißtrauen geschaffen und sich dem Verdacht ausgesetzt, er funktionalisiere das Neue Testament nur für seine eigene existentiale Hermeneutik? Ja, hatte Bultmann mit einem solchen Verständnis der Gottheit Christi nicht praktisch behauptet, erst das Bekenntnis von Menschen bringe die »Gottheit Jesu« gleichsam hervor; die Bezeichnung »Gott« sei Teil und Abschluß des menschlichen *Bekenntnisvorganges*? Und hatte Bultmann nicht damit faktisch zugegeben, daß Jesus erst im Glauben der Menschen zu Gott werde? Daß erst der Glaube vom Menschen Jesus gleichsam vergotte?

Karl Barth jedenfalls hatte diesen Verdacht bei Bultmann und einer ihm verpflichteten protestantischen Theologie nie loswerden können. Seine kritische Wendung gegen die liberale Theologie hatte ihre theologische Pointe gerade in der Erkenntnis gehabt: Der präexistenzchristologische Satz von der Gottheit Christi ist nicht ein abgeleiteter, sondern ein *Grundsatz*, nicht Ergebnis, sondern Anfang des Denkens und Glaubens von Menschen. Das »Prä« der Existenz Christi »sicherte« ja gerade das »Zuvor-in-sich-Selbst« des dreieinigen Gottes und damit die Nichtobjektivierbarkeit und Unverfügbarkeit von Gott und Christus im Gegenüber zum Menschen. Gott wird nicht erst zum Versöhner, wenn Menschen daran glauben; er ist es für Barth immer schon in der Seinsweise des Sohnes, unabhängig vom Menschen.

Und *Bultmann*? Er konnte die Aussagen von der Präexistenz und Gottheit Christi nicht als Grund des Glaubens, sondern wiederum nur in *bezug auf die Existenz des Menschen* verstehen. Walter Schmithals hat deshalb Bultmann richtig verstanden, wenn er schreibt: »Es gilt von Jesu Präexistenz und Menschwerdung dasselbe wie von seiner Auferstehung, zumal beide Phänomene sich jeder objektiven Beweisführung entziehen: sie können, selbst Gegenstand des Heilsglaubens, nicht solchen Glauben begründen.«[32] Und da sie selber Gegenstand des Glaubens von Menschen sind, müssen sie etwas über Menschen aussagen. Christologische Aussagen sind deshalb für Bultmann sinnvoll immer nur als Aussagen über den Menschen nach dem Motto: »Hilft er mir, weil er der Sohn Gottes ist, oder ist er der Sohn Gottes, weil er mir hilft?« (GV II, 252). Und Bultmann war entschieden der Meinung, daß Jesus erst dann zum »Sohne Gottes« wird, wenn Menschen ihn als Helfer erfahren haben.

Der *Streit* zwischen Barth und Bultmann in Sachen Christologie mußte von daher unlösbar sein, weil beide unter *»Objektivierung« etwas völlig anderes verstanden* und sich *gegenseitig entweder ein Zuviel oder ein Zuwenig vorwerfen mußten*: Entweder ein Zuviel an begrifflicher Spekulation über das ontologische Wesen Christi oder ein Zuwenig an begrifflicher Explikation der Wirklichkeit Gottes, wie sie in der kirchlichen Tradition durchdacht worden war. In der Tat weigerte sich Bultmann entschieden bei Strafe der Objektivierung, der auch das griechische Denken (im Konzil von Chalkedon) nicht entgangen sei (GV II,257), in Sachen Christologie mehr zu sagen. Nichtobjektivierbarkeit Gottes in Christus war für ihn nur im Akt der *Verweigerung* von Aussagen über die Person Christi, über ihr Wesen und ihre Natur gewährleistet. Wer mehr über das »Geheimnis« Christi sage, der wolle nach Bultmann »doch nachträglich das Recht des Glaubens begründen«; in dem verrate sich das Bestreben, »das Inkognito Jesu (um mit Kierkegaard zu sprechen) zu lüften, so aber auch die Paradoxie des ›logos sarx egeneto‹ aufzulösen« (GV III, 189).

Anders gesagt: Nach Bultmann genügt die im Glauben gewonnene Einsicht in die paradoxe Einheit von Gott und Mensch in Jesus. Zum

Problem dagegen wurde ihm – wie *Gotthold Hasenhüttl* treffend sagt – jeder »kategoriale Versuch, durch den Begriff der Physis das Paradox in die Unmittelbarkeit aufzulösen. ›Natur‹ ist ein Begriff, der sich nur auf ›vorhandene‹ Dinge, auf seine Objekte beziehen kann, nicht aber auf Gott. So ist es nicht möglich, über die göttliche Natur Jesu eine Aussage zu machen; denn nur ein ›an-sich‹-Seiendes kann so objektiviert werden, nicht aber der sich offenbarende Gott, der nur in der Bedeutsamkeit für den Menschen, der nur in existentieller Begegnung erfaßt werden kann.«[33] Gerade dieses »nur« aber, diese existentielle Reduktion hatte Barth leidenschaftlich bestritten!

Der Bruch zwischen Exegese und Dogmatik

Damit ist überdeutlich geworden: *Die Differenzen zwischen Barth und Bultmann sind die Differenzen zwischen Dogmatik und Exegese überhaupt.* Ihr Konflikt ist Produkt eines Bruches zwischen diesen »Disziplinen« der Theologie, den Rudolf Bultmann – wir hörten es – schon als Student in Berlin beklagt hatte, nicht ahnend, daß er es sein würde, der mit seinem Werk diese Kluft weiter vertiefen würde. Wo Bultmann stehen bleiben zu müssen meinte, an Geist und Buchstaben des Neuen Testamentes gebunden, glaubte der Dogmatiker Barth, der ja auch einmal als Exeget angefangen hatte, sich berechtigt, spekulativ-dogmengeschichtlich weiterzugehen und eine bestimmte kirchliche Sprachtradition zur begrifflichen Durchdringung des »göttlichen Geheimnisses« verwenden zu dürfen. Wo Bultmann das Neue Testament zum einzigen Maßstab auch heutiger Theologie machte, sah der Barth der »Kirchlichen Dogmatik« es als Absprungbrett weiterer theologischer Reflexion, dessen einzige Grenze das direkt Widerbiblische war. Wo Bultmann das Neue Testament als Grenze theologischer Freiheit und als kritische Instanz gegenüber jeglicher Tradition begriff, wollte Barth dogmatisch seine Freiheit auch im Ernstnehmen der Glaubensgeschichte kirchlicher Tradition gewahrt wissen. Ja, Barth meinte von dieser Freiheit im Rückgriff auf die alten Konzilien, die klassische Trinitätslehre und die Logoschristologie reichlich Gebrauch machen zu dürfen. Seine Theologie – so Christoph Gestrich – verfügte damit in der Tat »im Vergleich zur Bultmannschen über ein viel reicheres, den Umfang des Neuen Testaments weit überschreitendes ›Material‹. Hinzu kommen die dogmatische Tradition der Kirche (das ›Gespräch der Kirche mit sich selbst‹)

und die verschiedenen Gestalten der häretischen Umformung dieser Tradition, vor allem in der neuzeitlichen Philosophie.«[34]

Keine Frage: Die Stärke Barthscher Theologie war mit der großen Freiheit identisch, mit der sie die *Geschichte* Gottes als des Vaters, Sohnes und Geistes in sich sowie mit der Welt und den Menschen zu erzählen wußte. Größer könnte hier der Unterschied zwischen Barth und Bultmann in der Tat nicht sein – bei aller Gemeinsamkeit im christologischen Grundbekenntnis und in den gesellschaftlichen und politischen Konsequenzen. Größer könnte der Unterschied nicht sein – schon wenn man den *literarischen Charakter ihres Œuvres* betrachtet: Im wesentlichen vier Sammelbänden, einem Kommentar und einem Band »Theologie des Neues Testamentes« steht eine dreizehnbändige Dogmatik gegenüber mit dem Anspruch, die ganze Weite und Tiefe von Schrift und Tradition zu entfalten, vom Alten Testament und der Geschichte Israels angefangen über das Neue Testament, die Zeit der Patristik, des Mittelalters, der Reformation und der Neuzeit. Eine Theologie, in der kleine Exegesen ebenso ihren Platz haben wie große Programmentwürfe, in der die kaum noch überschaubare Detailuntersuchung ebenso zu finden ist wie die große Programmatik. Eine theologische Architektonik, in der die großen Themen von der Schöpfung über die Erlösung bis hin zur Versöhnung verhandelt werden. Und daneben das schmale Œuvre des Exegeten, das sich in die Grenzen von Schrift und Religionsgeschichte selbst einbindet, dessen Weite und Tiefe sich in mikroskopisch feinen Untersuchungen der Bedeutung einzelner Wortfelder und Schlüsselbegriffe des Neuen Testamentes offenbart, dessen große Themen die Themen des Neuen Testamentes allein sind, deren Unmittelbarkeit für die heutige Zeit – 2000 Jahre souverän überspringend – er interpretativ herstellen will. Keine Frage: Das Œuvre Barths und Bultmanns dokumentiert einen *Hiatus zwischen Dogmatik* einerseits und *Schriftexegese* andererseits, an dem die Theologie bis heute zu arbeiten hat.

5. Rückfragen an Bultmann und Barth und eine Lanze für Harnack

Wir werden im dritten und letzten Hauptteil unserer Studie auf die Kluft noch einmal zu sprechen kommen müssen, wenn wir die Ergebnisse unserer exegetischen Studien mit den Ergebnissen der Diskussion um Harnack, Barth und Bultmann zusammenzubringen und ins Gespräch mit der Gegenwartstheologie einzubringen versuchen. Zum Abschluß dieses Teiles seien zunächst einige Rückfragen an Barth und Bultmann gestellt, die sich im Lichte unseres zweiten exegetischen Hauptteils wie »von selbst« verstärken werden.

Eine fragwürdige existentielle Reduktion

Denn *Rückfragen* an beide bleiben. Wenn nach *Bultmann* alle Aussagen über die Präexistenz und Gottheit Jesu Christi nur dann Sinn haben, wenn sie einen Bezug zum glaubenden Menschen erkennen lassen, ist dann nicht doch jeder Mensch sein eigener Richter, der über Sinn und Unsinn von Aussagen über Gott entscheidet? Sind dann theologische und christologische Aussagen nicht der Beliebigkeit des jeweils wechselnden menschlichen *Selbstverständnisses* ausgeliefert? Entscheidet dann nicht letztlich doch die menschliche Vernünftigkeit, Plausibilität und Sinnakzeptanz, was als Wort und Tat Gottes zu gelten hat? Wie aber soll der von Bultmann geforderte *Existenzbezug* der Christologie zustandekommen, wenn gerade die Spitzenaussage seiner Christologie ganz und gar ein ärgerliches Paradox ist, das den Menschen zur Aufgabe seines bisherigen Selbstverständnisses herausfordern soll?

Und weiter: Hatte Bultmann nicht durch diese seine Rückbindung auf Bekenntnis und Existenz viele präexistenzchristologische Aussagen des Neuen Testamentes (kosmologischer und schöpfungstheologischer Provenienz vor allem) gleichsam verschenkt, indem er sie entweder mythologisch ausschied oder existentialistisch verengt interpretierte? Hatten nicht gerade die Präexistenzaussagen eine *kosmische und schöpfungstheologische Dimension*, die für heute hätte relevant gemacht werden können? Es war ja in der Tat die Exklusivität des existentiellen »Nur«, die Bultmanns Theologie fragwürdig machte. Nichts also gegen die Aufdeckung eines immer schon gegebenen Existenzbezugs menschlichen Redens von Gott, eines Relationszusammenhangs theologischer Aussagen mit dem von Gott sprechenden Menschen. Aber bei Bultmann folgt daraus eine fragwürdige *existentiale Selbstbeschränkung und Selbstverengung der Theologie*!

Eine fragwürdige dogmatische Überkomplexität

Die Rückfragen aber gelten auch *Karl Barth*: Hatte er mit seiner trinitätstheologischen Lektüre des Neuen Testamentes nicht das alles im Neuen Testament schon bestätigt gefunden, was für ihn auch ohne das Neue Testament feststand, für das er eine biblische Bestätigung nur nachträglich suchte? Auch Barth hatte ja zugegeben, daß seine Trinitätslehre nicht mit der Offenbarung identisch sei; sie sei ein Werk der Kirche, nicht in der Schrift enthalten, wohl aber eine »zutreffende Interpretation der Schrift«. Wirklich zutreffend? Mußte nicht schon Bultmann als Exeget starke Vorbehalte anmelden gegenüber einer Interpretation der Schrift mit den Augen von Patristik und Mittelalter, mit einer an der klassischen dogmatischen Selbstfestlegung geschulten Hermeneutik? Hatte Bultmann nicht recht, wenn er gegen eine solche Präexistenzchristologie als Exeget Einspruch erhob – mit dem Neuen Testament in der Hand? Und ist die Barthsche Christologie nicht in der Tat durch ihre Selbsteinbindung in eine immanente Trinitätslehre in Gefahr, sich zu verselbständigen und Antworten auf Fragen begrifflich-intellektuell-spekulativer Art zu geben, die an den existentiellen Fragen und Problemen ungezählter Menschen heute vorbeigehen?

Keine Frage: Als *Exeget* ist *Bultmann gefährlich für die Barthsche Dogmatik*. Warum? Weil er geduldig und hartnäckig die Grundlagen anbohrt, anzweifelt, ja angreift, welche die Barthschen spekulativen Höhenflüge so sicher meinen voraussetzen zu dürfen. So unvergleichlich die Weite und Tiefe der Barthschen Dogmatik sein mag: sie kann nur solange überzeugen, wie ihre Grundlagen im Grund-Zeugnis jeder christlichen Theologie gesichert sind. Fallen diese Grundlagen weg, ist auch der Barthschen Dogmatik im wahrsten Sinne des Wortes der Boden unter den Füßen entzogen. Die Bultmannschen Exegesen erfüllen hier nicht selten die Funktion des Kindes im Märchen: Der Kaiser hat die Kleider gar nicht wirklich an, die er suggestiv als wirklich behauptete. Der Kaiser steht – unvoreingenommen und nüchtern betrachtet – nicht selten nackt da. Die von ihm erzeugte Realität war nur eine mittels Autosuggestion und Fremdsuggestion erzeugte Scheinwirklichkeit. Wie also: Ist die Schmalheit des Bultmannschen Œuvres möglicherweise nur Ausweis einer sachgemäßen Zurückhaltung? Ist die Kargheit seiner systematisch-theologischen Aussagen nur der schriftgemäße Verzicht auf dogmatische Überkomplexität? Ist die Zurückhaltung gegenüber allzuviel begrifflich-terminologischer Neugierde, gedanklicher Konstruktion, systematischem Lösungswillen nur der Ausdruck des Respekts vor der christlichen Ur-Kunde, deren Verzicht auf jede spekulative Komplexität nicht Ausdruck von Schwäche, sondern Ausdruck der Tatsache ist, daß es *darauf* für den christlichen Glauben offenbar nicht ankommt? Kurz, zeigt nicht Bultmann als Exeget sehr oft, daß die Barthsche Dogmatik gerade auch in Sachen Christologie Probleme gerade dort kreiert, wo sie sie gelöst zu haben glaubt?

Der Jesus der Geschichte – ernst genommen?

Und hier – am Schluß dieses unseres ersten Durchganges – müssen wir noch einmal einem Mann Gehör verschaffen, dessen theologiegeschichtliche Leistung durch den Konsens und Dissens zwischen Barth und Bultmann nicht selten verdrängt zu werden pflegt: *Adolf von Harnack.* War sein Insistieren auf dem Jesus der Geschichte und der Gotteserfahrung Jesu selber, sein Beharren auf der ganzen Breite und Tiefe des Menschseins Jesu wirklich ernst genommen? Oder nicht doch christologisch kurzerhand für irrelevant erklärt? War Harnacks Beharren darauf, daß es kein Christentum gäbe ohne diesen *konkreten geschichtlichen Jesus,* der sich nun einmal nicht als der präexistente und fleischgewordene Gottessohn verstanden habe, wirklich ernst genommen? Wenn also das Wort wirklich *»Fleisch«* geworden ist, war dann nicht das, was »Fleisch« konkret bedeutet, bei Barth und Bultmann zu einer bloßen Abstraktion geworden? Bultmann brauchte bekanntlich vom Jesus der Geschichte nur das »Daß« des Gekommenseins, Barth nur wenige ausgewählte Texte, die die Göttlichkeit Jesu um so strahlender erscheinen ließen. Hatten beide damit das Neue Testament wirklich richtig verstanden? Beide wollten von einer menschlichen Persönlichkeit Jesu ja nichts wissen. Bultmann reichte das »Paradox« von Gott in Jesus; Barth griff auf die Lehre von der Anhypostasie zurück. Waren sie damit aber dem Zimmermannssohn aus Galiläa wirklich gerecht geworden, wie er trotz aller Christologie durch die synoptischen Evangelien noch hindurchscheint? Hatten sie damit das Gekommensein ins Fleisch nicht doch überspielt, wegtheologisiert, zu einer überflüssigen Randfrage gemacht?

Mehr noch: Hatte nicht gerade die *Rückfrage nach dem historischen Jesus* in der Bultmannschule selbst eine *Krise* ausgelöst und hatte man damit nicht gerade hier indirekt »eine Lanze für Harnack« gebrochen? Ja, hatte nicht gerade der Bultmann-Schüler *Ernst Käsemann* in einem berühmten Aufsatz über »das Problem des historischen Jesus« 1953 – damit die Wende in der Bultmannschule einleitend – auf eine merkwürdige »Vertauschung der Fronten« aufmerksam gemacht? »Unsere Situation wird dadurch gekennzeichnet« – schrieb Käsemann – »daß die genuin liberale Frage nach dem historischen Jesus wieder zunehmend an theologischem Gewicht gewinnt, paradoxerweise freilich in einer Zeit, in welcher der Liberalismus kirchlich weitgehend ausgeschaltet ist, und im Gegenschlag zu einer auf dem Boden des Liberalismus erwachsenen historischen und theologischen Kritik. Diese Vertauschung der Fronten gehört sicherlich zu den reizvollsten und aufschlußreichsten Begebenheiten der jüngsten Theologiegeschichte: 200 Jahre lang hat die kritische Forschung den historischen Jesus aus den Fesseln kirchlicher Dogmatik zu befreien gesucht, um am Wegende zu erkennen, daß solcher Versuch von vornherein zum Scheitern verurteilt war, weil wir nur durch die urchristliche Predigt und die damit verknüpfte kirchliche Dogmatik überhaupt etwas von dem historischen Jesus erfahren und diesen gar nicht mehr säuberlich und einigermaßen ausreichend vom Gepredigten und Geglaubten abheben können. Im gleichen Augenblick schwenkte aber auch der bisherige Gegner dieser Kritik offensichtlich in der Befürchtung um, daß nun radikaler Skepsis erst recht die Türen geöffnet werden könnten und mit der Preisgabe des direkten Zugriffs nach der Historie die Geschichtlichkeit der Offenbarung selbst in Gefahr geriet.«[35]

In der Tat: Es geht bei der Rückfrage nach dem historischen Jesus nicht in erster Linie um die Befriedigung historischer Neugierde, nicht um die Sicherung des Glaubens mit Hilfe der Geschichtswissenschaft, nicht um Kreaturvergötzung, nicht um die Selbstauslieferung der Theologie an den Historismus, sondern um die *Geschichtlichkeit der Offenbarung* selbst. Wir kommen also nicht darum herum, dort anzusetzen, wo die Geschichte begonnen hat, wo die Offenbarung wirklich Geschichte *geworden* ist. Wir kommen nicht darum herum zu fragen: Wer von den dreien, Harnack, Barth und Bultmann, hatte *diese Geschichte* tiefer gesehen, adäquater verstanden und damit die Schrift richtiger interpretiert? Wenn also alles davon abhängt, was zutreffende Interpretation der Schrift ist, lassen wir am besten die Schrift selber zu Worte kommen, wie sie heute nach Harnack, Barth und Bultmann verstanden, geglaubt und gedeutet werden kann.

Die systematisch-theologischen Konklusionen für eine heute adäquate Rede von der Präexistenz Christi werden wir im Gespräch mit der Gegenwartstheologie im dritten Hauptteil zu ziehen haben, wo wir die gegenwärtige theologiegeschichtliche Situation zu umreißen versuchen werden: Die Größe und die Grenzen der Programmentwürfe der Vergangenheit einbeziehend und einen eigenen Weg suchend, der das jeweilige Recht der liberalen Theologie, der dialektischen Theologie und der existentialen Theologie gelten läßt und doch ihre Schwächen zu vermeiden sucht. Zunächst aber zur kritischen Rolle der Schrift für ein gegenwärtiges Verständnis der Präexistenz Christi.

ZWEITER HAUPTTEIL
Leitlinien der Schrift:

Präexistenzchristologie im ökumenischen Gespräch der Schriftverständigen

A. Von Hiob zu Henoch: Das Alte Testament

»Gäbe es keine biblischen Texte, so verdiente Barths Entwurf den Vorzug«: ein hellsichtiges Wort von Ernst Fuchs schon aus dem Jahre 1959, das mit einem Schlag die ganze Problematik der »Kirchlichen Dogmatik« aufreißt.[1] 1977 hat ihm Wolfhart Pannenberg in einem anderen Zusammenhang, aber mit dem gleichen Ergebnis sekundiert: »Barth entwickelt seine Trinitätslehre nicht primär vom exegetischen Befund her, also etwa aus dem historischen Verhältnis Jesu zum Vater, sondern argumentiert mit der inneren Logik des Offenbarungsbegriffs, in welchem Subjekt, Prädikat und Objekt oder der Offenbarer, die Offenbarung und das Offenbarsein zu unterscheiden seien.«[2] Was aber sagen die »biblischen Texte« zu unserer Frage, was ist der »exegetische Befund«?

Orientierungsmarken für ein Gespräch mit der Exegese

Nun ist es für den systematischen Theologen ein waghalsiges Abenteuer, sich auf exegetische Forschungen einzulassen. Was ist in der Exegese beider Konfessionen in diesem Jahrhundert nicht alles behauptet und widerrufen, erwogen und verworfen, für wahr gehalten und als Täuschung entlarvt worden? Wie oft wurden Hypothesen zu Thesen und Thesen wieder zu Hypothesen! Wie oft ist durch die eine Gruppe als sicher konstatiert worden, was durch die andere vehement bekämpft wurde? Gewiß: All dies hing weniger mit der Willkür einzelner Exegeten als vielmehr mit der Vielschichtigkeit und Vieldeutigkeit der historischen Phänomene selbst zusammen. Wie aber selber vorgehen? Für meinen Weg durch das Dickicht der Meinungen der Schriftverständigen habe ich folgende hermeneutischen Orientierungsrichtlinien zu befolgen versucht[3]:

1. *Keine Orientierung an Extrempositionen, aber auch keine Harmonisierung von Disparitäten:* Bei den behandelten Fragen soll ein umfassendes Bild über die ökumenische Diskussionslage gegeben werden, das sich entweder am inneren Konsens der Positionen orientiert oder die Unvereinbarkeit der Ergebnisse offenlegt. Um der wahren Katholizität der Theologie willen sind exegetische Befunde also weder in ihren Extremen zu favorisieren noch in ihrer Zwiespältigkeit zu harmonisieren.

2. *Keine Steinbruchexegese, aber auch keine geschichtslose »theologische« Exegese:* Die Gefahr eines dogmatischen Denkens ist zu vermeiden, die Schrift zum Beleg-Reservoir dogmatischer Systembildungen werden zu lassen, Schriftaussagen steinbruchartig aus dem lebendigen Zusammenhang herauszureißen, um sie zur Abstützung schriftfremder Theologumena zu verwenden. Derselben Gefahr ist auch dort zu wehren, wo aus den disparaten neutestamentlichen Schriften eine umfassende Christus-Lehre abstrahiert, auf der Ebene traditions- und geistesgeschichtlicher Texthermeneutik christologische Hoheitstitel isoliert betrachtet und so die verschiedenen Traditionen des Neuen Testamentes zu einem entwicklungsgeschichtlich folgerichtigen »Ganzen« harmonisch-organisch zusammengefügt werden. In beiden Fällen ist die Schrift gerade nicht das, was sie vom Zweiten Vatikanum her sein sollte: »die Seele der ganzen Theologie«.[4]

3. Selbstkritisch soll hier vielmehr dem Ideal einer *kontextuellen Exegese* gefolgt werden. Sie versucht, dem Lebenskontext biblischer Schriften hermeneutisch Rechnung zu tragen und diesen bei der systematischen Reflexionsarbeit nicht zu überspringen. Die religions- und traditionsgeschichtlichen Analysen sind dabei durch politische, psychologische und sozialgeschichtliche Aspekte zu ergänzen.

4. Schwerpunkt des theologischen Erkenntnisinteresses dieser Studie ist das Verständnis der neutestamentlichen Aussagen von der Präexistenz Christi. Dies kann nicht ohne Einbeziehung des *gesamten biblischen Traditionsstroms* geschehen. Das Alte Testament darf dabei nicht zum neutestamentlichen Stichwortgeber und Materiallieferer degenerieren, sondern muß in seiner theologischen Eigenwertigkeit ernst genommen werden. Nur so können in aller Knappheit Grunddaten einer *biblischen Theologie der Präexistenzaussagen* skizziert werden.

5. Die exegetische Rekonstruktionsarbeit ist dabei selbstverständlich kein Ersatz für eine *systematisch-theologische Reflexion* der Christologie als ganzer. Systematische Christologie kann sich nicht darauf reduzieren, verschiedene Christologien des Neuen Testamentes geschichtlich zu eruieren und womöglich als unvereinbar gegeneinander auszuspielen. Umgekehrt können aber systematische Konsequenzen nicht unter Überspringung des disparaten geschichtlichen Befundes gezogen werden. Der Selbstanspruch systematischer Theologie auf Schriftgemäßheit ist vielmehr von der Schrift selber her kritisch zu überprüfen, so wie der biblische Befund ohne allen exege-

tischen Immediatismus oder gar Fundamentalismus systematisch auszuwerten, d. h. unter Berücksichtigung des gegenwärtigen Problemhorizontes zu reflektieren ist. Angestrebt wird hier also das, was *Walter Kasper* jüngst so umschrieben hat: »So wie der Systematiker bei seiner Arbeit unerläßlich auf die Vorarbeit des Exegeten und Historikers angewiesen ist, so benötigen diese die hermeneutische Vorarbeit und kritische Begleitung des Systematikers. Das Verhältnis von Exegese und Dogmatik läßt sich deshalb nicht mehr länger im Sinne einer Vor- oder Nach-, einer Über- oder Unterordnung lösen, sondern nur im Sinne einer wechselseitigen Zusammenarbeit innerhalb eines wissenschaftlichen Erkenntnis- und Forschungsprozesses, der grundsätzlich nicht abschließbar ist.«[5]

6. Auch in der katholischen Theologie wächst das Bewußtsein von der Komplexität des biblischen und geschichtlichen Befundes. So ruft etwa das jüngste *Dokument der päpstlichen Bibelkommission* »Bibel und Christologie« (verabschiedet 1983) auf zur Offenheit gegenüber kritischen Fragen in der historisch-kritischen Exegese.[6] Den »Erfordernissen der biblischen Kritik und der Pluralität der Christologien mitten im Neuen Testament« müsse besser Rechnung getragen werden, liest man dort. Es sei richtig, »als Ausgangspunkt eine *historische* Annäherung an den Menschen Jesus zu wählen, nämlich sein Leben als Jude, seine Verhaltensweisen und seine Predigt, sein Selbstbewußtsein und die Art, wie er seine Sendung dargestellt hat, die Sehweise seines Todes und den Sinn, den er ihm geben konnte, die Anfänge des Glaubens an seine Auferstehung und die Deutungen seines Todes in der Urkirche, die Ausarbeitung der Christologie und der Soteriologie im Neuen Testament«. Ausdrücklich warnt das Dokument dabei vor zwei Gefahren: Eine jede »Christologie von unten« stehe in Gefahr, »die auf der Lehrebene erzielten Ergebnisse von den von vornherein benutzten kritischen Hypothesen abhängig werden zu lassen«.[6] Und eine jede »Christologie von oben« sei versucht, »die Ausformulierung der christologischen Lehrsätze« mehr »von der Sprache patristischer und mittelalterlicher Theologen als von der des Neuen Testaments selbst« abhängen zu lassen, »so als ob diese letztendliche Quelle der Offenbarung ihrerseits zu wenig genau wäre, um der kirchlichen Lehre eine gut definierte Glaubensformulierung zu liefern«.[8] So ermutigt und gewarnt wollen wir uns dieser »letztendlichen Quelle der Offenbarung« möglichst genau zuwenden.

I. Vom Urgrund der Schöpfung: Die Weisheit

Drei Szenen, drei Annäherungen an unser Thema: damit beginnen wir.

1. Eine Urfrage der Menschheit

Und wir fragen noch einmal: Was war am Anfang? Was war, bevor alles wurde? Was ist der Ursprung der Welt, was ist der Ursprung meiner selbst, was liegt im Grunde aller Wirklichkeit? Fragen wie diese haben die Menschen aller Religionen und Kulturen, aller Zeiten und Räume umgetrieben. Sie haben diese Fragen in Liedern und Sagen, in Mythen und Märchen, in Grabinschriften und Totenbüchern zu beantworten gesucht:

1. Szene: Indien Mitte des 2. Jahrtausends

Um 1200 v. Chr., vielleicht schon früher, entstehen die Sammlungen des »in Versen niedergelegten heiligen Wissens«, der *Rigveda*, des ältesten Teils der vier Bücher umfassenden Veden, von denen man glaubte, sie hätten von Ewigkeit her existiert und seien von den alten Sehern »geschaut« worden. Aus Hymnen besteht dieses älteste Zeugnis der indischen Literatur, aus religiös-magischen, rituellen Preisliedern, die bei Opferzeremonien von den Priestern, den Brahmanen, gesungen worden waren. Und zu diesem »heiligen Wissen« gehörte auch das Wissen um die Entstehung der Welt. Was war am Anfang? Eine der ältesten Antworten der Menschheit findet sich im *Schöpfungslied des Rigveda*, jenem »wundervollen Gedicht« (H. Oldenberg[9]) von der »Zeit« vor aller Zeit, vom »Raum« vor allem Raum, als es die Zweiheit noch nicht gab, als Tod und Leben, Tag und Nacht noch nicht geschieden waren, als Ursprünglichkeit noch herrschte und »das Eine, außer dem kein anderes war«. Ein wundervolles Gedicht in der Tat – schon von Sprache und Rhythmus her, wundervoll aber auch darin, daß es die Urfrage aufwirft, beantwortet und die Antwort noch einmal in die Frage aufhebt. Was also war am Anfang?

»1. Damals war nicht das Nichtsein, noch das Sein,
Kein Luftraum war, kein Himmel drüber her. –
Wer hielt in Hut die Welt; wer schloß sie ein?
Wo war der tiefe Abgrund, wo das Meer?

2. Nicht der Tod war damals noch Unsterblichkeit,
Nicht war die Nacht, der Tag nicht offenbar. –
Es hauchte windlos in Ursprünglichkeit
Das Eine, außer dem kein anderes war.

3. Von Dunkel war die ganze Welt bedeckt,
Ein Ozean ohn' Licht, in Nacht verloren; –
Da ward, was in der Schale war versteckt,
Das Eine durch der Glutpein Kraft geboren.

4. Aus diesem ging hervor, zuerst entstanden
Als der Erkenntnis Samenkeim, die Liebe; –
Des Daseins Wurzelung im Nichtsein fanden
Die Weisen, forschend in des Herzens Triebe.

5. Als quer hindurch sie ihre Meßschnur legten,
Was war da unterhalb? und was war oben? –
Keimträger waren, Kräfte, die sich regten,
Selbstsetzung drunten, Angespanntheit droben.

6. Doch, wem ist auszuforschen es gelungen,
Wer hat, woher die Schöpfung stammt, vernommen?
Die Götter sind diesseits von ihr entsprungen!
Wer sagt es also, wo sie hergekommen? –

7. Er, der die Schöpfung hat hervorgebracht,
Der auf sie schaut im höchsten Himmelslicht,
Der sie gemacht hat oder nicht gemacht,
Der weiß es! – oder weiß auch er es nicht?«[10]

2. Szene: Ägypten Ende des 2. Jahrtausends vor Christus

Wer sagt es, wo sie hergekommen? Alte Schöpfungsmythen Ägyptens suchten auf ihre Weise darauf eine Antwort.[11] Was existierte vor der Existenz der Schöpfung, der Menschen, ja auch der Götter? Auf einem Sarg, der aus dem Mittleren Reich (2052–1570) stammt, ist einer der ältesten Schöpfungsmythen Ägyptens aufbewahrt: »Ich bin das Urgewässer (Nun), der einzige seinesgleichen. Mein Name entsteht dort. Damals, als mein Fluß groß wurde, entstand ich. Ich bin der Anfang, der im Urgewässer ist. Ich ließ meinen Körper entstehen durch meine Zaubermacht. Ich bin mein eigenes Werk. Ich bildete mich selbst, wie ich wollte, nach meinem Wunsch.«[12] Es ist dies der *Mythos vom Urwasser als Grund aller Dinge*, vom Ur-Ozean als Quelle allen Lebens. Schöpfung ist für diesen Mythos nicht Schöpfung »aus dem Nichts«, sondern Entstehung aus dem präexistenten Ur-Meer. Das Meer, der Gott Nun, ist der sich selbst erzeugende »Vater aller Götter«, der anfanglose Anfang aller Dinge. Am Anfang war das Wasser!

3. Szene: Griechenland Mitte des 1. Jahrtausends vor Christus
Zwei Schüler im Gespräch. Ihr großer Lehrer hatte soeben sterben müssen, und ihre Gedanken kreisen nun um die letzten Gespräche, die sie bis zum Ende mit dem Meister führen durften. Thema – wie könnte es anders sein – war der Tod, die Einstellung zum Sterben, die Frage nach dem, was bleibt, was unsterblich ist im Menschen. Ihre Gedanken gehen dabei über den biographischen Anlaß weit hinaus; die Polarität von Leben und Sterben, die Bewältigung des menschlichen Lebens angesichts des Todes wird grundsätzlich in den Blick genommen. Was hatte der Lehrer so eindrücklich in verschiedenen Beweisgängen seinen Schülern klarzumachen versucht? Lernen? Erkenntnis? Was ist das anderes als »Wiedererinnerung«? Und weil es nichts anderes ist als Anamnesis, Wiederbelebung dessen, was wir »in einer früheren Zeit gelernt haben müssen«, muß es in uns etwas geben, was vor uns da war, unzerstörbar, unvergänglich, ewig. Denn wie wäre Wiedererinnerung möglich, »wenn unsere Seele nicht schon war, ehe sie in diese menschliche Gestalt kam«? Diese Gestalt aber – auch das hatte der Lehrer verkündet –, diese Gestalt ist wie ein Gefängnis, in das die unsterbliche Seele verbannt ist, aus dem sie aber nach dem Tode dorthin zurückkehren werde, wo sie herkam: ins Reich der ewigen, präexistenten, göttlichen Ideen.[13]

387–367: In dieser Zeit wird *Platons Dialog »Phaidon«* entstanden sein, der den Tod des Sokrates (399) zum Anlaß nimmt, die Lehre von den präexistenten, ewigen »Ideen«, näherhin die Lehre von der *Prä-*

existenz jeder menschlichen Seele weiter zu entfalten. Ja, wenn es einen »Philosophen der Präexistenz« gegeben hat, dann diesen Griechen des 5./4. Jahrhunderts v. Chr. Von Platon an ist diese Idee von der Präexistenz und Unsterblichkeit der menschlichen Seele aus der Philosophie des Abendlandes nicht mehr wegzudenken. Und wenn es je eine Präexistenzvorstellung gab, die jahrhundertelang zum festen Bestandteil philosophisch-religiöser Überzeugung gehörte, die von Aristoteles ebenso geteilt wurde wie von den Stoikern, von Plotin ebenso wie von Cicero und dem christlichen Theologen Origenes, ja, die vermutlich bereits in religiösen Anschauungen der Urvölker eine wichtige Rolle spielte: dann die der Präexistenz der Seele, ihrer Unsterblichkeit und Göttlichkeit.[14]

Wir aber fragen: Was ist von all diesen Urideen, all diesen verschiedenen Präexistenzvorstellungen in das *Alte Testament* eingegangen? Das Auffallende nun ist:

1. Auch das Alte Testament kennt die Ur-Frage nach der *Entstehung der Welt*, nach dem Urgrund allen Seins. Doch anders als im Hymnus des Rigveda wird diese Frage nicht in eine letzte Skepsis aufgehoben, sondern unzweideutig beantwortet: »Herr, du warst unsere Zuflucht / von Geschlecht zu Geschlecht; / ehe die Berge geboren wurden, / die Erde entstand und das Weltall, / bist du, oh Gott, von Ewigkeit zu Ewigkeit« (Ps 90,1 f.).

2. Auch das Alte Testament kennt die Vorstellung von einem *Ur-Meer*, einem Chaos-Wasser, das vor aller Schöpfung war. Dieses aber wird nicht als anfangloser Anfang, als Quell allen Lebens bezeichnet; es ist vielmehr Material der Schöpfung Gottes, der aus Chaos Ordnung macht: »Am Anfang schuf Gott den Himmel und die Erde. Die Erde aber war wüst und wirr, Finsternis lag über der Urflut, und Gottes Geist schwebte über dem Wasser. Gott sprach: Es werde Licht« (Gen 1,1 f.).[15]

3. Auch das Alte Testament kennt die Vorstellung von einer Art *menschlichen »Seele«*. Aber sie ist nicht präexistent, sondern Ergebnis der Schöpfungsaktivität Gottes: »Da formte Gott der Herr den Menschen aus Erde und Ackerboden und blies in seine Nase den Lebensatem. So wurde der Mensch zu einem lebendigen Wesen« (Gen 2,7).[16] Erst unter persischem und griechischem Einfluß wird auch im Judentum – in einer, wie wir sehen werden, späten Phase und eher am Rande – die platonische Vorstellung von der göttlichen

Präexistenz der Seele, ihrer Gefangenschaft im Körper des Menschen und ihrer Unsterblichkeit aufgegriffen.

Das alles heißt: Für die alttestamentliche Präexistenzvorstellung scheint charakteristisch, daß *Gott allein »präexistent«* ist, und das heißt präzise: *unerschaffen und vorgeordnet allen geschaffenen Dingen*. Denn ganz selbstverständlich geht das Alte Testament davon aus: Gott allein ist der Schöpfer von allem, was ist; er allein lebt »von Ewigkeit zu Ewigkeit« oder »von Urzeit an«, wie es im Psalm 55,20 wörtlich im hebräischen Urtext heißt. *Gott allein ist unerschaffen, anfanglos, ewig und unvergänglich*: »Der Erdkreis ist fest gegründet, / nie wird er wanken. / Dein Thron steht fest von Anbeginn, / du bist seit Ewigkeit« (Ps 93,1 f.). In solchen und ähnlichen Texten setzt der Gläubige sein ganzes Vertrauen in Gott und dessen Schöpfung. Ja, gerade durch die Preisung der *Ewigkeit* (Ps 41,14; 106,48) hebt der gläubige Beter in ganz besonderem Maße die Zuverlässigkeit und Unvergänglichkeit Gottes im Gegensatz zur Zeitlichkeit und Vergänglichkeit des Menschen hervor. Der Mensch darf sich auf die grundsätzliche Geordnetheit und Gutheit der Schöpfung verlassen. Warum? »Mit Weisheit hast du sie alle gemacht / die Erde ist voll von deinen Geschöpfen« (Ps 104,24).

Wir fragen weiter: Hat das Alte Testament über diese grundsätzliche Position hinaus noch andere Präexistenzvorstellungen entwikkelt? Gibt es im Alten Testament präexistente Größen neben und außer Gott? Antwort: Präexistenzvorstellungen dieser Art treten erstmals in der Weisheitsliteratur Israels auf. Und die Geschichte der Herausbildung dieser Präexistenzidee in der Weisheitstheologie Israels wollen wir im folgenden in aller Knappheit erzählen. Zunächst jedoch die Grundfrage:

2. *Weisheit – woher kommt sie, was ist sie?*

Von Anfang an ist das weisheitliche Denken Israels – kurz gesagt – ein internationales und kulturelles Phänomen. Es konnte erst entstehen, als Israel unter David und Salomo einen eigenen Staat bildete.

International heißt: Weisheitliches Denken muß man sich als ein *Phänomen der altorientalischen Kultur und Religion* überhaupt vorstellen. Durchdringungen mit anderen Weisheitstraditionen vor allem Ägyptens sind ohne weiteres nachweisbar.[17] Gerade die Weisheitsforschung nach 1945 hat die frühere These endgültig widerlegt,

»Weisheit« sei nichts als ein religiöses Phänomen des nachexilischen Israel: »Weisheit, so sah man jetzt, war ein gemeinorientalisches Phänomen, ein Kulturgut, bei dem Israel in einem hohen Maß der empfangende und nicht der gebende Teil war.«[18]

Kulturell heißt: Weisheitliches Denken kann man nur als ein *Phänomen der Zivilisation* richtig verstehen. Setzt es doch eine »staatliche Ordnung« voraus – mit Verwaltungsaufgaben, Beamtenschaft, Archiven, diplomatischem Verkehr, aber auch »mit einer weitgreifenden Anwendung der Schrift, mit höfischer Sitte und Erziehung«.[19] Damit einher geht »eine bis dahin unbekannte Bedeutung des Einzelmenschen«[20], die sich etwa in ersten Anfängen einer bewußten Beobachtung und Erforschung der Natur manifestiert. Ja, das *Charakteristische* an der Weisheitstheologie Israels ist, daß im Denken des Gläubigen nicht Gott und seine heilsgeschichtlichen »Taten« (vom Exodus bis zur Landnahme etwa) im Vordergrund stehen, sondern *der Mensch und sein rechtes Verhalten in der Ordnung der Welt*. Es genügt der Weisheitstheologie, allgemein auf Gott als den Schöpfer dieser Ordnung zu verweisen und die Weisheit als »Furcht Gottes« zu bestimmen: »Die Furcht Jahwes ist der Anfang der Weisheit« (Ps 111,10; Spr 1,7; Sir 1,16). Die Weisheitstheologie setzt also nichts als ein Vertrauen darin voraus, daß die Schöpfung auf einer weisen Ordnung ruht, der Mensch aber durch Beobachtung dieser gottgesetzten Ordnung zu rechtem Verhalten fähig ist und sich so in die göttliche Weltordnung einfügen kann.

Damit ist deutlich: Der Weise in Israel ist in erster Linie ein Empiriker, ein Beobachter, ein Abwäger, dessen Arbeit dann aber auch auf die *Vermittlung von Lebenserfahrungen* ausgerichtet ist: Spruchsammlungen entstehen noch in der Königszeit, in die freilich nicht nur kursierende volkstümliche Sprichwörter aufgenommen sind, sondern auch bewußte, kunstvoll gebildete *Weisheitssprüche*. So kommt es allmählich in Israel zu einer »Kunstweisheit«, die aus Lebens- wie Naturweisheit besteht und die als Lehre »von dem Weisen an den Schüler weitergegeben«[21] werden kann. Anders gesagt: Die Entstehung der Weisheitsliteratur ist ohne *pädagogischen Lebenskontext* gar nicht zu denken; vor allem die Gattung »Mahnwort« ist hier der sprechendste Beleg. Erzieherisches Interesse ist in dieser Literatur überall zu spüren, sei es in der Form der Erfahrungsweitergabe in der Familie (der Sohn, der vom Vater lernen muß), sei es in der Form der Ausbildung (etwa für Schreiber und Beamte am Königshof).

Dabei wird man, soziologisch gesehen, die *Produzenten und Träger der Weisheitsliteratur* nicht zu eng fixieren dürfen. Im Gegensatz zu Ägypten und Mesopotamien, deren Weisheitsliteratur speziell für die Schreiber- und Beamtenschulung der herrschenden privilegierten Bildungselite bestimmt war, tritt in Israel ein spezifisches »Beamten-Ethos« eher zurück. Die Weisheit ist in Israel keine bloße Standes- oder Gruppenliteratur; sie ist über die Bildungs- und Ausbildungsfunktion einer bestimmten Schicht und eines spezifischen Standes hinaus auf das Verhalten jedes einzelnen Menschen gerichtet. Erziehungsideal in Israel ist mehr und mehr »der Weise« generell (als Gegenbild zum »Tor«), der Erkenntnis und Einsicht besitzt, der die Ordnungsprinzipien des Weltlaufs durchschaut, den »goldenen Mittelweg« zwischen den Extremen zu wählen imstande ist und darauf vertrauen kann, daß ein entsprechendes Verhalten entsprechende Erfolge nach sich zieht.

Leicht vorstellbar, daß es gerade die Weisheitstradition als ein kulturoffenes und internationales Phänomen war, das in Israel »eine verfrühte Abschließung gegen außen und in ihrem Gefolge eine nationalistische Verengung und Verknöcherung« verhinderte[22], positiv gesagt, eine stets neue Öffnung für neue Lebensbereiche ermöglichte. Freilich: die politischen Krisen, die diesem Volk im Laufe der Jahrhunderte nicht erspart blieben (Untergang Israels, Untergang Judas, babylonisches Exil, Rückkehr) waren »keine günstige Zeit für die Pflege einer internationalen Weisheit«.[23] Erst in nachexilischer, persischer Zeit (6.–5. Jhdt.), als man sich unter Verzicht auf einen eigenen Staat neu eingerichtet hatte (in einer Art Kirchenstaat mit einem Hohenpriester an der Spitze) und dann vor allem in hellenistischer Zeit (4.–2. Jhdt.), als »eine neue freie Luft der Verständigung zwischen den Völkern zu wehen anfing«, da »blühte auch dieser verkümmerte Zweig des Geisteslebens wieder auf«. Und die »Zeugnisse für diese neue Blüte der Weisheit liegen im ersten Teil des Spruchbuches 1–9, im Buch Hiob, in Prediger, sodann in apokryphen Schriften wie Jesus Sirach, Baruch und der Weisheit Salomonis vor«.[24] Diese Literatur der sog. jüngeren Weisheit ist in den letzten beiden Jahrzehnten von der alttestamentlichen und neutestamentlichen Forschung ganz neu untersucht und theologisch ernst genommen worden.[25] Auch an Spezialuntersuchungen über Herkunft, Funktion und christliche Rezeption der Weisheit herrscht kein Mangel, so daß wir uns auf eine breite Forschungsbasis stützen können.[26]

Diese *jüngere Weisheit* ist es, die uns hier interessiert. Warum? Weil in ihr – durch die Begegnung vor allem mit der Kultur des Hellenismus – in Israel diejenige Vorstellung ausgebildet wird, der wir auf der Spur sind: die Vorstellung von einer eigenen präexistenten Größe außer Gott. Und sie tritt jetzt mit der Figur der Weisheit erstmals auf. Wie konnte es dazu kommen? Es kam dazu, weil man in Palästina jetzt wieder verstärkt über eine eigene Rolle der Weisheit nachzudenken begann, »den Weisheitsbegriff theologisch durchdacht und in einem umfassenden theologischen System verwendet hat«, weil man jetzt die Weisheit nicht nur als Erziehungsideal herausstellte, sondern grundsätzlich als »göttlichen Anruf an den Menschen, als Offenbarungsmittler, als Erzieherin Israels und der Völker, sogar als das der Welt bei der Schöpfung eingegebene Prinzip« zu begreifen begann.[27]

3. Die erste Krise der Weisheit: Hiob

Vielfach handeln Exegeten das Thema der Präexistenz der Weisheit unter dem Stichwort »*Weisheitsspekulation*« ab und lassen so – bewußt oder unbewußt – ins Jüdische das an negativen Konnotationen einfließen, was sich im heutigen Sprachgebrauch mit dem Wort Spekulation verbindet. Daß dies der Sachlage keinesfalls gerecht wird, hat schon Gerhard von Rad in seinem grundlegenden Buch »Weisheit in Israel« betont.[28] Denn ein Interesse an spekulativer Gedankenspielerei ist gerade *nicht* der Grund für das Aufkommen der Vorstellung von der Präexistenz der Weisheit. Im Gegenteil: Diese Vorstellung kommt auf in *Zeiten epochaler Krisen* und ist ein einziger großer Versuch der adäquaten religiös-theologischen *Bewältigung* dieser Krise. Was ist damit gemeint?

Der Einzelne und seine Fragen

Der *älteste Text*, der von einer eigenen präexistenten Größe neben Gott spricht, dürfte *Hiob 28,24–28* sein. Warum ist gerade im Buche Hiob – gut 100 Jahre vor Platon – die Präexistenzvorstellung entstanden?[29] Welchen Sinn macht sie gerade hier? Zur Beantwortung dieser Frage bedarf es einer kurzen Rekonstruktion des Kontextes dieser Stelle. In den voraufgegangenen Versen von Hiob 28 (1–11) wird der suchende und forschende Mensch im Umgang mit der Natur geschildert. Schlüsselsatz: »Es setzt der Mensch dem Finstern eine Grenze; / er forscht hinein bis in das Letzte, / ins düstere, dunkele Gestein« (28,3). Gegen dieses Vertrauen auf die menschliche Forschungspotenz freilich wird im folgenden Abschnitt ein *Kontrapunkt* gesetzt: Denn diejenige Weisheit, auf die dem Verfasser des Hiob-Buches alles ankommt, *Gottes* Weisheit nämlich, sei mit dem Forschergeist menschlicher Vernunft gerade nicht zu erreichen (12–19). *Gottes* Weisheit sei »verborgen«, »verhüllt vor aller Lebenden Auge«. Nur? Nur Gott kennt sie. Warum?

24 »Denn er (Gott) blickt bis hin zu den Enden der Erde; was unter dem All des Himmels ist, sieht er.
25 Als er dem Wind sein Gewicht schuf
und die Wasser nach Maß bestimmte,
26 als er dem Regen das Gesetz schuf
und einen Weg dem Donnergewölk,
27 damals hat er sie (die Weisheit) gesehen und gezählt,
sie festgestellt und erforscht.
28 Doch zum Menschen sprach er:
Seht, die Furcht vor dem Herrn, das ist Weisheit,
das Meiden des Bösen ist Einsicht.«

Damals hat Gott die Weisheit gesehen: Worauf bezieht sich das »damals«? Antwort: Es bezieht sich – vom Kontext her eindeutig – auf den Moment der Weltschöpfung Gottes: »Als er schuf . . . hat er sie gesehen«, und »Sehen« ist hier wohl im Sinne von »Ersehen«, »Erwählen« zu verstehen. Die Weisheit war also da, bevor die vier Urelemente (Wind, Wasser, Regen, Gewitter) da waren; sie war offenkundig am Urgeschehen der Schöpfung beteiligt. Sie war präexistent, und das heißt: sie war als Weisheit Gottes aller Schöpfung voraus.[30]

Warum betont der Redakteur des Hiob-Buches dies so deutlich? Weil er offenkundig Wert darauf legt, daß die Weisheit Gottes *vor* aller Schöpfung der Weisheit der Menschen *in* aller Schöpfung überlegen ist. Der Mensch soll damit auf seinen Platz verwiesen werden, und dieser Platz lautet: »Furcht vor dem Herrn ist Weisheit.« Warum aber mußte hier der Mensch auf seinen Platz verwiesen werden? Erst ein Blick auf die Grundabsicht des ganzen Hiob-Buches läßt diese Frage beantworten und Kapitel 28 sachgemäß lozieren.

Man hat in der Exegese Kapitel 28 als nachträgliche Einfügung einer früher selbständigen Einheit verstehen wollen und den Text von daher später datiert; ein solch harmonisches Lob der Weisheit Gottes im Munde Hiobs schwäche doch dessen vorher geäußerten Protest gegen Gott deutlich ab.[31] Jüngste Untersuchungen dagegen führen u. a. sprachliche Gründe an, die für eine ursprüngliche Integriertheit zu sprechen scheinen.[32] Wie immer: Die hier erfolgte Betonung der Weisheit Gottes vor der Weisheit der Menschen liegt durchaus in der Tendenz des ganzen Hiob-Buches, so wie es am Ende redigiert wurde. Und dessen Grundtendenz ist eben eine *vernunftkritische Weisheitstheologie*, eine »prophetische Kritik der menschlichen Weisheit«.[33]

Warum aber kam es zu dieser Kritik durch das Hiob-Buch Mitte des 5. Jahrhunderts? Weil in dieser Zeit offenkundig die Weisheit und Vernunft Gottes von einer ganz persönlichen, unvernünftigen und uneinsehbaren *Unglücksgeschichte des Menschen* her in Frage gestellt worden war – und zwar in einem Maße, wie dies vorher wohl kaum je in Palästina der Fall gewesen sein dürfte. »Es liegen Anzeichen vor«, schreibt Gerhard von Rad, »daß etwa von der letzten Königszeit an die Undurchsichtigkeit der individuellen Lebensführung dem Glauben an Jahwe immer größere Rätsel aufgab. Diese Beunruhigung greift weit über die Kreise der Weisheitslehre hinaus. Bekanntlich hatten sich auch die Propheten damit herumzuschlagen, wie wir aus Jes 12, Hes 18 oder Mal 3 wissen.«[34] Die Folge? Aufgrund einer »gewissen Verselbständigung des Individuums innerhalb der Kultgemeinde« wurde »die Frage nach dem Anteil des Einzelnen an Gott ... schärfer und kritischer gestellt. Man kann hier von einer Krise reden.«[35] Zu Recht. Zwar mag diese Krise möglicherweise nicht allgemein bewußt geworden sein, das *Buch Hiob* jedenfalls stellt unabweisbar radikale Fragen gerade aus der *Erfahrungsgeschichte des Einzelnen* heraus, der an der Weisheit und Ordnung Gottes zu zweifeln begonnen hat. Hiob steht somit vor ganz neuen Erfahrungen der Wirklichkeit Gottes: »vor einer Unberechenbarkeit und Furchtbarkeit« – so von Rad –, »von der wohl das alte Israel und einige der Propheten etwas wußten, vor der aber Hiobs Freunde völlig ratlos standen, weil solche Erfahrungen dieser ganzen Zeit, also nicht nur der Weisheit, verlorengegangen waren«.[36]

Zerbrochen war für bestimmte Jahwe-Gläubige gut hundert Jahre nach der Rückkehr aus dem Exil (538) vor allem eine der *Fundamentallehren des jüdischen Gottesglaubens*: die Lehre von der *Vergeltung*, von der lohnenden und strafenden Gerechtigkeit Gottes, die Theorie also von einem für den Menschen erkennbaren Zusammenhang zwischen dem, was man tut, und dem, wie es einem ergeht. Und es ist diese *Vertrauenskrise*, die das Buch Hiob aufzufangen versucht. Denn Sinnziel des ganzen Buches – vor dem Hintergrund einer »individuell-kritischen Einstellung gegenüber der von der Vergeltungslehre geprägten Schultradition«[37] – ist ja nicht, die Probleme offen zu lassen und den Zweiflern rechtzugeben, sondern den Menschen *neu* mit der Weisheit Gottes zu versöhnen. Aus der Defensive heraus muß der Endredaktor des Buches sich alle Mühe geben, dem rebellisch gewordenen Menschen klar zu machen, daß Gottes Weisheit mit menschlicher Weisheit letztlich nicht auf eine Stufe zu stellen ist: »Den Allmächtigen ergründen wir nicht / er ist erhaben an Macht und Recht . . . darum sollen die Menschen ihn fürchten / Keinen sieht er an, wie weise sie auch sind« (37,23 f.).

Auch *Kapitel 28* muß man also als ein solch apologetisch-defensives Kapitel verstehen, und in diesem Kontext hat nun auch die *Vorstellung der Präexistenz* der Weisheit ihre *besondere Funktion*. Warum? Weil gerade diese Vorstellung von einer vor der Vernunft des Menschen verborgenen, schon im Moment der Weltschöpfung bei Gott befindlichen Weisheit das gebrochene Vertrauen in die göttliche Schöpfungsordnung stärken und damit der Krise die Schärfe nehmen kann. Die Notwendigkeit, die Weisheit Gottes als präexistente Größe eigens zu betonen, dürfte damit in einer *stärkeren Diastase von Gott und Mensch* begründet sein. Anders gesagt: Die ausdrückliche, verstärkte Betonung der Weisheit Gottes mit der »Denkfigur« der Präexistenz zeigt, wie wenig selbstverständlich das Vertrauen in die Weisheit Gottes und die Ordnung der Schöpfung in dieser Zeit noch gewesen sein muß. Das Aufkommen der Rede von einer bei Gott existierenden Weisheit ist somit identisch mit deren Krise und diente schon in diesem frühen Buche dazu, die Krise theologisch zu bewältigen.

Freilich, und auch das verdient Beachtung: Hiob 28 läßt *keinerlei Interesse* erkennen, die Rolle der Weisheit Gott gegenüber stärker auszugestalten – etwa im Sinne einer *selbständigen Größe neben Gott*. Der Text geht weder auf die Herkunft der Weisheit (Erschaffung durch Gott oder Ewigkeit?) näher ein, noch auf die Art der Existenzweise neben Gott. Das heißt: Die genaue Bestimmung der Weisheit bleibt ungeklärt. Personale oder personifizierte Züge sind nicht zu erkennen und dürfen nicht von anderen Stellen hier hineingelesen werden.[38] Der Schwerpunkt des gesamten Textes Hiob 28 ist denn auch keineswegs protologisch, sondern gänzlich anthropologisch gewendet: »Doch zum Menschen sprach er . . .«! Hier liegt die Zielrichtung des Textes. Es geht dem Endredaktor des Buches um die Erkenntnis der wahren Weisheit auf Seiten des Menschen, und als wahre Weisheit hat nun einmal zu gelten: »Furcht vor dem Herrn, Meiden des Bösen.« Wahre Weisheit? Letztlich besteht sie im Halten der Gebote Gottes!

4. Krisenbewältigung: Das »Buch der Sprichwörter«

Mitte des 3. Jahrhunderts, nun schon ganz und gar in hellenistischer Zeit, ist die bei Hiob sichtbar gewordene Grundlagenkrise kein Einzelphänomen mehr. Der Weisheitslehrer *Qohelet*[39], einer wohlhabenden, aristokratischen Oberschicht in Judäa angehörend, verkörpert jetzt eine für diese Zeit typische kritische Individualität, welche die Selbsttäuschungen der alten Ordnungs- und Schöpfungstheologie vollends durchschaut zu haben scheint. Für Qohelet, ganz scharfer Beobachter und eigenständiger Denker, ist »der Bruch mit dem Väterglauben, der Bruch mit der Vergeltungslehre«[40] schon selbstverständlich. Die *Sinnfrage* ist hier nun *grundsätzlich gestellt*. Qohelet verkörpert somit ein Denken »an einem Scheideweg, an der Grenze zweier Zeiten«[41], wo »Gott dem Menschen fernegerückt und in Gefahr (ist), zur unpersönlichen Schicksalsmacht zu werden«.[42] Eine »Krise der Aufklärung in Israel« (K. Galling) von epochalem Ausmaß liegt vor uns, die wiederum im Kern eine Krise der traditionellen Weisheitstheologie ist. Ihr wird denn auch von Qohelet eine radikale Absage erteilt, die nicht aus Ignoranz, sondern ebenfalls aus eigenen Erfahrungen stammt: »Auf allen Wegen habe ich es mit dem Wissen versucht. Ich habe gesagt: Ich will lernen und dadurch gebildet werden. Aber das Wissen blieb für mich in der Ferne. Fern ist alles, was geschehen ist, und tief, tief versunken – wer könnte es wiederfinden?« (7,23 f.).

Auffällig ist nun: Von dieser Weisheitsskepsis ist in den jüngsten Teilen des *»Buches der Sprichwörter«* direkt nichts zu spüren, in Texten (Kap. 1–9), die etwa gleichzeitig mit Qohelet entstanden sein dürften.[43] Es ist die Zeit nach Alexander des Großen Tod (323), nach den Diadochenkämpfen, nach deren Ende (301 die Entscheidungsschlacht von Ipsos) die Ptolemäer in Ägypten (das auch die Vorherrschaft über Palästina hatte) und die Seleukiden in Syrien und Babylonien herrschen. Direkt erfahren wir hier nichts über die Krise eines Hiob oder Qohelet.

Indirekt aber? Liest man dieses Buch gewissermaßen gegen den Strich, so sind auch hier die Erdbebenwellen der Weisheitskrise durchaus noch zu spüren. Das läßt sich daran erkennen, daß hier gegenüber dem Hiob-Buch noch betonter und verstärkter auf den *Zusammenhang von Schöpfung und Weisheit Gottes* abgehoben wird. Eine ausdrückliche Besinnung auf den weisheitlichen Ursprung der Schöpfung findet statt (3,19), eine Betonung der geordneten Regelabläufe in der Schöpfung. Und das wird nirgendwo deutlicher als dort, wo die Rede von der *Präexistenz der Weisheit im Vergleich zu Hiob noch stärker herausgestellt* wird. Wir sind damit an der Stelle, die für uns im Sprüche-Buch von größtem Interesse ist: Kapitel 8,22–31.

Wir müssen hier nicht auf die komplexen traditionsgeschichtlichen Bearbeitungsprozesse der weisheitlichen Lehr- und Mahnreden in Spr 1–9 eingehen, deren lebensgeschichtlicher Ort ebenfalls eine pädagogische Situation sein dürfte – möglicherweise die Ausbildung von Schreiberbeamten am israelitischen Königshof oder die Erziehung und Ausbildung von Söhnen einflußreicher Familien Judas.[44] Wir konzentrieren uns auf den Text in Spr 8 allein: ein kunstvoll gearbeitetes *Gedicht auf die Weisheit*. In Rollenlyrik empfiehlt die Weisheit sich selbst, erzählt von ihrer Herkunft und unterstreicht in poetischen Bildern ihre Bedeutung: Gott habe sie »in der Urzeit« geschaffen; sie sei geboren, noch ehe die Schöpfung war; sie sei dabei gewesen, als Gott den Himmel baute und die Fundamente der Erde abmaß; ja, sie sei als »geliebtes Kind« bei Gott gewesen, seine Freude Tag für Tag; sie habe vor Gott *und* auf der Erde gespielt – aus Freude, »bei den Menschen zu sein«!

Deutlich ist: Ganz anders als bei Hiob erscheint hier die präexistente Weisheit nun nicht mehr länger unbestimmt, neutrumartig, sondern figural, personifiziert. *Zum erstenmal* taucht in Texten der Schrift die Vorstellung von einer präexistenten, *personhaften Ge-*

stalt weiblichen Geschlechts auf. Der Wechsel der Sprechhaltung im Vergleich zu Hiob macht denn auch den ganzen Wandel deutlich: Dort ein Gedicht *auf* die Weisheit, hier ein Gedicht mit der Weisheit als Sprecherin selbst. Und diese Weisheit nennt sich »geliebtes Kind«, was wohl nicht wörtlich als kleines Mädchen, sondern eher allgemein als »Liebling« verstanden werden muß. Denn in Kapitel 9 ist die Weisheit bereits eine Gastgeberin der Menschen. Kurz: die Weisheit wird man sich hier als erwachsene Frau vorzustellen haben, als »Frau Weisheit«, die – nicht ohne erotische Ausstrahlungskraft – vor Gott, dem Schöpfer, spielt.[45]

Was aber leisten *Stilfiguren wie Präexistenz und die Personifikation* in diesem Kontext? Mit dem Tübinger Alttestamentler Hans-Jürgen Hermisson wird man hier den schon erwähnten *engen Zusammenhang von Schöpfung und Weisheit* betont sehen: »Die Weisheit muß personifiziert auftreten, damit sie den Menschen ansprechen kann. Die werbende Rede der Weisheit begnügt sich aber nicht mit der Aufzählung der Güter, die sie zu vergeben hat. Sie kommt im zentralen Teil ihrer Predigt auf den Anfang der Welt: Damals, vor allen anderen Werken, hat Jahwe sie geschaffen, und sie war dabei, als der Schöpfer alle anderen Erscheinungen der Welt schuf.«[46] Im Klartext: Mit den Stilmitteln der Personifikation und der Präexistenz versucht der Autor des Weisheitsgedichtes ein Schöpfungs- und Ordnungsvertrauen einzuschärfen und jede Weisheits*skepsis* von vornherein abzubiegen.

In der Tat: Diese pädagogisch-apologetische Tendenz des Sprüchebuches wird auch dadurch noch unterstrichen, daß hier deutlicher als bei Hiob die *Erkennbarkeit und Sichtbarkeit der Weisheit* betont wird. Eine skeptische Zurückhaltung aus der Krisenzeit, wo wie bei Hiob die Verborgenheit der Weisheit betont worden war, ist hier jedenfalls nicht mehr zu erkennen. Die Weisheit erscheint vielmehr transzendent und präexistent einerseits sowie immanent und bei den Menschen existierend andererseits, ja ihr spielerischer Charakter wird eigens betont. Der Sinn? Er dürfte auch hier ein pädagogischer sein: Der Wille Gottes soll dem Menschen nicht verborgen bleiben, sondern offenkundig werden. Die präexistent-existente Weisheit hat *Offenbarungscharakter*!

Mehr noch: Im Unterschied zu Hiob erfahren wir ebenfalls etwas über die *Art der Präexistenz*. Gewiß: von einer aktiven Schöpfungsmittlerschaft der Weisheit steht hier ebensowenig etwas im Text wie bei Hiob. Aber anders als in Hiob 28 wird hier die *Erschaffung* der Weisheit ausdrücklich betont sowie deren Anwesenheit vor Gott, ohne daß dabei der Erschaffungsvorgang selber im Detail ausgestaltet würde. Warum auch? Wir haben es hier mit einem Hymnus zu tun, nicht mit einem theologischen Traktat, mit der Kunst der Poesie, nicht mit begrifflicher Spekulation. Klar soll offenbar nur ein Doppeltes werden: Die Weisheit ist von Gott einerseits und von den übrigen Geschöpfen andererseits deutlich zu unterscheiden. Sie ist dadurch *von Gott unterschieden,* daß sie nicht von Ewigkeit neben Gott, sondern Gottes zeitliches Geschöpf ist; daß sie zwar bei Gott, aber nicht anfanglos ist wie Gott. Und *anders als die Menschen* ist sie dadurch, daß sie Gottes Geschöpf *vor* aller Schöpfung ist und bei der Erschaffung aller anderen Dinge bereits mitwirkte. Wir aber fragen:

Mythologisierung: Einfluß altorientalischer Göttinnen?

Wie konnte es dazu kommen, daß man sich zu dieser Zeit in Palästina die Weisheit Gottes nicht nur als unbestimmte, sondern sogar als personifizierte Größe an Gottes Seite vorzustellen begann? Ist die Weisheit hier nicht zu einer Art »Göttin« neben dem einen Gott geworden? Wurde die Weisheit damit nicht in einer Weise mythologisiert, daß sie den Ein-Gott-Glauben gefährden mußte? Wurden hier nicht Vorstellungen von einer gottähnlichen Gestalt aus der altorientalischen Mythologie nach Israel hineingetragen?[47]

Zunächst ist festzuhalten: Was immer im 3. oder 2. Jahrhundert v. Chr. sich an außerjüdischen mythologischen Vorstellungen um die Figur der Weisheit gelegt haben mag, die Vorstellung von einer eigenen Präexistenz der Weisheit ist nicht ägyptischen, assyrischen oder griechischen, sondern genuin *jüdisch-palästinischen Ursprungs.* Hiob 28 ist dafür – wir sahen es – möglicherweise der älteste Beleg. Gewiß: Die jüdische Weisheitsreflexion wurde im hellenistischen Kontext »weitergeführt und entfaltet und konnte dort ihre von Anfang an gegebene Affinität zu parallelen griechischen Vorstellungen erweisen«.[48] Und doch ist die Vorstellung einer eigenen Präexistenz der Weisheit kein direktes Produkt des Hellenismus und der altorientalischen Mythologie, wie noch Bultmann und die religionsgeschichtliche Schule annahmen. Sie hat sich nicht aus einem einheitlichen orientalischen Urmythos heraus entwickelt und dann ihren

Einfluß auf die Weisheitstheologie des Alten und die Christologie des Neuen Testamentes geltend gemacht. Ein solcher Urmythos ist heute weitgehend selber als ein wissenschaftlicher Mythos ohne genügenden Anhalt in den Quellen durchschaut.[49]

Andererseits: Hiob 28 kannte noch keine personifizierte Präexistenz der Weisheit! Ebenso unbestritten dürfte deshalb sein, daß eine solche Vorstellung in Palästina nur vor dem *mythologischen Hintergrund der altorientalischen Religion* verstanden werden kann. Welcher Hintergrund kommt für diese »besonders hübschen polytheistischen Texte über eine israelitische Göttin« konkret infrage, wie der katholische Alttestamentler Bernhard Lang verfremdend-ironisch formuliert?[50] Mit dem protestantischen Alttestamentler Helmut Donner, der schon 1958 die archäologischen und papyrologischen Funde (1906/7) auf der Nil-Insel Elephantine ausgewertet hatte (jüdische Militärkolonie!), gehen viele Exegeten bei der Figur der Weisheit in Spr 8 sowohl von der *Transformation* einer *altkanaanäischen Weisheitsgöttin* aus (Astarte) als auch von ägyptischen Einflüssen, und zwar nicht so sehr durch die Göttin Isis[51] als durch die *ägyptische Göttin Maat,* die die große Ordnung von Natur und Gesellschaft verkörpert.[52]

Freilich: Auch die *Parallelen* hinsichtlich der *ägyptischen Göttin Maat* sind *umstritten.* So hat Bernhard Lang darauf aufmerksam gemacht, daß im Ägyptischen das Wort für Lehre (Weisheit) nie personifiziert und die ägyptische Göttin Maat nie als personifizierte Weisheit angesehen wurde. Wenn also den Autoren der weisheitlichen Schriften in Palästina diese ägyptische Göttin vor Augen gestanden haben soll, dann müßten sie »aus Maat eine völlig eigenständige Gestalt gemacht« haben, »der man ihre Herkunft aus Ägypten nicht mehr ansieht«.[53] Lang selber verwies noch 1975 als Hintergrund für die Ausprägung einer präexistenten »Frau Weisheit« auf assyrische Ursprünge (aufgrund des in Elephantine gefundenen Achiqar-Romans und dessen assyrischen Ursprung)[54], neuerdings auf die sumerische Schulgöttin Nisaba, die den schönen Titel »Herrin der Wissenschaft« getragen habe.[55] Aber wie immer diese religionsgeschichtlichen Fragen zu erklären sind: Fest scheint zu stehen, daß die jüdische Weisheit ihre »göttlichen Züge . . . mit vielen Göttinnen Ägyptens und des Zweistromlandes« teilt. Denn »die Weisheit zu einer Göttin zu machen, erscheint dem Orientalen nahegelegen zu haben – in Assyrien und in Israel«.[56]

Die Ausprägung einer eigenen präexistenten, personifizierten Weisheitsgestalt zeigt also, daß der *jüdische Monotheismus kulturell wandlungsfähiger* war als oft vermutet. Unter veränderten kulturellen Bedingungen war er offenbar gezwungen, sich mit einem *verdrängten Erbe* neu auseinanderzusetzen. Denn wenn es stimmt, daß die im Himmel bei Gott wohnende Weisheit auf eine altkanaanäische Göttin zurückverweist, also eine »Transformation der semitischen Mutter- und Liebesgöttin darstellt«[57], dann dürfte auch das Urteil von *Gustav Hölscher* zutreffen, daß der »exklusive Jahwismus« zwar alle Spuren weiblicher Gottheiten zu beseitigen versuchte, »aber als Weisheit verkleidet zog das göttliche Weib, unter dem Einfluß eines späteren Synkretismus, wieder in das Judentum ein«.[58]

In der Tat: Neuere *ikonographische Untersuchungen* (O. Keel)[59] haben den Eindruck verstärkt, daß im »Spielen« der »Frau Weisheit« *erotische Konnotationen* eines »göttlichen Weibes« anklingen dürften. Die Texte von Spr 8 enthalten zwar keine direkt erotischen Metaphern. Bilddarstellungen aber zeigen, daß das »Spielen« der Weisheit vor Gott dem Spiel einer Göttin analog sein dürfte, die vor dem ruhenden Schöpfergott tanzt und sich vor ihm entschleiert, damit er in neuem Entzücken zu Schöpferaktivitäten animiert wird. Für eine syrisch-kanaanäische Göttin gibt es offensichtlich entsprechendes ikonographisches Material. All dies unterstreicht die Unbefangenheit, mit der man in Palästina damals noch auf solch mythische Bilder offensichtlich anzuspielen vermochte.[60]

Wie aber ist dieser Vorgang *theologisch* zu beurteilen? Ist durch die Hineinnahme einer weiblichen Figur in den Jahwismus das *Gottesbild weiblicher* geworden? Kommt »im überwiegenden Teil der Weisheitslehre matriarchales Bewußtsein zum Ausdruck«; ist die Weisheit »ein den Kosmos durchwaltendes ewiges weibliches Prinzip«; kommt es durch die didaktische Verwendung der Weisheitsgestalt zu einer »Animaerziehung« durch die Weisheitslehrer, ja hat »auch in Gott der Vorgang einer Animaintegration stattgefunden«, wie die feministische Theologin *Christa Mulack* behauptet – auf der Linie der Matriarchats-Hypothese von J. J. Bachofen und der Tiefenpsychologie eines C. G. Jung und Erich Neumann?[61] Das Gegenteil scheint der Fall. Denn vom Text her ist es keine Frage, daß Spr. 8 mit dem Stilmittel der poetischen Personifikation aus der Weisheit zwar eine eigene weibliche Größe hat werden lassen, ohne freilich dadurch das traditionelle »männliche« Gottesbild letztlich in Frage zu stellen.

Von »matriarchalem Bewußtsein« ist hier nichts zu spüren; von einem weiblichen »zweiten Prinzip« in Gott ist in den Texten keine Spur. Religionsgeschichtliche Hypothesen und tiefenpsychologische Spekulation können nicht ersetzen, was die Texte selber nicht enthalten.

Setzt man dagegen mit *Bernhard Lang* voraus, daß die Weisheit in Israel die »Göttin« der Schule und des Unterrichtswesens war, genauer: der Schreiberausbildung in palästinischen Weisheitsschulen, so dürfte gelten: »Im monotheistischen Israel konnte der Dichter die personifizierte Schulweisheit ohne weiteres mit göttlichen Zügen ausstatten, ohne diesen Monotheismus zu gefährden. Es ist auch nicht überliefert, daß Frau Weisheit in Israel jemals als eine neben Jahwe tretende ›echte‹ Göttin mißverstanden worden wäre. Frau Weisheit ist keineswegs als ›Göttin‹ zu bezeichnen. Sie ist eine didaktische Hilfskonstruktion, die auf den Schüler Eindruck machen soll; sie ist nichts weiteres als eben ein Requisit der didaktischen Poesie.«[62]

Freilich: Man sollte mit »nichts anderes«-Formulierungen bei so komplexen Sachverhalten vorsichtig sein. Weder ist der »Sitz im Leben« dieser Texte verifizierbar (die Existenz von Weisheitsschulen in Palästina zur Schreiberausbildung), noch darf »poetische Personifikation« zur theologischen Reduktionskategorie werden. *Horst Dietrich Preuss* kritisiert zu Recht, daß die Weisheit theologisch zweifellos mehr sei als »poetische Personifikation«. Sie unterscheide sich auch von dem, »was in späteren, frühjüdischen Schriften über den Geist Gottes, über seinen Memra (Wort) und seine Schechina (Gegenwart) gedacht und gesagt wurde«. Und doch hält auch Preuss daran fest: Die Weisheit »ist hier noch keine wirklich aus Gott hervortretende, selbständige, göttliche Macht oder Wesenheit, sondern der Versuch der Weisheitslehrer, die Autorität ihrer Weisheit durch deren Personifikation zu verstärken«.[63]

Was folgt daraus für die Frage nach der *»Weiblichkeit Gottes«*? Gewiß: Die heutige systematisch-theologische Frage nach einem Gottesbild mit stärker weiblichen, mütterlichen Zügen hat ihr eigenes Recht; sie ist ein höchst dringliches Desiderat heutiger Theologie und Verkündigung. Beim Umgang mit alten Texten aber ist Zurückhaltung angezeigt; Interessen der Gegenwart dürfen das Verständnis für die Texte der Vergangenheit nicht verstellen. Denn hinsichtlich Spr 8 ist der Befund eher nüchtern. Folgen wir *Martin Hengel*, so ist davon auszugehen: »Die mythologische Form einzelner Aussagen über die ›Weisheit‹ mag damit zusammenhängen, daß sie zugleich das Eindringen der Verehrung fremder Muttergottheiten abwehren sollte.«[64] *Um Abwehr, nicht um »Animaintegration« in Gott* also ging es letztlich in diesen Texten, wie immer man diesen Vorgang heute ideologiekritisch beurteilen mag! Darauf deutet denn auch die enge Bindung dieser spielenden weiblichen Gefährtin an den »männlichen« Schöpfergott sowie deren gleichzeitige Unterordnung (sie bleibt ja nur Offenbarungsmittlerin). Die palästinischen Weisheitslehrer hätten sich damit kulturell angepaßt, sich einem verdrängten mythischen Erbe geöffnet, ohne aber den traditionellen Jahwe-Glauben ernsthaft in Frage zu stellen.

Hypostasierung: Weisheit als Zwischenwesen?

Liegt aber mit der Figur einer spielenden Gefährtin Gottes vor allen Schöpfungswerken nicht doch eine »Hypostasierung« der Weisheit vor? Ist die Präexistenzvorstellung in diesen Texten nicht doch als »hypostatization of divine qualities and functions« zu verstehen, ein Vorgang, den *H. Ringgren* auch für andere altorientalische Religionen beschrieben hat?[65] Haben wir also nicht doch den Tatbestand einer *Götterspaltung* vor uns, wie er für die Spätzeit von Religionen charakteristisch zu sein scheint? Und hatten sich nicht in der Tat auch im Judentum solch sogenannte *Zwischenwesen* gebildet? Wilhelm Bousset und Hans Gressmann hatten darauf schon 1926 in ihrem Handbuch zur »Religion des Judentums im späthellenistischen Zeitalter« aufmerksam gemacht: Der »Zug zum Transzendenten und Abstrakten im jüdischen Gottesglauben« habe die Entstehung eines »ganzen Heeres von Mittelwesen« begünstigt, das sich jetzt »zwischen den weltfern gewordenen Gott und die Menschen« zu drängen versucht habe. Das habe insbesondere für die in dieser Zeit entstehenden Engelvorstellungen, den Dualismus von Gut und Böse (Satanologie) und die aufkommende Hypostasen-Vorstellung gegolten.[66]

Dennoch: Schaut man die Texte genau an, so ist die Weisheit in Spr 8 wie im ganzen *hebräischen* Kanon gerade *kein Zwischen- oder Mittelwesen*, nicht etwas Drittes zwischen Gott und Mensch, keine Zwittergestalt aus Göttlichem und Menschlichem. Karl Barth hatte dies in seiner »Kirchlichen Dogmatik« bereits instinktsicher erkannt und für seine Christologie fruchtbar gemacht.[67] Die Weisheit ist hier vielmehr ein personifiziertes Wesen, das zwischen Gott und Schöpfung einerseits und zwischen Gott und den Menschen andererseits vermittelt, ganz und gar eine *Mittlergestalt* also sowohl für die Entstehung der Schöpfung als auch für die göttliche Offenbarung an den Menschen.

Eine eigene Hypostasen*theologie* scheint denn auch in den Schriften des hebräischen Kanons nicht ausgebildet worden zu sein, wenn man religionsgeschichtlich unter *Hypostase* eine von der Gottheit losgelöste Wesenheit oder eine selbständige, personifizierte göttliche Eigenschaft oder die lokale Erscheinungsform einer Gottheit oder eine Größe versteht, »die teilhat am Wesen einer Gottheit, die durch sie handelnd in die Welt eingreift, ohne daß sich ihr Wesen im Wirken dieser Hypostase erschöpft«.[68] Denn die Weisheit ist dies alles in den Texten des hebräischen Kanons gerade nicht. An der Geschöpflichkeit der Weisheit wird ja nicht gerüttelt; von einer Losgelöstheit von Gott kann ja im Ernst keine Rede sein. Die Weisheit bleibt hier vielmehr stets bezogen auf Jahwe, Gegenstand seines Interesses, Objekt seines Tuns. Der Hypostasenbegriff ist also in diesem Zusammenhang untauglich und sollte ob seiner inneren Widersprüchlichkeit tunlichst vermieden werden.[69]

Dennoch: Tatsache bleibt, daß in »hellenistischer Zeit die Mittlergestalten ... sowohl im palästinischen wie im Diasporajudentum wesentlich zunahmen«.[70] Und so muß die Entwicklung hin zur Weisheit Gottes als einer eigen personifizierten präexistenten Gestalt vor folgendem *geschichtlich-politisch-kulturellem Hintergrund* gesehen werden: Der Beginn der Hellenisierung ermöglichte eine kulturelle Öffnung für andere religiöse Einflüsse (altorientalische Mythologie); eine stärkere Diastase von Gott und Welt ermöglichte die Ausbildung präexistenter Mittlergestalten (nicht Zwischen- oder Mittelwesen); die innerjüdische Weisheitskrise sollte mit Hilfe einer betont poetischen Personifizierung der Weisheit überwunden werden. Und so bestätigt sich, daß auch die Kapitel 1–9 des »Buches der Sprüche« indirekt noch etwas von der Weisheitskrise eines Hiob und Qohelet erkennen lassen. Denn während »im skeptischen Denken Qohelets die Wirklichkeit Gottes sich hinter der Unverfügbarkeit von ›Zeitenplan‹ und ›Geschick‹ verbirgt, realisiert sich in Spr 1–9 die Offenbarung des göttlichen Heils im persönlichen Aufruf der ›Weisheit‹, die ›den Anspruch erhebt, zu Gott hinzuführen‹.« Daß die Weisheit aber hier als spielende Gefährtin an Gottes Seite vor allen Schöpfungswerken erscheinen konnte, sollte dann diesem Aufruf »die unbedingte Autorität verschaffen«.[71]

5. Der Sieg der »reaktionären Weisheit«: Jesus Sirach

Gut 100 Jahre nach Qohelet und dem »Buch der Sprichwörter«, Mitte des 2. Jahrhunderts also, ist die geschichtlich-politische und die geistig-kulturelle Lage in Palästina noch einmal anders. Gut 100 Jahre (ab 304) hatte dieses Land unter der Herrschaft der in Ägypten regierenden Ptolemäer-Könige eine relativ friedliche Entwicklung durchmachen können. Jetzt aber (endgültig ab 200) hatten die Seleukiden-Herrscher das Land im Griff, das nun – vor allem unter Antiochus IV. Epiphanes (175–164) – zunehmend kulturell und religiös unterdrückt wurde. Die Spannungen im Volk zwischen einer Anpassung an die hellenistische Kultur und einer Bewahrung der eigenen jüdischen Überlieferung hatten sich deutlich verschärft. In dieser Situation nun tritt der jüdische Schriftgelehrte *Ben-Sira* auf, und sein Buch (entst. 190–175 v. Chr.) verleiht dieser Spannung zwischen dem jüdischen Erbe und der hellenistischen Gegenwartskultur einzigartigen Ausdruck.[72]

Der Kampf um die kulturelle Identität

Die *Weisheitskrise* eines Hiob und Qohelet freilich war in dieser Zeit längst *überwunden*. Unter hellenistischem und innerjüdisch-weisheitlichem Einfluß (»Buch der Sprichwörter«) war ein neues Vertrauen in weisheitliches Denken zurückgekehrt, in die Bildungsfähigkeit des Menschen überhaupt; der Vergeltungsgedanke war wiederbelebt, ein neues Schöpfungs- und Ordnungsvertrauen gewonnen worden. Ja, »Sirach kritisiert Hiob« ausdrücklich (23,14) – schreibt Horst Dietrich Preuss – »kennt auch die Skepsis Qohelets und kann sie nicht nur und völlig bestreiten (11,2–6; 33,13–15; auch 39,16–35 über die Zeit), er nimmt auch das carpe diem Qohelets auf (14,11–19). Da Sirach aber anders als Qohelet vom Plus des Gesetzes und damit davon ausgeht, daß Gott eben doch, und zwar in der Tora, offenbar ist, findet er dann auch zu einer insgesamt positiveren Weltschau als Qohelet zurück.«[73]

Keine Frage: Die innerjüdische Weisheitskrise lag lange zurück, jetzt aber zeichnet sich eine *Grundlagenkrise* noch sehr viel größeren Ausmaßes ab: die *zwischen Hellenismus und Judentum* überhaupt. Und hier hatte der jüdische Weisheitslehrer Ben-Sira seine eindeutige Position. Gänzlich motiviert von einer »tiefen Abneigung ...

gegen die seleukidischen Unterdrücker und ihre jüdischen Parteigänger«, optiert er entschieden für die Weisheit der jüdischen Väter.[74] Die Folge: Im Kontext dieser kritisch-apologetischen Auseinandersetzung mit dem Hellenismus kommt es – und zwar erstmals bei Jesus Sirach – zu einer völligen Identifizierung von Weisheit, jüdischem Gesetz und jüdischer Heilsgeschichte – um den Preis freilich, daß der universalistische weisheitliche Grundzug des Buches Hiob und des Buches der »Sprichwörter« jetzt stark verengt erscheint. Wie sieht dies konkret aus?

»Alle Weisheit stammt vom Herrn; und ewig ist sie bei ihm«: Dieser programmatisch erste Satz des Buches Jesus Sirach klingt zwar noch wie eine entsprechende Passage aus Hiob. Aber dies ist hier nicht mehr die Kritik an einer vorschnellen Identifikation von menschlicher und göttlicher Weisheit, die letztlich der menschlichen Demut vor Gott dienen soll; dies ist jetzt eine »Kriegserklärung des Judentums gegen den Hellenismus«[75], die aus dem *Überlegenheitsgefühl des Juden* gegenüber dem heidnischen Hellenen kommt.

In der Tat: Ist es – nach allem, was wir gehört haben – so unvorstellbar, daß gerade die durch Hiob 28 und Spr 8 vorgeformten hymnischen Aussagen über die *Präexistenz der Weisheit* in dieser *Phase innerjüdischer Restauration hochwillkommen* sein mußten? Wohl kaum. Sie können nun dem Konzept der »›reaktionären‹ Weisheit eines Jesus Sirach« (M. Hengel) problemlos dienstbar gemacht werden.[76] Denn war nicht in diesen früheren Schriften der »Väter« bereits die ewige Weisheit des Gottes der Juden gefeiert worden? War nicht schon damals Gottes universale Weisheit Thema von Lob und Preis? War nicht schon damals die Möglichkeit eröffnet, Universalität und Partikularität zu verbinden, Israels Sonderrang zu betonen und die Weisheit der anderen Kulturen zu relativieren und zu integrieren?

Keine Frage: Wer »Ben Sira« liest, begreift: Mit größtem Selbstbewußtsein läßt der Verfasser seiner Umwelt gegenüber durchblikken, »daß das Judentum keine obskure Religion in einer fernen Enklave der zivilisierten Welt war, sondern sich voll auf derselben Höhe mit den religiösen und philosophischen Richtungen dieser Welt befand«. Ganz selbstverständlich will der Verfasser »vor der gebildeten Welt« hervorheben, »daß die Vernunft, die Weisheit, nach der jeder suchte, um möglichst viel vom Leben zu haben, bei den Juden zu finden war; der Gott der Juden hatte sie schon bei der Schöpfung in die Welt gesetzt, ja die göttliche Weisheit hatte selbst bei der Schöpfung mitgewirkt.«[77] Und Höhepunkt dieser Demonstration kulturellen Selbstbewußtseins ist der Hymnus auf die präexistente Weisheit in Kap. 24, das uns hier am meisten interessiert.

Präexistenz der Weisheit als politisches Kampfmittel

Was erfahren wir inhaltlich? Wir erfahren in 24,1–12, daß die Weisheit sich im Rahmen einer Versammlung vor Gottes Thron selber vorstellt: Sie sei aus dem Munde des Höchsten hervorgegangen und habe wie ein Nebel die Welt umhüllt. Sie sei »vor der Zeit« erschaffen worden und vergehe nicht in Ewigkeit. Auf ihrer Suche nach »Ruhe« habe Gott, der Schöpfer, ihr Israel als Ruhestätte angeboten. So habe sie bei diesem »ruhmreichen Volk« Wurzeln geschlagen. Schauen wir uns die entscheidenden Aussagen noch genauer an.

»Ich ging aus dem Munde des Höchsten hervor«: Die Weisheit stellt sich vor, indem sie ihre Herkunft benennt. Kein Zweifel wird daran gelassen, daß sie von Gott kommt, Gottes Geschöpf ist, wobei der Schöpfungsakt auch hier in einem geheimnisvollen Dunkel bleibt. Nichts erfahren wir auch hier über innergöttliche Vorgänge; ein begriffliches Erklärungsinteresse besteht nicht. Warum auch? Diesem gänzlich poetischen Text geht es ebensowenig wie Spr 8 um begriffliche Präexistenzreflexionen. Das erlaubt uns den generellen Schluß: *Präexistenzvorstellungen im jüdischen Denken sind offenkundig ganz und gar unmetaphysischer Art*; sie reflektieren nicht abstrakt über das ontologische Wesen präexistenter Größen; sie sind vielmehr *Ausdruck einer praktischen Bewältigung existentieller Fragen* des Menschen nach dem Urgrund der Schöpfung. Schon der große jüdische Historiker Emil Schürer bemerkte: »Eine theoretische Philosophie im eigentlichen Sinn hat das genuine Judentum überhaupt nicht hervorgebracht. Was es an ›Philosophie‹ (= Weisheit) erzeugt hat, hat entweder praktisch-religiöse Probleme zum Gegenstand (Hiob, Kohelet) oder es ist direkt praktischer Art.«[78] Und zu diesen praktisch-religiösen Problemen gehört auch die Frage: Nach welchem Konzept ist die Schöpfung gemacht? Was vollzog sich am Uranfang der Schöpfung der Welt?

Sirach 24 ist also nicht an Präexistenzspekulationen über das Verhältnis von »aus Gott« und »bei Gott« interessiert, sondern in erster

Linie an einer Aussage über den *Uranfang der Schöpfung der Welt*. Dies machen vor allem die Anspielungen auf die, einer »mythischen Götterversammlung entsprechende Versammlung der Zebaoth-Wesen um Gottes Thron« (24,2)[79] deutlich, ferner die Beschreibung der Weisheit als einer Art »Urnebel« (24,3) über der Erde (gemeint ist der ungeschaffene Kosmos vor der Schöpfung) sowie die nur hier anzutreffende Identifikation von Weisheit mit dem göttlichen Logos, dem göttlichen Schöpferwort. Die Weisheit erscheint hier offenkundig wie der »Geist Gottes« von Gen 1,2, der über dem Urmeer schwebte. Doch so kühn diese Gedanken theologisch sein mögen, sie erlauben es nicht, auch nicht »in einem eingeschränkten Sinn«, von einer eigenen »Ewigkeit der Weisheit« zu sprechen, wie eine bestimmte Exegese es will.[80] Warum auch? Die Ewigkeit der Weisheit Gottes ist von vorneherein nichts anderes als die Ewigkeit Gottes selbst!

Gewiß: Die Aussagen über eine eigene Rolle der präexistenten, personifizierten Weisheit Gottes beginnen in Grenzbereiche des Denkens vorzudringen, die traditionellen jüdischen Ohren gefährlich sein mußten. Der *religionsgeschichtliche Hintergrund* ist denn auch in Sirach 24 durchaus mythologisch. Die Selbstprädikation der Weisheit hat ihre Parallelen in hellenistischen *Isis-Aretologien*, in Hymnen also auf Verdienste und Eigenschaften der Göttin Isis. Und die Isis-Verehrung war denn auch von Mitte des 3. Jahrhunderts v. Chr. an in Palästina stark verbreitet – nicht zuletzt durch den staatlichen Druck der in Ägypten und Palästina dominierenden Könige Ptolemäus I – III. Es dürfte deshalb zu vermuten sein, »daß der Isiskult im 3. Jahrhundert v. Chr. auch in Jerusalem einzudringen versuchte und daß jüdische Weisheitsschulen in einer Art polemischer Umkehrung Selbstprädikationen der damals an Einfluß gewinnenden Isis-Astarte auf die göttliche Weisheit übertrugen«.[81]

Doch wichtig auch hier: Die Weisheit ist in Sirach 24 ebenfalls keine eigentliche »Göttin« neben dem einen Gott. Sie geht ja eindeutig aus dem Schöpfermunde *Gottes* hervor, dürfte somit eher mit dem *Schöpfungswort* Gottes gleichzusetzen sein. Und Ben-Sira selber wird im 2. Jahrhundert vermutlich seine Anklänge an die Selbstprädikationen der Isis bereits aus einem älteren Weisheitshymnus übernommen und seinen spezifisch jüdischen Interessen dienstbar gemacht haben. An der Geschöpflichkeit der präexistenten Weisheit läßt er nirgends einen Zweifel: »Vor der Zeit, am Anfang hat er (Gott) mich erschaffen, bis in Ewigkeit vergehe ich nicht« (24,9).

In summa: Die Texte über die Präexistenz der Weisheit sind in Palästina weder spekulativer Selbstzweck noch Mythologie, noch theologisch-systematische Traktatliteratur, sondern *theologisch-didaktische Apologetik vor dem Hintergrund einer zu bewältigenden kulturellen und religiösen Vertrauenskrise.* Sie stellen einen einzigen Versuch dar, angesichts einer im Zusammenhang mit Hiob und Qohelet ausgebrochenen Vertrauenskrise einerseits und einer so gefährlichen Kultur wie der des Hellenismus andererseits das Vertrauen des jüdischen Zeitgenossen in die Schöpfungs- und Gesetzesordnung des *Gottes der Väter* wiederherzustellen – und zwar in poetischer Form und mit didaktischem Ziel. Anders gesagt: Die Präexistenzaussagen werden bei Jesus Sirach nun vollends, was sie bei Hiob und in Spr 8 bereits ansatzhaft waren: zum politisch-didaktischen Kampfmittel einer religiös-politischen Auseinandersetzung und einer kulturellen Krisenbewältigung.

Die Identifikation von Weisheit und Tora

Wie geht es mit der Weisheitstradition im Raume Palästinas weiter? Erwähnenswert ist das deuterokanonische *Buch des Propheten Baruch* aus der Schule Jeremia[82], das ebenfalls ein Gedicht über die Weisheit (3,9–4,4) enthält und später als Jesus Sirach, Ende des 2. Jahrh. v. Chr., zu datieren sein dürfte. Auffallend ist hier: Inhaltlich erfahren wir über die Beziehungen zwischen Gott und seiner Weisheit nichts Neues. Aber das Thema der Nichtfaßbarkeit und Verborgenheit der Weisheit, das Hiob 28 bereits vorwegnahm, wird nun in einer späten, krisengeschüttelten Phase erneut betont und verstärkt (3,15; 31). Verstärkt wird auch eine Tendenz von Sirach 24, die universalschöpfungstheologischen Aussagen zugunsten heilsexklusiver zurückzudrängen. Die Weisheit wird hier nun *ausschließlich* mit der Tora Israels identifiziert: »Sie ist das Buch der Gebote Gottes, das Gesetz, das ewig besteht« (4,1). Auch christliche Interessen sind bei der Endredaktion des Buches bereits spürbar: der Satz, in dem das Erscheinen der Tora auf der Erde und der Aufenthalt unter den Menschen ausdrücklich affirmiert wird (3,38), ist im Baruch-Buch als eine spätere christliche Glosse anzusehen.[83]

Einen *Höhepunkt* findet der Prozeß der *Identifikation von Weisheit und Tora* schließlich im *rabbinischen Judentum.* Schon der große Rabbi Akiba (um 50–135 n. Chr.) hatte der Tora eine kosmologische

Schöpfungsmittlerrolle zugesprochen. Auch zahlreiche andere rabbinische Texte – die chronologisch keinen Einfluß mehr auf das Neue Testament gehabt haben dürften – sehen in der Tora den Bauplan, der Gott bei der Schöpfung leitete, die Garantin für das Bestehen der Welt, ja überhaupt den Grund, warum Gott die Welt geschaffen hat.

Vor allem im »Midrasch von den Dingen, die vor der Welt geschaffen wurden« steht die Tora (bis auf wenige abweichende Texte) am Anfang einer Siebenerliste. Geschaffen wurde von Gott vor der Weltschöpfung die Tora, die Umkehr, der Garten Eden, die Unterwelt (Gehinnom), der Thron Gottes, der Tempel und der Name des Messias. Weisheit und Tora sind nun vollends eins geworden: »Die Tora als kosmischer, präexistenter Plan der Welt und als geschichtlich geoffenbartes Buch der Weisung in den Händen des Volkes Israel ist das Element, von dessen uranfänglicher Vorordnung alle anderen aufgezählten Teile ihre jeweilige Vorordnung ableiten konnten. Als Bauplan der Welt, als geschriebenes Buch, aus dem das Kommende herausgelesen werden konnte, auf dem Schoß des Schöpfers liegend, wird dabei die Tora veranschaulicht.«[84] Aber alle diese Texte liegen chronologisch jenseits des 1. Jahrhunderts und hatten keinen Einfluß auf die Christologie des Neuen Testamentes. Wie aber ging es in vorchristlicher Zeit außerhalb Palästinas weiter?

6. Das Judentum von Alexandria: »Buch der Weisheit«

Es dürfte keine Überraschung sein, daß die inhaltlichen Reflexionen über die präexistente Weisheit im 2. Jahrhundert neue Nahrung bekommen mußten in einer Großstadt, die wie *Alexandrien* eine griechisch sprechende jüdische Gelehrtenelite beherbergte und in der schon in der ersten Hälfte des 3. Jahrhunderts v. Chr. im jüdischen Gottesdienst griechisch gesprochen wurde. Griechisches und jüdisches Denken sind gerade hier eine einzigartig feste Verbindung eingegangen, auf die wir hier nicht im einzelnen eingehen können. Für das Verständnis neutestamentlicher Präexistenzchristologie mögen freilich drei Entwicklungen im hellenistischen Judentum Alexandrias von Bedeutung sein. Wir wollen sie in aller Kürze benennen:

(1) Die Weisheits- und Lichterlehre des Exegeten Aristobul (Mitte 2. Jahrh. v. Chr.): Die biblische Schöpfungsgeschichte und dabei das Problem der Entstehung des Lichtes auslegend, zieht Aristobul Paral-

lelen zwischen Gen 1 und Spr 8.[85] Die Weisheit ist ihm einer Fackel vergleichbar, einer Lichtquelle, durch die alles erkannt werden könne; im philosophischen Kontext einer biblisch begründeten Schöpfungslehre ist sie für ihn letztlich identisch mit dem »präkosmischen Urlicht«. Weisheit und Licht gehören zusammen!

(2) Die Weisheits- und Logoslehre des Exegeten Philo (ca. 25 v. Chr. – 40 n. Chr.): Ganz und gar von griechisch-hellenistischem Geist durchdrungen, erweitert Philo die Weisheitstheologie derart ins Kosmisch-Universale, daß sie die bisherige jüdische Tradition sprengt.[86] Denn die Weisheit Gottes ist bei Philo nun zu einer *Gattin des Schöpfers* geworden, ja zur uranfänglichen Mutter des ganzen Kosmos. Gott als der Vater zeugt und die Weisheit als die Mutter gebiert den »einzigen, geliebten Sohn«, die Welt. Das geht über Spr 8,22, die Philo nur in der Septuaginta-Fassung übernimmt, weit hinaus, ist doch dort nur von der Erzeugung der Weisheit, nicht aber von der der ganzen Welt die Rede. Darüber hinaus überträgt Philo die biblische Vorstellung von der Weisheit fast vollständig auf die das griechisch-philosophische Erkenntnissystem beherrschende Gestalt des *Logos* und ist vor allem an dessen kosmologischen Funktionen interessiert. Weisheit und Logos gehören zusammen!

(3) Die Weisheits- und Geistlehre des »Buches der Weisheit«[87]: Vermutlich Mitte des 1. Jahrhunderts entsteht ein apologetisches Buch auf der Grenze von jüdischer Tradition und hellenistischer Kultur, das Juden, die am Glauben der Väter irre geworden sind, ebenso im Blick hat wie heidnische Ungläubige, die sich verwerflichem Götzendienst, Tieranbetung und Herrscherverehrung hingegeben haben (Kap. 13). Diesem Buch müssen wir uns ob seiner christlichen Wirkungsgeschichte noch etwas ausführlicher widmen. Worum geht es?

Probleme mit der Assimilation

Mit der hellenistischen Geistigkeit glänzend vertraut, wissend also um die *Faszination des typisch alexandrinischen Amalgams aus ägyptischer und hellenistischer Kultur* (mit all den Philosophenschulen und Mysterienreligionen, mit Astrologie, Tier- und Herrscherkulten sowie Geheimwissen aller Art), zieht der jüdische Verfasser des Weisheits-Buches scharf gegen allzu starke Assimilation zu Felde. Er kann dies um so unbekümmerter tun, als auch er wie der Weisheitslehrer Ben-Sira von einem neuen Vertrauen auf den Zusammenhang von Tun und Ergehen beseelt ist. Die ersten fünf Kapitel seiner Schrift sind denn auch voll von Gegenüberstellungen dieser Art: Alle »Frevler«, gerade auch die innerjüdischen (scharfe Kritik an Zohelet in Kap. 2), werden von Gott bestraft werden; alle »Gerechten« dagegen sind »in Gottes Hand« (3,1). Freilich: Überzeugungen, die Ben-Sira noch fremd waren, sind hier nun selbstverständlich – vor allem hinsichtlich Eschatologie und Anthropologie. Wird doch den »Gerechten« eine Entschädigung im Jenseits versprochen (3,7), ist doch ein gewisser Leib-Seele-Dualismus mit leibfeindlichen Tendenzen unverkennbar (3,13 ff.; Kap. 4).

Dies deutet schon darauf hin, daß wir es bei dieser Schrift mit einem »Buch zwischen den Zeiten« (J. Fichtner[88]) zu tun haben, das erneut von einer *Krise der Zeit* Zeugnis gibt und das ebenso wie »Jesus Sirach« aus der Defensive heraus geschrieben ist. Denn der »frühere Optimismus der jüdischen Gemeinde Alexandrias im Blick auf eine wachsende Annäherung an die Griechen und auf eine soziale wie kulturelle Akzeptanz« scheint hier einem »Gefühl der Desillusion und der Enttäuschung« gewichen zu sein.[89] Die scharfe *Abgrenzung gegen allzu assimilierte Juden* einerseits und gegen *heidnische Herrscher und Kulte* andererseits wäre sonst nicht zu erklären.

Gegen diese Enttäuschung bietet der Verfasser alles auf, um seinen jüdischen Glaubensgenossen *Stolz auf ihren traditionellen Glauben* einzuflößen. Ganz offensichtlich sucht der Autor seine Anhänger davon zu überzeugen, daß »ihr way of life, gründend in der Verehrung des einen, wahren Gottes, von unvergleichlich höherem Rang ist als der ihrer heidnischen Nachbarn, deren götzendienerischer Polytheismus sie in den Sumpf der Sittenlosigkeit hat absinken lassen.[90] Ja, mehr noch: Der Verfasser sucht nach einer Bewältigung gegenwärtigen Leids und verspricht Unsterblichkeit als Belohnung für unbeirrbare Ausdauer. Sein anklagender Finger weist vor allem auf die heidnischen Könige (d. h. die römischen Herrscher), die die Prinzipien der göttlichen Gerechtigkeit aufgegeben hätten und die deshalb die Konsequenzen ihrer Gesetzlosigkeit zu spüren bekommen würden.

Daß sich der Autor in einer solchen kulturellen, sozialen und politischen Situation (wie schon Ben-Sira) vor das Problem einer *Verbindung von jüdischem Partikularismus* und *weltlichem Universalismus* gestellt sah, ist offenkundig. Und wie Ben-Sira schien ihm keine Vorstellung seiner Tradition dafür offenkundig geeigneter als die von der *präexistenten Weisheit*. Ihr widmet er denn auch nicht nur lange Kapitel (6–9) über ihr Wesen und »ihre Spur von Anfang der Schöpfung an« (6,22), sondern darüber hinaus, was Sirach so noch nicht kannte, ausführliche Reflexionen über ihr belohnendes und strafendes Wirken in der Geschichte Israels (10–19). Zweierlei vermag der Autor dadurch zu erreichen: *Zum einen* kann er mit der universal präsenten Weisheit jüdische *Inkulturationsarbeit* treiben und alle dem hellenistisch-jüdischen Leser vertrauten Elemente der Bildung in die Jahwe-Religion integrieren (»Ihr Anfang ist aufrichtiges Verlangen nach Bildung« 6,17). *Zum anderen* kann er *Herrschaftskritik* üben, werden doch die entscheidenden Aussagen über die Weisheit in diesem Buch dem »Idealkönig« Salomo (er ist die richtige Verbindung von Macht und Geist, Herrschaft und Weisheit) in den Mund gelegt. Ein Kontrast zur Praxis gegenwärtiger Herrscher sollte damit offensichtlich geschaffen werden: »An Euch also, Ihr Herrscher, richten sich meine Worte, damit Ihr Weisheit lernt und nicht sündigt« (6,9). Ja, mit der ausdrücklichen Betonung, daß sich Salomo als ein »sterblicher Mensch« (7,1) verstanden habe, dürfte der Verfasser bereits Kritik an der Vorstellung von der göttlichen Abstammung, ja Göttlichkeit eines Herrscherkönigs üben, die in seiner Zeit offenkundig verbreitet gewesen war.[91]

Darum also geht es: *Inkulturationsarbeit im Zeichen der Weisheitstheologie*. Und wie stark der Autor von der Geistigkeit des Hellenismus beeinflußt ist, zeigt sich daran, daß auch seine hymnisch-gebethaften Aussagen über die Weisheit Elemente der Isis-Hymnik erkennen lassen. Zwar tritt hier die Weisheit nicht mehr selber als personifizierte weibliche Gestalt auf, aber die Hymnen und Gebete dieses Buches (Salomo in den Mund gelegt) kennen nicht weniger weiblich-erotische Bilder (Liebe, Schönheit, Braut). Ja mehr noch: Eingeflossen ist in dieses Buch offensichtlich ebenfalls – ganz im Gegensatz zu Ben Sira – die platonisch-pythagoreische Idee von der *Präexistenz und Unsterblichkeit der menschlichen Seele* (8,19 f.; 9,15) und von der Präexistenz und *Ewigkeit der Materie* (11,17) – und dies erstmals im Alten Testament.[92] Solche Ideen freilich können ganz unvermittelt und unsystematisch neben Vorstellungen von der *Präexistenz der Weisheit* stehen, die hier ebenfalls in hellenistischen Kategorien gegenüber Sir 24 und Spr 8 weitergedacht wurde.

Denn das eigentlich Aufregende an den Texten dieses Buches ist weniger, daß die Weisheit Gottes jetzt mit dem Pneuma, dem *Geist Gottes* (7,22) sowie dem *Logos*, dem Schöpferwort Gottes, identifiziert wird (9,1). Das unterstreicht nur die universale und omnipräsente Wirklichkeit der Weisheit als Weisheit *Gottes*. Aufregend ist vielmehr, daß – vom Bild des Geistes ausgehend – hier das Verhältnis von *Weisheit und Gott* näherhin in neupytagoreischen Kategorien einer *Emanation* beschrieben wird. Wir lesen: »Sie (die Weisheit) ist ein Hauch der Kraft Gottes und reiner Ausfluß der Herrlichkeit des Allherrschers; darum fällt kein Schatten auf sie. Sie ist der Widerschein des ewigen Lichts, der ungetrübte Spiegel von Gottes Kraft, das Bild seiner Vollkommenheit.« (7,25 f.) Aufregend ist hieran, wie mit diesen Bestimmungen die *Wirklichkeit Gottes selbst umschrieben* wird. Im Lichte der Weisheit kann Gott selbst jetzt in Kategorien von Energie, Licht, Geist, ja auch Güte (8,1) beschrieben werden – möglicherweise auch hier in impliziter Kritik an Gottesbildern der Umwelt, wo Göttliches nicht selten in Kategorien wie Gewalt, Macht und Despotie erfahren wurde.[93] Anders gesagt: Nur wer begriffen hat, daß in diesem Buch mit der Figur der präexistenten Weisheit das *Gottesbild* selber ungemein *dynamisiert* ist, Gott selbst als Energie und Bewegung *für* seine Schöpfung und seine Geschöpfe glaubbar wird, begreift auch den rhetorischen Stil dieses Buches, der in den entscheidenden Kapiteln 6–9 bei der Beschreibung der Weisheit sich geradezu überschlägt (7,22f. enthält allein 21 Bestimmungen der Weisheit in einem kunstvollen 3x7-Schema). Form und Inhalt entsprechen sich!

Damit ist klar: Seine theologische Grunderfahrung, daß die Weisheit »Ausfluß« aus Gott ist, aus Gott gleichsam hervorsprudelt, Gott selbst also als *Energiequelle der Weisheit* zu verstehen ist, versucht der Verfasser literarisch-stilistisch dadurch zu vermitteln, daß er für die Weisheit immer neue, nie aufhörende, überquellende Bilder und Benennungen schafft. Die *theologischen Konsequenzen* liegen damit auf der Hand, und der protestantische Exeget *Dieter Georgi* hat sie ausdrücklich gezogen: »Sachlich drückte das die

Überzeugung aus, daß Sein nicht ohne Bewegung ist, daß es sich erst recht nicht ohne Mobilität mitteilen kann, nicht auf Wahrnehmung oder Empfindung rechnen kann, wenn es sich nicht bewegt, vor allem im an- und aufregenden Sinn. ... Die Vorstellung des Aristoteles vom *unbewegten* Beweger hatte in der Zeit der Entstehung der Weisheit Salomos nur noch wenige Bekenner. Jetzt herrschte viel eher die Meinung, daß alles, was entscheidend sein wollte, sich selbst in Bewegung setzen mußte, zuerst und ständig. Dies ist in dem Preis der Weisheit in Weish 7,22–8,1 auf die Spitze getrieben. Weisheit als göttliche Frau ist bewegende Bewegung, eben die Freiheit als schöpferische Kraft, nicht über den Dingen, sondern in der Welt, allerdings nur in einer Welt, die sich bewegen läßt, der Lebenswelt nämlich, die der Todeswelt gegenübersteht.«[94] Anders gesagt: die *Weisheitstheologie bedeutet eine unerhörte, das Erotische und Körperliche als Vergleichsmaterial einschließende Dynamisierung Gottes.*

Was die *Art der Präexistenz der Weisheit* in diesem Buch betrifft, so ist unter hellenistischem Einfluß gegenüber der palästinischen Weisheitstheologie (Spr 8; Sir 24) eine noch größere Unbekümmertheit erkennbar, die Weisheit als eine Art selbständige Größe neben Gott treten zu lassen. Denn Aussagen über das Geschaffensein der Weisheit fehlen hier nun völlig. Ja, es ist auffällig, daß neben die »traditionelle Aussage« über eine passive Schöpfungsmittlerschaft der Weisheit auf der Linie von Spr 8,27.30 und Sirach 24,9 (die Weisheit war »nur« zugegen, als Gott die Welt erschuf: Weish 9,9) nun auch Aussagen in mehr *aktiver* Form treten! Der Mensch – so heißt es im Weisheitsbuch – sei ja durch die Weisheit geschaffen (9,2), und die Weisheit sei die »Urheberin der Dinge« (7,12). Liegt nicht die Vermutung nahe, daß unter hellenistischem Einfluß die Weisheit hier zu einer Art *selbständigen Schöpfergottheit* geworden ist? Eine Aussage wie diese jedenfalls scheint dies nahezulegen: »Sie ist nur eine und vermag doch alles; ohne sich zu ändern, erneuert sie alles« (7,27); »eingeweiht in das Wissen Gottes, bestimmt sie seine Werke« (8,4).

Und ein Letztes ist wichtig: In diesem Buch wird die ausdrückliche *Sendung der Weisheit an die Menschen* ein bedeutendes Motiv: »Sende sie vom heiligen Himmel, und schick sie vom Thron deiner Herrlichkeit« (9,10). Hinter dieser Sendungsaussage steht das innerhalb jüdischer Theologie kühne mythologische Bild, daß die Weisheit eine »Throngenossin« (so schon 9,4) Gottes sei, also an der Seite Gottes stehe. Kühn deshalb, weil dieses Bild im Prophangriechischen für beigeordnete Gottheiten verwendet werden kann.[95] Die *theologische Grundtendenz dieses Buches* also? In dieser zentralen Schrift des hellenistischen Judentums scheinen nicht mehr Tendenzen zur Verweisheitlichung Gottes, sondern zur »Vergöttlichung der Weisheit« verstärkt. Die Frage drängt sich deshalb auf:

7. Gefährdung des Monotheismus?

Wir halten hier für eine kurze Zusammenfassung der bisherigen Ergebnisse und eine systematisch-theologische Reflexion inne. Was bedeuten das Aufkommen und die Herausbildung einer Figur wie der präexistenten Weisheit für das Gottesbild? Wovon ist dieser Herausbildungsprozeß bestimmt? Antwort: Die Aussage von einer *Präexistenz* der Weisheit Gottes entspringt im Alten Testament den erneut aufgebrochenen *Fragen nach dem Ur-Sprung von Schöpfung* überhaupt, *dem Ur-Sinn und Ur-Ziel der Welt* schlechthin, und diese Fragen brechen immer dann auf – ob im 3. Jahrh. v. Chr. oder im 18. Jahrh. in Goethes »Faust« oder im 20. Jahrh. im Zusammenhang mit der »Dialektischen Theologie« eines Karl Barth –, wenn das Vertrauen des Menschen in die Vernunft, die Weisheit, die Ordnung der Welt zu bröckeln beginnt. Präexistenzaussagen sind meist Krisenindikatoren und »Instrumente« der Bewältigung von Krisen zugleich.

Ein Prozeß der Verselbständigung

Wurde aber mit der Annahme einer eigenen Figur wie der Weisheit neben Gott der *jüdische Monotheismus* zweifelhaft? Ist es ein Zufall, daß schon das Buch Jesus Sirach von der jüdisch-pharisäischen Orthodoxie im 1. Jh. n. Chr. nicht in den hebräischen Kanon aufgenommen wurde, vom alexandrinisch-hellenistischen »Buch der Weisheit« gar nicht zu reden? Nein. Denn unübersehbar ist, daß im Verlauf einer beinahe 400jährigen Traditionsgeschichte unter hellenistischem Einfluß ein Prozeß der *Verwischung der Grenzen zwischen Schöpfer und Geschöpf*, ein Prozeß der personifizierten Verselbständigung und Vergöttlichung der Weisheit stattgefunden hat. Hiob 28 affirmierte noch klar das Geschaffensein eines unpersönlichen Wesens namens Weisheit; in Spr 8 und Sir 24 kommt die Weisheit bereits selber zu Wort als eine zwar geschaffene, aber doch selbständige personale Gestalt neben Gott; in Weish 7 ist von einem Geschaffensein der Weisheit nicht mehr die Rede, stattdessen von einer mehr aktiven Schöpfungsmittlerschaft und einer Art eigenen Schöpfertätigkeit. Anders gesagt: Im Gegensatz zu den Texten des *hebräischen Kanons* (Hi 28; Spr 8) ist in den Texten des *griechischen Kanons* (Jesus Sirach, Buch der Weisheit) sowie später dann in den *außerkanonischen Texten* (äthiopischer und slawischer Henoch) der Entwicklungsprozeß bereits so weit fortgeschritten, daß von einer Art selbständigen, von Gott losgelösten Gestalt gesprochen werden kann. Gerade indem das »Buch der Weisheit« diese als eine Art selbständige Schöpfungsgottheit versteht, hat es in der Tat »in diesem Punkt die bisher eingehaltene Linie verlassen und einen entscheidenden Schritt zu einer mythisch-spekulativen Divinisierung der Weisheit getan«.[96] Jetzt wird man sagen dürfen, daß diese Texte von der »Personifikation der Weisheit bereits zu ihrer Hypostasierung weitergeschritten« sind.[97]

Wir sahen freilich auch: Alle großen weisheitlichen Texte, in denen von der Präexistenz der Weisheit die Rede ist, sind *hymnische, poetische Texte*. Sie dürfen deshalb nicht nur unter didaktischem Aspekt (zur Erleichterung des Unterrichts), sondern müssen auch unter spezifisch literarischem Aspekt interpretiert werden. Tut man dies, so hat man davon auszugehen: Die Poesie hat ihre eigenen Gesetze und ihre eigene Dynamik. Eine *begriffliche* Klärung des Verhältnisses von göttlicher Weisheit und Gott selbst kann *nicht im Charakter poetischer Texte* liegen. So hat die Poesie etwa die Möglichkeit, hymnisch und metaphorisch von der Weisheit als »Frau«, »Braut«, »Schöpferin« und »Throngenossin« Gottes zu reden, ohne Rücksicht darauf, wie dies theologisch-philosophisch mit der Einheit Gottes zu vereinbaren ist. Der Gestus des Lobs oder Selbstlobs ist etwas anderes als der Modus begrifflicher Reflexion. Zu begrifflichen Präzisierungen sah sich sowohl das Judentum wie das Christentum erst unter dem Eindruck häretischer Herausforderungen veranlaßt: in den rabbinischen Diskussionen über die Dinge, die vor der Weltschöpfung waren[98], und im Christentum in der Auseinandersetzung mit dem Arianismus, der sich etwa auf das Buch der Sprichwörter Kapitel 8 für seine Christologie meinte berufen zu können.[99]

Dynamisierung des Gottesbildes

Was heißt dies alles für das Gottesbild? Das heißt: Eine *Gefährdung des Monotheismus* durch die Vorstellung von einer präexistenten Gestalt namens »Weisheit« neben Gott konnte im Judentum *nicht ernsthaft eintreten*. Und zwar deshalb nicht, weil die Weisheit auch im jüdischen Hellenismus nirgendwo, selbst in den späten Texten des »Buchs der Weisheit« *nicht*, zu einem *zweiten Gott neben Gott* geworden ist. H. Ringgren hat an diesem Punkt recht: »In Israelitic Religion and in Islam the strict monotheistic belief did not allow the hypostases to become real dieties. In other religions, where this obstacle is not extant, nothing prevents the creation of new gods in this way.«[100] Das heißt: Selbst dort, wo die Weisheit wie eine selbständige »Schöpfergottheit« geschildert wird, bleibt sie letztlich doch der empfangende, passive, ja abhängige Teil. Der Unterschied zwischen Gott als Person und seiner personifizierten Weisheit bleibt bestehen. Nirgendwo wird die Weisheit wie Jahwe persönlich angeredet oder um Hilfe angegangen.[101]

Das Problem eines selbständigen Gegenübers *in* Gott konnte so im Judentum nicht aufkommen. Durch ihre Präexistenz bekommt die personifizierte Weisheit nirgendwo ein eigenes zeitloses Sein. Über das »Sein«, das »Wesen« der Weisheit wird denn auch nirgendwo eigens reflektiert, was mit dem »unmetaphysischen« Denken Israels zu tun haben dürfte. Von einem »zweiten Prinzip« in Gott kann keine Rede sein. Präexistenz einer personifizierten Gestalt ist also im Judentum – von Grenzfällen abgesehen – weder mit Unerschaffenheit noch mit Göttlichkeit verbunden. Stets geht es – in poetisch-didaktischer Form – um die Weisheit Gottes selbst und nicht um die Konkurrenz einer vergöttlichten Weisheitsfigur neben dem einen Gott. *Personifikation und Präexistenz sind poetische Stilmittel* zur Gestaltung des Ungestalteten, zur Veranschaulichung des Unanschaulichen, zur Bebilderung des Bilderlosen: Gottes selbst in seiner Offenbarung für die Menschen. *Die Wirklichkeit Gottes bekommt mit Hilfe einer so verspielt-spielerischen weiblichen Figur wie der Weisheit Dynamik und Schönheit.* Gott selbst wird denkbar in Kategorien wie Energie, Geist, Wort und Licht.

In summa: Die Rede von der Weisheit als einer personifizierten, präexistenten Gestalt dient

– in Zeiten von religiös-gesellschaftlichen Krisen der *Krisenbewäl-*

tigung: Neues Vertrauen in die Zuverlässigkeit göttlicher Weltordnung soll geschaffen werden;
– in Zeiten religiös-kultureller Rivalität (Judentum-Hellenismus) der *nationalen Selbstbehauptung*: Neues Selbstbewußtsein im Zeichen des Gottes des eigenen Volkes soll geschaffen, die eigene Kultur und Religion als universal gültig herausgestellt werden;
– der Betonung der *Selbstoffenbarung* Gottes in Schöpfung und Geschichte seines Volkes: Nicht um eine vergottete Eigenschaft Gottes handelt es sich, nicht um einen zweiten Gott oder eine Göttin neben Gott, sondern um die Dynamisierung der Wirklichkeit Gottes aufgrund unterschiedlicher geschichtlicher Erfahrungen des Menschen.

Diese *offenbarungstheologische Funktion der Weisheit* wird auch durch die spätere Identifikation von Weisheit und Tora noch unterstrichen. Und so wie später die Präexistenz der Tora dieses Gesetz als Weisung des ewigen *Gottes selbst* legitimieren sollte, so will dann auch die Präexistenz des erwarteten Messias die künftige Herrschaft Gottes allein über die Völker begründen. Des Messias? Ist im Judentum von einer Präexistenz des Messias die Rede? Wir werden sehen und müssen uns – mit Blick auf unsere Fragestellung – der messianischen Tradition zuwenden.

II. Vom Urplan der Geschichte: Der Menschensohn/ Messias

Neben den weisheitlichen Kreisen mit ihrer erneuten starken Betonung der Schöpfungstheologie kommt es im 2. Jahrhundert v. Chr. in *apokalyptischen Kreisen* Palästinas zu einer ganz neuen Interpretation der *Geschichte*. Und die Apokalyptik Palästinas bildet nun den *zweiten großen Traditionsstrang* zur Entwicklung einer eigenen Präexistenzvorstellung, dessen Einfluß auf die Christologie des Neuen Testamentes zu bedenken sein wird.

1. Die Entstehung der Apokalyptik

Wie aber konnte es zur Entstehung eines eigenen apokalyptischen Denkens in Palästina kommen? Wir hörten bereits: Die politische

Lage Palästinas war im 2. Jahrhundert immer repressiver geworden. Nach der rücksichtslosen Eroberung des Landes durch den Seleukiden-König Antiochus III. (242–187) waren vor allem unter *Antiochus IV. Epiphanes* – fast gleichzeitig mit dem Weisheitslehrer Ben-Sira – die Spannungen zwischen der traditionell jüdischen und der hellenistischen Kultur ins Unerträgliche gestiegen.[1] Es war zu einer beispiellosen »Zwangshellenisierung« Palästinas gekommen, so daß die Plünderung des Tempels, die Verwüstung Jerusalems sowie die Aufoktroyierung heidnischer Kulte (Verehrung des Reichs-Gottes Zeus Olympios und sogar des Herrschers) schließlich zum Aufstand eines Teils der jüdischen Bevölkerung unter dem Anführer Judas Makkabäus führten.

Ein politischer Schock

Die palästinische Apokalyptik entsteht also als *Reaktion auf einen Schock* – so der katholische Alttestamentler Erich Zenger sehr plastisch –, »den die im ausgehenden 3. Jahrhundert v. Chr. mit ungeheurem militärischem Aufwand gegen Palästina durchgeführte Aggression Antiochus' III. bei den Juden ausgelöst hat, deren Brutalität und Erfolg zugleich alle ›nationalen Hoffnungen der Juden auf eine Befreiung vom verhaßten Joch der griechischen Fremdherrscher auf dem Boden innergeschichtlich absehbarer Vorgänge endgültig liquidieren‹ mußte. Dieser außerordentlich aggressive Expansionsdrang der Seleukiden nach Süden, verbunden mit den Verlockungen der hellenistischen Weltkultur, die in Jerusalem bei Kapital, Klerisei und Aristokratie zu massenhafter, wenn auch oft kaschierter Apostasie führte – bis hin zur Abschaffung der Thora –, bewirkte eine derartige äußere und innere Grundlagenkrise in frommen Kreisen des Judentums, daß jene völlig veränderte Geschichtstheologie entstand, die wir Apokalyptik nennen.«[2]

Kein Wunder also, daß es unter den Bedingungen eines solchen »Kulturkampfs« auf Leben und Tod in bestimmten jüdischen Kreisen – nicht identisch mit denen der Weisheitsschulen – zu einer neuen Auseinandersetzung um den *Sinn der Geschichte* überhaupt kommen mußte. Denn wenn alles Geschichtsvertrauen bisher vergeblich war, wenn alle Erwartung an die Geschichte vollkommen zuschanden wurde, mußte etwas radikal Neues an dessen Stelle treten. Die traditionelle Ordnungs- und Gesetzestheologie eines Ben-Sira, ja dessen mit Hilfe einer zunehmend ungeschichtlich werdenden Tora-Ontologie durchgeführte Stabilitätspolitik, schien ja gründlich erschüttert. Ein »konservativer Optimismus sirazidischer Prägung, der sich an Gottes Vergeltung in diesem Leben und an der Zweckmäßigkeit der Schöpfung erbaute«, konnte jetzt nicht mehr überzeugen![3]

Unter diesen politischen Umständen also kommt es parallel zur Schöpfungstheologie weisheitlicher Kreise in »apokalyptischen Gruppen«, den sog. Chasidim Palästinas, zu einer *Theologie*, die neu nach *dem Ursinn, dem Urplan von Zeit und Geschichte* fragt. Mehr noch: Der religiös-gesellschaftliche Konflikt wird nun gewissermaßen ins Kosmisch-Universale gesteigert – begriffen als Endzeitdrama von Gut und Böse, göttlichen und widergöttlichen Mächten. Hier liegt der Grund, warum es in der Apokalyptik nun zu einer »Schau der Weltgeschichte als Einheit« kommt, »in deren Mitte der Weg des erwählten Volkes Israel steht und die nach Gottes Plan dem nahen Ende zueilt, wobei in der gegenwärtigen, letzten Zeit die menschliche Hybris und der Abfall ihren Höhepunkt erreichen«.[4] Hier liegt der Grund für die Ausbildung der Zwei-Äonen-Lehre in der Apokalyptik, für ihren innerweltlichen Pessimismus und ihre Hoffnung auf das Jenseits, für ihren Universalismus einerseits (Einbeziehung der ganzen Geschichte) und ihren Individualismus andererseits (der Mensch steht jetzt als Einzelner vor Gott; Gedanken an eine individuelle Auferstehung und ein individuelles Gericht kommen auf). Hier liegt der Grund für den Glauben an die göttliche Vorherbestimmtheit der Weltgeschichte mit klaren periodischen Abläufen, an die Deutbarkeit des universalgeschichtlichen Weltlaufs und Weltendes sowie die Ungeduld bei der Naherwartung des Gerichts.[5] Wahrhaftig: Der Apokalyptiker fragt angesichts des Elends weniger nach dem »warum«, sondern nach dem »wie lange noch«: »Wie lange noch bleibt der Greuel der Verwüstung . . .«? (Dan 8,13)

Dieses gequälte »wie lange noch« aber schreit der Apokalyptiker nicht ins völlig Ungewisse hinaus. Angesichts des Scheiterns aller bisheriger Hoffnungskonzepte versucht er im Gegenteil, konkret »Aufschlüsse«, »Enthüllungen« zu erlangen »über die Geheimnisse der Natur, den übernatürlichen himmlischen Ursprung und Hintergrund der natürlichen irdischen Vorgänge«, kurz über des kosmisch-geschichtlichen Dramas letzten Akt. Wie? War der Weise ein Empiriker, Beobachter, Abwäger, so ist der Apokalyptiker – sehr viel mehr auf der Linie der Propheten – ein Warner und Deuter, ein Visionär, ein Seher und Träumer! Oft gibt er seinen Enthüllungen »geheimnisvolle Rätselform«[6]: Bilderreden, Traumvisionen, Gleichnisse, Allegorien, Verschlüsselungen in Zahlen und Tiersymbole sind in seinen Schriften zahlreich, die –obwohl oft von einem angelus interpres, einem Deuteengel, entschlüsselt – dem Ganzen doch etwas gewollt Unbestimmtes und Unklares, eine Aura des Geheimnisvollen und Unsagbaren geben. So umfassen die Erzählungen des Apokalyptikers – ob mehr auf Weltreich- und Weltzeitspekulation ausgerichtet wie beim kanonischen Daniel-Buch oder mehr an kosmischen Spekulationen und einer astralen Geographie interessiert wie beim außerkanonischen Henoch-Buch – großenteils denn auch seine Visionen, Auditionen, Himmelsreisen und damit verbunden seine umfangreichen Dialoge mit himmlischen Gestalten, mit Engeln und Dämonen. Eine Weisheitstheologie ganz eigener Art entsteht auf diese Weise, ein spezifisch apokalyptisches Weisheitsverständnis, wo prophetisches und weisheitliches Erbe verschmolzen ist und wo man die Weisheit nun durch *direkte göttliche Offenbarungen* zu erhalten glaubt. Anders gesagt: Bei aller Zukunftsangst weiß der Apokalyptiker von einem Ende, das für ihn zugleich eine Wende zum Besseren *durch Gott selbst* darstellt.[7]

Die neue Hoffnung: Gottes Retter direkt aus dem Himmel

In diesem Gesamtkontext kommt es nun neben der Weisheitstheologie in Palästina zu einer *zweiten Art von Präexistenzvorstellung*: diesmal nicht verbunden mit einer fiktiven, poetischen Figur wie der Weisheit, sondern konkreter, faßbarer, anschaulicher mit der Erwartung einer menschen-ähnlichen, aber nichtsdestoweniger geheimnisvoll-transzendenten Heilsgestalt, dem »Menschensohn« vom Himmel her.[8] Der Grund ist auch hier politisch mitbedingt. Da unter Antiochus Epiphanes die politische und religiöse Katastrophe derart eklatant war, hatte auch die bisherige irdische Hoffnung auf einen innergeschichtlich kommenden Messias davidischer Provenienz scheitern müssen. Helfen konnte jetzt offenbar nur *Gottes Gesandter direkt aus dem Himmel*, ein anderer, bei Gott verborgen gehaltener, präexistenter Heilbringer.[9] »Die Zentralfigur der nationalen Eschatologie, der davidische Messias«, fehlt denn auch »in manchen Apokalypsen völlig« – so Philipp Vielhauer.[10] Warum? Weil jetzt Gott selbst oder ein Engel Gottes und nicht ein menschlicher Messias

Gericht und Heil herbeiführen und den alten durch den neuen Äon ersetzen sollte! Die bisherigen Vorstellungsmodelle göttlichen Rettungshandelns hatten ja versagt. Und angesichts der total verfahrenen Geschichte mußte jetzt ein *radikaler Neuanfang* her! Nochmals Vielhauer: »Da, wo das Weltgericht eine so große Rolle spielt, ist die Figur des nationalen irdischen Heilskönigs nicht am Platze. Sie wird denn auch gelegentlich durch die präexistente und transzendente Richter- und Rettergestalt des Menschensohnes ersetzt, die manchmal Titel und Züge des davidischen Messias attrahiert, ohne daß man von einer Verschmelzung beider Gestalten sprechen dürfte.«[11]

Im Klartext: Die Menschensohn-Gestalt, nicht der davidische Messias, wird nun zum *zentralen Topos der Zukunftserwartung apokalyptischer Kreise* in Palästina, und erst allmählich wird im Judentum dieser Menschensohn mit der traditionellen Messiasfigur verschmolzen (4 Esr 12,32)[12]. Unübersehbar ist: Eine *Verlagerung* von der Geschichte in die Vorgeschichte, von der Hoffnung auf einen Heilbringer *aus* der Zeit zu einer Hoffnung auf einen Heilbringer *vor aller Zeit* war die Entwicklung der geschichtlichen Stunde, und dies hatte mit der Verschärfung der politisch-religiösen Situation zu tun. Das Judentum Palästinas hatte damit eine zweite Weise ausgebildet, von »Präexistenz« zu reden, und benutzte jetzt nicht mehr die Sprache der Poesie, sondern die des Traums, der Vision, der Entrückung: *Sie* kann jetzt das Unanschauliche anschaulich, das Verborgene offenbar, das göttlich Geheimnisvolle bekannt machen. Welche Texte sind hier maßgebend?

2. Wer ist der Menschensohn im Buche Daniel?

Während der Verfolgungszeit und der Zwangshellenisierung Palästinas und wohl noch vor dem schließlichen Sieg der makkabäischen Erhebung gewinnt das *Buch Daniel* seine Endgestalt: zwischen 167 und 164 v. Chr.[13] Wer sind seine Träger? Soziologisch wird man sich die Herkunft des Danielbuches aus Kreisen eben jener Frommen (Chasidim) während des Makkabäeraufstandes vorzustellen haben, jener »visionären Minderheit« also, »die unterdrückt in einer Welt lebt, die scheinbar in die Hände der Feinde Jahwes gefallen ist«.[14] Und die Feinde Jahwes? Sie dürften nach der Überzeugung dieser Frommen mit dem Regime eben dieses verbrecherischen Königs Antiochus identisch sein, der im Danielbuch (Kap. 1–6) durch Rückprojektion auf die frevelhaften und brutalen babylonischen Könige Nebukadnezar und Belsazar kritisch gespiegelt wird.

Die Sprache des Traums

Zwei Grundüberzeugungen müssen diese »Minderheit« im Umkreis des Daniel-Buches bestimmt haben: Sie ist zum einen davon überzeugt, daß die Erfüllung von Jahwes Verheißungen nicht mehr innerhalb der bestehenden Ordnung erwartet werden kann und daß man Jahwes Eingreifen passiv zu erwarten hat; sie geht zum anderen offenbar davon aus, daß die Zeit der heidnischen Weltreiche abgelaufen ist und daß insbesondere das gegenwärtige, das gottloseste und frevelhafteste Reich, »durch ein baldiges Eingreifen Gottes in den Gang der Geschichte vernichtet werden« und die Weltherrschaft den »Heiligen des Höchsten«, den glaubenstreuen Israeliten, gegeben werden wird.[15]

All dies aber ist bereits Teil einer nächtlichen *Traumvision Daniels*, von der das 7. Kapitel berichtet, das im Blick auf das Neue Testament für uns entscheidend ist. Ein einzigartiger Text, ohne eindeutige Parallelen im Alten Testament oder in anderen Texten der Umwelt, die älter als Daniel wären. Was erfahren wir? Wir bekommen zunächst die Vision von vier großen Tieren geschildert, die aus dem Meer steigen: ein Löwe mit Adlerflügeln; ein Bär; ein Panther mit vier Flügeln und vier Köpfen; ein Tier mit zehn Hörnern (7,1–8). Dann erscheint – zweiter Teil der Vision – ein »Hochbetagter« (wörtl. »alt an Tagen«) zum Gericht. Das letzte Tier wird getötet und den anderen Tieren ihre Herrschaft genommen, obwohl man sie für eine bestimmte Frist noch am Leben läßt (9–12). Doch dann – dritter Teil (13 f.):

»Da kam mit den Wolken des Himmels
einer wie ein Menschensohn.
Er gelangte bis zu dem Hochbetagten
und wurde vor ihn geführt.
Ihm wurden Herrschaft,
Würde und Königtum gegeben.
Alle Völker, Nationen und Sprachen
müssen ihm dienen.
Seine Herrschaft ist eine ewige,

unveränderliche Herrschaft.
Sein Reich geht niemals unter.«

Im folgenden Abschnitt werden die Visionen gedeutet. Wir sollen verstehen: Diese vier Tiere sind vier mächtigen Königen der Erde gleich (im Buch selber offenkundig eine Anspielung auf das babylonische, medische, persische und nun griechische Reich). Das »Königtum« aber, das in Vers 14 genannt wurde, würden »die Heiligen des Höchsten« erhalten, und sie würden »es behalten für immer und ewig« (7,18). Und genau dies wird nach der anschließenden Deutung des vierten Tieres, das mächtiger gewesen sei als alle Tiere vorher, nochmals bekräftigt: »Die Herrschaft und Macht und die Herrlichkeit aller Reiche unter dem ganzen Himmel werden dem Volk der Heiligen des Höchsten gegeben. Sein Reich ist ein ewiges Reich, und alle Mächte werden ihm dienen und gehorchen« (7,27).

Umstrittene Deutungen

Wie aber ist die Figur des *Menschensohnes* zu begreifen? Die Exegese ist gerade hier völlig gespalten. Ein Teil bevorzugt bis heute die kollektiv-symbolische, nicht die individuell-personale Deutung.[16] Da die *wie* ein Menschensohn aussehende Gestalt deutlich von den Bestien abgesetzt sei (Kontrast von tierischer Bestialität und Menschengemäßheit), das ihm gegebene Königtum später den »Heiligen« übergeben und diese Heiligen am Ende als »Volk der Heiligen« klar bestimmt würden (das fünfte, dann ewige Reich), könne mit dem Menschensohn kaum eine individuelle Gestalt, sondern nur eine das *Volk Israel* symbolisierende *Kollektivgestalt* gemeint sein.

Eine andere Gruppe neigt eher dazu, im Menschensohn eine *individuelle, personale Gestalt* zu sehen.[17] Dafür spreche nicht nur die weitere Wirkungsgeschichte dieses Textes im Judentum (äth. Hen, sibyl. Orakel zwischen 70 und 100 n. Chr.; 4 Esra um 90 n. Chr.), sondern auch die Tatsache, »daß der Verfasser des Daniel-Buches, wenn er seinerseits ein Symbol für das israelitische Volk *schaffen* wollte«, wohl kaum die individualisierte Sprachform »Menschensohn« gewählt hätte.[18] In diese Richtung geht auch eine neueste Untersuchung. Sie bestreitet ebenfalls die Identifikation des Menschensohnes mit dem Kollektiv der Heiligen und sieht im Menschensohn ein himmlisches Wesen, ausgestattet mit Ehre und Macht, die normalerweise Gott zugeschrieben würden. Diese Figur sei ganz und gar eine *neue Messiasgestalt*, die sich aufgrund einer jetzt dynamischen Konzeption von Geschichte und neuer menschlicher Grunderfahrungen vom traditionellen Messias unterscheide. Der Menschensohn sei somit ein himmlisches, präexistentes Einzelwesen von transzendentalem Charakter, und Daniel sehe die Erlösung jetzt nur noch als Akt göttlicher Intervention am Ende, so den Menschensohn zum Agenten für Gottes eschatologisches Reich und zu einem Himmelswesen nach der Bildwelt des Ezechiel stilisierend.[19]

Und doch sind hier mehr *Probleme offen* als gelöst. Denn auch wenn man zur individuellen Deutung neigt: umstritten bleibt, wie man sich die Menschensohngestalt überhaupt konkret vorzustellen habe. Einige Exegeten denken an Daniel selbst unter Verweis auf den äthiopischen Henoch (Himmelfahrt des Henoch und Einsetzung zum Menschensohn), andere an ein Engelwesen unter Verweis auf Dan 8,15; 10,16.18, wo ja Engelwesen die Gestalt eines Menschen hätten. Ähnliches gilt für die »Heiligen des Höchsten«, die nach der Überzeugung von Exegeten »nicht Israel, sondern Engelwesen« seien.[20] Die Sachlage ist deshalb so kompliziert, weil wir im Text selbst nichts weiteres über den Menschensohn erfahren. Weder über seine Herkunft (Präexistenz oder nicht?), die Art einer möglichen Präexistenz (ewig oder geschaffen?) oder sein Wesen (göttlich oder menschlich?). Klar ist nur: Es handelt sich um das Kommen einer visionär geschauten Himmelsgestalt mit dem Ziel der Etablierung einer *ewigen Universalherrschaft* über die Erde – im Zentrum das eschatologische Volk Israel. Und klar ist weiterhin: Die Gestalt ist offenkundig einerseits von Gott, andererseits von den Tieren deutlich unterschieden.[21]

Wer immer in dieser Diskussion die Oberhand behalten, ob also eine kollektive oder eine individuelle Deutung sich letztlich durchsetzen mag: man tut gut daran, keine fixen Theorien auf Texten aufzubauen (etwa: Menschensohn = Messias; personale Präexistenz), deren immanente Zuordnungen schon literarkritisch außerordentlich kompliziert sind.[22] Das ist gerade bei der Interpretation der Menschensohntexte im Neuen Testament zu beachten, die ebenfalls nicht einfach messianisch oder personal-individuell interpretiert werden dürfen. Die Warnung von James Dunn ist ernst zu nehmen: »We lack any sort of firm evidence, that the ›one like a son of man‹ in Dan 7 was understood within pre-Christian Judaism as the Messiah, pre-existent or otherwise.«[23]

Welcher Art aber ist *die Präexistenzvorstellung* im Buche Daniel? Für sie ergibt sich ein klareres Bild, unabhängig davon, ob man die Menschensohn-Gestalt kollektiv oder personal deutet:

(1) Von der *literarischen Form* her ist sie – anders als bei der Weisheitsgestalt – Produkt nicht einer poetischen Personifikation, hymnischen Steigerung oder didaktischen Funktionalisierung, sondern Bestandteil einer *Traumvision*. Der Seher Daniel kann von einer himmlischen Präexistenz der erwarteten Heilsgestalt nur deshalb reden, weil er sich visionär in den »Himmel« versetzt hat und in Traumbildern beschreibt, was Menschen ansonsten verborgen, was ihren Augen verschlossen ist. Die Präexistenzvorstellung des Apokalyptikers ist also Teil einer *Enthüllungsstrategie*, die mit Hilfe von Traum- und Bilderreden den Menschen das bei Gott verborgene Heil offenbar macht.

(2) Von der *psychologischen Funktion* her ist die Präexistenzvorstellung bei Daniel Teil einer *Trost- und Durchhaltestrategie*. Dadurch, daß der Seher die Präexistenz einer Heilsgestalt schaut, verbürgt er zugleich deren tatsächliche himmlische Vorhandenheit und ihr baldiges Erscheinen. Die eigene Anhängerschar wird darin bestärkt, daß ihre Hoffnung nicht gegenstandslos ist und der baldigen Erfüllung gewiß sein kann.

(3) Von ihrer *inhaltlich-theologischen Ausgestaltung* her bedeutet Präexistenz des Menschensohnes nicht mehr als eine himmlische, *vorzeitige »Existenz« (nur im Traum verbürgt) vor Erscheinen auf Erden*. Genaugenommen erfahren wir weder etwas über die Herkunft noch die Art der Präexistenz noch über das genaue Wesen dieser Gestalt.

Das freilich ist im Buche Henoch anders.

3. Ein präexistentes Himmelswesen im Buche Henoch

Denn unbestritten ist: Im äthiopischen Henoch-Buch haben wir es ebenfalls mit der Gestalt eines Menschensohnes zu tun. Der aber ist hier eindeutig »ein präexistentes Himmelswesen, das schon seit Urzeiten im Himmel lebt, bevor es am Ende der Zeiten auf die Erde kommt«.[24]

Die Konkretisierung der Hoffnung

Eine Weiterentwicklung gegenüber Daniel ist unverkennbar. Gut hundertzwanzig Jahre nach diesem Buch – inzwischen hatten die Parther Palästina erobert und das Land sowie die Hauptstadt Jerusalem geplündert (40–38 v. Chr.) – hatte sich die Menschensohn-Erwartung offenbar noch einmal verschärft. Wieder entstehen Visionen und Bilderreden, diesmal des »äthiopischen Henoch«, eines Buches, das sich nicht zuletzt darin vom Daniel-Buch unterscheidet, daß es ihm nicht mehr nur um das Geschehen in der Völkerwelt und im Gottesvolk geht, sondern noch viel mehr um die Geheimnisse von Natur- und Himmelsräumen. Gewiß: Henoch ist heute ein außerkanonisches Buch, und nur die äthiopische Kirche führt es in ihrem Kanon. In der alten Synagoge und Kirche aber stand es in hohem Ansehen; ein erheblicher Einfluß auf die christlichen Gemeinden des 1. Jhdt., namentlich auf ihre Christologie, ist schon deshalb nicht ausgeschlossen.[25]

Aber gerade hier liegt das Problem. Denn so unbestritten die Faktizität eines präexistenten Menschensohnes im Henoch-Buch ist, so umstritten ist, ob die Bilderreden so früh zu datieren sind, daß sie einen Einfluß auf die neutestamentlichen Menschensohnworte überhaupt gehabt haben können. Viele Exegeten setzen diesen Einfluß voraus, weil die Kapitel 37–71 dieses Buches, welche die für uns entscheidenden Bilderreden enthalten, auf die Zeit zwischen 37 v. Chr. datiert werden können, obwohl das ganze Buch erst aus dem 4.–6. Jahrh. n. Chr. stammt. Gegner einer solch frühen Datierung weisen freilich darauf hin, daß man in der Bibliothek von Qumran zwar Fragmente aus allen Teilen des Henoch-Buches gefunden habe, ausgerechnet aber kein einziges von den uns hier interessierenden Kapiteln 37–71. Erzwingt dies nicht eine spätere Datierung und damit die Annahme, diese Kapitel hätten nicht christliches Denken beeinflußt, sondern seien ihrerseits Produkte christlicher Redaktion?[26]

Nun sind aber christliche Züge in den Bilderreden gerade nicht zu erkennen; nirgendwo kommt es zu einer Anspielung auf Jesus als Menschensohn, die man hier unbedingt hätte erwarten müssen. Ein Großteil der Exegeten bleibt deshalb dabei, daß die »Bilderreden ihre heutige Gestalt nach dem Parthereinfall in Palästina« (40–39 v. Chr.) erlangt haben«[27] und deshalb als Hintergrund für die neutestamentliche Christologie gelesen werden können. Und die meisten Exegeten gehen ebenfalls davon aus, daß das Henoch-Buch die Visionen vom Menschensohn aus der Daniel-Apokalypse (7,13 f.) voraussetzt.

Henoch: Welche Gestalt könnte in der Tat geeigneter sein, der Welt Offenbarungen über himmlische Geheimnisse mitzuteilen, als dieser siebte Patriarch nach Adam, der nach Gen 5,18–24 von Gott direkt in den Himmel versetzt worden war (als einziger neben Elias)? Und so wird denn auch in diesem Buch, das sich des Namens dieses uralten Patriarchen bedient, mit ausführlichen Berichten über das zukünftige Gericht, über Himmelsreisen und Unterweltszenen, über den Verkehr mit Engeln und Geistern nicht gespart. Und plötzlich – in einer der Bilderreden (Kap. 48) – ist auch die Figur des *Menschensohnes* wieder da. Wir erfahren: Sein Name sei »vor dem Herrn der Geister genannt« worden, »bevor die Sonne und die Zeichen geschaffen und bevor des Himmels Sterne gemacht wurden« (48,3). Er sei von Gott auserwählt und bei Gott verborgen, bevor die Welt geschaffen worden sei; er werde in Ewigkeit sein (48,6; 62,7). Er werde »ein Stab für die Gerechten« sein, ein »Licht der Völker« und eine »Hoffnung der Betrübten« (48,4). Alle Erdenbewohner würden dann vor ihm niederfallen und ihn anbeten (48,5).

Wie ist das »Nennen mit Namen« vor dem »Herrn der Geister« zu verstehen? Als präexistente Schöpfung durch Gott, als Neuerschaffung des Menschensohnes? Kaum. Wohl eher als *Berufung und Indienstnahme*. Über ein präexistentes Schöpfungsgeschehen erfahren wir nichts, wohl aber von einem »Berufungs- und Erwählungsgeschehen«.[28] Hinter dem »Namen« verbirgt sich die Person, die Gestalt des Menschensohnes, der als eine vor dem himmlischen Thron stehende Figur gedacht werden muß: »Der alte Streit darüber« – so Martin Hengel zu dieser Stelle – »ob es sich hier um eine ideelle oder reale Präexistenz handelt, ist müßig, denn damit werden Kategorien eines Gegensatzes in den Text eingelesen, die diesem ursprünglich fremd sind. Indem der Menschensohn von Gott vor der Erschaffung der Welt ›auserwählt und verborgen war‹, gewinnt er auch Realität, über die Art und Weise dieser Präexistenz wird dabei ganz bewußt nicht reflektiert.«[29]

Es geht also in Henoch 48 um eine *präexistente Beauftragung*, die in Vers 3 durch eine vor-zeitige Beziehung zwischen Gott und dem Menschensohn begründet wird. Eine *Weiterentwicklung* gegenüber Daniel 7 ist damit deutlich erkennbar, vor allem hinsichtlich der (auch hier visionär geschauten!) *Präexistenz einer klar unterscheidbaren individuell-personhaften Gestalt.* Über den Ursprung freilich – so auch Rudolf Schnackenburg mit Recht –, »etwa die Erschaffung jener im Himmel beheimateten Gestalt vor allen übrigen Geschöpfen« wird im Text nichts gesagt: »Protologie tritt hier gar nicht ins Blickfeld.«[30]

Apokalyptischer Pessimismus

Diese Weiterentwicklung gegenüber Daniel ist *politisch* durchaus *begreiflich*: Denn »die Erwartung (an das eschatologische Israel) aus Dan 7,13 f. hatte sich nicht erfüllt«![31] Die *Hoffnungen* richteten sich offenkundig jetzt noch mehr als bei Daniel *auf einen konkreten, von Gott kommenden Retter,* der seit Urzeiten verborgen gewesen sein muß und jetzt offenbar werden soll. Das alte Vorstellungsmodell von einem (präexistenten) Urbild und einem (irdischen) Abbild mag dabei mit im Hintergrund gestanden haben. Denkbar ist hier der Einfluß altorientalischer Vorstellungen von der *Präexistenz alles Irdischen im Himmel*: »daß nach dem Gesetz der Entsprechung des Makrokosmos und Mikrokosmos die Urbilder der Länder, Flüsse, Städte und Tempel am Himmel in gewissen Sternbildern existieren, während diese irdischen Dinge nur Abbilder hiervon seien«.[32] Im Alten Testament hat sich diese Vorstellung etwa in der priesterlichen Tradition von einem himmlischen Urbild der irdischen Stiftshütte aufbewahrt (Ex 25,9.40; 27,8), im Neuen Testament in der apokalyptischen Vision vom Neuen Jerusalem, das aus dem Himmel herabkommen werde (Apk 21,2).

Wie immer: Daß gerade der Apokalyptiker dieses Urbild-Abbild-Schema »gebrauchen« konnte, liegt auf der Hand. Vom Himmel allein erwartet er ja alles Heil; alle Heilsgeheimnisse und Heilsgüter existieren für ihn ja bereits von Urzeit an (äthHen 9,6) – besonders der himmlische Zion und das Paradies (4 Esr 7,26; syrBar 4,10–17) – und werden in der Endzeit auf Erden erscheinen. Und doch gibt es einen *Unterschied zu diesem altorientalischen Vorstellungsmodell* in der Apokalyptik, das eben mit der radikalen Krisenverschärfung dieser Zeit zu tun haben dürfte. Jetzt, angesichts der eingetretenen Katastrophe, gibt es keine harmonische Entsprechung mehr zwischen Urbild und Abbild: »Das Abbild existiert nicht mehr auf Erden. Das vorfindliche Israel ist nicht mehr die wahre Gemeinde

Gottes. In der Endzeit wird nun das Urbild selbst auf diese Erde kommen. Durch die leidvolle Erfahrung der Geschichte hatte das Judentum die Möglichkeit verloren, Gegenstände der jeweiligen Gegenwart dadurch als sinnvoll und gesichert zu sehen, daß ihr Urbild im Himmel existierte. Es trat somit eine eschatologische Umprägung altorientalischer Denkformen ein.«[33]

Wir fragen auch hier: *Welcher Art* ist die *Präexistenzvorstellung* im Buche Henoch?

(1) Von ihrer *literarischen Form* her ist auch im Henoch-Buch die Präexistenzvorstellung Teil einer *Vision des Apokalyptikers,* der den Menschen ansonsten verborgene Dinge des Himmels zu enthüllen versteht. Erst die Vision macht ja aus der ansonsten verhüllten, himmlisch-präexistenten Heilsgestalt eine konkret faßbare, anschauliche Figur. Und gerade der »Auserwählte« gehört ja zu den noch im Verborgenen existierenden Realitäten, deren Erscheinung in der Endzeit zur Erlösung der Gerechten angekündigt wird. Präexistenz ist hier das Produkt einer visionären, traumhaften Phantasie des Apokalyptikers.

(2) Von ihrer *psychologischen Funktion* her verstärkt die visionär geschaute Präexistenz des Heilsbringers den Durchhaltewillen der Gläubigen. Seine reale Präexistenz bei Gott und seine exklusive Erwählung unterstreichen ja die göttliche Legitimation des kommenden Retters, seinen Vorrang vor allen anderen Geschöpfen und *seine kosmisch-universale Kraft zur Änderung der realen Machtverhältnisse auf Erden.*

(3) Von ihrer *soteriologischen Funktion* her betont die Präexistenz des Heilbringers also die kosmisch-universale Funktion des kommenden *Retters.* Stärker noch als Daniel betont Henoch die Befreiungsfunktion des Auserwählten für die Menschen. Der Menschensohn soll ja »Stab für die Gerechten« sein, ein »Licht der Völker« und eine »Hoffnung der Betrübten«. Und anders als bei Daniel ist der Henochsche Menschensohn auch eine *Richtergestalt* (62,5; 69,27.29), die das Endgericht am Ende der Zeit vollzieht und dem dann – ähnlich wie Gott – auch Proskynese und Anbetung aller Menschen zukommt.

(4) Von seiner *inhaltlich-theologischen Ausgestaltung* her ist auch das Henoch-Buch bei der Präexistenz sehr restriktiv. Der Menschensohn steht zwar als eine menschliche Gestalt vor Gott, aber nichts erfahren wir über die Art seiner Herkunft und seine konkrete Bezie-

hung zu Gott. Weder von einer Erschaffung des Menschensohnes noch von dessen Unerschaffenheit ist im Text etwas vermerkt.[34] Präexistenz heißt hier nichts anderes als Existenz bei Gott *vor* allen anderen Geschöpfen und vor Erscheinen auf Erden.

4. Ein präexistenter Messias im Judentum?

Wie geht die Entwicklung der Endzeiterwartung im Judentum Palästinas weiter? Auf zwei Entwicklungen sei hier noch kurz aufmerksam gemacht:

Apokalyptische Kreise

In *apokalyptischen Kreisen* Palästinas kommt es möglicherweise im 1. Jh. n. Chr. – also gleichzeitig mit der Entstehung der neutestamentlichen Christologie – zu einer *Verschmelzung der Menschensohn- und Messiasvorstellung,* und zwar im 4. Buch Esra.[35] Vom Menschensohn heißt es jetzt ausdrücklich: »Das ist der Gesalbte, den der Höchste bewahrt für das Ende der Tage, der aus dem Samen Davids entstehen und auftreten wird« (12,32). Dieses apokalyptische Buch, das ebenfalls zum größten Teil aus eigentlichen Visionen besteht, baut im Vergleich zu Henoch die Menschensohn-Vorstellung noch einmal aus, und zwar konkret zu einer *apokalyptischen Schlachtenvision.* Dem »Herzen des Meeres« entsteigend und auf den Wolken des Himmels fliegend, erscheint hier der Menschensohn auf dem Zionsberg, vernichtet eine riesige Schar heidnischer Feinde mit dem Feuerhauch seines Mundes und sammelt ein friedliches Heer um sich. Auch hier werden die Bilder gedeutet. Der Menschensohn – erfahren wir – ist derjenige, durch den Gott die Schöpfung erlösen will, sein Sohn, von dem der Sieg über die gottfeindlichen Völker und die Sammlung des wahren Israel erwartet wird. Kurz: Der Menschensohn ist zwar auch hier eine kosmische und universale Rettergestalt, sie aber hat nun gänzlich kriegerische, furchteinflößende Züge bekommen.

Freilich: Über die *Art seiner Präexistenz* wird auch hier ebensowenig reflektiert wie beim Menschensohn des Henoch. Im Gegenteil: Jede Frage nach dem genauen »Wie« des Erscheinens des Menschensohnes, jedes neugierige Wissen, »wie aus des Meeres Herzen dieser Mann erschien« (13,51), wird ausdrücklich abgebogen: »Wie niemand das erforschen und nicht erfahren kann, was in des Meeres Tiefen ist, so kann auch niemand von den Erdbewohnern je meinen Sohn erblicken ... es sei denn zur Stunde seines Tages« (13,52). Nichts erfahren wir also außer der Tatsache einer »himmlischen Existenz« des Messias. Bescheiden müssen wir uns mit der Auskunft, daß sich »der Höchste« den Messias »lange Zeit aufgespart« habe! Ulrich B. Müller hat deshalb zu Recht den Schluß gezogen: »Präexistenz des Messias in 4 Esra heißt nicht, Dasein *vor allem* Geschaffenen, wie beim Menschensohn in Henoch 48,3.6, sondern schlicht eine Form der Existenz vor dem Erscheinen auf Erden.«[36] Im Klartext: in apokalyptischen Kreisen Palästinas hat man im 1. Jhdt. n. Chr. in *diesem* Sinn an die Präexistenz eines Messias geglaubt, an die Präexistenz einer kriegerischen Rettergestalt vor Erscheinen auf Erden – in apokalyptischen Kreisen wohlgemerkt, die in Palästina eine »visionäre Minderheit« darstellten.

Rabbinische Kreise

Hat es auch in *nichtapokalyptischen Kreisen* des palästinischen Judentums, in der *Synagoge*, bei den *Rabbinern* im 1. Jhdt. n. Chr. den Glauben an die Präexistenz des Messias gegeben? Seit den gründlichen rabbinischen Studien des protestantischen Exegeten *Paul Billerbeck* gilt unverändert: »Die Synagoge, so viele Messiasgestalten sie auch geschaffen hat, läßt ihren Messias nirgends über das allgemein menschliche Maß hinausgehen, er bleibt ihr Mensch von Menschen (Justin, Dialog 49). Darum war es ihr nicht möglich, ihm eine Präexistenz beizulegen, die ihn von anderen Menschen unterschieden hätte.«[37] Anders gesagt: Eine bestimmte Art von Präexistenz war in der Synagoge durchaus mit dem Messias verbunden, aber gerade sie unterschied ihn nicht von anderen Menschen. Es ist die Präexistenz in Gottes Gedanken, *die ideelle Präexistenz des Messias*. Nochmals Billerbeck: »Die Lehre von der ideellen Präexistenz des Messias in der Gedankenwelt Gottes macht den Messias zu einem wesentlichen Bestandteil des ewigen und deshalb unabänderlichen Weltenplanes Gottes; sie soll die Zuversicht Israels zu seinen messianischen Hoffnungen stärken.«[38]

Eine neuere Untersuchung von *G. Schimanowski* will dagegen den Nachweis führen, daß die Unterscheidung zwischen ideeller Präexistenz im Judentum und »realer Präexistenz« des Messias Jesus Christus im Christentum aufgegeben werden müsse. Die Arbeit will nachweisen, daß ein solcher Unterschied weder dem apokalyptischen noch dem rabbinischen Textbefund gerecht werde. Fazit der ausführlichen Analyse eines breiten Spektrums sehr unterschiedlicher rabbinischer Texte: »Die Identität von Name und Träger (war) auch in der rabbinischen Literatur gebräuchlich.«[39] Schimanowski kann sich für diese seine nicht unumstrittene These neben seinen eigenen quellenkritischen Analysen auf eine rabbinische Autorität wie den Jerusalemer Theologen *Ephraim E. Urbach* berufen, dessen zweibändiges Werk »The Sages« ein Standardwerk moderner rabbinischer Theologie ist. In bezug auf den Messias schreibt Urbach unmißverständlich: »There are no grounds, therefore, for the distinction between the ›pre-existence‹ of his name and the ›pre-existence‹ of his personality.«[40] Die Beurteilung des Materials muß der exegetischen Diskussion vorbehalten werden. Skepsis gegenüber dieser These ist freilich am Platz. Weder konnte für das 1. Jhdt. n. Chr. im rabbinischen Judentum ein Text nachgewiesen werden, der eine reale Präexistenz des Messias behauptete; noch ist die Tatsache wegzuinterpretieren, daß in den entscheidenden rabbinischen Texten, wenn von der Präexistenz des Messias die Rede ist, stets die Wendung »Name des ...« verwandt wird.[41] Anders gesagt: Die rabbinischen Texte lassen weder chronologisch noch inhaltlich zuverlässige Schlußfolgerungen zu, die für die Christologie des Neuen Testamentes relevant wären.

5. Präexistenzaussagen als Krisen- und Endzeitphänomene

Wir wollen auch hier Sinn und Funktion der Präexistenzaussagen in aller Kürze systematisch-theologisch bedenken:

(1) *Mit Präexistenzaussagen wird der übergeschichtlich-transzendente Ursprung von Heilsgestalten zum Ausdruck gebracht.* Wir sahen: Die jüdische Glaubensreflexion hatte zwei unterschiedliche Präexistenzvorstellungen ausgebildet. Neben eine *fiktive* präexistente Größe wie die Weisheit trat die Vorstellung einer präexistenten personalen Gestalt wie der des Menschensohns. Diese präexistente Gestalt wurde von bestimmten Gruppen möglicherweise im 1. Jahrhundert n. Chr. bereits als Messias angesehen. Der äthHen und 4 Esra liefern dafür die entscheidenden Texte, die man innerjüdisch freilich nicht überschätzen darf. Nichts ist bekannt, »wie groß bzw. klein die Gruppe derer war, die hinter einem solchen Text stand

(selbst im Qumran ist gerade von den Bilderreden des äthiopischen Henoch bekanntlich keine Spur gefunden worden). So bleibt der Menschensohn von äthHen 37–71 – wenn man terminologisch großzügig sein will – eine Variante jüdischer messianischer Hoffnung in neutestamentliche Zeit, sicher nicht die vorherrschende.«[42]

(2) *Mit Präexistenzaussagen werden innergeschichtliche Erwartungsmuster durchbrochen.* Die Messiaserwartung hatte sich in apokalyptischen Kreisen Palästinas deutlich verschoben. Eine *andere Messiaserwartung* war entstanden, die sich von der großer Teile des übrigen Judentums deutlich unterschied: »Man erwartete einen irdischen Herrscher, der als der große Kriegsheld die Befreiung vom römischen Joch vollziehen würde (so auch die Essener). Die besprochenen Texte der jüdischen Apokalyptik zeigen, daß daneben eine andere Messiaserwartung existierte, die zwar auch national orientiert war und die Überwindung der heidnischen Herrscher erwartete, in der aber der Messias als übermenschliche Gestalt transzendente Züge trug und universale Bedeutung besaß.«[43]

(3) *Präexistenzaussagen gefährden nicht die Gottheit Gottes.* Der apokalyptische Menschensohn ist gewiß als Einzelperson real präexistent (im Gegensatz zu einer ideellen Präexistenz des Messias bei den Rabbinen), aber über die Art der Präexistenz wird nirgendwo reflektiert. Die Protologie interessiert hier nicht eigens. Im Daniel-Buch ist es von vornherein umstritten, ob von einer präexistenten Person neben Gott überhaupt die Rede sein kann. Und im einzig für das Neue Testament in Frage kommenden Text Hen 48 geht es nicht um eine Art präexistenter Göttlichkeit des Menschensohnes, sondern schlicht um eine *Beauftragung* einer bei Gott präexistierenden, verborgenen Figur. Auch die weitere innerjüdische Entwicklung läßt *keine zweite göttliche Person neben Gott* erkennen, weder in 4Esra 13 noch im rabbinischen Schrifttum. Fazit: Die Präexistenzaussagen, die mit der Figur des Menschensohn/Messias verbunden werden, gefährden nicht die alleinige Gottheit Jahwes, sondern unterstreichen dessen rettendes, richtendes Handeln. Die Präexistenzaussagen machen den Menschensohn/Messias ebensowenig wie die Weisheit zu einem zweiten Gott neben Gott, sagen weder etwas über seine Unerschaffenheit noch seine Göttlichkeit aus. Von einer Verselbständigung einer göttlichen Gestalt neben Gott, in Konkurrenz zu Gott, kann also ebenso wenig wie bei der Weisheit die Rede sein. Der Menschensohn ist im strengen Sinn *keine göttliche, sondern eine himmlische Gestalt,*

sei es als vorausgeschaffene menschliche Richtergestalt oder als engelhafte Größe. Ihm eignet keine göttliche Seinsweise, sondern eine reale vorgeschichtliche Existenz.

(4) *Präexistenzaussagen haben paradoxen Charakter.* Nur durch sie kann das Himmlisch-Verborgene enthüllt, das Unanschauliche anschaulich, das Bilderlose ins Bild gebracht werden. Jüdische Glaubensreflexion hatte dafür zwei Formen und Techniken entwickelt. Die *Weisheitstheologie* hatte mit Hilfe poetischer Personifikationen und des hymnischen Lobs in diese unanschauliche Welt vor unserer Welt einzudringen versucht und in bildhaft-symbolischer Sprache begonnen, Aussagen zu machen über das, was durch kein Bild letztlich erfaßt werden kann. Der *Apokalyptiker* dagegen wählt die *Sprache des Traums und der Vision.* Erst die Entrückung verschafft ihm Zugang zu den göttlichen Geheimnissen, erst der Traum ermöglicht die Offenbarung des Verborgenen, erst die Vision die Bebilderung des Bilderlosen. Wird also in der Weisheitsliteratur der unanschaulich-präexistente Zustand vor der Weltschöpfung oder bei Gott durch poetische Bilder, durch hymnische Sprache evoziert, so in der Apokalyptik durch die Kraft der visionären Phantasie. Das gibt den Präexistenzaussagen der Apokalyptik ihre Anschaulichkeit, aber auch ihren ganz und gar unphilosophischen, unspekulativen Charakter. Das aber macht umgekehrt solche Präexistenzaussagen auch zu einem Bestandteil der für die Apokalyptik typischen »Geheimwissenschaft für die Auserwählten«[44], zum Bestandteil »esoterischen Wissens«[45] für die kleine Schar in den »Konventikeln«[46], deren Funktion in der Stärkung und Tröstung der eigenen Gemeinschaft besteht.

(5) *Präexistenzaussagen sind Ausdruck der Hoffnung auf einen Urplan der Weltgeschichte.* Verstärkt die Rede von der Präexistenz der Weisheit deren göttliche (nicht menschliche) Herkunft und gleichzeitig das Vertrauen des Menschen in das Ordnungsgeheimnis der Schöpfung, so verstärkt die Rede von der Präexistenz des Messias/Menschensohns den Glauben an einen (verborgenen) Plan Gottes mit der Geschichte, eine göttliche Absicht mit der Welt und so den *Glauben an einen Urplan der Weltgeschichte.* Mit dem gequälten Schrei »wie lange noch« verbindet der Apokalyptiker die nicht minder drängende Grundfrage: »Wem gehört die Welt? Wem gehört die Geschichte insgesamt? Wie kommt die Geschichte an ihr Ziel?«[47] Der Apokalyptiker aber weiß darauf eine Antwort. Von einer Art »weltüberwindendem Vorsehungsglauben« beseelt, ist er der Überzeu-

gung, »nicht der Feind, nicht der Zufall dirigiert, Gott hat seinen Lieblingen, den alten Vätern, alles schon vorausgesagt, in himmlischen Büchern, auf himmlischen Tafeln ist es von Urzeit an eingetragen.«[48]

(6) *Präexistenzaussagen sind Indikatoren einer kosmisch-universalen Endzeit.* Weniger in der Weisheitstheologie, vor allem in der Apokalyptik sind Präexistenzaussagen Endzeitphänomene mit kosmisch-universaler Dimension. Sie stehen nicht am Anfang einer theologisch-spekulativen Reflexion, sondern entstammen der Erfahrung einer realen geschichtlichen Bedrohung. Unter apokalyptischem Vorzeichen kann die Geschichte dabei als Einheit gesehen werden: Ende und Anfang, Endgeschichte und Urgeschichte entsprechen sich. Was am Ende offenbar wurde oder werden soll, war stets von Anfang an bei Gott verborgen. *Die Eschatologie* also *ist hier das Movens der Protologie.*[49]

(7) *Präexistenzaussagen sind Indikatoren einer religiös-gesellschaftlichen Krise.* Präexistenzaussagen »mußten« in der Geschichte des jüdischen Volkes herausgebildet werden, da man sich – angesichts der politischen und gesellschaftlichen Katastrophe – des Sinnes von Schöpfung und Geschichte neu zu vergewissern hatte. Daß sich dabei die jüdische Messialogie – wie wir sahen – immer stärker von einem irdischen Messias-König zu einem himmlischen Universalherrscher und -richter entwickelte (vom davidischen König als Gottessohn zu einer präexistenten Himmelsgestalt), dürfte in der *realpolitischen Aussichtslosigkeit früherer Utopien* begründet sein.

In der Tat: Wer die jüdische Geschichte von den Makkabäeraufständen Mitte des 2. Jahrhunderts v. Chr. über die römische Okkupation und die folgenden Kämpfe gegen die Römer bis hin zur Zerstörung des Herodianischen Tempels in Jerusalem Mitte des ersten Jahrhunderts sowie den Aufstand des Bar Kochba zu Beginn des zweiten Jahrhunderts nach Christus an sich vorbeiziehen läßt, wird um die Feststellung nicht herumkommen: »Die Geschichte des palästinischen Judentums zwischen Daniel und Bar Kochba ist weithin eine Geschichte von Blut und Tränen.«[50] Die Umprägung des Messianismus in der apokalyptischen Geschichtstheologie muß von daher verstanden werden: »Die Konstruktionen der Geschichte« – schreibt Gershom Scholem –, »in denen (zum Unterschied von den Propheten der Bibel) der Apokalyptiker schwelgt, haben nichts mit modernen Vorstellungen von Entwicklung oder Fortschritt zu tun, und wenn es etwas gibt, was die Historie im Sinne dieser Seher verdient, so kann es nur ihr Untergang sein. Von jeher liegt den Apokalyptikern die pessimistische Weltbetrachtung am Herzen. Ihr Optimismus, ihre Hoffnung richtet sich nicht auf das, was die Geschichte gebären wird, sondern auf das, was in ihrem Untergange hochkommt, nun endlich unverstellt frei wird.«[51]

In diese Zeit fällt die Geburt des Jesus aus Nazaret.

B. Von Jesus zu Johannes: Das Neue Testament

Drei Szenen, drei Annäherungen an unser Thema – damit beginnen wir auch hier.

Erste Szene:

Schauplatz: Der Hof des hohenpriesterlichen Palastes in Jerusalem. Ein galiläischer Unruhestifter – soeben verhaftet – wird vor den Hohenpriester und vor den ganzen Hohenrat geführt. Ein Verhör beginnt. Zeugen treten auf und behaupten Unerhörtes. Und der Angeklagte? Er schweigt zu allem. Dann aber auf die Frage des Hohenpriesters, ob er der Messias sei, der Sohn des Hochgelobten, gibt er zur Antwort »Ich bin es. Und ihr werdet den Menschensohn zur Rechten der Macht sitzen und mit den Wolken des Himmels kommen sehen.« Eine Szene – von Markus berichtet (14,62). Jesus selbst – der kommende Menschensohn?

Zweite Szene:

Schauplatz: Der Tempel zu Jerusalem. Die Auseinandersetzung des Nazareners mit dem Establishment seiner Zeit, der Tempelhierarchie, den Pharisäern und Schriftgelehrten hat mit seinem messianischen Einzug in Jerusalem ihren Höhepunkt erreicht. Die Händler wurden bereits aus dem Tempel vertrieben. In Gleichnissen hatte der galiläische Prediger seine provokative Botschaft verschlüsselt, die in sieben Weherufen über die Schriftgelehrten und Pharisäer gipfelte: »Ihr Nattern, ihr Schlangenbrut! Wie wollt ihr dem Strafgericht entrinnen? Darum hört: Ich sende Propheten, Weise und Schriftgelehrte zu euch; ihr aber werdet einige von ihnen töten, ja sogar kreuzigen.« Eine Szene – erzählt von Matthäus (23,33 f.). Jesus – mächtig wie die gesandte Weisheit Gottes selbst?

Dritte Szene:

Ein Mann im Streitgespräch mit seinen Gegnern aus dem Volk. Es geht um die Frage, für wen dieser Mann sich ausgäbe. Und dieser verweist zur Empörung aller auf Gott, den er seinen »Vater« nennt. Ja mehr noch: Er behauptet, daß der Erzvater Abraham gejubelt habe, als dieser den Tag seiner Ankunft gesehen habe. Auf die verwunderte Frage, wie das gehe, da er selber noch keine 50 Jahre alt sei, antwortet er kühl: »Noch ehe Abraham wurde, bin ich.« Eine Szene, aufgezeichnet von Johannes (8,58). Jesus selbst – der präexistente Gottessohn?

I. Was glaubten die ältesten Gemeinden?

Hat der geschichtliche Jesus *so* geredet?[1] Ist er aufgetreten, so wie es hier von ihm berichtet wird? Hat er faktisch gesagt: »Ich bin der himmlische apokalyptische Menschensohn«? »Ich bin mächtig wie die präexistente Weisheit«? »Ich bin der Gottessohn von Ewigkeit«? Und warum auch nicht? War die jüdisch-hellenistische Umwelt nicht voll von Präexistenzvorstellungen mythologisierender, sapientialer und apokalyptischer Provenienz! Hätte da eine Anknüpfung nicht nahegelegen?

1. Vom Felsengrund der Geschichte

Doch seltsam: Der *Perspektivenwechsel* von der Sapientialliteratur oder der Apokalyptik zur Geschichte des Nazareners könnte nicht größer sein. Denn unübersehbar ist: Obwohl uns auch der Nazarener nur im Spiegel seiner schriftlichen Deutungen begegnet: wir befinden uns nicht mehr im Raum poetisch-didaktischer Personifikation oder im Bannkreis apokalyptisch-visionärer Zukunftsspekulation, sondern auf dem Felsengrund der Geschichte. Wir haben es nicht mehr mit einer fiktiven Größe wie der Weisheit oder einer himmlisch-verborgenen Gestalt wie dem Menschensohn/Messias zu tun, sondern mit einem konkreten geschichtlichen Menschen: dem Mann aus Nazaret. Nach allem, was die Quellen berichten, keine Hypostase, kein Mythos, keine Traumgestalt, sondern eine historisch greifbare Figur. Diesen Perspektivenwechsel hat in unseren Tagen keiner bildkräftiger beschrieben als der Philosoph *Ernst Bloch*: »Zu einem Kind, das im Stalle geboren, wird gebetet. Näher, niedriger, heimlicher kann kein Blick in die Höhe umgebogen werden. Zugleich ist der Stall wahr, eine so geringe Herkunft des Stifters wird nicht erfunden. Sage macht keine Elendsmalerei und sicher keine, die sich durch ein ganzes Leben fortsetzt. Der Stall, der Zimmermannssohn, der Schwärmer unter kleinen Leuten, der Galgen am Ende, das ist aus geschichtlichem Stoff, nicht aus dem goldenen, den die Sage liebt.«[2]

Kann – so gesehen – der Unterschied zwischen dem Stall und dem Kosmos, zwischen dem Zimmermannssohn und einer apokalyptischen Himmelsgestalt, zwischen dem Galgen am Ende und einer verspielt-spielerischen Figur wie der Weisheit am Anfang, zwischen einem Himmelswesen dort droben und einem konkreten Menschen hier unten größer sein? Kaum! Denn die Evangelisten sind nun einmal keine Weisheitslehrer oder apokalyptischen Visionäre; die ältesten Quellen der Christenheit haben (bei allem Einfluß der Weisheitsliteratur) weder die Form weisheitlicher Lehr- und Mahnreden noch (bei allem Einfluß der Apokalyptik) die Form apokalyptischer Visionen. Im Gegenteil! Nicht Traumberichte von Himmelsreisen werden hier erzählt, sondern reale Geschichten einer Reise unter den Menschen: die Geschichte eines konkreten Weges zwischen Krippe und Kreuz. Und die ältesten Zeugen lassen die Geschichte Jesu nicht »im Himmel« beginnen, nicht in einer mythischen Vorzeit, sondern an einem konkreten Ort hier auf Erden. Sie erzählen die Geschichte eines Mannes, von dem es in einem der ältesten Texte lapidar heißt: »Und er zog durch ganz Galiläa, predigte in den Synagogen und trieb die Dämonen aus« (Mk 1,39). Ja, das Interesse an einer Vorzeit Jesu scheint in den Quellen überhaupt so gering, daß das älteste Evangelium, Markus, noch nicht einmal eine Kindheitsgeschichte oder einen Stammbaum kennt und auch diejenigen Evangelien, die von Kindheit und Stammbaum berichten, ganz und gar kein Interesse daran haben, Jesu Herkunft aus einer himmlischen, sondern aus einer geschichtlich-irdischen Vorzeit zu begründen: der Geschichte des jüdischen Volkes (Mt 1,1–17; Lk 3,23–38).

Weil aber Jesus – bedenken wir den soeben geschilderten geistig-politisch-kulturellen Kontext seiner Zeit – »zweifellos innerhalb eines ganzen Gewitterlichts von Mythos«[3] aufgetreten ist und stets in Gefahr geriet, von ihm überstrahlt zu werden, war die historisch-kritische Forschung der letzten 200 Jahre auch theologisch im Recht. Denn sie war es, die seit der Aufklärung den Felsengrund der Geschichte neu freizulegen wagte, um durch alle mythisierenden Bilder und alle apokalyptischen Phantasien hindurch zur authentischen Menschlichkeit des Nazareners durchzustoßen.

Worin besteht dieser Felsengrund der Geschichte konkret? Es gibt zur Beantwortung dieser Frage vermutlich keinen unverdächtigeren Zeugen als *Rudolf Bultmann*. Gezwungen, die Frage nach dem historischen Jesus ernster zu nehmen, faßte er 1960 eine beinahe 200jährige Forschung in klassischer Kürze zusammen. Mit einiger Vorsicht könne man über das Wirken Jesu folgendes sagen: »Charakteristisch sind für ihn Exorzismen, der Bruch des Sabbatgebotes, die Verletzung von Reinheitsvorschriften, die Polemik gegen die jüdische Gesetzlichkeit, die Gemeinschaft mit deklassierten Personen wie Zöllnern und Dirnen, die Zuneigung zu Frauen und Kindern; auch ist zu erkennen, daß Jesus nicht wie Johannes der Täufer ein Asket war, sondern gerne aß und ein Glas Wein trank. Vielleicht darf man auch hinzufügen, daß er zur Nachfolge aufrief und eine kleine Schar von Anhängern – Männern und Frauen – um sich sammelte.« Und *Jesu Verkündigung*? Da könne man – so Bultmann – nur soviel sagen, daß Jesus »zweifellos auftrat in dem Bewußtsein, von Gott beauftragt zu sein, die eschatologische Botschaft von der hereinbrechenden Gottesherrschaft und den fordernden, aber auch einladenden Willen Gottes zu verkündigen. Man wird ihm also ein prophetisches Bewußtsein, ja ein ›Vollmachtsbewußtsein‹ zuschreiben.«[4]

Ist dieser Befund bis heute gültig? Bei allem, was zu ergänzen wäre (Prozeß, Passion, Kreuz), in den Grundlinien ja. Mit Bultmann geht auch die heutige Exegese von der *doppelten Voraussetzung* aus:

(1) Selbst unter Zugrundelegung streng kritischer historischer Maßstäbe bleibt der Jesus der Geschichte offenkundig doch nicht völlig im Dunkeln.

(2) Jesu Auftreten und seine Verkündigung haben »eine Christologie impliziert«, insofern Jesus – so Bultmann – »die Entscheidung gegenüber seiner Person als dem Träger des Wortes Gottes gefordert« habe, »die Entscheidung, von der das Heil oder das Verderben abhängt«.[5]

Dies alles ist hier nicht zu entfalten. Wir fragen nur: Gehört zu dieser Entscheidung gegenüber seiner Person auch der Glaube an Jesu Präexistenz? Genauer: Müssen wir nach dem Stand der heutigen exegetischen Forschung davon ausgehen, daß Jesus von Nazaret sich selber als eine präexistente Gestalt gesehen hat – mit weisheitlichem, apokalyptischem oder ganz und gar eigenem Profil – und diesen Glauben auch von seinen Anhängern einforderte? Müssen wir überdies davon ausgehen, daß die Anhänger Jesu, von der Jerusalemer Urgemeinde angefangen, über das »vorpaulinische Christentum«, die paulinischen Gemeinden in Kleinasien bis zu den nichtpaulinischen Gemeinden in Syrien (die Synoptiker; Johannes) Jesus für ein präexistentes Himmelswesen gehalten haben? Wo sich heute einreihen in das Gespräch zwischen Harnack, Barth und Bultmann? Diese *doppelte Frage*, die Frage nach dem Selbstverständnis Jesu und dem seiner Anhänger wird uns im folgenden – im exegetischen, ökumenischen Konsens und Dissens der Schriftverständigen – zu beschäftigen haben.

Freilich: Wer »Christology in the Making« (J. Dunn)[6], die Christologie in ihrem Werden also, verstehen will, kommt nicht darum herum, ein gutes Stück »urchristlicher Geschichtsschreibung« (M. Hengel)[7] zu betreiben. So wie Rudolf Bultmann bei seinem Eisenacher Vortrag auf der Wartburg 1920 zuerst ein neues Bild des Urchristentums entwarf, um daraus seine christologischen Konsequenzen zu ziehen, so sind auch heute christologische Erkenntnisse, wenn sie nicht in der Luft hängen sollen, ganz entscheidend vom *Bild und der Chronologie der Anfänge des Christentums* abhängig. Von welchem Bild haben wir heute auszugehen? Und welche Konsequenzen hat dies für die Christologie, die Präexistenzchristologie insbesondere, auf die wir uns hier zu konzentrieren haben? Wir wollen uns – ohne Abschweifung und Verlieren ins Detail – auf den Weg durch die Texte des Neuen Testamentes machen und in aller Knappheit eine Geschichte der Christusbekenntnisse des Neuen Testaments im Spiegel der Präexistenzfrage nachzuzeichnen versuchen.

Die Einhaltung streng *chronologischer Ordnung* wird uns helfen, Schicht für Schicht die Entwicklung (oder Nichtentwicklung) der Präexistenzaussagen im Neuen Testament zu verfolgen und deren Funktion präzise zu bestimmen. Wir halten uns also zunächst an die älteste Schicht des Neuen Testamentes, an die *aramäisch sprechenden Urgemeinden Jerusalems*. Bekanntlich verfügen wir über keine direkten Zeugnisse dieser Gruppe und sind auf Rückschlüsse aus den Paulusbriefen, den synoptischen Evangelien und der Apostelgeschichte angewiesen. Aber das Selbstverständnis dieser weitgehend noch tempel- und gesetzestreu gebliebenen Christengemeinde dürfte sich dennoch in der Urpassionsgeschichte (enthalten bei Markus), der sog. Spruchquelle (rekonstruierbar nach Matthäus und Lukas), in der synoptischen Apokalypse (Markus 13), in den Petrustraditionen der Apostelgeschichte sowie in den von Paulus bereits zitierten, feststehenden Bekenntnisformeln und liturgischen Hymnen (etwa Rö 1,3 f.; 1 Kor 15,3 f.) aufbewahrt haben.[8] Wir fragen: Was ist hier der christologische Schwerpunkt?

2. *Im Zeichen der Wiederkunft des Erhöhten*

Nach allem, was die Quellen hergeben, dürfte anzunehmen sein: Die gläubigen Anhänger Jesu waren nach dessen Hinrichtung zunächst nach Galiläa geflohen und hatten sich dort neu zu orientieren begonnen – und zwar aufgrund von Auferweckungserfahrungen, die historisch angenommen, aber nur schwer gedeutet werden können. Und doch wird *Jerusalem das Zentrum der neuen Gemeinde*. Warum? Folgt man der Erklärung des katholischen Exegeten Wilhelm Thüsing, so dürfte die Tatsache, daß »die Urgemeinde sich in Jerusalem und nicht etwa in Galiläa konstituierte, ... ein Hinweis auf ihre eschatologische Hochspannung sein; ihre eschatologische Erwartung ist wohl (wie auch sonst im Spätjudentum) auf die Heilige Stadt konzentriert gewesen«.[9] Im Klartext: Die Jerusalemer Urgemeinde dürfte sich – ganz apokalyptisch – als »die auserwählte Gemeinde der Endzeit« verstanden haben, »als der heilige Rest, der in den Schrekken der Endzeit bewahrt wird«.[10]

Unter dieser *»eschatologischen Hochspannung«* hat man in den Gemeinden offensichtlich begonnen, die Person Jesu, sein Leiden, Sterben und seine Auferweckung, ja das ganze inkommensurable »Ereignis Jesus« überhaupt neu zu verstehen – in Anknüpfung an die verschiedenen Überlieferungen Israels selbstverständlich. Ein reicher Schatz von Anknüpfungsmöglichkeiten lag ja bereit: »Erhöhungen des Henoch (von Gen 5,24 bis zu Henochbüchern) und des Elia (von 2Kön 2,11 bis zu Elia-Apokalypsen) aus dem Leben heraus, zeitweilige Entrückungen des Esra (4 Esr 14,9.49 f.) und des Baruch (syrBar 13,3 u. ö.) zur Einholung himmlischer Kunde, Himmelfahrten nach dem Tode (in eigenen Schriften berichtet von Mose, Jesaja und einigen Rabbinen), Auferweckungen von Märtyrern (von 2 Makk bis Apk 11) und Ausgießungen des Gottesgeistes (von Jo 3 bis zu den Ritualen der großen Wallfahrtsfeste).«[11] Was wurde von all dem für das Christusverständnis und -bekenntnis fruchtbar gemacht?

Nach allem, was wir rekonstruieren können, dürften die *ersten Christusbekenntnisse* sich weder um eine himmlische Vorzeit Jesu (Präexistenz in welcher Form auch immer) noch um Jesu wunderbare Geburt oder sein wundertätiges Heilswirken, sondern *um Kreuz und Auferweckung gebildet* haben. Der widersinnige, schockierende Schandtot des Gerechten wollte theologisch verstanden werden. Wie aber wurde er verstanden? Prägend dürfte hierbei die apokalyptischpharisäische Vorstellung von der *endzeitlichen Totenerweckung* gewesen sein und damit der schon in den späten apokalyptischen und sapientialen Schriften (Dan 12,2 f.; Weish 4 u. 5) bezeugte Glaube, daß Gott letztlich doch eingreift, um dem leidenden Gerechten nach dessen Tod Genugtuung zu verschaffen. Die urchristliche Auferwekkungs*erfahrung* (durch »Erscheinungen« konkretisiert) dürfte hier ihre sprachliche Vorformulierung bekommen haben: »Gott hat ihn von den Toten auferweckt« (Rö 10,9b). Diese Aussage kehrt in den verschiedensten Kontexten des Neuen Testamentes so stereotyp wieder (1 Kor 6,14; 15,15; 1 Thess 1,10; Apg 3,15; 4,10), daß es sich bei ihr wohl um eine alte, schon früh geprägte Formel handeln muß, möglicherweise die älteste Form der Auferweckungsaussage überhaupt, die auf den Gottesdienst der Jerusalemer Urgemeinde zurückgehen dürfte.

Inhaltlich bedenkenswert ist dabei: Diese Formeln haben stets *Gott selbst* zum *Subjekt des Geschehens*. Gott allein ist hier der Handelnde, und »das Objekt des Handelns (wird) mit dem Eigennamen ›Jesus‹ und nicht mit einem christologischen Titel bezeichnet ... In dieser strikt theologischen Ausrichtung greift die Auferweckungsaussage das Bekenntnis Israels zu seinem Gott, der sich als der machtvoll Handelnde erweist, auf und spezifiziert es.«[12] Anders gesagt: Die ersten christologischen Bekenntnisformeln der jüdischen Anhänger Jesu haben nicht die Auferweckung eines präexistenten Himmelswesens im Blick, sondern die des *Menschen Jesus*. Seine »Auferwekkung« durch Gott wird nicht als ein exklusives »Mirakel« verstanden, sondern als Ausdruck eines – trotz des Schandtodes – bleibenden Vertrauens in Gottes Gerechtigkeit: auch und gerade diesem leidenden Gerechten aus Nazaret ist von Gott Genugtuung widerfahren!

Was war mit dem Glauben an die Auferweckung Jesu verbunden? Vor jüdischem Traditionshintergrund offenkundig nicht bloß der Glaube, daß ein Gestorbener dem Tode entkommen sei, sondern mehr: daß dieser Gekreuzigte erhöht und an der Seite Gottes *inthronisiert*, d. h. *in sein messianisches Amt eingesetzt wurde*. So jedenfalls hat es die Apostelgeschichte verstanden und mit der ersten Petrus-Predigt nach Pfingsten aufbewahrt, einem Text, der trotz lukanischer Bearbeitung noch deutlich alte, auf die Jerusalemer Gemeinde zurückgehende Vorstellungselemente erkennen läßt: »Diesen Jesus hat Gott auferweckt, dafür sind wir alle Zeugen. Nachdem er durch die rechte Hand Gottes erhöht worden war und vom Vater den verheißenen Heiligen Geist empfangen hatte, hat er ihn ausgegossen, wie ihr seht und hört... Mit Gewißheit erkenne also das ganze Haus Israel: Gott hat ihn zum Herrn und Messias gemacht, diesen Jesus, den ihr gekreuzigt habt« (2,32f.36). Und auf die gleiche Traditionsschicht dürfte dann auch die christologische Eingangsformel zurückgehen, die Paulus für seinen »Brief an die Römer« benutzt und in der diese noch ganz dem jüdischen Denkhorizont verhaftete, junge Christologie ihren klassischen Ausdruck gefunden haben wird: »Das Evangelium von seinem Sohn, der dem Fleisch nach geboren ist als Nachkomme Davids, aber dem Geist der Heiligkeit nach eingesetzt ist als Sohn Gottes in Macht seit der Auferweckung« (1,3f.).

Freilich: Eng mit der Auferweckungs- und Erhöhungsaussage war in der Gemeinde offenkundig die apokalyptische Parusie-Erwartung verbunden, die Hoffnung also auf die baldige *Wiederkunft Christi*. Begreiflich – angesichts der »eschatologischen Hochspannung«. Eindrucksvoll bezeugt dies der in aramäischer Sprache von Paulus zitierte (und deshalb wohl alte) Ausruf: »maranatha«, »unser Herr, komm« (1Kor 16,22)[13]; noch eindrucksvoller aber belegt dies die *»synoptische Apokalypse« von Mk 13*, die man exegetisch ebenfalls als vormarkinisch anzusetzen pflegt.[14] Ein kurzer Blick darauf lohnt sich, um das geistige Klima dieser Zeit und dieser Gemeinde zu erspüren. Denn Mk 13 ist zwar eine Komposition aus größeren und kleineren Erzählstücken jüdisch-apokalyptischer Art mit christlichen Zutaten; trotz dieser literarischen Stilisierung aber ist die prekäre Situation der urchristlichen Gemeinde durchaus noch erkennbar. Wird doch hier nichts weniger als die Zerstörung des Tempels angekündigt, das Auftreten falscher Lehrer vorhergesagt, werden Kriege, Erdbeben und Hungersnöte prophezeit, Anklagen vor Gericht erwartet! Was ist dies anderes als eine Situation chaotischer Verkehrung? »Brüder werden einander dem Tod ausliefern und Väter ihre Kinder, und die Kinder werden sich gegen ihre Eltern auflehnen und sie in den Tod schicken. Und ihr werdet um meines Namens willen von allen gehaßt werden. Wer aber bis zum Ende standhaft bleibt, der wird gerettet« (13,12f.).

Und doch ist noch nicht einmal dies der Höhepunkt dieser Apokalypse. Er ist dort zu suchen, wo nach der Beschreibung der Verfinsterung der Sonne und des Mondes sowie des Herabfallens der Sterne offenkundig im Stil von Dan 7 die *Ankunft des Menschensohnes* beschworen wird: »Dann wird man den Menschensohn mit großer Macht und Herrlichkeit auf den Wolken kommen sehen. Und er wird die Engel aussenden und die von ihm Auserwählten aus allen vier Windrichtungen zusammenführen, vom Ende der Erde bis zum Ende des Himmels« (Mk 13,26 f.).

Hier also – in dieser frühen Traditionsschicht des Neuen Testaments – taucht sie wieder auf – und zwar in Jesu Mund selber: die Rede vom apokalyptischen Menschensohn, wie wir sie aus Daniel, Henoch und Esra bereits kennengelernt haben. Die Menschensohn-Vorstellung aber – so sahen wir – implizierte Präexistenz! Was also gilt? Zwar sagen die ersten christologischen Bekenntnisse der aramäischen Urgemeinde offenbar nichts über eine Präexistenz Jesu, wohl aber alles über eine Auferweckung, Erhöhung und Inthronisation, gleichzeitig aber scheint mit dem Glauben an eine Wiederkunft Jesu als des apokalyptischen Menschensohnes auch dessen Präexistenz auf Jesus übertragen worden zu sein. Unsere Frage verschärft sich also:

3. Hat Jesus sich als präexistenter Menschensohn verstanden?

Die Frage ist unabweisbar: Denn nicht nur die Markus-Apokalypse, auch die *Urpassionsgeschichte*, die man ebenfalls aufgrund des Markus-Evangeliums rekonstruieren kann und die bereits zehn Jahre nach Jesu Tod in Palästina feste Formen angenommen haben dürfte, enthält Aussagen über Christus als Menschensohn, die das Motiv der Wiederkunft noch einmal bekräftigen. Wir haben die Szene eingangs bereits zitiert: »Bist du der Christus, der Sohn des Hochgepriesenen? – Ich bin es, und ihr werdet den Menschensohn sehen sitzend zur Rechten der Macht und kommend mit den Wolken des Himmels« (Mk 14,61 f.).

Eine verwirrende Forschungslage

Das Problem freilich: Ist die Figur des *Menschensohns* in der alttestamentlichen Exegese schon höchst widersprüchlich interpretiert, so steigert sich der Schwierigkeitsgrad bei der Exegese der neutestamentlichen Menschensohnworte geradezu ins Groteske. Keiner der sogenannten christologischen Hoheitstitel hat soviel widersprüchliche Exegese produziert wie dieser, seit Hans Lietzmann 1896 die erste historisch-kritische Studie zu dieser Frage vorlegte.[15] Eine kaum noch zu übersehende, äußerst kontroverse Spezialforschung ist gerade dieser Tradition bis in die jüngste Zeit gewidmet worden.[16] Die komplizierten traditionsgeschichtlichen Verzweigungen und komplexen Rezeptionsprobleme müssen uns hier nicht im Detail beschäftigen.[17] Wir bleiben auch hier strikt beim Thema, und das ist gerade bei dieser Frage noch komplex genug. Wir versuchen, in aller Kürze die widersprüchliche Forschungslage zu strukturieren. Drei Grundrichtungen zeichneten sich bereits seit den *sechziger Jahren* ab:

Eine *erste* Gruppe von Exegeten geht davon aus, daß keine der bei den Synoptikern zu unterscheidenden Arten von Menschensohn-Worten auf den historischen Jesus selber zurückgehen: weder die über das Erdenwirken noch die über das Leiden und die Auferstehung noch die über das Kommen zum Gericht. Die dreizehn johanneischen Menschensohnworte können unter streng historischem Aspekt von vorneherein ausgeschlossen werden. Alle Menschensohn-Logien gehen nicht auf Jesus selbst zurück, sondern sind als nachösterliche Gemeindebildung zu betrachten.[18]

Eine *zweite* Gruppe nimmt an, daß zumindest diejenigen Worte, die vom *kommenden Menschensohn* reden, die ältesten seien und somit auf Jesus selber zurückgingen. Sie nimmt freilich weiter an, daß Jesus mit diesem kommenden Menschensohn nicht sich selber, sondern eine andere Gestalt entsprechend Daniel 7,13 f. gemeint haben müsse. Erst die nachösterliche Gemeinde habe Jesus dann mit dieser himmlischen Gestalt verschmolzen. Dieser Auffassung war – wie wir sahen – Rudolf Bultmann und blieben in seiner Nachfolge andere Exegeten.[19]

Eine *dritte* Gruppe geht umgekehrt davon aus, daß diejenigen Logien, die den *irdischen, leidenden und auferstehenden* Menschensohn betreffen (sie begegnen ausschließlich im Munde Jesu und in der dritten Person), die ursprünglichen seien und damit auf Jesus selber zurückgingen. Dadurch habe schon bei Jesus selber das Wort Menschensohn die Funktion einer Art titularen Selbstbezeichnung gehabt. Freilich: Auch diese Gruppe geht davon aus, daß erst die Gemeinde die endgültige Verschmelzung mit dem in der Tradition vorgeprägten »Titel« des apokalyptischen Menschensohnes vollzogen habe.[20]

Neuere Arbeiten vornehmlich der *siebziger und achtziger Jahre*, vor allem auf sprachlich-lexikographischem wie auf religions- und traditionsgeschichtlichem Gebiet, haben in diese verwirrende Hypothetik – bei allem Zuwachs an Erkenntnissen – letztlich auch keine Klarheit gebracht. *Sprachliche Analysen* etwa kommen zu dem Ergebnis, daß das dem Wort »Menschensohn« entsprechende galiläisch-aramäische Äquivalent (bar-naš) *nirgendwo im Judentum titular* gebraucht worden sei; es heiße schlicht »irgend jemand«, »ein menschliches Wesen« oder auch »ich«.[21] Die Folge? Der Gebrauch dieses Wortes im Munde Jesu könne logischerweise dann ebenfalls keine titulare, d. h. christologische Bedeutung gehabt haben. Diese These ist von einer umfassenden jüngsten Untersuchung von *Günther Schwarz* aufgrund aramäischer Rückübersetzungen der Menschensohnworte erhärtet worden. Das von Jesus gebrauchte Wort bar-naš hätte im Griechischen mit ho anthropos (»der Mensch«) wiedergegeben werden müssen. Das synoptische »Sohn des Menschen« aber sei eine Fehlübersetzung – darauf zurückzuführen, daß man Daniel 7,13 titular mißverstanden habe. Bei Jesus selber sei bar-naš nichts als die Umschreibung für »ich« gewesen, distanziert verwandt im Blick auf sein Leiden und seinen Tod, benutzt möglicherweise aber auch aus Demut und Bescheidenheit.[22]

Andere Arbeiten kommen aufgrund *religions- und traditionsgeschichtlicher Analysen* zu demselben Ergebnis: In der jüdischen Apokalyptik habe es einen selbständigen Titel »Menschensohn« gar nicht gegeben, und so könne sich auch Jesus selber nicht als ein apokalyptischer Menschensohn verstanden haben.[23] Überhaupt sei der Titel eines apokalyptischen Menschensohnes eine Erfindung der modernen christlichen Theologie.[24] Andere ziehen aus diesem Befund gerade den umgekehrten Schluß: Bei einem Fehlen jeglicher selbständigen titularen Menschensohn-Bedeutung im Judentum müsse diese Bezeichnung auf Jesus selber zurückgehen![25] Die Diskussion ist weit davon entfernt, zu synthetischen Ergebnissen zu kommen.

Konsens in Sachen Präexistenz

Freilich: Hinsichtlich der Präexistenzfrage ist ein *Grundkonsens* durchaus erkennbar. Denn von der Position einiger weniger Exegeten abgesehen, die behaupten, Jesus habe sich selbst als den kommenden himmlischen Menschensohn gesehen und damit auch ein Bewußtsein von seiner Präexistenz gehabt[26], geht die überwiegende Mehrheit der Exegeten davon aus, daß Jesus selbst sich nicht als einen präexistenten und kommenden Menschensohn im Sinne vom äthHen 48 verstanden haben könne. Der titulare Gebrauch von Menschensohn sei eindeutig *nachösterliche Gemeindebildung.* Was immer also Jesus von sich selber als einem »Menschensohn« gesagt haben mag; sicher ist, daß Jesus von der Gemeinde nach seinem Tode offenkundig mit dem *kommenden* apokalyptischen Menschensohn identifiziert worden ist.

Freilich – das Auffällige auch an allen nachösterlichen Menschensohn-Worten ist: Die *Präexistenzaussage fehlt,* obwohl sie – wir hörten es – von der innerjüdischen Traditionsbildung her möglich gewesen wäre. Nichts ist in der synoptischen Überlieferung zu finden, was mit den visionären Bilderreden über eine vorzeitige Berufung und Auserwählung Jesu durch Gott vergleichbare wäre; nichts von einer traumhaft geschauten Vorausexistenz bei Gott vor Erschaffung anderer Geschöpfe. Womit mag dies zusammenhängen? Die Begründung, die *Heinz Eduard Tödt* schon 1959 in seiner umfassenden Studie »Der Menschensohn in der synoptischen Überlieferung« gegeben hatte, leuchtet auch heute noch ein: »Für die strenge Abgeschlossenheit der synoptischen Menschensohnworte gegen Präexistenz- und Wegbeschreibungsaussagen läßt sich wahrscheinlich keine schlüssigere Erklärung anführen als die Abhängigkeit von der Verkündigung Jesu.«[27] Anders gesagt: Weil Jesus selbst offenkundig nichts erkennen ließ von einem Weg aus der himmlischen Präexistenz über die irdische Existenz in die himmlische Postexistenz, hatte auch die Gemeinde offenbar kein Interesse daran, mit der Menschensohn*erwartung* zugleich auch die Präexistenzaussagen mitzurezipieren, geschweige denn diese apokalyptisch-visionär weiter auszugestalten. Das wiegt um so schwerer, als wir bei Jesus und der aramäisch sprechenden Jerusalemer Urgemeinde die Kenntnis zumindest von Dan 7 voraussetzen können![28]

In dieser Frage zeichnet sich in den 70er und 80er Jahren durchaus ein *ökumenischer Konsens* ab. So präzisiert der evangelische Neutestamentler *Leonhard Goppelt* in seiner »Theologie des Neuen Testamentes« (1974): »In den Synoptikern wird z. B. mit dem Menschensohn nie wie im äth Hen eine Präexistenzvorstellung verbunden, obgleich schon Markus eine entsprechende Christologie geläufig war. Die synoptischen Aussagen knüpfen demnach nicht an die apokalyptischen Traditionen an, die durch den äth Hen und den 4. Esra repräsentiert werden. Dagegen wird Daniel 7,13 mehrfach zitiert, jedoch nur an späten, sekundären Stellen (Mk 13,26 par; 14,62 par). Immerhin war dieses Kapitel Jesus wie der frühen Gemeinde geläufig. Es war für sie wohl ebenso ein Ansatzpunkt für die Menschensohn-Vorstellung wie für den äth Hen, den 4. Esra und Jeremia. Demnach scheinen die synoptischen Aussagen über den Menschensohn ähnlich wie die über das Reich Gottes nur eine sehr allgemeine Vorstellung vorauszusetzen, nämlich der Menschensohn werde als eschatologische Heilsmittlergestalt das Weltgericht vollziehen und Gottes Herrschaft aufrichten.«[29]

Auch der katholische Exeget *Rudolf Pesch*, der sich um die Rekonstruktion des »Evangeliums der Urgemeinde« (1979) besonders verdient gemacht hat, sieht nirgendwo den Gedanken der Präexistenz in dieser frühen Traditionsschicht rezipiert, weder in Mk 14 noch in Mk 13. Entscheidend ist für Pesch vielmehr, daß die Urgemeinde es wagte, den Messias/Menschensohn *mit dem gekreuzigten Jesus von Nazaret zusammenzudenken*. Der eigentliche Skandal sei gewesen, »daß ein unstudierter Handwerker aus dem hinterwäldlerischen Nest Nazaret, der einmal zu den Jüngern des Täufers Johannes zählte, den Willen Gottes ganz zu kennen beanspruchte«.[30] Ihn also zu verkünden als mit dem »Geist Gottes gesalbten Lehrer, Prophet und Offenbarer des eschatologischen Heilsplans Gottes, den Gesandten Gottes, der in der definitiven Autorität Gottes sprach und agierte«[31]: das sei die eigentliche Zumutung christlicher Verkündigung gewesen. Ihn, den Leidenden mit dem Menschensohn zusammenzubringen, der seit Daniel 7 in jüdischer Tradition »Deckname für den eschatologischen Gerichtsbevollmächtigten Gottes ist, Deckname dessen, der auf Gottes Thron an Gottes Stelle das Endgericht vollziehen soll, weil er der Gerechte ist«[32]: das müsse das Unerhörte gewesen sein.

In der Tat gehen dann auch Exegeten über die Konfessionsgrenzen hinweg davon aus, daß hier, in der Vorstellung von einem *gekreuzigten Messias* das eigentlich Anstößige der urchristlichen Christusverkündigung zu suchen sei. Der katholische Exeget *Helmut Merklein* stützt sich auf einen breiten Konsens, wenn er feststellt, daß »Jesus selbst keine Würdebezeichnungen wie ›Messias‹ oder ›Sohn Gottes‹ für sich beansprucht« habe. Das gehe schon daraus hervor, daß ein messianischer Anspruch »vom jüdischen Standpunkt« aus auch »kaum ein todeswürdiges Verbrechen gewesen« sei.[33] Und die *Prozeßanklage*? Daß in Jesu Prozeß seine angebliche Messianität eine

Rolle gespielt habe, sei eine vorgeschobene Beschuldigung gewesen, Teil einer Denunziationsstrategie der sadduzäischen Tempelaristokratie, die auf diese Weise einen religiösen Umstürzler wie Jesus durch die Römer hätten beseitigen lassen wollen.[34] Und daß Jesus ein »religiöser Umstürzler« war – was mache dies deutlicher als seine Einstellung zum Gesetz, zum Tempel, zum sadduzäischen und pharisäischen Establishment? Im Klartext – so Merklein –: nicht die Frage der Messianität Jesu als solcher (ob mit Präexistenz verbunden oder nicht) ist zwischen Jesu Anhängern und dem jüdischen Establishment brisant gewesen, sondern der Umstand von Jesu Tod. Denn nach Dtn 21,23 ist ein Gekreuzigter zugleich auch ein von Gott Verfluchter. Deshalb gilt: »Ein gekreuzigter Messias ist im jüdischen Kontext ein Unding, ein Widerspruch in sich.«[35]

Wir können nun den *Konsens in Sachen Präexistenz und Menschensohn/Messias in zwei Punkten zusammenfassen*:

(1) Ob und wie immer *Jesus selbst* sich für den apokalyptischen Menschensohn/Messias gehalten haben mag, von einer vorzeitigen himmlischen Existenz seiner selbst bei Gott, einer Präexistenz vor Erscheinen auf Erden hat Jesus selbst – soweit wir dies auf der Basis des Neuen Testaments überprüfen können – nichts gesagt.

(2) Auch die erste *nachösterliche Gemeinde* hat Jesus nicht als den präexistenten, sondern als den kommenden, eschatologischen Menschensohn betrachtet. Unterstellt man eine Kenntnis der apokalyptischen Menschensohn-Tradition in der Urgemeinde, so ist das Desinteresse an jeder Art Präexistenzaussage, gar an visionärer Ausgestaltung einer vorzeitigen himmlischen Existenz Jesu auffallend.

Das Gleichnis von den Weingärtnern

Und doch – noch einmal nachgefaßt: Deutet nicht zumindest das markinische *Gleichnis von den bösen Weingärtnern*, immerhin ebenfalls Bestandteil der Urpassion (Mk 12,1–12), in Richtung auf eine frühe Präexistenzchristologie? Die Geschichte ist bekannt: Ein Weinbergsbesitzer hatte seinen Weinberg verpachtet, mußte aber erleben, daß seine Knechte bei der Gewinneintreibung von den Pächtern verprügelt oder getötet wurden, ja, daß selbst der zum Schluß gesandte »geliebte Sohn« des Besitzers von den Pächtern umgebracht wurde. Der Schluß liegt nahe, daß mit diesem Gleichnis *Jesu Schicksal* im »Weinberg Gottes«, dem Volke Israel, *gedeutet* werden soll.

Jesus selbst ist offenbar der gesandte und geliebte Sohn! Deshalb die Frage: Setzt die Logik dieses Sendens nicht eine Form der Präexistenz voraus? Und muß damit nicht Jesus selbst als ein solch präexistenter Gesandter verstanden werden? Manche Exegeten behaupten denn auch durchaus, daß in diesem Gleichnis zumindest mittelbar von der Präexistenz Jesu gesprochen werde[36], ja mehr noch, daß Jesus selber hier von seiner eigenen Präexistenz spreche.[37]

Freilich: Der katholische Exeget *Josef Blank* hat in einer umfassenden Studie schon 1974 überzeugend nachgewiesen, daß traditionsgeschichtlich nicht die judenchristlich-hellenistische Gemeinde, sondern eher die judenchristlich-palästinische Gemeinde der Träger dieser Geschichte gewesen sein dürfte.[38] Alttestamentliche, nicht hellenistische Tradition sei hier führend. Und wenn dies so ist, dann dürfte der Sohn, der zu den widerspenstigen Winzern gesandt wurde, weniger als ein aus der göttlichen Ewigkeit gesandtes Himmelswesen denn als der *letzte eschatologische Gottesbote vor dem letzten Gericht* verstanden worden sein. Person und Schicksal Jesu wurden in diesem Gleichnis also offenkundig in *Analogie zur Sendung der Propheten* begriffen. Deshalb gilt mit Blank: »Das Fehlen der Präexistenzgedanken ist hier nicht rein zufällig, sondern besagt, daß die christologische Konzeption eine andere ist als jene, die die Sendung mit der Präexistenz-Idee verbindet.«[39] In eine ähnliche Richtung hat auch einer der Gründerväter der neueren katholischen Exegese, der Freiburger Neutestamentler *Anton Vögtle* argumentiert. Vögtle wies überdies darauf hin: Die Sendung des Sohnes erfolge in diesem Gleichnis – obwohl als äußerste und letzte Möglichkeit verstanden, die alle früheren übersteige – offensichtlich auf der gleichen Ebene wie die der Knechte. Es bestehe auch deshalb »kein Grund«, in diesem Text den »Gedanken seiner (Jesu) himmlischen Präexistenz vorauszusetzen«.[40]

Damit ist klar: Auch dieses Gleichnis, das Jesu Auftritt als »Gesandtsein« in Analogie zu den alttestamentlichen Propheten deutet, enthält ebensowenig eine Präexistenzaussage wie die Worte über den Menschensohn. Und damit gilt vollends: *Spezifikum der Christologie in dieser frühen judenchristlichen Traditionsschicht des Neuen Testamentes ist nicht eine Präexistenzweise Jesu bei Gott, sondern Passion und Parusie, nicht die Abkunft, sondern die Wiederkunft »aus dem Himmel«*, die Wiederkunft dessen, der unschuldig gelitten hatte, unschuldig am Kreuze hing und den Gott trotz alledem nicht im Tode ließ, sondern ins Recht setzte und ihn mit himmlischer Macht bekleidete. Warum aber wurden gerade solche Christusgeschichten tradiert?

Es ist leicht begreiflich, daß die Urgemeinde mit diesen Erzählungen vom ungerechten Leiden und Sterben Jesu auch die *Situation ihrer eigenen Verfolgung und Unterdrückung* widerspiegeln wollte. Sie erzählte damit gleichsam »ihre eigene Gründungslegende«, ja gab sich überhaupt die Rechtfertigung »ihrer Existenz in Jerusalem nach ihrer erneuten Anabasis in die Hauptstadt«.[41] Keine Frage: Die Situation der Urgemeinde war paradox genug – bedenkt man, daß ihr Jesus im Namen der höchsten jüdischen Autoritäten (Hoherpriester und Schriftgelehrte) beseitigt worden war. Und dennoch hatten sie als Juden nicht aufgehört, an Jesus als Gottes eschatologischen Bevollmächtigten zu glauben. Das mußte sie – nach diesem Fiasko ihres »Helden« – im eigenen Volk zunehmend in die Isolation treiben. Denn was die Nazarener-Gruppe nach dem Kreuzestod behauptete, mußte der eigenen Umwelt paradox-widersinnig sein: Ausgerechnet der, der soeben noch im Namen des Gesetzes Gottes liquidiert worden war, soll *von Gott selbst* gerechtfertigt worden sein? Er, der soeben noch als Messiasprätendent hingerichtet werden »mußte«, soll als der Messias Gottes geglaubt werden? Eine widersinnige Umkehr der Verhältnisse!

Ja, es war offenbar tatsächlich in der urchristlichen Gemeinde zu einer scheinbar *widersinnigen Umkehr der Verhältnisse* gekommen. An die Stelle der Denunziation von Menschen war die Proklamation durch Gott selbst getreten; aus einem durch Menschen Inhaftierten war der durch Gott selbst Inthronisierte geworden; der Messiasprätendent war nun als der Messias Gottes selbst verkündet. Wahrhaftig »eine paradoxale Übernahme messianischer Bezeichnungen in das christliche Bekenntnis« war damit vollzogen worden![42] Was im Klartext heißt: Person und Schicksal Jesu wurden in der frühen Christenheit offenbar nicht nach den üblichen Traditionsschemata interpretiert, zu denen auch die apokalyptische Präexistenzvorstellung gehörte. *Jesus von Nazaret hatte für seine Anhänger offenbar auch dieses Schema gesprengt, hatte auch hier Erwartungen und Vorverständnisse durchbrochen.* Jesus war offenbar anders! Wir aber müssen uns noch einem anderen Kreis der aramäisch sprechenden Judenchristen zuwenden, der erheblichen Einfluß auf das frühe Christusverständnis ausgeübt hat.

4. Jesus – die präexistente Weisheit? Zur Christologie der »Spruchquelle«

Dieser judenchristliche Kreis (der möglicherweise nicht mit der Jerusalemer Urgemeinde identisch war) wird durch neutestamentliche Texte repräsentiert, die in der Geschichte der Exegese den Sammelnamen »Spruchquelle« oder »Q« erhalten haben. Direkt gefragt: Was ist in diesen Texten der christologische Schwerpunkt? Antwort: Auch die Christologie von Q ist im wesentlichen apokalyptische Menschensohnchristologie. Und da dies vielfach beobachtet worden ist, können wir uns hier ebenfalls auf eine breite, konsensfähige Forschungsbasis stützen.[43]

Menschensohn – aber ohne Präexistenz

Die verschiedenen Hypothesen der Exegeten lassen wir auch hier beiseite, welche die Rekonstruktionshypothese »Q« mit weiteren Hypothesen (Unterscheidung einer jüngeren und älteren Q-Gemeinde, verschiedener Redaktionsstufen des Q-Materials) belastet haben.[44] Wir halten auch hier für die Christologie in aller Kürze fest: *Jesus* dürfte für den hinter »Q« stehenden Kreis in erster Linie der sehr bald schon erwartete eschatologische Menschensohn gewesen sein, »der der Gemeinde, die in Verfolgung und Leid liegt, ihr Recht wird zuteil werden lassen«.[45] Naherwartung also herrscht vor – auch in diesem Kreis; Erwartung eines Gerichtes (Mt 24,37–44), dessen Vorläufer Johannes der Täufer war (Mt 3,7–12).

Doch auffällig auch hier: Ebenso wie in den Urpassions-Texten *fehlt* auch in der Logienquelle bei den Menschensohn-Aussagen jeglicher *Hinweis auf die Präexistenz Christi.*[46] Der katholische Exeget Paul Hoffmann konnte denn auch in seinen »Studien zur Theologie der Logienquelle« eindrücklich herausarbeiten, daß nirgendwo in Q die Gestalt des irdischen Jesus mit Hilfe des Menschensohn-Titels »divinisiert« worden sei. Er, Jesus, werde in »Q« nur als »der konkrete, irdische Mensch Jesus dargestellt«. Eine Szene wie die Verklärung Jesu (Mk 9,2–8) finde sich aus diesem Grund in Q gerade nicht, ebensowenig sei »das Modell des auf Erden verborgenen himmlischen Menschensohnes geeignet, jenen Sachverhalt angemessen darzustellen; denn die Vorstellung, Jesus verberge seine himmlische Würde, ist in der Logienquelle nirgendwo ausgesprochen. Die apokalyptische Vorstellung der himmlischen Verborgenheit des präexistenten Menschensohnes läßt sich auf das Erdenleben Jesu nicht übertragen«.[47] Warum nicht? Weil in Q ein radikal anderer Jesus erscheine, der so gar nichts von einem »himmlischen Wesen« an sich habe.

In der Tat: Der *inhaltliche Akzent der Christologie der Q-Gemeinde* liegt ebenfalls nicht auf der himmlischen *Ab*kunft des Menschensohnes, sondern auf dessen *An*kunft. Mehr noch und konkreter: das eigentlich Neue und »Christliche« dieser Menschensohn-Aussagen sind nicht nahtlose Übertragungen aus der jüdischen Apokalyptik, sondern ist die neue inhaltliche Akzentsetzung: der Menschensohn der Q-Gemeinde ist »der Arme und Ausgestoßene, der Wanderer ohne Heimat«.[48] Jesus, der »christliche« Menschensohn, ist ganz und gar eine Kontrastgestalt zu allem bisher Vertrauten; er ist mißverstanden und mißachtet von Menschen (Lk 9,58) und »von der supranaturalen Machtausstattung des apokalyptischen Menschensohnes« »ziemlich weit entfernt«.[49] Eine *Akzentverlagerung* also hat hier stattgefunden – unter dem offenkundigen Eindruck des konkreten Erdenlebens Jesu selber! Wie anders wären solch »anstößige«, wenig »erbauliche« Worte wie Mt 11,18f. zu verstehen: »Johannes ist gekommen, er ißt nicht und trinkt nicht, und sie sagen: Er ist von einem Dämon besessen. Der Menschensohn ist gekommen, er ißt und trinkt; darauf sagen sie: dieser Fresser und Säufer, dieser Freund der Zöllner und Sünder!«

Aber weisen nicht gerade solche *»Gekommen«-Sätze* auf irgendeine Vorzeit hin, aus der der Menschensohn nun einmal »gekommen« sein muß? Nein, solche Aussagen über das »Kommen« unterstreichen hier nichts anderes als die ungewöhnliche irdische *Autorität und Vollmacht Jesu*. Worin aber bestand sie? Besser: Wozu nutzte Jesus seine »Macht«? Von den Texten her kann die Antwort nur lauten: »Der Menschensohn Jesus bekundete Vollmacht dadurch, daß er die Schranken einer sakrosankten Konvention durchbrach und das tat, was in den Augen vieler nur als großes Ärgernis erscheinen konnte. Freilich verbindet sich mit der Aufnahme der armen, deklassierten Menschen in seine Gesellschaft, die zeichenhaft zu nehmen ist, die Proklamation der Sünderliebe Gottes und der Vergebung, die im besonderen diese Verachteten erreicht« (J. Gnilka).[50]

Nach all dem dürfte es keine Frage mehr sein: Ursprünglich jesuanisch und urchristlich ist – die frühe Menschensohntradition zeigt es – nicht der Blick in die Vorzeit, nicht die visionäre Ausmalung einer himmlisch-vorzeitigen Existenzweise, nicht die spekulative Neugierde hinsichtlich des Anfangs vor aller Zeit. Spezifisch jesuanisch und urchristlich ist nicht der Blick in die *Höhe, sondern offensichtlich der Blick in die Tiefe*, um gerade so in den Niederungen und Niedrigkeitsgestalten menschlichen Lebens *Gottes* Nähe zu erfahren, um gerade bei den Ohnmächtigen und Deklassierten *Gottes* Macht und Zuwendung zu bezeugen. Der katholische Alttestamentler *Erich Zenger* hat dies 1980 eindrucksvoll beschrieben und die Praxisrelevanz dessen herausgestellt, was schon Ernst Bloch das Umbiegen des christlichen Blickes aus der Höhe in die Tiefe genannt hatte: »Jesus ist nicht der Menschensohn-Messias, der mit apokalyptischem Terror und einem gewaltigen göttlichen Blutbad der neuen Gerechtigkeit gewaltsam zum Durchbruch verhilft, er ist kein König, der mit dem Stab seines Mundes die Menschen diszipliniert und niederzwingt: Er ist ein Messias der bedingungslosen Gewaltlosigkeit, der sein Regierungsprogramm der *gewaltlosen Bruderliebe* nicht nur verkündet, sondern konsequent gelebt hat. Dieser dienende, der leidende, der sterbende Messias ist aber nicht einfach ein individuelles Vorbild, sondern er will als der Messias Jahwes die Mitte einer messianischen *Gegengesellschaft* zu den überlieferten Formen staatlich-institutionellen Zusammenlebens sein. Sein messianisches Reich orientiert sich nicht mehr am davidischen Nationalstaat. Es hat auch kaum etwas zu tun mit der Struktur des weströmischen Kaiserreiches, auch nichts mit dem Modell der societas perfecta eines hierarchisch organisierten Kirchenstaates, nicht einmal mit der bundesrepublikanischen Kirche als staatlich anerkanntem Gesellschaftsfaktor oder als staatstragender Organisation. Das messianische Reich Jesu hat nichts zu tun mit Dingen wie Herrschaft und Zwang, Macht und Gewalt, sondern ist eine offene Gesellschaft, die in freiwilliger Nachfolge und überzeugender brüderlicher Liebe gründet.«[51]

Gottes Sohn – aber ganz unerwartet

Genauso radikal wie bei den Menschensohn-Aussagen ist der Perspektivenwechsel von der Höhe in die Tiefe, von der Macht in die Ohnmacht, von der Herrenrolle in die Niedrigkeitsgestalt bei den *Gottessohn-Aussagen* der Q-Gemeinde. Eines freilich unterscheidet die Gottessohnworte von vorneherein von den Menschensohnworten auf dieser frühen Traditionsebene. Die Gottessohn-Vorstellung war von ihrer innerjüdischen Herkunft her weder mit Messianität noch mit Präexistenz verbunden. Das hatte schon Bultmann in seiner »Theologie des Neuen Testamentes« herausgestellt: »Sohn Gottes« sei im Judentum weder messianisch noch mythologisch verstanden worden und habe auch in der palästinischen christlichen Gemeinde zunächst keineswegs bedeutet, daß Jesus eine Art von Gott gezeugte supranaturale Gestalt gewesen sei.[52]

Wir können den heutigen exegetischen *Konsens in der Gottessohn-Frage* in wenigen Punkten zusammenfassen[53]:

(1) Der für Jesus benutzte Titel »Gottessohn« hat seinen *Ursprung in der israelitischen Königsideologie*. Diese dürfte ihrerseits von Ägypten beeinflußt worden sein, wo der Pharao – vom Moment seiner Thronbesteigung an – bereits den Titel »Gottessohn« tragen konnte, ja wo dem Pharao – Sohn einer jungfräulichen Mutter und eines göttlichen Vaters – bereits eine Doppelnatur zugeschrieben worden war: wahrer Gott und wahrer Mensch. Schlüsselstelle im Alten Testament ist die möglicherweise um 700 v. Chr. zu datierende Weissagung des Propheten *Nathan* an David, den König Israels, der bekanntlich 300 Jahre früher lebte (2 Sam 7,14). Der Grund für diese Prophetie? Mitten in einer Zeit höchster Bedrängnis des davidischen Königshauses sollte durch eine Rückprojektion auf die Zeit Davids der jetzigen Krise begegnet werden! Denn im Jahre 701 war das Südreich Juda nach einem Einfall der Assyrer nur wie durch ein Wunder einer politischen Katastrophe entgangen (2 Kö 18,13–19,37). Dieser Nathan-Prophetie zufolge sollte der davidische König nun als ein von Gott selbst angenommener Sohn verstanden werden: »Ich will für ihn Vater sein, und er wird für mich Sohn sein.« Daß also die Gottessohnschaft des davidischen Königs jetzt so deutlich herausgestellt wurde, hatte seinen Grund in der politischen Krisensituation: Die Herrschaft des Hauses David sollte angesichts der drohenden politischen Katastrophe göttlich legitimiert und so stabilisiert werden.

(2) In *Ps 2,7* (»Mein Sohn bist du, heute habe ich dich gezeugt«) ist überdies ein altes Thronbesteigungsritual überliefert, in dem nach ägyptischem Vorbild die Thronübernahme des davidischen Königs als Akt göttlicher Zeugung verstanden wurde. Israel hat dabei freilich die ägyptisch-mythische Vorstellung von einer physischen Gotteszeugung deutlich in eine auf *Erwählung begründete Gottessohnschaft*

abgewandelt. *Typisch ägyptisch* also ist, die göttliche Zeugung auf den Anfang des Lebens des Pharao zurückzuprojizieren, wobei dann eine jungfräuliche (!) Mutter eine Rolle spielte. *Typisch israelitisch* dagegen ist die Beschränkung auf ein intimes Verhältnis von Gott und dem erwachsenen König sowie die Ausschaltung jeglicher sexueller Zeugungsmythologie.

(3) Diente die Nathan-Weissagung von 2 Sam 7 vor allem dynastischer Legitimation und Stabilität, so ist der nächste entscheidende Text des Alten Testaments – jetzt in nachexilischer, d. h. königsloser Zeit geschrieben – bereits eschatologisch-messianisch, besser: utopisch ausgerichtet. Der Chronist von 1 Chr 17, der um 300 v. Chr. die Nathan-Weissagung fast wörtlich wieder aufgreift, richtet seine Hoffnung offenkundig auf einen davidischen König der *Zukunft*, der keine menschlichen Schwächen haben werde. Man kann dies als *messianische Interpretation von 2 Sam 7* verstehen. Und wenn dies tatsächlich so ist, dann handelt es sich bei 1 Chr 17 um die erste und einzige Stelle im gesamten jüdischen Schrifttum aus vorchristlicher Zeit, bei der »Sohn Gottes« eine messianische Bezeichnung gewesen wäre. Anders gesagt: Der Messias ist im Alten Testament sehr verschieden verstanden worden: königlich, prophetisch, priesterlich, nie aber – und 1 Chr 17 wäre dann die Ausnahme – als Gottessohn. *Sohn Gottes dagegen ist stets königlich, aber so gut wie nie messianisch verstanden worden!* Mit dem Tübinger Alttestamentler Herbert Haag läßt sich zusammenfassend sagen: »Der Titel ›Sohn Gottes‹ bedeutet im Alten Testament und im frühen Judentum Geschöpflichkeit, Erwählung und Intimität, nicht aber Messianität und noch weniger Göttlichkeit.«[54]

(4) Im Alten Testament wird der Ausdruck »Sohn Gottes« *nur in wenigen Fällen auf eine Einzelperson beschränkt.* Neben dem davidischen König können auch Wesen, die dem Bereich der Götter oder der himmlischen Welt angehören, »Gottessöhne« genannt werden, ebenso die verfolgten Frommen als Einzelne oder das Volk Israel als Ganzes.

Dies ist nun freilich im *Neuen Testament* anders. In einer einzigartigen Zuspitzung wird Jesus allein schon in den frühesten Traditionsschichten »Sohn Gottes« genannt. »Mir ist von meinem Vater alles übergeben worden; niemand kennt den Sohn, nur der Vater, und niemand kennt den Vater, nur der Sohn und der, dem es der Sohn offenbaren will« (Mt 11,27). Ein Text der Q-Gemeinde, der ein einzigartig enges Verhältnis zwischen Jesus und Gott zum Ausdruck bringt. Wie aber ist die *Sohnschaft* hier verstanden? Zweifellos nicht – bedenkt man den eben skizzierten jüdischen Kontext – im Sinne einer »ontologischen Spekulation« (J. Gnilka).[55] Die Gottessohn-Aussagen in Q lassen noch nichts von einem »himmlischen Sohn« späterer Christologien erkennen. Im Gegenteil: Wir haben es in Mt 11,27 mit einer zentralen Aussage über Jesu eigenes *Sendungsbewußtsein* zu tun, das einer einzigartigen Vater-Sohn-Beziehung entstammt. Sie aber weist nicht auf ein Geheimnis der Ewigkeit, sondern auf den geheimnisvollen Anfang des Wirkens Jesu, das für die Q-Gemeinde wohl mit der Taufe begonnen haben dürfte.[56]

Ja, mehr noch: Der katholische holländische Exeget *Bas van Iersel* hat zu Recht die Frage aufgeworfen: »Gerade wenn ›Sohn Gottes‹ keine gebräuchliche Bezeichnung für den Messias aus dem Hause Davids war und er (Jesus) sich übrigens der Frage gegenüber, ob er der Messias sei, mehr als zurückhaltend verhielt, fragt man sich, weshalb er dann später so genannt wird. Die Meinung, Jesus habe sich selbst vor seinem Tod als Sohn Gottes bezeichnet, findet überhaupt keine breite Zustimmung, weil an der historischen Authentizität dieser Worte ernsthafte Zweifel bestehen.«[57] Woher aber stammt dann – so fragt van Iersel weiter – die Gottessohnbezeichnung schon in einer so frühen Traditionsschicht für Jesus? Woher stammt sie, wenn weder eine Titelübertragung aus der jüdischen Tradition vorgelegen hat noch ein Wort Jesu selber die Grundlage bildete? Antwort: Die Bezeichnung Gottessohn durch die nachösterliche Gemeinde kann nur *Reflex eines außerordentlichen Gottesverhältnisses Jesu* selber gewesen sein.

In der Tat: Seit den Arbeiten von *Joachim Jeremias* ist es breiter Konsens der Exegeten, daß die Anrede Gottes mit dem aramäischen Wort »Abba« auf Jesus selber zurückgeht.[58] Denn dieses Wort findet sich nicht nur im ältesten Evangelium, dem Markus-Evangelium (14,36), sondern hat sich erstaunlicherweise auch in zwei authentischen Paulusbriefen erhalten: Rö 8,15 und Gal 4,6. Nochmals Bas van Iersel: »Die Tatsache, daß dieses Wort bis in die Briefe von Paulus durchdrang, weist darauf, welch großen Eindruck es gemacht haben muß. Wer in der Zeit Jesu Gott so anredete, zeigte dadurch eine unerhörte Vertrautheit und einen engen Umgang mit Gott ... Jesus hat dementsprechend seinen Vater auf eine Weise erfahren, für die es im Judentum, soweit wir wissen, keinen Präzedenzfall gibt.«[59]

Was heißt das alles für die Frage nach dem *Verhältnis von Gottessohnschaft und Präexistenz Christi*? Wir können auch hier als Konsens über die Konfessionsgrenzen hinaus festhalten:

(1) Der Titel »Gottessohn« war von seinem *jüdischen Ursprung* her (Königsideologie) nie mit himmlischer Vorzeitigkeit oder Göttlichkeit verbunden.

(2) *Jesus* hat weder von sich als Gottessohn gesprochen noch gar Aussagen über eine präexistente Sohnschaft gemacht. Zwar hat die *aramäische Urgemeinde* nach Ostern Jesus als Gottessohn bekannt, mit diesem Bekenntnis aber – der alttestamentlichen Linie folgend – keine Präexistenzaussage verbunden.

(3) Die nachösterliche Rede von Jesus als Gottessohn hat ihren *Sachgrund* nicht in Jesu »göttlichem Wesen«, nicht in einer präexistenten Gottessohnschaft, sondern in der Praxis und Verkündigung des irdischen Jesus selber: in seiner einzigartigen Beziehung zu Gott, den er, unerhört vertraut, mit dem Wort »Abba« anzureden pflegte.

Last but not least: »Gottessohn« – dieser Titel bezog sich in Israel – wir hörten es – zum großen Teil auf die einzigartige Würde und Machtstellung des obersten politischen Herrschers. Doch kann man übersehen, daß Jesus selber auch hier ganz anders war? Von *königlicher Würde und Macht, von politisch-institutioneller Herrschaft bei ihm keine Spur*! Im Gegenteil, wir haben auch hier davon auszugehen: So wie die Q-Gemeinde im Lichte der Erfahrung Jesu die traditionelle Menschensohn-Vorstellung umpolte und neu interpretierte, so jetzt auch die Gottessohn-Tradition. Konkret? Nirgendwo läßt sich dies plastischer zeigen als an einem zentralen Text der Spruchquelle: bei der *Teufelsversuchung* (Mt 4,1–11): »Wenn du Gottes Sohn bist, so befiehl, daß aus diesen Steinen Brot wird . . . Wenn du Gottes Sohn bist, so stürze dich hinab . . .«, ein Text, der – und dieser Hinweis sei zum besseren Verständnis erlaubt – in Dostojewskis Roman »Die Gebrüder Karamasow« in der Legende vom Großinquisitor bekanntlich seine große literarische Verarbeitung gefunden hat.

Gewiß: Dostojewski kannte noch nichts vom Problem der Quellenscheidung im Neuen Testament, aber instinktsicher hatte dieser große Russe erkannt, daß hier eine *Schlüsselgeschichte zum authentischen Verständnis Jesu* aufbewahrt ist: Jesus selber erteilt einer Praxis der Gewalt, der Willkürherrschaft, der Intoleranz, der Inquisition und Machtbefriedigung die alles entscheidende Absage. Hier, bei dieser Teufelsversuchung, durchbricht Jesus selber eine Erwartungshaltung, die sich auf ihn als einen angeblich omnipotenten Gottessohn richtet. Gerade diese Erwartung entlarvt er als Sache des Teufels! Im Klartext: Alle Omnipotenzphantasie, die sich von einem himmlischen Gottessohn die Erfüllung irdischer Bedürfnisse, die Befriedigung von Machtgelüsten verspricht, muß am gekreuzigten Nazarener selber scheitern – ob in Gesellschaft oder Kirche. Ob nicht genau hier das ewig »Störende« an Jesus durch all die Jahrhunderte lag und liegt, das der Großinquisitor Dostojewskis ebenso beklagte wie all die großen und kleinen Großinquisitoren durch die Geschichte hindurch? Ob es nicht genau diese *Verweigerung einer triumphalistischen Gottessohn-Vorstellung* ist, die diesen konkreten Gottessohn immer wieder zum Störenfried machte und ihn durch die Jahrhunderte immer wieder neu ans Kreuz gehen ließ? Keine Frage: Dostojewski hat mit der empörten Rückfrage des Großinquisitors an den wiedergekommenen Jesus dem Erstaunen aller Jahrhunderte – Jesus ist nicht so, wie wir ihn uns wünschen – archetypischen Ausdruck verliehen: »Warum also bist Du gekommen, uns zu stören? Denn Du bist uns zu stören gekommen! Das weißt Du selbst. Aber weißt Du auch, was morgen geschehen wird? Ich weiß nicht, wer Du bist, und will es auch gar nicht wissen: bist Du's wirklich oder bist Du nur Sein Ebenbild? Aber morgen werde ich Dich richten und Dich als den ärgsten aller Ketzer auf dem Scheiterhaufen verbrennen, und dasselbe Volk, das heute noch Deine Füße geküßt hat, wird morgen auf einen einzigen Wink meiner Hand zu Deinem Scheiterhaufen hinstürzen, um eifrig die glühenden Kohlen zu schüren. – Weißt Du das? Ja, vielleicht weißt Du es.«[60]

Die Weisheit – aber ohne Spekulation

Nun haben Arbeiten der jüngeren Vergangenheit auf Spuren einer *Weisheitschristologie* in der Spruchquelle hingewiesen. Ja, der amerikanische Exeget James M. Robinson, der sich mehr als andere um die Erforschung der Spruchquelle verdient gemacht hat, hat schon 1964 die Gattung der Spruchquelle als »logoi sophon«, als »Worte der Weisen« bestimmt.[61] In der Tat ist denn auch in Mt 11,19 im Anschluß an das »Fresser- und Säufer«-Wort von der Weisheit die Rede: »Und doch hat die Weisheit durch die Taten, die sie bewirkt hat, Recht bekommen.« In Mt 11,25 wird unmittelbar vor dem oben zitierten exklusiven Sohnes-Wort Gott dafür gedankt, daß er »den Weisen und Klugen« verborgen, was er den Unmündigen offenbart habe. Vor allem aber das sog. Weisheitswort Mt 23,34–36/Lk 11,49–51 hat die Aufmerksamkeit der Exegeten erregt. Ist aber mit der Übernahme weisheitlicher Traditionen in die Christologie auch eine Präexistenzaussage verbunden? Ja, hat die Q-Gemeinde möglicherweise eine *weisheitliche* Präexistenzchristologie oder eine präexistentielle Sophia-Christologie vertreten?

Wir bleiben zur Beantwortung dieser Frage bei der Traditionsschicht der Spruchquelle und werden auf die matthäischen und lukanischen Bearbeitungen am entsprechenden Ort eingehen. Für den protestantischen Exegeten *Felix Christ*, der der »Sophia-Christologie« der Synoptiker eine vielbeachtete, ausführliche Studie gewidmet hat, ist es keine Frage, daß in der Spruchquelle Jesus nicht nur als Träger und Bote der Weisheit, sondern auch als die Weisheit selbst erscheint – mit allen Konsequenzen![62] So sei auch der Präexistenzgedanke in Mt 11 zwar »nicht explizit ausgesprochen, aber darin enthalten, daß der Sohn als die göttliche Weisheit in Person erscheint«.[63] Noch deutlicher sei das erwähnte *Weisheitswort* – eine Drohung gegen die Pharisäer mit aktuellem Bezug zum Schicksal Jesu. Andere sind in die gleiche Richtung gegangen.[64]

Es lohnt sich, hier genauer zuzusehen. Worum geht es konkret? In Lk 11 wird Jesus das Wort in den Mund gelegt: »Deshalb hat auch die Weisheit Gottes gesagt: Ich werde Propheten und Apostel zu ihnen senden, und sie werden einige von ihnen töten und andere verfolgen, damit das Blut aller Propheten, das seit der Erschaffung der Welt vergossen worden ist, an dieser Generation gerächt wird, vom Blut Abels bis zum Blut des Zacharias, der im Vorhof zwischen Altar und Tempel umgebracht wurde. Ja, das sage ich euch: an dieser Generation wird es gerächt werden« (49–51).

Ist Jesus damit – vorausgesetzt, die Lukas-Version entspricht der ursprünglichen Q-Fassung – ganz und gar mit der Weisheit Gottes identifiziert worden? Es sieht offenbar so aus. Denn hat nicht auch Jesus Boten gesandt wie die Weisheit; wurde nicht auch er abgelehnt wie eben die Weisheit und muß dann nicht auch er präexistent gewesen sein – wie die Weisheit? Felix Christ hat denn auch nicht gezögert, diesen kühnen Schluß zu ziehen: »So wie die Weisheit ist auch Jesus präexistent.«[65] Überhaupt ist er auf der Basis von ganzen fünf Logien der Meinung, daß die Spruchquelle eine *ausgebildete*

Sophia-Christologie, ja eine »protologische Hoheitschristologie« besessen habe: »Der Entstehungsort der Sophia-Christologie ist aber schon vor Q zu sehen: täuferische Kreise, Hellenisten, korinthische und kolossische Gegner des Paulus, Johannes, Markus u. a. Vermutlich waren die Träger der ältesten Sophia-Christologie – mehr kann vorläufig nicht gesagt werden – judenchristlich-›gnostisierende‹ Kreise in Palästina. Im heterodoxen Judentum spielten chokmatische (weisheitliche) Traditionen eine wichtigere Rolle als im offiziellen Tora-Judentum.«[66]

Andere Arbeiten freilich sind in dieser Hinsicht bedeutend zurückhaltender. *Angelsächsische Exegeten* wie M. Jack Suggs, R. G. Hamerton-Kelly und James Dunn stimmen darin überein, daß »Q probably thinks of Jesus as the last wisdom's messenger, not as incarnate wisdom«.[67] Ja, *Hamerton-Kelly* »excludes the possibility that Q intends this (Lk 11,49–51) a direct word of Jesus, who is identified as the divine wisdom«.[68] Und für Dunn ist Jesus in der Spruchquelle – im Gegensatz zu Matthäus freilich! – durchgängig nur als der »ambassador or spokesman of wisdom«[69] präsentiert.

Auch einige *deutschsprachige Exegeten* sind hier vorsichtiger. Für *Eduard Schweizer* ist Jesus in »Q« der »letzte Bote« der Weisheit. Jesu Tod sei »die endgültige Zusammenfassung der Schicksale aller Boten der Weisheit Gottes«.[70] Und in der Tat ist denn auch in Lk 11 »eine Präexistenzaussage nicht explizit im Text«[71] enthalten, obwohl selbstverständlich auf das Schicksal der Weisheit angespielt wird. In diese Richtung scheint denn auch die neueste Forschung zu gehen. Die jüngste Studie zur Spruchquelle von *Migaku Sato* kommt hinsichtlich der Frage nach einer »Sophia-Christologie in Q« zu dem überzeugenden Resultat: »In Q wird nirgendwo behauptet, Jesus sei die Sophia selbst. Dementsprechend gibt es in Q keine deutlichen Spekulationen über die Erstgeburt der Schöpfung, die Herabkunft vom Himmel usw. in Bezug auf Jesus als Weisheit. Darum kann m. E. von der *begrifflichen* Identifikation Jesu mit der himmlischen Sophia keine Rede sein.«[72]

Anders gesagt: Typisch auch für die Weisheitsworte der Spruchquelle ist – wie schon bei den Menschensohn- und Gottessohn-Logien –, daß jede *spekulative oder hymnische, protologische Aussage vermieden* wird. Typisch für die Spruchquelle ist auch hier die Konkretisierung des menschlichen Leidens Jesu: durch die schonungslose Schilderung der Ablehnung, Verwerfung und Kreuzigung des Nazareners. Typisch ist, daß Jesu Weg und Schicksal zwar in Weisheitskategorien interpretiert, er selber aber nicht so präexistent wie die Weisheit vorgestellt wird. Warum aber konnte Jesu Weg in Kategorien der Weisheit interpretiert werden?

Der Grund ist offenkundig: Es dürfte auch hier der *Reflex des Eindrucks von Jesu Person* gewesen sein, den der älteste Evangelist, Markus, mit der erstaunten Frage aufbewahrt hat: »Was ist diese Weisheit, die ihm gegeben ist?« (6,2). Nein, typisch für die »Spruchquelle« ist und bleibt die Verbindung von Menschensohn-, Propheten- und Weisheitstradition – und zwar nicht zu spekulativ-protologischen Höhenflügen oder zu hymnisch-poetischen Aufschwüngen, sondern zur *Rezeption der Niedrigkeitsgestalt der Weisheit* in den Konfliktfeldern hier und jetzt: Botensendung und feindselige Ablehnung dieses Boten. Kurz, typisch für die Q-Gemeinde ist auch hier nicht der Blick nach oben, sondern der realistische Blick auf die Probleme hier und jetzt, die *Probleme der Nachfolge Jesu*: »Selig seid ihr, wenn euch die Menschen hassen und aus ihrer Gemeinschaft ausschließen, wenn sie euch beschimpfen und euch in Verruf bringen um des Menschensohnes willen. Freut euch und jauchzt an jenem Tag; euer Lohn im Himmel wird groß sein. Denn ebenso haben es ihre Väter mit den Propheten gemacht« (Lk 6,22 f.).

Was folgt daraus? Daraus folgt, daß von einer »protologischen Hoheitschristologie« in »Q« keine Rede sein kann. Trotz Anknüpfung an die Weisheitstradition bestand in »Q« an einer *Präexistenzaussage offenkundig kein Interesse*. Ja, es ist geradezu auffällig, daß »die Weisheitsspekulationen der späteren Weisheitsliteratur des Judentums in den ältesten Schichten der synoptischen Überlieferung« fehlen – so der Harvard-Neutestamentler *Helmut Köster* zu Recht.[73] Überhaupt dürften es diese Weisheitslogien – so Martin Hengel – kaum erlauben, »von einer voll entwickelten Weisheitschristologie in Q zu sprechen«. Und auch Hengel ist der Meinung: »Das Auffallende ist ja, daß Jesus gerade nicht direkt mit der Weisheit identifiziert wird, sondern bestenfalls – z. T. zusammen mit dem Täufer – als deren endzeitlicher Repräsentant erscheint.«[74]

Als *Fazit* halten wir fest: *Jesus von Nazaret erscheint in bestimmten Texten der Q-Gemeinde nicht als die präexistente Weisheit, nicht als protologische Gestalt, sondern als eschatologischer Gesandter der Weisheit, als Bote der Endzeit*. Mit dem protestantischen Exegeten *Siegfried Schulz* läßt sich die Christologie der Spruchquelle als ganze so zusammenfassen: Jesus »ist der Gesandte der himmlischen Sophia, der Endzeitprophet, irdische Menschensohn, Sohn Gottes und Sohn, dem der Vater alle Gewalt übertragen hat, und alleiniger Heilsmittler für die Seinen. Seine Geschichte ist eschatologische Geschichte, in seinen Worten und Taten ist die Basileia bereits Gegenwart geworden. Die Entscheidung für oder gegen ihn hat deshalb eschatologische Relevanz, weil er als Endzeitprophet unmittelbar vor seinem Kommen als Menschensohn auftritt, das er vollmächtig ansagt. Die einmalige Stellung Jesu als des letzten Gesandten der himmlischen Sophia beruht aber darauf, daß er nicht wie die zahlreichen gemordeten Propheten und gesteinigten Gesandten in der Geschichte Israels im Tod geblieben ist, sondern zu Gott als der verborgene Menschensohn erhöht wurde, der in nächster Nähe zusammen mit der Sophia erscheinen wird, um das Regiment des apokalyptischen Menschensohnes für den gesamten Kosmos sichtbar zu übernehmen.«[75]

Wir sind nun am Ende dieses Kapitels über die aramäisch sprechende Judenchristenheit in der Lage, den *exegetischen Befund* auch für diese gesamte Traditionsschicht *zusammenzufassen.* Hat Jesus selber sich als eine präexistente himmlische Gestalt gesehen und einen Glauben daran entsprechend verlangt? Haben die ältesten Glaubenszeugen an Jesus als eine präexistente himmlische Gestalt geglaubt? So fragten wir zu Beginn dieses Kapitels. Die Antwort lautet: *Weder Jesus selber noch die älteste Gemeinde läßt ein Interesse an einer Präexistenz in welcher Form auch immer erkennen.* Im Gegenteil: Berücksichtigt man die Tatsache, daß *erstens* durch die Weisheits- und apokalyptische Menschensohn-Tradition ausgeprägte Präexistenzvorstellungen im palästinischen Judentum vorhanden waren und daß *zweitens* Jesus selber mit Weisheits- und Menschensohntraditionen bereits durch die Gemeinde in Verbindung gebracht worden war, so muß das *Fehlen einer Präexistenzaussage* auf beiden Ebenen als *Akt bewußter Zurückhaltung von Jesus und der Gemeinde* selbst interpretiert werden. Diese Zurückhaltung aber ist Reflex von Person und Sache Jesu selber. Jesus war anders!

In dieser christologisch weichenstellenden Frage scheint sich heute über die Fachtheologie hinaus bis tief in die Kirchen hinein ein Konsens abzuzeichnen. Die *Päpstliche Bibelkommission* jedenfalls hat aus diesem exegetischen Befund 1983 bereits Konsequenzen gezogen und – wie der amerikanische Jesuit und Exeget *Joseph Fitzmyer* kommentiert – ebenfalls herausgestellt, daß »die Fragen über das Wissen und die Präexistenz Jesu, so unausweichlich sie auch sein mögen, nicht zu der ›impliziten‹ Christologie des irdischen Jesus gehören, sondern zu einer ›späteren Stufe der Christologie‹«.[76] Wörtlich heißt es in diesem Dokument, dessen Aussagen um so schwerer wiegen, als sich gerade katholische Theologie der ganzen Schwere der dogmatischen Probleme in dieser Frage bewußt ist: »Exegeten und Theologen sind sich auch einig darin, bei ihrem Nachdenken über Jesus Christus Christologie und Soteriologie nicht zu trennen. Das Wort Gottes ist Fleisch geworden (Joh 1,14), um eine Heilsmittlerrolle zwischen Gott und den Menschen auszuüben. Wenn er der ›gänzlich freie‹ Mensch und der ›Mensch für die anderen‹ sein konnte, so deswegen, weil diese Freiheit und ihre Selbsthingabe ihre Quelle in seiner Nähe zu Gott hatte, zu dem er sich wie zu seinem Vater wenden konnte, und zwar in einem ganz besonderen und tatsächlichen einmaligen Sinn. Die Fragen nach dem Wissen und nach der Präexistenz Christi stellen sich unvermeidlich, aber sie kommen erst aus einer späteren Phase der Erforschung der Christologie.«[77]

Um welche spätere Phase handelt es sich konkret? Und wenn schon weder Jesus selber noch die aramäisch sprechende Jerusalemer Urgemeinde noch die Q-Überlieferung von einer Präexistenz Jesu etwas wissen, wann taucht diese Vorstellung zum erstenmal im Neuen Testament auf? Und aus welchen traditionsgeschichtlichen Quellen speist sie sich?

II. Die älteste Aussage von der Präexistenz Christi? Phil 2,6–11

6 »Er war Gott gleich,
hielt aber nicht daran fest, wie Gott zu sein,
7 sondern er entäußerte sich
und wurde wie ein Sklave
und den Menschen gleich.
Sein Leben war das eines Menschen;
8 Er erniedrigte sich
und war gehorsam bis zum Tod,

bis zum Tod am Kreuz.
9 Darum hat ihn Gott über alle erhöht
und ihm den Namen verliehen,
der größer ist als alle Namen.
10 Damit alle im Himmel, auf der Erde und unter der Erde
ihre Knie beugen vor dem Namen Jesu.
11 Und jeder Mund bekennt:
›Jesus Christus ist der Herr‹ –
zur Ehre Gottes, des Vaters.«

Ein erstaunlicher Text – unvergleichlich mit der Traditionsgeschichte, wie wir sie bisher kennengelernt haben. Und weil dieser Text unvergleichlich ist, hat er auch eine unvergleichlich kontroverse Deutung in der Geschichte der Exegese erfahren.[1] Was haben wir hier vor uns? Mit Aussagen wie »Gott gleich« und »wie Gott sein« möglicherweise »die älteste neutestamentliche Aussage von der Präexistenz Christi«?[2] Einen *Perspektivenwechsel der Christologie* ohnegleichen mit einschneidenden Folgen? Vom Menschen Jesus, dem »Wanderer ohne Heimat«, der, zum Messias inthronisiert, als Menschensohn aus dem Himmel wiederkommen wird, zu einem göttlichen Wesen, das schon im Himmel »wie Gott« (»isa theou«) war, »Gott gleich« (»morphe theou«), bevor es »den Menschen gleich« wurde?

Und all dies in einer sehr frühen, »vorpaulinischen« Traditionsgeschichte des Neuen Testaments! In der Tat: *Ernst Lohmeyer* ist seit seiner grundlegenden Untersuchung zum Philipper-Brief 1928 der Kronzeuge für eine doppelte These, die auch heute nach wie vor breite Zustimmung genießt. *Erstens*: Der Text Phil 2,6–11 ist ursprünglich eine selbständige literarische Einheit, genauer ein mehrstrophiger Hymnus, ein Lied der Gemeinde, das offensichtlich im Gottesdienst gesungen worden ist. Und *zweitens*: Vom Kontext her gesehen, kann Paulus nicht selbst der Verfasser dieses Liedes gewesen sein. Paulus zitiert diesen Text offenkundig, der somit älter sein muß als der Philipper-Brief selbst, ein Schreiben, das seinerseits vermutlich im Winter des Jahres 54/55 entstanden ist.[3]

Noch einmal: Welch ein Perspektivenwechsel scheint hier stattgefunden zu haben von der bloßen »Postexistenz« des Gekreuzigten und Auferweckten bei Gott nun zu einer Weise der Prä-Existenz! Welch ein »Fortschritt« von einem ursprünglich zweistufigen Denken in der Christologie (Leben in Niedrigkeit – Erhöhung zu göttlicher Würde) zu einem dreistufigen Weg: Sein bei Gott – Abstieg und Leben in Niedrigkeit – Aufstieg und Erhöhung. Welch eine Entwicklung also! Konnte man sie sich nicht erklären gerade von der ursprünglichen Menschensohn-Vorstellung her? War es nicht tatsächlich nur ein kleiner Schritt von einem Jesus als dem im Himmel weilenden Menschensohn zu der Vorstellung, daß »auch schon der irdische Jesus eigentlich der himmlische Menschensohn gewesen sei«?[4] Und so gingen nicht nur Harnack, Barth und Bultmann, so geht auch ein Großteil heutiger Exegese quer durch alle Lager und Konfessionen wie selbstverständlich davon aus: »daß in dem vorpaulinischen Christushymnus die Präexistenz Christi vorausgesetzt und bereits über eine Entscheidung des Präexistenten reflektiert werde«.[5] Und auch eine bestimmte systematische Theologie ist an dieser Philipper-Stelle in höchstem Maße interessiert. Man glaube hier bereits eine Aussage über Jesu göttliche »Wesensgestalt«, göttliche »Seinsweise« gefunden zu haben, kurz, nichts Geringeres als einen ersten »Zugang zur christlichen Trinitätslehre«.[6]

1. Christus – präexistent wie ein gnostischer Erlöser? Bultmanns These heute

Für *Rudolf Bultmann* – wir haben davon ausführlich berichtet – war klar: Dieses Lied spricht vom präexistenten Christus. Warum? Weil es das früheste Zeugnis des hellenistischen Heidenchristentums gewesen sei, jenes Heidenchristentums, das sich vom ursprünglichen Judenchristentum völlig unterschieden habe. Bultmann war ja von einem »Paradigmenwechsel« ohnegleichen im Urchristentum ausgegangen: Aus der »ethischen Religion« einer »jüdischen Sekte« sei eine mythisch-kultische Religion gnostisch-synkretistischen Zuschnitts geworden; Jesus, der Weisheitslehrer und Rabbi, der eschatologische Bußrichter und Prophet, sei nun in Kategorien des hellenistischen Mythos und Kultes radikal neu interpretiert worden!

Wir fragen: Hatte Bultmann nicht recht mit dieser Annahme? Ist die christliche Gemeinde nicht tatsächlich sehr bald nach Jesu Tod großenteils aus Jerusalem vertrieben worden (Apg 8,1b)? Hatte sie sich nicht in hellenistischen Städten wie Antiochien oder Damaskus (Apg 11,19 f.) neu konstituieren müssen? Und war die Christenheit nicht mit diesem Übergang in den hellenistischen Raum gezwungen, die Christusverkündigung mit völlig anderen, jetzt ganz und gar hellenistischen Kategorien neu durchzubuchstabieren: im kultischen Kontext und im Schema einer mythischen Soteriologie? *Ernst Käsemann* ist seinem Lehrer Rudolf Bultmann 1950 mit einer »kritischen Analyse« von Phil 2,6–11 in dieser Hinsicht ausdrücklich beigesprungen![7] Muß man also nicht doch von einer Präexistenz Christi in diesem Lied sprechen, weil dieser Text die Luft des hellenistischen Synkretismus zu atmen scheint und die Präexistenzvorstellung Produkt der synkretistischen Gnosis ist? Was ist aus der Sicht heutiger Forschung zu Bultmanns Theorie zu sagen?

Eines können wir hier vorausschicken: Selbst diejenigen Exegeten, die auch heute noch für einen gnostischen Hintergrund der neutestamentlichen Präexistenzaussagen eintreten, haben sich längst von *Bultmanns Gnosis-Verständnis distanziert.* Keiner folgt mehr Bultmanns (von Hans Jonas übernommener) Überzeugung, der Geist der Gnosis sei identisch mit dem Geist der Antike überhaupt; keiner mehr Bultmanns (von Richard Reitzenstein übernommener) These, die gesamte gnostische Weltanschauung gehe auf einen alten orientalischen Mythos iranischen Ursprungs zurück, auf eine Art mythisches Grundmodell (Anthropos-Mythos oder Mythos vom Erlösten Erlöser), der jeglicher Erlöservorstellung der Gnosis zugrundeliege. In der Zwischenzeit sieht man kritisch: Diesen Grundmythos hatte Bultmann einfach abstrahiert; und zwar im wesentlichen aus manichäischen Texten; ihn gibt es in anderen gnostischen Texten in dieser Form nicht. Überdies ist – eine Arbeit des Berliner Religionswissenschaftlers *Carsten Colpe* hatte dies schon 1961 gezeigt – der iranische Ursprung dieses Mythos schlicht unbeweisbar.[8] Der Gnosisforscher *Hans-Martin Schenke* kann deshalb die heutige Bultmann-Kritik so zusammenfassen: »Die Gnosis ist nicht uralt, sondern nur wenig älter als das Christentum; sie ist nicht entstanden im Iran bzw. in Mesopotamien, sondern im Raume Syrien/Palästina; den einen einheitlichen (Ur)-Mythus der Gnosis vom erlösten Erlöser gibt es nicht, sondern die Gnosis ist bei einheitlicher Daseinshaltung, Weltanschauung und Weltbild in ihrem Mythus, d. h. in ihren mythologischen Objektivationen, von Anfang an vielfältig und variabel.«[9]

Gibt es aber – im Rahmen der gnostischen Interpretation – eine Alternative zu Bultmann? Wir werden sehen. Wir wollen uns – angesichts der uferlosen Debatte um Gnosis und Gnostizismus einerseits und um Gnosis und Neues Testament andererseits[10] – auf die eine Frage konzentrieren: Ist bei aller Kritik an Bultmann vielleicht doch eine gnostische Erlöservorstellung nach wie vor der Schlüssel zum Verständnis der Präexistenz im Philipper-Hymnus? Was spricht dafür, was dagegen?

Was dafür spricht

(1) Für die entscheidenden, möglicherweise präexistenzchristologischen Aussagen (»morphe theou« und »isa theou«) sind *sprachliche Parallelen bis heute nur in gnostischen Texten nachweisbar*: im Poimandres (»Menschenhirt«), einem Traktat aus der gnostischen Schriftensammlung »Corpus Hermeticum«, aber auch im »Perlenlied« der syrischen Thomas-Akten.[11] Zwar stammen alle diese Texte aus der Zeit vom 2. bis 4. Jahrhundert *nach* Christus, aber gleichzeitig gilt, »daß sowohl der Poimandres als auch das Perlenlied frei ist von christlichen Einflüssen«.[12] Diese Texte nichtchristlicher Gnosis können also möglicherweise in *vor*christliche Zeit zurückweisen.

(2) Die Existenz einer *vorchristlichen Gnosis ist nicht definitiv auszuschließen*. Das Fehlen jeglicher vorchristlicher gnostischer Texte erlaubt keineswegs die pauschale These, die Gnosis sei ein Phänomen nach Erscheinen des Christentums[13], ja das frühe Christentum selbst habe eine »auslösende Wirkung für die Entstehung der gnostischen Systeme« gehabt.[14] Dagegen spricht die Existenz von gnostischen Schriften, die vom Christentum unberührt sind (etwa: Corpus Hermeticum, das gesamte mandäische Schrifttum oder verschiedene Schriften aus der Nag-Hammadi-Bibliothek) ebenso wie die Existenz von Schriften, in denen das Christliche erkennbar erst nachträglich, also sekundär, hineingearbeitet wurde (etwa: Baruch-Buch des Gnostikers Justin sowie die »Hypostase der Archonten« oder das Ägypter-Evangelium aus Nag-Hammadi).

Exklusive Positionen zum Verhältnis Neues Testament und Gnosis erscheinen von daher *ungeeignet*, der religionsgeschichtlichen Situation im 1. Jahrhundert gerecht zu werden. Einige Exegeten benutzen denn heute auch Kategorien wie »Wechselwirkung« oder »gegenseitige Beeinflussung«. So erklärt der Gnosisforscher *Klaus-Werner Tröger* in einem neuesten Band zum Thema »Gnosis und Bibel« (1980), daß die Überzeugung, die gnostische Frage sei für das Neue Testament irrelevant, heute nur noch von wenigen vertreten werde: »Es besteht vielmehr weitgehende Übereinstimmung darüber, daß es schon im frühen Christentum *Wechselwirkungen zwischen christlichen und gnostischen Vorstellungen* gab. Je selbstverständlicher das vorausgesetzt wird, desto klarer läßt sich m. E. die ganze Vielfalt und die komplizierte Verschränkung der frühchristlichen Vorstellungswelt überblicken. Die begonnene Auswertung der Nag-Hammadi-Texte hat viel dazu beigetragen, diese Vielfalt konkret zu beschreiben und einzelne ›Entwicklungslinien‹ deutlich zu markieren. In dieser Hinsicht haben die Quellen bereits mehr ausgetragen als für die begrenzte Frage, ob das Neue Testament gnostische Elemente enthält oder nicht. Vor allem für die Differenzierung christologischer Positionen und Traditionen sowohl in neutestamentlicher Zeit als auch im 2. und 3. Jahrhundert haben die Schriften von Nag-Hammadi wertvolles Material geliefert.«[15]

(3) Die *Existenz einer präexistenten Erlöserfigur* (Abstieg-Aufstieg-Schema) in der Gnosis ist nicht erst Produkt des Christentums, sondern bereits *vorchristlich* erkennbar. Fälschlicherweise berufen sich viele Theologen in diesem Zusammenhang immer wieder auf das bereits genannte Buch des Religionswissenschaftlers Carsten Colpe von 1961. Man übersah dabei, daß Colpes Arbeit »gar nicht primär den Erlösermythos« behandelte, »sondern die Urmensch-Erlöser-Vorstellung der religionsgeschichtlichen Schule und ihre iranischen Grundlagen«, so Walter Schmithals, einer der kämpferischen Apologeten der neutestamentlichen Gnosisforschung, nicht zu Unrecht.[16]

In der Tat: Nur diese von der religionsgeschichtlichen Schule vorausgesetzten *iranischen Grundlagen* des Urmensch-Erlöser-Mythos hatte Colpe mit seiner Studie ein für alle Mal kritisch destruiert. Die Behandlung des Verhältnisses vom gnostischen Erlösermythos zur neutestamentlichen Christologie dagegen hatte er ausdrücklich für einen dritten Band angekündigt, der freilich bisher nicht erschienen ist. Doch schon in seinem Buch von 1961 nahm Colpe die ältere religionsgeschichtliche Forschung gegen die These in Schutz, »daß die Gnosis erst unter christlichem Einfluß eine Erlösergestalt aufgenommen habe«.[17] Zwar sei – fährt Colpe fort – die gewaltige Bedeutung Christi in der Gnosis offenkundig. Daneben aber sei es unübersehbar, daß in gnostischen Texten der Erlöser entweder anders heiße oder daß es statt und neben Christus noch eben jene genauso erlösenden Selbst- oder Geisthypostasen gäbe. Diese hätten ja »die ältere Forschung nicht ohne Grund zu der Behauptung veranlaßt, daß sie die vorchristliche gnostische Erlösergestalt repräsentieren, welche von Christus nur verdrängt worden sei«.[18] Colpe hat also mit seinem Buch von 1961 die Frage der Einwirkung eines gnostischen Erlösermythos auf die neutestamentliche Christologie nicht präjudiziert, im Gegenteil, die Existenz einer vorchristlichen Gnosis wie vorchristliche Erlösermythen eher vorausgesetzt![19]

So urteilt denn heute auch *Kurt Rudolph*, einer der führenden Gnosiskenner, in einem 1983 erschienenen Sammelband vornehmlich amerikanischer und deutscher Forscher (»The New Testament and Gnosis«) differenziert, wenn er schreibt: »In jedem Fall ist auch für das christliche Kerygma die Vorstellung eines herabsteigenden Erlösers eine seltsame, hellenistische Idee. Sie ist – denke ich – mit den Anfängen gnostischen Denkens verbunden; man findet sie bei Paulus und vor allem im vierten Evangelium. Wahrscheinlich dürfte es schwierig sein zu entscheiden, wer hier nahm und gab. In jedem Fall wurde Christologie (und Soteriologie), wie im Neuen Testament bezeugt, geboren, als gnostische und hellenistische Ideen schon in der Luft lagen.«[20] Anders gesagt: *Wenn weder die Existenz einer vorchristlichen Gnosis noch die einer präexistenten Erlösergestalt definitiv auszuschließen ist, kann eine Interpretation des Philipper-Hymnus von gnostischen Vorstellungsmustern aus nicht illegitim sein.* Wie könnte sie konkret aussehen?

(4) Die *erste Hälfte des Philipper-Hymnus* kann vor dem Hintergrund eines weitverbreiteten *gnostischen Topos* verstanden werden: des Topos von der Entstehung der Welt durch den Fall eines göttlichen Wesens, gewöhnlich der Sophia. *Hans-Martin Schenke* hat 1973 in einem Aufsatz über »Die neutestamentliche Christologie und der gnostische Erlöser« diese gnostische Deutung der Verse 6–8 zu geben versucht. Der Topos habe in vorchristlichen gnostischen Texten im wesentlichen so gelautet: Die Sophia »trachtet in räuberischer Vermessenheit danach, dem göttlichen Urvater gleich zu sein, indem sie wie dieser etwas aus sich allein hervorzubringen versucht; entsprechend wird ihr Produkt, zunächst der Demiurg, der seinerseits wieder Gott sein will, und dann auch die Welt, nur eine Fehlgeburt«.[21] Und der Philipper-Hymnus? Er hätte diesen Hintergrund gekannt, nun aber – mit Jesus als Erlöser – umgestaltet: »Der Gottessohn begeht nicht den Fehler seiner Schwester, sondern steigt, den Reichtum seiner göttlichen Fülle um der zu Rettenden willen im Himmel zurücklassend, in die Welt hinab, um den Fehler wiedergutzumachen. Die Beschreibung seiner menschlichen Seinsweise (›den Men-

schen gleich; sein Leben war das eines Menschen‹) klingt durchaus nach Doketismus, wie dieser eben bei der Übertragung der gnostischen Erlöser-Vorstellung auf Jesus mit einer gewissen Notwendigkeit herauskommt.«[22] Im Klartext: Jesus ist in diesem Lied ein ebenso präexistentes göttliches Himmelswesen wie der gnostische Erlöser und bleibt es auch in seiner scheinbaren (doketischen) Menschengestalt.

Wir fragen: Ist dies die Lösung des religionsgeschichtlichen Hintergrundproblems im Philipper-Hymnus? Durchaus nicht.

Was dagegen spricht

Schaut man genau hin, so beruhen all diese Interpretationen ihrerseits auf Voraussetzungen, die in sich methodisch und hermeneutisch fragwürdig sind:

(1) *Nichtchristliche oder sekundärchristliche Texte sind noch keineswegs automatisch vorchristliche Texte.* Die angeblichen gnostischen Parallelen zum Philipper-Hymnus sind nun einmal Rückprojektionen aus verschiedenen nachchristlichen gnostischen Schriften und suggerieren eine Systematik, die es in der Gnosis eben erst im 2. Jahrhundert n. Chr. gegeben hat.[23] Anders gesagt: Alle gnostischen »Parallelen« hätten genausogut auch unabhängig vom Christentum und gleichzeitig mit ihm entstehen können. Ein Wechselverhältnis, eine gegenseitige Beeinflussung muß keineswegs stattgefunden haben und bleibt solange abstrakt und postulatorisch, solange die Textbasis fragwürdig ist.

(2) Auch aus *inhaltlichen Gründen* wird man vorsichtig sein, die Christologie des Philipper-Hymnus mit dem gnostischen Erlöser zu erklären. Der protestantische Exeget *Dieter Georgi* hatte schon 1964 sieben Punkte genannt, die eine Abhängigkeit fragwürdig erscheinen lassen.[24] Im Philipper-Hymnus spiele die in der Gnosis so zentrale Vorstellung vom Urgeschick des Urmenschen (insbesondere vom Urfall) keine Rolle; im Hymnus sei Jesus ein Mensch, der gnostische Erlöser-Mythos aber kenne keine wirkliche Menschwerdung, sondern nur eine Verkleidung des Erlösers; im Unterschied zum Mythos fehle im Hymnus jede aktive Auseinandersetzung des Erlösers mit widergöttlichen Mächten; überhaupt würden die für den Mythos so wichtigen Objekte der Erlösung, die glaubenden Menschen, im Hymnus gar nicht auftreten; im Mythos sei überdies der Aufstieg des

Erlösers in die Himmelssphäre entweder sein eigenes Unternehmen oder Sache eines weiteren Erlösers, der das unvollendete Werk des vorhergehenden vollende; im Hymnus aber werde von Gottes Handeln am Menschen Jesus im Akt der Erhöhung gesprochen. Im Mythos gehe es um die Rückkehr des Erlösers aus der Niedrigkeit in einen alten Zustand, um eine Wiedereinsetzung in die alte Würde also; im Hymnus aber um die Einsetzung in eine neue, höhere Würde und um den Anfang der Stellung als Weltherrscher, um eine echte Inthronisation also. Konstitutiv für den Hymnus sei schließlich in Vers 2,10 f. eine Anspielung auf Jesaja 45,23 (»Vor mir wird jedes Knie sich beugen«). Fazit: Im Hymnus ist weder etwas über eine Motivation des Abstiegs (»um den Fehler wiedergutzumachen«) gesagt, noch klingt »Doketismus« an. Im Gegenteil. In diesem Hymnus ist Jesus Christus wirklich Mensch! Für Dieter Georgi steht denn auch fest, daß weder der religiöse Hellenismus im allgemeinen noch die außerchristliche Gnosis im besonderen, sondern die *Welt des hellenistischen Judentums*, in der die Septuaginta heiliger Text war, als der *traditionsgeschichtliche Ort* dieses Hymnus anzusehen sein dürfte. Wir sind hier an einem entscheidenden Punkt. Denn zum Verständnis einer möglichen Präexistenz- oder Nichtpräexistenz-Aussage ist die Bestimmung des traditionsgeschichtlichen Hintergrunds von entscheidender Bedeutung. Was ist aus der Sicht heutiger Exegese dazu zu sagen?

(3) *Chronologische und traditionsgeschichtliche Gründe sprechen gegen eine Ableitung aus dem synkretistischen Hellenismus.* Wer für den gnostischen Hintergrund des Philipper-Hymnus plädiert, setzt mit Bultmann und anderen stets voraus, daß der Ort der Entstehung dieser Christologie die »hellenistische heidenchristliche Gemeinde« vor Paulus gewesen sein müsse.[25] Ist dies aber zutreffend? Der protestantische Neutestamentler *Martin Hengel* hat nach eingehenden Studien zur Geschichte und Chronologie des Urchristentums überzeugend darzustellen vermocht, daß der Begriff eines »vorpaulinischen Christentums« überhaupt neu gefaßt werden müsse.[26] Hengel weist mit Recht darauf hin, daß man schon in Jerusalem selbst von einer *zweifachen Gemeindestruktur* auszugehen habe: von einer aramäisch sprechenden judenchristlichen Gemeinde einerseits (»Hebräer«), aber auch von einer griechisch sprechenden judenchristlichen Gemeinde andererseits (»Hellenisten«). Wichtig nun: Diese »Hellenisten« allein waren es, die nach dem Konflikt mit dem Jerusa-

lemer jüdischen Establishment nach Antiochien ausgewichen waren (Apg 8,1b;11,19) und in Judäa und Samaria, in Phönizien und Zypern ihre Missionstätigkeit fortsetzten. Die »Apostel« aber, d. h. die aramäisch sprechende Judenchristenheit, war in Jerusalem zurückgeblieben (Apg 8,1b)! Die Gemeinde in Antiochien dürfte also anfangs (bis zum Jahre 48) keineswegs – wie Bultmann annahm – aus gesetzesfrei lebenden Heidenchristen bestanden haben, die ganz und gar dem hellenistischen Synkretismus verfallen waren.

Was heißt unter diesen Umständen *»vorpaulinisches Christentum«*? Eine genaue Vergegenwärtigung der Chronologie der urchristlichen Geschichte macht klar, daß die Gemeindegründung in Antiochien (oder Damaskus, wohin Paulus zunächst ging) sowie die Bekehrung des Paulus zeitlich sehr nahe beieinander gelegen haben müssen, nämlich um das Jahr 35. Ist in dieser Zeit die Ausbildung eines selbständigen »vorpaulinischen Christentums« denkbar? Genauer: Ist in dieser kurzen Zeit in Antiochien die volle Ausprägung einer christlich-hellenistischen Kultusfrömmigkeit (Kyrios-Kult) oder eines Christus-Mythos (im Sinne des gnostischen Erlösermythos) vorstellbar, den Paulus bereits vorgefunden haben soll? Wohl kaum. Das von Bultmann im Anschluß an Bousset gezeichnete Bild – mit allen Konsequenzen für die Präexistenz-Christologie – dürfte von daher zu korrigieren sein.

Eher ist mit zwei anderen Tatbeständen zu rechnen: Zum einen dürfte die *christologische Traditionsbildung*, die Paulus Mitte der dreißiger Jahre in christlichen Gemeinden Syriens vorgefunden hat, judenchristlich-hellenistischen Ursprungs sein und damit viel stärker in *Kontinuität* stehen *mit alttestamentlich-jüdischen Vorstellungen und dem Kerygma der aramäischen Urgemeinde*. Zum anderen muß man bei Paulus von Ende der dreißiger Jahre an (die Chronologie ist schwankend wegen der unterschiedlichen Angaben in der Apostelgeschichte und im Galaterbrief)[27] davon ausgehen, daß er selber aktiv bei der Gestaltung des Kerygmas der griechisch sprechenden judenchristlichen Gemeinden in Syrien mitgewirkt hat. Von einer »im strengen Sinn ›vorpaulinischen‹ Gemeinde kann man eigentlich nur für die zwei bis vier Jahre bis zu seiner (des Paulus) Bekehrung (ca. 32/34 n. Chr.) bzw. bestenfalls bis zum Ende der dreißiger Jahre reden«.[28] Im Klartext: Eine Christologie wie die des Philipper-Hymnus, die Paulus vorgefunden und weiterentwickelt hat, ist viel enger *innerhalb der jüdisch-hellenistischen Traditionsbildung* zu begreifen.

Aus hermeneutischen, inhaltlichen, chronologischen und traditionsgeschichtlichen Gründen ist eine Abhängigkeit der Präexistenzchristologie vom gnostischen Synkretismus unwahrscheinlich.

Aus dieser Tatsache aber, daß nicht der hellenistische Synkretismus, sondern jüdisches Erbe der Schlüssel zum Verständnis des Philipper-Hymnus sein dürfte, haben gegenwärtige Exegeten den radikalen Umkehrschluß gezogen, der Philipper-Hymnus rede überhaupt nicht von der Präexistenz Christi. Ja, es mehren sich unter heutigen Neutestamentlern Stimmen, welche die Prämisse bisheriger Exegese mit guten Gründen in Frage stellen und von Präexistenz sowie (dann auch) Inkarnation im Philipper-Hymnus nichts erkennen können. Dieser komplexer gewordenen Diskussionslage müssen wir in dieser Studie Rechnung tragen, da Phil 2,6–11 nun einmal ein Schlüsseltext für das Problem der Präexistenz Christi im Neuen Testament darstellt. Nüchternheit ist am Platze, damit die jeweiligen theologischen Interessen nicht die Schrifterkenntnis überspielen. Deshalb:

2. *Jesus – Kontrastfigur zu Adam?*

Stärker als Vertreter der deutschen haben die der angelsächsischen Exegese schon in den 60er und 70er Jahren die Grundalternative erwogen, daß in diesem Text *Christus nicht als präexistentes Himmelswesen, sondern gut jüdisch als menschliche Gegenfigur zu Adam* besungen sei.[29] Das kann schon deshalb nicht ganz falsch sein, weil Paulus auch an anderen Stellen seiner Korrespondenz Christus mit Adam vergleicht (Rö 5,12–21; 1Kor 15,21 f.; 45–47). Und in der Tat kann man fragen: Wird nicht Adam, der erste, ursprüngliche Mensch, hier von Jesus als dem definitiven, letztgültigen Menschen abgelöst und überwunden? Als *traditionsgeschichtlicher Hintergrund* wäre dann *Gen 1–3*, Schöpfung und Fall des ersten Menschen, anzusehen.

Sprachlich scheint dies schon dadurch gestützt zu werden, daß man »Gestalt Gottes« (»morphe theou«) – so wörtlich und besser statt »er war Gott gleich« – nahezu mit »doxa« (Herrlichkeit) oder »eikon« (Abbild) Gottes gleichsetzen kann.[30] Das gleiche gilt für das griechische Wort »homoioma« (»und den Menschen gleich«) von Vers 7, das man denn auch gelegentlich mit »Gestalt wie ein Mensch« übersetzt.[31] Die erste Zeile des Liedes würde also von Christus reden, der wie Adam »nach dem Bilde« Gottes geschaffen wurde und wie Adam vor seinem Sündenfall an der »Herrlichkeit« Gottes partizipierte. Der Kontrastbegriff zu »Gottesgestalt« verstärkte noch diese Ableitung: »Sklavengestalt«, was ja offenkundig eine Anspielung auf Adams Schicksal nach dem Sündenfall ist. Auch das zweite Kontrastpaar zu Beginn des Textes würde in die gleiche Richtung weisen: »Gottgleichheit« spielt wahrscheinlich auf Adams Versuchung an (er wollte ja sein wie Gott: Gen 3,5) und »Menschengleichheit« wiederum auf Adams Zustand nach der Verfallenheit an die Sünde.

Auch die Wendung »wie Gott sein« (griech. »isa theou«) darf nicht einfach mit »Gottgleichheit«, »Gottgleichsein« übersetzt werden, wie dies öfters geschieht. Das nämlich verlangte die Form »isos theos«. Im Text steht aber das Adverb »isa«, und das bedeutet nur »wie Gott«, »Gott gleich«. Eine Aussage über das Gott-gleich-*Sein* Christi liegt damit nicht vor, was wiederum gegen eine präexistentielle Deutung spricht. Es gibt also aus traditionsgeschichtlichen wie sprachlichen Gründen – so der katholische Exeget und Jerusalemer Dominikaner Jerome Murphy-O'Connor – »no justification for interpreting the phrase of the hymn in terms of being of Christ«.[32]

So wäre dieser Text ein Stück *Adam-Christologie,* wie sie auch in anderen Zusammenhängen des Neues Testamentes auftaucht: Ein weiterer Beleg für die von uns bereits analysierte, weit verbreitete Zwei-Stufen-Christologie der judenchristlichen Urgemeinden (Leben-Tod/Auferweckung-Erhöhung Jesu Christi) und stünde so nicht im Zusammenhang mythischer, sondern alttestamentlicher Überlieferung. Keine Rede also hier von einer präexistenten Himmelsgestalt. Christus vielmehr die *große Kontrastfigur zu Adam.* Konkret: War es nicht Adam, der seine Gottesebenbildlichkeit noch steigern wollte und damit der Hybris und der Ursünde verfiel? War es nicht Adam, der dann zur Strafe eine Art Sklavendasein fristen mußte? Und ist der Christus dieses Liedes nicht genau das Gegenteil? Hat er seine Gottebenbildlichkeit nicht freiwillig aufgegeben? Hat er die Sklavengestalt gerade nicht zur Strafe, sondern freiwillig und gehorsam übernommen, um dann von Gott in seine himmlische Würde eingesetzt zu werden? Das also wäre der Kontrast, die große Antithese in diesem Lied: Adam der sich erdreistende – Christus der sich entäußernde Mensch; Adam der gewaltsam von Gott erniedrigte – Christus der sich freiwillig vor Gott erniedrigende Mensch; Adam der rebellische, Christus der ganz und gar gehorsame Mensch; Adam, der letztlich Verfluchte, Christus, der schließlich Erhöhte; Adam, der wie Gott sein wollte – am Ende im Staub; Christus, der in den Staub, ja ans Kreuz ging – am Ende der Herr über den Kosmos!

So scheint Christus also der *neue Adam* in diesem Lied zu sein, der den alten Adam endgültig überwunden hat. Keine Rede von einer Präexistenz Christi im Schema einer Drei-Stufen-Christologie: Präexistenz – Erniedrigung – Postexistenz. Stattdessen besingt der Autor das ganze irdisch-menschliche Leben Christi als Leben freiwilliger Selbstpreisgabe in die Niedrigkeit, als Gehorsam, der bis in das Sklavendasein und den Schandtod reicht, und macht damit zugleich ein Doppeltes klar: Nur *deshalb*, nur durch die Niedrigkeit hindurch konnte Jesus auch der Pantokrator werden; und umgekehrt: Der Pantokrator trägt für immer die Züge des erniedrigten Menschen, ja des gekreuzigten Sklaven.

So kann *Jerome Murphy-O'Connor* grundsätzlich folgern: »Strophe 1: Als der gerechte Mensch schlechthin war Christus das vollendete Abbild (eikon) Gottes. Er verkörpert gänzlich das, was Gott mit dem Menschen vorhat. Seine sündenlose Existenz gab ihm das Recht, so behandelt zu werden, als ob er Gott wäre, d. h. sich der Unverdorbenheit zu erfreuen, in der Adam geschaffen wurde. Dieses Recht benutzte er freilich nicht zu einem eigenen Vorteil, sondern er lieferte sich den Konsequenzen einer Daseinsweise aus, die nicht die seine war, dadurch daß er die Lebensbedingungen eines Sklaven – einschließlich Leiden und Tod – übernahm. Strophe 2: Obwohl Christus seiner menschlichen Natur nach mit den anderen Menschen identisch war, unterschied er sich dennoch von ihnen, weil er sich nicht mehr mit Gott zu versöhnen brauchte. Trotzdem erniedrigte er sich selbst im Gehorsam und nahm den Tod auf sich. Strophe 3: Deshalb erhöhte ihn Gott über alle Gerechten, denen Anteil am Gottesreich versprochen war, und übertrug ihm Titel und Autorität, die vorher Gott allein vorbehalten waren. Er ist der *kyrios*, den jeder bekennen und vor dem jeder das Knie beugen muß. So verstanden, stellt der ursprüngliche Hymnus einen Versuch dar, die Einzigartigkeit Christi, präzise verstanden als Mensch, zu definieren. Und genau dies ist es, was man am Anfang christlicher Theologie erwarten würde.«[33]

Doch *Rückfrage*: Reichen die konstrastierenden Parallelen zu Adam wirklich aus, um das Spezifische des Christus in diesem Hymnus zu erklären? Sind – vergleicht man den Wortlaut von Gen 3 – die Parallelen wirklich so eindeutig? Wollte Adam wirklich willentlich werden wie Gott? Er ist ja Gen 3,5 zufolge eher ein Opfer, ein doppelt Verführter: verführt von der Schlange und von der Frau! Daß also Adam seine Gottebenbildlichkeit »wie einen Raub« habe festhalten und sie sogar in einem Anfall von Hybris noch habe steigern wollen – das alles dann im Gegensatz zum demütig-gehorsamen Christus –, davon kann beim genauen Hinsehen in Gen 3 keine Rede sein.[34] Und weiter: Setzt die Wendung »er entäußerte sich« und wurde »den Menschen gleich« nicht doch einen Zustand göttlichen Seins voraus, aus dem man sich logischerweise erst entäußern kann, um menschengleich zu werden? Denn was ist Selbsterniedrigung anderes als Inkarnation, Menschwerdung? Und von Mensch*werdung* kann sinnvollerweise doch nur unter Annahme einer Prä-Existenz gesprochen werden. Setzt also nicht gerade die Formel von der Selbsterniedrigung die Präexistenz Christi voraus? Woher stammt das Wort von der Selbsterniedrigung und Selbstentäußerung?

3. *Jesus – ein leidender Gottesknecht?*

Nun ist ausgerechnet das Wort von der Selbstentäußerung nirgendwo sonst in der griechischen Literatur belegt, so daß dessen exakte Bestimmung schwierig ist. *Joachim Jeremias* hatte deshalb schon 1954 darauf aufmerksam gemacht, daß eine sachliche Parallele zu dieser Wendung wohl am ehesten im Alten Testament zu finden sei. *Traditionsgeschichtlicher Ort* könnte hier das *vierte Lied vom Gottesknecht* (Jes 53) gewesen sein. Denn dort heißt es von diesem Gottesknecht: »Er verströmte sein Leben in den Tod« (53,12). »Selbstentäußerung« würde deshalb nicht Präexistenz voraussetzen und nicht Inkarnation bedeuten, sondern sich auf das Kreuz des leidenden Menschen Jesus beziehen.[35]

In einem neueren Aufsatz von 1987 ist ein anderer protestantischer Exeget, *Matthias Rissi*, dem Altmeister Jeremias gefolgt.[36] Zwar gibt auch Rissi zu, daß der Septuagintatext von Jes 53,12 im Wortlaut anders formuliere, dies aber spreche nicht gegen Jeremias' These: »Der Dichter des Hymnus braucht seine eigenen Worte, um sachlich dasselbe auszusagen wie der alttestamentliche Text.«[37] Und sachlich wolle er eben nichts über eine Präexistenz, sondern etwas über das Leiden eines Gerechten und Unschuldigen aussagen. Die These von Jeremias sei denn stets auch nur von der Annahme her in Zweifel gezogen worden, »Phil 2,6 spreche ja von der Präexistenz und darum auch von der Inkarnation des Christus«.[38] Damit aber habe im Grunde nur die eine unbewiesene Hypothese die andere gestützt: Weil Christus ja präexistent sei, könne Selbstentäußerung nur Menschwerdung bedeuten oder umgekehrt: Weil Selbstentäußerung nichts als Menschwerdung heiße, müsse Christus hier der Präexistente sein. Für Rissi selbst aber ist die Annahme von Präexistenz in diesem Text »sehr fraglich«.[39] Die Alternative?

Die Alternative ist: In diesem Lied sei neben die Adamschristologie der ersten Zeile (2,6) nun ganz entscheidend eine messianisch orientierte *Knechts-Christologie* aus Jes 53 getreten.[40] Dies bestätigten gerade auch die parallelen Erhöhungsaussagen im Philipperhymnus und bei Jesaia. Auch der Gottesknecht bei Jesaia werde ja eines Tages »groß sein und erhaben« (Jes 52,13), ganz so wie es von dem Christus in diesem Lied heiße, Gott habe ihn über alle erhöht. Phil 2,10 enthalte darüber hinaus eine eindeutige Anspielung auf Jes 45,23: »Vor mir wird jedes Knie sich beugen und jede Zunge bei mir schwören.« Erst dem postexistenten, dem erhöhten Christus also, werde hier eine Würde zugesprochen, die sonst nur Gott allein vorbehalten sei. Und in der Tat scheinen Anspielungen auf andere alttestamentliche Texte in die gleiche Richtung zu deuten.[41]

Für Rissi ist damit klar: Der Verfasser des Philipperhymnus hat sein Gedicht *ausschließlich aus alttestamentlichen Stoffen* wie Gen 1 und 3, Jes 53 und 45 aufgebaut. Weder weisheitliche Reflexionen über den leidenden Gerechten noch mythologische Spekulationen über ein präexistentes Gottwesen seien die Quellen, sondern die Messialogie des Jesaiabuches. Die Verse 6 und 7 sprächen deshalb nicht von einem präexistenten, himmlischen Wesen und, nicht von Inkarnation, sondern allein vom Leben des Christus auf Erden. Fazit: »Der Christus als der *wahre* Mensch nach der Absicht Gottes hat sich nicht, wie der erste Mensch, verführen lassen, sondern ist sündlos geblieben, jedoch nicht als eine Idealgestalt, sondern als ein *wirklicher* Mensch. Er erfüllt die Rolle des Gottesknechtes von Jes 53. Er ist der Mensch Jesus, der seiner Selbsterniedrigung wegen erhöht wurde und am Ende die eschatologische Huldigung aller empfangen wird. Es handelt sich deutlich um eine judenchristliche Interpretation des Christusweges aufgrund des christologisch gedeuteten Alten Testaments.«[42]

Diese inneralttestamentliche Deutung, die Präexistenz und Inkarnation in Phil 2,6–11 nicht entdecken kann, ist jüngst durch eine

Untersuchung des Heidelberger protestantischen Exegeten *Klaus Berger* über »hellenistische Gattungen im Neuen Testament« gestützt worden. Dem Philipper-Hymnus läge ebenso wie Hebr 1 – so Berger – ein in der antiken Literatur und auch im hellenistischen Judentum weitverbreitetes dreiteiliges Schema einer Lobrede (enkomion) zugrunde, das Aussagen über das Wesen einer Person, dessen Taten und dessen Lohn umfasse. Sir 44 ff. sei hier strukturell und semantisch prägend gewesen. So entsprächen sich Christus, der »in der Gestalt Gottes« (Phil 2) oder »Abglanz der Doxa« gewesen (Hebr 1), und Abraham, dem keiner an Doxa gleich sei (Sir 44). Ähnlich Mose, der nicht nur geliebt und voll »Doxa« gewesen sei, sondern den Gott auch geehrt habe »wie einen Gott« (Hebr Sir 45). Das gleiche gelte für Josua (Sir 46), Samuel (Sir 46) und David (Sir 47). Fazit: »Aus dieser Reihe folgt für Phil 2,6, daß es sich dort primär um Hoheitsaussagen handelt und keineswegs notwendigerweise um Präexistenzaussagen. Daß es sich hier um eine Inkarnationsaussage handeln soll, halte ich für unbeweisbar. Es kann sich viel eher um den Kontrast zwischen Erwählung und Sendung von Gott her einerseits und dem Gehorsam andererseits handeln.«[43]

Die Konsequenz: Man muß nicht bei außerbiblischen Vorstellungen und Texten Anleihen machen, um Philipper 2 zu verstehen. *Jüdischer Hintergrund reicht aus,* um diesen Hymnus zu begreifen, ja eine Kontinuität der Christusverkündigung mit der aramäischen Judenchristenheit herzustellen. Selbsterniedrigung, Selbstentäußerung ist somit nicht als Akt eines mythisch-präexistenten Himmelswesens, sondern als Qualifikation des Menschen Jesus zu verstehen – ganz so wie auch der Menschensohn und Gottessohn der aramäischsprechenden judenchristlichen Urgemeinde in seiner Niedrigkeitsgestalt gesehen und als Gottes Bevollmächtigter, als eschatologischer Repräsentant, als der wahre Mensch und definitive Bote verstanden und bekannt worden war. Phil 2,6–11, dieser frühe Text, stünde dann in Kontinuität mit der aramäischen judenchristlichen Gemeinde Jerusalems!

Und doch: Ist man mit solchen Deutungen dem Wort »Gottesgestalt« wirklich gerecht geworden? Mehr noch: Hat man auf diese Weise das Lied wirklich in seiner ganzen Weite und Tiefe verstanden? Hatte denn das aramäische Judenchristentum Aussagen wie »Gottesgestalt« und »Selbsterniedrigung« zu gebrauchen gewagt? Sind hier nicht doch hellenistisch beeinflußte Kategorien mit im Spiel? Und wenn ja – muß man dann nicht nach einem stärker gefärbten hellenistischen Hintergrund innerhalb des Judentums Ausschau halten?

4. Christus – präexistent wie die Weisheit Gottes

Welche Tradition des hellenistischen Judentums aber kommt für den Philipper-Hymnus in Frage? Was Exegeten wie Eduard Schweizer und Dieter Georgi vereinzelt schon in den sechziger Jahren geltend machten, findet heute breite Zustimmung: die *Tradition der Weisheitstheologie.*[44]

Verblüffende Parallelen

In der Tat: Legt man die Vorstellung von der Weisheit zugrunde, wie sie gerade auch in den von uns behandelten alttestamentlichen Texten geschildert wurde, so ergeben sich verblüffende *Parallelen zum Philipper-Hymnus.* Gewiß: Nirgendwo ist bei der Weisheit von »morphe theou« die Rede, aber auch Weish 9,9 kennt ja bekanntlich die Rede von einer Daseinsweise der Weisheit bei Gott, und Weish 9,10 spricht von der Sendung dieser präexistenten Weisheit vom Throne Gottes aus. Nach Sir 24 verbleibt die Weisheit ebenfalls nicht in ihrer Präexistenz, sondern kommt zu den Menschen in Gestalt der Tora. *Präexistenz, Sendung oder Abstieg* aus der himmlischen Sphäre kennzeichnen das Bild der Weisheit gerade hier. Und ist dies nicht im *ersten Teil* des Philipper-Hymnus genauso? Gewiß: Christus ist in diesem Lied nicht ausdrücklich der »Gesandte«. Aber auch er verbleibt hier ebensowenig wie die Weisheit bei Gott; auch er kommt herab in die Welt der Menschen!

Ja, mehr noch: Auf weisheitlichen Hintergrund scheint überdies die Tatsache zu verweisen, daß Christus im *zweiten Teil des Liedes* beschrieben wird wie »die Gerechten« im Buch der Weisheit (Kap. 3 und 4). Auch sie mußten durch Verfolgung und Leid hindurch, um dann in den Himmel versetzt zu werden. Auch sie werden ja dereinst beim Endgericht zu Gericht sitzen und über die Nationen herrschen. Ist es nicht beim Christus des Philipper-Hymnus genauso? Ist nicht auch in Phil 2,8 der Tod kein End-, sondern ein Wendepunkt zu einer Erhöhung aus der Niedrigkeit? Ja, geht nach Weish 10,13–14 die Weisheit nicht ebenfalls mit den Gerechten den Weg bis in die Sklaverei und in die Niederungen der Gefangenschaft? Kurz: Wenn es in diesem Lied schon so viele Parallelen zwischen Christus und der Weisheit Gottes gibt, ist Christus dann nicht auch so präexistent, wie eben nur die Weisheit Gottes präexistent ist?

Entscheidend dürfte hier die *Übersetzung des Wortes »en morphe«* sein. Und dieses Wort »morphe« kann in der Tat nicht bloß mit irdischem »Abbild«, sondern auch mit überirdischer »Gestalt« übersetzt werden. Was aber heißt hier »*Gestalt*«? Wohl kaum – wie sonst im Sprachgebrauch – etwas einer Person Eigenes, Zugehöriges. Heißt es doch im Text ausdrücklich: »*in*« Gestalt. Und eine Gestalt *hat* man, aber man ist nicht *in* ihr. Was also? Die *Bedeutungsbreite* ist gerade bei diesem ungewöhnlichen Wort sehr groß, wie insbesondere der von allen Exegeten stets zitierte Artikel von J. Behm aus dem Jahre 1942 gezeigt hat.[45] Eine eindeutige »Definition« des Wortes »en morphe theou« erscheint ausgeschlossen. Nur das eine ist sicher: Für welche Bedeutungsnuance man sich auch immer entscheidet, ein Großteil heutiger katholischer und protestantischer Exegeten geht nach wie vor davon aus, daß »en morphe theou« sich nicht bloß auf den irdischen Jesus allein beziehen könne, sondern eine wie immer geartete *präexistente Daseinsweise* Christi bei Gott beinhalten müsse.[46]

Was der Text nicht sagen will

Freilich: Gerade wegen der unterschiedlichen Bedeutungsnuancen tut man gut daran, den Text weder sprachlich noch religionsgeschichtlich noch theologisch zu pressen. Ist doch auffällig, wie lapidar der Text selber in seiner theologischen Grundaussage ist, wie er theologische *Spannungen aufbaut, ohne sie selber aufzulösen.* Jeder Interpret hat sich bewußt zu bleiben: »Der Hymnus selbst redet – was für die theologische Interpretation beachtet sein will – in der ungeschützten Sprache des Lobens, nicht in der nach allen Seiten abgesicherten Diktion exakter Dogmatik.«[47]

Unbekannt sind diesem Hymnus deshalb Fragestellungen hinsichtlich *zweier »Naturen« Christi.*[48] Weder ist die Formel von der Entäußerung und der Menschengleichheit als Annahme einer menschlichen Natur durch eine bleibend göttliche Person zu verstehen, noch hat der Text das Interesse an der Klärung folgender Probleme: Ist die Gottgleichheit mit der Entäußerung preisgegeben? Ist das »Gottgleichsein« von der Menschengleichheit überhaupt betroffen oder gerade unbetroffen? Wird ein Verhältnis von Vorzeitigkeit und Nachzeitigkeit (früher Gott, jetzt Mensch) behauptet, oder ist ein Zustand der Gleichzeitigkeit (sowohl gottgleich – wie menschengleich) affirmiert? Auch katholische Exegeten wie Rudolf Schnackenburg weisen hier auf feine, aber wichtige Unterschiede hin: »Gottesgestalt« bedeute keine Aussage über die Befindlichkeit Christi, sage nichts über sein »göttliches Wesen«; nicht um die göttliche *Natur* des Präexistenten gehe es, sondern um eine göttliche Seins*weise*, nämlich die der Doxa.[49]

Nein, *dogmengeschichtlich entstandene Problemstellungen,* auf den Text zurückprojiziert, *erdrücken ihn bis zur Unkenntlichkeit.* Problemstellungen derart etwa: »Ist Christus nämlich nur in der Verfassung oder Erscheinungsweise Gottes statt in seiner Wesensgestalt, kann das leicht und durchaus konsequent trinitätstheologisch modalistisch und christologisch im Sinne der ›nestorianischem Denken entsprechenden Habitustheorie‹ verstanden werden. Und das wären schwere Irrtümer.«[50] All dies übersieht den judenchristlichen Kontext des Hymnus, seinen Charakter als Lied und seine innere Gedankendynamik. Die *Warnung Joachim Gnilkas* ist ernst zu nehmen. Zwar übersetzt auch er allzu forciert »morphe« mit »die das Sein von seinem Wesen her prägende Daseinsweise«, zugleich aber fügt er hinzu: »Jedoch muß man, um Mißverständnisse auszuschließen, gegenüber dogmatischen Interessen mit aller Deutlichkeit sagen, daß hier nicht ein Spekulieren über die Naturen Christi vorliegt. Es sind die ersten Anfänge eines Nachsinnens über das präexistente Sein Christi, aber es ist viel mehr an dem vom Präexistenten herkommenden Heilsgeschehen als an diesem selbst orientiert.«[51] Und selbst ein Dogmengeschichtler wie *Alois Grillmeier* läßt keinen Zweifel daran: »Gewiß soll keine ›Definition‹ vom ›Wesen‹ des Präexistenten geboten werden, wenn es heißt: en morphe theou hyparchon. Es geht nur darum, die göttliche Macht und Herrlichkeit zu betonen, die der Gottgleiche besaß und freiwillig preisgab. Es ist also ein vom alttestamentlichen Denken geprägter Begriff der ›Gottgleichheit‹, mit dem wir es in V. 6 zu tun haben.«[52]

Für dogmatische Interessen also ist dieser Text nicht zu vereinnahmen. Auch zahlreiche weitere *Einzelfragen bleiben unbeantwortet*: Die Entäußerung Christi wird ja offenkundig als sein eigener Willensentschluß dargestellt. Wann aber hat er stattgefunden? Noch in der göttlichen oder erst in der irdischen Seinsweise? Bedeutet die Entäußerung nur eine Preisgabe der göttlichen »Prärogativen und

Manifestationen«[53] oder sogar eine »Preisgabe des göttlichen Wesens«, eine »Preisgabe des göttlichen Selbst«?[54] Wir erfahren darüber nichts. Nichts erfahren wir ebenfalls über das Warum der Erniedrigung, etwa über eine soteriologische Absicht, und die einzige Begründung des Textes wirft für uns zugleich mehr Fragen auf, als sie beantwortet: »*Darum* hat Gott ihn erhöht.« Ein folgenreiches Darum! Mußte der Preis für die Erhöhung ausgerechnet der Schandtod am Kreuze sein? Was mag das für ein Gott sein, der diesen Preis verlangt, um erst später den so Erniedrigten zu entschädigen? Was für ein Gott, der nicht verhinderte, daß dieser Sklave bis zum Kreuz dies alles durchmachen mußte? Und schließlich: Warum überhaupt diese ganze Geschichte, die in der göttlichen Daseinsweise anfängt und in gesteigerter Form zu ihr zurückführt? Fragen über Fragen also, mit denen der Text seine Benutzer offenkundig allein läßt. Warum? Weil dieser Text kein theologischer Traktat ist, sondern ein Lied, ein großes Stück Poesie.

Wir haben die Argumente für und gegen eine präexistentielle Deutung des Philipper-Hymnus zur Kenntnis genommen. Welche sind die überzeugendsten? *Drei Argumente* scheinen mir heute weitgehend *konsensfähig* zu sein:

(1) Der geistige Hintergrund des Philipper-Hymnus ist weder die aramäischsprechende Judenchristenheit noch eine nichtjüdische synkretistische Gnosis, sondern die Tradition des *hellenistischen Judenchristentums.*

(2) Verschiedene jüdische Traditionen sind in den Text eingeflossen. Motivkombinationen sind sein Spezifikum. Doch so sehr Traditionen einer Adams- und Gottesknecht-Christologie eine Rolle gespielt haben mögen, eine wichtige Dimension seiner Christologie verdankt der Text der *Tradition der Weisheit.*

(3) Mit der Weisheitstheologie aber kommt erstmals eine *Präexistenzvorstellung* in den Blick. Hier dürfte der entscheidende Unterschied zur aramäischsprechenden Judenchristenheit liegen, auch was deren christologische Rezeption der Weisheitstheologie (in der Spruchquelle) angeht. Das Wort »morphe theou« läßt es geboten erscheinen, eine präexistente Daseinsweise Jesu Christi bei Gott »vor« seiner Selbsterniedrigung anzunehmen. Wie aber ist diese Daseinsweise zu deuten? Welche Funktion hat die hier erfolgte personale Präexistenzaussage? Wir wollen in einem letzten Punkt eine eigene Deutung des Philipper-Hymnus versuchen.

5. *Ein Lied vom gekreuzigten und erhöhten Christus*

Voraussetzung ist: Diesem Text wird man nur gerecht, wenn man ihn weder mit den Augen einer Dogmatik noch denen einer Antidogmatik liest, sondern nur, wenn man seine sprachlichen Feinheiten, seine innere Dynamik und seine poetische Gestalt beachtet. Tut man dies, so ergibt sich als *Grundthese* zum Verständnis: Der Philipper-Hymnus *enthält zwar eine Aussage über die Präexistenz Christi, diese aber hat keine selbständige Bedeutung*. Ein Interesse an einer eigenen Präexistenzchristologie ist deshalb nicht zu erkennen. Wie ist dies zu begründen? Ein Blick auf die poetische Gestalt und die Erzählperspektive wird dies plausibel machen. Die theologischen Folgerungen sind im Anschluß daran zu ziehen.

Ein großes Stück Poesie

Gegen eine selbständige Präexistenzaussage sprechen zum *einen sprachliche Feinheiten* im Text selbst. Das gilt vor allem für den präexistenzchristologisch entscheidenden Vers 6. »Er war Gott gleich, hielt aber nicht daran fest ...« formuliert die »Einheitsübersetzung« unglücklich und irreführend. Warum? Weil damit ein Gegensatz von einst und jetzt, damals und heute, Vorzeit und Gegenwart in den Text gelegt wird, der unangemessen ist. Denn beachtet will sein, daß der Text im Original mit »en morphe theou hyparchon[1] partizipial präsentisch formuliert, also gerade *keine temporale Determinierung vornimmt*. Wörtlich übersetzt müßte diese entscheidende Stelle heißen: »er, in der ›Gestalt‹ Gottes *seiend*, hielt nicht daran fest ...«. Der Unterschied? Der Unterschied ist für eine Präexistenzaussage entscheidend. Denn übersetzt man wörtlich, so ist hier weder eine abstrakte Wesensdefinition noch eine determinierende Vorzeitbestimmung zu erkennen. Im Gegenteil. Von Anfang an weist der Text ein dynamisches Bewegungsgefälle auf. Der Zuhörer wird hineingenommen in eine Bewegungsdynamik, die die Dynamik des Erniedrigungsvorganges selbst ist.

Hinzu kommt *zweitens* – was viel zu wenig beachtet wird: Im Verb hyparchon steckt das Wort archä, Ursprung. Übersetzt man auch hier wörtlich, könnte man sagen: »Er, der in Gottes ›Welt‹ den Ursprung hat«. Das umstrittene »en morphe« ist also keine Wesens-, sondern eine *Herkunftsaussage*! Der protestantische Exeget *Hermann Binder* hat erst kürzlich (unter Berufung auf Ernst Käsemann) diesen Tatbestand erneut herausgestellt und daraus zu Recht gefolgert: »Irgendwie (!) klingt damit der Präexistenzgedanke an, der im frühen hellenistischen Christentum beheimatet war, so daß in Phil 2,6 ein erstes Ergebnis eigenständigen innerkirchlichen Nachsinnens über den Anspruch des historischen Jesus, der Gottessohn zu sein, vorläge.«[55] Im Klartext also: Eine Präexistenzaussage liegt mit dem »morphe theou« zwar vor, möglicherweise sogar die älteste des Neuen Testamentes, im Ganzen des Textes aber hat sie keine selbständige Bedeutung.

Hinzu kommt *drittens*: Dieser Text ist ein Stück *großer Poesie*! Ein Lied, ein Hymnus, der seinen eigentlichen Ort in der Liturgie der Gemeinde, ob bei Taufen (E. Käsemann) oder bei Eucharistiefeiern (E. Lohmeyer) gehabt haben dürfte. Und gute Poesie hat bekanntlich ihre eigenen Gesetze, ihre eigene Vernunft.[56] Die Poesie kann bildhaft sagen, wofür es gerade noch keine Begriffe gibt; sie kann kühn metaphorisch Grenzbereiche des Sprechens erschließen, die die Begriffssprache erst nachträglich einzuholen bemüht ist; sie kann Grundlinien zeichnen und Details beiseite lassen. Deshalb gilt: »Es ist verständlich, daß derartig kühne christologische Entwürfe nicht erst in der Form spekulativer Prosa, sondern in geistgewirkten Hymnen vorgetragen werden« – so Martin Hengel zu Recht.[57]

Warum aber ist der Text literarisch gut? Er ist gut, weil er zur Deutung des Jesus-Ereignisses *Kontrastspannungen* von hoher Dramatik aufbaut und auf kürzestem Raum eine unvergleichlich *paradoxale Dichte* herstellt: in der Welt (»Gestalt«) Gottes – in der Welt (»Gestalt«) der Menschen; wie Gott – wie ein Sklave; zwanghaft (»wie ein Raub«) festhalten – freiwillig entäußern; Erniedrigung – Erhöhung; Sklave – Königsherrschaft; Tod – Inthronisierung; Kreuz – Kosmokrator. Gerade diese literarisch gewollte Kontrastspannung läßt ihrerseits darauf schließen, daß dieses Lied nicht bloß vom irdischen Jesus, dem neuen Adam oder leidenden Gottesknecht handelt, sondern von einem Jesus, der vor seiner Erniedrigung zum Menschen »in der Welt Gottes« war. Nur so sind die Kontrastdynamik und das Bewegungsgefälle des Textes gleich von Anfang an gegeben: *Herkunft aus Gott* und doch ein Leben *wie das eines Menschen*. Wichtig aber: All diese Spannungen baut der Text bewußt auf und verzichtet auf jede begriffliche, philosophische oder theologische Überbrückung. Er ist hymnischer Entwurf, poetischer Aufschwung, be-geistertes Loblied – ein Dokument des prophetischen Geistes der Endzeit, ein Produkt des frühesten nachösterlichen Enthusiasmus!

Diese literarisch-ästhetische Bestimmung zieht Konsequenzen für die heutige theologische Deutung nach sich. Denn die poetische Sprache des Textes ist *keine vorläufige theologische Sprache*, keine niedrigere Form theologischer Reflexion. Sie ist nicht dem naiven Gemüt einiger enthusiastischer Poeten entsprungen, das nun mit philosophischer Begriffsreflexion auf den Boden theologischer Nüchternheit zurückgebracht werden muß. Der Text ist auch in seiner poetischen Form theologisch ernst zu nehmen. Theologisch-philosophische Begriffsreflexion – so legitim sie ist – hat sich an ihm zu relativieren, nicht umgekehrt. Das heißt: die theologische Reflexion muß sich so vollziehen, daß der Text in seinem poetischen Spannungsgefüge, in seiner Offenheit und Nuanciertheit zur Sprache kommt und nicht mit theologisch vorgeprägter Begriffssprache zugedeckt wird. Die zerbrechlichen Bilder und differenzierten Bedeutungsnuancen dürfen nicht in eine begrifflich angebliche Eindeutigkeit des »so und nicht anders« aufgelöst und mit Formeln zuzementiert werden. Im Gegenteil: Alle Formeln müssen sich immer wieder zu diesen Bildern hin öffnen. Und so ist auch die Aussage über die »Gottesgestalt« als »formgeschichtliches Stil-Element des Christus-Hymnus anzusprechen, nicht als allgemein spekulativer Topos«.[58]

Die alles entscheidende Perspektive

Entscheidend zur theologischen Schwerpunktbestimmung des Textes ist die Frage der »*Erzählperspektive*«. Aus welcher Perspektive spricht der Hymnus über seinen Helden? Welche Erfahrungen liegen ihm zugrunde? Es kann kein Zweifel sein: Diesem Lied liegt die Erfahrung des gekreuzigten, erhöhten und so durch Gottes Geist präsenten Jesus Christus als Kyrios zugrunde. Von daher ist klar: Dieser Text spricht aus keiner anderen Perspektive als der der *Nachzeitigkeit*! Der Autor blickt von der Erfahrung des gegenwärtig wirkenden, auferstandenen und erhöhten Herrn gleichsam zurück: auf das irdische Leben Jesu in der Niedrigkeit und das frühere Sein bei Gott! Anders gesagt: Wie für die aramäischsprechenden Judenchristen sind auch für diese frühe griechischsprechende Judenchristenheit *Erniedrigung und Erhöhung Schwerpunkt des Christusbekenntnisses.* Gerade nicht also die göttliche »Vorzeitigkeit« Jesu und sein damit gegebenes angeblich göttliches Wesen, sondern seine Erniedrigung bis ans Kreuz und seine Erhöhung zum Kyrios und Weltenherr! Jesus Christus ist also diesem Lied zufolge nicht in erster Linie eine göttliche Gestalt der himmlischen Lichtwelt, ein präexistentes Gottwesen, das die Himmelswelt verließ, Knechtgestalt annahm, um dann wieder in den Himmel aufzusteigen (so Bultmann), sondern in erster Linie der gekreuzigte und erhöhte Mensch, der von Gott kam.

Auch diese Aussage über die »Gottesgestalt« Jesu muß also im Lichte von Erniedrigung und Erhöhung, gewissermaßen »nachträglich«, interpretiert werden. Sie steht nicht am Anfang einer christologischen Reflexion, sondern am Ende eines Deutungsprozesses im Lichte des Erhöhten. Anders gesagt: Aussagen über die »Gottesgestalt« Jesu sind als »Ausweitung der Passions- und Erhöhungs-Aussage zu begreifen«[59] und haben ihren Sinn in der *Qualifizierung der Niedrigkeit Jesu als Offenbarungsweise Gottes.*[60] Die Aussage über die »Gottesgestalt« bezeichnet gewissermaßen die »Tiefendimension«, in der das Leben, Sterben und Auferstehen Jesu gesehen werden muß.[61]

Diese Erzählperspektive läßt die eigentümliche christologische *Zeitstruktur* dieses Liedes bewußt werden – eine eschatologische Zeitverschränkung, der wir von nun ab häufiger im Neuen Testament begegnen werden: Erst aus der Nachzeitigkeit der geistgewirkten Erfahrung des Erhöhten heraus wird auf eine *doppelte Vorzeitigkeit Christi* verwiesen: sein irdisches Leben und sein Leben zuvor bei Gott. Die Vorzeitigkeit ist dabei Funktion der Nachzeitigkeit und wird von dieser qualifiziert. Von daher wäre es ein grobes Mißverständnis zu meinen, dieses Lied wiese eine gleichsam lineare Zeitstruktur auf mit drei gleichrangigen »Wegen« oder »Stadien«: Präexistenz-Existenz-Postexistenz, so als könne nun jeder wie ein Zuschauer ein heilsgeschichtliches Drama beobachten und über Anfang, Mitte und Ende des göttlichen Wirkens in aller Ruhe von einem Standpunkt außerhalb reflektieren. Nein, auf diese Weise würde die eigentümlich-paradoxale Zeitverschränkung zu einem »Glauben« an drei nacheinander ablaufende »Heilstatsachen« verharmlost. Die zu ziehenden theologischen Konsequenzen aber sind andere. Welche?

Dieses Lied hat man in seiner Weite und Tiefe nur verstanden, wenn man nicht den Zuschauer spielt, sondern *im Erfahrungsraum des erhöhten Christus selber steht*, wenn man die geistgewirkte Macht und Präsenz des Erhöhten ganz persönlich spürt. Nur diese Erfahrung erlaubt eine Aussage über die Tiefe der Geschichte dieses Jesus von Nazaret, die offenkundig nicht nur die Tiefe der Erniedrigung war, sondern auch die Tiefe der göttlichen Herkunft selbst. In ein adäquates Verhältnis zu solch einem Lied kommt man also nicht als reflektierender Zuschauer, sondern als ein ebenfalls vom Geist Ergriffener! Auch die wissenschaftlich-historische Rekonstruktion von Gestalt und Gehalt dieses Liedes, wie wir sie versuchen, hat hier ihre Grenze. Wir übersetzen ein Lied in wissenschaftliche Prosa, reflektieren »über« es und stehen auch so ganz außerhalb. Wissenschaftliche Prosa kann bestenfalls den Zugang freilegen, Verstehensmißbräuche abwehren und Voraussetzungen schaffen, daß auch der Leser des 20. Jahrhunderts den Geist dieses Textes ohne Modergeruch oder stickige Luft atmen kann.

Das also ist entscheidend: Der Autor dieses Liedes, die Gemeinde, die dieses Lied singt, stehen unter der *Inspiration des Geistes des Erhöhten*. Nicht Reflexion und Spekulation, sondern eigene geistgewirkte Tiefenerfahrung läßt zu diesem Lied ein angemessenes Verhältnis gewinnen. *Hymnik und Geisterfahrung* waren im Urchristentum ja von vornherein nicht zu trennen. Die erste Gemeinde in Jerusalem – so Martin Hengel – war »in ganz elementarer Weise durch das Urgeschehen, die Erscheinungen des Auferstandenen *und* die Erfahrungen des Geistes« geprägt: »Der Gottesdienst der frühen Gemeinde erschien dadurch folgerichtig als das Werk des Geistes, der christliche Propheten zu Mahnworten, ›Offenbarungen‹, Visionen, aber auch zur Glossolalie inspirierte.«[62] Keine Frage: Beim Philipper-Hymnus haben wir es zwar nicht mit Visionen im Stile der Apokalyptik noch mit weitschweifender Hymnik im Stile der Weisheitsliteratur noch mit Glossolalie zu tun, wohl aber mit einer *geistgewirkten Erfahrung der Tiefe des Christusgeschehens*.

Keine Präexistenzchristologie

Was heißt das alles für die Frage nach der Präexistenz Christi? Wir können jetzt zusammenfassend sagen: Beachtet man die sprachlichen Feinheiten, die innere Bewegungsdynamik und die poetische Gestalt des Textes, so enthält dieses Lied gerade *nicht* das, was zahllose

Interpreten in ihm suchen und finden: eine selbständige Präexistenzaussage oder gar eine Präexistenzchristologie. Der Text liefert gerade nicht das, was *Rudolf Schnackenburg* einmal die »Beschreibung der Präexistenz« genannt hat.[63] Im Gegenteil. Andere katholische (und auch protestantische) Exegeten sind denn auch hier bedeutend zurückhaltender. So hat *Joachim Gnilka* völlig recht, wenn er in seinem Kommentar von 1968 gerade in dieser Frage den Unterschied etwa zur johanneischen Christologie gegeben sieht: »Dieses zeitliche Moment ist also dem Philipperlied fern. Das Vorzeitliche ist nicht herausgestellt, wie es etwa im Prolog des Johannes-Evangeliums der Fall ist.«[64] Auch der Freiburger Exeget *Anton Vögtle* war 1977 zu dem nüchternen Ergebnis gekommen: »Eine selbständige Bedeutung der vorweltlichen Präexistenz Christi wird auch in Phil 2 nicht erkennbar. Ebensowenig wird über die Erwähnung des Gleichseins hinaus nach der Substanz und Natur des Präexistenten gefragt.«[65] Und noch 1988 konnte der protestantische Exeget *Nikolaus Walter* in seiner Exegese des Philipperliedes herausstellen: »Die Präexistenz hat hier also nicht schon in sich selbständige, heilvolle Bedeutung ... Die Heilsbedeutung Christi begründet sich nicht von seiner Präexistenz her, sondern erst von dem Weg her, den er geht und der die konsequente Selbsterniedrigung notwendigerweise einschließt, auf die Gott dann mit der österlichen Erhöhung antwortet.«[66]

Anders gesagt: Die frühe, griechisch sprechende Judenchristenheit, die aus Jerusalem kam, wagt mit diesem Lied zwar erstmals den Gedanken einer vorirdischen Daseinsweise Jesu auszusprechen, ist aber so wenig an dessen Ausgestaltung interessiert, daß sie ihn zur bloßen Funktion des Erniedrigungs- und Erhöhungsvorgangs macht. Das Sein Christi bei Gott wird zum Auftakt dieses Liedes grundsätzlich erwähnt, ohne daß bei ihm meditativ oder reflexiv, mythisch, visionär oder poetisch verweilt wird. Im Gegenteil: Es wird – »nur in einem Nebengedanken« erwähnt (J. Ernst)[67] – gleich in die große Dynamik der Erniedrigungsgeschichte mit hineingenommen, die in einer Erhöhungsgeschichte endet. Die erste Zeile dürfte denn auch ganz und gar einen »konzessiven Sinn« haben, wie Gerhard Schneider zu Recht vermutet, und auf diese Weise schon die Bewegungsdynamik einleiten: »Obwohl in der Gestalt Gottes seiend ...«[68] Aus all dem folgt: *Eine reflexive, gar spekulative, auf das Sein oder Wesen Christi reflektierende Präexistenzchristologie ist in einem Hymnus wie dem des Philipperbriefes weder von der Form noch vom lebensge-*

schichtlichen Ort noch von der theologischen Grundaussage her zu erkennen. Die personale Präexistenzaussage ist bloße Funktion der Erniedrigungs- und Erhöhungsaussage, Hintergrund, besser: Tiefendimension des Erniedrigungs- und Erhöhungsgeschehens, dessen Subjekt und Objekt der gekreuzigte Nazarener ist.

Nüchtern also ist der Befund; er verlangt theologische Behutsamkeit. Wir aber fragen ein letztes Mal: Wenn dies so ist – wenn dieses Lied hinsichtlich seiner Präexistenzaussage eher zurückhaltend ist, wenn Erniedrigung und Erhöhung Jesu den Schwerpunkt bilden, wenn wir es bei dieser Jesus-Deutung mit einer Kombination urjüdischer Motive (Adam, Gottesknecht, Weisheit, leidender Gerechter) zu tun haben, kann man, ja muß man dann nicht fragen, ob die Christologie dieser frühen griechischsprechenden Judenchristenheit von der der aramäischsprechenden Judenchristenheit so weit entfernt ist? Wir nehmen damit eine wichtige Einsicht derer auf, die in diesem Lied von vornherein keine Präexistenzaussage erkennen und nur alttestamentliche Motive am Werke sehen konnten. Wir fragen: Ist der Philipper-Hymnus wirklich das Dokument eines radikalen Paradigmenwechsels, eines Sprungs in eine andere Kultur und so in eine andere Religion, wie Bultmann und die ihm folgende Exegese noch annahm? Kann aber ein solch radikaler Perspektivenwechsel tatsächlich vorliegen, wenn das einzig dafür angeführte Argument, die Präexistenzaussage, gänzlich innerjüdisch interpretiert werden muß? Kann er vorliegen, wenn auch die Christologie etwa der Spruchquelle noch jüdisch-weisheitliche Züge trägt?

Ein jüdisches Lied – Kontinuität mit den Urgemeinden

Der protestantische Exeget *Eduard Schweizer* hat deshalb kürzlich nicht zu Unrecht die Frage aufgeworfen, ob man die weisheitlich geprägten *Christologien von Phil 2,6–11* und der *Spruchquelle nicht stärker zusammensehen müßte*, als dies bisher der Fall war.[68] Gewiß: In Phil 2,6–8 sei – so Schweizer – der Abstieg des Präexistenten die entscheidende Aussage und die Niedrigkeit des Menschgewordenen nur in der paradoxen Einheit mit dem Gottgleichen zu verstehen. Davon wisse »Q« nichts. Doch könne man andererseits leugnen, daß in »Q« wie im Hymnus Kreuz und Auferweckung theologisch nicht zentral (die Betonung des Kreuzes im Hymnus ist paulinischer Zusatz), sondern Funktion der Niedrigkeits- und Erhöhungsaussage seien? Daß in beiden Fällen eine Gleichsetzung von irdischem Menschensohn und kommendem Richter stattgefunden habe? Daß es also in beiden Traditionen christologisch nicht eigentlich um die Überwindung des Todes, sondern um den Beginn der Herrschaft des Erhöhten ginge?

Darauf will Schweizer hinaus: Bei allen Unterschieden (Q kennt keine Präexistenz) gibt es hier doch *christologische Strukturgleichheiten*. Denn ist nicht im Hymnus das Aufregende gerade dies, daß beides zugleich behauptet wurde: Er, der in »Sklavengestalt« lebte, war vorher in »Gottesgestalt«? Und ist dies nicht strukturell in der Spruchquelle ähnlich? Schweizer wörtlich: »Der Vorwurf, Jesus sei ein Fresser und Säufer, bekommt (in »Q«) sein Gewicht einzig dadurch, daß er in Tat und Wahrheit Bote der Weisheit Gottes ist; *sie* wird in ihm verhöhnt. Ebenso ist die Heimatlosigkeit Jesu die des Menschensohns, und der Tod in Jerusalem ist nur dadurch qualifiziert, daß er als Abschluß einer langen Reihe von Prophetenmorden verstanden wird. ... Die Verankerung der Verkündigung Gottes durch den irdischen Jesus im Wesen Gottes, in der seit Ewigkeit bei Gott weilenden Gestalt der Weisheit, die jetzt im Menschen Jesus und seinen Worten redet, kann also durchaus zu der Struktur von Phil 2,6–8« weitergeführt worden sein.[69]

Stimmt diese These Schweizers, so wären daraus *zwei Folgerungen* zu ziehen: die eine ist traditionsgeschichtlicher, die andere theologischer Art. Traditionsgeschichtlich heißt dies: Der Philipper-Hymnus ist ein Lied auf der Grenze von Judentum und Hellenismus, das zwar erstmals – im Unterschied zur Christologie der aramäisch sprechenden Judenchristenheit – eine Aussage über Jesu Daseinsweise bei Gott vor seiner Erniedrigung zu machen versucht, das aber mit seinem Schwerpunkt auf Erniedrigung und Erhöhung durchaus in Kontinuität mit der Verkündigung der judenchristlichen Gemeinde Palästinas zu interpretieren ist. Dieser traditionsgeschichtlichen Kontinuität entspricht eine theologische. Und diese theologische Provokation ist nicht weniger deutlich als die der aramäisch sprechenden Judenchristen.

Denn kann man übersehen, daß sich dieses Lied zwar aus seinen jüdisch-hellenistischen Voraussetzungen erklärt und doch – gerade wegen seiner Paradoxien – voller Provokationen auch dieser Umwelt gegenüber steckt? Kann man übersehen, daß dieses Lied bei aller traditionsgeschichtlichen Vorgeprägtheit doch im Kern alles sprengt, was auch von der Weisheitstheologie her zu sagen war? *Der gottgleiche, gekreuzigte Sklave Jesus wird hier als Weltenherr verkündet!* Hatte das die Weisheitstheologie zu sagen gewagt? Kaum. Die Weisheit geht zwar mit den Gerechten bis in Gefangenschaft und Elend (Weish 10,14), nirgendwo aber identifiziert sie sich mit einem der Gerechten. Der Philipper-Hymnus dagegen wagt das Undenkbare zu denken und zu verkünden: Gottes »Weisheit« ist mit dem gekreuzigten Jesus von Nazaret identisch.

Der politische Ursprung der Präexistenzaussage

Den Gekreuzigten aber als Weltenherr verkündigen heißt gleichzeitig, alte Mächte, Herrschaften und Gewalten radikal in Frage zu stellen, heißt, eine neue Form von Herrschaft im Namen Christi zu propagieren. Die *politische Sprengkraft einer solchen Christologie* kann demnach nicht hoch genug eingeschätzt werden[70], und auch hier dürfte eine Kontinuität zur Christologie der Urgemeinde und der Spruchquelle gegeben sein. Denn gegenüber dem *jüdischen Establishment* besteht die Herausforderung offenkundig darin, daß durch den Rückgriff auf die Weisheitstheologie jetzt – so Martin Hengel – »Christus an die Stelle der ontologisch verstandenen Tora-Weisheit getreten war ... die Kühnheit des Bruches mit den aktuellen Bestimmungen der Tora in den griechisch sprechenden judenchristlichen Gemeinden kann von uns heute kaum noch ermessen werden«.[71]

In der Tat: Die soziologische Zuordnung der Präexistenzaussage zu den griechischsprechenden Judenchristen als Trägerkreis und die traditionsgeschichtliche Zuordnung zu der diesen Judenchristen vertrauten Weisheitstheologie hat für die Analyse der konkreten *Funktion der Präexistenzaussage erhebliche Bedeutung*. Bisher hat man in der Exegese das Aufkommen des Bekenntnisses zum präexistenten Christus nur sehr vage und intellektualistisch mit Kategorien wie »Ergebnis konsequenten christologischen Denkens«[72] oder »innere Notwendigkeit« christologischer Reflexion umschrieben.[73] Rudolf Schnackenburg steht für eine weitverbreitete Überzeugung mit dem Satz: »Die Weisheits- und Präexistenzchristologie ... wird sich weder auf Weisheitslogien Jesu noch auf unmittelbare Reflexionen über den auferweckt-erhöhten Herrn zurückführen lassen, sondern beruht wahrscheinlich auf früher nachösterlicher Reflexion über die eschatologische Sendung Jesu.«[74]

Das alles klingt, als habe man in den Gemeinden des frühen Christentums in erster Linie »reflektiert«, als seien Präexistenzaussagen vor allem Produkte einer intellektuellen Anstrengung. *Helmut Merklein* hat demgegenüber einen anderen Erklärungsansatz vorgeschlagen, der es erlaubt, den *Ursprung der Präexistenzaussage konkret politisch-gesellschaftlich* zu verankern. Sein Ergebnis: Der konkrete Anlaß zur Herausbildung des Bekenntnisses zur Präexistenz Christi ist nicht sehr vage und allgemein »die Ostererfahrung«, sondern konkret: die *Tempel- und Torakritik* Jesu, der Konflikt des Nazareners mit dem jüdischen Establishment. Dieses hatte ja – wie wir hörten – seine ganz eigene Vorstellung davon, wem Präexistenz zukam: der in der Tora verkörperten Weisheit Gottes nämlich, die sich im Tempel zu Jerusalem »niedergelassen« hatte. Tempel und Tora waren die entscheidenden göttlichen Autoritäten, mit denen bereits Jesus selber in Konflikt geraten war. Und die politischen Mächte hinter Tempel und Tora waren für den Tod des Nazareners verantwortlich gewesen, Mächte, mit denen auch die griechischsprechenden Judenchristen Jerusalems zunehmend in Konflikt geraten sein dürften. Kann man dem Bericht der Apostelgeschichte trauen, dann war es ja die Kritik an Tempel und Tora, welche die »Hellenisten« aus Jerusalem vertrieb (Apg 6,11.13.14).

Von daher ist leicht begreiflich: Es wird diesen Judenchristen immer deutlicher geworden sein, daß sie es auf Dauer mit *zwei unvereinbaren Absolutheitsansprüchen* zu tun hatten, die eine Entscheidung verlangten. Und Merklein dürfte diesen Konflikt präzise rekonstruiert haben: »Wenn Jesu Tod das endgültige Heil verkörperte, war nicht mehr der bestehende Tempel der Ort der Erwählung und der Gegenwart Gottes, war nicht mehr die Mose-Tora die Offenbarung Gottes zum Heil der Menschen, sondern Jesus selbst, und zwar in paradoxer Weise gerade in der Niedrigkeit seines Todes. Das Bekenntnis zum Heilstod Jesu mußte unter den weisheitlich orientierten hellenistischen Juden Jerusalems zur Krise führen, sei es, daß man das Bekenntnis übernahm und damit Tempel und Tora kritisch relativierte, sei es, daß man diesem Bekenntnis und seinen Anhängern den Kampf ansagte. Beides ist unter den hellenistischen Juden Jerusalems geschehen.«[75] Diese These erlaubt es in der Tat, die Entstehung der christologischen Präexistenzaussage aus dem Raum der Intellektualisierung herauszuholen. Hinter diesen Aussagen steckt politischer Sprengstoff, steckt die Erfahrung, daß der Nazarener aus religiös-politischen Gründen ans Kreuz hatte gehen müssen und daß auch diejenigen, die es wagten, ausgerechnet den Gekreuzigten auf die Seite Gottes zu stellen, mit Verfolgung zu rechnen hatten. Die *Präexistenzaussage ist also von der politisch relevanten Gesetzesproblematik nicht zu lösen.*

Und doch hüte man sich hier vor exklusiven Positionen. Gewiß, man kann mit Merklein die christologische Präexistenzaussage »als eine Transformation der an Tempel und Tora orientierten Weisheitsspekulation des hellenistischen Judentums Jerusalems aufgrund des Bekenntnisses zur Heilsbedeutsamkeit des Todes Jesu darstellen«[76], wenn man gleichzeitig sieht, daß die »Heilsbedeutsamkeit des Todes Jesu« nur im Licht der Auferweckungserfahrung überhaupt erst glaubbar wird. Die Ostererfahrung ist unverzichtbar zur Qualifikation des Todes Jesu als Offenbarungsweise Gottes. Und insofern die Ostererfahrung unverzichtbar ist, ist sie auch der Urgrund der Präexistenzaussage. Kreuz und Auferweckung als »Vorzeichen« der Präexistenzaussage gehören unlösbar zusammen!

Wie aber – diese Frage ergibt sich von selbst – geht es in den Briefen des Heidenapostels Paulus weiter? Wie entwickelt sich die Christologie, die nun schließlich das ganz eigene Profil des Apostels selber bekommt?

III. Präexistenzchristologie bei Paulus?

Dies war ein Ergebnis unseres ersten Hauptteils: Harnack, Barth und Bultmann waren sich darin einig, daß die *Theologie des Paulus den präexistenten Christus voraussetze und affirmiere*. Gewiß: Alle drei hatten dafür ihre eigenen Begründungen. Harnack sah Präexistenz und Inkarnation bei Paulus von der Geistchristologie her gegeben. Barth sah bei Paulus sogar die »Gottheit Christi« affirmiert (KD I/1,420). Und Bultmann sah die Präexistenzchristologie bei Paulus vom gnostischen Erlösermythos her begründet. Doch in der »Tatsache« einer Präexistenzchristologie bei Paulus waren alle drei sich einig.

Auch die Mehrzahl der heutigen Exegeten ist sich darin sicher: So sehr die ersten Christusbekenntnisse der Urgemeinde auch ohne die Präexistenzvorstellung ausgekommen sein mögen – »vorausgesetzt, rezipiert und mit je eigenen Akzenten versehen« sei »die Präexistenzchristologie schließlich bei Paulus und Johannes« – so stellvertretend für andere *Helmut Merklein*. Das gelte für die Sendungsaussagen des Paulus (Gal 4,4 f.; Rö 8,3) ebenso wie für die Hymnen (Phil 2,6–11; Kol 1,15–20); das gelte auch für die offenkundigen Anspielungen auf die Schöpfungsmittlerschaft Christi (1 Kor 8,6) sowie dessen Identifikation mit der Weisheit (1 Kor 1 u. 2).[1] Gerade für Bultmann setzten ja auch weitere Aussagen über die Liebe und Hingabe Christi (Gal 2,20; 2 Kor 8,9; Rö 8,32.35.39; 15,3) die Präexistenz Christi ebenso voraus wie Aussagen über Christus als »Gottes Ebenbild« (2 Kor 4,4) oder Christi Reichtum (2 Kor 8,9). Ja, der protestantische Exeget *Martin Brückner* hatte schon 1903 in seinem Buch über die Entstehung der paulinischen Christologie behauptet: »Wir können sagen, die himmlische Präexistenz Christi ist der rocher de bronce der paulinischen Christologie.«[2]

Dieser einhelligen Front standen ebenfalls schon vor 1945 einzelne Exegeten gegenüber, die die *gegenteilige Position* vertraten. Einer von ihnen war der protestantische Kirchengeschichtler *Ernst Barnikol*. Er hatte schon 1932 eine umfangreiche Studie zum »Nichtpaulinischen Ursprung der Präexistenzchristologie« vorgelegt und darin die These begründet, daß die wenigen »angeblichen Präexistenzstellen in dem von Paulus herrührenden Briefmaterial sämtlich nichtpräexistenziell, ja z. T. deutlich anti-präexistenziell« seien.[3] Barnikol hatte dabei sogar den Philipper-Hymnus noch ausdrücklich ausgeklammert. Den ganzen acht sog. Präexistenzstellen bei Paulus (er zählte dazu: Rö 8,3; 8,32; 9,5; 1 Kor 2,8; 8,6; 10,4; 2 Kor 8,9; Gal 4,4) stünden fünfundzwanzig »sichere ›Anti-Präexistenzstellen‹«[4] gegenüber.

Wie als systematischer Theologe hier und heute urteilen? Eine kurze methodologische Reflexion dürfte am Platze sein. Wie gehen wir vor? Auf welche exegetische Literatur stützen wir uns?

1. Es kommt uns nicht darauf an, statistisch aufzuzählen, wer in Sachen Präexistenz pro oder contra ist. Viele katholische und protestantische Exegeten vor allem in den 50er und 60er Jahren setzen selbstverständlich voraus, daß die paulinische Christologie entscheidend auch Präexistenzchristologie sei.

2. Uns interessiert hier vor allem solche Exegese, die in unserer Frage ein neuerwachtes *Problembewußtsein* erkennen läßt, die also auf historisch-kritisch verantworteter Basis eine neue Sensibilität für die

immanenten biblischen Probleme zum Ausdruck bringt. Und da ist unverkennbar: Seit den 70er Jahren ist in der Exegese über die Konfessionsgrenzen hinweg auch hinsichtlich der paulinischen Christologie ein solches Problembewußtsein erkennbar. Eine Wende in der Forschung beginnt sich abzuzeichnen, und von dieser Wende wird hier zu berichten sein.[5]

3. Wir werden auch hier nicht der Unsitte einer »Stellenexegese« frönen und Einzel-»Stellen« in der paulinischen Korrespondenz isoliert analysieren. Vielmehr wollen wir in aller Knappheit ein möglichst vielschichtiges Bild der paulinischen Christologie rekonstruieren, um so die Aussagen über die »Präexistenz« (falls sie als solche identifizierbar sind) sachgemäß und das heißt *kontextuell* einordnen zu können. Erst eine christologische *Schwerpunktbestimmung* der Texte erlaubt eine theologisch adäquate Wertung möglicher Präexistenzaussagen. Dazu gehört, daß wir uns auch hier strikt an die chronologische Abfolge halten und erst am Ende unseres Durchgangs systematisch-theologische Schlüsse zu ziehen versuchen.

1. Wiederkunft zu Lebzeiten: der älteste Brief

Wenn wir nun vom Philipper-Hymnus auf die paulinische Christologie überblenden, haben wir einen geographischen Sprung nachzuvollziehen, und zwar von Palästina und Syrien nach Griechenland ins Herz der hellenistischen Kultur. Denn der erste uns erhaltene *Brief des Apostels richtet sich an eine Gemeinde in der griechischen Hafenstadt Thessaloniki,* und dieses älteste Paulusschreiben dürfte zugleich auch die älteste Schrift des Neuen Testaments sein.[6] Von Korinth aus geschrieben, ging er in eine Großstadt, die in neutestamentlicher Zeit eine bedeutende Handelsmetropole war, Hauptstadt der römischen Provinz Makedonien mit Sitz eines Prokonsuls. Aufgrund der Apostelgeschichte können wir annehmen (Apg 17,1), daß in Thessaloniki eine jüdische Synagoge gestanden haben wird und daß Paulus die christliche Gemeinde, von Korinth kommend, auf seiner zweiten Missionsreise ins Leben gerufen hat (Apg 17,1–9). Erstmals im Vergleich zu den Texten aus Palästina und Syrien, wo man eine Gemeinde als Trägerkreis nur vermuten kann, begegnen wir hier einer konkreten Gemeinde mit all ihren Spannungen und Problemen.

Ein bedrängendes Problem

Eine Frage schien die Anhänger dieser Gemeinde dabei ganz besonders beschäftigt zu haben: Was passiert mit den Christen, die gestorben sind, noch bevor sich die Hoffnung auf die erwartete Ankunft Christi erfüllte? Christus – so glaubte man bisher – habe doch bei seiner Wiederkunft die noch Lebenden »auf den Wolken in die Luft entrücken« und dem Herrn entgegenführen wollen (1 Thes 4,17). Aber so? Was also ist mit dem *Heil der schon Gestorbenen?*

Paulus ist der Gemeinde gegenüber sichtlich in *Verteidigungszwang* geraten und muß beschwichtigen. Wenn Jesus gestorben und auferstanden sei, versichert er, dann würde Gott auch die in Christus Verstorbenen zusammen mit ihm zur Herrlichkeit führen. Ja, Paulus weiß sogar genau von einer *Reihenfolge* zu berichten, wie sich alles abspielen werde, wenn der Herr wiederkomme – und auch er rechnet mit dieser Ankunft noch zu seinen Lebzeiten (4,15)! Keine Sorge, die jetzt Lebenden würden den Verstorbenen nichts voraus haben. Denn wenn der Herr käme, dann würden die in Christus bereits Verstorbenen auferstehen, um mit den Lebenden zusammen zum Herrn geführt zu werden.

Der *Christusglaube,* den Paulus dieser griechischen Gemeinde gegenüber einschärft, steht also unter eschatologisch-apokalyptischem Vorzeichen – und zwar vom ersten bis zum letzten Kapitel. Weder die himmlische Herkunft Christi noch allerdings auch das Kreuz (von Rechtfertigungslehre oder Kreuzestheologie hier keine Spur!), sondern *Auferweckung und Ankunft Christi* sind die *Schwerpunkte dieser Christushoffnung.* Genauer: Paulus erwartet mit der Gemeinde nicht nur die Ankunft Christi allgemein, sondern das Erscheinen zum *Gericht Gottes* und verknüpft damit die Hoffnung, Christus werde die Gläubigen vor diesem Gericht erretten. Schlüsselstelle ist ein Satz, den Paulus möglicherweise bereits als vorgeprägte Formel zitathaft übernimmt, eine Formel, die im heidenchristlichen Glaubensunterricht verwendet worden sein mag: »Denn man erzählt sich überall, welche Aufnahme wir bei euch gefunden haben und wie ihr euch von den Götzen zu Gott bekehrt habt, um dem lebendigen und wahren Gott zu dienen und seinen Sohn vom Himmel her zu erwarten, Jesus, den er von den Toten auferweckt hat und der uns dem kommenden Gericht Gottes entreißt« (1,9f.; vgl. auch 3,13; 5,9).

Dieser christologische Schwerpunkt läßt den Schluß zu, daß Paulus in diesem Schreiben keinerlei Interesse an protologischen Aussagen über Christus verfolgte. Er erwartet ausdrücklich die *An*kunft des erhöhten Herrn, nicht etwa die Wiederkunft dessen, der schon einmal »bei Gott« und dann auf Erden war. Gewiß: ganz unbefangen benutzt Paulus in diesem Schreiben bereits den Ausdruck »Sohn« für Jesus. Dieser Sohn aber ist hier eindeutig der »erwartete« Sohn, nicht der ewige. Gewiß: längst hat Paulus begonnen, Gott und diesen Sohn (1,9f.) oder auch »Gott, unsern Vater« und »Jesus, unsern Herrn« (3,11.13) nebeneinander zu stellen. Aber deutlich ist auch, daß Paulus in diesem Schreiben ganz selbstverständlich vom post-existenten Christus ausgeht, dem *erhöhten* Herrn also. Das Nebeneinander von Vater und Sohn ist kein protologisches, sondern ein eschatologisches! Der katholische holländische Exeget Bas van Iersel interpretiert deshalb präzise: »Der ›Sohn‹ ist hier eine eschatologische Gestalt, die erst am Ende der Zeiten, wenn das Endgericht anfängt, wieder tätig werden wird.«[7]

Bestätigt wird dies auch dadurch, daß Paulus in beiden Briefen an die Thessalonicher offenbar Vorstellungen vom präexistenten Menschensohn aus der Danielapokalypse (7,13) übernimmt. »Denn der Herr selbst wird vom Himmel herabkommen, wenn der Befehl ergeht, der Erzengel ruft und die Posaune erschallt«, heißt es 1 Thess 4,16. Und im zweiten Thessalonicher-Brief ist von der Zeit die Rede, »wenn Jesus, der Herr, sich vom Himmel her offenbart mit seinen mächtigen Engeln in loderndem Feuer« (1,7f.). In beiden Fällen aber – darauf hat der große jüdische Harvard-Gelehrte *Harry A. Wolfson* hingewiesen – geht es nicht um die erste Ankunft Jesu Christi im Stil eines präexistenten Menschensohns, sondern um »the second coming of Christ«.[8] Und andere Exegeten haben wohl nicht zu Unrecht davon gesprochen, daß Paulus hier eine »funktionale« und keine »ontologische« Christologie vertrete. Die Frage, wer Jesus in sich, seiner Natur nach sei (»Gottheit Christi«) interessiere Paulus nicht. Es sei alles andere als offensichtlich, daß Paulus hier Begriffe wie Sendung, Präexistenz und Inkarnation im Sinn gehabt habe, als er den Titel ›Sohn‹ benutzte: »Paulus scheint diesen Titel vielmehr benutzt zu haben wegen der – bedingt durch die Auferweckung – Nähe zum Vater, eine Nähe, die bedeutet, daß der erhöhte Jesus künftig Funktionen erfüllen wird, die eigentlich Funktionen Gottes selbst sind, in vornehmster Weise die Funktion der Erlösung. In der Tat ist es wegen dieser funktionalen Christologie, daß Paulus den Titel ›Herr‹ als seinen Lieblingstitel für Jesus Christus in 1 Thess verwendet.«[9]

Was Paulus also in diesem Brief niederlegt, ist eine *Hoffnungs-Botschaft*, für die er sich durch den von Gott erhöhten Kyrios legitimiert weiß; beruft er sich für sein Parusie-Szenario doch ausdrücklich (was selten genug während der späteren Korrespondenz vorkommt) auf ein »Wort des Herrn«. Mit all dem nimmt Paulus »urchristliche Tradition« auf, erweist er sich – im Kontext seiner Naherwartung – als »mitgeprägt durch apokalyptische Elemente«, die er »offenbar aus seiner jüdischen Vergangenheit mitgebracht hat und die er – welche Rolle sie auch immer in seiner vorchristlichen Zeit spielen – auf christlichem Boden aktivieren konnte«.[10] Ein Unterschied zu den Gemeinden Palästinas ist zumindest in dieser Frage nicht zu erkennen. Und wie geht es in der paulinischen Korrespondenz weiter?

2. *Das Kreuz und die Freiheit vom Gesetz: Der Galaterbrief*

Wenige Jahre später schreibt Paulus wahrscheinlich von Ephesus aus (vermutlich in der Zeit zwischen Herbst 52 und Frühjahr 55) an die *Gemeinde im kleinasiatischen Galatien.*[11] Die Zeiten hatten sich für Paulus radikal gewandelt. Ist das Schreiben nach Thessaloniki in einem ruhigen, freundlichen, bisweilen ermahnenden Ton abgefaßt, so ist die Sprache im folgenden Brief völlig verändert. Paulus ist in ausgesprochener Kampfesstimmung, ist erregt, ja empört über das, was sich in der Gemeinde dort offenbar abgespielt hat: Judaisierende Agitatoren (wohl judenchristliche Missionare) hatten damit begonnen, von Heidenchristen wieder die Einhaltung des jüdischen Beschneidungsgebotes und die Befolgung des jüdischen Ritualgesetzes zu verlangen. Das aber widersprach allem, wofür Paulus bislang (also gut zwanzig Jahre seit seiner Bekehrung) gearbeitet hatte. Das sprach allem Hohn, wofür er auf dem »Apostelkonzil« nur wenige Jahre zuvor leidenschaftlich eingetreten und wofür er in Antiochien sogar »dem Kephas ins Angesicht widerstanden« war (2,11). Er hatte sich durchgesetzt – damals. Aber jetzt?

Eine befreiende Erkenntnis

Was war es, das Paulus damals erreicht hatte? Er hatte nicht mehr und nicht weniger erreicht, als daß für Heidenchristen ein für alle Mal *Christusglaube und Toragehorsam entkoppelt* waren. Jetzt aber mußte er erleben, daß das Gegenteil davon in den Gemeinden von Galatien als Evangelium wieder verkündet wurde. Bestimmte Leute hatten versucht, an diesem entscheidenden Punkt Verwirrung zu stiften. Was aber war dies anderes als ein »anderes Evangelium«? Paulus reagiert voll Zorn: »Wer euch aber ein anderes Evangelium verkündet, als wir euch verkündet haben, der sei verflucht, auch wenn wir selbst es wären oder ein Engel vom Himmel. Was ich gesagt habe, das sage ich noch einmal: Wer euch ein anderes Evangelium verkündigt, als ihr angenommen habt, der sei verflucht« (1,8 f.).

Wiederum also ist Paulus in die Defensive geraten, diesmal aber nicht in Sachen Auferstehung und Parusie Christi, sondern in Sachen *Tora* und deren Heilsbedeutung. Für Paulus als Juden ging es hier um alles. Und weil es für ihn hier um alles ging, versucht er gleich zu Anfang seines Schreibens seine eigene jüdische Vorgeschichte in die Waagschale zu werfen (Kap. 1–2). Jetzt stellt er ins Zentrum, was im Schreiben nach Thessaloniki – vornehmlich an Heidenchristen gerichtet – offenkundig nicht nötig war: *das Kreuz und die Rechtfertigung des Gesetzlosen.* Erstmals entwirft Paulus hier in aller Kürze und Grundsätzlichkeit eine Theologie des Kreuzes, genauer: einen *Gottesglauben im Lichte des von Gott auferweckten Gekreuzigten.* Schon in seiner Grußformel zu Beginn des Briefes heißt es programmatisch: »Paulus, zum Apostel berufen, nicht von Menschen oder durch einen Menschen, sondern durch Jesus Christus und durch Gott, den Vater, der ihn von den Toten auferweckt hat« (1,1).

Was aber war die *befreiende Erkenntnis* des Paulus – ausgerechnet im Blick auf das Kreuz, über das ja in der Tora selbst noch zu lesen stand: »Verflucht ist jeder, der am Pfahl hängt« (Dtn 21,23), eine Stelle, die der Apostel kannte (Gal 3,13)? Paulus hatte zutiefst begriffen: Wenn der, der im Namen des Gesetzes aufgehängt wurde, von Gott durch Auferweckung und Erhöhung bestätigt worden war, dann kann das Gesetz im Herrschaftsbereich des erhöhten Herrn keine absolute Geltung mehr beanspruchen, dann ist es zwar nicht ungültig und irrelevant, hat aber seine Macht und d. h. seine Entscheidungsgewalt über Heil und Unheil des Menschen verloren. Wahrhaftig eine Einsicht mit alles umstürzenden Konsequenzen: Ausgerechnet der Schandpfahl war damit zum Zeichen des Heiles geworden; ausgerechnet der Verfluchte hatte die Menschen nun »vom Fluch des Gesetzes freigekauft« (3,13); ausgerechnet der Ohnmächtige und Angenagelte hatte den Menschen eine neue Freiheit beschert (5,1); ja, ausgerechnet der Tote hatte neues Leben bewirkt.

Aus dieser auch künftig aus der paulinischen Theologie nicht mehr wegzudenkenden *Grunddialektik* hatte Paulus zwei Folgerungen gezogen: Die eine betraf eine neue Deutung des Lebens Jesu, die andere ein neues Leben des Menschen in Christus, dem erhöhten Herrn. Beides aber hing für Paulus eng zusammen. Konkret: Paulus konnte jetzt im Lichte dieser seiner Freiheitserfahrung die gesamte Erscheinung *Jesu* unter dem Gesichtspunkt der Liebe und Hingabe deuten und für die Christen daraus folgern: »Ich bin mit Christus gekreuzigt worden« (2,19). Das hieß im Klartext: Auch ich bin durch das Kreuz Christi frei geworden vom Gesetz. Paulus konnte schreiben: »Nicht mehr ich lebe, sondern Christus lebt in mir« (2,20), und das meinte übersetzt: Der erhöhte Herr ist nun ganz und gar der Grund meiner neuen Existenz. Und im gleichen Atemzug fällt nun das Wort, das uns in diesem Zusammenhang am meisten interessiert: »So weit ich aber jetzt noch in dieser Welt lebe, lebe ich im Glauben an den Sohn Gottes, der mich geliebt und sich für mich dahingegeben hat« (2,20).

Die Liebe des Präexistenten? Gal 2,20

Wie ist diese Stelle nun im Kontext zu verstehen? Ist hier die Liebe des Präexistenten gemeint, wie Bultmann annahm? Setzt die Hingabe an die Welt einen vorweltlichen Zustand Christi voraus? Nicht notwendigerweise. Denn in diesem soeben skizzierten Rahmen will Paulus nichts anderes, als eine Erfahrung mitteilen: die *Erfahrung seines neuen Lebens in Christus*. Und im Lichte dieser seiner befreienden Erfahrung hatte nun auch das gesamte Jesus-Ereignis für ihn einen neuen Sinn bekommen. Christi Leben und Schicksal war ihm, Paulus, ja zugute gekommen; seine eigene Befreiung beruhte auf der Tatsache, daß dieser Jesus ans Kreuz gegangen war. Wie aber wäre ein solcher Akt anders zu verstehen denn als Hingabe, als Liebe? Kurz, für Paulus hatte das *ganze Leben* dieses Jesus von dieser seiner Freiheitserfahrung her auf einmal eine neue Bedeutung, ein soteriologisches Vorzeichen.

Anders gesagt: Paulus macht an dieser Stelle weder eine theologische Aussage über die Präexistenz Christi noch auch eine historische Aussage über das Verhalten des irdischen Jesus. Nein, Paulus deutet Leben und Schicksal Jesu *für sich* – und zwar im Licht des »Postexistenten«. Bultmanns Exegese stimmt denn auch nur insoweit, als hier tatsächlich nichts »objektiv« über den historischen Jesus und dessen »Gesinnung« ausgesagt ist. Wie sollte Paulus auch, da er den geschichtlichen Jesus gar nicht kannte? Nein, Paulus beschreibt hier nichts anderes als die Bedeutung dieses Jesus *für sein eigenes Leben*: Gott hat den im Namen des Gesetzes Gekreuzigten bestätigt, und so hatte das Gesetz für ihn seine heilsentscheidende Macht verloren. Aus dem angeblichen Zeichen des Fluches war ein Zeichen des Segens geworden! Der Freiheit ging die Liebe voraus.

Diese nichtpräexistentielle Deutung von Gal 2,20 wird noch dadurch gestützt, daß in diesem ganzen Befreiungsgeschehen *Gott allein die Initiative* hat und nicht etwa ein präexistenter, neben Gott gedachter Sohn. Wir erfahren konkret: *Gott* war es, der Jesus von den Toten auferweckt hat (1,1). Paulus weiß sich von *Gott* schon im Mutterleib ausgewählt, durch *Gottes* Gnade berufen (1,15). In seiner Güte habe *Gott selbst* ihm, Paulus, seinen jetzt erhöhten Sohn geoffenbart, damit er ihn unter den Heiden verkünde (1,16). Und gerade diese Initiative Gottes allein sieht Paulus am Werk, wenn er den Sinn des irdischen Jesus nicht nur mit den Kategorien Liebe und Hingabe beschreibt, sondern auch mit der Kategorie *Sendung*: »Als aber die Zeit erfüllt war, sandte Gott seinen Sohn, geboren von einer Frau und dem Gesetz unterstellt, damit er die freikaufe, die unter dem Gesetz stehen, und damit wir die Sohnschaft erlangen« (4,4 f.). Wir haben zu fragen:

Setzt Sendung durch Gott Präexistenz voraus? Gal 4,4

Für eine große Anzahl von Exegeten ist dies selbstverständlich: Gal 4,4 enthält eine eigene *Präexistenz- und Inkarnationsaussage*. Und da diese »Stelle« für uns von weichenstellender Bedeutung ist, sei über die exegetische Diskussion in aller Knappheit berichtet. Nur die wichtigsten Zeugen können dabei genannt werden. In seinem 1949 erstmals erschienenen (noch Rudolf Bultmann gewidmeten) Galater-Kommentar geht der später zum Katholizismus konvertierte Bultmann-Schüler *Heinrich Schlier* zunächst davon aus, daß für Paulus die Erscheinung Christi auf einem Akt göttlicher Entsendung beruhe. In solchem Zusammenhang verweise die Bezeichnung »seinen Sohn« auf »die ›Präexistenz‹ des göttlichen Gesandten, d. h. auf das immer schon ihm eignende göttliche Sein«.[12]

Auch der protestantische Neutestamentler *Ferdinand Hahn* kommt in seinem grundlegenden Buch »Christologische Hoheitstitel« (1963), in dem er freilich der Präexistenzvorstellung nur auffallend wenige Seiten widmet, zu dem Schluß: Zwar enthalte der Begriff der Sendung als solcher zunächst nur den Gedanken der Beauftragung und in diesem Sinne habe im Neuen Testament von Jesu irdischem Wirken als einer »Sendung« gesprochen werden können, »ohne daß der Gedanke himmlischer Präexistenz eine Rolle spielte«. (Wir sahen dies etwa bei der Diskussion des Winzergleichnisses von Mk 12.) Das Motiv der Sendung des Gottessohnes enthalte aber – so Hahn – in dem Augenblick einen neuen Akzent, »wo es mit dem Gedanken der Inkarnation verbunden wird, denn dadurch gewinnt es seinen Bezug zur Vorstellung der Präexistenz«.[13] Und Hahn verweist für diese Theorie ohne irgendwelche nähere Begründung auf Gal 4,4 und Rö 8,3, obwohl auch er einräumt, daß diese erst bei Jo 1,14 ihre volle Bestätigung erfahren habe.

Ganz ähnlich der katholische Neutestamentler *Franz Mussner* in seinem Galater-Kommentar von 1974. Unter Berufung auf das Buch von *W. Kramer* über »Christos-Kyrios-Gottessohn« (1963) stellt auch er die vier klassischen »Sendungs-Stellen« des Neuen Testamentes heraus (Rö 8,3 f.; Gal 4,4 f.; Jo 3,16 f.; 1 Jo 4,9) und folgert: »Denn daß in den oben angeführten vier Texten bei der Aussage über den Sohn, den Gott sendet, der christologische Präexistenzgedanke impliziert ist, ist sicher. Für Johannes kann das aufgrund seiner übrigen Christologie nicht in Abrede gestellt werden. Paulus scheint die Sohn-Gottes- und Präexistenz-Christologie schon übernommen zu haben; ihre Anfänge liegen weit zurück.«[14] Kann man aber Paulus und Johannes so einfach nebeneinanderstellen? Hat nicht Johannes rund ein halbes Jahrhundert später geschrieben als Paulus?

Was also ist zu diesen Thesen zu sagen? Zunächst: Daß von einer eigenen Präexistenz-*Christologie* vor Paulus keineswegs sicher gesprochen werden darf, hatten wir bei unserer Auslegung des Philipper-Hymnus gesehen. Hier muß terminologisch präzise geredet werden, damit nicht alles und jedes unter der Kategorie »Präexistenzchristologie« vereinnahmt wird. Auch Mussner redet ja – schaut man genau hin – eher verunklarend als präzisierend. Offenbar ist die Präexistenz selbst in Gal 4,4 und Rö 8,3 nicht explizit ausgesagt, sondern bestenfalls »implizit« enthalten. Offenbar geht es hier nicht um eine Affirmation des »göttlichen Seins« (H. Schlier), sondern um einen »Gedanken«. Wessen Gedanken? Den des Paulus? Den der Paulus-Interpreten? Behauptet also Paulus an dieser Stelle gar nicht die reale Präexistenz Christi, sondern impliziert nur den »Gedanken« an die Präexistenz? Und offenbar weiß auch Mussner, daß zumindest für Paulus das Präexistenz-Problem umstritten ist, sonst müßte er nicht für Johannes die Sicherheit der Präexistenzchristologie so ausdrücklich betonen. Grenzt solche Argumentation nicht an eine petitio principii, die für Paulus voraussetzt, was gerade zu beweisen wäre: Präexistenz und Inkarnation im Geiste des Johannes?

Umstritten aber ist die Tatsache einer *Präexistenzaussage* in Gal 4,4 nun einmal. Diejenigen Exegeten, die an dieser Stelle von Präexistenz sprechen, folgen meist der These des protestantischen Dogmengeschichtlers *Alfred Seeberg,* die Sendungsaussagen beruhten auf vorpaulinischem Formelgut, einem eigenen Sendungs-Schema also.[15] Sie nehmen dann mit *Eduard Schweizer,* der als einer der ersten den religionsgeschichtlichen Hintergrund der Sendungsformel in der Sapientialliteratur sah, weiter an, daß bei Paulus und Johannes »eine Christologie im Hintergrund« stehe, »die Jesus in den Kategorien der Sendung der präexistenten Weisheit, bzw. des Logos« zu erfassen suche, so *Leonhard Goppelt.*[16] Andere wie *James Dunn* freilich machen auf die bekannte Tatsache aufmerksam, daß die himmlische Weisheit im Alten Testament eine weibliche Figur und in vorpaulinischer Literatur niemals »Sohn Gottes« genannt worden sei. Erst im 1. Korinther-Brief werde Christus bei Paulus selbst mit der Weisheit Gottes ausdrücklich identifiziert. Ferner gäbe es keine klaren Hinweise in den paulinischen Schriften, daß Paulus jemals Christus mit dem Logos Gottes identifiziert habe. Fazit Dunns: »Paulus und seine Leser, die diese Worte schrieben oder lasen, können durchaus nur an den Menschen Jesus gedacht haben, dessen Dienst in Palästina von göttlicher Beauftragung war und dessen einzigartig intime Beziehung mit Gott durch die Auferweckung bestätigt (und gestärkt) wurde – der Ablehnung der Wächter des Erbes Israel zum Trotz.«[17]

In die gleiche Richtung haben auch katholische Neutestamentler wie *Josef Blank, Wilhelm Thüsing* und *Bas van Iersel* argumentiert: In seiner Studie »Jesus und Paulus« 1968 möchte *Josef Blank* bei Gal 4,4 »nicht sofort auf die ›Präexistenz‹ reflektieren«, denn nach seiner Überzeugung werde in diesem Text »auf die ›vorzeitliche‹ oder richtiger ›vor-offenbarungshafte‹ Daseinsweise des Sohnes noch nicht ausdrücklich reflektiert«; sie werde »nur implizit vorausgesetzt«. Aber auch dort, wo sie ausdrücklich erwähnt sei, werde »vom Kontext her sofort deutlich, daß sie überhaupt keine selbständige, vom Offenbarungs- und Heilsgeschehen losgelöste Bedeutung« habe, »sondern immer relational auf dieses verstanden werden« müsse. Blanks Fazit: Wie schon Mk 12 zeige, scheint es in der Urgemeinde einen Kreis gegeben zu haben, »der von der ›Sendung des Sohnes‹ in prophetischem Sinn sprach, wofür das Fehlen einer ausdrücklichen Reflexion auf die ›Präexistenz‹, die man in Gal 4,4 nicht mit letzter Sicherheit eintragen kann, sprechen dürfte«.[18]

Entschiedener noch äußert sich 1972 in seiner mit *Karl Rahner* entworfenen Christologie *Wilhelm Thüsing*: »›Sendung des Sohnes‹«, schreibt Thüsing, »setzt nicht voraus, daß der zu Sendende als solcher vor der Sendung existiert hat, d. h. präexistent im temporalen Sinn gewesen ist. ›Sendung des Sohnes‹ kann m. E. im paulinischen und auch sonstigen neutestamentlichen Sinn durchaus die Erschaffung des Menschen Jesus implizieren.«[19] Und auch *Bas van Iersel* vermögen die Argumente für eine der »Sendung« vorausgehende Präexistenz nicht zu überzeugen. Auch er stellt in einem Aufsatz des Jahres 1982 die *paulinische Sendungsaussage in die Tradition der Prophetie*: »Es liegt ohne weiteres auf der Hand, daß das Senden des Sohnes vor dem Hintergrund der Sendung der Propheten vor ihm verstanden werden muß. Die Absicht ist dann zu sagen, daß Gott sich nicht länger damit begnügt, einen weiteren Propheten zu senden, sondern daß er seinen Sohn sendet, der die Propheten übertrifft. Schickt er diesen Sohn aus dem Himmel? Im Gegensatz zu Weish 9,10, wo das von der Weisheit behauptet wird, wird das nicht ein einziges Mal vom Sohn gesagt. Auch wird von ihm nicht behauptet, daß er ›zuvor‹ bei Gott war, wie es dagegen wohl von der Weisheit in Weish 9,9 behauptet wird. Im Gegenteil: Der Sohn, der gesandt wurde, ist unter dem Gesetz, d. h. zu einer Zeit, da die Thora schon galt, aus einer Frau geboren, als die Zeit erfüllt war (Gal 4,4). Was Paulus also über eine Sendung des Sohnes sagt, bezieht sich nicht auf eine Situation vor dem Anfang der Geschichte, sondern auf ein

Ereignis, daß der Geburt Jesu folgte und seiner Auferstehung voranging. Von Gott gesandt, hat Jesus mehr über Gott geoffenbart und mehr von Gottes Absichten verwirklicht als jeder Prophet vor ihm oder alle Propheten zusammen.«[20]

Welche *Schlußfolgerungen* sind aus diesem exegetischen Befund zu ziehen?

(1) Die widersprüchlichen exegetischen Meinungen lassen es ratsam erscheinen, auch die Sendungsaussage von Gal 4,4 theologisch nicht zu befrachten, sondern behutsam zu interpretieren. Tut man dies, so wird man wie bei der Philipper-Hymnus-Exegese nicht übersehen können, daß eine *eigene, selbständige Aussage über die Präexistenz Christi fehlt*. Weder wird über die vor-weltliche Existenz des Sohnes eine Aussage gemacht, noch über sein »göttliches Sein« reflektiert. Dies wäre auch im Galater-Brief – so sahen wir – eine unerwartete Schwerpunktverlagerung paulinischer Christologie, die ja von Kreuz und Auferweckung sowie vom neuen, befreiten Leben des Menschen in Christus bestimmt ist.

(2) Sollte *Weisheitstheologie* im Hintergrund sein, so wäre auffällig, daß Paulus jegliche, mit der himmlischen Weisheit verbundenen Spekulationen oder poetischen Personifikationen, jegliche Reflexion also über einen vorweltlichen Status nicht mitrezipiert hat, sondern nur das Motiv der *Sendung* der Sophia christologisch fruchtbar machte. Paulus hat also offensichtlich – folgen wir *Eduard Schweizer* – in Gal 4,4 »die sapientiale Tradition völlig neu interpretiert«: die »Vorstellung von der Sendung des präexistenten Sohnes vom Himmel her« hat bei ihm offensichtlich »nur noch dienende Funktion – für eine ganz andere Aussage.« Welche? Paulus will – so Schweizer – mit dieser Aussage »die eschatologische Relevanz und den Charakter des alles vollendenden Gotteshandelns für das Ereignis der Kreuzigung festhalten.«[21] Mit der Übernahme der Sendungsaussage soll also »nicht etwas über die Zeit zwischen Schöpfung und Geburt oder die Zeit vor der Schöpfung« ausgesagt werden, sondern etwas über die Tiefendimension, »in der man das Geschehen am Kreuz sehen muß«.[22]

(3) Gerade weil der Schwerpunkt der Sendungsaussagen die soteriologische Bedeutung des *Kreuzes* ist, dürfte Vorsicht geboten sein, bei der Aussage »geboren aus einer Frau« eine ausgesprochene *Inkarnations-Christologie* festzumachen.[23] Auch dies setzte eine eigenständige christologische Relevanz der »Menschwerdung« voraus,

die freilich erst mit einer klaren Präexistenzaussage gegeben wäre. Eine solche ist *hier* aber nicht zu erkennen. Eine angebliche Präexistenzaussage darf keine Begründung für eine angebliche Inkarnationsaussage sein und umgekehrt! Die »geboren-Aussage« hat hier vielmehr die Funktion, den eschatologischen Heilbringer Jesus in seinem konkreten Menschsein als Jude zu identifizieren, weil er nur so – als Mensch unter dem jüdischen Gesetz – andere Menschen unter diesem Gesetz freimachen kann. Christus muß also der »Mensch unter dem Gesetz« sein, damit Menschen unter dem Gesetz konkret befreit werden können. Auch die »geboren-Aussage« also hat hier keine selbstständige inkarnatorische, sondern eine die Lebenswirklichkeit konkretisierende und subsidiär-soteriologische Funktion. Die Befreiung des Menschen durch Gott findet nicht abstrakt irgendwo, sondern unter konkreten Lebensbedingungen statt.

(4) Legt man also den Schwerpunkt paulinischer Theologie in diesem Brief zugrunde und folgt man dem inneren Duktus seiner Argumentation, so kann die Aussage von Gal 4,4 im einzelnen so verstanden werden.

»*Als die Zeit erfüllt war*« – das deutet hin auf den Anbruch einer eschatologisch neuen, messianischen Zeit, die sich nicht aus dem inneren Ablauf menschlicher Geschichte zwangsläufig ergibt, sondern – allen menschlichen Berechnungen und Ableitungen entzogen – allein auf Gottes Entscheidung beruht.

»*Sandte Gott seinen Sohn*« – das meint: die Geschichte des eschatologischen Heilbringers beruht nicht auf Zufall oder Willkür, ist auch nicht die menschliche Leistung dieses irdischen Heilbringers selbst, sondern Gottes Initiative zur Befreiung des Menschen.

»*Geboren von einer Frau, dem Gesetz unterstellt*« – das heißt: der eschatologische Heilbringer ist ein Mensch, konkret ein Jude unter dem Gesetz: nicht das »Wie« der Geburt oder die himmlische Natur des Geborenen interessieren, sondern das »Daß« und das »Wo« der Geburt; nicht die Mutter, ihr Name und ihre Würde, ist wichtig, sondern allein der Sohn, dessen Funktion und Aufgabe. »Frau« und »Gesetz« sind Signale einer Soteriologie, die sich unter den Bedingungen der Zeit und der Lebenswirklichkeit von Menschen vollzieht.[24]

»*Damit er freikaufe, die unter dem Gesetz stehen*« – das will sagen: die Funktion und Aufgabe des Heilbringers ist ganz und gar eine erlösende, befreiende; er bringt vor allem die Befreiung von der Mose-Tora und den »Elementarmächten dieser Welt« (4,3).

»Damit auch wir die Sohnschaft erlangen« – das weist auf die zweite Funktion des Heilbringers hin: nicht nur negativ die Befreiung *vom* Gesetz und den Mächten, sondern auch positiv die Befreiung *zu* einem neuen Leben, das Gott durch seinen Sohn Jesus konstituiert hat. Wie aber sieht dieses Leben in der »Sohnschaft« konkret aus? Paulus selbst läßt daran keinen Zweifel: »Es gibt nicht mehr Juden und Griechen, nicht Sklaven und Freie, nicht Mann und Frau; denn ihr alle seid ›einer‹ in Christus Jesus« (3,28).

So muß die *Sendungsaussage in Gal 4,4* von ihrem inneren Duktus her ganz auf ihre *soteriologische Finalität* hin gelesen werden: Sie steht völlig im Dienst der theologischen Qualifizierung des *ganzen Lebens* Jesu als der von Gott gewollten Heilszeit – zur Befreiung des Menschen vom »Fluch des Gesetzes« und zur Befreiung zum neuen Leben in der »Sohnschaft«.[25]

(5) Die Rede von der Sendung des Sohnes also ist bei Paulus eine *Glaubensaussage* desjenigen, der den Gekreuzigten als Lebendigen erfahren hat. Diese Aussage setzt für den Apostel offensichtlich nicht den Glauben voraus, daß der Gesandte vorher bei Gott real existiert, ein »göttliches Sein« besessen habe. Wohl aber ist Paulus ganz entschieden davon überzeugt, daß dieser konkrete, geschichtliche Jesus in seiner Bedeutung nie anders denn als *Sohn Gottes* verstanden werden kann – und zwar von Anfang seines irdischen Wirkens an.[26] Paulus zufolge ist Jesus der Sohn Gottes also nicht durch besondere Eigenleistung oder erst im Akt der Anerkennung durch andere, sondern *durch Gottes Initiative* allein. Damit ist zugleich gesagt: Alles, was dieser Jesus tut, sagt, bewirkt, ist zugleich *Gottes* Handeln, *Gottes* Wort und Werk. Kurz: die Sendungsaussage von Gal 4,4 ist – gut jüdisch – in erster Linie ein Bekenntnis zur *Herkunft* Jesu »aus Gott«; sie qualifiziert Person, Sache und Schicksal Jesu als Offenbarungsweise Gottes.

3. Über die Dialektik von Weisheit und Torheit: Die Korrespondenz nach Korinth

In die gleiche Zeit, in der der Brief nach Galatien geschrieben wurde (etwa 52–54), fällt auch die vielfache und langjährige Korrespondenz des Apostels mit Korinth, mindestens vier Briefe, von denen drei vermutlich ebenfalls noch in Ephesus geschrieben wurden.[27] Paulus war von Athen aus etwa im Jahre 51 nach Korinth gekommen, »in Schwachheit, Furcht und großem Zagen«, wie er selber bekennt (1Kor 2,3). Denn er befürchtete in dieser großen griechischen Hafen- und Handelsstadt, in der verschiedene Kulturen, Religionen, Völker und soziale Klassen auf engstem Raum zusammenlebten, nicht zu Unrecht Spannungen. Sie traten denn auch von Anfang seiner Missionstätigkeit an auf – und zwar, wenn wir uns auf die Apostelgeschichte verlassen können, zunächst mit dem jüdischen Establishment der Stadt (Apg 18,1–17). Aber auch in der neuen christlichen Gemeinde wird es bald zur Auseinandersetzung gekommen sein: Wir hören von zahlreichen spalterischen Parteien unter korinthischen Christen, die sich entweder zu Paulus, zu Apollos, zu Kephas oder zu Christus bekannten, als ob »Christus zerteilt« (1,13) sei, wie Paulus empört vermerkte. Ja, mehr noch: Paulus hat es mit Leuten zu tun, denen er ins Gesicht sagen muß: »Weder Unzüchtige noch Götzendiener, weder Ehebrecher noch Lustknaben, noch Knabenschänder, noch Diebe, noch Habgierige, keine Trinker, keine Lästerer, keine Räuber werden das Reich Gottes erben« (6,9f.).

Die neue Front und das Wort vom Kreuz

Wieder ist Paulus mit einer *neuen Situation* konfrontiert, diesmal freilich mit umgekehrtem Vorzeichen als in Galatien. Mußte er sich dort gegen einen neuen Gesetzesrigorismus wehren, so hier gegen einen *pneumatischen Enthusiasmus*, der im Zeichen des himmlischen Herrschers Christus die göttliche Herrlichkeit bereits hier und heute angebrochen sah – in geistgewirkten Ekstasen die oft miserable irdische Wirklichkeit souverän überspringend. Ein Freiheits- und Weisheitsenthusiasmus schien hier ausgebrochen, der sich mit der Parole »Alles ist mir erlaubt« (6,12; 10,23) oder »Wir alle haben Erkenntnis« (8,1) in jeder Hinsicht in Christus frei fühlte – bis hin zu freizügiger Sexualität und dem unbefangenen Verzehr von Fleisch, das heidnischen Göttern geopfert worden war.[28]

Diesem schwärmerischen Enthusiasmus hält Paulus auch hier das *»Wort vom Kreuz«* entgegen, ein erster Schwerpunkt seiner christologisch begründeten Gegenrede in diesem Brief. Herausgefordert von der neuen Situation, buchstabiert Paulus diese Kreuzestheologie nun nicht mehr (wie noch in Galatien) mit der Dialektik von Freiheit und Gesetz durch, sondern – nun ganz und gar jüdisch-hellenistisch –

mit der Dialektik von Weisheit und Torheit. Eine Kreuzestheologie nicht mehr vor gesetzlichem, sondern vor weisheitlichem Horizont ist das Ergebnis, bei der die »Weisheit Gottes« kritisch gegen die »Weisheit der Welt« abgegrenzt wird. War in Galatien das Kreuz Zeichen der torakritischen Freiheit gegen einen neuen Gesetzesrigorismus, so wird es hier zum Zeichen des Realismus und der Demut gegenüber einem neuen Freiheitsenthusiasmus.

Mit Blick auf das Kreuz also ruft Paulus allem Enthusiasmus, allem Geistbesitz und aller Einbildung göttlicher Weisheit gegenüber zur Nüchternheit auf. Sein Grund? Der Grund liegt auch hier in ein und derselben Überzeugung: Gott hat sich mit dem Gekreuzigten identifiziert. Was gilt dagegen alle »Weisheit der Welt«? Ist dieser »Unsinn Gottes« nicht jedem menschlichen »Sinn« überlegen? Ist das so zutage getretene »Törichte an Gott« nicht weiser, ist das so offenbar gewordene »Schwache an Gott« nicht stärker als die Menschen? (1,25) Nein, Paulus bleibt dabei: »Die Juden fordern Zeichen, die Griechen suchen Weisheit. Wir dagegen verkündigen Christus als den Gekreuzigten: Für Juden ein empörendes Ärgernis, für Heiden eine Torheit, für die Berufenen aber, Juden wie Griechen, Christus, Gottes Kraft und Gottes Weisheit« (1,22–24).

Anders gesagt: Daß Paulus in diesem Schreiben die Kreuzestheologie in Weisheitsterminologie neu durchreflektieren muß, dürfte seinen Grund in den Weisheits- und Erkenntnisbehauptungen seiner *Gegner* gehabt haben. Paulus geht – wie so oft in seiner Korrespondenz – auf die Voraussetzungen seiner Opponenten ein und versucht, sie von ihren eigenen Bedingungen her immanent zu widerlegen. Mit einem selbstständigen, christologischen Weisheitstraktat ist deshalb im folgenden nicht zu rechnen, wohl aber mit einem situationsbezogenen, dialektischen Argumentationsgefecht auf des Gegners Kampfplatz.[29]

Welche *Weisheitschristologie* aber besaßen die *Gegner* des Paulus in Korinth? Waren es jüdische oder christliche Gnostiker? Wir wissen es nicht. Nichts erfahren wir darüber, ob diese Weisheitstheologie einen Glauben an die Schöpfungsmittlerschaft der göttlichen Weisheit, an eine Personifizierung oder Hypostasierung der Weisheit implizierte. Auch von einer Christologie, die Christus auf dieser Linie als präexistentes, himmlisches Wesen bekannt hätte, ist in den Texten nichts zu spüren und sollte jedenfalls weder Paulus noch einer der Parteiungen unterstellt werden.[30] Insbesondere ist die von Bultmann und in seinem Gefolge von Walter Schmithals und Ulrich Wilckens vollzogene Identifikation der »Christuspartei« in Korinth mit judenchristlichen Gnostikern heute quellenkritisch weithin aufgegeben worden.[31] Konsensfähig scheint nur zweierlei: Die Gegner, die Paulus im Blick hat, vertreten zweifellos eine »einseitige Erhöhungschristologie«, und man kann sie zu »Vorläufern der gnostischen Bewegung« rechnen.[32] Zugleich scheint diese Erhöhungschristologie dazu benutzt worden zu sein, die elitistisch-enthusiastische Spiritualität einer bestimmten Gruppe zu legitimieren.

Jesus – der »Herr der Herrlichkeit?« 1 Kor 2,6–9

Das ist die Ausgangssituation in diesem Brief, von der her nun eine für uns wichtige Passage zu interpretieren ist. Im zweiten Kapitel schreibt Paulus: »Und doch verkündigen wir Weisheit unter den Vollkommenen, aber nicht Weisheit dieser Welt oder der Machthaber dieser Welt, die einst entmachtet werden. Vielmehr verkündigen wir das Geheimnis der verborgenen Weisheit Gottes, die Gott vor allen Zeiten vorausbestimmt hat zu unserer Verherrlichung. Keiner der Machthaber dieser Welt hat sie erkannt; denn hätten sie die Weisheit Gottes erkannt, so hätten sie den *Herrn der Herrlichkeit nicht gekreuzigt*. Nein, wir verkündigen, wie es in der Schrift heißt, was kein Auge gesehen und kein Ohr gehört hat, was keinem Menschen in den Sinn gekommen ist: Das Große, das Gott denen bereitet hat, die ihn lieben« (2,6–9).

Für Rudolf Bultmann und Karl Barth stand fest, daß hier von der *Präexistenz bzw. Gottheit Christi* die Rede ist. Was soll »Herr der Herrlichkeit« denn auch anderes bedeuten, als daß Jesus immer schon »Gott«, eben »Herr der Herrlichkeit« gewesen ist, zumal er ja in diesem Brief offenbar mit Gottes Weisheit identifiziert worden ist. Aber: »vorausbestimmt« heißt noch nicht »vorausexistent«. »Vorausbestimmt« kennzeichnet die Bedeutung des Christusereignisses als ganz und gar in der Bestimmung, im Plan Gottes begründet. Das Wort »verborgene Weisheit« stammt – wir sahen es bei unserem Durchgang durch die entsprechenden Schriften – aus der Apokalyptik und meint: Was schon immer im Plane Gottes verborgen war, das ist jetzt durch Gott selbst öffentlich bestätigt worden – sichtbar freilich nur für die Glaubenden, nicht für die »Machthaber dieser Welt«. Was aber ist Bestätigung durch Gott für Paulus anderes als ein eschatologisches Ereignis?

Berücksichtigt man also diesen apokalyptisch-eschatologischen Kontext, dann dürfte der Ausdruck »Herr der Herrlichkeit« konsequent auf den *postexistenten, erhöhten Herrn* zu beziehen sein. Der irdische, gekreuzigte Jesus wurde hier weder mit Gott selbst noch mit einer himmlischen Person oder Hypostase identifiziert. Paulus will offenkundig gegenüber allem Enthusiasmus in Korinth festhalten: In diesem *Jesus* (so wie er gelebt hat und gestorben ist als Mensch) ist die einstmals verborgene *Weisheit Gottes* offenbar geworden (1,24), und zwar in ihm als dem Gekreuzigten. Hierin liegt das eigentümlich Provozierende dieser Christologie: nicht in einer angeblichen Aussage über die Gottheit Jesu, sondern im Glauben daran, daß Jesus selbst die *gekreuzigte Weisheit Gottes in Person* ist! Auf protologische Aussagen in der Tradition der Sapientialliteratur verzichtet Paulus dabei.[33] Es geht ihm offenkundig hier um die paradoxe Verbindung von »Kyrios und Kreuz«, Weisheit und Torheit, und gerade diese Paradoxie dürfte, folgen wir Hans Conzelmann, in der Tat eine »deutliche Polemik gegen die korinthische Erhöhungschristologie« gewesen sein.[34] Mit einem Wort: Die Weisheit muß vom Kreuz her verstanden werden und nicht umgekehrt!

Wie sehr dabei gerade diese apokalyptisch-weisheitliche *Kreuzestheologie gesellschafts- und herrschaftskritisch* begriffen werden muß, zeigt die doppelte Erwähnung der »Machthaber dieser Welt« im vorliegenden Text. Denn damit dürften keineswegs nur symbolisch irgendwelche »Dämonen« gemeint sein, vielmehr ganz konkrete »irdisch-politische Gestalten und staatliche Behörden«. Diese politisch-gesellschaftskritische Deutung beginnt sich in der heutigen Exegese gegen den Einfluß der mythologisch-gnostisierenden Deutung der religionsgeschichtlichen Schule durchzusetzen, wie dies der protestantische Exeget *Friedrich Lang* in seinem neuesten Korinther-Kommentar herausgearbeitet hat. Im Klartext mit Lang: »Mit der Hinrichtung Jesu als eines politischen Messias-Prätendenten haben die Vertreter der jüdischen und der römischen Behörde bewiesen, daß sie sein wahres Wesen nicht erkannt haben. Paulus nennt hier den gekreuzigten Jesus den ›Herrn der Herrlichkeit‹, weil er den gekreuzigten und erhöhten Jesus Christus als dieselbe Person versteht.«[35]

So kreisen die ersten vier Kapitel des ersten Korintherbriefes immer wieder neu um das Thema der Weisheit, besser: der richtigen Anwendung der Weisheit. Paulus hat es in der von ihm selbst gegründeten Gemeinde offensichtlich mit Gegnern zu tun, die sich auf ihr religiöses Selbstbewußtsein, ihre Klugheit und Stärke sehr viel einbildeten. Und nachdem er ihnen in einer theologischen Grundsatzbestimmung klargemacht hat, daß die Weisheit Gottes in Christus die »Weltweisheit« (1,20) oder »Menschenweisheit« (2,5) als Torheit entlarve, wirft Paulus sein eigenes »Vorbild« zusätzlich in die Waagschale: gegen die Weisen, Starken und Erfolgreichen, *gegen die Erwartung, Apostel seien religiöse Übermenschen* – das Gegenbild vom Narren, Schwächling und Verfolgten um Christi willen: »Ich glaube nämlich, Gott hat uns Apostel auf den *letzten Platz* gestellt wie Todgeweihte, denn wir sind zum Schauspiel geworden für die Welt, für Engel und Menschen. Wir stehen als Toren da um Christi willen, ihr dagegen seid kluge Leute in Christus. Wir sind schwach, ihr seid stark; ihr seid angesehen, wir sind verachtet. Bis zur Stunde hungern und dürsten wir, gehen in Lumpen, werden mit Fäusten geschlagen und sind heimatlos. Wir plagen uns ab und arbeiten mit eigenen Händen; wir werden beschimpft und segnen; wir werden verfolgt und halten Stand; wir werden geschmäht und trösten. Wir sind sozusagen der Abschaum der Welt geworden, verstoßen von allen bis heute« (4,9–13).

Ja, mehr noch: Die »Wichtigtuer« (4,19) in den Gemeinden im Blick, handelt Paulus nun Punkt für Punkt – entsprechende Anfragen aus der korinthischen Gemeinde lagen offensichtlich vor – *Fälle von außerordentlicher Peinlichkeit* ab: Fälle von Inzest (»einer lebt mit der Frau seines Vaters«: 5,1), Fälle von Unzucht (»wer sich an eine Dirne bindet, ist ein Leib mit ihr«: 6,16), Fälle des anstößigen Umgangs mit demjenigen Fleisch, das heidnischen »Götzen« geopfert worden war (Kap. 8), aber auch Fälle grundsätzlichen moralischen Verhaltens: Sollen Christen ihre Rechtsstreitigkeiten vor heidnischen Gerichten austragen oder nicht doch besser in der Gemeinde selber schlichten (6,1–11) und wie sich generell zur Frage von Ehe und Ehelosigkeit einstellen (Kap. 7)?

All diese negativen Fälle stellen für Paulus einen eklatanten *Mißbrauch christlicher Freiheit* dar. Und Freiheit, genauer: der falsche und richtige Freiheitsgebrauch ist denn auch das untergründige Thema dieser paränetischen Kapitel. *Beispiel: Götzenopferfleisch.* Bekanntlich endeten in der Antike Opferfeiern für Götter meist mit gemeinsamen Mahlzeiten, bei denen das geopferte Fleisch gegessen wurde. Anlässe für solche Opfer gab es genug: private (Familienfeiern, Totengedächtnisse, Ämterantritte) sowie öffentliche (Vereinsversammlungen, Staatsfeiern). Und gerade solche öffentliche Feiern waren nicht selten mit Volksspeisungen verbunden, was für die sozial niedrigeren Schichten begreiflicherweise von einiger Bedeutung war. Für Juden aber – die eine ähnliche Opfermahlpraxis kannten – war heidnisches Opferfleisch grundsätzlich ein Greuel, zumal es häufig aus Schweinefleisch bestand und eine rituelle Schlachtung von vornherein nicht gewährleistet war.[36]

Und für Christen? War für sie auch in dieser Frage »alles erlaubt« (6,12)? War ein Christ hier grundsätzlich frei? Oder mußte ein Heide, wenn er Christ geworden war (und mit solchen hatte Paulus es in Korinth vornehmlich zu tun), hier Verzicht üben, obwohl er sich doch vorher bei solchen Gelegenheiten kostenlos bedient hatte? Wie Paulus mit dieser Frage theologisch und praktisch umgeht, werden wir im nächsten Abschnitt untersuchen. Wir wollen eine Passage in unserer Analyse vorziehen, um dann von ihr her auf das achte Kapitel – besser vorbereitet – zurückzukommen.

Diese Freiheit hatten sich offensichtlich einige aus der korinthischen Gemeinde herausgenommen: sie waren in »Götzentempel« gegangen und hatten das geopferte Fleisch ohne Bedenken mitgegessen (8,10) – und zwar im Bewußtsein ihrer christlichen Freiheit, ihrer christlichen »Gnosis« (8,1), im sicheren Bewußtsein also ihres Heils in Christus. Gegen diesen bedenkenlosen, allzu sicheren Gebrauch von Freiheit führt Paulus nun zwei Beispiele, zwei Vor-Bilder ins Feld:

Das *eine Vorbild* ist niemand anderer als *Paulus selbst*. In einem länger ausgreifenden, auf Beispiele und Schriftautoritäten, ja auch auf ein »Herrenwort« verweisenden, kunstvoll dialektisch gearbeiteten Abschnitt rechtfertigt Paulus seine *Freiheit als Apostel*. Es war Leuten in Korinth offensichtlich merkwürdig vorgekommen, daß Paulus sich von seiner Gemeinde nicht hatte bezahlen lassen, sondern stets für seinen eigenen Unterhalt sorgte. Was sollte Paulus darauf antworten? Paulus bestritt nicht das grundsätzliche Recht eines Missionars auf Unterhalt oder umgekehrt die Pflicht der Gemeinde zur

Versorgung. Er aber bestand auf der Freiheit, persönlich auf dieses Recht verzichten zu können. Warum? Es mögen für Paulus in dieser Frage auch soziale Gründe mitgespielt haben. Vermieden wird ja auf diese Weise in der Tat »eine in hellenistischen Stadtkulturen naheliegende Verwechslung des christlichen Missionars mit den zahlreichen herumziehenden und bettelnden Wanderphilosophen, die ihre Lehre gegen Bezahlung unters Volk bringen«.[37]

Aber Paulus gibt hier eine »tiefere«, eine »spirituelle« Begründung: Er habe von »niemandem abhängig« (9,19) sein wollen, sagt er. Auf diese Weise habe er sich »für alle zum Sklaven gemacht, um möglichst viele zu gewinnen«. Und dann folgt eine später klassisch gewordene paulinische Passage: »Den Juden bin ich ein Jude geworden, um Juden zu gewinnen; denen, die unter dem Gesetz stehen, bin ich, obgleich ich nicht unter dem Gesetz stehe, einer unter dem Gesetz geworden, um die zu gewinnen, die unter dem Gesetz stehen. Den Gesetzlosen war ich sozusagen ein Gesetzloser – nicht als ein Gesetzloser vor Gott, sondern gebunden an das Gesetz Christi –, um die Gesetzlosen zu gewinnen. Den Schwachen wurde ich ein Schwacher, um die Schwachen zu gewinnen. Allen bin ich alles geworden, um auf jeden Fall einige zu retten« (9,20–22).

Worauf läuft diese Vorbild-Strategie »pädagogisch« hinaus? Sicher nicht auf ein simples Selbstlob des Apostels; das hatte Paulus schon vorher explizit abgewiesen (9,16). Vielmehr auf eine Form *beispielhaften Selbstverzichtes*, um Selbstverzicht von anderen glaubwürdig fordern zu können: »Vielmehr züchtige und unterwerfe ich meinen Leib, damit ich nicht anderen predige und selbst verworfen werde« (9,27). Anders gesagt: Paulus will mit dieser Argumentation einem Dilemma entkommen: Wie von anderen eine radikale Lebensänderung fordern, ohne daß die Adressaten eine solche Forderung durch unterstellte Selbstgerechtigkeit wieder unterlaufen?

Und das zweite Vor-Bild? Es ist ein »warnendes Beispiel«, wörtlich ein »Typos«, ein »geprägtes Abbild« aus der jüdischen Heilsgeschichte: Szenen aus den Exodus- und den Wüstenwanderungsgeschichten des Volkes der Juden (10,1–13). »Unsere Väter« seien ja damals durch das Meer gezogen, läßt Paulus seine Korinther wissen, und alle seien dabei auf Mose getauft worden – »in der Wolke und im Meer«; alle hätten die gleiche »gottgeschenkte Speise« (besser: die *geistliche* Speise, die pneumatikon broma); alle hätte denselben »gottgeschenkten Trank« (besser: den *geistlichen* Trank, den pneumatikon poma) genossen. Warum? Weil alle von dem »Leben spendenden Felsen« (besser: dem *geistlichen* Felsen, dem pneumatikä petra) getrunken hätten.

Eine merkwürdige Geschichte bis dahin, vor allem die Geschichte von dem mitziehenden Felsen. Paulus greift hier offensichtlich einen *rabbinischen Midrasch zur Exoduserzählung* auf, wo verschiedene Episoden aus der Exodus-Tradition (Num 20,7–11) miteinander kombiniert wurden. Der mitwandernde Felsen war auf Gott gedeutet worden, der auch in der Wüste sein Volk nicht allein lasse, sondern es mit überlebenswichtigem Wasser versorge. Was aber soll dies alles hier? Diese Geschichte wäre zumindest in unserem Zusammenhang nicht der Rede wert, wäre Paulus nicht fortgefahren: »Und dieser Fels war Christus. Gott aber hatte an den meisten von ihnen keinen Gefallen; denn er ließ sie in der Wüste umkommen. Das aber geschah als warnendes Beispiel für uns: damit wir uns nicht von der Gier nach dem Bösen beherrschen lassen, wie jene sich von der Gier beherrschen ließen. Werdet nicht Götzendiener wie einige von ihnen; denn es steht in der Schrift: ›Das Volk setzte sich zum Essen und Trinken; dann standen sie auf, um sich zu vergnügen.‹ Laßt uns nicht Unzucht treiben, wie einige von ihnen Unzucht trieben. Damals kamen an einem einzigen Tag dreiundzwanzigtausend Menschen um. Wir wollen auch nicht den Herrn auf die Probe stellen, wie es einige von ihnen taten, die dann von Schlangen getötet wurden. Murrt auch nicht, wie einige von ihnen murrten; sie wurden vom Verderber umgebracht. Das aber geschah an ihnen, damit es uns als Beispiel dient; uns zur Warnung wurde es aufgeschrieben, uns, die das Ende der Zeiten erreicht hat« (10,4–11).

Und dieser Fels war Christus? Manche Exegeten sehen hier die Präexistenz Christi klar bezeugt.[38] Hans Conzelmann hat an dieser Stelle sogar von einer »realen Präexistenz Christi« gesprochen.[39] Was ist zu dieser Deutung zu sagen?

Eine solche Exegese ist gerade an dieser Stelle äußerst mißverständlich, solange nicht die Begriffe »real« und »Präexistenz« näher bestimmt sind. Denn das *eine* ist sicher: In keinem Fall geht es ja hier um eine Art Präexistenz, wie wir sie bisher weisheitstheologisch oder apokalyptisch kennengelernt haben: eine Weise des Seins bei Gott, in Gottes Ewigkeit vor der Weltschöpfung. Geht es hier doch um eine einzelne Szene aus dem Ablauf der *Geschichte*, der Geschichte Israels nämlich. Zum *anderen* ist die Form der Aussage ja keine »dogmatische« Reflexion auf die Person Christi, sondern eine typologische Interpretation eines alttestamentlich wichtigen Heils-Ereignisses, wie es auch in den Psalmen 78 und 106 sowie in Neh 9,9–20 rekapituliert wird und wie es schon damals durch Philo von Alexandrien typologisch gedeutet worden war: das Manna und der Felsen als Allegorien des universalen Logos und der personifizierten Weisheit. Und Paulus deutet diese Exodus-Erzählung ja selber »typikos« (10,11), als eine Episode also, deren Sinn über sich hinausweist. Anders gesagt: »Paulus verstand Christi Aktivität in den Ereignissen des Alten Testamentes typologisch und nicht wörtlich«, wie der britische Patristiker *G. W. H. Lampe* zu Recht interpretiert.[40]

Und zum *dritten* ist der *Kontext* dieser Stelle aller Beachtung wert. Er dürfte zu paränetisch, der typologische Satz viel zu spontan eingebaut sein, als daß wir es hier mit einer christologischen Grundsatzaussage zu tun hätten. Eduard Schweizer ist deshalb zuzustimmen: »Aus 1 Kor 10 läßt sich keine Christologie der Präexistenz im Alten Testament ableiten, weder so, daß ›Christus‹ nur Chiffre für Gottes Gnade wäre, noch so, daß an eine heilsgeschichtlich niedrigere Stufe seiner Existenz gedacht wäre.«[41] Was also?

Das *Schlüsselwort* zum Verständnis dieser Passage dürfte das Wort »pneumatikos«, »geistlich« sein. Denn liest man diese Geschichte »geistlich«, wird klar, daß Paulus hier – im Gegensatz zu vielen heutigen christlichen Paulus-Interpreten – das Alte Testament nicht christologisch vereinnahmt (etwa nach dem Schema Verheißung-Erfüllung), sondern Bezüge zwischen damals und heute herstellt. Paulus will offensichtlich klarmachen: Es gibt (unter der Perspektive von Gottes Handeln) einen Zusammenhang von damals und heute, von der Situation der Wüstenwanderung und der Situation in Korinth, von den Juden einst und den Christen jetzt. Die allegorische Gleichung Christus = geistiger Fels ist dazu der Schlüssel, der den Sinnzusammenhang auch der anderen erwähnten Ereignisse erst aufschließt, der sonst verborgen bliebe. Anders könnte ja auch von einer »Taufe« auf Mose (die so gar nicht stattgefunden hat) nicht geredet werden. Es geht hier also um einen neuen »Blick« auf die Geschichte Israels aus der Perspektive Christi, des erhöhten Herrn, eine Perspektive des Geistes.

Der Zusammenhang zwischen einst und jetzt ist somit der folgende: So wie die »Väter« damals in der Wolke und im Meer auf den Namen Mose getauft wurden, so waren ja auch die korinthischen

Christen auf den Namen Jesus Christus getauft worden – »durch den einen Geist« (1 Kor 12,13; Röm 6,3; Gal 3,27). So wie die »Väter« damals von Gott genährt und getränkt wurden, so die Christen heute: durch die geistigen Gaben des eucharistischen Mahles: Brot und Wein. Und so wie die »Väter« einstmals einen »geistigen Felsen« hatten, der stets mit ihnen zog, so haben auch die Christen heute mit Christus einen solchen Felsen. Und die Pointe des Ganzen? Beachtet man den unmittelbaren Kontext und die kunstvollen typologischen Zusammenhänge, dann dürfte die Pointe dieser Passage kaum darin bestehen, daß für Paulus »der präexistente Christus in den Heilserfahrungen Israels gegenwärtig«[42] oder daß der »präexistente Messias schon bei der Erhaltung des Gottesvolkes in der Wüste am Werk« gewesen sein soll, um »schon damals dem Volk das ›Pneuma‹, den Geist Gottes, dessen Lebenskraft«[43] zu spenden. Davon steht nichts im Text. Gewiß: Dadurch daß Paulus ausdrücklich sagt »dieser Felsen *war* Christus« könnte er in diesem Felsen durchaus einen antizipatorischen *Verweis* auf Christus gesehen haben.[44] Doch die Pointe liegt nicht eigentlich hier.

Die Pointe ist vielmehr im *Warncharakter* dieser typologischen Parallelen zu sehen: Paulus will offensichtlich einschärfen: Obwohl die »Väter« alles hatten, was oben erwähnt wurde, obwohl die »Väter« also mit allen »Heilsgütern« ausgestattet waren und sich so Gottes Wohlwollen erfreuen konnten, haben sie Gottes Güte dennoch verspielt: Gott ließ die meisten von ihnen in der Wüste umkommen, dreiundzwanzigtausend sogar an einem einzigen Tag (10,8). Warum? Weil viele sich damals »von der Gier« hatten beherrschen lassen, weil einige sich bedenkenlos »vergnügt«, weil einige »Unzucht getrieben«, weil einige gemurrt hatten. Das ist die Warnung an die Korinther: Auch sie hatten ja als Christen alle Heilsgüter bekommen – die Taufe, das eucharistische Mahl, Christus als den immer bleibenden geistlichen Felsen. Und doch gibt es auch unter ihnen Götzendienst, Unzucht, Murren wider den Apostel. Und doch gibt es auch bei ihnen falsche Heilssicherheit, enthusiastische Unbekümmertheit, pneumatischen Libertinismus selbst beim gemeinsamen Essen, wo die eucharistischen Gaben verteilt werden (10,15–22; 11,17–22). All dem gilt die Warnung: »Wer zu stehen meint, gebe acht, daß er nicht fällt« (10,12)!

Wie also muß 1 Kor 10,4 verstanden werden? Mit großer Wahrscheinlichkeit nicht präexistenzchristologisch, sondern soteriologisch und paränetisch. Mit dem katholischen Exegeten *I. Dugandzic* läßt sich zusammenfassend sagen: »Man muß davon ausgehen, daß hier die alttestamentlichen Heilsereignisse mit den neutestamentlichen parallelisiert werden. Beide Male geht es um das Heilshandeln Gottes an den Menschen. Somit kann die Identität zwischen Christus und dem Felsen nicht logisch gemeint sein, sondern die Aussage dient der Parallelisierung des Heilshandelns Gottes ... Es geht nicht darum, die Vorabbildung der Sakramente im Alten Testament nachzuweisen, oder die Wesensgleichheit der Sakramente mit dem alttestamentlichen Heilszeichen festzustellen. Es geht ihm (Paulus) vielmehr um das libertinistische Verhalten der Israeliten damals und der Gemeinde von Korinth und somit um den Mißbrauch der Heilsgaben auf beiden Seiten ... Am Beispiel der Wüstengeneration sollen die Christen also sehen, daß die Heilsgaben Gottes noch nicht das vollendete und sichere Heil bedeuten. Das Teilhaben an Taufe und Eucharistie garantiert nicht automatisch das Heil.«[45]

Schöpfungsmittlerschaft bei Paulus? 1 Kor 8,6

Drei Grundprobleme paulinischer Christologie konnten wir uns anhand des ersten Korintherbriefes klarmachen: die christologisch bestimmte Dialektitk von Weisheit und Torheit sowie von Freiheit und Bindung und schließlich das Verhältnis von Christologie und Paränese. Mit der Aussage von 1 Kor 8,6 kommen wir zu einer der kühnsten und umstrittensten Aussagen paulinischer Christologie. Die Passage lautet: »So haben wir doch nur einen Gott, den Vater. Von ihm stammt alles, und wir leben auf ihn hin. Und einer ist der Herr: Jesus Christus. Durch ihn ist alles, und wir sind durch ihn.«

Was haben wir hier vor uns? Eine Aussage über Christi Präexistenz vor der Weltschöpfung, ja eine eigene *protologische Aussage über Christi uranfängliche Schöpfungsmittlerschaft*? Das wäre die erste und einzige Aussage dieser Art in der authentischen paulinischen Korrespondenz und damit (wir sind Anfang der fünfziger Jahre nach Christus!) die älteste Aussage dieser Art im Neuen Testament überhaupt! Um so kostbarer dieses Zeugnis, das faktisch den Abschied vom jüdischen Monotheismus bedeutet und später in der christlichen Trinitätslehre entfaltet werden wird. Traditionelle Exegese hat denn auch nicht gezögert, an dieser Stelle Christi Schöpfungsmittlerschaft im dogmatischen Sinn klar affirmiert zu sehen.[46] Auch in der heutigen Exegese erfreut sich eine präexistenzchristologische, protologische und kosmologische Deutung von 1 Kor 8,6 großer Beliebtheit.[47] Man geht dabei in der Regel davon aus, daß die Präexistenz Jesu Christi hier bereits »vorausgesetzt« (H. Conzelmann[48]), Jesus also – um es mit Eduard Schweizer zu sagen – »schon vor Paulus und Johannes wie die jüdische Weisheit als bei Gott weilendes persönliches Wesen (wie ein Engel, aber in einzigartiger Stellung) vorgestellt worden« sei.[49] Nun ist aber der auch von Schweizer wieder dafür herangezogene einzige vorpaulinische Text, Phil 2,6, alles andere als eindeutig in dieser Frage. Wir haben dies ausführlich dargelegt. Wenn dies aber für Phil 2 fraglich ist, wirft dies Rückfragen auch für die Deutung von 1 Kor 8,6 auf. Wir fragen deshalb: Ist es so sicher, daß an dieser Stelle eine Schöpfungsmittlerschaftsaussage vorliegt? Wir wollen die Gegenargumente prüfen und auch hier den Kontext argumentativ mit einbeziehen.

Was aber sagt der *Kontext*? Antwort: In 1 Kor 8,6 hat Paulus einen theologischen und christologischen Grundsatz formuliert, mit dessen Hilfe er seine Grundeinstellung in der leidigen Götzenopferfleisch-Frage zum Ausdruck bringt. Paulus unterscheidet nämlich an dieser Stelle zwischen dem Grundsätzlichen und dem Konkreten. Was das *Grundsätzliche* betrifft, so schließt Paulus für Christen den Verzehr von Götzenopferfleisch nicht aus. Seine Begründung dafür ist verblüffend einfach. »Es gibt keine Götzen in der Welt und keinen Gott außer dem einen« (8,4), meint er, um gleich darauf diesen Grundsatz von der Empirie her noch einmal zu relativieren.

Denn selbstverständlich weiß auch Paulus, daß es »im Himmel oder auf der Erde sogenannte Götter« gibt; er ist ja kein rationalistischer Aufklärer. Himmel und Erde sind für ihn voll von allen möglichen »Göttern und Herren«, weil Menschen sich von ihnen beherrschen lassen. »Götter und Herren« werden also zu Götter und Herren, weil Menschen an sie glauben. Darum kann Paulus an dieser Stelle ausdrücklich zugeben: »Und solche Götter und Herren gibt es viele« – im Himmel oder auf der Erde! Entscheidend aber ist für ihn: »Wir«, d. h. wir Christen, haben trotz allem nur einen Gott, den Vater. Und dann heißt es ohne Verbform wörtlich im griechischen Original:

»aus (ek) ihm alles (ta panta) und wir zu (eis) ihm
und einen Herrn Jesus Christus
durch (dia) ihn alles (ta panta) und wir durch (dia) ihn«

Doch Paulus hält sich an dieser Stelle nicht mit theologischen Grundsatzreflexionen oder weiteren Glaubensbekenntnissen auf. Gleich im nächsten Satz kommt er auf das *konkrete Problem* zu sprechen: Soll man als Christ auch dann von Götzenopferfleisch essen, wenn man dadurch vielleicht bei anderen aus der Gemeinde Anstoß erregt, bei Leuten, die noch nicht zu solch überlegener »Gnosis« gelangt sind, also noch nicht so stark sind im Glauben, eher zu den »Schwachen« gehören? Soll man das, obwohl man vielleicht gerade dadurch die Schwachen verführt, auch von solchem Fleisch zu essen und sie so an der »Gnosis« der Starken zugrunde gehen läßt? Nein, in diesem konkreten Fall empfiehlt Paulus den *Verzicht* der Starken zugunsten der Schwachen: »Wenn ihr euch auf diese Weise gegen eure Brüder versündigt und ihr schwaches Gewissen verletzt, versündigt ihr euch gegen Christus. Wenn darum eine Speise meinem Bruder zum Anstoß wird, will ich überhaupt kein Fleisch mehr essen, um meinem Bruder keinen Anstoß zu geben« (8,12f.).

Diese Rekonstruktion des Kontextes war wichtig, um ein *erstes Argument* zu gewinnen, das eine präexistentielle Deutung von 1 Kor 8,6 eher unwahrscheinlich macht. Die christologische Aussage von 1 Kor 8,6 ist doch in den Kontext der Paränese eingebettet, erfolgt doch eher wie »zufällig« (M. Hengel[50]), ist jedenfalls durch nichts provoziert. Ist eine so fundamentale, folgenschwere und weitreichende Aussage über Christus als uranfänglichen Schöpfungsmittler ausgerechnet in einem solchen Kontext zu erwarten? Möglicherweise. Dann aber dürfte gleichzeitig zu erwarten sein, daß eine so schwerwiegende Aussage später wiederkehrt oder ausgebaut wird. Dies aber ist nicht der Fall. Im Gegenteil: Die unserer Formel am nächsten stehende Passage aus dem *nach* der Korinther-Korrespondenz verfaßten Römerbrief bezieht sich ausschließlich auf Gott selber und nicht auf einen uranfänglichen Christus bei der Weltschöpfung: »Denn aus ihm und durch ihn und auf ihn hin ist die ganze Schöpfung. Ihm sei Ehre in Ewigkeit!« (11,36).

Liegt aber der Grund für das Fehlen einer weiteren Schöpfungsmittlerschaftsaussage nach Art von 1 Kor 8,6b möglicherweise darin, daß wie eben von der paulinischen Christologie *nicht alles überliefert* haben, sondern nur die »faszinierende Spitze des Eisbergs« sehen, wie Martin Hengel vermutet?[51] Erklärt das die »Zufälligkeit«, weil eben das Meiste und Wichtigste in Sachen Christologie verloren ging? Dieses Argument hat wenig Überzeugungskraft. Als ob Paulus das, was ihm wichtig war, nicht allemal hätte sagen können, zumal zahlreiche Briefe nach dem ersten Korintherbrief noch folgen! Als ob es nicht zahlreiche Gelegenheiten gegeben hätte, eine derartige christologische Aussage einzuschärfen oder gar auszubauen, wenn sie Paulus wichtig gewesen wäre! Nein, all das läßt den gut begründeten Schluß zu: Bezieht man den engeren und weiteren Kontext von 1 Kor 8,6b mit ein, drängt sich eine protologisch-präexistentielle Deutung der hier erfolgten christologischen Aussage nicht auf. Im Gegenteil.

Ein *zweites Argument* betrifft die *Form des Satzes*. Exegeten haben Vermutungen darüber angestellt, ob dieser Satz überhaupt von Paulus selber stamme. Er klingt ja in der Tat wie eine aus verschiedenen Elementen zusammengesetzte, festgefügte Formel, die Paulus durchaus auch als Zitat hätte übernehmen können. Der Vorteil dieser Analyse: Man könnte unterscheiden zwischen ursprünglichem Wortlaut und paulinischer Adaption und so die Grundintention des Apostels besser bestimmen.

Nun sind gerade in dieser Frage die Meinungen der Exegeten außerordentlich kontrovers. Geht die Wendung »ta panta« auf eine dem hellenistischen Stoizismus vertraute, pantheistische Formel zurück, so daß »ta panta« das All im kosmologischen Sinn bedeutet?[52] Andere bestreiten diesen stoischen Hintergrund und sehen hier eher kosmologische Sophia/Logos-Spekulationen des Philo von Alexandrien am Werk.[53] Andere Exegeten stellen noch weitergehende Rückfragen: Wenn stoischer Hintergrund nicht beweisbar ist, meint dann *ta panta* hier überhaupt »das All«; ist hier eine kosmologische Dimension überhaupt so sicher angezielt?[54] Paulus bemüht ja auch in anderen Zusammenhängen »ta panta«-Wendungen, so an der schon erwähnten Stelle Röm 11,36 und ebenso in 1 Kor 11,12 (»alles aber stammt von Gott«). Im ersten Fall aber geht es um einen Lobpreis der Weisheit des Schöpfergottes, und im zweiten Fall geht es um die Feststellung, daß über Mann und Frau hinaus alles von *Gott* komme (»doch im Herrn gibt es weder die Frau ohne den Mann noch den Mann ohne die Frau. Denn wie die Frau vom Manne stammt, so kommt der Mann durch die Frau zur Welt; alles aber stammt von

Gott«). Von kosmologischen All-Vorstellungen ist bei all diesen »ta panta«-Aussagen nicht die Rede, christologisch schon gar nicht. Sollte dies also ausgerechnet hier, in 1 Kor 8,6 der Fall sein? Nichts jedenfalls zwingt dazu.

Ähnlich kontrovers ist die Diskussion bei weiteren Elementen der Formel. Gewiß: Man ist sich unter Exegeten weithin darin einig, daß die monotheistische Formel »ein Gott, der Vater«, mit der Paulus ja auf Bekanntes in Korinth zurückgreifen will, »jüdisch-hellenistischer Missionspropaganda« und ihrer »Polemik gegen den Polytheismus« entstammt.[55] Man ist sich auch darin einig, daß die Aussage »einer ist der Herr« eine längst feststehende Akklamationsformel des hellenistischen Judenchristentums ist. Verwirrend-kontrovers wird die Diskussion erst dann, wenn zu entscheiden ist, wie die Formel ursprünglich gelautet haben mag und ob Paulus sie ganz oder teilweise übernommen hat.

Ist eine ursprünglich stoisch-pantheistische Formel im hellenistischen Judentum monotheistisch durch die Hinzufügung von »ein Gott, der Vater« aufgefangen worden? Ist dann diese jüdisch-hellenistische Formel im juden*christlich*-hellenistischen Milieu christologisch erweitert worden durch Hinzufügung von »ein Herr«? Und hat dann Paulus durch Ergänzung eines doppelten »Wir« (»*wir* leben auf ihn hin«; »*wir* sind durch ihn«) die ursprünglich kosmologische Weite soteriologisch konkretisiert?[56] Oder war es gerade umgekehrt: Wurde eine feststehende Formel des hellenistischen Judenchristentums (»ein Gott, der Vater – ein Herr Jesus Christus«) mit stoischen All-Formeln kombiniert, so daß schon vor Paulus »dem Kyrios Jesus Christus die Rolle des präexistenten Schöpfungsmittlers zugeschrieben« wurde?[57] Wie also war der Weg dieser Formel: von der Kosmologie zur Soteriologie oder von der Soteriologie zur Kosmologie? Hat Paulus eine kosmologische Christus-Aussage durch Hinzufügung des »Wir« gewissermaßen soteriologisch korrigiert oder eine feststehende Formel des hellenistischen Judenchristentums, die in ihrem Kyrios-Enthusiasmus (weil geschichtslos) »unpaulinisch« geklungen habe, »existentiell« geerdet?[58] Fragen über Fragen, die es nahelegen, mit dieser Formel theologisch behutsam umzugehen, zumal die Verbform fehlt und eine genaue Sinndeterminierung von daher schwierig ist. Tut man dies, so wird man auf zweifelhafte Anleihen aus nicht zum Text gehörenden Quellen (Stoa, Philo) tunlichst verzichten, solange der Text aus sich heraus (d. h. aus dem

Zusammenhang des Briefes und der übrigen paulinischen Korrespondenz) zu erklären ist.

Ein *drittes Argument* betrifft den »*Sitz im Leben*« dieser Aussage. Daß wir es bei 1 Kor 8,6 nicht mit einem reflektierenden Glaubensbekenntnis, sondern mit einer Prädikation oder Akklamation zu tun haben, ist Gemeingut heutiger Exegese. Wo mag diese Akklamation erstmals erklungen sein? Exegeten sind sich auch darin weitgehend einig, daß diese Formel ursprünglich in eine »liturgical assembly«[59], eine gottesdienstliche Versammlung gehörte, möglicherweise speziell bei der Taufliturgie Verwendung fand.[60]

Und in der Tat drängt sich eine Analogie zwischen diesem Text und der *Tauftheologie* des Paulus auf. Denn so wie es hier in jedem Fall um die »neue Schöpfung« in Christus geht (»wir durch ihn«), geht es ja auch bei der Taufe um die Eingliederung in eine neue Lebensform. Ungefähr zur selben Zeit hatte Paulus nach *Galatien* geschrieben: »Ihr seid alle durch den Glauben Söhne Gottes in Christus Jesus. Denn ihr alle, die ihr auf Christus getauft seid, habt Christus (als Gewand) angelegt. Es gibt nicht mehr Juden und Griechen, nicht Sklaven und Freie, nicht Mann und Frau; denn ihr alle seid ›einer‹ in Christus« (3,26–28). Und später wird Paulus an die Gemeinde von *Rom* schreiben: »Wißt ihr denn nicht, daß wir alle, die wir auf Christus Jesus getauft wurden, auf seinen Tod getauft worden sind? Wir wurden mit ihm begraben durch die Taufe auf den Tod; und wie Christus durch die Herrlichkeit des Vaters von den Toten auferweckt wurde, so sollen auch wir als neue Menschen leben« (6,3 f.). Das alles heißt: *Taufe dort und neue Schöpfung in Christus hier sind für Paulus ein und dasselbe.*

Diese Bestimmung des Verwendungsortes der Formel kann nicht ohne Folgen für deren Inhalt bleiben. Denn zieht man nicht unbeweisbare stoische oder philonische Parallelen heran, sondern achtet auf den näheren und weiteren Kontext sowie auf den »Sitz im Leben«, so hat die Schlußfolgerung viel für sich: Inhaltlich geht es bei dieser Formel – was die Christologie betrifft – um Neuschöpfung derjenigen, die sich auf Christus einlassen. *Thema ist das Neue Sein der Christen in Christus.* Wodurch aber wird diese neue Schöpfung ermöglicht? Wir kommen zum zentralen theologischen Argument, um den Sinn von 1 Kor 8,6b zu verstehen.

Ein *viertes Argument*: Die *Erhöhungschristologie*. Viel zu wenig wird in der Exegese ernstgenommen, daß an dieser Stelle vom *Kyrios*

Jesus Christus die Rede ist. Der Kyrios aber ist bei Paulus nie eine protologische Gestalt (die dann bei der Weltschöpfung uranfänglich hätte mitwirken können), sondern stets eine *eschatologische*. Der Kyrios ist niemand anderer als der durch Gott erhöhte Jesus Christus, der aufgrund seiner Auferweckung (Röm 1,3f.) von Gott in Macht eingesetzt wurde. Kyrios Jesus – Jesus ist der Herr: das soll dem Philipper-Hymnus zufolge jeder bekennen, *nachdem* Jesus von Gott erhöht wurde (Phil 2,11). Kyrios Jesus: Das dürfte einer der ekstatischen, geistgewirkten Rufe in einer gottesdienstlichen Versammlung gewesen sein, wie ihn gerade auch der erste Korintherbrief noch aufbewahrt hat (12,3). Das aber heißt umgekehrt: Das *Bekenntnis zum Kyrios und die Geisterfahrung gehören zusammen*. Aufgrund von Auferweckung und Erhöhung lebt Christus nun in der Seinsweise Gottes, die die Seinsweise des Geistes ist (1 Kor 6,11; 15,45). In der Seinsweise des Geistes aber ist Christus nicht mehr an Raum und Zeit gebunden, sondern universal präsent. Jetzt kann Paulus sagen: »Wir haben den Geist Christi« (1 Kor 2,16). Jetzt kann er schreiben: »Der Herr aber ist der Geist, und wo der Geist des Herrn wirkt, da ist Freiheit« (2 Kor 3,17). Anders gesagt: Wenn Paulus in 1 Kor 8,6b vom Kyrios Jesus Christus redet, dann meint er ganz selbstverständlich den erhöhten Herrn, der in der Weise des Geistes *hier und jetzt* präsent ist.[61]

Wie aber ist dann das »durch ihn ist alles, und wir sind durch ihn« zu verstehen? Antwort: Von der universalen, an keinen Raum und an keine Zeit mehr gebundenen *pneumatischen Präsenz Christi* her. Kosmologie *oder* Soteriologie (so J. Murphy-O'Connor) ist hier die falsche Alternative. Es geht hier – wenn man schon formelhaft reden will – um eine *universale, die ganze Schöpfung einbeziehende Soteriologie*, ist doch der Herrschaftsraum des erhöhten Kyrios nicht mehr eingeschränkt. Anders gesagt: Es geht um die *Vermittlung der neuen Schöpfung* in universaler, umfassender Perspektive, worauf die »dia«-Wendungen in dieser Formel unzweideutig hinweisen. Denn wo Paulus solche »dia«-Wendungen benutzt (etwa 1 Thess 5,9; 1 Kor 15,57; Röm 5,1), geht es ihm stets um die Vermittlung des neuen Seins für Christen hier und jetzt. Die christologische Formel von 1 Kor 8,6b ist also nicht kosmologisch-protologisch, sondern eschatologisch-präsentisch, sprich soteriologisch-universal zu verstehen.

Folgt man dieser Deutung, so wird in dieser Aussage eine kunstvolle Zeitstruktur erkennbar: Gott, der Vater ist Vergangenheit *und*

Zukunft, Anfang *und* Ende, Ursprung *und* Ziel, Schöpfer (ek) und Vollender (eis) von Welt und Mensch. Christus hingegen ist Gegenwart, Mitte und Leben, gegenwärtig-befreiender Herrscher über die Erde, der als Vermittler (dia) einer »neuen Schöpfung« (2 Kor 5,17) eines »neuen Bundes« (2 Kor 3,6) auch der Herr aller gegenwärtig herrschenden »Götter und Herren« sein kann. Das *theologische* »ta panta« dürfte demnach auf die uranfängliche Weltschöpfung zu beziehen sein; das *christologische* »ta panta« dagegen (wie bei Paulus üblich) auf die herrschenden Verhältnisse der Gegenwart. Der Kyrios von 1 Kor 8,6b ist somit vor allem auf die »Kyrioi« und »Theoi« von 1 Kor 8,5 zu beziehen! Was im Klartext heißt: Der Kyrios Jesus ist der Herr aller Herren und Götter, die gegenwärtig über Himmel, Erde und Menschen herrschen. Sie und damit die ganze Erde (ta panta) werden durch (dia) ihn beherrscht und nicht umgekehrt (vgl. auch 1 Kor 3,11; 10,26).

Freilich: Auch dies ist für Paulus noch nicht das letzte Wort. Denn die mit dem Kyrios Jesus Christus angebrochene Endzeit ist ja noch nicht das Ende. Bei aller präsentischen Eschatologie – die Geschichte ist für Paulus nach vorne offen. Offen für die Menschen *und* den Kyrios! Denn so wie – 1 Kor 8,6 zufolge – auch die Christen »auf Gott hin leben«, so lebt auch der Kyrios auf Gott hin. Warum? Weil der Kyrios, wenn »alles« ihm unterworfen sein wird (einschließlich des Todes), sich schließlich und endlich ebenfalls unterwerfen wird – und zwar Gott selbst. Nur wenige Kapitel nach 1 Kor 8,6 kann deshalb Paulus im Zusammenhang des Auferweckungsthemas schreiben: »Wenn ihm dann alles unterworfen ist, wird auch er, der Sohn, sich dem unterwerfen, der ihm alles unterworfen hat, damit Gott herrscht über alles und in allem« (1 Kor 15,28).

Der *Sinn von 1 Kor 8,6* ist also der folgende: Da für Paulus erst der erhöhte Kyrios der Herr über alle Götter und über die ganze Schöpfung ist; da erst der Erhöhte das neue Leben in seinem Herrschaftsbereich ermöglicht, spielen für Christen weder die heidnischen Götter überhaupt noch das ihnen geopferte Fleisch eine Rolle. Im Herrschaftsbereich dieses Christus herrscht grundsätzlich Freiheit, eine Freiheit aber, die in der Rücksicht gegenüber den Schwachen konkret wird. Freiheit und Rücksicht wären die Konsequenzen dieser eschatologisch neuen Existenz in Christus. *Schöpfung durch Gott den Vater und Neuschöpfung durch den Herrn Jesus Christus bilden damit eine Einheit*! Kosmologisch-universalgeschichtliche Aussagen über Gott und universal-soteriologische Aussagen über Christus bilden für Paulus das Spannungsgefüge einer Theologie, die nun ganz und gar von der Polarität zwischen dem einen Gott und dem einen Herrn lebt. Ein Spannungsgefüge, das theologisch zu bedenken und aufrechtzuerhalten, nicht zu nivellieren ist. Jesus Christus ist hier gewiß der *Mittler Gottes* zur Errichtung der neuen Schöpfung, jedoch offensichtlich nicht der vorzeitige, göttliche Schöpfungsmittler. Mit einem Wort: *Als der von Gott Erhöhte ist Christus nicht der kosmologische, sondern der soteriologische Schöpfungsmittler.*

Es ist unübersehbar, daß sich in der *Exegese der siebziger und achtziger Jahre* auch in der Deutung dieser Stelle ein Wandel abzuzeichnen beginnt. Schon *Wilhelm Thüsing* hatte in den 60er Jahren davor gewarnt, 1 Kor 8,6 auf eine Mittlerschaft Christi bei der Weltschöpfung einzuengen.[62] 1974 dann ist *Gerhard Schneider* hinsichtlich protologischer Aussagen in diesem Text zumindest vorsichtig. Schon die vorpaulinische Formel sehe ja die ganze Schöpfung als Werk von Gott allein an und schreibe dem Kyrios Jesus Christus die ausschließliche Vermittlung des ganzen von Gott kommenden Heiles zu: »Daß sie dabei an die Vermittlung der creatio originalis denke, läßt sich nicht zwingend beweisen.«[63] Es war dann der Jerusalemer Dominikaner *Jerome Murphy-O'Connor*, der in einem Aufsatz des Jahres 1979 1 Kor 8,6 strikt soteriologisch interpretierte,[64] gefolgt von *Raymond Brown*, der ebenfalls die Meinung vertrat: »The text is not clear about his (Jesus) personal preexistence.«[65]

So wird man also mit *James Dunn* sagen können, daß in 1 Kor 8,6 zwar Weisheitstradition aufgegriffen, aber deutlich transformiert wurde. Die Anspielung auf die Weisheit – das ist der Kurzschluß vieler Exegeten – impliziert nicht notwendigerweise den Gedanken der Präexistenz Christi. Für den Juden Paulus ist die Weisheit auffälligerweise nirgendwo eine von Gott getrennte Wesenheit, weder in der Form der Personifikation noch der Hypostase. Wie denn auch anders? Sollte Paulus den Gekreuzigten wie die Weisheit poetisch personifiziert haben? Sollte er diese »hübschen polytheistischen Texte« (B. Lang) von der spielenden Weisheit auf den Leidenden am Kreuz übertragen haben? Sollte er den, der am Schandpfahl gehangen hat, »vorher« in Gottes Ewigkeit vor Gott auftreten lassen? Nein, Paulus konzentriert sich angesichts des unmythischen Kreuzes auf die Vertrauensaussage – und die ist provozierend genug: Er, Jesus, der am Kreuze hing, ist die *Weisheit Gottes* selbst. Er ist die *Weisheit Gottes in Person*, nicht aber eine *personifizierte, hypostasierte präexistente Gestalt neben Gott*! Eine wichtige theologische Erkenntnis, die es nicht erlaubt, 1 Kor 8,6b als ein »Abweichen vom jüdischen Monotheismus« zu interpretieren.[66] Im Gegenteil – so Dunn: »Sie bekräftigt einfach, daß Christus die Aktion Gottes selbst ist; Christus verkörpert die schöpferische Kraft Gottes. Mit anderen Worten: Christus wurde hier nicht mit einem präexistenten Wesen identifiziert, sondern mit der schöpferischen Kraft und dem schöpferischen Handeln Gottes selbst.«[67]

Gottes Ebenbild – was heißt das? 2 Kor 4,4

Wie immer die Reaktion der korinthischen Gemeinde auf die Antwort des Paulus ausgefallen; wann immer Paulus selber noch einmal kurz nach Korinth gereist (sogenannter Zwischenbesuch); wann immer die Hilfsgeld-Sammlung in Korinth durchgeführt worden sein mag, die Paulus für die verarmten »Heiligen in Jerusalem« versprochen (schon 1 Kor 16,1–4; 2 Kor 8 u. 9) und mit der er Titus beauftragt hatte: sicher ist, daß die Auseinandersetzungen mit der korinthischen Gemeinde nach dem ersten Brief weitergingen, ja durch neue Gegner neue Ausmaße erreichten.

Denn folgt man dem zweiten Korintherbrief[68], so muß Paulus auch nach dem ersten Schreiben in seiner Autorität als Gemeindegründer in einer Weise angegriffen worden sein, wie dies selbst vorher nicht der Fall war (2 Kor 10,8). Von »gewissen Leuten, die sich selbst anpreisen« und sich nur »an sich selbst« messen, ist jetzt die Rede (2 Kor 10,12). Sarkastisch nennt Paulus solche Leute »Überapostel« (2 Kor 11,5); zornig bezeichnet er sie als »Lügenapostel«, als »unehrliche Arbeiter«, die sich als Apostel Christi nur »getarnt« hätten, ja »Handlanger« des Satans seien (2 Kor 11,13–15). Auch in seiner Praxis und Lebensführung als Missionar ist Paulus schwer unter Beschuß, hatte man ihm doch offensichtlich vorgeworfen, im Reden ein »Stümper« zu sein (2 Kor 11,6) und in Sachen Unterhalt ein doppeltes Spiel zu spielen: Andere Gemeinden hätte er »ausgeplündert«, von anderen hätte er Geld genommen, um in Korinth selbstlos auftreten zu können (2 Kor 11,8)!

Wer sind diese *neuen Gegner*? Sind sie mit denen im ersten Korintherbrief identisch? Nicht notwendigerweise. Kann man den Ausführungen des Paulus trauen, so handelt es sich bei ihnen weniger um

»Pneumatiker«, sondern offensichtlich um judenchristliche Missionare, die in der Gemeinde ihre jüdische Abstammung offensiv ins Feld zu führen verstanden (2 Kor 11,22). Zwar erfahren wir nichts Konkretes über Forderungen, die etwa mit denen im Galaterbrief vergleichbar wären (Rückkehr zum jüdischen Ritualgesetz), im Endergebnis aber läuft es für Paulus auf den gleichen schweren Vorwurf hinaus: Propagierung eines »anderen Evangeliums«. »Ihr nehmt es ja offensichtlich hin«, schreibt Paulus der Gemeinde, »wenn irgendeiner daherkommt und einen anderen Jesus verkündet, als wir verkündet haben, wenn ihr einen anderen Geist empfangt, als ihr empfangen habt, oder ein anderes Evangelium, als ihr angenommen habt« (2 Kor 11,4). Läßt sich das inhaltliche Profil dieser Gegner noch genauer bestimmen?

Möglicherweise ja. Denn aus der betonten Anspielung des Paulus, er sei »Diener des neuen Bundes« (nicht dem Buchstaben, sondern dem Geist nach: 2 Kor 3,6), dürfte zu schließen sein, daß für die neuen Gegner »die christliche Botschaft die Erneuerung der wahren jüdischen Religion war« – so Helmut Köster. Folgen wir seiner Deutung weiter, so ist anzunehmen: »Die Methoden der Agitation dieser neuen Gegner entstammten der hellenistisch-jüdischen Propaganda und Apologetik. Ihre Tätigkeit richtete sich auf die konkrete Darstellung der vom Geist gewirkten Erneuerung der jüdischen Religion. Das geschah durch die Vollbringung von Krafttaten und Wundern (vgl. 2 Kor 12,11 ff.), durch Prahlen mit mystischen Erlebnissen und Gebetserhörungen (vgl. 2 Kor 12,1–9) und durch pneumatische Auslegung des Alten Testamentes (2 Kor 3,4–18). Solche Demonstrationen zielten darauf, den Besitz göttlicher Macht, der in Moses und in Jesus in Erscheinung tritt, wiederholbar zu machen und so selbst zum ›göttlichen Menschen‹ zu werden.«[69]

Diese Stichworte helfen weiter, um eine Passage aus 2 Kor 4 zu verstehen, die uns hier besonders interessiert: »Denn der Gott dieser Weltzeit hat das Denken der Ungläubigen verblendet. So strahlt ihnen der Glanz der Heilsbotschaft nicht auf, der Botschaft von der Herrlichkeit Christi, der Gottes Ebenbild ist. Wir verkündigen nämlich nicht uns selbst, sondern Jesus Christus als den Herrn, uns aber als eure Knechte um Jesu willen. Denn Gott, der sprach: Aus Finsternis soll Licht aufleuchten!, er ist in unseren Herzen aufgeleuchtet, damit wir erleuchtet werden zur Erkenntnis des göttlichen Glanzes auf dem Antlitz Christi« (4,4–6).

Christus als Gottes Ebenbild? Wir fragen auch hier: Liegt eine Präexistenzaussage vor? Ist hier die Gottheit der präexistenten Person des ewigen Sohnes gemeint?[70] Ist »Bild Gottes« hier zu verstehen wie im Kolosser- und Hebräerbrief?[71] Oder ist die »eikon Gottes« eine Art himmlisches Wesen, so daß mythologischer Hintergrund anzunehmen wäre?[72] Sehen wir uns den Text genauer an.

Das Kapitel 4 des zweiten Korintherbriefes ist nicht zu verstehen, ohne daß man seinen *polemischen Hintergrund* verstanden hat. Denn die judenchristlichen Missionskonkurrenten des Paulus, die ihren Eindruck auf die Gemeinde offensichtlich nicht verfehlten, hatten ja die moralische Integrität des Apostels schwer in Frage gestellt. Dies kommt gerade auch in Kapitel 4 deutlich zum Ausdruck. Aus den Rechtfertigungsversuchen des Paulus ist zurückzuschließen, daß man ihm »Arglist«, »Hinterhältigkeit«, »Verfälschung des Wortes Gottes« vorgeworfen hatte (2 Kor 4,2), ja sogar eine »Verhüllung« des Evangeliums durch die Weise, wie er, Paulus, es verkündet habe. Das aber mußte für den Apostel an den Nerv seines Selbstverständnisses gehen.

»Verhüllung« des Evangeliums? Verhüllung, wo doch Paulus gerade als Jude zutiefst der Überzeugung war, daß in Christus alle »Hüllen entfernt« worden waren, um die Herrlichkeit Gottes ausstrahlen zu machen? In Kapitel 3 hatte Paulus gerade dies im kontrastierenden Vergleich von Moses und Christus, Altem und Neuem Bund, Buchstaben und Geist klargemacht. Wie sei es denn bei Mose gewesen – der *Exoduserzählung* zufolge (34,29–35)? Antwort: Die Israeliten hätten ja schon damals bei Mose den Glanz der Herrlichkeit Gottes nicht ausgehalten, der auf Moses Gesicht gelegen habe, als er mit den Gesetzestafeln den Berg Sinai herabgestiegen sei. Schon Mose habe ja über sein Gesicht eine Hülle, eine Decke legen müssen, um den Glanz Gottes erträglich zu machen. Und heute?

Es ist bemerkenswert, wie Paulus auf einmal diese Geschichte umdreht, um aus ihr eine christologische Pointe zu gewinnen. Denn Paulus ist der Überzeugung, daß die Herrlichkeit, die auf Moses Gesicht gelegen habe, vergänglich gewesen sei; Mose habe ja (was gerade so nicht in Ex 34 steht) die Decke auf sein Gesicht gelegt, damit die Israeliten zwar den Glanz, aber auch das *Vergehen des Glanzes* auf seinem Gesicht nicht mitbekämen. Ja, mehr noch: die Decke des Mose ist für Paulus nun plötzlich Symbol für die Verhärtung Israels überhaupt. Bis heute – meint der Jude Paulus – würden Juden ja nicht akzeptieren, daß der Alte Bund »in Christus eine Ende« gefunden habe (3,14), daß die vergängliche Herrlichkeit bei Mose von der unvergänglichen Herrlichkeit Christi überstrahlt worden sei. Werde doch die Hülle über dem Alten Bund in dem Moment entfernt, wo sich »einer dem Herrn zuwendet« (2 Kor 3,16). Im Klartext: Die Herrlichkeit Gottes, wie sie bei Mose schon vorläufig einmal aufgestrahlt und verdeckt war, kommt bei Christus nun unvergänglich und unverhüllt zum Strahlen!

Das also war es, worauf Paulus in seiner Abwehr der massiven Vorwürfe seiner Gegner abzielte. *Erstens*: Christus ist die endgültige und bleibende Ent-hüllung Gottes und *zweitens*: In seiner, in des Paulus Person und Verkündigung, ist diese Enthüllung nicht wieder verhüllt worden! Und wenn sie »dennoch verhüllt« sei, so sei das nicht seine, des Paulus Schuld, sondern dem Einfluß des »Gottes dieser Weltzeit« zuzuschreiben, der das Denken von »Ungläubigen verblendet« habe (2 Kor 4,4).

Warum aber strahlt die Herrlichkeit Gottes bei Christus auf? Hier fällt nun das uns interessierende Stichwort: Christus ist das *Ebenbild Gottes*. Eine Präexistenzaussage? Nein, vom Kontext her ist eindeutig: Gottes Ebenbild, das die göttliche Herrlichkeit gewissermaßen reflektiert, ist Christus hier erst als der Auferweckte. Der Glanz, von dem hier die Rede ist, ist der göttliche Glanz, in dem der erhöhte Kyrios jetzt lebt. Dabei darf der Ausdruck »Bild Gottes« weder zur Rechten noch zur Linken mißverstanden werden. »Bild« meint hier weder eine Identität von Gott und Christus (im Sinne einer metaphysisch verstandenen Gottessohnschaft, einer Gottheit Christi[73]) noch eine blasse Kopie, eine bloße Ähnlichkeit, einen simplen Vergleich. *Bild* muß hier als *Offenbarungsaussage* verstanden werden: Christus ist die »Epiphanie« (K. H. Schelkle[74]), der »Repräsentant« (V. P. Furnish[75]) Gottes. In Christus kommt Gottes »Natur« (R. P. Martin[76]) zum Ausdruck. Kurz, *als der Erhöhte gehört Christus ganz auf die Seite Gottes als dessen Offenbarer und Mittler*.

Ein *zweites* kommt hinzu: Warum kann Paulus so sicher sein, daß seine Verkündigung des Evangeliums die »Botschaft von der Herrlichkeit Christi« nicht verhüllt? Antwort: Weil Gott »in unseren Herzen aufgeleuchtet ist, damit wir erleuchtet werden zur Erkenntnis des göttlichen Glanzes auf dem Antlitz Christi« (2 Kor 4,6). Exegeten haben wohl nicht zu Unrecht vermutet, daß Paulus hier auf sein eigenes *Bekehrungserlebnis bei Damaskus* anspielt.[77] In der Tat berichtet ja die Apostelgeschichte, in der diese Berufungsszene ausführlich und dreifach erzählt wird, in allen drei Fassungen (9,1–9; 22,5–16; 26,9–18) von einem »Licht«, in dem die Begegnung mit Jesus stattgefunden habe, wie überhaupt das »Licht in der religionsgeschichtlichen Umwelt als Element der göttlichen Sphäre« gilt.[78] Auch daß Paulus in einem solch apologetisch-polemischen Kontext auf seine eigene Bekehrung verweist, ist als Legitimationsfigur bei ihm nicht neu. Öfters, insbesondere wenn Paulus angegriffen wird, ist seine persönliche Berufung durch Christus für ihn letztes Kriterium seiner Existenz als Apostel. So schon im Brief an die Galater (Gal 1,16: »Gott hat mir seinen Sohn geoffenbart«) und im ersten Brief nach Korinth (»Habe ich nicht Jesus, unseren Herrn gesehen?«: 9,1).

In all diesen Fällen war ein Doppeltes klar. Zum einen: Paulus, der ja – im Gegensatz zu den anderen Aposteln – kein Augenzeuge des Nazareners war, war durch den *auferweckten Herrn* berufen worden. Der »göttliche Glanz auf dem Antlitz Christi« ist also nichts anderes als der Glanz, der von der Seinsweise Gottes ausgeht, in der Jesus *jetzt* lebt. Und zum anderen: Dieses von *Gott* ausgehende Licht ist für Paulus nicht deshalb »in unseren Herzen aufgeleuchtet«, damit es dort bleibt, sondern damit es weiterleuchtet in anderen Menschen – und zwar durch die Verkündigung des Evangeliums. Daher heißt es bei Paulus von vornherein nicht: in *meinem* Herzen, sondern in *unseren* Herzen aufgeleuchtet. Daher die Anspielung auf die Schöpfungsgeschichte und die ursprüngliche Aktivität des Schöpfergottes: Derselbe Gott, der einst sprach »aus Finsternis soll Licht aufleuchten«, derselbe Gott ist auch dort am Werk, wo es um die Erleuchtung der Menschen zur Erkenntnis Christi geht. Eine uns vertraute Denkfigur bei Paulus kehrt wieder: *Urschöpfung und Neuschöpfung entsprechen* sich, das Licht damals und das Licht heute gehören zusammen, der Gott von damals ist auch der Gott von heute.[79]

Und ein *letztes* will herausgestellt sein: *Christologie und Soteriologie bilden für Paulus eine unlösbare Einheit*. Nachdenken über Christus ist gleichzeitig auch Nachdenken über die Befindlichkeit des Menschen – dessen Gegenwart und Zukunft. Anders gesagt: Die Aussagen über Christus stehen nicht isoliert da, sind keine verselbständigten dogmatischen Reflexionen auf Christi Person und Natur, sondern stets mit Aussagen über den Menschen verkoppelt. Die ganze Lichtmetaphorik, die mit Christus verbunden wird, findet dann ihr Ziel, wenn gleichzeitig »wir« erleuchtet werden. Die

Aussagen über Christus als Gottes Ebenbild haben darin ihren Sinn, daß »wir alle mit enthülltem Antlitz die Herrlichkeit des Herrn widerspiegeln und so in sein eigenes Bild verwandelt werden – von Herrlichkeit zu Herrlichkeit, durch den Geist des Herrn« (3,18).

Hier, in diesem Satz, verdichtet sich die »theologische und christologische Pneumatologie«[80] des Paulus auf einzigartige Weise. Was in Gal 4 die Aufnahme in die »Sohnschaft« genannt wurde (durch die Sendung des Sohnes), was im ersten Korintherbrief »geisterfüllter Mensch« hieß, heißt im zweiten Korintherbrief »Verwandlung« durch den Geist in das Bild Christi, der das Bild Gottes ist. Kühner kann man in der Tat die Kontraste zum Alten Bund nicht setzen: Nicht nur Christus spiegelt als »Bild« unverhüllt die Herrlichkeit Gottes wider; dasselbe gilt auch für die Christen! Anders gesagt: Wer in der »Neuen Schöpfung« ist, spiegelt auf seine Weise das Bild Christi wider, die Herrlichkeit Gottes, die Christus an ihn weitergibt. Kurz: Christologie, Soteriologie und Pneumatologie sind für Paulus untrennbar!

Was meint: »Er, der reich war«? 2 Kor 8,9

Im Verlauf unserer bisherigen Analyse war nicht zu erkennen, daß Paulus irgendein Interesse an Vorzeitaussagen in seiner Christologie gezeigt hätte. Im Gegenteil. Aber spricht nicht zumindest eine Passage bei ihm eine andere Sprache? Diese Passage lautet: »Denn ihr wißt, was Jesus Christus, unser Herr, in seiner Liebe getan hat: er, der reich war, wurde euretwegen arm, um euch durch seine Armut reich zu machen« (2 Kor 8,9). Traditionelle Exegese hat diese Stelle stets präexistenzchristologisch und inkarnatorisch gedeutet, was auch unter heutigen Exegeten quer durch alle konfessionellen Lager der Fall ist.[81]

Und in der Tat: Was kann »Reichtum« hier anderes meinen als einen »Besitz des Präexistenten« (H. Windisch)[82], eine »göttliche Machtfülle« (K. H. Schelkle)[83], »die göttliche Wesenheit des Herrn« (K. Prümm)[84]? Was soll »Armut« hier anderes bedeuten als Verzicht auf eine einstmals besessene »himmlische Herrlichkeit« (H. Lietzmann)[85], »eine göttliche Herrlichkeit« (F. Lang)[86], eine »himmlische Existenz« (V. P. Furnish)[87], ein »vorzeitliches Leben« oder eine »göttliche Existenz in Ewigkeit« (R. P. Martin)[88] – Verzicht zugunsten der Menschwerdung natürlich? Abstieg aus dem Reichtum Gottes in die Armut des Menschseins: klingt das nicht außerordentlich paulinisch? Hatte nicht auch der von Paulus zitierte Philipper-Hymnus so geredet – erst die »Gestalt Gottes« – dann die »Gestalt eines Sklaven«? Was also haben wir hier vor uns: die erneute Bestätigung einer Präexistenzchristologie, die Paulus längst voraussetzen konnte und die er dann im gleich folgenden Philipperbrief so effektvoll zur Geltung brachte?

Diese Deutungen sind nicht einfach von der Hand zu weisen. Und doch wollen wir auch hier nüchtern bleiben. Es sind drei Gründe, die jeden Ausleger dieses Textes vor christologischen Höhenflügen zunächst einmal warnen sollen:

1. Im Text selber steht weder etwas von einer göttlichen Vorausexistenz oder vorzeitlichen Herrlichkeit, noch von einer Menschwerdung Christi. Wer *hermeneutisch* sauber arbeiten will, darf nicht einfach Fremdkategorien an einen Text herantragen. Jeder Text hat Anspruch darauf, zunächst mit den Hinweisen ausgelegt zu werden, die er selber gibt.

2. Der *weitere Kontext* bisheriger paulinischer Christologie erzwingt keine Deutung im Schema von Abstieg – Erniedrigung, Präexistenz – Inkarnation.

3. Der *unmittelbare Kontext* läßt wie 1 Kor 8,6 eine so schwerwiegende und folgenreiche Aussage, die in der paulinischen Korrespondenz einzigartig dastehen würde, nicht vermuten. Geht es Paulus in den Kapiteln 8 und 9 doch um eine Begründung der Hilfsgelder-Sammlung für Jerusalem; möchte Paulus doch seine Korinther zu einem »Liebeswerk« überreden – und zwar zugunsten derjenigen Gemeinden, die ärmer dran waren als andere. Gewiß: Der ganz und gar praktische, soziale Kontext spricht nicht notwendigerweise gegen eine christologische Grundsatzaussage. Paulus hat selten Hemmungen, aus seiner Christologie unmittelbar praktische Folgerungen zu ziehen und die Höhe des Christusbekenntnisses mit den Niederungen des Alltagsgeschäftes zu verbinden. Gerade auch im zweiten Korintherbrief nicht: So begründet Paulus etwa die Tatsache, daß er seine eigene Lebensmüdigkeit überwunden habe, direkt mit einem Handeln Gottes, »der die Toten auferweckt« habe (2 Kor 1,9). Und seine Zuverlässigkeit und Treue gegenüber den Korinthern (trotz Änderung seiner Reisepläne) bekräftigt Paulus mit dem stolzen Satz: »Denn Gottes Sohn Jesus Christus, der euch durch uns verkündet

wurde, ist nicht als Ja und Nein zugleich gekommen; in ihm ist das Ja verwirklicht« (2 Kor 1,19). Keine Frage also: Christologie und Alltagspragmatik sind bei Paulus keine Gegensätze. Das gilt auch für 2 Kor 8,9. Was also?

Wer nicht schon mit einem theologischen Vor-Verständnis an diesen Text herangeht, ist gut beraten, nach Signalen Ausschau zu halten, die der Text und seine nähere und weitere Umgebung selber geben. Die Rede ist vom »*Reichtum Christi*«. Was kann hier mit Reichtum gemeint sein?

Der Kontext gibt die Antwort: »Reichtum« ist für Christen das Ergebnis der neuen Schöpfung in Christus. Reichtum ist ein geistliches Reichsein, ein Reichtum an Gaben, die der Geist Christi vermittelt – ein Reichtum, der oft im Gegensatz zur miserablen sozialen Existenz vieler Christen steht – schon damals. Weil dies so ist, kann Paulus noch zwei Kapitel zuvor sagen: »Wir sind arm und machen doch so viele reich; wir haben nichts und haben doch alles« (6,10). Weil das so ist, kann Paulus im Zusammenhang der »Hilfeleistung für die Heiligen« davon reden, daß die »tiefe Armut« der Gemeinden in Mazedonien sich »in den Reichtum ihres selbstlosen Gebens« verwandelt habe (8,2). Weil das so ist, kann Paulus auch den Korinthern gegenüber offensiv von deren Reichtum sprechen: Sie seien »reich an Glauben, Rede und Erkenntnis, an jedem Eifer und an der Liebe« (8,7).

Daraus aber folgt: Sollte derselbe geistliche Reichtum, den die Christen ihrer neuen Existenz in Christus verdanken, nicht auch für den gelten, der das alles gebracht hat: Jesus Christus selber? Sollte er in seinem Leben als Mensch nicht genau das alles reichlich gehabt haben, was die Korinther und andere Christen durch ihn empfingen: Glaube, Rede, Erkenntnis, Eifer und Liebe? »Reichtum« wäre hier also nicht ontologisch, sondern empirisch-konkret zu verstehen. »Armut« wäre demnach nicht eine theologische Kategorie (Inkarnation), sondern eine Sache der Empirie und Dialektik: eine konkrete Armut, die Jesus als Mensch vorgelebt hat und die in seiner Passion und seinem Kreuz gipfelte – und zugleich ein Reichtum an Gottesgemeinschaft, Selbstlosigkeit und Liebe.[89] Die gleiche Dialektik von Armut und Reichtum, die Paulus seinen Korinthern vorexerziert, ist also auch die Dialektik des konkreten Erdenlebens Jesu selber gewesen: »Er, der reich war, wurde euretwegen arm.« Ist eine solche Interpretation Rückfall in eine liberale Vorbildchristologie?[90] Keineswegs.

Denn erst aufgrund von Kreuz und Auferweckung (»durch seine Armut«) kann ja Christus die Christen »reich machen«. Die jesuanische Dialektik von (sozialer) Armut und (geistlichem) Reichtum ist zu erweitern durch die christologische Dialektik von Kreuz und Auferweckung.

Es bedarf hier also keiner Anleihen bei einer (Paulus fremden) Inkarnationschristologie, um die Herausforderung dieser Botschaft von 2 Kor 8,9 in aller Schärfe wahrzunehmen. Wie schwer es Paulus selber hatte, diese christologische Dialektik von Weisheit und Torheit, Stärke und Schwäche, Armut und Reichtum in Korinth durchzusetzen, zeigen die Reaktionen seiner Gegner. Nein, allen Forderungen nach Beweisen seiner »Kraft« als Apostel und Missionar hat Paulus nur dies entgegenzusetzen: »Ihr verlangt einen Beweis dafür, daß durch mich Christus spricht, der nicht in seiner Schwachheit, sondern in seiner Kraft unter euch wirkt. Zwar wurde er in seiner Schwachheit gekreuzigt, aber er lebt aus Gottes Kraft, auch wir sind schwach in ihm, aber wir werden zusammen mit ihm vor euren Augen aus Gottes Kraft leben« (2 Kor 13,3f.).

Wir aber kommen zu den letzten Zeugnissen des Paulus. Es sind bereits die Zeugnisse eines Gefangenen.

4. Gefangenschaft: Die Briefe nach Philippi und an Philemon

Während eines Gefängnisaufenthaltes, vermutlich in Ephesus im Winter 54/55, entsteht das Schreiben an die Gemeinde in der griechischen Stadt Philippi, entsteht auch der Brief an Philemon, der einzig uns erhaltene direkte Privatbrief des Apostels Paulus.[91]

Über die Dialektik von Freiheit und Sklaverei

Beide Briefe könnten von Inhalt und Umfang her verschiedener nicht sein. Und doch sind sie auf eine merkwürdige Weise verschwistert. Denn den Brief nach Philippi schreibt Paulus, als er bereits ein Gefangener der römischen Staatsmacht ist, und sich doch, seinen Ketten zum Trotz, in Christus frei fühlt. Den Brief an Philemon schreibt Paulus aus dem Gefängnis heraus für einen Gefangenen eigener Art, den Sklaven Onesimus. Dessen Herrn Philemon bittet er um die Freiheit dieses Sklaven. Onesimus, der fortgelaufen war, war durch Paulus im Gefängnis Christ geworden, und der Apostel schickt ihn zurück mit der Bitte an dessen Herrn, diesen ehemaligen Sklaven jetzt freiwillig – trotz Flucht und Schädigung – »nicht mehr als Sklaven, sondern als weit mehr: als geliebten Bruder« (16) zu behandeln.

Was also verbindet beide Schreiben? Es ist das große Thema der *Dialektik von Freiheit und Sklaverei* – hier aufgegriffen im Kontext des Leidens um Christi willen. Wieder ist der Schwerpunkt des Christusbekenntnisses die *Erwartung des »Tages Christi«* (Phil 1,6; 2,16), und diese Erwartung ist unter den Bedingungen der Gefangenschaft jetzt so stark, daß Paulus ganz elementar seiner Sehnsucht, endlich »bei Christus zu sein«, Ausdruck geben kann (Phil 1,23). Der Sinn des Kreuzes Christi? Er wird von Paulus ein *drittes Mal neu durchbuchstabiert*: jetzt weniger torakritisch oder weisheitsernüchternd, sondern spirituell im Blick auf das Leiden. Schlüsselstelle dieser christologisch durchdrungenen Leidens- und Auferstehungstheologie: »Christus will ich erkennen und die Macht seiner Auferstehung und die Gemeinschaft mit seinen Leiden; sein Tod soll mich prägen. So hoffe ich, auch zur Auferstehung von den Toten zu gelangen« (Phil 3,10f.).

Christologischer Schwerpunkt des *Philipper-Briefes* ist also wiederum wie im Thessalonicher-Brief die *Parusie-Erwartung*, die aber durch die persönliche Leidenssituation des Gefangenen dramatisch verschärft erscheint. Denn hier erteilt kein »Gemeindegründer« Auskünfte über ein Parusie-Szenario wie im Brief nach Thessaloniki, hier spricht ganz unmittelbar ein leidender und hoffender Mensch: »Unsere Heimat ist im Himmel. Von dort erwarten wir auch Jesus Christus, den Herrn, als Retter, der unseren armseligen Leib verwandeln wird in die Gestalt seines verherrlichten Leibes, in der Kraft, mit der er sich alles unterwerfen kann« (3,20f.).

Die Frage drängt sich auf: Wie müssen wir nun im Kontext der gesamten paulinischen Christologie – und des Philipper-Briefes insbesondere – den *Hymnus* einordnen, mit dem wir uns so lange beschäftigt haben? Hat Paulus selber dessen Christologie ausgebaut? Hat er über die Jahrzehnte hinweg – der Philipper-Brief ist möglicherweise 20 Jahre jünger als der Hymnus – die Präexistenzaussage weitergeführt? Hat er dessen Aussage zum Absprungbrett eigener protologischer Reflexionen benutzt? Das Merkwürdige ist: Eine Aussage über das Sein Christi in »Gottesgestalt« taucht weder im Philipper-Brief selbst noch sonst bei Paulus je wieder auf. Der Hymnus bleibt mit seinen Spitzenaussagen über Christus »einsam« in der gesamten paulinischen Theologie!

Wie aber ist diese »Einsamkeit« zu erklären? Sie erklärt sich aus der bekannten Tatsache, daß Paulus hier einen liturgischen Hymnus zitathaft aus der Tradition übernimmt. Zitate aber bedeuten *Identifikation und Distanz* zugleich. Für unseren Fall: Paulus sah in diesem großen Stück hymnischer Poesie gewiß seine christologische Grundüberzeugung ausgedrückt, verspürte aber offensichtlich keine Notwendigkeit, gerade die Aussage über die »Gottesgestalt« Christi weiter zu entfalten. Im Gegenteil: Folgt man der schon von Ernst Lohmeyer aufgestellten Behauptung, daß Paulus bei seiner Redaktion des Hymnus möglicherweise den Zusatz »bis zum Tod am Kreuz« (2,8) hinzugefügt hat[92], haben wir es umgekehrt im Hymnus mit einer *Verstärkung des Kreuzestodes* als äußerster Niedrigkeitsform zu tun und nicht mit einer Verstärkung der »göttlichen Seinsweise«. Wenn Paulus ein »erkenntnisleitendes Interesse« hatte, dann verriete es sich gerade hier!

Wer ist der Herr der Welt?

Die »Einsamkeit« des Hymnus wird auch durch den unmittelbaren *Kontext* im Brief an die Gemeinde zu Philippi verstärkt, ein Schreiben, das ja nicht spekulativ-metaphysischer, sondern gänzlich *paränetischer Natur* ist.[93] Worum geht es Paulus? Kein Zweifel: Paulus will in der Gemeinde Tugenden wie Einmütigkeit, Eintracht, Demut und Rücksicht fördern, Unsitten wie Ehrgeiz, Prahlerei und Eigensucht dagegen abbauen. Er will die *richtige Grundhaltung eines neuen Lebens* in Christus einschärfen. Das ist der Grund, warum er auf den verweist, der in »Gottesgestalt« war, aber nicht gierig daran festhielt, wie Gott zu sein, sondern sich entäußerte! So kann er gleich im Anschluß an den Hymnus – noch das Bekenntnis zum Kosmokrator Jesus Christus im Ohr – nüchtern die Mahnung an die Gemeinde anschließen: »Müht euch mit Furcht und Zittern um euer Heil« (2,12).

Gewiß: dieser Hymnus ist alles andere als das Paradigma einer frommen Tugendfabel, alles andere als eine pädagogische Gesinnungsgeschichte für »fromme Seelen«. Und doch zielt dieser Brief unübersehbar auf eine *Verhaltensänderung der Menschen*. Diese Verhaltensänderung aber wird nicht bloß durch den simplen Verweis auf das ethische Vorbild Christi begründet, sondern tiefer, radikaler. Der Hymnus geht über alle individualistische Gesinnungs- und Tugendlehre gerade dadurch hinaus, daß er auf den *Herrschaftsantritt* des gekreuzigten Sklaven über den ganzen Kosmos abzielt und so *eschatologisch* den Grund für die neue Existenz *in Christus* legt. Diese neue Existenz aber wird darin konkret, daß der Christ die Grundhaltung Christi selber zu leben beginnt: Machtverzicht, Erniedrigung und Selbstpreisgabe. *Diese* Gundhaltungen sind es, die der kosmischen Herrschaft des Gekreuzigten entsprechen. Dabei klammert Paulus seine eigene Person durchaus nicht aus. Auch er will ja »nicht auf irdische Vorzüge vertrauen«, obwohl er dies als beschnittener Jude könnte (3,3f.); vielmehr will er um Christi willen »alles aufgeben« und nicht *seine* Gerechtigkeit suchen, sondern die, »die durch den Glauben an Christus kommt« (3,9). In summa: Der Hymnus, und damit der Brief als ganzer, handelt »von der neuen Welt, die im Zeichen der Menschwerdung des Menschen steht«.[94]

5. Christus gleich Gott? Der Brief nach Rom

Von Korinth aus, im Frühjahr 55 (oder Winter 55/56), schreibt Paulus seinen letzten uns überlieferten Brief, und zwar an die Gemeinde in Rom, deren Gründer er nicht selber war. Ein großer Brief ohne jeden polemischen Ton liegt vor uns, eine Art Selbst-Empfehlungsschreiben an die bedeutende Gemeinde der Welthauptstadt, mit der der Apostel Beziehungen aufnehmen will. Kein Wunder also, daß die großen Themen der vergangenen Briefe hier wiederkehren, ausgebaut und vertieft werden: Fragen von Gesetz, Kreuz und Rechtfertigung des Gesetzlosen, das Thema Adam und Christus, das Verhältnis von Israel und Kirche, das Problem von Starken und Schwachen in den Gemeinden... auf all das muß hier nicht weiter eingegangen werden.[95] Wir müssen uns auf wenige verbleibende, präexistenzchristologisch relevante Passagen beschränken.

Die Sendungsaussage Rö 8,3

Kreuz und Auferweckung und in Folge davon das Problem des Gesetzes und der Rechtfertigung des Gesetzlosen ist, wie schon im Galater-Brief, auch hier das unbestreitbare Zentrum des Bekenntnisses zu Christus. So sehr, daß auch die *Sendungsaussage von Rö 8,3* noch stärker als die im Galater-Brief in die Kreuzestheologie eingebunden ist: »Weil das Gesetz, ohnmächtig durch das Fleisch, nichts vermochte, sandte Gott seinen Sohn in der Gestalt des Fleisches, das unter der Macht der Sünde steht, zur Sühne für die Sünde, um an seinem Fleisch die Sünde zu verurteilen.«

Noch weniger als in Gal 4,4 wird man hier von einer Präexistenz-Aussage ausgehen dürfen. Schon *Eduard Schweizer* hatte 1966 beobachtet, daß an dieser Stelle – gerade im Unterschied zu Gal 4,4 – »die Sendung nur noch im untergeordneten Partizip erscheint, während das am Kreuz vollzogene Gottesurteil die Hauptsache wird«.[96] Auch *Ernst Käsemann* betonte in seinem Kommentar von 1973, daß Paulus an dieser Stelle die Tradition der Sendungsformel, in welcher es um die Inkarnation des Präexistenten gegangen sei, abgewandelt habe, um auf *die* Heilstat hinzuweisen, auf welcher der ganze Ton läge: »zur Sühne für die Sünder«. Ihm, Paulus, sei es »nicht mehr um die Menschwerdung als solche, sondern um das Kreuzesgeschehen« gegangen.[97] War dies in der paulinischen Theologie je anders? Nein, auch in diesem letzten, alles zusammenfassenden Schreiben ist nichts anderes zu erwarten.

Daraus folgt: Auch in *Rö 8,3* geht es *nicht* (auch implizit nicht) *um eine Aussage über das vorzeitige Sein Jesu Christi bei Gott.* Und ebenso wie in Gal 4,4 muß auch hier »die spätere griechische Frage nach dem Verhältnis der Substanzen bzw. Naturen in Christus ferngehalten« werden.[98] *Heinrich Schlier* hat in seinem Kommentar von 1977 zu dieser Stelle denn auch überzeugend erklärt, das Partizip Aorist »pempsas« (»sandte«) beschreibe hier »nicht Vorzeitigkeit, sondern die Weise des Vollzugs«.[99] Es geht also – positiv gesagt – auch in Rö 8,3 ganz und gar um die *Initiative Gottes im Akt der Sendung des Sohnes*: Es geht um eine Aktion Gottes zugunsten des Menschen – angesichts »der Unmöglichkeit und Unfähigkeit des Gesetzes«, wie *Ulrich Wilckens* in seinem Kommentar von 1980 erklärt.[100] Und gerade Wilckens macht auf eine wichtige Akzentverschiebung zu Gal 4,4 aufmerksam. Zwar stehe an beiden Orten die Vorstellung vom »Loskauf« als Wirkung der Sendung des Sohnes an den unter der Herrschaft des Gesetzes stehenden Sündern. Aber eben diese sündhafte Existenz komme in Rö 8,3 »dadurch ungleich radikaler zum Ausdruck, daß erstens die Realität der Herrschaft des Gesetzes ›im Sündenfleisch‹ und zweitens die Sühnewirkung des Todes Christi mit ›für die Sünde‹ ausdrücklich genannt« sei.[101] Der Akzent dieser Stelle ist also auch hier soteriologischer, nicht protologischer Natur.[102]

Ein Lob auf Christus als Gott? Rö 9,5

Aber spricht für eine präexistentielle Deutung der Sendungsaussage nicht die Tatsache, daß Paulus im Römerbrief nur wenige Abschnitte später in ein *Lob über Christus als Gott* ausbricht? Sehen wir zu. Zu Beginn von Kapitel 9 hatte Paulus begonnen, seinen Lesern Rechenschaft abzulegen über sein Verhältnis als Jude zum Volk der Juden – bekanntlich einer der heikelsten Punkte seiner Biographie. Warum? Weil ja Paulus – wie jeder Judenchrist – mit der beinahe unerträglichen Tatsache leben muß, daß das eigene auserwählte, von Gott mit *bleibend gültigen* Verheißungen ausgezeichnete Volk Jesus als den Messias verworfen hat, und dies, obwohl dieser Jesus dem »Fleische», d. h. seiner menschlichen Herkunft nach, gerade aus diesem Volke stammt. Die emotionellen Wendungen gleich zu Beginn von Kapitel 9 (von Trauer ist die Rede, von Leiden, davon, man möchte lieber verflucht sein und von Christus getrennt als die Solidarität mit den Brüdern aufgeben) zeugen von höchster persönlicher Betroffenheit: Ausgerechnet Israel hat Jesus als den Messias Gottes verworfen, während die Heiden an ihn glauben! Angesichts dieses widersinnigen, emotional aufregenden Tatbestandes läßt Paulus sich offenkundig unwillkürlich zu einem Lobpreis hinreißen. An wen?

Wem dieser *Lobpreis* gilt, ist eine der *umstrittensten Fragen in der Exegese paulinischer Christologie*. Denn der Text kann (wie von der deutschen »Einheitsübersetzung«) so übersetzt werden: ». . . sie (die Israeliten) haben die Väter, und dem Fleisch nach entstammt ihnen der Christus, der über allem als Gott steht, er ist gepriesen in Ewigkeit. Amen« (9,5). Damit wäre unzweideutig ein Lob auf Jesus Christus als »Gott« ausgesprochen. Der Text kann aber auch so übersetzt werden (z. B. nach dem »Neuen Testament« von Ulrich Wilckens): »Ihnen gehören die Väter. Und von ihnen stammt auch Christus seiner leiblichen Herkunft nach ab – Gott, der Herr über das All, sei hoch gepriesen in Ewigkeit. Amen.« Damit würde das Lob Gott allein gelten. Wofür sich entscheiden? Textlich wie sprachlich sind beide Optionen möglich, und so verwundert es nicht, daß die Auslegungsdifferenzen bis in die jüngsten Kommentare hineinreichen. So spricht sich etwa *Heinrich Schlier* (und mit ihm die »Einheitsübersetzung«) für eine christologische, so sprechen sich etwa *Ernst Käsemann, Ulrich Wilckens* und *Walter Schmithals* für eine strikt theologische Deutung aus. Eine rein persönliche Entscheidung? Nein, man wird auch hier nur vom theologischen Schwerpunkt paulinischer Christologie sowie vom näheren und weiteren Kontext her eine sachlich begründete Entscheidung fällen können.

Direkt gefragt: *Nennt Paulus Jesus Christus Gott?* Auch diejenigen Exegeten, die eine christologische Deutung dieser Stelle bevorzugen, müssen zugeben, »daß Paulus sonst in bezug auf die Prädizierung Christi als Theos sehr zurückhaltend ist«.[103] Auch wir haben in unserer bisherigen Textanalyse keine einzige Aussage in dieser Richtung bei Paulus angetroffen (auch nicht in Phil 2,6). Jesus Christus ist bei Paulus im wesentlichen der erhöhte Herr, der durch Gott in seine göttliche Würde nach der Auferstehung eingesetzt wurde; Jesus Christus ist der erwartete Richter, dessen Ankunft, dessen »Tag« Paulus erwartet; Christus ist der Sohn Gottes, dessen ganzes Leben als Sendung, Liebe und Hingabe »für uns« verstanden werden darf und durch den Gott die neue Existenz des Menschen begründete. Aber Christus gleich Gott? Wie sollte eine solche Aussage mit der Unterordnung Christi unter Gott zusammengehen, die Paulus im 1. Korinther-Brief (Kap 15) noch so emphatisch herausgestellt hatte? Schon der *weitere Kontext paulinischer Christologie* läßt eine theologische statt einer christologischen Deutung von Rö 9,5 wahrscheinlich werden.

Hinzu kommt folgendes: Daß Paulus ausgerechnet in diesem *unmittelbaren Kontext,* in dem er sein Christsein als Jude Juden gegenüber zu rechtfertigen beabsichtigt, von Christus als »Gott« gesprochen haben soll, dürfte eher unwahrscheinlich sein. Ja, es erscheint undenkbar, daß Paulus ausgerechnet an dieser Stelle, »in äußerster Paradoxie die spätere Lehre von den beiden Naturen antizipierend, gerade den irdischen, Israel zugehörigen Messias so tituliert haben sollte«, so Ernst Käsemann mit einigem Recht. Warum? Weil die »Singularität einer direkten Gottesprädikation« ja in der Tat »das Gewicht des Kontextes verdecken« würde: »Hier kommt alles auf die Segnungen Israels an.«[104]

So dürfte der Satz von Rö 9,5 als »Lobpreis Gottes des Vaters wegen der Erwählung Israels« zu verstehen sein, wie mit vielen anderen auch der katholische Exeget *Karl Hermann Schelkle* betonte.[105] Und Schelkle, der über Rö 1–11 schon 1956 eine vielbeachtete rezeptionsgeschichtliche Studie über die »Altkirchliche Auslegung« vorgelegt hatte[106], weist auf einen wichtigen *Auslegungswandel dieser Stelle* hin: »Der Name Gott ist bei Paulus wohl dem ewigen Gott selbst vorbehalten. In der alten Kirche hatte der Arianismus, da er die Gottheit Christi leugnete, ein Interesse daran, Rö 9,5a und 9,5b zu trennen und die Doxologie 9,5b von Gott Vater gelten zu lassen. Auch dem Arianismus nahestehende katholisch-kirchliche Auslegung tat so. Gemeinhin bezogen die Väter jedoch 9,5b betont auf Christus, indem sie so einen Beweis dafür fanden, daß Paulus Christus Gott genannt habe. Katholische Bibelausgaben wie katholische Exegese und Dogmatik neigten meist und lange zu dieser Auffassung. Protestantische Exegese ist geteilt, neuerdings aber doch wohl eher der Meinung, die gesamte Doxologie 9,5b sei von Gott Vater zu verstehen. Katholische Exegese schließt sich dem allmählich an.«[107] Beispiel?

Ein prominentes Beispiel sei genannt. Denn auch der katholische Neutestamentler *Otto Kuss* hatte schon 1971 in seinem Paulus-Buch in diese von Schelkle angedeutete Richtung argumentiert. Für Paulus – so Kuss – ist Christus der »Herr«, ein »vieldeutiger Begriff«, den »der Apostel offenbar schon übernimmt und der in der palästinensischen und der frühen hellenistischen Gemeinde bereits eine Vorgeschichte hat; in den paulinischen Hauptbriefen wird er letzten Endes durch alles definiert, was es dort überhaupt an Aussagen über Jesus gibt. Vereinzelt werden noch andere Begriffe auf Jesus angewandt (›Bild Gottes‹); immer spiegelt sich in ihnen das Bestreben, die schlechthin exzeptionelle ›Verwandtschaft‹ Jesu mit Gott auszudrücken, ohne doch zu einer Identifikation zu gelangen ... Die Frage, ob Paulus Jesus unmittelbar und explizit als ›Gott‹ (theos) bezeichnet hat, muß mit größter Wahrscheinlichkeit verneint werden.«[108] Und so besteht – folgen wir noch einmal Otto Kuss – für Paulus das *schwierige Problem*, »die Größen Gott, Christus, Geist aufeinander zu beziehen und doch ihren Eigencharakter nicht zu verwischen; ›Gott‹ klingt für ihn (Paulus) – im Gegensatz zu uns – immer schon, um es in gegenwärtiger Sprache auszudrücken, wie ›Gottvater‹, und die Aussage ›Christus ist Gott‹ würde dann einfach unmöglich werden. Auch in Rö 9,5b handelt es sich also um einen Gottespreis, nicht um eine ›christologische‹ Aussage.«[109] Präziser kann man in der Tat das Spannungsgefüge paulinischer Christologie nicht umschreiben, das freilich nur dann zu einem »schwierigen

Problem« wird, wenn man dieses Spannungsgefüge undialektisch auflöst.

Wir sind nun am Ende unseres Durchgangs durch die paulinische Briefliteratur. Was ist zur Frage der Präexistenz bei Paulus zu sagen? Was ist sein Erbe in Sachen Christologie?

6. Das Erbe des Paulus in Sachen Christologie

Ja, was ist das Erbe paulinischer Christologie in der uns beschäftigenden Frage, wie es uns aus den authentischen Briefen entgegentritt? Es besteht, kurz gesagt, im behutsamen Umgang mit der Grunderfahrung des Apostels: dem Geheimnis eines Kyrios neben dem Theos, der Zusammengehörigkeit des »einen Gottes« und des »einen Herrn«. Dieses Geheimnis trieb den Juden Paulus bis an die Grenzen des ihm theologisch Verantwortbaren. Seine Christuserfahrung – beginnend mit dem Damaskus-Erlebnis – führte ihn zu einer einzigartigen Tiefenerfahrung Gottes, in der er Gott, den Vater, nicht mehr ohne Jesus, den Sohn, verstehen konnte, eine Tiefenerfahrung, in der er nicht nur die Tiefe der Niedrigkeit des gekreuzigten Nazareners, sondern auch die Tiefe von Ursprung und Herkunft Christi »aus Gott« – mehr zitathaft angedeutet als explizit entfaltet – zu denken wagte.

Keine Präexistenzchristologie

Das alles heißt: Nimmt man die Texte beim Wort, so ist eine unzweideutige explizite Präexistenzaussage nach heutigem exegetischen Befund in der von Paulus selbst entworfenen Christologie nicht zu erkennen; von einer eigenen Präexistenz*christologie* als solcher kann bei ihm erst recht keine Rede sein. Nüchternheit, Behutsamkeit und Zurückhaltung ist von den Texten her verlangt. Von einem »Wissen um die Präexistenz« als einer der paulinischen »Hauptideen«, wie dies etwa noch der katholische Dogmengeschichtler *Alois Grillmeier* meinte sagen zu dürfen, ist in den Texten nichts zu spüren.[110] Konträr: *Bas van Iersel* dürfte hier richtig interpretiert haben: »Nichts« könne man »in den Briefen des Paulus über die Präexistenz des Sohnes oder seine Wesensgleichheit mit dem Vater finden. Im Gegenteil: Eine Annahme der Wesensgleichheit steht in einer bestimmten Spannung zu dem Gedanken, daß Jesus das Ebenbild des Vaters ist.«[111]

Die erkennbare Wende in der Forschung, von der wir berichten wollten, läßt sich somit auch für die katholische Exegese mit dem amerikanischen Neutestamentler *Raymond Brown* so zusammenfassen: »Nach meinem Urteil wird manchmal fälschlicherweise behauptet, Paulus habe dieselbe Präexistenzchristologie vertreten wie Johannes. Ich möchte die folgenden Punkte anmerken: 1. Die am häufigsten zitierten Präexistenz-Passagen im paulinischen Textkorpus sind 1 Kor 8,6, Phil 2,6–7 und Kol 1,15–16. Obwohl 1 Kor 8,6 von ›allem‹ spricht, das ›durch Jesus‹ sei, ist dieser Text nicht wirklich klar in bezug auf seine personale Präexistenz. Der Philipper-Hymnus ist deutlicher personal in seinem Bezug auf Jesus ausgerichtet, aber viele Exegeten zweifeln heute daran, daß ›in der Gestalt Gottes sein‹ und ›die Gestalt eines Knechtes annehmen‹ sich auf die Inkarnation beziehe. Es könnte auch bedeuten, daß Jesus – im Gegensatz zu Adam, der ebenso nach dem Bilde Gottes war – nicht rebellierte, indem er ein Sklave war – wobei in diesem Fall der ganze Hymnus sich auf das irdische Leben Jesu beziehen würde. Der Kolosserbrief ist offener für ein Präexistenzverständnis, aber viele Exegeten glauben, er sei nachpaulinisch.«[112]

In der Tat: Berücksichtigt man die Tatsache,
daß Paulus die in der jüdischen Apokalyptik und Weisheitstheologie »bereitliegenden« Präexistenzaussagen für seine Christologie nicht fruchtbar gemacht hat;
daß er bei der Übernahme eines Textes wie dem Philipper-Lied, das wohl erstmals eine christologische Präexistenzaussage enthält, den Akzent nicht auf die himmlische Herkunft, sondern auf das irdische Kreuz gesetzt hat;
daß er auch in seiner weiteren Christologie an der Ausgestaltung der himmlischen »Daseinsweise« Christi bei Gott keinerlei Interesse zeigte;
daß der Apostel vielmehr vom Anfang seiner Theologie bis zum Ende – vor apokalyptischem Horizont (Naherwartung) – eine Theologie des auferweckten Gekreuzigten vertrat, so dürfte die Schlußfolgerung erlaubt sein:

Paulus – der schon in Korinth auf eine einseitige »Erhöhungschristologie« traf und sie bekämpfte – dürfte mit seiner Theologie des auferweckten Gekreuzigten möglicherweise bereits Gegenakzente gesetzt haben gegen ein Christusbekenntnis (möglicherweise »vorgnostischen« Ursprungs), das die himmlische Daseinsweise Christi selbstverständlich voraussetzte und doketisch bis in die irdische Daseinsweise verlängerte. Die Christologie des Paulus ist damit gewiß nicht »antipräexistentiell« (E. Barnikol), genausowenig wie die Präexistenz der »rocher de bronce« (M. Brückner) seines Denkens ist. Aber unübersehbar ist: Schon Paulus setzt Akzente, die es verhindern, mit Verweis auf den präexistenten und postexistenten Christus das Kreuz hier auf Erden zu überspringen.

Wie versteht Paulus Gottessohnschaft? Ein Blick zurück

Wie aber muß nun Gottessohnschaft bei Paulus verstanden werden? Wir fassen im Rückblick auf diesen Diskurs über die paulinische Christologie die Hauptpunkte noch einmal thesenartig zusammen:

(1) Die *Mitte paulinischer Christologie* bilden Kreuz *und* Auferweckung Jesu Christi (1 Kor 2,2; 15,14). Jesus Christus ist für Paulus der von Gott aus dem Tod erweckte und erhöhte Sohn und Herr, der als Richter bald, noch zu Lebzeiten des Apostels, erwartet wird (1 Thess 4,15; 1 Kor 1,8.4,5). Das »Nebeneinander« von Jesus Christus und Gott ist bei Paulus nicht protologisch, sondern eschatologisch zu verstehen!

(2) Die Auferweckung des Gekreuzigten bedeutet zugleich die *eschatologische Zeitenwende*, den eschatologischen Herrschaftsantritt Christi über die Welt, der eine *neue Existenz* auch für den Menschen hier und jetzt begründet. Jesus Christus ist von daher der Heilsmittler der eschatologischen Neuschöpfung Gottes zum Wohl der Menschen.[113] Eschatologie ist damit bei Paulus von der Soteriologie ebensowenig zu trennen wie von der *Pneumatologie*. Als der von Gott Erhöhte ist Christus jetzt definitiv »Gottes Sohn«, Gottes »Ebenbild« und Gottes »Geist«, und zwar so, daß alle Menschen in die »Sohnschaft« mit hineingenommen sind (Gal 4,5); daß alle »in sein eigenes Bild verwandelt werden« (2 Kor 3,18); daß alle Menschen »erleuchtet werden zur Erkenntnis des göttlichen Glanzes auf dem Antlitz Christi« (2 Kor 4,6), ja daß alle jetzt »mit enthülltem Angesicht die Herrlichkeit des Herrn widerspiegeln« (2 Kor 3,18).

(3) Alle Aussagen nicht nur über die Ankunft, sondern auch über die *Herkunft* Christi (»Sendung«) sind als *eschatologische Aussagen zu interpretieren.*[114] Das macht die eigentümliche eschatologische

Zeitverschränkung in der paulinischen Christologie aus: Die Herkunft ist Funktion der Zukunft, das Ende Bedingung des Anfangs. Dies gilt insbesondere für die zwei Schlüsselaussagen über die Sendung Christi durch Gott (Gal 4,4; Rö 8,3). Sie stehen nicht als »Heilstatsachen« am Anfang eines »Heilsdramas«, sind vielmehr Interpretamente einer neuen Erfahrung des Apostels mit dem erhöhten Herrn. Diese (mit Damaskus beginnende) neue Erfahrung öffnete Paulus den Blick nicht nur für die soteriologische Dimension des Lebens Jesu, sondern erweitert den »Blick« in die Dimensionen der Geschichte (Geschichte Israels) und der Schöpfung. Anders gesagt: Paulus denkt zeitlich nicht linear, sondern verschränkt: in einer eigentümlichen Verbindung von präsentisch-eschatologischer (der bereits durch Christus eröffnete Herrschaftsraum für alle Menschen) und futurisch-eschatologischer Perspektive (Gott wird werden »alles in allem«). Die Metapher »Sendung« (der prophetischen Tradition entlehnt) bringt dabei die Überzeugung zum Ausdruck, daß Jesu Person und Werk nicht innergeschichtlichen Ursprungs sind, sondern sich ganz Gottes Initiative verdanken. *Die Sendungsaussage ist somit als Ausdruck einer Tiefenerfahrung des Apostels zu verstehen*: Jesus von Nazaret ging nicht nur »aus Liebe« und »in Hingabe« durch alle Tiefen des Lebens für »uns Menschen«, sondern kam auch aus der »Tiefe Gottes« selber (1 Kor 2,10).

(4) Die »Tiefe Gottes« wird von Paulus nicht weiter begrifflich-christologisch ausgeleuchtet. *Selbständige Aussagen über ein vorweltliches oder vorzeitiges Sein Jesu Christi* (entweder im Sinne einer direkten Aussage über das »bei Gott Sein« vor Erscheinen auf Erden oder im Sinne einer eigenen Schöpfungsmittlerschaft oder gar im Sinne einer Identifizierung mit Gott) *kennt die authentische Christologie des Paulus nicht,* wenn auch Paulus keine Schwierigkeiten hat, eine Präexistenzaussage der hellenistischen Gemeinde zu übernehmen. Die Protologie hat bei ihm keine selbständige Bedeutung. Im strengen Sinne ist das Wort Prä-Existenz für die paulinische Christologie mißverständlich, unbrauchbar und sollte künftig vermieden werden. Die Bekenntnisse des Paulus beziehen sich auf *Ursprung, Herkunft und Gegenwart* Christi aus Gott und in Gott, nicht aber auf eine zeitlich isolierte vorweltliche »Existenz«. Wenn Paulus selber von einer »Präexistenz« Christi spricht (1 Kor 10,4), dann ist dieses »Prä« als »Präsens« zu verstehen: als zeitverschmelzende Präsenz, als universale Gegenwärtigkeit Christi als Geist und im Geist. Über-

zeugend faßt Wilhelm Thüsing zusammen: »Paulus hat eine Reihe von Aussageweisen der Singularität der Einheit Jesu mit Gott und seiner Heilsbedeutung zur Verfügung, so vor allem die Kyriosprädikation, die Bezeichnung Christi als ›eikon‹ und ›Sohn‹ Gottes und die Aussage, daß der auferweckte Jesus das Pneuma Gottes selbst besitzt. Daß die Singularität Jesu bei Paulus gesichert werden soll, zeigt übrigens schon die Tatsache, daß die (wenn auch sehr offenen und nicht temporal zu deutenden) paulinischen Präexistenzaussagen überhaupt möglich sind und daß Paulus die Stelle des Hymnus übernehmen kann, an der Christus das ›Sein in der Gestalt Gottes‹ zugesprochen wird (Phil 2,6). Diese Aussageweisen der Singularität Jesu behalten ihr volles Gewicht, auch wenn in Rö 9,5 entgegen einer bisher geläufigen Meinung keine Gottesprädikation für Jesus zu finden ist.«[115]

(5) Die Christologie des Paulus nimmt den *Anspruch der jüdischen Weisheitstheologie und Messiaserwartung* auf, biegt diese aber mit Blick auf das Kreuz »irdisch« um. An Präexistenzreflektionen, poetischen Personifikationen oder Hypostasierungen auf der Linie dieser jüdischen Weisheits- und Messiastheologie hat Paulus für seine Christologie nichts fruchtbar gemacht. Zu behaupten, Jesus sei auch bei Paulus wie die Weisheit ein bei Gott weilendes persönliches Wesen, übersieht den radikalen, kreuzestheologisch geerdeten Transformationsprozeß, den Paulus an den Weisheitsspekulationen seiner »Vorväter« vorgenommen hat. Da er diese Tradition aber mit Sicherheit kannte – er zitiert in seinen Briefen das kanonische »Buch der Sprichwörter« dreimal[116] – ist das »Vorübergehen« an den traditionell vorgeprägten Präexistenzaussagen seiner jüdischen »Väter« bezeichnend genug. *Für Paulus ist Christus die gekreuzigte Weisheit Gottes in Person, nicht die personifizierte präexistente Weisheit.*

(6) Jesus Christus wird im Lichte der eschatologischen Totenerweckung von Paulus als *Sohn Gottes* verstanden, der auch in der Geschichte Israels präsent war (1 Kor 10,4). Die Gottessohnschaft Jesu ist damit bei Paulus nicht in einer metaphysischen Sohnschaft, sondern in der Auferweckung durch Gott begründet.[117] Dies freilich darf nicht dahingehend mißverstanden werden, als werde Jesus für Paulus erst durch den Auferweckungs*glauben* seiner Anhänger Sohn Gottes. Jesus ist für Paulus »immer schon« der Sohn Gottes, nicht weil er dies behauptete oder unter Beweis stellte, auch nicht, weil Menschen an ihn glaubten oder ihn zu einem Gottessohn »machten«,

sondern weil er von Gott kommt (»Sendung«) und Gott sich mit ihm über den Tod hinaus identifizierte.[118]

(7) Dieser Befund bedeutet theologisch eine entscheidende *Relativierung* und Korrektur sowohl der *Harnackschen wie der Barthschen und Bultmannschen Positionen.* Christus ist bei Paulus durchaus kein Geistwesen, das von Ewigkeit her selbständig neben Gott steht und dessen »Sendung ins Fleisch« hellenistisch als Abwertung betrachtet werden dürfte, wie Harnack dies annahm. Christus ist bei Paulus ebenfalls kein göttliches Himmelswesen in gnostisch-mythologischem Sinn, kein präexistentes Gottwesen, das die Himmelswelt verließ, um wieder in den Himmel zu Gott aufzusteigen – so die der religionsgeschichtlichen Schule verpflichtete Paulus-Interpretation Bultmanns. Die paulinische Christologie wurzelt vielmehr »in einer jüdischen exegetischen Tradition, die keinen Erlösermythos kennt, wohl aber eine stark ausgebaute Lehre von der Weisheit Gottes«.[119] Indem Paulus aber auf die Ausgestaltung der Präexistenz Christi verzichtete und den Akzent auf das ganz und gar irdische Kreuz legte, scheint er im Gegenteil all das radikal entmythologisiert zu haben, was an Mythen von absteigenden und aufsteigenden Himmelswesen, an Göttersöhnen (theoi andres) in der Umwelt vorhanden gewesen sein mag – einschließlich einer möglichen gnostisierenden Erlöserchristologie. Zwar will Paulus von Jesus »dem Fleisch nach« (kata sarka: 2 Kor 5,16) nichts mehr wissen, dies aber bedeutet keine Abwertung des geschichtlichen Nazareners, vielmehr eine im Geist vollzogene Neubewertung, Neuerkenntnis Jesu, nachdem der Gekreuzigte der erhöhte Kyrios ist. Mit dem protestantischen Exegeten Hans Weder ist zusammenzufassen: »Die Auferweckung Jesu oder die Offenbarung des Gekreuzigten als Gottessohn, ließ sein (Jesu) irdisches Sein in einem neuen Licht erscheinen und erforderte eine neue Erkenntnisweise. Davon, daß dadurch die geschichtliche Identität Jesu aufgegeben und durch die mythologische Identität eines präexistenten göttlichen Wesens ersetzt worden wäre, kann bei Paulus keine Rede sein.«[120]

Das heißt – *gegen Harnack*[121]: Die paulinische Christologie nimmt keine »Mittelstellung« zwischen jüdischer und hellenistischer Präexistenzvorstellung ein, weil Paulus weder eine bloß ideelle Präexistenzvorstellung kennt (er zitiert immerhin Phil 2,6–11) noch eine hellenistische Abwertung des Irdischen betreibt bei der Sendung eines »Geistwesens« ins Fleisch. Paulus vertritt (im Gegensatz zu

Johannes) offensichtlich noch keine Inkarnationschristologie. Das heißt – *gegen Bultmann*[122]: Die paulinische Christologie ist noch weniger mythologisch, als Bultmann annahm, und muß deshalb auch noch weniger »entmythologisiert« werden. Und das heißt schließlich – *gegen Barth*[123]: Christus ist bei Paulus auch nicht als »Gott von Art« zu verstehen. Nicht Aussagen über das »göttliche Wesen«, die »Gottheit« Christi, eine »metaphysische Sohnschaft« ist Sache paulinischer Christologie, sondern die universale Heilsbedeutung Christi als des definitiven und singulären Offenbarers Gottes in der Endzeit, besser: in der Wende der Zeit.

(8) *Traditionsgeschichtlich* ergibt sich aus unserer Analyse: So wie die Christologie der Spruchquelle und die des »vorpaulinischen« Philipper-Liedes näher zusammengesehen werden müssen, als dies bisher der Fall war, so auch die Christologie des griechisch sprechenden Diasporajuden Paulus mit der der aramäisch sprechenden Judenchristenheit in Jerusalem und anderswo. Das Fehlen der Präexistenzaussage dort und die Vernachlässigung dieser Aussage hier sprechen für sich ebenso wie die Betonung der eschatologischen Naherwartung in beiden Traditionen, die Niedrigkeitsgestalt Christi als Offenbarungsweise Gottes, die christologische Dialektik von Macht und Ohnmacht, Leben und Tod. So steht die Christologie des Paulus auf einer kritischen Schnittlinie hellenistischer und jüdischer Denkräume – jedem Gnostiker eine Herausforderung, der einen Christus als himmlischen Erlöser erwartete; einem orthodoxen Juden ein Ärgernis, weil hier der gekreuzigte Jude Jesus aus Nazaret als Messias Gottes verkündet wurde; für den Hellenen eine Enttäuschung, der mit Christus einen göttlichen Wundertäter auf Erden erwartete. Allen zugleich eine Zumutung, weil der Jude Paulus nicht loslassen wollte von der Grunderfahrung seines Glaubens, daß Gott selbst in diesem Gekreuzigten seine Weisheit kundgetan hat.[124] So bleibt Paulus, oft als »Mystiker« apostrophiert, mit seiner Christologie gänzlich im Kontext der prophetischen Religion des Judentums, im Rahmen des jüdischen Monotheismus und bildet so eine Brücke zwischen Judentum und Christentum, die zu betreten eine noch nicht ausreichend genutzte Chance des gegenwärtigen jüdisch-christlichen Dialogs ist.[125]

IV. Der Kontrapunkt in den Evangelien: Warum man von der Präexistenz Christi nicht erzählen konnte

Um das Jahr 60 war Paulus den Märtyrertod in der Stadt gestorben, der sein letzter erhaltener Brief gegolten hatte. Eine *zweite Generation* von Christen war mittlerweile herangewachsen, und sie hatte bei der Verkündigung Christi neue Akzente gesetzt. Auch die politische Situation hatte sich entscheidend verändert. Im Jahre 70 schließt der römische Oberbefehlshaber Titus im Auftrag seines Vaters und Kaisers Vespasian (69–79) die Stadt Jerusalem ein. Stück um Stück wird sie erobert, bis am 29. August dieses Jahres der Tempel in Flammen aufgeht und die Sieger im Tempel ihren Göttern opfern. Im Herbst desselben Jahres ist das Schicksal Jerusalems endgültig besiegelt: Die Oberstadt fällt und mit ihr auch der Palast des Herodes. Die Bewohner werden entweder getötet, als Sklaven verkauft oder zu staatlichen Fronarbeiten verurteilt.

Der *Fall Jerusalems* ist auch das endgültige Ende einer christlichen Gemeinde in dieser Stadt, einer Gemeinde, die möglicherweise schon im Jahre 66 im Zusammenhang mit den ersten schweren Kämpfen zwischen Juden und Römern größtenteils nach Pella ins westliche Jordantal geflohen war.[1] Zwischen 70 und 100 kommt es nun zu neuen Sammlungen und Zusammenfassungen früherer, mündlich oder in schriftlichen Einzelquellen kursierender Traditionen (vor allem der Spruchquelle), und zwar in den markinischen, matthäischen, lukanischen und johanneischen Gemeinden. Ihre Christologien gewinnen erst jetzt endgültig Gestalt, nachdem sich die paulinische längst herausgebildet hatte und der Apostel nicht mehr unter den Lebenden war.

Diese *Christologien* haben untereinander und im Vergleich zu Paulus und den gleichzeitig entstehenden Deuteropaulinen ein sehr *unterschiedliches Profil.* Man wird deshalb davon auszugehen haben, daß die meisten von ihnen keine präzisen Kenntnisse der paulinischen Tradition hatten oder möglicherweise gegen sie reagierten. Ja, wie unpräzise die paulinische Theologie mit ihren spezifischen Schwerpunkten bei den Synoptikern bekannt war, zeigt gerade Lukas, der als einziger der drei ersten Evangelisten bestimmte Kenntnisse von Paulus besitzt. Aber gerade er zeichnet in seiner Apostelgeschichte ein so eigenes Bild des Heidenapostels, daß eine Vertrautheit mit den authentischen paulinischen Briefen auch bei ihm so gut wie ausgeschlossen werden kann.[2] Diese neuen Gemeinden befinden sich nun nicht mehr in Palästina oder Griechenland, sondern in Rom (möglicherweise Markus), Syrien (möglicherweise Markus, Lukas, Johannes) oder Antiochien (Matthäus).

1. Die Erzählungen vom leidenden Gottessohn: Markus

Wie sehr sich eine Generation nach Paulus die Situation für die Christusüberlieferung verändert hatte, geht aus der Schrift hervor, die erstmals überhaupt ein »Evangelium« der Form nach vorlegt: dem *Evangelium des Markus*, dessen Entstehungsort die einen mit Rom, die anderen mit Syrien angeben. Eine einzigartige Schrift, analogielos schon der Form nach, die jedenfalls im judenchristlich-hellenistischen Kontext anzusiedeln ist. Und da die Zerstörung Jerusalems hier entweder unmittelbar vorausgesagt oder vorausgesetzt ist, wird dieses Evangelium um das Jahr 70 geschrieben worden sein.[3]

Was immer man heute bei der Erforschung des *Markus-Evangeliums* über den gesellschaftlich-politischen Hintergrund der markinischen Gemeinde, die sozialethische Relevanz des Evangeliums selber[4], über die soziale Funktion etwa der markinischen Wundergeschichten[5], über die komplexen Traditions- und Rezeptionsprozesse des Textes[6] wird neu sagen müssen, drei schon von *Rudolf Bultmann* vertretene Positionen in Sachen markinischer Christologie mögen uns hier als Orientierung dienen, um *Kontinuität und Diskontinuität der Markusforschung* aufzuzeigen.[7]

Über Bultmann hinaus

Rudolf Bultmann war von drei Thesen ausgegangen:

(1) Als hellenistischer Heidenchrist den Christusmythos mit jesuanischen Erzähltraditionen verbindend, erzähle Markus die Geschichte Jesu nicht mehr wie die aramäische Judenchristenheit als Geschichte eines eschatologischen Bußrichters, eines Propheten der kommenden Gottesherrschaft, eines Weisheitslehrers oder Rabbis, sondern ganz hellenistisch als *Epiphanie des himmlischen Gottessohnes.*

(2) Markus zeichne Jesus damit im Stile eines durch Wunder seine göttliche Vollmacht bestätigenden, seine göttlichen Kräfte durch den

göttlichen Geist erhaltenden *Gottesmannes* (theios aner), wie ihn die hellenistisch-religiöse Welt kenne. Seine Gottessohnschaft erhalte dieser Jesus nicht erst durch die Auferweckung wie bei Paulus, sondern bereits durch die Geisttaufe.

(3) Die Epiphanie des himmlischen Gottessohnes ebenso wie die Gottessohnschaft aber würden von Markus auffälligerweise *nicht* mit dem Gedanken der *Präexistenz* verbunden. Als Begründung fügt Bultmann hinzu, daß dieser »dogmatische Gedanke« sich offenbar nicht leicht mit der Darstellung des Lebens Jesu habe verbinden lassen.

Von diesen drei Punkten sind die ersten beiden in der heutigen exegetischen Diskussion *stark umstritten.*[8] Bultmanns Markus-Interpretation hängt denn auch wie seine Paulus-Exegese ganz und gar vom Christus-Bild der religionsgeschichtlichen Schule ab, und dies war nun einmal durch den hellenistischen *Christus-Mythos* (Epiphanie des präexistenten, himmlischen Gottessohnes auf Erden) und des *theios-aner-Motivs* geprägt. Beides mußte aber – betont man heute stärker die alttestamentlich-jüdischen Traditionsstränge – entschieden relativiert werden. Folgen wir Martin Hengel, so läßt die Quellenlage nun einmal nicht zu, »für das 1. Jhdt. n. Chr. von einem solchen festen Typus des ›göttlichen Menschen‹ zu sprechen«.[9] So weist etwa *Rudolf Pesch* in seinem Markus-Kommentar (1976) darauf hin, daß schon in der *vormarkinischen Überlieferungsschicht* Jesus eher in die Tradition des eschatologischen Propheten gestellt worden sei: »Mit den Wundergeschichten wird christliche Mission getrieben, die Jesus als den Christus, den die Gottesmänner des AT überbietenden Gottesmann, den eschatologischen Propheten, den Sohn Gottes (3,11), in dem Jahwe seine heilvolle Macht erweist, verkündigt.«[10] Und bei *Markus selber?* Gewiß – so Pesch – solle Jesu hier als ein »alle Wundermänner und Heilande der hellenistischen Welt überragender ›Mann Gottes‹« dargestellt werden. Aber mit einer solchen Konzeption hätten sich »die Missionare des Urchristentums noch nicht der Konzeption von einem ›göttlichen Menschen‹« unterworfen.[11]

Das läßt sich gerade an den *Wundergeschichten* bei Markus zeigen. Denn diese erscheinen ja hier nicht isoliert zu bloßen Zwecken der Demonstration göttlicher Macht, sondern sind vollständig eingeordnet in den *Horizont der Passionsgeschichte.* Erst von hierher entfalten sie ihre eigentliche Wirkung: »im Widerspruch gegen das Leid, die Krankheit, die Besessenheit, den Mangel, den Tod«![12] Keine Frage, daß Markus auf diese Weise ein *radikal anderes Verständnis vom*

»*göttlichen Menschen*« zum Ausdruck bringt und so »falschen Machtbegriffen« eine Absage erteilt.[13] Wir konnten dies schon bei der Diskussion um die Urpassionsgeschichte im Markus-Evangelium zu Beginn dieses unseres Teiles über das Neue Testament nachweisen. Es ist unübersehbar: Jesu göttliche Macht erscheint bei Markus durch das Leiden gebrochen. Ja, Jesu *wahre Macht* erweist sich (blickt man auf die Brotvermehrungsgeschichte: Mk 8,1–10) gerade umgekehrt »im Brechen und Vermehren des Brotes, und das heißt in der aufopferungsvollen Selbsthingabe«. Ein zentrales, auch politisch relevantes Thema dieses Evangeliums dürfte also das *Problem von Macht* und Machtausübung sein, das sich gerade auch in den von Markus gleich an den Anfang seines Evangeliums gesetzten Konflikten Jesu spiegelt (Sündenvergebung, Reinheitsgebot, Sabbatgebot). Und Markus behandelt dieses Problem der Macht in einer Weise, die – so John Riches – »ganz klar seine eigene Auffassung von Macht der des Caesars und des Tempels gegenüberstellt«.[14]

Wie aber steht es mit der dritten Bultmannschen These, daß die markinische Christologie *keine Präexistenzaussage* kenne? Immerhin waren bestimmte protestantische und vor allem katholische Exegeten in den 50er und 60er Jahren anderer Meinung. So vertrat der holländische protestantische Exeget *Gerhard Sevenster* die These, daß bestimmte Texte bei Markus und anderen Synoptikern (Mk 1,11; 3,11; 5,7; 9,7; Mt 16,16) »nicht nur eine Anspielung auf die Messias-Würde« enthielten, sondern »sehr bestimmt eine gewisse Wesenseinheit mit dem Vater bezeichnen. Diese setzt auch Präexistenz voraus.«[15] In ähnliche Richtung ging auch der katholische Exeget *Th. de Kruijf* in seiner Untersuchung über den »Sohn des lebendigen Gottes« (1962).[16]

Läßt sich aber eine solche Auffassung heute noch vertreten? Dazu ist eine Analyse des Gottessohn-Verständnisses bei Markus unumgänglich.

Gottessohnschaft – aber richtig verstanden

Daß Markus von vorneherein nichts anderes will, als das Evangelium von Jesus Christus als dem *Sohne Gottes* (Mk 1,1) zu erzählen, ist unbestreitbar. Fraglich ist nur, wie Gottessohnschaft in seinem Evangelium verstanden wird. Gleich der Anfang des Evangeliums liefert dafür konkretes Anschauungsmaterial: die *Taufgeschichte*, die möglicherweise älter ist als das Markusevangelium selber. Jesus scheint ja hier – von der Stimme des göttlichen Vaters öffentlich bestätigt und proklamiert – wie ein Sohn angenommen, gleichsam adoptiert zu werden (Mk 1,10f.). Mit späteren dogmengeschichtlichen Problemstellungen und Verdikten freilich (»Adoptianismus«) hat diese Stelle nichts zu tun. Denn von »Adoptianismus« könnte bei dieser Tauferzählung erst dann sinnvollerweise gesprochen werden, wenn eine Präexistenzchristologie überhaupt im Blick wäre, von der man sich hier »adoptianisch« hätte absetzen müssen. Ist dies der Fall? Nein, es geht bei der Taufgeschichte nicht um eine Alternative zwischen Adoption und Präexistenz, sondern ganz elementar um die *Proklamation Jesu als des Sohnes Gottes durch Gott selbst*, und zwar nicht in erster Linie für die Beobachter bei der Taufe, sondern für die Leser des Evangeliums, denen hier gleich zu Beginn gesagt werden soll, wer derjenige ist, dessen Weg das Evangelium nun erzählt. Von der Epiphanie eines himmlischen Wesens bei Markus keine Spur. Gottessohnschaft dürfte hier eher alttestamentlich-jüdisch als »Proklamation Jesu als des Gerechten durch Gott selbst« zu verstehen sein, wie der protestantische Exeget *Dieter Lührmann* in einem jüngsten Markus-Kommentar formuliert.[17] Alttestamentliche Anklänge sind denn auch gerade in dieser Taufgeschichte nicht zu überhören (Ps 2,7).[18] Nicht also um eine »Adoptionschristologie« geht es bei Markus, sondern um eine *Proklamationschristologie*, wenn man schon ein Etikett für dieses Phänomen gebrauchen will.

Mehr noch: Für die Bestimmung des *richtigen Gottessohn-Verständnisses* bei Markus ist entscheidend zu sehen, wie der Evangelist – gleichsam als Schriftsteller – sein Evangelium erzähltechnisch-strukturell angelegt hat. Nur die *Grundstruktur* sei erwähnt: Zu Beginn des Evangeliums bei der Taufe – wie wir hörten – die Beglaubigung der Gottessohnschaft durch Gott selbst – von oben gewissermaßen; in der *Mitte* des Buches die Bestätigung wiederum durch Gott in der Geschichte von der Verklärung (Mk 9,2–8), am *Ende* freilich, schon den geschundenen Körper des gekreuzigten Jesus vor Augen und den letzten Schrei des Gemarterten noch im Ohr – die Beglaubigung der Gottessohnschaft durch den römischen Hauptmann – von unten also! Wir dürfen folgern: Diese ungeheure Spannung, ja Paradoxie: daß der von Gott beglaubigte Mann auch in seiner Elendsgestalt noch als Gottessohn von den Menschen erkennbar ist und bekennbar bleibt – das macht das *Besondere der Christologie des*

Markus aus. Die traditionelle Gottessohnschaft erscheint so im Nazarener eigentümlich verborgen, versteckt, inkognito anwesend, *er*kannt nur von den widergöttlichen Mächten und *be*kannt im Munde widersacherischer Dämonen. Umkehr landläufiger Vorstellungen von einem irdischen Gottessohn in Macht herrscht vor – in einer präzisen Struktur von Themen und Gegenthemen im Evangelium herausgearbeitet.[19] Enttäuschung der Erwartungshaltung, einen Gottessohn durch mächtige Wunderhandlungen schon erkennen zu können. Statt dessen wird die Gottessohnschaft Jesu durch das ganze Evangelium hindurch eher verschwiegen, geheimnisvoll verdeckt, nach außen geheim gehalten, bis es am Ende unter dem Kreuz öffentlich verkündet werden kann – ein Phänomen, das William Wrede schon früh mit dem treffenden Wort »Messiasgeheimnis« umschrieben hat.[20]

Nein, es ist kein Zufall, daß Markus seiner Jesus-Gestalt das Bekenntnis zur eigenen Gottessohnschaft erst dann in den Mund legt, als dieser sich in einer *Situation der Gefangenschaft und der Ohnmacht* befindet – vor dem Hohenpriester während eines inquisitorischen Verhörs (14,61 f.): der Gottessohn als Verhafteter, Unruhestifter; das Gottessohnbekenntnis ein Widerstandsakt gegen die Glaubenswächter im Namen Gottes. Nein, es ist ebenfalls kein Zufall, daß Markus das erste *von Menschen* gesprochene Gottessohn-Bekenntnis erst dann erfolgen läßt, als der tote Christus bereits am Kreuze hängt: Gottessohn-Bekenntnis im Angesicht des Schandpfahls also. Und so bezeichnet der Titel »Gottessohn« im Markus-Evangelium nicht die wesensgleiche Gottessohnschaft, affirmiert nicht Jesu Präexistenz vor aller Zeit, sondern bekennt »den irdischen Jesus in seiner messianischen Vollmacht, in seiner Gottesbeziehung und in seinem Leiden, den Lehrer und Verkünder des Reiches Gottes, den, die in der Nachfolge und zur Bejahung des Leidens ruft«, so der katholische Exeget *Gerhard Dautzenberg*.[21] Oder mit *Rudolf Pesch:* »Für Markus, der offenbar in judenchristlicher (wenn auch der Heidenmission zugewandter) Tradition steht, kommt *Jesus aus Nazaret in Galiläa* und ist als dieser Jesus der mit Gottes Geist gesalbte Messias, der Menschensohn und Gottessohn, der leiden mußte und auferweckt wurde.«[22]

Ähnlich auch der Titel *Menschensohn*, dessen Funktion in der vormarkinischen Traditionsschicht wir zu Beginn dieses neutestamentlichen Teils ebenfalls bereits verfolgt haben. Das Bemerkenswerte ist nun: Es ist dieser Titel, dem bei Markus eine entscheidende christologische Bedeutung zukommt. Denn auffällig ist ja, daß in diesem Evangelium für alle Erhöhungs- und Gerichtsaussagen nicht der Titel Gottessohn gewählt ist, sondern der des Menschensohnes! Das wiederum läßt den Schluß zu: Mit dem Titel »Gottessohn« bezeichnet Markus ganz und gar die Offenbarung Gottes im *irdischen*, wundermächtigen, gegenüber Gesetz und Tempel kritisch befreienden, dann aber auch leidenden und gekreuzigten *Nazarener*. Erst mit dem rätselhaften »Menschensohn«-Titel aber bringt er das Entscheidende zum Ausdruck: das Geheimnis von Christi Erhöhung zu Gott, von der her auch auf das ganze Leben dieses irdischen Menschen ein neues Licht gefallen ist. Zugespitzt formuliert: Im Lichte des wiederkommenden *Menschen*sohns kann Jesus jetzt auch auf Erden als *Gottes*sohn bekannt werden. Wenn es also »einen Titel gibt« – so Dautzenberg – »der im Markus-Evangelium alle Aspekte und Stadien der Geschichte Jesu von seinem Auftreten in Galiläa bis zu seiner Parusie integriert, dann ist es der Titel ›Menschensohn‹ und nicht der Titel ›Gottessohn‹«.[23]

Erste Korrekturen?

Dies also ist der für uns relevante Befund markinischer Christologie. Und wir fragen: Wenn heute unter Exegeten darüber weitgehend Konsens herrscht, daß der »Präexistenzgedanke« von Markus »selbst noch nicht konzipiert« wurde[24], wie ist dieses Phänomen traditionsgeschichtlich zu erklären? Warum wurde er von einem Mann wie Markus in der zweiten christlichen Generation nicht rezipiert oder konzipiert, obwohl er doch im Umkreis paulinischer Theologie und im hellenistischen Judentum bereitlag? Warum also vertrat Markus keine Präexistenzchristologie? Folgende Argumente dürften hier zu bedenken sein:

(1) Eine Präexistenzchristologie hätte eine Stufe systematischer christologischer *Reflexion* erfordert, die im Markus-Evangelium nicht zu erkennen ist, ja, dem *narrativen Grundduktus* des Evangeliums gar nicht entsprochen hätte. Markus reflektiert nicht über »Christo-Logie«, sondern präsentiert Geschichten vom öffentlichen Auftritt des Nazareners, der – von Gott als »Sohn« bestätigt und öffentlich proklamiert – als Verkünder der Gottesherrschaft auftrat, in Vollmacht lehrte und wirkte, seine göttliche Sendung erfüllte, tödliche Konflikte mit Traditionen und Institutionen auf sich zog, für

die Menschen in den Tod ging und zur Rechten Gottes sitzend als Richter wiederkommen wird: Nein, »die Christologie des Markus-Evangeliums« – so *Rudolf Pesch* überzeugend – »nachzuzeichnen, sie aus dem Evangelienbuch zu exzerpieren und in eine abstraktere Begrifflichkeit zu überführen« hätte der »narrativen Grundstruktur der Geschichtsdarstellung des Markus« geradezu widersprochen: »Wer Jesus Christus ist, sagt seine Geschichte, sagt er selbst.«[25] Das Markus-Evangelium zeigt also, warum man vom vorzeitigen göttlichen Sein Christi, von einem Status göttlicher Existenz, nicht erzählen kann – bei Strafe kruder Mythologie. Erzählbar ist das, was anschaulich ist, konkret erfahrbar: die Verkündigung, das Handeln, das Leben und Sterben des Gottessohnes Jesus Christus, seine Wiederkunft als Menschensohn; erzählbar sind die Reaktionen von Menschen auf seine Wunder und seine konfliktträchtige Praxis. Was »Christologie« ist, zeigt Markus also konkret narrativ, in Selbstdarstellungen und Spiegelungen, nicht begrifflich-reflexiv oder mythisch-narrativ. Gerade darin liegt die auch literarisch einzigartige Leistung des Markus, der so eine Gattung wie »das Evangelium« überhaupt erst schuf.

(2) Markus meidet die Präexistenzaussage, weil sie *Jesu Menschsein gnostisch gefährdet* hätte.[26] Diese These wurde von *Hans-Martin Schenke* noch in letzter Zeit vertreten. Dieser Exeget ging davon aus, daß die Präexistenz-Christologie bei Markus bereits vorausgesetzt gewesen sei, aber »keine Bedeutung (mehr)« habe. Schenke fügt bezeichnenderweise hinzu: »Daß es im Rahmen der Gesamtentwicklung der christologischen Vorstellungen solche Verkehrungen überhaupt gibt, wo eine Christologie, die Jesus bereits einen höheren Grad von Göttlichkeit zuerkennt, zugunsten einer solchen, die einen vergleichsweise geringeren Grad an Göttlichkeit für Jesus impliziert, zurückgedrängt wird und abstirbt, um das einzusehen und zu begreifen, braucht man u. U. eine ziemlich lange Zeit.«[27]

Diese These setzt mit Bultmann freilich voraus, daß Markus eine ihm vorausliegende *gnostisch gefärbte Christologie* des »himmlischen Christus« mit seinem Bild vom leidenden und sterbenden Gottessohn zu verbinden suchte und dabei die Präexistenzaussage, weil allzu gnostisch-doketisch, nicht mitrezipiert habe. Dies dürfte in dieser Form quellenkritisch – wie wir sahen – nicht haltbar sein. Nicht auszuschließen aber ist – wie *Eduard Schweizer* plausibel gemacht hat –, daß Markus mit seinem »Leben Jesu«, mit seiner *irdischen Ge-*

schichte des erhöhten, postexistenten Christus auf seine Weise *gegen einen* ähnlichen (vorgnostischen?) *Christusenthusiasmus* reagiert, wie Paulus mit seiner Kreuzestheologie in der Korintherkorrespondenz. Jesus von Nazareth sei – so Schweizer – für bestimmte Kreise, die schon Paulus bekämpfte, ja schon längst »hinter dem himmlischen Christus verschwunden« gewesen![28] Und Schweizer macht die fatale Ambivalenz einer solchen gnostisierenden und mythisierenden Präexistenz-Christologie klar: warum nicht »auch den Namen irgend eines griechischen oder römischen Gottes oder Gottessohnes als Symbol für den Einbruch göttlicher Gnade, die göttliche Weltherrschaft und die Einheit des Göttlichen mit dem innersten Kern des erweckten Menschen wählen«? Das sei ja »die Konsequenz, die die Gnosis im 2. Jahrh. n. Chr. tatsächlich« gezogen habe.[29] Nein, indem auch Markus auf den gekreuzigten Gottessohn und zum Gericht wiederkehrenden Menschensohn verweise, dürfte er »die Gemeinde zur Nüchternheit zurückgerufen« haben. Die *Gefahr*, in der ja auch die paulinische Christologie stehe, »das Kreuz nur als Chiffre für die Gnade Gottes und den Durchbruch durch die Gerechtigkeit zur Freiheit der Rechtfertigung, ... die Auferstehung nur als Chiffre des von Gott verheißenen ewigen Lebens aufzufassen«, diese Gefahr sei offenkundig »durch die Konkretisierung der Geschichte des lebendigen Jesus« gebannt worden.[30]

(3) Von daher dürfte das *Fehlen der Präexistenzaussage bei Markus* möglicherweise als *erste innerchristliche Korrektur* an *einem nur-göttlichen, nur-himmlischen Christus* zu verstehen sein. Es genügte dieser Generation offenbar nicht, nur auf Kreuz und Auferweckung, Erhöhung und Parusie sowie auf einige »Herrenworte« verwiesen zu werden, wie dies in den paulinischen Briefen geschah. Angesichts der Aufgabe weltweiter Verkündigung brauchte es offenkundig den Erhöhten nicht bloß »als geheimnisvolle, überirdische Kraft«, sondern konkret »als Meister der für ihn zeugenden, auf den Straßen des römischen Reiches dahinziehenden und oft genug in den Gefängnissen liegenden Jünger«.[31]

(4) Das *Markus-Evangelium* darf aber weder als bloß reaktiv gegen bestimmte andere christologische Traditionsbewegungen gesehen noch als bloße Vorstufe zu einer christologischen »Vollgestalt« (etwa bei Johannes) verstanden werden. Dieses Evangelium ist vielmehr in seiner *bekenntnismäßigen und theologischen Eigenständigkeit* zu akzeptieren: als »Endstufe einer judenchristlich geprägten Basileia-

Mission« – so Dautzenberg –, »welche die Reich-Gottes-Botschaft Jesu unter Berufung auf ihren ersten Verkündiger und auf dessen Bestätigung durch Gott unter die Völker trug und gerade deshalb der im Evangelium gesammelten, viele Einzelüberlieferungen umfassenden christologischen Anamnese bedurfte. Theologie und Christologie des Markus-Evangeliums stehen der Theologie und Christologie der Quelle Q näher als andere Traditionen des Urchristentums.«[32] Markus also – nicht ein gänzlich hellenisierter Heide – eher ein hellenistischer Judenchrist![33]

Anders gesagt: Markus hat weder bei der Schilderung der Taufe noch unter dem Kreuz die Entwicklung zu einer wesensmäßigen Gottessohnschaft vorbereitet.[34] Knapp und präzise sagt *Bas van Iersel* mit Recht: »Nicht nur kann bei Markus von einer Art Wesensgleichheit zwischen Jesus und Gott nicht die Rede sein, sondern er gibt sogar deutlich eine andere Auffassung wieder.«[35] In der Tat: Folgt man Gerhard Dautzenbergs Analyse, so gilt: Hätte es in der Absicht des Evangelisten gelegen, christologisch eine Wesensaussage zu machen, so hätte er »die gewiß nicht unbekannten Bekenntnisformeln aus dem Traditionskreis der Präexistenzchristologie positiv« aufgenommen, »wie es ja im Bereich des johanneischen Christentums um diese Zeit geschehen ist«. Aber: Die Aufnahme einer Präexistenzchristologie hätte eine »solche Verschiebung im theologischen und sprachlichen Gefüge der markinischen Tradition bewirkt«, daß deren »Übernahme einen Neuformungsprozeß ausgelöst hätte«. Fazit Dautzenbergs: »Man wird daher dem Beharren bei der eigenen Tradition ein gewisses Bewußtsein von ihrem besonderen Wert und ihrer theologischen Kohärenz zugestehen müssen. Das bedeutet aber auch, daß die christologische Perspektive des Markus-Evangeliums innerhalb des neutestamentlichen Kanons ihr eigenes, wenn auch lange kaum beachtetes Recht hat.«[36]

Anders gesagt: Das *Fehlen der Präexistenzaussage* bei Markus dürfte möglicherweise als Akt *bewußter Entscheidung* zu verstehen sein. Waren die Urgemeinde und der Q-Kreis an Präexistenzaussagen überhaupt noch nicht interessiert, war der Philipper-Hymnus eine erste Andeutung, die Paulus selber nicht weiter aufgriff, so handelt es sich beim Markus-Evangelium – eine Generation später – erstmals offensichtlich um eine bewußte Vernachlässigung, eine Entscheidung gegen eine christologische Präexistenzaussage – und zwar aus eigenen theologischen und christologischen Interessen. Ein bedenkenswertes Resultat in Sachen Präexistenz und Gottessohnschaft. Noch erstaunlicher freilich ist der Befund bei Matthäus und Lukas.

2. Jungfrauengeburt statt Präexistenz: Matthäus und Lukas

Wie wenig eine eigenständige Präexistenzaussage auch im Interesse der Gemeinden von Matthäus und Lukas lag, läßt sich an drei Tatbeständen demonstrieren. Wir fassen vor dem Hintergrund unserer Analyse des Q-Materials die entscheidenden Punkte knapp zusammen, ohne uns hier auf Einzelheiten der nach Markus geschriebenen Christologien des Matthäus und Lukas einlassen zu können.[37]

Transformationen der Weisheits- und Messiastradition

(1) Beide, Matthäus und Lukas, rezipieren über Q die jüdische *Weisheitstradition.* Dabei verstärkt insbesondere Matthäus an einer einzigen Stelle den *Prozeß der Identifikation von Jesus und Weisheit,* wie dies auch schon Paulus getan hatte. Beleg: das *Weisheitswort von Mt 23,34–36* (= Lk 11,49–51). Spricht in der lukanischen Fassung dieses Q-Textes Jesus noch distanziert von der »Weisheit Gottes« (»deshalb sagt auch die Weisheit Gottes: ich werde Propheten und Apostel zu ihnen senden«), so hat Matthäus hier jede Distanz aufgehoben. Statt die »Weisheit Gottes sagt«, läßt Matthäus Jesus sagen: »*Ich* sende Propheten, Weise und Schriftgelehrte zu euch.« Mit *Felix Christ* sind auch andere Exegeten der Ansicht, daß Jesus bei Matthäus nicht mehr nur als Sprecher der Weisheit, sondern darüber hinaus »als die Weisheit selbst« erscheine: »Wie die präexistente Weisheit ruft Jesus Sophia als Gesetz Israel durch Boten (Propheten, Gesandte) zu sich, findet aber bei den Juden kein Gehör und kündigt das Gericht an«, so Christ.[38] Hatte *Matthäus* damit eine *weisheitlich geprägte Präexistenzchristologie?*

Kaum. Denn »wie die präexistente Weisheit« heißt nicht automatisch »so präexistent wie die Weisheit«. Das Weisheitswort von Mt 23 rezipiert für Jesus gerade nicht – wie Christ meint – die Hypostasierung der Weisheit, wohl aber deren göttliche Autorität. Matthäus hat – wie M. J. Suggs mit Recht herausgestellt hat – »die Spekulation modifiziert und für seine eigenen Zwecke nutzbar gemacht ... er hat die Spekulation verändert statt weitergeführt«.[39] Wie bei Paulus ist also auch bei Matthäus Jesus die *Weisheit Gottes in menschlicher*

Person und nicht so präexistent wie die hypostasierte Weisheit. Er ist – kurz gesagt – die »fleischgewordene Weisheit«, die das Schicksal der Verfolgung erleiden muß.[40] Mit dem evangelischen Alttestamentler *Hartmut Gese* wird man hier differenziert festhalten können: »Matthäus identifiziert Jesus mit der alle Propheten und Weisen inspirierenden Weisheit: der *Repräsentant* der endgültigen, eschatologischen Weisheitsoffenbarung ist die *irdische Erscheinung* der transzendenten präexistenten Weisheit selbst.«[41]

(2) Neben der Weisheit rezipieren beide, Matthäus wie Lukas, auch die *jüdische Messias-Tradition.* Alttestamentliche Bezugsstellen sind bei Matthäus etwa das Buch des Propheten Micha (Mt 2,6) oder bei Lukas das Daniel-Buch (Lk 1,33). Auffällig ist freilich, daß *Matthäus* von der Micha-Stelle (5,1) gerade die Passage nicht übernimmt, in welcher von der Vorzeitigkeit der Heilsgestalt die Rede ist. Matthäus zitiert Vers 1: »Aber du, Bethlehem-Efrata, so klein unter den Gauen Judas, aus dir wird mir einer hervorgehen, der über Israel herrschen soll.« Der alttestamentliche Text aber geht unmittelbar weiter mit dem Satz: »Sein Ursprung liegt in ferner Vorzeit, in längst vergangenen Tagen.« Ein Blick auf die Rezeptionsgeschichte dieser Stelle zeigt, daß in später hellenistischer Zeit diese Vorzeitigkeit des Messias, die sich bei Micha auf die Heilszeit unter König David bezog, als Vorzeitigkeit vor der Schöpfung gedeutet wurde. Diese Vorzeitigkeit wurde also als Präexistenz des Messias begriffen.[42] Und Matthäus? Er zeigt an einer solchen Ausweitung offenkundig kein Interesse, und dies, obwohl zu seiner Zeit im Judentum – wie wir sahen – eine präexistenztheologische Deutung der Messiasgestalt durchaus verbreitet gewesen war.

Ähnlich *Lukas.* Auch seine Rezeption von *Daniel 7* zeigt sich an der himmlischen Herkunft des Messias nicht interessiert. An Daniel 7 interessiert ihn ganz und gar die *künftige* Stellung des Messias als Universalherrscher über die Erde: »Er wird über das Haus Jakob in Ewigkeit herrschen, und seine Herrschaft wird kein Ende haben.« Auch dies wird man als bewußte oder unbewußte Zurückhaltung in Sachen Präexistenz des Messias deuten dürfen. Warum? Wir kommen zum dritten und entscheidenden Punkt:

Matthäus und Lukas haben ihr eigenes Vorstellungsmodell von der göttlichen Herkunft des Messias Jesus von Nazaret: die *Geistzeugung in einer Frau.* Beide berichten übereinstimmend, daß Maria, die Mutter Jesu, ein Kind erwarte, das nicht durch das Wirken ihres Mannes, sondern »durch das Wirken des Heiligen Geistes« (Mt 1,18; Lk 1,35) gezeugt worden sei. Es ist somit die Zeugung durch den Geist Gottes im Mutterleib, die die Gottessohnschaft Jesu bei Matthäus und Lukas begründet: »Deshalb wird auch das Kind heilig und Sohn Gottes genannt werden« (Lk 1,35). Wichtig zur Einschätzung ist dabei, daß im Neuen Testament die Verstehensmodelle Jungfrauengeburt und Präexistenz nicht nur »anfänglich unverbunden« waren und »selbständig nebeneinander entfaltet« wurden, wie der protestantische Exeget Ferdinand Hahn betont[43], sondern sich auch als zwei ganz *unterschiedliche Theologumena* logisch auszuschließen scheinen. Ist doch nach dem Präexistenzmodell Jesus »immer schon«, vor der Weltschöpfung also, Gottes Sohn, während er dem Jungfrauengeburt-Modell zufolge Gottes Sohn erst im Mutterleibe *wird.*[44]

In der Tat: Mit dem katholischen Neutestamentler *Gerhard Lohfink* ist zu sagen, »daß Jungfrauengeburt und Präexistenz Jesu im Neuen Testament komplementäre Theologumena darstellen. Wo die Präexistenzaussage begegnet, fehlt die Vorstellung von der Jungfrauengeburt. Und umgekehrt. Wo die Vorstellung von der Jungfrauengeburt begegnet, fehlt auffälligerweise die Präexistenzfrage. Offensichtlich gehen beide Aussagen von einem je verschiedenen Vorstellungsschema aus, haben aber beide das gleiche Ziel: die Gottessohnschaft Jesu zu veranschaulichen, indem diese von der Ostererfahrung her in die Zeit vor der Geburt Jesu oder gar in die Ewigkeit Gottes zurückverlagert wird.«[45]

Auch der katholische Neutestamentler *Raymond Brown* hat in seinem grundlegenden Kommentar zu den Geburtsgeschichten des Neuen Testamentes (1977) den fundamentalen Unterschied zwischen »conception christology« und »pre-existence« betont: *Empfängnis-Christologie* heiße: Gottes schöpferisches Handeln »erzeuge« Jesus gewissermaßen bei der Empfängnis in der Mutter als Gottessohn. Göttliche Sohnschaft sei in diesem Modell weder adoptierte noch inkarnierte Sohnschaft. Weder werde ein Mensch im Verlauf seines Lebens von Gott zum »Sohn« adoptiert, noch komme es zu einer

Inkarnation, bei der eine Gestalt – vorher präexistent bei Gott – jetzt Fleisch angenommen habe. Eine *Präexistenz-Christologie* dagegen zeige keinerlei Interesse an der Weise von Jesu Empfängnis. Für sie sei »Empfängnis« Jesu einfach der Beginn der irdischen Laufbahn des himmlischen Sohnes. Von einer eigentlichen »Zeugung« des Gottessohnes könne bei ihr keine Rede sein. Brown wörtlich: »Es ist kein Zufall, daß Johannes niemals von der ›Zeugung‹ Jesu spricht, denn Jesus *ist* einfach (›ich bin‹). Ich betone diesen Unterschied zwischen einer Empfängnis-Christologie und einer Präexistenz-Christologie, weil christliche Theologie bald schon beide Vorstellungen dahingehend harmonisiert hat, daß das präexistente Wort Gottes als Fleisch annehmend (Johannes) beschrieben wurde, und zwar im Leib der jungfräulichen Mutter (Matthäus und Lukas). Die Jungfrauengeburt wurde nicht länger als Zeugung des Gottessohnes verstanden, sondern als Menschwerdung des Gottessohnes, und dies wurde orthodoxe Lehre.«[46]

Daraus dürfte zu folgern sein: das *Fehlen einer Präexistenzaussage* in der matthäischen und lukanischen Christologie beruht ebensowenig auf Zufall wie bei Markus. Eine *theologische Reflexion* mag vorausgegangen sein – und sie versteht man nur, wenn man den christologischen Schwerpunkt der Evangelien von Matthäus und Lukas verstanden hat. Was aber ist der Schwerpunkt?

Was Matthäus will

Entstanden im syrischen Antiochien nach 70, ist das Matthäus-Evangelium das Dokument einer tiefgreifenden *Identitätskrise der antiochenischen Gemeinde* in den Jahren nach der Zerstörung des zweiten Tempels.[47] Die Verbindungen zum traditionellen Judentum sind weitgehend zerbrochen; die heilige Stadt Jerusalem ist verlorengegangen und mit ihr auch die Jerusalemer christliche Gemeinde; die »Naherwartung« ist mittlerweile enttäuscht; die Gemeinde muß sich gegenüber Juden wie Heiden neu behaupten. Matthäus tut dies durch Sammlung und Zusammenstellung vorhandener Überlieferungstraditionen (Q, Markus) in einem eigenen Evangelium. Seine Schrift muß als ein großer systematischer Versuch gelesen werden, »eine neue christliche Synthese traditionellen Materials zu formulieren, eine Synthese, die seiner Kirche eine adäquate Erklärung ihres Ursprungs und ihrer Natur verschaffen sollte, so eine

Brücke schlagend zwischen der vorherrschend jüdischen Vergangenheit und der zunehmend heidenchristlichen Zukunft«.[48]

Deshalb fügt Matthäus judenchristliches Erzählmaterial in sein Evangelium ein, formuliert um, schafft neu. Gegenüber Q und Markus werden *christologisch neue Akzente* gesetzt. Eine Kindheitsgeschichte wird vor die Tauferzählung gestellt: Jesus erscheint prononciert als Erfüller alttestamentlicher Verheißungen, als Davidsohn, als neuer Moses. Der Titel Gottessohn tritt nun ganz und gar in den Vordergrund, von »Messiasgeheimnis« keine Spur. Dafür verstärkt sich christologisch die Paradoxie, auf die es auch Matthäus offenkundig anlegt: Auch sein Gottessohn ist am Ende *Gottes Offenbarung in der Niedrigkeitsgestalt des Gekreuzigten.*[49] Vorher aber präsentiert Matthäus seinen Jesus als mit einzigartiger göttlicher Autorität ausgestattet – mit Blick auf seine Wundertaten (etwa Sturmstillung: Mt 8,23–27) und seine Lehrverkündigung (Bergpredigt: Mt 5–7).

Aber bei aller Betonung der göttlichen Machtfülle und Autorität dieses Christus, bei aller Anerkennung der engen Gemeinschaft Jesu mit Gott, seinem »Vater«: an der *Unterordnung* von Jesus als dem »Sohn« unter Gott als dem »Vater« wird wie von Markus so auch von Matthäus selbstverständlich festgehalten – vom Stammbaum angefangen (1,1) über die Geistzeugung (1,20f.), die Taufe (3,17) bis hin zu den Gebeten (»Vater unser« 6,9–13) und Jesu Gleichnissen (Kap. 13). Es ist ja unübersehbar, daß Matthäus ganz *konkret die Geschichte eines Mannes* erzählen will, von dem es heißt: »Er zog in ganz Galiläa umher, verkündete das Evangelium vom Reich und heilte im Volk alle Krankheiten und Leiden« (4,23). Nirgendwo legt der Evangelist Jesus ein Wort über seine himmlische Abstammung oder gar reale Präexistenz in den Mund, auch niemanden unter den Anhängern Jesu läßt er solches behaupten. Im Gegenteil: Matthäus kann von Jesus ganz sachlich und unpersonal sagen: »Er (Jesus) redete nur in Gleichnissen zu ihnen, damit sollte sich erfüllen, was durch den Propheten gesagt worden ist: Ich eröffne meinen Mund und rede in Gleichnissen, ich verkünde, was seit der Schöpfung verborgen war« (13,34f.). Für Matthäus also ist nicht Jesus als Person »seit der Schöpfung verborgen«, wie ein bestimmter Typus des jüdischen Messias/Menschensohn; es ist vielmehr die *»Sache Jesu«*, die Sache des Himmelreiches, die in der Verkündigung Jesu nun *aus der Verborgenheit in die Öffentlichkeit tritt, aus der »Präexistenz« in die Existenz.* Und so überrascht es denn nicht, daß der größte Konflikt des matthäischen Jesus mit »den Schriftgelehrten« nicht bei der Frage seiner Präexistenz ausbricht (ganz anders als dann später im Evangelium des Johannes: 10,33–36); nein, der größte Konflikt (Gotteslästerung!) bricht aus bei der Frage nach der Vollmacht des »Menschensohnes«: Sünden zu vergeben – hier auf Erden.

Davon also, »daß Matthäus um die Gottheit Jesu gewußt« habe[50], spricht man heute auch in der katholischen Exegese nicht mehr. 1982 kann *Bas von Iersel* auf der Basis seiner schon 1961 veröffentlichten Untersuchung »Der Sohn in den synoptischen Jesusworten« als allgemeinen Konsens festhalten: »Die Meinung, Jesus habe sich selbst vor seinem Tod als Sohn Gottes bezeichnet (vgl. Mk 13,32 par.; Mat 11,27 par.), findet überhaupt keine breite Zustimmung, weil an der historischen Authentizität dieser Worte ernsthafte Zweifel bestehen. Man kann also keine unmittelbare eindeutige Linie von einer Selbstbezeichnung Jesu zum Hoheitstitel der Gemeinde nachweisen.«[51]

Was Lukas will

Ähnliches gilt auch für das heidenchristlich orientierte *Evangelium des Lukas*, das zur gleichen Zeit wie Matthäus (unter Benutzung von Markus und Q) geschrieben wurde, möglicherweise ebenfalls in Antiochien. In seinem grundlegenden Buch zur Theologie des Lukas »Die Mitte der Zeit« war *Hans Conzelmann* schon 1954 zu der Auffassung gelangt, daß im Gottessohn-Titel bei Lukas »kein Gedanke der physischen Gottnatur enthalten« sei; das zeige sich »bereits im Fehlen der Präexistenzvorstellung«; in solchen Kategorien denke Lukas überhaupt nicht, wie gerade auch seine Tauferzählung zeige. Hier werde Gottessohnschaft »nicht in physischen Kategorien gefaßt, sondern als Vorgang der Geistbegabung verstanden. In *dieser* Hinsicht hat Lukas seine Quellen nicht korrigiert.«[52]

An diesem Befund hat sich bis heute nichts geändert. In ihren Lukas-Kommentaren von 1977 und 1982 kommen die katholischen Exegeten *Gerhard Schneider* und *Joseph Fitzmyer* übereinstimmend zu dem Ergebnis, daß Lukas in der Tat »nicht von einer Präexistenz Christi her«[53] (G. Schneider) denke. Fitzmyer ergänzt: »In der lukanischen Theologie wird nicht nach Jesu Präexistenz oder Inkarnation gefragt. Viele neutestamentliche Interpreten rechnen mit der präexistenten Sohnschaft Jesu in der paulinischen Theologie und mit der

Inkarnation Jesu in der johanneischen Theologie; aber keiner dieser Aspekte von Jesu Präexistenz taucht im lukanischen Jesus-Portrait auf.«[54]

Wir fragen: Macht dies alles die lukanische Christologie »adoptianisch«? Eher ist das Gegenteil der Fall: Dadurch daß auch Lukas, ebenso wie Matthäus, die Gottessohnschaft mit der Geistzeugung begründet, setzt auch er – möglicherweise bereits gegenüber einer falschen Markus-Rezeption – sogar einen *antiadoptianischen Akzent. Raymond Brown* hat darauf nicht zu Unrecht aufmerksam gemacht.[55] Stimmt dies, so haben Matthäus wie Lukas in ihrer Christologie offenkundig betonen wollen – in Ablehnung adoptianischer ebenso wie präexistenzchristologischer Vorstellungen: Jesus Christus ist nicht erst von einem bestimmten Alter an Sohn Gottes »geworden«, er ist es auch nicht »von Ewigkeit«, sondern von seiner Geburt an, irdisch also »immer schon«. Jesu irdischer Ursprung ist Gottes Tat.[56]

Dieser *christologische Grundduktus* hält sich durch das ganze Evangelium des Lukas hindurch, gibt es bei diesem Evangelisten doch einen Grundrhythmus der kompositorisch gezielt angelegten christologischen Erkenntnisse und Bekenntnisse. Konkret: In die schon von Markus her vertraute konzeptionelle Grundstruktur (Taufe – Verklärung – Verhör vor dem Hohen Rat) mit den jeweiligen Gottesaussagen und Selbstaussagen zur Sohnschaft Jesu komponiert Lukas zunächst ein Fremdbekenntnis der Dämonen (4,41) und eine Selbstbestimmung Jesu vor den eigenen Jüngern hinein: »Mir ist von meinem Vater alles übergeben worden; niemand weiß, wer der Sohn ist, nur der Vater« (10,22). Literarisch-strukturell kann er so auch das öffentliche Bekenntnis zur Sohnschaft Jesu vorbereiten. Denn alle diese Erkenntnisse und Bekenntnisse haben für den Evangelisten nur das eine Ziel, daß Jesus *seit seiner irdischen Existenz* von seinen Anhängern als dieser Gottessohn erkannt und bekannt wird. Das fängt bei Lukas vor der Geburt mit der Erscheinung des Engels vor Maria an, der dieser jungen jüdischen Frau ja nicht die Fleischwerdung des ewigen Gottessohnes verkündet, sondern ankündigt, daß das Kind, das sie zur Welt bringen wird, »groß sein und Sohn des Höchsten *genannt* werden *wird*« (1,32). Der futurisch-eschatologische Akzent lukanischer Christologie ist damit offenkundig. Alle Ewigkeitsaussagen beziehen sich nicht auf die Vorzeitigkeit, sondern auf die Nachzeitigkeit, welche Auferweckung und Erhöhung zu Gott voraussetzen: »Gott der Herr *wird* ihm den Thron seines Vaters David geben; er *wird* über das Haus Jakob *in Ewigkeit* herrschen und seine Herrschaft *wird* kein Ende haben« (1,32f.).

Um ein Bekenntnis zur *Gottessohnschaft des irdischen Jesus* also geht es bei Lukas. Das wird auch beim ersten irdischen Auftreten Jesu deutlich: bei seiner Taufe, wo Gott selbst den Nazarener als »geliebten Sohn« öffentlich bestätigt, ohne auf eine Präexistenz dieses Sohnes Bezug zu nehmen (3,21f.). Das zieht sich durch alle Wundergeschichten, Gleichnisse und Verkündungsszenen hindurch. Damit ist klar: Dieser Jesus ist für Lukas gewiß mehr als bloß der »Sohn Josephs« (4,22), er ist mehr »als Jona« (11,32), ganz anders als ein König oder Prophet (10,24). Dieses »mehr als« oder »anders als« Jesu aber wird nicht in einer Präexistenz begründet, sondern hängt bei Lukas von vier Faktoren ab: (1) der Geistzeugung bei der Empfängnis; (2) der Geistmächtigkeit von Jesu öffentlicher Tätigkeit (»erfüllt von der Kraft des Geistes«: 4,14); (3) der einzigartigen Verbindung Jesu mit Gott, seinem Vater; (4) schließlich der Auferweckung aus dem Tod durch Gott selbst. Es sind diese vier Faktoren, die diesen Jesus für Lukas zu einer einzigartigen und herausgehobenen Gestalt werden lassen.[57]

Ein *Vergleich mit Johannes dem Täufer* unterstreicht diese Besonderheit Jesu, gerade weil Lukas, wie keiner der Evangelisten, zunächst die Gleichrangigkeit von Jesus und Johannes dem Täufer betont; *beide* sind ja vom Geist gezeugt! Freilich: Nur Jesus, nicht Johannes, ist sich bei Lukas dieser einmaligen Gottesmächtigkeit bewußt und weiß um seine personale Verbindung mit Gott. Nur Jesus – obwohl es »keinen Größeren unter allen Menschen gibt als Johannes« (7,28) – kann schließlich die Jesaia-Stelle auf sich beziehen: »Der Geist des Herrn ruht auf mir; denn der Herr hat mich gesalbt. Er hat mich gesandt, damit ich den Armen eine gute Nachricht bringe; damit ich den Gefangenen die Entlassung verkünde und den Blinden das Augenlicht; damit ich die Zerschlagenen in Freiheit setze und ein Gnadenjahr des Herrn ausrufe« (4,18f.).

Alles in allem: Lukas zeichnet in Dutzenden von differenzierten Spiegelgeschichten von Jesus das Bild eines »Mannes (andra!), Jesus des Nazoräers, den Gott vor euch beglaubigt hat durch machtvolle Taten, Wunder und Zeichen, die er durch ihn in eurer Mitte getan hat«, wie er selber dann in seiner Apostelgeschichte schreiben kann (2,22). Das Evangelium enthält denn auch »keine eindeutige *Lehre* über Christus«, wie Eduard Schweizer in seinem neuesten Lukas-Kommentar (1986) mit Recht schreibt.[58] Lukas nimmt den Leser vielmehr hinein in einen *Prozeß der Begegnungen* mit Jesus in sehr verschiedenen, oft kontroversen (Sabbatheilung), rätselhaften (Verklärung) oder anstößigen (Verhör und Kreuzigung in Ohnmacht) Situationen. Indem Lukas aber Jesus all dem aussetzt, setzt er auch seine Leser allen möglichen Reaktionen aus: Befremden, Vertrauen, Freude, Trauer, Staunen, Fragen, Zustimmung und Verzweiflung. Durch all das hindurch muß das Bekenntnis zum Gottessohn als Mensch unter Menschen durchgehalten werden.

Wer also Jesus für die Menschen wirklich ist, wer derjenige ist, der »mit dem Heiligen Geist und dem Feuer taufen« (3,16) wird, der »mit Vollmacht und Kraft« (4,32.36; 6,19) die Menschen lehrt und heilt, der Dämonen zu Gehorsam zwingt und Sünden vergibt (5,20), der sich als »Herr über den Sabbat« (6,5) bezeichnet und sich von Gott »gesandt« (10,16) weiß: über all das wird bei Lukas nicht reflektiert, räsonniert oder spekuliert, das wird situativ entfaltet, konfrontativ erhellt und (zum Glauben) herausfordernd erzählt. Lukas hat als Schriftsteller dafür eine *doppelte narrative Struktur* angelegt, welche die Frage nach der Identität Jesu in zweifacher Brechung aufscheinen läßt: Er als Erzähler (erste Ebene) erzählt selber die Geschichte desjenigen, der von sich oder von Gott selbst oft nur in *Gleichnissen* erzählen konnte (zweite Ebene). Kurz, Lukas erzählt die Geschichte von jenem Geschichtenerzähler aus Nazaret, der – statt juristische oder theologische Auskünfte zu erteilen – in Geschichten sich verbergend offenbart: sei es durch den barmherzigen Samariter (10,30–37), sei es durch den verlorenen Sohn (15,11–32) – fiktive Stellvertreter-Figuren eines Mannes, der sich vor seinen Anhängern lieber verbirgt als sich öffentlich zur Schau stellt, der sich eher in Einsamkeit zurückzieht als sich vor Publikum demonstriert . . .

Eduard Schweizer hat aus dieser narrativen Struktur des Lukas-Evangeliums überzeugende theologische Konsequenzen gezogen: »Lukas hat bei Jesus gelernt, daß man von Gott letztlich nur recht reden kann in der Form der Erzählung, die ständig zurückverweist auf das von Gott mitten in unserer Geschichte Getane. Bei Lukas ist das Wort wirklich Fleisch, Gott wirklich Mensch geworden. So wenig die historischen Einzelheiten gesichert sind, so sehr unterscheidet sich dieser Bericht doch von allen Mythen, die nur eine zeitlos gültige Wahrheit in erzählende Form fassen; denn Lukas verweist eindeutig ständig auf Jesus von Nazaret, der in einer bestimmten Zeit an einem bestimmten Ort gelebt hat, gestorben und auferstanden ist. Darum ist Lukas auch die Einzigartigkeit Gottes so wichtig. Das zeigt schon die Statistik: ›Gott‹ findet sich in Markus 48 mal, in Matthäus 51 mal, in Lukas 122-, in Apg 166 mal. Nur er ist von Engeln umgeben, nicht Christus. Aber dieser Gott ist nirgends anders unzweideutig zu finden als in Jesus von Nazaret.«[59]

In summa: Bei aller Einzigartigkeit der »Sohnschaft« Jesu bei Lukas (von Gott doppelt bestätigt und von ihm selber schließlich bekannt): all das hat – wie Joseph Fitzmyer in seinem Lukas-Kommentar (1982) mit Recht bemerkt hat – nichts zu tun »mit späteren Vorstellungen einer physischen oder metaphysischen Sohnschaft oder Substanzidentität, wie sie mit den späteren Glaubensbekenntnissen von Nicäa und Konstantinopel verbunden sind«.[60] Ja, die Tatsache, daß Lukas ebenso wenig wie Matthäus *weder ein metaphysisches Gottessohnverständnis besaß noch überhaupt eine Form von Präexistenzchristologie,* wird man *nicht einfach als historischen Zufall* interpretieren können. *Hans Conzelmann* hat überzeugend erklärt: Lukas »bleibt bei der Christologie der synoptischen Tradition, die keine Präexistenz kennt. Es ist nun kaum denkbar, daß Lukas diese Idee nicht kannte. Also hat er sie bewußt ausgelassen.«[61]

Die Frage drängt sich auf: Warum hat Lukas (und mit ihm Matthäus) die »Idee« von der Präexistenz für seine Christologie »ausgelassen«? Reagieren beide kritisch auf eine entsprechende Christologie ihrer Umwelt? Und ist diese ihre »Umwelt« in den Evangelien noch erkennbar? Sind also Fronten und Gegner auszumachen? Wir fragen ein letztes Mal:

3. Wider den nur-himmlischen Christus?

Sind in beiden Evangelien Frontstellungen erkennbar? Durchaus, aber die direkten Informationen darüber sind nicht sehr ergiebig. So attackiert *Matthäus* in seinem Evangelium zwar falsche Propheten und Irrlehrer (7,15–23; 24,10–12), inhaltlich aber bleiben diese »nicht recht greifbar«, so der protestantische Exeget *Ulrich Luz* in einem der jüngsten Matthäus-Kommentare: »Wir wissen nur, daß es Pneumatiker (Propheten und Wundertäter) gewesen sind (7,22).« Luz aber präzisiert immerhin dahingehend: »Möglicherweise hängt mit den Irrlehrern zusammen, daß Matthäus seine Verkündigung so konsequent als Gebot des *irdischen* Jesus versteht und die Gemeinde an den irdischen Jesus bindet.«[62]

Nicht anders bei *Lukas*. Auch bei ihm sei »eine eindeutige Frontstellung, gegen die er kämpft, nicht feststellbar«, meint *Eduard Schweizer*, obwohl auch er dann konkret »extreme Pauliner, Vormarkioniten« erwägt.[63] *Heinz Schürmann* dagegen spricht allgemein von der »großen Hellsichtigkeit«, mit der Lukas Gefahren für die Kirche seiner Zeit nach dem »Fortgang« der Apostel gesehen habe, ja, von einer »Lehrunsicherheit des ausgehenden apostolischen Zeitalters«: »Innerkirchlich mit seinem Nebeneinander recht unterschiedlicher judenchristlich-palästinischer und heidenchristlich-paulinischer Traditionen, von außen verstärkt durch synkretistische Neigungen im Hellenismus – die Lukas auf Abhilfe sinnen läßt«.[64]

Antidoketisch-antignostische Frontstellung?

Will man den Analysen der amerikanischen Exegeten *Charles H. Talberts* folgen, so läßt Lukas in seiner Christologie sogar eine »antidoketische Frontstellung« erkennen, was ja voraussetzt, daß es eine Christologie gegeben haben muß, die den himmlischen Christus auf Kosten des irdischen überbetonte.[65] Talbert führt konkret Gnostiker wie die Ophiten, wie Basilides und Kerinth an: Bei ihnen sei Christus, der sich als himmlisches Geistwesen bei der Taufe mit dem Menschen Jesus verbunden habe, so radikal vom irdischen geschieden worden, daß sie ihn vor der Passion wieder in den Himmel hätten aufsteigen lassen. Leiden und Sterben »wie ein Mensch« habe ja auch so gar nicht zu einem himmlischen Geistwesen gepaßt. Lukas dagegen betone gerade durch seine *Himmelfahrtsgeschichte* die »Kontinuität zwischen dem, der starb und auferstand, sowie dem, der gen Himmel fuhr«.[66]

Freilich: so sehr die Beobachtung, daß Lukas mit der Himmelfahrtsgeschichte Kontinuität signalisiert, stimmen mag, dieser lukanische Akzent muß nicht unbedingt »antignostisch« sein; die Zeugen, die Talbert anführt, treten denn auch allesamt erst im 2. Jahrhundert auf. So wird man in Beantwortung dieser Frage zurückhaltend sein müssen wie *Gerhard Lohfink*, der im deutschsprachigen Raum die bisher grundlegendste Untersuchung über die »Himmelfahrt Jesu« (1971) vorgelegt hat. Auch Lohfink erwägt die Frage einer antignostischen Frontstellung des Lukas-Evangeliums, läßt sie aber –

aufgrund der schwierigen Quellenlage – ebenso offen wie *Heinz Schürmann*, der immerhin »vorgnostische Strömungen« bei Lukas nicht ausschließen will.[67]

Ob man hinsichtlich der Quellen heute weiterkommen kann? Ob die Zuordnung zu einer konkreten vorsynoptischen Präexistenzchristologie gelingt? Eine plausible Theorie ist heute um so schwieriger, nachdem die Berufung auf eine voll ausgebildete *vorchristliche Gnosis* mit einer doketischen Christologie als negative Kontrastfolie weniger denn je als selbstverständlich vorausgesetzt werden kann.[68] Ein einziges Text-Corpus ist diskutabel und bedarf der weiteren detaillierten Untersuchung: das *gnostische Thomas-Evangelium*, dessen Einfluß auf die synoptische Christologie die beiden amerikanischen protestantischen Exegeten *Helmut Köster* und *James M. Robinson* in ihrem Buch »Entwicklungslinien durch die Welt des frühen Christentums« (1971) unterstellt haben.[69]

Einfluß des gnostischen Thomas-Evangeliums?

Das Thomas-Evangelium ist vor kurzem auf neuestem Forschungsstand im ersten Band der neuedierten »Neutestamentlichen Apokryphen« (1987) von Wilhelm Schneemelcher wieder vorgelegt worden.[70] Was ergibt sich daraus für unsere Frage? Zweierlei dürfte heute unbestritten sein:

(1) Das Thomas-Evangelium ist eine *Spruchsammlung*, »die auf eine oder mehrere Vorstufen zurückgeht und die nicht von den kanonischen Evangelien oder der Spruchquelle Q direkt abhängig ist. Diese Sammlung ist als eine Parallelerscheinung zu Q anzusehen und gehört in die Frühgeschichte der Evangelienbildung.«[71]

(2) Die *Christologie* dieser gnostischen Spruchquelle unterscheidet sich von der in Q in einem wesentlichen Punkt. Zwar tritt Jesus in beiden Quellen als Lehrer der Weisheit auf, aber während in Q – wie wir sahen – die Weisheitschristologie vor der alles dominierenden Menschensohnerwartung zurücktritt, eschatologisch also relativiert wird, stellt das Thomas-Evangelium Jesus ganz und gar als die *sich selbst offenbarende göttliche Weisheit* vor. Jesus kommt vom »Ungeteilten« (Spr 61) her, verkündet: »Selig ist, wer war, bevor er wurde« (Spr 19), und kann von sich sagen: »Ich bin das Licht, das über allen ist. Ich bin das All. Das All ist aus mir hervorgegangen, und das All ist zu mir gelangt. Spaltet das Holz, ich bin da. Hebt einen

Stein auf, und ihr werdet mich dort finden« (Spr 77). Das sind hohe Aussagen, die selbst über die spätere johanneische Christologie hinausgehen. Für das ganze Thomas-Evangelium kann deshalb gelten – so *Philipp Vielhauer*: »Eine explizite Christologie findet sich nicht, auch wenn deutliche Spuren der Präexistenz- und Ubiquitätsvorstellung vorhanden sind.«[72]

(3) Ist das die Art von Präexistenzchristologie, gegen die die Synoptiker reagieren? Möglich. Aber einen solchen Einfluß wird man nur annehmen können, wenn man – wie Helmut Köster neuerdings – das Thomas-Evangelium auf die Mitte des 1. Jahrhunderts datiert. Das aber ist sehr fraglich. Andere Arbeiten gehen vorsichtiger davon aus, daß das Thomas-Evangelium um die *Mitte des 2. Jahrhunderts* im östlichen Syrien entstanden ist, wobei freilich zugegeben wird, daß das zusammengetragene Spruchmaterial zum Teil auch bis in das 1. Jahrhundert zurückreichen kann. Anders gesagt: Die Frage, ob die Synoptiker das Thomas-Evangelium gekannt haben oder umgekehrt das Thomas-Evangelium die Synoptiker (oder Johannes), ist offenzulassen. *Zuverlässige Schlußfolgerungen wird man aus solchen Hypothesen kaum ziehen können.*

(4) Wie immer die Abhängigkeitsfrage zu klären ist: Im Lichte der *weiteren Entwicklung*, wie sie die deuteropaulinischen Briefe zeigen, wird man mit Helmut Köster und James M. Robinson folgern dürfen, »daß die Anwendung des Weisheitsmythus (!) auf Jesus« immer mehr »der begrenzteren Vorstellung von Jesus als dem Gesandten der Weisheit den Rang abgelaufen hat. Dadurch wurde es möglich, eine Christologie zu entwickeln, in der die mythologischen und kosmologischen Bestandteile der vorchristlichen Weisheitsspekulationen voll zum Tragen kommen konnten.«[73] Dies aber ist bei den Synoptikern gerade nicht der Fall.

Im Klartext: *Falls* die Synoptiker die mythische und doketische Weisheitschristologie, wie sie aus dem Thomas-Evangelium ersichtlich ist, gekannt haben, so lassen sie mit ihrer, die Präexistenz Christi aussparenden und das Leben und Leiden des irdischen Gottessohnes betonenden Christologie eine möglicherweise *antignostische, jedenfalls antidoketische Grundhaltung* erkennen. Ein Kontrapunkt wäre in der zweiten Generation nötig gewesen, der es verhinderte, daß der geschichtliche Jesus vom himmlischen Christus aufgesogen wurde. Auch die paulinische Christologie dürfte durch ihren Akzent auf Kreuz und Erhöhung im Kampf an derselben (vorgnostischen) Front zu sehen sein, so daß die synoptischen und paulinischen Christologien nicht so weit voneinander entfernt sein dürften, wie dies oft dargestellt wurde.[74] Anders gesagt: Gerade in der Vermeidung einer selbständigen Präexistenz-Christologie suchen *Paulus und die Synoptiker* Gefahren einer Christusfrömmigkeit zu wehren, die den konkreten Jesus enthusiastisch übersprang (wie in Korinth), mit einem göttlich-mächtigen Wundertäter gleichsetzte (dagegen Markus mit seiner Betonung der Verborgenheit des Messias), mit der sich selbst offenbarenden präexistenten Weisheit identifizierte (unentfaltete Ansätze bei Matthäus) oder als einen machtvollen Messiaskönig erwartete (dagegen Lukas: der, »dessen Herrschaft kein Ende haben« wird, kommt in einem *Stall* zur Welt).

Deshalb also, weil das wahre Menschsein Jesu auf dem Spiele stand, bekannten sich alle, Paulus wie die Synoptiker, zur menschlichen Geburt Jesu und taten alles, um den Nazarener nicht als halbgöttliches Wesen, das über die Erde wanderte, ihren Zuhörern vor Augen zu stellen. Alle versuchten, in ihrem Christusbekenntnis die *Balance zu halten zwischen dem Glauben an seine göttliche Herkunft einerseits und der Beschreibung seiner irdischen Daseinsweise andererseits,* eine Balance, die offenkundig nur durch Passion und Schandtod aufrechterhalten werden konnte. Denn wie rasch sich diese Balance zwischen dem »Christus von oben« und dem »Christus hier unten« verschieben konnte, zeigt die Wirkungsgeschichte der paulinischen Christologie in der Gnosis vor allem im 2. Jahrhundert, deren Mythologisierung Christi aufgrund der Trennung des irdischen Jesus vom himmlischen, präexistenten Christus »in ihrem Ausmaß kaum zu überbieten« war.[75]

Freilich: Die Herausforderung des gnostischen Denkens blieb, ja wurde im 2. Jahrhundert zur eigentlichen Bedrohung der neutestamentlichen Christologie. Erste »vorgnostische« Tendenzen aber sind auch in den christlichen Gemeinden des 1. Jahrhunderts zu spüren. Wie diese Gemeinden damit umgingen, zeigen die deuteropaulinischen Briefe, zeigt aber vor allem das Johannesevangelium. Auf die deuteropaulinischen Briefe werden wir zunächst einzugehen haben.

V. Er ist vor aller Schöpfung: Warum man die Präexistenz Christi bekennen mußte: Der Brief nach Kolossä

Zwei Tatbestände sind bei der Exegese des *Kolosser-Briefes* ökumenisch heute weitgehend unbestritten: der Brief stammt nicht von Paulus persönlich, und der eingangs zitierte Hymnus (1,15–20) enthält eine Präexistenzaussage im Sinne der Schöpfungsmittlerschaft Christi. Wir können uns hier – ohne auf philologische, strukturelle oder religionsgeschichtliche Details einzugehen – auf die Frage konzentrieren: Welche Funktion hat in welchem religiös-politischen Kontext die Aussage über die Schöpfungsmittlerschaft Christi im Brief an die Gemeinde von Kolossä?[1]

Paulus in Gefangenschaft, ein Häftling: So schildert uns der Verfasser den Apostel. Und der Brief, zwischen den siebziger und neunziger Jahren geschrieben, geht an eine Gemeinde, die Paulus nie gesehen hat. Sie lebt in einer Stadt Kleinasiens, die damals zur römischen Provinz Asia gehörte. Heute heißt dieser Ort *Konas* und liegt im Südwesten der Türkei, in Westanatolien – damals ein nicht unbedeutendes Zentrum der Wollverarbeitung: »Die wenigen Christen von Kolossä verdienten ihr Geld in der Tuchindustrie. Man konnte in Kolossä Weberin sein, Färber, Schafhirte. Vor allem gefärbte Wollstoffe wurden produziert.«[2] Aus den Annalen des Tacitus weiß man überdies, daß die ganze Gegend um Kolossä im Jahre 61 n. Chr. durch ein *Erdbeben* schwer zerstört gewesen sein muß. Die Stadt war also offenkundig wieder aufgebaut, als dieser Brief an sie abging, und eines der Schlüsselworte des Textes, der von den bedrohlichen »Elementarmächten der Welt« redet (2,8.20), wird auf diesem bröckelnden, schwankenden Grund für die ursprünglichen Leser noch einmal anders geklungen haben. Daß diese Stadt also eine Katastrophe gerade hinter sich hatte, wird man beim Verständnis des Glaubens dieser Gemeinde an Christus nicht vergessen dürfen …

1. *Weltbild und Weltangst*

Auch dieser Brief läßt *Fronten* erkennen, ohne sie eindeutig zu identifizieren. Vor einer bestimmten »Philosophie und falschen Lehre« wird gewarnt (2,8a). Diejenigen, die solches verträten, stützen sich

»nur auf menschliche Überlieferung«, auf die »Elementarmächte der Welt«, nicht aber auf Christus (2,8b). Mehr noch: Wir erfahren, keiner solle die Christen »verurteilen wegen Speise und Trank oder wegen eines Festes, ob Neumond oder Sabbat« (2,16). Niemand solle die Christen verachten, »der sich in scheinbarer Demut auf die Verehrung beruft, die er den Engeln erweist, der mit Visionen prahlt und sich ohne Grund nach weltlicher Art wichtig macht« (2,18). Was ist mit all dem gemeint?

Offenbar war in Kolossä in bestimmten Kreisen die Meinung verbreitet, »daß Gott die Welt nicht selbst, sondern durch Mittelwesen geschaffen« habe, die entweder als Herrschaften, Mächte und Throne, als Engel oder auch als »Elemente der Welt« erschienen. Christus selbst scheint diesen Mächten gleichgestellt worden zu sein; denn das Heil erwartete man offenkundig mehr von ihnen als von Christus selbst.[3] Ja, mehr noch: Die Anspielung auf die »Verehrung der Engel«, auf Speisen und Getränke sowie auf die Festtage dürfte den Schluß erlauben, daß die Gegner, die dieser Brief im Blick hat, die *Weltelemente wie personale Wesen* verehrten: »Sie behaupten offenbar, die Wesen seien Elemente des kosmischen Christus. Aus dieser Art Kosmologie leiten sie bestimmte kultische Verpflichtungen ab, die für Christen Gültigkeit haben sollten. Die Feier kosmisch-zyklischer Festtage, die Einhaltung fester Speisevorschriften, die Verehrung der Engel und den Empfang gewisser Weihen.«[4]

Um welche *geistig-religiöse Strömung* handelt es sich hier? Die Mehrzahl der Exegeten nimmt an, daß es sich um eine synkretistische Geistigkeit jüdischer Provenienz mit gnostischem Einschlag handelt, um eine *synkretistisch-judenchristliche Gnosis* also. In ihr spielten offensichtlich neben Christus als Erlöser auch Lehren über kosmische Mächte oder Engelwesen eine Rolle: »Diesen ›Elementen‹ gegenüber bedarf es besonderer Rücksicht, offenbar weil sie den Weg der Seele beeinflussen können; dazu gehören auch rituell-kultische Pflichten.«[5] Auf jüdisch-christlichen Hintergrund verweist denn auch die offenbar in Kolossä geforderte Einhaltung bestimmter Feiertage, bestimmter Eßgebote (2,16), vielleicht auch der Beschneidung (2,11), verweist möglicherweise auch die Anspielung auf die Vermeidung verunreinigender Speisen (2,21).

All das aber will nicht bloß geistes- oder religionsgeschichtlich, sondern *konkret lebensgeschichtlich* verstanden sein. Denn wenn in der Gemeinde (oder in ihrem Umkreis) Engelwesen kultisch ebenso verehrt wurden wie »Weltelemente« (wohl in den Gestirnen repräsentierte kosmische Mächte), wenn durch einen mysterienartigen Kult die Gläubigen sich der »Fülle« der Gottheit vergewissern und durch Weihe lebenspendende Kräfte erlangen wollten: dann hatte das nicht zuletzt mit einer Bewältigung elementarer *Lebensängste und Bedrohungsgefühle* zu tun. Für den Menschen der Spätantike »war die Welt nicht mehr wohltuende und bergende Ordnung, kein Kosmos voller Sinn und Schönheit. Er erfuhr die Welt als Gefängnis und Ort des Unheils und sich selbst als Opfer und Sklave übermächtiger Gewalten – ein Leben ohne Sinn und Hoffnung. In jenen religiösen Spekulationen und Praktiken meinte er das Angebot von Sinn und Hoffnung, von Heil und Leben erblicken zu können.«[6] Hintergrund des Kolosserbriefes also ist »das allgemeine Zeitgefühl, in einer brüchigen Welt zu leben, in der der Kreislauf von Werden und Vergehen herrscht, in die jederzeit die Zerstörung in Form von Naturkatastrophen einbrechen und die gesamthaft als Vernichtung aller durch alle im Kampf der Elemente beschrieben werden kann«.[7]

Das also ist das *Szenario* des Briefes:

- Paulus in Gefangenschaft, das Bild des leidenden Apostels um Christi und der Gemeinde willen beschwörend (1,24): »Denkt an meine Fesseln« (4,18).
- Eine Gemeinde, die aus Arbeitern, Bauern und Kleinhandwerkern bestanden haben dürfte – in einer Gegend, die nicht nur erdbebengefährdet, sondern durch ein Erdbeben gerade erschüttert worden war.
- Ein universal-kosmisch orientierter Synkretismus jüdisch-gnostischen Zuschnitts, der ein religiöses Alternativangebot zur Bewältigung von Weltbedrohung und Lebensangst und so eine Herausforderung ersten Ranges für die Christusverkündigung darstellte.

Und in dieser Situation zitiert der Verfasser ein *Loblied auf Christus.*

15 »Er ist das Ebenbild des unsichtbaren Gottes,/der Erstgeborene der ganzen Schöpfung

16 Denn in ihm wurde alles erschaffen/im Himmel und auf Erden,/das Sichtbare und das Unsichtbare/Throne und Herrschaften, Mächte und Gewalten;/alles ist durch ihn und auf ihn hin geschaffen.

17 Er ist vor aller Schöpfung/in ihm hat alles Bestand.

18 Er ist das Haupt des Leibes,/der Leib aber ist die Kirche./Er ist

der Ursprung,/der Erstgeborene der Toten;/so hat er in allem den Vorrang.
19 Denn Gott wollte mit seiner ganzen Fülle/in ihm wohnen,
20 um durch ihn alles zu versöhnen./Alles im Himmel und auf Erden/wollte er zu Christus führen,/der Friede gestiftet hat am Kreuz durch sein Blut.«

Kein Zweifel: Eine andere Welt tritt uns hier entgegen. Eine radikale Veränderung scheint hier christologisch passiert, vergleicht man den Jesus dieses Liedes mit dem Jesus der Evangelien, wie er ungefähr gleichzeitig von Markus, Matthäus und Lukas beschrieben wurde! Der Perspektivenwechsel von unten nach oben, den der Philipper-Hymnus 30–40 Jahre zuvor ankündigte, scheint hier endgültig vollzogen – in hymnischer Sprache, in enthusiastischer Poesie! Wir fragen: Ein abgehobener, das Spekulative streifender, weltfern-weltfremder Text?[8]

Nimmt man das Hintergrundszenario dieses Textes ernst, so gilt: Keiner dieser hymnischen Sätze dürfte Lob um seiner selbst willen sein. Jede dieser Aussagen steht in einem Spannungsverhältnis. Dieser Text reagiert auf etwas. Worauf? Angesichts einer geistigen Herausforderung von kosmologischem Zuschnitt mußte die Antwort des Verfassers, konkret sein Bekenntnis zu Christus, auf der gleichen kosmologischen »Höhe« erfolgen, sollte Christus noch der Kyrios der Welt bleiben. Das dürfte der Autor bei Paulus gelernt haben, und die Grundlagen paulinischer Christologie werden denn hier ja auch vorausgesetzt und weitergeführt.[9] Angesichts von konkurrierenden kosmischen Elementarmächten mußte die eigene Bekenntnisaussage also kosmologisch-universalen Charakter bekommen, sollte Christus eindeutig den *Vor*rang behalten. Nein, es dürfte nicht spekulative Lust gewesen sein, sondern die konkrete Herausforderung einer konkurrierenden Kosmologie und Soteriologie, die christologisch hier zu Reaktionen zwang.

2. Die Spannung: Text und Situation

Dabei steht dieses hymnische Lied durchaus nicht isoliert da im Brief nach Kolossä. Ganz anders noch als im Philipper-Brief ziehen sich durch dieses Schreiben, vom Loblied ausgehend, subtile Korrenspondenzfäden, die Hymnus und Brief zu einem einzigen großen Alternativentwurf werden lassen. Einige seien gezogen:

Wenn Gott mit seiner ganzen Fülle in Ihm wohnen wollte: dann ist »Gott« kein dunkles, rätselhaftes »Geheimnis« mehr, sondern hat sein »Geheimnis« in Christus offenbar gemacht (2,2).
Wenn Er vor aller Schöpfung ist und in Ihm alles erschaffen wurde: dann finden Throne und Herrschaften, Mächte und Gewalten an Ihm ihr Maß und ihre Grenze: »Die Fürsten und Gewalten hat er entwaffnet und öffentlich zur Schau gestellt; durch Christus hat er über sie triumphiert« (2,15).
Wenn Er das Haupt des Leibes ist: dann ist damit für die christliche Gemeinde ein Raum der Freiheit geschaffen von Geboten und Verboten, die sich zwischen Christus und die Menschen drängen: Gott hat durch das Kreuz Christi ein für alle Mal »den Schuldschein, der gegen uns sprach, durchgestrichen und seine Forderungen, die uns anklagen, aufgehoben« (2,14).
Wenn in Ihm alles Bestand hat: dann dürfte trotz der inneren und äußeren Bedrohung, trotz aller Ängste vor Versklavung und Unheil, Zerstörung und Vernichtung, eine letztlich nicht zerstörbare Hoffnung grundgelegt sein: »Doch müßt ihr unerschütterlich und unbeugsam am Glauben festhalten und dürft euch nicht von der Hoffnung abbringen lassen, die euch das Evangelium schenkt« (1,23).
Wenn Gott durch Ihn alles zu versöhnen beabsichtigte: dann ist der Christ zur neuen Versöhnung mit sich selber fähig, zur Verwirklichung eines in Christus geschaffenen »neuen Menschen«: »Jetzt aber sollt ihr alles ablegen: Zorn, Wut und Bosheit; auch Lästerungen und Zoten sollen nicht mehr über eure Lippen kommen. Belügt einander nicht; denn ihr habt den alten Menschen mit seinen Taten abgelegt und seid zu einem neuen Menschen geworden« (3,8–10).
Wenn Er das Bild des unsichtbaren Schöpfergottes ist: dann also ist eine Erneuerung des Menschen »nach dem Bild seines Schöpfers« möglich, und wo das geschieht, »gibt es nicht mehr Griechen oder Juden, Beschnittene oder Unbeschnittene, Fremde, Skythen, Sklaven oder Freie, sondern Christus ist alles in allen« (3,11).
Wo in Christus »Friede gestiftet« ist: da ist Vergebung möglich, da hält das »Band der Liebe« alles zusammen, da herrscht der Friede Christi in den Herzen der Menschen (3,13–15).

Deutlich wird: Dieser Text kennt gewiß nicht die dramatische *Spannung* des Philipper-Liedes mit dessen Bekenntnis zur Erhöhung des erniedrigten Christus, der Verehrung des ehemaligen Sklaven als Weltenherrn. Aber kann man übersehen, daß auch er seine eigene

Kontrastdynamik hat? Sie freilich liegt nicht im Text selber, sondern zwischen *Text und Situation.* Und sie kann auch dann noch betroffen machen, wenn man die Ausgangssituation (Paulus im Gefängnis) als literarische »Fiktion« durchschaut hat. Anders gesagt: Es gibt auch in diesem Brief eine kaum noch zu steigernde eigene Spannung: hier der Kerker – dort der Kosmos; hier der Häftling – dort der Glaube an den Herrn über alle; hier die Gemeinde zwiespältiger, fehlbarer Menschen, wo »Unzucht, Schamlosigkeit, Leidenschaft, böse Begierden und Habsucht« (3,5) herrschen – dort das Bekenntnis zu dem, in dem wir »die Erlösung, die Vergebung der Sünden« haben (1,14); hier die erdbebengefährdete Stadt – dort die verwegene Hoffnung auf ihn, in dem »alles Bestand« hat.[10]

Welch eine Szene also: »Paulus«, der jüdische Renegat, politisch-religiöser Gefangener in einem römischen Kerker, verkündet mit Hilfe eines Liedes den gekreuzigten Nazarener als den Herrn des Alls, als den Mittler bei der Ur-Schöpfung. Er, der in Ketten liegt, verkündet aus der Zelle heraus die ganz andere Freiheit Gottes. Er, aus der Perspektive des gefangenen Vogels, entwirft die Vision vom kosmischen Christus. Es ist also *diese* Diskrepanz von Konfession und Situation, die dieses Lied verwegen erscheinen läßt: Die Zelle und das All, die Ketten und der Kosmos, die Fesseln und die ganze Schöpfung! Und es muß – keine Frage – ganz und gar »erstaunen, daß diese Prädikation einem Menschen gegeben wurde, der vor wenigen Jahrzehnten den schmachvollen Tod am Kreuz gestorben war«.[11] Diese Grundsituation des Briefes vor Augen, können wir uns nun dem Hymnus selber zuwenden.

3. Schöpfungsmittlerschaft – im Zeichen der Zeitenwende

Wie sind Struktur und Einzelaussagen dieses Liedes zu interpretieren? Wie beim Philipper-Hymnus tut man gut daran, die *Erfahrungs- und »Erzählperspektive«* von Kol 1,15–20, dessen Zeitstruktur also, zu bestimmen. Tut man dies, so kann kein Zweifel bestehen, daß auch dieser Text aus der eschatologischen »Nachzeitigkeit« gewissermaßen zurückblickt. Die Erfahrung des erhöhten Herrn geht voraus. Schon der unmittelbare *Kontext* des Kolosser-Hymnus ist *eschatologischer* Natur – und steht im Zeichen der »Äonenwende«, worauf vor allem der katholische Exeget *Franz Zeilinger* – gefolgt von anderen – aufmerksam gemacht hat. Denn voraus gehen dem Hymnus die Sätze: »Er (Gott) hat uns der Macht der Finsternis entrissen und aufgenommen in das Reich seines geliebten Sohnes. Durch ihn haben wir die Erlösung, die Vergebung der Sünden« (1,13f.). Ja, mehr noch. Nach 2,12 (auch 3,1) sind die Christen für diesen Autor durch die Taufe mit Christus bereits begraben *und* auferweckt worden! Zeilinger weist überdies darauf hin, daß die Nähe der Wendung »Reich seines geliebten Sohnes« zum Begriff »Erstgeborener« bemerkenswert sei. Es sei deshalb naheliegend, »daß der Verfasser bei der Zitation des Hymnus weiterhin an diese Situation der eschatologischen ›basileia des Sohnes seiner Liebe‹ gedacht« habe. Die Möglichkeit bestünde, »daß der Verfasser die von der Sapientialliteratur, Philo und Genesis 1 gespeisten kosmologischen Schöpfungsaussagen auf die eschatologische, d. h. hier transzendente *Neuschöpfung* hin versteht, von der ja auch der Kosmos *indirekt* mitbetroffen« sei.[12]

Geht man von diesem eschatologischen Gesamtrahmen aus, dürfte nun auch die Struktur des Hymnus begreiflich werden. Über das Philipper-Lied hinausgehend, werden (vermutlich in einer zweistrophigen Struktur: 15–18a; 18b–20) hier zwei große Gedanken elementar herausgestellt: Er, der erhöhte Christus, war auch *vor* aller Schöpfung, und keine Schöpfung war ohne ihn! (1. Strophe) Und: durch ihn, den erhöhten Herrn, ist alles – auf Erden wie im Himmel – versöhnt (2. Strophe). *Schöpfung einerseits und Versöhnung in Christus andererseits* also sind im eschatologischen Gesamtkontext die *beiden großen Themen* des Liedes, die strukturell durch die gleiche Wortwahl verbunden sind: in ihm, durch ihn (auf ihn hin) in der 1. wie in der 2. Strophe. Die Halbverse 18a wie 20b (»der Leib aber ist die Kirche;« »der Frieden gestiftet hat durch sein Blut«) dürften dagegen redaktionelle Zusätze des Verfassers sein, was den Schluß erlaubt: Dieser Hymnus ist älter als der Kolosser-Brief, und dessen Verfasser ist nicht notwendig der Verfasser des Liedes.[13]

Schauen wir uns die protologischen Aussagen in der *ersten* Strophe genauer an, zunächst die zentrale Aussage über die *Schöpfungsmittlerschaft* Christi. Es liegt auf der Hand, daß gerade ein Brief wie der nach Kolossä von jüdischer Weisheitstheologie beeinflußt ist, wenn es um den Entwurf einer »kosmischen Christologie« geht.[14] Denn von »Weisheit« ist im Brief ständig die Rede, und durch Sätze wie diese ist die christliche *Konkurrenzsituation* gegen ein weisheitsorientiertes Judentum deutlich gegeben: »In ihm (Christus) sind alle Schätze der Weisheit und Erkenntnis verborgen« (2,3). Erstmals wagt somit eine Schrift des Neuen Testamentes offen und unzweideutig mit dem protologisch-kosmologischen Anspruch der Weisheitstheologie zu konkurrieren und den Christus Jesus als Gegenmacht auf der »gleichen Höhe« vorzustellen. Ja, erstmals wird die Schöpfung ein eigenes Thema der *Christologie* im Neuen Testament.

Freilich: Einer Hypostasierung Christi zu einer selbständigen »Schöpfergottheit« – so die Gefahr der späten alexandrinischen Weisheitstheologie – leistet dieser Text keinen Vorschub. Stets behält hier Gott selbst die Initiative, ist der Ewige selber handelndes Subjekt: *Er* wollte *durch* ihn ... Für Aussagen über Christus ist denn auch das statische »In«, das instrumentelle »Durch« oder das finale »Auf ihn hin« typisch oder die passivische Redeweise: durch ihn wurde alles ... Die Wendung »auf ihn hin« ist dabei – so haben Exegeten beobachtet – durchaus »neu gegenüber der jüdischen Weisheitsliteratur«; die »eschatologische Ausrichtung der neutestamentlichen Gemeinde« dürfte sich gerade hier ausgewirkt haben.[15] Christus bleibt in diesem Text also ganz und gar der *Mittler* der Schöpfertätigkeit Gottes – so von Gott dem Schöpfer einerseits, so aber auch von den Menschen, den Geschöpfen, andererseits deutlich unterschieden.

4. Was heißt: »Bild des unsichtbaren Gottes«?

Weisheitstheologie steht schließlich auch hinter der Aussage von Christus als *»Bild des unsichtbaren Gottes«*, fallen doch im alexandrinischen »Buch der Weisheit« bekanntlich nicht nur Formeln wie »Hauch der Kraft Gottes«, »reiner Ausfluß der Herrlichkeit«, »Widerschein des ewigen Lichtes« und »ungetrübter Spiegel von Gottes Kraft«, sondern auch »Bild seiner Vollkommenheit« (Weish 7,25 f.). Was aber heißt »Bild« genau, wenn man sich vorstellen muß, daß Christus das präexistente »Bild« des unsichtbaren Gottes ist? Eine merkwürdig-widersprechende Aussage auf den ersten Blick, mit platonischen Vorstellungen (das Bild als Beschränkung der himmlischen »Idee«) ebensowenig zu greifen wie mit Theorien Philos, für den der Logos als Bild Gottes gerade unsichtbar war und für den erst die Welt als solche zum »Bild Gottes« werden konnte. Und da es sich hier um ein »Bild« in der »Präexistenz« handelt, ein Bild also, das für die Menschen zunächst unsichtbar bleibt, kann die Funktion des Bildes nicht einzig und allein in der Erkennbarmachung des unsichtbaren Gottes für die Menschen bestehen. Was dann? Ist eine Wesensaussage gemeint? Sind Gott und sein Bild wesensidentisch?

Auch hier wird man sich am besten an das von der Weisheitstheologie vorgegebene Vorstellungsmodell halten. Wir sahen: Aussagen über die präexistente Weisheit hatten im Judentum strikt theo-logische Funktion. Sie qualifizierten *Gott* als den, der die Ordnung der Schöpfung geschaffen hat und sie garantiert. Gott hat sich damit als ein Gott *für* die Menschen zu erkennen gegeben. Ähnlich beim präexistenten Christus. Als das »Bild« qualifiziert er Gott selbst in seinem Sein immer schon als einen Gott *für* die Schöpfung, für die Versöhnung. Der Ausdruck »Bild« bezieht sich somit nicht »auf das ›Wesen einer Sache‹«, sondern auf »Christi offenbarende Funktion«, wie der amerikanische Exeget J. G. Gibbs schreibt.[16] Spekulative Fragen nach der Wesensidentität von Urbild und Abbild, Gott und Christus stellen sich nicht. *Die Rede vom »Bild« ist eine Offenbarungsaussage!*

Was aber wird geoffenbart? Eine *Grunderfahrung* wird zum Ausdruck gebracht: Im Lichte der eschatologischen Auferweckung des »geliebten Sohnes« sind Gott und sein Bild Christus immer schon als zusammengehörig zu denken, nicht zu trennen, so wenig gegeneinander ausspielbar wie Gott und seine Weisheit. Die Botschaft dieses Verses lautet demnach ganz elementar: Von Gott kann man als Christ jetzt (nach der eschatologischen Wende) nicht mehr reden, ohne von Jesus Christus reden zu müssen, und umgekehrt: Wer von Christus spricht, spricht zugleich von Gott selbst.[17] Auf die Schöpfung bezogen heißt das: »Man kann die Schöpfung nicht wirklich als Werk des Schöpfers erkennen, außer in Christus.«[18] Um einen Doppelaspekt also geht es: Gott läßt sich im Bilde Christi erkennen, und die Schöpfung ist ohne Christus nicht als Werk *dieses* Schöpfers erkennbar. Schon Ernst Lohmeyer kommentierte diesen Doppelaspekt treffend: Christus vertritt hier »vor der sichtbaren Welt den unsichtbaren Gott und vor dem unsichtbaren Gott die sichtbare Welt«.[19] Vom Eschaton her also kann der Blick nach rückwärts frei werden – »nach innen«, in die Tiefe von Zeit und Vorzeit, genauer in den Grund von Erlösung und Weltschöpfung überhaupt. Vom postexistenten Christus her legitimieren sich Aussagen über den »präexistenten«!

Wie die »Präexistenz« Christi aber konkret aussieht, beschreibt dieser Hymnus nicht. Eine mythologische Ausgestaltung des zeitlichen »Vorher« liegt nicht im Interesse der Verfasser. Gott wird nicht menschlichen Kategorien der Zeit unterworfen, im Gegenteil: Menschen unterwerfen sich hier im Akt des Bekenntnisses dem Vorrang Christi vor aller Schöpfung. Mit dem amerikanischen Exegeten W. D. Davis ist deshalb festzuhalten: »It was the activity of Christ in creation, not His pre-existence that Paul emphasized in his wisdom christology in the epistel to the Colossians.«[20] Anders gesagt: Die erste Strophe des Kolosser-Hymnus macht keine isolierten und in sich ruhenden Aussagen über eine Prä-Existenz Christi, bei denen spekulativ verweilt werden würde. Dem Verfasser kommt vielmehr alles darauf an, den »Vorrang« Christi vor allen Geschöpfen zu betonen, was im Text nicht weniger als 4 mal durch das griechische Wort »pro«, »voraus« geschieht. Dieses »Voraus« aber ist keine spekulative Kategorie der Zeit, sondern eine Kategorie des Bekenntnisses zum Rang dessen, der der »Erstgeborene der ganzen Schöpfung« ist. Wie aber ist diese Aussage vom »Erstgeborenen« zu verstehen?

5. Was heißt: »Erstgeborener der Schöpfung?«

Man hat die Wendung »Erstgeborener« im Sinne eines ersten Geschöpfes Gottes vor aller Schöpfung verstehen wollen. Tut man dies, so entstehen freilich unauflösbare Spannungen zur vorhergehenden Aussage. Denn wie sollte Christus dann noch das präexistente Bild des unsichtbaren Gottes, wie sollte »in ihm« *alles* erschaffen worden sein? Andere haben »Erstgeborener« hier im Sinne eines innergöttlichen Prozesses verstanden, eines »Voraus« in Gott selbst, bevor es zur Weltschöpfung kam. Aber von einem innergöttlichen Vorgang ist im Text nirgendwo die Rede. Was also?

Alfred Hockel hat in seiner Tübinger Dissertation über die Geschichte der Exegese von Kol 1,15 schon 1965 zeigen können, daß noch im 1. Jahrhundert die Aussage »Erstgeborener« (prototokos) sehr verschieden verstanden werden konnte: als Aussage über den präexistenten oder den erhöhten Christus, als Ursprungs- oder als Erhöhungsprädikat also.[21] Beide Auslegungen hätten unausgeglichen nebeneinander gestanden. Unter dem Einfluß des arianischen Streites aber seien sie in Konflikt geraten. Jetzt hätten die Kirchenväter das »geboren« (tokos) im Sinne von »gezeugt« (als innergöttliche Zeugung!) interpretiert und das »Erst« (proto) im Sinne eines zeitlichen »Vor« (pro). Erst zu Beginn der Neuzeit habe sich wieder ein Verständnis von »Erstgeborener« als Hoheitsprädikat abzuzeichnen begonnen. Für ein solches Verständnis plädiert dann auch Alfred Hockel selbst. Nur so – argumentiert er – müsse keine gedankliche Texterweiterung vorgenommen werden, indem aus dem proto ein pro eruiert werde; nur so müsse auch der zweite Teil des Wortes, das tokos, nicht verselbständigt werden, »indem es die innergöttliche Zeugung beinhalten soll«.[22] Eine Interpretation des »Erstgeborenen« als *Hoheitsprädikat* hingegen mache eine Zerlegung des Wortes in seine Bestandteile nicht notwendig. Es könne in einem geschlossen einheitlichen Sinne verstanden werden wie an anderen Stellen des Neuen Testamentes auch, wo es in übertragener Bedeutung gebraucht werde. Dies sei auch der weitgehende Gebrauch des Alten Testamentes und der neutestamentlichen Umwelt und ein Gebrauch, der dem Verständnis der vornicänischen Väter am nächsten komme.

Hockels *Fazit*: »Der *übertragene* Gebrauch des Wortes ›Erstgeborener‹ ist nicht erst in den modernen Sprachen verlorengegangen, sondern schon zur Zeit der griechischen Kirchenväter, seit der sogenannten ›Hellenisierung‹ des Christentums. Daher die Schwierigkeiten des Verständnisses an dieser Stelle von Anfang an. Eine sinnentsprechende Übersetzung des Wortes ist daher wohl kaum zu finden; es muß erklärt werden.«[23] Und als Hilfsmittel bei der Übertragung und Sinndeutung dieses Wortes schlägt Hockel vor, »statt ›Erstgeborener (vor) aller Schöpfung‹ lieber zu sagen: ›(wie ein) Erstgeborener (über) aller Schöpfung‹. Die theologisch spekulative Frage, ob dieser ›Erstgeborene‹ nun ›geboren‹ sei oder nicht, muß ganz herausgehalten werden. Wie Kyrios, Dominus oder in modernen Sprachen Seigneur, Lord oder Herr gleichermaßen auf Gott oder Menschen angewandt werden kann, so sagt auch Prototokos an sich noch nichts über die metaphysische Natur des so Bekannten aus.«[24]

Anders gesagt: Geht man an den Hymnus nicht schon mit nachträglich entstandenen dogmengeschichtlichen Problemstellungen heran (»innergöttliche Zeugung«), sondern hält es aus, daß dieses *Lied* (!) sich in solchen Fragen nicht vor die Notwendigkeit einer »präzisen Feststellung«[25] gestellt sah; berücksichtigt man ferner, daß auch die Aussage über Christus als »Erstgeborenen der ganzen Schöpfung« konsequent eschatologisch verstanden sein will, so wird die Grundaussage dieses Liedes gänzlich widerspruchsfrei und unkompliziert transparent. Und diese *Grundaussage* ist eine *doppelte*.

Zum *einen*: Weil *Gott* am Ende in Christus so handelte, konnte er schon die ganze Schöpfung in ihm, durch ihn und auf ihn hin schaffen. In Christus entsprechen sich das Ende der Zeit und der Anfang der Zeit. *Eschatologie ist auch hier das Movens und Interpretament der Protologie.*[26] Zum *zweiten*: »Erstgeborener der Schöpfung« ist eine Aussage über den Rang Christi vor allem Geschaffenen. Christus gehört auf die Seite des Schöpfers. Er ist der, »in dem der grundsätzlich unzugängliche Gott als Schöpfer wirkend Welt schafft und sich so dem zuwendet, der ihn nicht sehen könnte«.[27]

6. Das Ziel: Friedensstiftung

Bevor wir zu grundsätzlichen Schlußfolgerungen gelangen, werfen wir noch kurz einen Blick auf die *zweite Strophe* dieses Liedes mit seinen drei Grundaussagen: Totenerweckung, Wohnung nehmen und Allversöhnung. Bekannte die erste Strophe in eschatologischem Rahmen die Bedeutung Christi für die ganze Schöpfung, so betont die zweite Strophe noch einmal ausdrücklich den »Grund« dieser Bedeutung: die *eschatologische Totenerweckung* nämlich: »Er ist der Ursprung, der Erstgeborene der Toten, so hat er in allem den Vorrang.« Im Zeichen der eschatologischen Äonenwende können also beide Strophen des Hymnus verschiedene Aspekte des Wirkens Christi akzentuieren: Spricht die erste Strophe von der »Präexistenz«, so die zweite von der Neuexistenz; redet die erste vom Mittler der Ur-Schöpfung, so die zweite vom Mittler der Versöhnung. Anders gesagt: Der Verfasser dieses Liedes sieht den Zusammenhang von Urzeit und Endzeit christologisch konkret als Zusammenhang von Schöpfung und Versöhnung!

Mehr noch und präziser: Versöhnung hat in diesem Text ihren unverwechselbaren Grund. Sie wurde möglich dadurch, daß Christus »Frieden stiftete am Kreuz durch sein Blut«. Überraschend tauchen am Ende dieses Liedes, das in kosmischen Weiten zu schweben scheint, so konkrete Realitätspartikel wie »Kreuz« und »Blut« auf. Sie scheinen nicht in ein Lied zu passen, das Themen wie Schöpfung, Ursprung, Totenerweckung behandelt, das von Thronen, Herrschaften, Mächten und Gewalten redet, das in einer großen Klammer Himmel und Erde zusammenzufassen scheint. Exegeten haben denn diesen Schlußvers, wohl nicht zu Unrecht, als Zusatz betrachtet, den der Verfasser des Kolosser-Briefes an ein ursprünglich selbständiges Lied angebracht habe.

Warum aber lag dem Verfasser an diesem, den Rhythmus und die Geschlossenheit eher störenden *Zusatz*? Die Vermutung liegt nahe: weil er mit diesen »Details« einen möglichen kosmologisch-protologischen Höhenflug im Christusbekenntnis »stören« wollte, weil er die Perspektiven brechen und aus dem Himmel *auf die konkrete Geschichte hier auf Erden lenken* wollte. Er machte damit seinen Lesern und Hörern klar: Es gibt keinen Zusammenhang von Schöpfung und Versöhnung am Kreuz vorbei; keine Aussage über den Kosmos ohne Hinweis auf die Leidensgeschichte des Gekreuzigten; kein Bekenntnis zum Ursprung ohne Blick auf den Verbluteten. Das Kreuz Jesu ist dabei für den Verfasser keineswegs ein Zeichen des Fiaskos, des Scheiterns; Christi Blut ist für ihn kein Blut der Zwietracht und Gewalt, das nach Rache schreit. Christi Blut (alttestamentlichen Opfern analog) ist für ihn Blut, das »Frieden stiftet«.

Was also läßt sich aus dem Zusatz des Verfassers schließen, wenn im ursprünglichen Hymnus weder vom Kreuz Christi noch von der durch sein Blut ermöglichten Friedensstiftung die Rede war? Schließen läßt sich dies: »Sobald der Hymnus in den Brief übernommen wurde, also nicht mehr Anrede an Christus selbst war, sondern zur Belehrung der Leser wurde, mußte das (Fehlen des Kreuzes) interpretiert werden, damit nicht aus Christus ein rein mythisch zu verstehendes Himmelswesen wurde, der göttlich Präexistente und der in Gottes Herrlichkeit Auferstandene. Ähnlich wie die Einbettung der Sendung des Sohnes Gottes in die Kreuzesaussage (bei Paulus) hat hier der Verfasser des Kolosser-Briefes die Beziehung auf den Menschen Jesus von Nazaret und im besonderen auf seine Kreuzigung gesichert.«[28] Im Klartext: Der Autor dieses Briefes sah sich offenkundig vor die *Notwendigkeit gestellt, die eigenen protologischen Präexistenzaussagen durch Hinweis auf den Gekreuzigten vor Mißverständnissen zu bewahren*, sie zu vergeschichtlichen, den Christus vom Himmel auf die Erde herabzuholen. Was umgekehrt heißt: So gewiß der Kolosser-Brief eine Präexistenzaussage von ungeheurer Kühnheit macht (Schöpfungsmittlerschaft), so gewiß ist er gleichzeitig auch in Sachen Präexistenz eine erste Gefahrenanzeige!

Ein *drittes Bild* im Umgang mit den Präexistenzaussagen im Neuen Testament liegt hier vor uns: Hatte Paulus eine Präexistenzaussage zwar zitiert, aber für die eigene Christologie nicht weiter fruchtbar gemacht; hatten die Synoptiker eine Präexistenzaussage möglicherweise bewußt vermieden, so liegt mit Kol 1 erstmals ein Text im

Neuen Testament vor, der beides zugleich enthält: ein kühn-verwegenes protologisches Bekenntnis, das zugleich vor Mißverständnissen geschützt werden muß: Punkt und Kontrapunkt zugleich.

7. Ein Lied wider die falschen Beherrscher der Welt

Wir sind damit am Ende unserer Analyse von Lied und Brief und können unser Ergebnis zusammenfassen. Warum mußte die Präexistenz Christi hier erstmals im Neuen Testament so deutlich bekannt werden? Das war unsere Ausgangsfrage. Wir können jetzt antworten: Weil dieses Lied ein *Gegengesang sein will gegen falsche kosmische Mächte und Gewalten,* die diese Welt beherrschen, und weil es vom Glauben an eine neue Existenz des Menschen in Christus Zeugnis geben will, die diesen Mächten Widerstand zu leisten vermag. Der Verfasser weiß dabei um die Kühnheit seiner christologischen Aussagen; er selber muß sie vor Mißverständnissen schützen, sie vor Abgehobenheit bewahren. Und doch wagt er es, vier große Perspektiven christlichen Glaubens seinen Hörern und Lesern vor Augen zu stellen, besser: vier verwegene Glaubens- und Vertrauensaussagen gleichzeitig zu machen. Wir können sie so umschreiben:

(1) Wenn Christen darauf vertrauen können, daß Christus Jesus das *Ebenbild Gottes* ist, dann dürfen sie auch umgekehrt darauf vertrauen: *Gott selbst* trägt nun *das Antlitz Jesu Christi*. Der Bilderlose wird so in einem Bild anschaulich, nicht aber, weil Menschen das biblische Bilderverbot ignoriert und sich von Gott nun endlich ein Bild gemacht hätten, sondern weil Gott selbst sich in diesem Bilde hat erkennen lassen wollen. Die christologische *Präexistenzaussage*? Sie mußte hier Thema werden, weil es in der Gemeinde von Kolossä – in Streit und Widerstreit – offenkundig um *das richtige* »Bild Gottes« ging. Der *Kolosser-Hymnus*? Das Vertrauenslied von einem ganz anderen Gott.

(2) Wenn Christen bekennen, daß dieser Christus Jesus *vor aller Schöpfung* ist, dann vertrauen sie darauf, daß die zwischen Menschen immer wieder neu aufbrechende und immer wieder neu zu aktualisierende Liebe ihren definitiven *Grund* im Verhältnis Gottes zu seinem Sohn hat. Die menschliche Versöhnung wird auf diese Weise nicht zur bloßen Chiffre für Gott oder zum Ersatz für das Wort Gott, sondern zur Aktualisierung der vor aller Schöpfung grundgelegten Liebe Gottes selber. Dem Kosmos gegenüber ist dies eine dem Au-

genschein oft genug widersprechende, den Erfahrungen Hohn spottende und deshalb verwegene *Vertrauensaussage:* Die Schöpfung ist nicht kosmischen Potenzen, Schicksalsmächten, Weltelementen ausgeliefert, ist (trotz aller Katastrophenerfahrung) im Ursprung nicht willkürlich, im Verlauf nicht chaotisch und im Ziel nicht blind, sondern ist von Versöhnung, Frieden, ja Liebe getragen. Die christologische *Präexistenzaussage*? Sie mußte in diesem kosmischen Kontext Thema werden, da das Vertrauen in Kosmos und Schöpfung für Christen wieder neu auf dem Spiel stand. Weltversöhnung mußte neu buchstabiert werden – im Angesicht von Weltbedrohung und Lebensangst. Der *Kolosser-Hymnus*? Das Lied von einem ganz anders getragenen Glauben an einen zuverlässigen Grund der Schöpfung und des Kosmos.

(3) Christen leben damit »in Christus« aus einer Kraft und einer Hoffnung, deren Grund sie nicht selber sind. Das aber bedeutet zugleich die *Entlastung* vom Zwang und den Zwangsneurosen, sich ständig des eigenen bröckelnden Grundes neu vergewissern zu müssen; das bedeutet *Befreiung* von zwanghaften Weltvertrauensübungen und gleichzeitig Befreiung zu einer friedenstiftenden und versöhnenden Praxis in den Konfliktfeldern von Religion und Gesellschaft. Die Aufhebung der Trennung von Rein und Unrein, Heilig und Unheilig, Gesetzlich und Gesetzlos, Versklavt und Frei wird möglich. Die christologische *Präexistenzaussage*? Sie wird dort human, wo sie den Grund zu einer neuen Versöhnung zwischen den Menschen legt. Der *Kolosser-Hymnus?* Das Lied von einer Klassen, Religionen und Nationen umgreifenden christlichen Versöhnung, die nicht selbstverständlich ist, sondern durch Christen immer wieder neu gestiftet werden muß.

(4) Friede und Versöhnung sind aber nur möglich aufgrund der in Christus vollzogenen kritischen *Entmachtung der falschen Elementarmächte*, der Fürsten und Gewalten dieser Welt. Eine Botschaft, die, ernst genommen, von sprengender Wirkung sein dürfte angesichts realer politischer und gesellschaftlicher Machtverhältnisse schon damals. Denn wer damals der eigentliche Herr der Welt war, der Friedensbringer für die Erde, der Sohn Gottes – das war nur allzu offenkundig: der *römische Kaiser*. Welche Throne und Herrschaften, Mächte und Gewalten die Welt beherrschten, daran konnte angesichts der Schwerter der römischen Welt- und Militärmacht kein Zweifel bestehen. Und dagegen?

Dagegen nun – wie schon im Philipper-Lied, wie schon in der aramäischen Urgemeinde und bei Paulus – ein *gekreuzigter Jude als machtlose Gegenmacht*! Vielleicht ist es keine Übertreibung, wenn man sagt: »Jeder Satz« dieses Liedes aus Kolossä hätte »ein Verhaftungsgrund« gewesen sein können, da er den Absolutheitsanspruch in Frage stellte.[29] Warum? Weil ein *solches* Bild Gottes als radikales *Gegenbild zu allen vergöttlichten Herrschern und Despoten* dieser Zeit empfunden werden mußte. Gegenbild angesichts der »Unstabilität und Brüchigkeit der Welt im hellenistischen Zeitalter, ausgelöst durch zahlreiche Naturkatastrophen, Hungersnöte, Kriege und nicht zuletzt durch den Schwund des alten Götterglaubens«. Gegenbild im Zeichen einer »innerweltlichen Pazifierung« des Kosmos.[30] Die christologische *Präexistenzaussage*? Sie wird dort politisch konkret, wo sie den *Herrschaftswechsel im Namen des Gekreuzigten* beschreibt. Der *Kolosser-Hymnus*? Ein Danklied ja, ein Preislied, gewiß – aber auch das Hoffnungs- und Widerstandslied von Menschen ganz unten, die nicht bereit sind, ihren Glauben an einen in Christus ermöglichten »neuen Menschen« an die Elementarmächte der Welt zu verraten.

In summa: Mit dem Glauben an die »Präexistenz« Christi verbindet sich in der Gemeinde im kleinasiatischen Kolossä keine spekulative Neugierde, sondern das verwegene Vertrauen von Christen:
daß trotz aller Elementarmächte Gott niemand anderer ist als der neuschaffende und befreiende Gott Jesu Christi, der Gott, der als Urgrund von Schöpfung und Erlösung das Antlitz eines konkreten Menschen trägt;
daß trotz aller Katastrophenängste der Urgrund der Schöpfung vertrauenswürdig ist;
daß trotz allem Streit um die Wahrheit die Urmacht der Versöhnung *vor* aller Schöpfung alle Entzweiung *in* der Schöpfung aufzuheben vermag;
daß trotz aller politischen Repressionen die falschen Mächte und Gewalten der Erde, die falschen Götter- und Götzenbilder vom wahren Bild Gottes her entzaubert werden. Wie im Alten Testament, so ist auch hier die Präexistenzaussage Indikator einer grundlegenden Vertrauenskrise und Symptom ihrer Überwindung zugleich.

Und vergessen wir nicht: Dieser Hymnus des Kolosser-Briefes ist und bleibt ein *Lied*, ein Lied von Schöpfung und Erlösung! Vergessen wir dies nicht – bei aller Lust auf systematisches Theologisieren: in diesem Text wird poetisch, nicht begrifflich geredet. Dieses Lied will gesungen, vielleicht meditiert, jedenfalls er-fahren, aber nicht abstrakt-spekulativ er-klärt werden. Muß man dies heute eigens betonen? Angesichts der Wirkungsgeschichte ja! Mit diesem kurzen, aber so eindringlichen Lied von Schöpfung, Versöhnung und Friede sind Ketzer bekämpft, sind Menschen zu Häretikern gemacht, inquisitorisch angeklagt und exkommuniziert worden. Über diesem Lied, das die Friedensstiftung durch das »Blut am Kreuz« besingt, über diesem Lied ist Ketzerblut geflossen, haben Menschen sich entzweit und sich in ihrem Glauben verunglimpft.[31] Nein, es ist nicht oft genug zu betonen: Man darf sich durch dieses Lied ergreifen lassen, vergreifen sollte man sich an ihm nicht; man darf sich durch ein solches Lied emotional aufrütteln lassen, spekulativ aufladen sollte man es nicht, gerade dort nicht, wo es angeblich noch »Erklärungslücken« offen läßt. Kurz, man darf sich von ihm inspirieren lassen, Inquisition im Namen dieses Liedes wäre sein schlimmster Verrat. Wer dies tut, läuft in der Tat Gefahr – so *Eduard Schweizer* –, aus dem Lob des unsichtbaren Gottes eine »Lehre« zu machen, »in der die Unsichtbarkeit Gottes aufgehoben wäre, ohne daß sich das Wunder der Begegnung mit Christus und des Erfaßtwerdens von seiner Liebe wiederholen müßte. Es wäre dann eine Sichtbarkeit Gottes, über die der Mensch, der die rechte Lehre besitzt, verfügen könnte.«[32]

VI. Oszillationen: Vorausbestimmung und Vorausexistenz Christi in neutestamentlichen Spätschriften

Zwei Voraussetzungen hinsichtlich des *Briefes an die Epheser* seien heute ökumenisch weitgehend konsensfähig, meint der katholische Neutestamentler *Helmut Merklein* in einer noch nicht lange zurückliegenden Studie »Paulinische Theologie in der Rezeption des Kolosser- und Epheser-Briefes«: Auch der Epheser-Brief stammt nicht von Paulus persönlich, das ist das eine; und das andere: der Epheser-Brief ist vom Kolosser-Brief literarisch abhängig.[1]

Stimmen diese beiden Voraussetzungen, dann zeigt der Brief an die Epheser, der wiederum fiktiv eine Gefängnissituation des Apostels Paulus schildert (3,1; 4,1;6,20), *wie wenig* sich die Vorstellung von der *Präexistenz Christi auch nach dem Kolosser-Brief* noch *verselbständigt* hatte. Sprach der Philipper-Hymnus ein oder zwei Generationen zuvor schon von Christus »in der Gestalt Gottes«, sprach das Kolosser-Loblied vom selben Christus als dem Mittler der Schöpfung, vom Bild Gottes und vom Vorrang vor aller Schöpfung, so ist von all dem im Epheser-Brief weder in der Eulogie am Anfang noch im Brief überhaupt die Rede. Wir lesen:

> 3 »Gepriesen sei der Gott und Vater unseres Herrn Jesus Christus: / er hat uns mit allem Segen seines Geistes gesegnet / durch unsere Gemeinschaft mit Christus im Himmel.
> 4 Denn in ihm hat er uns erwählt vor der Erschaffung der Welt, / damit wir heilig und untadlig leben vor Gott;
> 5 er hat uns aus Liebe im voraus dazu bestimmt, / seine Söhne zu werden durch Jesus Christus / und nach seinem gnädigen Willen zu ihm zu gelangen
> 6 zum Lob seiner herrlichen Gnade. / Er hat sie uns geschenkt in seinem geliebten Sohn;
> 7 durch sein Blut haben wir die Erlösung, / die Vergebung der Sünden nach dem Reichtum seiner Gnade.
> 8 Durch sie hat er uns mit aller Weisheit und Einsicht reich beschenkt
> 9 und hat uns das Geheimnis seines Willens kundgetan, / wie er es gnädig im voraus bestimmt hat:
> 10 er hat beschlossen, die Fülle der Zeiten heraufzuführen, / in Christus alles zu vereinen, alles, was im Himmel und auf Erden ist.
> 11 Durch ihn sind wir auch als Erben vorherbestimmt und eingesetzt / nach dem Plan dessen, der alles so verwirklicht, / wie er es in seinem Willen beschließt;
> 12 wir sind zum Lob seiner Herrlichkeit bestimmt, / die wir schon früher auf Christus gehofft haben.

13 Durch ihn habt auch ihr das Wort der Wahrheit gehört, das Evangelium von eurer Rettung; / durch ihn habt ihr das Siegel des verheißenen Heiligen Geistes empfangen, als ihr den Glauben annahmt.
14 Der Geist ist der erste Anteil des Glaubens, / das wir erhalten sollen, / der Erlösung, durch die wir Gottes Eigentum werden, / zum Lob seiner Herrlichkeit.«

Eine Situation der Bedrohung

Wir haben es hier mit einem neutestamentlichen Text zu tun, der für die *Barthsche Prädestinationslehre* von entscheidender Bedeutung war. Wir erinnern uns: Mit der Erwählungslehre hatte die Barthsche Präexistenzchristologie ihren Höhepunkt gefunden. Präexistenz und Prädestination fielen bei ihm in eins. Dabei hatte Barth diese Stelle des Epheser-Briefes nicht nur bereits trinitätstheologisch gelesen; er hatte darüber hinaus die Präexistenzfrage radikal verschärft: Der präexistente Gottmensch Jesus Christus war nicht nur Objekt, sondern auch Subjekt der Wahl, der Erwählung von Ewigkeit her. Der ewige Sohn Gottes selber war für Barth »aktives Subjekt der aeterna Dei praedestinatio zum Menschensohn, selber der erwählende Gott«.[2] Jesus Christus – der erwählende Gott? Ist davon im Epheser-Brief die Rede?

Auch Exegeten haben in Eph 1 die reale Präexistenz Christi klar affimiert gesehen. *Heinrich Schlier* konnte in seinem berühmten Epheser-Kommentar (1957) sogar von einer *doppelten Präexistenz* in Eph 1,4 sprechen: von der Präexistenz der in Christus »vor Erschaffung der Welt« Erwählten und von der Präexistenz Christi selber: »Sofern wir Erwählte sind und als Erwählte prä-existieren, präexistieren wir schon in Christus. Das ist eine christliche Umbildung des jüdischen Theologumenon von der Präexistenz nicht nur des Messias, sondern auch des Heilsvolkes und der Heilsgüter.«[3] Eph 1 also – ein Text von der doppelten Präexistenz?

Was ist dazu zu sagen? Auch hier werden wir die Grundaussage des Epheser-Briefes nicht durch eine »Stellenexegese« erfassen können. Erst eine, wenn auch knappe, Vergewisserung über den Zeitkontext, die Argumentationsstrategie und den christologischen Schwerpunkt des Briefes erlaubt eine verantwortbare Aussage darüber, was mit dem Satz »in ihm hat er uns erwählt vor Erschaffung der Welt« wirklich gemeint ist.

Um die Christologie des Epheser-Briefes zu verstehen, muß man sich auch hier das konkrete *Weltbild* vor Augen führen. Und da ist erstaunlich: Der in der Antike sonst übliche dreistöckige Weltaufbau (Himmel-Erde-Unterwelt) scheint hier durch ein zweistöckiges Weltbild ersetzt worden zu sein: Über der Erde erstrecken sich die »Himmel« mit ihren verschiedenen Schichten, deren unterste »unter der Herrschaft jenes Geistes« steht, »der im Bereich der Lüfte regiert und jetzt noch in den Ungehorsamen wirksam ist« (2,2). Gemeint sind damit der Teufel und seine Trabanten. In der obersten Schicht befinden sich Gott und Christus. Für die Menschen aber, genauer: für die Christen, gilt nun zweierlei: Sie ragten zwar von Natur aus in diese Teufelssphäre hinein, waren der Herrschaft dieser Mächte ausgesetzt (»zu ihnen gehörten auch wir alle einmal« – heißt es ausdrücklich in 2,3), aber aus »Gnade« und »Liebe« hat Gott die Christen daraus errettet. Gott hat sie mit Christus auferweckt und ihnen zusammen einen Platz im Himmel, in der oberen Schicht, gegeben. Deshalb kann es gleich zu Beginn der Eulogie heißen: »Er, Gott, hat uns mit allem Segen seines Geistes gesegnet durch unsere Gemeinschaft mit Christus *im Himmel*« (ebenso: 2,6). Und »Himmel« ist hier präsentisch zu verstehen!

Dies wird nun dahingehend konkretisiert, daß die Gläubigen hier in einer Art *Gegenraum* leben, einem Alternativbereich, in dem andere Gesetze herrschen. Und diesen Gegenraum beschreibt der Verfasser mit dem kosmischen Bild vom »Leib Christi« (1,23;4,16), dessen universales Haupt Christus und dessen konkrete irdische Gestalt die universale Kirche ist (1,22;3,10). Das heißt: in diesem universalen Gegenraum, in diesem kosmischen Leib, sind Christen in der Welt und trotz der Welt der Macht des Teufels entzogen! Angetan mit der »Rüstung Gottes« (6,11;13) können sie jetzt »den listigen Anschlägen des Teufels widerstehen« und »gegen die Fürsten und Gewalten, gegen die Beherrscher dieser finstern Welt, gegen die bösen Geister des himmlischen Bereiches« siegreich überleben. Um *Widerstand und Überlebenskunst* also geht es in diesem Brief. Dessen »Weltbild« ist Ausdruck eines pessimistischen Grundgefühls, der Lebens- und Weltangst der Zeit: »Denn wir haben nicht gegen Menschen aus Fleisch und Blut zu kämpfen, sondern gegen Fürsten und Gewalten, gegen die Beherrscher dieser finsteren Welt, gegen die bösen Geister des himmlischen Bereichs« (6,12).

Und doch: Trotz aller Einflüsse aus beinahe allen relevanten geistigen Strömungen seiner Zeit[5], trotz der Kampfsituation, die hier geschildert wird: Der Brief hat nicht eigentlich – so wie der Kolosser-Hymnus – die Bekämpfung einer »falschen Lehre«, eine Polemik gegen »Ketzer« zum Ziel. Im wesentlichen geht es hier um eine Auseinandersetzung mit *innerkirchlichen Erscheinungen von Ermüdung und moralischer Dekadenz*. Das Schreiben richtet sich vor allem an Heidenchristen, die der Verfasser – selber offenkundig ein hochgebildeter ehemaliger Jude – ganz direkt mit »ihr« anspricht: »Erinnert Euch, daß ihr einst Heiden wart . . .« (2,11). Das ist der Grundtenor seines ganzen Rundschreibens. Es ist nicht an eine einzelne Gemeinde, sondern vermutlich an die ganze damalige Christenheit gerichtet. Überhaupt ist auffällig, daß die Gemeinde, die Kirche als solche hier plötzlich Objekt einer eigenen theologischen Betrachtung geworden ist.

Die Erinnerungsbeschwörung

In der Tat: Erstaunlich rasch hatte sich im Vergleich zum Kolosserbrief eine eigene *theologische Reflexion* in den verschiedenen Gemeinden über die *universale Kirche* durchzusetzen begonnen. Ein bis zwei Generationen nach Paulus konnte der Verfasser eine gewachsene Kirchenstruktur offensichtlich bereits voraussetzen. Die im Kolosserbrief noch anfanghaften Aussagen über die Kirche als kosmischem Leib mit Christus als universalem Haupt sind jetzt deutlich verstärkt; die Kirche selbst ist hier zur Mittlerin der göttlichen Weisheit gegenüber den »Fürsten und Gewalten des himmlischen Bereichs« (3,10) geworden. Hierarchisches Denken und Traditionsbildung haben Einzug gehalten: die Kirche ruht jetzt auf Aposteln und christlichen Propheten (3,5;4,11). Diese sind jetzt die Empfänger der Offenbarung Gottes und nicht mehr alle Christen; sie, die Apostel, sind bereits stereotyp zu den »heiligen Aposteln« (3,5) geworden . . . *Karl Hermann Schelkle* dürfte den Hauptpunkt dieser ersten und ältesten Reflexion der Kirche über sich selbst mit dem Satz getroffen haben: »Während im Kolosser-Brief die Lehre von der Kirche im Gegensatz zu zeitgeschichtlicher Irrlehre entfaltet wird, ist sie im Epheser-Brief Meditation innerhalb der Kirche. Wenn je im Neuen Testament, so beginnt im Epheser-Brief eine Mystik der Kirche.«[6] Alles in allem also: Der Verfasser des Epheser-

Briefes kann eine Kirche voraussetzen, die bereits wohletabliert scheint.

Daß es aber in einer solch etablierten Kirche zu erheblichen Problemen und *Spannungen* kommt, ist nicht verwunderlich. Der Verfasser scheut sich denn auch nicht, sie offen anzusprechen: Von Unzucht und Schamlosigkeit ist die Rede, von Habgier und albernem Geschwätz, überhaupt von offenkundig weitverbreiteter Sittenlosigkeit unter Christen. Die Kapitel 4 und 5 des Briefes sind voll von solchen Vorwürfen. Ziel dieser leidenschaftlichen Kritik? Auch sie ist offenkundig: die Heidenchristen sollen dazu gebracht werden, wieder »ein Leben zu führen, das des Rufes würdig ist, der an euch erging« (4,1;17).

Damit sind wir am entscheidenden Punkt, um die Eulogie des Anfangs zu verstehen. Denn zur Erreichung seines Ziels verfolgt der Verfasser eine geschickt angelegte *Erinnerungsstrategie*. Mehr noch: Der ganze Epheser-Brief lebt überhaupt aus einer einzigen großen *Erinnerungsbeschwörung*: Erinnert euch an euer früheres Leben (unter der Herrschaft eines falschen Geistes: 2,2); erinnert euch an das, was Gott in Christus für euch getan hat!

Schaut man genau hin, so umfaßt diese Beschwörung ein Doppeltes: Die heidenchristlichen Gemeindemitglieder sollen sich ihrer eigenen heidnischen »Vorzeit« ebenso erinnern wie der Anfangszeit ihrer Bekehrung zu Christus. Beschworen also wird die große Zäsur, die Wende im Leben dieser Christen! Warum? Weil das Leben dieser Christen offenbar erneut vor einer Wende steht. Einer Wende zum Schlechteren! Und weil diese droht, wird die *Treue zum Ursprung* angemahnt. Ja, dem Verfasser ist es so ernst mit diesem Ursprung, daß seine Erinnerung nicht nur dem gilt, was Gott einstmals durch Christus »in der Zeit« für die Menschen getan, sondern auch, was er darüberhinaus in der »Vorzeit«, vor der Schöpfung, beschlossen hat.

Anders gesagt: Herausgefordert von der schwierigen Situation in den Gemeinden, hat der Verfasser begonnen, die *Erinnerung der Christen* an Gottes Tat und Plan buchstäblich zu *radikalisieren*: Sie reicht zurück bis an die Anfänge vor der Schöpfung, bis an die Wurzeln der Zeit überhaupt, ja konkret bis zu einem Plan Gottes für die Menschen »vor Erschaffung der Welt«. Nur so ist die programmatische Aussage schon in 1,4 überhaupt zu verstehen: Der Hinweis auf eine Erwählung der Christen schon vor der Erschaffung der Welt ist Funktion einer *großen Bewegung der Erinnerung an einen Plan Gottes mit den Menschen und gleichzeitig Funktion der Lebensbesserung*: »damit wir heilig und untadelig leben vor Gott«! Der Glaube an diese Erwählung also ist kein spekulativer Selbstzweck, ist keine triumphalistische Selbstbeschwörung der eigenen Erwähltheit, sondern kritische Rückbesinnung auf eine Urabsicht Gottes mit »uns Christen« – zum Zwecke unserer Lebensänderung! Wie aber kommt es überhaupt zu einer solchen Erinnerung an die Vorzeit? Was heißt das konkret: »in ihm erwählt«? Setzt dies die Präexistenz der Christen oder gar Christi voraus? Zur Klärung dieser Fragen bedarf es auch hier einer kurzen Vergewisserung über den christologischen Schwerpunkt dieses Briefes.

Setzt Prädestination Präexistenz voraus?

Nochmals zugespitzt gefragt: Gibt es im Epheser-Brief eine Aussage über Christus als »erwählenden Gott«? Aus vier Gründen ist dies nicht der Fall.

(1) Beachtet man den unmittelbaren Kontext der Stelle und die weiteren christologischen Aussagen des Briefes, so wird klar, daß Christus hier wiederum – ganz auf der Linie paulinischer Theologie und des Kolosser-Briefes – als der *eschatologisch Erhöhte* gedacht ist. In 1,20 wird ausdrücklich betont, daß Gott seine Kraft und Stärke an Christus erwiesen habe, »den er von den Toten auferweckt und im Himmel auf den Platz zu seiner Rechten erhoben« habe. *Christologischer Schwerpunkt* des Epheser-Briefes also ist das Bekenntnis zur *eschatologischen Auferweckung und Erhöhung Jesu Christi* aus den Toten.

(2) Zieht man den Kolosser-Brief zum Vergleich heran, so fällt auf, daß von einer *Schöpfungsmittlerschaft* Christi hier explizit *nicht die Rede* ist. Das »vor der Welt« bezieht sich nicht auf eine eigene Wahl des präexistenten Christus, sondern auf die *Erwählung der Christen durch Gott*. Von einer protologischen Schöpfungsmittlerschaft, von einer selbständigen Rolle Christi bei der Erwählung ebensowenig eine Spur wie von einer Präexistenz der Christen. Ja, eine solche Vorstellung scheint – im Vergleich zum Kolosser-Brief – so zurückgedrängt, daß die Schöpfung in diesem Brief – so Helmut Merklein – »direkt theologisch begründet« werden kann.[7] »Ich soll den Heiden als Evangelium den unergründlichen Reichtum Christi verkünden« –

läßt der Verfasser des Briefes den Apostel sagen – »und enthüllen, wie jenes Geheimnis Wirklichkeit geworden ist, das von Ewigkeit her in Gott, dem Schöpfer des Alls, verborgen war« (3,9). Ganz selbstverständlich wird hier also *von Gott allein als dem Schöpfer des Alls* geredet.

(3) Der Epheser-Brief hat darüber hinaus keinen präexistenzchristologischen, sondern einen ausgesprochen *theozentrischen Zug*. Denn kann man ignorieren, daß sich das Lob von Eph 1 in erster Linie *an Gott selber*, den *Vater* Jesu Christi, richtet? Hat nicht Gott allein hier – wiederum gut paulinisch – ganz und gar die Initiative? Ist nicht Gott den ganzen Text hindurch das Subjekt des Geschehens? Unübersehbar ist: Hieß es in Kol 1,22 noch, *Christus habe die Gemeinde versöhnt durch sein Blut*, damit sie »heilig, untadelig und schuldlos« vor ihn treten könne, so ist in Eph 1,4 genau dies von Gott selbst gesagt. Er, Gott, habe uns erwählt, damit wir heilig und untadelig *vor Gott* lebten. *Rudolf Schnackenburg* hat deshalb zu Recht davon gesprochen: »Die ganze Eulogie hat einen unverkennbar theozentrischen Zug.«[8]

(4) Die Protologie ist in diesem Brief nicht nur Funktion der Eschatologie, sondern – so konsequent wie bei keinem der großen Hymnen – in einzigartiger Weise *soteriologisch umgebogen und zugespitzt*. War im Philipper-Hymnus von einem »für uns« nicht explizit die Rede, wurde auch im Kolosser-Hymnus von einer Versöhnung nur in der zweiten Strophe gesprochen, so springt hier das »für uns« beinahe aus jeder Zeile entgegen. Satz für Satz ist von denen konkret die Rede, denen die Tat Gottes gilt: *Wir* sind erwählt; *wir* sind zur Sohnschaft bestimmt; *uns* ist die Gnade geschenkt, *wir* haben die Erlösung; *wir* kennen das Geheimnis des Willens Gottes, *wir* sind als Erben vorherbestimmt; *wir* sind bestimmt zum Lob der Herrlichkeit Gottes.

Ja, *Eschatologie und Soteriologie* sind hier so eng verbunden, daß der Verfasser ausdrücklich davon sprechen kann, daß im eschatologischen Anbruch der »Fülle der Zeiten« Gott in Christus »alles vereinigt habe« »im Himmel und auf Erden«. Anakephaleiosis, Zusammenfassung von allen und allem in Christus, heißt dieser Vorgang! Mehr noch: Eschatologie und Soteriologie scheinen in diesem Brief so sehr *austauschbar* geworden zu sein (die Christen sind ja schon auferweckt, sind ja bereits »im Himmel«), daß eine echte Erwartung im Sinne futurischer Eschatologie hier gar nicht mehr vorzukommen scheint. Man hat deshalb in der Exegese schon kritisch von einer »Aufhebung der Zeit« im Epheser-Brief gesprochen.[9] Weder die Parusie Christi zum Gericht noch eine Theologie des Kreuzes spielten eine Rolle; Paulus selber hätten sich angesichts dieser Entwicklung »die Haare gesträubt«![10] Mag dieses Urteil auch zu pauschal sein (auch der Epheser-Brief kennt in manchen Passagen durchaus noch eine reale Zukunftserwartung: 1,14; 2,7; 6,13): grundsätzlich ist festzuhalten: »Die Relation der Christologie zur Protologie ist rein eschatologisch: die Schöpfung tendiert auf die eschatologische anakephalaiosis in Christus (Eph 1,10).«[11]

Aus diesen vier Gründen kann von einer Präexistenzchristologie im Epheser-Brief keine Rede sein. Im Gegenteil: Die Kenntnis des Kolosser-Briefes vorausgesetzt, ist die Absicht dieses Schreibens eine andere. Wir haben zu fragen: Was mag den Verfasser des Epheser-Briefes bewogen haben, alle protologischen Aussagen des Kolosser-Hymnus noch konsequenter in soteriologische Aussagen umzubiegen? Was mag ihn bewogen haben, auf die ihm bekannte *Schöpfungsmittlerschaftsaussage* zu *verzichten*? Sind hier klare theologische Alternativentscheidungen gefallen oder nur andere Akzente gesetzt? Hat der Verfasser die Gefahr einer Verselbständigung der christologischen Protologie (im Sinne mythischer Präexistenzspekulation) erkannt, die er mit seiner extrem starken Betonung der Soteriologie zu verhindern trachtete? Möglich. Beachtet will immerhin sein, daß in Eph 1 nicht nur soteriologisch allgemein, sondern an einer entscheidenden Stelle auffälligerweise vom Kreuz geredet wird. Dies fällt um so stärker auf, als – wir deuteten es an – im ganzen folgenden Brief von einer eigenen *Kreuzestheologie* nicht gesprochen werden kann. Aber daß wir »durch sein Blut« die Erlösung haben: mit diesem ausdrücklichen, Kol 1 parallelen Akzent, wehrt der Verfasser möglicherweise dem Mißverständnis, daß die Versöhnung in Christus allein durch eine Art Auferstehungsbewußtsein zu erreichen sei. Möglich also ist durchaus, daß der Verfasser hier einer Auffassung wehrt, welche – so Helmut Merklein – »die paulinisch untrennbare Beziehung von Auferstehung und Kreuz infrage« stellt, daß er »die Gefahr eines Enthusiasmus« beschwört und keinem »ins Mythologische abgleitenden Verständnis von Auferstehung und Versöhnung« Vorschub leisten will. Der Verfasser selber hätte dann die Versöhnung »bleibend an das ärgerliche Datum des Kreuzes« gebunden![12]

Wenn aber die Aussagen über die Erwählung nicht isoliert protologisch, sondern eschatologisch und soteriologisch zu verstehen sind; wenn der Sinn dieses Briefes und der Eulogie insbesondere nicht darin besteht, Christus als »erwählenden Gott« zu beschreiben, sondern Gott für das zu loben, was er in Christus für die Menschen bereits vor Erschaffung der Welt *geplant* und in der Welt *realisiert* hat, wenn es also weder um eine reale Präexistenz Christi noch um eine der Christen geht[13], welchen Sinn hat dann die Rede von der Erwählung »vor Erschaffung der Welt«? Warum greift der Verfasser gleichsam zurück in die Ewigkeit? Warum die Beschwörung des Ursprungs, wenn er ihn präexistenzchristologisch gar nicht auszugestalten trachtet? Eine erste Antwort haben wir zu Beginn gegeben: Die *Ursprungsaussage, besser die Besinnung auf die Treue zum Ursprung ist Funktion der Lebenserneuerung des Christenmenschen.*

Darüber hinaus aber geht es um mehr: Es geht um die *Gemeinde, die Kirche als ganze*, konkret um die Einheit der Kirche aus Juden und Heiden. Ja, man könnte sagen: die ganze Erinnerungsarbeit dieses Briefes, die ganze Beschwörung einer Erwählung vor der Weltschöpfung zielt letztlich darauf, *Einheit und Frieden zwischen Heiden- und Judenchristen* in der einen Gemeinde zu begründen. Hier liegt der Grund, warum die Aussagen der Eulogie über die Vorausbestimmung der Christen vor der Weltschöpfung ebensowenig weltfremd-spekulativ zu verstehen sind wie die Schöpfungsmittlerschafts-Aussagen im Kolosser-Brief.

Warum aber mußten Einheit und Frieden neu beschworen werden? Weil offensichtlich *Spannungen zwischen Heiden- und Judenchristen* in den Gemeinden an der Tagesordnung waren. Eph 2,11–22 läßt einen solchen Schluß zu. Die Ursache der Spannungen? Sie dürfte in einer arroganten Einstellung der Heidenchristen gegenüber den Judenchristen gelegen haben. Warum müßte der Verfasser die Heidenchristen sonst erinnern, daß sie einst »Unbeschnittene« genannt worden seien, der »Gemeinde Israels fremd«, vom »Bund der Verheißungen ausgeschlossen«, ohne Hoffnung, »ohne Gott« (!) in der Welt lebend. Ja, *Karl Martin Fischer* hat in seinem Buch »Tendenz und Absicht des Epheser-Briefes« (1973) überzeugend darlegen können, daß Eph 2,11–22 erst vor dem Hintergrund eines heidenchristlichen Antijudaismus gegen Ende des 1. Jahrhunderts richtig verständlich wird.[14]

Gegen solche Arroganz ruft der Verfasser ein Doppeltes in Erinnerung. *Zum einen*: Hatte der *Tod Christi* nicht im wahrsten Sinne des Wortes Wände sprengende Bedeutung gehabt? Ist die Wand zwischen Juden und Heiden nicht ein für allemal zerbrochen? Ist das Gesetz mit seinen Geboten und Forderungen nicht aufgehoben worden? Sind getrennte Menschen nicht zu »neuen Menschen« vereinigt? Ist die Feindschaft nicht tot, und haben nicht beide, Juden wie Heiden, nun in dem einen Geist »Zugang zum Vater« (2,14–18)? Erinnert Euch also an diese *»Vorleistungen« Gottes in Christus* – darauf will der Verfasser hinaus: »Ihr seid jetzt nicht mehr Fremde ohne Bürgerrecht, sondern Mitbürger der Heiligen und Hausgenossen Gottes« (2,19).

Zum zweiten: Die Heidenchristen sollen sich nicht nur der Vorleistungen Gottes in Christus erinnern, sondern ein »Geheimnis« begreifen, von dem der Verfasser sagt, es sei ihm sogar »durch eine Offenbarung« (3,3) mitgeteilt worden. Daß dies die Autorität der Sache, um die es hier geht, verstärken soll, liegt auf der Hand. Ja, im gleichen Zusammenhang fällt zum zweitenmal in diesem Brief das Wort »von Ewigkeit her in Gott« (3,9). Damit aber ist nicht der präexistente Christus gemeint, sondern eben dieses »Geheimnis«, früheren Generationen unbekannt, jetzt in Christus konkrete Wirklichkeit geworden und durch die Kirche der Welt verkündigt (3,9f.). Wie lautete es? »Daß die Heiden Miterben sind, zu demselben Leib gehören und an derselben Verheißung in Christus teilhaben durch das Evangelium« (3,6).

Deshalb also, weil es in diesem Schreiben letztlich darum geht, durch den Verweis auf die Vorleistungen Gottes in Christus die Heiden an ihren Platz im ewigen Plan Gottes mit seinem Volk zu erinnern, ist der *Rückgriff auf die Zeit vor der Schöpfung*, und das heißt vor Gottes Bund mit Israel, vor dem Gesetz, vor dem Tempel nötig. Gerade ein ehemaliger Jude wie der Verfasser weiß, wovon er spricht: Israels exklusive Heilsprivilegien, Israels Kriterien für Auserwähltheit waren in Christus von Gott selbst her noch einmal unterlaufen worden! Warum? Um auch den Heidenchristen Zugang zu Gott zu ermöglichen. Auch die Heidenchristen haben damit Anteil an Gottes Heilsplan bekommen, sie, die sich innergeschichtlich gerade nicht als Auserwählte hatten betrachten können. Denn ihr Heil war ja nicht – wie das der Juden – von Ewigkeit her durch Schöpfung, Bund, Gesetz oder Tempel vermittelt. Ihr Heil konnte nur transgeschichtlich im

»ewigen Plan« (3,11) Gottes direkt begründet werden. Rückgriff auf die Ewigkeit Gottes, auf ein »Geheimnis« vor der Schöpfung, bedeutet demnach eine kritische Relativierung aller Heilsprärogativen *in der Zeit*, ist Rückerinnerung an eine einstmals »in Ewigkeit« geplante Gemeinsamkeit von Juden und Heiden, die in der Zeit zerrissen und durch Christus wiederhergestellt wurde. Und diese Gemeinsamkeit gilt es jetzt in der Praxis wieder fruchtbar zu machen!

Liebe als Grund der Erwählung: Resümee

Wir sind nun in der Lage, die Grundabsicht des Epheser-Briefes zusammenzufassen, und können folgende *Leitlinien für die Interpretation* von Epheser 1,4 festhalten:

(1) Der Verfasser des Epheser-Briefes ist im Vergleich zum Kolosser-Brief weder an einer Übernahme, geschweige denn am Ausbau einer selbständigen Aussage über Christi präexistente Schöpfungsmittlerschaft interessiert. *James Dunn* kommentiert korrekt: »Auch hier ist es die göttliche Wahl oder Erwählung, die ›vor der Erschaffung der Welt‹ getroffen wurde – die Vorherbestimmung Christi als Erlöser und die Vorherbestimmung derjenigen, die in und durch Christus erlöst werden. Wir können an dieser Stelle möglicherweise von einer *ideellen Präexistenz* sprechen, aber an eine reale Präexistenz Christi oder der Gläubigen ist hier nicht gedacht.«[15]

(2) Die Aussage über das »in Christus« vor der Weltschöpfung muß *eschatologisch und soteriologisch* verstanden werden. Schwerpunkt der Christologie des Epheser-Briefes ist – ganz auf paulinischer Linie – der Tod (»das Blut«) und die Erhöhung Christi zum Kosmokrator durch Gott selbst (1,20–23). Freilich: weil dies am Ende so ist, kann auch der Anfang Gottes mit der Welt nur »in Christus« sein. Wenn Gott in Christus am Ende der Zeit war, dann war er es auch am Anfang der Zeit. *Postexistenz und »Präexistenz« Christi in Gottes Plan korrespondieren.* Die Aussage über den Anfang ist dabei nicht protologisch-personal verselbständigt, sondern soteriologisch gezielt: es geht um die Erwählung der Christen zum Heil durch Gott selbst.

(3) Die Christen, denen diese Erwählung durch Gott in Erinnerung gebracht werden soll, sind Heidenchristen, die offenbar ihren früheren »hoffnungslosen« und »gottlosen« Zustand verdrängt haben. Der Rückgriff auf einen »ewigen Plan« Gottes vor der Weltschöpfung

bedeutet dabei die *kritische Relativierung innerjüdischer Heilsprärogativen* zum Zwecke heidenchristlicher Selbstbesinnung auf die gnädigen »Vorleistungen« Gottes. Diese Erinnerungsarbeit hat eine klare kirchenpolitische Zielsetzung: Sie dient der innerkirchlichen Selbstkritik ebenso wie der Einheits- und Friedensstiftung in der Gemeinde. Die Erwählungschristologie ist somit die »theoretische« Bedingung der Möglichkeit ekklesialer Versöhnungs- und Friedensarbeit: »in Christus« erwählt sein fordert auf zu einer konkreten Praxis friedenstiftender Versöhnung.[16]

(4) Die Eulogie, ja der ganze Brief an die Epheser hat überdeutlich einen *theozentrischen Zug*. Gott selbst hat hier stets die Initiative, aber ein Gott, der überall in Christus und auf Christus hin handelt. Das heißt, Gott und Christus sind nicht mythologisch als zwei »Gottheiten« in Ewigkeit anzusehen, die »erst um ihrer selbst willen existieren und dann schließlich und endlich um der Erschaffung des Universums willen«. Markus Barth hat dieses Mißverständnis in seinem Kommentar (1974) nachdrücklich abgewiesen.[17] Nein, die Aussage »Gott handelt in Christus vor der Weltschöpfung« muß – eschatologisch aufgrund des Auferweckungsglaubens – als elementares (und folgerichtiges) *Bekenntnis* zu einem Gott verstanden werden, der als niemand anderer erkannt sein will als der Gott Jesu Christi, der Vater dieses Sohnes – ein Bekenntnis, das ganz und gar auf die »Sohnschaft« aller Menschen zielt. Diese Sohnschaft aller Menschen aber will Gott aufgrund der *Liebe*, die zwischen ihm als Vater und Christus als dem geliebten Sohn besteht. Die Parallelität der Aussagen von 1,4 und 5 ist dafür sprechend genug:

> »denn *in ihm* hat er uns erwählt ...
> er hat uns *aus Liebe* im voraus dazu bestimmt.«

Die Liebe Gottes also ist für den Epheserbrief der *eigentliche Grund der Erwählung* des Menschen und damit der eigentliche Grund von Geschichte und Schöpfung überhaupt. Sie steht am Anfang vor aller Schöpfung; sie steht aber auch in der Mitte, als Gott – da Menschen infolge der Sünde »tot« waren – alle wieder lebendig machte. Ja, wie von der Liebe Gottes kann auch von der Liebe Christi eigens gesprochen werden, die in der »Hingabe am Kreuz« (5,2) ihre Konkretisierung findet.

Wenn dies also so ist, wenn aufgrund der eschatologischen Totenauferweckung auch der Anfang aller Anfänge Gottes mit den Menschen »transparent« wird und Gott »künftig« nicht anders verstanden werden kann denn als Vater dieses Sohnes, dann gehört – so dürfen wir vielleicht den Epheser-Brief weiterdenken – auch der Sohn in Gottes Ewigkeit hinein. Dann darf der Sohn immer schon als »an der Seite« Gottes geglaubt werden; dann ist er »in Ewigkeit«, d. h.: immer schon, der Sohn dieses Vaters. In diesem *übertragenen Sinn* kann dann auch davon gesprochen werden, daß »Vorausexistenz« Christi und »Vorherbestimmung« des Menschen letztlich nicht zu trennen sind.[18]

2. *Das Vermächtnis der hellenistischen Synagoge: Der Hebräerbrief*

> »Viele Male und auf vielerlei Weise hat Gott einst zu den Vätern gesprochen durch die Propheten; in dieser Endzeit aber hat er zu uns gesprochen durch den Sohn, den er zum Erben des Alls eingesetzt und durch den er auch die Welt erschaffen hat; er ist der Abglanz seiner Herrlichkeit und das Abbild seines Wesens; er trägt das All durch sein machtvolles Wort, hat die Reinigung von den Sünden bewirkt und sich dann zur Rechten der Majestät in der Höhe gesetzt; er ist um so viel erhabener geworden als die Engel, wie der Name, den er geerbt hat, ihren Namen überragt« (1,1–4).

Szenenwechsel: Noch einmal, zum letztenmal in einem der Briefe des Neuen Testamentes, müssen wir Form und Inhalt hoher christologischer Aussagen zu verstehen versuchen. Helfen wird uns dabei auch hier ein Blick auf die Lebensbedingungen, die in diesem Brief ihren Niederschlag gefunden haben.

Denn unübersehbar ist: Die Verwobenheit von Christologie und Kirchenpolitik, von theologischer Grundlagenbesinnung und persönlicher Lebensführung, wie sie für den Epheserbrief typisch war, ist im Schreiben »*An die Hebräer*« ähnlich gegeben.[19]

Strukturell ähnlich sind schon die *Ausgangsbedingungen* beider Briefe. Auch der Verfasser des Hebräerbriefes ist uns unbekannt, und auch seine ganze literarische Stilkunst und theologische Argumentationsführung – der alttestamentlichen Vorstellungswelt verpflichtet – läßt einen hellenistisch gebildeten Judenchristen erahnen. Auch der Verfasser des Hebräerbriefes beherrscht die midraschische Auslegungskunst (3,7–4,11), zitiert wie selbstverständlich die Septuaginta, zieht souverän eine Überfülle von Beispielen aus dem Alten Testament heran (vor allem Kapitel 11) und läßt in vielen Einzelheiten Berührungen mit dem Denken Philos von Alexandrien erkennen.[20]

Für die Einschätzung des Briefes außerdem wichtig: Wie der Verfasser des Epheserbriefes, so ist auch der des Hebräerbriefes ein Angehöriger offenkundig der *zweiten oder dritten Generation von Christen*, die jetzt auf die »apostolische Zeit« zurückblicken können. Ja, auch dieser Verfasser zeigt sich im Vergleich zu den Anfängen der Kirche zutiefst beunruhigt über nachlassende Glaubensstärke unter Christen seiner Epoche (10,32–39). »Seht zu, daß niemand die Gnade Gottes verscherzt« (12,15); »was ihr braucht, ist Ausdauer« (10,36); »laßt uns nicht unseren Zusammenkünften fernbleiben, wie es einigen zur Gewohnheit geworden ist« (10,25): Der Brief ist voll von solch dringenden Appellen, Beschwörungen, Ermahnungen, ja Drohungen. Bevor wir auf die uns am meisten interessierende Aussage Hebr 1,3f. zu sprechen kommen, wollen wir von dieser konkreten Lebenssituation des Briefes in aller Knappheit erzählen, um dann zur Christologie eine Brücke zu schlagen.

Wider die Lässigkeit der nachapostolischen Zeit

Rekonstruieren wir richtig, dann dürfte die Situation in vielen Ortskirchen der damaligen Zeit folgende gewesen sein: Das Christusereignis, das für Christen die Freiheit von der mosaischen Tora begründete; der Kreuzestod Jesu, der die Menschen vom Tode und der Knechtschaft der Sünde befreite; ja das Opfer Christi, das dieser als der wahre Hohepriester ein einziges Mal darbrachte, um die Sünden der Menschen zu tilgen (9,11–28) und einen neuen, besseren Bund zwischen Gott und den Menschen zu stiften (8,6;9,15): All das scheint für bestimmte Christen dieser Zeit bereits zum Alibi geworden zu sein, um im Eifer für Gott nachzulassen. Kommentatoren haben denn auch nicht zu Unrecht im Hebräer-Brief »eine Schrift gegen die Lässigkeit der nachapostolischen Zeit« vermutet, »da ein gewisser Erkenntnisschwund die Gemeinde bedrohte«, ein Schwund, »den unser Verfasser durch eine Art Wiederholungskurs zu beheben suchte«.[21] Diese Stichworte helfen uns weiter: »Erkenntnisschwund« einerseits und »Wiederholungskurs« andererseits.

Zunächst also: Wie versucht der Verfasser dem »Erkenntnisschwund« in den Kirchen entgegenzuarbeiten? Kurz gesagt: Er versucht es über die Schilderung einer bevorstehenden Gerichtsdrohung. Mit allen Mitteln, die ihm sein rhetorisches Arsenal zur Verfügung stellt, beschwört er die Tatsache, daß das *Gericht Gottes* nicht nur irgendwann kommen wird, sondern offenkundig unmittelbar bevorsteht. Ganz anders noch als im Kolosser- und Epheser-Brief steht dieses Schreiben im *Horizont des drohenden eschatologischen Gerichts*![22] Gewiß: Christus, der Hohepriester, ist für den Verfasser keine apathische, menschenferne göttliche Hoheitsfigur oben im Himmel (»wir haben ja nicht einen Hohenpriester, der nicht mitfühlen könnte mit unserer Schwäche, sondern einen, der in allem wie wir in Versuchung geführt worden ist, aber nicht gesündigt hat« 4,15). Aber deutlich ist auch: Beim zweiten Mal werde Christus nicht mehr »wegen der Sünde erscheinen«, sondern nur noch, »um die zu retten, die ihn erwarten« (9,28). Klar ist damit für den Autor: Nachdem Christus nun einmal auf Erden gewesen ist, gibt es für die, die jetzt noch sündigen, »kein Opfer mehr, sondern nur noch die Erwartung des furchtbaren Gerichts und ein wütendes Feuer, das die Gegner verzehren wird« (10,26f.).

Das sind massive Warnungen, ja Drohungen, die Rückschlüsse auf den Charakter des »Erkenntnisschwundes« erlauben: Grund ist offenbar ein charismatisch-mystischer Enthusiasmus, das Bewußtsein einer bestimmten Gruppe von Christen, am Ende der Geschichte zu stehen: »Schon lebt Gott in ihrer Mitte, da sie Zugang hat zum himmlischen Hohenpriester. Schon muß man nicht mehr belehrt werden, ist die Gemeinde in vollem Besitz der Gotteserkenntnis, ausgerüstet mit dem vollen Gehorsam. Ziel und Ende der Hoffnung ist der völlige Eingang in den Himmel beim Tode. Gerade dies hat zu der Selbstgenügsamkeit geführt, die sich dem weiteren Hören auf das Wort verschließt.«[23]

Gegen einen solchen Enthusiasmus also geht der Verfasser offenbar an. Denn seine Warnungen sind keine Einzelaussagen. Im Gegenteil: Töne dieser Art klingen durch den ganzen Brief wie ein Cantus Firmus, wie ein dumpfer Trommelschlag von Kapitel zu Kapitel (2,1f.; 3,12f.; 4,12f.; 6,6). Und vor allem am Ende des Briefes bekommen die Leser Schlag auf Schlag mehr davon zu hören. Beispiel? Wenn man schon als Jude – lesen wir – bei der Verwerfung der Mose-Tora *ohne Erbarmen* bereits auf die Aussage von zwei oder drei Zeugen hin sterben müsse, welch *härtere Strafe* habe der verdient, der den Sohn Gottes *mit Füßen getreten*, das Blut des Bundes verachtet und den Geist der Gnade geschmäht habe? Und als Zitat aus dem Alten Testament wählt der Verfasser gezielt *Rache- und Gerichtsaussagen*: »Wir kennen doch den, der gesagt hat: mein ist die Rache, ich werde vergelten, und ferner: der Herr wird sein Volk richten. Es ist furchtbar, in die Hände des lebendigen Gottes zu fallen« (10,30f.).

Warum aber ist es furchtbar, in die Hände dieses Gottes zu fallen? Weil der Verfasser ernsthaft mit der Möglichkeit eines »zu spät« rechnet. Es könnte für die Umkehr der Sünder zu spät sein, ja für sie keine Umkehr mehr geben! Warum? Weil der Gott, mit dem es die *Sünder* sehr bald zu tun bekämen, ein wahrhaft Himmel und Erde erschütternder Gott sei: ein »verzehrendes Feuer«. Und wer dies als Christ nicht wolle, der sei in seinem Leben und Tun dankbar! Dankbar für das von Gott in Christus gegebene »unerschütterliche Reich«. Wer das nicht wolle, der diene Gott, wie es Gott gefalle, und zwar in ehrfürchtiger Scheu (12,28f.)! So also soll dem »Erkenntnisschwund« gewehrt werden: mit der Vision eines schrecklichen Gottes.

Wiederholungskurs: Rückerinnerung an die Ursprünge

Und die andere Strategie, um der Lässigkeit der nachapostolischen Zeit zu begegnen? Wie der Verfasser des Epheser-Briefes nutzt auch der Autor dieses Schreibens die Erinnerung an die Vergangenheit, um die Gegenwart zu verändern. Von Abel bis Mose werden Beispiele auf Beispiele gehäuft, um Zeugnisse für beispielhaften Glauben den Lesern vor Augen zu stellen. Eine Geschichte großer Gestalten wird evoziert, eine Geschichte von Zeugen, die unter unsäglichen Schwierigkeiten dennoch am Glauben festgehalten hätten. Die pädagogische Absicht ist hier offenkundig: Schon immer gab es Anfechtungen – Größe aber erreicht der Mensch nur, wenn er im Glauben durchhält!

Höhepunkt dieser Vergangenheitsbeschwörung ist der Hinweis auf den geschichtlichen *Jesus* selber, der hier »der Urheber und Vollender des Glaubens« (12,2) genannt wird. Gerade sein Vorbild wird den Lesern in einzigartiger Weise vor Augen gestellt: Hatte

Jesus das Kreuz nicht selber auf sich genommen? Hatte Jesus nicht selber die Schande gering geachtet und den Widerstand von Sündern gegen ihn erduldet? Und da sollten Christen von heute in ihrem Glauben ermatten, den Mut verlieren? Nein: »Ihr habt im Kampf gegen die Sünde noch nicht bis aufs Blut Widerstand gleistet« (12,4) – das ist es, was sich die Empfänger dieses Schreibens anhören müssen. Haltet aus, selbst wenn ihr gezüchtigt werdet – das ist es, was alle Leser zu beherzigen haben. Und als erstaunliche Begründung schiebt der Verfasser nach: Würden Christen nicht gezüchtigt, wie es doch bisher allen Glaubenden ergangen sei, dann wären sie nicht wirklich Kinder Gottes!

Wir wollen Sinn und Wirkung dieses problematischen Satzes nicht weiter bedenken.[24] Wir sind mit den beiden genannten Stichworten vorbereitet, die *christologische Schlüsselaussage von Hebr 1* nun besser zu verstehen. Denn die Schilderung der Bedrohungssituation sollte verhindern, die Aussagen zu Beginn des Briefes als harmlose, selbstverliebte christologische Hymnik mißzuverstehen. Die Erinnerungsarbeit im Verlauf dieses Briefes verweist von selbst zurück auf die ersten Sätze dieses Schreibens, um die es uns hier vor allem geht. Beginnen doch schon sie programmatisch mit einer *Erinnerung der Christen an ihren Ursprung*! Wir hörten es: Gott habe viele Male zu den »Vätern« durch die Propheten gesprochen; jetzt aber habe er »zu uns« gesprochen durch seinen Sohn, den er zum *Erben des Alls* eingesetzt und durch den er auch *die Welt erschaffen* habe. Und dann folgt bereits die christologische Spitzenaussage des ganzen Briefes, ein Hymnenfragment, dessen Umfang nicht mehr genau zu rekonstruieren ist[25]:

> »Er ist der Abglanz seiner Herrlichkeit
> und das Abbild seines Wesens.
> Er trägt das All durch sein machtvolles Wort.
> Er hat die Reinigung von den Sünden bewirkt
> und sich dann zur Rechten der Majestät in der Höhe gesetzt.«

Was folgt? Glänzend jüdisch-theologisch geschult, führt der Verfasser im folgenden zahlreiche *Schriftbeweise* für seine Aussagen über Christus an. Sie sollen allesamt belegen, daß Christus nach seiner Erhöhung (er ist um so viel erhabener *geworden*) die Engel des Himmels überrage. Denn: Zu keinem der Engel habe Gott je gesagt: »Mein Sohn bist du, heute habe ich dich gezeugt« (Ps 2,7), oder »ich will für ihn Vater sein und er wird für mich Sohn sein« (2 Sam 7,14). Nein, die Engel habe Gott bestenfalls zu Winden gemacht, zu Feuerflammen (Ps 104,4), vom Sohn aber heiße es: »Dein Thron, o Gott, steht für immer und ewig« (Ps 45,7). Und zu keinem der Engel habe Gott das Wort vom Sitzen zur Rechten gesprochen in der Absicht, die Feinde als Schemel unter ihre Füße zu legen (Ps 110,1).

Wie ist dieser Abschnitt christologisch zu verstehen? Zunächst: Die *formale Meisterschaft* eines solchen Briefeingangs zeigt sich schon darin, daß es dem Verfasser gelingt, ohne ein überflüssiges Wort auf engstem Raum die Geschichte (die »Väter« des Alten Testaments) und die Endgeschichte (der Sohn Jesus Christus), ja, mehr noch: das Ende der Zeit und den Uranfang der Zeit, den Miterzeuger des Alls und den Erben des Alls zusammenzubringen. *Kühnere Kontraste* kann man auf diese Weise nicht mehr schaffen, auch dort nicht, wo vom selben Christus, der das ganze All trage, zugleich »die Reinigung von den Sünden« auf *Erden* ausgesagt wird. Uns vor allem aus dem Kolosser-Brief vertraute kosmisch-christologische Motive, weisheitstheologisch geprägt, kehren hier wieder: allen voran die *Schöpfungsmittlerschaft*.[26]

Wo aber liegt hier christologisch der *Schwerpunkt*? Folgt man dem jüngsten Forschungsbericht des katholischen Theologen *Helmut Feld* zum Hebräer-Brief, so ist es »ein in der Forschung seit Mitte des vergangenen Jahrhunderts diskutiertes Problem,. . . wann nach Auffassung des Hebräer-Briefes Jesus Sohn wurde: Fand die Erhebung zur Sohnschaft erst mit der Erhöhung Jesu statt oder war schon der Präexistente Sohn«?[27] Um auch hier nicht ins Uferlose zu geraten, müssen wir von der Behandlung so wichtiger Fragen wie der Rolle möglicher historischer Jesus-Überlieferung im Hebräer-Brief ebenso absehen wie von einer ausführlichen Diskussion der Hohepriester-Christologie, die ja völlig analogielos plötzlich im Neuen Testament auftaucht.[28] Wir konzentrieren uns hier ausschließlich auf die Frage, ob und wie in diesem Brief von der Präexistenz Christi die Rede ist. Und bevor wir eine Gesamtdeutung im Rahmen der Gerichtsdrohung und Erinnerungsarbeit vorlegen, müssen wir die Schwierigkeiten bei der Deutung der Präexistenzfrage kurz diskutieren.

Aporien der Christologie?

Von allen Bultmann-Schülern ist der protestantische Mainzer Exeget *Herbert Braun* am meisten dem Christusverständnis der religionsgeschichtlichen Schule verhaftet und zugleich auch einem radikalen Entmythologisierungsprogramm verpflichtet geblieben.[29] Hier mag der Grund liegen, warum Braun die Christologie des Hebräer-Briefes so extrem präexistenzchristologisch interpretierte und gleichzeitig dieser Christologie eine Aporie unterstellte. Konkret: 1984 legte Herbert Braun seine jahrelangen Hebräer-Studien in einem Handbuch zusammengefaßt vor.[30] Für ihn ist es keine Frage, daß Christus im Hebräer-Brief der Präexistente ist. Warum? Weil – und das ist die eine Seite – nach Hebr 1,3 Jesus nicht bloß aufgrund einer »Adoption« Sohn Gottes geworden sein könne. Mit »Abglanz der Herrlichkeit« und »Prägebild seines Wesens« besitze Christus »vielmehr Gottes Wesen, ist Gott, ewig wie der Vater, gleicher Natur, homousios mit dem Vater«.[31] Jesus sei präexistent als Schöpfungsmittler und als Erhalter der Schöpfung, als »originalgetreues Abbild der Gottheit, als vollgottheitlich«: »Bereits in der Präexistenz vermittelte er als Kyrios die Schöpfung, 1,10. Er war Herr bei seiner Menschwerdung, 7,4, als auf Erden Redender, 2,3; die Erhöhung machte ihn nicht zum Kyrios, sondern traf ihn als solchen an, 13,20.«[32] Das ist die eine Seite.

Auf der anderen Seite aber – auch das sieht Braun deutlich – »wird Jesus im Hebräer-Brief offenkundig zu etwas, was er vorher nicht war oder besaß. In 1,4 heiße es ja ausdrücklich, Christus sei um so viel erhabener *geworden* als die Engel; in 2,9 werde Christus erst nach seiner Passion mit Herrlichkeit und Ehre gekrönt; in 5,9 habe Jesus erst durch Leiden Vollendung erlangt. Insbesondere betone der Hebräer-Brief das Priester-Werden Jesu, obwohl Jesus seiner menschlichen Abstammung nach gar kein Priester gewesen sei (7,13). Durch die Inthronisation aber, durch den Vorgang von Auferweckung und Erhöhung nach der Passion, werde Jesus zum Hohenpriester, zum Mittler zwischen Gott und Mensch schlechthin! Brauns Fazit: Es gäbe Spannungen im Text, ja *unaufgelöste »chronologische Aporien«*. Die Inthronisation bringe Jesus Würden, »die er nicht nur als Mensch, sondern bereits in der Präexistenz« besessen habe: Sohn, Herr, Priester. Zudem seien »Abglanz der Herrlichkeit« und »Abbild des Wesens« Gottes an christologischen Aussagen nicht mehr zu überbieten. Die Aporie also: »Wer bei der Ewigkeit der Würden Jesu textmäßig Posto bezieht, kann nicht aussagen, was Jesus noch mehr ›werden‹ könnte ... Wer das ›Werden‹ ernst nimmt, muß die Präexistenz-Würden – gegen den Text – kleinhalten. Ob der Hebräer-Brief selber diese Aporie gemerkt hat, ist fraglich. Die Geschichte der altkirchlichen Christologie jedenfalls, in der Hebräer 1,3 eine zentrale Rolle spielt, deckt diese Aporie auf.«[33]

Die Lösung: das Ende – der Schlüssel zum Anfang

Handelt es sich hier aber wirklich um eine Aporie? Muß man die Christologie des Hebräer-Briefs so extrem ontologisch (von Nikaia her!) interpretieren wie Herbert Braun, um ihr gleichzeitig dann Aporien nachzuweisen? Die Diskussionslage unter der Mehrzahl der Exegeten heutzutage sieht anders aus. Weder wird ein extrem fortentwickelter hellenistisch-synkretistischer Christus-Mythos als Hintergrund des Hebräer-Briefs angenommen, noch werden dem Text Aporien unterschoben. Hellenistisch-jüdisches Traditionsmaterial reicht aus, um die Christologie des Hebräer-Briefs zu erklären. Für Versuche dieser Art steht der Tübinger Exeget *Otfried Hofius*, dessen Arbeiten ihn ebenfalls als Spezialisten der Hebräerbrief-Forschung ausweisen.[34]

Hofius kann zeigen, daß ein Neben- und Miteinander von protologischen und eschatologischen Aussagen nichts Ungewöhnliches und Widersprüchliches sein müsse, sondern bereits dem *Alten Testament* geläufig waren, wenn es etwa um die Bestimmung des Königtums Jahwes gegangen sei (Beispiel: Psalm 47,3.8: »Jahwe ist König über die ganze Erde«; dagegen Sacharia 14,9a: »Jahwe wird König sein über die ganze Erde«; Psalm 22,29: »Jahwes ist die Königsherrschaft«; dagegen Ob 21: »Jahwes wird die Königsherrschaft sein«). Nach Hofius bildet sich ein solches Neben- und Miteinander auch in der Christologie des Hebräer-Briefs ab, wo »Christus einerseits der ewige Sohn Gottes und als solcher der Herr über alles *ist*, andererseits aber bei seiner Erhöhung den königlichen Sohnes-Namen und mit ihm die Herrschaft über alles *empfängt*.«[35]

Ja, mehr noch und genauer: Das *Verhältnis von Eschatologie und Protologie* muß auch in diesem Brief richtig bestimmt werden. Denn liest man die Christologie des Hebräer-Briefs konsequent in ihrem selbstgeschaffenen eschatologischen Rahmen, dann hört sie auf, aporetisch zu sein. Und diese eschatologische Interpretation der Präexistenzsaussagen im Hebräerbrief beginnt sich in den 70er und 80er Jahren in der Forschung allmählich durchzusetzen.[36] Um nur ein prominentes Beispiel zu nennen: Der protestantische Exeget *Erich Grässer* hat im Rahmen einer detaillierten Analyse von Hebr 1,4–10 überzeugend zu erklären vermocht: Aus der eschatologischen Königsstellung Christi werde hier die protologische Herrschaftsstellung vor aller Zeit gefolgert: »Anders gesagt: Die Präexistenzvorstellung ergibt sich aus dem eschatologischen Christusglauben – nicht umgekehrt. Ihr Sinn ist es, die Einheit von Schöpfung und Erlösung festzustellen.«[37]

Weil dies aber so ist, verbieten sich nach Grässer alle Fragen, »die der Hebräerbrief selbst nicht stellt«. Fragen etwa, ab wann denn Jesus den Gottessohntitel getragen habe: seit einem vorzeitlichen Akt Gottes (O. Kuss[38]), seit der Menschwerdung (H. Strathmann[39]) oder seit der Himmelfahrt (E. Käsemann[40]). Wichtig sei dem Brief allein die Aussage: »Vom Anfang und vom Ende umgreift der Sohn das All als Weltherrscher.« Gewiß, auch Grässer sieht, daß in diesem Brief spekulatives Denken sich anbahne, und doch habe es hier noch kein spezifisches Gewicht. Vielmehr: »Das Verständnis des Sohnes als des eschatologischen ›Wortes Gottes‹ setzt immer neue christologische Prädikationen aus sich heraus, die endlich in der Aussage seiner Gottheit (1,8) zu ihrem definitiven Abschluß kommen. Aber auch sie ist zuletzt kein spekulatives Theologumenon, sondern wie die Präexistenz Christi ein dynamischer Ausdruck für die unbegrenzte Weltherrschaft des Christus pantokrator.«[41] Doch sehen wir selber genau zu.

Was heißt »Abglanz« und »Abbild«?

(1) Die Schöpfungsmittlerschaftsaussage (1,2) ist auch hier nicht isoliert und verselbständigt, sondern Funktion der Eschatologie. Ist doch die Endzeit – so heißt es in 1,2 ausdrücklich – hier bereits angebrochen; hat doch Gott den Sohn zum *Erben* des Alls eingesetzt. Erst daraufhin folgt die protologische Aussage: Durch den Sohn hat Gott die Welt geschaffen, durch den Sohn erhält er auch die Welt.

(2) Mit den Wendungen »Abglanz seiner Herrlichkeit« und »Abbild seines Wesens« (1,3) wird die Autorität der Weisheit als Offen-

barungsträgerin Gottes christologisch rezipiert (Weis 7,25f.). Der eschatologische Kontext und die präsentischen Partizipien, die mit diesen Aussagen verbunden sind (wörtl.: er, Abglanz und Abbild seiend), machen deutlich, daß hier keine protologische Aussage wie in Vers 2 gemeint sein kann, vielmehr etwas über das *gegenwärtige Sein und Handeln des erhöhten Christus* gesagt ist: »Das Anliegen des Liedes ist weder eine Präexistenzaussage, noch eine Aussage über das Erdenleben des Sohnes, sondern eine Aussage über die Bedeutung des Sohnes für die Gemeinde in der Gegenwart.«[42]

(3) In die gleiche Richtung weisen die in Hebr 1,5 (offenbar gegen eine spekulative »Engelchristologie«[43]) zitierten Sätze aus Ps 2,7 und 2 Sam 7,14 über die *Gottessohnschaft Christi*. Wir sahen bereits bei unserer Analyse der Spruchquelle: Das Psalm-Wort »mein Sohn bist du, heute habe ich dich gezeugt« verweist ebensowenig auf eine vorzeitige, ewige Zeugung in Gott wie das Wort aus dem 2. Samuel-Buch »ich will für ihn Vater sein, und er wird für mich Sohn sein«! Ps 2,7 ist bekanntlich ein Königspsalm und verweist nicht auf die Präexistenz des Königs, sondern auf dessen Einsetzung zum Sohne Gottes bei der Thronbesteigung. Und 2 Sam 7,14 bezieht sich auf die Bestätigung des Königtums David durch Jahwe selber. *»Zeugung« ist also hier Synonym für Erhöhung.*

(4) Die im Zitat von Ps 45 auf Christus bezogene *Gottesprädikation* (1,8: »Dein Thron, o Gott, steht auf immer und ewig«) ist keine präexistenzchristologische Wesensspekulation, sondern Interpretation der auf den erhöhten Christus bezogenen Aussagen (»Abglanz« und »Abbild«): »Beide Termini bezeugen, daß in Jesus Gottes Wesen und seine Herrlichkeit in Erscheinung treten. Der Sohn ist eine Seinsweise Gottes, und darum kann er auch im Zitat 1,8 als Gott angesprochen werden.«[44]

In summa: Bei der Interpretation der Christus-Aussagen im Hebräerbrief im Sinne einer »Präexistenz« ist Zurückhaltung geboten und Differenzierung angezeigt. Allein die Schöpfungsmittlerschaftsaussage in 1,2 (und 1,10–12) ist explizit protologisch gezielt, aber auch sie ist erst eschatologisch möglich. Protologie kommt hier als grundsätzliche Bekenntnisaussage in den Blick, nicht als spekulativer oder mythologischer Topos. Begrifflichkeiten im Sinne hellenistischer Ontologie (homousios) sind hier nicht zu erkennen. Im Gegenteil: Poetische Metaphern (Abglanz, Abbild), nicht philosophische Begriffe, bestimmen den Duktus der Rede.

Kein Interesse zeigt dieser Text überdies an geschichtslosen Spekulationen über verschiedene Hypostasen, die zwischen Gott und Welt angesiedelt sind (Logos, Nous). Im Gegenteil: Die in 1,3 gemachte »Wesensaussage« ist hier nicht verselbständigt, sondern auf Jesus Christus als Wort Gottes zurückbezogen. Denn keinen Zweifel läßt ja dieser Text daran, daß der »Sohn« nicht irgendein mythisches Gottwesen ist, sondern konkret Jesus von Nazaret, Jesus als der Christus (3,1–6; 4,14; 5,8). Ja, alle Anstrengungen investiert der Verfasser darin, den geschichtlichen Jesus und den erhöhten Christus als *Einheit* zu sehen, so daß alles, was vom erhöhten Christus gesagt wird auch für den geschichtlichen Jesus gilt: Abglanz und Abbild des Wesens Gottes; der Sohn Gottes ist ans Kreuz geschlagen (6,6); der Sohn hat durch Leiden Gehorsam gelernt... Anders gesagt: Die Christologie des Hebräerbriefs ist nicht eigentlich eine Präexistenzchristologie, sondern in erster Linie eine *Erhöhungschristologie*, die es erlaubt, den Blick auf die Anfänge der Schöpfung (Schöpfungsmittlerschaft) wie auf die Geschichte Jesu (vor allem dessen Passionsgeschichte) zu richten. Ihr Sinn?

Der Sinn kann nur so gedeutet werden: Wenn Gott durch den Sohn zu uns gesprochen hat, der niemand anderer ist als Jesus von Nazaret, wenn also dieser konkrete Jesus das Wort Gottes ist, dann kann dieser Jesus Christus auch definitiv und unüberbietbar das Abbild und der Abglanz des Wesens Gottes sein. Denn dann ist klar: *Alles, was das Wesen Gottes ausmacht, ist in Jesus, dem Gekreuzigten, Erhöhten und gegenwärtig Wirkenden offenbar geworden.* Es gibt keinen anderen Gott als den, der sich in diesem Sohn ausgesprochen hat; es gibt nichts »in« oder »an« Gott, was nicht in diesem Sohn Wort geworden wäre – für die Menschen. Anders gesagt: Dem Verfasser geht es nicht um die »Urzeit oder die Zeit der Erhöhung« als solche, sondern um »die das Heil sichernde Herrscherstellung Christi in der Gegenwart«.[45] Was umgekehrt heißt: Für den Verfasser des Hebräerbriefs ist Jesus »immer schon« der Sohn Gottes. Vom erhöhten Christus, der (dann auch) als Mittler der Schöpfung, Erhalter des Universums, himmlischer Herrscher und Erbe des Alls bekannt werden kann, blickt er auf den geschichtlichen Jesus, dessen Leben er als Gehorsam, Opfer, Bruderschaft mit den Menschen, Sühneleiden für die Sünden interpretiert.

Mit diesem Grundgedanken schließt sich der Kreis unseres Diskurses über die Christologie des Hebräerbriefs. Wir waren ausgegangen von der sozialen und kirchenpolitischen Situation der Gemeinden und kommen nun auf sie zurück. Was ist Neues zu sagen? War der kirchenpolitische Teil mit seinen Ermahnungen, Zurechtweisungen, Drohungen nicht überflüssig angesichts der »hohen« Christologie dieses Briefes? Oder ist diese hohe Christologie selber so etwas wie ein überflüssiger, spekulativer »Überbau« über die realen, ethisch-praktisch-politischen Problemfelder? Diese Fragen kommen nicht von ungefähr. Man hat in der Geschichte der Exegese immer wieder die *paränetischen Teile des Briefes gegen die theologischen und christologischen ausspielen* wollen: Die theologischen seien den ethischen völlig untergeordnet: Hauptabsicht des Hebräerbriefes sei Ermahnung, nicht Darlegung.[46] Und doch: Dies verkennt ganz und gar den Unterschied, aber auch die bleibende Bezogenheit von Christologie und Ethik in diesem Brief.

Wie sehr die *Christologie hier Priorität vor der Paränese* hat, machen gerade die Erhöhungs- und Schöpfungsmittlerschaftsaussagen deutlich. Sie sind – wie wir sahen – nicht spekulativer Selbstzweck, sondern bilden das notwendige Fundament für die Bewältigung der ethisch-praktischen Krisen innerhalb der damaligen Christenheit. »Das Interesse des Hebräerbriefs«, schreibt Philipp Vielhauer, »gilt einer ganz christologisch orientierten Soteriologie. Daß es sich nicht auf Theorien beschränkt, ist selbstverständlich. Aber die Behauptung, der Skopus des Hebräerbriefes liege ›in den paränetischen Teilen‹, bagatellisiert in unzulässiger Weise die theologische Anstrengung des Verfassers, deren es in diesem Ausmaß zu paränetischen Zwecken nicht bedurft hätte.«[47]

Deshalb, weil Christologie hier primär Soteriologie ist, spielt der *gekreuzigte Christus* in diesem Brief eine entscheidende Rolle. Schon in 1,3 sind auf kürzestem Raum Protologie, Soteriologie und Eschatologie versammelt, die in der Endzeit für den Autor nicht drei verschiedene »Stadien«, sondern eine spannungsvolle Einheit bilden:

> »Er trägt das All durch sein machtvolles Wort.
> Er hat die Reinigung von den Sünden bewirkt
> und sich dann zur Rechten der Majestät in der Höhe gesetzt.«

Nein, es ist kein Zufall, daß es nach 2,7 der erniedrigte Jesus Christus ist, der zu diesem Allherrscher inthronisiert wird. Es ist kein Zufall, daß im ganzen Brief die *Christologie immer wieder im Zeichen der Passion*[48] steht: »Als er auf Erden lebte, hat er mit lautem Schreien und unter Tränen Gebete und Bitten vor den gebracht, der ihn aus dem Tod retten konnte, und er ist erhört und aus seiner Angst befreit worden. Obwohl er der Sohn war, hat er durch Leiden den Gehorsam gelernt« (5,7 f.). Es ist kein Zufall, daß gegen den unbekümmerten mystischen Enthusiasmus eines Erkenntnis- und Heilsbesitzes in diesem Brief auf den gehorsamen, leidenden und getöteten Jesus verwiesen wird, dessen eschatologische Würde gerade nicht garantiert war, sondern gewissermaßen »erkämpft«, dessen einzigartige Macht- und Herrschaftsstellung nicht die »selbstverständliche Folge seiner Natur« war, sondern im Gehorsam errungen wurde.[49] Ja, angesichts dieser *antienthusiastischen und sicherheitskritischen Frontstellung* dürfte es eines der »wesentlichen christologischen Anliegen« des Verfassers gewesen sein, gerade die *unzerreißbare Einheit* von irdischem Leben und himmlischem Dienst des Christus Jesus zu betonen. »Darum hebt nun der Verfasser des Hebräerbriefes so stark wie kein anderer Schreiber des Neuen Testamentes die Menschlichkeit des Christus hervor. Indiz dafür ist allein schon die auffallend häufige Nennung des einfachen Jesus-Namens, die vor allem überrascht im Zusammenhang mit solemnen Bekenntnisformeln. Der Hohepriester im Himmel ist der durch seine Erdengeschichte bestimmte Jesus aus dem Stamm Juda« (7,14).[50] Kein Zweifel mehr: All dies dient dem Verfasser dazu, in Erinnerung zu rufen, was als Grund für die Christen längst gelegt ist, in seiner Zeit aber offenkundig bereits wieder verdrängt worden war. Anders sind solche Sätze nicht zu verstehen: »Darüber hätten wir noch viel zu sagen; es ist aber schwer verständlich zu machen, da ihr schwerhörig geworden seid, denn obwohl ihr der Zeit nach schon Lehrer sein müßtet, braucht ihr von neuem einen, der euch die Anfangsgründe der Lehre von der Offenbarung Gottes beibringt« (5,11 f.).

Und weil dies so ist, weil dieser Brief ein *Erinnerungsschreiben an Christen in einer Zeit des Vergessens* sein will, wird nun auch klar, warum in diesem Brief ein solcher Ton der Besorgnis, der Beschwörung, der Drohung, ja der Angst herrschen *muß*. Warum die »Durchblicke« vom Eschaton bis in die Anfänge der Schöpfung hinein *nötig* waren. Warum hier vom Erhöhten über den Gekreuzigten bis zum

Präexistenten so und nicht anders geredet werden *mußte*. Warum? Weil es dem Verfasser offenbar darum ging, den Christen buchstäblich von Anfang, von Urzeiten an klarzumachen, mit wem sie es bei diesem Christus zu tun haben. Nicht mit irgendeinem weiteren Propheten, Gesetzeslehrer (Mose) oder Hohenpriester, sondern mit Gott selbst, dem Wort und dem Sohn Gottes: Abglanz der Herrlichkeit und Abbild des Wesens Gottes. Der *Rückgriff auf die Vorzeit* steht also auch hier (ähnlich wie im Epheser-Brief) *im Dienste einer großen Erinnerung* angesichts der Verdrängungen der Jetztzeit. Die Erinnerungen an die Prä-Existenz (Schöpfungsmittlerschaft) Christi dienen der Beschwörung des Ernstfalls in der Existenz der Christen! Die Präexistenzaussage hat hier den Charakter einer »Mahnrede« (13,22)! Nicht Spekulationen über eine Urzeit interessieren den Verfasser, nicht Fragen nach innergöttlichen Verhältnissen, sondern die Relevanz des universalen Christus präsens für die Zeit hier und jetzt: ein Christus und Sohn, der niemand anderer ist als Jesus von Nazaret, der Bruder der Menschen.

3. Christusbekenntnis in Zeiten der Verfolgung: Der erste Petrusbrief

»Es gibt nur eine ›Präexistenzvorstellung‹«, hatte Adolf von Harnack in seiner »Dogmengeschichte« geschrieben, »die keine empirische Betrachtung der Geschichte und keine Vernunft zu entwurzeln vermag; sie ist mit der ursprünglichsten alttestamentlichen und urchristlichen identisch und liegt in dem religiösen Gedanken, daß Gott der Herr die Geschichte leitet. In ihrer Anwendung auf Jesus Christus lautet sie so wie 1 Petr 1,20 zu lesen steht: ›Er war schon vor der Erschaffung der Welt dazu ausersehen, und euretwegen ist er am Ende der Zeiten erschienen. Durch ihn seid ihr zum Glauben an Gott gekommen, der ihn von den Toten auferweckt und ihm die Herrlichkeit gegeben hat, so daß ihr an Gott glauben und auf ihn hoffen könnt.‹«[51]

Die Christenverfolgung unter Domitian

Im Vergleich zum Hebräerbrief hatte sich die Situation der Ortskirchen noch einmal drastisch verschlechtert. Waren der Epheserbrief und der Hebräerbrief noch ganz damit beschäftigt, innerkirchliche

Konflikte zu beseitigen, so droht hier erstmals in nachpaulinischer Zeit (Paulus selber war einer ersten Christenverfolgung unter Nero zum Opfer gefallen) eine *Verfolgung der christlichen Gemeinde um ihres Glaubens willen*. Gewiß: Auch innerkirchlich werden in diesem Brief noch genügend Probleme angesprochen: Loyalitätspflichten gegenüber politischen Instanzen (2,13–17); das Elend des Sklavendaseins (2,18–25); die Konflikte bei Mischehen zwischen Christen und Heiden (3,1–6); die konventionellen Privilegien des Mannes gegenüber der Frau (3,7) und schließlich Gefahren für das kirchliche Amt (5,2–7). Aber dies alles ist in eine eminente Bedrohungskulisse gestellt, in einen Rahmen der Angst, der alles weitere beherrscht. Worauf wird konkret abgehoben? Exegeten gehen in der Regel davon aus, daß dieser Brief in Rom entstanden ist (»Babylon« spielt wahrscheinlich auf die »gottlose« Welthauptstadt Rom an: 5,13) und seinen Adressatenkreis unter Heidenchristen in Kleinasien hat. Und da nach Nero eine größere Christenverfolgung erst wieder unter Kaiser Domitian (81–96) stattfand, wird dieser Brief – sollte die Verfolgung hier angekündigt oder bereits in Gang sein – um das Jahr 95 geschrieben worden sein.[52]

Trotz aller Bedrohung: Vor uns liegt ein Dokument christlichen *Durchhaltewillens*. Sein Zentralthema: Hoffnung allem Leiden zum Trotz. Und die Christologie ist auch hier wieder von buchstäblich grundlegender Bedeutung. Warum? Weil nur so die Verfolgungsdrohung und die Erwartung des nahen Endes (4,7) als *Prüfungssituation* für die Glaubenden interpretiert werden können. Natürlich weiß der Verfasser, daß Christen »unter dem Druck von Übergriffen einer aggressiven ungläubigen Umwelt« die Freude an ihrem Glauben verlorengehen kann.[53] Aber zweierlei versucht er christologisch für seine bedrängten Glaubensgenossen dagegenzusetzen. Zum einen: Christi Wiederkunft steht unmittelbar bevor und wird den geprüften Gläubigen »Lob, Herrlichkeit und Ehre« (1,7) zuteil werden lassen. Leiden ist also durchzustehen, weil die Belohnung sehr bald aussteht! Und zum anderen: Christen könnten Leiden erdulden, weil Christus selbst gelitten habe (4,12–19). Ja, die Folge von Christi Leiden sei gerade das mögliche Heil!

Keine Frage, daß hinter solchen Argumenten eine entschiedene *Strategie des Trostes* steht. Eine Strategie, die sich nicht scheut, von der Christologie her die Leidenssituation geradezu auf den Kopf zu stellen: Denn wenn die Belohnung durch Gott ausstehe und Leiden nicht Strafe sei oder Schande, sondern Signum der Nachfolge Christi, könnten Christen eigentlich nur »voll Freude« sein – trotz der Tatsache, daß sie »vielleicht kurze Zeit unter mancherlei Prüfungen zu leiden« hätten (1,6). Hoffnung sei möglich, weil durch das Leiden Christi die Rettung für Christen bereits bewirkt wurde! Hätten nach dieser Rettung nicht auch schon die Propheten des Alten Bundes gesucht? Hätten nicht bereits sie das Leiden und die Herrlichkeit Christi bezeugt, was ihnen ermöglicht worden sei durch den »in ihnen wirkenden Geist« selber (1,10–12)?

Worauf läuft diese Argumentation hinaus? Darauf, den Lesern klarzumachen: Das Leiden jetzt ist ebenso wenig ein »Zufall« wie das Leiden damals. Denn Christus wirkte ja schon in den Propheten Israels, war im Geist schon in der Geschichte des Volkes der Juden präsent. Das Leiden der Gegenwart ist somit kein Unfall, sondern Ausdruck eines schon in der Vergangenheit sichtbar gewordenen göttlichen »Sinns«. Ja mehr noch: Das Leiden Christi hatte für die Menschen eine heilsame Wirkung! Welche? Daß die Heidenchristen aus ihrer »sinnlosen, von den Vätern ererbten Lebensweise . . . losgekauft« worden seien – und zwar mit dem »kostbaren Blut Christi, des Lammes ohne Fehl und Tadel« (1,19). Und unmittelbar an diese Argumentation anschließend folgt die eingangs zititerte Passage: »Er war schon vor der Erschaffung der Welt dazu ausersehen, und euretwegen ist er am Ende der Zeiten erschienen« (1,20) – eine kerygmatische, alte Formel, die der Verfasser aus der Tradition offenkundig übernommen hat.

Rückgriff auf die Urzeit – Funktion des Durchhaltewillens

Was kann nun der Sinn dieser Passage von 1 Petr 1,20 sein? Er liegt – beachtet man den Zeit- und Textzusammenhang – auf der Hand: So wie bereits der Hinweis auf die Vorzeit der Propheten dem Leiden Christi jeden Geruch von Willkür oder Zufall nehmen sollte, so erst recht der Hinweis auf die Urzeit, auf die »Zeit« vor Erschaffung der Welt (pro kataboläs tou kosmou). Das »Ausersehen« durch Gott hat unübersehbar soteriologische Bedeutung: »Euretwegen« sei Christus erschienen, hören wir. Ausersehen – erscheinen: dieses Begriffspaar verweist auf apokalyptisch-eschatologischen Hintergrund. »Ausersehen« heißt dabei soviel wie: in Gottes Plan noch verborgen; »erscheinen« meint: am Ende der Zeiten öffentlich sichtbar geworden. Doch anders als in der Apokalyptik geht es hier nicht um ein Präexistenz-Existenz-Schema; handelt es sich hier doch präzise um das Verhältnis von »ausersehen« und »erscheinen«. Nicht wie in der Apokalyptik also geht es darum, daß ein »präexistenter« Messias hier »erscheint«, sondern um eine *Vorausbestimmung des Messias Jesus durch Gott selbst.* 1 Petr 1,20 ist somit nicht präexistenzchristologisch, sondern *theozentrisch* zu lesen. »Präexistenz und Menschwerdung« sind hier in der Tat nicht im Blick, wie *Leonhard Goppelt* mit Recht in seinem Kommentar betont hat: »Unsere Stelle will noch weniger ein Hervortreten von schon Vorhandenem aussagen. Sie will vielmehr betonen: In Jesu Wirken, voran in seinem Todesleiden, wurde der ewige Heilsplan Gottes vollstreckt, weil Christus als der hierzu Vorherbestimmte geschichtlich wirksam wurde. Deshalb ist Jesu mehr als unscheinbares Wirken und Leiden in der Geschichte die endzeitliche Erlösung, und so wird durch ihn die Welt nicht nur nachträglich wiederhergestellt, sondern an das ihr von Ewigkeit her bestimmte Ziel gebracht.«[54]

Das also ist mit dem Satz aus 1 Petr 1,20 ausgesagt: Der Grund für die christliche Hoffnung, die auch Leiden durchzustehen vermag, ist von Gott längst vor der Weltschöpfung gelegt. Rückerinnerung an den Urgrund hat hier nicht wie im Epheserbrief einheits- und friedenstiftende Funktion, nicht wie im Kolosserbrief die Aufgabe, die zerbrechende Welt zusammenzuhalten, nicht wie im Hebräerbrief die Absicht der Warnung, sondern *tröstende, stärkende, hoffnungmachende Intention.* Der Rückgriff auf die Urzeit ist Funktion des Durchhaltewillens!

Von all den bisher untersuchten universal-kosmischen Christusaussagen steht der Erste Petrusbrief dem *Epheserbrief* am nächsten, gerade auch, was seinen theozentrischen Grundzug angeht. Auch in Eph 1,4 war bereits die Wendung von der Erwählung »vor Erschaffung der Welt« gefallen. Doch Eph 1,4 betonte zweierlei anders: Hier wurde *unsere* Erwählung in Christus betont und das »in Christus« *vor* die Aussage über die Weltschöpfung gesetzt, während in 1 Petr Christus selbst vor der Weltschöpfung ausersehen wurde, um *in* der Schöpfung zum Heil der Menschen zu erscheinen. Das sind unterschiedliche Akzente, die freilich inhaltlich dasselbe zum Ausdruck bringen dürften. In beiden Fällen geht es darum, das Heil für Menschen in Gottes Ewigkeit, vor Grundlegung der Welt, zu verankern. In beiden Fällen geht es christologisch aber bestenfalls um eine ideelle Präexistenz Christi.

Adolf von Harnack hatte somit recht, wenn er in bezug auf 1 Petr 1,20 das Wort Präexistenz nur in Anführungszeichen setzte, unrecht freilich darin, daß er diese Stelle für die einzig akzeptable »Präexistenzvorstellung« im Neuen Testament hielt. Denn zum einen gibt es – wie wir sahen – durchaus auch andere Präexistenzaussagen im Neuen Testament (Schöpfungsmittlerschaft in Kol 1 und Hebr 1), die durchaus »akzeptabel« und »plausibel« zu machen waren. Zum zweiten ist 1 Petr 1,20 nicht schon deshalb plausibler, weil hier alttestamentlich und damit noch »vernünftig« geredet wird. Denn wer das Neue Testament nicht schon mit gläubigen Augen liest, wird mit 1 Petr 1,20 ebensolche Schwierigkeiten haben wie mit Texten, die die Präexistenz Christi direkter zum Ausdruck bringen. Dasselbe gilt auch für andere christologische Spitzenaussagen neutestamentlicher Spätschriften (in den Pastoralbriefen vor allem), auf die wir hier – im Kontext der Präexistenzchristologie – nicht eigens eingehen müssen.[55]

Wir sind nun in der Lage, für die christologische *Entwicklung nach Paulus* in Sachen »Präexistenz« Bilanz zu ziehen. Vier Schlüsseltexte haben wir untersucht. Als Folgerungen ergeben sich:

(1) Die Texte Eph 1,4 und 1 Petr 1,20 sind keine Aussagen über eine reale Präexistenz Christi. Das Wort Präexistenz im strengen Sinn ist hier ähnlich wie bei der paulinischen Christologie mißverständlich und sollte künftig vermieden werden. Will man trotzdem am Wort Präexistenz festhalten, so mag man hier von einer *ideellen Präexistenz* Christi im Plane Gottes sprechen (ideelle Präexistenz wäre Synonym für »vorausbestimmt« und »ausersehen«).

(2) Die Texte Kol 1,15–20 und Hebr 1,2f. enthalten eine Aussage über Christi *reale* Präexistenz im Sinne der *Schöpfungsmittlerschaft*. Die präexistenzchristologische Aussage ist aber an diesen Stellen nicht protologisch isoliert, spekulativ verselbständigt, sondern eschatologisch begründet und soteriologisch gezielt. Auch in der Generation nach Paulus kann also im Neuen Testament von einer selbständigen Präexistenzchristologie keine Rede sein.

(3) Mögen die christologischen Bekenntnisse zwischen Prädestination und Präexistenz oszillieren, sachlich bringen sie denselben Grundgedanken zum Ausdruck: Das, was Gott in Christus zum Heil der Menschen getan hat, was in Christus am Ende der Zeiten (in unserer Zeit also) für den Glaubenden sichtbar, offenbar geworden

ist, entspringt nicht Zufall oder Willkür, nicht Schicksalsmächten und Dämonen, nicht irgendwelchen kosmischen Prinzipien oder anonymen Strukturen, sondern *Gottes eigenem Plan,* Gottes gnädiger Zu-wendung zum Menschen – vom Ur-anfang der Schöpfung an. Vom Ende der Zeit her darf deshalb vertrauend-glaubend-hoffend die ganze Zeit als »in Christus« geprägt verstanden werden, von der Neuschöpfung her ist die ganze Schöpfung – so darf man glauben, vertrauen und hoffen – in Christus aufgehoben und erhalten.

(4) Ist der Erhöhte bei Gott, so ist Gott »im Grunde« nie ein anderer, denn der *Vater Jesu Christi,* der Vater dieses konkreten Sohnes. Hinter dem Wort »Präexistenz« verbirgt sich für die deuteropaulinischen Texte nicht eine Reflexion über das Wesen Christi vor der Zeit, nicht eine verbegrifflichte Aussage über innergöttliche Verhältnisse, sondern eine kühne, der Zeit (Bedrohung, Verfolgung) und den Umständen (Erwartung Christi zum endzeitlichen Gericht) *abgetrotzte Bekenntnisaussage* (oft in hymnisch-liedhafter Form) zur Bewältigung individueller und gesellschaftlicher, kirchlicher wie privater Krisen. Präexistenzaussagen erweisen sich auch in der Zeit nach Paulus christologisch als das, was sie im Alten Testament bereits weisheitstheologisch und messianisch waren: als Endzeitphänomene zur Bewältigung kollektiver wie privater Grundlagenkrisen im Blick auf Schöpfung und Geschichte.

VII. Die verwegene Synthese des Johannes: Die Erzählungen vom präexistenten Sohn auf Erden

Das schien bis dahin eine ausgemachte Sache der christlichen Glaubensgeschichte nach Paulus:

Entweder hatte man den Glauben an Jesus als den Messias und Sohn Gottes durch Geschichten überliefert, durch Erzählungen von der Geburt und der Taufe, von der Verkündigung und den Wundern, der Passion und der Auferweckung – so die Synoptiker, die in narrativ-dialogischer oder pointiert-spruchartiger Weise von beidem zugleich erzählen wollten: von Jesus selbst sowie dem Glauben und Unglauben der Menschen.

Oder man hatte – unter weitgehender Absehung aller Jesusgeschichte – Christus-Bekenntnisse überliefert, in teils hymnisch-liedhafter, teils theologisch-argumentativer oder spirituell-meditativer Form. Bekenntnisse zu dem gekreuzigten, aber von Gott auferweckten und jetzt zum Gericht erwarteten Herrn, Bekenntnisse zu einem Christus, der – Mittler und Herr der neuen Schöpfung – auch als Mittler und Erhalter der Urschöpfung bekannt werden durfte – so Paulus und vor allem die Deuteropaulinen.

Man hatte also entweder vom Auftreten des Menschen Jesus als dem Messias und Sohn *in* der Zeit erzählt oder über die Bedeutung seines Weges in Liedern, Reflexionen und Meditationen nachgedacht und ihn gepriesen als den Erhöhten Gottes *über* der Zeit, den man nun auch als den Sohn »vor« aller Zeit erkannt hatte. Beides schien nicht zusammenzugehen. Die Messias-Bekenntnisse der Synoptiker kennen ebenso wenig eine Präexistenzaussage wie die universale Christologie des Paulus und der Deuteropaulinen direkt jesuanischen Stoff. Und beides schien auch kaum zusammenzupassen: Denn der kosmologische Satz »Durch Ihn ist alles erschaffen« ist eine Bekenntnisaussage in schwieriger Zeit. Wie sollte man davon erzählen? Wie soll man von etwas erzählen, daß sich im Unanschaulichen »vollzieht«, in der Vorzeitigkeit, in einer alle menschlichen Raum- und Zeitvorstellungen sprengenden Wirklichkeit, der Wirklichkeit Gottes selber? Wie sollte man das, ohne in apokalyptische Traumvisionen oder krude Mythologie zu versinken und einer Auflösung des Unanschaulich-Göttlichen in eine Geschichte von zwei göttlichen Wesen vor aller Zeit Vorschub zu leisten?

1. Eine merkwürdige Umkehr der Verhältnisse

Das Merkwürdige freilich passiert: Eine einzige christliche Gemeinde wagt gegen Ende des 1. Jahrhunderts den Versuch einer Quadratur des Kreises: die Gemeinde des Johannes.[1] Der äußeren Form nach schafft auch sie sich ein »Evangelium«, das vierte, mit dialogisch-narrativen Stücken, mit Gleichnis- und Wunderstoffen, mit Reden- und Handlungspassagen, mit Selbstdarstellungen Jesu und den Reaktionen seiner Anhänger und Feinde, mit Passions- und Auferwekkungsgeschichten. Und doch werden dem hier präsentierten Jesus Selbstaussagen in den Mund gelegt, die für den synoptischen Jesus undenkbar und bei den Deuteropaulinen nur in hymnischer Form möglich waren.[2] Konkret?

Hatte nicht *Markus* allen Wert darauf gelegt, das »Messias-Geheimnis« so lange zu hüten, bis es unter dem Kreuz, in der äußersten Niedrigkeitsgestalt also, preisgegeben werden konnte? Und *Johannes*? Sein Jesus lüftet schon bald zu Beginn seines Auftretens von selber sein Inkognito: »Ich bin es (der Messias), ich, der mit dir spricht«, sagt er zu der samaritanischen Frau (4,26).

Hatte nicht *Matthäus* alles getan, um das »letzte Abendmahl« Jesu von der schon drohenden Passion her verständlich zu machen: Brot und Wein in äußerster Situation und in einer ganz und gar intimen Szene im Kreise der Getreuen als Symbole seines Leidens und Sterbens? Und *Johannes*? Er kennt kein eigentliches »eucharistisches Mahl« vor der Passion, sondern läßt statt dessen seinen Jesus in öffentlicher Selbstdarstellung anläßlich einer Rede in der Synagoge (!) zu Kafarnaum sagen: »Ich bin das lebendige Brot, das vom Himmel herabgekommen ist« (6,51).

Und hatte nicht *Lukas* ein Äußerstes versucht, um mit seiner Geburtsgeschichte die irdisch-davidische Abstammung Jesu als des Messias Israels zu demonstrieren? Und *Johannes*? Er weiß von einer Geburt in Bethlehem nichts oder will von ihr nichts wissen. Für ihn kann Jesus – undementiert – der »Sohn Josephs aus Nazareth« (1,45) sein, für ihn kann – trotz aller dabei in Kauf genommer jüdischer Ablehnung (7,52) – Jesus als der Messias durchaus aus Galiläa stammen (6,42; 7,27; 7,52). Warum? Weil für Johannes nicht die irdische, sondern die göttliche Abstammung entscheidet: »Ihr stammt von unten« – sagt Jesus den Juden – »ich stamme von oben; ihr seid aus dieser Welt, ich bin nicht aus dieser Welt« (8,23).

Welch ein Jesus also! Was in den Hymnen der Briefe noch Spitzenaussagen der Gemeinde waren, erscheint hier wie selbstverständlich im Munde des Galiläers selbst:

War im *Philipper-Hymnus* vorsichtig tastend vom Sein in der »Gottesgestalt« Christi, der Herkunft aus Gott die Rede, so redet dieser Christus ganz offen: »Von Gott bin ich ausgegangen und gekommen« (8,42).

Wollte *Paulus* einen Christus Jesus verkünden, den Gott von den Toten erweckt hat, so sagt dieser Jesus von sich selber: »Ich bin die Auferstehung und das Leben« (11,25).

Bekennt der Hymnus des *Kolosserbriefes*: Er war vor aller Schöpfung – so redet der johanneische Christus ganz unbefangen von dem, was er »beim Vater gesehen« habe (8,38), bevor er auf die Erde gekommen sei.

Spricht der *Hebräerbrief* eingangs von Christus als dem »Abglanz der Herrlichkeit« und »Abbild des Wesens Gottes«, so erzählt der Christus des Johannes ganz frei von seiner »Herrlichkeit«, die er bei Gott gehabt habe, »bevor die Welt war« (17,5). Nicht genug kann er betonen: »Alles, was der Vater hat, ist mein« (16,15); »ich und der Vater sind eins« (10,30).

Ein *rätselhaftes Phänomen* also dieser johanneische Christus. Eine merkwürdige Umkehr der Verhältnisse in der christlichen Glaubensgeschichte. Ist bei Paulus aus dem verkündigenden Jesus gänzlich der verkündigte, erhöhte Christus geworden, so scheint bei Johannes beides ineins gefallen: Der verkündigende Jesus verkündigt sich selbst als den erhöhten Christus! Erwarteten Paulus und die synoptischen Gemeinden den erhöhten Herrn zum Gericht, erwarteten diese Gemeinden die Aufnahme in Gottes Ewigkeit nach diesem Gericht, sind also für diese Christen Gegenwart und Zukunft noch unterscheidbar, so scheinen die Zeitstufen bei Johannes weitgehend verschmolzen. Wer an diesen Jesus glaubt, hat *schon jetzt* das ewige Leben (3,36; 5,24; 6,47), und wer diesen Jesus verwirft, an dem vollzieht sich *schon jetzt* das letzte Gericht (12,31).

Was also haben wir hier vor uns? Wirklich die Quadratur des Kreises, die ingeniöse Synthese zweier heterogener christlicher Traditionsströme? Die Synthese aus narrativer und konfessorisch-reflexiver Theologie, wo Ewigkeit und Zeit, Himmel und Erde, Gott und Mensch, Schöpfung und Erlösung letztlich versöhnt sind? Ein literarisch-theologisches Kabinettstück eigener Art: die in Spruch und Widerspruch dramatisierte Christologie des Präexistenten? Das zwischen Hoheit und Niedrigkeit, zwischen Zustimmung und Ablehnung, zwischen Erkenntnis und Verblendung, Wahrheit und Unwahrheit, Licht und Finsternis hin und her pendelnde dualistische Drama von einem präexistenten Gottessohn auf Erden? Oder nur die zweifelhafte Rückprojektion mythisch-überquellender Christophantasien auf den irdischen Jesus? Oder nur die Privatchristologie einer esoterischen Sekte des späten Urchristentums, die aus dem irdischen Prediger der Gottesherrschaft ein über die Erde schreitendes Gottwesen gemacht hat; für die die Erde nichts ist als der vorübergehende Schauplatz zur Demonstration göttlicher Herrlichkeit des eigenen Christus; für die die Menschwerdung des Gottessohnes pures Durchgangsstadium zu sein scheint für ein ansonsten unberührtes Gottwesen auf dessen Reise zwischen Himmel und Himmel? Was also? Ist dies die geniale theologische Synthese von Existenz und Präexistenz Jesu Christi oder christologisch bloß ein »naiver Doketismus« (E. Käsemann[3]), gar ein »bewußter Doketismus« (L. Schottroff[4])? Wir werden sehen!

2. *Was unbestritten ist*

Es ist ja keine Frage, daß das Johannes-Evangelium im Unterschied zu den Synoptikern und Paulus eine Reihe von Präexistenzaussagen enthält. Dieses Faktum ist unzählige Male in der Exegese herausgestellt worden, und auch wir haben dies in der Spiegelung der Bultmannschen Theologie bereits ausführlich erörtert. Weniger ist in der Exegese dagegen davon die Rede gewesen, welch konkreten politischen, religiösen oder sozialen Hintergrund die Präexistenzaussagen in diesem Evangelium haben, welche Rolle sie im Lebenskontext der johanneischen Gemeinde spielen und welche theologischen Folgerungen daraus für heute zu ziehen sind. Diesen Versuch wollen wir hier unternehmen – im Bewußtsein, daß angesichts einer überquellenden Forschungsliteratur jede weitere Äußerung zu diesem Evangelium einem Abenteuer gleicht.

Bevor man aber in eine Einzelanalyse der Präexistenzaussagen in diesem Evangelium einsteigt, tut man gut daran, sich einige unverzichtbare *Ergebnisse der neueren Johannesforschung* in Erinnerung zu rufen. Nicht, um sich angesichts einer extrem komplizierten Forschungslage seit Rudolf Bultmanns Johanneskommentar in einem Gestrüpp von Hypothesen zu verlieren.[5] Wir können und wollen nicht entscheiden, welche literarkritische Hypothese im Dreieck von Quellen, Grundschrift und Redaktionsstufen die wahrscheinlichste (G. Richter, H. Thyen, M.-E. Boismard, W. Langbrandtner, J. Bekker[6]) und welche religions- und traditionsgeschichtliche Ableitung zwischen Gnosis, hellenistischer Philosophie, jüdisch-hellenistischer Weisheitstheologie oder alttestamentlicher Botentradition die sicherste ist (L. Schottroff, K. M. Fischer, J. A. Bühner[7]). Es genügt, zur Erhellung unserer spezifischen Frage einige *Grundlinien der Johannesforschung* nachzuzeichnen, die zwischen so unterschiedlichen Johannes-Exegeten wie Rudolf Schnackenburg, Raymond Brown, Josef Blank und Joachim Gnilka auf katholischer[8] sowie Oscar Cullmann, Jürgen Becker, Ernst Haenchen, Hartmut Thyen und Klaus Wengst auf evangelischer Seite[9] konsensfähig sein dürften. Der Vergleich zu Rudolf Bultmanns Johannes-Exegese wird uns helfen, dem heutigen Forschungsstand Profil zu geben.

(1) Auch wer heute gegen die noch von Rudolf Bultmann angenommenen weitgehenden Redaktionsstufen von einer stärkeren *literarischen Einheitlichkeit des Evangeliums* ausgeht, wird nicht bestreiten können, daß der vorliegende Text nicht aus einem Guß ist. Zumindest das Schlußkapitel 21 und Joh 7,53–8,11 sind Nachträge eines *Redaktors aus dem Kreis des Evangelisten* selber, der möglicherweise auch andere Eingriffe in diesen Text vorgenommen hat. Auch der hinsichtlich literarkritischer Hypothesen zurückhaltende Kommentar des katholischen Exegeten Rudolf Schnackenburg ging von Anfang an davon aus, daß der Evangelist »seinem Werk nicht mehr die letzte Gestalt« habe geben können[10]. Am Ende seines dreibändigen Werkes muß auch dieser Exeget nicht nur *mehrere Quellen* für dieses Evangelium einräumen (neben einer Semeia-Quelle eine Passions- und Osterberichtsquelle), sondern auch verschiedene redaktionelle Überarbeitungsstufen: »Unser letztes kanonisches Evangelium ist in einem längeren Entstehungsprozeß gewachsen und hat dabei Traditionen verschiedener Herkunft aufgenommen. Der Evangelist, der sie rezipiert und interpretiert hat, wollte ein Evangelienbuch eigener Prägung schaffen. Schließlich hat eine dem Evangelisten nahestehende Redaktion sein Werk mit einigen Auffüllungen und Zufügungen herausgegeben.«[11]

(2) Nimmt man das ganze johanneische Textkorpus (Evangelium und Briefe) zusammen, so wird deutlich, daß wir es hier mit einer eigenständigen christlichen Tradition zu tun haben, einem von den Synoptikern, Paulus und den Deuteropaulinen deutlich unterschiedenen Typus des Urchristentums, einem *»johanneischen Kreis«* (O. Cullmann), der eine eigene Vorgeschichte, Geschichte und Nachgeschichte gehabt haben dürfte. Anders gesagt: Nicht nur die Briefe, sondern auch das Evangelium selber sind als Niederschlag der *komplexen Geschichte einer christlichen Gemeinde* zwei Generationen nach Jesu Tod zu lesen, die ihre Konflikte aber in die Zeit Jesu offenkundig zurückprojiziert hat. Ist der Rekonstruktion zu trauen, dann läßt die Vorgeschichte dieser Gemeinde noch stark eine ursprüngliche Verwurzelung im hellenistischen Judentum erkennen; die Geschichte der Gemeinde selbst dagegen scheint geprägt von Grundkonflikten mit »der Welt«, »den Juden« und anderen christlichen Bekenntnissen; die Nachgeschichte (zumindest ein Teil der

Briefe) ist offenkundig bestimmt durch die Auseinandersetzung mit einer gnostisch-doketischen Christologie.[12]

(3) Die noch von Bultmann und seiner Schule (E. Käsemann) vertretene *gnostische Grundstruktur* des Evangeliums ist äußerst fraglich. Umstritten ist heute nicht, daß das Johannesevangelium gnostische Einflüsse erkennen läßt, doch hat sich weder die von Bultmann vertretene Ansicht durchgesetzt, der Verfasser des Evangeliums sei im Grunde ein bekehrter Gnostiker, der seine Sprache radikal christianisiert habe, noch erst recht die weitergehende Annahme Ernst Käsemanns, der Verfasser des Evangeliums sei im Grunde immer ein Gnostiker geblieben.[13] Eine monokausale Ableitung des Evangeliums aus einer Tradition ist denn auch heute zugunsten einer Polyperspektivität der Traditionen aufgegeben worden. *Josef Blank* dürfte den entscheidenden Punkt getroffen haben: »Als Hintergrund und Voraussetzung kommen an sich alle Möglichkeiten in Betracht, die sich vom vorgegebenen Text her plausibel machen lassen. Dabei lassen sich gewisse Prioritäten zugunsten jüdischer und jüdisch-hellenistischer Traditionen festlegen. Soweit Gnosis in Frage kommt, ist es wohl eher eine ›frühe Gnosis‹, die der jüdisch-hellenistischen ›Weisheit‹ und Philo nahesteht und wie sie uns in den hermetischen Traktaten begegnet. In traditions- und religionsgeschichtlicher Hinsicht ist das Johannes-Evangelium ein ›offener‹ Text, der zahlreiche Querverbindungen zuläßt.«[14]

(4) Rudolf Bultmann war für seine Exegese im wesentlichen an einer *geistesgeschichtlichen Einordnung* des Johannesevangeliums interessiert. Die Johannes-Christologie – inbesondere die Präexistenzchristologie – fand ja, wie wir sahen, sein Interesse nicht zuletzt deshalb, weil er sie für sein mit existenzialphilosophischen Kategorien gewonnenes Glaubensverständnis fruchtbar machen konnte. Der kosmologische Dualismus der Gnosis war für Bultmann schon im Johannesevangelium selbst zu einem Entscheidungsdualismus umgebogen worden: In Konfrontation mit diesem Jesus sollte der Mensch alle selbstgeschaffene Sicherheit fahren lassen ...[15] Schon *Ernst Käsemann* dagegen wollte gegenüber solchen Abstraktionen »die historische Frage« beantworten, »welcher irdische Platz dem Evangelium zukommt«.[16] Und Käsemann war im wesentlichen zu dem Ergebnis gelangt, daß das Evangelium »Relikt einer in den Winkel abgedrängten urchristlichen Gemeinschaft« sei, daß es »einem Konventikel mit gnostisierenden Tendenzen« ent-

stamme und in der Tradition des christlichen Enthusiasmus stehe.[17]

Mag diese These heute auch stark umstritten sein, unbestritten ist die Notwendigkeit einer *historisch-soziologischen Betrachtung*, um die »konkreten Lebensbedingungen dieser Gemeinde möglichst umfassend und genau herauszuarbeiten«.[18] Versuche in dieser Richtung haben sowohl der katholische amerikanische Exeget und Johannes-Spezialist *Raymond Brown* mit seinem Buch »The Community of the Beloved Disciple« (1979) vorgelegt, als auch der protestantische Exeget *Klaus Wengst* mit seiner Schrift »Bedrängte Gemeinde und verherrlichter Christus« (1981). Welche Folgerungen sind aus diesem in den Grundlinien weitgehend konsensfähigen Forschungsstand für die Präexistenzchristologie des Johannes-Evangeliums zu ziehen? Beginnen wir, Stufe für Stufe die Entstehung und Funktion dieser Christologie zu rekonstruieren und die Geschichte der johanneischen Gemeinde im Spiegel ihrer Präexistenzchristologie knapp zu erzählen. Es wird eine innerjüdische Konfliktgeschichte werden, aus der erst am Ende systematisch-theologische Folgerungen zu ziehen sind.

3. Am Anfang: Jesus als Messias der Juden

Es ist heute unter Exegeten weithin unbestritten, daß das Johannesevangelium Spuren einer christologischen Tradition erkennen läßt, die in die Zeit vor Abfassung des Evangeliums zurückreichen. Ein Vergleich mit synoptischem Material, das im Johannesevangelium aufbewahrt und transformiert wurde, ließe dies plastisch und konkret werden.[19] Exegeten wie Georg Richter, Oskar Cullmann, Raymond Brown, J. Louis Martyn u. a. haben bei allen Unterschieden im Detail aus dieser Tatsache ein *Doppeltes* geschlossen. Zum einen: Die Anfänge der johanneischen Gemeinde müssen vor Abfassung des Evangeliums gelegen haben. Und zum anderen: In der *ersten Phase der johanneischen Gemeinde* (datierbar etwa von Mitte der 50er Jahre bis in die späten 80er Jahre) muß eine Christologie vertreten worden sein, die sich vermutlich nicht wesentlich von der der übrigen Christenheit in dieser Zeit unterschied. Die Gemeinde wird anfangs zum großen Teil aus ehemaligen *Anhängern der Täuferbewegung* bestanden haben. Eine Passage wie 1,35–51 jedenfalls, welche die Sammlung der ersten Jünger (Andreas, Simon Petrus, Philippus, Nathanael) schildert, läßt den Schluß zu, daß die Mitglieder der johanneischen Gemeinde zunächst wohl Judenchristen gewesen sein müssen, die in Jesus (und nicht mehr in Johannes dem Täufer) ohne viel Schwierigkeiten den erwarteten Messias gefunden hatten: »Wir haben den gefunden, über den Mose und die Propheten geschrieben haben: Jesus aus Nazareth, den Sohn Josefs« (1,45).[20]

Was läßt sich aus diesem Satz inhaltlich gewinnen? Folgen wir dem katholischen Exegeten und bedeutenden Johannes-Interpreten *Georg Richter*, so muß die »christologische Frühstufe« dieses Evangeliums »typisch judenchristisch« gewesen sein und weithin übereingestimmt haben »mit der Christologie jenes Judenchristentums, das später als häretisch erklärt wurde«.[21] Ihr charakteristischer Zug: »daß Jesus nicht göttlicher Herkunft ist, sondern – ganz in Einklang mit Dtn 18,15ff. – ein Mensch aus der Mitte seiner Volksgenossen, der Sohn Josefs von Nazareth, von Gott zum Messias erwählt. Durch diese Prophet-Messias-Christologie und andere Eigentümlichkeiten erweist sich die dahinterstehende Gemeinde nicht nur als judenchristlich, sondern auch als eine bestimmte Art des Judenchristentums.«[22]

Gewiß: Es mag methodisch bedenklich sein, bei der Rekonstruktion der johanneischen Gemeinde »sehr unmittelbar von der Textebene in die historische Wirklichkeit« zu springen, wie der protestantische Exeget und Johannes-Kommentator Jürgen Becker nicht zu Unrecht kritisiert.[23] Doch andererseits ist nicht zu übersehen: Zieht man zu Jo 1,35–51 die Kapitel 2 und 3 hinzu (Hochzeit zu Kana, Tempelreinigung, Gespräch mit Nikodemus, letztes Täuferzeugnis), berücksichtigt man die Tatsache, daß die hier verwandten Titel für Jesus (Rabbi, Sohn Gottes, König von Israel) uns aus den Synoptikern, der Apostelgeschichte und Paulus bestens vertraut sind[24] und daß die den johanneischen Wundererzählungen zugrundeliegenden Geschichten sich auch oder ähnlich bei den Synoptikern finden (die Heilung des Kranken, Lahmen und Blinden; die Brotvermehrung; die Totenerweckung)[25], dann hat die Schlußfolgerung *Raymond Browns* viel für sich: »In der frühen Periode bestand die johanneische Gemeinde aus Juden, deren Glauben an Jesus eine relativ niedrige Christologie enthielt.«[26]

Doch wie immer man die frühe Phase der johanneischen Gemeinde auch rekonstruieren mag – sicher ist: die Christologie dieser Gemeinde blieb so »niedrig« nicht! Irgend etwas muß die Gemeinde veranlaßt haben, einen Christusglauben anzunehmen, dessen spezifisches Profil mit dem der Synoptiker, der Apostelgeschichte und des

Paulus nicht mehr zu vergleichen war. Ob sich der »Bruch« nicht gerade in Kapitel 1 noch am schönsten zeigen läßt? Denn unmittelbar auf das judenchristliche Bekenntnis des Nathanael: »Rabbi, du bist der Sohn Gottes, du bist der König von Israel«, antwortet ihm Jesus: »Du wirst noch Größeres sehen« (1,50).

Größeres? Was kann es Größeres geben als den Messias, den Sohn Gottes, den König von Israel? Für die johanneische Gemeinde muß es zunehmend zur Gewißheit, ja zur unumstößlichen Überzeugung geworden sein: Jesus ist nicht nur ein Messias nach landläufiger Vorstellung, nicht irgendein Gottessohn oder König Israels, sondern er ist Messias, Gottessohn und König von Israel, weil er der von Gott gesandte Sohn ist, weil er schon immer bei Gott, seinem Vater war, bevor er in diese Welt eintrat und Mensch wurde. Im Lichte dieser Überzeugung wird man in der Gemeinde jetzt begonnen haben, die älteren judenchristlichen Traditionen zu verwerfen. Denn schon in die ersten drei Kapitel des Evangeliums sind unübersehbar entsprechende Signale »eingebaut«: Ein Schlüsseltext gleich zu Anfang (Prolog), als Vorzeichen vor die Klammer gewissermaßen, sowie zwei entscheidende Spiegelfiguren: der Täufer Johannes und Nikodemus der Pharisäer. Ihnen gilt zunächst unsere Aufmerksamkeit.

4. Spiegelfiguren: der Täufer und ein Pharisäer

Natürlich sind beide Figuren vom Evangelisten mit Bedacht gewählt, verkörpern sie doch beide Glaubensbewegungen innerhalb des Judentums seiner Zeit, mit denen die Jesusbewegung in Konkurrenz stand. Kein Zufall also, daß beide vom Evangelisten im Lichte der neuen Christuserkenntnis nun ihre spezifische Funktion erhalten: In Anknüpfung und Widerspruch, in Übernahme und Überbietung sollen sie dem neuen Denken der Gemeinde klares Profil verschaffen.

Schon im Prolog wirken ja die in Prosa formulierten Sätze über *Johannes den Täufer* (6–8; 15) mitten in einem rhythmisch-hymnischen, strophenförmig gefügten literarischen Ganzen wie nachträglich eingeworfener Sand in ein gut laufendes Getriebe. Konsequenz: Sie müssen nachträglich eingefügt worden sein. Und wenn sich die gegenwärtige Exegese hinsichtlich des Prologs in einem Punkte einig ist, dann in dem: Die Sätze über Johannes den Täufer sind *Zusätze* zu einem vor der schriftlichen Fixierung des Evangeliums bereits bestehenden Logoshymnus der johanneischen Gemeinde.

Rudolf Bultmann war ja – wie wir hörten – noch einen Schritt weitergegangen. Für ihn war der Prolog überhaupt ein vorchristliches Lied; stamme er doch aus einer gnostischen (mandäischen) Sekte um den Täufer, die ihrem Helden offenbar bereits eine himmlische Präexistenz zugeschrieben hatte. Gewiß: Diese These ist schon Anfang der 60er Jahre selbst in der Bultmann-Schule aufgegeben worden[27], aber auch heute zweifelt niemand ernsthaft daran, daß aus der Art und Weise, wie hier vom Täufer geredet wird, geschlossen werden muß: Die johanneische Gemeinde mußte sich in ihrer ersten Phase gegenüber der Täuferbewegung offensichtlich behaupten, einer messianischen Bewegung, die Jesus deshalb ablehnte, weil sie ihren Helden Johannes für den Messias oder wenigstens *den* letzten Boten Gottes gehalten haben wird.

Denn ist es ein Zufall, daß der Verfasser des Evangeliums gleich zu Beginn alles tut, den *Täufer* selbst zum *Vorläufer* Jesu zu machen, ja, ihn zum Zeugen für Jesus einzugemeinden?
Auch der Täufer ist ein *Gesandter Gottes* (1,6), gewiß; aber nur Jesus ist der eigentliche Messias, ja der gesandte Sohn;
auch der Täufer verspricht die *Reinigung von den Sünden*, keine Frage; aber nur Jesus ist das »Lamm«, das die Sünden selbst hinwegnimmt;
auch der Täufer predigt *Gottes Wort*, durchaus; aber nur Jesus *ist* Gottes Wort;
auch der Täufer gibt Zeugnis für das *Licht*, zugegeben; aber nur Jesus *ist* das Licht.

Keine Frage: Missionarisch-propagandistisch war dies ein geschickter Schachzug! Wie hätte die johanneische Gemeinde die unvergleichliche Überlegenheit ihres Jesus stärker unter Beweis stellen können als dadurch, daß sie dem Hauptkonkurrenten die Sätze in den Mund legte: »Er muß wachsen, ich aber muß kleiner werden« (3,30)! Was kann stärker dem eigenen Wahrheitsanspruch zugute kommen als die Erkenntnis des früheren Rivalen: Es ist Jesus, der »von oben«, der »aus dem Himmel kommt« und der deshalb über allem steht (3,2); es ist Jesus, der gewesen ist, noch *bevor* Johannes war; es ist Jesus, der allein Gott »gesehen« und »am Herzen des Vaters« geruht hat (1,17). Ja, das Täuferzeugnis ist dem Verfasser des Johannesevangeliums so wichtig, daß er es auf kürzestem Raum zweimal bringt (1,15 und 30): »Nach mir kommt ein Mann, der mir voraus ist, weil er vor mir war!« Im Klartext: Johannes der Täufer wird für die johanneische Gemeinde zur *ersten innerjüdischen Legitimationsfigur* für den spezifischen Selbstanspruch Jesu: Gesandte Gottes gibt es viele; nur einer ist der wahre Gesandte, der Sohn »aus dem Himmel«, der als einziger Gott »gesehen« hat. Nicht die Sendung durch Gott als solche, die *Präexistenz beim Vater* als *Voraussetzung* der Sendung macht das spezifische Profil dieses Jesus aus.

Die *zweite entscheidende Spiegelfigur* des johanneischen Christus stammt nicht aus der Täuferbewegung, sondern aus der starken Gruppe der Pharisäer. Er heißt *Nikodemus* und war offenkundig sogar »ein führender Mann unter den Juden«. Daß diese Mitteilung die Bedeutung des Gesprächspartners noch erhöhen soll, liegt auf der Hand. Zu Jesus kommt nicht irgendeiner – so wie auch Johannes der Täufer nicht irgendeiner war –, sondern einer der führenden »Lehrer Israels« (3,10) – und zwar des nachts! Wichtig ist dabei zu wissen, daß schon ab Kapitel 4 die eigentlichen Gegner des johanneischen Christus die Pharisäer sind; sie vor allem sind es, die mit dem feindseligen Kollektivstereotyp »die Juden« in diesem Evangelium bezeichnet werden.

Um so wichtiger also, daß gleich zu Angang dieses Evangeliums mit Nikodemus ein »guter« Pharisäer zu Jesus kommt, der später gegen die feindseligen Vertreter dieser Gruppe abgegrenzt werden kann. *Schlüsselthema* im Gespräch mit diesem Mann ist – wie schon bei Johannes dem Täufer – »*der Geist*«; aber nicht die Geisttaufe steht hier zur Diskussion, sondern die Geistgeburt, die Wiedergeburt aus dem Geist.

Schlüsselthema ist auch hier »*die Zeit*«, aber nicht die »Vorzeitigkeit Jesu« steht hier zur Debatte, sondern die *Aufhebung der Zeit*, die Freiheit von der Zeit im Geist (»wie kann ein Mensch, der so alt ist, geboren werden!«).

Schlüsselthema ist auch hier das *Hinabsteigen Jesu aus dem Himmel*; aber deutlich wie nie zuvor werden Grund und Ziel dieses Hinabsteigens genannt: die Liebe Gottes und die Rettung des Menschen. Ja, das Herabsteigen aus dem Himmel ist identisch mit der liebenden Hingabe von Gottes Sohn.

Im Klartext: Nikodemus, der Pharisäer wird für die johanneische Gemeinde zur *zweiten innerjüdischen Legitimationsfigur* für den spezifischen Selbstanspruch Jesu: Hingabe gibt es vielerlei auf der Welt; aber nur eine Hingabe bringt die Rettung: die Hingabe des himmlischen Sohnes an die Welt. Anders gesagt: An der Figur des Nikodemus demonstriert der Verfasser des Evangeliums, welche Chancen innerjüdisch bestanden hätten, hätte man Jesus als den wahren Sohn Gottes begriffen: »Du bist ein Lehrer Israels und verstehst das nicht?« (3,10)

Diese erstaunte Frage Jesu an den »Lehrer Israels« muß man im Ohr haben, wenn man das folgende verstehen will. Denn Nikodemus war der letzte prominente Vertreter des jüdischen Establishments, der in diesem Evangelium als Lernender zu Jesus kam. Er wird gewiß nicht zu einem Jünger Jesu geworden sein, wohl aber zu dessen tolerantem Förderer, ja Verteidiger. In 7,50 taucht er noch einmal auf, bereits voll damit beschäftigt, die Erregung der jüdischen Priesterhierarchie (Hoherpriester) und des frommen Laienestablishments (Pharisäer) über Jesu ungeheuren Anspruch in vernünftigen Bahnen zu halten.[28]

5. Blasphemie: Der Ausschluß aus der Synagoge

In der Tat: Die nächste große Auseinandersetzung mit »den Juden« in Kapitel 5 hat bereits eine *lebensbedrohende Dimension*. Nach einer Sabbatheilung – hier noch ein Relikt der ursprünglichen Auseinandersetzung Jesu um das Gesetz – hatte der johanneische Jesus »den Juden« erklärt: »Mein Vater ist noch immer am Werk, und auch ich bin am Werk« (5,17). Und darauf heißt es kurz und bündig: »Darum waren die Juden noch mehr darauf aus, ihn zu töten, weil er nicht nur den Sabbat brach, sondern auch Gott seinen Vater nannte und sich damit Gott gleichstellte« (5,18). Jesus gleich Gott? Wie konnte es zu einer solch drastischen Verschärfung des Konfliktes kommen? Was sind die lebensgeschichtlichen Hintergründe und Folgen?

Wir wissen zwar nicht sicher, wie die johanneische Gemeinde zu ihrer Präexistenzchristologie gelangte. Raymond Brown vermutet aufgrund von Kapitel 4 (Gespräch mit der samaritanischen Frau) samaritanische Einflüsse, da in Samarien eine »hohe« Mosetheologie (Präexistenz des Mose!) geherrscht habe.[29] Eines aber können wir mit Sicherheit sagen: Die Folgen waren schwerwiegend, ja lebensbedrohend. Denn *die jüdische Synagoge hatte offensichtlich die judenchristliche Gemeinde des Johannes aus der jüdischen Glaubensgemeinschaft ausgeschlossen* – und zwar vermutlich unter dem Vorwurf der Blasphemie! Folgt man Apostelgeschichte 5,33-42 (Gamaliel vor dem Hohen Rat), so konnten die jüdischen Autoritäten anscheinend noch zähneknirschend jüdische Mitbürger akzeptieren, die Jesus für den von den Toten erweckten Messias hielten, vorausgesetzt, sie attackierten nicht den Tempel, wie dies offenbar die »Hellenisten« unter den Judenchristen zunehmend getan hatten. Wir haben davon berichtet. Aber Jo 5,18 zeigt, daß das jüdische Establishment offenbar nicht bereit war, einen Anspruch zu tolerieren, der Jesus in irgendeiner Weise Gott gleichstellte.

Und genau das schien passiert zu sein: *Im Lichte ihres neuen Christusverständnisses hatte die johanneische Gemeinde offenbar alle bisher bekannten Glaubensbekenntnisse gesprengt.* Wie sah das konkret aus?

Es gibt – neben dem diskutierten Täuferzeugnis – vier weitere Texte im Johannesevangelium, in denen der Evangelist Jesus selber unzweideutig auf seine eigene *vorzeitige Existenz »beim Vater«* anspielen läßt, Texte, die nicht nur implizit und indirekt eine vorweltliche Existenz voraussetzen (die zahlreichen Stellen mit der Raum-Metapher »vom Himmel herab«), sondern diese explizit benennen. Zwei davon stehen bezeichnenderweise im Kontext einer der heftigsten Auseinandersetzungen des johanneischen Christus mit »den Juden«: »Ich sage, was ich beim Vater gesehen habe« (8,38) und »noch ehe Abraham wurde, bin ich« (8,58). Die dritte Äußerung fällt anläßlich der berühmten Brotrede in Kafarnaum (in einer jüdischen Synagoge!): »Was werdet ihr sagen, wenn ihr den Menschensohn hinaufsteigen seht, dorthin, wo er vorher war?« Die vierte schließlich im großen Gebet Jesu vor der Passion: »Vater, verherrliche du mich jetzt bei dir mit der Herrlichkeit, die ich bei dir hatte, bevor die Welt war« (17,5).

Wir haben zur Kenntnis zu nehmen: Dieser so formulierte Anspruch des johanneischen Christus mußte in traditionellen jüdischen Ohren wie *Blasphemie* geklungen haben: »Wir steinigen dich nicht wegen deines guten Werkes, sondern wegen Gotteslästerung, denn du bist nur ein Mensch und machst dich selbst zu Gott« (10,33). Es muß dieser Anspruch gewesen sein, der den Bruch mit der Synagoge herbeiführte: Hier verkündeten Juden (!) offenbar einen zweiten Gott neben dem einen Gott und verletzten so das – in jedem Gottesdienst erneuerte und eingeschärfte – Grundprinzip jüdischer Glaubensidentität: »Höre, o Israel, der Herr unser Gott, der Herr, ist einer« (Deut 6,4). Jesus aber – ein Mensch, der sich für Gott hält? Bevor wir die Richtigkeit dieses Vorwurfs diskutieren, wollen wir die Geschichte dieser Gemeinde weitererzählen. Wir fragen als nächstes: Ist dieser Konflikt literarische Fiktion oder ist er historisch aufweisbar? Wie war die Situation im zeitgenössischen Judentum damals?

Nach der *Katastrophe des Jahres 70* (Tempelzerstörung und Verwüstung Jerusalems) hatte sich der *Pharisäismus in der Stadt Jabne* als jüdische Orthodoxie neu zu etablieren versucht. Die Tempelhierarchie war ja funktionslos geworden; die sadduzäische Oberschicht zerstreut; die Zeloten in einen aussichtslosen Todeskampf mit den Römern verwickelt. Als geschlossene Gruppe übriggeblieben waren die Pharisäer allein, die sich offenbar nun als eine Art »normatives Judentum« durchzusetzen und andere jüdische Gruppen und Richtungen »auszuschalten« versuchten.[30] Jabne also (zunächst unter der Führung von Rabbi Jochanan ben Zakkai, dann unter der von Rabbi Gamaliel) war zum neuen Zentrum des Judentums geworden, und das pharisäische Rabbinat hatte streng darauf zu achten begonnen, daß niemand von der vorgezeichneten Linie abwich. Nur in diesem Rahmen ist wohl ein Text zu verstehen, die berühmte »*Ketzerverfluchung*«, die in dieser Zeit entstand und als 12. Benediktion in das »Achtzehn-Gebet« eingefügt wurde – in das jüdische Gebet also, das dreimal täglich gesprochen wurde und Bestandteil der Liturgie war. Es lautet: »Den Abtrünnigen sei keine Hoffnung, und die überhebliche Herrschaft rotte schnell aus in unseren Tagen. Und die Nazarener und die Minim mögen plötzlich zugrunde gehen. Sie mögen ausgewischt werden aus dem Buch des Lebens und mit den Gerechten nicht hineingeschrieben werden.«[31]

Hier also tauchen sie auf, als *Verfluchte, als Ketzer*: die *Nazarener*, die Jesusgläubigen. Denn behaupteten sie von dem im Namen des Gesetzes gekreuzigten Nazarener nicht genau das, was die Rabbinen von der Tora Gottes lehrten? Ist die Weisheit Gottes plötzlich nicht mehr mit der Schrift, sondern mit irgendeinem Prediger oder Wundertäter aus Galiläa identisch, der als Unruhestifter und Gotteslästerer verurteilt worden war? Ist so gesehen der Ausschluß aus der Synagoge nicht sogar zwingend geboten? Im Evangelium selbst jedenfalls steht dieser Ausschluß als ständige Bedrohung für die potentiellen Anhänger Jesu im Hintergrund (9,22; 12,42). Ja, die Gemeinde hatte offenbar mit Verfolgungen und einer Art Lynchjustiz von jüdischer Seite zu rechnen: »Sie werden euch aus der Synagoge ausstoßen, ja es kommt die Stunde, in der jeder, der euch tötet, meint, Gott einen heiligen Dienst zu leisten« (16,2).

Das aber zeigt: Der *Ausschluß aus der Synagoge*, der um das Jahr

80 erfolgt sein dürfte, ist nicht als bloß rein »religiöse Maßnahme« zu verstehen. Eine Brandmarkung als Ketzer und ein Ausschluß aus der Glaubensgemeinschaft hatte vor allem *soziale und ökonomische Folgen*, die das ganze Leben der Beteiligten veränderte: »Alte Bindungen (wurden) total zerschnitten, jeder persönliche und geschäftliche Verkehr unterbunden und jede Hilfe ausgeschlossen«.[32] Begreiflich also, daß auf diese Weise eine *Atmosphäre der Angst* um die johanneische Gemeinde herum geherrscht haben muß: Die Eltern des blindgeborenen Mannes können nicht zugeben, daß Jesus der wundertätige Heiler war, »weil sie sich vor den Juden fürchteten«. Führende Männer Israels wagen nicht, ihren Glauben an Jesus offen zu bekennen, »um nicht aus der Synagoge ausgestoßen zu werden« (12,42); Nikodemus – wir hörten es – fand es besser, des nachts zu Jesus zu gehen, und auch Josef von Arimathea blieb nur ein »heimlicher Jünger Jesu« – aus »Furcht vor den Juden« (19,38)... Doch die Geschichte der Gemeinde geht weiter – und sie wird noch dramatischer.

6. Spannungen unter Anhängern Jesu

Denn Tatsache ist: Die johanneische Gemeinde fühlte sich offenkundig nicht nur von »den Juden« bedroht und verfolgt, sondern mehr noch: Sie glaubte sich auch von »der Welt« abgelehnt und gehaßt. Der vielzitierte *johanneische Dualismus* schlägt gerade hier voll durch. Und in der Tat ist ja unübersehbar: Die Wirkungen der johanneischen Präexistenzchristologie dürften in einzigartiger Weise polarisierend gewesen sein. Schon im heftigsten Streitgespräch mit »den Juden« (Kap. 8) wird ja in konfrontativen Schemata geredet: Ich – von oben; ihr – von unten; Wahrheit und Freiheit hier – Sünde und Sklaverei dort; Gott zum Vater hier – den Teufel zum Vater dort. Das gleiche Schema in Konfrontation mit »der Welt«: Jesu Erscheinen ist das Gericht über die Welt (9,39; 12,31); die Welt wird von »Söhnen der Finsternis« bewohnt und haßt diejenigen, die nicht die »von dieser Welt« sind (17,14). Jesus selbst weigert sich, für »die Welt« zu beten (17,9), hat »die Welt besiegt« (16,33) und den satanischen Fürsten aus dieser Welt hinausgetrieben (12,31; 14,30).

Geht es also in der Konfrontation mit den Juden noch konkret um den messianischen Anspruch Jesu, um die Konkurrenz zweier messianischer Glaubensverständnisse, so geht es in der *Konfrontation Jesu mit »der Welt« um Glauben oder Unglauben* schlechthin! Das

Johannes-Evangelium ist dafür der erste innerchristliche Beleg: Eine Präexistenzchristologie, die mit einem konkreten Menschen einen solch hohen Anspruch verbindet, wirkt in äußerstem Maße exklusiv. Sie ist konfrontativ, polarisierend, trennend, ja spaltend. Einer solchen Christologie gegenüber scheint nur ein Ja oder Nein erlaubt, ein Akzeptieren oder Verwerfen. Ein Entscheidungsdualismus vor kosmologischem Horizont – möglicherweise qumranisch gefärbt – herrscht in diesem Evangelium vor (schon Bultmann hatte davon gesprochen) und ist immer dann besonders extrem, wenn der Evangelist »das Verhältnis des Gesandten zur Welt beschreiben« will.[33] Immer dann geht es um Licht *oder* Finsternis, Wahrheit *oder* Lüge, Leben *oder* Tod, Oben *oder* Unten, Freiheit *oder* Knechtschaft!

Ein solch konfrontativer Dualismus konnte nicht ohne *Auswirkungen bis in die Anhängerschaft Jesu* selber bleiben. Denn bei Johannes gibt es nicht nur zahlreiche heimliche Christen, Krypto-Gläubige gewissermaßen, sondern auch zahlreiche *ehemalige Anhänger Jesu*, ja auch inadäquate Jünger. Der Preis, den die johanneische Gemeinde für ihre Präexistenzchristologie zahlte, war extrem hoch: Nicht nur den Ausschluß aus der Synagoge nahm sie in Kauf, nicht nur den Haß »der Welt«, sondern auch eine Trennung von ehemaligen judenchristlichen Anhängern und Spannungen zu anderen christlichen Gruppen. Konkret?

Der Beispiele sind genug: Hatten nicht »viele seiner Jünger« (und nicht etwa die von vorneherein schon ungläubigen Juden) die Brotrede in der Synagoge von Kafarnaum (»ich bin das lebendige Brot...«) »unerträglich« (6,60) gefunden, und hatte Jesus diese seine murrenden und Anstoß nehmenden *Jünger* an gleicher Stelle nicht noch dadurch zusätzlich abgeschreckt, daß er das paradoxe Brot-Wort mit der nicht weniger paradoxen Präexistenz- und Postexistenzaussage gleichsam noch übertrumpfte: »Daran nehmt ihr Anstoß? Was werdet ihr sagen, wenn ihr den Menschensohn hinaufsteigen seht, dorthin, wo er vorher war?« (6,61 f.) Und weiter: Berichtet nicht Johannes ausdrücklich davon, daß auch Jesu *nächste Verwandtschaft*, »seine Brüder«, nicht an Jesus glaubten (7,3-5)? Sind die Kontrahenten in den großen Streitgesprächen mit »den Juden« in Kap. 8 nicht ausdrücklich »*Juden, die an ihn glaubten*« (8,31), die freilich dann durch das »noch ehe Abraham wurde, bin ich« zur gewaltsamen Reaktion gleichsam gezwungen werden (»Da hoben sie Steine auf...«, 8,59)? Was heißt das alles?

Das heißt im Klartext: In diesen Passagen dürfte sich die Erinnerung an *judenchristliche Anhänger Jesu* aufbewahrt haben, die weder zur Synagoge zurückgingen noch in der johanneischen Gemeinde aufgingen; die weder bereit waren, Jesus als Messias der Juden zu verwerfen, noch die hohe Christologie und das »hochsakramentale Verständnis der Eucharistie« mitzumachen.[34] Und man beachte: Solch »doktrinäre Meinungsverschiedenheiten, möglicherweise in Zusammenhang mit den Sakramenten, wahrscheinlich aber aufgrund der Christologie«[35], die zur Trennung von der johanneischen Gemeinde führten, sind von solchen Verlusten klar zu unterscheiden, die durch Verfolgungen bedingt waren: »Die Stunde wird kommen, und sie ist schon da, da ihr zerstreut werdet, ein jeder an seinen Ort. Und ihr werdet mich verlassen« (16,32). Nein, nicht diese fremdverschuldeten Abschiede von Jesus sind hier gemeint, sondern die *selbstverschuldeten*, aufgrund eines – in den Augen von Judenchristen – »unerträglichen« Anspruchs.

Ja, mehr noch: Nach der Trennung von »vielen Jüngern« bleiben »*die Zwölf*« übrig – an der Spitze Simon Petrus, dem Johannes das Bekenntnis in den Mund legt: »Wir sind zum Glauben gekommen und haben erkannt: Du bist der Heilige Gottes« (6,69). Aber bleibt auch dies so? Bleibt es bei der Harmonie zwischen der johanneischen Gemeinde und »den Zwölfen«, dem Petrus insbesondere? Bekanntlich nicht! Denn wie anders wäre es zu erklären, daß in einem Moment, der für Jesu Leben den Ernstfall bedeutete (ab Kap. 13: das letzte gemeinsame Mahl mit der Fußwaschung; Verrat des Judas; Gefangennahme und Verhöre vor Hannas, Kajaphas, Pilatus; Geißelung, Kreuzigung und Tod) plötzlich nicht Petrus, sondern der »*Lieblingsjünger*« der wichtigste Anhänger Jesu wird? Wie anders wäre es zu erklären, daß die johanneische Gemeinde nun ihren eigenen Helden klar von Petrus abgrenzt? Nur dieser Jünger hatte »an Jesu Brust« beim letzten Mahl (13, 23-26) gelegen; nur er hatte dem Petrus (!) Zugang zum Palast des Hohenpriesters verschafft (18,15f.); er war am Ostermorgen der erste Zeuge an Jesu Grab gewesen; er war der einzige, der angesichts des leeren Grabes gleich »richtig« glaubte (20,8); und er war es schließlich, der nach der Auferstehung den wiedererschienen, erhöhten Herrn sofort erkannt hatte (21,7). Diese Kontraste sind kein Zufall! Ja, nirgendwo wird der Kontrast (nicht unbedingt Widerspruch) zwischen der Leitfigur der johanneischen Gemeinde und dem Repräsentanten der »Apostolischen Kirche«, Petrus, deutlicher als unter dem Kreuz: denn dort steht »der Jünger«, während Petrus in der entscheidenden Stunde zu den Verrätern und Entlaufenen gehört!

Fazit? Man mag zurückhaltend sein, schon im Johannes-Evangelium (die Briefe sind ja voll davon) »innerkirchliche christologische Polemik«[36] zu entdecken; das johanneische Erwählungsbewußtsein geht in der Tat nicht so weit, andere christliche Gruppen einfach zu exkommunizieren; und mit der Betonung »der Zwölf« versucht die johanneische Gemeinde, grundsätzlich eine gesamtkirchliche Einheit zu wahren. Aber kann man es andererseits übersehen – mit Raymond Brown: »Durch die Kontrastierung ihres Helden mit dem berühmtesten Mitglied des Zwölferkreises setzt sich die johanneische Gemeinde von denjenigen Kirchen ab, die Petrus und die Zwölf verehren – den apostolischen Kirchen«?[37] Worauf aber sollte diese Abgrenzung inhaltlich anders zurückzuführen sein als wiederum auf das unterschiedliche Verständnis des richtigen Christusbekenntnisses?

Wir fragen deshalb: Ist es ein Zufall, daß der Evangelist den Philippus von Kap. 1 in Kap. 14 nochmals auftreten läßt? Jesus hatte dort ja auf das judenchristliche Bekenntnis des Philippus hin »Größeres« angekündigt. Und doch: Auch am Ende seines irdischen Wirkens muß Jesus resigniert feststellen: »Schon so lange bin ich bei euch und du hast mich nicht erkannt, Philippus« (14,9). Dies kann in der Tat kein Zufall sein. Im Klartext heißt dies: *Selbst im Zwölferkreis ist Jesu göttliche Herkunft offenkundig nicht verstanden worden! Jesu Präexistenz war den Aposteln fremd.* Denn was der Lieblingsjünger sofort angesichts des leeren Grabes verstand (»er sah und glaubte«), muß dem Zwölferkreis erst durch eine Erscheinung des Auferstandenen nach Ostern glaubhaft gemacht werden. Das Bekenntnis des Thomas »mein Herr und mein Gott« (20,28) ist nachgereicht und der »Ungläubigkeit« abgerungen.

Anders gesagt: Ein Bewußtsein von der göttlichen Abstammung Jesu hatte sich offensichtlich selbst im engsten Jüngerkreis nur zögernd durchzusetzen vermocht. *Raymond Brown* hat daran die »gutbegründete Vermutung« geknüpft, daß es gerade die Präexistenz Jesu und sein himmlischer Ursprung gewesen sein müssen, die der Christologie der »apostolischen Christen« gefehlt hätten, und daraus gefolgert: »Beide, die apostolischen und die johanneischen Christen sagen, Jesus sei der Sohn Gottes; die johanneischen Christen sind freilich zu einem Verständnis gelangt, das bedeutete: Er ist schon immer an der Seite des Vaters (1,18), nicht zu dieser Welt gehörig (17,14), sondern zur himmlischen Welt dort oben (3,13.31). Noch einmal: Die Christologie, die ich den apostolischen Christen zuschreibe, ist nicht eine reine Hypothese, die auf bloßer Interpretation des vierten Evangelisten beruht. Von den Evangelien des Matthäus und Lukas haben wir Kenntnis von Christen des späten 1. Jahrhunderts, die Jesus aufgrund von Empfängnis ohne menschlichen Vater als Sohn Gottes anerkannten; in deren hoher Christologie freilich kein Hinweis auf Präexistenz gemacht wird. Sie kennen einen Jesus als König, Herrn und Retter vom Moment seiner Geburt in Bethlehem an, aber nicht einen Jesus, der sagt: ›Bevor Abraham ward, bin ich‹.«[38]

Was also? Wie muß man eine Christologie beurteilen,

die sich nur in *Konfrontation* mit einer angeblich haßerfüllten Welt behaupten konnte;

die einen *Ausschluß* aus der jüdischen Glaubensgemeinschaft riskierte und Ketzerverfluchung auf sich zog;

die den hohen Preis einer *Trennung* von gläubigen judenchristlichen Anhängern zu zahlen bereit war und Spannungen mit anderen christlichen Gemeinden in Kauf nahm;

die vor lauter Präexistenz die *konkrete Existenz* Jesu von Nazarets überspielt, vor lauter »von oben« das »hier unten« vernachlässigt; vor lauter Göttlichkeit und Einheit mit Gott die Menschlichkeit und Zusammengehörigkeit mit den Brüdern und Schwestern preisgegeben zu haben schien? Ja, die zu guter Letzt offenbar weder von den »vielen Jüngern« noch von den Aposteln verstanden worden war?

Was also? Ist die innerweltliche Existenz Jesu bei Johannes nicht doch nur die Verkleidung eines Himmelswesens, ein »Mindestmaß an Ausstattungsregie«? Soll die Niedrigkeit nicht doch nur »Epiphanie und Nähe der Hoheit« garantieren?[39] Haben hier nicht Mythologie und Doketismus die Oberhand über Geschichte und menschliche Authentizität gewonnen? Und weist – so gesehen – die johanneische Gemeinde nicht doch alle spezifischen Kriterien einer »Sekte« auf: Minorität, Abkapselung, exklusives Erwählungsbewußtsein, Konfrontation mit der Allgemeinheit nach außen bei gleichzeitiger charismatischer Liebesgemeinschaft nach innen? Kurz: Ist nicht hier aus der Balance gekippt, was die Synoptiker, was vor allem Paulus und die Deuteropaulinen durch den Akzent auf den konkreten Menschen

Jesus, sein Leiden und Sterben, zu verhindern gesucht hatten: daß Jesus »wie ein Gott« auf Erden erschien, ein zweiter Gott neben Gott?

7. Der Wärmestrom johanneischer Christologie

Nochmals Rätsel über Rätsel. Zugegeben: Es gibt all das, was wir bisher über den johanneischen Christus zu sagen hatten: den Kältestrom von Hoheit und nichts als Hoheit, von distanzierter Göttlichkeit und nichts als Göttlichkeit, von Welt- und Menschenüberlegenheit und nichts als das. Aber es gibt auch einen Wärmestrom von oben *und* unten, eine göttliche und menschliche Gegenbewegung liebender, leidender, hingabebereiter Menschenfreundlichkeit, die diesen Christus näher als oft vermutet an die Menschen heranrückt. Ja, man wird sagen können: Nur wer beides richtig zusammenzudenken verstanden hat, wird dem Geheimnis des johanneischen Christus ein Stück näherkommen.

Schon für *Rudolf Bultmann* war es keine Frage, daß die Anstößigkeit, ja plausibilitätskritische Paradoxalität Jesu erst dann voll gewahrt sei, wenn der Logos wirklich ein konkreter *Mensch* geworden ist. Gilt diese Interpretation bis heute? Durchaus. Man mag dabei mit *Ernst Käsemann* zugeben, daß die Funktion der Inkarnationsaussage bei Johannes nicht allein im »bloß Menschlichen« gelegen haben kann, das die Paradoxalität der Christologie habe steigern sollen, sondern in gleichem Maße auch in der Betonung der »Herrlichkeit« des Fleischgewordenen lag: »und hat unter uns gewohnt, und wir haben seine Herrlichkeit geschaut«. Dennoch kann nach wie vor keine Rede davon sein, daß der johanneische Christus seine Menschlichkeit nur zum Schein habe. Eine Gegenindikation macht dies deutlich: Bei all dem, was zwischen »den Juden« und dem johanneischen Jesus umstritten war – seine *Menschlichkeit* war es nie. Jesu glanzlose Herkunft und sein schmähliches Ende werden im Evangelium ja nicht verschwiegen, obwohl die Gemeinde im missionarischen Disput dadurch fraglos in die Defensive geraten mußte. Jesus ist unzweideutig der Sohn Josefs und Marias; er hat nicht studiert; er war vor seinem öffentlichen Auftritt nicht apokalyptisch im Irgendwo verborgen, sondern stammt aus Galiläa; er war kein Davide, was den Glauben an seine Messianität erschwert; er wurde aus dem engsten Jüngerkreis schmählich verraten ... Signale der menschlichen Niedrigkeit Jesu gibt es also – trotz alledem – genug.

Gewiß: Der Evangelist gibt sich alle Mühe, auch diese Niedrigkeit christologisch aufzufangen und gerade auch den Verrat und das Leiden aus der Überlegenheitsperspektive zu schildern (Jesus wußte alles, was mit ihm geschehen werde). Gewiß: Das »eigentliche Wesen« Jesu wird für die Glaubenden durch das »In-der-Welt-Sein« des Erlösers nicht berührt. *Luise Schottroff* hat dies gegen Bultmann zu Recht kritisch geltend gemacht. Nicht die Paradoxie sei das eigentliche Sinnziel johanneischer Christologie, sondern die Erkenntnis der »Herrlichkeit« trotz und in aller Niedrigkeit: »Der Blick des Glaubenden richtet sich nicht auf Jesu ›sarx‹, sondern auf seine ›doxa‹, richtet sich nicht auf das Kreuz (die ›Erhöhung‹ an das Kreuz als innerweltliches Geschehen), sondern auf die eigentliche Erhöhung, seine Heimkehr in den Himmel.«[40] Und dennoch ist an dem nüchternen Faktum nicht zu rütteln: *Naiv-doketisch ist die johanneische Christologie keineswegs*. Von einer »einseitigen Herrlichkeitschristologie« oder einer »christologia gloriae«[41] kann im Ernst nicht die Rede sein. Ein so unverdächtiger Zeuge wie *Ernst Bloch* dürfte hier den richtigen Punkt getroffen haben: »Auch gerade die gnostisch-doketische Auflösung Christi in puren Logos, Licht, Leben und andere Hypostasen, die im Johannes-Evangelium nur beginnen möchte, wäre zweifellos voll gelungen ohne den geschichtlich-realen Widerstand, den die Person Christi zeigt; ein Vegetationsgott hätte diesen Widerstand nicht geleistet. So lebt *christlicher Glaube wie keiner von der geschichtlichen Realität seines Stifters*, er ist wesentlich Nachfolge eines Wandels, nicht eines Kultbilds und seiner Gnosis.«[42]

Man wird also zurückhaltend von *doketischen Zügen der johanneischen Christologie* zu sprechen haben, nicht aber von einer Preisgabe an den Doketismus. Doketistisch ist die Christologie, die der 2. Johannesbrief ausdrücklich bekämpft: »Viele Verführer sind in die Welt hinausgegangen; sie bekennen nicht, daß Jesus Christus im Fleisch gekommen ist« (7). Ja, folgt man einer neuesten Untersuchung des protestantischen Exegeten *Udo Schnelle*, daß der 2. oder 3. Johannesbrief früher als das Evangelium anzusetzen sei, dann wird man sogar von einer »antidoketischen Christologie im Johannes-Evangelium« sprechen dürfen: »Der Evangelist stand vor der schwierigen Aufgabe, der Plausibilität und Anziehungskraft der doketischen Christologie sein Konzept des spannungsvollen Ineinander von

Menschheit und Gottheit Jesu Christi entgegenzustellen.«[43] Was folgt daraus?

Daraus folgt: Sieht man von der existentialtheologisch verengten Formalisierung des christologischen Paradoxes in der Bultmannschen Johannes-Exegese einmal ab, so behält der Altmeister gegen viele seiner Kritiker darin recht: Der *Gottessohn ist im Johannesevangelium kein anderer als Jesus von Nazaret*; der Verherrlichte ist der Fleischgewordene und Gekreuzigte. Inkarnation und Kreuz sind nicht bloße Durchgangsstadien, sondern Zeichen der Hingabe und Liebe Gottes *für* die Menschen.[44] Der Satz Bultmanns bleibt gültig: »Aber das ist die Paradoxie, die das ganze Evangelium durchzieht, daß die doxa nicht *neben* der sarx oder durch sie, als durch ein Transparent, *hindurch* zu sehen ist, sondern nirgends anders als in der sarx, und daß der Blick es aushalten muß, auf die sarx gerichtet zu sein, ohne sich beirren zu lassen – wenn er die doxa sehen will.«[45]

8. Der Prolog: Kein Götterdialog im Himmel

So vorbereitet können wir nun endgültig fragen: Wie sind die Präexistenzaussagen in diesem Evangelium zu deuten? Auch hier ist mit Bultmann unbestreitbar, daß Aussagen über ein vorweltliches »Sehen« und eine vorweltliche »Herrlichkeit beim Vater« mythologischer Redeweise entstammen. Wird hier doch vom Unanschaulichen ganz menschlich-anschaulich erzählt; wird hier doch von Gott wie von einem Menschen geredet, als sei Gottes Transzendenz ein beschreibbarer Ort, ein lokalisierbarer Raum, als sei Gott eine Art Dialogpartner »im Himmel«. Präexistenz Christi also – nichts als Mythologie? Beginnt dieses Evangelium denn nicht auch wie keines zuvor mit einer Art mythischem Vorspiel im Himmel?

Doch Vorsicht: Schaut man genau hin, so wird der Prolog von Johannes gerade nicht zu einem »Vorspiel im Himmel« ausgestaltet.[46] Man vergleiche einmal ein echtes mythologisches »*Vorspiel im Himmel*«, den Dialog zwischen Gott und Satan zu Beginn des *Hiob-Buches* (1,6-12) und man wird den ganzen Unterschied merken. Man vergleiche einmal einen wirklichen Götterdialog zwischen Gott und seinem Christus, wie ihn Hippolyt von Rom Ende des 2. Jh. mit dem *gnostischen Naassener-Psalm* aufbewahrt hat und in dem der präexistente Sohn »im Himmel« zu seinem Vater sagt: »Um deswillen sende mich, Vater! Ich will, die Siegel besitzend, hinabsteigen, alle

Äonen will ich durchschreiten, alle Geheimnisse will ich enthüllen, die Gestalten der Götter will ich aufzeigen, und die Verborgenheit des heiligen Pfades, den ich ›Erkenntis‹ genannt habe, will ich ›mitteilen‹.«[47]

Ja, man vergleiche, wie christlich-fromme Phantasie – die biblische Nüchternheit nicht aushaltend – dieses Verhältnis von Vater und Sohn in der Präexistenz zu veranschaulichen suchte und – nach einer jahrhundertelangen Wirkungsgeschichte der Trinitätstheologie – in fataler Weise das Verhältnis vom ewigen Christus zum ewigen Gott als Götterdialog ausgestaltete. Man lese eines der geistlichen Lieder *Martin Luthers,* in dem es von Gott heißt: »Er sprach zu seinem lieben Sohn: / die Zeit ist hier zurbarmen, / fahr hin, meins Herzens werte Kron / und sei das Heil dem Armen.«[48] Man lese eines der Passionslieder von *Paul Gerhardt,* in dem man den Dialog findet: »Geh hin mein Kind . . . Ja, Vater, ja von Herzensgrund, leg auf, ich will dir's tragen.«[49] Man lese schließlich und endlich das große Christus-Epos von *Friedrich Gottlieb Klopstock* »Der Messias«, in dem Gottvater und Christus, »die Ewigen«, im Himmel Zwiesprache halten: »In der Stille der Ewigkeit, einsam und ohne Geschöpfe, waren wir beieinander. Voll unsrer göttlichen Liebe, sahen wir auf die Menschen, die noch nicht waren, herunter.«[50]

Welch nüchterne Zurückhaltung, welch beinahe keusche Scheu im Johannes-Evangelium, wenn es um die Benennung des »Raums« Gottes selber geht. Dort – von Hippolyt bis zum Messias-Epos – ein echter Dialog im Himmel zwischen zwei göttlichen Personen; hier bei Johannes – gerade kein solcher Dialog, sondern ein *Hymnus* auf Gott selbst als »ewigen Dialog«[51] – durch die »Anwesenheit« des wesensgleichen *Logos* »bei Gott«! Wir merken schon: die mythologischen Elemente bei der Rede vom präexistenten Sohn scheinen hier offensichtlich nicht das Entscheidende.

Machen wir die Gegenprobe: Warum beginnt der Prolog nicht mit dem späteren Schlüsselwort der johanneischen Christologie: dem Sohn? Warum beginnt er nicht:

Am Anfang war der Sohn
Und der Sohn war bei Gott
Und der Sohn war Gott!

Warum beginnt er nicht so, obwohl in Vers 14 bereits erstmals das Wort »Sohn« fällt: »Und wir haben seine Herrlichkeit gesehen, die Herrlichkeit des einzigen Sohnes vom Vater«, und später im Evangelium stets nur vom Sohn die Rede ist? Antwort: Weil der Verfasser offenkundig kein Interesse daran hatte, Beziehungen zwischen Gott und diesem Sohn in der Präexistenz genauer zu reflektieren.[52] Er hatte kein Interesse daran, ein mythisches Gottwesen »Sohn« von der Figur des Menschgewordenen zu isolieren und so einer metaphysischen Spaltung des Offenbarers Vorschub zu leisten. Was dann? Wo liegen die Interessen des Verfassers?

Schauen wir uns den Prolog genauer an. Nicht vom Sohn ist hier zu Beginn die Rede, sondern vom Logos allgemein, was den Schluß erlaubt: Der Verfasser benutzt offenkundig ein *älteres Lied,* das vom präexistenten Logos wie von der Weisheit zu sprechen scheint und so »ganz allgemein in den Strom des hellenistisch-jüdischen Weisheitsmythos«[53] hineingehört. Gut jüdisch war in diesem Lied von nichts anderem als von Gott selber in seiner Offenbarung (Logos) und seiner Schöpfung (alles durch ihn geworden) die Rede. Auch der *christliche Rezipient* (Prologautor) ändert daran nichts. Es bleibt dabei: Am Anfang (Vers 1-9) ist hier nur vom Logos asarkos die Rede; was entschieden gegen die Barthsche Exegese festgehalten werden muß. Erst ab Vers 10 mag man vom Logos ensarkos sprechen. Aber erst Vers 14 macht unmißverständlich »christlich« klar: »Das Wort ist Fleisch geworden« und identifiziert so den Logos asarkos mit einem konkreten Menschen, dessen Name ausdrücklich erst in Vers 17 fällt: *Jesus* Christus.[54] All dies unterstreicht die These: Die Vorlage für dieses christliche Lied muß älter gewesen sein, möglicherweise ein jüdisch-hellenistisches, universales Logoslied über Gott als Schöpfer und Offenbarer, möglicherweise – noch stärker innerjüdisch zu verstehen – als die »Kurzfassung der altjüdischen Memra/Wort-Theologie« nach dem Leitgedanken: »Der Logos/Memra ist Fleisch geworden und hat unter uns gezeltet.«[55] Ja, mehr noch: All dies läßt erkennen, daß der Prolog in sich eine *Bewegungsdynamik* enthält, eine eigene Schwerpunktbestimmung: Er beginnt universal (logos) und endet konkret: Menschwerdung Gottes in Jesus! Darauf kommt offenbar alles an.

Weitere Beobachtungen bestätigen dies. Wir fragen: Warum konnte der christliche Prologautor dieses jüdische Logos-Lied gut gebrauchen? Weil er offenbar hier »zwei Urerfahrungen des Menschen« (E. Haenchen[56]) zum Ausdruck gebracht und damit auch das »Schicksal« Jesu präfiguriert sah. *Zum einen*: Die Welt ist ein Produkt der Weisheit Gottes, und diese Weisheit ist in Gestalt der Tora von Gott zu den Menschen gesandt worden. Aber *zum anderen:* Die Menschen haben sich gegen die göttliche Weisheit gesperrt und sie abgelehnt. Die Zerstörung des Tempels war die Folge! War dieses Schicksal bei Jesus anders? Ist nicht auch der, der der »Gesandte« Gottes war, abgelehnt, ja gekreuzigt worden? Konsequenz? Jesu Schicksal war offenkundig wie das Schicksal der Weisheit, wie das Geschick des Logos selbst. Woraus gefolgert werden darf: Er ist der Logos in Person, die Weisheit Gottes in menschlicher Gestalt. Was umgekehrt heißt: Die Offenbarungs- und Schöpfungsaussagen dieses Liedes stehen nicht für sich isoliert, sondern bereiten die »christliche« Inkarnationsaussage vor. Die *Menschwerdung* des Logos asarkos in Jesus kann so als *Ratifikation und Vollendung von Offenbarung und Schöpfung* verstanden werden. Inhaltlicher Schwerpunkt des Prologs also ist – mit Leonhard Goppelt: »Der Logos des Prologs *wird* Jesus; Jesus ist der fleischgewordene Logos, aber nicht der Logos als solcher.«[57] Von einer Präexistenz des Menschen Jesus – wie Barth es sah – kann hier keine Rede sein. Aus exegetischen Gründen muß gegen die Barthsche Präexistenz- und Prädestinationschristologie Einspruch erhoben werden.[58]

Ja, eine allerneueste Untersuchung zum Prolog unterstreicht erneut die Auffassung, daß es diesem Evangelium nicht um ein spekulatives Verhältnis von Theos und Logos zu tun ist, daß sein christologischer Schwerpunkt vielmehr bei der *Menschwerdung* des Logos liegt. Der katholische Exeget *Michael Theobald* kann in seiner Studie überzeugend herausarbeiten, daß der Prolog eine dreidimensionale Antwort auf die Frage nach Jesu wahrem Ursprung gibt: »Geschichtlich gesehen nahm zwar Jesu Wirken seinen Anfang mit dem Auftreten des Täufers, doch ist seine wahre arche als die des Logos *einerseits* in der Ewigkeit Gottes verborgen, *andererseits* in der Weise der Inkarnation des Logos seiner Person von Geburt an eingestiftet. Damit erweist 1,14 sich trotz aller anderslautenden Auskünfte in diesem und im vergangenen Jahrhundert als die Klimax des Prologs.«[59]

9. Der Gesandte – kein präexistentes Himmelswesen

Aus diesem Befund sind Konsequenzen zu ziehen. Bei allen mythologisierenden Tendenzen – Johannes dürfte gerade dadurch ein Stück *entmythologisiert* haben, daß er das personale Wesen »Sohn« nicht an den Anfang des Prologs setzte. Mehr noch. Johannes dürfte gerade dadurch entmythologisiert haben, daß er nur den Logos, nicht aber direkt den Sohn als Schöpfungsmittler tätig sein ließ. Gewiß: Insofern der Logos Gottes später niemand anderer ist als der Sohn, war für Johannes – poetisch, nicht mythologisch geredet – auch der Sohn bei der Weltschöpfung »beteiligt«. Aber nirgendwo läßt Johannes seinen Christus sagen: Der Vater und ich haben die Welt geschaffen! Nirgendwo wird der Abstieg und Aufstieg des Erlösers mythologisierend beschrieben. Nirgendwo wird der Vorgang der Inkarnation ausgeschmückt. Nirgendwo bekennt Jesus von sich: Ich war wie der Logos tätig als Schöpfer der Welt.[60]

Johannes weiß offenkundig: Die Schöpfungsmittlerschaft ist eine Bekenntnisaussage, kein narratives Thema. An die Grenze der Sprache vorstoßend, gehören solche Aussagen weniger in den lehrhaften Disput als in den *Gottesdienst der Gemeinde*![61] Bewußt formuliert Johannes dann auch eine der Präexistenzaussagen (17,5: Vater verherrliche du mich jetzt...) in *Gebetssprache*. Der amerikanische Johannes-Spezialist *M. D. Smith* schreibt deshalb zu Recht: »Der Interpret hat sich zu erinnern, daß dies ein Vers aus einem Gedicht oder Hymnus ist, kein Stück philosophischer oder theologischer Prosa... Die frühen Gebete, Hymnen und ähnliche Formulierungen des Neuen Testaments sprechen häufig vom präexistenten Christus... Die Idee, daß Christus eine Rolle bei der Schöpfung spielte, ist also nicht unterscheidend johanneisch, sondern für den frühchristlichen Glauben charakteristisch. Solche Formulierungen pflegen in feierlicher, liturgischer Form aufzutreten. Eine Tatsache, die nicht bedeutet, daß sie nicht ernst gemeint sind, die uns aber vorsichtig werden lassen, sie prosaisch oder wörtlich zu verstehen.«[62]

Wenn also dies so ist, wenn die Aussagen über ein präexistentes »Sehen«, eine präexistente »Herrlichkeit bei Gott« nicht naiv »wörtlich« zu verstehen sind, dann dürfte der Befund *Rudolf Bultmanns* bis heute Gültigkeit haben: »Im Ernste ist Jesus nicht als ein präexistentes Gottwesen vorgestellt, das in Menschengestalt auf die Erde gekommen ist, um unerhörte Geheimnisse zu offenbaren, sondern die mythologische Terminologie soll die absolute und entscheidende Bedeutung seines Wortes charakterisieren.«[63]

Anders gesagt: *Grundthema johanneischer Christologie* ist nicht die Präexistenz für sich und isoliert, sondern die *Sendung des Sohnes Gottes* durch Gott zum Heil der Menschen. Nicht der überweltlich-präexistente Zustand Christi getrennt und gesondert interessiert, sondern die *Initiative Gottes* im Akt der Sendung dieses Sohnes. Nicht die Protologie als Raum von Spekulation und Mythologie ist wichtig, sondern die Soteriologie als Bewegungsdynamik Gottes zugunsten der Befreiung hier auf Erden. Nicht also um die Epiphanie eines Gottwesens geht es bei Johannes, sondern um die *Inkarnation* des Wortes Gottes selbst; nicht um die mirakulöse Gestaltwerdung eines göttlichen Wesens geht es, sondern um das Offenbarwerden Gottes in einem geschichtlichen Menschen; nicht um den apokalyptisch-visionär ausgemalten Weg des Abstiegs und Aufstiegs, sondern um die Beschreibung dessen, was einzig wirklich beschrieben werden kann: den geschichtlichen Offenbarungsweg des Inkarnierten, dessen Ende das Kreuz, die äußerste Niedrigkeitsform, ist, die aber zugleich – in paradoxer Verdichtung – die irdisch höchstmögliche Erhöhungsform bei Johannes bedeutet. *Hans Conzelmann* hat – hier ganz auf der Linie von Rudolf Bultmann – zu diesem Punkt das Wichtigste präzise zusammengefaßt: »Weder die Präexistenz wird geschildert (Johannes erzählt keine Himmelsgespräche des Sohnes mit dem Vater vor seiner Inkarnation), noch der Vorgang der Inkarnation (es gibt keine Jungfrauengeburt). Sie fallen unter die radikale johanneische Reduktion. Geschildert wird nur, was sich nach der Inkarnation ereignet, das Auftreten Jesu in der Welt. Präexistenz und Inkarnation bilden die *Folie* dieser Schilderung: sie bezeichnen das unanschauliche Woher.«[64]

Zugespitzt formuliert: Johannes hat ebensowenig wie Paulus und die Deuteropaulinen eine isolierte Präexistenzchristologie, sondern eine *Sendungs- und Offenbarungschristologie,* in der die (freilich verstärkte) Präexistenzaussage die Funktion hat, die Herkunft des Offenbarers Jesus aus Gott und die Einheit Jesu mit Gott zu unterstreichen: »Nicht eine feststehende mythologische Spekulation über einen vom Himmel herabsteigenden und dorthin wieder aufsteigenden Erlöser ist der Grund johanneischer Christologie« – so auch *Rudolf Schnackenburg* – »vielmehr führt der Wunsch, die Heilsmacht des christlichen Erlösers zu begründen, zu einer stärkeren Hervorhebung seiner Präexistenz, so daß nun sein Weg deutlicher ›oben‹ beginnt und sich dorthin wieder zurückwendet.«[65] Das alles zeigt: Auch bei Johannes wird die Präexistenz nicht protologisch isoliert, sondern soteriologisch konkret verstanden. Mit *Josef Blank* ist die Präexistenzaussage bei Johannes »nicht als ein isoliertes Einzelmoment theologischer Spekulation« zu betrachten, sondern stets »in ihrem konkreten Zusammenhang mit dem Heilsgeschehen bzw. mit dem Offenbarungsgedanken« zu interpretieren.[66] »Die Offenbarer-Christologie« – so Wilhelm Thüsing überzeugend – »ist gegenüber den Präexistenzaussagen eindeutig primär; diese haben dem Offenbarungsgedanken gegenüber eine dienende Funktion.«[67] In einem Wort: *Die Präexistenz Christi ist im Johannes-Evangelium um der »Sendung« und »Offenbarung« willen wichtig, nicht umgekehrt.*

10. Das Problem des Erzählers Johannes

Wir kommen nun zu der alles entscheidenden Frage: Hatten »die Juden« des Evangeliums recht, als sie Steine aufhoben und Jesus wegen Blasphemie verfolgten? Hatte sich ein Mensch hier wirklich zu einem zweiten Gott gemacht? Oder liegen nur Mißverständnisse vor, die der Evangelist zitiert, ohne sie selber zu übernehmen? Diese Frage wird man nur adäquat beantworten können, wenn man das *theologische und hermeneutische Grundproblem* der johanneischen Christologie begriffen hat. Und dies ist: eine eigentümliche Lösung des *Problems der Zeit* in diesem Evangelium. Wie bei den paulinischen und deuteropaulinischen Texten haben wir auch hier zu fragen: Aus welcher Perspektive wird in diesem Evangelium überhaupt erzählt?

Keine Frage: Das Evangelium selber kreiert den Eindruck einer *Linearität der Zeit*: Präexistenz – Inkarnation – Tod – Auferstehung – Postexistenz: eine einzige in sich konsequente Abfolge verschiedener Zeitabschnitte. Eines folgt »logisch« aus dem anderen, ja, die Zeitabschnitte begründen sich teilweise gegenseitig. Präexistenz und Postexistenz, Herkunft aus der Ewigkeit und Rückkehr zu ihr scheinen zu zeitlichen Bestimmungen, zu temporalen Abschnitten geworden zu sein: als (himmlische) Zeit vor und nach der (irdischen) Zeit. So der erste Eindruck. Der aber täuscht.

Denn in Wirklichkeit weiß auch der Evangelist, daß Präexistenz und Postexistenz Christi nicht wiederum bloß zeitliche Phasen sein können; geht es bei diesem Jesus doch um die Wirklichkeit Gottes selbst, die keinem »Vorher« und »Danach« unterwerfbar ist, die sich in keine Vergangenheit, Gegenwart und Zukunft aufspalten läßt. Wie aber erzählt man von jemandem zeitlich, der gar nicht der Zeit unterworfen ist; wie berichtet man von jemandem anschaulich, obwohl er zugleich alle Anschaulichkeit transzendiert? Kurz: Wie erzählt man vom Präexistenten in der Existenz? Johannes löst das Problem erzähltechnisch durch eine eigentümliche Zeitverschmelzung, eine ingeniöse Aufhebung der *Zeitschranken.*[68] Sie bewirkt, daß der johanneische Christus seine eigentümliche Doppelgesichtigkeit bekommt.

Denn klar ist ja: Johannes *erzählt zwei Generationen nach Jesu Tod die Geschichte Jesu post resurrectionem.*[69] Anders gesagt: Johannes hat, wenn er von Jesus damals erzählt, niemand anderen vor Augen als den zu Gott erhöhten Herrn *hier und heute.* Johannes projiziert also seine Erfahrung des Auferstandenen auf den irdischen Galiläer zurück. Er verschmelzt von vornherein seine Zeit mit der Zeit des irdischen Predigers. Natürlich stehen zunächst apologetische Motive für dieses Verfahren im Hintergrund (Konflikt mit Judenchristen und Juden). Die Autorität Jesu selber soll ganz offenkundig für den neuen Glauben des Evangelisten in Anspruch genommen werden: »Zu diesem Zweck« – so meint denn auch Georg Richter – »wird die ganze Auseinandersetzung mit dem zeitgenössischen Judenchristentum in die Zeit Jesu zurückprojiziert. Die Einwände des Judenchristentums gegen den neuen Glauben erscheinen im Munde der ungläubigen Juden zur Zeit Jesu, die Begründung und Apologie des neuen Glaubens hingegen erscheint als Verkündigung Jesu selbst, der sagt, was Gott ihm aufgetragen hat.«[70]

Und doch: Das theologische Grundproblem, das Johannes zu lösen versucht, ist damit noch nicht im Blick. Und dieses theologische Grundproblem hat mit der *Verschmelzung der Zeiten* zu tun. Der Verfasser weiß: Als der Erhöhte ist Jesus bei Gott, und da Gottes Sein geistiges Sein, da »Gott« nichts anderes ist als »Geist«, ist auch Jesus nun Geist, eine geistige Wirklichkeit. Wie bei Paulus ist aus dem irdischen Jesus der *pneumatische Christus* geworden; aus dem Jesus damals der Christus präsens. Als Geist aber ist Christus nicht mehr der Zeit unterworfen; Gegenwart, Vergangenheit und Zukunft fallen für ihn ineins. Der pneumatische Christus präsens ist nicht mehr zeitlich beschränkt, sondern zeitlich entschränkt; er ist nicht mehr durch Zeit gebunden, sondern der Zeit gegenüber frei; nicht mehr durch ein Vorher, Jetzt und Nachher bestimmt, sondern durch *zeitfreie Gegenwärtigkeit*. In der Seinsweise Gottes, der des Geistes, existierend, ist Jesus nun allen Zeiten gleich präsent, gleich gegenwärtig. Der *Ursprung johanneischer Christologie* also ist nicht die Präexistenz, sondern die *Ostererfahrung des pneumatischen Christus präsens*, wie dies bei den Synoptikern, bei Paulus und den Deuteropaulinen nicht anders der Fall war. Das Evangelium selber gibt uns genügend Signale dafür, daß Ostern hier die alles entscheidende Rolle spielt: »Das alles verstanden seine Jünger zunächst nicht; als Jesus aber verherrlicht war, da wurde ihnen bewußt, daß es so über ihn in der Schrift stand und daß man so an ihm gehandelt hatte« (12,16).[71]

Wenn aber Ostern die Urerfahrung des Evangelisten ist, von der her auch die Zeit des irdischen Jesus in neuem Licht erscheint, wie kann dann die Zeit des irdischen Jesus beschrieben werden, wenn Jesus als der pneumatische Christus gleichzeitig beim Vater ist, wenn also der pneumatische Christus auch der Zeit des irdischen Jesus gleichzeitig ist? Wie kann sie anders beschrieben werden als durch den Versuch, auch die damalige Zeit Jesu und die ewige Präsenz des Christus zu verschmelzen, in der irdischen Zeit des Galiläers den himmlischen Christus schon aufscheinen, im Auftreten des Fleischgewordenen den pneumatischen Christus immer schon ahnen zu lassen? Johannes muß – als Erzähler an die Dimensionen von Raum und Zeit gebunden – in der Tat die Quadratur des Kreises versuchen. Er muß eine Zeitlinie (die Zeit Jesu hier auf Erden), die sich im Raum des sinnlich Wahrnehmbaren erstreckt und durch ein Davor und Danach konstituiert wird, verbinden mit der Zeitfreiheit des Erhöhten, der durch keine Zeitabschnitte mehr begrenzt ist. Das Problem aber – und die Doppelgesichtigkeit des johanneischen Christus hat hier ihre Ursache: Wie läßt sich beides verbinden, ohne die *Einheit* der Person preiszugeben? Wie läßt sich die Geschichte einer Person veranschaulichen, die eigentlich metageschichtliche Qualität hat, ohne die Person ins bloß Geschichtliche oder bloß Metageschichtliche aufzulösen?[72] Wie also die Balance halten zwischen dem, der bei Gott war und von Gott kam, und dem, der zugleich als Mensch unter Menschen wirkte?

Gewiß: Auch die *Synoptiker* standen – wir sahen es – als Erzähler vor ähnlichen Problemen. Auch sie hatten, wenn sie von Jesus erzählten, stets den Erhöhten vor Augen; auch sie mußten von einem Gottessohn *in der Zeit* berichten. Ihre narrative Christologie aber beschränkte sich auf den erzählbaren Raum von der Geburt bis hin zu Kreuz, Auferweckung und Himmelfahrt. Gewiß, auch *Paulus und die Deuteropaulinen* hatten eine Sprachform zu finden, die beides gleichzeitig zu sagen erlaubte: Er, der in der Niedrigkeitsgestalt eines »Sklaven« sich befand, ist gleichzeitig der Sohn Gottes, der Gesandte von Gott, der als der Erhöhte aller Schöpfung voraus war. Sie aber »wählten« dafür die Sprache der Hymnik, die wie keine andere literarische Sprachform fähig ist, verschiedene Wirklichkeitsbereiche zu verschmelzen. Bei Johannes aber verschärft sich das Problem, denn nur er »denkt« das Problem »Postexistenz« zu Ende. Denn wenn Jesus Christus als der Auferweckte »postexistent« ist, muß er dann nicht auch präexistent gewesen sein? Indem Johannes *davon* erzählen will, entstehen gegenüber den Synoptikern andere Probleme. Indem Johannes diesen »Raum« des Unanschaulichen und Unaussprechbaren christologisch einbezieht, ist er gezwungen, ein Stück weit auf mythologische Vorstellungen zurückzugreifen. Denn Erzählen heißt, sich an ein Davor und Danach binden; Erzählen heißt, zeitlich Linearisieren im Bewußtsein, das Raumlose zu verräumlichen, das Zeitlose zu verzeitlichen, das Bilderlose zu bebildern, kurz: die Transzendenz Gottes literarisch zu objektivieren.

Im Bewußtsein dieser Problematik geht Johannes als Erzähler – wir sahen es – vergleichsweise behutsam an dieses Problem heran. Seine *Leistung*? Sie besteht offenkundig darin, *daß er weniger mythologisiert, als er könnte*. Wenn er von der Präexistenz Jesu spricht, ist er zurückhaltend. Er greift zu Bildern, Metaphern; er spricht zurückhaltend von »Sehen«, von »Herrlichkeit«, von einem »Ort«, wo Jesus »vorher« war! Gerade diese direkten Präexistenzaussagen sind damit nicht mehr eigentlich mythologisch, sondern in höchstem Maße poetisch. Sie objektivieren, weil ohne Bilder von dem »Bilderlosen«, von Gott selbst, nicht gesprochen werden könnte. Sie verzeitlichen, weil ohne zeitliche Anschauung eine menschliche Rede vom »Ewigen« unmöglich wäre. Kurz, das Johannes-Evangelium zeigt, in welche Probleme man als Erzähler gerät, wenn man in narrativer Prosa zu schildern versucht, was sich aller Erzählbarkeit letztlich entzieht, wenn man also mit dem Problem der paradoxen Gleichzeitigkeit konfrontiert wird: Der, von dem hier erzählt werden soll, ist ganz menschlich und doch mehr als menschlich; ist wie ein Mensch begrenzt und doch wie Gott vorauswissend; ist geschichtlich Opfer und doch metageschichtlich wie ein Sieger; ganz irdische Niedrigkeit und doch auch ganz göttliche Hoheit. Es ist das Grundproblem johanneischer »Vergegenwärtigungstheologie«[73] schlechthin . . .

11. Jesus gleich Gott?

Was aber heißt das alles für die Frage, von der wir ausgegangen sind: für den *Vorwurf der Blasphemie*, den Vorwurf der Vergottung Jesu? Hat sich Jesus als Gott ausgegeben? Haben die Jünger Jesu ihren Helden vergottet? Berücksichtigt man die Erzählperspektive und das Problem der pneumatischen Gleichzeitigkeit von Irdischem und Erhöhtem, so gilt: Johannes schildert nicht »objektiv«, sondern – im Lichte des Christus präsens, im »Geist der Wahrheit« (16,13) also – sein und seiner Gemeinde *Bekenntnis zu diesem Jesus:* seine Grundüberzeugung, daß er, Jesus, und kein anderer, der Offenbarer Gottes ist. Deshalb *zum einen*: *Von einer Selbstvergottung Jesu kann vom Text her keine Rede sein.* Jesus hat sich nicht als »Gott« verkündet, ist vielmehr nach Ostern »im Geist« von der Gemeinde als Wort Gottes in Person verstanden worden.[74] Dieser Anspruch der johanneischen Gemeinde muß freilich genügt haben, um von der traditionellen jüdischen Umwelt als Blasphemie empfunden zu werden. Rückprojiziert erscheint er jetzt als moralischer Vorwurf an die Adresse Jesu selber. Im Klartext: Johannes behauptet nicht, Jesus sei ein Blasphemiker gewesen, sondern berichtet von dem Vorwurf, daß traditionelle jüdische Kreise die johanneische Christologie als blasphemisch empfunden haben.

Zum zweiten: *Auch die Jünger Jesu behaupteten nicht, Jesus sei Gott, auch sie haben nicht ihren Helden vergottet.* Nirgendwo erscheint der johanneische Christus als zweiter Gott neben Gott. *Der* Gott (ho theos) ist auch im Johannes-Evangelium ganz selbstverständlich der Vater; der Sohn ist sein Gesandter, sein Offenbarer: »der Vater ist größer als ich« (14,28). In diesem Sinne muß auch das berühmte Thomas-Bekenntnis »Mein Herr und mein Gott« (Jo 20,28) verstanden werden, das – Gebetssprache (!) reflektierend – sich eindeutig auf den Auferstandenen bezieht und die Geistsendung (20,22) voraussetzt. Sachlich bedeutet dies keine Veränderung gegenüber bisherigen christologischen Aussagen (im Sinne etwa einer

Vergöttlichung Christi oder einer Ersetzung Gottes durch Christus), sondern eine Bestätigung dessen, was im Prolog eingeleitet und was auch der erste Johannesbrief abschließend zum Ausdruck bringen wird (1 Jo 5,20): daß »eben wirklich Gott in der Gestalt Jesu sichtbar geworden« ist [75], daß »Jesus transparent ist für den Vater als seinen Offenbarer«.[76]

Es ist – so *Raymond Brown* – die »Durchgängigkeit solch niedriger christologischer Aussagen« bei Johannes, die zeige, »daß die johanneische Gemeinde aus Jesus keinen Gott-Rivalen« gemacht habe und »daß die Christologie des Johannes noch in ziemlicher Distanz zur Christologie von Nikaia« stehe, »bei der der Vater nicht größer ist als der Sohn.«[77]

12. Was heißt: »Ich und der Vater sind eins«?

Wie aber ist dann die *Einheit von Vater und Sohn* im Johannes-Evangelium zu verstehen, die in dem berühmten Satz zum Ausdruck kommt: »Der Vater und ich sind eins« (10,30)? Als metaphysisch-ontologische Einheit? Auch *katholische Exegese* sieht heute: Johannes hat »nicht metaphysische Sätze über eine Einheit von Vater und Sohn intendiert« – so *Karl Hermann Schelkle*.[78] Vorsichtig müsse man sein, den Vers über die Einheit zu pressen, wie es Christen späterer Jahrhunderte bei der Kontroverse über die Trinität getan hätten; denn dieser Vers spreche »weder von einer Person, noch von einer Natur« Christi – so der amerikanische Jesuit und Neutestamentler *George McRae*.[79] Auch *Rudolf Schnackenburg* spricht vorsichtig davon, daß in 10,30 »der Blick für die metaphysische Tiefe des Verhältnisses zwischen Jesus und seinem Vater« nur »geöffnet« werde.[80] Die johanneische Sohnes-Christologie habe überhaupt primär »funktionalen Charakter«.[81]

Worum also geht es positiv? *Positiv geht es Johannes um eine Offenbarungseinheit* zwischen Vater und Sohn: »Das Wesen« – so nochmals Karl Hermann Schelkle – »der Gottessohnschaft ist innige personale Verbundenheit und Liebe von Vater und Sohn. Der Vater wird im Sohn offenbar.«[82] Im Kern also geht es um eine Einheit des Willens und des Handelns zwischen Gott und Jesus, um eine »Wirkeinheit« (J. Gnilka[83]), um eine »Aktionseinheit« (F. Mussner[84]) in der Zeit, in der das Wesen des Vaters offenbar wird. *Was* aber wird offenbar, *was* ist dieses Wesen Gottes? Die Antwort der johanneischen Schriften: »Gott ist Geist« (Jo 4,24) und »Gott ist Liebe« (1 Jo 4,16).

Bei der *Bestimmung der Einheit* geht es Johannes also weder um mythologische Spekulationen noch metaphysische Verbegrifflichungen von Jesu Gottheit, göttlichem Wesen oder göttlicher Natur, wie Karl Barth dies vom ersten Band der kirchlichen Dogmatik an stets behauptet hatte.[85] Dagegen ist sich die *neuere katholische wie protestantische Exegese dahingehend einig*:[86] Johannes fragt nicht nach dem metaphysischen Wesen und Sein des präexistenten Christus; ihm geht es nicht um die Erkenntnis, daß es vor der Inkarnation zwei präexistente göttliche Personen gegeben habe, die in der einen göttlichen Natur verbunden seien. Dieses Vorstellungsschema ist Johannes fremd. Fremd ist ihm ebenso die Vorstellung einer »innergöttlichen Zeugung«. »Ich und der Vater sind eins«: »Dieser Satz hat mit irgendwelchen dogmatisch-spekulativen Aussagen über das innergöttliche Wesensverhältnis nichts zu tun.«[87] Noch einmal: Worum geht es positiv?

Es geht Johannes um das Bekenntnis: Das von Ewigkeit her bei Gott seiende Wort, Gottes Wort und damit Gott selbst, ist in Jesus von Nazaret Mensch geworden; Jesus *ist* in Person das ewige Wort Gottes, nicht weil Menschen an ihn glauben oder er es von sich behauptet, sondern weil er es von Gott her ist. Jesus *ist* der ewige Sohn Gottes, nicht weil Menschen dies begriffen hätten oder er es plausibel gemacht hätte, sondern weil er es ist, von Gott her »immer schon« war. Nicht also die spekulative Frage, wie der Mensch Jesus eine Herrlichkeit bei Gott gehabt haben könne, sondern die *Bekenntnisaussage* steht im Vordergrund: Der Mensch Jesus von Nazareth ist der Logos Gottes in Person. Er ist es gerade als sterblicher Mensch; er ist es aber nur für die, die bereit sind, in seinem Wort Gottes Wort, in seiner Praxis Gottes Taten, in seinem Weg Gottes Geschichte, in seinem Kreuz Gottes Mitleiden vertrauend zu glauben.

13. Das Einzigartige des Johannes: Chancen und Gefahren einer Präexistenzchristologie

Wir fragen zum Schluß: Was macht das Besondere des Johannes-Evangeliums in Sachen Präexistenzchristologie aus? Eine *erste Antwort*: Im Vergleich zu allen übrigen Schriften des Neuen Testaments hat Johannes konzeptionell ein Problem zu lösen versucht, das sich ihm in dem Moment stellte, als er vom erhöhten Christus, der jetzt »bei Gott« ist, anschaulich erzählen wollte. Dies ist das Ergebnis:

(1) Die Präexistenzaussagen sind bei Johannes *Funktion seiner Geistchristologie.* Der von Gott erhöhte Christus, der wie Gott als Geist allen Zeiten gegenwärtige Christus ist als Wort auch »im Anfang« gewesen; er war in der Zeit Jesu; und er wird auch künftig sein. Der Prolog des Evangeliums setzt den Epilog voraus; das Ende der Geschichte Jesu macht den Anfang und diese Geschichte selbst geistig transparent.

(2) Die Präexistenzaussagen sind bei Johannes *Funktion seiner Sendungschristologie.* Nicht die Protologie isoliert und für sich interessiert, weder Spekulationen über göttliche Wesenheiten vor aller Zeit noch die Annahme, daß der Mensch Jesus im temporalen Sinn als präexistent gedacht ist, sind Sache der johanneischen Schriften, sondern die vertrauende Grundaussage: Die Existenz Jesu Christi »in der Welt« verdankt sich der Initiative Gottes. Er kommt »aus dem offenen Raum des ›Planes‹ Gottes bzw. aus der Dynamik seines Pneuma heraus«, erfüllt diesen Plan bis zum Tod am Kreuz und erfährt sich durch Gott (Auferweckung und Erhöhung) bestätigt: »Jetzt ist im Zielpunkt etwas ›oben‹, bei Gott, was im Ausgangspunkt der Sendungslinie nicht ›oben‹ war: Der Mensch Jesus als der absolute Offenbarer, der als wirklicher Mensch durch ein menschliches Geschick und den Tod hindurch gegangen ist.«[88]

(3) Die Präexistenzaussagen sind bei Johannes *Funktion seiner Offenbarungschristologie.* Absicht des Johannes ist nicht, isoliert eine Aussage über ein göttliches Wesen »Sohn«, aus dem Vater »gezeugt« zu machen (Bultmann zu Recht: hinter das Bei-Gott-Sein des *Logos* wird nicht zurückgegangen!). Die Präexistenzaussagen bezeichnen vielmehr die Tiefendimension, durch welche die irdische Zeit Jesu erst ihr wahres Relief erfährt. Erst die Präexistenzaussagen geben der Gestalt des Irdischen Tiefenschärfe! Konkret: Jesus ist Gottes eschatologischer, d. h. endgültiger Gesandter, der als »der Sohn« Wesen und Willen Gottes des Vaters offenbart. Für die »im Geist« Glaubenden ist damit klar: Gott ist niemand anderer als der »Vater« dieses »Sohnes«. Gott hat sein Wesen und seinen Willen in diesem »Sohn« vorbehaltlos geoffenbart. Alles, was Gott ist, ist in diesem »Sohn« geschichtlich transparent geworden.

Unter Berufung auf die Exegeten *Wilhelm Thüsing* und *Heinz*

Schürmann hat *Franz Mussner* diesen Sachverhalt überzeugend interpretiert: Die christologischen Präexistenzaussagen wollen »vor allem der Sicherung der *Singularität* des Menschen Jesus als des absoluten und definitiven Heilbringers dienen ... Diese Singularität Jesu aber beruht vor allem darin, daß Gott und sein Heilswillen wie nie zuvor im Menschen Jesus von Nazareth manifest wurden. Das heißt, Jesu ›Präexistenz‹ ist unlösbar von seiner ›Pro-Existenz‹ (H. Schürmann). Das prae impliziert das pro! Und das pro setzt das prae voraus! Denn Jahwe ist der Gott, der da ist ›für‹. Man könnte also sagen: Die christologische Präexistenzlehre über den Menschen und Propheten Jesus von Nazaret verkündigt nichts anderes als das schon immer ›seit Ewigkeit‹ vorhandene *Da-Sein-für* Jahwes, das sich definitiv in dem Menschen Jesus von Nazareth geoffenbart hat – ›offenbaren‹ dabei im strengsten Sinn des Wortes verstanden.«[89]

In summa: Die Präexistenzaussagen bei Johannes sind die Bedingungen der Möglichkeit, Gott als relational-dynamisches Sein, als Einheit von Schöpfung, Offenbarung und Erlösung zu denken und zu glauben. In unübertroffener Dichte – ohne Zuhilfenahme aller Mythologien und Spekulationen und doch ungemein poetisch – hat der erste Johannesbrief diesen Grundgedanken johanneischer Präexistenzchristologie zum Ausdruck gebracht:[90]

»Was von Anfang an war
was wir gehört haben
was wir mit unseren Augen gesehen
was wir geschaut
und was unsere Hände angefaßt haben
das verkünden wir: das Wort des Lebens.« (1 Jo 1,1)

Eine *zweite Antwort*: Das Besondere des Johannes-Evangeliums liegt auch darin, daß Johannes wie keiner der neutestamentlichen Autoren auch die *Gefahren einer Präexistenzchristologie* erkennbar macht. Das Evangelium ist in Sachen Präexistenz Chancenverwertung und Gefahrenanzeige gleichzeitig! Keine der neutestamentlichen Schriften läßt so die Dramatik einer Christologiegeschichte miterleben, keine verdeutlicht aber auch so sehr den Preis, den man für eine bestimmte christologische Grundüberzeugung zahlen muß. Gewiß: auch die Synoptiker, Paulus und die Deuteropaulinen mußten in

Sachen Präexistenz Christi Gegenakzente setzen, aber erst Johannes macht in voller Klarheit bewußt:

- Wie rasch man aus der Balance fallen kann, wenn man die konkrete *Menschlichkeit* Jesu, seinen Weg unter den Menschen bis hinein in Passion und Kreuz *doketisch überspielt*. Schon Johannes zeigt: Der Schatten der Präexistenzchristologie ist der *Doketismus*.
- Wie sehr die *kirchliche Gemeinschaft bedroht* ist, wenn eine Gruppe glaubt, die einzig wahre, geisterleuchtete Christologie zu besitzen. Schon Johannes zeigt: Eine Präexistenzchristologie steht von Anfang an in Gefahr, partikularistisch und ausgrenzend zu wirken und die übrigen Christen in Orthodoxe und Ketzer einzuteilen. Der Schatten der Präexistenzchristologie ist der *Exklusivismus*.
- Wie schnell die *Verbindung zum Judentum abreißen* kann und der Monotheismus in Gefahr steht, in eine Zwei-Götter-Lehre aufgelöst zu werden. Schon Johannes zeigt: eine Präexistenzchristologie ist von Anfang an in Gefahr, den Glauben an den einen Gott in Frage zu stellen und mit Berufung auf den »ewigen Sohn« den Glauben an den Gott Abrahams, Isaaks und Jakobs für »überholt« zu halten. Der Schatten der Präexistenzchristologie ist der *Ditheismus*.[91]
- Wie verhängnisvoll man sich von »der Welt« isolieren, sektiererhaft abspalten, konventikelhaft zurückziehen und auf eine Vermittlung der eigenen Glaubensüberzeugung nach außen verzichten kann. Schon das Johannesevangelium zeigt: eine Präexistenzchristologie ist von Anfang an in Gefahr, unverständlich zu sein, unvermittelbar, elitär, und die übrigen Menschen in Gläubige und Ungläubige einzuteilen. Der Schatten der Präexistenzchristologie ist der *Elitismus*.

Und so schließt sich – *ein dritter Punkt* – der Kreis unseres Diskurses, und wir kommen auf die Fragen zurück, von denen wir ganz zu Anfang ausgegangen sind. Wir können jetzt antworten: Weil der Verfasser des Evangeliums Chancen ausgelotet und Gefahren erkannt hat, weil er sich als theologisch konzeptioneller *Denker* und christologisch komplex reflektierender *Theologe* erwiesen hat, der beides zugleich sagen wollte (Jesus ist ganz Mensch und ganz die Offenbarung Gottes), ist seine Christologie alles andere als bloße Christophantasie, ist sein Christusbekenntnis *kein »naiver Doketismus«*.

Und weil dieses Evangelium aus der *Verfolgungssituation* heraus geschrieben ist, die Passionen des Herrn ebenso wie die der Jünger zu seinem Erfahrungshorizont gehören, weil es um den Preis weiß, den man um der Wahrheit willen unter Umständen zahlen muß, und weil es aller Verfolgungen und allem Haß zum Trotz an der Liebe zu den Menschen festhält, ist dieses Evangelium alles andere als eine triumphalistische Propagandaschrift, deren antijudaistische Passagen schamlos antisemitischen Ressentiments späterer Jahrhunderte Vorschub leisten durften.

Und weil die Gemeinde trotz aller Abgrenzung und Konfrontation, trotz allen Versagens und Verzagens an einem *Christusbekenntnis* festhielt, das im Grundsatz mit dem anderer Kirchen übereinstimmte (Christus als eschatologische Offenbarung Gottes), ist diese Gemeinde alles andere als ein esoterischer Konventikel, ist diese Christologie nicht auf die Privatchristologie einer enthusiastisch-radikalen Sekte von gnostisierenden Randchristen zu reduzieren.

14. Präexistenz: ein Begriff wird geprägt – und die Folgen?

Doch wie immer man dies alles letztlich beurteilen mag – Tatsache ist: Bei aller Distanz zur »apostolischen Kirche«, bei aller Sonderstellung der johanneischen Gemeinde im frühen Christentum – große Teile der kirchlichen Gemeinschaft zögerten *ab dem 2. Jhdt.* nicht, die johanneische Präexistenzchristologie nicht nur zu rezipieren, sondern theologisch auszubauen. *Paradoxe Umkehr der Verhältnisse*: Während die jahrzehntelang dominierende Christologie des Judenchristentums, die keine Präexistenzchristologie kannte, immer mehr ins Abseits, schließlich in die Häresie abgedrängt wurde, sollte aus den Bekenntnissen eines Randchristentums sehr bald eine Art »normativer Theologie« werden.[92] Die weitere Geschichte der Präexistenzchristologie (bis zum Konzil von Nikaia) können wir hier nicht mehr erzählen. Nur zwei Hinweise seien erlaubt. Ob die johanneische Balance ab dem 2. Jhdt. in der Entwicklung der Christologie wirklich gehalten wurde? Adolf von Harnack – wir erinnern uns – hatte gerade dies bestritten. Auch Harnacks Thesen können wir hier nicht diskutieren.[93]

Aber kann man übersehen, daß entgegen der neutestamentlichen Zurückhaltung jetzt – mit dem Vordringen der Logoschristologie – eine »Verlagerung des christologischen Schwerpunkts in den Raum der Präexistenz«[94] Platz zu greifen begann? Daß Präexistenz nun immer mehr »wesenhafte Göttlichkeit Christi« bedeutete? Daß also jetzt eine »am Rande des Glaubens stehende Vorstellung« ins »Zentrum aller theologischen Aussagen« rückte?[95] *Karlmann Beyschlag* hat diese Entwicklung und das damit verbundene Problem in aller Kürze skizziert: »Und zwar setzt die Logoschristologie zunächst das platonisch-philonische Erkenntnisschema fort, nach der der Weltlogos die oberste Mittlerstellung zwischen der transzendenten Gottheit und der (von Gott durch den Logos) geschaffenen Weisheit einnimmt. Aber indem sie das spekulative Logoswesen mit dem Wesen des geschichtlichen (und erhöhten) ›Sohnes‹ Christus ineins setzte, entstand zugleich etwas Neues, von keiner philosophischen Spekulation je Vertretenes: die Identifikation einer geschichtlich-personalen Gestalt mit dem Wesen des transzendenten Vaters. Christus als ›zweiter selbständiger Gott‹.«[96]

In der Tat: Schon *Ignatius von Antiochien* kann zu Beginn des 2. Jahrhunderts ganz selbstverständlich davon reden, daß Jesus Christus »von Ewigkeit beim Vater war und am Ende der Zeiten erschienen ist«[97], ja kann als einer der ersten nachneutestamentlichen Theologen ungeschützt Jesus und Gott ineinssetzen.[98] Es war dann der Römer und Philosoph *Justin* (gest. 165), der erstmals für die Sache auch ein *eigenes Wort prägte*: »Präexistenz«, griech.: Prohyparchein, und so mit dem Wort festschrieb, was im Neuen Testament terminologisch noch im Fluß war.[99] Nein, es ist kein Zufall, daß jetzt mit diesem Mann, der sich selber Philosophenrang zulegte, der gern das Pallium des Philosophen trug und sich mit Vorliebe als Philosoph ansprechen ließ, *neue denkerische Probleme* entstehen mußten, die nun auf intellektuelle Weise zu lösen waren.

Der Vorgang ist bemerkenswert: Für Justin war das Christentum zur »wahren Philosophie« geworden. Konsequenz: Über die *Präexistenz* wurde jetzt *im Philosophengewande diskutiert*. Die neutestamentlichen Texte wurden zunehmend aus ihrem Lebenskontext gelöst und zu spekulativen Topoi, zu Beweisstellen im Kampf um die Wahrheit (bei Justin vor allem gegenüber den Juden in der Gestalt des – fiktiven – jüdischen Theologen Tryphon). Die hymnischen Aussagen wurden jetzt immer mehr in den Duktus eines Argumentationsgangs, eines Beweisgefechtes überführt. Anders gesagt: Mit diesem christlichen Philosophen Justin beginnt ein Prozeß der Intellektualisierung dessen, was im Neuen Testament noch Tiefenerfahrungen entsprang; wurde zum »philosophischen Problem«, was anfangs geistgewirktes und poetisch versprachlichtes Bekenntnis oder anfängliche Theologie war. Keine Frage: *Seit Justin ist die Präexistenz Christi zu einem philosophischen Problem* geworden, das aus Theologenköpfen und Theologenherzen nicht mehr zu verbannen ist. Schon die Frage des Juden an den Christen allein ist typisch für den Klimawechsel, der sich vollzog: »Wie kannst du *beweisen*, daß es neben dem Weltschöpfer noch einen Gott gibt?«[100]

Tryphon: »Mir scheint es nämlich eigentlich etwas widersinnig zu sein und überhaupt nicht bewiesen werden zu können. Deine Behauptung, der sogenannte Christus sei als Gott von Ewigkeit, habe dann aber sich herbeigelassen, Mensch zu werden und geboren zu werden, und er sei nicht Mensch von Menschen scheint mir nicht nur unfaßbar, sondern geradezu töricht zu sein.«

Justin: »Fürwahr, es bleibt nunmehr dabei, daß Jesus der Christus Gottes ist. Selbst wenn ich nicht beweisen könnte, daß er, der Sohn des Weltschöpfers, als Gott präexistierte und daß er durch die Jungfrau geboren und Messias geworden ist.«

Es wird 200 Jahre dauern, es wird zu einer großen Kirchenspaltung kommen, es werden Häresieanklagen und Ketzerverfolgen die Christenheit zerreißen, bis auf dem Konzil von Nikaia (325) das hier gestellte »intellektuelle Problem« in eine kirchlich verbindliche Sprachregelung überführt ist.

15. Ein Blick zurück und nach vorn

Wir sind damit am Ende dieses umfangreichen exegetischen Kapitels mit zum Teil überraschenden, herausfordernden Ergebnissen. Folgerungen für ein systematisch-theologisches Denken heute sollen freilich erst am Ende unserer Studie gezogen werden, wenn wir alle Ergebnisse dieser Arbeit überschauen und den exegetischen Befund mit den Ergebnissen des ersten Teiles (Harnack-Barth-Bultmann) und mit denen des nun folgenden dritten Teiles (Gegenwartstheologie) konfrontieren können. Am Ende dieses exegetischen Teils sei unser Blick noch einmal zurückgerichtet auf den methodischen Weg, den wir eingeschlagen haben, und nach vorn geblickt auf einige *Forschungsdesiderate*, die sich aufgrund des exegetischen Materials aufdrängen.

(1) Wir sind methodisch nicht von einem vorgegebenen Begriff von Präexistenz ausgegangen, um im Neuen Testament nach Bestäti-

gung zu suchen. Im Gegenteil: Wir wollten hören, was das Neue Testament selber zu sagen hatte, und vorgegebene Vorstellungen von daher korrigieren. Wir wollten keine Stellenexegese betreiben, sondern die *Präexistenzaussagen im jeweiligen Lebenskontext* der neutestamentlichen Gemeinden aufspüren, um dann nach ihrer religiösen, spirituellen und lebenspraktischen Funktion zu fragen. Wir sind dabei auf eine *Geschichte gestoßen*, und diese Geschichte sollte hier erzählt werden: Es ist eine Geschichte von Verwerfung und Akzeptanz, Vertrautheit und Fremdheit mit dieser Aussage: ein lebendiger Prozeß von Reaktion und Gegenreaktion, von Erfahrung und Gegenerfahrung, der ahnen läßt, was Menschen an dieser »Idee« faszinierte und abstieß.

(2) Wir haben von Hiob zu Henoch und von Jesus zu Johannes also eine Ideengeschichte in je wechselnden sozialen, politischen und religionsgeschichtlichen Kontexten zu rekonstruieren versucht und sind dabei unter anderem auf den Befund gestoßen: *Das Wort Präexistenz ist kein biblischer Ausdruck, sondern ein problematischer nachbiblischer Reflexionsbegriff*, der festschreibt, was im Neuen Testament sachlich wie sprachlich gerade im Fluß ist; der zu systematisieren versucht, was für das Neue Testament gerade kein Topos systematischen Denkens ist. Anders gesagt: Eine Christologie heute, die den dogmatischen Topos »Präexistenz« unbesehen benutzt und ins Neue Testament hineinträgt, stülpt dem Neuen Testament eine Vorstellung über, die es gerade so hier nicht gibt. Die weitere Ideen- und (jetzt auch) Begriffsgeschichte des Wortes »Präexistenz« müßte von daher neu geschrieben werden. Erstaunlich ist, daß bei der großen Bedeutung dieses christologischen Topos eine *Begriffsgeschichte des Wortes Präexistenz in der theologischen Literatur fehlt*. Ist doch immerhin auffallend: Während der Begriff im griechischen Osten zunehmend Verwendung gefunden zu haben scheint, ist er offenbar im lateinischen Westen noch lange nicht verwandt worden. *Tertullian* etwa verwendet meist biblische Umschreibungen (»ante omnia saecula«). Noch *Marius Victorinus* (geb. Ende 3. Jhdt.) verwendet in seiner antiarianischen Schrift »Adversus Arium« (I,50; IV,19,23) den Begriff »prae-existentia« offenbar nur in bezug auf Gott. Es dürfte sich lohnen, die Begriffsgeschichte dieses Wortes umfassend und kritisch zu untersuchen und darauf zu achten, ob und inwieweit inhaltliche und strukturelle Verschiebungen im christologischen Denken seit dem Neuen Testament sich vollzogen haben.[101]

(3) Die Geschichte und Bedeutung der *Christologie der Judenchristenheit* bedürfte ebenfalls dringend der Erforschung. Der Einfluß des Judenchristentums ist ja bis in die Christologie des Johannes-Evangeliums hinein spürbar; eine Christologie, die mit dem jüdischen Jahwe-Glauben durchaus vereinbar war. Erst nach der endgültigen Zerstörung Jerusalems unter Kaiser Hadrian im Jahre 132 waren die judenchristlichen Gemeinden vollends nach Osten geflohen. Erst jetzt wurden sie von der (nun immer mehr hellenisierten) heidenchristlichen Kirche abgeschnitten und schließlich gar – als die christologische Richtung in den heidenchristlichen Kirchen eine andere Entwicklung genommen hatte – als Häretiker abgestempelt, sie, die ursprünglich einmal das Herzstück des Christusglaubens verkörperten. Unbekümmert um diese Geschichte konnte sich schon der gegen Ende des 3. Jahrhunderts geborene Heidenchrist und erste Kirchengeschichtler *Eusebius* über judenchristliche Kreise in dieser Weise abfällig äußern: »Da der böse Dämon anderen den Glauben an den Christus Gottes nicht untergraben konnte, fand er eine andere schwache Seite an ihnen und gewann sie für sich. Die Alten nannten diese, da sie armselig und niedrig über Christus lehrten, treffend Ebionäer... Eine andere Richtung unter den Ebionäern vermied zwar den erwähnten seltsamen Unsinn, sofern sie die Geburt des Herrn aus der Jungfrau und dem Heiligen Geiste nicht leugnete; allein auch sie wollte nicht zugeben, daß er als Gott, Logos und Weisheit präexistierte, wodurch sie gleich jenen in Gottlosigkeit verfiel, zumal auch sie für die fleischliche Gesetzesbeobachtung eintrat.«[102] Im Klartext: Christen, die in Sachen Präexistenz Christi sich Zurückhaltung auferlegten, waren schon im 3. Jahrhundert als Gottlose (!) bezeichnet worden.

Eine Erforschung der Judenchristenheit, die heute erst in Anfängen begonnen hat, wäre dabei nicht nur aus Gründen historischer Gerechtigkeit, sondern auch aus Gründen *ökumenischer Verständigung* über die Religionsgrenzen hinweg von Wichtigkeit. Bildeten die Judenchristen doch offenbar nicht nur eine wichtige Brücke zwischen Judentum und Christentum, sondern auch (wie die Forschungen von A. von Harnack, A. Schlatter, H. J. Schoeps, C. Schedl, C. Colpe, Sh. Pines gezeigt haben) zum Islam.[103] Möglich könnte so ein Gespräch über Christologie werden, das die drei großen monotheistischen, prophetischen Religionen nicht länger auseinander-, sondern stärker zusammenbringt.

(4) Im Gespräch mit der heutigen kritischen Exegese waren entscheidende hermeneutische und christologische Prämissen der Theologien von Harnack, Barth und Bultmann zu relativieren oder zu kritisieren. Die Frage drängt sich deshalb auf: Was fängt heutige systematische Theologie mit diesem kritischen exegetischen Befund an? Hat sie die Ergebnisse der kritischen Exegese in Sachen Präexistenz Christi aufgenommen? Hat sie ein Problembewußtsein erkennen lassen? Wie also steht es um die systematische Theologie heute, die nach Harnack, Barth und Bultmann die »Fackel der Erkenntnis« weiterträgt?

DRITTER HAUPTTEIL
Zum Gespräch mit der Gegenwartstheologie:

Die Funktion der Präexistenz Christi für ein neues Gottesverständnis

Was wir bei der Konfrontation von Barth und Bultmann am Ende unseres ersten Hauptteils vermuteten, hat sich bestätigt: Schaut man auf die Ergebnisse der kritischen Exegese in Sachen Präexistenz Christi, so kann ein tiefgreifender Hiatus zwischen dem biblischen Befund und der klassischen Dogmatik nicht länger verschwiegen werden. Dieser Hiatus ist in der systematischen Gegenwartstheologie bereits vielfach empfunden, aber auch zu überwinden getrachtet worden. Davon wird auch in der nun folgenden Darstellung die Rede sein. Selbstverständlich können dabei nicht alle theologischen Entwürfe berücksichtigt werden. Auf einige wenige Modelle katholischer und evangelischer Systematiker seit den 60er Jahren wollen wir uns beschränken unter dem Gesichtspunkt, ob in ihnen über die Konfessionsgrenzen hinweg ein *neues Problembewußtsein* erwacht ist und neue Lösungsansätze erkennbar sind.

Wir bleiben dabei strikt beim *Thema*. Wenn wir nicht ins Uferlose geraten wollen, können hier nicht alle Probleme der Christologie behandelt werden, von Einzelheiten der Verkündigung Jesu angefangen bis hin zu Problemen der Trinitätslehre. Gewiß: Fragen der Verkündigung Jesu wie auch der Trinitätstheologie dürfen bei der Spiegelung unseres Themas nicht völlig ignoriert werden. Thema aber bleibt das *Verhältnis von »Vater« und »Sohn«*, und wir werden zu untersuchen haben, wie die heutige Gegenwartstheologie nach Harnack, Barth und Bultmann sowie im Horizont der kritischen Exegese dieses Verhältnis genauer bestimmt.

Wir werden in diesem letzten Hauptteil die einzelnen theologischen Entwürfe nicht in der bisher vertrauten Methode einer Verknüpfung von Werkgeschichte und Lebensgeschichte präsentieren können. Auch dies würde den Rahmen unserer von vornherein schon sehr umfangreichen Untersuchung vollends sprengen. Wir wollen statt dessen Möglichkeiten des Redens von der Präexistenz Christi ausloten und unter Sachgesichtspunkten in ein kritisches Gespräch mit der Gegenwartstheologie eintreten.

A. Der Umbruch in der protestantischen und katholischen Christologie

Zunächst gilt es einzuräumen:

(1) Selbstverständlich ist der *Ansatz der klassischen Christologie* (immanente Trinitätslehre), die jahrhundertelang in den christlichen Kirchen gepflegt wurde und in deren Tradition sich Karl Barth nach seiner »dialektischen Phase« bewußt stellte, von der Exegese her nicht einfach zu »widerlegen«. Wir haben die Stärke des Barthschen theologischen Denkens selbst genügend herausgearbeitet, um von dessen Bedeutung (vor allem gegen einen allzu liberalen oder deutschnationalen Zeitgeist) überzeugt zu sein. Barth wollte nicht nur das Schriftzeugnis angemessen interpretieren, sondern auch den kirchlichen Glaubensbekenntnissen des 4. und 5. Jahrhunderts sachlich gerecht werden, die bis heute für die christlichen Kirchen die Grundlage des gottesdienstlichen Glaubensbekenntnisses bilden.

(2) Den Barthschen präexistenzchristologischen Grundansatz teilen nicht nur andere Vertreter protestantischer Theologie (O. Weber, H. Vogel), sondern teilt auch die *katholische Schuldogmatik*. Auch die katholische Schuldogmatik entfaltet wie Barth die immanente Trinitätslehre zunächst unabhängig von der Christologie, um dann die Geschichte Jesu bei der Menschwerdung überhaupt erst in den Blick zu nehmen. Und auch hier gilt: Niemand wird die Leistung dieser klassischen Christologie in Abrede stellen wollen. Auch sie wollte der Schriftintention auf ihre Weise gerecht werden (Jesus Christus ist das unableitbare Wort, der unvergleichliche Sohn, der definitive Gesandte des ewigen Gottes) und gleichzeitig Inkulturationsarbeit für die jeweilige Zeit treiben. Niemand wird also ernsthaft in Abrede stellen können, daß die großen spekulativen Lösungen dieser Christologie nicht in erster Linie der intellektualistischen Selbstbefriedigung und der spekulativen Neugierde, sondern der sprachlich-begrifflichen Durchdringung des Christusereignisses diente, das auf das Heil des Menschen zielte.

(3) *Keiner Theologie* kann von der Schrift her einfach *verwehrt* werden, auch heute mit Hilfe der hier gewonnenen Kategorien weiterhin Theologie zu betreiben, die spekulativen Lösungen nicht nur zu bewundern, sondern auch nachzuvollziehen und auf deren plausibilitätsschaffende Kraft weiterhin vertrauen, so wie es Karl Barth

ganz unmittelbar nach seiner »Kehre« zur »Kirchlichen Dogmatik« wagen konnte. Niemandem also ist verwehrt, eine solche Christologie auch heute noch zu betreiben.

Aber: So faszinierend die Ergebnisse der klassischen Christologie aussehen mögen, sie hat nicht nur Lösungen hervorgebracht, sondern gleichzeitig auch neue Probleme geschaffen, neue Fragen aufgeworfen, neue Aporien erzeugt. Und so wie Karl Barth im Vorwort zum ersten Band seiner »Kirchlichen Dogamtik« seinen Kritikern gegenüber zu Recht darauf bestand, er habe die dogmatischen Probleme nicht erfunden, sondern vorgefunden, so gilt auch hier: die Probleme der klassischen Christologie sind nicht von dem erfunden, der über sie berichtet, sondern sind der Sache immanent. Die aufgeworfenen Fragen sind deshalb nicht mit Mißtrauen abzutun, sondern im solidarischen Gespräch der Theologie zu verhandeln. Alle Probleme mit der klassischen Christologie lassen sich – kurz gesagt – auf zwei Fundamentalprobleme zurückführen: die *Schriftgemäßheit* einerseits und die *Zeitgemäßheit* andererseits. Davon wird im folgenden zu reden sein.

I. Eine Christologie der Auferweckung: Wolfhart Pannenberg

Mit Beginn der 60er Jahre begann sich eine in der Zwischenkriegszeit geborene, neue Theologengeneration zu Wort zu melden, welche die Lösungen nicht nur des Liberalismus, sondern auch der dialektischen Theologie sowie der Existenzialtheologie als ungenügend ansah und zu eigenen Konzeptionen drängte. Während Barth – wie wir hörten – den Krieg über und auch nach dem Krieg weiterarbeitete – »als wäre nichts geschehen« –, kam es in der jüngeren protestantischen Theologie in der Tat zu entscheidenden *Neuorientierungen*. Zu welchen? Eine dieser Neuorientierungen in Sachen Christologie war die Wiederentdeckung des Jesus der Geschichte als Ausgangspunkt einer schriftgemäßen und zeitgemäßen Christologie. Viele Entwürfe wären hier zu nennen: die von Ernst Käsemann und Günter Bornkamm, von Ernst Fuchs und dem frühen Gerhard Ebeling allen voran. Wir konzentrieren uns indessen auf das für unsere Frage wichtigste Buch: die »*Grundzüge der Christologie*« des protestantischen systematischen Theologen *Wolfhart Pannenberg* (geb. 1928) aus dem Jahre 1964, weil hier der Präexistenzproblematik erstmals seit Barth in einem neuen christologischen Entwurf breite Behandlung eingeräumt ist.[2]

1. Abgrenzungen gegen Barth und Bultmann

Schon eine erste Einsichtnahme zeigt, daß der Pannenbergsche Entwurf sich von Barth und Bultmann gleichzeitig abzusetzen versucht. Unter Aufnahme der kritischen Exegese soll hier eine Christologie »von unten« begründet werden, ohne daß dieser Theologe in die Fehler des Liberalismus zurückzufallen gedenkt. *Gegen Barth* wird betont:[3]

(1) Eine Christologie »von oben« *setze die Gottheit Christi fälschlicherweise schon voraus,* obwohl es gerade die wichtigste Aufgabe der Christologie sei, die Gründe für das Bekenntnis zur Gottheit Jesu überhaupt erst darzulegen.

(2) Eine Christologie, die von der Gottheit Christi ausgehe und deren Problem dann die Verbindung von Gott und Mensch in Jesus sei, komme kaum noch zur Erkenntnis der *entscheidenden Bedeutung des geschichtlichen Menschen Jesus von Nazaret.* Der Zusammenhang Jesu mit dem zeitgenössischen Judentum sei völlig unwichtig geworden; die geschichtliche Besonderheit Jesu irrelevant; das Problem des Todes am Kreuz gewissermaßen ein nachträgliches, christologisch jedenfalls nicht eigentlich konstitutiv.

(3) Eine Christologie »von oben« stelle sich gleichsam auf den *Standpunkt Gottes selbst,* um von ihm her den Weg des Gottessohnes in die Welt hinein zu verfolgen. Das aber würde der faktischen Situation des Menschen nicht gerecht, der immer von einer geschichtlich bestimmten Situation her denke. Fazit: »Und so muß unser Ausgangspunkt in der Frage nach dem Menschen Jesus liegen; nur auf diesem Wege kann nach seiner Gottheit gefragt werden. Wie der göttliche Logos, die zweite Person der Trinität, abgesehen von der Inkarnation und also abgesehen von dem Menschen Jesus zu denken wäre, das entzieht sich vollständig unserer Vorstellung.«[4]

Das also war eine klare Absage Pannenbergs an die Barthsche Konzeption, die Trinitätslehre immer schon jedem christologischen Denken vorauszusetzen. Das war eine klare Distanzierung vom Versuch, den Satz von der Gottheit Jesu als nicht mehr ableitbaren und hinterfragbaren, sondern axiomatischen Grundsatz zu begreifen, von dem her theologisch zu denken sei.

Aber auch *gegen Rudolf Bultmann* machte Pannenberg Einwände geltend. Denn mit seinem unspekulativen Ansatz in Sachen Christologie, auf den ja auch Bultmann Wert gelegt hatte, wollte Pannenberg keineswegs zu »einer Reduktion der Christologie auf die Soteriologie, auf die Frage nach der existentiellen Bedeutsamkeit Jesu« beitragen.[5] Ausdrücklich wandte sich Pannenberg in diesem Punkt gegen Bultmann, der die Gottheit Christi darauf reduziert habe, immer nur je »Ereignis« für den Glaubenden zu sein. Nein, mit Barth blieb auch Pannenberg von der Priorität der Christologie vor der Soteriologie überzeugt. Nur sollte diese Priorität eben eine geschichtliche sein! Die Christologie müsse ausgehen »von dem damaligen Jesus, nicht von seiner Bedeutsamkeit für uns, wie sie etwa die Verkündigung unmittelbar darbietet.« Die Bedeutsamkeit Jesu müsse »von dem her entfaltet werden, was Jesus damals wirklich war«.[6]

2. Selbstoffenbarung als Schlüsselbegriff

Es muß freilich erstaunen, daß Pannenberg in seiner Christologie von dieser Stelle ab nicht eigentlich beginnt, konkret zu erzählen, »was Jesus damals wirklich war«, sondern sofort den Versuch unternimmt, von der »Einheit Jesu mit Gott« zu sprechen. Geschichtliche Grundlage ist dabei für Pannenberg der »Vollmachtsanspruch Jesu«, dessen definitive Bestätigung freilich erst in der Auferweckung durch Gott erfolgt sei. Und so legt Pannenberg weder wie Barth eine Christologie »von oben« noch wie andere eine Christologie »von unten« vor, sondern – irgendwo dazwischen – eine »Christologie der Auferwekkung Jesu«. Denn dem Auferstehungsereignis gibt Pannenberg eine alles entscheidende Bedeutung für seine Christologie.

Diese umfassende *Funktion der Auferweckung* haben wir hier nicht im einzelnen zu erörtern. Es genügt zu sehen, daß für Pannenberg »Auferweckung« – religionsgeschichtlich dem apokalyptischen Kontext entstammend – eine universalgeschichtliche Dimension hat. Die apokalyptische Erwartung der »Auferweckung von den Toten« ist für Pannenberg die endzeitliche Erfüllung der Geschichte und so die geschichtlich vorweggenommene, endgültige Selbstoffenbarung Gottes. In einem konkreten geschichtlichen Ereignis hat sich – gleichsam antizipatorisch – der Sinn von Geschichte überhaupt erschlossen. Die Auferweckung Jesu hat also für Pannenberg proleptischen, antizipatorischen Charakter. *Erster Schlüsselbegriff* der Pannenbergschen Christologie ist also: Die Auferweckung Jesu ist die antizipatorische Erschließung des Sinnes von Geschichte überhaupt.

Zweiter Schlüsselbegriff ist für Pannenberg (wie schon für Barth) der Begriff der *Selbstoffenbarung Gottes.* Warum? Weil Gott, indem er im Akt der Auferweckung Jesu Christi den Sinn der Geschichte enthüllte, sich selbst in seinem Handeln und Sein zu erkennen gab. Anders gesagt: Die im Akt der Auferweckung vollzogene Einheit mit Jesus darf als definitive Selbstoffenbarung Gottes verstanden werden. Auch hier ist es nicht möglich, dem Pannenbergschen Offenbarungsverständnis intensiv nachzugehen.[7] Entscheidend für uns ist zweierlei: (1) Durch die Auferweckung Jesu offenbart Gott sich selbst und wird (2) die Einheit von Jesus und Gott endgültig offenbar.

Pannenberg weiß dabei, daß diese *Einheit Jesu mit Gott* sowohl im Urchristentum als auch in der kirchlichen Tradition sehr verschieden verstanden wurde. Für ihn ist der Gedanke der Offenbarungsgegenwart Gottes in Jesus entscheidend. Warum?

(1) Dieser könne sich geschichtlich legitimieren, da die *Auferwekkung Jesu* adäquat nur als Offenbarungsgeschehen verstanden werden könne. Ohne sie wäre »dem theologischen Reden von einer Selbstoffenbarung Gottes in Christus der Boden entzogen«.[8]

(2) Er erlaube die *Einmaligkeit der Offenbarung* zu denken: »Gott kann nicht in zweierlei oder mehrerlei verschiedener Weise sich selbst kundtun als den, als der er von Ewigkeit zu Ewigkeit derselbe ist.«[9]

(3) Er ermögliche die *Einheit von Offenbarer und Offenbartem.* Gott ist Subjekt und Inhalt der Offenbarung zugleich: »Von einer Selbstoffenbarung Gottes im Christusgeschehen zu reden, heißt also, daß das Christusgeschehen, daß Jesus zum Wesen Gottes selbst gehört.«[10]

3. Die ewige Einheit Jesu mit Gott: Präexistenz

Von diesem Reflexionspunkt aus, von diesem Gedanken »der Offenbarungsgegenwart Gottes in Jesus, einer Offenbarungsidentität Jesu mit Gott, die Wesensidentität einschließt«[11], stellt sich die Frage nach der *Präexistenz Jesu Christi* für Pannenberg wie von selbst. Denn logischerweise muß jetzt gefragt werden: »Ist Jesus durch ein bestimmtes Ereignis seines Weges die Offenbarung Gottes, ist er dann also auch erst von diesem Ereignis an mit Gott eins gewesen, oder war er es von Anfang an?«[12] Pannenberg weiß, daß das Neue Testament »verschiedene Vorstellungsmodelle« kennt, von denen der Präexistenzgedanke nur einer ist. Er sieht, daß zwischen diesen verschiedenen Vorstellungsmodellen (Jungfrauengeburt, Taufe, Erhöhung zum Gottessohn, Präexistenz) Spannungen bestehen, »die ohne exegetische Gewaltsamkeit wohl kaum aufgelöst werden könnten in eine einheitliche Vorstellung«.[13] Seine Alternative? Sie sieht Pannenberg ebenfalls vom Ostergeschehen her gegeben. Denn was sei das Neue des Ostergeschehens anderes als die Bestätigung, die Manifestation der Gottessohnschaft Jesu von Gott her? Jetzt erst habe sich definitiv gezeigt, wer Jesus *wirklich* sei. Jetzt sei »nicht nur für unsere Erkenntnis, sondern auch der Wirklichkeit nach entschieden, daß Jesus mit Gott eins ist, und nun zwar rückwirkend, daß er auch schon zuvor mit Gott eins war«.[14] Wir sind hier an einem entscheidenden Punkt des Pannenbergschen Denkens, von dem alles weitere abhängen wird. Denn für Pannenberg geschieht im Akt der Auferweckung an Jesus Christus nichts wirklich »Neues«; es wird jetzt nur definitiv offenbar, was Jesus »immer schon«, von Ewigkeit her war und daß Gott »immer schon«, von Ewigkeit her Gott der »Vater« und Gott »der Sohn« war. Das gilt es näher zu erläutern.

Zu verstehen ist dies nur, wenn wir uns Pannenbergs Interpretation der *Präexistenzaussagen des Neuen Testamentes* vor Augen führen. Pannenberg geht davon aus: »die Offenbarungseinheit Jesu mit dem Gott, der von Ewigkeit zu Ewigkeit ist, drängt vorstellungsmäßig auf den Gedanken hin, daß Jesus als ›Sohn Gottes‹ präexistent ist. Das gilt auch dann, wenn wir den Präexistenzgedanken für sich genommen als eine mythische Vorstellung charakterisieren müssen.«[15] Anders gesagt: Vom Bestätigungs- und Offenbarungscharakter der Auferweckung her wird für Pannenberg eine »innere Logik der Sache« sichtbar, »daß Jesus immer schon mit Gott eins war, nicht erst von einem bestimmten Datum seines Weges ab«.[16] Was aber bedeutet das für Gott selbst? Es bedeutet, »daß Gott immer schon eins ist mit Jesus, auch schon vor dessen irdischer Geburt. Jesus ist von Ewigkeit her der Repräsentant Gottes in der Schöpfung; wäre es anders, dann wäre Jesus nicht in Person die eine Offenbarung des ewigen Gottes, so daß wir fortan Gott in seiner ewigen Gottheit nicht mehr ohne Jesus denken können. Das aber ist doch der Sinn der Auferweckung Jesu.«

Freilich: Pannenberg hat von Bultmanns *Entmythologisierungsprogramm* genügend verstanden, um nicht die Frage zu stellen: »Aber können uns diese Vorstellungen heute noch mehr sein als mythische Bilder? Können wir im Zeitalter der Technik ernsthaft von Abstieg und Aufstieg eines himmlischen Gottwesens sprechen?«[18] Die *Analysen des denkerischen Problems*, die Pannenberg im Anschluß an diese Fragen vorlegt, sind scharfsinnig und überzeugend. *Ausgangspunkt* ist noch einmal: Was ist gesagt mit der Aussage, daß, wenn in Jesus Gott selbst sich geoffenbart hat, dann auch diese Gemeinschaft Jesu mit Gott, seine Sohnschaft, der Ewigkeit Gottes angehört? *Antwort*: »Genaugenommen nur die Untrennbarkeit Jesu von Gott, nicht aber die Unterscheidung der Gottesgemeinschaft Jesu als einer ewigen von seiner menschlichen Gestalt, die zeitlich unvergänglich wäre«.[19] Pannenberg folgert: »Die Präexistenzvorstellung steht doch im Verdacht, die Gottesgemeinschaft Jesu als ein besonderes *Wesen* (den präexistenten Sohn Gottes) von seiner zeitlichen Erscheinung vorstellungsmäßig zu trennen.«[20] Konsequenz? »Das Getrennte wird dann dadurch wieder vereinigt, daß das Gottwesen sich zu bestimmter Zeit mit der irdischen Leibhaftigkeit des Menschen Jesus verbunden habe, durch die Inkarnation.« Und Pannenberg fährt scharfsinnig fort: »Die Unterscheidung eines präexistenten Gottwesens von dem Menschen Jesus, bzw. seiner irdischen Erscheinung, trennt also vorstellungsmäßig das, was im Daseinsvollzug Jesu gerade zusammengehört. Das macht den mythischen Zug der Inkarnationschristologie aus: Sie scheidet vorstellungsmäßig in zwei verschiedene Wesen, den ewigen Gottessohn und die irdisch-menschliche Erscheinung Jesu, was zusammen das konkrete Dasein Jesu ausmacht. Das so Getrennte muß darum nachträglich wieder zusammengefügt werden, aber die dramatische Vorstellung von der Verbindung des ewigen Gottessohnes mit der irdisch-menschlichen Erscheinung Jesu hat ebenfalls mythischen Charakter, sofern sie jene vorstellungsmäßige Trennung der im Menschen Jesu und in seinem Geschick zusammengehörigen Momente schon voraussetzt, um sie in der Vorstellung wieder zu verknüpfen.«[21]

Freilich – und das ist die *andere Seite*: Trotz des Auseinanderreißens dessen, was eigentlich zusammengehöre, trotz des dadurch entstehenden mythischen Charakters der Präexistenz- und Inkarnationschristologie, ist Pannenberg der Meinung, daß auch »wir« – daß also auch Christen im Zeitalter der Technik – nicht umhinkämen, »den *ewigen Sohn* von dem *Menschen Jesus* zu unterscheiden«, aber nur dann, wenn man sich dabei bewußt bleibe, »daß es sich dabei nur um zwei verschiedene Aspekte des einen Jesus Christus handelt«.[22] Auch hier gibt Pannenberg zu, daß sich die Ewigkeit der Sohnschaft Jesu auch heute nicht ohne weiteres zusammendenken lasse mit der Individualität des konkreten Menschen Jesus. Allen Wert legt er deshalb darauf, den präexistenten ewigen Sohn und den »existenten« Menschen Jesus von Nazaret »nicht mehr als zwei selbständige Wesenheiten«[23] vorzustellen, sondern den »konkreten Lebensvollzug« Jesu zu betrachten.

Und weil dies die Aufgabe der Christologie sei, lehnt Pannenberg gegen Barth auch die Vorstellung einer *Präexistenz des Menschen Jesus* in Gott ab.[24] Er muß dies tun, wenn er konsequent geschichtlich denken will, wenn also die Präexistenzaussage keine spekulative Hineinnahme des Menschen Jesus »in Gott« bedeutet, sondern von der Auferweckung her gleichsam rückschließend die Bedeutsamkeit Jesu für Gott zum Ausdruck bringt. Wer wie Pannenberg den Präexistenzgedanken »nur in kritischer Bindung an diese seine Wurzel«, den »geschichtlichen Jesus von Nazareth« denken kann, muß von solchen Spekulationen Abstand nehmen. Gewiß: auch Barth habe – so Pannenberg – die »Paradoxie der Präexistenzproblematik« (die Einheit Jesu mit Gott geht dessen eigenem menschlichen Dasein zeitlich voraus) gerade dadurch vermeiden wollen, daß er, Barth, die Menschheit Jesu gleichsam in Gottes Ewigkeit hineingenommen habe. Aber so »bestechend« diese Logik sei, habe Barth die »Schwierigkeiten des Präexistenzproblems« dennoch nicht zu lösen vermocht, »da von der Präexistenz der Gottheit Jesu in einem von der ideellen Präexistenz des Menschen Jesus in der göttlichen Erwählungs›absicht‹ qualitativ verschiedenem Sinne, wegen der Ewigkeit Gottes, die Rede sein muß«.[25] Im Klartext: Für Pannenberg ist der »Sohn« ewig und »in Gott«, nicht aber der Mensch Jesus.

Wir haben nun noch einen *letzten Schritt* Pannenbergs nachzuvollziehen, um seinen präexistenzchristologischen Ansatz voll übersehen zu können. Denn Pannenberg geht noch weiter und folgert aus der Offenbarungsidentität von Jesus und Gott, daß »auch der Unterschied, den Jesus zwischen sich und dem Vater festgehalten hat, zur Gottheit Gottes« gehöre.[26] Konsequenz: »Die Beziehung Jesu als des

Sohnes zum Vater, ... ist deshalb eine Relation, die dem Wesen Gottes selbst eignet. Gott ist nicht nur Vater, sondern er ist als der durch die Auferweckung Jesu offenbare Gott in seinem ewigen Wesen auch ›Sohn‹.«[27] Zwar hält Pannenberg von seinem geschichtlichen Ansatz aus daran fest, daß »die Ausdrücke ›Vater‹ und ›Sohn‹ streng auf das Gottesverhältnis des geschichtlichen Menschen Jesus von Nazaret zu beziehen« seien. Das Wort »Vater« meine hier den Gott Jesu, der der Gott des Alten Testaments gewesen sei, an den Jesus seine Gebete gerichtet und aus dessen Hand er sein Geschick angenommen habe. Das Wort »Sohn« bezeichne hier nicht, wie sonst im NT, die Würdestellung Jesu gegenüber der Menschheit und dem Kosmos, sondern in erster Linie sein Verhältnis zum Vater.[28]

Und doch geht Pannenberg weiter, indem er *vom geschichtlichen Verhältnis zwischen Gott-Vater und dessen »Sohn« auf ein »innergöttliches Gegenüber von Vater und Sohn« zurückschließt*, das er allerdings in einem »übertragenen, symbolischen Sinn« verstanden wissen will.[29] Pannenberg zögert nicht zu folgern: »Das Wesen Gottes, wie es im Christusgeschehen offenbar ist, hat also in sich die Zweiheit, die Spannung und die Beziehung von Vater und Sohn. Die Gottheit Jesu Christi kann daher nicht den Sinn einer unterschiedslosen Identität des göttlichen Wesens haben, als ob in Jesus Gott der Vater selbst in menschlicher Gestalt aufgetreten wäre und am Kreuze gelitten hätte. Das war die Meinung des Modalismus von der Gottheit Jesu. Die Modalisten meinten die Einheit Gottes nur so retten zu können, daß sie Jesus unterschiedslos mit Gott identifizierten ... Demgegenüber muß an der Verschiedenheit von Vater und Sohn in Gott selbst festgehalten werden, weil diese Verschiedenheit, die das Verhältnis des geschichtlichen Jesus zu Gott kennzeichnet, für das Wesen Gottes selbst charakteristisch sein muß, wenn anders Jesus als Person die Offenbarung Gottes ist.«[30]

Damit ist klar: Pannenberg, der in seiner Christologie nicht vom Axiom der Gottheit Jesu ausgehen wollte, kommt auf verblüffende Weise durch sein spezifisches Auferweckungs- und Offenbarungsverständnis gerade dorthin wieder zurück. Vom geschichtlichen Verhältnis zwischen Gott »dem Vater« und Jesus von Nazaret, »dem Sohn«, werden weitgehende Schlußfolgerungen über eine von Ewigkeit bestehende »Zweiheit«, eine »Spannung«, ein »Gegenüber« in Gott gezogen. Rückfragen an Pannenberg drängen sich auf.

4. Rückschlüsse auf Vorgänge in Gott?

Kann – vom Neuen Testament her gesehen – die geschichtliche Verschiedenheit von »Vater« und »Sohn« als eine von Ewigkeit präexistierende »Zweiheit« *in* Gott wirklich behauptet werden? Wer muß das tun? Der rekonstruierende Theologe mit seiner systemimmanenten Logik? Oder jeder Christ, der an Jesus als den Offenbarer Gottes glaubt? Wir fragen: Ist das alles zwingend, was Pannenberg rekonstruiert? Gewiß: die Stärke des Pannenbergschen Ansatzes ist nicht zu bestreiten und soll noch einmal betont werden:

- der *Einsatz* bei der Verkündigung und dem Gottesverhältnis Jesu von Nazarets und die kritische Rückbindung der Präexistenzaussagen an das geschichtliche Jesusereignis;
- das Ernstnehmen der Tatsache, daß im Neuen Testament die Präexistenzaussagen *eschatologischen Charakter* haben;
- die Bedeutung der Präexistenzaussage für das *Offenbarwerden des »Wesens« Gottes* selber: Gott gibt sich definitiv zu erkennen als »Vater« Jesu Christi, mit Konsequenzen für das Verständnis der Schöpfung;
- die scharfsinnige Analyse *der Paradoxie* der Präexistenzvorstellung (die Einheit Jesu mit Gott soll dem konkreten Menschsein Jesu zeitlich vorausliegen) und der damit gegebene »Verdacht« einer mythologischen Aufspaltung in zwei selbständige Wesenheiten (»Sohn Gottes« und »Mensch Jesus«);
- die Betonung des Bekenntnisses zur unlösbaren Einheit des geschichtlichen Jesus mit dem »ewigen Sohn«, verstanden als eschatologische Offenbarung Gottes in Jesus Christus, die gegen mythologische Mißverständnisse abgesichert werden muß. Das alles ist positiv festzuhalten.

Umgekehrt aber müssen bei allem Respekt vor der wissenschaftlichen Leistung des damals 36jährigen Autors Rückfragen erlaubt sein: Ist es vom Neuen Testament her erlaubt, Aussagen über Vorgänge »in Gott« zu machen? Muß man von einem von Ewigkeit her gegebenen »innergöttlichen Gegenüber von Vater und Sohn« sprechen? Wo macht das Neue Testament solche Aussagen? Es scheint sich zu rächen, daß Pannenberg für seine Christologie zwar stets als Ausgangspunkt den Jesus der Geschichte und den neutestamentlichen Befund postulierte, für seine weitergehenden systematisch-theologischen Schlußfolgerungen aber das Neue Testament offenbar nicht mehr in Anspruch zu nehmen braucht. Dabei kann es doch – nach allem, was wir von der Exegese her sagen zu müssen meinten – keine Frage sein, daß das Neue Testament nicht nur Aussagen über ein »innergöttliches Gegenüber« nicht kennt, sondern sie geradezu zu vermeiden trachtet. Deshalb einige vom Neuen Testament her unvermeidliche Rückfragen:

Gewiß: Pannenberg weiß, daß in der synoptischen Tradition »der Menschensohn nicht als präexistentes Wesen«[31] erscheint, aber werden diejenigen Christologien (Urpassion, Spruchquelle, Synoptiker), welche die Gottessohnschaft ohne Präexistenz zum Ausdruck bringen können, von ihm wirklich ernst genommen? Von alldem ist ja zumindest als dialektische Alternative bei Pannenberg später nicht mehr die Rede!

Gewiß: Pannenberg geht davon aus, daß der Präexistenzgedanke erst »mit dem Begriff des Gottessohnes verbunden«[32] wurde. Doch übersieht er dabei, daß im Neuen Testament die *Gottessohnschaft* – auch abgesehen von den Synoptikern – *keineswegs durchgängig mit Präexistenz gekoppelt* ist. Das kann weder für Paulus noch für bestimmte deuteropaulinische Schriften noch für die Pastoralbriefe und andere neutestamentliche Schreiben (1 Petr) behauptet werden. Ja, wir haben im Gegenteil davon auszugehen, daß die Präexistenzaussagen bei Paulus (gegenüber Phil 2) und in den Deuteropaulinen (Eph gegenüber Kol) zurückgedrängt wurden – durch den Akzent auf die soteriologische Funktion des Kreuzesgeschehens. Einzig Hebr 1, Kol 1 und das Johannes-Evangelium stellen einen Zusammenhang von Präexistenz bzw. Schöpfungsmittlerschaft und Gottessohnschaft her – in je eigener Formsprache, in je eigenen Lebenskontexten und mit je eigenen inhaltlichen Interessen. Es rächt sich also, daß Pannenberg seine weitgehenden inhaltlichen Schlußfolgerungen statt aus einer präzisen Interpretation neutestamentlischer Texte aus einer »inneren Logik der Sache«, des Auferweckungsglaubens nämlich, gewinnt, die aber für das Neue Testament selbst alles andere als *zwingend* sind.

Gewiß: Die Auferweckungserfahrung hat für die wenigen neutestamentlichen Präexistenzaussagen eine alles entscheidende Bedeutung. Eine gewisse »Logik des Denkens« ist gerade in solchen Schriften nicht zu leugnen. Aber darf man, wie Pannenberg, die *Auferweckungserfahrung so den konkreten und politischen Kontexten entheben* und zu reinen Absprungbrettern theologischer Systematik machen? Darf man unter Berufung auf das Auferweckungsereignis gleichsam theologisch durch die Hintertür hineinholen, was man in der Auseinandersetzung mit Barth theologisch meinte verabschieden zu sollen? Darf man dieses Ereignis von vornherein mit dem (unbiblischen) Begriff »Offenbarungsidentität« befrachten und so binnentheologisch systematisieren? Darf man an dieses Geschehen mit dem (unbiblischen) Begriff »Wesensidentität« herangehen, um es für die eigenen Einheitsreflexionen zu funktionalisieren? Darf man, unter Berufung auf dieses Ereignis, den (unbiblischen) Begriff der »Gottheit Jesu« verwenden, wo das Neue Testament selber in äußerster Zuspitzung bei Aussagen über Christus wie »Gottesgestalt«, »Sein bei Gott«, »Bild Gottes«, »Mittler der Schöpfung« stehen bleibt, die nicht zu Betrachtungen über innergöttliche Vorgänge Anlaß geben, sondern Bekenntnisaussagen sind zu einem Gott, den Jesus als »Vater verkündete« und der sich – im Auferweckungsgeschehen – als »Vater Jesu Christi« für die Glaubenden ein für allemal definitiv geoffenbart hat?

Um den *Unterschied zu Pannenberg* noch einmal präzise zu bestimmen: Unbedingt zuzustimmen ist Pannenberg da, wo er mit der Auferweckung die eschatologische Dimension des Ereignisses »Jesus Christus« als Offenbarungsereignis herausstellt. Aber für das Neue Testament ist der Auferweckungsglaube nicht die Offenbarung einer »immer schon« von Ewigkeit her gegebenen metaphysischen Zweiheit von Vater und Sohn. Pannenberg ist hier der Gefangene seines apokalyptischen Denkschemas, das aber gerade für die Präexistenzaussagen im Neuen Testament keine Rolle spielt. Auferwekkung bedeutet für das Neue Testament vielmehr, daß das *gesamte Jesusereignis,* die Verkündigung, die Passion, das Kreuz und die Auferweckung Jesu, *als Offenbarung Gottes* zum Heil der Menschen zu verstehen ist. Auferweckung bedeutet, daß das ganze Leben Jesu nun verstanden werden kann als Sendung und Hingabe des Gottessohnes *für* die Menschen sowie als Hineinnahme aller Menschen in die »Sohnschaft« durch den Geist des erhöhten Christus. Das »immer schon« der Sohnschaft bezieht sich also auf das geschichtliche Ereignis »Jesus Christus« als Ganzes, nicht aber auf eine von Ewigkeit her feststehende metaphysische Relation von Vater und Sohn, die eine Zweiheit in Gott zur Folge hätte, die von einem Judenchristen wie Paulus ebensowenig wie von Johannes verstanden worden wäre.

Gewiß: Mit dem Auferweckungsereignis ist Jesus nun – wie Pannenberg auch in seiner Auslegung des »Apostolischen Glaubensbekenntnisses« (1972) zu Recht schrieb – »so eng mit unserem Wissen von der Gottheit Gottes« verbunden, »daß wir die Gottheit Gottes nicht mehr abgesehen von Jesus denken können«.[33]

Gewiß: Jesus gehört für die Glaubenden dadurch »zur Gottheit des ewigen Gottes untrennbar hinzu, obwohl er doch erst spät im Prozeß der Welt- und der Menschheitsgeschichte aufgetreten ist«[34]. Das ist auch neutestamentlich unbedingt festzuhalten. Aber muß man aus diesen zugespitzten Bekenntnisaussagen folgern, daß Jesus »nach der Seite seiner Einheit mit Gott, als Sohn, schon gewesen« ist, »bevor er als Mensch wurde, vor seiner menschlichen Geburt« und sich dabei auf Paulus berufen (Rö 8,3; Gal 4,4)?

Gewiß, es gibt auch nach dem Neuen Testament ein legitimes Bekenntnis zur »Wesenseinheit Jesu mit Gott«; hat Gott doch im Ereignis »Jesus Christus« nicht irgendeine »Seite« von sich, sondern sich *ganz*, d. h. in seinem ganzen Sein und Wesen geschichtlich erschlossen. Aber muß man – ohne das Neue Testament und damit die Verbindung zum Judentum zu sprengen – daraus folgern, die Wesenseinheit Jesu mit Gott bedeute die »Teilhabe dieses Menschen auch an der Ewigkeit Gottes, obwohl er doch als Mensch nicht ewig, sondern wie wir alle in der Zeit geboren ist«?[35]

Nein, man kann sich des Eindrucks nicht erwehren, daß Pannenberg in seinem christologischen Denken zwar mit der kritischen Exegese »von unten« anzusetzen versuchte, mit seiner Deutung des Auferweckungsereignisses aber alles das wieder »hineinholen« zu können meinte, was die klassische Christologie von vornherein, »immer schon« von Jesus Christus sagen zu sollen glaubte. Die Geschichte Jesu wird so für Pannenberg zwar nicht einfach zur Demonstrationsbühne einer von vornherein feststehenden metaphysischen Zweiheit von Vater und Sohn, wohl aber zum Absprungbrett zur Erreichung dieser in jedem Fall transzendental immer schon gegebenen metaphysischen Verbindung. So ist Pannenbergs Christologie nicht eigentlich eine Alternative zur klassischen Christologie vom Neuen Testament her, sondern deren Bestätigung mit anderen Mitteln.

Ob man bei einer solch hermeneutisch inkonsequenten Methode nicht Verständnis haben kann für die *ablehnende Reaktion Karl Barths* dem »Christologie-Buch« Pannenbergs gegenüber, auch wenn man Barths Prämissen nicht teilen kann? In einem Brief vom Dezember 1964 jedenfalls ließ Barth Pannenberg wissen, daß er dessen Buch »mit der aufrichtigen Frage gelesen« habe, ob er es »nun endlich mit dem Kind des Friedens und der Verheißung zu tun bekommen« habe, »dessen Arbeiten eine echte überlegene Alternative zu dem darstellen würde«, was er, Barth, selber »in der Theologie seit 45 Jahren versucht und unternommen habe«.[36] Das Ergebnis? Barth war letztlich zu dem Schluß gekommen, daß Pannenberg diese echte Alternative zu seiner Theologie noch nicht geboten habe. Im Gegenteil. Warum? Weil Barth instinktsicher erkannt hatte, daß das Pannenbergsche Rückschlußverfahren problematisch war: »Ich greife mir« – schrieb Barth – »vergeblich an den Kopf mit der Frage: quo iure Sie es fertigbringen, auf die ... Figur Ihres ›historischen Jesus‹, seiner Botschaft und seiner ›Hingabe‹ an Gott, bestätigt durch seine Auferweckung von den Toten, von der man historisch nur erfährt, daß sie ... auf objektive Visionen der Jünger, dazu auf das factum brutum des leeren Grabes zu reduzieren wäre, nachher die Lehre von der in ihm geschehenen Offenbarung Gottes, ja die Existenz und das Leben Gottes schlechthin und die Identität Jesu mit ihm zu gründen.«[37] Mit Kennerblick also hatte Barth erkannt: Auch die Pannenbergsche Christologie war ja auf ihrem Weg von »unten nach oben« faktisch dort angekommen, wo die altkirchliche Christologie immer schon gestanden hatte. Und alles, was die altkirchliche Theologie meinte sagen zu müssen, glaubte Pannenberg nun auf der Figur des »historischen Jesus« aufbauen zu können. Kühl folgerte Barth: Pannenbergs Weg gegenüber halte er »die altkirchliche Christologie mit allen ihren Aporien immer noch für verheißungsvoller«![38]

Die Problematik der Barthschen Theologie haben wir eigens diskutiert. Aber festzuhalten ist: So hilfreich die Analyse der Grundstruktur der Präexistenzsaussagen im Neuen Testament durch Pannenberg ist, so scharfsinnig seine Analyse von deren Paradoxie: Weder hat Pannenberg die konkrete Geschichte Jesu Christi wirklich erzählt (nur wenige Seiten über Jesu Person und Verkündigung unter dem systematisch-theologischen Topos: das Amt Jesu), noch wird bei ihm die politische Dimension der Präexistenzchristologie wahrgenommen (über Schöpfungsmittlerschaft nur wenige Seiten in theologiegeschichtlichem Kontext). Weder wird bei der geschichtlichen Perspektive konsequent theologisch geblieben (es geschieht ein Sprung von der Glaubens*erfahrung* auf die traditionell-ontologische Ebene), noch wird das Neue Testament in all seinen Dimensionen ohne Harmonisierung ausgeschöpft.[39]

Und doch: Mit Pannenbergs Christologie ist nach Barth ein für allemal auch für die Systematische Theologie die Sachproblematik der Präexistenzchristologie in aller Schärfe und Grundsätzlichkeit aufgebrochen. Pannenbergs Probleme sind die Probleme aller Theologen, die sich um eine exegetisch verantwortbare systematisch-theologische Lösung des Problems mühen. Seine Analysen und Problemanzeigen bedürfen nicht des besserwisserischen, sondern des solidarischen Gesprächs.

II. Entwurf einer »suchenden Christologie«: Karl Rahner

Auch an der katholischen Theologie ist der durch den Ersten Weltkrieg angestoßene und durch den Zweiten Weltkrieg verschärfte Epochenumbruch nicht spurlos vorübergegangen. Gewiß: Ein Parallelfall zu Karl Barth und der dialektischen Theologie ist im Raum des Katholizismus nicht zu entdecken. Aber unterstromartig gärte es auch in der katholischen Kirche, wie die Verurteilung von »Modernisten« wie *Alfred Loisy* und *George Tyrell* im Jahre 1907 durch Papst Pius X. sowie die Aufoktroyierung des Antimodernisteneides für alle Priester durch denselben Papst im Jahre 1910 auf drastische Weise zeigte. Doch: Je länger desto mehr kam auch die katholische Theologie nicht darum herum, im Lichte neuer geistiger Herausforderungen alte Systembildungen aufzubrechen und sich neuen Problemen zu stellen. Eine wichtige Rolle spielten dabei die neue Philosophie (M. Scheler), die historische Kritik (M.-J. Lagrange), die Naturwissenschaften (Teilhard de Chardin) und überhaupt der Zeitgeist der Neuzeit (R. Guardini), der theologisch und kirchlich zu neuen Antworten zwang.

Es war aber vor allem der eine Generation als Barth jüngere Jesuit *Karl Rahner* (1904–1984), an dem sich der Umbruch in der katholischen Theologie wie an keiner anderen Figur personalisierte.[1] Der Rahner-Schüler *Johann Baptist Metz* hat wohl nicht zu Unrecht vermutet, »daß sich an Karl Rahners Namen das wohl erstaunlichste Stück Aufbruchsgeschichte der katholischen Theologie unserer Zeit«

knüpfte. Konkret: »Aufbruch einmal aus der erblaßten und nicht selten erstarrten Formelwelt neuscholastischer Sprach- und Denkweise – durch entschiedene Konfrontation der scholastischen Tradition mit den aus der neueren (Transzendental- und Existential-) Philosophie aufgegebenen Fragestellungen. Aufbruch aus der unvermittelten Parallelisierung von systematischer und historisch-exegetischer Theologie ... Aufbruch aus der Gespaltenheit von Theologie und Kerygma ... Aufbruch aus dem Amtsglauben der Theologen zum brüderlichen Glauben hin – mit Hilfe einer Glaubenstheologie, die gerade um den sich selbst suchenden, allzeit gefährdeten Glauben weiß, die sich darum vorzüglich als Theologia viatorum versteht, als brüderlicher Dienst an der Hoffnung aller. Aufbruch schließlich aus dem Weltanschauungsghetto zum Dialog in einer in ihrem geistig-gesellschaftlichen Pluralismus angenommenen Welt.«[2]

Die Konzentration auf Karl Rahners theologisches Denken ist für unseren Zusammenhang also wohl begründet, läßt sich doch in seinen christologischen Arbeiten das neue Problembewußtsein innerhalb der katholischen Theologie zumindest für diese Theologengeneration exemplarisch beschreiben. Dabei kann hier weder das ganze theologische Werk noch die ganze Christologie Rahners rekonstruiert und gewürdigt werden. Das ist ohnehin häufig genug geschehen. Wir bleiben auch hier streng auf unsere Problematik der Präexistenzchristologie konzentriert und fragen, ob ein neues Problembewußtsein innerhalb des Rahnerschen christologischen Denkens in dieser Frage zu erkennen ist. Auf eine knappe Rekonstruktion des christologischen Grundansatzes Rahners zum Verständnis eines solchen möglichen Problembewußtseins können wir dabei nicht verzichten.

1. *Der christologische Grundansatz*

Wer die Entwicklung der Rahnerschen Arbeiten zur Christologie überschaut, wird auf zwei Grundtatbestände stoßen. Denn wie immer Karl Rahner im Laufe seines theologischen Lebens selber seine Christologie bezeichnet hat, ob als »transzendentale Christologie«, als »Deszendenz« – oder »Aszendenz-Christologie«, ob als »heilsgeschichtliche Christologie« oder als »Christologie ›von unten‹«, ob als »suchende« oder »anonyme Christologie«: von den ersten Arbeiten in den 50er Jahren an geht es Rahner – auf der Grundlage des kirchlich-dogmatischen Christusglaubens – im wesentlichen vor allem *erstens* um eine Christologie der Menschwerdung Gottes und von daher *zweitens* um eine Verbindung von Christologie und Anthropologie.[3]

Anders gesagt: Rahners christologisches *Problem* war von Anfang an weniger die Präexistenz Christi, sondern die »Menschwerdung Gottes« und damit die Einheit der göttlichen und menschlichen Natur in der Person Jesus Christus (»Hypostatische Union«). Hier lagen von Beginn an das Spezifikum und die Originalität seines christologischen Denkens. Es ließe sich beschreiben als ein in immer neuen Anläufen unternommener Versuch, die *Christologie der Menschwerdung Gottes* im Horizont einer neuzeitlichen Anthropologie zu denken. Voraussetzung der Rahnerschen Christologie ist deshalb der Grund-Satz, daß Gott wirklich *Mensch* geworden ist. Voraussetzung bilden weiterhin die vom Konzil von Chalkedon (451) getroffenen Aussagen über das Verhältnis von Gottheit und Menschheit in Jesus Christus: »Der Sohn, unser Herr Jesus Christus ist ein und derselbe. Der eine und selbe ist vollkommen der Gottheit und vollkommen der Menschheit nach, wahrer Gott und wahrer Mensch ... Wir bekennen einen und denselben Christus, der in zwei Naturen unvermischt, unverwandelt, ungetrennt und ungesondert besteht. Niemals wird der Unterschied der Naturen wegen der Einigung aufgehoben; es wird vielmehr die Eigentümlichkeit einer jeden Natur bewahrt, indem beide in einer Person und Hypostase zusammenkommen« (DS 302; NR 178).

Rahner wußte, daß »nach dem Konzil von Chalkedon und der Verwerfung des Monotheletismus die *kirchenamtliche* Christologie im *engeren* Sinne kaum noch eine Entwicklung« durchgemacht habe. Selbst das Vatikanum II habe kaum etwas zu der Frage gesagt, wie das altkirchliche Dogma über Christus den Menschen von heute glaubwürdig gemacht werden könne. Das Konzil wiederhole nur »die alte Lehre«.[4] Er selber, Rahner, aber suchte stets nach einer Möglichkeit, die Menschwerdung Gottes und das Verhältnis von göttlicher und menschlicher Natur in Christus auch den Zeitgenossen des 20. Jahrhunderts besser als früher begreiflich zu machen. »Mit vorbildlichem intellektuellem Mut und starker denkerischer Kraft« (H. Küng[5]) hatte Rahner deshalb schon 1945 die Chalkedonischen Sätze nicht nur als Ende, sondern entschiedener noch als »Anfang« eines kreativen theologischen Rezeptionsprozesses bezeichnet, als *eine* Wahrheit, die freimache für *die* – immer größere – Wahrheit.[6] In der Tat:

In einem durch die Enzyklika Pius' XII. »Humani Generis« (1950) erneut erzeugten antimodernistischen Klima innerhalb der katholischen Theologie (Verurteilung der französischen »Nouvelle Theologie«), unter dem auch Karl Rahner zu leiden gehabt hatte[7], gehörte Mut dazu, eine dem modernen philosophischen Denken (Rahner war Heidegger-Schüler!) verpflichtete Interpretation der Glaubensaussagen zu fordern und vorzulegen. Wie sah sie im Grundansatz aus?

Schon in seinem ersten entscheidenden *Christologie-Aufsatz von 1954* (»Probleme der Christologie von heute«) hatte Rahner zwei Sachverhalte erkannt. *Negativ*: Menschen des 20. Jahrhunderts (inklusive viele Christen selber) verstünden die Aussagen von der Menschwerdung Gottes und den zwei Naturen in Christus oft genug falsch. Es gibt nach Rahner eine »›landläufig-vulgäre‹ Verkürzung«[8] der kirchlichen Lehre im Sinne eines mythologischen Mißverständnisses. Und »mythologisch« war für Rahner »die Vorstellung vom Menschwerden eines Gottes derart, daß das ›Menschliche‹ an ihm nur die Verkleidung, die Livrée ist, deren er sich ›bedient‹, um seine Anwesenheit hier bei uns zu signalisieren«.[9] Es ist von daher wichtig zu sehen: Anders als Karl Barth, der angesichts des Liberalismus alles tun mußte, um dem »vere deus« der chalkedonischen Formel sein Recht zu verschaffen, hatte Rahner als katholischer Theologe an der *umgekehrten Front* zu kämpfen: Das »Göttliche« an Christus schien im Raum des Katholischen so selbstverständlich, daß das »vere homo« nicht selten verdrängt oder verkürzt zu sein schien. Rahners denkerischer Impuls hatte also von Anfang an die Stoßrichtung, dem »vere homo« in der Christologie zu seinem Recht zu verhelfen, und zwar gegen einen vulgär-theologischen Monophysitismus, der sich gerade auch in frömmsten Kreisen nicht selten eingestellt habe.[10]

Positiv gewendet hieß das: Rahner wollte von Anfang an den Zeitgenossen des 20. Jahrhunderts zeigen, daß die christologischen Sätze aus dem 5. Jahrhundert keineswegs nur fremde, erratische Blöcke aus fernen, vergangenen Zeiten waren, Glaubensdenkmäler gewissermaßen, die man nur staunend anbeten könne, ohne sie wirklich zu begreifen. Er wollte vielmehr transparent machen, daß mit diesen Sätzen auch etwas über den *Menschen von heute* ausgesagt ist, ja, daß diese Christologie möglicherweise in ihrer anthropologischen Dimension erst *heute* voll verstanden werden könne. Gibt es also eine Möglichkeit, vom Selbstverständnis des heutigen

Menschen aus diese christologischen Grundaussagen des Konzils zu erfassen? Was ist überhaupt im Menschen, das ihn fähig macht, solche Sätze über Christus zu verstehen? Ja, Rahner fragte konkret: »Wäre es nicht möglich und angebracht, so etwas wie eine transzendentale Deduktion einer Christus-Gläubigkeit zu versuchen? Es sollte ausdrücklicher als üblich danach gefragt werden, warum der Mensch der ist, der an den Christus des christlichen Dogmas glauben kann.«[11]

Damit war schon 1954 die Grundrichtung von Rahners Denken vorgegeben: Aufgrund der *Mensch*-Werdung Gottes sollte vom Menschen selber aus (also »von unten«) nach Möglichkeitsbedingungen (also »transzendental«) des Glaubens an die Menschwerdung Gottes in Christus gefragt werden: »Auch wenn das Wunder der Menschwerdung Gottes die absolute freie Tat Gottes selbst ist, so läßt sich, *wenn* sie geschehen und glaubend erkannt ist, dennoch erkennen, daß die Menschwerdung Gottes sich zu den Horizonten des menschlichen Selbst- und Weltverständnisses in ein positives Verhältnis bringen läßt, freilich so, daß durch eine Einführung in diese Zusammenhänge diese Verstehenshorizonte selbst verändert und radikalisiert werden.«[12] Diesen Grundansatz wird Rahner auch künftig immer stärker ausbauen und bis zum Ende nicht mehr aufgeben. Mehr als 30 Jahre später kann er deshalb in seinem »Grundkurs des Glaubens« (1976) thesenhaft zusammenfassen: »In einer Epoche der Geistesgeschichte, in der eine transzendentale Anthropologie als solche über eine rein empirisch feststellende und aposteriorisch beschreibende Anthropologie hinaus gegeben ist und nicht mehr beiseite getan werden kann, ist dann auch eine transzendentale Christologie, die nach den apriorischen Möglichkeiten im Menschen für das Ankommenkönnen der Christusbotschaft fragt, als explizite notwendig.«[13]

Wie aber sieht diese »apriorische Möglichkeit« im Menschen aus? Konkret: Worin besteht die *Verbindung von Anthropologie und Christologie*? Antwort Rahners: Transzendentale Voraussetzung eines Glaubens an die Menschwerdung ist die offene Transzendenz des menschlichen Subjekts als Geistwesen hin auf das absolute Sein Gottes selbst: »Wird das Wesen des Menschen überhaupt« – so Rahner – »existential-onotologisch als die offene (d. h. weder eine bestimmte Grenze besitzende noch ein absolutes Maß an Erfüllung fordernde) (›personal‹ zu vollziehende) Transzendenz auf das absolute Sein Gottes verstanden, dann kann die Inkarnation erscheinen als die (ob zwar freie, ungeschuldete und einmalige) absolut höchste Erfüllung dessen, was ›Mensch‹ überhaupt besagt.«[14]

Eine entscheidende *Weichenstellung* ist damit gegeben: *Menschwerdung Gottes* ist für Rahner nicht irgend etwas Mirakulöses oder Mythologisches, das sich in ferner Zeit an einem Menschen einmal vollzogen hat, sondern ist *mit den Möglichkeiten des Menschen überhaupt verbunden,* wenngleich nicht notwendig gegeben. In Jesus Christus ist in Erscheinung getreten, was als innerste Möglichkeit in jedem Menschen (»Gottmenschentum des Menschen«) *angelegt* ist, aber in Jesus Christus definitiv verwirklicht wurde. Nur in Jesus Christus kommt zusammen, was im Prinzip in jedem Menschen, in seinem Sinn-Streben, Hoffen, Sehnen, Ausharren, ja im Prozeß der Selbsttranszendenz der Welt überhaupt immer schon vorausgesetzt ist: die definitive Zuwendung Gottes zur Welt und zum Menschen einerseits und die restlose und endgültige Annahme dieser Selbstzusage Gottes durch den Menschen in freiem Gehorsam andererseits. Rahner selbst: »Es könnte der richtige Sinn eines allgemeinen Gottmenschentums von der Lehre des einen absoluten Gottmenschen abgegrenzt und mit ihr in Verbindung gebracht werden.«[15]

Was ist mit diesem Ansatz erreicht? Erreicht ist:

– der *Inkarnation* wird der falsche Schein des Mirakulös-Mythologischen genommen;
– die »*Menschheit*« *Christi* wird davor bewahrt, länger als eine Art fremdes Instrument der Gottheit Christi, länger als von außen her nur »angenommen« zu erscheinen, als verbergende »Livrée« von Christi Gottheit; sie kommt vielmehr in ihrer Eigenwirklichkeit zur höchsten Erfüllung, wird »Realsymbol Gottes« selbst.[16]
– *Anthropologie kann als defiziente, d. h. noch unvollendete Christologie, Christologie aber als vollendete Anthropologie* beschrieben werden. Die chalkedonische Formel vom »unvermischt und ungetrennt der beiden Naturen« wird für Rahner »zur durchgängigen Formulierung für das Verhältnis von geistiger Kreatur und Gott in allen (onto-logischen) Dimensionen und hat in der Hypostatischen Union ihren höchsten und einmaligen Fall«.[17]

2. Die Selbstunterscheidung Gottes

Bisher war von der Präexistenz Christi nicht eigens die Rede. Warum nicht? Weil Rahner die Präexistenz des ewigen Gottessohnes vor der Menschwerdung ganz selbstverständlich voraussetzte. Noch einmal: Nicht sie ist das eigentliche Thema seiner Christologie, sondern die Mensch*werdung* Gottes, die Einheit von Gottheit und Menschheit in der (göttlichen) Person Jesus Christus. Aber: Selbstverständliche Voraussetzung aller Menschwerdung ist für Karl Rahner wie für Karl Barth die innertrinitarische *Selbstunterscheidung Gottes*, das Werden des *Sohnes* in der »immanenten« Trinität, die nach außen (»ökonomische« Trinität) Bedingung der Möglichkeit einer Selbstentäußerung Gottes in der Schöpfung ist, eine Selbstentäußerung, die ihren Höhepunkt in der Menschwerdung des Sohnes Gottes (nicht des Vaters) erreicht. Anders gesagt: Trinität und Inkarnation gehören für Rahner in jedem Fall zusammen. Die »Einheit von Dreifaltigkeits- und Menschwerdungslehre« wollte er gewahrt wissen.[18] Denn nur so könne ja das Christusereignis als *Gottes* hingebende Selbstentäußerung, »als Geschichte Gottes selbst« beschrieben werden.

Damit ist deutlich: Die *Präexistenz der Logos-Person* kommt bei Rahner nicht »für sich«, sondern nur in dem Moment theologisch in den Blick, wo Rahner klar machen muß:

- warum nur die Logos-Person Mensch werden und nur sie die endgültige Selbstzusage Gottes an die Menschen sein könne;
- wie das Verhältnis der präexistenten Logos-Person zum Menschen Jesus zu denken ist;
- wo das Problem der Freiheit und des Selbstandes der »menschlichen Natur« Jesu, der »Menschheit« des Heilbringers gelöst werden muß. Und dieses Verhältnis der Logos-Person zu ihrer menschlichen Natur ist für Rahner so zu denken, »daß hier Eigenstand *und* radikale Nähe in gleicher Weise auf ihren einmaligen, qualitativ mit anderen Fällen inkomensurablen Höhepunkt kommen, der aber doch eben der einmalige Höhepunkt eines Schöpfer-Geschöpf-Verhältnisses ist«.[19]

Dieser Ansatz bei der Mensch-Werdung des Logos Gottes leistet theologisch ein Doppeltes:

- Ein *neues Gottesverständnis*. Aussagen werden möglich über eine Geschichte Gottes mit der Welt, eine Bewegungsdynamik und damit eine Veränderlichkeit Gottes. Das *klassische Unveränder-*

lichkeitsaxiom kann so dialektisch weiterentwickelt werden: Die Geschichte unserer Welt kann jetzt auch als Geschichte Gottes selbst und unsere vergängliche Zeit als Zeit des Ewigen verstanden werden. Gott, der Unveränderliche, kann sich »am anderen« verändern! Anders gesagt: Im Lichte des Glaubens an die Menschwerdung des Logos werden letzte *Tiefenaussagen über das Wesen Gottes* selber möglich, ja, gelangt man – Rahner zufolge – zu einer »ontologischen Letztheit«, die »eine bloß rationale Ontologie vielleicht nicht ahnen würde und die zur Kenntnis zu nehmen und gleich in den Uranfängen und Ursprüngen ihres Sagens als Urformel einzusetzen ihr schwerfallen mag: Das Absolute, richtiger: der Absolute, hat in der reinen Freiheit seiner unendlichen Unbezüglichkeit, die er immer bewahrt, die Möglichkeit, das andere, Endliche, selber zu werden, die Möglichkeit, daß Gott, gerade in*dem* er und dadurch, daß er selbst *sich* entäußert, *sich* weggibt, das andere als seine eigene Wirklichkeit *setzt*.«[20]

– *Ein gegenseitiges Bedingungsverhältnis von immanenter und ökonomischer Trinität*. Rahner wußte: Im normalen »religiösen Daseinsvollzug« des Christen spielt die Lehre von der Trinität kaum noch eine Rolle. Man könnte – so meinte er – sogar den Verdacht haben, »daß für den Katechismus des Kopfes und des Herzens (im Unterscheid zum gedruckten Katechismus) die Vorstellung des Christen von der Inkarnation sich gar nicht ändern müßte, wenn es keine Dreifaltigkeit gäbe«.[21] Das gelte analog aber auch für die Schultheologie, in der der »Traktat über die heilige Dreifaltigkeit« im Gefüge der Dogmatik »ziemlich isoliert« dastehe. Wenn dieser Traktat in der Dogmatik einmal abgehandelt sei, komme er später denn auch nicht mehr vor: Dieses Geheimnis scheine nur um seiner selbst willen mitgeteilt zu sein. Es bleibe, auch *nach* seiner Mitteilung, als *Wirklichkeit* in sich selbst verschlossen. Nur satzhafte Mitteilungen ergingen; es selbst als Wirklichkeit habe eigentlich nichts (oder fast gar nichts) mit uns selber zu tun.[22]

Diese Irrelevanz und Isolation der mit der Trinitätslehre gemeinten *Sache* will Rahner gerade dadurch überwinden, daß er nach einem *neuen Zugang zur Trinitätslehre* sucht. Wo findet er ihn? Er findet ihn »bei der heils- und glaubensgeschichtlichen Erfahrung Jesu und seines Geistes in uns« selbst.[23] *Heilsgeschichtlich (ökonomisch) bei der Geschichte Jesu Christi* selbst also will Rahner ansetzen – im Bewußtsein der Tatsache freilich, daß in der heilsgeschichtlich »erfahrenen« Trinität die immanente bereits mitgegeben ist, daß also »die ökonomische Trinität die immanente *ist* und umgekehrt«:[24] »Je weniger eine Trinitätslehre sich scheut, heilsökonomisch zu sein, um so mehr hat sie Aussicht, von der immanenten Trinität das Eigentliche zu sagen und dieses Eigentliche einem theoretischen und existentiellen Glaubensverständnis auch wirklich nahezubringen.«

3. Von der Frage zum Problem der Präexistenz

Wir können hier Rahners auch innerkatholisch nicht unumstrittene Trinitätslehre nicht weiter entfalten.[25] Uns interessiert vielmehr, welche *Konsequenzen* der neue Ansatz Rahners für die *Frage nach der Präexistenz Jesu* hat. Und da kann es keine Frage sein: Wer wie Rahner theologisch bei der »heils- und glaubengeschichtlichen Erfahrung Jesu« ansetzen wollte, mußte je länger desto mehr den neutestamentlich gegebenen Unterschied zwischen dem geschichtlichen und einmaligen »konkreten Sohn« und der metaphysisch-transgeschichtlich schon immer gegebenen präexistenten »Sohnschaft« als *Problem* empfinden. Der mußte zwischen neutestamentlicher und dogmatischer Christologie einen nicht mehr so leicht zu überspielenden *Hiatus* zur Kenntnis nehmen. Kurz, für den mußte sich die bislang so selbstverständlich vorausgesetzte Präexistenz der Logos-Person als *Frage* eigens stellen. Wie kommt man vom geschichtlich konkreten Sohn zum innergöttlich »ewigen« Sohn? Es ist in der Tat auffällig: Vergleicht man die beiden *Schlüsselartikel Rahners* zur Christologie im »Lexikon für Theologie und Kirche« (1960) und im Handbuch »Sacramentum Mundi« (1968), so springt *ein* Unterschied ins Auge. Erstmals wird 1968 der »Frage nach der Präexistenz Christi« ein eigener längerer Abschnitt gewidmet – und zwar im letzten Teil des Artikels unter dem bezeichnenden Titel »Probleme und Neuansätze«.

Was aber war die Frage, was war das *Problem*? Zunächst gilt es, sich noch einmal zwei zentrale christologische Begriffe Rahners vor Augen zu führen: *Jesus von Nazaret* ist der *»absolute Heilbringer«* und Jesus ist die *»Selbst-Aussage«* und *»Selbst-Zusage« Gottes*. Wie gehören beide Begriffe zusammen? Rahner setzt in seinem Christologie-Artikel von 1968 voraus, daß Jesus von Nazaret sich »als dieser absolute Heilbringer« verstanden habe, daß dieses »Selbstverständnis glaubwürdig« und durch die Auferweckung »zur Endgültigkeit seiner heilsmittlerischen Funktion und damit zur Vollendung« gekommen sei.[26] Anders gesagt: Im Unterschied zu einem Propheten als Heilbringer Gottes, der ja immer wieder durch andere Heilbringer überholt werde und gewissermaßen in einer nach vorne offenen Geschichte stehe, ist Jesus für Rahner der *absolute* Heilbringer, der als solcher auch die Wirklichkeit Gottes selbst qualifiziert: »In dem absoluten Heilsereignis muß Gott dessen Geschichte als seine eigene treiben und als freigetane endgültig behalten, sonst bleibt sie für ihn unverbindlich und vorläufig.«[27] Womit Rahner sagen will: Das Heilsereignis »Jesus Christus« ist ein Akt unwiderruflicher und verbindlicher *Selbst*-Aussage Gottes, die wie bei keinem anderen Heilbringer sonst die Wirklichkeit Gottes selbst »definiert«.

Unter diesen Voraussetzungen stellt sich für Rahner »die Frage nach der Präexistenz Christi« neu. Und Rahner gibt zu, daß die Frage nach der Notwendigkeit der »Präexistenz« Christi für eine orthodoxe Christologie heute »manchmal zweifelnd« neu gestellt werde. Seine Antwort? Sie greift nicht eigentlich diese Zweifel auf, sondern versucht, ihnen zu begegnen durch ein mit theologischer Logik vorgetragenes Bekenntnis: »Wenn Jesus Christus die absolute eschatologische *Selbst*aussage und *Selbst*zusage Gottes ist – und ohne dies ist eine Christologie unchristlich – und in Einheit damit deren freie, von der Zusage formaler Prädefinition selbst erwirkte kreatürliche Annahme und nur so absolutes Heilsereignis sein kann, dann ist der Zusagende und sich selbst Aussagende, eben Gott, ›präexistent‹, und zwar radikal anders, als es der Fall ist, wenn Gott einer sonstigen (zeitlichen) Kreatur präexistiert, die nicht seine *Selbstaussage ist.*«[28]

Wie sind diese komplizierten Sätze zu verstehen? Doch wohl nur so: Entsprechend seinem Grundsatz von der gegenseitigen Bedingtheit von immanenter und ökonomischer Trinität folgert Rahner aus dem Grundsatz der *Selbstaussage* Gottes im geschichtlichen Ereignis Jesus eine transzendental gegebene notwendige Selbstunterscheidung in Gott selbst. Gott muß also »in sich« Aussage (klassisch gesprochen: eine Logos-Person/Hypostase) sein, bevor er sich »nach außen« selbst aussagen kann. Rahner verweist denn auch im gleichen Zusammenhang auf die Trinitätstheologie sowie auf die »Unvermeintlichkeit *und* Schwierigkeit«, in Gott »von drei ›Personen‹ zu reden«, um auch hier – in Korrektur des klassischen Personen-Begriffs in der Trinitätslehre – seinen Ansatz zu wiederholen: »Versteht man unter den drei Personen, d. h. genauer unter den ›person‹-bildenden und ›person‹-unterscheidenden Formalitäten, drei Subsistenzweisen des einen Gottes, von denen die zweite gerade identisch ist mit der geschichtlichen Aussagbarkeit Gottes – die gerade *so* Gott immanent und wesentlich zugehörig immanent trinitarisch ist –, dann kann und muß von einer Präexistenz des sich selbst in Jesus Christus aussagenden Subjekts gesprochen werden, ohne daß dies zu jenen Fraglichkeiten führt, denen heute eine zweifelnde Infragestellung der Präexistenz offenbar ausweicht.«[29] Auch hier wird klar: Die *Bedingung der Möglichkeit der geschichtlichen Aussagbarkeit Gottes ist die Hypostase des Logos-Sohnes, die als solche dann zum Träger (»Subjekt«) der Menschheit Jesu* wird.

Was aber war nun mit der »Frage« nach der Präexistenz gemeint? Fragen stellen sich ja nur, wenn die alten Formeln und Lösungen frag-würdig werden. Und was Rahner bisher zur Sprache brachte, war die klassische Lösung in traditioneller Formelsprache. Was also steckte bei Rahner dahinter, wenn er hier von einer »Frage« sprach? Es fällt in diesem Artikel erstmals – wenn ich richtig sehe – ein Satz, der aufhorchen macht. Rahner schreibt: »Man darf und soll den Exegeten die Freiheit lassen, unbefangen zu untersuchen, ob genau das, was Jesus selbst mit Sohn des Vaters schlechthin meint, einfach identisch ist mit dem sich in der Zeit selbst und so auch als präexistent aussagenden Gott oder auch ein Moment enthält, das mit diesem Gott nicht identisch ist und so noch nicht ›präexistent‹ ist.«[30] Was kann Rahner mit diesen rätselhaften Sätzen gemeint haben?

Verstehe ich Rahner richtig, so sieht er zumindest als *Möglichkeit*, daß zwischen dem, was der geschichtliche Jesus selbst mit seiner Sohnschaft meinte, und dem, was präexistente, metaphysische Sohnschaft (die Hypostase Logos-Sohn in Gott) besagt, ein erheblicher Unterschied besteht, genauer: daß die Verkündigung des »Sohnes« Jesus von Nazaret noch gar nicht einen solchen (in sich selbst unterschiedenen) Gott gemeint haben kann. Das wäre dann dieses »Moment«, das mit diesem Gott nicht identisch und so noch nicht ›präexistent‹ gewesen wäre. Für Näheres verweist Rahner an dieser Stelle auf einen eigenen Artikel im Handbuch »Mysterium Salutis« (1967) und fügt – wie wenn ihm dieses Problem bereits zu brisant geworden sei – rasch hinzu: »Auch die *zweite* Möglichkeit schließt nicht aus, daß das sich selbst aussagende göttliche Subjekt, das die klassische Terminologie (neben Logos) ›Sohn‹ nennt, präexistent ist.«[31]

4. Die Probleme konkret

An dieser Stelle ist nötig zu sagen: Wir wollen die Theologie von Rahner nicht »immanent« widerlegen noch Texte verdachtshermeneutisch gegeneinander ausspielen. Wir sind einem *neuen Problembewußtsein innerhalb katholischer Christologie* auf der Spur und wollen die Rahnerschen Texte daraufhin abhorchen, ob ein solches Problembewußtsein im Blick auf die alten Lösungen erkennbar ist. Wir wollen gerade da, wo *Rahner selbst* Probleme nicht verschweigt, sie dem gegenwärtigen theologischen Diskurs zuführen.

Daß sich aber Probleme mit den alten Lösungen abzeichneten, hatte Rahner gerade in seinem »Mysterium-Salutis«-Artikel deutlich gemacht: »*Der dreifaltige Gott als transzendenter Urgrund der Heilsgeschichte*« (1967).[32] Wir wollen hier nicht nochmals Rahners positive Lösung wiederholen, sondern mit ihm das Problem herausarbeiten. Denn Rahner will auch hier von einer »biblischen Christologie«, vom »Selbstverständnis des geschichtlichen Jesus« und dessen Verhältnis zu Gott, dem Vater, ausgehen, wie es bei den Synoptikern geschildert werde. Deshalb:

Problem 1: Rahner bezeichnet es jetzt als »methodisch gefährlich«, die bei den Synoptikern geschilderte »einmalige Sohnschaft Jesu« gleich »im ersten Ansatz nur und einfachhin ... von der ewigen Zeugung des Logos allein« verstehen zu wollen.[33] Im Klartext: Rahner will die »Sohnschaft Jesu« zunächst nicht als metaphysische und so als gleichsam von vornherein sicher garantierte betrachten, sondern erst einmal hören, was Jesus selber mit Sohnschaft konkret gemeint haben kann. Von daher zögert Rahner nicht zu sagen: Der geschichtliche »Sohn« ist »die Selbstmitteilung des Vaters an die Welt«, ist die »ökonomische (geschichtliche) Selbstmitteilung des Vaters«.[34]

Problem 2: Rahner bezeichnet es als »kritischen Punkt der ganzen Überlegung«, warum der geschichtliche Jesus als der Sohn, als das Wort der freien Selbstaussage des Vaters nun notwendig auch der ewige Logos sein müsse: »Warum bedeutet die Möglichkeit der Selbstaussage des Vaters an die Welt schon als Möglichkeit eine innere ›Differenzierung‹ in Gott selbst?« fragt Rahner und meint die Antwort auf diese selbstgestellte Frage ganz von der Exegese her geben zu können.[35] Man könne – so Rahner – »ruhig darauf hinweisen«, daß die Erfahrung der absoluten Nähe des sich selbst mitteilenden Gottes in Christus schon von der Theologie des Neuen Testamentes so interpretiert werde. Das Neue Testament selber kenne ja schon eine Deszendenzchristologie (Paulus, Johannes) als Interpretation einer Aszendenzchristologie (Synoptiker, Apostelgeschichte). Anders gesagt: Rahner ist exegetisch davon überzeugt, daß mit einer neutestamentlichen Deszendenzchristologie die Möglichkeit einer inneren »Differenzierung« in Gott gegeben ist. Warum?

Diese These ist nur von Rahners Axiom her begreiflich, daß Jesus Christus, der Sohn, die *Selbst*-Aussage Gottes des Vaters ist. Jesus aber wisse sich sowohl dem Vater als auch den Menschen gegenüber als »der Sohn«. Das aber wäre unmöglich, wäre er einfach Gott, der »Vater«, der sich in einer menschlichen Wirklichkeit präsent gäbe und mitteile. Würde man – fährt Rahner fort – die menschliche Wirklichkeit Jesu hypostatisch im Vater subsistieren lassen, dann wäre zwar noch immer eine geistige, freie, kreatürliche Subjektivität in dieser Menschheit denkbar, die sich auf den Vater beziehen könnte und also zu diesem Ursprung und Träger ›Vater‹ sagen könnte, diese aber könnte als die konkrete Gegenwart des Vaters dem *Menschen* gegenüber sich nicht als der *Sohn* des Vaters erfahren und aussagen. Anders gesagt: Wäre das die Menschheit Jesu tragende Subjekt nicht der göttliche Logos-Sohn, sondern der göttliche Vater, könnte diese »göttliche Person« auf Erden den Menschen gegenüber sich gar nicht als Sohn (des Vaters), sondern müßte sich konsequenterweise als »Vater des Vaters« bezeichnen. Das aber wäre nach dem biblischen Zeugnis absurd, und so muß das Gegenüber von Vater und Sohn in Gott selbst begründet sein, so muß der »Sohn« präexistieren.

Und Rahner fügt an dieser Stelle zum Abschluß seiner Überlegungen hinzu: »Mit diesen knappen und unbeholfenen Worten« habe er keine »genauere Lehre von der Sohnschaft des Sohnes« und dessen »Verhältnis zu dem absolut ursprunglosen Gott« entwickeln wollen.[36] Er habe nur »erste offenbarungsgeschichtliche Ansatzpunkte« für ein ursprüngliches Verständnis der Aussage vom »immanenten« Sohn des Vaters angeben wollen. Eine »dafür nötige biblische Christologie« könne hier nicht entwickelt werden. Betont werden müsse aber, daß der Übergang von der Selbstaussage des geschichtlichen Jesus zu der Lehre von der ›Präexistenz‹ des Sohnes bei Paulus und Johannes verständlich gemacht werden« solle: »Denn so sehr, dogmatisch gesehen, die Präexistenz-Christologie bei Paulus und Johannes als göttliche Offenbarung anzusprechen ist, so ist sie doch nicht ursprünglich das Offenbarungsdatum, sondern inspirierte

Theologie, entwickelt aus der Selbstinterpretation Jesu im Zusammenhang mit der Erfahrung seiner Auferstehung. Wird aber darum nach dem *Wie* und *Recht* dieser ›theologischen‹ Entwicklung gefragt, so ist damit auch die Frage gestellt (und ein Leitfaden für ihre Beantwortung geliefert), *was* unter dieser Präexistenz, also unter dem gottimmanenten ewigen Verhältnis des Vaters zum Sohn eigentlich zu verstehen ist.«

5. Christologie systematisch – aber exegetisch?

Wir haben versucht, den Ansatz des Rahnerschen christologischen Denkens ohne Voreingenommenheit zu rekonstruieren. Wir haben die sprachlich oft gewaltsam formulierten und inhaltlich schwierigen Texte zu verstehen gesucht und diesen Theologen ausführlich selber zu Worte kommen lassen. Es ist Zeit, Rückfragen zu stellen, für die wir die Leistung Rahners noch einmal würdigen wollen. Sein Denken bedeutet in Sachen »Präexistenz Christi«:

– gegen einen *dogmatischen Immanentismus* die Wahrnehmung der heilsgeschichtlichen Dimension des Christusereignisses. Kein Verständnis der »ewigen Sohnschaft« Jesu Christi an dem konkreten Selbstverständnis des geschichtlichen Menschen Jesus als »Sohn« vorbei;
– gegen einen *dogmatischen Fundamentalismus* das Ernstnehmen der Exegese in der Erforschung der Anfänge des Christusglaubens, der Unterschiede der Christologien und der Übergänge von verschiedenen theologischen Konzeptionen. Kein Verständnis der »ewigen Sohnschaft« Jesu bei Überspringung des exegetischen Befundes; keine dogmatische Christologie auf Kosten einer biblischen Christologie;
– gegen eine *dogmatische Sterilität* die Eröffnung neuer Möglichkeiten, das Wesen Gottes als des Vaters Jesu Christi geschichtlich-dynamisch zu denken. Die »ewige Sohnschaft« Jesu als Bedingung der Möglichkeit, Gott selbst in seiner Unveränderlichkeit veränderlich, in seiner Selbigkeit anders, in seiner Fülle als sich verschenkend zu glauben und zu denken.

Und doch: Man mag es bedauern, daß Karl Rahner *nicht* dazu kam, die angekündigte *»biblische Christologie« selber zu entwerfen.*[37] Noch deutlicher hätte er dann die je unterschiedlichen Sprach- und Konzeptionsgestalten der neutestamentlichen und dogmatischen Christologien herausarbeiten können. Noch deutlicher hätte er sehen können, daß nicht nur bei den Synoptikern, sondern auch schon bei Paulus keine Präexistenzchristologie bereitlag und daß auch bei Johannes von einer präexistenten, metaphysischen, innergöttlichen Sohnschaft keine Rede sein kann, ja, daß das ganze Neue Testament unter Präexistenz gerade nicht das »gottimmanente ewige Verhältnis des Vaters zum Sohne« verstand, keine innere »Differenzierung in Gott« kennt und doch vom geschichtlichen Jesus, ja vom ganzen Ereignis »Jesus Christus« als einer (mit Rahner gesprochen) *Selbst*aussage Gottes reden konnte. Dann hätte Rahner in der Tat stärker und schärfer nach dem »Wie« und dem »Recht« der theologischen Entwicklung im Neuen Testament fragen und daraus systematisch-theologische Konsequenzen ziehen müssen. Geht es doch – wie Walter Kasper mit Recht gegen Rahner eingewandt hat – »der Schrift nicht primär um das innerchristologische Problem des Verhältnisses von Gottheit und Menschheit, sondern um das theozentrische Motiv des Verhältnisses Jesu zu ›seinem Vater‹«[38]. Ja, so wird man hinzufügen dürfen, geht es der Schrift doch auch nicht primär um das innertrinitarische Verhältnis von »drei Personen«, sondern offenbarungstheologisch darum, daß der eine Gott und Vater sich im konkreten Menschen Jesus Christus *definitiv* geoffenbart hat – eine Aussage, die eschatologisch, von der Auferweckung her, zu legitimieren ist.

So wird man es theologiegeschichtlich als eine verpaßte Chance betrachten müssen, daß Karl Rahner die an der Universität Münster 1970/71 praktizierte Zusammenarbeit mit dem *Exegeten Wilhelm Thüsing* nicht wirklich dazu nutzte, um seine Christologie nochmals im Lichte der Schrift zu überarbeiten. In der gemeinsamen Veröffentlichung beider (»Christologie – systematisch und exegetisch« 1972) wurden zwar beide Textkomplexe nebeneinander dokumentiert, aber nur der Exeget nahm Bezug auf das vom Partner Entworfene. Ein echter Dialog zwischen Dogmatik und Exegese hat hier nicht stattgefunden.[39]

Gerade aber in Sachen *Präexistenz* ist dies besonders bedauerlich. Zwar gibt Rahner hier noch bereitwilliger zu, die Frage nach der »Präexistenz« Christi müsse heute »expliziter und vorsichtiger« behandelt werden, »als es bisher geschehen« sei.[40] Zugleich aber druckt er unverändert diejenige Passage zur Präexistenzproblematik ab, die er vor vier Jahren bereits im Artikel von »Sacramentum Mundi« formuliert hatte. Ein »Fortschritt« ist nicht erkennbar. Dabei hatte gerade *Wilhelm Thüsing* in seinem Beitrag nicht nur allgemein die »kritische Funktion des Neuen Testamentes« gegenüber der »klassischen Christologie« ins Spiel gebracht, sondern konkret die Funktion der Präexistenzaussagen im Neuen Testament präzise herausgearbeitet. Gerade er hatte (wir selbst haben uns im exegetischen Teil des öfteren auf ihn bezogen) differenzierend herausgearbeitet – und der Unterschied zu Rahners Exegese ist eklatant,

- es sei vom Neuen Testament her »mißverständlich«, die ›Sohnes‹-Christologie als Ausgangspunkt einer heutigen Präexistenzchristologie zu nehmen«;[41]
- die Sendungsaussage bei Paulus (Gal 4,4; Rö 8,3) sei »nicht eindeutig auf eine Sendung aus der Präexistenz heraus festgelegt«;[42]
- bei *Johannes* sei die »Offenbarer-Christologie« gegenüber der Präexistenzaussage »eindeutig primär«; diese habe »dem Offenbarungsgedanken gegenüber eine dienende Funktion«;[43]
- die Präexistenzaussagen des Neuen Testamentes seien *eschatologisch* zu lesen, mit dem *Jahweglauben zu vereinbaren und pneumatologisch-soteriologisch strukturiert*: »Präexistenz bedeutet: Gott ist von vornherein so, daß er Selbstmitteilung in diesem intensivsten Sinn der Jesus-Offenbarung wollen kann: Er ist ›Jahwe‹ – in dem Sinn, wie dieser Name von der Selbstmitteilung in Jesus her verstanden werden kann. Wenn man von paulinischer Theologie her konsequent weiterdenkt, wäre Präexistenz Jesu in Wirklichkeit die des Pneuma (als der auf Selbstmitteilung drängenden Kraft Gottes), da der Pneumabesitz die Singularität Jesu konstituiert. Die johanneische Logos-(= Offenbarer-)Christologie dürfte eine Parallele hierzu sein.«[44]

So versucht Thüsing gerade als Neutestamentler, über »die Begriffsschemata« der klassischen Christologie hinaus zu gelangen und auch die *protologischen Aussagen von den johanneischen und paulinischen Vollendungsaussagen* her mit Inhalt zu füllen. Konkret: »Die Verbindung Gottes mit der Menschheit (›Selbstmitteilung Gottes‹) kann vom Sohnschafts-Begriff aus in einer personal-dialogischen Kategorie gedacht werden, die von vornherein die Irrwege vermeidet, die im Gefolge einer vom abstrakten Menschheits- und Gottheits-Begriff herkommenden Christologie möglich sind. Die Präexistenzaussagen bedeuten dann für heutige Christologie die Sicherung, daß dieser eine Mensch Jesus ›Sohn‹ in der Weise ist, daß er alle anderen in seine ursprungs- und urbildhafte Sohnesrelation einbeziehen kann.«[45]

Man hätte gerne gehört, was Karl Rahner, der ja die Freiheit der Exegese in Sachen Präexistenzchristologie gefordert hatte und eine biblische Christologie entwerfen wollte, zu diesen Ausführungen gesagt hätte.[46] Zwar kündigte Rahner im Vorwort zu diesem Buch an, einen Traktat der Christologie »bei anderer Gelegenheit vielleicht vorlegen zu können«[47], doch dazu ist es (leider) nie gekommen. Statt dessen legte Rahner 1976 eine kleine »Summe« seiner Theologie vor (»Grundkurs des Glaubens«), in der er seine seit den 50er Jahren entwickelte Christologie noch einmal zusammenfaßte. Aus der »Frage nach der Präexistenz« ist jetzt endgültig das »*Problem der Präexistenz*« geworden. Aber auch hier wird dieses »Problem« von Rahner nicht weiter entfaltet. Im Gegenteil: Noch einmal, zum dritten Mal, druckt er denselben Text zum Problem der Präexistenz wörtlich ab, der bereits acht Jahre bzw. vier Jahre zuvor seine Problemanzeige gebildet hatte. Konsequenzen aus der Zusammenarbeit mit Wilhelm Thüsing sind nicht zu erkennen.

Es rächte sich nun vollends, daß Rahner für seine Christologie die exegetischen Grundlagen nie richtig klärte, sich theologisch aber in jedem Fall abgesichert hatte. Zwar behauptete Rahner in diesem »Grundkurs«, daß er den Begriff des »ewigen Sohnes« nicht aus dem »abstrakten Begriff« des »absoluten Heilbringers« entwickelt, sondern aus den biblischen Quellen entnommen habe. Zugleich aber erklärt er, das »spätere Neue Testament« (!) wisse ja nur deshalb, daß Jesus der ewige Sohn, der ewige Logos sei, weil im Begriff des »absoluten Heilbringers« eine Sohnes- und Logoschristologie schon impliziert sei.[49] Ein Zirkelschluß, wie man sieht, der voraussetzt, was erst zu beweisen gewesen wäre, und der beweisen will, was im Grunde keines Beweises bedarf, weil es von vornherein für diese Theologie feststeht.

So bleibt es dabei, daß das christologische Denken Karl Rahners die Erstarrung der klassischen Christologie zwar aufgebrochen hat, aber in einem entscheidenden Punkt wie der Präexistenz Christi das »Problem« nur sichtete. Das freilich ist wahrhaftig nicht wenig: »Es wird immer Karl Rahners theologiegeschichtliches Verdienst bleiben« – so Hans Küng zu Recht – »daß er der deutschen katholischen Theologie die Tore aus dem Gefängnis der römischen Neu-Scholastik geöffnet hat. Es gab nicht viele nach dem Zweiten Weltkrieg seines Formats – sieht man von den großen Franzosen wie Yves Congar, Henri de Lubac oder Teilhard de Chardin ab, welche die katholische Normaltheologie überragten.«[50]

Ja, es spricht darüber hinaus für die *menschliche Redlichkeit* und *christliche Glaubwürdigkeit* dieses großen katholischen Theologen, daß er eine Wende in seinem Denken nicht verschwieg und zugleich dessen Grenzen aufzeigte. In einem Interview zu seinem siebzigsten Geburtstag im Jahr 1974 liest man die folgenden Sätze: »Ich glaube, man könnte meiner Christologie tatsächlich eher die Frage stellen, ... ob ich nicht von einer, wie ich es nenne, Deszendenzchristologie in den letzten Jahren mehr und mehr zu einer bescheideneren, nüchterneren, weniger spekulativen Aszendenzchristologie übergegangen bin. Ich würde sagen, früher war der Satz, daß Gott Mensch und Welt geworden ist, der natürlich auch heute richtig ist, eine ursprünglichere, in einem metaphysischen Elan beinahe selbstverständliche Aussage, während ich jetzt eher sagen würde, in Jesus dem Gekreuzigten und Auferstandenen weiß ich, worauf ich leben und sterben soll. Die Aussagen einer metaphysischen Christologie behalten natürlich ihre Gültigkeit, es ist keine Wendung zu einem primitiven Jesuanismus, aber eine gewisse Wendung zu einer schlichten menschlichen Begegnung mit Jesus, mit dem Konkreten in seinem Leben, mit seinem Tod und seiner Auferstehung, durch welche ich dann zum Glauben komme, daß Gott *selbst* meine Zukunft und die Vergebung meiner Schuld ist.«[51]

III. Ökumenischer Konsens in Sachen Gottessohnschaft

Wir halten zunächst inne und fragen: Welchen Weg sind wir bisher gegangen? Antwort: Wir haben versucht, mit Hilfe der Arbeiten von Wolfhart Pannenberg den Umbruch in der protestantischen Gegenwartstheologie *nach* Karl Barth zu zeigen. Wir haben sodann einen ähnlichen Umbruch auch in der katholischen Gegenwartstheologie beobachtet und diesen im Spiegel des Denkens von Karl Rahner beschrieben. Ziel dieser beiden Durchgänge war es zu zeigen: Nicht nur in der Exegese beider Konfessionen, sondern auch in der systematischen Theologie sind Probleme mit der klassischen Christologie wahrgenommen und neu zu lösen versucht worden, und die Wahrnehmung der Probleme war umso komplexer, je mehr sich die systematische Theologie auf die historisch-kritische Exegese einzulassen bereit war.

Bevor wir auf die Präexistenzproblematik im Detail zurückkommen, sei ein wichtiges *Zwischenergebnis* festgehalten. Überblickt man wichtige, seit Pannenbergs »Christologie« (1964) vorgelegte christologische Entwürfe protestantischer (G. Ebeling, W. Joest, E. Jüngel, J. Moltmann, E. Schlink, W. Trillhaas) wie katholischer Theologen (H. Küng, W. Kasper, G. O'Collins, E. Schillebeeckx, J. Sobrino), so wird ein beachtlicher *ökumenischer Konsens* in entscheidenden Fragen der Christologie sichtbar, der theologie- und kirchengeschichtlich nicht hoch genug eingeschätzt werden kann. *Vier Themenkomplexe* scheinen mir – bei Wahrung der nötigen Individualität und Differenziertheit der einzelnen Entwürfe – konsensfähig, die ebenso eine wichtige Übereinstimmung von gegenwärtiger Exegese und Dogmatik signalisieren. Vollständigkeit bei den Zeugenaussagen wäre hier unangebracht und langweilig. Es genügt, jeweils repräsentative Zeugen für die einzelnen Themenkomplexe anzuführen.

1. Das Problem der klassischen Christologie

Bei aller Anerkennung der bleibenden Gültigkeit der Sache – wahrgenommen werden zeitbedingte Verengungen, konzeptionelle Probleme und logische Aporien bei den begrifflichen Lösungen der klassischen Christologie, die eine Relecture im Blick auf die Schrift und ein zeitgenössisches Wirklichkeitsverständnis erfordern.

Der evangelische Theologe *Wolfgang Trillhaas* hat in seiner 1980 herausgegebenen »Dogmatik« – repräsentativ durchaus auch für andere – die Bedeutung der klassischen Christologie mehr in den »Negationen«, in den »Abgrenzungen« gesehen. Die Entwicklung der kirchlichen Christologie sei ja ein »gigantisches Defensivunternehmen«[1] gewesen zugunsten des Geheimnisses der Gottmenschheit des Erlösers. Sie, die kirchliche Christologie, habe das »Mysterium des Ereignisses Jesus Christus mit einem Wall von Negationen« umgeben. Aber: Negationen allein genügten nicht: »Wir müssen nun auch unsererseits versuchen, zu positiven Aussagen zu kommen. Die alte, bis zur Orthodoxie hinreichende klassische Christologie hat ihre positiven Aussagen über Jesus Christus so gemacht, daß sie sein Wesen in allerdings dialektisch gebrochenen ontologischen Aussagen beschrieben hat. Hier können wir der alten Christologie nicht mehr folgen, d. h. wir können ihre Sätze über Person und Natur Christi, über die Eigenschaften der Naturen usw. nicht einfach wiederholen.«[2]

Für die *katholische Theologie* hat der in Rom lehrende australische Jesuit *Gerald O'Collins* in seinen Büchern »What are they saying about Jesus?« (1977) sowie »Interpreting Jesus« (1983) die Problematik präzise zusammengefaßt. Unter dem plakativen Titel »Classical Christology under Fire« nennt O'Collins sechs Schwerpunkte, die die klassische Christologie problematisch erscheinen lassen: Sie sei (1) eine Christologie »von oben«, die (2) inkarnationszentriert sei, (3) in philosophische Probleme hineinführe, (4) historische, theologische und mythische Sprache vermische, (5) den geschichtlichen Auftrag (ministry) Jesu nur streife und (6) die Person Jesu von seinem Werk, d. h. die Christologie von der Soteriologie trenne.[3]

Was die *Formeln des Konzils von Chalkedon* angehe, so sieht O'Collins klar, daß auch sie »some limitations«[4] hätten: Nicht ein Bekenntnis (zum gottesdienstlichen Gebrauch) liege hier vor (wie noch in Nikaia), sondern ein lehrhafter Text, der das irdische Leben und die irdische Geschichte Jesu kaum berühre, der weder Tod noch Auferweckung Jesu erwähne und so die soteriologische Dimension des Christusereignisses vernachlässige: »Everything that Chalcedon affirms could still be valid if Jesus had been miraculously snatched away from this world and never died on Calvary ... Chalcedon does not spell out the distinction between the earthly and glorified state of Jesus, let alone fill in the details of his historical life.«[5] Auf der anderen Seite aber sieht O'Collins deutlich: Chalkedon habe Aussagen über die Göttlichkeit und Menschlichkeit Jesu Christi gemacht (vere homo – vere Deus), *bevor* es die spezifische Zwei-Naturen-Terminologie eingeführt habe, was bedeute: »Nowhere does Chalcedon impose ›two-natures‹ terminology as the *only* language to be used henceforth by all Christians of all times.«[6] Entscheidend sei: Chalkedon sei zu allererst an der *Einheit der Person Jesu Christi* gelegen gewesen (Gott und Mensch in einer Person): »It does not really describe, let alone explain, *how* this unity of the divine-human relationship works.«[7]

Diesen Weg zwischen sachlicher Identifikation und historischer Distanz war auch der Tübinger Dogmatiker *Walter Kasper* in seinem Buch »Jesus der Christus« (1974) gegangen. Für Kasper hat das Konzil von Chalkedon »keine metaphysische Christustheorie« entworfen, sondern es »bei einer das Geheimnis wahrenden christologia negativa« belassen.[8] Die konziliaren Aussagen seien einerseits »in der Sprache und in der Problemstellung der Zeit eine höchst präzise Nachzeichnung dessen, was uns nach dem Zeugnis des Neuen Testaments in Geschichte und Geschick Jesu begegnet, daß nämlich in Jesus Christus Gott selbst in eine menschliche Geschichte eingegangen ist und uns in dieser Geschichte in einer voll und ganz menschlichen Weise begegnet«.[9] Andererseits sieht Kasper kritisch: »Das christologische Dogma von Chalkedon bedeutet gegenüber dem christologischen Gesamtzeugnis der Schrift auch eine Verengung. Das Dogma ist ausschließlich an der inneren Konstitution des gottmenschlichen Subjekts interessiert. Es löst diese Frage aus dem Gesamtzusammenhang der Geschichte oder des Geschicks Jesu, aus der Relation, in der Jesus nicht nur zum Logos, sondern zu ›seinem Vater‹ steht, und es läßt den eschatologischen Gesamthorizont der biblischen Christologie vermissen. So sehr also das christologische Dogma von Chalkedon bleibend verbindliche Auslegung der Schrift ist, muß es doch auch in das biblische Gesamtzeugnis integriert und von diesem her interpretiert werden.«[10] Anders gesagt: Auch nach heutiger katholischer Theologie gilt: Kontinuität ist nicht der Formel, sondern der Sache nach in der Christologie zu erzielen, eine Sache, für die die Schrift selber Grund und Norm der Interpretation bildet.

2. *Was ist Ausgangspunkt und Sachkriterium der Christologie?*

Ausgangspunkt und Sachkriterium der Christologie ist weder eine spekulativ verstandene »metaphysische Gottessohnschaft« Jesu noch der wissenschaftlich rekonstruierte »historische Jesus«, sondern ist die biblisch bezeugte Geschichte Jesu selber, seine Person, seine Verkündigung und sein Geschick (Kreuz und Auferweckung). Falsche Alternativen sind zu vermeiden.

Die Akzente der einzelnen theologischen Entwürfe sind gerade hier durchaus verschieden. So schlägt der spanische Jesuit *Jon Sobrino* in seiner der lateinamerikanischen Befreiungstheologie verpflichteten Christologie (»Christology at the Crossroads« 1978) den »historischen Jesus« als Startpunkt der Christologie vor und meint damit »die Person, Verkündigung, Aktivität und Haltung Jesu sowie seinen Tod am Kreuz«.[11] Dagegen legt der evangelische Tübinger Theologe *Jürgen Moltmann* in seiner Christologie »Der gekreuzigte Gott« (1972) den Akzent eher auf das Kreuz Christi. Zwar sei es – so

Moltmann – »die erste Aufgabe« der Christologie, eine »kritische Verifikation des christlichen Glaubens an seinem Ursprung in Jesus« zu leisten.[12] Gleichzeitig aber sei »das innere Problem« jeder Christologie »nicht nur dieser Bezug auf die Person, die mit dem Namen Jesus genannt wird, sondern auch auf seine Geschichte und in seiner Geschichte auf seinen Kreuztod«.[13]

Ähnlich argumentiert *Walter Kasper*. Ausgangspunkt der Christologie bildet zwar für ihn das Bekenntnis der kirchlichen Gemeinschaft »Jesus ist der Christus«, dessen *Inhalt* freilich seine »vorgegebene Norm in Geschichte und Geschick Jesu« habe.[14] Der »inhaltliche Mittelpunkt« einer solchen Christologie sei deshalb: Kreuz und Auferweckung Jesu. Konsequenz: Wo Kreuz und Auferstehung zum inhaltlichen Mittelpunkt würden, bedeute dies auch eine *Korrektur an einer einseitig an der Inkarnation orientierten Christologie*: »Läßt man nämlich die gott-menschliche Person Jesu durch die Inkarnation ein für allemal konstituiert sein, dann haben Geschichte und Geschick Jesu, vor allem Kreuz und Auferstehung, keine konstruktive Bedeutung mehr. Der Tod Jesu ist dann nur noch die Vollendung der Menschwerdung; die Auferstehung nur noch die Bestätigung der göttlichen Natur. Damit ist das biblische Gesamtzeugnis verkürzt. Nach der Schrift hat die Christologie ihre Mitte in Kreuz und Auferstehung. Von dieser Mitte greift sie nach vorn aus, nach der Parusie und nach rückwärts zur Präexistenz und zur Inkarnation.«[15]

Wie immer also diese verschiedenen Akzente aussehen mögen, der protestantische Dogmatiker *Gerhard Ebeling* dürfte in dieser Frage Entscheidendes und Verbindendes zum Ausdruck gebracht haben. In seiner Christologie (im Rahmen einer dreibändigen »Dogmatik des christlichen Glaubens« 1979) stehen die bemerkenswerten Sätze: »Darüber kann überhaupt kein Streit sein: Die Christologie steht und fällt damit, daß sie an Jesus selbst Anhalt hat. Würde es sich erweisen, daß ihm mit den christologischen Aussagen etwas angedichtet worden ist, was keinen Grund in ihm selbst hat, daß seine Gestalt tatsächlich durch die Christologie in entstellender Weise übermalt worden ist, dann würde die Christologie zur Mythologie – vielleicht einer sehr eindrücklichen Mythologie, aber auf jeden Fall zu etwas wesenhaft anderem, als Christologie zu sein beansprucht. In dem Falle eines Konflikts zwischen Jesus selbst und der Christologie gibt Jesus stets den Ausschlag. Die Christologie hat an ihm ihr Kriterium.«[16]

Zahlreiche Theologen haben dabei darauf hingewiesen, daß *falsche Alternativen in Sachen Christologie zu vermeiden sind*: Christologie »von oben« *oder* »von unten«; nur »funktionale« *oder* »ontologische« Christologie, der »historische Jesus« *oder* der »Christus des Glaubens«. So hat der katholische Dogmatiker *Edward Schillebeeckx*, dessen Christologie auch über die katholische Theologie hinaus Beachtung gefunden hat (»Jesus. Die Geschichte von einem Lebenden«, 1975; »Christus und die Christen. Die Geschichte einer neuen Lebenspraxis«, 1977) mit Recht festgehalten: »Nicht das historische Jesusbild, sondern der lebendige Jesus der Geschichte steht am Anfang und ist Quelle, Norm und Kriterium dessen, was die ersten Christen in ihm *interpretierend erfuhren*. Aber gerade im Blick auf diese Struktur des urchristlichen Glaubens kann eine historisch-kritische Forschung uns verdeutlichen, wie der konkrete Inhalt des urchristlichen Glaubens durch den Jesus der Geschichte ›gefüllt‹ war.«[17]

Von daher muß auch die beliebte Gegenüberstellung einer Christologie »von unten« und die einer »von oben« präzisiert werden. Dabei gilt: Die exklusive Alternative ist theologisch-sachlich falsch, die Unterscheidung aber war theologie*geschichtlich* notwendig und richtig. Was heißt das? Zunächst *zur Sache* selbst. Der protestantische Dogmatiker *Wilfried Joest* hat in seiner »Dogmatik« (1984) zu Recht davor gewarnt: «Ich halte es für unfruchtbar, dieses ›von oben‹ oder ›von unten‹ als Alternative gegeneinanderzustellen. Eine Beschäftigung mit dem Menschen Jesus und seiner Menschlichkeit unter *Absehen* von dem, wovon die Evangelien, die die Geschichte dieses Menschen erzählen, nun eben in keinem Augenblick absehen: daß er von Gott her der ist, der er ist, und daß es Gott ist, der durch ihn handelt, unvergleichbar mit allem, was sonst durch Menschen geschehen kann – das könnte, konsequent durchgeführt, nur auf den von Jesus ausgehenden ethischen Appell hinführen.«[18] Anders gesagt: Christologie »von unten« als eine Art Reduktionsunternehmen auf das »bloß Menschliche« Jesu wäre im Blick auf die Schrift selbst sachlich unangemessen.

Nun ist gerade auch von den bedeutenderen Vertretern einer sog. Christologie »von unten« eine solche Reduktion auf den »bloßen Menschen« Jesus, diese Auflösung der Christologie in bloße Anthropologie, weder behauptet noch faktisch vollzogen worden. Auch *Hans Küng*, dessen Buch »Christ sein« (1974) als die am weitesten vorangetriebene Programmatik einer solchen Christologie »von unten« gilt, hat ausdrücklich betont: »Aufgabe jeder wahren Christologie ist es, das ›Oben‹, d. h. das von Gott her Kommende, und das ›Unten‹, das vom Menschen her Kommende, zusammenzudenken ... Und ich lasse mich auf keine Alternative festlegen: In Jesus Christus sind Gott und Mensch im Spiel, gehören Gott und Mensch zusammen.«[19]

Der Ausdruck »Christologie von unten« ist freilich durchaus geeignet, eine *theologie-geschichtliche Alternative* im methodischen Ansatz der Christologie zu bezeichnen: zu einer Christologie, die – von der Patristik bis Karl Barth – von einer Trinitäts- und Inkarnationstheologie ausging und das Ereignis »Jesus Christus« aus einem trinitarischen Gottesbegriff gleichsam deduzierte. Einen solchen Ansatz vertritt aber heute selbst diejenige Christologie nicht mehr, die sich dem Barthschen Programm noch am stärksten verpflichtet fühlt. So erklärt auch der evangelische Tübinger Theologe *Eberhard Jüngel* in seiner 1977 erschienenen Christologie »Gott als Geheimnis der Welt«, daß – im Blick auch auf die Trinitätslehre – »allein der Mensch Jesus als vestigium trinitatis behauptet« werden könne: »Ohne das Menschsein dieses Menschen, ohne seine Lebens- und Leidensgeschichte wäre die Rede vom dreieinigen Gott allenfalls ein mysterium logicum, eine müßige und in sich selbst haltlose Spekulation«.[20]

3. Die Bedeutung des Gottesverhältnisses Jesu

Jesus von Nazaret hat sich nicht selbst als der ewige Gottessohn verkündigt, hatte aber ein einzigartiges Verhältnis zu Gott, den er seinen »Vater« nannte. Dieses einzigartige Gottesverhältnis Jesu ist von indirekter (impliziter) christologischer Bedeutung.

Es ist ein theologiegeschichtlich bemerkenswerter Vorgang: Während Barth und Bultmann in Reaktion gegen die Liberalen es noch als theologisch fragwürdig (»Kreaturvergötzung«) und christologisch irrelevant von sich wiesen, das Verhältnis des geschichtlichen Jesus zu Gott näher zu untersuchen oder gar als Anknüpfungspunkt für eine explizite Christologie ernst zu nehmen, sind die Liberalen heute zumindest in diesem Punkt voll rehabilitiert. Zwar spricht heute kein Exeget und kein Systematiker mehr so platt und blumig wie einstmals liberale Exegeten vom Führer- und Herrscherbewußtsein Jesu oder von seinem einmaligen Gottes*bewußtsein* (Rudolf Bultmann wollte ja bekanntlich schon früh von diesen »zarten Dingen« nichts mehr wissen). Andererseits aber geht auch die systematische Theologie heute von einem Doppelten aus. Zum einen: »Jesus hat nie von sich selbst als ›dem Sohn‹ oder ›Sohn Gottes‹ gesprochen; kein einziger synoptischer Text weist in diese Richtung.« Zum anderen: »Wohl steht fest, daß er (Jesus) Gott in besonderer Weise ›Abba‹ genannt hat« (E. Schillebeeckx[21]). Anders gesagt: Die kritische Exegese erlaubt es, von einem in Grundzügen erkennbaren Selbst*verständnis* und einem klar profilierbaren Gottes*verständnis* Jesu auszugehen, einem Glauben Jesu, der für den Glauben *an* Jesus eine grundlegende Bedeutung hat.

Auch in dieser Frage gibt es durchaus unterschiedliche Akzente in den einzelnen christologischen Entwürfen. So sieht auch *Walter Kasper*, daß Jesus sich zwar nach den synoptischen Evangelien »nie als Sohn Gottes«[22] bezeichnet habe, daß also »der Sohnes*titel* nicht auf Jesus« zurückgehe, daß aber »Jesus von sich in einer einzigartigen Weise als Sohn gesprochen« habe.[23] Gleichzeitig aber betont auch er: »Wenn vom Sohnes- bzw. Gottessohntitel die Rede ist, dürfen wir nicht von den späteren dogmatischen Aussagen von der metaphysischen Gottessohnschaft ausgehen; sie steht *zunächst* völlig außerhalb der alttestamentlich-jüdischen wie der hellenistischen Denkmöglichkeiten Jesu und des Neuen Testaments.«[24]

So wird man auch hier mit *Wilfried Joest* zusammenfassend festhalten können: »Es ist umstritten, ob er (Jesus) selbst sich mit einem bestimmten ›Würdenamen‹ identifizierte. Aber deutlich ist, daß er in dem Bewußtsein einer besonderen Verbindung mit Gott lebte und wirkte. Er redet zu Gott in der vertrauten Anrede ›Abba‹ (im Judentum als Anrede Gottes sonst unerhört), er spricht von ›meinem Vater im Himmel‹. Andeutend berühren die Evangelien in ihrem Erzählen der Geschichte Jesu die innere Geschichte dieses seines besonderen Gegenüber zu dem Vater: seine Hinwendung zu ihm, sein Empfangen von ihm; immer wieder den Rückzug aus dem Wirken und der Menge in die Einsamkeit des Betens; an der Schwelle des letzten Austrags das Ringen um den Willen des Vaters in Gethsemane. Und noch der Schrei am Kreuz ›Warum hast du mich verlassen‹ bekundet als Frage das Wissen um diese besondere Verbundenheit, die jetzt, in diesem Ende, zerbrochen scheint.«[25]

4. Die Bedeutung der Auferweckung Jesu

Alle expliziten christologischen Aussagen über Jesus (vor allem Menschensohn, Messias, Gottessohn, Logos, Kyrios) haben ihren Grund im Glauben an die Auferweckung des Gekreuzigten durch Gott. Die Auferweckung Jesu aber hat Folgen für das Verständnis Gottes, der Person Jesu, der Schöpfung und für den Menschen.

Wie immer das Auferweckungsgeschehen geschichtlich zu erklären und hermeneutisch für heute auszulegen ist: Mit der kritischen Exegese ist auch die systematische Theologie heute darin einig, daß eine explizite Christologie den Glauben an die Auferweckung (Erhöhung, Inthronisation Jesu, Präsenz des pneumatischen Christus) voraussetzt. Alle Christologie ist Interpretation des Ostergeschehens und der Ostererfahrung als Bekenntnis zu Gottes Tat am Gekreuzigten. Wir haben dies bereits vom christologischen Denken Wolfhart Pannenbergs und Karl Rahners her erläutert. Mit dem protestantischen Dogmatiker und Ökumeniker *Edmund Schlink* können wir hier noch einmal thesenartig festhalten: »Der gemeinsame Bezugspunkt für die Erkenntnis ›von oben‹ und ›von unten‹ ist die Auferstehung Jesu.«[26] Warum? »Denn hier hat Gott selbst den vorösterlichen Fragen, wer wohl Jesus sei, ein Ende gemacht, indem er sich zu ihm bekannte. Nun wird Jesus erkannt als der, den Gott durch die Auferweckung als Christus, als Sohn und Herrn eingesetzt hat.«[27]

»Auferweckung Jesu von den Toten« darf theologisch somit als ein im Glauben erfahrenes Offenbarwerden dessen verstanden werden, was Jesus von Nazaret für Gott (als Vater), für die Schöpfung (als Schöpfungsmittler) und für die Menschen (als Erlösungsmittler) bedeutet. Der Glaube an den von Gott Auferweckten ist zugleich ein Bekenntnis zur bleibenden, definitiven, unüberholbaren Bedeutung von Jesu Person und Sache. *Hans Küng* hat in »Christ sein« (1974) den Zusammenhang von vorösterlichem Selbstverständnis Jesu (ohne Gottessohntitel) und nachösterlichem Bekenntnis zu Jesus als Gottessohn überzeugend herausgestellt: »So wenig Jesus selber den prononcierten Sohnestitel in Anspruch genommen hat und so wenig eine nachösterliche Gottessohn-Christologie in die vorösterlichen Texte eingetragen werden darf, so wenig kann doch übersehen werden, wie sehr die nachösterliche Bedeutung Jesu als ›Sohn Gottes‹ im vorösterlichen Jesus seinen realen Anhalt hat. Jesus deutete in seinem ganzen Verkündigen und Verhalten *Gott*. Aber mußte dann von diesem anders verkündeten Gott her nicht auch *Jesus* in einen anderen Licht erscheinen? Wer immer sich auf Jesus in unbeirrbarem Vertrauen einließ, dem veränderte sich in ungeahnter, ja befreiender Weise das, was er bisher als ›Gott‹ gesehen hat. Aber wenn sich einer durch Jesus auf diesen Gott und Vater einließ, mußte sich dem nicht auch umgekehrt der verändern, als den er bisher Jesus gesehen hat?«[28]

So bedeutet der Glaube an den von Gott aus den Toten erweckten gekreuzigten Nazarener:

- *Für Gott*: Eine in der Botschaft Jesu angekündigte und durch die Auferweckung nun bestätigte Selbstbestimmung Gottes zum Vater dieses Sohnes, der bis in die Niedrigkeit des Kreuzes hinein seine Menschlichkeit zu erkennen gibt. *Eberhard Jüngel* hat, stellvertretend für viele, hier von einer »Selbstdefinition Gottes« gesprochen: Gott definiert sich selbst, »indem er sich mit dem toten Jesus identifiziert«.[29] Was zur Folge hat: »Jesu Auferweckung von den Toten ist kein ›Eingriff‹ Gottes in den Zusammenhang der Welt, der dann innerhalb dieser Welt ein neues Faktum hinterläßt, aber das Sein Gottes selber nicht betrifft. In der Auferweckung Jesu geht es nicht nur um ein göttliches Handeln, sondern um das göttliche Sein. Deshalb ist dieses Ereignis sui generis kein weltliches Ereignis unter anderen, sondern die ›Wende der Welt‹.«[30]
- *Für Jesus*: Er, der Nazarener, ist nun definitiv der Christus, das Wort, der Sohn. Er ist jetzt – um mit *Karl Rahner* zu sprechen – das »irreversible Zusagewort Gottes«.[31] Er ist – um ein Wort *Gerhard Ebelings* aufzugreifen – »nun endgültig bei Gott«. Das heißt: Durch Auferweckung und Erhöhung wird dem Menschen Jesus nichts Göttliches »hinzugefügt« (als würde er jetzt vergottet) noch wird das Menschliche »aufgehoben«: »Auferweckung, Auferstehung und Erhöhung« – so Gerhard Ebeling mit Recht – »haben überhaupt nur Sinn in Bezug auf das wirkliche Menschsein Jesu, zugleich aber ebenfalls nur in Kontinuität mit dem Zusammensein Gottes und des Menschen in Jesus. Dementsprechend darf das, was dem Erhöhten an göttlichen Attributen zugesprochen wird: die Doxa Gottes, seine Ewigkeit und seine Schöpfermacht, weder zu der Anwesenheit Gottes in dem irdischen Jesus in einem ausschließenden Widerspruch treten, noch etwa die Attribute des Menschseins Jesu aufheben ... Und daß jene göttlichen Attribute

vom Erhöhten prädiziert werden, kann nichts anderes besagen, als daß dieser Mensch vor aller Welt und für alle Zeit von Gott mit letztgültiger Autorisierung ausgezeichnet ist... Wo immer er anwesend wird, wird Gott anwesend, und wo immer Gott anwesend ist, darf man sich gesagt sein lassen, daß Jesus Christus dabei ist.«[32]

– *Für die Schöpfung und den Menschen*: Die Auferweckungsbotschaft hat apokalyptische Form und eschatologische Dimension: sie ist – Wolfhart Pannenberg hat hier auch für andere Richtiges gesehen – Vorwegnahme des Sinns der Geschichte, der erst für die Zukunft erwartet worden war. Auferweckung heißt aber auch: *Herrschaftsantritt des gekreuzigten Nazareners als des Herrn der Welt*. In seinem Herrschaftsbereich ist neue Schöpfung möglich. Christi Reich funktioniert nach anderen Gesetzlichkeiten. *Jürgen Moltmann* hat *zu Recht* gerade diese politische Dimension der Auferweckungsbotschaft immer wieder betont: »Christlicher Auferstehungsglaube verkündet nicht weltgeschichtliche Tendenzen oder anthropologische Hoffnungen, sondern im Kern eine neue Gerechtigkeit in einer Welt, wo Tote und Lebendige nach Gerechtigkeit schreien. Der hermeneutische Ort zum Verständnis des christlichen Auferstehungsglaubens muß darum in der offenen, der sowohl unbeantwortbaren wie unaufgebbaren Frage nach Gerechtigkeit in der Leidensgeschichte der Welt gesucht werden.«[33]

Was *umgekehrt* heißt: Ist der *Gekreuzigte der Weltenherr*, erweist sich also im Akt der Auferweckung des Gekreuzigten Gott selbst als ein Gott der Freiheit und Gerechtigkeit, dann will Gott – so nochmals Jürgen Moltmann – »nicht durch seine Macht und Herrlichkeit in Welt und Weltgeschichte erkannt« sein, »sondern durch seine Ohnmacht und sein Sterben am Schandpfahl des Kreuzes Jesu«. Konsequenz: »Die Götter der Macht und des Reichtums in Welt und Weltgeschichte gehören dann auf die andere Seite des Kreuzes, denn in ihrem Namen wurde Jesus gekreuzigt. Der Gott der Freiheit, der menschliche Gott, wird dann nicht mehr durch gottähnliche Herrscher politisch repräsentiert. Ist der Gekreuzigte der ›Gottessohn‹, so ist kein Pharao und kein Cäsar mehr ›Gottes Sohn‹, obwohl sie sich immer so genannt haben. Ist der Gekreuzigte Kyrios, so muß den Cäsaren der Kyrios-Titel verweigert werden. Diese vergotteten Herrscher gehören vielmehr auf die andere Seite des Kreuzes Jesu, denn er wurde im Namen eines solchen gekreuzigt.«[34]

B. Christologie jenseits von Theismus und Atheismus

Freilich: So einig sich die verschiedenen systematisch-theologischen Entwürfe im christologischen Grundansatz sein mögen, so sehr gehen sie in der inhaltlichen Ausgestaltung und strukturellen Entfaltung der Christologie verschiedene Wege. Das gilt insbesondere von den Aussagen über die *Präexistenz Christi.* Gerade hier werden methodisch unterschiedliche Wege beschritten und divergierende Argumentationsstränge entwickelt. Wir wollen diese Stränge in aller Knappheit rekonstruieren und auch hier mehr thematisch als flächenhaft referierend vorgehen. Unsere Absicht ist dabei nicht, die einzelnen Entwürfe zu zensurieren oder gegeneinander auszuspielen. Keiner dieser Argumentationsstränge ist von vornherein als umöglich abzustempeln. Wir bemühen uns wie bisher um eine faire Darstellung von Intention und Sache, um dann ein kritisch-solidarisches Gespräch zu eröffnen: kritisch vom Neuen Testament und vom zeitgenössischen Wirklichkeitsverständnis her; solidarisch im Bewußtsein der Komplexität und Schwierigkeit der Sache selbst.

Zunächst also gilt es, die unterschiedlichen christologischen Argumentationsstränge zu rekonstruieren und dabei theologische Zeugen ins Feld zu führen, die in Sachen Präexistenz Christi einen beachtenswerten Neuansatz vorgelegt haben. Sehe ich richtig, so lassen sich in der Gegenwartstheologie zwei Hauptstränge unterscheiden, und von beiden wird zunächst die Rede sein.

I. Selbstunterscheidung in Gott – Voraussetzung der Präexistenz?

Daß eine heute adäquate Rede von der Präexistenz Christi die Annahme einer Selbstunterscheidung *in Gott* nicht nur möglich, sondern auch notwendig mache, haben neben Wolfhart Pannenberg vor allem Eberhard Jüngel und Jürgen Moltmann betont.

1. *Die notwendige Selbstunterscheidung Gottes von Gott: Eberhard Jüngels Rede vom »ewigen Sohn«*

»Über dem Atheismus und über der Theologie der Neuzeit liegt gleichermaßen der dunkle Schatten der Undenkbarkeit Gottes. Glaube wie Unglaube scheinen diesen Schatten für ihr Schicksal zu halten. Am Ende der Geschichte der Metaphysik scheint Gott undenkbar geworden zu sein«[1]: Zehn Jahre nach dem Tod Karl Barths eröffnen diese Sätze das Buch eines evangelischen Theologen, der – vor verändertem geistigen Horizont – die *Denkbarkeit Gottes* »im Streit zwischen Theismus und Atheismus« neu begründen will – und zwar auf der Basis einer »Theologie des Gekreuzigten«: *Eberhard Jüngel »Gott als Geheimnis der Welt«* (1977).

Wie Karl Barth und doch nicht

Was bedeutet diese hier vollzogene Äquidistanz zu Atheismus *wie* Theismus? Was ist gemeint? Welche Tradition wird hier aufgenommen? Gemeint ist die geistesgeschichtliche Prämisse, daß die atheistische Kritik ein Gottesverständnis entlarvte und verwarf, das Ergebnis der abendländischen Metaphysik ist: der Gott des »*Theismus*«![2] Der Neuaufbruch der »dialektischen Theologie« aber – so Jüngel – habe gerade darin sein Recht gehabt, daß er theologisch Kritik an diesem Theismus als Prämisse des Atheismus geleistet habe: »Unsere theologischen Lehrer waren je auf ihre Weise entschiedene Kritiker des Theismus in der Theologie.«[3] Und da man dies heute »schon wieder fast vergessen« habe, sei es erst recht nützlich, daran zu erinnern: »Sofern heute die deutsche Theologie Kritik am Theismus übt, ist sie Theologie in der Schule der ›dialektischen Theologie‹.«[4]

Die Tradition, in die Eberhard Jüngel sich also zehn Jahre nach Barths Tod noch einmal ganz bewußt stellt, ist die *Tradition der »dialektischen Theologie«*. In Karl Barths Denken sah Jüngel bereits eine Theologie »zwischen Theismus und Atheismus« vorgegeben, die es heute wieder in Erinnerung zu bringen gelte. Wie aber ist der »Gott des Theismus« zu umschreiben? Schon Barth – so Jüngel – sei mit seiner christozentrischen Offenbarungstheologie gegen ein theistisches Denken angegangen, in dem Gott als ein *Allerhöchstes* zu denken aufgegeben sei: »Dieser Gottesbegriff bestimmte in erstaunlicher Kontinuität die scholastische Metaphysik wie die antischolastisch gewendete Aufklärung: Wenn Gott, dann Gott als id quo maius cogitari nequit, so daß das Denken selbst als ein Geringeres hinter seinem höchsten Gedanken zurückbleiben mußte – ein schwindelerregender Gedanke, wie Nietzsche treffend bemerkte. Die Vernunft mußte, so formulierte Hegel den Sachverhalt, ›ein Höchstes über sich‹ erkennen, ›aus dem sie sich ausschließt‹, so wie etwa der Untertan einst einen absolutistischen Monarchen über sich anerkennen mußte, von dessen höchster Macht er sich im Akt der Anerkennung ausdrücklich ausschloß. Ernst Blochs Vorwurf gegen alle theologische Rede von Gott, daß sie Rede sei von einem ›Oben‹, worin der Mensch nicht vorkommt‹, trifft diese Tradition des Gottesgedankens durchaus.«[6]

Gerade hier aber hatte Barth ansetzen wollen, indem er die dem atheistischen Protest vorausliegende Prämisse des Theismus aufdeckte und mit einer anderen Theologie, einem radikal veränderten Gottesverständnis dem atheistischen Protest gleichsam die geistigen Grundlagen entziehen wollte. Und dieses *veränderte Gottesverständnis* – wir haben davon ausführlich berichtet – will Gott so zur Sprache bringen, daß Gott gerade in seiner *Göttlichkeit* nicht unmenschlich ist, daß Gott also ohne den Menschen undenkbar wird: Keine Menschenlosigkeit Gottes!

All dies ist für *Eberhard Jüngels theologisches Denken der geistesgeschichtliche Horizont* und die bleibende theologische Aufgabe zugleich. Hier fühlt er sich ganz und gar Barths theologischem Denken verpflichtet. Konkret:
Wie Barth verwirft auch Jüngel jeglichen anthropologischen oder philosophischen Begründungseinstieg im Blick auf ein christologisches Gottesverständnis.[7]
Wie Barth will auch Jüngel eine verantwortete Rede von Gott »nicht aufgrund allgemeiner anthropologischer Bestimmungen Gottes« demonstrieren, »sondern aufgrund des zur Gotteserfahrung führenden Ereignisses der Selbstmitteilung Gottes« selbst.[8]
Wie Barth geht auch Jüngel von der Selbstbestimmung und Freiheit, von der Selbstmitteilung und Subjektivität Gottes aus: »Gott ist allein aufgrund geschehener Selbstteilgabe an seinem Sein als Gott denkbar. Und die Selbstteilgabe Gottes galt es, als Selbstmitteilung und Selbstentäußerung eines von sich aus redenden und anredenden Subjekts zu begreifen, dem anthropologisch allein der Glaube entspricht.«[9]

Wie Barth will auch Jüngel damit Gottes Sein als Geschehen bestimmen (Gott kommt von Gott und zu Gott), das in der Trinitätslehre seine unüberholbare begriffliche Konkretion erfahren hat: »Die Trinitätslehre denkt dies als ein wirkliches Geschehen, als eine Geschichte des göttlichen Seins, daß Gott von sich selbst zu sich selbst kommt. Das Wort ›kommen‹ ist hier ernst genommen, insofern es Gottes Sein als ein Geschehen von Gott her zu Gott hin interpretiert, als ein Geschehen, in dem Gott sich selber nicht nur Herkunft, sondern Zukunft ist.«[10]

Freilich: Gerade der zur Trinitätslehre führende geschichtliche Ausgangspunkt markiert nun auch *Jüngels Differenz zu Barth*. Denn Jüngel will konsequenter und schriftnäher als Barth eine »am Menschen Jesus orientierte Gotteslehre« entwerfen.[11] Schwerpunkt von Jüngels Gotteslehre ist deshalb ein theologisches Bedenken des *Kreuzes Jesu* – und zwar in seinen Konsequenzen für Gott, Jesus und die Menschen. Genauer: Schwerpunkt von Jüngels Gotteslehre ist die Einheit von Kreuz und Auferweckung als eine für Gott, Jesus und die Menschen folgenreiche Einheit. Diese Einheit aber denkt Jüngel als Identifikation Gottes mit dem Gekreuzigten, was im Klartext heißt: Der Osterglaube ist »nichts anderes als der Glaube an den Gekreuzigten *als* Gottes Sohn oder genauer: an Gottes Sohn *als* den gekreuzigten Jesus von Nazaret. Die Identifikation Gottes mit Jesus, die diesen *als* Sohn Gottes zu bekennen erlaubt, ist zugleich die Entstehung des christlichen Glaubens. Im christologischen *Als* erkennt der Glaube seinen Ursprung.«[12]

Der *entscheidende Unterschied zu Barth* liegt genau hier: Anders als Barth will Jüngel die Trinitätslehre nicht offenbarungstheologisch und axiomatisch einfach voraussetzen, sondern zeigen, inwiefern die Geschichte Jesu, »inwiefern das Menschsein Jesu die Spur ist, die zur Begründung des Glaubens an den dreieinigen Gott führt«.[13] Jüngel kritisiert deshalb Barth an diesem Punkt entschieden: »Es gehört zu den Schwächen der großartigen trinitarischen Architektur, die die Kirchliche Dogmatik Barths sowohl im dogmatischen Aufbau wie im einzelnen systematischen Argument bestimmt, daß die *Begründung* der Trinitätslehre in den Prolegomena das Mißverständnis aufkommen lassen kann, als sei die Erkenntnis der Dreieinigkeit Gottes aus dem axiomatisch vorausgesetzten Satz ›Gott offenbart sich als der Herr‹ mit Hilfe der formalen Unterscheidung von Subjekt, Objekt und Prädikat des Offenbarungsgeschehens gleichsam deduziert worden. Ein solches Mißverständnis wird vermieden, wenn das Menschsein Jesu nicht nur dogmatisch im Horizont des Glaubens an den dreieinigen Gott interpretiert wird, sondern der Glaube an den dreieinigen Gott zuallererst im Zusammenhang des Menschseins Jesu als dogmatisch begründet dargetan wird.«[14]

Auch Jüngel also will christologisch gewissermaßen »von unten« einsetzen. Wir können dabei weder auf Jüngels Rekonstruktion der »Grundzüge des Menschseins Jesu«[15] und die darin enthaltene ›implizite Christologie‹[16] eingehen noch dessen gesamte Trinitätslehre entfalten. Wir bleiben auch hier strikt beim Thema und fragen: Wie kommt Jüngel von seinem spezifischen Ansatz (also von einer am Menschen Jesus orientierten Gotteslehre aus) zu Aussagen über den »ewigen Sohn«? Welche Funktion haben die Präexistenzaussagen in seiner Theologie? Wir versuchen, um der Transparenz willen, Jüngels Ansatz Schritt für Schritt zu rekonstruieren.

Liebe als Bedingung der Möglichkeit von Selbstunterscheidung

1. Schritt: Ausgangspunkt aller christologischen Reflexionen Jüngels ist der Glaube an die Auferweckung, genauer: die Identifikation Gottes mit dem Gekreuzigten. Dieser Gedanke schließt ein, daß Gott sich nicht nur mit dem gelebten Leben, sondern auch mit der Gottverlassenheit Jesu identifiziert habe. Christologischer Ausgangspunkt ist also die recht verstandene Rede von dem im Tode Jesu mitgemeinten und mitvollzogenen Tod Gottes.[17] Die recht verstandene Rede! Denn für Jüngel ist die gefährliche Rede vom »Tode Gottes« dann unaufgebbar, wenn sie nicht dem Atheismus Vorschub leistet, sondern es ermöglicht, »die Identifikation Gottes mit dem *einen* Menschen Jesus zugunsten *aller* Menschen«[18] zu denken.

2. Schritt: Daß Gott sich aber mit einem »fremden Wesen« (dem gekreuzigten und getöteten Menschen Jesus) überhaupt identifizieren kann, setzt das Vermögen zur Selbstunterscheidung Gottes von Gott voraus. Jüngel interpretiert das Kreuzesgeschehen gerade so, daß Jesu »laute Stimme« am Kreuz »Gottes eigene Stimme« gewesen sei; Jesu letzte Worte und sein menschlicher Todesschrei seien »Gottes Wort« gewesen.[19] Kurz, das Sein des toten Jesus bestimmt nach Jüngel »Gottes eigenes Sein so, daß man von einer Unterscheidung zwischen Gott und Gott reden *muß*«.[20]

3. Schritt: Mit der vom Tode Jesu (und nur von ihm her) ermöglichten Rede vom Tode Gottes ist nicht die Auslöschung Gottes gemeint; es ist vielmehr die (unerhörte, paradoxe) Aufgabe gestellt, den Tod selbst als ein Moment *in* Gott und so »Gott selber als Einheit von Tod und Leben zugunsten des Lebens zu denken«.[21] Diese »Einheit von Tod und Leben zugunsten des Lebens« aber ist für Jüngel auch eine »Umschreibung für das Wesen der Liebe«.[22] Die Aufgabe der Christologie besteht deshalb darin, gerade auch angesichts des Todes Jesu »Gott als Liebe« zu denken, und Jüngel beruft sich dabei ausdrücklich für seine Theologie auf den Schlüsselsatz des ersten Johannesbriefes: »Gott ist Liebe« (4,8).

4. Schritt: Gott kann als Liebe nur gedacht werden aufgrund seiner Identifizierung mit dem getöteten Menschen Jesus, und das Wesen der Liebe impliziert das Gegenüber von Liebendem und Geliebten. Wenn dem so ist, dann führt für Jüngel auch die Erörterung des Satzes »Gott ist Liebe« *notwendig* »zur Einsicht in die Selbstunterscheidung Gottes von Gott und so schließlich zum Begriff des dreieinigen Gottes, als dessen vestigium dann allein das Sein des Menschen gelten kann, mit dem Gott sich identifiziert hat«.[23]

Damit ist eine *entscheidende Weichenstellung* in Jüngels christologischem Denken vorgenommen. Alles Weitere wird nur verständlich, wenn man mit Jüngel davon ausgeht, daß eine Theologie des »Gekreuzigten« eine Unterscheidung *in Gott*, zwischen Gott und Gott *erfordert*. Unter Berufung auf den ersten Johannesbrief meint Jüngel denn auch zusammenfassend festhalten zu dürfen: »In der Identifikation mit dem Menschen Jesus, die als Sendung seines *einzigen* Sohnes in die Welt vorgestellt wird, erweist sich, daß Gott die Liebe selber ist. Das wird nur verständlich, wenn Gott zugleich Liebender und Geliebter ist. ... Gott ist demnach ein sich selber Liebender. Er ist es aber so, daß eben diese Liebe nicht als Selbstliebe eines Ich mißverstanden werden kann. Gott *unterscheidet* sich vielmehr, indem er sich selbst liebt. Er ist in unaufhörbarer Unterschiedenheit von sich aus Liebender *und Geliebter*. Er ist, johanneisch gesprochen, Gott der Vater und Gott der Sohn.«[24]

Was ist damit erreicht? Erreicht ist damit, daß Gottes Sein christlich nur als »Unterscheidung von Liebendem und Geliebtem«, als »Unterschiedenheit von Vater und Sohn« denkbar wird. Erreicht ist, daß nicht länger zwischen dem Wesen und der Existenz Gottes unterschieden werden muß, daß der Gott, der Liebe ist, vielmehr in seiner Existenz ganz und gar mit diesem selben Wesen identisch ist.

Gottes »Existenz ist sein Wesen«.[25] Und Jüngel fährt fort: »Genau das formuliert die Trinitätslehre. Sie tut es, indem sie das Wesen Gottes, das Liebe ist, als ein durch Relationen konstituiertes Wesen und die das Wesen Gottes konstituierenden Relationen als göttliche Existenz denkt.«[26]

Eine Zwischenüberlegung, die uns Gelegenheit gibt, die bisher gemachten Voraussetzungen dieser Theologie zu bedenken. Was muß man bis hierher mitgedacht haben, um auch die anderen Schritte Jüngels zu verstehen? Man muß mitgedacht haben:

- daß am Kreuz auf Golgatha nicht der Mensch Jesus zu Gott, sondern Gott zu Gott geschrieen hat;
- daß der Glaube an die im Akt der Auferweckung erfolgte Identifizierung Gottes mit dem gekreuzigten Nazarener eine Selbstunterscheidung Gottes von Gott *erzwingt*;
- daß mit der johanneisch bezeugten Einheit von Gott als »liebendem Vater« und Jesus Christus als »geliebtem Sohn« eine innergöttlich-metaphysische Einheit von zwei göttlichen Personen gemeint ist: »Gott-Vater und Gott-Sohn«;
- daß also die Struktur der Liebe zwischen Gott und Jesus Christus generell zu einer innertrinitarischen, ewigen Selbstunterscheidung Gottes von Gott *nötigt*. Akzeptiert man das, wird man mit Jüngel auch einen fünften Schritt gehen und zur expliziten Rede vom »ewigen Sohn« gelangen.

5. Schritt: Klar ist für Jüngel, daß Gott als der von sich aus Liebende bestimmt werden muß, und zwar so, »daß er sein Sein von sich selber bezieht«. Diese Weise seines Seins – so Jüngel – nenne die theologische Tradition im Anschluß an die Bibel *Gott den Vater*. Was folgt daraus? Für Jüngel dies: »Es muß aber der von sich aus Liebende, da von sich aus zu lieben nicht möglich ist, ohne den Bezug auf einen diese Liebe schon immer empfangenden Geliebten, sich seinerseits schon immer auf einen Geliebten beziehen: Gott der Sohn.«[27]

Anders gesagt: Was immer zunächst über Gott den Vater zu sagen ist, als Ursprung und Souverän des Seins, als ewigen Schöpfer und gnädigen Vater, entscheidend ist für Jüngel, daß der Begriff »Vater« ein Relationsbegriff ist und zu einer innergöttlichen Relation, einer innergöttlichen Unterscheidung Gottes von Gott nötigt. Als Vater des »ewigen Sohnes« erweise sich Gott ja gerade in der Sendung des *Sohnes*, und Jüngel führt dafür wieder die klassischen Sendungsaussagen der paulinischen Theologie (Gal 4,4, Rö 8,3) an. Gerade diese

Sendungsaussagen erlauben für ihn den Umkehrschluß: »Als ewiger Vater existiert Gott in Ewigkeit mit diesem Sohn. Gott ist sich zwar als ewiger Vater selber Ursprung. Und er bleibt sich selber Ursprung. Er ist sich aber nicht nur Ursprung. Gott tritt aus diesem Ursprung sich selbst so gegenüber, daß er sich selbst Partner ist. Gott ist sich auch Ziel. Gott kommt zwar von Gott. Gerade so kommt er aber auch zu sich selbst, kommt Gott zu Gott. Kein Vater ist Vater ohne ein Kind. Gott ist Gott der Vater als der Vater des *Sohnes*. An Gott als den ewigen Vater glauben, heißt deshalb zugleich an Gott als den ewigen Sohn glauben.«[28] Daraus folgt ein sechster und letzter Schritt.

6. Schritt: Aussagen über den »ewigen Sohn« sind für Jüngel also begründet in der Differenz der beiden Sätze »Gott kommt von Gott« und »Gott kommt zu Gott«. Entscheidend ist dabei freilich die Einsicht, daß Gott eben nur *über* den Menschen zu sich selbst kommt, daß Gott nicht ohne Einschluß des Menschen zu sich selbst gelangen will. Gewiß: Gott sei – so Jüngel – sich selber Ziel, Gott sei sich selbst genug. Aber gerade indem er sich selbst genug sei, sei er Sein im Überfluß und sei das überströmende Sein Gottes Ausdruck seiner Gnade, Urbild seines Bundes mit einem Partner, der nicht Gott ist, ja der zunächst überhaupt nicht ist, sondern erst zum Partner Gottes geschaffen werden muß: *der Mensch*. Drücke man dies in Kategorien der Unterscheidung von Gott (-Vater) und Gott (-Sohn) aus, so gelte (und dieser Gedanke ist uns von Barth her nichts Neues): »Indem der ewige Sohn ewig vom Vater her ist, zielt Gott in ihm auch schon auf ein Werden, indem nicht nur Gott von Gott kommt, sondern darüber hinaus der Mensch mit seiner Welt von Gott gemacht, gewirkt, geschaffen wird. Aber eben: *Gott zielt* in sich selbst auf dieses andere. Gott zielt in seinem göttlichen ewigen Werden auf die Menschwerdung des Menschen, auf das Werden der Welt. Gott zielt in seiner ewigen Zeugung auf die Schöpfung.«[29]

Wir können jetzt zusammenfassen: Was heißt für Jüngel *Glauben an den »ewigen Sohn«*? An den ewigen Sohn glauben besagt für ihn zunächst: »Gott als Urbild und Ende des Seins anerkennen. Im Glauben an den ewigen Sohn wird der behauptet, durch den alles ist und auf den hin alles ist.«[30] Weil dies aber so ist, gilt dann ebenso: »Gott zielt in seiner ewigen Zeugung auf die Schöpfung. Gerade wenn man dem fatalen Satz ›Gott ist an und für sich‹ entgehen können will, muß man (gegen die Arianer) bekennen, daß Gott in seinem eigenen Werden auf das Werden des Geschöpfes zielt, daß

Jesus Christus nicht (nur) das *geschöpfliche* Instrument des Schöpfer-Gottes ist, sondern daß Jesus Christus als ewiger Gott selber *Urbild*, und zwar göttliches Urbild des von ihm ewig unterschiedenen Geschöpfs ist. Er ist Urbild der Schöpfung, indem Gott der Vater in ihm auf die Schöpfung zielt.«[31]

Selbstunterscheidung Gottes von Gott begründet?

Bevor wir einige kritische Rückfragen an Jüngels Argumentationsstruktur stellen, wollen wir noch einmal die theologische Grundabsicht dieses Entwurfs herausstellen und eine Brücke zum geschichtlichen Ausgangspunkt dieser Theologie schlagen. Denn klar wurde ja: Die Rede vom ewigen Sohn ist bei Jüngel *Funktion einer die fatale Alternative von Theismus und Atheismus überwindenden, neuzeitlichen Gotteslehre*, die es erlaubt, die Göttlichkeit Gottes als eine sich selbst zur Menschlichkeit hin bestimmende Göttlichkeit zu denken. Und Jüngel ist sich damit im klaren, daß er mit seiner am Gekreuzigten orientierten Unterscheidung zwischen Gott und Gott die *klassische Gotteslehre* »erheblich korrigiert« hat.[32] Wie Pannenberg und Rahner will auch Jüngel die klassische Axiomatik der Gotteslehre dialektisch fortentwickeln und zu einem neuen Gottesverständnis »jenseits von Theismus und Atheismus« vorstoßen.

Ökumenische Gemeinsamkeiten zwischen verschiedenen theologischen Entwürfen werden nicht nur *in christologischen Grundfragen, sondern vor allem auch im Ergebnis einer christologisch begründeten neuzeitlichen Gotteslehre sichtbar*. Unter Aufnahme unter anderem der Hegel-Studie von Hans Küng kann deshalb auch Eberhard Jüngel grundsätzlich folgern: »Denn durch die im Kreuz Jesu Christi begründete Unterscheidung zwischen Gott und Gott sind das Absolutheitsaxiom und mit ihm das Apathieaxiom und das Unveränderlichkeitsaxiom als für den christlichen Gottesbegriff untaugliche Axiome destruiert worden.... Daß der Gott, der Liebe ist, leiden können muß und in der Dahingabe seines Eigensten um des endlichen Menschen willen unendlich leidet, ist eine unaufgebbare Erkenntnis der durch Luthers Christologie und Hegels Philosophie geschulten neueren Theologie.«[33]

Vom Neuen Testament her freilich drängen sich nun auch *Rückfragen* auf, zumal ja auch Eberhard Jüngel selber vom »Menschsein Jesu« theologisch ausgehen und sich auf biblische Basissätze für seine Theologie stützen wollte.

(1) Selbstverständlich kennt das Neue Testament eine Unterscheidung zwischen Gott, den Jesus »Vater« nennt und der sich als »Vater Jesu Christi« im Akt der Auferweckung des Gekreuzigten selber »definierte«. Aber kennt das Neue Testament eine ewige *Selbstunterscheidung Gottes von Gott*? Wenn aber die neutestamentliche Unterscheidung zwischen Gott und Jesus nicht identisch ist mit einer ewigen Selbstunterscheidung Gottes von Gott, mit welchem Recht wird sie dann als theologisch zwingend behauptet? Warum soll sie dann theologisch *nötig* sein?

(2) Das Neue Testament kennt – wenn man so will – eine »Identifikation« Gottes mit dem gekreuzigten Jesus, obwohl schon diese Terminologie schriftfremd ist. Aber bedeutet diese Identifikation Gottes mit dem Gekreuzigten auch eine Identifizierung mit dessen Gottlosigkeit, so daß sich im Kreuz Jesu Gott von Gott unterschieden hätte? Das ist keineswegs zwingend. Denn nach dem Neuen Testament dürfen Christen davon ausgehen, daß Jesus zwar »subjektiv« in Gottverlassenheit, *keineswegs aber (objektiv) in Gottlosigkeit* gestorben ist. Gerade der letzte Schrei Jesu *zu* Gott bestätigt dies noch einmal. Indem Jesus in äußerster Situation nach Gott schreit, setzt er ein letztes Mal sein Vertrauen auf die – nun radikal verdunkelte, radikal verborgene – Wirklichkeit Gottes. Für das Neue Testament ist also Gott der Vater auch im Tode Jesu Christi verborgen präsent. Deshalb Rückfrage: Wenn das Neue Testament also einen Gott kennt, der dem gekreuzigten und sterbenden Menschen Jesus nahe bleibt, warum ist dann ausgerechnet am Kreuz Jesu eine Selbstunterscheidung Gottes von *Gott* nötig?

(3) Wenn die (subjektive) Gottlosigkeit Jesu am Kreuz für das Neue Testament keine Verlassenheit Gottes von sich selbst ist, warum soll dann der Schrei Jesu am Kreuz der Schrei Gottes zu sich selbst gewesen sein? Haben nicht gerade die Synoptiker alles getan (möglicherweise antidoketisch, antignostisch bestimmt), um gerade Jesu Sterben als Sterben eines Menschen und nicht »Gottes« herauszustellen. Ist nicht der Schrei der Gottverlassenheit bei ihnen ausdrücklich Jesu Schrei nach Gott und nicht Gottes Schrei nach Gott? Hat nicht der älteste Evangelist allen Wert darauf gelegt, daß das Gottessohn-Bekenntnis (Mk 15,39) gerade einem *Menschen* gilt, der auch in der äußersten Niedrigkeitsgestalt noch als Gottes Sohn erkennbar und bekennbar bleiben soll: »Dieser *Mensch* (anthropos) war Gottes Sohn.« Kurz, die Identifikation Gottes mit dem toten Christus impli-

ziert keine Selbstunterscheidung Gottes von Gott, sondern ist Ausdruck der trotz allem durchgehaltenen Glaubensüberzeugung, daß das Kreuz Jesu nicht das letzte Wort Gottes ist, ja Gottes Sein und Wesen zutiefst mitberührt.

(4) Kann, wer wie Jüngel den Tod des Menschen Jesu als Tod Gottes interpretiert, diesen Tod überhaupt als konkreten Tod noch ernst nehmen? Kann, wer wie Jüngel Gott am Kreuz zu Gott schreien sieht, noch klarmachen, warum, wenn der Tod schon in die Dialektik Gottes hinein aufgehoben ist, es noch einer »Auferweckung« bedarf, um diesen Tod zu vernichten? Wenn Gott am Kreuz gestorben ist, wer hat dann »Gott« »von den Toten« wieder auferweckt?

(5) Nach dem Neuen Testament darf der Kreuzestod Christi als Ausdruck der *Liebe Gottes* verstanden werden, weil er – nach Paulus – für die Menschen unter dem Gesetz eine alles entscheidende Wende bedeutete. Wenn aber Gottes Liebe nach dem Neuen Testament aufgrund des Christusereignisses *den Menschen gilt,* nötigt dann diese Struktur der Liebe zu einer ewigen Selbstunterscheidung Gottes von Gott? Ist die Liebe zwischen Vater und Sohn, wie sie das Johannes-Evangelium bezeugt, die ewige Liebe zwischen einem Gott, der sich von sich selbst unterscheidet als Gott-Vater und Gott-Sohn? Setzt denn Johannes eine innertrinitarische Unterscheidung von zwei göttlichen Personen voraus? Keineswegs.

Noch einmal: Der theologischen Grundintention Jüngels ist unbedingt zuzustimmen. Es geht um ein neues Gottesverständnis, für das der Tod Jesu am Kreuz die alles entscheidende *Bewährungsprobe* ist (Überwindung des Apathieaxioms). Die von daher aber angelegte Argumentationsstruktur, die in dieser Theologie zu einer Rede vom »ewigen Sohn« nötigt (aufgrund einer Selbstunterscheidung Gottes von Gott am Kreuz), ist exegetisch mit zu vielen Fragezeichen versehen, als daß sie überzeugen könnte. Die Kluft zwischen Exegese und Dogmatik ist hier nicht überwunden, sondern verschärft.

2. *Die »ewige Liebesgemeinschaft zwischen Vater und Sohn«: Jürgen Moltmanns politische Christologie*

Daß auch *Jürgen Moltmanns* Christologie Kreuzestheologie ist, haben wir bereits deutlich gemacht. Warum aber die Kreuzestheologie im Denken dieses Theologen eine solch zentrale Rolle zu spielen begann, hatte nicht zuletzt *biographische Gründe*. Und wie an kaum einem Theologen der Gegenwart läßt sich an Jürgen Moltmann verdeutlichen, wie sehr die Generation nach Barth schon von ihren unterschiedlichen biographischen Erfahrungen her nach einem neuen theologischen Profil suchte.[34]

Das Ärgerliche im Christentum

Jahrgang 1926, war Jürgen Moltmann noch zum Kriegsdienst herangezogen worden; den Zusammenbruch Deutschlands hatte er so in Kriegsgefangenschaft erleben müssen. Diese Erfahrungen im Lager aber waren für den Hamburger, der Christentum vom Elternhaus her nur in oberflächlich-institutionalisierter Form kennengelernt hatte, zwar nicht Anlaß zu einer »plötzlichen Bekehrung« gewesen, wohl aber zu einer spezifischen *Erfahrung Gottes* – gerade im Elend, in der Verlassenheit und der täglichen Erniedrigung. Es »war die Erfahrung der Gegenwart Gottes in der dunklen Nacht der Seele: ›Auch in der Hölle bist Du da‹. Irgendein wohlmeinender Army Chaplain hat mir damals ein Neues Testament geschenkt. Und ich fand das unpassend, hätte lieber etwas zu Essen gehabt. Aber dann haben mich die alttestamentlichen Psalmen, die im Anhang zu finden waren, fasziniert, insbesondere der Psalm 39: ›Ich bin verstummt und still und schweige fern der Freude und muß mein Leid in mich fressen . . . Sie (die Psalmen) haben mir die Augen geöffnet für den Gott, der bei denen wohnt, ›die zerschlagenen Herzens sind‹.«[35]

Und ein *zweites* ist wichtig: Nachdem mehr als 20 Jahre später (1964 war Moltmanns »Theologie der Hoffnung« erschienen) wieder einmal politisch gehegte Hoffnungen auf eine menschlichere Politik, eine bessere Gesellschaft, eine gerechtere Weltordnung zerplatzt waren (1968 das Jahr des Aufbruchs und des Niederschlags: die Russen in Prag), mußten diese Hoffnungs- und Leiderfahrungen auch theologisch neu vermittelt werden. Moltmanns Buch »Der gekreuzigte Gott« (1972) wagte hier einen Vorstoß und vollzog damit eine neue Konzentration auf das, was dieser Theologe das »Besondere«, zugleich aber auch »Ärgerliche« am Christentum nannte: »Es ist der gekreuzigte Christus auf Golgatha, der selbst im Mittelpunkt des Glaubens, der Kirche und des Christentums steht. Am Zeichen des Kreuzes wird das Christliche erkennbar. Zugleich ist der Gekreuzigte selbst die härteste Kritik am christlichen Aberglauben, an den christlichen Illusionen und an der Ängstlichkeit der Christen. Nur die

Gottesvorstellung, nur die Vision der Hoffnung, nur die Tat kann christlich genannt werden, die vor dem Angesicht des sterbenden, verlassenen Christus bestehen kann.«[36]

Damit war die Spur einer *vom Gekreuzigten her gedachten Gotteslehre* gelegt, die Moltmann weiter verfolgen sollte und die in seinem Buch »Trinität und Reich Gottes« (1980) ihren vorläufigen Höhepunkt gefunden hat.[37] Doch schon in »Der gekreuzigte Gott« hatte Moltmann einen unlösbaren Zusammenhang von *Kreuzestheologie und Trinitätslehre* aufgewiesen. Interessenleitende Grundfrage war dabei: »Was bedeutet das Kreuz Christi eigentlich für Gott selbst?«[38] Und wie für Pannenberg, Rahner und Jüngel, so war auch für Jürgen Moltmann das klassische Apathieaxiom in der Theologie fragwürdig geworden: »Ist Gott so absolut und so souverän, daß er leidensunfähig und unberührt vom Tod des Sohnes im Himmel thront? Und wenn Gott wesentlich apathisch ist, ist er dann nicht auch liebesunfähig? Ist er aber liebesunfähig, dann ist er doch ärmer als jeder Mensch, der lieben und leiden kann.«[39]

Konsequenz: Gerade vom Kreuz und der Gottverlassenheit Christi her mußte für Moltmann die Frage nach der *Gegenwart Gottes in diesem Leiden* und damit im Leiden der Menschen überhaupt neu gestellt werden: »Je mehr ich die Gegenwart Gottes im Leiden und Sterben Jesu ernstnehmen mußte, desto tiefer mußte ich umgekehrt nach der Gegenwart des Leidens und Sterbens Jesu in Gott fragen. Ein ewig nur in sich selbst verliebter und darum teilnahmsloser Gott ist ein Unding, ein Götze. Ich fand – wie viele andere Theologen auch – vom Kreuz Christi her den Zugang zum Geheimnis der inneren Leidenschaft Gottes: ›Gott ist Liebe‹. Ich fand vom Kreuz Christi her einen Zugang zum trinitarischen Leben Gottes. Ich habe das ›Trinitarische Kreuzestheologie‹ genannt.«[40]

Zum besseren Verständnis fragen wir: Worin stimmen *Jürgen Moltmann und Eberhard Jüngel* theologisch überein; wo setzt Jürgen Moltmann eigene Akzente? Antwort:

– Beide entfalten ihre Christologie von einer *Theologie des Kreuzes* aus; aber stärker als für Jüngel wird für Moltmann die universale *politische Leidensgeschichte* gewissermaßen zur Offenbarungssituation Gottes selber: »In den Augenblicken der tiefsten Offenbarung Gottes steht immer ein Leiden: der Schrei der Gefangenen in Ägypten, der Todesschrei Jesu am Kreuz, das Seufzen der ganzen geknechteten Schöpfung nach Freiheit.«[41]

– Beide sehen einen unlösbaren *Zusammenhang von Kreuzestheologie und Trinitätslehre*, aber exklusiver als Jüngel macht Moltmann die Frage nach der Leidensfähigkeit, der *Passion Gottes* zum »Zugang zur Trinitätslehre« überhaupt.[42]
– Beide gehen in ihrer Trinitätslehre aus vom biblischen Satz »*Gott ist Liebe*«, aber unbekümmerter um die Geschichte Jesu als Jüngel entwickelt Moltmann seine Konzeption von Trinität aus der *Struktur der Liebe* selber heraus.
– Beide wollen Gottes Sein als Geschichte erzählen, aber politisch zugriffiger als Jüngel stellt Moltmann einer traditionellen Substanztrinität oder Subjekttrinität seine »*soziale Trinitätslehre*« entgegen.

Anders gesagt: Die *Einheit Gottes* wird bei Moltmann nicht mehr länger als »homogene Substanz« oder »identisches Subjekt« vorausgesetzt, »sondern aus dieser trinitarischen Geschichte heraus erfragt und darum auch trinitarisch entwickelt«. Programmatisch heißt es: »Die abendländische Tradition begann mit der Einheit Gottes und fragte dann nach der Dreiheit; wir beginnen mit der Dreiheit der Personen und fragen dann nach der Einheit.« Die Folge? »Es ergibt sich dann ein differenzierter und damit zuallererst denk-fähiger Begriff von der göttlichen Einheit als der *Einigkeit der Dreieinigkeit.*«[43] Was aber ist damit erreicht? Nach Moltmanns Verständnis nicht mehr und nicht weniger als eine Art neuer »*kopernikanischer Wende« im Denken* überhaupt: »Diese trinitarische Hermeneutik führt zu einem Denken in Beziehungen und Gemeinschaften und löst das subjektive Denken ab, das ohne Trennung und Isolierung seiner Gegenstände nicht arbeiten kann.«[44] Alles in allem also eine »gründliche Veränderung der modernen Vernunft« überhaupt: »Von der Herrschaft zur Gemeinschaft, von der Eroberung zur Teilnahme, vom Produzieren zum Vernehmen«![45]

Damit sind die entscheidenden *Voraussetzungen* skizziert, von denen her wir auch Moltmanns Rede von Jesus Christus als dem »ewigen Sohn« werden verstehen müssen. Überblickt man den gesamten christologischen Entwurf von »Trinität und Reich Gottes«, so wird für Moltmann die Rede vom »ewigen Sohn« in zwei Problemkomplexen relevant: Zum einen beim Verhältnis von innergöttlicher Liebe (Gott »in sich«) und der Liebe Gottes zur Schöpfung (Gott »nach außen«) sowie zum anderen bei Moltmanns politischer Kritik an einem patriarchalischen, herrscherhaften Gottesbild im Zuge seiner »Kritik des christlichen Monotheismus«. Die Argumentationsgänge in beiden Problemfeldern wollen wir in aller Knappheit kritisch rekonstruieren.

Trinität und Schöpfung im Zeichen der Liebe

Wie für Eberhard Jüngel ist auch für Jürgen Moltmann der Satz »Gott ist Liebe« Fundament seiner Christologie. Aber erstaunlich ist doch – und hier ist ein wichtiger Unterschied zu Jüngel erkennbar –, zu welch weitreichenden theologischen Schlußfolgerungen Moltmann allein aufgrund dieses Satzes kommt, ohne – wie Jüngel – streng das Kreuzesgeschehen auszulegen oder exegetischer Begründungen auch nur ansatzweise zu bedürfen. Unbekümmerter als Jüngel macht Moltmann die *Struktur der Liebe* selber zum theologischen Argument. Liebe sei Selbstmitteilung des Guten, heißt es bei Moltmann, gleich nachdem der biblische Basissatz eingeführt wurde, und jede Selbstmitteilung setze die Fähigkeit zur Selbstunterscheidung voraus. Warum? Der Liebende teile sich ja selber mit, sei also Mitteilender und Mitgeteilter gleichzeitig. Liebe könne also als »Kraft der Selbstunterscheidung und Selbstidentifizierung« bezeichnet werden. Moltmann wörtlich: »Wenn wir sagen: ›Gott *liebt* die Welt‹ (Jo 3,16), dann meinen wir die Selbstmitteilung Gottes an die Welt kraft seiner Selbstunterscheidung und Selbstidentifizierung. Wenn wir sagen: ›Gott *ist* Liebe‹, dann meinen wir, daß er in Ewigkeit dieser Prozeß der Selbstdifferenzierung und Selbstidentifizierung ist; ein Prozeß, der den ganzen Schmerz des Negativen in sich enthält. Gott liebt die Welt mit eben der Liebe, die er selbst in Ewigkeit ist.«[46]

Damit sind bereits zwei wichtige theologische *Vorentscheidungen* gefallen. Denn auch die *Schöpfung* (in Jüngels Christologie kein eigentliches Thema) ist für Moltmann nur möglich aufgrund einer Liebe Gottes, die als Selbstunterscheidung und Selbstidentifizierung Gottes verstanden werden muß. Denn auch die Schöpfung ist ja gewissermaßen das »Andere«, das Nicht-Göttliche, dem Gott gleichsam einen Raum läßt und so »in sich« zuläßt. Zugleich aber ist die so aufgrund der Liebe ermöglichte Schöpfung *auch* der Grund für den *Schmerz des Negativen* in Gott. Denn die Welt, die Schöpfung, kehrt sich ja auch stets von Gott ab, ist Gott gegenüber gott-los oder gottfeindlich und gerade so Ursache des »Schmerzes Gottes«, den Gott aber in seiner Liebe erträgt. Noch öfter wird Moltmann in diesem Buch auf das Verhältnis von Schöpfer und Schöpfung zurückkommen[47], und all dies können wir hier nicht weiter vertiefen. Wir fragen stattdessen: Warum ist nach Moltmann Gott von Ewigkeit her Liebe? Warum kann Gott die Schöpfung überhaupt gewollt haben?

Ein *zweites* ist nun erstaunlich: Denn als weitere *Voraussetzung* der Moltmannschen Christologie muß man akzeptieren, daß bereits der biblische Satz »Gott ist Liebe« *trinitarisch* zu verstehen sei. Ohne auch hier auf exegetische Fragen nur mit einem Wort einzugehen, steht für Moltmann grundsätzlich fest: »In Ewigkeit und wesensnotwendig liebt der Vater den eingeborenen Sohn. Er liebt ihn mit zeugender und gebärender Liebe. In Ewigkeit und wesensnotwendig erwidert der Sohn die Liebe des Vaters durch seinen Gehorsam und seine Hingabe an den Vater. Vater und Sohn sind gleichen göttlichen Wesens, aber sie sind nicht dieselben. Der Sohn ist ein anderer als der Vater, aber nicht von anderem Wesen. Die innertrinitarische Liebe ist also *Liebe zum Gleichen*, nicht zum Wesens-anderen. Sie ist notwendige, nicht freie Liebe.«[48]

Und damit schließt sich der Kreis von *Trinität und Schöpfung*. Denn alles kommt Moltmann darauf an (hier wie Jüngel bis in die Wortwahl hinein gleich mit Karl Barth), daß die innergöttliche Liebe zwischen den zwei göttlichen Personen nicht sich selbst genügt, sondern gewissermaßen überfließt, aus sich heraustritt. Aus der zeugenden und gebärenden Liebe zwischen Vater und Sohn (so die klassische trinitätstheologische Metaphorik) wird die schöpferische Liebe Gottes als des Vaters und des Sohnes gegenüber der Schöpfung. Gott muß von daher für Moltmann als zeugende (in sich) und schöpferische (nach außen) Liebe, als wesentliche (nach innen) und frei erwidernde (nach außen) Liebe, als Liebe zum Gleichen *und* zu seinem Anderen verstanden werden.

Und weil diese innergöttliche Liebe zwischen Gott-Vater und Gott-Sohn gleichsam überströmt, kann jetzt auch nach Moltmann die *Schöpfung* als »ein Teil der ewigen Liebesgeschichte zwischen dem Vater und dem Sohn«[49] verstanden werden. Und weil Gott (der Vater) nicht in seiner Liebe zu Gott (dem Sohn) verharrt, sondern auch das Andere, Nichtgöttliche (die Schöpfung, die Welt) einbezieht, kann es innerweltlich für Moltmann auch zu einer *Tragödie der göttlichen Liebe* kommen, der freilich dann »die Geschichte der Erlösung als das Fest der göttlichen Freude«[50] entspricht. Und weil Gott in der Hingabe an das Andere sich selbst erniedrigt und die Schöpfung so als Selbstbeschränkung, Selbstzurücknahme und Selbsterniedrigung Gottes verstanden werden kann, muß Gottes Liebe auch immer schon das Leiden einschließen. Schöpferische Liebe ist für Moltmann immer auch *Leiden der Liebe*: »Das Leiden Gottes mit der Welt, das Leiden Gottes an der Welt und das Leiden Gottes für die Welt sind höchste Formen seiner schöpferischen Liebe, die freie Gemeinschaft mit der Welt und freie Antwort in der Welt will.«[51] Und weil schließlich Gott der Liebende und Leidende ist, muß es dann auch zu einem »Prozeß der Erlösung Gottes von den Leiden seiner Liebe« kommen. Ja, für Moltmann drängt sich vom Gedanken der Selbstunterziehung Gottes unter die Leiden der Welt auch der Gedanke der »eschatologischen Selbsterlösung Gottes« auf.[52]

Das alles sind wahrhaft weitreichende Aussagen – aufgrund des schlichten johanneischen Satzes »Gott ist Liebe«! Wir fragen auch hier mit Karl Barth: *Quo iure?* Woher weiß sich Moltmann zu diesen weitgehenden, Trinität und Schöpfung, Leiden und Erlösung Gottes umspannenden Aussagen berechtigt? Waren sie doch bisher ohne jegliche exegetische Fundierung entwickelt worden. Diese exegetische Fundierung aber will Moltmann im folgenden nachholen. Er weiß dabei durchaus, daß es eine hermeneutische Differenz zwischen dem Neuen Testament und einer »nachträglichen Dogmatisierung des Christentums«[53] gegeben hat und gibt. Und in kritischer Auseinandersetzung mit dem Liberalismus einerseits und der Barthschen Trinitätslehre andererseits müht sich Moltmann nun seinerseits, einen – so wörtlich – »biblischen Ansatz der Trinitätslehre« zu rekonstruieren. Denn daran will Moltmann keinen Zweifel lassen: Ein *biblischer Ursprung der Trinitätslehre* muß erkennbar bleiben! Warum? Weil anders »die Trinitätslehre ein problematischer Nachtrag zum biblischen Ursprung des christlichen Glaubens« bliebe.[54] Ja, Moltmann kündigt als »weitere Aufgabe« seines Buches sogar eine »biblische Revision der kirchlichen Trinitätslehre« an.[55] Wir dürfen gespannt sein, wie diese »biblische Revision« konkret aussieht.

Trinitarischer Ursprung der biblischen Geschichte?

Freilich: Statt einer Begründung seiner Trinitätslehre von »der biblischen Geschichte selbst« her, müssen wir zunächst eine weitere, eine *dritte Voraussetzung* Moltmanns akzeptieren. Wir erfahren: Die Geschichte Jesu entstehe schon im Neuen Testament »aus einem

Zusammenwirken des Vaters, des Sohnes und des Geistes«. Ja, mehr noch: *Jesu Geschichte* sei schon im Neuen Testament »die Geschichte der wechselseitigen, sich verändernden und darin lebendigen Beziehung des Vaters, des Sohnes und des Geistes.« Die Geschichte Jesu werde schon im Neuen Testament selber »trinitarisch erzählt«! Fazit Moltmanns: »Wir gehen darum von der Voraussetzung aus: Das Neue Testament spricht von Gott, indem es die weltoffenen Gemeinschaftsbeziehungen des Vaters, des Sohnes und des Geistes erzählend verkündigt.«[56]

Wie aber spricht Moltmann zufolge das Neue Testament von *Jesus als dem »Sohn«*? Dies voraus: Wir kommen nicht darum herum, wie bei Pannenberg und Jüngel gleichsam mit Hilfe eines Vergrößerungsglases den Umgang Moltmanns mit dem Neuen Testament und der kritischen Exegese zu verfolgen. Nur so wird seine Argumentationsstruktur nachvollziehbar und zugleich kritisch hinterfragbar. Wir können uns deshalb eine Rekonstruktion der einzelnen Argumentationsfiguren im Detail nicht ersparen. Denn nur wenn man genau hinschaut, sieht man, wie diese Theologie zu ihren Ergebnissen kommt, ja, ist ein weiterführendes kritisches Gespräch überhaupt erst möglich. Mit Allgemeinplätzen ist uns hier in einer wissenschaftlichen Studie nicht geholfen. Wir konzentrieren uns in aller Kürze auf zentrale Beispiele.

Beispiel I: Taufe und Berufung Jesu

Moltmann geht von der bei den Synoptikern bezeugten Taufe Jesu aus und sieht zunächst exegetisch völlig zutreffend, daß es sich hierbei um eine »messianische Berufung«, eine »persönliche Inspiration und Legitimation zum Propheten«[57] handele. Der bei der Taufszene fallende Name »geliebter Sohn« bedeutet hier wohl in der Tat den »einzigen Sohn«, bringt er doch ein *besonderes Verhältnis Jesu zu Gott* zum Ausdruck. Moltmann aber will darüber hinaus auch Mt 11,27 (»Alle Dinge sind mir übergeben von meinem Vater, und niemand kennt den Sohn denn der Vater, und niemand kennt den Vater denn nur der Sohn, und wem es der Sohn offenbaren will«) auf die Taufe Jesu beziehen. Das ist nicht zwingend (die Taufszene steht bei Matthäus am Ende von Kapitel 3!), und Mt 11,25–27 entstammt überdies der Spruchquelle »Q». Ausgeschlossen zu werden aber braucht dies nicht. Warum aber ist dies für Moltmann wichtig? Weil in Mt 11,27 bereits »von einem solchen exklusiven wechselseitigen Erkennen, Lieben und Teihaben« von Gott und Jesus gesprochen werde, wie sonst nur im Johannes-Evangelium: »Das gegenseitige Erkennen des Vaters und des Sohnes ist ein gegenseitiges Lieben.«[58]

Soweit plausibel. Mt 11,27 spricht in der Tat von einem Menschen mit einem einzigartigen Gottesverhältnis, das man – wenn man will – als »exklusives wechselseitiges Erkennen, Lieben und Teilhaben« deuten kann. Jetzt aber erfolgt bei Moltmann ein Sprung von der geschichtlich-offenbarungstheologischen auf die ontologisch-metaphysische Ebene. Denn Moltmann fährt fort: »Das gegenseitige Lieben zwischen dem Vater und dem Sohn ist ein Lieben von einander Gleichen, darum ist es exklusiv... Diese Tendenz läßt nur eine trinitarische, keine monotheistische Deutung zu.«[59]

Diese Behauptung ist um so erstaunlicher, als Moltmann sie explizit *gegen die kritische Exegese* gewonnen hat. Denn Moltmann weist an dieser Stelle die Interpretation des protestantischen Exegeten *Leonhard Goppelt* ausdrücklich zurück, der bei Mt 11,27 von einem »wechselseitigen Erkennen zwischen Gott und *Mensch*« gesprochen hatte! Ja, schaut man bei Goppelt selber nach, so ist auffällig, daß Goppelt Parallelaussagen über eine »Wesensverwandtschaft« zwischen Gott und einem Menschen erst der Gnosis zuschreibt und auch im Johannes-Evangelium nur dies sehen kann: »Demgemäß bleibt das Erkennen bei Johannes wie im AT von seiten Gottes ein Erwählen und von seiten Jesu bzw. des *Menschen* ein Anerkennen.«[60] Von einer Liebe zwischen zwei (göttlich) Gleichen kann also bei Matthäus keine Rede sein. Eine *trinitarische Deutung*, die eine schon immer (also präexistent) bestehende und nun offenbar gewordene metaphysische Einheit von Gott-Vater und Gott-Sohn voraussetzt, *geht am Text vorbei*. Erst recht, wenn man bedenkt, daß dieser Text aus der palästinisch-judenchristlichen Gemeinde stammt, für die der »Monotheismus« selbstverständliche Grundlage ihres Glaubens war. Eine Einbeziehung der kritischen Exegese zur Christologie der »Spruchquelle« hätte denn Moltmann auch vor einer solchen Interpretation bewahrt.

Beispiel II: Die Sendung des Sohnes

Auch hier sieht Moltmann zunächst mit der Exegese völlig zutreffend, daß die Sendungsaussagen bei *Paulus* »das ganze Kommen, die ganze Erscheinung und Wirksamkeit Jesu unter dem Gesichtspunkt seiner göttlichen Herkunft« zusammenfassen. Auch hier sieht Moltmann richtig, daß »der Sendende der Vater« ist, der sich in der Sendung des »eigenen Sohnes« eben als »Vater dieses Sohnes« offenbart und die Glaubenden in die »Sohnschaft« einbeziehen will. Ähnlich bei *Johannes*. Man kann Moltmann auch hier noch folgen, wenn er erklärt: »Die Sendungsaussagen entsprechen den Offenbarungsaussagen und zeigen auch im Johannes-Evangelium die Gemeinschaft des Vaters und des Sohnes als eine im Geist weltoffene Gemeinschaft an.«[61]

Aber darf man aus all dem zusammenfassend folgern, daß bereits in der »synoptischen Geschichte der Taufe und Berufung Jesu sowie der Vateroffenbarung durch Jesus uns eine deutlich erkennbare Gestalt der Trinität«[62] entgegentritt? Eine Gestalt der Trinität, die »begrifflich in jener Selbstunterscheidung Gottes« gründe, »wie sie in der jüdischen Vorstellung von der Weisheit Gottes vorliegt, die in Ewigkeit Gottes geliebtes Kind ist und auf Erden eine Heimat sucht«?[63] Ist denn bei den Synoptikern der Sohn so präexistent wie die Weisheit? Und ist es in der jüdischen Weisheitstheologie je zu einer »Selbstunterscheidung« Gottes von Gott gekommen? Beides müssen wir aufgrund unserer eigenen exegetischen Studien verneinen. Ein so verständigungsbereiter jüdischer Gesprächspartner wie *Pinchas Lapide* bestätigt dies, indem er (in einem Gespräch mit Jürgen Moltmann) wie jeder Jude (und Muslim) jegliche »Selbstunterscheidung« Gottes von Gott selbst strikt ablehnt und den Monotheismus als Grundkonstante jüdischen Glaubens verteidigt.[64] Auch hier hätte Moltmann theologisch richtiger gelegen, wenn er die *kritische Weisheitsforschung* einbezogen hätte, welche die Form der Weisheitsrede (Hymnus), klare begriffliche Unterscheidungen (Hypostase oder nicht) sowie die Wirkungsgeschichte präzise herausgearbeitet hat.

Und weil die kritische Exegese hier nicht präsent ist, kann Moltmann gegen die Exegese eine *»innere« oder »theologische« Geschichte in die Geschichte Jesu* selbst hineinlegen und behaupten, die Geschichte Jesu sei »nicht die Geschichte eines Menschen mit Gott«, sondern »die Geschichte des Sohnes mit dem Vater«![65] Ohne die geschichtliche Ebene (Selbstverständnis Jesu) und die eschatologische Ebene (Verkündigung Jesu als Sohn Gottes durch die Gemeinde) auseinanderzuhalten, springt Moltmann von der einen auf die andere: »In Beziehung auf Gott verstand sich Jesus als ›der Sohn‹. Die

Abbaoffenbarung Gottes beherrschte sein Gottesverhältnis ebenso wie seine Gottesverkündigung an die Menschen. Seine Reichspredigt und seine Wirkung gründen in seinem Verhältnis zu seinem Vater. *Darum* können sie nicht monotheistisch, sondern müssen trinitarisch verstanden werden: Jesus offenbart Gott als den Vater des Sohnes und sich selbst als diesen Sohn des Vaters.«[66]

Es ist bezeichnend, daß Moltmann sich für diese weitreichende »Exegese« weder auf eine Schriftstelle noch auf einen Exegeten beruft. Wie hätte er sonst sagen können, daß sich Jesus selber als »ewiger Sohn« den Menschen seiner Zeit »geoffenbart« habe. Wie hätte er sonst so sicher behaupten können, daß die Sendungsaussagen bei Paulus eine Präexistenz des »ewigen Sohnes« bei Gott voraussetzten. Wie hätte er sonst die Überzeugung vertreten können: »In der Sendung des Sohnes unterscheidet sich Gott von sich selbst und gibt sich hin?«[67] Wie hätte Moltmann sonst im Neuen Testament, bei Paulus und Johannes (die als einzige die Sendungs-Metaphorik kennen), von einer Sendung des Sohnes reden können, die aus einer »innergöttlichen Bewegung« stammt, die aus einer »trinitarischen Unterschiedenheit der Einheit Gottes«[68] herrührt? Wie hätte sich Moltmann sonst auf Paulus berufen können, obwohl gerade Paulus der sprödeste Zeuge für Moltmanns trinitarische Christologie ist? Beispiel?

Zu Rö 1,3 f. gibt Moltmann zu: »Die ›Einsetzung‹ zum Sohn Gottes durch die Auferstehung markiert gewiß einen Zeitpunkt in der Geschichte Jesu, wie Menschen sie wahrnehmen. Paulus hat darin keinen Widerspruch gegen die Aussage gesehen, daß Jesus in Ewigkeit Gottes eigener Sohn ist. Der zeitlich markierte Beginn des Wirkens Jesu als des ›Sohnes Gottes in Kraft‹ und die Aussagen über die Präexistenz des Sohnes (Phil 2,6; Kol 1,15) stehen unausgeglichen nebeneinander.«[69] Eine merkwürdige Aussage. Wie hätte Paulus einen Widerspruch überhaupt sehen sollen, da er eine Präexistenzchristologie offensichtlich gar nicht vertrat, stammen doch die von Moltmann als paulinische Aussagen zitierten Stellen Phil 2,6 und Kol 1,15 strenggenommen gar nicht von Paulus? Die eine Aussage ist vorpaulinisch und die andere nachpaulinisch. Paulus selber also hatte keine »unausgeglichene«, sondern eine konsequent eschatologische Christologie.

Nein, nach dem Neuen Testament (wir haben dies ausführlich begründet)

– offenbart Jesus Gott als den Vater, aber nirgendwo geht hervor, daß er sich als gottgleichen, präexistenten Sohn offenbart;

– ist für die Glaubenden nach der eschatologischen Zeitenwende Gott definitiv der Vater dieses Sohnes und kann das ganze Jesusereignis nun als Sendung dieses Sohnes durch Gott verstanden werden. Das aber impliziert im Neuen Testament (von mythologischen Resten bei Johannes abgesehen) keine präexistente, ewige »Liebesgemeinschaft zwischen Vater und Sohn«;
– ist die Rede von Jesus als dem definitiven Sohn Gottes nicht metaphysisch verselbständigt, sondern offenbarungstheologisch strukturiert: Jesus, »der Sohn«, war von Beginn an der Offenbarer des Vaters hier auf Erden und ist in dieser »Funktion« nach Ostern von Gott selber bestätigt worden. Das Neue Testament ist aus guten (jüdisch-monotheistischen) Gründen bei Aussagen über »innergöttliche Verhältnisse« äußerst zurückhaltend.

Beispiel III: Passion und Hingabe

Auch hier ist Moltmann so lange rechtzugeben, wie er sich an eine Deutung der Geschichte Jesu selber hält. Wenn man auch zurückhaltend sein mag hinsichtlich seiner allzu forciert erscheinenden psychologisierenden und theologisierenden Interpretation der Passionsszene Jesu (die Bitte um Rettung aus dem Tod: »Ich denke, es ist die Angst vor der Trennung vom Vater, das Entsetzen vor dem ›Tod Gottes‹«[70]), unbestreitbar ist, daß in der Passionsgeschichte *auch* erzählt wird, was sich zwischen Jesus als »Sohn« und Gott, den Jesus seinen »Vater« nannte, abspielte. Unbestreitbar ist, daß es hier auch um Jesu *Leiden an Gott* ging, um das Leiden an einem Gott und Vater, der sich diesem Menschen entzog, um das Leiden an einem Gott, der schwieg. Und unbedingt rechtzugeben ist Moltmann dort, wo er erklärt: »Man kann sich nicht daran gewöhnen, daß im Zentrum des christlichen Glaubens dieser Schrei des gottverlassenen Sohnes steht.«[71] Ja, soweit wird man mit Moltmann bei der Interpretation des Golgathageschehens gehen können: »Am Kreuz hat der Vater den Sohn verlassen, sein Antlitz vor ihm verborgen, wie die Sonne in der tiefsten Finsternis auf Golgatha. ... Genau das ist das ›Kreuz‹ in der Kreuzigung Jesu: die Verlassenheit von dem Gott, den er ›meinen Vater‹ genannt hat und im Verhältnis zu dem er sich als ›der Sohn‹ wußte.«[72]

Aber darf man gleich im Anschluß an diesen Satz daraus folgern: »Hier wird im Verhältnis zwischen dem ›Vater‹ und dem ›Sohn‹ ein

Tod erfahren, der mit Recht als der ›ewige Tod‹, als ›Gottes Tod‹ bezeichnet worden ist. Hier wird ›Gott‹ von ›Gott‹ verlassen«?[73] Mit welchem Recht behauptet Moltmann dies? Auf welchen neutestamentlichen Text kann er sich berufen? Die Rückfragen, die wir schon an die Argumentationsstruktur Eberhard Jüngels vom Neuen Testament aus richten mußten, wären auch hier zu stellen.

Die »Gynäkologie Gottes des Vaters«?

Wir wollen uns noch einem letzten Themenkomplex zuwenden, bei dem Aussagen über den »ewigen Sohn« eine wichtige Rolle spielen. Es ist ja längst klar geworden, daß es Moltmann nicht um die Präexistenz Christi isoliert und für sich, sondern stets im Bezug auf ein neues Gottesverständnis geht. Wir können dabei nicht auf Moltmanns historische und politische Kritik am Monotheismus im Detail eingehen (Zusammenhang von göttlichem Weltherrscher »im Himmel« und politischem Weltherrscher auf Erden). Wir können hier auch nicht darauf eingehen, daß Moltmann Karl Barths »trinitarischem Monotheismus« und Karl Rahners Konzept der »dreifaltigen Selbstmitteilung« Gottes seine Vorstellung von der »Einigkeit der Drei-Einigkeit« und damit seine »heilsgeschichtliche und soziale Trinitätslehre« entgegenstellt. Das wäre Aufgabe einer detaillierten Studie über die präzisen Veränderungen, die Moltmann an der klassischen Trinitätslehre vornimmt. Wir konzentrieren uns hier auf die Rede von Gott als Vater und Gott als Sohn.

Allen Wert legt Moltmann hierbei auf ein *Wechselverhältnis von Vater und Sohn*. Im Klartext: Wenn Gott der Vater dieses Sohnes Jesus Christus ist, *verändere dies den Begriff »Vater« radikal.* Warum? Weil Gott dann nämlich nicht mehr als ein autoritärer »Allvater« und »Übervater« verstanden werden könne. Dieser Gott und Vater könne nicht mehr die unzweideutige Begründung zweideutiger menschlicher Autoritäten sein – vom »Landesvater« bis zum »Familienvater«. Ja, Moltmann sieht es geradezu als ein Verdienst des europäischen Atheismus an, die Menschen von diesem Über-Ich-Vater in der Seele wie im Himmel befreit zu haben.[74]

Die Alternative? Wer den *trinitarischen Gott als Vater verstehen* wolle, der müsse von Vorstellungen einer patriarchalischen Vaterreligion und deren Über-Ich-Bildung Abschied nehmen und allein auf das Leben und die Botschaft Jesu als des Bruders der Menschen blicken. Nur in der Gemeinschaft mit dem »eingeborenen Sohn« werde man erkennen, was die göttliche Vaterschaft wirklich bedeute.

Was aber bedeutet »göttliche Vaterschaft« für Moltmann konkret? Moltmann zögert nicht, die Metaphorik der klassischen Trinitätslehre zur Begründung eines *neuen* christlichen Gottesverständnisses heranzuziehen, das sich der *Kritik des Feminismus* erwehren muß.[75] Denn der feministischen Kritik (M. Daly) an einem christlichen Patriarchalismus als Herrschaftsform (vom Gottesverständnis bis zur Kirchenpraxis) setzt Moltmann den trinitätstheologischen Begriff von der »Zeugung des Sohnes« aus Gott entgegen, um daraus ein Argument für ein *postpatriarchalisches Gottesbild* zu gewinnen. Eine längere Passage lohnt hier die Dokumentierung: »Ist aber der Sohn allein aus dem Vater hervorgegangen, dann muß dieser Vorgang sowohl als *Zeugung* wie als *Geburt* vorgestellt werden. Damit wird das Vaterbild gründlich verwandelt: ein Vater, der seinen Sohn sowohl zeugt wie gebiert, ist kein nur männlicher Vater. Er ist zugleich ein mütterlicher Vater. Er ist nicht mehr eingeschlechtlich patriarchalisch bestimmt, sondern – stellen wir die Metaphorik der Sprache in Rechnung – zweigeschlechtlich bzw. transgeschlechtlich. Er ist der *mütterliche Vater* seines *eingeborenen Sohnes* und zugleich als die *väterliche Mutter* seines *einziggezeugten Sohnes* zu verstehen. Gerade die orthodoxe dogmatische Tradition, die die Trinität ernstnahm und gegen jede Gefahr des Monotheismus verteidigte, hat an dieser Stelle die kühnsten Aussagen gemacht. Nach dem Konzil von Toledo 675 ›muß man glauben, daß der Sohn nicht aus dem Nichts und auch nicht aus irgendeiner Substanz geschaffen, sondern aus dem Mutterschoß des Vaters (de utero Patris), d. h. aus dessen Wesen, gezeugt oder geboren ist‹. Wie immer es nach dieser Erklärung mit der Gynäkologie Gottes des Vaters bestellt sein mag, der Sinn dieser zweigeschlechtlichen Aussagen über den trinitarischen Vater ist die radikale Absage an den stets patriarchalischen Monotheismus.«[76] Was ist dazu zu sagen?

Es geht mir hier nicht um die naheliegenden Einwände einer dogmatischen Orthodoxie, die auf eine feministische Interpretation des »uterus Patris« und eine »Gynäkologie Gottes des Vaters« höchst allergisch reagieren dürfte. Schließlich hat ja auch schon der große Augustin eine anthropologisch-psychologische Uminterpretation der klassischen östlichen (neu-nizänischen) Trinitätslehre vorgetragen, die schließlich im Westen zur Veränderung des gemeinsamen nizäno-konstantinopolitanischen Glaubensbekenntnisses (»filioque«) geführt hat – was denn alles bis auf den heutigen Tag von den östlichen Kirchen völlig abgelehnt wird. Sehen wir hier auch von Moltmanns mißverständlichen Aussagen über eine »Gefahr des Monotheismus« und die pauschale Behauptung eines *steten Zusammenhangs* von Monotheismus und Patriarchalismus ab, die nicht nur Juden und Muslimen als radikale Infragestellung des jüdisch-christlich-islamischen Ein-Gott-Glaubens vorkommen muß.

In jedem Fall gilt: So sehr man Moltmanns Grundintention einer Absage an ein patriarchales Gottesverständnis und seine Aufnahme feministischer Kritik bedeutsam finden mag – darf man die trinitätstheologische Begrifflichkeit so *kontextenthoben* für eine aktuelle Problemstellung funktionalisieren und von einer »Gynäkologie Gottes des Vaters« sprechen, ohne zu bedenken, daß hier die Grenze der Anthropomorphisierung möglicherweise überschritten ist? Darf man von einem »zweigeschlechtlichen Wesen« Gottes sprechen, ohne auch hier einen einzigen *Bezug zum Neuen Testament* herzustellen, geschweige denn sich um die kritische Exegese zu kümmern? Darf man heute – angesichts eines fortgeschrittenen historisch-kritischen Bewußtseins – so gleichsam freischwebend Theologie treiben – in Gefahr, den Kontakt zu den geschichtlichen Ursprüngen der Christusbotschaft zu verlieren? Darf man ohne exegetischen Bodenkontakt gewissermaßen in die »Räume« Gottes vordringen wollen, um über innergöttliche Beziehungen und Verhältnisse Auskunft zu geben? Darf man angesichts des in dieser Hinsicht aus guten Gründen wortkargen Neuen Testamentes, für das der Monotheismus weder eine Gefahr noch mit Patriarchalismus identisch ist, und angesichts einer weitverbreiteten Plausibilitätskrise der Theologie heute so auskunftsfreudig die inneren Verhältnisse Gottes beschreiben, als hätte es eine theologische Sprachkrise nie gegeben, als wäre bewußte Zurückhaltung nicht auch Ausdruck eines theologisch hochreflektierten Bewußtseins? Wird hier noch Theologie im Bewußtsein ihrer stets neuen »Niederlage« getrieben, von der der frühe Karl Barth einst einmal gesprochen hatte?

Auch aus dem Raum protestantischer systematischer Theologie melden sich Stimmen, die vor jeglicher forcierten Trinitätslehre warnen. *Gerhard Ebeling*, der eine Deutung der Aussagen über die »Dreieinigkeit« bezeichnenderweise (in Schleiermacher-Nachfolge) wieder ans Ende seiner dreibändigen Dogmatik setzte, hat hier den Finger auf eine wohl zu beachtende Wunde gelegt: »Die Diskrepanz ist zweifellos groß, die zwischen dem hohen Anspruch des trinitarischen Dogmas als credendum und dem besteht, was von den Christen wirklich geglaubt wird und was diesem Glauben Grund und Inhalt gibt.«[77] Bei aller Weite des theologischen Denkens – so Ebeling – gäbe es doch auch ein »Erschrecken über die Art von Theologie, die hier droht«. Welche? »Sie liegt doch nahe: eine logische Abstraktion von der Erfahrung, ein Sichentfernen von der Situation des angefochtenen Glaubens, ein gottvergessenes Durchspielen göttlicher Strukturen, eine Verwechslung der Vollkommenheit Gottes mit theologischer Perfektion.«[78]

Ja, gerade Ebeling hat in seiner Christologie immer wieder den unverbrüchlichen Zusammenhang und die untrennbare *Einheit von Aussagen über die Gottessohnschaft mit Aussagen über die Gestalt Jesu selber herausgestellt*. Er war es, der immer wieder darauf insistierte, nicht auseinanderzureißen, was für den Menschen im christologischen Bekenntnis eben zusammengehört: »Nicht der ewige Gottessohn als solcher, sondern allein der in diesem Menschen anwesende, weil menschgewordene Gottessohn kann Gegenstand von Erkenntnis und Erfahrung sein. Umgekehrt gilt nun aber auch dies: Wenn sich das, was an Jesus erkennbar und erfahrbar wird, als ein einzigartiger, weil lebensspendender Lebenszusammenhang mit Gott erweist, dann muß davon auch sagbar sein, daß dies dem Sein des lebendigen Gottes selbst entspricht. Diese Weise der Gottessohnschaft muß dann als etwas unverbrüchlich in Gott selbst Bestehendes und ein für allemal von Gott selbst Ausgegangenes glaubbar sein, so daß der ewige Gottessohn keine anderen Züge trägt als die der Gottessohnschaft in der Gestalt Jesu.«[79] Ob eine solche Interpretation der Schrift nicht näher ist und auch heute verstanden werden kann?

3. Muß man die »gottesontologische Frage« stellen? W. Joest

Auch andere protestantische Theologen sind hinsichtlich des Rückschlußverfahrens vom Jesus der Geschichte auf eine innergöttliche Selbstunterscheidung Gottes von Gott zurückhaltend. Und im Raum protestantischer Theologie melden sich neben Ebeling weitere Stimmen, die nicht weniger besorgt sind um ein adäquates Verständnis von Person und Sache Jesu Christi, die nicht weniger sich bemühen, in Treue zur Schrift und unter Berücksichtigung eines neuzeitlichen Wirklichkeitsverständnisses, ein adäquates Denken über Gott zu begründen. Stimmen aber, die vor allzu viel theologischem Wissensdrang warnen, die den neutestamentlichen Rahmen strenger als Grenzen theologischen Denkens anerkennen und – in Kenntnis der Komplexität der Tradition – sich eine bewußte Zurückhaltung auferlegen, wo andere weitergehen zu müssen meinen.

Zunächst sei dem Aufmerksamkeit geschenkt, was der frühere Erlanger protestantische systematische Theologe *Wilfried Joest* zu unserem Problem eingewandt hat. Gewiß: Auch Joest bestreitet nicht grundsätzlich, daß man von der »Offenbarungstrinität« auf die »immanente Trinität« zurückdenken kann. Der Grund dafür ist uns von Karl Barth her bestens vertraut und auch bei Pannenberg, Jüngel und Moltmann aufgenommen: Wenn Gott sich offenbart, dann wird Gott nicht erst durch die Offenbarung zu dem, der er ist. Gott ist in seiner Offenbarung niemand anderer als der, der er immer schon ist. In seiner Offenbarung entspricht Gott sich so, wie er ›zuvor‹ in sich selber ist. Joest wörtlich: »Gott offenbart sich als der, der er in Wahrheit ist – dahinter ist nicht ein Wesen verborgen, in dem er anders oder ein Anderer wäre. Und er *wird* nicht erst durch seine Offenbarung, sondern in seiner Selbstbewegung zum Menschen kommt er von sich selbst schon her, *erweist* sich in ihr als der, der er ist.«[80]

Die Gefahr, ins Unsagbare zu geraten

Andererseits aber fragt Joest auch *selbstkritisch* zurück: Sei die theologische Reflexion »wirklich zu einem Zurückdenken hinter diese Selbsterweisung Gottes, zu *begrifflichen Aussagen über das Wie des innergöttlichen Lebens* auch vor oder sogar abgesehen von seiner Offenbarung genötigt«? Und Joest fährt fort: »Ist es der Sinn der Offenbarung, daß Gott uns durch sie ein ›Bild‹, ein in Begriffe zu fassendes Wissen davon vermittelt, wie er in diesem ›Zuvor‹ in sich selber ist? Geht es Gott in seiner Offenbarung nicht vielmehr darum, daß wir ihn erkennen *im* Geschehen seiner Selbstbewegung zu uns? *Müssen* wir die gleichsam gottesontologische Frage stellen, welche Beschaffenheit Gottes in sich selbst zu denken ist als *Voraussetzung* dessen, daß er sich so offenbaren konnte, wie er es in diesem Geschehen tat? Und ist die Abstraktheit der Begriffe innergöttlicher Relationen, in die das Zurückdenken hinter dieses Geschehen gerät – sie sind ja im Grunde nur tautologische Abstraktionen aus den konkreten ›Namen‹ Vater, Sohn, Geist – nicht Hinweis darauf, daß die theologische Reflexion in diesem Zurückdenken in der Tat ins Unsagbare gerät?«[81]

Das sind *ernsthafte Fragen*. Doch Joest kennt auch die Einwände: Spricht nicht das Neue Testament selber von der Präsenz des Sohnes Gottes, und zwar nicht erst seit der Menschwerdung, sondern bereits im Schöpferhandeln Gottes? Setzt nicht das Neue Testament ein *Herabsteigen des Sohnes Gottes* aus dem Sein bei Gott in die Niedrigkeit der menschlichen Natur voraus? Die *Antwort* dieses protestantischen Theologen lohnt um der Grundsätzlichkeit und Differenziertheit willen die längere Dokumentation: »Aber werden wir durch solche Aussagen angewiesen, zurückzudenken in das Wie des Seins des Sohnes bei dem Vater auch abgesehen von seinem Kommen ins ›Fleisch‹? Davon reden sie ja gerade nicht, sondern sind nach *vorwärts* auf die Bestimmung der Schöpfung und in ihr der Bestimmung des Menschen gerichtet: In seinem Schöpferhandeln ist bei Gott der Sohn – der Sohn, der *Jesus* heißen wird, nicht ein Sohn, der gedacht werden könnte, auch wenn Jesus nie gekommen wäre oder Gott überhaupt keine Welt geschaffen hätte. Denn Gott bestimmt sich selbst und seine Schöpfung dazu, in diesem Sohn sein Zusammensein mit dem Menschen zu verwirklichen.«

Und was bedeutet dies für den *Geist*? Noch einmal Joest: »Wenn der alttestamentliche Schöpfungsbericht von dem Geist Gottes spricht, der vor dem Anheben des Schöpfungswerkes ›über den Wassern‹ schwebt, so gibt auch diese (ohnehin schwer zu deutende) Aussage gewiß keine Anleitung, auf das Wesen des Geistes in Gott, vor- und abgesehen von der Schöpfung zurückzureflektieren. Sehen wir nach vorwärts gewandt in das biblische Zeugnis vom *Wirken* des Geistes hinein, so darf gesagt werden: Sein ›Wesen‹ ist der Wille und die Selbstbestimmung Gottes, in seinen Geschöpfen die Kraft zu ihrem Leben und im Menschen die Kraft seines Lebens in der Gemeinschaft mit ihm selbst zu werden. Folgt man diesen Überlegungen, so wird man davon Abstand nehmen, das dreieinige Wesen Gottes in sich selbst zu einem seiner dreieinigen Selbsterweisung gegenüber besonderen Thema theologischer Reflexion zu machen und in besonderen Begriffen zu entfalten.«[82]

Begründete Zurückhaltung

Welche *Folgerungen* sind aus den Rückfragen von Joest zu ziehen?

(1) Joest hat sich ein Bewußtsein davon bewahrt, daß man mit Aussagen über innergöttliche Verhältnisse *ins Unsagbare* gerät und man sich in der theologischen Reflexion dieser Grenze des Sagbaren bewußt bleiben muß. Aus erkenntniskritischen und sprachtheologischen Gründen ist bei Aussagen über Gottes »Innerstes« Zurückhaltung geboten.

(2) Joest ruft in Erinnerung, daß das Neue Testament selber keinen Rückschluß auf das *»innere Leben«* Gottes vollzieht, ohne damit irgendeinen Zeifel daran zu lassen, daß Gott sein Wesen in Jesus Christus, dem Gekreuzigten und Auferstandenen, rückhaltlos (ohne dunklen Rest) geoffenbart hat. Auch aus exegetischen und bibeltheologischen Gründen ist bei Aussagen über »innergöttliche Verhältnisse« Zurückhaltung geboten.

(3) Aussagen über eine Präexistenz des Sohnes bei Gott vor aller Zeit dürfen nicht von Aussagen über den Menschen Jesus isoliert werden. Keine Spekulationen über einen ewigen Gottessohn an sich, unabhängig vom Menschen Jesus! Gott darf nicht unseren innerweltlichen Zeitvorstellungen unterworfen werden (erst ewiger Gottessohn, dann geschichtlicher Gottessohn). Aussagen wie »es gab eine Zeit, da war bei Gott, dem Vater, schon der Sohn, aber in dieser Vorzeit war er noch nicht *Jesus*« sind nach Joest unangemessen. Warum? Weil damit »die Existenz des Sohnes ›an sich‹ und seine Existenz als der Mensch Jesus in ein solches, unserer innerweltlichen Zeitvorstellung verhaftetes Nacheinander« gebracht werde.[83]

(4) Was sagt der *Präexistenzgedanke positiv*? Nichts anderes als dies: »Der Sohn Gottes, der in Jesus zu uns gekommen ist und den wir in einem ›an sich‹, gelöst von Jesus, in der Tat nicht vorstellen können, ist keine Veranstaltung Gottes ›auf Zeit‹. In seiner aller Zeitmessung überlegenen Ewigkeit bestimmt Gott sich selbst dazu, uns in diesem Sohn gegenwärtig zu werden.«[84]

II. Die Unableitbarkeit und universale Bedeutung Jesu: Wege einer geschichtlichen Interpretation der Präexistenzaussagen

Es ist ein theologiegeschichtlich bemerkenswerter Vorgang: Einst war das Ringen um den *Jesus der Geschichte* mit all seinen Konsequenzen für die dogmatische Christologie die große *Leistung protestantischer Theologie* gewesen. Von der Leben-Jesu-Forschung des 19. Jahrhunderts angefangen über deren vehemente theologische Bestreitung durch die Dialektische Theologie bis hin zur »Neuen Frage nach dem historischen Jesus« (E. Käsemann) eine – wie auch Albert Schweitzer zugestehen mußte – »einzigartig große Wahrhaftigkeitstat« der protestantischen Theologie, ja »eines der bedeutendsten Ereignisse in dem gesamten Geistesleben der Menschheit. Was die modern-liberale und die popularisierende Forschung trotz aller ihrer Fehler für die jetzige und die kommende Religiosität getan haben, ermißt man erst, wenn man in die romanische Kultur und Literatur hineinschaut, die von dem Wirken dieser Geister kaum oder gar nicht berührt sind.«[1]

Seit den 70er Jahren scheint diese Wahrhaftigkeitstat mehr im Raum der katholischen als der protestantischen Theologie vollzogen. Gewiß: Die »Neue Frage nach dem historischen Jesus« war zwar ebenfalls von protestantischen Exegeten und Theologen vorgebracht worden (G. Bornkamm, E. Fuchs, H. Conzelmann, H. Braun) und hatte zu beachtlichen Ergebnissen geführt. In der protestantischen systematischen Theologie aber spielte und spielt sie heute eine vergleichsweise geringe Rolle – trotz einiger früher Versuche von Gerhard Ebeling und Wolfhart Pannenberg. Es war die *katholische systematische Theologie,* die hier eine neue Synthese von Exegese und Dogmatik vorzulegen versuchte: 1974 erschienen die Bücher von *Walter Kasper* und *Hans Küng,* 1974 erschien auch das erste Jesus-Buch des holländischen Dominikaners und Dogmatikers *Edward Schillebeeckx,* das ebenfalls internationale Beachtung fand. Wir können all diese Bücher hier nicht im einzelnen kritisch beleuchten. Wir fragen auch hier nach einem neuerwachten Problembewußtsein in der Frage nach der ewigen Gottessohnschaft Jesu.

1. Gottes Sohn in der Zeit: Zur Christologie Walter Kaspers

Schon ein Blick ins Inhaltsverzeichnis des ersten christologischen Buches »Jesus der Christus« von Walter Kasper (geb. 1933) zeigt: Stärker und konsequenter als die evangelischen Theologen Pannenberg, Jüngel und Moltmann, stärker aber auch als der katholische Theologe Karl Rahner, ist Kasper um ein *konkret-geschichtliches Verständnis von Person und Sache Jesu* bemüht. Kaspers Christologie ist auf weite Strecken ein Versuch, die ganze vorösterliche Geschichte Jesu konkret nachzuerzählen und in ihrer indirekten christologischen Relevanz offenzulegen. Die Bedeutung der Auferweckung und Erhöhung Christi ist dabei auch für Kasper theologisch nicht hoch genug einzuschätzen. In der Auferstehung wird für ihn die »göttliche Tiefendimension des Kreuzes« sichtbar, »da Gott endgültig beim Menschen und der Mensch endgültig bei Gott« angekommen sei.[2] Und »Erhöhung zur Rechten Gottes« meint für Kasper »nicht Entrückung in ein weltjenseitiges Empyreum, sondern das Sein Jesu bei Gott, das Sein in der Dimension Gottes, seiner Macht und Herrlichkeit. Sie meint damit gerade nicht Weltferne, sondern eine neue Weise des Seins bei uns; Jesus ist nun mit uns von Gott her und in der Weise Gottes.«[3]

Übersieht man von diesem Ansatz aus den ganzen christologischen Entwurf Kaspers, so wird bei der *Interpretation der Präexistenzaussagen* ein Doppeltes deutlich:

(1) Wie anderen Theologen geht es auch Walter Kasper nicht um eine Präexistenzchristologie als solche, sondern um die Deutung ihrer Funktion für ein *neues Gottesverständnis.*

(2) Wie anderen Theologen geht es auch Walter Kasper nicht um eine Isolation der Präexistenzaussagen aus dem Gesamtgefüge der Christologie, sondern um die Herausarbeitung ihrer *soteriologischen Funktion.*

Von beiden Aspekten soll in aller Knappheit jetzt die Rede sein.

Revolution im Gottesverständnis

Es ist wichtig zu sehen, daß Kasper die Veränderungen im Gottesverständnis weder wie Jüngel exklusiv kreuzestheologisch begründet, noch wie Moltmann aus einer präexistenten, immer schon gegebenen ewigen Liebesgemeinschaft zwischen Vater und Sohn. Auch hier setzt Kasper stärker (und schriftnäher) geschichtlich an und läßt das neue Gottesverständnis bereits *in der Verkündigung Jesu selber* verankert sein. Denn schon Jesus selber habe ja von Gott nicht wie von einem »unbewegten Beweger« und einem »unveränderlichen Grund«, sondern von einem »lebendigen Gott der Liebe« gesprochen.[4] Schon bei Jesus selber bestehe Gottes Gottsein »in der Souveränität seiner Liebe. Deshalb kann er (Gott) sich radikal wegschenken, ohne sich aufzugeben. Gerade wenn er eingeht ins andere seiner Selbst, ist er bei sich selbst. Gerade in der Selbstentäußerung zeigt er sein Gottsein. Die Verborgenheit ist darum die Art und Weise, wie Gottes Herrlichkeit in der Welt erscheint.«[5]

All dies verstärkt sich für Kasper aufgrund des *Glaubens an die Auferweckung des Gekreuzigten*. Warum? Weil das Kreuz Christi theologisch letztlich nicht anders denn als Paradox der alle Begriffe übersteigenden Liebe Gottes verstanden werden muß. Und wenn das Kreuz nichts anderes ist als die Radikalisierung der Reich-Gottes-Botschaft von einer die Welt verändernden Liebe Gottes: muß dann nicht ein solches Gottesverständnis eine »Krisis«, gar eine »Revolution in der Sicht Gottes« genannt werden? Gott offenbart doch gerade hier seine Macht in der Ohnmacht; seine Allmacht ist gerade hier doch zugleich sein All-Leid; seine zeitüberlegene Ewigkeit ist gerade hier nicht starre Unveränderlichkeit, sondern Bewegung, Leben, Liebe, die sich selbst mitteilen kann an das von ihr Verschiedene. Fazit: »Wir begegnen Gott nicht in der Abstraktion von allem Konkreten und Bestimmten, sondern ganz konkret in Geschichte und Geschick Jesu von Nazareths.«[6]

Das alles will beachtet sein, wenn Kasper nun auch die neutestamentlichen Aussagen über die *Präexistenz Christi* interpretiert. Auch hier geht es ihm nicht um »Abstraktion von allem Konkreten und Bestimmten«, sondern um eine Interpretation aus der Perspektive von »Geschichte und Geschick Jesu von Nazareths«. Mit der kritischen Exegese sieht Kasper, daß im Neuen Testament die Aussagen über die Präexistenz Christi nie isoliert, sondern Funktion einer in der Auferweckung des Gekreuzigten offenbar gewordenen Selbstmitteilung Gottes sind. Brachte die Auferweckung Jesu als eschatologisches Ereignis bereits zum Ausdruck, daß »in der Geschichte der neue Äon angebrochen ist«[7], so gilt erst recht jetzt verstärkt, daß die Präexistenzaussagen des Neuen Testaments »in neuer und vertiefter Weise« den *eschatologischen Charakter von Person und Sache Jesu* zum Ausdruck bringen: »Weil sich in Jesus Christus Gott selbst definitiv, rückhaltlos und unüberbietbar geoffenbart und mitgeteilt hat, gehört Jesus in die Definition des ewigen Wesens Gottes hinein.«[8] Was folgt daraus? Aus dem eschatologischen Charakter des Christusereignisses folgt für Kasper, »daß Jesus von Ewigkeit her Sohn Gottes und Gott von Ewigkeit her der ›Vater unseres Herrn Jesus Christus‹ ist«.[9] Geschichte und Geschick Jesu seien damit »im Wesen Gottes begründet«; das Wesen Gottes erweise sich selbst als »ein Geschehen«. Und damit schließt sich der Kreis, wird der Zusammenhang von Präexistenzaussagen und Gottesverständnis deutlich. Denn die neutestamentlichen Präexistenzaussagen führen für Kasper »zu einer umfassenden Neuinterpretation des Gottesbegriffs«.[10] Das ist der entscheidende theologische Gesichtspunkt. Ein zweites kommt hinzu: der soteriologische Aspekt.

Durchbrechung von Schicksalszusammenhängen

Nicht genug kann Kasper betonen, daß das Präexistenzmotiv im Neuen Testament »nicht einem spekulativen Interesse« entspringe, sondern »begründend dem soteriologischen Anliegen« diene.[11] Nicht genug kann er herausstellen, daß es bei den Präexistenzaussagen »nicht um eine Verlängerung der Zeit in die Ewigkeit hinein« gehe, sondern »um eine Fundierung der Heilsgeschichte in der Ewigkeit Gottes«.[12] Nicht genug kann er darauf hinweisen, daß auch der auf dem Konzil von Nikaia gebrauchte präexistenzchristologische Schlüsselbegriff von der *»Wesensgleichheit« des Sohnes Gottes* mit Gott nicht spekulative Interessen befriedigen, sondern »in erster Linie ein soteriologisches Anliegen« verdeutlichen wolle: »Der Begriff homousios stammt zwar aus der Emanationenlehre der valentianischen Gnosis und war darum vielen Vätern in Nikaia und erst recht vielen Bischöfen und Theologen nach Nikaia höchst verdächtig. Das Konzil wollte damit jedoch nicht den Gottesbegriff der Offenbarung und des kirchlichen Kerygmas ›hellenisieren‹ und durch einen philosophisch-technischen Wesensbegriff überlagern. Es ging ihm vielmehr darum, daß der Sohn seiner Natur nach göttlich ist und auf einer Seinsstufe mit dem Vater steht, so daß, wer ihm begegnet, dem Vater selbst begegnet.«[13]

Und weil es Kasper letztlich um die *soteriologische Funkion der Präexistenzaussagen* geht, kann er auf der Linie der neueren Exegese *auch als Systematiker grundsätzlich festhalten: »Das Präexistenz- und Sendungsmotiv* (!) soll zum Ausdruck bringen, daß die Person und das Geschick Jesu nicht im Zusammenhang innerweltlichen Geschehens ihren Ursprung haben, daß darin vielmehr auf innerweltlich unableitbare Weise Gott selbst gehandelt hat. Diese innerweltlich unableitbare Freiheit durchbricht den Schicksalszusammenhang und befreit uns zur Freiheit der Söhne Gottes. Es geht in den Aussagen von der Präexistenz des einen Sohnes Gottes um die Begründung unserer Sohnschaft und unseres Heiles.«[14] Und man wird dem hinzufügen dürfen: Auch bei den Aussagen über die *Schöpfungsmittlerschaft Christi* betont Kasper in erster Linie die soteriologische Dimension. Denn auch hier sieht Kasper mit der kritischen Exegese, daß die Aussagen von der Schöpfungsmittlerschaft Christi »dienend und begründend denen von der Erlösung zugeordnet« seien. Ihre Funktion? »Sie sollen den eschatologisch-endgültigen und universalen Charakter von Person und Werk Christi aus der Fülle der Zeit (Gal 4,4) zur Geltung bringen und die christliche Freiheit und Verantwortung in der Welt herausstellen.«[15]

Die transzendentale Möglichkeitsbedingung

Wir haben freilich noch einen weiteren, *dritten Schritt* Walter Kaspers nachzuvollziehen. Denn ähnlich wie Eberhard Jüngel und Jürgen Moltmann will auch Walter Kasper von der Geschichte Jesu ins ewige Wesen Gottes zurückfragen und von daher zu Aussagen über innergöttliche Beziehungen gelangen, zu einer *expliziten Trinitätslehre*. Schon 1977 hatte Kasper in einem Aufsatz programmatisch angekündigt, in welche Richtung sein Denken sich weiter entwikkeln würde. Es komme darauf an – so formulierte er schon damals –, die Wirklichkeit der Geschichte auf ihren »ontologischen Grund« hin zu bedenken und damit »eine Ontologie zu entwerfen, die sich nicht wie die traditionelle Metaphysik im Horizont der Physis, sondern der Geschichte und des Ereignisses bewegt, also Metaphysik in Metahistorik zu transformieren. Theologisch genauer gesagt: Es gilt, die Geschichte Jesu auf ihren ontologischen Grund in Trinität hin zu bedenken und eine trinitarische Ontologie zu entwerfen.«[16]

Wir haben diese »trinitarische Ontologie« hier nicht im einzelnen zu rekonstruieren. Wir bleiben auf die Argumentationsstruktur konzentriert, wie Kasper von Aussagen über die Geschichte Jesu zu Aussagen über innergöttliche Verhältnisse, vom Bekenntnis zu Jesus als dem Sohn Gottes in der Zeit zu metaphysischen Aussagen über dessen ewige Sohnschaft kommt. Und da wird klar, daß Walter Kasper – hier ähnlich wie Wolfhart Pannenberg – zu Aussagen über innergöttliche Beziehungen mittels eines *transzendentalen Rückschlußverfahrens* gelangt. In der »sichtbaren Gestalt Jesu« gehe »uns« – so Kasper – »das unsichtbare Wesen Gottes« auf.[17] Man muß dabei sehen: Schon in seinem Buch »Jesus der Christus« (1974) hatte Kasper von der in Geschichte und Geschick Jesu offenbar gewordenen Liebe Gottes zurückgeschlossen auf die »innergöttliche Trinität«. Sie war schon hier für ihn »sozusagen die transzendentale Möglichkeitsbedingung der heilsgeschichtlichen Selbstmitteilung Gottes in Jesus Christus durch den heiligen Geist«.[18] Und dieses transzendentale, von der Geschichte Jesu Christi zurückschließende *trinitarische Denken* wird von Kasper in seinem acht Jahre später veröffentlichten Buch »Der Gott Jesu Christi« (1982) weiter entfaltet.

Wir können auch hier nicht im einzelnen auf Kaspers Trinitätslehre eingehen. Ein Vergleich zur Trinitätslehre von Eberhard Jüngel, Jürgen Moltmann, Karl Rahner und Wolfhart Pannenberg lohnte eine eigene detaillierte, exegetische und dogmengeschichtliche Studie. Auffällig ist nur, daß Kasper den Begriff »*Selbstunterscheidung in Gott*« sehr *zurückhaltend* gebraucht. Im Buch »Jesus der Christus« fällt er (wenn ich richtig sehe) überhaupt nicht, und im Buch »Der Gott Jesu Christi« verwendet Kasper ihn weder (wie Moltmann und Jüngel) bei den paulinischen und johanneischen Sendungsaussagen noch bei der Interpretation des Kreuzesgeschehens. Kasper kann – auch hier konsequenter als andere auf der Linie der Schrift – weder mit Begriffen wie »Passion Gottes« etwas anfangen (er spricht zurückhaltend nur vom »Mit-Leid Gottes«[19]) noch mit Aussagen über Gottes »Tod«. Die Theologie Kaspers kennt weder eine »Tragödie der göttlichen Liebe« noch einen Prozeß der »eschatologischen Selbsterlösung« Gottes. Im Gegenteil: Kasper warnt davor, die *Geschichtlichkeit Gottes mißzuverstehen*. Nicht die Geschichte vermittle Gottes Identität; Gott sei kein werdender Gott, der sich in und durch die Zeit erst einholen und verwirklichen müsse. Vielmehr gäbe Gott selber der Geschichte ihre Identität, verleihe ihr Zusammenhalt und Sinn. Und Kasper folgert: »Hier liegt wieder der tiefe Sinn des Präexistenzgedankens. Er besagt keine Verlängerung der Zeit nach rückwärts in die Ewigkeit hinein; er deutet vielmehr an, daß Gott in seinem Sohn von Ewigkeit her und in Freiheit ein Gott der Geschichte ist und Zeit für den Menschen hat.«[20]

Und trotzdem benutzt auch Kasper den Begriff »Selbstunterscheidung in Gott«. Aber nicht, weil er im Kreuzesschrei Jesu »Gott« von »Gott« unterschieden sieht, sondern weil auch Kasper (hier in Übereinstimmung mit Jüngel und Moltmann) von der *Struktur der Liebe* her einen *Ansatz für das Verständnis der Trinität* gewinnen will: »Wenn sich Gott als der in Freiheit Liebende und als der in der Liebe Freie erweist, muß er, wenn das Kreuz die eschatologische Selbstoffenbarung Gottes ist, in sich selbst Freiheit in der Liebe und Liebe in der Freiheit sein. Nur wenn Gott in sich Liebe ist, kann er sich selbst als solche eschatologisch-endgültig offenbaren. Gott muß also von Ewigkeit sich selbst mitteilende Liebe sein. Das wiederum bedeutet, daß Gott seine Identität nur in der Selbstunterscheidung zwischen Liebendem und Geliebtem, die beide in der Liebe eins sind, besitzt. Damit haben wir einen Ansatz für das Verständnis der Trinität gewonnen.«[21]

Auch diesen Ansatz haben wir hier nicht im Detail zu entfalten. Wir halten nur fest: Für Kasper ist »die ewige innergöttliche Unterscheidung von Vater und Sohn ... die tranzendentaltheologische Bedingung der Möglichkeit der Selbstentäußerung Gottes in der Inkarnation und am Kreuz«.[22] Kasper weiß, daß dies von vielen »als eine mehr oder weniger interessante Spekulation«[23] abgetan wird. Er beeilt sich, gerade dies zu dementieren. Denn letztlich kommt es ihm auch hier nicht auf Spekulationen um ihrer selbst willen an, sondern auf das *Grundbekenntnis*, »daß bei Gott von Ewigkeit her Raum ist für den Menschen, Raum auch für wirkliches sym-pathein mit dem Leiden der Menschen. Der christliche, d. h. der von Jesus Christus her gedachte Gott, ist damit kein apathischer Gott, sondern im wirklichen Sinn des Wortes ein sympathischer Gott, der mit dem Menschen leidet.«[24] Und so ist für Kasper, wie auch für Rahner, Jüngel und Moltmann, dieser *»sympathische« Gott*, wie er sich in Jesus Christus geoffenbart hat, »die endgültige Antwort auf die Theodizeefrage, an der Theismus wie Atheismus scheitern. Wenn Gott selbst leidet, ist das Leiden eben kein Einwand mehr gegen Gott. Wenn Gott leidet, so heißt dies freilich nicht, Gott sei die Vergöttlichung des Leidens. Gott vergöttlicht nicht das Leiden, er erlöst es. Denn das

Leiden Gottes, das der Freiwilligkeit der Liebe entspringt, besiegt die Schicksalhaftigkeit des Leidens, das uns von außen fremd und unverstanden trifft. So hebt die Allmacht der Liebe Gottes die Ohnmacht des Leidens auf. Das Leiden ist damit nicht abgeschafft, wohl aber ist es von innen her verwandelt – verwandelt auf Hoffnung hin.«[25]

Auch dieser theologische Ansatz, der geschichtlich einsetzt, um dann mit Hilfe eines transzendentalen Rückschlußverfahrens zu Aussagen über innergöttliche Beziehungen zu gelangen, wirft Fragen nach der Schriftbasis auf, konkret nach dem Verhältnis von geschichtlicher und metaphysischer Gottessohnschaft. Entscheidend ist die Frage, ob die Schrift es *verlangt*, eine ewige Sohnschaft »in Gott« vorauszusetzen. Geht man theologisch heute durch den geschichtlichen Ansatz nicht zunächst *faktisch* vom Gegenteil aus? Grundsätzlich gesagt: Auch die Theologie Kaspers wirft noch einmal das Problem von Geschichte und Metageschichte, von geschichtlicher Wirklichkeit und Ontologie, Exegese und Dogmatik in aller Deutlichkeit auf.

Wir wollen zum Abschluß dieses dritten Hauptteiles die christologischen Entwürfe von zwei weiteren katholischen Theologen diskutieren, deren Christologie nicht zuletzt wegen der Präexistenzproblematik auch lehramtlich kritisiert worden ist. Wir wollen uns auch hier bemühen, Kritik und Gegenkritik abzuwägen. Wie diese Theologen das Problem von Geschichte und Metageschichte, Exegese und Dogmatik aufzugreifen und zu lösen versuchen, verdient eigene Beachtung.

2. Der einzigartige Anspruch Jesu: Zur Christologie von Hans Küng

»Es ließe sich vielmehr in neuer Weise das von Anfang an Entscheidende deutlich machen, daß der geschichtliche Jesus gerade als Bruder der Menschen und Mensch für Andere – biblisch gesprochen – wirklich der Christus ist. In allerletzter Unableitbarkeit (›Präexistenz‹) und bleibender Bedeutsamkeit (›Postexistenz‹) *das* Wort, *der* Sohn, *der* Herr, daß also in Jesus der Glaube Anhalt und Grund hat zu erkennen, daß wir es in ihm, seinem Leben, Lehren, Sterben und neuem Leben mit *Gott selbst* zu tun haben, daß sich also in dieser Person das vere homo und vere deus treffen, daß sich in ihm die

Menschlichkeit unseres Gottes offenbart, daß in ihm gerade als dem *Worte Gottes* die wahre *Menschwerdung* Gottes um der Menschwerdung des Menschen willen geschehen ist.«[26]

Mit dieser »Vision« hatte Hans Küng[27] 1970 seine »Prolegomena zu einer künftigen Christologie« abgeschlossen, die er im Rahmen eines Buches über die Christologie Hegels skizziert hatte. Für Küng war dieses Buch über die »Menschwerdung Gottes« zu einer *Wende in seinem eigenen christologischen Denken* geworden. Ursprünglich nur daran interessiert, die traditionelle Christologie »von oben«, wie er sie in Rom in der Gestalt neuscholastischer Traktate, dann aber auch in der Gestalt Karl Barths kennengelernt hatte (1957 Promotion über Barths Rechtfertigungsverständnis[28]), »mit Hilfe der Hegelschen Spekulation für die Gegenwart zu erneuern«[29], hatte Hans Küng zunehmend begriffen, daß eine Christologie heute ohne Rückbesinnung auf den konkreten Jesus der Geschichte gleichsam in der Luft hänge. Programmatisch begann Küng für sich einen Kontrapunkt zu setzen. Was das moderne Gottesverständnis betraf, gab es für ihn kein »Zurück hinter Hegel«. Was aber die Christologie anging, so klang es jetzt ebenso deutlich: »Kein Zurück hinter David Friedrich Strauss«, kein Zurück also hinter die Ergebnisse der historischen Bibelkritik.

Das Buch »Menschwerdung Gottes« hatte also *zwei Ergebnisse* gebracht, die auch künftig das Denken von Hans Küng prägen sollten: das eine betraf ein neuzeitliches Gottesverständnis, das andere eine künftig zu erarbeitende »Christologie von unten«. Was das *Gottesverständnis* betraf, so wollte Küng das mit der Rezeption Hegelscher Philosophie Erreichte auch künftig bewahren. Mit Hegel war es ja möglich geworden, von Gottes Transzendenz, Schöpfersein und Geschichtlichkeit ganz neu zu reden. Von Hegel her war es möglich geworden, Gott ganz neu als einen lebendigen Gott zu denken, als einen Gott, der sich bewegt, verändert, eine Geschichte durchmacht. Einen Gott, der nicht bleibt, was er ist, sondern *wird*, was er ist. Einen Gott, der nicht erhaben über der Welt in sich selbst verharrt, sondern einer, der aus sich heraustritt, sich selbst entäußert: Schon durch die Welt-Werdung, die ihren Höhepunkt hat in der Mensch-Werdung Gottes. Keine Frage, daß Küng hier Möglichkeiten sah, die Grundlage auch für ein heutiges Gottesverständnis zu legen. Zwar sollten die Hegelschen Lösungen nicht einfach unkritisch übernommen werden, wohl aber sollte es von Hegel her zu einem neuen Hören auf den nicht weniger lebendigen, geschichtlich handelnden, ja sich in Schöpfung und Menschwerdung auf die Welt einlassenden Gott der Bibel kommen. *Zielperspektive* also des Küngschen Hegelbuches war, den »Gott der Philosophen« und den »Gott der Bibel« so miteinander zu vermitteln, daß der »Gott der Philosophen« im »Gott der Bibel« – gut hegelisch – im dreifachen Sinn »aufgehoben« sein würde: zustimmend, abgrenzend, übersteigend. Auf diese Weise wollte Küng erreichen, daß die moderne Entwicklung des Gottesverständnisses und zugleich das Entscheidende der biblischen Botschaft« ernsthaft berücksichtigt würden »in einem neuen Verständnis der Geschichtlichkeit Gottes«.[30] Das war das eine.

Das andere aber war, daß Küng seine Aussagen über die Geschichtlichkeit Gottes nun nicht mehr – wie im Frühstadium seines Hegel-Manuskriptes – auf der Linie Barth-Hegel durch eine innergöttliche Wesensdialektik gewinnen wollte. In der letzten Fassung des Hegel-Manuskriptes waren denn auch die spekulativen Probleme im Blick auf die Leidensfähigkeit, die Dialektik der Eigenschaften und der Veränderlichkeit Gottes in die Exkurse verwiesen worden, die ursprünglich das ganze Werk konzeptionell theologisch krönen sollten.

Aber: Was ursprünglich von einer innergöttlichen Wesensdialektik her erreicht werden sollte (auf der Basis einiger weniger christologischer Spitzenaussagen in der Theologie von Paulus und Johannes), wollte Küng jetzt auf *geschichtlichem Weg* erreichen. Küng wollte die gleiche Tiefe und Höhe der Aussagen über Gottes Sein und Handeln beibehalten – und doch auf Betrachtungen über innergöttliche Verhältnisse verzichten. Und was in »Menschwerdung Gottes« nur angedeutet werden konnte, wurde vier Jahre später in »Christ sein« (1974) breit entfaltet. Auch hier müssen wir auf die Behandlung zahlreicher christologischer Einzelprobleme verzichten. Wir konzentrieren uns auf zwei Komplexe:

Der Streit um Jesus – ein Streit um Gott

Man kann ein Buch wie »Christ sein« in seiner konzeptionellen Anlage und seinen theologischen Konsequenzen nur verstehen, wenn man sieht, daß eine innere Spannungsführung sein Grundkonzept beherrscht. Hat man dieses Grundkonzept erkannt, so wird klar, daß Küng die Geschichte Jesu als eine *Konfliktsgeschichte* erzählt. Die Ursachen dieser Konfliktsgeschichte? Sie beruhen für ihn auf einem Doppelten. Zum einen auf der gesellschaftlichen, politischen und religiösen *Nichteinordbarkeit* Jesu. Jesus war – so macht Küng klar – weder ein Mann des religiös-politischen Establishments (weder Priester noch Theologe wie die Sadduzäer) noch ein Mann der gewaltsamen politischen Revolution (kein politischer Befreier wie die Zeloten), weder ein Mann der apolitischen Emigration (kein Mönch wie die Leute von Qumran) noch ein Mann des religiös-gesetzlichen Kompromisses (kein Gesetzesfrommer wie die Pharisäer). Dieses *eigene Profil Jesu,* diese seine Andersheit im Vergleich zu anderen politisch relevanten Gruppen war der erste Grund für Jesu Konflikt. Jesus war anders!

Warum aber war Jesus anders? Das hängt für Küng mit einem *zweiten, tieferen Grund* zusammen. Gewiß: Alle die genannten Gruppen des Judentums wollten auf ihre Weise die *Sache Gottes* vertreten. So auch Jesus. Aber entscheidend ist: Jesus vertrat diese Sache auf andere, unerhört neue Weise. Seine in der Reich-Gottes-Verkündigung konkretisierte Sicht der Sache Gottes zielte auf das *umfassende Wohl des Menschen.* Und weil dies das oberste Ziel war, hatte Jesus sich offenkundig nicht gescheut, auch das Gesetz Gottes (und damit seine Vertreter), auch den Tempel Gottes (und damit dessen Repräsentanten) im Einzelfall in Frage zu stellen und damit diejenigen in seine Gemeinschaft zu holen, besser: die *Grenzen des Reiches Gottes so zu erweitern,* daß bisher Ausgestoßene (Nichtjuden), Deklassierte (Frauen), Unwerte (Kranke) und Verachtete (Sünder und Zöllner) jetzt einbezogen waren. *Universalisierung* (niemand ist ausgeschlossen) und *Radikalisierung* (gerade auch die Feinde gehören dazu) der Liebe Gottes: das macht für Hans Küng Jesu spezifisches Profil aus. Jesus – ein Mann, für den der Geist der Vergebungsbereitschaft ohne Grenzen, des Dienstes ohne Rangordnung, des Verzichtens ohne Gegenleistung charakteristisch war.

Von daher kann Küng ohne Mühe zeigen, daß der Konflikt Jesu mit den »Großmächten« seiner Zeit gleichsam vorprogrammiert war. Einer, der wie Jesus bisher Gültiges so in Frage stellte: mußte er nicht selber zur Frage werden? Einer, der auf solche Weise *Gott* verkündete: mußte er nicht selber Anlaß zur Empörung sein? Ja, mußte nicht angesichts einer solchen Verkündigung, angesichts eines solchen Verhaltens im Namen Gottes *Gott selbst* auf dem Spiele stehen? Das war das Entscheidende, und Küng kann hier von einem beinahe archetypischen Reaktionsmuster erzählen: Die von Jesus Angegriffenen reagierten dadurch, daß sie diesen Offenbarer als Irrlehrer, Lügenpropheten, Gotteslästerer und Volksverführer abzustempeln begannen.

Gerade darauf aber will Hans Küng hinaus: *Der Streit um Jesus war letztlich ein Streit um Gott selbst.* Ein Streit darum, wer Gott »richtig« repräsentiert, was Gott »wirklich« fordert und wer so das verbindliche Gottesverständnis garantiert. Und damit schließt sich nun der Kreis, kann der Anschluß an das im Hegel-Buch entwickelte neuzeitliche Gottesverständnis hergestellt werden. Und man kann die Grundkonzeption des Buches »Christ sein« nicht begreifen, wenn man nicht sieht, daß Küng eine überraschende Koinzidenz von neuzeitlichem Gottesverständnis und Gottesverständnis Jesu herzustellen vermag. Die strukturellen Analogien sind in der Tat verblüffend.

Wie Gott heute verstehen?

Gewiß, Küng weiß, daß *Jesu Gottesverständnis* auf sehr verschiedenen kulturellen Voraussetzungen beruht: auf einem anderen Welt- und Wirklichkeitsverständnis. Diese Verschiedenheit könne »nicht mit Berufung auf Jesus rückgängig gemacht werden«.[31] Zugleich aber fragt Küng: »Sollte vor einem neuzeitlichen Horizont nicht auch der Gott Jesu verstanden werden können? Sollte das von Jesus her Entscheidende nicht auch vor diesem Horizont zum Tragen kommen können? Und sollte umgekehrt nicht gerade von Jesus her das beantwortet, eindeutig beantwortet werden können, was im Gottesverständnis des allgemeinen oder philosophischen Menschenverstandes, notwendig zweideutig, vage, offen bleiben mußte?«[33]

Letztlich waren dies rhetorische Fragen, lebt doch Küngs theologisches Denken von der Überzeugung, daß es gerade heute gelingen könne, den *Gott Jesu unter neuzeitlichen Bedingungen neu zum Leuchten zu bringen.* Wie? Indem man sieht: Der Gott Jesu ist niemand anderer als der Gott Israels. Und dieser Gott ist ja bereits ein geschichtlich-lebendiger, »persönlicher« Gott, der in der Welt ist und sie doch transzendiert: diesseitig *und* jenseitig zugleich, fern *und* nah, überweltlich *und* innerweltlich, zukünftig *und* gegenwärtig. Kein apathischer Gott jedenfalls und auch kein Willkürgott. Weder ein naturhaftes Urprinzip noch eine metaphysische Wesenheit, weder eine stumme Kraft noch eine anonyme Macht, vielmehr der *lebendige Schöpfergott.* Und es ist kein gröberes Mißverständnis der

Küngschen Gotteslehre möglich als der direkte oder indirekte Vorwurf des Pantheismus[33] oder des Platonismus.[34]

Etwas anderes ist entscheidend. Ohne wie früher auf eine innergöttliche Dialektik oder Kategorien wie Selbstunterscheidung Gottes von Gott angewiesen zu sein, kann Küng jetzt aus genuin biblischer Perspektive die *Eigenschaften Gottes neu dialektisch durchdenken* und damit die *ontologischen Grundlagen* seiner Gotteslehre freilegen. Konkret: Was heißt Gottes Ewigkeit? Gottes »*Ewigkeit*« ist nicht zu verstehen »als platonische Zeitlosigkeit, sondern als machtvoll lebendige Gleichzeitigkeit zu aller Zeit;
seine *Allgegenwart* nicht als zuständliche Ausdehnung im Universum, sondern als überlegene Herrschaft über den Raum;
seine *Geistigkeit* nicht als ausschließlicher Gegensatz zu einer schlechten Materie, sondern als die allem Geschaffenen unendlich überlegene Mächtigkeit;
seine *Güte* gegenüber Welt und Menschen nicht als natürliche Ausstrahlung des Guten, sondern als frei liebende gnädige Zuwendung;
seine *Unveränderlichkeit* nicht als starre, naturhafte, tote Unbeweglichkeit, sondern als wesenhafte Treue zu sich selbst in aller lebendigen Bewegtheit;
seine *Gerechtigkeit* nicht als eine im zeitlosen Ordnungsgedanken gründende Verteilung und Vergeltung, sondern als eine in der Treue zum Bund mit den Menschen wurzelnde barmherzige, heilschaffende Gerechtigkeit;
seine *Unbegreiflichkeit* nicht als die abstrakte Eigenschaftslosigkeit eines namenlosen Woher unserer Fraglichkeit, sondern als die im Handeln sich erweisende Andersartigkeit, Unverfügbarkeit, Unvorhersehbarkeit.«[35]

Es ist von daher begreiflich, daß Küng – hier mit Walter Kasper völlig einig – nicht eine Selbstunterscheidung Gottes von Gott am Kreuz braucht, um von einer *Revolution im Gottesverständnis* zu sprechen. Die Verkündigung Jesu selber reicht völlig aus, um von diesem Gott Unerhörtes, Unerwartetes, Revolutionäres sagen zu können. Das aber heißt auch umgekehrt: Person und Sache, Botschafter und Botschaft sind für Küng von Anfang an nicht zu trennen. Warum? Weil er, Jesus selber, für die Verkündigung *dieses* Gottes steht – er und niemand anderer, kein Zelot, kein Sadduzäer, kein Pharisäer und kein Qumran-Mönch. Gewiß: Dieser Gott Jesu ist kein anderer Gott als der Gott Israels, aber doch ein von Jesus ganz *anders verkündigter Gott*: ein »Gott nicht der Gesetzesfrommen, sondern der Gesetzesbrecher, ja – so zugespitzt muß es gesagt sein, um die Widersprüchlichkeit und Anstößigkeit deutlich zu machen – ein Gott nicht der Gottesfürchtigen, sondern ein Gott der Gottlosen!?«[36] Küng legt somit allen Wert darauf, daß das Unerhörte im Gottesverständnis nicht erst durch christologische Spitzenaussagen erzielbar, sondern in der Verkündigung Jesu selber grundgelegt ist. Jesu Verkündigung und die spätere Christologie bilden im Blick auf ein neues Gottesverständnis eine sachliche Einheit, eine inhaltliche Kontinuität. *Von einer innergöttlichen Wesensdialektik war Küng so zu einer geschichtlichen Offenbarungsdialektik gekommen.*

Anders gesagt: Wie es für Küng im Grunde schon vor Ostern keine Ablösung der Sache Gottes von der Person Jesu Christi gab, so erst recht nicht nach Ostern, als für die Glaubenden *Gott selbst sich nun definitiv und unlösbar mit diesem Gekreuzigten verband*: »Schon während Jesu irdischer Wirksamkeit hat die Entscheidung für oder gegen die Gottesherrschaft mit der Entscheidung für oder gegen ihn (Jesus) zusammengehangen. Jetzt fällt sie in eins: Denn in dem zu Gottes Leben erweckten Gekreuzigten ist Gottes Nähe, Herrschaft, Reich bereits verwirklicht, bereits gegenwärtig ... Der zum Glauben Rufende ist zum Inhalt des Glaubens geworden. Der sich mit Gott Identifizierende, mit dem hat sich Gott für immer identifiziert«.[37]

Entscheidend also ist für Küng, daß die »Auferweckung«, die Aufnahme Jesu in Gottes ewiges Leben nicht die Offenbarung zusätzlicher Wahrheiten ist, sondern das *Offenbarwerden Jesu* selber. Im Klartext: Nicht bloß inkarnatorisch seine Menschwerdung oder seine wunderbare Geburt, nicht bloß einzelne Wundertaten, nicht bloß sein Leiden und Sterben, sondern das *ganze Leben Jesu* (Verkündigung, Verhalten, Geschick) kann jetzt als Offenbarung Gottes verstanden werden. Küng wörtlich: »In Jesu *ganzem* Leben, in seinem *ganzen* Verkündigen, Verhalten und Geschick hat Gottes Wort und Wille Fleisch, eine menschliche Gestalt angenommen: Jesus hat in seinem ganzen Reden, Tun und Leiden, hat in seiner ganzen Person Gottes Wort und Willen *verkündet, manifestiert, geoffenbart*. Ja, man kann sagen: Er, in dem sich Wort und Tat, Lehren und Leben, Sein und Handeln völlig decken, ist leibhaftig, ist in menschlicher Gestalt Gottes Wort und Wille.«[38]

Vom Ende zum Anfang

Aus diesem geschichtlichen, neutestamentlich gewonnenen Ansatz zieht Küng nun auch Konsequenzen für die *Deutung der Präexistenz Christi*. Er weiß, daß vom Neuen Testament her die Präexistenzaussagen eschatologische Aussagen sind. Es sei »vom Ende zum Anfang hin gedacht worden«.[39] Warum aber kam es überhaupt zu Aussagen über Jesu Präexistenz? Gerade von seinem geschichtlichen Ansatz aus kann Küng dies plausibel machen: »Man sagte sich: Wenn der Gekreuzigte und zum Leben Erweckte von Gott her gesehen eine derartig einzigartige, grundlegende, maßgebende Bedeutung hat, muß er dann nicht schon immer in Gottes Gedanken gewesen sein? War also der, der Ziel der Schöpfung und Geschichte ist, nicht schon immer in Gottes ewigem Schöpfungs- und Heilsplan? Und war er, der jetzt als der Sohn bei Gott ist, nicht schon von Ewigkeit als Sohn und Wort bei Gott? Der Letzte ist dann auch der Erste. Und der, in dem das Ende aller Dinge erschienen ist, wird erkannt als der Anfang aller Dinge, auf den hin alle Dinge schon angelegt, in dem sie geschaffen sind und Bestand haben. Zeiten und Geschlechter, Lehren und Vorsteher in der Kirche wechseln, von ihm aber gilt: Jesus Christus gestern und heute derselbe, auch in Ewigkeit.«[40]

Streng an der Exegese orientiert, haben für Hans Küng die Präexistenzaussagen also nicht Spekulations-, sondern *Bekenntnischarakter zu dem Gott, der sich als Vater Jesu Christi zu erkennen gab*, und zu Christus, der aufgrund der Auferweckung von den Toten als Sohn dieses Vaters verstanden und bekannt werden darf. Gleichzeitig sieht Küng mit der *kritischen Exegese*,

– daß die Präexistenzaussagen im Neuen Testament »nie um sich selbst kreisen«;
– daß sie »gleich mit der nicht wegzudiskutierenden Wirklichkeit des Kreuzes« konfrontiert werden;
– daß »die mythischen Vorstellungen der damaligen Zeit von einer vorzeitig-jenseitigen Existenz eines von Gott abgeleiteten Wesens, von einer ›Göttergeschichte‹ zwischen zwei (oder gar drei) Gottwesen« heute nicht mehr nachvollziehbar sind.[41]

Küng geht es also – auch hier durchaus einig mit Walter Kasper und anderen – in erster Linie um ein neues Gottesverständnis, um die Einheit der Person Jesu als des Sohnes Gottes und um die soteriologische Bedeutung des Gottessohnes Jesus für die Menschen.

Vier Punkte gibt er »zu überlegen«. Die *Aussagen über die Präexistenz Christi* bedeuteten:

– Es gibt von Ewigkeit *keinen anderen Gott* als den, der sich in Jesus manifestiert hat.
– Weil es keinen anderen Gott gibt als den in Jesus offenbarten, hat *Jesus* von diesem universalen Gott her selber eine *universale Bedeutung*.
– Was in und mit Jesus geschehen ist, erklärt sich für den glaubenden Menschen nicht aus dem Lauf der Geschichte allein; in seinem letzten *Ursprung* erklärt es sich für ihn *nur von Gott her*.
– Der Mensch seinerseits ist aufgerufen, im glaubenden Vertrauen die Welt und ihre Zeit in eine *andere Dimension* hinein zu übersteigen: In Jesus ruft der eine wahre Gott selbst auf den Weg![42]

Der Streit um die Gottessohnschaft Jesu

Aber hatte Küng mit einer solchen Deutung die Präexistenzaussagen (und damit das Bekenntnis zur »Gottheit Christi«) nicht gleichsam nur zu einer Funktion des menschlichen Verständnisses gemacht? War hier die Gottheit Christi nicht zur *Funktion des menschlichen Glaubens* gemacht geworden? War hier das Ontologische und Metaphysische nicht ins Psychologische und Subjektive aufgelöst? Kann man von diesem Ansatz aus noch sagen, daß Gottes Sohn wirklich präexistent war und Mensch geworden ist? Ist Jesus Christus für Küng nur eine menschliche Person, in der Gott sprechend und handelnd sich offenbarte, und nicht mehr der ewige Sohn, der in der Geschichte Mensch wurde?[43] Hat Hans Küng in seiner Christologie die Person Jesu nicht bloß als eine Art »Sachwalter« und »Stellvertreter« Gottes hingestellt statt als ewigen Sohn Gottes, dem Vater wesensgleich, der, Mensch geworden in der Zeit, die menschliche Natur in seiner personalen Einheit angenommen hat?[44] Ja, hatte Hans Küng nicht die traditionellen Präexistenzaussagen zwar nirgendwo direkt geleugnet, wohl aber es vermieden, sie unzweideutig positiv zu lehren? Waren bei seiner Neuinterpretation der Präexistenzaussage nicht die ontologischen Voraussetzungen seiner Christologie gänzlich ungeklärt?[45]

Hans Küng mußte diese Kritik ernst nehmen. Vier Jahre nach »Christ sein« bemühte er sich denn auch, in seinem Buch *»Existiert Gott? Antwort auf die Gottesfrage der Neuzeit«* (1978) seine christologische Position noch einmal zu präzisieren. Ausdrücklich weist er es als eine »unbegreifliche Verfälschung« seiner Christologie zurück, zu behaupten, Jesus Christus sei für ihn »nur ein vorbildlicher Mensch« und »nur Gottes Sprecher und Sachwalter« gewesen. Ausdrücklich weist Küng ebenso die Unterstellung zurück, er habe die christologischen Aussagen des nizänischen Glaubensbekenntnisses geleugnet. Im Gegenteil: Es sei sein Ziel gewesen, »sie den Menschen von heute verständlich zu machen«.[46]

Auf der grundsätzlichen Linie von »Christ sein« versucht Küng nun aber, mißverständliche Alternativen (funktional-ontologisch) in der Christologie zu vermeiden: »Funktionssaussagen – sie stehen zweifellos im Vordergrund – und Seinsaussagen, dürfen nicht auseinandergerissen werden«, erklärt er jetzt.[47] Und keinen Zweifel läßt Küng daran, daß auch von seinem Ansatz aus ein *Bekenntnis zur Gottessohnschaft* Jesu möglich ist: »In dieser umfassenden, nicht spekulativen, sondern geschichtlichen Perspektive läßt sich auch heute noch verständlich machen, daß Jesus schon vor Paulus und dann auch in der paulinischen Tradition verstanden wird als Offenbarung von Gottes Kraft und Weisheit, als Haupt und Herr der Schöpfung, als Bild, Ebenbild Gottes, als das Ja Gottes. Von hierher läßt sich auch verstehen und annehmen, daß Jesus von Johannes nicht nur als Wort Gottes, sondern indirekt als Gott gleich, ja als Herr und Gott bezeichnet wird. Und in dieser Perspektive lassen sich so schwierige und hohe Sätze verstehen: daß in Christus die ganze Fülle der Gottheit leibhaftig wohnt, daß Gottes Wort Fleisch geworden ist. Dies jedenfalls meinen wir, wenn wir von ›Gott in Jesus Christus‹ sprechen. Und in diesem Sinn bejahen wir auch das Konzil von Nikaia (325), wenn es von Jesus Christus spricht als ›Gott von Gott, Licht von Licht, wahrer Gott von wahrem Gott, gezeugt, nicht geschaffen, eines Wesens mit dem Vater‹.«[48]

Aus diesem Schlüsselzitat ergibt sich, daß Hans Küng die konstruierte Alternative zwischen Jesus als einem »bloßen Menschen«, in welchem Gott handelnd gegenwärtig sei, und Jesus als dem »eingeborenen ewigen Gottessohn« als *Scheinalternative* verwerfen mußte. Unmißverständlich erklärt er, daß dies für das Neue Testament gerade »keine Alternative«[49] gewesen sei. Warum nicht? Weil es dem Neuen Testament gerade darum gehe, nicht den Menschen Jesus und ein Himmelswesen »Gottessohn« auseinanderzureißen, sondern gerade *im Menschen Jesus den Gottessohn zu erkennen und zu beken-*

nen. Vom Neuen Testament her lehnt Küng deshalb auch die Alternative ontologisch – funktional in der Christologie ab: »Wenn mit ›ontologisch‹ der Gegensatz zu ›psychologisch‹ gemeint ist und ein Auseinanderklaffen von Person und Werk, Sein und Deutung, Glaubensinhalt und Glaubensvollzug abgelehnt werden soll, kann ich in der Sache zustimmen, auch wenn ich das Wort in diesem Zusammenhang nicht schätze. Wenn aber mit ›ontologisch‹ faktisch doch eine hellenistische (und dann vielleicht modern angepaßte) Ontologie gefordert werden soll, wie sie der traditionellen Zwei-Naturen-Lehre, der Seins- und Wesenschristologie zugrunde liegt, kann ich mit vielen anderen nicht zustimmen.«[50]

Anders gesagt: Küng legt allen Wert darauf, daß die christologischen Bekenntnisaussagen nicht nur Funktion des Glaubensverständnisses sind, sondern etwas über *Gottes Wesen* selbst aussagen und damit in der Tat *ontologische Konsequenzen* haben. Der Vorwurf, Küng habe die ontologischen Voraussetzungen seiner Christologie nicht geklärt, entbehrt von daher jeder Grundlage. Im Gegenteil: Gerade weil Küng die Präsenz *Gottes* in der geschichtlichen Gestalt Jesu so betonte, ging er zugleich davon aus, daß dies auch das Wesen Gottes gleichsam »verändere«. Gerade von seinem geschichtlichen Ansatz her kann Küng Aussagen über den Grund des Seins, die Wirklichkeit Gottes selbst, kurz ontologische Aussagen machen: »Ich weiß: wo Jesus ist, ist auch Gott; was Gottes Wille ist, sagt er mit; wo Jesus handelt und redet, steht Gott auf seiner Seite, wo Jesus leidet und stirbt, ist Gott verborgen anwesend.«[51]

Für Küng also ist Jesus alles andere als eine austauschbare religiöse Größe, die, geschichtlich wechselnd, die Sache Gottes einmal so, einmal anders akzentuiert hätte – wie dies Hunderte von Propheten, Heiligen und Religionsstiftern jeweils wechselnd zu tun pflegen. Nein, weil auch für Küng *Gott selbst* in Jesus Christus sich geoffenbart hat und Jesus selber im Tiefsten nur von Gott her verstanden werden kann, gerade deshalb kann Küng glaubhaft machen, warum Jesus – wie er selbst sagt – »diese einzigartige und maßgebende Bedeutung für die Menschheit und auch für mich haben soll; warum gerade er und kein anderer der Großen – auch nicht Buddha, Kungfu-Tse oder Mohammed, auch nicht Marx oder Freud – mich unbedingt verpflichtend in die Nachfolge zu rufen vermag«.[52]

Von daher muß ein letztes Mißverständnis korrigiert werden. Für Küng macht keineswegs erst der Glaube des Menschen Jesus zum

Gottessohn. Jesus ist für ihn nicht – rein subjektivistisch verstanden – Produkt des jeweiligen Glaubensvollzugs. Gewiß: Für Küng – wie für jeden Theologen – ist der Glaube des Menschen selbstverständlich Voraussetzung für die *Akzeptanz* Jesu als Gottessohn. Aber gerade der Glaubende vertraut ja darauf, daß ihn in Jesus – so Küng – »der wahre Gott« selber auf den Weg ruft! Der Glaubende vertraut ja darauf, daß Gott wirklich so *ist*, wie sein Glaube vertrauend voraussetzt: nämlich – im Falle des Christentums – der »Vater unseres Herrn Jesus Christus«. Deshalb ist es nur konsequent, wenn Hans Küng folgert: »Ob man im übrigen dieses Verhältnis von Gott und Jesus theologisch mehr funktional oder ontologisch beschreibt, mehr von abstrakten Wesensaussagen oder konkreten Heilsaussagen ausgeht, dies dürfte sekundär und ja auch nicht notwendig ein Widerspruch sein. Man kann Funktionsaussagen vorziehen und doch sagen: Jesus ›funktioniert‹, ›fungiert‹ für mich nicht nur als Wort Gottes und Sohn, er *ist* es, und er ist es nicht nur für mich, sondern auch in sich.«[53]

Gewiß: Hans Küng stand weder bei seinem Buch »Christ sein«, das ja in Auseinandersetzung mit der historisch-kritischen Forschung Grundrisse der Jesusgestalt nachzuzeichnen versuchte, noch in seinem Buch »Existiert Gott?«, das ja in Auseinandersetzung mit der neuzeitlichen Religionskritik das Ja zu Gott begründen wollte, vor der Aufgabe, von seinem biblischen Ansatz aus auch die Aussagen der klassischen Trinitätslehre zu bedenken. Nur Skizzen eines trinitarischen Bekenntnisses (nicht einer trinitätstheologischen Lehre) zu Vater, Sohn und Geist konnte Küng vorlegen: »Gott selbst ist durch Jesus Christus offenbar im Geist.«[54] Insofern sind beide Bücher Küngs mit den expliziten Trinitätstheologien von Jüngel, Moltmann, Kasper und Rahner nicht zu vergleichen. Viele haben dies als Mangel empfunden, daß Küng gleichsam beim Neuen Testament stehengeblieben sei, und dabei übersehen, daß ein in Rom geschulter Theologe wie er von der klassischen Trinitätslehre (Konzilien – Scholastik – Hegel – Barth) herkam und in guter Kenntnis der Tradition seinen eigenen Weg suchte. Und doch ist auch an Hans Küng die *Frage* zu richten: Müßte es nicht möglich sein, von seinem geschichtlichen Ansatz her auch die Geschichte der Trinitätstheologie noch einmal – gewissermaßen in einer historisch-kritischen Relecture – neu zu bedenken? Müßte es nicht möglich sein, auch die Aussagen der klassischen Trinitätslehre in neuer Weise kritisch-konstruktiv aufzugreifen, ohne in überholte Positionen zurückzufallen, und zu einer neuen Synthese von Exegese und Dogmatik gerade auch in dieser Frage zu gelangen?

Wir wollen uns einem letzten Autor zuwenden, der ebenso wie Walter Kasper und Hans Küng den geschichtlichen Weg der Deutung der Präexistenzaussagen einschlug und doch stärker als die beiden Tübinger sich auf den Gesamtumfang neutestamentlicher Christologie einließ: Edward Schillebeeckx. Wir können auf den Beitrag von Edward Schillebeeckx schon deshalb nicht verzichten, weil sich an seiner Theologie gerade hinsichtlich der uns interessierenden Frage ein exemplarischer Konflikt zwischen Lehramt und Theologie entzündete.

3. Die »Herrlichkeit Gottes im Angesicht Jesu«: Zur Christologie von E. Schillebeeckx

Man merkt es den beiden Büchern (»Jesus. Die Geschichte von einem Lebenden« 1974; »Christus und die Christen. Die Geschichte einer neuen Lebenspraxis« 1977) von Edward Schillebeeckx an, daß sie aus einer ganz neuen *Entdeckerfreude* ihres Autors heraus geschrieben wurden, eines Autors, der – als thomistischer Dominikanertheologe erzogen – Theologie zunächst nur in der Gestalt scholastischer »Summen« kennengelernt und getrieben hatte, der nun aber den Reichtum des Neuen Testamentes ganz neu für sich entdeckte. Dogmatik wird hier in der Tat – so Eberhard Jüngel – als »konsequente Exegese«[55] praktiziert, wie immer man zu deren Einzelergebnissen stehen mag.[56] Und weil beide Bücher eine *Erfahrungsgeschichte ganz neu erzählen* wollen, sind sie in ihrem Umfang beinahe formlos, in ihrer Denkstruktur beinahe überquellend.

Die Geschichte einer Erfahrung

Schillebeeckx will ein Doppeltes erzählen: die Erfahrungsgeschichte Jesu einerseits und die Erfahrungsgeschichte der Menschen mit Jesus als dem Christen andererseits. Gewiß: Die Erzählung gerät dem Autor nicht selten aus dem Ruder; der Stoff wird oft weniger strukturiert als ausgebreitet; die Exegesen werden oft weniger systematisch gezügelt als im Stil einer narrativen Bibelparaphrase referiert. Viele seiner Leser haben das beklagt. Neu fasziniert von der »Fremdheit« der Figur Jesu, von der befreienden, so wenig dogmatisch abgesicherten Sprache des Neuen Testamentes, verliere der Erzähler Schillebeeckx nicht selten den Faden, werde er weitschweifig. An vielen Stellen seien seine Bücher von Stil und Form her »schwer genießbar« (E. Jüngel).

Und doch: »Was immer auch kritisch gegen das Werk von Schillebeeckx eingewendet werden mag: hier liegt ein Stück ›großer Theologie‹ vor uns, eine neue Synthese des christlichen Glaubens, die man nur mit höchstem Respekt zur Kenntnis zu nehmen und aus der wohl jeder viel zu lernen hat« (G. Greshake[57]). Wie Hans Küng – mit dessen Büchern am ehesten der konzeptionelle Ansatz und der narrative Duktus von Schillebeeckx zu vergleichen sind – macht auch dieser Dominikanertheologe Ernst damit, daß die biblische Vorstellungswelt Menschen von heute fremd geworden ist, daß es ernstzunehmende nichtchristliche Wirklichkeits- und Selbstverständnisse gibt, ja, daß es auch nichtkirchliche, nichtdogmatische Jesusinterpretationen gibt – in Konkurrenz zum kirchlichen Monopolanspruch. Schillebeeckx will hier einen *Weg des Verständnisses* weisen, eine Brücke bauen zwischen der Verständnislosigkeit vieler Zeitgenossen einerseits und einem dogmatisch abgesicherten Verständnismonopol der Kirche andererseits. Und wer diese Bücher nicht als Wege begreift, als lange, sich immer wieder in Frage stellende, sich immer wieder mit neuen Alternativen konfrontierende *Wege zu Jesus Christus*, der wird mit Schillebeeckx' theologischem Denkstil nichts anfangen können. Man hat sich darauf einzustellen: Schillebeeckx ist ein Erzähler mit langem Atem, der seine Leser nicht mit fertigen Formeln konfrontiert, sondern sie einlädt, einen langen Weg mit ihm gemeinsam zu gehen.

Anders gesagt: Schillebeeckx lehnt als katholischer Theologe den traditionellen, vorformulierten kirchlichen Christusglauben durchaus nicht ab, andererseits aber verfolgt er gerade hier auch keine *apologetischen Interessen*: »Meine Absicht ist nicht apologetisch, wenn ich mich auch vor ehrlicher Apologetik nicht fürchte. Das heißt: Es wird nicht versucht, das kirchliche Dogma zu legitimieren oder rational als einzig sinnvolle Möglichkeit einer Jesusinterpretation herauszustellen. Ich stelle fest, daß es andere Interpretationen gibt, die Jesus ablehnen, auch andere, die außerhalb jedes christologischen Bekenntnisses Menschen sinnvoll inspirieren und orientieren.«[58] *Was also will Schillebeeckx*? Antwort: »Glaubend, aber mich identifizierend mit den Zweifeln über den ›kirchlichen Christus‹, wie ich ihn um mich herum – in Holland und überall anderswo, wohin ich kam – scharf ausgesprochen sah, manchmal aggressiv, dann wieder voller Trauer, bei anderen aufgrund eines existentiellen Nicht-mehr-Könnens wie früher, habe ich ›meta-dogmatisch‹, d. h. methodisch vom Dogma absehend ... Spuren suchen und ihnen folgen wollen, ohne vorher zu wissen, wohin mich dies bringen würde – ohne gar zu wissen, ob dieser Ansatz letztlich nicht mißlingen müßte, wie manche meiner Studenten mir zu verstehen gaben.«[59]

Von diesem Ansatz aus macht sich Schillebeeckx also auf den Weg, beschreibt er Botschaft und Lebenspraxis Jesu, beschreibt er den mit Ablehnung verbundenen und letztlich zum Tod führenden Konflikt des Nazareners, beschreibt er aber auch den Osterglauben, der wieder neu oder erstmals an Jesus glaubenden Anhänger, beschreibt er die ersten frühchristlichen Bewegungen um Jesus sowie die ersten »christologischen Reflexe« um Jesu Person, kurz, beschreibt Schillebeeckx den Prozeß von einer »Theologie Jesu« zur Christo-logie.

Die christologische Krise

Ja, weit davon entfernt, eine bloß »liberale Christologie« (W. Kasper) vorzulegen, gibt Schillebeeckx sich alle Mühe, über die rein geschichtlich-historische Betrachtung Jesu hinaus, Möglichkeiten zu zeigen, »uns *christologisch* in Jesus zu vertiefen«.[60] Schillebeeckx weiß dabei um die *christologische Krise der Neuzeit*. Sie besteht für ihn zum einen darin, daß die (ihrerseits kulturell bedingte) christologische Begriffssprache angesichts von Epochenbrüchen (»epochale Knicke«), angesichts also eines neuen Zeit- und Wirklichkeitsverständnisses ihre Plausibilität verloren hat. Zum anderen besteht sie darin, daß seit der Aufklärung der christliche Anspruch einer in Jesus gegebenen Identität von Partikularität und Universalität, von geschichtlicher Einmaligkeit und transgeschichtlicher Immergültigkeit energisch bestritten wurde. Wie kann ein geschichtlich bedingter Mensch zugleich die übergeschichtliche Wirklichkeit Gottes verkörpern? *Universales Heil in geschichtlicher Brechung*? Das scheint von der Vernunft her unmöglich, ungeschichtlich und vorkritisch zu sein. Schillebeeckx aber ist gerade hier aufklärungskrititsch. Die Aufklärungskritik wird bei ihm zwar aufgenommen, aber zur *Kritik an der Aufklärung* umgebogen: »Wir dürfen nicht *unter* das Niveau der Aufklärung fallen, aber ebensowenig können wir mit den Begrenztheiten und bestimmten, sich als unbegründet erwiesenen rationalistischen Voraussetzungen der historischen Aufklärung vorlieb nehmen: Unsere heutige Beziehung zur Aufklärung ist gebrochen.«[61]

So gerüstet strebt Schillebeeckx nun am Ende seines ersten Buches nach einem *eigenen christologischen Entwurf*. Vergleicht man beide Jesus-Christus-Bücher, so erscheint der Aufbau freilich verwirrend. Denn Schillebeeckx entwickelt am Ende von Band I seinen eigenen christologischen Ansatz, noch *bevor er das ganze neutestamentliche Christologie-Spektrum vorgelegt* hat. Die Christologien des Paulus, des Kolosser- und Epheserbriefes, des Hebräerbriefes und der Pastoralbriefe sowie vor allem die des Corpus Johanneum werden nämlich von Schillebeeckx erst im zweiten Band entfaltet, und zwar im Kontext seiner hier vorgelegten Gnaden- und Erlösungstheologie. Das gibt seiner Christologie am Ende des ersten Bandes etwas Unvollständiges und Voreiliges und läßt die Christologien des zweiten Bandes wie Nachträge erscheinen, die für die eigene Christologie-Bildung nicht mehr wirklich relevant werden.

Worum es geht

Diese strukturellen Probleme wirken sich gerade im Blick auf die Präexistenzfrage ungünstig aus. Nie zusammenhängend, sondern auf mehrere Abschnitte verteilt, kommt Schillebeeckx auf die Präexistenzproblematik zu sprechen. Zum Teil muß er im ersten Band auf die paulinische und johanneische Christologie bereits vorgreifen, obwohl er diese erst im zweiten Band behandelt.[62] Doch einige *Ergebnisse* verdienen hier festgehalten zu werden. Ganz auf der Linie der kritischen Exegese sieht Schillebeeckx schon bei *Paulus* das »*Modell* von der Präexistenz, Inkarnation, Erniedrigung und Erhöhung, mit anderen Worten das ›descensus-ascensus‹-Modell (Katabase und Anabase) auf Jesus Christus angewandt«.[63] Vor allem gelte das für den *Philipper-Hymnus*. Hier sei »deutlich das katabasis-anabasis-Schema gegeben: Herabsteigen des präexistenten Christus, irdischer erniedrigter Zustand und, schließlich, Postexistenz«[64], was von Paulus freilich bereits »einigermaßen seines mythischen Charakters entkleidet« worden sei »durch Einschub der Erwähnung von Jesu Tod«.[65]

Im *zweiten Band* wird Schillebeeckx präziser, indem er zu Recht im Philipper-Hymnus zwischen einer *protologischen* und einer *eschatologischen Präexistenz unterscheidet*. Es falle auf, daß – vor allem außerhalb des Johanneismus – das Neue Testament, erst recht der Paulinismus, den himmlischen Charakter Jesu grundsätzlich *eschatologisch* sähe: »Erhöhung Jesu *durch* Gott nach seinem Tod, zwar als durch Gott von Ewigkeit her erdachter Plan, in dem Jesus als eschatologische Gabe apokalyptisch präexistent bei Gott schon zubereitet ist für die kommenden Zeiten, aber ohne daß man diese sehr alte, frühchristliche Präexistenz ›protologisch‹ interpretierte. Es ging in diesen christlichen Kreisen (außerhalb des Johanneismus) wohl um eine *eschatologische* (apokalyptisch-sapientiale) Präexistenz.«[66]

Schon hier wird deutlich, worauf Schillebeeckx christologisch allen Wert legt: Wie Kasper und Küng begreift er die *Präexistenzaussagen als Interpretamente der eschatologischen Bedeutung des Menschen Jesus*. Präexistenzaussagen (deren mythischen Charakter Schillebeeckx durchschaut) sind nicht um ihrer selbst willen, sondern um ihrer *Funktion für den geschichtlichen Menschen Jesus* willen wichtig.[67] Und diese Interpretationslinie setzt sich auch bei der Analyse weiterer neutestamentlicher Schriften fort, vor allem bei der des Kolosser- und Hebräerbriefs. Gewiß: Schillebeeckx' Exegese ist gerade etwa im Blick auf den *Kolosserbrief* nicht immer sachgemäß und auf dem neuesten Stand.[68] Aber auch hier darf nicht vergessen werden, daß Schillebeeckx an Präexistenzaussagen nicht »an sich«, sondern nur im Blick auf die »kosmisch-universale Bedeutung Jesu«[69] interessiert ist, wie es für ihn vor allem im *Hebräerbrief*[70] und im *Johannes-Evangelium* zum Ausdruck kommt. Alles kommt Schillebeeckx für seine eigene Christologie darauf an, einen Zugang zum Verständnis dafür zu schaffen, daß der geschichtliche Jesus Christus (ohne die Einheit der Person zu verlieren) einerseits »Abglanz und Ebenbild« Gottes ist, also ganz »auf der Seite Gottes steht«, Welt und Mensch gegenüber, und daß er andererseits ganz der »Bruder der Menschen« ist, auf der Seite der Menschen steht, ihr Leben solidarisch teilend.

Im *Johannes-Evangelium* kommt für Schillebeeckx dieses *Problem der Einheit* am deutlichsten zum Ausdruck. Hier ist Jesus – so wie Johannes ihn nun einmal sieht – der Präexistente und der Existente zugleich; ist er »aus dem Himmel herabgestiegen« und dann doch ganz bei den Menschen. Einzelheiten der sehr detaillierten und nicht immer widerspruchsfreien[71] Johannes-Exegese von Schillebeeckx müssen uns hier nicht interessieren. Wir stellen auch hier das für uns Entscheidende heraus:

»Der Vater und Jesus sind *zwei Personen*, eins in Liebe, in Wille und Werk: Jesus offenbart Gott, den Vater, indem er sich selbst offenbart. Selbst präzisiert der Johanneismus nicht diese Zweiheit in der Einheit des Vaters und des Menschen Jesus, welcher der Sohn ist. In dieser Einheit von zwei miteinander innig verbundenen Personen bleibt auch für Johannes der Vater ›der größere‹: Der Vater ist das Ziel des Lebensweges Jesu. In Jesus ist Gott selbst zu uns gekommen ... Aus all dem geht hervor, daß die Alternative einer Christologie ›von unten‹ oder ›von oben‹ ein modernes, unechtes Dilemma ist – der Grund dafür, warum ich in diesem und in meinem ersten Jesus-Buch diese Terminologie selbst nie habe übernehmen wollen.«[72]

Wie die Einheit von Gott und Mensch in Jesus verstehen?

Und damit wären wir wieder auf das erste Buch von Edward Schillebeeckx zurückverwiesen, denn wir müssen nun, wollen wir den christologischen Lösungsvorschlag dieser Theologie in den Blick bekommen, auf das letzte Kapitel des ersten Buches zurückgreifen. Wir lassen auch hier alle (selbstverständlich nötigen und wichtigen) hermeneutischen Reflexionen des Autors beiseite, mit deren Hilfe sich dieser Theologe als Zeitgenosse des 20. Jahrhunderts Zugang zu Denk- und Sprachmöglichkeiten der klassischen Christologie verschafft. Wir wollen auch hier das Entscheidende kritisch und solidarisch kommentierend ans Licht heben.

Es muß erstaunen, daß in einer Christologie, die sich so entschieden am geschichtlichen Menschen Jesus orientieren und die, wie wir hörten, »methodisch vom Dogma absehen« wollte, plötzlich solche Sätze zu lesen sind: »Wir können nicht definitiv sagen: Jesus ist eine *menschliche Person*. Apriori gehe ich in erster Linie zwar von der Auffassung aus, daß der Mensch Jesus, der in unserer Geschichte erschienen ist, eine menschliche Person ist, was sollte er auch anders sein? Aber was ›menschliche Person‹ in Jesus *letztlich bedeutet*, muß ich während der Untersuchung vorläufig offenlassen.«[73] Was steckt hinter solchen Äußerungen? Warum das plötzliche Zögern? Die Antwort wird die Kenner der Geschichte der Christologie nicht überraschen: Dahinter steckt das Problem der klassischen Christologie und der Zwei-Naturen-Lehre, derzufolge Jesus Christus nicht eine menschliche Person, sondern eine (göttliche) Person in zwei Naturen ist. Wir erinnern uns an das, was wir im Zusammenhang mit Karl

Barth über die *Anhypostasie der Menschheit Christi* (keine selbständige Hypostase; Jesus keine menschliche Person) und der Enhypostasie der menschlichen Natur in der göttlichen Person gesagt haben. Der *Unterschied* aber: War für Karl Barth die Entdeckung der Anhypostasie die große Lösung auf seinem Abschiedsweg von den Liberalen, wird für Schillebeeckx (stellvertretend für viele gegenwärtige protestantische wie katholische Theologen) gerade sie zum großen denkerischen und sprachlichen Problem, ohne damit in Liberalismus zurückzufallen.

Ja, Schillebeeckx, der von Anfang seines Buches an betont hatte, daß die Frage nach einer »letztlichen Identität«[74] Jesu seine ganze Untersuchung leite, war nun doch von der *Fragestellung der klassischen Christologie eingeholt* worden. Absehen wollte und konnte er von ihr offenbar je länger desto mehr doch nicht. Und was das Neue Testament im Blick auf die »Einheit von zwei innig miteinander verbundenen Personen« gerade nicht präzisiert hatte, will nun Schillebeeckx im Lichte der Tradition doch noch präzisieren, um einen Unterschied zwischen »Gott als Person« und dem Menschen Jesus »als Person« zu formulieren. Und so ringt Schillebeeckx denn auf den letzten Seiten seines Buches um eine adäquate kategoriale Verbegrifflichung dessen, was denn diese Identität Jesu wirklich ausmache – immer bemüht, Extreme zu vermeiden, Aporien auszuweichen und die klassischen Formeln denkerisch neu zu füllen.

Klar ist, was Schillebeeckx nicht will. Er will *nicht zurück zur klassischen Terminologie* wie »hypostatische Union«[75] und Anhypostasie (Gefahr der Verkürzung des vollen Menschseins Jesu[76]); nicht zurück zur klassischen Trinitätslehre als Voraussetzung für die Christologie. Jesus dürfte »nicht von der Trinität her« verstanden werden, sondern umgekehrt: »Allein von Jesus her ist uns Gottes *Einheitsfülle* einigermaßen zugänglich.«[77] Zugleich aber sieht Schillebeeckx durchaus: Die klassische Terminologie wolle ein Sachanliegen begrifflich klären, das auch er nach wie vor ernstzunehmen bereit ist – das *besondere Verhältnis des Menschen Jesus zu Gott*. Deshalb kann Schillebeeckx sich nicht einfach mit der Auskunft: Jesus ist Mensch und nichts als Mensch, begnügen. Warum nicht? Weil damit ein vorgegebener Begriff von menschlicher Person auf Jesus übertragen werde, ein Begriff, der gerade von Jesus selber her noch einmal in Frage gestellt werden müßte: »Jesus könnte uns vielleicht lehren, was ›Menschsein‹ eigentlich bedeutet, mit anderen Worten, daß nicht unser Begriff von ›Menschheit‹ das Maß ist, nach dem wir Jesus beurteilen können, sondern daß *seine* Menschheit das Maß ist, nach dem wir uns selbst beurteilen müssen.«[78]

Was also, nachdem man hier terminologisch von einer Verlegenheit in die andere fällt? Wenn die Aussagen »Jesus ist ganz Gott« oder »er ist keine menschliche Person« das Menschsein Jesu zu verdunkeln drohen und zu Mißverständnissen (Vergottung Jesu) führen können? Wenn auch die Aussage »Jesus ist ganz Mensch« zu einer Nivellierung Jesu auf unser »Durchschnittsmaß« zu führen vermag? Was also, wenn es eine – wie Schillebeeckx richtig sagt – »überwölbende Einheitssprache«[79] nicht gibt, die beides *zugleich* (Mensch als göttliche Person; Gott als menschliche Person) zu sagen erlaubt? Was also?

Schillebeeckx versucht eine *Lösung* dieses Problems von der *Ausdeutung der geschichtlichen Abba-Erfahrung* Jesu her. Denn die eigenartige Zuwendung Jesu zum Vater sei innerlich immer schon getragen gewesen »von der einzigartigen Zuwendung des Vaters selbst zu Jesus«. Die altkirchliche Tradition habe diese Selbstmitteilung des Vaters (als Grund und Quelle also der Abba-Erfahrung Jesu) das »Wort« genannt, was impliziere: Das »Wort Gottes« selbst muß als »der alles tragende Grund der ganzen Jesuserscheinung«[80] angesehen werden.

Man spürt förmlich, wie Schillebeeckx sich an die Beschreibung dieser Identität Jesu *sprachlich herantastet*, wie er das Anliegen der klassischen Christologie aufzugreifen versucht, ohne ihre Terminologie zu benutzen; wie er die klassische Nomenklatur anklingen läßt (sachliche Kontinuität soll signalisiert werden!), um sie zugleich wieder zurückzunehmen, durch andere Worte zu ersetzen und sie interpretierend in einen neuen Kontext hineinzuholen. Seine Sätze lauten dann so: »In seiner Menschheit ist Jesus so eng ›vom Vater‹, daß er *gerade darin* ›Sohn Gottes‹ ist. Damit ist schon angedeutet, daß der Mittelpunkt des Menschseins Jesu nicht in sich selbst gelegen war, sondern in Gott, dem Vater. Dies geht auch aus den historischen Gegebenheiten über Jesus hervor; Mittelpunkt, Stütze, ›Hypostase‹ im Sinne von etwas, das Standfestigkeit gibt, war sein Verhältnis zum Vater, mit dessen Sache er sich identifizierte. Jesus ist als dieser Mensch konstitutiv ›allo-zentrisch‹: ausgerichtet auf den Vater und auf das ›Heil von Gott‹ für die Menschen; daraus gewinnt er sein eigenes Profil und sein Gesicht. *Das* identifiziert Jesus von Nazareth.«[81]

Doch Schillebeeckx will noch weitergehen, sieht sich offenkundig gedrängt, auf den letzten Seiten seines christologischen Entwurfs im ersten Band auch das noch »einzuholen«, was früher einmal die Voraussetzung der ganzen Christologie war: die *Lehre von der Trinität.* Mehr als eine flüchtige trinitarische Skizze konnte dabei nicht herauskommen. Rasch, allzu rasch und ohne die bisher geübte exegetische Sorgfalt, entwirft Schillebeeckx einen *Weg von der Person Jesu zur Lehre von der Trinität.* Durch die Person Jesu – so erfahren seine Leser jetzt – erscheine »Gott uns als interpersonale Beziehung zwischen dem Vater, Jesus Christus und dem Heiligen Geist«: »Von der *Person* Jesus aus nennen wir daher, aus guten Gründen, wenn auch analog und evokativ, auch den Vater Person und den Heiligen Geist Person, und durch dieses *Gegenüber* Jesu sowohl zum Vater als auch zum Heiligen Geist offenbart Jesus uns ›drei Personen‹ in Gott: Vater, Jesus Christus, das Pneuma.«[82] Gewiß: »Eine Unterscheidung zwischen ›heilsökonomischer‹ und ›innertrinitarischer‹ Trinität« nennt Schillebeeckx nach wie vor »sinnlos angesichts der Erkenntnisstruktur eines (von Jesus aus) analogen Sprechens, das sich der Endlichkeit seines Sprechens bewußt« sei. Doch zugleich läßt Schillebeeckx keinen Zweifel: »Jesu eigenes Menschsein (nichts anderes) offenbart uns somit Gott als Dreieinigkeit.«[83]

Und noch einmal macht Schillebeeckx in einem letzten begrifflichen Anlauf den Versuch, nun doch auch mit Hilfe der klassischen Terminologie auszusagen, worum es ihm christologisch geht. Plötzlich, buchstäblich auf den letzten Seiten des Buches, wechselt der Stil, wird die Sprache formelhaft, wird der Duktus kompliziert, werden Sätze ineinanderverschachtelt, um in dialektischen Zügen und Gegenzügen die Extreme zusammenzuzwingen: das »von oben« und das »von unten«; die trinitarische Wirklichkeit Gottes und die Person des Menschen Jesus; die Person Jesu, die ganz von Gott her ist und doch nichts an »Menschheit« einbüßt, die ganz »unser Bruder« ist und doch ebenso ganz aus Gott leben soll. Und weil Schillebeeckx in diesem letzten Anlauf auch der klassischen Terminologie gerecht werden will, weil er sein christologisches Anliegen gewissermaßen noch einmal im *Sprachspiel der klassischen Christologie* durchzuprobieren versucht, klingen dann seine Sätze über den Nazarener, von dem er so viel konkret zu erzählen wußte, auf einmal so: »Dies bedeutet dann in der Tat so etwas wie eine ›hypostatische Identifizierung‹ ohne Anhypostasie: Dieser Mensch, Jesus, ist in der menschlichen Begrenzung einer (psychologischen und ontologischen) personal-menschlichen Seinsweise identisch der Sohn, d. h. ›der zweite‹ der trinitarischen Fülle göttlicher Einheit, ›der zweite‹, der in Jesus zu *menschlichem* Selbstbewußtsein und Mitmenschlichkeit kommt.«[84]

Was also heißt für Schillebeeckx: *Jesus ist der ewige Sohn Gottes?* Antwort: »So ist, dank der hypostatischen Identifizierung dessen, was *von Jesus aus* in Gott ›Sohn Gottes‹ genannt wird, mit der personal-menschlichen Seinsweise Jesu, der *Mensch* Jesus eine konstitutive (Sohn-)Beziehung zum *Vater*, eine Beziehung, die sich im dynamischen Werden des menschlichen Lebens Jesu zu einer sich vertiefenden, gegenseitigen Enhypostasie entwickelt, mit der Auferstehung als Höhepunkt. Dabei steht Jesus dem Vater und dem Geist *gegenüber;* aber er steht nicht dem Sohn Gottes *gegenüber*! In ihm wird das eine göttliche Bewußtsein und die absolute Freiheit, wie sie inner-göttlich ›sohnhaft‹ (in vollkommener Einheit mit dem Vater) erlebt wird, *in Verfremdung* zu einem menschlichen bewußten Aktzentrum und zu menschlicher (situierter) Freiheit vermenschlicht. In diesem Sinn muß man sagen, daß das Personsein Jesu keineswegs außerhalb seines Menschseins liegt, aber wir können ihn letztlich auch nicht (ohne vielerlei Nuancen) schlechthin eine ›menschliche Person‹ nennen, denn dann käme es in der Tat zu einem undenkbaren *Gegenüber* zwischen dem Menschen Jesus und dem Sohn Gottes.«[85]

Rückfragen drängen sich auf: Ob Schillebeeckx mit solchen, schon sprachlich gewaltsamen Formulierungen nicht seinen konsequenten biblischen Ansatz verlassen hat? Ob Schillebeeckx sich hier nicht traditionelle Probleme aufgeladen hat, die für das Neue Testament gerade keine Probleme sind? Wäre er nicht besser beraten gewesen, er hätte die neutestamentlichen Christologien für sich und als ganze entwickelt, hätte dann auch die altkirchlichen Christologien für sich und als ganze entfaltet, um beide dann kritisch in ein Gespräch zu bringen, statt am Schluß seines Jesus-Buches in aller Eile die Aussagen der biblischen und der altkirchlichen Christologien zu vermischen? Der Verdacht drängt sich auf, daß es Schillebeeckx an diesem Punkt hermeneutisch an Sorgfalt fehlen ließ. Die dogmatische Aussage am Schluß seines Jesus-Buches wirkt unvermittelt und wie aufgesetzt.

Denn ist es ein Zufall, daß all diese unbiblischen Abstraktionen und

Terminologien (hypostatische Identifizierung ohne Anhypostasie) im zweiten Buch von Schillebeeckx überhaupt nicht mehr vorkommen, in einem Buch, in dem er, wie wir hörten, eine biblische Gnaden- sowie eine Erlösungs- und Befreiungstheologie zu entwerfen versuchte? Man vergleiche einmal die Jesuspassagen am Schluß des ersten mit denen am Schluß des zweiten Buches[86], und man wird sehen, daß Schillebeeckx auf die bibelfremde dogmatische Terminologie nicht mehr zurückgreift, wenn er auf die universale Bedeutung dieses Jesus von Nazaret für Gott und die Menschen zu sprechen kommt, ja, daß er wieder zurückgekehrt ist zu dem, was die ursprüngliche Stärke seines Denkens ausmachte: die Ermöglichung von Transparenz und Luzidität der biblischen Sprache für die Sprache unserer Zeit.

Nein, es dürfte kein Zufall sein, daß Schillebeeckx auf seine komplizierte Terminologie nicht mehr eingeht und auf andere Weise positiv sagen kann, worum es ihm geht. Als er 1979 – in Antwort auf seine Kritiker – einen »Zwischenbericht über die Prolegomena zu einer Christologie« vorlegt und die Frage zu beantworten hat: »*Ja oder Nein, ist Jesus für Sie noch Gott?*«, antwortet Schillebeeckx auf der Linie der Schrift ganz elementar: »Nach christlichem Glauben ist Jesus (a) die entscheidende und definitive Offenbarung Gottes, und (b) zeigt er uns darin zugleich, was und wer wir Menschen letztlich sein können und eigentlich sein müßten. Die Herrlichkeit Gottes ist im Antlitz Jesu des Christus sichtbar, wie das, was Menschsein eigentlich sein sollte, in derselben Erscheinung Jesus offenbar wird. ... Wir können Gottes Wesen und seine Offenbarung nicht auseinanderreißen. Daher hat *der Mensch Jesus* bei der Bestimmung dessen, was er ist, *tatsächlich mit dem Wesen Gottes zu tun.*«[87]

Soweit zum Inhalt der Schillebeeckxschen Christologie. Wir wollen zum Schluß auf einen *heiklen Punkt* zu sprechen kommen – im Bewußtsein, daß dieser heikle Punkt auch für den heikel werden könnte, der ihn erneut aufgreift und kommentiert. Aber die Freiheit, zu der uns Jesus befreit hat, erlaubt es auch, in der eigenen Kirche ein kritisches Gespräch nicht nur über Wahrheit zu führen, sondern auch über die Weise der Wahrheitsfindung und Wahrheitsdurchsetzung. Es mag sein, daß damit auch der Berichterstatter sich Verdächtigungen aussetzt; das wäre um der Sache willen bedauerlich. Denn von der Sache her wäre ein dialogischer und solidarischer Umgang mit Glaubenswahrheiten in der Kirche verlangt. Der Geist des Mißtrauens, der Verdächtigungen oder gar Verketzerungen würde alles zunichte machen, wofür es sich in der Christologie zu streiten lohnt. In christlichem Freimut muß es erlaubt sein, auf die dogmatisch heikle Frage der »Präexistenz Christi« einzugehen, wie sie sich im »Fall Schillebeeckx« spiegelt.

Der kirchliche Konflikt um die Christologie

Tatsache ist: Im Unterschied zu Hans Küng, gegen dessen Christologie vom römischen Lehramt (und auch von der deutschen Bischofskonferenz) nie ein Verfahren durchgeführt worden war, wurde die Christologie von Edward Schillebeeckx – trotz allem Bemühen um sachliche Kontinuität mit der klassischen Christologie – durch die römische *Glaubenskongregation* (damals noch unter Kardinal Šeper) in ihrer Orthodoxie heftig in Frage gestellt. Im *Oktober* 1976 erhält Schillebeeckx aus Rom eine *erste umfangreiche Liste von Fragen*, die zahlreiche grundsätzliche methodische wie inhaltliche Probleme aufwerfen.[88] Wir greifen die für uns zentrale Frage heraus.

Kenner der theologischen Lage konnte es eigentlich nicht überraschen, daß die *Glaubenskongregation* instinktsicher gerade dort ansetzte, worauf es Schillebeeckx selber offenkundig am wenigsten ankam und wo er – nach eigenen Worten – am meisten hatte »stammeln« müssen[89]: ausgerechnet bei der Frage nach der *Anhypostasie und Enhypostasie* der göttlichen und menschlichen Person Jesu Christi. Ohne auf den größeren Kontext und auf die von Schillebeeckx aufgeworfenen hermeneutischen Fragen, ja, auch ohne auf die bereits erfolgten Selbstpräzisierungen des Autors einzugehen, wird die Christologie Schillebeeckx' undialektisch allein an den Kategorien der klassischen Zwei-Naturen-Lehre gemessen. Voller Mißtrauen wird gefragt: Hatte dieser katholische Theologe eine Christologie aufgegeben, die seit Jahrhunderten in der Kirche bekannt worden ist?[90] Hat er mit seiner Formel von der »hypostatischen Identifizierung ohne Anhypostasie« die Vorstellung von »*einer* Person in zwei Naturen« ersetzt durch die Vorstellung von der Identifikation von zwei Personen?[91] Ist Schillebeeckx in Monophysitismus (strikte Identität zwischen der Person des Logos und der menschlichen Person) oder in Nestorianismus (zwei real unterschiedene Personen formen eine höhere Einheit) abgerutscht?[92] Das waren schwere Verdächtigungen.

In seiner *Antwort vom April 1977* verteidigt *Schillebeeckx* sich gegen solche Angriffe und macht noch einmal klar, worauf es ihm christologisch angekommen sei. Wenn er es vermeide, ja verneine, von Jesus als einer »menschlichen Person« zu sprechen, dann, um *beidem gerecht zu werden*: dem Christusverständnis des Konzils von Chalkedon und dem des modernen Menschen. Denn für einen modernen Leser habe der Begriff »menschliche Person« einen völlig verschiedenen Sinn als für die Konzilien und die scholastischen Theologen. Und Schillebeeckx fragt: Müsse der moderne Leser erst zu einer bestimmten Philosophie bekehrt werden, bevor er sich zum apostolischen Glauben bekennen könne? Wenn nein: Was gäbe es dann für eine Alternative, als den Menschen von heute das *Konzil von Chalkedon in ihrer eigenen Sprache* zu erklären? Tue man das, so müsse man sehen: Für die Menschen von heute sei ein konkreter Mensch mit einer »anima spiritualis«, einer Geistseele und einem menschlichen Intellekt, ein Mensch also mit Willen und Liebe, nun einmal eine »menschliche Person«. Er, Schillebeeckx, selber benutze diesen Ausdruck nicht, sage vielmehr, Jesus habe eine »personal-menschliche Seinsweise« gehabt, ohne – und darauf lege er besonderen Wert – beim Menschsein Jesu irgendwelche Abstriche zu machen. Das sei der einzige Weg, sogar die Terminologie von Chalkedon zu retten. Chalkedon aber spreche gerade nicht von einer Anhypostasie (das sei Neuchalkedonismus), sondern nur von »ein und demselben« Christus, der sowohl wahrer Gott wie wahrer Mensch gewesen sei.[93]

Nicht also, um Chalkedon aufzugeben, sondern um es den Menschen von heute begreiflich zu machen, benutze er, Schillebeeckx, den Ausdruck »*hypostatische Identifizierung*«. Er bedeute nicht die Vereinigung von zwei Personen, einer göttlichen und einer menschlichen, zu einer höheren Einheit, und auch nicht eine Identität im strikten Sinn, sondern eine *Identifizierung* (die natürlich ontologisch sei) »der zweiten Person der Trinität mit einer personal-menschlichen Seinsweise.« Und Schillebeeckx geht gerade hier in die Offensive: »Nach meinem Urteil bestätigt dies die traditionelle ›hypostatische Union‹ in ihrer reinsten Form. Und wenn ich die hypostatische Union in dieser Weise meinen Lesern habe erklären müssen, haben sie es verstanden und akzeptiert. Ich habe in Deutschland, Belgien und Holland über zwanzig Vorlesungen über mein Buch vor fast 10 000 Menschen gehalten. Viele von ihnen hatten das Buch studiert, und meine Erklärung der hypostatischen Union war für sie vollkommen zufriedenstellend. Wenn immer ich freilich davon sprach, daß die göttliche Person als Person für eine menschliche Natur funktioniere, wußten sie nicht, wovon ich überhaupt redete. Wenn ich dann sagte, daß eine göttliche Person sich selbst identifiziert habe mit einer vollständigen menschlichen Natur (Leib und Seele), konnten sie das akzeptieren. Ich würde dann hinzufügen: Das ist genau das Dogma von Chalkedon.«[94] Soweit – zu diesem Punkt – die Antwort von Edward Schillebeeckx. War diese seine Erklärung für die Kongregation zufriedenstellend?

Ein Verhör in Rom

Mitnichten. Die Kongregation sah trotz einiger Klärungen die *Antwort* von Schillebeeckx gerade auch in diesem Punkt als *unzureichend* an. 15 Monate später im *Juli* 1978 erhält Schillebeeckx erneut einen Brief der Kongregation, sieht sich auf einmal mit einem anonymen Gutachten konfrontiert und wird zu einem »*Kolloquium*« *nach Rom* eingeladen. Klar ist, daß dieses im Ton nun nicht mehr fragende, sondern zum Teil vorverurteilende Gutachten keine Antwort verlangte, sondern das römische Kolloquium vorbereiten sollte. Dieses findet im *Dezember 1979* statt (vom 13.–15. Dezember), wenige Tage, bevor Hans Küng von Rom (ohne noch einmal zu den umstrittenen Fragen gehört worden zu sein) in einer überraschenden Aktion (18. Dezember) des Rechtes beraubt wird, als katholischer Theologe weiterhin zu lehren. Die Umstände dieses »Kolloquiums« sowie die Gründe, warum Schillebeeckx sich darauf einließ, sollen uns hier nicht weiter beschäftigen. Viele haben sich in der Tat gefragt, warum Schillebeeckx sich einem solchen Verhör überhaupt stellte, obwohl keine seiner (für rechtsstaatliche Verhältnisse selbstverständlichen) Bedingungen (Vorinformation über die Befrager und Anwesenheit eines Beraters) erfüllt worden waren; warum Schillebeeckx weder vollständige Akteneinsicht noch den Gebrauch seiner Muttersprache verlangte; warum er es bei einem formellen Protest beließ, als er merkte, daß ein gewisser Pater Galot einer der Befrager war, der Jahre zuvor bereits Schillebeeckx öffentlich als Häretiker vorverurteilt hatte . . .

Wie immer: In Rom bekommt Schillebeeckx Fragen diktiert, auf die er nun Antworten zu formulieren hat. Ein »Gespräch«, ein Kolloquium, kommt so erst gar nicht zustande. Worauf Schillebeeckx in seiner Theologie stets Wert gelegt hatte: Erfahrungsaustausch, hermeneutische Reflexion, Kontextualität der Aussagen, Dialogsituation, Kommunikabilität: hier hatte all dies keine Chance. Schillebeeckx bekommt Blätter ausgehändigt, auf denen das theologische Problem mit Hilfe einer Zitatensammlung aus seinen Schriften kurz zusammengefaßt ist. Der auf den Blättern freigelassene Raum soll dazu benutzt werden, die von den verhörenden Theologen diktierten Fragen niederzuschreiben, um dann Antworten zu formulieren. Die Substanz der Antworten wird dann zusammengefaßt und einem Stenographen für ein definitives Protokoll diktiert.

Welche Rolle nun spielt in diesem Verfahren die uns am meisten interessierende Frage der *Präexistenz Christi*? Um der grundsätzlichen Bedeutung des Problems willen sei hier die Exposition, dann die genaue Frage und schließlich die Antwort von Schillebeeckx dokumentiert. Erstaunlich ist zunächst, daß unter der Überschrift »Jesus – Gott, Jesus Sohn Gottes, eine präexistente Person, die Mensch wurde« nun nicht mehr Zitate aus dem Jesus-Buch, sondern einzig und allein solche aus dem »Zwischenbericht« des Autors vorgelegt werden. Erstaunlich ist weiterhin, daß nicht die bereits schriftlich fixierten Präzisierungen von Schillebeeckx vom April 1977 Grundlage der Verhandlungen sind, sondern neue Zitate in die Debatte eingeworfen werden. Wie immer: Die *Position von Schillebeeckx* wird von der Kongregation auf einem vorbereiteten Blatt wie folgt zusammengefaßt:

»Sie schreiben: ›In seinem Menschsein . . . ist Jesus definiert durch seine Beziehung, durch sein Verhältnis zu Gott. Anders gesagt: Das tiefste Wesen Jesu liegt in seiner persönlichen Verbindung mit Gott‹. Um die Natur dieser Beziehung näher zu definieren, beziehen Sie sich auf den eschatologischen Propheten, der mit Gott von Angesicht zu Angesicht spricht, wie ein Mensch dies mit seinem Freund tut. Sie sagen ebenso, daß der Unterschied zwischen Jesus und anderen Menschen nicht der ist, daß er Gott sei, sondern vielmehr der, ›daß Jesus als Mensch in seiner vollen Menschlichkeit nur in Begriffen seiner einzigartigen Beziehung zu Gott und den Menschen definiert werden kann (auch das war ein bekannter Aspekt des eschatologischen Propheten)‹. Sie bieten noch andere Klärungen an: ›Gott gehört . . . zur Definition dessen, was und wer der Mensch Jesus ist‹. ›Gott aber ist noch größer als seine höchste, entscheidende und endgültige Selbstoffenbarung im Menschen Jesus‹. ›In Jesus offenbart Gott sein *eige-*

nes Wesen dadurch, daß er *in ihm* Heil von und für Menschen sein will‹. Sie fügen hinzu, daß Sie nicht präziser sein könnten; das scheint zu bedeuten, daß Sie es in Ihrer Christologie zurückweisen, das zu sagen, was ausdrücklich von den Konzilien von Nikaia und Chalkedon ausgesagt worden ist.«[95]

Soweit die Zitatensammlung aus Schillebeeckx' »Zwischenbericht«. Dem holländischen Theologen wird nun die präzise Frage diktiert: »Ist Jesus für Sie die göttliche Person des präexistierenden Sohnes, der Mensch wurde, und in dem es zwei Naturen gibt, eine göttlich und die andere menschlich?«[96]

Schillebeeckx antwortet: »Ich akzeptiere, was das Konzil von Chalkedon sagt über die Wahrheit Jesu: ›wahrer Gott und wahrer Mensch‹, ›ein und derselbe‹ (d. h. eine umfassende Einheit). Ich akzeptiere deshalb die Gottheit Jesu, und als ein dogmatischer Theologe sage ich niemals, daß Jesus eine menschliche Person ist. Meine Absicht ist es vielmehr, die Gottheit Jesu Menschen von heute zu erklären, welche, außer wenn sie Theologen sind, die übertrieben subtilen theologischen Begrifflichkeiten nicht verstehen. Ich vermeide den Gebrauch der chalkedonischen Formeln, obwohl ich sie in einer Weise auslege, von der ich glaube, daß dies sachgemäß und getreu ist. In diesem Sinn sage ich, daß Jesus ›menschlich eine Person‹ ist, was nicht heißt, daß der Mensch Jesus eine menschliche Person ist. Oder ich spreche von einer ›personal-menschlichen Seinsweise‹. In dieser ›personal-menschlichen Seinsweise‹ ist Jesus der Sohn Gottes und deshalb die zweite Person der Trinität. Ich verfahre auf diese Weise, weil ich – in Akzeptierung der hypostatischen Union – den Begriff ›Anhypostasie‹ zu vermeiden vorziehe, wie er im Neuchalkedonismus impliziert ist. Denn (im modernen Sinn des Wortes genommen, der vom antiken Sinn unterschieden ist) impliziert Anhypostasie einen Verlust menschlicher Fülle in Jesus. Es bedeutete (wenn im modernen Sinn verstanden), daß Jesus nicht ›wahrer Mensch‹ gewesen sei. Das ist der Grund, warum ich die Ausdrücke ›personal-menschliche Seinsweise‹ und ›Identifizierung‹ benutze. Wenn ich sage, daß Jesus Gott seinen ›Schöpfer‹ nannte, dann glaube ich, daß dies impliziert ist zum Beispiel im ›Vater Unser‹. Und mit ›Gott‹ meine ich hier den Vater. Meine Absicht ist nicht zu sagen, daß die Person des Sohnes geschaffen wurde, sondern nur die Menschheit Jesu.«[97] War aber diese Antwort ausreichend?

Wider die befremdliche Sicherheit: Die kritische Funktion der Theologie

Wiederum 11 Monate später, im *November* 1980, erreicht Schillebeeckx ein neues Schreiben der *Glaubenskongregation*. Sie hatte »Klarstellungen, Präzisierungen und Korrekturen« zur Kenntnis genommen, sah aber ausgerechnet in Sachen »Anhypostasie« noch »bleibende Zweideutigkeiten«.[98] Erwartet wurde in jedem Fall eine öffentliche Erklärung über die Punkte, in denen Schillebeeckx seine »Klarstellungen, Präzisierungen und Korrekturen« bereits vorgenommen habe. Schillebeeckx antwortet mit der Veröffentlichung der gesamten Korrespondenz und zieht im Anschluß daran seine eigene Bilanz. Das Wichtigste: Er sei »nicht verurteilt« worden![99]

Doch dann geht Schillebeeckx noch einmal in die *Offensive*: Eine gewisse Spannung zwischen der pastoralen Lehrautorität und der »wissenschaftlichen« Autorität der Theologen gehöre nun einmal zum normalen Leben der Kirche; aus dem Glauben heraus habe die *Theologie* auch eine »*kritische Funktion*« hinsichtlich der konkreten Gestalt, in der dieser Glaube und seine lehramtlichen Darstellungen erschienen. Und Schillebeeckx illustriert diese kritische Funktion der Theologie noch einmal am Beispiel der Christologie. Denn für die Glaubenskongregation scheine »Klarheit« und »Eindeutigkeit« der dogmatischen Formeln den höchsten Wert darzustellen. Doch sei es nicht so, »daß die Klarheit einer begrifflichen Formel von geringerer Bedeutung« sei »als die eindruckskräftige Form der immer metaphorischen und ›analogen‹ Sprache des Glaubens«? Verweise diese Sprache nicht immer wieder »auf ein unbegreifliches Mysterium, das nie in eine eindeutige Formel einzufangen« sei, »obwohl letztere (innerhalb eines bestimmten Interpretationsrahmens) sicher etwas von ›der Wahrheit‹ zum Ausdruck« bringe? Sei solche Klarheit nicht immer »trügerisch«, weil sie ja immer nur im Zusammenhang von Denkmodellen und dem Bezugsrahmen einer bestimmten Periode der Kirchengeschichte gesehen werden könne? Er, Schillebeeckx, habe während des Verhörs in Rom ja immer wieder auf die »Unklarheit« der dogmatischen Formeln im Bereich der Christologie hingewiesen und dies mit Blick auf die semantischen Entwicklungen von Begriffen wie »Natur« und »Person« verdeutlicht.[100]

Ja, Schillebeeckx kann nicht umhin zu erklären: Beim Verhör in

Rom habe ihn »am meisten die *Sicherheit befremdet*«, die einer der drei befragenden Theologen an den Tag gelegt habe. Dieser Theologe sei nämlich davon überzeugt gewesen, »daß es neben Glaubensaussagen, die der Interpretation bedürfen, auch andere gäbe, die in und aus sich selbst, ohne irgendeine ›Interpretation‹ klar und eindeutig seien«. Beispiel? Als Beispiel habe dieser Theologe »ausgerechnet den Begriff ›Gott‹ in der Aussage ›Jesus ist Gott‹« genannt, »als ob ›Gott‹ in unserer Zeit nicht der problematischste Begriff überhaupt wäre«! Überhaupt – fährt Schillebeeckx fort – sei das Wort »Hermeneutik« während des Verhörs von vornherein immer unter Verdacht gewesen. Fazit: »Ich muß wohl oder übel zur Folgerung kommen: Obwohl die katholische Kirche seit der Enzyklika ›Divino afflante spiritu‹ (1943) offiziell mit einem biblischen Fundamentalismus gebrochen hat, hat seitdem durch die Hintertür eine Art ›Lehramts-Fundamentalismus‹ Einzug gehalten.«[101]

Dies mag in der Tat das über die sachliche Frage hinaus *wichtigste Ergebnis des »Falles Schillebeeckx«* sein: Schillebeeckx sah sich wie andere katholische Theologen stets mit dem Verdacht konfrontiert, jedes Zögern, Stammeln, Bedenken, jede hermeneutisch oder biblisch begründete Zurückhaltung bei einer letzten Präzisierung und äußersten begrifflichen Versprachlichung des Geheimnisses Gottes in Jesus Christus sei bereits Schwäche, sei Abweichen von der kirchlichen Lehre, ein Abrutschen in Häresie. Als ob die Wahrheit nicht auch durch ein zuviel an Verbegrifflichung verdeckt werden könne. Als ob durch Formeln das Licht nicht auch verdunkelt werden könne, das sichtbar zu machen gerade ihre Aufgabe wäre. Als ob es nicht gute biblische Gründe für das Mißtrauen vor einer theologischen Sprachsklerose gäbe, Gründe für eine Zurückhaltung in Respekt vor dem Unsagbaren, vor dem Geheimnis, das Theologie und Lehramt nicht besitzen, sondern dessen Zeugen sie sind.

Edward Schillebeeckx jedenfalls hatte als glaubender Christ und denkender Theologe sich von der Schrift her noch ein Verständnis dafür bewahrt, daß das Geheimnis der Einheit von Gott und Mensch in Jesus Christus gerade nicht formelhaft-endgültig versprachlicht werden darf, sondern immer wieder neu der Sache nach bedacht und ausgesagt werden muß. Schillebeeckx hatte sich dazu bekannt, daß der Mensch Jesus »tatsächlich mit dem Wesen Gottes zu tun« habe, dem aber hinzugefügt: »Ob und wie wir das theoretisch noch genauer bestimmen können, sollen und dürfen, danach bin ich noch auf der

Suche. Ich schrecke davor zurück, das Geheimnis einer Person, vor allem der Person Jesu, sozusagen bis auf die Knochen umreißen zu wollen.«[102] Doch obwohl Schillebeeckx versucht hatte, dieses »Geheimnis der Person Jesu Christi« auch begrifflich noch genauer zu bestimmen, hat er für diesen Versuch, aber auch für diese seine Zurückhaltung Mißtrauen geerntet und sich dem Häresieverdacht ausgesetzt gesehen.

Doch ob es für katholische Theologen nicht auch *einen anderen Weg* gibt? Einen Weg, über den Glauben an Jesus Christus, den ewigen Sohn Gottes, so zu sprechen,

daß die vorformulierten Begriffe nicht einfach repetiert werden und man dennoch beanspruchen kann, der Glaubensgeschichte der Kirche Genüge getan zu haben;

daß die Aussagen der Schrift mit dem neuzeitlichen Wirklichkeitsverständnis verbunden sind, ohne die großen Intentionen der klassischen Christologie aufzugeben;

daß auch der stets gefährdete, stets zweifelnde, stets stammelnde Glaube sein Recht behält, ohne ihn des Skeptizismus zu verdächtigen;

daß die jeweils gewonnenen Formeln sich noch einmal an dem »unbegreiflichen Mysterium« Gottes selbst relativieren, ohne daß man sich dem Verdacht aussetzt, man verkürze, verdunkle, verunklare bloß, was doch in klaren Formeln bereits vorformuliert sei;

daß die Wahrheit in Wahrhaftigkeit auch außerhalb der schultheologischen Mauern gesagt werden kann, ohne daß man als »unkirchlich« gebrandmarkt wird;

daß Glaubwürdigkeit gerade dadurch ermöglicht wird, daß die Probleme nicht ausgeklammert, sondern solidarisch ausgesprochen sind, ohne daß man des Subjektivismus und Intellektualismus bezichtigt werden könnte;

daß also der Zweifel nicht unterdrückt wird, sondern zum Mittel der theologischen Wahrheitsfindung wird?

Vielleicht sollte man als Theologe an dieser Stelle das Manuskript beenden – aus Angst vor möglichen Verdächtigungen, Vorverurteilungen, Repressalien. Vielleicht. Aber ich versuche eine eigene Antwort im Vertrauen darauf, daß es einen *theologischen Denkstil* gibt, der auf Problembewußtsein, Dialogfähigkeit und Authentizität der Erfahrung setzt und der so ein Sprechen über Fragen des Glaubens ermöglicht, das der Solidarität der Theologen und nicht ihrer gegenseitigen Verdächtigungen gewiß sein kann. In diesem Vertrauen sei der folgende Epilog gewagt.

Epilog

Was heißt: Ich glaube an Jesus Christus – Gottes ewigen Sohn?

Antwortversuche und künftige Gesprächsfelder

1. Rabbi – bist du es?

Eine *imaginäre Szene im Himmel*: Ahasver, der Jude, von Jesus dazu verdammt, bis zu dessen Wiederkunft auf Erden unruhig hin und her zu wandern, tritt vor Jesus, den himmlischen Christus, den Gottessohn in seiner himmlischen Herrlichkeit, sitzend auf dem Thron, die Welt anschauend und segnend mit einer Hand, in der noch die Wundmale zu erkennen sind. Ahasver, der Jude, der die Menschen kennengelernt hatte auf seinen ewigen Wanderungen durch die Zeit und der einst mit dem Rabbi aus Nazaret zusammen das Los der Menschen hatte verbessern wollen, bevor dieser als Schmerzensmann ans Kreuz ging, Ahasver, der Empiriker, der Vielgeprüfte und Vielerfahrene, tritt vor den Gottessohn in dessen göttlicher Glorie und sagt:

»Ich aber dachte, wie fremd und fern er mir geworden, obwohl er gleich aussieht wie Reb Joshua, den ich gekannt, und auf gleiche Weise lächelt, das Leid, das er auf sich zu nehmen bestimmt war, schon in sein Lächeln geprägt; er ist wie die Puppe in der Puppe, in der wiederum eine Puppe ist: so sind ihrer drei in einem, und doch jedes eins.

Und ich nahte mich ihm und fragte, Rabbi, bist du es?

Er aber bewegt sich nicht, und sein Blick blieb starr in die Ferne gerichtet, während er sprach: Ich bin Jesus Christus, Gottes eingeborener Sohn, der empfangen wurde durch den Heiligen Geist von der Jungfrau Maria und geboren von dieser, und gelitten hat unter Pontius Pilatus, gekreuzigt wurde, gestorben ist und begraben, hinabgestiegen in das Reich des Todes, am dritten Tag aber auferstanden von den Toten und aufgefahren in den Himmel, wo er sitzet zur Rechten Gottes, des allmächtigen Vaters.

Und ich fragte, Rabbi, was siehst du?

Und er sagte: Ich sehe die Menschen, die ich erlöste von der Schuld ihrer Sünden durch den bitteren Kelch, den ich trank.

Ich aber fragte: Rabbi siehst du sie auch recht deutlich?

Da füllte sich sein Auge mit Schatten, und die segnende Hand sank ihm herab, und er sagte: Sie sind sehr klein und es ist ein großes Gewimmel.

Ich jedoch beugte mich vor ihm und sagte: Du hast mich verflucht, Rabbi, deiner zu harren da unten, bis du wiederkehrst; darum wandere ich unter ihnen und bin wie einer von ihnen und höre, was sie reden, und sehe, was sie tun.

Da neigte er sein Haupt, und seine Schultern krümmten sich, und seine Hand griff nach der Speerwunde an seiner Seite, so als schmerzte ihn diese von neuem, und er sagte: Ich will es nicht wissen.«[1]

Szene aus einem der bedeutendsten Romane der deutschen Literatur der 80er Jahre: *Stefan Heyms »Ahasver« (1981)*. Und die Kontraste, mit denen dieser Roman leicht ironisch gebrochen spielt, könnten nicht größer sein: Hier der in seiner himmlischen Majestät angebetete ewige Gottessohn – dort der unruhige Jude, der an den Widersprüchen der Welt noch leidet; hier die in ihrer Herrlichkeit als zweite Person der Trinität thronende himmlische Gestalt – dort der alte Unruhegeist, der die messianischen Hoffnungen noch einzuklagen wagt, die ihn einst mit Jesus, dem Messias Gottes, verbunden hatten. Hier ein wie apathisch die theologischen Glaubensformeln rezitierender Christus, der sich auf sein Erlösungswerk beruft – dort ein lebendig engagierter Mensch, der die faktische Unerlöstheit der Menschen erfahren und nicht aufgehört hat zu glauben, daß der Gottessohn im Himmel einst der Rabbi aus Nazaret war.

Und doch: Das literarisch und theologisch *Bedeutsame dieses Romans* des Juden und kritischen Marxisten Stefan Heym sind nicht eigentlich diese Kontraste. Es ist vielmehr der Blick dafür, daß auch der Erhöhte und ewige Gottessohn noch die Wundmale des Gekreuzigten trägt; daß die zweite Person der Trinität niemand anderer ist als der Rabbi aus Nazaret; daß der Christus in seiner himmlischen Glorie nicht das Gefühl für die Widersprüche der Welt und die unerlöste Menschheit verloren hat. Kurz: daß die Wunden, die der erhöhte Christus an seinen Händen und in seiner Seite trägt, noch schmerzen. Und so bringt letztlich doch in diesem Roman der Jude Ahasver seinen zu Gott erhöhten Glaubensbruder, den Rabbi aus Nazaret, dazu, nicht länger sich hinter den Formeln des Glaubensbekenntnisses zu verschanzen, sondern noch einmal für sein messianisches Werk der Erlösung der Welt einzutreten, noch einmal gegen den Status quo der Unrechtsordnung zu protestieren und die Welt zu verändern im Bewußtsein, daß diese Schöpfung, wenn man sie unverändert läßt, buchstäblich zum Teufel geht...

Dieser Roman bietet in Sachen Christologie *Krisendiagnose und Lösungsperspektive* zugleich. Denn wer wollte leugnen, daß der kirchliche Glaube an Jesus als den »eingeborenen Sohn« seit Harnacks Zeiten noch mehr an Akzeptanz eingebüßt hat? Die ironische, fast parodistische Verwendung der Sprache des Glaubensbekenntnisses (Jesus selbst in den Mund gelegt) bei Stefan Heym läßt überdeutlich werden: Die Sprache der Glaubensformeln und die Sprache des Rabbi – sie scheinen auf eine groteske Weise auseinanderzuklaffen. Die theologischen Formeln und die geschichtliche Person: sie scheinen aus verschiedenen Welten zu stammen.

Das war und ist der *Ausgangspunkt* dieser Studie. Die geistesgeschichtlich fatale und pastoral gefährliche Situation, in der sich die klassische Christologie befindet: sie bildet den Hintergrund des hier vorgelegten Versuchs, eine ökumenisch vertretbare Antwort für heute zu suchen. Als Theologen müssen wir zur Kenntnis nehmen: Die bereits von Harnack beschriebene und verstärkte *Krise der klassischen Christologie* ist bis heute nicht überwunden. Katechetische Literatur und demoskopische Umfragen, wie wir sie im Zusammenhang mit Harnack bereits zitierten, zeigen immer deutlicher eine erschreckende Diskrepanz zwischen den offiziellen, hochtheologischen Aussagen über Christus und dem Glauben vieler (auch christlicher) Zeitgenossen. Ein Blick auf Christusbilder in Kunst und Literatur unserer Zeit verschärft das Problem. Die kirchliche Christologie sieht sich heute einer *Plausibilitäts- und Akzeptanzkrise* von nicht gekanntem Ausmaß ausgesetzt – bei gleichzeitig erstaunlicher Bejahung der Figur Jesu selber. Das aber kann nicht nur an den Künstlern und an den säkularen Zeitgenossen liegen. Das hat auch mit einer oft weltfremden Sprache der Theologie zu tun, mit einer überkomplexen Denkweise, mit Lösungszwängen von Problemen, die sich für viele so nicht mehr stellen, kurz: hat zu tun mit einer steril gewordenen Theologie, die oft nur noch Probleme löst, die sie sich selbst geschaffen hat, und Antworten auf Fragen bereithält, die heute kaum noch gestellt werden.

Dem Fazit, das der Literat und Literaturwissenschaftler *Walter Jens* auf der Basis meiner eigenen Studie über »Jesus in der deutschsprachigen Gegenwartsliteratur« (1978) gezogen hat, ist deshalb auch heute nichts hinzuzufügen: »Während die Theologie sich nur allzu häufig auf parate Formeln zurückzieht – zum millionsten Mal die Zwei-Naturen-Lehre oder das Dogma der Präexistenz Christi in Gott –, sucht Literatur, den Theologen provozierend, die Sache selbst ins Blickfeld zu rücken, das Kind im Stall und den Mann am Galgen, den Leidens-Menschen, dessen Leben im Zeichen eines Schlächter-Mords begann – wieviele Unschuldige mußten, um seinetwillen, elendig sterben –, den Wundertäter, der andere unglücklich machte (nach seiner Erweckung, so die Version André Gides, fürchtete Lazarus den Tod doppelt und dreifach; jetzt nämlich wußte er, wie entsetzlich es ist, sterben zu müssen), den Ängstlichen unter den Starken – alles bei Nacht getan, in Heimlichkeit – immer aus den Städten in die Einsamkeit der Felder geflohen! –, den ›Jesus da unten‹ (und nicht den ›Christus da oben‹), dessen Bild die Poesie aus den Beschreibungen der nachösterlichen Gemeinde rekonstruiert: wohl wissend, daß sie die Provokation der Theologie in gleicher Weise zu beantworten hat wie die Theologie die Herausforderung der Literatur«.[2]

Viele Seelsorger, Religionslehrer und Erwachsenenbildner im Raum der Kirche werden dies bestätigen: Wenn Jesus von Nazaret kritischen Zeitgenossen überhaupt noch etwas zu sagen hat, dann am ehesten noch als der »Jesus da unten« und nicht als der »Christus da oben«. *Unverständlichkeit, Kompliziertheit, Lebensfremdheit und Schriftfremdheit* sind bis heute die Topoi einer seit Harnacks Zeiten unveränderten Krise der Glaubwürdigkeit kirchlicher Christusverkündigung.

In dieser Situation möchte diese Studie eine Hilfe sein. Ein Doppeltes sollte gezeigt werden. Zum einen: Heutige Theologie hat pastoral wie sachlich diese Problematik selber wahrzunehmen begonnen und ein *Problembewußtsein* entwickelt. Und zum anderen: Trotz allem kann ein verantwortbarer Weg beschrieben werden, wie die *dogmatischen Aussagen* über Jesus Christus, Gottes ewigen, wesensgleich unerschaffenen Sohn, verstanden werden können, ohne den Bodenkontakt mit der Schrift und der heutigen Wirklichkeit zu verlieren. Diese Studie wollte dabei weder eine Christologie noch eine Trinitätslehre vorlegen, sondern aufgrund des neuerwachten theologischen Problembewußtseins eine *Grundlagenantwort* in dieser spezifischen Frage versuchen und die Herausforderung deutlich machen, die auch für heutiges Denken in diesem Bekenntnis steckt.

2. *Was bleibt von Harnack, Barth und Bultmann?*

Welchen Weg sind wir gegangen? Um uns das Problem in aller Schärfe vor Augen zu führen, haben wir zunächst drei theologische Gewährsmänner als Zeugen angerufen:

Mit *Adolf von Harnack* haben wir die Geschichte der Präexistenzidee als deren eigene Kritik kennengelernt. Wir haben mit Harnack die Diskrepanz zwischen Schrift und Dogma, Verkündigung und Lehrgeschichte kritisch zur Kenntnis nehmen müssen. Wir haben gelernt, in Kontinuitäten und Diskontinuitäten zu denken. Das, was die christlichen Dogmen sagen wollen, ist eine kulturhistorisch bedingte Antwort auf geistige Herausforderungen einer je wechselnden Zeit. Kritischer Maßstab aber für sachliche Kontinuität ist die Botschaft des Neuen Testamentes selber. Und bei aller Problematik der Harnackschen Theologie: An diesem Punkt gibt es *kein Zurück hinter Harnack*. Die Botschaft Jesu selber und die ursprüngliche Verkündigung Jesu als des Christus bleiben kritischer Maßstab der späteren dogmatischen Aussagen.

Aber wir sahen auch: Aus der Perspektive *Karl Barths* hatte Harnack theologisch für heute entschieden zu kurz gegriffen. Angesichts der Grundlagenkrise der Zeit, die mit dem Ersten Weltkrieg endgültig ausgebrochen war, angesichts der Krise des modernen Paradigmas also, mußten auch theologisch die Grundlagen radikal neu gelegt werden. Zurück zu den Anfängen: Diese Parole Barths war mehr als ein Rückruf zu den Anfängen der Geschichte à la Harnack. Sie war ein Ruf, die Grundlagen von Zeit und Geschichte theologisch überhaupt neu zu bedenken. Die Oberflächen sollten durchstoßen und auf die Grundstruktur der Wirklichkeit überhaupt zurückgefragt werden – ein Grundbedürfnis der Zeit, das – wie wir sahen – auch im Raum von Literatur, Naturwissenschaft, Musik, Malerei und Psychologie seine Parallelen hatte. Die »dialektische Theologie« stand kulturgeschichtlich also keineswegs isoliert da! Künstler, Psychologen und Naturwissenschaftler waren auf ihre Weise von der Idee besessen, die Tiefenstruktur, die Grundgesetzlichkeiten von Wirklichkeit überhaupt freizulegen, um so ein neues Zeit- und Wirklichkeitsverständnis ins Bewußtsein zu heben.

Das war *Karl Barths Grundgedanke*: Nicht die Geschichte ist die Kritik der Präexistenzidee, sondern die »Idee« des präexistenten Christus, besser: der Glaube an Jesus als den ewigen Christus Gottes ist die Kritik der Geschichte schlechthin. Warum? Weil Menschen es in Jesus Christus mit *Gott selbst* zu tun bekommen, weil Jesus Christus im Anfang steht, wie Gott anfänglich ist. Bei aller Problematik der Barthschen Theologie – auch hier gibt es *kein Zurück hinter Karl Barth*. Im Anfang aller Anfänge christlich theologischen Denkens steht der ewige Gott selber, wie er sich in der Geschichte Israels, zuletzt aber definitiv in seinem Sohn Jesus Christus geoffenbart hat. Jesus Christus, insofern er für Gott steht, ist der Ursprung aller Ursprünge, der Beginn aller Anfänge, das Prä aller Existenz. Christologie hat entschieden Vorrang vor der Anthropologie, wobei die politische Relevanz dieser Aussage nicht hoch genug veranschlagt werden kann. Gerade der »Fall Karl Barth« zeigte die politische Widerstandsfähigkeit dieser Aussagen vom präexistenten Christus angesichts eines widerchristlichen totalitären Faschismus. Gerade Karl Barth zeigte: Keine Christologie ohne politische Relevanz, ohne gesellschaftskritisches Widerstandspotential, ohne totalitätskritische Kraft, ohne kosmische Dimension.

Aber auch der *dritte Zeuge* mußte aufgerufen werden, der nicht weniger als Barth an Aussagen über den präexistenten Christus als Grundlage christlicher Existenz, als plausibilitätskritische Infragestellung des Menschen, als politische Widerstandskraft gegen den totalitären Faschismus interessiert war: *Rudolf Bultmann*. Aber anders als Barth wollte er die Rede vom präexistenten Christus nicht mit Hilfe der traditionellen Trinitätslehre terminologisch festschreiben, sondern – vom Neuen Testament aus – religionsgeschichtlich verorten und existentiell interpretieren. Bultmann deckte den mythischen Charakter der Rede vom präexistenten Christus auf und versuchte zugleich, deren Sinn zu beerben. Und bei aller Problematik der Theologie Bultmanns: *Ein Zurück hinter Bultmann gibt es an diesem Punkte nicht*. Keine Christologie ohne Entmythologisierung; keine Rede vom »ewigen Christus« ohne Selbstdurchschauen der Chancen und Gefahren mythischen Redens; keine Christologie ohne existentielle, soteriologische Relevanz.

Von daher lassen sich *fünf Basissätze* gewinnen, von denen wir bei unserer eigenen Antwort ausgehen wollen:

(1) Die Rede von der Präexistenz Christi kann heute nur dann adäquat sein, wenn sie die ihr innewohnende *Gefahr der Verdinglichung Gottes* durchschaut, krudem Anthropomorphismus widersteht und im Interesse der bleibenden Unverfügbarkeit und Unsagbarkeit Gottes geschieht.

(2) Die heutige Rede von der Präexistenz Christi ist nur dann adäquat, wenn sie stets auch eine *neuzeitkritische Infragestellung* des Menschen bedeutet: seiner Autonomieillusion, seiner selbstgeschaffenen Plausibilitäten, seiner immanentistischen Vernünftigkeit,

wenn sie kritisch ist gegenüber einem historischen Sicherheitsdenken ebenso wie einem geschichtlichen Relativismus.

(3) Heutiges Reden von der Präexistenz Christi ist nur dann adäquat, wenn es in Anknüpfung *und* Widerspruch sich dem Gespräch mit vergleichbaren *nichtchristlichen Glaubenszeugnissen* stellt und sich interreligiös so dialogfähig macht, daß die eigene Sache nicht unter triumphalistischer Abqualifizierung, sondern im Mitbedenken der nichtchristlichen Glaubenszeugnisse zur Sprache kommt.

(4) Heutiges Reden von der Präexistenz Christi ist nur dann adäquat, wenn die *ideologiekritische Dimension* dieser Aussage zur Sprache gebracht ist: Im Namen des wahren Herrn der Geschichte müssen die falschen Götter in Kirche und Gesellschaft stets neu entmythologisiert werden.

(5) Die Rede vom präexistenten Christus ist auch *für ein nachmythologisches Zeitalter relevant*, ja als Herausforderung moderner Rationalität kritisch zur Sprache zu bringen. Der christliche Glaube kann um der Offenbarungsstruktur des Christusereignisses willen nicht darauf verzichten, ein Stück weit »mythisch« oder mit »mythischem Rest« zu reden. Besser: Christliche Theologie nach der Aufklärung muß gewiß entmythologisieren; entbildlichen, entpoetisieren darf sie nicht.

3. Dogmatik als konsequente Exegese

Von dieser Basis ausgehend, will ich jetzt vom Neuen Testament her eine zusammenfassende Antwort versuchen. Ich will *eine* Antwort geben, ohne zu beanspruchen, die einzig mögliche zu haben. Die eine Antwort macht andere nicht unmöglich. Ich gehe dabei aus von der Überzeugung: Angesichts der beschriebenen notorischen Plausibilitäts- und Akzeptanzkrise der traditionellen Christologie ist eine Antwort für Menschen von heute um so plausibler und akzeptabler, je enger sie sich an der Figur und Botschaft Jesu Christi selber orientiert. Die Antwort wird sich also an die *vom Neuen Testament* selbst gesteckten Grenzen halten, ohne Antworten aus der weiteren Dogmengeschichte auszuschließen. Nicht aber diese weitere Dogmengeschichte des altkirchlich-hellenistischen Paradigmas mit seinen kulturellen, politischen und religiösen Eigengesetzlichkeiten war unser Untersuchungsfeld (das erforderte eine eigene kritische Studie), sondern das urchristliche Paradigma, wie es sich in den Zeugnissen des Neuen Testamentes aufbewahrt hat. Wir wollen es riskieren, von hierher eine Antwort zu geben. Warum von hierher?

Nach meiner Überzeugung kann der vielbeklagte *Hiatus zwischen Exegese und Dogmatik* nur überwunden werden, wenn Dogmatik sich als *konsequente Exegese begreift*. Damit sind andere Formen von Dogmatik nicht für unmöglich erklärt. Wer aber an diesem Hiatus leidet, wer die Kluft nicht verewigen, sondern überwinden will, dürfte kaum eine andere Wahl haben. Ich greife dabei Grundgedanken des Dokuments »*Bibel und Christologie*« auf, das die päpstliche Bibelkommission 1983 verabschiedet und das ich bereits zu Beginn des zweiten Hauptteils dieser Studie eingeführt hatte. Mit diesem Dokument gehe ich davon aus: Die Schrift ist für jeden christlichen Theologen nicht irgendein Dokument aus dem ersten Jahrhundert, dessen angeblich noch primitive Begrifflichkeit und dessen noch unterentwickeltes Denken nun in eine große Systematik überführt zu werden hat. Mit dem Kommentator dieses Dokuments, dem amerikanischen Exegeten *Joseph Fitzmyer* S. J. kritisiere ich den Eindruck zahlloser dogmatischer Handbücher, »daß konziliare oder kirchliche Lehrformulierungen« der späteren Jahrhunderte den Aussagen der Schrift gegenüber als »überlegen« gelten. Von einem kritischen Bewußtsein hier oft keine Spur. Keine Spur eines Bewußtseins, »daß diese konziliaren oder späteren theologischen Formulierungen die biblischen Aussagen und Vorgegebenheiten nicht nur neu formulieren, sondern auch begrifflich neu gefaßt haben, indem sie sie in ein philosophisches Denkgebäude und System (Konstrukt) einbauten, das nicht denselben Wert für die Christologie beanspruchen kann wie die Sprache und Konzeption der ›höchsten Offenbarungsquelle‹«.[3]

Zwei Warnungen dieses Dokuments mache ich mir deshalb zu eigen. *Zum einen*: Das Dokument warnt vor einer Theologie, in der »die Ausformulierung der christologischen Lehrsätze« mehr »von der Sprache patristischer und mittelalterlicher Theologen« abhängt »als von der des Neuen Testamentes selbst, so als ob diese letztendliche Quelle der Offenbarung ihrerseits zu wenig genau wäre, um der kirchlichen Lehre eine gutdefinierte Glaubensformulierung zu liefern«.[4]

Zum zweiten: Das Dokument unterscheidet zu Recht zwischen einer dogmatischen »Hilfssprechweise«, die im Verlauf der Kirchengeschichte zur Ausformulierung des Glaubens jeweils wechselnd benutzt worden sei und der eigentlichen »Referenzsprache« der »inspirierten Autoren« des Neuen Testamentes. Beide Sprachen aber hätten »nicht denselben Wert«: »Um das ›*Absolute der Offenbarung*‹ *in der Relativität der Sprache* zu erfassen und dabei die Kontinuität zwischen der *Gründungserfahrung* der apostolischen Kirche und der ihr folgenden *kirchlichen Erfahrung* zu beachten, können und dürfen die notwendigen Unterscheidungen und Analysen die wortwörtlichen Aussagen der Schrift nicht aufheben.«[5]

Diese doppelte Unterscheidung von »Hilfssprache« und »Referenzsprache« einerseits und von »Gründungserfahrung« und »kirchlicher Erfahrung« andererseits ist hilfreich, um die Bedeutung des Neuen Testamentes gerade auch in Sachen Präexistenzchristologie dogmatisch ernst zu nehmen. Der Rückgriff auf die neutestamentlichen Texte ist dabei Herausforderung für ein *verändertes systematisch-theologisches Denken heute*. Anders gesagt: Das Neue Testament – kritisch für heute interpretiert – liefert inhaltliche und hermeneutische Rahmenbedingungen des systematischen Denkens, eine Art *innère Kriteriologie* theologischer Reflexion, die nicht in vorgegebene Systeme verliebt bleiben, sondern dem Geist der Schrift selber auf der Spur sein will.

Von dieser neutestamentlichen Basis aus will ich meine Antwort zu geben versuchen und sie gleichzeitig in einen gesamttheologischen Diskurs einbringen. Dieser Ansatz hat selbstverständlich immanente Grenzen. Was ich hier vorlege, ist ein Versuch,

- im Interesse der *pastoralen Verantwortung* den Graben zwischen Glauben und Leben, Theologie und Praxis zu verkleinern;
- im Interesse einer *größeren Einheit* der Theologie die Kluft zwischen Exegese und Dogmatik ein Stück weit zu überwinden;
- im Interesse *ökumenischer Solidarität* eine für möglichst viele Christen akzeptable, biblisch begründete und heute verständliche Antwort vorzulegen;
- im Interesse *gesellschaftlicher Relevanz* ein christologisches Grundbekenntnis vom Geruch der Weltfremdheit zu befreien und dessen politische Dimension herauszustellen;
- im Interesse *interreligiöser Dialogfähigkeit* einen Brückenschlag zu ermöglichen für ein besseres Verständnis zwischen den Religionen.

Diese Arbeit leistet damit nicht mehr und nicht weniger als *Grundlagenforschung*. Aber auf dieser Grundlage sollte es möglich sein, andere innertheologische oder ökumenisch relevante Gesprächsfelder zu eröffnen. Dazu können hier nur skizzenhaft einige Hinweise gegeben werden. Die Ergebnisse dieser Arbeit sollten eingebracht werden in

- ein Gespräch über Jesus als Messias und definitiven Propheten Gottes mit den prophetischen Religionen semitischen Ursprungs: *Judentum und Islam*;[6]
- ein Gespräch über den kosmischen Christus mit den mystischen Religionen indischen Ursprungs: *Hinduismus und Buddhismus*;[7]
- ein Gespräch über Christus als Gottes Kraft und Weisheit mit den weisheitlichen Religionen chinesischen Ursprungs: *Konfuzianismus und Taoismus*;[8]
- ein Gespräch über Christus als Schöpfungsmittler sowie über das Problem von Zeit und Ewigkeit mit den zeitgenössischen kosmologisch orientierten *Naturwissenschaften*;[9]
- ein Gespräch über Christus als Bild Gottes mit der zeitgenössischen *Kunst und Literatur*: über das Problem der Verbildlichung des Unanschaulichen, der Versprachlichung des Unsagbaren, über Möglichkeiten und Grenzen einer mit genuin künstlerischen Mitteln vollzogenen Christusinterpretation auf der sprachlichen und ästhetischen Problemhöhe des 20. Jahrhunderts;[10]
- ein innertheologisches Gespräch mit der *Befreiungstheologie* über die gesellschaftlichen und politischen Folgen des Glaubens an die »Sohnschaft«, zu der Christus uns befreit hat – und zwar in einem durch soziale Antagonismen bestimmten politischen Umfeld;[11]
- ein innertheologisches Gespräch mit der *feministischen Theologie* über die Gottessohnschaft im Interesse eines Abbaus patriarchaler Gottesbilder.[12]

4. Der spezifische »Blick« des Neuen Testamentes

Wer nicht mit einem vorgegebenen, dogmengeschichtlich vorgeprägten Begriff von Präexistenz an das Neue Testament herangeht, sondern hört, was das Neue Testament in dieser Sache zu sagen hat, wird um die Feststellung nicht herumkommen: Einen spekulativen Topos »Präexistenz Christi« kennt das Neue Testament nicht. Eine Präexistenz*christologie*, verstanden als eine isolierte, verselbständigte, atomisierte Reflexion auf ein vorweltliches, göttliches Sein Jesu Christi »in« oder »neben« Gott, eine metaphysisch verstandene Sohnschaft, ist nicht Sache des Neuen Testamentes. Im Gegenteil: Vom Neuen Testament her muß eine solche Präexistenzchristologie relativiert werden. Zu den Faktoren dieser *Relativierung* zählen:

- Der *geschichtliche Jesus* selber hat keine Aussagen über seine Präexistenz gemacht – weder über eine ideelle noch eine reale Präexistenz.
- Von 27 Schriften des Neuen Testamentes können 20 von *Jesus als dem Sohn Gottes* reden, ohne auf die Vorstellung von dessen realer Präexistenz angewiesen zu sein (Matthäus, Markus, Lukas, die Apostelgeschichte, die 8 authentischen Paulusbriefe – Phil 2 ausgenommen –, die 3 Pastoralbriefe, der Epheserbrief, der Jakobus- und Judasbrief sowie die beiden Petrusbriefe).
- Bestimmte Schriften des Neuen Testamentes rezipieren die Präexistenzvorstellung (möglicherweise bewußt) nicht (Spruchquelle, Markus), vertreten (möglicherweise bewußt) ein anderes christologisches Ursprungs-Konzept (Jungfrauengeburt bei Matthäus und Lukas), entfalten eine bereits zitierte Präexistenzaussage nicht weiter (Paulus gegenüber Phil 2) oder lassen sie überhaupt beiseite (Epheser gegenüber Kolosser).
- Gerade in solchen Texten, die eine Aussage über die reale Präexistenz enthalten (Kol 1, Hebr 1, Corpus Johanneum), sind von den Autoren selber *Gegenakzente* gesetzt worden (Kreuzestheologie, Inkarnation). Ja, gerade ein Evangelium wie das des Johannes, das eine dramatische Entwicklungsgeschichte erkennen läßt, stellt neben den Chancen auch die Gefahren einer jeden Präexistenzchristologie heraus: Doketismus, Exklusivismus, Ditheismus und Elitismus. Das gilt auch von Texten mit einer ideellen Präexistenzaussage (Eph 1; 1 Petr 1).
- Werden Präexistenzaussagen im Neuen Testament mit Jesus Christus verbunden, so sind sie – auch nach katholischer Exegese heute – »gegenüber der Auferweckungs- bzw. Erhöhungschristologie als sekundär« anzusehen[13] und als »sichernde Projektionen von der Eschatologie her zu verstehen«[14]. Mit *Josef Blank* läßt sich präzisieren: »Präexistenzaussagen sind als Aussagen über den Auferstandenen und Erhöhten zu verstehen, der freilich mit dem irdischen gekreuzigten Jesus von Nazaret identisch ist. Sie haben also durchweg rückblickenden Charakter. Schon dies sollte gegen ein ›mythologisches Verständnis‹ vorsichtig machen. So gesehen sind die Präexistenzaussagen eschatologische Aussagen; vom Ende

her wird der Rückblick nach rückwärts frei.«[15] *Karl Hermann Schelkle* hat aus diesem Befund die Konsequenz gezogen: »Die Aussage der Präexistenz ist nicht unmittelbare Offenbarung, sondern Ergebnis theologischer Folgerungen.«[16]

Diesen »Blick von Ostern her« wollen wir noch ein wenig genauer analysieren. Deshalb ein weiterer Punkt:

5. Die Ostererfahrung als Frage nach dem Ursprung Jesu

Ostererfahrung: Damit ist mehr gemeint als die Beschreibung eines religionshistorischen oder religionspsychologischen Vorgangs; damit ist mehr gesagt als die Feststellung der Tatsache, daß man im Neuen Testament von einer expliziten Christologie überhaupt erst nach Ostern sprechen kann. Systematisch-theologisch ist eine Grundeinsicht hier entscheidend: Erst nach Ostern, aufgrund der Überzeugung, daß *Gott selbst* den Gerechten aus Nazaret nicht im Tode gelassen hat, dürfte den Anhängern Jesu in voller Tiefe »bewußt« geworden sein, um wen es sich bei Jesus im Grunde stets handelte: nicht um irgendeinen weiteren Propheten, Gottesmann, Gottessohn, Gesetzes- und Weisheitslehrer, sondern um *den* Gesandten, *das* Wort, *die* Weisheit, *den* Sohn Gottes.

Dieser Glaube gab zu denken. Diese Tiefenerfahrung, diese »Entdeckung« des wahren Grundes der Geschichte Jesu öffnete gleichzeitig den »Blick« für den *Urgrund, die Ursprünge*. Jetzt war es möglich – in Analogie zur Weisheitstheologie – zu sagen: Er, der zu Gott Erhöhte, kam nicht aus dem geschichtlichen oder metageschichtlichen »Irgendwo«, sondern aus den Tiefen des Gottes Israels selber; sein Ursprung ist nicht die menschlich-irdische Zeit, sondern die »Vorzeit« Gottes allein; seine Sendung ist nicht eine Veranstaltung Gottes »auf Zeit«, sondern berührt das Sein Gottes von Ewigkeit. Und so wie auch bei den jüdischen »Vorvätern« die Exoduserfahrung, die Erfahrung der Befreiung aus der Versklavung Ägyptens, vor dem Schöpfungsglauben formuliert worden war, so wie man damals vom Gott der Befreiungsgeschichte auf den Gott der Schöpfungsgeschichte »zurückgeschlossen« hatte, so fragte man auch jetzt von der Erfahrung des neuschaffenden Gottes (er hatte ja Jesus aus dem Tode befreit) zurück auf den urschaffenden Gott. Das Ende der Geschichte Jesu war in der Tat der Schlüssel zu dessen Anfang!

6. Jesus von Nazaret – als ewiger Sohn

Die Ortsbestimmung der Präexistenzaussagen im Neuen Testament zwingt systematisch-theologisch somit zu einem *anderen Ansatz des Denkens*. Denn wenn das Neue Testament es nicht erlaubt, Aussagen über eine metaphysische Sohnschaft abstrakt und isoliert zu entwerfen, dann ist systematisch-theologisch heute von einem *dreifachen Ansatzpunkt* auszugehen: Zum einen von der Figur Jesu selber, zum anderen von den Geist-Erfahrungen der nachösterlichen christlichen Gemeinde mit dem erhöhten Herrn, woraus zum dritten ein genuin biblisches Gottesverständnis folgt. Nur wenn die Präexistenzaussagen in diesem dreifachen Sinn biblisch integriert und interpretiert werden, ist ihr Sinn richtig zu verstehen. Deshalb:

Zum einen: Für die Menschen des Neuen Testamentes stand »am Anfang« ihres Glaubens zunächst die Gestalt des Nazareners, seine Verkündigung, seine Gotteserfahrung, sein Weg, seine Praxis und sein Schicksal. Daraus folgt für heute: *Keine Aussage über die »Präexistenz« Christi an der Gestalt des geschichtlichen Jesus vorbei*. Keine Aussage über die Offenbarung der »Herrlichkeit Gottes« auf dem Antlitz Christi ohne Hinweis auf die Schande des Kreuzes. Kein Auseinanderreißen der Figur des »ewigen Sohnes« und der des geschichtlichen Nazareners bei Strafe der Mythologisierung. Das Bekenntnis zum »ewigen Sohn« hat niemand anderem zu gelten als Jesus von Nazaret, dem Gekreuzigten und Auferweckten. Für das ganze Neue Testament gilt demnach: Die Präexistenzaussagen interpretieren nicht zuerst den konkreten geschichtlichen Jesus, sondern umgekehrt: Sie – von der jüdischen Tradition vorgegeben – werden von ihm her, von seinem konkreten Verhalten und Geschick, von seinem neuen Leben bei Gott her, neu interpretiert. Sie überstrahlen nicht die Menschlichkeit des geschichtlichen Jesus (Doketismusverdacht); sie werden vielmehr durch Übertragung auf den konkreten geschichtlichen Jesus wahrhaft vermenschlicht, buchstäblich verchristlicht. Ihre Funktion ist nicht, den Nazarener zu vergotten, ihn zu einem mythischen oder halbmythischen Wesen zu machen, sondern das *»Ereignis Jesus« in seiner geschichtlichen Tiefe und universalen Bedeutung verständlich zu machen*. Verfolgt man den Prozeß der Rezeption der Präexistenzaussagen, dann ist vom Neuen Testament selbst her eine Christologie gefordert, die beim Jesus der Geschichte einsetzt und die Tatsache berücksichtigt, daß der Jude Jesus selber an den Gott Abrahams, Isaaks und Jakobs glaubte. Das hat mit »Kreaturvergötzung« im Sinne Barths nichts zu tun; das ist kein liberaler Rückfall in eine »Persönlichkeits-Christologie«; das hat mit der Treue zum biblischen Ursprung selber zu tun.

Zum zweiten: Die Rückfrage nach dem Grund der Geschichte Jesu aber wäre buchstäblich unbegründet, wäre da nicht der Glaube, daß Gott selbst die Geschichte Jesu trägt und sich über den Tod hinaus mit diesem Nazarener identifiziert hat. Die Frage nach dem Ursprung Jesu aus Gott, nach seinem »Sein bei Gott« vor aller Zeit, stellt sich von der Erfahrung des Auferweckten und Erhöhten her, der an keine Raum-Zeit mehr gebunden ist. Anders gesagt: Ohne den Glauben daran, daß der Kyrios Jesus Christus im Geist und als Geist universal präsent ist, keine Rückfrage auf den Ursprung. Keine Aussagen über Gottes Ewigkeit ohne Erfahrung des im Geist gegenwärtig wirkenden Christus Jesus. Aussagen über den Ursprung Jesu aus Gott bleiben an Geist-Erfahrungen des Menschen mit dem zu Gott erhöhten Christus unlösbar gekoppelt. *Christologie und Pneumatologie* gehören zusammen. Das Nachdenken über Vater, Sohn und Geist, ihre Unterschiedenheit und Einheit, hat hier seinen legitimen biblischen Grund.

Wir sind damit vorbereitet, auch die dogmatischen Aussagen von Jesus Christus, dem *ewigen Sohn Gottes* zu verstehen. Mag das Neue Testament verschiedene Vorstellungsmodelle kennen – Jungfrauengeburt, Sendung, Kenosis, Menschwerdung, Schöpfungsmittlerschaft: ein Grundgedanke verbindet sie alle. Letztlich geht es um die Versprachlichung der Erfahrung: Der eine Gott Abrahams, Isaaks und Jakobs, der Gott des Exodus und der Gebote, der Gott der Propheten und der Weisen, der Gott der Glaubenden und Zweifler, der Träumer und Kämpfer, von dem die Schriften des »Alten« Testaments so anschaulich berichten, hat sich definitiv im gekreuzigten Nazarener geoffenbart (vgl. Hebr 1,1). Die Hymnen fassen dabei nur poetisch verdichtet zusammen, was die Evangelien auf ihre Weise narrativ entfalten:

- *Jesus selber*, sein Weg und sein Geschick, *ist der Weg Gottes mit den Menschen*; Gott selbst hat sich als ein den Menschen zugewandter Gott zu erkennen gegeben: Jesus ist damit definitiv Gottes Offenbarung, Logos, Wort.
- Alles, was *Gott* in der Geschichte Israels gewesen ist: Schöpfer und Befreier, ein Gott der Nähe und der Ferne, der Liebe und des Zorns,

des Gesetzes und der Gnade, der Barmherzigkeit und der Strafe: all das wird von den Jesusanhängern aufgenommen und verdichtet in der einen Grunderfahrung: Letztlich ist es dieser Nazarener, der zeigt, wes Grundes und Wesens der Absolute sein will: die Bewegungsdynamik der Liebe zu den Menschen selber. Jesus ist damit definitiv Gottes Messias, Christus, Sohn.

– Weil dies so ist, sind auch die *protologischen Aussagen* des Neuen Testamentes von Christi Schöpfungsmittlerschaft richtig zu verstehen. Ihr tiefster Sinn liegt in der Versprachlichung der Grunderfahrung: Der Urgrund allen Seins, der Schöpfer und Erhalter des Universums, der Gott, der Kosmos und Geschichte durchwaltet, trägt ein für allemal das »Antlitz« eines konkreten Menschen. Der Gott, der die Welt geschaffen und sich in der Geschichte Israels als Gott der Befreiung geoffenbart hat, wird endgültig in Jesus anschaulich als ein Gott mit einem menschlichen Antlitz. Jesus ist damit definitiv Gottes Ikone und Ebenbild, Gottes Kraft und Weisheit, Haupt und Herr der Schöpfung.

– Jesus von Nazaret darf als der »ewige Sohn« deshalb geglaubt und bekannt werden, weil sich in ihm der »ewige Gott und Vater« selber geoffenbart hat. Er *ist* der »ewige Sohn«, nicht weil Menschen in ihrem Glauben oder ihrer frommen Phantasie ihn dazu »gemacht« hätten, sondern weil der ewige Gott und Vater sich in freier Entscheidung in ihm zu erkennen gab – »erkennbar« freilich nur für die, die sich im glaubenden Vertrauen auf *diesen* Gott und Vater einlassen. Er ist der »ewige Sohn«, weil für Christen ein für allemal ein unlösbarer Zusammenhang von Gott und Jesus besteht. *Person, Sache und Geschick Jesu Christi gehören definitiv zur Bestimmung des ewigen Wesens Gottes*. Damit ist mehr gesagt als die Aussage, daß Jesus (wie alle Menschen) von Ewigkeit her »in Gottes Gedanken« war, in »Gottes Plan« existierte (ideelle Präexistenz). Damit ist der ungemein kühne Gedanke gedacht, daß *Gott selbst* sich als Vater dieses Sohnes bestimmt hat und so das Ereignis »Jesus Christus« selber entscheidende, seinshaft-reale Folgen für die Wesensbestimmung Gottes selbst bekommt (reale, personale Präexistenz). Christologie erfordert so immer auch eine genuin biblische Ontologie.

Integriert man also – *zum dritten* – die christologischen Präexistenzaussagen in ein biblisches Gottesverständnis, dann folgt daraus – wie schon bei der alttestamentlichen Weisheitstheologie – eine Dynamisierung der Wirklichkeit Gottes selbst: »Präexistenz bedeutet: Gott ist von vornherein so, daß er Selbstmitteilung in diesem intensivsten Sinn der Jesusoffenbarung wollen kann: Es ist ›Jahwe‹ – in dem Sinn, wie dieser Name von der Selbstmitteilung in Jesus her verstanden werden kann . . . Die Präexistenzlehre kann nicht von einer isolierten Christologie, sondern nur von einer christologischen Theologie aus angegangen werden.«[17]

Wodurch aber entsteht die Dynamisierung der Wirklichkeit Gottes, wie ist eine »christologische Theologie« begründet? Den Grundgedanken des vorherigen Abschnittes weiterführend, können wir zu sagen wagen: Wenn der ewige Gott sich selbst in Jesus Christus zum Vater dieses Sohnes bestimmt hat, wenn Vater und Sohn eins sind in Offenbarung und Wirkung, dann muß diese Einheit von Gott und Jesus »immer schon« gegeben sein. Denn wenn *Gott* sich offenbart, dann kann ja Gott nicht erst durch dieses Offenbarungsereignis zu dem werden, der er ist. Der ewige Gott kann (zumindest nach biblischem Verständnis) niemand anderer sein, als der er von Ewigkeit zu Ewigkeit war, ist und sein wird. Andererseits hätten wir es mit zwei Göttern, zwei Teilen oder zwei Gesichtern Gottes zu tun: einem »vor« seiner Offenbarung und einem danach. Wenn aber – dem Grundgedanken aller neutestamentlichen Schriften zufolge – Gott selbst sich ohne Rückhalt in der Person Jesu Christi geoffenbart hat, dann – ein solcher Rückschluß muß erlaubt sein – gehört *die Person Jesu Christi zur Wesensbestimmung Gottes* notwendig hinzu. Dann ist – in Raum-Zeit-Kategorien geredet – Jesus Christus immer schon an der »Seite« Gottes, von Ewigkeit her bei Gott – vor aller Zeit, aller Schöpfung voraus.

»Von Ewigkeit her«? Warum? Weil in der Person des Gekreuzigten und Auferweckten eben das ewige Wesen Gottes selber ausgesprochen ist. Der ewige Gott aber ist nicht Kategorien von Raum und Zeit unterworfen. *Ewigkeit Gottes* meint ja weder Unendlichkeit (im Gegensatz zur endlichen Zeit) noch Zeitlosigkeit (im Gegensatz zur geschichtlichen Zeit); in beiden Fällen bliebe Gottes Wirklichkeit (als Übersteigerung oder Negation) von der Zeit abhängig. Nein. Gegenwart Gottes – und hier wäre all das in Erinnerung zu rufen, was wir im Zusammenhang mit Karl Barth ausgeführt haben[18] – meint zeitmächtige, zeitüberlegene, zeitfreie Gegenwärtigkeit Gottes. Gott ist somit aller Zeit zeitgleich, aller Zeit zeitüberlegen, aller Zeit gegenüber zeitfrei.

Wenn das aber so ist, dann hat dies *Konsequenzen auch für die Christologie*. Hat Gott in Jesus Christus nicht nur einen Teil von sich, sondern sein Wesen definitiv und vorbehaltlos geoffenbart, dann ist Jesus Christus auch – als Geist und im Geist – aller Zeit gegenwärtig, aller Zeit gleichzeitig, aller Zeit gegenüber frei. Nichts anderes ist gesagt, wenn wir das Wort Präexistenz Christi benutzen.

Es ist ein mißliches theologisches Kunstwort, dieses Wort Präexistenz, wir deuteten es bereits an. Es erzwingt geradezu das Mißverständnis, als ob die Person Jesu Christi in zwei Phasen zerlegbar sei (erst »ewiger Sohn«, dann »zeitlicher Sohn«); als ob die Wirklichkeit Gottes ein Raum sei, in dem neben Gott ein zweites Gottwesen stünde, wie es sich fromme christliche Phantasie bis in die Ikonographie hinein ausgemalt hat. Karl Hermann Schelkle hat zu Recht davor gewarnt: »Wie die Dreifaltigkeit nicht als Drei-Gott-Lehre, die Trinität nicht als Tritheismus mißverstanden werden darf, so die Präexistenz nicht als eine mythische Zwei-Gott-Lehre. Der präexistente Sohn darf nicht vom Vater getrennt gedacht werden, sondern ist in der ewigen Einheit des Wesens mit ihm. Es ist bedenklich, daß mit der Formel der Präexistenz die göttliche Ewigkeit auf die menschliche Zeit bezogen und von ihr aus errechnet wird. Die heilsgeschichtliche Phase wird nach rückwärts verlängert und ins Unendliche ausgezogen. Das präexistente Vorher und die heilsgeschichtliche Zeit dürfen nicht getrennt oder addiert werden, sondern sie sind ineinander gegenwärtig«.[19]

Man kann sich in der Tat angesichts dieses Dilemmas mit Wilhelm Thüsing fragen, »ob man die Chiffre ›Präexistenz‹ heute nicht anders übersetzen« müsse. Pastorale Gründe dafür gäbe es genug. Und doch – nochmals Thüsing –, solange man »das Verhältnis Gottes zur Welt in temporalen Kategorien ausdrückt – und diese Notwendigkeit wird nicht verschwinden, weil jenes Verhältnis geschichtlich ist –, wird man nicht daran vorbeikommen, den traditionellen Begriff der Präexistenz zu reflektieren und ihn auf seinen Wahrheitskern und seine Sicherungsfunktion hin zu überdenken«.[20]

Was aber ist dieser Wahrheitskern? Der Wahrheitskern liegt darin, was Karl Hermann Schelkle das »ineinander gegenwärtig«-Sein genannt hat. Das heißt: Eine Christologie, die der Breite und Tiefe der neutestamentlichen Zeugnisse gerecht zu werden versucht, wird sich bemühen, immer zugleich beides zu sagen: Jesu

Ursprung in der Zeit und zugleich seinen Ursprung in der Ewigkeit Gottes selber; Jesu Geburt aus einer Frau und zugleich seine Herkunft »vom Vater«; Jesu konkrete geschichtliche Existenz und zugleich seine transgeschichtliche Präexistenz. Die narrative und diskursive Sprache – unsere Analyse des Johannesevangeliums hat dies gezeigt – stößt hier an Grenzen, weil sie verräumlichen und verzeitlichen muß, weil sie auseinanderfaltet, was eigentlich zusammengehört, weil sie zerlegt, was sich zutiefst simultan vollzieht. Das Zusammendenken von Jesu Präexistenz, Existenz und Postexistenz aber erforderte eine *Simultansprache*, die vielleicht der Chiffrensprache der modernen Lyrik, der Klangsprache der Musik oder der Farbensprache der Malerei möglich ist, nicht aber der Sprache von Reflexion und Diskurs.

7. Was heißt: »Aus dem Vater geboren vor aller Zeit«?

Wie aber ist nun – nach allem, was wir gehört haben – die Aussage des kirchlichen Glaubensbekenntnisses zu verstehen: »Aus dem Vater geboren vor aller Zeit?« Auf den ersten Blick ja eine merkwürdige Sprachwahl, die so gar nicht dem biblischen Wortgebrauch entspricht. Denn das Neue Testament redet gerade so nicht vom Geborenwerden Jesu – aus einem männlichen Wesen (Gott-Vater) in einem metaphysischen Irgendwo. Wenn das Neue Testament von Geburt spricht, dann entweder von der irdischen Geburt *Jesu* als Mensch aus einer Frau (Lk 2,11; Gal 4,4) oder von der geistlichen Geburt von *Menschen* »aus Gott«, so wie es im Johannesevangelium von den »Kindern Gottes« heißt, sie seien nicht »aus dem Willen des Mannes«, sondern »aus Gott geboren« (1,13).

Und Jesus? Gewiß: Gerade auch das Johannesevangelium – wir haben davon ausführlich berichtet – kennt Aussagen intimer Gemeinschaft von »Vater« und »Sohn«, hat doch der Sohn – bevor er auf die Erde kam – »am Herzen des Vaters geruht« (1,18) oder war »beim Vater«, bevor er Mensch wurde (8,38.42), vom präexistenten Sein Christi in der »Gottesgestalt« (Phil 2,6) oder von Schöpfungsmittlerschaftsaussagen ganz zu schweigen. Aber eine Aussage wie die vom Geborenwerden »aus dem Vater« kennt das Neue Testament für Jesus nicht. Ähnliches gilt für den Ausdruck »vor aller Zeit«. Kommt er im Neuen Testamnt vor, dann nicht in bezug auf Jesus, sondern allein auf Gott (1 Kor 2,7; Ju 25). Was also? Woher kommt eine solch eigentümliche Wendung: aus dem Vater geboren vor aller Zeit, die gerade auch den heutigen Zeitgenossen solche Schwierigkeiten macht?

Diese Aussage findet sich dem Sinn nach im nizänischen, der Formulierung nach im konstantinopolitanischen Glaubensbekenntnis der Kirche. Wir können hier nicht die ganze Vorgeschichte, Geschichte und Nachgeschichte der beiden Konzilien von Nikaia (325) und Konstantinopel (381) rekonstruieren; dafür bräuchte es eine eigene kritische Studie, wie wir mehrfach andeuteten.[21] Aber einige Grundgedanken sollen im Lichte der heutigen dogmenhermeneutischen und theologischen Diskussion[22] formuliert werden, um jene zentralen christologischen Aussagen zu verstehen, die beiden Konzilien gemeinsam sind. Gewiß: Es gibt heute andere Weisen, dieselbe Sache zu sagen, doch will man das nizäno-konstantinopolitanische Glaubensbekenntnis gewissermaßen immanent verstehen (es wird schließlich in katholischen Gottesdiensten überall auf der Welt gebetet), dürften die folgenden Richtlinien unverzichtbar sein. Sie sind als Hilfe zum heutigen Verstehen gedacht.

Die uns interessierenden Abschnitte des Credos lauten in der Fassung des Konzils von Konstantinopel:

Wir glauben an
den einen *Gott, den Vater*, den Allmächtigen,
der alles *geschaffen* hat, Himmel und Erde,
die sichtbare und die unsichtbare Welt
Und an
den einen *Herrn Jesus Christus*,
Gottes eingeborenen Sohn,
aus dem Vater geboren vor aller Zeit:
Gott von Gott, Licht vom Lichte,
wahrer Gott vom wahren Gott.
Gezeugt, *nicht geschaffen*,
eines Wesen mit dem Vater,
durch ihn ist alles geschaffen.

Keine Frage, daß dieser Text uns vertraut und fremd zugleich ist. Seine ersten sieben Zeilen sowie Zeile 13 dürften weniger Verständnisschwierigkeiten machen; sind sie uns doch aus der Schrift bestens vertraut: Gott – der Schöpfer; Jesus Christus – der erhöhte Kyrios und einzige Sohn Gottes, der als Mittler auch bei der Urschöpfung tätig war. Schwierigkeiten dagegen dürfte machen, daß der (unbiblische) Satz vom Geborenwerden aus dem Vater einen Block von ebenfalls unbiblischen Aussagen einleitet. Denn wo wird im Neuen Testament Jesus »Gott von Gott« genannt oder gar eine ontologische »Wesenseinheit« (homousie) mit Gott behauptet? Das war ja auch nach katholischer Exegese heute selbst bei den Präexistenzaussagen nicht der Fall. In der Tat haben wir es bei diesem Block mit Aussagen zu tun, die so erst in der Zeit formuliert werden konnten, in der dieser Text entstand. Wir kommen also nicht herum, einen Blick in diese Zeit zu werfen, wollen wir diese eigentümlichen Aussagen verstehen. Ich fasse die wichtigsten Punkte in aller Knappheit zusammen:

1. Auch katholische Dogmenhermeneutik geht heute ganz selbstverständlich davon aus, daß der vorliegende Konzilstext nicht ungeschichtlich isoliert und verabsolutiert werden darf, sondern sich aus einer *historischen Konfrontationssituation* heraus erklärt. Auf diese seine »spezifische Frontstellung« geht der Text in einer Weise ein, daß »die tragenden Begriffe eine Verwandtschaft zum zeitgenössischen philosophischen Denken vermuten lassen«.[23]

2. Diese spezifische Frontstellung des Textes war bestimmt vom philosophischen »Zeitgeist« im damaligen römischen Kaiserreich: dem Weltbild des »kaiserzeitlichen Platonismus«, des sogenannten *mittleren Platonismus.*[24] Grundvoraussetzung dieses *Weltbildes* war die Erfahrung einer strengen Geschiedenheit von Gott und Welt, einer Diastase von Oben und Unten, Geistig und Körperlich, Einheit und Vielheit. Um diese Diastase zu überwinden, wurde in der mittelplatonischen Schulphilosophie eine Art *Mittelwesen* angenommen, die sog. Weltseele, die man sich als ein von Gott verursachtes Prinzip dachte, das zwischen dem Göttlichen und Irdischen Verbindung schafft. Der »erste Gott«, der Menschen grundsätzlich unerreichbar und unerkennbar ist, konnte auf diese Weise reines Sein bleiben – ein in sich ruhendes, monadisches Wesen, das auf die niedrige, gespaltene und vergängliche Welt eben nicht direkt, sondern nur vermittels des »zweiten Gottes«, der »Weltseele« einwirkte. Die Transzendenz Gottes war damit streng gewahrt; mit der Welt hatte dieser Gott nur mittelbar zu tun.

3. Zum Problem für die christliche Theologie und Kirche wurde dieses dreischichtige mittelplatonische Weltbild freilich erst dann, als es der alexandrinische Priester *Arius* als seine Berufung betrachtete,

ausgerechnet mit dessen Hilfe auch das Verhältnis von Gott – Welt – Christus zu erklären.[25] Gewiß: Schon die Apologeten, Origenes, Klemens von Alexandrien und andere hatten im 2./3. Jahrhundert längst damit begonnen, die neutestamentliche Christologie mit Hilfe von Kategorien des platonischen Zwischenbereiches zu interpretieren. Die johanneische Christologie bot sich dafür ja förmlich an. Aber Arius unterschied sich von all seinen Vorgängern in einem entscheidenden Punkt. Nicht weniger beseelt vom Gedanken strenger Transzendenz Gottes als die Philosophen, war er der Meinung, daß Gott nicht nur für die Menschen, sondern auch für den Logos Jesus Christus letztlich »unerkennbar« sei, daß also auch der »Sohn« den »Vater« im Tiefsten nicht kenne.[26] Warum nicht? Weil auch der Sohn ein Geschöpf ist! Zwar das höchste und vollkommenste von allen Geschöpfen Gottes, mit allen anderen gar nicht zu vergleichen; zwar präexistent vor allen Äonen; zwar Schöpfungsmittler, der bei der Urschöpfung beteiligt war – aber eben dennoch nur ein Geschöpf aus dem Nichts, eine Kreatur Gottes, wie eben die »Weltseele« ebenfalls Kreatur war.

Konsequenz I: Als Geschöpf existierte der Sohn nicht von Ewigkeit, denn Gott allein ist ewig, ungeworden, ungezeugt, unteilbar und unwandelbar. Es gab also eine Zeit, da der Sohn nicht war. Konsequenz II: Wenn der Sohn nicht »von Ewigkeit« her existiert, ist auch Gott nicht immer der Vater dieses Sohnes gewesen. Der Sohn war eben kein wesensgleicher Teil (meros homousion) des Vaters, vielmehr wurde er – Arius zufolge – »durch Gottes Willen vor Zeit und Äonen geschaffen und empfing vom Vater das Leben und das Sein«.[27] Anders gesagt: Bei Arius heißt der Sohn eigentlich nur im übertragenen Sinn, dem Namen nach »der Sohn«, während der eigentliche Logos Gott immanent sei und zu Gottes eigenem unteilbaren Wesen gehöre. Woraus folgt: Wesensmäßig sind Vater und Sohn sich fremd, einander unähnlich. Gott ist auch für Arius eine in sich ruhende, für sich seiende, einsame, weltferne Monade; der Sohn eine Art »platonischer Demiurg, der vor allem als Menschgewordener eine mythologische Gestalt darstellt«.[28]

4. Vor diesem philosophischen und kategorialen Hintergrund muß die *Reaktion des Konzils von Nikaia* verstanden werden. Wollte es den biblischen Gedanken retten, daß Gott nicht nur einen Teil von sich, sondern sein Wesen definitiv und vorbehaltlos in Jesus Christus geoffenbart hat; wollte es die biblische Botschaft von einem Gott, der

selber Mensch wurde und so die Erlösung der kreatürlichen Schöpfung bewirkte, ernst nehmen, mußte es den Sohn dem kreatürlichen Bereich entheben und ihn »an die Seite Gottes« stellen. Angesichts der metaphysischen Voraussetzungen der Zeit (griechisch-hellenistische Ontologie) und eines derart herausfordernden philosophisch-theologischen Systems wie das des Arius gab es nur die Alternative: Entweder gehört Jesus Christus auf die Stufe des Geschaffenen, dann kann Gott sich nicht wirklich in ihm ganz offenbaren und die volle Erlösung bewirken, oder er gehört ganz auf die Seite des Ungeschaffenen, dann ist er »Gott *von* Gott«, »Licht *vom* Licht«, »wahrer Gott *vom* wahren Gott«. Die Wahl dieser (unbiblischen) Terminologie war also notwendig, um unter den neuen philosophischen Voraussetzungen die biblische Offenbarungs- und Erlösungsvorstellung zu bewahren. Erreicht wurde dies im wesentlichen mit zwei Schlüsselaussagen:

5. *Erste Schlüsselaussage: Aus dem Vater geboren vor aller Zeit.* Um zu unterstreichen, daß der Sohn nicht dem Bereich des Kreatürlichen angehört, führt Nikaia die Unterscheidung von »geboren« (oder »gezeugt«) und »geschaffen« auf der ganzen Linie durch. Zwar wird damit von Nikaia eine »ewige Zeugung« des Sohnes aus dem Vater nicht ausdrücklich gelehrt, andererseits aber wird jegliche zeitliche Determinierung im Verhältnis von Vater und Sohn klar verworfen: »Die sagen ›es gab eine Zeit, da er nicht war‹, die sind ausgeschlossen aus der katholischen und apostolischen Kirche.«[29] »Gezeugt« meint eben in diesem Text gerade nicht »erzeugt«. Zwar ist auch für Nikaia der Vater allein »ungezeugt«, und doch ist der aus dem Vater »gezeugte« oder »geborene« Sohn eben gerade dadurch kein Geschöpf wie die übrigen Geschöpfe. Die Rede von der »Geburt« aus dem Vater hat also allein den Sinn, die völlige Gleichartigkeit von Vater und Sohn gegenüber dem bloß Geschaffenen herauszustellen – im Interesse von Offenbarung und Erlösung. Kurz, Nikaia zufolge ist der Sohn »dem Gottesbegriff, nicht dem Schöpfungsbegriff zuzuordnen«.[30]

6. *Zweiter Schlüsselbegriff: Homousie.* Um sich aber völlig unzweideutig von der arianischen Position abzugrenzen (immerhin hatte ja auch Arius Präexistenz und Schöpfungsmittlerschaft Jesu Christi als eines »zweiten Gottes« akzeptiert) greift das Konzil einen der damals umstrittensten Begriffe auf: Homousie, *Wesensgleichheit*. Er wurde zu *dem* Identifikationsbegriff für das Konzil und zum

»Schibboleth« für die in Nikaia sich etablierende kirchliche Orthodoxie schlechthin. Die *Ironie* bei diesem Wort war freilich eine vierfache: Es entstammte – *erstens* – ebenfalls nicht der Schrift, sondern ausgerechnet gnostischen Systemen.[31] Es war – *zweitens* – bereits einmal im Zusammenhang einer Orthodoxiekrise (ausgelöst durch den alexandrinischen Bischof Paul von Samosata) offiziell verurteilt worden (freilich in einem anderen Sinn als dem von Nikaia propagierten)[32]; es war – *drittens* – von Arius selbst benutzt und verworfen worden, weil Arius befürchtete, daß bei Verwendung dieses Wortes für den Sohn Gott gewissermaßen in zwei »wesensgleiche Teile« aufgespalten oder der Sohn als Emanation, als Ausfluß aus dem Vater mißverstanden werden könnte; und er stammte – *viertens* – gewissermaßen nicht aus der Mitte des Konzils selber, sondern war dem Konzil von Kaiser Konstantin persönlich – nicht zuletzt auch aus politischen Befriedungsgründen – aufgedrängt worden.

Und doch hatte es seinen Sinn. Denn während Arius das Wort »Homousie« bekämpfte, wollten seine Gegner deshalb an ihm festhalten, weil es »die Schöpfung des Sohnes negierte und damit die Echtheit seiner Gottheit feststellte«.[33] Selbstverständlich wollte auch Nikaia damit keine physische Teilung der Einheit Gottes behaupten, eines Gottes, der dann wie ein Körper zusammengesetzt, teilbar und veränderlich zu denken sei. Gerade der größte Theologe des Konzils, Athanasius, war sich mehr als andere über die *Problematik dieses Begriffs* im klaren, den er lange Zeit überhaupt nicht benutzte, jedenfalls nicht zum Maßstab von Orthodoxie schlechthin gemacht haben wollte und den er später immer wieder präzisierte.[34] Der Begriff der Homousie darf denn auch nicht isoliert, sondern muß im Zusammenhang der anderen Bekenntnisaussagen verstanden werden. Der katholische Theologe *Karl Lehmann* hat deshalb zu Recht darauf hingewiesen, daß das »homousios« von Nikaia nur vom gezielten Sprachgebrauch der »antiarianischen Antwort« her zu verstehen sei. Ihm eigne von daher »ein Stück weit der Charakter einer ›pragmatischen‹ Sprachkonvention (›Sprachregelung‹), was auch den jahrzehntelangen Prozeß seiner kirchlichen Rezeption eher verständlich machen kann«.[35]

7. Was aber enthält die *antiarianische Antwort positiv*? Um das ökumenische Gewicht dieses Glaubensbekenntnisses zu dokumentieren, seien hier Antworten aus dem evangelischen und katholischen Erwachsenenkatechismus zitiert, die – ein ökumenisch wichtiges

Signal – im Kern übereinstimmen. Wie versuchen also heutige kirchlich approbierte Lehrbücher die Grundaussage von Nikaia verständlich zu machen? Nach dem *evangelischen Katechismus* auf diese Weise: »Der Gott, der die Welt geschaffen hat, ist derselbe, der in Jesus Christus die Menschen erlöst. Jesus Christus und Gott der Vater sind also eins im göttlichen Wesen, zugleich aber unterschieden in einem unaufhebbaren Gegenüber ... Die Begriffe der Konzilsaussagen mögen uns weithin fremd geworden sein, aber die damit ausgedrückte Sache ist für den christlichen Glauben lebensnotwendig. Wenn man sie einmal in einer kurzen Formel zusammenfassen wollte, so könnte man etwa sagen: Jesus Christus ist der ›Gott für uns‹, der ›Mensch für Gott‹, die ›Einheit von Mensch und Gott‹.«[36] Und die Erläuterungen des *katholischen Katechismus* lauten so: »In Jesus Christus ist ein für alle Mal und endgültig offenbar geworden, wer Gott ist und wer der Mensch ist. In Jesus Christus ist in der Zeit und in der Geschichte offenbar geworden, daß Gott, wie Jesus Christus ihn verkündet, kein starres, einsames Wesen ist, das nur im Gespräch mit sich selber und eifersüchtig auf sich selbst bedacht ist. Vielmehr ist Gott von aller Ewigkeit her die Liebe, die sich selbst verschenkt und mitteilt ... Der Vater ist der Ursprung und die Quelle des Sohnes. Der Sohn besitzt aber dasselbe Gottsein als vom Vater geschenktes. Deshalb ist er eines Wesens mit dem Vater. Er ist daher nicht wie die Geschöpfe aus dem Nichts hervorgegangen, nicht geschaffen, sondern gezeugt, ohne zeitlichen Anfang im ewigen Jetzt der Ewigkeit Gottes.«[37]

8. So wichtig die Antworten des Konzils für damals und so grundlegend sie der Sache nach auch für heute sein mögen, *gelöst waren mit den Konzilsentscheidungen die christologischen Probleme keineswegs*. Auch katholische Dogmenhermeneutik geht heute davon aus:

– Mit Recht hatte Nikaia die arianische Interpretation des Verhältnisses Gott – Christus – Welt mit mittelplatonischen Kategorien verworfen und einen Subordinatianismus und Monarchismus in der Christologie abgewehrt. Aber hatte das Konzil nicht gleichzeitig die »*Gefahr des Monophysitismus*« (K. Lehmann)[38] heraufbeschworen und damit das Menschsein Jesu Christi faktisch verdrängt, was denn auch im Glaubensbekenntnis selber auf einige Reste geschrumpft zu sein scheint (»gekreuzigt, gestorben und begraben«)?

– Mit Recht hatte Nikaia herausgestellt, daß angesichts der bei den Arianern grundgelegten Zweiteilung des Seienden in Geschaffenes und Ungeschaffenes Jesus Christus auf die »Seite Gottes«, die Seite des Ungeschaffenen gehört; und dies weniger aus philosophischen denn aus soteriologischen Gründen. Gleichzeitig aber »zeigt sich in der weiteren Glaubensgeschichte, daß durch das ›Einfallstor‹ dieser Begrifflichkeit doch auch sehr verfremdende Erwägungen ihren Einzug in das Gebiet der christlichen Gotteslehre gehalten haben«, so der katholische Dogmatiker *Theodor Schneider*, der fortfährt: »Das *metaphysische Wesensdenken* griechischer Herkunft verdrängte später doch über weite Strecken das eschatologisch-heilsgeschichtliche Denken der Hl. Schrift, vor allem durch die Vorstellung von der ›Apathie‹, der Unveränderlichkeit Gottes, durch welche die Menschwerdung und das Kreuzesgeschehen zum großen theologischen Problem wurden.«[39]

9. Wir sind damit am entscheidenden Punkt für die *Rezeption von Nikaia heute*. Hermeneutisch richtungweisend dürfte dabei dreierlei sein: *Erstens* wollte Nikaia selber keinen spekulativen Traktat über Christologie vorlegen, sondern schlicht den biblischen und apostolischen Glauben in einer Notsituation schützen und neu verkünden. Die Form des Textes ist denn auch ein Bekenntnis, das theologisch durchaus noch Fragen offen läßt und lassen will. Nikaia ist also mehr eine »Lösung ›ad hoc‹« (W. Kasper)[40], die von sich aus über sich hinausweist, um erst in einem Interpretations- und Rezeptionsprozeß sich zu bewähren. *Zweitens*: Nikaia verstand seinen Text als Beitrag zur Schriftauslegung. Gerade Athanasius hat auch später immer größten Wert darauf gelegt, daß das Konzil mit seinen Aussagen nicht über die Schrift habe hinausgehen wollen.[41] Das aber heißt – *drittens* – für heute, um nochmals ein Wort von Karl Lehmann aufzugreifen: »Die richtig verstandene dogmatische Formulierung tritt nicht in Konkurrenz mit der Form der Formulierung der Schrift; sie ersetzt diese nicht; sie erhebt nicht den Anspruch, besser, vollständiger, ›moderner‹ das Gemeinte auszudrücken. Sie will das Evangelium verstehen helfen. Das Dogma ist in diesem Sinne keine Grundlegung, sondern nur eine Auslegung der Offenbarung. Es bleibt zurückbezogen auf das Kerygma und sucht es vor voreiligen Übergriffen des menschlichen Denkens zu schützen und zu retten. Gleichwohl ist es gerade in dieser Funktion unentbehrlich und darum auch in der jeweiligen Grundentscheidung unüberholbar.«[42]

10. Bezieht man aber *Nikaia auf das Ursprungskerygma zurück*, von dem auch wir in dieser Studie ausgegangen sind, so ist ein

epochaler Unterschied zwischen der Welt und Sprache der Schrift und der Welt und Sprache von Nikaia unleugbar. Es ist das Verdienst des katholischen Religionsphilosophen *Bernhard Welte*, darauf auch im Raum katholischer Theologie mit allem Nachdruck aufmerksam gemacht zu haben: Der »Schritt von der Bibel zu Nikaia und damit zur klassischen Dogmatik und Christologie (ist) ein epochaler und – im wesentlichen – nicht ein bloß explikativer Schritt«.[43] In heutiger wissenschaftstheoretischer Terminologie geredet: Zwischen der Schrift und Nikaia hat ein *epochaler Paradigmenwechsel* stattgefunden; dieselbe Botschaft von Jesus als Sohn Gottes erscheint in einem völlig anderen »Denksystem« oder Deutungssystem.

Nun kann heute niemand die Augen davor verschließen, daß in unserer Epoche nach Nietzsche und Heidegger das »Ende der Metaphysik« (B. Welte), zumindest aber das »Ende der klassischen Gestalt der Metaphysik« (W. Kasper[44]), das Ende der griechischen Ontologie also, angebrochen ist. Von daher – folgen wir nochmals Welte – ergeben sich in der Tat neue Berührungspunkte zwischen einer Zeit, die noch vormetaphysisch war, und einer Zeit wie der unsrigen, die bereits (im oben genannten Sinn) nachmetaphysisch ist. Die entscheidende Frage lautet: Ist jede Theologie heute gezwungen, die Schriftaussagen mit den Kategorien der griechisch-hellenistisch-mittelalterlichen Ontologie zu interpretieren? Vielleicht ist es gerade die Chance unserer Zeit, nach dem Zusammenbruch der klassischen Metaphysik in Gestalt der griechisch-hellenistisch-mittelalterlichen Ontologie die biblische Botschaft unverstellter zu hören und die dogmatischen Aussagen im Lichte der Schrift für heute neu zu übersetzen? Diese Studie jedenfalls hat dazu einen Versuch unternommen und damit das umzusetzen versucht, was Bernhard Welte so umschrieben hat: »In der Zeit des Zuendegehens der metaphysischen Gegenständlichkeit des Denkens müssen unter Wahrung des Gehaltes die Formen und Denkmittel in ihrer geschichtlichen Relativität erkannt und modifiziert werden. Der erste Schritt dieser Modifikation ist die Rückübersetzung der dogmatischen Aussagen auf die Ebene der biblischen Rede. Dies ist im Sinne der Väter von Nikaia selber, denn sie wollten ja ausdrücklich sagen, was die Bibel sagt. Es ist auch im Sinne des theologischen Bewußtseins, für das die Bibel einen höheren Rang hat als deren kirchliche Interpretationen, bei aller Anerkennung der regulierenden Funktion des Lehramtes. Es ist schließlich als Schritt zurück auch ein erster

Schritt auf uns und unsere Zukunft, weil die lebendige und unfrisierte Sprache der Bibel uns näher steht als die großartige, aber abstrakte Sprache der griechischen Ontologie.«[45]

Diese Präzisierungen von Welte sind wichtig und entsprechen den zu Beginn unseres Epilogs entwickelten Thesen über »Dogmatik als konsequente Exegese«:

- Rückübersetzung der dogmatischen Aussage auf die Ebene biblischer Rede;
- Vorrang der Schrift vor kirchlichen Interpretationen;
- Zukunft in der Theologie hat »die lebendige und unfrisierte Sprache der Bibel«, die uns »näher steht als die großartige, aber abstrakte Sprache der griechischen Ontologie«.

So ermutigt, wollen wir die Problematik eines Redens von der Präexistenz Christi noch ein wenig weiter bedenken.

8. Der »ewige Sohn« und die »Sohnschaft« aller Menschen

Wenn im Neuen Testament auf Präexistenzaussagen zurückgegriffen wird, dann stets in der Absicht, die in Christus geschehene Befreiung der Menschen in Gott selbst zu verankern. Keine Präexistenzaussage des Neuen Testamentes ist spekulativer Selbstzweck; alle haben eine konkrete befreiungstheologische Funktion. Mit Recht hat Wilhelm Thüsing betont: im Neuen Testament stehe die Präexistenz Jesu »in Relation zur ›Präexistenz‹ derer, die Gott durch ihn (Christus) retten will: dazu, daß sie schon vor Anbeginn der Welt in Christus erwählt und vorherbestimmt sind nach dem Gnadenwillen Gottes (Eph 1,4; Röm 8,28)«.[46] Und in der Tat wäre hier alles nochmals zu bedenken, was Karl Barth über die Vorherbestimmung der Menschen in Christus als »gute Nachricht« meinte verkünden zu müssen.

Mit dieser befreiungstheologischen Funktion aber haben die Präexistenzaussagen von Anfang an eine eminent politische und gesellschaftskritische Dimension. Diese Dimension müßte in einem Gespräch mit der heutigen *feministischen Theologie* solidarisch zur Sprache gebracht werden. Mit Recht haben Vertreterinnen dieser Theologie auf die Gefahr aufmerksam gemacht, daß mit dem männlichen Symbol ›Sohn‹ »Christolatrie« (M. Daly) getrieben und das heißt: das patriarchalische Gottesbild zusätzlich verstärkt werden könnte. Neben Gott-Vater nun auch ein Gott-Sohn! Zahlreiche feministische Theologinnen (C. Halkes, R. Ruether, E. Moltmann-

Wendel) haben auf eine fatale Wirkungsgeschichte der Christologie aufmerksam gemacht, auf eine Geschichte der »Patriarchalisierung der Christologie« – mit fatalen Folgen für die Diskriminierung der Frau in Lehre und Praxis der Kirche.

In einem *kritischen Gespräch* mit dieser Theologie wäre herauszuarbeiten, daß eine biblisch verstandene Interpretation der »Sohnschaft« Jesu keine Theologie »Jenseits von Gott Vater Sohn & Co.« (M. Daly[47]) verlangt. Biblisch interpretiert, erlauben die Aussagen über den ewigen Sohn als Offenbarer des Vaters und Mittler der Schöpfung keine Rechtfertigung sexistischer Herrschaftspraxis und patriarchalischer Gottesbilder. Eine Fixierung auf den »Sohn« als *männliches* Symbol und damit eine Verdoppelung männlicher Gottessymbolik diskriminierte diejenige neutestamentliche Symbolik, die Christus als Gottes »Kraft« und »Weisheit«, Gottes »Wort« und »Heil«, Gottes »Liebe« und »Menschenfreundlichkeit« aussagen will. Vom Neuen Testament her ist der »ewige Sohn« also kein patriarchalisch-sexistisches Herrschaftssymbol, in dessen Namen Über- und Unterordnung im Raum der Kirche, eine Diskriminierung der Frau, eine Dominanz des Männlichen gerechtfertigt werden dürfte, sondern Ausdruck einer im Geist erfahrbaren, liebenden Nähe Gottes zu den Menschen: Der Gott, der das Antlitz Christi trägt, ist nicht ein Gott, der Sexismus und Diskriminierung erlaubt – sondern ein *Gott, der alle Menschen zur wahren Menschlichkeit befreit.*[48]

Die politische und gesellschaftliche Dimension der Rede vom »ewigen Sohn« ließe sich darüber hinaus konkretisieren. Wir sahen: Der gesellschaftliche Ursprung der Präexistenzaussagen im Neuen Testament dürfte konkret politisch die *Tempel- und Torakritik* des Rabbi aus Nazaret gewesen sein, sein Konflikt mit dem jüdischen Establishment. Diese Tempel- und Torakritik, die Kritik also an den traditionellen präexistenten Größen des Judentums, dürfte der Grund dafür gewesen sein, nach Ostern – d. h. nach der Beseitigung des Nazareners durch solche Gesetzes- und Tempelautoritäten – das *Trotz-Bekenntnis* zu entfalten: *Er, der gekreuzigte und von Gott auferweckte Nazarener, ist die Weisheit Gottes in Person, er ist das neue Gesetz, er ist – nach der Zerstörung des Tempels – der Ort, wo Gott jetzt wohnt.*

Die *Herausforderung an eine jüdische Orthodoxie,* und von daher an jedes religiöse Denken, das sich auf Vergesetzlichung versteift, könnte nicht größer sein. Im Herrschaftsraum des erhöhten, Kosmos und Geschichte umfassenden Christus sind Menschen für ihr Heil vom buchstäblichen Toragehorsam entbunden. Nicht die Tora mit ihren Geboten und Verboten, sondern Christus als die »törichte« Weisheit Gottes, ist die letzte Norm der Tora. In *seinem* Geist muß das Gesetz neu interpretiert werden. Nur zu begreiflich, daß die von hier ausgehende *Dynamik der Freiheit* schon im Urchristentum selber nicht nur als anstößig lästerlich, sondern auch als politisch gefährlich empfunden werden mußte. Das Johannes-Evangelium zeigt, wie gefährlich diese Freiheit werden konnte.

Aber auch diese Problematik hat eine *Kehrseite*: Der Epheser-Brief zeigt seinerseits, daß Heidenchristen unter Ausnutzung dieser Freiheit Judenchristen nicht selten diskriminiert und verachtet haben, weil diese sich an die Tora weiterhin gebunden fühlten. Hier macht der Epheser-Brief unmißverständlich klar, welche Folgen solch heidenchristliche Arroganz zeitigen konnte, und mahnt zum Frieden zwischen Juden und Christen. Anders gesagt: Die neutestamentliche Rede vom kosmischen Christus erlaubt weder eine Verabschiedung des jüdischen Monotheismus noch eine Verachtung des jüdischen Toragehorsams. Gerade die differenzierte Einstellung des Heidenapostels Paulus zum Gesetz verlangt christliche *Dankbarkeit* für die Freiheit vom Gesetz, nicht aber Arroganz denjenigen gegenüber, für die das Gesetz die Richtschnur ihres Glaubens und Lebens bleibt. Das heißt: die Präexistenzaussagen des Neuen Testaments sind gewiß eine Herausforderung an jede Vergesetzlichung innerhalb einer Religion (des Christentums inklusive), aber kein Alibi für christlichen Heilstriumphalismus gegenüber anderen Religionen.

Aber auch gegenüber einem *hellenistischen, politischen und kulturellen Establishment* war die Herausforderung der Präexistenzaussage nicht kleiner. Im Herrschaftsbereich des gekreuzigten Knechtes als des neuen Weltenherrn zählen ja nicht mehr Herrscher, Gottesmänner, Wundertäter und Gottessöhne aller Art. Dort, wo er der »Ursprung« ist, wo er »in allem den Vorrang hat«, haben sich die Herrschaftsverhältnisse umgekehrt, ist Frieden unter Zerstrittenen und Versöhnung unter Unversöhnten möglich. Alte Menschen sind zu »neuen Menschen« geworden: »Wo das geschieht, gibt es nicht mehr Griechen oder Juden, Beschnittene oder Unbeschnittene, Fremde, Skythen, Sklaven oder Freie, sondern Christus ist alles und in allen« (Kol 3,11).

Im Gespräch insbesondere mit der *lateinamerikanischen Befreiungstheologie* wären die konkreten gesellschaftlichen und politischen Bedingungen für die Ermöglichung dieses »neuen Menschen« zu entfalten. Von Karl Barth bis hin zur Theologie Jürgen Moltmanns konnte die Rede vom präexistenten Christus durchaus ideologie- und machtkritisch zuspitzt sein und resistent machen gegen totalitäre Machthaber jeglicher Provenienz. Die Rede vom »ewigen Christus« als des Herrn der Welt kann also eine *politische Widerstandslehre* implizieren. Die politische Relevanz der Vorstellung vom präexistenten Christus ist dabei nicht – wie Ernst Bloch meint – mit einer Enttheokratisierung Gottes identisch, der Ersetzung des autokratischen Herrscher-Gottes durch das humane Reich des Sohnes, wohl aber mit einer Identifizierung der Sache Gottes mit der befreienden Sache seines Offenbarers.

Gerade die lateinamerikanische Befreiungstheologie hat europäischen Theologen verstärkt die Augen dafür geöffnet, daß der *Glaube an den Sohn Gottes stets neu politisch durchdacht werden muß* und »aus der Sicht eines gekreuzigten Volkes« (J. Sobrino) noch einmal eine andere Brisanz gewinnt: »Wenn man an Jesus als den Sohn glaubt, dann darum, weil in ihm die Wirklichkeit und die Liebe des Geheimnisses Gottes in unwiederholbarer Weise offenbar geworden sind; und für ein gekreuzigtes Volk ist dies mit absoluter Glaubwürdigkeit geschehen... Der Ausdruck ›Sohn‹... gibt auch gut die Gotteserfahrung eines gekreuzigten Volkes wieder: Vertrauen auf die Befreiung, Gehorsam im Dienst der Befreiung, Treue in diesem Dienst bis zu den letzten Konsequenzen.«[49] Ja, gerade die kosmologischen und universalen Aussagen über den ewigen Christus, die in der lateinamerikanischen Christologie eine untergeordnete Rolle spielen[50], könnten helfen, das Verständnis von Jesus Christus als dem »Befreier« universaler und tiefer zu durchdenken. Im Dokument von Puebla, das die lateinamerikanische Bischofskonferenz 1979 verabschiedete, sind dazu erste Hinweise gegeben: »Unser Volk erstrebt eine ganzheitliche Befreiung, die sich jedoch nicht im Rahmen seines zeitlichen Daseins erschöpft, sondern sich auch auf die volle Gemeinschaft mit Gott und seinen Brüdern und Schwestern in der Ewigkeit erstreckt, wobei freilich diese Ewigkeit, wenn auch auf unvollkommene Weise, schon in der Geschichte beginnt.«[51]

9. Der angefochtene Glaube: Christus als Grund der Schöpfung

Gerade die Disparatheit des neutestamentlichen Befundes zeigt: Es gibt Erfahrungssituationen von Christen, die nicht zum Bekenntnis der Präexistenz Christi geführt haben. Aber es gibt auch Lebenssituationen, in denen solche Aussagen eine *unverzichtbare Funktion* bekamen. Christen können wie in Kolossä durch eine konkurrierende kosmologische Ideologie, durch Zeiterlebnisse und Lebensgefühle, durch Erfahrungen von elementarer Bedrohtheit (kosmische Mächte) herausgefordert werden, ihrem Christusglauben ebenfalls kosmische Dimension zu geben. Die Ostererfahrung legitimiert sie auch dazu. Der im Geist präsente Christus ist nicht mehr an Raum und Zeit gebunden, sondern universal, kosmisch gegenwärtig. »Erhöhung« zu Gott heißt ja gleichzeitig Erhöhung zum Pantokrator. Diese *kosmische Dimension* ist heute nicht (wie bei Bultmann) existentialtheologisch abzublenden oder als Restbestand eines mythischen Weltbildes zu eliminieren. Die kosmische Dimension des Christusbekenntnisses muß gerade heute entfaltet werden, wo Kosmologie auch naturwissenschaftlich neu ernstgenommen wird und Naturwissenschaftler selber in Grenzbereiche von Denken und Sprache vorstoßen.

Christen können auch in anderen Situationen gezwungen sein, auf das »vor der Weltschöpfung« zurückzugreifen und sich des *ewigen Planes Gottes vor Grundlegung der Welt neu zu vergewissern.* Der Epheser- und Hebräerbrief liefern dafür anschauliche Beispiele. Anders gesagt: Wie im Alten Testament sind die Präexistenzaussagen auch im Neuen Testament Indikatoren von Lebensproblemen, Reaktionen auf Zeitkrisen. Ihre spezifische Funktion haben sie gerade für die Bewältigung dieser Krisen: im *Kolosserbrief* für die Überzeugung, daß der Urgrund der Schöpfung trotz aller Katastrophen vertrauenswürdig ist und die Welt nicht den Chaosmächten ausgeliefert bleibt. Im *Epheserbrief* für die Erinnerung an einen ewigen Plan Gottes zum Zwecke der Friedensstiftung und Versöhnung in der *einen* Kirche aus Juden und Heiden. Im *Hebräerbrief* für die Rückbesinnung der Christen auf den Ursprung Gottes selber zur Beschwörung des Ernstfalls, der angesichts des Gerichtes Gottes jederzeit drohen kann. Im *ersten Petrusbrief* für die Stärkung des Durchhaltewillens in einer Zeit der Verfolgungen. Die Herausforderung des Neuen Testamentes liegt gerade hier: *Theologen müssen lernen, in Sachen Präexistenzchristologie situativ und kontextuell zu denken.*

Das alles heißt: Christen können in Situationen geraten, in denen sie sich ihres Urgrundes, ihres Ursprungs neu vergewissern müssen. Zäsurerfahrungen sind es meist, Erfahrungen der Brüchigkeit und Fragwürdigkeit des bisher oberflächlich gelebten Lebens, Tiefenerfahrungen also, die Fragen nach dem Anfang aller Anfänge, dem Grund aller Gründe, dem Urplan Gottes mit der Welt und den Menschen neu entstehen lassen. Kann man von daher übersehen, daß das Bekenntnis zum gekreuzigten Nazarener als demjenigen, der »vor aller Schöpfung« war, in dem »alles Bestand« habe, der »das All durch sein machtvolles Wort« trage, vom Lebenskontext her ein der Bedrohungssituation »abgetrotztes Bekenntnis« ist? Ist eine verwegenere Glaubensaussage möglich angesichts der wahren Mächte und Kräfte der Welt?

Was heißt das für uns heute? Hat sich *die Welt seit damals* entscheidend gewandelt? Ein Bekenntnis zu Christus als der Grundkraft der Wirklichkeit, als dem Seinsgrund der Schöpfung, ein Bekenntnis also dazu, daß die Welt von *Gottes* Geist und Liebe zusammengehalten wird, von *Gottes* Versöhnung und Frieden – muß nicht dies auch heute der Empirie abgetrotzt werden? Sieht denn unsere Welt danach aus? Hält die Erfahrung einem solchen Bekenntnis stand – nach Verdun und Stalingrad, nach Auschwitz, Hiroshima und Archipel Gulag? Nein, das wirkliche Gegengedicht zum Kolosser-Hymnus ist erst in unserem Jahrhundert geschrieben worden, und zwar von einer radikalen Gegenerfahrung her. *Gottfried Benn* hat es in den 40er Jahren unseres Jahrhunderts entworfen und – wie in allen großen Gedichten – die Welt in einem Brennpunkt zusammengefaßt: »Verlorenes Ich«.[52]

»Verlorenes Ich, zersprengt von Stratosphären,
Opfer des Ion –: Gamma-Strahlen-Lamm-
Teilchen und Feld –: Unendlichkeits-Schimären
auf deinem grauen Stein von Notre-Dame.

Die Tage gehn wie ohne Nacht und Morgen,
die Jahre halten ohne Schnee und Frucht
bedrohend das Unendliche verborgen –
die Welt als Flucht.

Wo endest du, wo lagerst du, wo breiten
sich deine Sphären an – Verlust, Gewinn –:
ein Spiel von Bestien: Ewigkeiten,
an ihren Gittern fließt du hin.

Der Bestien-Blick: die Sterne als Kaldaunen,
der Dschungeltod als Seins- und Schöpfungsgrund,
Mensch, Völkerschlachten, Katalaunen
hinab den Bestienschlund.

Die Welt zerdacht. Und Raum und Zeiten
und was die Menschen wob und wog
Funktionen nur von Unendlichkeiten –
die Mythe log.

Woher, wohin – nicht Nacht, nicht Morgen,
kein Evoe, kein Requiem,
du möchtest dir ein Stichwort borgen –
allein bei wem?

Ach, als sich alle einer Mitte neigten
und auch die Denker nur den Gott gedacht,
sie sich dem Hirten und dem Lamm verzweigten,
wenn aus dem Kelch das Blut sie rein gemacht,

und alle rannen aus der einen Wunde,
brachen das Brot, das jeglicher genoß –
oh ferne, zwingende erfüllte Stunde,
die einst auch das verlorene Ich umschloß.«

Es ist ein Abschiedsgedicht des Pfarrersohnes Gottfried Benn, der endgültige Abschied aus abendländischer Geborgenheit, in der es eine Mitte noch gab, als alle Denker auf eine Mitte hin noch dachten, als die Kraft der Kirchenliturgie (Hirten und Blut als Symbole des eucharistischen Opfers) alle noch band und alle noch erlöste. Vorbei!? Beschreibbar dies alles für den Lyriker des 20. Jahrhunderts bestenfalls noch als Erinnerung, als Erinnerung an eine ferne, zwingende, erfüllte Stunde, deren Teil man einst selber war.

Statt dessen: Die Mitte heute ist zersprengt, zerstrahlt, zerdacht.

Heute erlebt sich das Subjekt als verloren. Gewiß, auch heute gibt es – wie einst – Opfer, die aber erlösen nichts mehr, sondern sind Folgen naturwissenschaftlicher Prozesse (»Ionen«). Auch heute gibt es – wie einst – Lämmer, die aber reinigen nichts mehr, sondern werden auf der »Schlachtbank« der Atomspaltung geschlachtet (»Gamma-Strahlen«). Unendlichkeiten, Ewigkeiten? Versatzstücke ohne Sinn aus einer verlorenen Welt – Schimären, Flucht, Lüge. Was wirklich in unserer Welt passiert, wer diese Welt wirklich beherrscht, was wirklich auf dem Seins- und Schöpfungsgrund ruht – das ist der Dschungeltod. Welches Gesetz wirklich unsere Welt beherrscht – das ist das Gesetz von Fressen und Gefressenwerden, das Gesetz des Stärkeren gegenüber dem Schwächeren. Was unsere Welt wirklich zusammenhält – das ist der ewige Kreislauf von Leben und Abschlachten. Was wirklich das Ziel der Geschichte ausmacht – das ist der Bestienschlund, in den alles versinkt, der alles schluckt.

Nein, ein größerer Kontrast zu den uralten Versen des Kolosser-Hymnus ist nicht mehr denkbar:

> »Denn in Ihm wurde alles erschaffen
> im Himmel und auf Erden
> das Sichtbare und das Unsichtbare
> Throne und Herrschaften, Mächte und Gewalten;
> alles ist durch Ihn und auf Ihn hin geschaffen.
> Er ist vor aller Schöpfung,
> in Ihm hat alles Bestand.«

Ist dies das Stichwort, nach dem Gottfried Benn suchte? Nein, so billig ist der biblische Text nicht gegen den lyrischen von heute auszuspielen. Aber soviel wird man sagen dürfen: Der Kolosser-Hymnus artikuliert auf seine Weise eine Gegenerfahrung, entwirft ein Alternativprogramm, ein Kontrastbekenntnis, das freilich nur dann glaubwürdig ist, wenn man die Benn-Erfahrung als stete Bedrohung, Gefährdung und Anfechtung erkannt hat. Nicht der Triumphierende und Vollmundige, sondern der Angefochtene und Zweifelnde kann diese Verse des Kolosser-Hymnus als Verheißung auf sich beziehen: daß die in Jesus Christus spürbar gewordene Kraft Gottes und nicht der Dschungeltod der Seins- und Schöpfungsgrund ist. Es liegt an den Christen, die Benn-Erfahrung durch Empirie zu falsifizieren . . .

Im Gespräch mit den *Naturwissenschaften* müßte dieses Problem weiter entfaltet werden. *Carl Friedrich von Weizsäcker* hat in einer Auslegung des Kolosser-Hymnus zu Recht betont, daß dieses Gedicht über die Geschichte, in der Gott Menschen begegne, hinausgehen wolle. »Im Himmel und auf Erden, Sichtbares und Unsichtbares«? Das meine »die ganze Welt. Nicht nur die Menschenwelt, nicht nur die sichtbare Erde. Denn die Welt ist durchwaltet, gedacht von geistigen Mächten«. Throne, Hoheiten, Gewalten, Mächte? Das bedeute »nicht menschliche Obrigkeiten, sondern eben die geistigen Mächte, die Götter, die so vielfach gefürchtet und verehrt werden und doch unter Gott sind. Wollte man ein modernes Surrogat, so mag man Naturgesetze dafür sagen. Aber gerade die moderne Physik gibt uns keinen Anlaß zu glauben, diese Gesetze beherrschten nur das, was wir materiell nennen, oder es gebe nichts anderes. Die Welt ist geistig.« Und die in Christus vollzogene »Versöhnung«? Sie meine »von Feindschaft zu Freundschaft kehren. In der Welt ist der Konflikt, der Machtkampf. Der ohnmächtige Christus, durch das Blut seines Kreuzes, hat das Verhältnis der Menschen zu Gott von der Feindschaft zur Freundschaft gekehrt. Nur wahrnehmen müssen wir das . . . Im Geist Frieden schaffen!«[53]

Es stellt sich also auch für einen Naturwissenschaftler nicht nur die Frage, von welchen Kräften und Mächten unsere Welt faktisch beherrscht wird, sondern auch, welche Kräfte und Mächte in dieser Welt herrschen *sollen*. Ob da die Aussagen des Epheser- und Kolosser-Briefes über den universal präsenten Geist Christi nicht stärker in ein Gespräch gerade auch mit den Naturwissenschaften zu bringen wären – im Kontext einer »Theologie der Natur« (A. Ganoczy), einer »Ökologischen Schöpfungslehre« (J. Moltmann), einer »Umweltethik« (A. Auer)[54]? In Aufnahme der Arbeiten zu einer »Geschichte der Natur« (C. F. v. Weizsäcker), deren evolutiver Prozeß (P. Teilhard de Chardin[55]) noch unabgeschlossen ist und deren Ziel noch erreicht werden muß (H. v. Ditfurth[56])?

Anders gesagt: Auch der kosmologisch forschende Naturwissenschaftler kommt um die Grundfrage nicht herum, die neutestamentlich hinter den Aussagen vom Schöpfungsmittler Christus steckt: Wozu das Ganze? Gerade Naturwissenschaftler sehen, daß sich die Situation für den Menschen am Ende des 20. Jahrhunderts drastisch verschärft hat: »Heute ist der Mensch zum erstenmal fähig«, schreibt der Physiker *Harald Fritzsch* in seinem Buch »Vom Urknall zum Zerfall« (1983)[57], »seine Stellung im Universum zu begreifen. Es stimmt – die moderne Naturwissenschaft hat uns insbesondere Bescheidenheit gelehrt, wie sie uns als bewußten Individuen auf einem kleinen Planeten in der Nähe des galaktischen Virgohaufens zukommt. Ich schöpfe aus unserem Wissen über den Kosmos nicht nur Bescheidenheit, sondern auch Gelassenheit und ein wenig Stolz. Wir verstehen heute auch, daß unsere Stellung im Kosmos einzigartig ist. Wir sind nicht mehr gefangen in den Mythen der Vergangenheit, sondern erstmals fähig zu erkennen, wo und was wir sind. Jeder von uns ist einmalig, jeder spielt eine Rolle, auch wenn sie noch so unwichtig erscheinen mag – Statisten gibt es nicht.«

Und daraus ergibt sich für Fritzsch die *Frage*: »Man mag durchaus fragen, ob dies nicht alles sinnlos ist. Wozu das Ganze, wenn doch irgendwann einmal in ferner Zukunft nichts von uns und den Ergebnissen menschlichen Mühens übrigbleiben wird als ein dünnes Gas aus Lichtteilchen, dem die Vergangenheit gleichgültig ist?« Und die *Antwort* dieses Physikers? »Ich kann einer solchen Schlußfolgerung nicht zustimmen. Wir sind hier – dieser im Dunkel des Weltraums bläulich leuchtende Planet ist unser Zuhause. Jener unbedeutende Stern, der uns mit lebenswichtiger Energie versorgt, ist unser Stern. Diese Galaxie in der Nähe des Virgohaufens ist unsere Galaxie. Und diese Zeit, in der wir leben, zwanzig Milliarden Jahre nach dem Anfang, ist unsere Zeit... Das Universum ist mehr als eine Ansammlung von Elektronen, Quarks und Galaxien, mehr als Raum und Zeit. Auch jene vielgestaltige, ineinander verwobene Welt der Erde, die uns geschaffen hat, gehört dazu. Nicht nur uns gegenüber haben wir die Pflicht, diese Welt zu erhalten. Das Universum selbst verpflichtet uns dazu.«

Christen werden hier – von den großen Hymnen des Kolosser-, Epheser- und Hebräerbriefs sowie vom Prolog des Johannes-Evangeliums belehrt – lebhaft zustimmen; und doch noch einmal konkreter werden können. Konkreter aus dem Vertrauen heraus, daß die Kraft, die diese Welt erhält, nicht das Produkt immer neuer menschlicher Anstrengung zu sein braucht, sondern Menschen bereits trägt. Diese Kraft ist für Christen nicht abstrakt »das Universum«; für Christen »verpflichtet« »das Universum« nur insofern, als es als Schöpfung Gottes geglaubt werden kann. Es ist die Kraft Gottes selber. Diese Kraft entbindet nicht von der Verantwortung für die Schöpfung, sondern begründet diese in ganz anderer Tiefe: »In *ihm* hat alles

Bestand.« Selbstverständlich ist dieser Satz nicht zu beweisen, sondern nur für den glaubwürdig, der diese Welt-Zeit in eine andere Dimension hinein zu übersteigen bereit ist. Dann, und nur dann, wird dieser christologische Glaubens-Satz zu einem Grund-Satz, der es geradezu erzwingt, sich für die Erhaltung der Schöpfung einzusetzen und dafür zu sorgen, daß die Welt nicht Zynikern und Ausbeutern ausgeliefert wird und so zum Teufel geht.

So wird man denn auch als Christ in den Epilog einstimmen können, den der Freiburger Genetiker *Carsten Bresch* ans Ende seines vielgelesenen Buches »Zwischenstufe Leben« (1977) gestellt hat. Das Buch eines Mikrobiologen, das die gesamten Naturerscheinungen von der Astrophysik bis zum Gehirn des Menschen aus einem einheitlichen Grundprinzip heraus zu verstehen sucht und drei Entwicklungsphasen analysiert: die der Materie, die des Lebendigen und die des Geistigen. Die entscheidende Frage für diesen Genetiker lautet: Hat die Evolution überhaupt ein Ziel? Geht es um Zufall oder Notwendigkeit oder um einen Irrweg? Wenn es aber ein Ziel der Evolution gibt, worin könnte es bestehen? Ohne in vorwissenschaftliche Irrationalität zurückzufallen, legt dieser Naturwissenschaftler in seinem Epilog eine Art Glaubensbekenntnis »jenseits von Wissenschaft« vor. Es lautet:[58]

»Der Würfel des Universums *hat* eine Sechs.
Evolution *ist* möglich.

Materie hat Eigenschaften,
die zur Bildung von Galaxien und Sonnensystemen
führen –
zur Entstehung des Lebens und des Gehirns.

Unfaßbar, daß sie so und nicht anders sind.
Ohne Gravitation – weiter Chaos,
ohne Drehimpuls – keine Gestalt,
ohne Ladung – kein Atom,
ohne Wasser – kein Leben,
ohne Sprache – kein Mensch.

Das Nicht-Mehr-Begreifliche steht am Anfang –
steht hinter allem Geschehen –

ALPHA IST DER GRUND,

der Grund aller Entwicklung.
Mehr Worte machen es nicht klarer.

Wer das Wunder des Ursprungs erfährt,
spürt Geborgenheit,
weiß sich aufgehoben im Wachstum der Muster.
Eine innere Spannung löst sich –
die Spannung zwischen Wissen und religiöser Erwartung,
die nebeneinander, aber nicht miteinander waren.

Menschliche Existenz gewinnt Sinn durch Richtung –
die Richtung der Evolution.

Sinnvoll ist jedes Tun, das *mit* der Entwicklung ist,
das Muster wachsen läßt
und neue Bindungen schafft.

Sinnvoll ist jedes Bestreben, auf Bewährtes bauend,
ständig Neues zu erproben.

Sinnvoll ist jedes Bemühen um Vermehrung von
 Information,
um Verbreitung von Wissen,
um Vertiefung von Gefühl.

Sinnvoll ist jedes Ringen um aktive Toleranz,
um allseitiges Vertrauen,
um die Überwindung von Angst und Gewalt.

Die Zukunft der so kindhaft hilflosen Menschheit
ist in unsere Hände gelegt.
Wir müssen ihr helfen, sehen zu lernen.

DAS IST DER AUFTRAG.«

Auch hier wird der *Christ* – von der Schrift belehrt – *lebhaft zustimmen* und den engen Zusammenhang von Grund und Auftrag herausstellen: Ohne Grundlagenbesinnung in der Tat keine Auftragserfüllung, ohne Sinn des Ganzen von Anfang an keine sinnvolle Arbeit für die Zukunft; ohne das Wunder des Ursprungs keine Geborgenheit, ohne Richtung keinen Sinn. Doch der Christ wird auch hier einen Schritt weiterzugehen wagen. Nicht weil er mehr begriffen hätte als der Naturwissenschaftler, nicht weil er mehr wüßte oder beweisen könnte, nicht weil er »mehr Worte machen« könnte, die doch nichts klärten, sondern weil er einem Wort vertraut, das gesprochen ist, bevor er selber spricht; weil er sich auf einen Anfang verläßt, der bereits gelegt ist, bevor er selber anfängt; weil er ein Alpha bejaht, das nicht anonym bleibt, sondern ein konkretes Antlitz trägt: »Er trägt das All durch sein machtvolles Wort.« Gerade von *Gottes Wort* kommt – in Umkehrung der Faustschen Lösung – auch der *Sinn*, der des Menschen sinnvolle *Tat* möglich macht.

10. Wie mit Juden über die Präexistenz Christi sprechen?

Wenn aber Präexistenzaussagen im Neuen Testament situativ gelagert sind, wenn sie mehr Reaktionen denn Aktionen entspringen, wenn sie meist defensive und schützende Funktion haben, wenn sie meist Gegenentwurfscharakter besitzen, dann hat dies Konsequenzen für einen *theologischen Denk- und Argumentationsstil* hier und heute – im innerkirchlichen wie im interreligiösen Gespräch. Ist doch unleugbar: Nicht selten verbindet sich gerade mit diesen »hohen christologischen Aussagen« im innerkirchlichen Umgang der Geist der Intoleranz, der Verketzerung und Rechthaberei. Dieser Ungeist aber verrät gerade das, was er zu verteidigen sucht: die in Christus »immer schon« gegebene und konkret gewordene Liebe Gottes. Nicht selten verbindet sich mit diesen »hohen christologischen Aussagen« im *interreligiösen Dialog* der Geist des Triumphalismus, der Überlegenheit und des Exklusivismus.[59] Auch dieser Ungeist tötet, was er lebendig zu halten vorgibt: die in Christus ermöglichte solidarische Suche nach der einen Wahrheit, die ihren Grund in ihm selber hat.

Das *Neue Testament* ist gerade hier eine *Herausforderung*: Als reaktive Alternativenentwürfe sind die Aussagen über die Präexistenz Christi alles andere, nur keine exklusiven, trennenden und spaltenden Glaubensgesetze. Sie wollen niemanden ausschließen, sondern alle einladen, sich auf den Gott Israels, wie er sich in Jesus

Christus definitiv geoffenbart hat, zu verlassen und Tiefenerfahrungen im Geiste des »Herrn« zu machen, der der Geist der Freiheit ist. Sie sind nicht exklusiv, sondern inklusiv. Lieblose Ketzerriecherei und gnadenloser Wahrheitsfanatismus ausgerechnet im Namen dieser kühnen, der Lebenserfahrung abgetrotzten, in ihren Bildern zerbrechlichen Loblieder auf die Liebe und Gnade Gottes wäre ihr schlimmster Verrat. Gerade das Nachdenken über die Präexistenz Christi aber fordert einen Dialog im Geiste der Liebe, der Versöhnung und des Friedens.

Im *Gespräch mit jüdischen Schwestern und Brüdern* sollte dieser Dialogstil insbesondere praktiziert werden, sind doch die Präexistenzaussagen nicht selten als das Anti-Jüdische des Christentums dargestellt oder von Juden so empfunden worden. Jüdische Theologen haben gerade die dogmatischen Aussagen über Jesu Präexistenz als unzumutbar empfunden: »Der Glaube an Jesus als den Messias, als die zweite Person einer nirgends im Neuen Testament bezeugten Trinität, als den *einzigen* Gerechten, der ein stellvertretendes Sühneleiden auf sich nimmt – all das trennt uns notwendig«, meinte etwa der jüdische Theologe *Shalom Ben-Chorin.*[60]

Muß das auf ewig so bleiben? Muß es auf ewig bei dem bleiben, was die *deutsche Bischofskonferenz* 1980 in einer begrüßenswerten »Erklärung über das Verhältnis der Kirche zum Judentum« schrieb: »Der tiefste Glaubensunterschied tritt angesichts des stärksten Bindegliedes zwischen Juden und Christen zutage. Der christliche Glaube an Jesus Christus, demgemäß der gekreuzigte und auferstandene Jesus Christus nicht nur als der verheißene Messias, sondern darüber hinaus als der wesensgleiche Sohn Gottes bejaht und verkündet wird, erscheint vielen Juden als etwas radikal Unjüdisches; sie empfinden ihn als etwas dem strengen Monotheismus, wie er besonders im ›Sch'ma Israel‹ für den frommen Juden täglich zur Sprache kommt, absolut Widersprechendes, wenn nicht gar als Blasphemie. Dafür muß der Christ Verständnis haben, auch wenn er selbst in der Lehre von der Gottessohnwürde Jesu keinen Widerspruch zum Monotheismus sieht. Für ihn bedeutet das Bekenntnis zum dreifaltigen Gott eine Steigerung der Einheit Gottes, ein Geheimnis, an das er glaubt und vor dem er anbetend in die Knie sinkt.«[61]

Wenn dies aber – selbst von der offiziellen Kirche eingestanden – so ist: wenn die dogmatische, unter den Bedingungen des 4. Jahrhunderts zustandegekommene Konzilserklärung von Nikaia vom »wesensgleichen Sohn Gottes« als etwas »radikal Unjüdisches« erscheint, wenn solche Aussagen von dem Volk, aus dem Jesus selber stammt, offenbar als »Blasphemie« empfunden werden, müßte dann nicht von der christlichen Ur-Kunde her neu durchdacht werden, wie Gottessohnschaft des Juden Jesus gegenüber Juden adäquater zur Sprache gebracht werden könnte? Müßte sich kirchliche Verkündigung nicht fragen lassen, ob es vom Neuen Testament her nicht andere Möglichkeiten gibt, über Jesus als Sohn Gottes zu reden, ohne Juden von vornherein abzustoßen? Ja, sollten nicht gerade bei der Frage nach der Präexistenz Jesu, die erstaunlicherweise in den zahlreichen Gesprächsdokumenten zwischen den christlichen Kirchen und dem Judentum (»Die Kirchen und das Judentum. Dokumente von 1945–1985«[62]) kaum eine Rolle spielt, die dogmatischen Formeln vom neutestamentlichen Befund her neu überdacht werden – im Bewußtsein, daß die neutestamentlichen Aussagen Juden und Christen mehr verbinden als die späteren dogmatischen?

Zwei Gesichtspunkte wären hier in einem *künftigen ökumenischen Gespräch* über die Präexistenz Christi zwischen Juden und Christen zu überlegen:

(1) Es sollte im jüdisch-christlichen Dialog *keine falsche Frontstellung* aufgebaut werden. Geht man vom Neuen Testament aus, so lautet die entscheidende Frage nun einmal nicht, ob Jesus der »wesensgleiche Sohn Gottes« ist. Dieser in dogmatische »Hilfssprechweise« des 4. Jahrhunderts gefaßte Satz will richtig verstanden und muß von der »Referenzsprache« des Neuen Testamentes selber interpretiert werden. Tut man dies, so gilt es zunächst zu begreifen: die *Präexistenzaussage ist eine urjüdische Idee*. Zwischen dem »Alten« und dem »Neuen« Testament ist eine erstaunliche Kontinuität in den Grundstrukturen des Präexistenzverständnisses zu erkennen. Konkret:

– Wie bei der *Weisheit* sind auch in der Christologie Präexistenzaussagen *Indikatoren religiös-gesellschaftlicher Krisen* und Faktoren zu deren Bewältigung zugleich: »In Christus« soll ein neues Vertrauen in die Zuverlässigkeit der göttlichen Schöpfungs- und Heilsordnung geschaffen werden;
– wie bei der Weisheit dienen auch in der Christologie Präexistenzaussagen der *religiösen Inkulturation*: In einem zunehmend hellenisierten Kontext soll durch den universalen Logos-Christus die

Universalität, ja die kosmische Relevanz der christlichen Botschaft unterstrichen werden;
- wie bei der Weisheit dienen auch in der Christologie Präexistenzaussagen der Verstärkung der *Selbstoffenbarung Gottes* in Schöpfung und Geschichte seines Volkes: Mit Christus wird nicht ein zweiter Gott neben Gott errichtet, sondern der lebendige Gott selbst in seiner Offenbarung konkretisiert. Präexistenzaussagen gefährden nicht die Gottheit und Einheit Gottes, lösen nicht den »Monotheismus« ab, sondern sind dessen Dynamisierung und Konkretisierung in der leiblichen Gestalt eines Menschen;
- wie in der *apokalyptischen Messialogie* haben auch in der Christologie Präexistenzaussagen die Funktion, innergeschichtliche Erwartungsmuster zu durchbrechen und den *transgeschichtlichen Ursprung* der Rettergestalt zu betonen. Sie bringen die Überzeugung zum Ausdruck, daß das Heil innergeschichtlich nicht herstellbar ist, sondern sich Gottes Initiative verdankt;
- wie in der apokalyptischen Messialogie sind auch in der Christologie Präexistenzaussagen *Indikatoren einer kosmisch-universalen Endzeit*. Mit der Erhöhung des Sohnes zum Vater tritt der Gekreuzigte die Weltherrschaft an, kommt es zur Wende der Zeit. Die Eschatologie ist dabei das Movens der Protologie. Urzeit und Endzeit entsprechen sich im Verhältnis von Neuschöpfung und Urschöpfung.

Anders gesagt: Zwischen Juden und Christen steht neutestamentlich nicht die Idee der Präexistenz, sondern der, der mit dieser »Idee« interpretiert wird: der Rabbi aus Nazaret, der für Christen die Freiheit von der Last des Gesetzes als einzig möglichem Weg zum Heil bedeutet. Zwischen Juden und Christen steht also die uralte Frage auf dem Spiel, wo Gottes Wille und Weisheit *definitiv* geoffenbart ist: in der präexistenten Tora oder in der Verkündigung, Praxis und dem Geschick des Nazareners als des Gesandten von Gott.

(2) Ob aber ein Gespräch über die universelle, Gottes Sein selbst bestimmende Bedeutung des Juden Jesus nicht von vornherein zum Scheitern verurteilt ist? *Mit Juden über Jesus reden* zu wollen, kann nach einer beinahe zweitausendjährigen Geschichte jüdisch-christlichen Antagonismus', nach Jahrhunderten eines christlich mitverschuldeten Antisemitismus', nach einer entsetzlichen Fluch- und Verfolgungsgeschichte wie eine Zumutung klingen. Ob es nicht gelingen könnte, das Gespräch dort wieder aufzunehmen, wo sich Christen

und Juden näher waren als heute: beim Juden *Paulus*, der mit seiner Botschaft vom gekreuzigten Nazarener als der Offenbarung Gottes zum Heil der Menschen vieles an jüdischem Erbe ganz selbstverständlich bewahrt hat? Ob nicht gerade die Christologie des Paulus, für den die Präexistenz Christi – wie wir es herausgearbeitet haben – keine zentrale Rolle spielte, eine Brücke bilden könnte zum besseren Verständnis von Person und Sache Jesu?

Niemand weiß, wohin ein solches Gespräch führen wird. Deshalb soll zum Schluß dieser Überlegungen nicht eine theologische These, sondern die *persönliche Meditation eines Juden stehen: Martin Buber*. Dieser große jüdische Gelehrte hat in seinem – nach Auschwitz geschriebenen – Buch »Zwei Glaubensweisen« (1950) nicht nur das kühne Wort von Jesus als dem jüdischen »Bruder« geprägt, sondern darüber hinaus auch immer wieder über die *Rolle des Juden Paulus* nachgedacht. Nach eigenem Bekunden hat Buber immer wieder über *drei entscheidende paulinische Christusaussagen* meditiert und in Sympathie und Distanz dazu Stellung genommen. Und selbst wenn man die Bubersche Entwicklungsthese bezüglich eines Wandels in der paulinischen Briefliteratur nicht übernehmen kann, so geben seine Meditationen doch zu denken, die er als »persönliche Empfindung« niederschreibt: »Paulus, der ja in seinen echten Briefen anscheinend nie für den präexistenten Christus den Gottescharakter beansprucht, spricht doch von ihm als von einem gottgestaltigen (Phil 2,6) und an dem Werke Gottes unmittelbar beteiligten (1 Kor 8,6) Wesen, dies in einem trotz der teilweisen Formelhaftigkeit elementar starken Bekenntnis: Die Welt kennt viele Götter und viele Herren, ›uns aber ist ein Gott, der Vater, aus dem alles ist und wir zu ihm hin, und ein Herr, Jesus Christus, durch den alles ist und wir durch ihn‹. Im Vater ist Ursprung und Ziel alles Seienden, im Sohn dessen Bestand und Heil. Aber im Römerbrief (11,36) hören wir das Bekenntnis gewandelt. Da heißt es von Gott: ›Denn aus ihm und durch ihn und zu ihm hin ist alles.‹ Der Unterschied mutet mich an, als hätte Paulus inzwischen die drohende Gefahr eines Ditheismus gemerkt und hätte ihr vorbeugen wollen. Nun jedoch scheint es in der Seele des in sich selbst für die Wahrheit seiner Schau eifernden Mannes fortzuarbeiten: Er hat in dem Einheitsbekenntnis Christus nicht sein Recht werden lassen, er muß es jetzt tun. So entsteht der reichste Ausdruck seiner Intention (Kol 1,15ff.), indem er zugleich die Einheit zu wahren und den himmlischen Christus zu verherrlichen sucht: ›Er ist das Bild des unsichtbaren Gottes, der Erstgeborene aller Schöpfung, in ihm ist alles erschaffen worden‹, ›alles wurde durch ihn und zu ihm hin erschaffen‹. Hier ist der Christus zugleich in die Schöpfung und in das Schaffen Gottes einbezogen. Und in ihn zentriert die Offenbarung, denn er ist das getreue Bild, in dem der Unsichtbare dauernd sichtbar wird. So hat Paulus um beides in einem, um die Treue zur höchsten möglichen Vorstellung von seinem Meister und um die ›unerweichte‹ Erhaltung des Monotheismus gerungen.«[63]

11. Präexistenz und Poesie: Meditationen über Christusgedichte von Eduard Mörike, Kurt Marti und Paul Celan

Erfahrungen suchen sich ihre Form. Die Präexistenzaussagen des Neuen Tesamentes, Krisen- und Tiefenerfahrungen entstammend, haben bezeichnenderweise nicht die Form lehrhafter Prosa oder dialogischer Argumentation, sondern die Form des Liedes, des Lobpreises, der Hymnik, der Poesie. Ein Lied, ein Lobpreis aber hat seine eigenen Gesetze, seine eigene Vernunft. Poetische Bilder können kühn zur Sprache bringen, wofür es noch keine Begriffe gibt, zum Verständnis auch keine Begriffe braucht. »Er ist das Ebenbild des unsichtbaren Gottes«, »in ihm wurde alles erschaffen«: Solch elementare Bilder werden nur dann kompliziert, wenn man sie theoretisch-begrifflich aufzulösen versucht, mehr »wissen« will. Nein, die Hymnen, in denen die Präexistenzaussage begegnet, haben ihren »Sitz im Leben«, in der Liturgie, in der Doxologie, im Gebet. Die hymnische, und damit zugleich poetische und anbetende Sprache ist wichtig zum Verständnis: »Der Dichter kann Erfahrungen aussprechen« – so noch einmal Carl Friedrich von Weizsäcker – »die wir in den Begriffen, in den Ja-Nein-Entscheidungen unserer Rationalität nicht unterbringen können. Anbetung ist eine Öffnung des Unbewußten für solche Erfahrungen. Ich spreche und singe in der kirchlichen Liturgie Aussagen selbstverständlich mit, die ich als Philosoph des 20. Jahrhunderts nicht behaupten dürfte.«[64]

Anders gesagt: Die Bilder dieser Hymnen beginnen in dem Moment zu welken, wo man sie in lehrhafte Prosa überführt, sie auf Beweisstellen in theologischen Systembildungen reduziert, sie also in kruder Weise verobjektiviert. *Lieder aber taugen kaum für systema-*

tisch-begriffliche Argumentationsgefechte. Das Neue Testament ist gerade hier eine Herausforderung: Interpretation und systematisch-theologisches Nach-Denken über hymnische Texte ist legitim; aber alle Interpretation und alle Reflexion muß sich zu diesen Bildern hin wieder öffnen, muß die Ursprungserfahrungen dieser Lieder freizulegen versuchen. Gerade die Präexistenzaussagen, die das Unanschauliche anschaulich, das Bilderlose verbildlichen wollen, sind nicht mythologisch oder argumentativ, sondern poetisch. Die »Leerstellen«, die sie freilassen, sind nicht begrifflich aufzufüllen, sondern als »Leerstellen« gelten zu lassen.

Eine heutige Theologie, die diesen Hymnen in einer zeitgenössischen Sprache gerecht werden will, kann auf das *Gespräch mit der Literatur,* insbesondere mit der modernen Lyrik, nicht verzichten. Der kongeniale Gesprächspartner zum Verständnis der Poesie der Präexistenzaussagen ist die Literatur! Nicht um systematische Theologie durch Poesie zu ersetzen, wohl aber um systematische Theologie sensibler für poetische Sprache zu machen. Wie aber ist das, was die großen neutestamentlichen Hymnen über den präexistenten Christus aussagen, in moderner Literatur sagbar? Gibt es Entsprechungen? Strukturgleichheiten? Wir wollen uns die Möglichkeiten und Grenzen der Dichtung an drei Christusgedichten klarmachen, die den Wandel der Sprechhaltung innerhalb der Poesie anzeigen:

(1) *Eduard Mörike: »Göttliche Reminiszenz«*

41 Jahre ist Eduard Mörike alt, als dieses Gedicht im Jahr 1845 entsteht. Seit zwei Jahren lebt er bereits als Privatier in Bad Mergentheim, nachdem er, der stets Kranke und immer Skrupulöse, sich vom Dienst als evangelischer Pfarrer hatte suspendieren lassen. Das Pfarramt war ihm stets eine Last gewesen; die Idylle als Landpfarrer in Cleversulzbach stets zu eng. Oft ließ er sich als Prediger vertreten, hatte er Hemmungen verspürt, als Verkündender auf die Kanzel zu treten und so unmittelbar das Wort Gottes auszulegen, er, dessen eigene Religiosität eher eine Mischung aus liberaler Theologie der Zeit (D. F. Strauss) und antiker Geistigkeit war. Doch jetzt, gleichsam in der Freiheit von jedem Amt, gelingt ihm auf einmal ein Christusgedicht, das im Werk vorher seinesgleichen sucht, ein Gedicht über das Thema »Göttliche Reminiszenz«[65], das als Motto einen Vers aus dem Johannes-Evangelium trägt: »Alles wurde durch ihn geschaffen« (1,3).

»Vorlängst sah ich ein wundersames Bild gemalt,
Im Kloster der Kartäuser, das ich oft besucht.
Heut, da ich im Gebirge droben einsam ging,
Umstarrt von wildzerstreuter Felsentrümmersaat,
Trat es mit frischen Farben vor die Seele mir.
An jäher Steinkluft, deren dünn begraster Saum,
Von zweien Palmen überschattet, magre Kost
Den Ziegen beut, den steilauf weidenden am Hang,
Sieht man den Knaben Jesus sitzend auf Gestein;
Ein weißes Vlies als Polster ist ihm unterlegt.
Nicht allzu kindlich deuchte mir das schöne Kind;
Der heiße Sommer, sicherlich sein fünfter schon,
Hat seine Glieder, welche bis zum Knie herab
Das gelbe Röckchen decket mit dem Purpursaum,
Hat die gesunden, zarten Wangen sanft gebräunt,
Aus schwarzen Augen leuchtet stille Feuerkraft,
Den Mund jedoch umfremdet unnennbarer Reiz.
Ein alter Hirte, freundlich zu dem Kind gebeugt,
Gab ihm soeben ein versteinert Meergewächs,
Seltsam gestaltet, in die Hand zum Zeitvertreib.
Der Knabe hat das Wunderding beschaut, und jetzt,
Gleichsam betroffen, spannet sich der weite Blick
Entgegen dir, doch wirklich ohne Gegenstand,
Durchdringend ewge Zeiten-Fernen, grenzenlos:
Als wittre durch die überwölkte Stirn ein Blitz
Der Gottheit, ein Erinnern, das im gleichen Nu
Erloschen sein wird; und das welterschaffende,
Das Wort von Anfang an, als ein spielend Erdenkind,
Mit Lächeln zeigt's unwissend dir sein eigen Werk.«

Der Inhalt dieses Textes scheint klar: Eduard Mörike drückt in diesem Gedicht sein Bekenntnis zu Jesus Christus als dem ewigen Wort, dem Schöpfungsmittler aus – und zwar in schönen Versen, mit Hilfe einer lieblichen Szenerie, so richtig dem Idylliker angemessen, als den ihn bürgerliche Idyllik gerne verklärte.

Ist das aber so einfach? Mitnichten! Denn schaut man genau hin, analysiert man die Sprechhaltung und die dem Text immanenten Perspektiven, wird aus einem angeblichen Bekenntnisgedicht ein raffiniert *mit Brechungen arbeitendes, Distanz schaffendes Kunst-*

Werk. Denn fern aller vollmundigen Affirmation entwickelt Mörike eine subtil angelegte Bildstrategie. Mörike beschreibt Christus nicht direkt, sondern schreibt ein Gedicht auf ein Christusbild. Er entwirft also ein lyrisches Bild von einem gemalten Bild, schafft ein Wort-Kunstwerk über ein Farb-Kunstwerk. Ja, mehr noch. Auch dieses Farb-Kunstwerk wird nicht direkt beschrieben, sondern »nur« erinnert. Das Kunst-Bild ist so zu einem Bild der Seele im Betrachter selbst geworden. Im Klartext: Wir haben es bei diesem Gedicht mit einem lyrischen Bild von einem durch ein Bild ausgelösten seelischen Innenbild zu tun. Diese *dreifache Distanz* zum Thema »Jesus als ewiges Wort Gottes« ist konzeptionelle Absicht des Textes. Er redet nicht direkt, spricht nicht dogmatisch-theologisch, sondern läßt Bilder entstehen, betreibt Verwandlung durch Poesie.

Hat man diese dreifache Brechung verstanden, darf man sich auch der *inhaltlichen Aussage* nähern. Auch hier vollzieht Mörike nicht ein Bekenntnis, sondern läßt das, worum es ihm inhaltlich geht, wiederum nur durch Bilder evoziert sein. Mit klar kalkulierten Signalworten läßt Mörike eine Urlandschaft vor dem Leser des Gedichtes entstehen. Sein lyrisches Ich siedelt er in einer Landschaft »umstarrt von wildzerstreuter Felsentrümmersaat« an. *Romano Guardini*, der dieses Mörike-Gedicht interpretierte, hat recht, wenn er hinter der realistischen Landschaftskulisse eine mythische Bedeutung ausmacht. In Mythen und in Träumen gäbe es »immer wiederkehrende Grundsymbole für die Ursphäre, den Bereich der arche«. Und darum gehe es hier; um »Symbole für den Bereich des Urhaft-Unerschöpflichen«.[66]

In der Tat: In diese *Urlandschaft* hinein wird die Erinnerung an das Bild vom sitzenden Jesusknaben gestellt. Und da Mörike dasselbe Wortfeld auch auf das Jesus-Bild ausdehnt (»Steinkluft«, »Gestein«), verschmelzen auf raffinierte Weise die Welt des Erinnerers und die Welt des Gemäldes. *Raum- und Zeitverschmelzung* ist das Stichwort – auch dies konzeptionelle Absicht des Textes. Und um diese Verschmelzung von Raum und Zeit geht es vollends dort, wo das Jesuskind des Bildes auf einmal das »versteinerte Meergewächs« vor die Augen bekommt und die Zeiten und Räume plötzlich aufgehoben scheinen. Der Blick des Jesuskindes, den der Betrachter auf sich gerichtet fühlt, durchdringt auf einmal die Zeiten, wird grenzenlos, genauer: dringt bis an den Anfang aller Anfänge vor, dorthin, wo das Wort im Anfang Welt schuf. Im spielenden Kind, kaum fünf Jahre alt, wird auf einmal Ewigkeit transparent – für einen Augenblick, für einen winzigen Moment. Glaubt Mörike, daß Jesus schon als Kind ein Bewußtsein von seiner Ewigkeit gehabt habe?

Auch diese Deutung ist nicht erlaubt. Daß das Kind sich blitzartig »erinnert«, ist die Interpretation einer Interpretation: Es ist eine Bilddeutung durch den Lyriker, der das Bild eines Malers deutet. Mörike will also nicht psychologisieren, aber theologisch mit dieser Bilddeutung etwas Entscheidendes in Erinnerung rufen: Wenn irgendwo, dann ist hier in diesem Bild des Malers die Umsetzung des Satzes aus dem Johannes-Evangelium gelungen und *das christliche Paradox ins Bild-Wort gebracht*: Der, der auf Erden wie ein Kind gespielt hat, ist der Schöpfer aller Dinge, das Wort von Anfang an. Ganz auf der Linie des Neuen Testamentes kann auch Mörike das »ewige Wort bei Gott« nicht in seinem metaphysischen Zustand schildern, sondern nur in der Spiegelung auf Erden, in der Brechung durch die Zeit, in der blitzartigen Epiphanie von Transzendenz in der Immanenz.

Darum also geht es in diesem Gedicht: Vorsichtige, tastende, die Gebrochenheit der Bilder mitbedenkende, fast *scheue Annäherung an das Geheimnis des Anfangs aller Anfänge* mit Hilfe von Distanzschaffung, Raumverschmelzung und Evokation der Urbilder. In diesem Gedicht hat sich also ein komplexes Sprachbewußtsein ausgedrückt, das von dem in Jesus sichtbar gewordenen Anfang aller Anfänge nur in scheuen Annäherungen reden kann, gebrochen, distanziert, zurückgenommen – immer mit der Angst im Rücken, man könne vor lauter Zugriff die Bilder zerdrücken, vor lauter Vollmundigkeit die Ungeheuerlichkeit der Botschaft übertönen, vor lauter Unmittelbarkeit die Distanz überspielen. *Raum- und Zeitverschmelzung durch Christus: es ist die kongeniale poetische Interpretation des theologischen Kunstwortes »Präexistenz«.*

(2) *Szenenwechsel* 1980. Anderthalb Jahrhunderte nach dem Gedicht des schwäbischen Pfarrers Eduard Mörike veröffentlicht ein Schweizer protestantischer Pfarrer einen neuen Gedichtband mit dem Titel »abendland«: *Kurt Marti*. Seine »gedichte am rande«, lyrische Epigramme zu biblischen Themen, seine »leichenreden«, zeitkritische Texte über die Doppelgesichtigkeit des bürgerlichen Christentums, hatten ihn bis dahin bereits bekannt gemacht. Einen Mann, der die Kargheit und lapidare Kürze der modernen Lyrik selbstkritisch auf das Sprechen von Gott anzuwenden verstand; ein

Theologe, der nicht bereit war, die messianischen Utopien vom Reiche Gottes auf den Status quo eines sattgewordenen, kraftlosen Christentums herunterzunivellieren. Immer schärfere Konturen nimmt sein messianischer Christusglaube an, immer tiefer empfindet er den Widerspruch, der sich zwischen damals und heute, zwischen Jesus und der kirchlichen Praxis auftut. Jetzt, 1980, kann man von ihm über die »immerwährende kreuzigung«[67] lesen:

»dogmen machen ihn dingfest
herrschaft legt ihn aufs kreuz
begriffe nageln ihn fest
kirchen hissen ihn hoch«

Auffällig häufig trifft man in diesem neuen Band auf *Gedichte zur Trinität*, Texte über Vater, Sohn und Geist. Wir greifen ein Beispiel heraus: »jahwe jesus jetzt«:[68]

»jahwe
---
du: mit diesem bekannten namen
der nicht bekanntes bedeutet
du: mit diesem namen
der den namen verweigert

JAHWE von je zu je:
»ich bin der ich bin«
JAHWE von jetzt zu jetzt:
»ich werde sein wie ich da sein werde«

du: der da kommt

jesus
---
und gekommen
geburtlich
sterblich
wie alle wie ich:
bruder du
in entbrüderter welt

jetzt
---
und geist jetzt: denn lieber
als einsam herr oder herrin zu sein
fliessest du über
in menschen hinein

geist jetzt: und agent
der heilig auf erden
nur danach brennt
sozial und sinnlich zu werden«

Auch hier bedarf nicht der Inhalt des Textes langer Erörterungen, sondern eher schon die Weise, *wie* hier geredet wird. Nicht was gesagt, sondern *wie* es gesagt und was *nicht* gesagt ist, macht diesen Text bemerkenswert. Ja, es sind gerade die »Leerstellen« zwischen den Zeilen und Strophen, die mitkomponierten Pausen und die bewußt gelassenen weißen Flecken auf dem Papier, die diesen Text auszeichnen. Gewiß: Anders als bei Mörike wird hier direkt geredet: Gott, Jesus und der Geist werden mit dem vertrauten »Du« angesprochen. Der Text ist einem Gebet ähnlicher als einem Kunstwerk. Und doch wollen auch hier kunstvoll arrangierte Brüche, Distanzen und Selbstzurücknahmen wahrgenommen sein.

Der Text beginnt mit dem hebräischen Urwort für Gott: *Jahwe*. Aber indem er es aufklingen und vibrieren läßt, läßt er es zugleich ausschwingen in eine Zeile, die leer bleibt. Nennen und Verstummen folgen so gleich hintereinander, Aussprechen und Schweigen gehen ineinander über. Dieses Ineinander von Darstellung und Zurücknahme ist *strukturelles Prinzip* des Textes. Dem vertrauten Du, dem bekannten Namen, folgt gleich die Zurücknahme: Gott ist von nichts Bekanntem her benennbar, ist nicht auf das Vertraute herabziehbar. Und auch der neue Anlauf, die neue Du-Anrede, muß scheitern: der Name Gott ist nur in der Verweigerung aller Namen zu haben, bestenfalls in der Tautologie: Ich bin der ich bin. Das ist der Sinn der zweiten Strophe: Gott entspricht nichts Bekanntem und Vertrautem, sondern nur sich selbst. Bloß das eine ist gewiß: Gott ist der, »der da kommt«, ist uns je zukünftig.

Ohne Verbindung zum Vorherigen, collageartig, blockhaft wird die Passage über *Jesus* in den Text gesetzt. Wieder folgt dem Namen die Pause, um dann das »Kommen« aus dem ersten Strophenpaar, das Gott galt, im »gekommen« Jesu aufzunehmen. Die Assoziation ist gewollt: Der Gott, der kommt, ist in Jesus *ge*kommen, in ein Leben, ausgespannt zwischen Geburt und Tod, in das Leben eines Menschen. Gott ist in Jesus, dem Bruder, ein Bruder der Menschen geworden, Bruder in einer »entbrüderten Welt«.

Und noch einmal, zum dritten Mal, wird angesetzt, um gleich eine Erwartung zu durchbrechen. Statt dem erwarteten »Geist« folgt das Wort »*jetzt*«, das ebenfalls in eine Leerzeile ausschwingen darf. Dann erst fällt das dritte Urwort in diesem Text: »*Geist*«. Der Geist als Herr (oder Herrin: das hebräische Wort für Geist ist ein Femininum) – das bedeutet: Es gibt eine strömende, fließende Kraft, die die Menschen verbindet, einen Agenten von Hoffnung, einen Anstifter, der die Brüderlichkeit Gottes gemeinschaftlich und erotisch, sozial und sinnlich werden läßt. Der Geist also: das Subjekt der Veränderung unter Menschen im Zeichen der Brüderlichkeit Gottes.

Jetzt, nach der Einzelbetrachtung des Textes, kann man noch einmal zurückblicken und sich die *Struktur des Ganzen* vergegenwärtigen. Auch dieser Text will keine Illustration einer Trinitätstheologie sein. Auch er redet nicht von immanenten göttlichen Verhältnissen. Dieser Text will auch keine Ausmalung des Verhältnisses vom ewigen Gott und Vater zu seinem ewigen Sohn vornehmen. Ja, er ist gerade dort, wo Theologen begrifflich meinen reden zu müssen, äußerst zurückhaltend. Er begnügt sich mit der elementaren Grundstruktur christlichen Glaubens: Jahwe, Jesus, Geist, Urworte alle drei.

Die weißen Flecken zwischen den Blöcken aber sind nicht aus Unkenntnis freigelassen, sondern *aus Scheu und Respekt sprachlich unbesetzt geblieben*. Die Kargheit dieser Lyrik kommt aus der Angst, durch Worte zuviel zu sagen, das große »Geheimnis« zu zerreden: daß Gott in Jesus gekommen ist und im Geist die Menschen zur Veränderung anstiftet. Die mitkomponierten Pausen sind Ausdruck eines komplexen Sprachbewußtseins, daß der Gott, der seinen Namen verweigert, nicht allzu rasch wieder mit einem neuen Namen beklebt wird. Die blockhafte Stellung der Strophen ist Ausdruck der Tatsache, daß der Lyriker die letzten Verbindungen zwischen den Urworten bei Strafe der Wortinflation und Objektivierung nicht mehr versprachlichen will. Es bleibt dem Leser überlassen, die Verbindungen von Vater, Sohn und Geist herzustellen, und der Leser ist gut beraten, nicht mit dem traditionellen Formelarsenal die Leerstellen gleich wieder aufzufüllen. Im Gegenteil: Der Leser ist aufgefordert, in die leeren Räume zu hören, das Schweigen auszuhalten, die Leerstellen als Akt der Befreiung von verkopfter Theologie zu benutzen, um dann den Dreiklang (durch das alliterierende »J« evoziert) neu zu hören: *Jahwe, Jesus, Jetzt . . .*

Und ein Letztes will bedacht sein: Die zunächst erfolgte Ersetzung des Wortes »Geist« durch das Wort »Jetzt« soll Verfremdung ermöglichen, stutzig machen. Auch ihr Sinn erschließt sich vom Ganzen des Textes her: »Jetzt« – dieses Wort will klarmachen, was biblisch »Ewigkeit« heißt. Nicht Zeitlosigkeit, Zeitenferne, sondern *stete Gegenwärtigkeit*. Der Text hat damit – wie Mörike auf seine Weise – die Grundaussage vom präexistenten Christus zur Sprache gebracht, Raum- und Zeitverschmelzung auf seine Weise betrieben: die in Jesus, dem Bruder der Menschen, aufgebrochene Brüderlichkeit Gottes ist »immer schon« allen Zeichen je präsent, ist stets gegenwärtig, ist im Geist allen Zeiten gleichzeitig. Der Lyriker aber kann darüber nur adäquat reden, indem er aussparen lernt, die Skizze für das Ganze nimmt, im Fragment die Totalität aufscheinen läßt.

(3) *Paul Celan »Mandorla«*

Einen Höhepunkt hat die mit Wortknappheiten und Sprachverdichtungen, mit Chiffrierungen und Verrätselungen arbeitende moderne Lyrik im Werke von *Paul Celan* gefunden. Als Paul Antschel im ostjüdischen Milieu von Czernowitz aufgewachsen und dem Konzentrationslagertod nur knapp entgangen, lebte dieser Lyriker nach dem Kriege bis zu seinem Freitod 1970 als Sprachlehrer und Übersetzer meist in Paris. In zahlreiche seiner Texte sind Elemente jüdischer Mystik eingewandert; die Auschwitz-Erfahrung (»Todesfuge«) blieb prägend und damit der Zusammenbruch traditioneller Sinngehalte, die Zäsur zu jeder Form affirmativer Lyrik. Celans Gedichte sind denn auch nicht auf eindeutige Sinngehalte festzulegen, verweigern sich dem begrifflichen Denken, der Vereinnahmung für religiöse Traditionen, sind – so Celan selber – einer »Flaschenpost« vergleichbar, immer »unterwegs« auf »etwas Offenstehendes, Besetzbares, ein ansprechbares Du vielleicht, eine ansprechbare Wirklichkeit«.[69]

Was hat dieser jüdische Lyriker im Kreise christlicher Theologen verloren? Was hat er zu unserem Thema zu sagen? Ich wage es, ein Gedicht von Paul Celan in meine Überlegungen einzubeziehen, um die *Problematik von Reden und Verstummen* in aller Radikalität nochmals aufzuwerfen. »Mandorla« heißt das Gedicht aus dem Band

»Niemandsrose« (1963), an dem ich dies zu veranschaulichen suche:[70]

> »In der Mandel – was steht in der Mandel?
> Das Nichts.
> Es steht das Nichts in der Mandel.
> Da steht es und steht.
>
> Im Nichts – wer steht da?
> Der König.
> Da steht der König, der König.
> Da steht er und steht.
>
> Judenlocke, wirst nicht grau.
>
> Und dein Aug – wohin steht dein Auge?
> Dein Aug steht der Mandel entgegen.
> Dein Aug, dem Nichts steht's entgegen.
> Es steht zum König.
> So steht es und steht.
>
> Menschenlocke, wirst nicht grau.
> Leere Mandel, königsblau.«

Das Gedicht erschließt sich in seiner Bedeutung für uns nur, wenn man sich klarmacht, was hier »Mandorla« und »Mandel« bedeutet. »Mandorla« steht ja in der christlichen Kunst für die göttliche Aureole, die in meist mandelförmiger Gestalt die Figur Christi oder Marias ganz umschließt (im Gegensatz zum Heiligenschein bei Heiligengestalten). Der Theologe *Sturmius-M. Wittschier*, der dieses Celan-Gedicht einer gründlichen theologischen Analyse unterzogen hat, weist mit Recht darauf hin: »Häufig sehen wir Mandorlen an Kirchenportalen oder am Anfang von Büchern alter Zeiten. Sie signalisieren den Anfang, den Ursprung. Und dies wird dadurch unterstrichen, daß die Mandel unter anderem ein Bild für den Muttermund ist. So können wir die erste Zeile des Gedichtes auch lesen: ›Im Anfang, in der arche, im Ursprung – was steht dort‹.«[71]

Damit sind wir bei unserem Thema. Es geht in diesem Gedicht ebenfalls um die *Urfrage nach dem Ganzen der Wirklichkeit*, nach dem Urgrund und Uranfang. Mit dieser Frage im Kopf muß man sich Strophe für Strophe auf den Text einlassen. Tut man das, dann wird man in einen komplexen und paradoxen Denkprozeß einbezogen. Zeile für Zeile wird man mit scheinbar widersinnigen, ja sich widersprechenden »Informationen« versorgt, die nur in der Schwingung untereinander eine Sinnstruktur ergeben. Das fängt damit an, daß die »Mandel« zwar als Symbol für die Wirklichkeit als ganze stehen soll, dennoch aber in diesem Text ihre reale Räumlichkeit nicht aufgegeben zu haben scheint. Denn die Mandel bleibt ja offenbar ein leerer Raum, so wie in einer zerstörten gotischen Kathedrale nicht selten Christusfiguren aus der Mandorla herausgebrochen sind. Anstelle des Christus steht nun das »Nichts«, die Leere.

Hat das Gedicht die Absicht, sich die Tradition des Nihilismus zu eigen zu machen, was nach Auschwitz durchaus begreiflich wäre? Will der Text sich mit dem »unheimlichsten aller Gäste« anfreunden, wie Nietzsche den Nihilismus einst nannte? Dagegen spricht, daß das »Nichts« in der dritten Zeile gleichsam beschworen wird wie ein »Etwas«, daß es Eigenschaften aufzuweisen scheint. Es »steht« da wie ein Ding. Paradoxe Selbstaufhebung: Wo früher ein Etwas war, ist jetzt ein Nichts, und das Nichts ist wie ein Etwas.

Noch rätselhafter ist die *zweite Strophe*. Denn das »Nichts« wird nicht nur wie ein »Etwas« behandelt, sondern auch wie ein *Ort*, an dem jemand stehen kann. Und dieser Jemand wird mit dem Wort »König« eindeutig benannt. Wer aber ist dieser König? Das Gedicht geht an dieser Stelle keinen Schritt weiter, läßt die Antwort offen, schiebt aber durch die isolierte Zeile, die auf Strophe 2 folgt, eine historische Assoziationsfläche in den Text: »Judenlocke, wirst nicht grau«. Die Assoziation ist von daher erlaubt: Der hier beschworene König kann eine jüdische Umschreibung für Jahwe, christlich aber auch eine Umschreibung für Christus, den König, sein, was bei Paul Celan keine Überraschung wäre, dessen Gedichte zahllose Anspielungen auf Christus enthalten.[72] Die Aufnahme jüdischer Tradition mit dem Bild von der nicht grau werdenden Judenlocke verweist dabei auf *messianische Hoffnung*, auf einen nie alt werdenden Glauben. Die Paradoxie erreicht damit ihren Gipfel: Im Nichts »steht« Gott; in der Leere »steht« Christus – eine Aussage beinahe irrwitziger Hoffnung, wie sie nur ein Jude trotz allem zum Ausdruck bringen kann: Judenlocke, wirst nicht grau...

Statt aber die Paradoxie aufzulösen, bringt der Text in der *dritten*

Strophe einen Betrachter ins Spiel. Offen bleibt, ob eine Selbstanrede des Autors gemeint ist oder jeder, der sich mit diesem Text konfrontiert: Dein Aug – wohin steht dein Auge? Die nächsten drei Zeilen beschwören noch einmal die drei Schlüsselworte des Textes: Mandel – Nichts – König. Und auch hier läßt die parallelisierende Anspielung auf die »Menschenlocke« assoziativ ahnen, daß es um ein Grundproblem des Menschen schlechthin geht: die unausrottbare Hoffnung. Doch statt auch hier weitere Erklärungen zu geben, endet der Text mit dem paradoxen Bild von der leeren Mandel und der Bestimmung »königsblau«.

Man wird bei einem solchen Gedicht äußerst zurückhaltend sein müssen mit Sinnentschlüsselungen und eindeutigen Festlegungen. Theologische Vereinnahmungen wären der Tod eines solchen Gebildes. Aber dies eine scheint gesichert: Wenn »Mandel« hier Synonym ist für die Wirklichkeit als ganze, dann versucht dieses Gedicht, diese Wirklichkeit von der paradoxalen Spannung von Nichts und König (= Gott, Christus) zu deuten. Dann ist das Ganze der Wirklichkeit immer nur in dieser Spannung sagbar, oszillierend zwischen Nichts und Alles, zwischen Leere und Sinn.

Und doch scheint noch ein weiterer Schritt erlaubt. Wie ist die letzte Zeile zu verstehen? Die parataktische, keine grammatikalische Verknüpfung wagende Reihung »Leere Mandel, königsblau« gibt keine eindeutigen Signale. Aber assoziativ kann und darf gefolgert werden, daß – diesem Text zufolge – aus der Tiefe der leeren Mandel die Gottes- und Christusfarbe hervorleuchtet. Daß in der Tiefe einer nur in der Form paradoxaler Selbstaufhebung beschreibbaren Wirklichkeit ein Schimmer der Hoffnung erkennbar bleibt: Menschenlocke, wirst nicht grau. So hätte auch dieses Gedicht – in äußerster Verschlüsselung und Verrätselung – den Grundgedanken auf seine Weise zu sagen versucht: Die Wirklichkeit dieser Welt kommt nicht aus dem nihilistischen Nichts, und sie geht nicht in ein nihilistisches Nichts; in ihr leuchtet vielmehr – trotz allem – eine Farbe auf, die Farbe des Königs . . .

Und die Theologie? Ob diese Meditationen nicht gezeigt haben, wie unverzichtbar die Poesie heute ist, um von den großen Aussagen der Schrift in heutigem Sprach- und Problembewußtsein angemessen zu reden? Wie unverzichtbar die sprachliche Sensibilität der modernen Lyrik ist, damit die Theologie von ihrer eigenen Sache angemessen reden kann? Theologisches Sprechen wird vor diesen

Texten nur bestehen können, wenn es sich der Problematik des eigenen Sprechens bewußt ist, der Zerschlissenheit der Bilder, der Formelhaftigkeit der Wendungen, der Verbrauchtheit der Sprache; wenn ihr eigenes Sprechen vom ewigen Christus noch etwas von der Gefährdung erahnen läßt, aus der es einst kam; wenn es noch die Zweifel sichtbar macht, die beim Gebrauch der großen Worte entstehen; wenn das Trotzdem eines unerschütterbaren Vertrauens noch begreifbar wird, aus dem das Ja des Glaubens kommt. Von einer Theologie, die ihre Stilkriterien bei der modernen Lyrik holt, hat der Theologe *Hans-Gerd Schwandt* (im Kontext der Celanschen Lyrik) zu Recht gefordert: »Man muß ihr (der Theologie) das anmerken, die Nacht, in der sie steckt, und die Nacht, in die hinein sie weist und geht... Man *muß* es theologischem Sprechen anmerken: daß es dieses Du nicht ›hat‹, daß es nicht hat, wovon es spricht und woraufhin es die Menschen in Bewegung glaubt. Die Sprache, der man ihr Bedrohtsein anspürt, der man anspürt, daß sie nicht schon ›angekommen‹ ist – eine karge Sprache.«[73]

12. *»Er ist das Bild des unsichtbaren Gottes«: Meditationen über die Christusbilder von Paul Klee und Alexej Jawlenski*

Und so schließt diese Studie nicht mit einer theologischen Theorie, sondern mit einer Bildmeditation über zwei Christusbilder, von denen ich glaube, daß sie das optisch umsetzen, was mit den Aussagen vom ewigen Christus theologisch gemeint sein kann. Diese Studie schließt also mit einer Referenz an die Kunst, deren unverbrauchte Bildersprache oft besser in der Lage ist, Menschen zu erklären, was hier der Sache nach auf dem Spiel steht. Es schließt sich damit auch ein Gedankenkreis, den wir im Zusammenhang mit Karl Barth zu ziehen begonnen haben: die Wahrnehmung strukturell gleicher Phänomene in anderen Räumen, den Räumen der Literatur und Physik, der Musik und Mythenforschung und – eben der modernen Malerei.

(1) *Paul Klee »Christus«*

Man schaue auf dieses Bild, das Paul Klee 47jährig 1926 gemalt hat, längst ein berühmter Künstler, dessen Kunstprogramm bis zu diesem Zeitpunkt feste Konturen angenommen hatte.[74] Wir wollen zunächst wahrnehmen, dann deuten, dann einordnen und zuletzt verstehen.

Wahrnehmen: Eine Fläche mit verschiedenen geometrischen Figuren. Querlinien, die das Bild waagerecht strukturieren, vertikale Kleinflächen, die von oben nach unten das Bild durchschneiden, ihm eine feste Struktur geben. In der unteren Bildhälfte mäanderhafte Linien, die Wucherungen gleich auftauchen und wieder verschwinden. In der oberen Hälfte bündelartige Strahlenformen, die wie Eiskristalle aus den Flächen hervorzubrechen scheinen. Auf der linken und rechten Seite jeweils Öffnungen, die durchbrochen werden von querlaufenden eigenen Linien und Flächen.

Deuten: Ein Bild, zusammengesetzt aus Grundlinien und Formstrukturen, reduziert auf Formelemente schlechthin, auf die Elementarität von Linien und Flächen. Bewegung und Gegenbewegung entstehen. Flächen folgen Gegenflächen. Auf diese Weise kommt Dynamik ins Bild, entsteht der Eindruck des Pulsierens und Strömens. Ein Fließgleichgewicht aus Strom und Gegenstrom. Doch das eigentlich Bemerkenswerte an diesem Bild ist: Die Linien, Flächen und Strukturen sind nicht willkürlich gegeneinandergesetzt, sondern formen sich zu einem Gesicht, zu einem menschlichen Kopf. Der Titel »Christus« läßt an Passionsbilder (Schweißtuch der Veronika) oder an russische Ikonen denken. So sehr also die Linien aus dem Nirgendwo kommen und ins Nirgendwo gehen (der Rand ist unbegrenzt) – die Linien halten eine erkennbare Gestalt zusammen, fließen ineinander zu einem wiedererkennbaren Antlitz.

Einordnen: Man weiß, daß Paul Klee Kunst stets mit dem Schöpfungsakt verglichen hat. Man weiß, daß Leben für diesen Maler Bewegung war, ewige Genesis, Veränderung und Verwandlung. Was er in seinen Bildern malen wollte, war nicht das Sichtbare, Gegenständliche, sondern das, was aller Wirklichkeit zugrunde lag: »Kunst gibt nicht das Sichtbare wieder, sondern macht sichtbar«, sagte er einmal in einer »schöpferischen Konfession« und fuhr fort: »Früher schilderte man Dinge, die auf der Erde zu sehen waren, die man gern sah oder gern gesehen hätte. Jetzt wird die Realität der sichtbaren Dinge offenbargemacht und dabei dem Glauben Ausdruck verliehen, daß das Sichtbare im Verhältnis zum Weltganzen nur isoliertes Beispiel ist, und daß andere Wahrheiten latent in der Überzahl sind. Die Dinge erscheinen in erweitertem und vermannigfachtem Sinn, der rationalen Erfahrung von gestern oft scheinbar widersprechend. Eine Verwesentlichung des Zufälligen sei angestrebt.«[75]

Verwesentlichung des Zufälligen, Vorstoßen auf die Grundstruk-

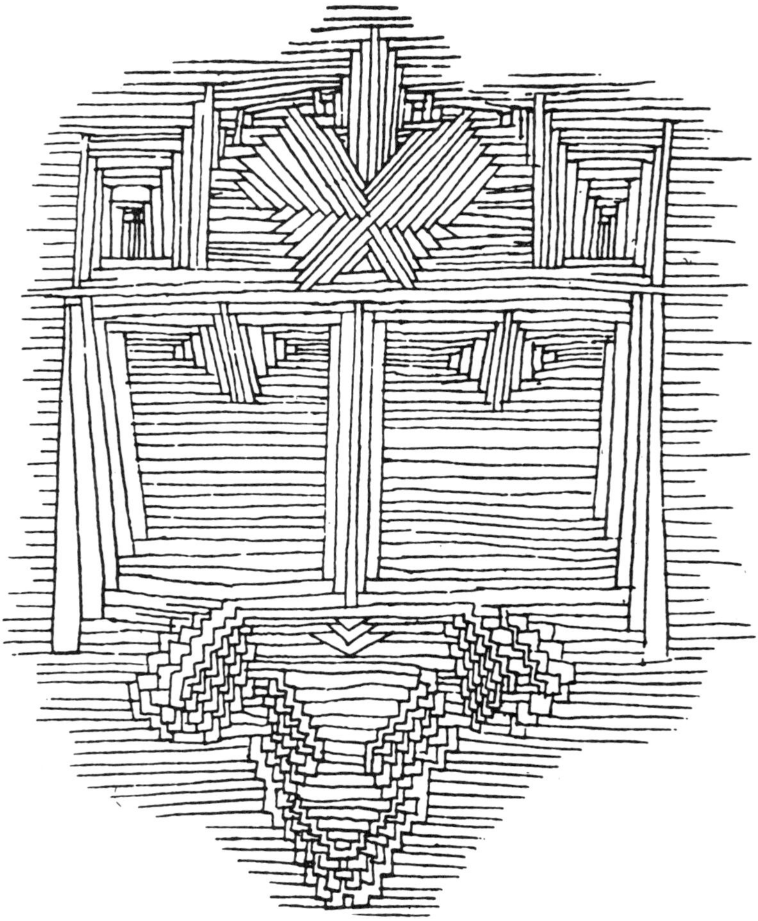

Paul Klee: »Christus«

tur der Wirklichkeit, Freilegen der Formwurzel der Dinge – darum ging es Paul Klee. Daher erklärt sich – formal gesehen – »der simultane Zusammenschluß der Formen, Bewegungen und Gegenbewegungen« in seinen Arbeiten: »Jede Energie erheischt ein Komplement, um einen in sich selber ruhenden, über dem Spiel der Kräfte gelagerten Zustand zu verwirklichen. Aus abstrakten Formelementen wird über ihre Vereinigung zu konkreten Wesen oder zu abstrakten Dingen wie Zahl und Buchstaben hinaus zum Schluß ein formaler Kosmos geschaffen, der mit der großen Schöpfung solche Ähnlichkeit aufweist, daß ein Hauch genügt, um den Ausdruck des Religiösen, die Religion zur Tat werden zu lassen.«[76]

Verstehen: Wir sind jetzt vorbereitet, das Christus-Bild in seiner Grundaussage zu verstehen und theologisch zu deuten. Es ist dabei nicht entscheidend, ob Paul Klee diese theologische Deutung beabsichtigt hatte oder nicht. Sein Christusbild hat eine Eigendynamik, die Assoziation und Rezeption in Grenzen gestattet. Die theologisch relevante Aussage des Bildes ist die: Hier wurde der Versuch gemacht, die Welt in ihre elementaren Bestandteile zu zerlegen, die Grundstruktur der Wirklichkeit sichtbar zu machen, eine Ähnlichkeit zur großen Schöpfung herzustellen. Dieses Bild will auf die Genesis zurück, den Ursprung aller Dinge, den Anfang aller Anfänge. Doch das Bemerkenswerte: Aus den Tiefen dieser Wirklichkeit leuchtet ein Antlitz hervor; aus den Elementen formt sich ein Kopf, *die Grundstruktur des Seins trägt ein Antlitz.* Was immer Paul Klee persönlich religiös geglaubt haben mag – hier hat er kongenial optisch realisiert, was der Kolosser-Hymnus mit dem Wort »Bild des unsichtbaren Gottes« gemeint hat: Die Grundstruktur des Seins ist nicht anonym und unpersönlich, ist nicht ein Bündel aus Formen und Strahlen, ist nicht ein wirres Geflecht aus Linien und Formen, ein pulsierender Raum aus Energien und Kräften, sondern trägt das Antlitz eines konkreten Menschen: Jesus Christus. Paul Klee also malt ein *christologisches Genesisbild,* das es möglich macht, sich in die Urgründe des Seins mystisch und christologisch zu vertiefen.

(2) *Alexej Jawlenski »Dornenkrone«*

Und so auch der Russe Alexej Jawlenski. Wie kein anderer Maler dieser Zeit hat er mit einem einzigen Bildmotiv versucht, die innere Grundstruktur der Wirklichkeit zu gestalten und das freizulegen, was er die »Urform« nannte: *das menschliche Antlitz.*[77] Von 1917 ab bis zu seinem Tod 1941 malt Jawlenski fast nur noch »Köpfe« – als

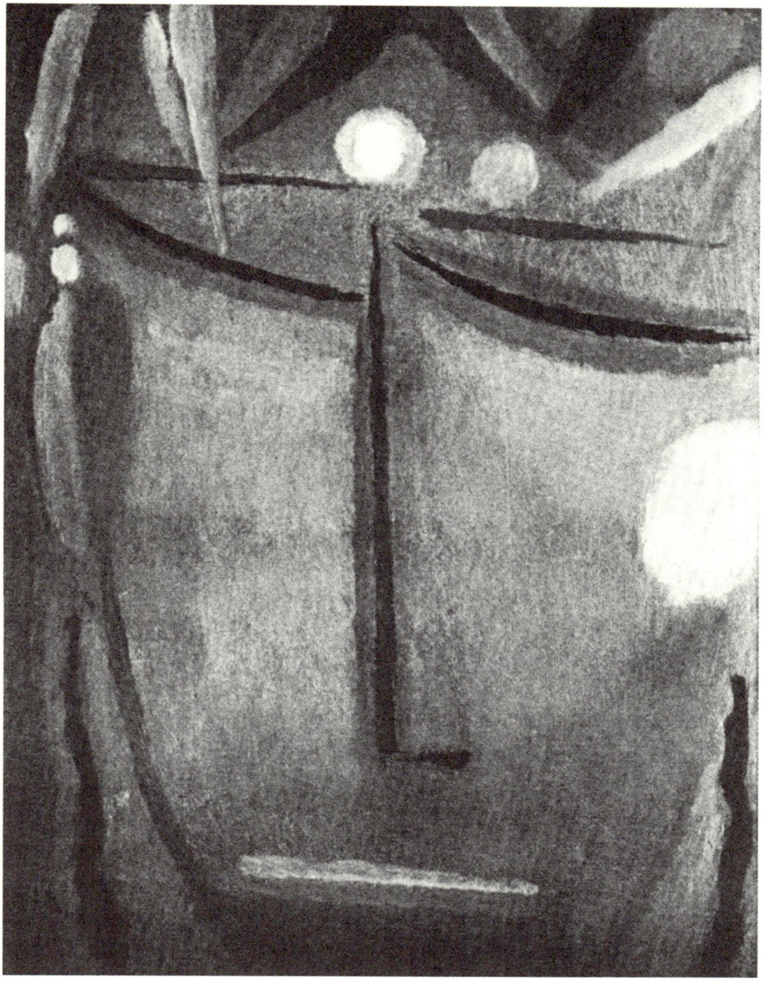

Alexej Jawlenski: »Dornenkrone«

Halbkreis, Kreissegment, Rechteck oder Quadrat. Immer neue Variationen entstehen, Dutzende, Hunderte, auch dann noch, als den Maler ab 1929 eine Arthritis der Hände zwingt, nur noch kleinformatige Bilder zu schaffen. Das Wissen von der mit Sicherheit eintretenden Lähmung mobilisiert in den letzten Jahren noch einmal all seine Kräfte. »Poesie des Morgens«, »Großes Geheimnis«, »Urform« heißen seine Arbeiten, die auch immer stärker – Malerei und Religion verbindend – meditativ das Christusgeheimnis in der Schöpfung aufzugreifen versuchen. Im gleichen Jahr, als Barths »Römerbrief« erscheint, entsteht das Christusbild »Dornenkrone« (1918), später in den 30er Jahren entstehen weitere christologische Motive (»Vor dem Christos Woskres«), in denen sich das Urformbild mit dem Passionsbild verschwistert.

Man schaue auch hier das Bild ruhig an: »Dornenkrone«. Mit einem Äußersten an Konzentration und formaler Strenge versucht Jawlenski auch hier wie in all seinen Bildern, auf die *Urform der Wirklichkeit* vorzustoßen – und zwar über das Gesicht, den Kopf. Wieviel er auch abstrahiert und auflöst, das Antlitz bleibt immer erhalten. So sehr er auch alles auf die elementaren Bausteine der Wirklichkeit zurückführt, auf Linien, Bewegung, Farben und Formen, der Kopf bleibt als letztes Strukturelement übrig. Ja, über das Gesicht wird die Wirklichkeit eigentümlich diaphan, und die Wirklichkeit wird vom Gesicht her geprägt. Die Tiefe der Wirklichkeit also wird über das Gesicht transparent, und die letzte Wirklichkeit trägt noch immer ein personales Antlitz. Auch Jawlenskis Bilder, Ikonen vergleichbar, sind mystische Meditationsbilder: oszillieren zwischen Personalität und Apersonalität, zwischen Gesichtslosigkeit und Gesichtshaftigkeit, zwischen Abstraktion und Konkretion.

Über 700 dieser Bilder, die er Meditationen nennt und die am Ende immer kleinformatiger werden, malt Jawlenski allein in den letzten drei Jahren, zum Schluß in immer rascherer Folge, und manche tragen wiederum den Christus-Namen. An den holländischen Maler und Benediktinerpater Willibrod Verkade, den er seit 1907 kannte, schreibt dieser Russe kurz vor seinem Tod: »Selbst kann ich Ihnen nicht schreiben, sondern muß meinen Brief diktieren, und das ist mir schwer ... Und dazu bin ich noch in den letzten neun Jahren so schwer krank, leide unter großen Schmerzen, bin ein Krüppel geworden. Meine Hände sind ganz steif, und ich muß beinahe immer liegen ... Ich malte sehr viele Bilder, die ich ›Variationen über ein landschaftliches Thema‹ nannte. Sie sind Lieder ohne Worte. Einige Jahre malte ich diese Variationen, und dann war mir notwendig, eine Form für das Gesicht zu finden, da ich verstanden hatte, daß die große Kunst nur mit religiösem Gefühl gemalt werden soll. Und das konnte ich nur in das menschliche Antlitz bringen. Ich verstand, daß der Künstler mit seiner Kunst durch Formen und Farben sagen muß, was in ihm Göttliches ist. Darum ist das Kunstwerk ein sichtbarer Gott, und die Kunst ist ›Sehnsucht zu Gott‹.«[78]

Nein, auch hier geht es nicht darum, den Glauben Jawlenskis theologisch zu vereinnahmen. Aber kann man übersehen, daß in diesen mystischen Meditationsbildern optisch umgesetzt ist, was die Aussagen vom präexistenten Christus theologisch auf ihre Weise zu versprachlichen suchen: Aus der Tiefe des Seins leuchtet ein Antlitz auf, das Antlitz Christi, und dieses Antlitz prägt die Gestalt des Seins. Was ist damit für Menschen gesagt? Gesagt ist damit dies: Menschen können sich trotz allem darauf verlassen, daß die Welt, so wie sie gedacht und verwirklicht wurde, gehalten und getragen ist von einer verborgenen Gegenkraft, gehalten von einem Gott, der kein anonymes Prinzip ist, keine dunkle Macht, keine unpersönliche Energie, sondern der Schöpfer, Erhalter und Vollender, der sein unverwechselbares Antlitz in seinem Sohn Jesus Christus gezeigt hat. Der alte Karl Rahner hat 80jährig kurz vor seinem Tod diesen Gedanken aufgegriffen und in eindrucksvoller Weise damit die Summe seiner Erfahrungen und Hoffnungen gezogen: Aus dem Dunkel der Endlichkeit und des Todes komme den Glaubenden Gott entgegen, und das Erschütterndste und Beglückendste daran komme zur Erfahrung, »wenn uns dann auch noch aus diesem weiselosen Geheimnis doch das Antlitz Jesu, des Gebenedeiten, erscheint und uns anblickt.«[79]

Und so schließt sich denn vollends der Kreis dieser Studie, die weit ausgriff, um einen christologischen Glaubenssatz für heute kommunikationsfähig zu machen – im innertheologischen wie außertheologischen Gespräch. Wer diese Gespräche mitvollzogen und die Chancen und Gefahren solch christologischen Redens für heute ausgelotet hat, der wird gespürt haben, daß die Rede vom präexistenten Christus von Anfang an bis heute um so glaubwürdiger ist, je mehr sie aus der Gefährdung kommt, der Angefochtenheit, der Glaubensbedrohung. Wer als Christ und Theologe in solchen Situationen gestanden hat und steht, der darf die Sätze aus dem Prolog des Johannesevangeliums als Verheißung und Hoffnung auf sich beziehen, als Trost trotz aller Anfechtung, als Aufforderung zum Vertrauen trotz aller Gefährdung. Walter Jens hat – gültig für unsere Zeit – diesen Prolog in unser »geliebtes Deutsch« übertragen und durch kleine Veränderungen um so deutlicher gemacht, was mit diesem Text auf dem Spiel steht.[80] Wir haben in dieser Studie einen langen Weg gebraucht, um die folgenden Sätze nun annähernd zu verstehen:

»Am Anfang: ER.
Am Anfang: Das Wort.
Und das Wort war bei Gott.
Und was Gott war, war ER.
ER: Am Anfang bei Gott.
Durch Das Wort
wurde alles.
Nichts, was ist,
ist ohne IHN.
ER: das Leben.
ER: das Licht
für die Menschen.
Das Licht in der Nacht:
nicht überwältigt
von der Finsternis.
Das Wort
war die Wahrheit.
ER
war das Licht,
das jedermann leuchtet.
Er
war in der Welt,
die Welt ist durch IHN geworden,
aber sie erkannte IHN nicht.
Er
kam zu den Seinen,
ins Eigene kam ER,
aber die Seinen nahmen IHN nicht auf.
Doch die IHN aufnahmen –
ihnen gab ER die Macht,
Kinder Gottes zu sein.
Ihnen, die nicht aus Blut und Gier und Lust

sondern von Gott gezeugt sind.
ER aber, das Wort,
Er wurde Fleisch:
Mensch unter Menschen
war ER bei uns.
Wir sahen IHN in seiner Herrlichkeit,
dem Licht des einzigen Sohns,
vom Vater her leuchtend,
erfüllt von Gnade und Wahrheit.«

Ein Wort des Dankes

Dankesworte sind keine Pflichtrituale. Sie sind die selbstverständliche Anerkennung der Tatsache, daß niemand eine große Arbeit durchstehen kann ohne die Hilfe vieler Menschen in nah und fern. Das gilt gerade auch für den Bereich des Wissenschaft. Um mit den »Institutionen« anzufangen, die gewissermaßen am Anfang und am Ende dieser Studie gestanden haben: Mit Hilfe der *Deutschen Forschungsgemeinschaft,* die mir ein einjähriges Stipendium gewährte, konnte ich in den Jahren 1978/79 neutestamentliche und judaistische Studien an der Hebrew University in Jerusalem sowie an der Harvard University, Cambridge, Mass. (USA) durchführen. Dem New Testament Department der Harvard Divinity School, insbesondere Prof. John Strugnell sowie Prof. Dieter Georgi (heute Universität Frankfurt/M), gilt dabei mein besonderer Dank für die erwiesene Gastfreundschaft. Ohne die vielen Gespräche in Jerusalem und Cambridge hätte ich den alttestamentlichen und neutestamentlichen Teil – zumindest was den internationalen, interkonfessionellen und interreligiösen Horizont betrifft – so nicht schreiben können.

»Am Ende« dieser Arbeit stand die *Katholisch-Theologische Fakultät der Universität Tübingen.* Sie hat im SS 1989 die vorliegende Studie als Habilitationsschrift angenommen. Was die Durchführung des Habilitationsverfahrens betrifft, so bin ich dem damaligen Dekan, *Prof. Norbert Greinacher,* für sein hohes Engagement zu besonderem Dank verpflichtet. Was die inhaltliche, wissenschaftliche Seite dieser Arbeit betrifft, so danke ich sehr herzlich *Prof. Harald Schweizer,* der als Exeget das alttestamentliche Manuskript und Teile des neutestamentlichen Kapitels kritisch durchgesehen und in Details verbessert hat. Vor allem aber danke ich *Prof. Walter Gross,* der ebenfalls das alttestamentliche Kapitel noch vor Abschluß des Gesamtmanuskriptes kritisch durchlas und mitverbesserte, dann aber für den gesamten exegetischen Teil im Habilitationsverfahren das Gutachten erstellte, aufgrund dessen ich noch einige Passagen in dieser Studie ausbauen oder verstärken konnte. Ohne die Unterstützung dieser Kollegen von der Exegese hätte ich als systematischer Theologe diesen Teil meiner Arbeit nicht abzuschließen gewagt.

Zwischen den Studien im Ausland und dem Verfahren in Tübingen standen lange Jahre der Arbeit am *Institut für ökumenische Forschung*. Was das Institut für mich bedeutet, seit ich 1969 erstmals als Student nach Tübingen kam, habe ich in der Widmung ausgedrückt. »Geistige Heimat« aber ist ein Institut selbstverständlich nur deshalb, weil es von Menschen geprägt ist, die solche geistige Atmosphäre ermöglichen. Deshalb möchte ich auch einmal öffentlich meiner Kollegin Frau *Dr. Anne Jensen* und meinem Kollegen Herrn Priv.-Doz. *Dr. Urs Baumann* sehr herzlich danken für viele Jahre guter kollegialer, ja freundschaftlicher Zusammenarbeit. Was diese Studie betrifft, so habe ich von folgenden Kollegen besondere Hilfe erfahren: *Dr. Thomas Riplinger* hat das gesamte Manuskript gelesen und mir wertvolle Anregungen gegeben. Ebenso Dipl.-Theol. *Andreas Goebel*, der sich darüber hinaus durch engagierte und zuverlässige Arbeit am Dokumentationsteil dieser Studie besondere Verdienste erworben hat. Er hat mir – ebenso wie in einer früheren und späteren Phase Dipl. Theol. *Ulrich Kern*, Dipl. Theol. *Thomas Kucharz* und Dipl. Theol. *Georg Langenhorst* – bei der Erstellung der Bibliographien, der technischen Herstellung des Dokumentations- und Registerteils sowie beim Korrigieren der Druckfahnen geholfen. Das Schreiben des Textes dieser Arbeit dagegen hat anfangs Frau *Hannelore Türke*, zum größten Teil aber Frau *Ute Netuschil* besorgt. Beiden bin ich für gute Zusammenarbeit von Herzen dankbar. Nur Kenner wissen, welcher Geschicklichkeit und Ausdauer es bedarf, um ein solch umfangreiches Manuskript zu erstellen, das inhaltlich wie stilistisch immer wieder und wieder neu überarbeitet wurde.

Daß ich auch meinen *Studentinnen und Studenten* am Institut und der Katholisch-Theologischen Fakultät dankbar bin, habe ich ebenfalls durch die Widmung zum Ausdruck gebracht. Mit großer Freude erinnere ich mich an drei Seminare, in denen wir zusammen die schwierigen Fragen der Trinitätslehre und der Präexistenzchristologie uns erarbeitet haben. Jeder Dozent ist für das Wagnis einer größeren wissenschaftlichen Arbeit gerade auch auf die Ermutigung der Studierenden angewiesen; das Ergebnis soll ja schließlich nicht zuletzt ihnen zugute kommen. Ich durfte von meinen Studentinnen und Studenten damals diese Ermutigung erfahren. Wir haben die uralten Fragen der klassischen und neutestamentlichen Christologie in wöchentlichen Seminarsitzungen, aber auch bei Kompaktveranstaltungen außerhalb Tübingens (Burg Rothenfels, Rottweil) leidenschaftlich diskutiert. Ich habe auf diese Weise gespürt, wieviel Substanz in diesen uralten Fragen steckt, die für heute neu zu entdecken ist. Wenn das hier vorgelegte Buch seinen Lesern dies vermittelt, ist sein Ziel erreicht. Das aber wäre das Verdienst nicht zuletzt auch meiner Studentinnen und Studenten.

Von allen in Tübingen aber habe ich einem Mann in außerordentlicher Weise zu danken: *Prof. Hans Küng.* Auf seine Anregung hin habe ich mich nach meiner Promotion, die ein Thema auf dem Grenzgebiet von Theologie und Literatur betraf (»Jesus in der deutschsprachigen Gegenwartsliteratur«), auf das schwierige Gebiet der klassischen Christologie und der neueren Exegese gewagt. Ich bin Hans Küng dankbar, daß er mich »gezwungen« hat, gerade auch als »Grenzgänger« immer wieder ins »Hauptquartier« zurückzukehren (wenn man mir diese militärische Metaphorik verzeiht). Ich habe es im Verlauf der Arbeit selber gespürt: Für den Dialog »nach draußen« ist die Rückbesinnung auf die eigenen Quellen unverzichtbar. Dieses Buch ist also alles andere als eine Abkehr von meinen bisherigen Dialogbemühungen mit Schriftstellern der Gegenwartsliteratur, sondern bildet für mich die Grundlage einer künftigen Vertiefung. Andeutungen in diese Richtung enthält das Buch selber (s. Epilog). Ich bin Hans Küng auch für ein zweites dankbar: Er hat diese Arbeit nicht nur angeregt, sondern stets auch engagiert und großzügig gefördert. Er hat Kapitel für Kapitel kritisch begleitet und mich immer wieder ermutigt, meinen Weg weiterzugehen. Er hat schließlich diese Arbeit als Gutachter im Habilitationsverfahren betreut und mit großem Einsatz alles getan, daß diese Studie angenommen werden konnte.

Ein letztes Wort des Dankes gilt denjenigen, die mir persönlich am nächsten stehen: *Annette und Ralf Becker,* meiner Schwester und meinem Schwager in Rottweil/Neckar, wo große Teile dieses Buches geschrieben wurden; *Gisela Bittner,* meiner Schwester in Kalkar am Niederrhein, deren theologische Neugierde mich immer wieder herausforderte; meinen *Eltern* in Oberhausen, deren Interesse und Förderung mir immer wieder gut tat; und nicht zuletzt *Judith Bomheuer* in Tübingen, die mich immer wieder aufmunterte, den langen Weg bis zum Abschluß dieser Arbeit tapfer zuende zu gehen.

Ein *redaktioneller Hinweis* ist zum Schluß am Platz: Für die Drucklegung wurde dieses Manuskript noch einmal gründlich überarbeitet. Aus verlegerischen Raumgründen mußten einige Passagen gestrichen werden, vor allem im Hauptteil I, in den jeweiligen Schlußkapiteln über die »Herausforderung« der betreffenden Autoren. An anderen Stellen wurden aus inhaltlichen Gründen kleinere Ergänzungen vorgenommen, so im Abschnitt über die paulinische Theologie und im Epilog. Auf diese Weise »schlanker« geworden, kann dieses Buch in seinen Hauptthesen noch herausfordernder wirken. Dem Piper Verlag, insbesondere Herrn Dr. Klaus Piper persönlich, bin ich sehr dankbar, daß er bei einem solchen Buch das verlegerische Risiko nicht scheut und so ein Zeichen des Vertrauens gesetzt hat.

Tübingen, im Januar 1990 Karl-Josef Kuschel

DOKUMENTATION

Hinweis

Um dem Leser den Überblick und die Einordnung der immensen Literaturfülle zu erleichtern, werden

- *vor die Hauptteile* jeweils Bibliographien mit Primär- und Sekundärliteratur gesetzt, die in sich chronologisch geordnet sind;
- *in den einzelnen Kapiteln* zu wichtigen Themen weitere Literaturhinweise gegeben, ebenfalls in sich chronologisch geordnet.

In diesen Bibliographien wird nur die *benutzte Literatur* aufgeführt, d. h. solche Literatur, die zum Verständnis eines Autors oder eines bestimmten Problemkreises erforderlich war. Insbesondere wird solche Literatur aufgeführt, die für das Verständnis der Christologie im allgemeinen und der Präexistenzchristologie im besonderen unverzichtbar war.

Auf weiterführende Literatur wird jeweils durch *Spezialbibliographien oder mit der Abkürzung »Lit.!«* verwiesen. Werden die Literaturangaben im Anmerkungsteil abgekürzt zitiert, dann findet sich die vollständige Angabe in den vorausgegangenen thematischen Bibliographien.

Für die *Zitation biblischer Texte* wurde in der Regel die »Einheitsübersetzung« zugrunde gelegt.

Abkürzungen

AB	= The Anchor Bible, New York.
ANRW	= Aufstieg und Niedergang der Römischen Welt (II. Principat), Berlin-New York.
ATD	= Das Alte Testament Deutsch. Göttingen.
BNTC	= Black's New Testament Commentaries, London.
BZ	= Biblische Zeitschrift, Paderborn.
CBQ	= Catholic Biblical Quarterly, Washington.
EdF	= Erträge der Forschung, Darmstadt.
EKK	= Evangelisch-Katholischer Kommentar zum Neuen Testament, Neukirchen-Vluyn-Zürich.
FS	= Festschrift.
HbAT	= Handbuch zum Alten Testament, Tübingen.
HbNT	= Handbuch zum Neuen Testament, Tübingen.
HThK	= Herders Theologischer Kommentar zum Neuen Testament, Freiburg/Br.
JES	= Journal of Ecumenical Studies, Philadelphia.
KAT	= Kommentar zum Alten Testament, Leipzig.
KEK	= Kritisch-Exegetischer Kommentar über das Neue Testament, Göttingen.
NBC	= Nelson's Bible Commentary, Edinburgh.
NCB	= New Clarendon Bible, Oxford.
NEB	= Die Neue Echter Bibel, Würzburg.
NTD	= Das Neue Testament Deutsch, Göttingen.
NTS	= New Testament Studies, Washington D.C.
ÖTK	= Ökumenischer Taschenbuchkommentar zum Neuen Testament, Gütersloh.
QD	= Quaestiones Disputatae, Freiburg/Br.
RGG	= Die Religion in Geschichte und Gegenwart, Bd. I–VI, 3. Aufl. Tübingen 1957–1962.
RNT	= Regensburger Neues Testament, Regensburg.
SBS	= Stuttgarter Bibelstudien, Stuttgart.
ThHK	= Theologischer Handkommentar zum Neuen Testament, Berlin.
ThR	= Theologische Rundschau, Tübingen.
ThZ	= Theologische Zeitschrift, Basel.
TRE	= Theologische Realenzyklopädie, Berlin.

ThWNT = Theologisches Wörterbuch zum Neuen Testament, Stuttgart.
WBCom = World Biblical Commentary, Waco/Texas.
WdF = Wege der Forschung, Darmstadt.
ZBK = Zürcher Bibelkommentar, Zürich.
ZNW = Zeitschrift für die Neutestamentliche Wissenschaft und die Kunde der älteren Kirche, Berlin.
ZThK = Zeitschrift für Theologie und Kirche, Tübingen.

1 *M. Hengel,* Die christologischen Hoheitstitel im Urchristentum, in: H. v. Stietencron (Hrsg.), Der Name Gottes, Düsseldorf 1975, S. 91.

2 Zum *Buddhismus*: *Texte* aus der klassischen Literatur *zur Gestalt Buddhas* wurden gesammelt und ediert von *H. v. Glasenapp,* Pfad zur Erleuchtung. Buddhistische Grundtexte, Düsseldorf-Köln 1956, unveränderte Neuausgabe 1980. Ebenso: *E. Waldschmidt,* Die Legende vom Leben des Buddha in Auszügen aus den heiligen Texten (1929); verbesserte Neuausgabe Graz 1982.
Kritische Buddha-Biographien: *H. Oldenberg,* Buddha. Sein Leben, seine Lehre, seine Gemeinde (1881), Neuausgabe Stuttgart o. J. *H. Neumann,* Die Mutter des Religionsstifters, Stuttgart 1935, S. 4–21. *J. Auboyer – J. L. Nou,* Buddha. Der Weg der Erleuchtung, Freiburg/Br. 1982. *H. W. Schumann,* Der historische Buddha, Köln 1982; *ders.,* Buddhistische Bilderwelt. Ein ikonographisches Handbuch des Mahayana- und Tantrayana-Buddhismus, Köln 1986. *E. Lamotte,* Der Buddha. Seine Lehre und seine Gemeinde, in: *H. Bechert – R. Gombrich,* Die Welt des Buddhismus, München 1984, S. 41–58. *H. Küng – H. Bechert,* Buddhismus und Christentum, in: H. Küng u. a., Christentum und Weltreligionen. Hinführung zum Dialog mit Islam, Hinduismus u. Buddhismus, München 1984, S. 411–614, bes. S. 598–614.
Zum *Judentum* vgl. Hauptteil II:A: Von Hiob zu Henoch: Das Alte Testament.
Zum *Islam*: Grundlegend sind hier die Arbeiten von *G. Böwering,* The Mystical Vision of Existence in Classical Islam, Berlin 1979. *A. Schimmel,* Und Muhammad ist sein Prophet. Die Verehrung des Propheten in der islamischen Frömmigkeit, Düsseldorf-Köln 1981. *J. van Ess – H. Küng,* Islam und Christentum, in: H. Küng u. a., Christentum und Weltreligionen, S. 27–201, bes. S. 48.162.

3 *E. Fried,* Kreuzweg, zit. nach: *K. Marti (Hrsg.),* Stimmen vor Tag. Anthologie moderner religiöser Lyrik, Hamburg 1965, S. 57.

4 *R. M. Rilke,* Der Brief des jungen Arbeiters, in: Sämtliche Werke Bd. XI, Frankfurt 1976, S. 1114 (Werkausgabe in 12 Bdn.).

5 Das »Lexikon für Theologie und Kirche« konnte es sich noch leisten, einen 18 Zeilen »langen« Artikel unter diesem Stichwort (selbstverständlich mit zahlreichen Querverweisen) aufzunehmen (Bd. VIII Freiburg/Br. 1963, S. 675). Ausführlicher gerät der Artikel »Präexistenz«, wenn auch ohne zeitgenössisches Problembewußtsein, im neuesten *Lexikon der katholischen Dogmatik,* hrsg. v. W. Beinert, Freiburg/Br. 1987.

6 *K. Rahner,* Grundkurs des Glaubens. Einführung in den Begriff des Christentums, Freiburg/Br. 1976, S. 297. Die folgende Definition stammt aus: *K. Rahner – H. Vorgrimler,* Kleines Theologisches Wörterbuch, Freiburg/Br. 1961, S. 298.

7 So zu Recht kritisch: *W. Löser,* Jesus Christus – Gottes Sohn, aus dem Vater geboren vor aller Zeit. Zur Deutung der Präexistenzaussagen in der gegenwärtigen Theologie, in: Communio 6 (1977), S. 31–45, bes. S. 34 f. Löser

bezieht sich zu Recht auf das schuldogmatische Standardwerk von: *L. Ott*, Grundriß der Dogmatik, Freiburg/Br. 8. Aufl. 1970, S. 80–92.

8 *Origenes*, Gegen Celsus, 2,9.

9 *Justin*, Dialog mit dem Juden Tryphon, 48,1.

10 *J. W. v. Goethe*, West-östlicher Diwan, in: Gesamtausgabe Bd. V, München 1961, S. 114 (dtv-Ausgabe).

11 Ebd.

12 *P. Sloterdijk*, Kritik der zynischen Vernunft Bd. II, Frankfurt/M. 1983, S. 518.

13 *M. Daly*, Jenseits von Gottvater, Sohn und Co (amerik. 1973); dt.: München 1978, S. 88–117.

14 *H. Heine*, Ludwig Börne. Eine Denkschrift, in: Sämtliche Schriften Bd. VII (1837–1844), hrsg. v. K. Briegleb, München-Wien 1976, S. 47 f.

15 *F. Schleiermacher*, Der christliche Glaube Bd. II, hrsg. v. M. Redeker, Berlin 1960, S. 458–473 (»Von der göttlichen Dreiheit«).

16 *L. Feuerbach*, Das Wesen des Christentums, Stuttgart 1969, S. 127 (»Das Mysterium der Dreieinigkeit u. Mutter Gottes«).

17 *C. G. Jung*, Antwort auf Hiob, Zürich 1973, S. 81.

18 *E. Bloch*, Der Mensch unter christlichem und marxistischem Aspekt. Vortrag vor der Paulus-Gesellschaft in München am 2. 5. 1964, gesendet vom Bayerischen Rundfunk am 3. 11. 1964. Text als Beigabe der Schallplattenkassette: Es spricht Ernst Bloch. 4 Reden, hrsg. v. G. Kalow, Frankfurt/M. 1970 (Suhrkamp Verlag).

19 Ebd.

20 *S. Kierkegaard*, Einübung im Christentum, in: Gesammelte Werke, hrsg. v. E. Hirsch u. H. Gerdes, TB-Ausgabe Gütersloh 1980, S. 112 f.

21 Ebd. S. 125.

22 *G. E. Lessing*, Über den Beweis des Geistes und der Kraft, in: Lessing Werke, hrsg. v. K. Wölfel Bd. III (Schriften II), Frankfurt/M. 1967, S. 310.

23 Ebd., S. 311.

24 Ebd.

25 *M. Dibelius*, Art. Christologie, in: RGG Bd. I, 2. Aufl. Tübingen 1927, S. 1593.

26 Zur gegenwärtigen *Debatte um die Christologie* vgl.: *L. Scheffczyk (Hrsg.)*, Grundfragen der Christologie heute (mit Beiträgen v. H. Fries, A. Halder, P. Hünermann, W. Kasper, F. Mussner), Freiburg/Br. 1975. *J. Sauer (Hrsg.)*, Wer ist Jesus Christus? (mit Beiträgen von H. U. v. Balthasar, E. Biser, W. Kasper, H. Riedlinger, A. Vögtle, B. Welte, Freiburg/Br. 1977. *J. Blank – G. Hasenhüttl (Hrsg.)*, Glaube an Jesus Christus. Neue Beiträge zur Christologie (mit Beiträgen von E. Haag, K.-H. Ohlig, K. Rahner, E. Schillebeeckx, R. Schnackenburg, R. Schwager, M. Simon, P. Stockmeier, C. Thoma, R. Zerfaß), Düsseldorf 1980. *W. Kasper (Hrsg.)*, Christologische Schwerpunkte (mit Beiträgen von J. Gnilka, W. Kasper, K. Lehmann, E. Zenger), Düsseldorf 1980. *A. Ziegenaus (Hrsg.)*, Wegmarken der Christologie (mit Beiträgen von A. Grillmeier, W. Kern, H. Leroy, A. Ziegenaus), Donauwörth 1980. *Ausgewählte Fragen zur Christologie*. Eine Studie der Internationalen Theologenkommission, in: Herder Korrespondenz 35 (1981), S. 137–145 (hier fällt das Wort von der christlichen »Katharsis« des Hellenismus).

ERSTER HAUPTTEIL: Gescheiterte Gespräche gestern:

Christologie im Streit zwischen Geschichte, Offenbarung und Mythos

A. Schlichtheit des Evangeliums – nicht Christologie: Adolf von Harnack

I. Werke und Schriften

Lehrbuch der Dogmengeschichte Bd. I–III, Tübingen 1885–1898; 4. Aufl. 1909–1910; Neudruck der 4. Aufl. Darmstadt 1980.

Zur Vorstellung von der Präexistenz, in: Lehrbuch der Dogmengeschichte Bd. I, S. 797–826.

Das Apostolische Glaubensbekenntnis. Ein geschichtlicher Bericht nebst einer Einleitung und einem Nachwort (1892), in: Reden und Aufsätze Bd. I, Gießen 1904, S. 215–264.

Antwort auf die Streitschrift D. Cremers. Zum Kampf um das Apostolikum (1892), in: Reden und Aufsätze Bd. I, Giessen 1904, S. 265–298.

Ritschl und seine Schule (1897), in: Reden und Aufsätze Bd. II, Gießen 1904, S. 345–368.

Christus als Erlöser (1899), in: Ausgewählte Reden und Aufsätze, anläßlich des 100. Geb. d. Verf. neu hrsg. v. A. v. Zahn-Harnack und A. v. Harnack, Berlin 1951.

Als die Zeit erfüllet war. Der Heiland (1899/1900), in: Reden und Aufsätze Bd. I, Gießen 1904, S. 293–311.

Das Wesen des Christentums (1900). Neuausgabe mit einem Geleitwort von R. Bultmann, München-Hamburg 1964 (Siebenstern TB 27).

Mission und Ausbreitung des Christentums in den ersten drei Jahrhunderten (1902, 4. Aufl. 1924). Unveränderter Nachdruck der 4. verb. u. verm. Auflage v. 1924 Wiesbaden o. J.

Was hat die Historie an fester Erkenntnis zur Deutung des Weltgeschehens zu bieten? Ein Vortrag (1920), in: Erforschtes und Erlebtes, Gießen 1923, S. 171–195.

Friedensaufgaben und Friedensarbeit. Eine Denkschrift im Sommer 1916 dem Reichskanzler auf Ersuchen eingereicht, in: Erforschtes und Erlebtes, Gießen 1923, S. 279–297.

Das Gebot der Stunde – Eine Denkschrift im Juni 1917 dem Reichskanzler gereicht, in: Erforschtes und Erlebtes, Gießen 1923, S. 298–302.

Die Religion im Weltkrieg (28. 3. 1918), in: Erforschtes und Erlebtes, Gießen 1923, S. 306–314.

Marcion. Das Evangelium vom fremden Gott. Eine Monographie zur Geschichte der katholischen Kirche (1920). Neue Studien zu Marcion (1923). Nachdruck der 2. verb. u. verm. Auflage von 1924 Darmstadt 1985.

II. Literatur über Harnack

1. Bibliographien

F. Smend, Adolf von Harnack. Verzeichnis seiner Schriften, Leipzig 1927.

ders., Adolf von Harnack – Verzeichnis seiner Schriften, 1927–1930 (u. Verzeichnis der ihm gewidmeten Schriften von Axel von Harnack), Leipzig 1931.

J. Hörnscheid – M. Schwabe, Kurzgefaßtes Verzeichnis der Korrespondenz Adolf von Harnacks, in: Zeitschrift für Kirchengeschichte 88 (1977), S. 285–301.

2. Zur Biographie

Agnes v. Zahn-Harnack, Adolf von Harnack, Berlin 1936.

Axel v. Harnack, Der Aufruf Kaiser Wilhelms II. beim Ausbruch des Ersten Weltkrieges, in: Die neue Rundschau 64 (1953), H. 4, S. 1–9.

K. Hammer, Adolf von Harnack und der Erste Weltkrieg, in: Zeitschrift für evangelische Ethik 16 (1972), S. 85–101.

3. Zum Apostolikum-Streit

A. v. Harnack, Das Apostolische Glaubensbekenntnis, Berlin 1892.

H. Cremer, Zum Kampf um das Apostolikum. Eine Streitschrift wider D. Harnack, Berlin 5. Aufl. 1893.

W. Bornemann, Der Streit um das Apostolikum. Vortrag, Magdeburg 3. Aufl. 1893.

F. Kattenbusch, Zur Würdigung des Apostolikums. Geschichtliche Skizzen, Leipzig 1892.

F. M. Rendtorff, Das Apostolikum. Eine evangelische Verantwortung vor der Gemeinde aus Anlaß der neuesten Streitigkeiten, Gotha 1893.

E. Chr. Achelis, Zur Symbolfrage. Zwei Abhandlungen (I. Die Verpflichtung der evangelischen Theologen auf die Symbole. II. Der Gebrauchswert des Apostolikums), Berlin 1892.

J. Kaftan, Die Verpflichtung auf das Bekenntnis in der evangelischen Kirche, Leipzig 1893.

G. Habermann, Wider den Reichsboten. In Sachen des Evangeliums und der Freiheit, Leipzig 1893.

4. Zum Werk allgemein

W. Schneemelcher, Das Problem der Dogmengeschichte. Zum 100. Geburtstag Adolf von Harnacks, in: Zeitschrift für Theologie und Kirche 48 (1951) S. 63–89.

ders., Art. A. v. Harnack, in: Die Religion in Geschichte und Gegenwart, Tübingen 3. Aufl. 1959, Bd. III, Sp. 77–79.

E. Fascher, Adolf von Harnack. Größe und Grenzen, Berlin 1962.

W. H. Capps, Harnack and ecumenical discussion, in: Journal of Ecumenical Studies 3 (1966), S. 486–502.

G. W. Glick, The Reality of Christianity. A Study of Adolf von Harnack as Historian and Theologian, New York-Evanston-London 1967.

W. Pauck, Harnack and Troeltsch. Two Historical Theologians, New York 1968.
L. Cavallin, Dogma und Dogmenentwicklung bei Adolf von Harnack. Eine Frage an die neuere Theologie, Volkach 1976.
K. H. Neufeld S. J., Adolf von Harnack – Theologie als Suche nach der Kirche, Paderborn 1977 (Lit.!).
ders., Adolf von Harnacks Konflikt mit der Kirche. Weg-Stationen zum »Wesen des Christentums«, Innsbruck-Wien-München 1979 (Lit!).
H.-J. Schmitz, Frühkatholizismus bei A. v. Harnack, R. Sohm u. E. Käsemann, Düsseldorf 1977.
W. Döbertin, A. v. Harnack. Theologe, Pädagoge, Wissenschaftspolitiker, Frankfurt/M.-Bern-New York 1985.

5. Zur Christologie
E. Metzner, Das Christusbild in Harnacks »Das Wesen des Christentums«, Graudenz 1921.
E. Bammel, Der historische Jesus in der Theologie Adolf von Harnacks, in: Tutzinger Texte 1, München 1968, S. 71–97.
H.-G. Link, Geschichte Jesu und Bild Christi. Die Entwicklung der Christologie Martin Kählers in Auseinandersetzung mit der Leben-Jesu-Theologie und der Ritschl-Schule, Neukirchen 1975 (vor allem: S. 279–290).
J. W. Fraser, Jesus and Paul: Paul as interpreter of Jesus from Harnack to Kümmel, Abingdon 1975.
F. Courth, Das Wesen des Christentums in der liberalen Theologie, Frankfurt/M. 1977.
K. H. Neufeld, Adolf von Harnack – Theologie als Suche nach der Kirche, Paderborn 1977, S. 102–129; 309–327.

6. Zum Verhältnis Harnack-Barth
D. L. Deegan, The Ritschlian School, the Essence of Christianity and Karl Barth, in: Scottish Journal of Theology 16 (1963), S. 390–414.
D. Braun, Der Ort der Theologie. Entwurf für einen Zugang zum Verständnis des Briefwechsels zwischen A. v. Harnack und K. Barth aus dem Jahre 1923, in: Parrhesia. Karl Barth zum 80. Geburtstag, Zürich 1966, S. 11–49.
E. Fascher, A. v. Harnacks und K. Barths Thesenaustausch von 1923, in: Frage und Antwort. Studien zur Theologie und Religionsgeschichte, Berlin 1968, S. 201–231.
H. M. Rumscheidt, Revelation and Theology. An Analysis of the Barth-Harnack Correspondence of 1923, New York 1972.
W. Härle, Der Aufruf von 93 Intellektuellen und Karl Barths Bruch mit der liberalen Theologie, in: ZThK 72 (1975), S. 207–224.
P. Henke, Erwählung und Entwicklung. Zur Auseinandersetzung zwischen Adolf von Harnack und Karl Barth, in: Neue Zeitschrift für Systematische Theologie 18 (1976), S. 194–208.
K. H. Neufeld, A. v. Harnack – Theologie als Suche nach der Kirche, Paderborn 1977, S. 293–309.

7. Verhältnis zum Judentum

L. Baeck, Harnacks Vorlesungen über das Wesen des Christentums, in: Monatsschrift für Geschichte und Wissenschaft des Judentums 45 (1901), S. 97–120.

F. Perles, Was lehrt uns Harnack? Frankfurt/M. 1902.

K. Kunert, Was lernen Juden und Christen von Dr. Perles? Ein bescheidener Beitrag zur Harnack-Literatur, Königsberg 1902.

ders., Offener Brief an Herrn Rabbiner Dr. F. Perles, Königsberg 1902.

J. Eschelbach, Das Judentum und das Wesen des Christentums, Berlin 1905.

U. Thal, Theologische Debatte um das »Wesen« des Judentums, in: Juden im wilhelminischen Deutschland 1890–1914, hrsg. v. W. W. Mosse u. Mitw. v. A. Peuker, Tübingen 1976, S. 599–632.

P. von der Osten-Sacken, Rückzug ins Wesen und aus der Geschichte. Antijudaismus bei A. v. Harnack u. R. Bultmann, in: Wissenschaft und Praxis in Kirche und Gesellschaft 67 (1978), S. 106–122.

Anmerkungen Adolf von Harnack

1 Vgl. das abschätzige Urteil in: *K. Barth,* Die Protestantische Theologie im 19. Jhdt., S. 46.

2 Immerhin haben sich katholische Theologen in den siebziger Jahren um eine faire Darstellung von Harnacks Anliegen bemüht. So: *H. J. Schmitz,* Frühkatholizismus (1977). *K. H. Neufeld,* A. v. Harnack (1977), *ders.,* A. v. Harnacks Konflikt (1979).

3 Dies betrifft vor allem Harnacks »Hellenisierungsthese«. Vgl. dazu: *A. Grillmeier,* Jesus Christus im Glauben der Kirche Bd. I–II, Freiburg 1979; *ders.,* Hellenisierung – Judaisierung des Christentums als Deuteprinzipien der Geschichte des kirchlichen Dogmas, in: Scholastik 33 (1958), S. 321–355.528–558; *ders.,* Die altkirchliche Christologie und die moderne Hermeneutik, in: Theologische Berichte Bd. I, hrsg. v. J. Pfammater – F. Furger, Zürich-Einsiedeln 1972, S. 69–169. *E. Ricken,* Das Homoousios von Nikaia als Krisis des altchristlichen Platonismus, in: Zur Frühgeschichte der Christologie, hrsg. v. B. Welte, Freiburg 1970; S. 74–99.

4 *E. Troeltsch,* Was heißt »Wesen des Christentums« (1903), in: Ges. Schriften Bd. II (Zur religiösen Lage, Religionsphilosophie und Ethik), Aalen 1981, S. 386–451, Zit. S. 387.

5 *R. Bultmann,* Geleitwort, in: A. v. Harnack, Das Wesen des Christentums (1964), S. 7.

6 *A. v. Zahn-Harnack,* A. v. Harnack, S. 93.

7 Ebd., S. 82.

8 Ebd., S. 82 f.

9 Vgl.: *F. Schleiermacher,* Das Leben Jesu (1832), in: F. Schleiermachers literarischer Nachlaß. Zur Theologie I, Berlin 1864, S. 100. *A. Ritschl,* Die christliche Lehre von der Rechtfertigung und Versöhnung Bd. III, Bonn 2. Aufl. 1883, S. 373. Zur theologiegeschichtlichen Einordnung vgl.: *R. Slenczka,* Geschichtlichkeit und Personsein Jesu Christi. Studien zur christologischen

Problematik der historischen Jesusfrage, Göttingen 1967. *F. Beisser*, Schleiermachers Lehre von Gott, dargestellt nach seinen Reden und seiner Glaubenslehre, Göttingen 1970. *E. Lessing*, Zu Schleiermachers Verständnis der Trinitätslehre, in: ZThK 76 (1979), S. 450–488.

10 Ebd., S. 83.

11 Ebd., S. 80.

12 Vgl. ebd., S. 77–80.

13 *K. H. Neufeld*, A. v. Harnack (1977), S. 109.

14 *A. v. Zahn-Harnack*, S. 95.

15 Ebd., S. 100 f.

16 Alle Zitate ebd., S. 100.

17 Ebd., S. 102.

18 Die geschichtlichen Hintergründe sind ausführlich geschildert bei *K. H. Neufeld*, A. v. Harnacks Konflikt, Kap. V: Dogma in Geschichte – Konflikt um die Wissenschaft. Die Berufung A. v. Harnacks an die Universität Berlin.

19 *A. v. Harnack*, Lehrbuch der Dogmengeschichte Bd. I, S. X (künftig zitiert mit Abkürzung DG+Band+Seite).

20 Zur Bewertung: *W. Schneemelcher*, Art. A. v. Harnack, in: RGG Bd. III, 3. Aufl. Tübingen 1959, Sp. 77–79.

21 *A. v. Zahn-Harnack*, S. 171.

22 DG I, S. 70 (im Original z. T. gesperrt gedruckt).

23 DG I, S. 496.

24 DG I, S. 220.

25 Ebd.

26 Alle Zitate dieses Abschnitts: DG I, S. 804 f.

27 Beide Zitate in diesem Abschnitt DG I, S. 549.

28 DG I, S. 806; vgl. auch in DG I, S. 697–707 Harnacks zusammenfassende *Kritik an der Logoschristologie*: »Die Formel vom Logos legitimierte die Spekulation, d. h. die neuplatonische Philosophie, innerhalb des kirchlichen Glaubens« (S. 698). Die »Aufrichtung der Logoschristologie *innerhalb* der Glaubensregel (bedeutete) für die große Menge der Christen die Aufrichtung eines Mysteriums, das seinen Schwerpunkt in der kosmischen Metaphysik hatte. Das religiöse Geheimnis wird zum kosmischen Geheimnis. Ein solches verlangt priesterliche Theologen und entmündigt die Laien« (S. 699). »Indem die philosophische Logoschristologie zu vollem Siege gelangte, wurde mit der Verdammung der Lehre von der strengen Einzelpersönlichkeit Gottes die gnostische Zwei-Naturenlehre in Bezug auf Christus aufgerichtet. Aber diese scheinbare Bereicherung Christi kam einer Verarmung gleich, weil sie die volle menschliche Persönlichkeit Christi in Wahrheit strich. Die ›Natur‹ trat an die Stelle; aber die ›Natur‹ des Menschen ohne die ›Person‹ ist ein Nichts« (S. 704 f.).

29 DG I, S. 806.

30 Vgl. Harnacks Rekonstruktion des religionsgeschichtlichen Hintergrunds der Präexistenzvorstellung: DG I, S. 797–800.

31 DG I, S. 800.

32 Ebd.

33 DG I, S. 801.

34 Zu Harnacks *Paulusdeutung* vgl. DG I, S. 102–107.802 f.

35 DG I, S. 802.

36 DG I, S. 802 f.
37 Zu Harnacks *Johannesdeutung* vgl. DG I, S. 108–110, vor allem: S. 804 f.
38 DG I, S. 118.
39 DG I, S. 117: »Aus dem hier und im Texte Ausgeführten geht hervor, daß die Präexistenzvorstellungen an sich für jüdisch im strengen Sinn zu halten sind.« Ebenso: DG I, S. 802: »Auch die Ausführung in 1Kor 15,45 f. kann in ihrer Grundlage noch so verstanden werden, daß sie mit der alten Auffassung vom Messias als *dem* himmlischen Menschen, der bei Gott verborgen gewesen ist, übereinstimmt.«
40 DG I, S. 118.
41 DG I, S. 803.
42 Bis hinein in jüdische Kreise ist Harnacks Wirkung spürbar: *H.-J. Schoeps*, Paulus. Die Theologie des Apostels im Lichte der jüdischen Religionsgeschichte, Tübingen 1950, S. 154 u. 173.
43 *H. Cremer*, Zum Kampf um das Apostolikum, S. 32.
44 Ebd., S. 35.
45 Ebd., S. 36.
46 Ebd., S. 37.
47 *A. v. Harnack*, Das apostolische Glaubensbekenntnis, S. 221.
48 Ebd., S. 221–264.
49 Ebd., S. 223.
50 Ebd., S. 242.
51 Ebd., S. 243.
52 Ebd. So auch: *F. Kattenbusch*, Zur Würdigung des Apostolikums, S. 21.
53 Zur Bedeutung von *H. Cremer* vgl. den Artikel in: RGG Bd. I, Tübingen 1957, Sp. 1881 f.
54 *A. v. Harnack*, Antwort auf die Streitschrift D. Cremers, S. 265–298.
55 Ebd., S. 294 f.
56 Ebd., S. 295.
57 Ebd., S. 295.
58 Ebd.
59 Ebd.
60 Ebd.
61 Ebd., S. 295 f.
62 Ebd., S. 296.
63 Ebd.
64 *A. v. Zahn-Harnack*, S. 210.
65 *A. Schlatter*, Rückblick auf meine Lebensarbeit, 2. Aufl. Stuttgart 1977, S. 159–166, Zit. S. 163.
66 *A. v. Zahn-Harnack*, S. 210.
67 Die Hintergründe sind gut beschrieben bei: *K. H. Neufeld*, A. v. Harnacks Konflikt, Kap. VII: »Das Wesen des Christentums«.
68 *A. v. Zahn-Harnack*, S. 244.
69 *A. v. Harnack*, Das Wesen, S. 84.
70 Ebd.
71 Ebd., S. 93.
72 Ebd., S. 92.
73 *Axel v. Harnack*, Der Aufruf Kaiser Wilhelms II. beim Ausbruch des 1. Weltkriegs, S. 4.

74 Vgl. *A. v. Harnack*, Friedensaufgaben und Friedensarbeit (1916); Das Gebot der Stunde (1917).
75 *A. v. Harnack*, Die Religion im Weltkrieg, S. 313.
76 Ebd., S. 313.
77 *H. Hesse*, Brief an einen jungen Deutschen, in: *ders.*, Ges. Werke Bd. X, Frankfurt/M. 1970, S. 460–465, Zit. S. 461 f.
78 Der Text ist abgedruckt in: *A. v. Zahn-Harnack*, S. 540–542.
79 Zur kritischen Rezeption der Harnackschen Dogmengeschichte vgl.: *W. Schneemelcher*, Das Problem der DG, in: ZThK 48 (1951), S. 63–89. *K. Beyschlag*, Grundriß der Dogmengeschichte, 2. Aufl. Darmstadt 1988, S. 36–44. Zur Kritik an Harnacks Präexistenzverständnis vgl.: *M. Hengel*, Der Sohn Gottes, S. 12–17.
80 DG I, S. 704.
81 Eine überzeugende Analyse des »Wandels der Inhalte im Religionsunterricht«, die eine Abkehr von einer Präexistenzchristologie zu einer »Christologie von unten« nachweist, in: *A. Exeler*, Inhalte des RU, in: Handbuch der Religionspädagogik Bd. II, hrsg. v. E. Feifel u. a., Gütersloh-Zürich 1974, S. 90–118, bes. S. 111 f.
82 *Neues Glaubensbuch*. Der gemeinsame christliche Glaube, hrsg. v. J. Feiner – L. Vischer, Freiburg/Br. 1973, S. 230.
83 *Evangelischer Erwachsenenkatechismus*: Kursbuch des Glaubens, hrsg. v. W. Jentsch u. a., Gütersloh 1975, S. 408.
84 *Evangelischer Gemeindekatechismus*, hrsg. v. H. Keller u. a., Gütersloh 1979, S. 172.
85 *Katholischer Erwachsenenkatechismus*. Das Glaubensbekenntnis der Kirche, hrsg. v. der Dt. Bischofskonferenz, Kevelaer 1985, S. 76. Eine gute Problemanzeige bietet auch das Einführungsreferat v. *W. Kasper*, Die Weitergabe des Glaubens. Schwierigkeit und Notwendigkeit einer zeitgemäßen Glaubensvermittlung, in: Einführung in den kath. Erwachsenenkatechismus, hrsg. v. W. Kasper, Düsseldorf 1985, S. 13–15.
86 Die Umfrage wurde abgedruckt in: DER SPIEGEL vom 18. 12. 1967. Die vollständige Umfrage bei: *W. Harenberg (Hrsg.)*, Was glauben die Deutschen? Die Emnid-Umfrage. Ergebnisse-Kommentar, München-Mainz 1968, bes. S. 84. Die detaillierten Zahlen zeigen, daß zur kirchlichen Christologie Protestanten noch weniger ein Verhältnis haben (33 %) als Katholiken (50 %), daß aber der Prozentsatz bei praktizierenden Protestanten wie Katholiken höher liegt: 62 % bzw. 69 %.
87 Was glauben die Deutschen? II. Eine neue IFAK-Untersuchung zu diesem Thema. IFAK-Spektrum 3 (25 S.).
88 Ebd., S. 8 (Kommentar v. W. Harenberg).
89 Zitiert bei *E. Bethge*, Dietrich Bonhoeffer. Eine Biographie, München 1970, S. 175.

B. Christologie: »abfließendes Gletscherwasser« – nicht »stehende Lagune«: Karl Barth

I. Werke und Schriften

1. Bibliographien

Chr. v. Kirschbaum, Bibliographie 1906 – 1955, in: Antwort. Festschrift zum 70. Geburtstag, Zollikon-Zürich 1956, S. 945–960.

E. Busch, Bibliographie 1956–1965, in: Parrhesia. Festschrift zum 80. Geburtstag, Zürich 1966, S. 709–723.

H.-A. Drewes (Hrsg.), Bibliographie Karl Barth Bd. I: Veröffentlichungen von Karl Barth, Zürich 1984.

2. Werke und Schriften

Der Römerbrief (1. Aufl. 1918; 2. Aufl. 1922). Nachdruck der 2. Auflage München 1967.

Ein Briefwechsel zwischen Karl Barth und Adolf von Harnack (1923), in: Anfänge der dialektischen Theologie Bd. I, hrsg. v. J. Moltmann, München 1974, S. 323–347.

Das Wort Gottes und die Theologie. Gesammelte Vorträge, München 1924.

Die neue Welt in der Bibel, in: Das Wort Gottes und die Theologie, S. 18–32.

Der Christ in der Gesellschaft, in: Das Wort Gottes und die Theologie, S. 33–69. Zitiert wird der Text nach der Ausgabe: J. Moltmann (Hrsg.), Anfänge der dialektischen Theologie Bd. I, München 3. Aufl. 1962, S. 49–76

Biblische Fragen, Einsichten und Ausblicke, in: Das Wort Gottes und die Theologie, S. 70–98.

Das Wort Gottes als Aufgabe der Theologie, in: Das Wort Gottes und die Theologie, S. 156–178.

Reformierte Lehre, ihr Wesen und ihre Aufgabe, in: Das Wort Gottes und die Theologie, S. 179–202.

»Unterricht in der christlichen Religion« Bd. I: Prolegomena (1924), hrsg. v. H. Reiffen, Zürich 1985 (Karl Barth Gesamtausgabe II: Akad. Werke).

Die christliche Dogmatik im Entwurf Bd. I: Die Lehre vom Wort Gottes. Prolegomena zur christlichen Dogmatik (1927), hrsg. v. G. Sauter, Zürich 1982 (Karl Barth Gesamtausgabe II: Akad. Werke).

Die Theologie und die Kirche. Gesammelte Vorträge Bd. II, München 1928.

Das Wort in der Theologie von Schleiermacher bis Ritschl, in: Die Theologie und die Kirche, S. 190–211.

Ludwig Feuerbach, in: Die Theologie und die Kirche, S. 212–239.

Die dogmatische Prinzipienlehre bei Wilhelm Herrmann, in: Die Theologie und die Kirche, S. 240–284.

Kirche und Theologie, in: Die Theologie und die Kirche, S. 302–328.

Erklärung des Philipperbriefes, München 1928.

Fides quaerens intellectum. Anselms Beweis der Existenz Gottes im Zusammenhang seines theologischen Programms, hrsg. v. E. Jüngel u. U. Dalferth, Zürich 1981 (Karl Barth Gesamtausgabe II. Akad. Werke).

Kirchliche Dogmatik, Bd. I/1 – IV/4, Zürich 1932–1967.
Theologische Existenz heute!, München 1933.
Nein! Antwort an Emil Brunner, München 1934.
Eine Schweizer Stimme (1938–1945), Zürich, 2. Aufl. 1953.
Die protestantische Theologie im 19. Jahrhundert. Ihre Vorgeschichte und ihre Geschichte, Zürich 1946.
Rudolf Bultmann. Ein Versuch ihn zu verstehen (1952), in: ders., Zwei theologische Studien, Zürich 3. Auflage 1964, S. 9–65.
Wolfgang Amadeus Mozart (1756/1956), Zürich 1956.
Die Menschlichkeit Gottes. Vortrag gehalten an der Tagung des Schweiz. Ref. Pfarrvereins in Aarau am 25. 9. 1956, Zürich 1956.
Evangelische Theologie im 19. Jahrhundert, Zollikon-Zürich 1957.
Theologische Fragen und Antworten, Zürich 1957.
Der Götze wackelt. Zeitkritische Aufsätze, Reden und Briefe von 1930–1960, hrsg. v. K. Kupisch, Berlin 1961.
Einführung in die evangelische Theologie, Zürich 1962, 2. Aufl. 1963.
Nachwort zur Schleiermacher-Auswahl, besorgt v. H. Bolli, München-Hamburg 1968.
Letzte Zeugnisse, Zürich 1969.

3. Briefausgaben
Briefwechsel mit Eduard Thurneysen (1913–1930) Bd. I–II, Zürich 1973–1974 (Karl Barth Gesamtausgabe V: Briefe).
Briefwechsel mit Rudolf Bultmann (1922–1966), hrsg. v. B. Jaspert, Zürich 1971 (Karl Barth Gesamtausgabe V: Briefe).
Briefe (1961–1968), hrsg. v. J. Fangmeier u. H. Stoevesandt, Zürich 1979 (Karl Barth Gesamtausgabe V: Briefe).
Späte Freundschaft. Briefwechsel mit Carl Zuckmayer, Zürich 1977, 7. Auflage 1981.
Briefwechsel mit Martin Rade, hrsg. v. Ch. Schöbel, Gütersloh 1981.

II. Literatur über Karl Barth

1. Bibliographie
M. Kwiran, Index to Literature on Barth, Bonhoeffer and Bultmann, Basel 1977.

2. Zur Biographie
Karl Barth (1886–1968). Gedenkfeier im Basler Münster, Zürich 1969 (mit Beiträgen u. a. von E. Busch, H. Gollwitzer, J. L. Hromadka, H. Küng, E. Jüngel, W. A. Visser't Hooft).
W. Härle, Der Aufruf der 93 Intellektuellen und Karl Barths Bruch mit der liberalen Theologie, in: ZThK 72 (1975), S. 207–224.
E. Busch, Karl Barths Lebenslauf. Nach seinen Briefen und autobiographischen Texten, München 1976.
R. Köbler, Schattenarbeit. Charlotte von Kirschbaum – die Theologin an der Seite Karl Barths, Köln 1987.

3. Zur Theologie Barths allgemein

F. Gogarten, Karl Barths Dogmatik, in: Theologische Rundschau 1 (1929), S. 60–80.

H. U. v. Balthasar, Analogie und Dialektik. Zur Klärung der theologischen Prinzipienlehre Karl Barths, in: Divus Thomas – Jahrbuch für Philosophie und spekulative Theologie 22 (1944), S. 171–216.

ders., Karl Barth. Darstellung und Deutung seiner Theologie, Einsiedeln 1951, 4. Aufl. 1976.

ders., Christlicher Universalismus, in: Antwort. Festschrift zum 70. Geburtstag von Karl Barth, Zollikon-Zürich 1956, S. 237–248.

O. Weber, Karl Barths »Kirchliche Dogmatik«. Ein einführender Bericht zu den Bänden I/1–IV/3,2 mit einem Nachtrag von H.-J. Kraus zu Bd. IV/4, Neukirchen 1950, 9. Aufl. 1981.

E. Brunner, Der neue Barth. Bemerkungen zu Karl Barths Lehre vom Menschen, in: ZThK 48 (1951), S. 89–100.

R. Prenter, Glauben und Erkennen bei Karl Barth. Bemerkungen eines lutherischen Boso zur theologischen Methode Karl Barths, in: Kerygma und Dogma 2 (1956), S. 176–192.

H. Bouillard, Karl Barth. Parole de Dieu et Existence Humaine, Bd. I–II/1–2, Paris 1957.

T. F. Torrance, Karl Barth. An Introduction to his Early Theology (1910–1931), London 1962.

J. B. Cobb, Living Options in Protestant Theology. A Survey of-Methods, Philadelphia 1962 (Kap. 7: Karl Barth).

E. Jüngel, Gottes Sein ist im Werden. Verantwortliche Rede vom Sein Gottes bei Karl Barth. Eine Paraphrase, Tübingen 1965.

ders., Barth-Studien, Zürich-Gütersloh 1982.

ders., Umstrittene Theologie. Zum 100. Geburtstag Karl Barths, in: Neue Zürcher Zeitung vom 10./11. 5. 1986.

ders., Theologische Existenz. Erinnerung an Karl Barth, in: Evangelische Kommentare 19 (1986), S. 258–260.

J. I. McCord u. T. H. L. Parker (Hrsg.), Service in Christ. Essays presented to Karl Barth on his 80. Birthday, Grand Rapids 1966.

W. Dantine – K. Lüthi (Hrsg.), Theologie zwischen gestern und morgen. Interpretationen und Anfragen zum Werk Karl Barths, München 1968.

W. Kreck, Grundentscheidungen in Karl Barths Dogmatik. Zur Diskussion seines Verständnisses von Offenbarung und Erwählung, Neukirchen-Vluyn 1978.

ders., Karl Barth, in: Theologen des Protestantismus im 19. Jhdt. Bd. II, hrsg. v. M. Greschat, Stuttgart-Berlin-Köln-Mainz 1978, S. 382–399.

S. W. Sykes (Hrsg.), Karl Barth. Studies of His Theological Method, Oxford 1979.

R. P. Crimman, Karl Barths frühe Publikationen und ihre Rezeption, Bern-Frankfurt/M.-Las Vegas 1981.

C. van Kooi, Anfängliche Theologie. Der Denkweg des jungen Karl Barth (1909–1927), München 1987 (Lit.!).

M. Beintker, Die Dialektik der »dialektischen Theologie« Karl Barths, München 1987 (Lit.!).

F. Scholz, Heil statt Verdammnis – der religiöse Code im Lichte des Evangeliums. Zugleich eine Einladung zum Gespräch mit Karl Barth, in: Theorie als Passion. N. Luhmann zum 60. Geburtstag, hrsg. v. D. Baecker u. a., Frankfurt/M. 1987, S. 107–136.

Ch. Frey, Die Theologie Karl Barths. Eine Einführung, Frankfurt/M. 1988.

4. Zur Christologie

W. Günther, Die Christologie Karl Barths. Darstellung und Beurteilung (Diss. Masch.) Mainz 1954.

H. J. Iwand, Vom Primat der Christologie, in: Antwort. Karl Barth zum 70. Geb., Zürich 1956, S. 172–189.

H. Volk, Die Christologie bei Karl Barth und Emil Brunner, in: Das Konzil von Chalcedon. Geschichte und Gegenwart Bd. I–III, hrsg. v. A. Grillmeier u. H. Bacht, Würzburg 1951–1954, Bd. III, S. 613–673.

E. Buess, Zur Prädestinationslehre Karl Barths, Zürich 1955 (Theologische Studien 43).

H. Küng, Rechtfertigung. Die Lehre Karl Barths und eine katholische Besinnung. Mit einem Geleitwort von Karl Barth, Einsiedeln 1957 (Taschenbuch-Ausgabe mit einem neuen Vorwort des Autors, München 1987).

G. Gloege, Zur Prädestinationslehre Karl Barths, in: Kerygma und Dogma 2 (1956), S. 193–255.

ders., Zur Versöhnungslehre Karl Barths, in: Theologische Literaturzeitung 85 (1960), S. 161–186.

W. Breuning, Neue Wege der protestantischen Theologie in der Prädestinationslehre, in: Trierer Theologische Zeitschrift 68 (1959), S. 193–210.

D. L. Deegan, The Christological Determinand in Barth's Doctrine of Creation, in: Scottish Journal of Theology 14 (1961), S. 119–135.

H. Diem, Christologie und Rechtfertigung bei Karl Barth, in: Evangelische Theologie 23 (1963), S. 197–213.

J. McIntyre, The Shape of Christology, Philadelphia 1966 (bes. Kap. 6: The Revelation Model).

E. H. Amberg, Christologie und Dogmatik. Untersuchung ihres Verhältnisses in der evangelischen Theologie der Gegenwart, Göttingen 1966.

G. H. Kehn, The Christological Foundation of Anthropology in the Theology of Karl Barth (Diss. Harvard University Microfilm) 1966.

R. Jensen, God after God. The God of the Past and the God of the Future seen in the Work of Karl Barth, Indianapolis-New York 1969.

E. Klinger, Formaler Vorentwurf und geschichtstheologische Einführung, in: Mysterium Salutis Bd. III/1, Zürich-Einsiedeln 1970, S. 9–43.

B. C. Hanson, Hope and Participation in Christ: A Study in the Theology of Karl Barth and Wolfhart Pannenberg (Diss. University of Princeton Microfilm) 1970.

B. Klappert, Die Auferweckung des Gekreuzigten. Der Ansatz der Christologie Karl Barths im Zusammenhang der Christologie der Gegenwart, Neukirchen-Vluyn 1971.

E. H. Friedmann, Christologie und Anthropologie. Methode und Bedeutung der Lehre vom Menschen in der Theologie Karl Barths, Münsterschwarzach 1972 (Lit.!).

Ch. C. Dickinson, Pre-existence, Resurrection and Recapitulation: An Examination of the Pre-existence of Christ in Karl Barths, Wolfhart Pannenberg and the New Testament (Diss. University of Pittsburgh Microfilm) 1973.

A. Schilson – W. Kasper, Christologie als Selbstoffenbarung Gottes (K. Barth), in: Christologie im Präsens. Kritische Sichtung neuer Entwürfe, Freiburg 1974, S. 51–62.

F. Wagner, Theologische Gleichschaltung. Zur Christologie bei Karl Barth, in: Realisierung der Freiheit, hrsg. v. T. Rendtorff, Gütersloh 1975, S. 10–49.

A. Quadt, Gott und Mensch. Zur Theologie Karl Barths in ökumenischer Sicht, München-Paderborn-Wien 1976.

G. Kraus, Vorherbestimmung. Traditionelle Prädestinationslehre im Licht gegenwärtiger Theologie, Freiburg 1977 (bes. Kap. 5: Karl Barths großer Neuansatz: Gottes Gnadenwahl) (Lit.!).

Ch. T. Waldrop, Revelation, Redemption and the Divinity of Jesus Christ, in: Scottish Journal of Theology 31 (1978), S. 501–515.

K. Runia, Karl Barth's Christology, in: Christ the Lord. Studies in Christology presented to Donald Guthrie, hrsg. v. H. H. Rowdon, Leicester 1982, S. 299–310.

S. Zoske, Die Mitte der Trinität. Möglichkeiten trinitarischer Rede von Gott nach Karl Barth u. Rudolf Bultmann, Rheinbach-Merzbach 1984.

Myung Yong Kim, Der Gottesbegriff Karl Barths in der heutigen Diskussion (Diss. Tübingen) 1985.

P. Eicher, Gottes Wahl – unsere Freiheit. Karl Barths Beitrag zur Theologie der Befreiung, in: Einwürfe 3 (Karl Barth: Der Störenfried?), München 1986, S. 215–236.

5. Zum Zeit- und Wirklichkeitsverständnis

G. Howe, Parallelen zwischen der Theologie Karl Barths und der heutigen Physik, in: Antwort. Karl Barth zum 70. Geburtstag, Zürich 1956, S. 409–422.

H. Bürkle, Dialektisches Zeitverständnis und existentialer Zeitbegriff (Diss. Universität Hamburg) 1957.

F.-W. Marquardt, Theologie und Sozialismus. Das Beispiel Karl Barths, München-Mainz 1972.

U. Dannemann, Theologie und Politik im Denken Karl Barths, München-Mainz 1977.

R. H. Roberts, Barth's Doctrine of Time: Its Nature and Implications, in: Karl Barth. Studies of his Theological Method, hrsg. v. S. W. Sykes, Oxford 1979, S. 88–146.

ders., Die Aufnahme der Theologie Karl Barths im angelsächsischen Bereich. Geschichte – Typologie – Ausblick, in: Evangelische Theologie 46 (1986), S. 369–395 (Doppelheft: Theologie zwischen den Zeiten. Zum 100. Geburtstag von Karl Barth).

F. Seven, Die Ewigkeit Gottes und die Zeitlichkeit des Menschen. Eine Untersuchung der hermeneutischen Funktion der Zeit in Karl Barths Theologie der Krisis und im Seinsdenken Martin Heideggers, Göttingen 1979.

K. Stock, Anthropologie der Verheißung. Karl Barths Lehre vom Menschen als dogmatisches Problem, München 1980 (bes. § 5: Zeit als Verheißung) (Lit.!).

D. Clausert, Theologischer Zeitbegriff und politisches Zeitbewußtsein in Karl Barths Dogmatik, dargestellt am Beispiel der Prolegomena, München 1982 (Lit.!).

G. Oblau, Gotteszeit und Menschenzeit – Eschatologie in der Kirchlichen Dogmatik von Karl Barth, Neukirchen-Vluyn 1988.

6. Zur Neuzeitkritik Barths

T. Stadtford, Eschatologie und Geschichte in der Theologie des jungen Karl Barth, Neukirchen-Vluyn 1966.

T. Rendtorff, Theorie des Christentums, Gütersloh 1972, S. 161–181.

ders. (Hrsg.), Die Realisierung der Freiheit. Beiträge zur Kritik der Theologie Karl Barths, Gütersloh 1973 (vor allem die Beiträge von F. Wagner und W. Sparn).

ders., Karl Barth, in: Klassiker der Theologie Bd. II, hrsg. v. H. Fries und G. Kretschmar, München 1983, S. 331–346.

K. G. Steck – D. Schellong, Karl Barth und die Neuzeit, München 1973 (Theologische Existenz heute 173).

D. Schellong, Barth lesen, in: Einwürfe 3 (Karl Barth: Der Störenfried?), München 1986, S. 5–92.

P. Eicher, Offenbarung. Prinzip neuzeitlicher Theologie, München 1977 (besonders Studie II: Gottes Sein als Offenbarung).

Chr. Gestrich, Neuzeitliches Denken und die Spaltung der dialektischen Theologie. Zur Frage der natürlichen Theologie, Tübingen 1977 (Lit.!).

P. Eicher – M. Weinrich, Der gute Widerspruch. Das unbegriffene Zeugnis von Karl Barth, Düsseldorf-Neukirchen-Vluyn 1986.

F. W. Graf, Ein Radikaler unter den Theologen. Zum 100. Geburtstag: Kritische Erinnerungen an Karl Barth, in: Süddeutsche Zeitung v. 10./11. 5. 1986.

H. Küng, Karl Barth und die katholische Theologie, in: Theologische Literaturzeitung 112 (1987), S. 562–578.

D. Lütz, Homo viator. Karl Barths Ringen mit Schleiermacher, Zürich 1988.

7. Zur Rolle der Exegese

J. F. Konrad, Abbild und Ziel der Schöpfung. Untersuchungen zur Exegese von Genesis 1 und 2 in Barths KD III/1, Tübingen 1962.

E. W. Wendebourg, Die Christusgemeinde und ihr Herr. Eine kritische Studie zur Ekklesiologie Karl Barths, Berlin 1967.

F.-W. Marquardt, Exegese und Dogmatik in Karl Barths Theologie, in: Kirchliche Dogmatik. Registerband, hrsg. v. H. Krause, Zürich 1970, S. 649–676.

W. Schlichting, Biblische Denkformen in der Dogmatik. Die Vorbildlichkeit des biblischen Denkens für die Methode der Kirchlichen Dogmatik Karl Barths, Zürich 1971.

D. M. Kelsey, The Use of Scripture in Recent Theology, Philadelphia 1975.

H.-J. Kraus, Logos und Sophia. Biblisch-theologische Grundlegung und Konkretisierung zum Thema »Das Licht und die Lichter«, in: H.-J. Kraus – H. Berkhof, Karl Barths Lichterlehre, Zürich 1978, S. 4–29 (Theologische Studien 123).

D. F. Ford, Barth's Interpretation of the Bible, in: Karl Barth. Studies of his Theological Method, hrsg. v. S. W. Sykes, Oxford 1979, S. 55–87.

ders., Biblical Narrative and the Theological Method of Karl Barth in the Church Dogmatics, Bern 1981.

O. Bächli, Das Alte Testament in der Kirchlichen Dogmatik von Karl Barth, Neukirchen-Vluyn 1987.

8. Zur Rolle der Literatur

J. Kelly, Franz Kafka's Trial and the Theology of Crisis, in: Southern Review 5/4 (1940), S. 748–766.

R. R. Ruether, The Left Hand of God in the Theology of Karl Barth. Karl Barth as

Mythopoetic Theologian, in: Journal of Religious Thought 25 (1968/9), S. 3–26.
W. Rothe, Der Mensch vor Gott: Expressionismus und Theologie, in: Expressionismus als Literatur. Gesammelte Studien, hrsg. v. W. Rothe, Bern-München 1969, S. 37–66.
ders., Der Expressionismus. Theologische, soziologische und anthropologische Aspekte einer Literatur, Frankfurt/M. 1977.
ders., Tänzer und Täter. Gestalten des Expressionismus, Frankfurt/M. 1979.
Chr. Eykman, Zur Theologie des Expressionismus, in: Denk- und Stilform des Expressionismus, München 1974, S. 63–107.
E. Jüngel, Gott als Geheimnis der Welt, Tübingen 1977 (§ 19: Die Menschlichkeit Gottes als zu erzählende Geschichte).
J. Kent, The End of the Line? The Development of Christian Theology in the Last Two Centuries, London 1978.
J. Updike, Faith in Search of Understanding (Rez. der engl. Ausg. v. K. Barths »Anselms Fides quaerens intellectum«), in: ders., Assorted Prose, London 1965, S. 173–182.
ders., To the Tram Hold Together (Rez. der engl. Ausg. von E. Busch, Karl Barths Lebenslauf), in: ders., Hugging to the shore. Essays and criticism., London 1984, S. 825–836.
E. Bryner, Die Bedeutung Dostojewskis für die Anfänge der Dialektischen Theologie, in: ThZ 38 (1982), S. 147–167.

9. Zur Rolle der Patristik
R. Prenter, Karl Barths Umbildung der traditionellen Zwei-Naturen-Lehre in lutherischer Beleuchtung, in: Studia Theologica, Bd. XI., 1957, S. 1–18.
S. Laeuchli, Das »Vierte Jahrhundert« in Karl Barths Prolegomena, in: Theologie zwischen gestern und morgen. Interpretationen und Anfragen zum Werk Karl Barths, hrsg. v. W. Dantine u. K. Lüthi, München 1968, S. 217–234.
H. Stickelberger, Ipsa assumptione creatur. Karl Barths Rückgriff auf die klassische Christologie und die Frage nach der Selbständigkeit des Menschen, Bern-Frankfurt/M.-Las Vegas 1979.
Ch. T. Waldrop, Karl Barth's Christology. Its Basic Alexandrinian Character, Berlin-New York-Amsterdam 1984.

10. Zur Rolle des Judentums
F.-W. Marquardt, Wendungen im Verständnis Israels, in: Parrhesia. Festschrift für Karl Barth, Zürich 1966, S. 617–638.
ders., Die Entdeckung des Judentums für die christliche Theologie. Israel im Denken Karl Barths. München 1967.
ders., Die Gegenwart des Auferstandenen bei seinem Volk Israel. Ein dogmatisches Experiment, München 1983.
L. Simon, Israels Hoffnung gibt den Juden und uns Zukunft. Ein Beitrag im Gespräch mit Karl Barth über die Juden, in: Antwort. Karl Barth zum 70. Geburtstag, Zollikon-Zürich 1956, S. 712–731.
R. E. Willis, Bonhoeffer and Barth on Jewish Suffering, in: JES 24 (1987), S. 598–615.

11. Zur Rolle der Weltreligionen
G. Hoshino, Das Verhältnis des buddhistischen Denkens zu Karl Barth, in: Antwort. Karl Barth zum 70. Geburtstag, Zürich-Zollikon 1956, S. 423–434.
H. Berkhof, Barths Lichterlehre im Rahmen der heutigen Theologie, Kirche und Welt, in: H. Berkhof – H.-J. Kraus, K. Barths Lichterlehre, Zürich 1978.
M. von Brück, Möglichkeiten und Grenzen einer Theologie der Religionen, Berlin 1979 (Lit.!).
P. F. Knitter, No Other Name? A Critical Survey of Christian Attitudes toward the World Religions, New York 1985 (bes. Abschnitt 5: The conservative evangelical model: one true religion).
P. Harrison, Karl Barth and the Nonchristian Religions, in: JES 23 (1986), S. 207–224 (Lit.!).
Ch. T. Waldrop, Karl Barth and Pure Land Buddhism, in: JES 24 (1987), S. 574–597.

12. Zum Verhältnis Barth – Bultmann
H. Fries, Bultmann, Barth und die katholische Theologie, Stuttgart 1955.
G. Wingren, Theology in Conflict. Nygren, Barth, Bultmann, Philadelphia 1958.
R. D. Newton, The method of biblical theology in Cullmann Barth and Bultmann, New York 1960.
H. Gollwitzer, Die Existenz Gottes im Bekenntnis des Glaubens, München 1963, S. 9–25.
E. Haible, Schöpfung und Heil. Ein Vergleich zwischen Bultmann, Barth und Thomas, Mainz 1964.
J. M. Robinson, Die Hermeneutik seit Karl Barth, in: Neuland der Theologie, hrsg., v. J. M. Robinson und J. B. Cobb Bd. II (Die neue Hermeneutik), Zürich 1965, S. 13–108.
J. D. Smart, The Divided Mind of Modern Theology. Karl Barth and Rudolf Bultmann 1908–1933, Philadelphia 1967.
W. Joest, Barth, Bultmann und die »existentiale Interpretation«, in: Theologie zwischen gestern und morgen. Interpretationen und Anfragen zum Werk Karl Barths, hrsg. v. W. Dantine u. K. Lüthi, München 1968, S. 67–87.
L. Malevez, Histoire du salut et philosophie. Barth – Bultmann – Cullmann, Paris 1971.
J. Schreiber, Walfisch und Elefant. Karl Barth und Rudolf Bultmann, in: Neues Testament und christliche Existenz. H. Braun zum 70. Geburtstag, Tübingen 1973, S. 463–481.
D. C. Murchison, Theology and Hermeneutics: A Critical Study in the Thought of Karl Barth and Rudolf Bultmann, Yale University 1974.
H. Ellermeier, Karl Barth, Rudolf Bultmann. Die »dialektische« Grundlegung und ihre hermeneutische Relevanz, Marburg 1974.
Ch. Hempel, Rechtfertigung als Wirklichkeit. Ein katholisches Gespräch: Karl Barth – Hans Küng – Rudolf Bultmann und seine Schule, Frankfurt/M. – Bern 1976.
Ch. Gestrich, Neuzeitliches Denken und die Spaltung der dialektischen Theologie, Tübingen 1977, S. 263–295 (Lit.!).
U. Kappes, Durch Christus befreites Leben. Theologische Untersuchungen des Glaubensverständnisses bei Karl Barth und Rudolf Bultmann, Berlin 1978.
A. Schultz, Flucht vor der Politik? Zur Bedeutung des politischen Momentes von Theologie beim frühen Barth und Bultmann, Marburg 1980.

S. Zoske, Die Mitte der Trinität. Möglichkeiten trinitarischer Rede von Gott nach Karl Barth und Rudolf Bultmann, Rheinbach-Merzbach 1984.

13. Zum Vergleich mit anderen Theologen

U. Browarzik, Glauben und Denken. Dogmatische Forschung zwischen der Transzendentaltheologie *Karl Rahners* und der Offenbarungstheologie Karl Barths, Berlin 1970.

D. Becker, Karl Barth und Martin Buber: Denker in dialogischer Nachbarschaft. Zur Bedeutung Martin Bubers für die Anthropologie Karl Barths, Göttingen 1986.

G. Ebeling, Karl Barths Ringen mit *Luther*, in: *ders.*, Lutherstudien Bd. III, Tübingen 1985, S. 428–573

E. Brinkschmidt, Sören Kierkegaard und Karl Barth, Neukirchen-Vluyn 1971.

W. Grall, Ernst Troeltsch und Karl Barth. Kontinuität im Widerspruch, München 1976.

Anmerkungen
Karl Barth

1 *K. H. Neufeld*, A. v. Harnacks Konflikt, S. 87.

I. Geschichte oder Offenbarung? Barth contra Harnack

2 Zit. nach: *E. Busch*, Karl Barths Lebenslauf, S. 50 f.
3 *K. Barth*, Evangelische Theologie im 19. Jhdt., S. 6.
4 Text bei *W. Härle*, Der Aufruf der 93 Intellektuellen, in: ZThK 72 (1975), S. 207–224.
5 Ebd., S. 209.
6 *K. Barth*, Evangelische Theologie im 19. Jhdt., S. 6.
7 Zit. nach *E. Busch*, Karl Barths Lebenslauf, S. 93.
8 *K. Barth*, Evangelische Theologie im 19. Jhdt., S. 6.
9 *A. v. Harnack*, Was hat die Historie ..., in: Erforschtes und Erlebtes, S. 171–195.
10 *A. v. Harnack*, Marcion, S. 234.
11 H. M. Rumscheidt, Revelation and Theology, S. 15 f.
12A. v. Harnack , Was hat die Historie ..., S. 193.
13 Ebd., S. 193 f.
14 Ebd., S. 195.
15 Ebd., S. 192.
16 Ebd.
17 Ebd., S. 194.
18 *K. Barth*, Biblische Fragen, S. 50.
19 Ebd., S. 52.
20 Ebd., S. 53.
21 Vgl. ebd., S. 58–60, Zitat S. 60.
22 Ebd., S. 60.

23 Ebd., S. 64.
24 Ebd., S. 58.
25 Ebd., S. 58 f.
26 Vgl. S. 60: »Denn mit dem Moment, wo Religion bewußt Religion, wo sie eine psychologisch-historisch faßbare Größe in der Welt wird, ist sie von ihrer tiefsten Tendenz, von ihrer Wahrheit abgefallen zu den Götzen.«
27 Vgl. *A. v. Zahn-Harnack*, A. v. Harnack, S. 415.
28 Zit. nach *E. Busch*, Karl Barths Lebenslauf, S. 127.
29 Vgl. *K. Barth*, Brief an E. Thurneysen vom 20. 4. 1920, in: Karl Barth – Eduard Thurneysen Briefwechsel Bd. I, S. 379.
30 *A. v. Harnack*, Fünfzehn Fragen, in: Anfänge der dialektischen Theologie Bd. I, S. 325 (künftig zitiert: Anfänge+Band+Seite).
31 *K. Barth*, Fünfzehn Antworten an Herrn Professor von Harnack, in: Anfänge I, S. 328.
32 *A. v. Harnack*, Offener Brief an Herrn Professor Karl Barth, in: Anfänge I, S. 329.
33 *K. Barth*, Fünfzehn Antworten, in: Anfänge I, S. 325 f.
34 *K. Barth*, Einführung in die evangelische Theologie, S. 182.
35 *K. Barth*, Der Römerbrief, Vorwort zur 1. Auflage von 1918, S. XII.
36 *K. Barth*, Antwort auf Herrn Professor v. Harnack, in: Anfänge I, S. 343.
37 Ebd.
38 Ebd., S. 335.
39 Ebd., S. 340.

II. Die »Theologie der Krise« und der Umbruch der Epoche

1 *Zur Theologie und Kirchengeschichte der Weimarer Zeit vgl.: H. Zahrnt*, Die Sache mit Gott. Die protestantische Theologie im 20. Jhdt. (1966). Taschenbuchausgabe München 1972. *M. Greschat (Hrsg.)*, Theologen des Protestantismus im 19. und 20. Jahrhundert Bd. I–II, Stuttgart-Berlin-Köln-Mainz 1978. *F. Mildenberger*, Geschichte der evangelischen Theologie im 19. und 20. Jahrhundert, Stuttgart 1981. *H. Cancik (Hrsg.)*, Religions- und Geistesgeschichte der Weimarer Republik, Düsseldorf 1982. *G. Strecker (Hrsg.)*, Theologie im 20. Jahrhundert. Stand und Aufgaben, Tübingen 1983.
2 *T. Rendtorff*, Theorie des Christentums, S. 162.
3 *Chr. Gestrich*, Neuzeitliches Denken und die Spaltung der dialektischen Theologie, S. 6 f.
4 *W. Rothe*, Der Mensch vor Gott. Expressionismus und Theologie, in: *ders.*, Espressionismus als Literatur. Gesammelte Studien, Bern-München 1969, S. 37–66; *ders.*, Der Expressionismus. Theologische, soziologische und anthropologische Aspekte einer Literatur, Frankfurt/M. 1977; *ders.*, Tänzer und Täter. Gestalten des Expressionismus, Frankfurt/M. 1979.
5 *Chr. Eykman*, Zur Theologie des Expressionismus, in: ders., Denk- und Stilformen des Expressionismus, München 1974, S. 63–107.
6 *K. Barth*, Der Römerbrief, S. 5.
7 Ebd.
8 *E. Brunner*, Die Grenzen der Humanität, in: Anfänge I, S. 264.
9 *F. Gogarten*, Zwischen den Zeiten, in: Die christliche Welt 34 (1920), S. 374–478.

10 *P. Tillich*, Kairos I (1922), in: *ders.*, Der Widerstreit von Raum und Zeit. Schriften zur Geschichtsphilosophie, Gesammelte Werke Bd. VI, Stuttgart 1963, S. 9–28.
11 *M. Buber*, Vom Geist des Judentums. Reden und Geleitworte, Leipzig 1916.
12 Vgl. *D. Becker*, Karl Barth und Martin Buber. Denker in dialogischer Nachbarschaft? Zur Bedeutung Martin Bubers für die Anthropologie Karl Barths, Göttingen 1986.
13 *E. Bloch*, Thomas Münzer als Theologe der Revolution (1921), Frankfurt/M. 1972.
14 *A. v. Harnack*, Marcion, S. 234.
15 *K. Pinthus*, Menschheitsdämmerung. Ein Dokument des Expressionismus (1920), Hamburg 1959, S. 29 f.
16 *F. Werfel*, De profundis, zit. nach: *S. Vietta (Hrsg.)*, Lyrik des Expressionismus, Tübingen 1976, S. 170.
17 Vgl. neben den Sammlungen von K. Pinthus und S. Vietta noch folgende *Anthologien expressionistischer Textdokumente: Lyrik des expressionistischen Jahrzehnts*. Von den Wegbereitern bis zum Dada, eingeleitet von G. Benn, Tübingen 4. Aufl. 1968. *Die Dichter und der Krieg*. Deutsche Lyrik 1914–1918, hrsg. v. Th. Anz u. J. Vogl, München–Wien 1982. *Ich schneide die Zeit aus*. Expressionismus und Politik in Franz Pfempferts Aktion 1911–1918, hrsg. v. P. Raabe, München 1964. *Der Aktivismus* 1915–1920, hrsg. v. W. Rothe, München 1969. *Expressionismus und Dadaismus*, hrsg. v. O. F. Best, Stuttgart 1974, 2. Aufl. 1986.
18 Das erste Zitat: *Th. Mann*, Freud und die Zukunft (1936), in: *ders.*, Leiden und Größe der Meister, Frankfurt/M. 1982, S. 905–920, Zit. S. 921. Das zweite Zitat: *Th. Mann*, Joseph und seine Brüder Bd. I (Die Geschichten Jaakobs), Frankfurt/M. 1983, S. 7.
19 *K. Heynicke*, Das namenlose Angesicht, in: Die Lyrik des Expressionismus, S. 173 f.
20 *K. Otten*, Ich kann deinen Namen nicht sagen, in: Die Lyrik des Expressionismus, S. 172 f.
21 *K. Barth*, Der Römerbrief, S. 66.
22 Vgl. *J. Kelly*, Franz Kafka's Trial and the Theology of Crisis, in: Southern Review 5 (1940) S. 748–766.
23 Vgl. *E. Bloch*, Atheismus im Christentum, Frankfurt/M. 1968, S. 76.
24 *G. Benn*, Einleitung zu: Lyrik des expressionistischen Jahrzehnts, S. 9 f.
25 Beide Zitate: *K. Edschmid*, Über die dichterische deutsche Jugend/Über den dichterischen Expressionismus, in: *ders.*, Frühe Manifeste. Epochen des Expressionismus, Hamburg 1957, S. 21–38. Zur literaturgeschichtlichen Einordnung, vor allem zur Frage der Metaphysik im express. Drama vgl. *K. S. Guthge*, Das Drama des Expressionismus und die Metaphysik der Enttäuschung, in: Aspekte des Expressionismus. Periodisierung, Stil, Gedankenwelt, hrsg. v. W. Paulsen, Heidelberg 1968, S. 33–58.
26 *H. v. Hofmannsthal*, Ein Brief, in: *ders.*, Erzählungen, Erfundene Gespräche und Briefe, Reisen, Frankfurt/M. 1979, S. 461–472, Zit. S. 465 (Ges. Werke in 10 Einzelbänden). Zur Einordnung dieser Problematik im Werke Hofmannsthals vgl.: *R. Brinkmann*, Hofmannsthal und die Sprache, in: Deutsche Vierteljahresschrift für Literaturwissenschaft und Geistesgeschichte 35 (1961) S. 69–95. *G. Wunberg*, Der frühe Hofmannsthal, Stuttgart-Berlin

1965. *P. Szondi,* Das lyrische Drama des Fin de Siècle. Studienausgabe der Vorlesungen Bd. IV, Frankfurt/M. 1975, S. 335–350.

27 *H. v. Hofmannsthal,* Ad me ipsum, in: *ders.,* Reden und Aufsätze Bd. III (1925–1929), Frankfurt/M. 1979, S. 597–627, Zit. S. 621 (Ges. Werke in 10 Einzelbänden).

28 Ebd., S. 602.

29 Ebd., S. 600.

30 Ebd., S. 611.

31 Ebd., S. 602.

32 *H. v. Hofmannsthal,* Ein Brief, S. 465 u. 466.

33 Zur Vorgeschichte und Nachgeschichte der *Sprachkrise in der deutschen Literatur des 20. Jhdts.* vgl. neuerdings: *E. Meier (Hrsg.),* Sprachnot und Wirklichkeitszerfall. Dargestellt an Beispielen neuerer Literatur, Düsseldorf 1972. *D. Göttsche,* Die Produktivität der Sprachkrise in der modernen Prosa, Frankfurt/M. 1987. *Zur Präexistenzproblematik: A. Doppler,* Die Stufe der Präexistenz in den Dichtungen G. Trakls, in: Zeitschrift für Deutsche Philologie 87 (1968), S. 273–284.

34 *G. Trakl,* Dichtungen und Briefe, hrsg. v. W. Killy u. H. Szklenor, Salzburg 1969, S. 129 f.

35 Ebd., S. 137 (»Das tiefe Lied«).

36 Zur Entstehung der neuen Naturwissenschaft vgl.: *W. Heisenberg,* Das Naturbild der heutigen Physik, Hamburg 1955; *ders.,* Der Teil und das Ganze. Gespräche im Umkreis der Atomphysik, München 1969. *C. F. v. Weizsäcker,* Zum Weltbild der Physik (1943), Stuttgart 12. Aufl. 1976; *ders.,* Die Einheit der Natur, München 1971; *ders.,* Aufbau der Physik, München-Wien 1985 (TB-Ausgabe München 1988).

37 Zur Entstehung und den Folgen der *Quantentheorie* vgl. *C. F. v. Weizsäcker,* Aufbau der Physik, S. 276–378.

38 *A. Einstein,* Brief an Max Born vom 4. 12. 1936, in: A. Einstein – H. u. M. Born, Briefwechsel 1916–1955, München 1969, S. 129 f.

39 Zur theologischen Wirkung dieses Begriffs der Komplementarität vgl.: *H. Küng,* Existiert Gott? Antwort auf die Gottesfrage der Neuzeit, München 1978, S. 608.689.693.

40 Zitiert bei *G. Howe* (s. Anm. 41).

41 *G. Howe,* Parallelen zwischen der Theologie Karl Barths und der heutigen Physik, in: Antwort. FS K. Barth zum 70. Geb., Zürich-Zollikon 1956, S. 403–422, Zit. S. 413.

42 Ebd.

43 *W. Heisenberg,* Münchener Akademierede vom Nov. 1953: »Die Künste im technischen Zeitalter« 1954, S. 61 f.

44 Zur *Entstehung und den Folgen der neuen Musik* vgl. *H. H. Stuckenschmidt,* Neue Musik (1951). TB-Ausgabe mit einem Vorwort v. C. Dahlhaus, Frankfurt/M. 1981; *ders.,* Schöpfer der neuen Musik (1958), TB-Ausgabe Frankfurt/M. 1958. *J. Gebser,* Ursprung und Gegenwart Bd. II (Die Manifestationen der aperspektivischen Welt), Stuttgart 1953, TB-Ausgabe München 1986, S. 602–618. Th. W. *Adorno,* Philosophie der neuen Musik, Frankfurt 1958. *W. W. Austin,* Neue Musik, in: Epochen der Musikgeschichte in Einzeldarstellungen. Mit einem Vorwort v. F. Blume, München 1974, S. 386–440. Zur theologischen Auseinandersetzung mit der neuen Musik vgl.: *K. v. Fi-*

scher, Moderne Musik, in: *K. Marti – K. Lüthi – K. v. Fischer*, Moderne Literatur, Malerei, Musik. Drei Entwürfe zu einer Begegnung zwischen Glaube und Kunst, Zürich-Stuttgart 1963, S. 331–400. *W. Gramer*, Musik und Verstehen. Eine Studie zur Musikästhetik Th. W. Adornos, Mainz 1976.

45 *E. Krenek*, Über neue Musik, Wien 1937, S. 16.

46 *J. Strawinsky*, Musikalische Poetik, Mainz 1949, S. 27.

47 *H. H. Stuckenschmidt*, Neue Musik, S. 56.

48 *H. H. Stuckenschmidt*, Zahlenzauber und Gottsuche in der Neuen Musik, in: *ders.*, Die Musik eines halben Jahrhunderts 1925–1975. Essay und Kritik, München-Zürich 1976, S. 117–132.

49 Ebd., S. 124.

50 Ebd., S. 125.

51 Erstes Zitat: *K. v. Fischer*, Moderne Musik, S. 354. Zweites Zitat: *H. Strobel*, Paul Hindemith, Mainz 3. Aufl. 1948, S. 5.

52 *H. H. Stuckenschmidt*, Zahlenzauber und Gottsuche, S. 118.

53 Zu Leben und Werk von *H. Kayser* vgl.: *R. Haase*, Hans Kayser. Ein Leben für die Harmonik der Welt, Basel-Stuttgart 1968.

54 *H. Kayser*, Akroasis. Die Lehre von der Harmonik der Welt, Basel 1946, S. 41 u. 42.

55 *J. E. Berendt*, Nada Brahma. Die Welt ist Klang, Frankfurt/M. 1983.

56 Auch den interkulturellen und interreligiösen Ansatz hat Berendt von Kayser übernommen. Vgl. Kaysers Textsammlung: Bevor die Engel sangen. Eine harmonikale Anthologie, Basel 1953.

57 *W. Haftmann*, Malerei im 20. Jahrhundert Bd. I, München 1965, 4. Aufl. 1983, S. 177.

58 Vgl. ebd., S. 178. Zur Problematik der *Kunst im 20. Jahrhundert* vgl. neuerdings: Deutsche Kunst im 20. Jahrhundert. Malerei und Plastik 1905–1985, hrsg. v. W. Schmied u. a., München 1986. *H. Richter*, Geschichte der Malerei im 20. Jahrhundert. Stile und Künstler, Köln 1981.

59 *W. Kandinsky*, Über das Geistige in der Kunst (1907), Bern 10. Aufl. 1952, S. 56 u. 82.

60 *P. Klee*, Tagebücher 1898–1918, hrsg. v. F. Klee, Köln 1957, S. 196 (Nr. 690).

61 Ebd., S. 353.354.

62 *C. Giedion-Welcker*, Paul Klee. Mit Selbstzeugnissen und Bilddokumenten, Hamburg 1961, S. 106.

63 Zu den Christusbildern K. Schmidt-Rottluffs vgl.: *H. Schwebel*, Das Christusbild in der bildenden Kunst der Gegenwart, Gießen 1980, S. 50–53, sowie: *G. Rombold–H. Schwebel*, Christus in der Kunst des 20. Jahrhunderts, Freiburg 1983, S. 30–33.

64 *W. Haftmann*, Malerei im 20. Jahrhundert Bd. I, S. 155.

65 *F. Marc*, Schriften, hrsg. v. K. Lankheit, Köln 1978.

66 *F. Marc*, 1880–1916, München 2. Aufl. 1982, S. 308–327.

67 *F. Marc*, Schriften . . ., S. 208 (Aph. 78).

68 Ebd., S. 201 (Aph. 55).

69 Ebd., S. 210 (Aph. 88).

70 Beide Zitate: *W. Haftmann*, Malerei . . . Bd. I, S. 158.

71 *K. Barth*, Der Christ in der Gesellschaft (1920), S. 33–69. Zit. S. 46.

72 *P. Tillich*, Die religiöse Lage der Gegenwart (1926), in: *ders.*, Ges. Werke Bd. X, Stuttgart 1968, S. 33. Zum Kunstverständnis P. Tillichs vgl. neuerdings: *M. F. Palmer*, Paul Tillichs Philosophy of Art, Berlin 1984.

73 Ebd., S. 34.
74 Ebd.
75 Ebd.
76 Ebd.
77 *R. Otto*, Das Heilige. Über das Irrationale in der Idee des Göttlichen und sein Verhältnis zum Rationalen, Breslau 1917, 6. Aufl. 1921.
78 *R. Otto*, Ost-Westliche Mystik. Vergleich und Unterscheidung zur Wesensdeutung (1926), TB-Ausgabe Gütersloh 3. Aufl. 1979. *F. Heiler*, Das Gebet. Eine religionsgeschichtliche und religionspsychologische Untersuchung, München 1918, 5. Aufl. 1923. *G. van der Leeuw*, Phänomenologie der Religion, Tübingen 1933, 2. Aufl. 1956. *G. Mensching*, Zur Metaphysik des Ich, Gießen 1934.
79 *R. Flasche*, Religionsmodelle und Erkenntnisprinzipien der Religionswissenschaft in der Weimarer Zeit, in: H. Cancik (Hrsg.), Religions- und Geistesgeschichte der Weimarer Republik, S. 261–276.
80 Ebd., S. 625.
81 Ebd.
82 Ein Überblick über die neuere Diskussion findet sich bei: *F. Schupp (Hrsg.)*, Mythos und Religion, Düsseldorf 1976. *H. Freier*, Die Rückkehr der Götter. Von der ästhetischen Überschreitung der Wissensgrenze zur Mythologie der Moderne, Stuttgart 1976. *H. Küng*, Existiert Gott? Antwort auf die Gottesfrage der Neuzeit, München 1978, S. 313–318 u. 332–337. *M. Frank*, Der kommende Gott. Vorlesungen über die Neue Mythologie, Frankfurt/M. 1982; *ders.*, Gott im Exil. Vorlesungen über die Neue Mythologie, Frankfurt/M. 1988.
83 *A. Drews*, Die Christusmythe (1909), verb. u. erw. Ausgabe Jena 1910, S. 197.
84 Ebd., S. XVI.
85 Zur Diskussion über die Geschichtlichkeit Jesu vgl. *A. Schweitzer*, Geschichte der Leben-Jesu-Forschung Bd. I–II, (1906), TB-Ausgabe, München-Hamburg 1966 Bd. II, S. 500–518.
86 *K. Barth*, KD I/2, 19.

III. Christologie im Zeichen des Expressionismus

1 Vgl. zur *Theologie des frühen Barth* neben den üblichen Gesamtdarstellungen insbesondere: *T. Stadtland*, Eschatologie und Geschichte in der Theologie des jungen Karl Barth, Neukirchen-Vluyn 1966. *R. P. Crimman*, Karl Barths frühe Publikation und ihre Rezeption, Bern-Frankfurt/M.–Las Vegas 1981. *C. van der Kooi*, Anfängliche Theologie. Der Denkweg des jungen Karl Barth (1909–1927), München 1987. Zur *Christologie des frühen Barth* insbesondere: *C. van der Kooi*, Anfängliche Theologie, S. 43–46.85.145 f.
2 *K. Barth*, Römerbrief, S. 5.
3 Ebd.
4 Ebd., S. 5 f.
5 Ebd., S. 259.
6 Ebd., S. 260.
7 Ebd.

8 *K. Barth*, Der Christ in der Gesellschaft, S. 33–69. Hier eine erste Auslegung des Kolosser-Hymnus, gesellschaftskritisch zugespitzt. Deutlich wird: Erst von der »Gegen-Wirklichkeit« des ewigen Christus her kann für Barth die Gesellschaft gewissermaßen »aus den Angeln« gehoben werden. Ohne das vorzeitlich-vorweltliche Gegenüber des Christus also keine Gesellschaftskritik, keine wirklich grundlegende soziale und politische Veränderung. Präexistenzchristologie hat demnach bei Barth ideologie- und gesellschaftskritischen Charakter.

9 Diese Variabilität wird in den frühen Aufsätzen aus »Das Wort Gottes und die Theologie« (1924) konkret. In »Die neue Welt der Bibel« (1916) formuliert Barth seine christologischen Spitzenaussagen trinitarisch und inkarnatorisch. In »Not und Verheißung der christlichen Verkündigung« (1922) steht die Botschaft vom Kreuz im Zentrum. In »Das Problem der Ethik in der Gegenwart« (1922) ist der christologische Akzent inkarnatorisch. Im »Römerbrief« und im Aargauer Vortrag 1920 war der christologische Schwerpunkt die Auferweckung Christi!

10 Tambacher Vortrag = Der Christ in der Gesellschaft (1920).

11 *K. Barth*, Römerbrief, S. 260.

12 *K. Barth*, Das Wort Gottes als Aufgabe der Theologie, S. 171 f.

13 Ebd., S. 176.

14 Ebd., S. 177.

15 Ebd., S. 178.

16 Ebd.

IV. Übergänge: Von »freier Prophezei« zum »Tunnel der Dogmatik«

1 *K. Barth – E. Thurneysen*, Briefwechsel Bd. II. 1921–1930, Zürich 1974, S. 99 (im folgenden abgekürzt zitiert mit: B-Th + Band + Seite).

2 *K. Barth*, Biblische Fragen, Einsichten und Ausblicke, in: Anfänge I, S. 63.

3 *K. Barth*, Die christliche Dogmatik im Entwurf (1927), Zürich 1982.

4 *K. Barth*, Not und Verheißung der christlichen Verkündigung, in: Das Wort Gottes und die Theologie, S. 99–133, Zit. S. 100.

5 Ebd.

6 *K. Barth*, Christliche Dogmatik im Entwurf, S. 7.

7 *H. Heppe*, Die Dogmatik der evangelisch-reformierten Kirche (1861), neu durchgesehen und hrsg. v. E. Bizer, Neukirchen 2. Aufl. 1958 (Geleitwort von Karl Barth, S. VII-VIII).

8 Ebd., S. VII.

9 Ebd.

10 B-ThII, S. 328.

11 Ebd., S. 328 f.

12 Ebd., S. 245.

13 Ebd.

14 Ebd.

15 Ebd., S. 253.

16 Ebd., S. 253 f.

17 Ebd., S. 255.

18 *K. Barth*, Die dogmatische Prinzipienlehre bei Wilhelm Herrmann, S. 276.

19 Ebd., S. 275.
20 Ebd. (Im Original z. T. gesperrt.)
21 Ebd.
22 Ebd.: »Was uns Offenbarung *Gottes* ist, das kann als solches keineswegs etwas Wirkliches sein im gleichen Sinne wie alles andere. Gewiß, es muß wirklich, aber es muß von Haus aus *göttlich*-wirklich, es muß menschlich, aber es muß von Haus aus gott-menschlich sein.«
23 Ebd.
24 B-ThII, S. 331.
25 *K. Barth – Martin Rade*, Ein Briefwechsel, S. 212, Anm. 2.
26 Ebd.
27 *K. Barth – M. Rade*, Briefwechsel, S. 182.
28 B-ThII, beide Zitate S. 303.
29 B-ThII, S. 217.
30 B-ThII, S. 327.
31 B-ThII, S. 25.
32 B-ThII, S. 67.
33 B-ThII, S. 73.
34 B-ThII, S. 308 (im Original z. T. kursiv).
35 Zu *P. Tillich* vgl. B-ThII, S. 64.199.201.
36 Zu *F. Gogarten* vgl. B-ThI, S. 339, B-ThII, S. 38;47;98 f.; 126 u. ö.; 454; 469; 500. Vgl. auch: *F. Gogarten*, Karl Barths Dogmatik, in: ThR 1 (1929), S. 60–80. Dagegen: *K. Barth*, Kirchliche Dogmatik Bd. I/1, S. 130–136.
37 B-ThII, S. 251.
38 Dies hat als einer der ersten gesehen: *H. U. v. Balthasar*, Karl Barth. Darstellung und Deutung seiner Theologie, S. 124–181. Vgl. ebenso: *E. Jüngel*, Barth-Studien, S. 127–179.
39 *K. Barth*, Unterricht in der christlichen Religion. Erster Band: Prolegomena, 1924, S. 117.
40 Ebd., S. 116.
41 Ebd., S. 144.
42 Ebd., S. 109.
43 Ebd., S. 110.
44 Ebd.
45 Vgl. zum Problem der *Mystik*: KD I/2, S. 348–350.

V. Die große Synthese: »Kirchliche Dogmatik«

1 *K. Barth*, Kirchliche Dogmatik (im folgenden abgekürzt mit: KD + Band + Seite): KD I/1 (Einleitung/Die Lehre vom Wort Gottes, 1932), KD I/2 (Die Lehre vom Wort Gottes, 1938), KD II/1–2 (Die Lehre von Gott, 1940 und 1942), KD III/1–4 (Die Lehre von der Schöpfung, 1945–1951), KD IV/1–3 (Die Lehre von der Versöhnung, 1953–1959), KD IV/4 (Das christliche Leben, 1967).
2 *K. Barth*, How my mind has changed, in: Der Götze wackelt, S. 181–190. Zit. S. 185.
3 Mit *E. Peterson* mußte sich Barth 1925 auseinandersetzen – und zwar in seinem Aufsatz »Kirche und Theologie«. Zuvor hatte Peterson einen Beitrag

vorgelegt, in dem er ausgerechnet die »Dialektik« der »Dialektischen Theologie« scharf angegriffen und dagegen das »Dogma« der Kirche gesetzt hatte: *E. Peterson,* Was ist Theologie? (1925), in: ders., Theologische Traktate, München 1951, S. 9–43. Zur Auseinandersetzung mit E. Petersen aus heutiger theologischer Sicht vgl.: *A. Schindler (Hrsg.),* Monotheismus als politisches Problem. Erik Peterson und die Kritik der politischen Theologie, Gütersloh 1978. *W. Löser,* Das »bleibend Denkwürdige«. Zum Dogmenverständnis Erik Petersons und Heinrich Schliers, in: Dogmengeschichte und katholische Theologie, hrsg. v. W. Löser u. a. Würzburg 1985, S. 329–352.

4 B-ThII, S. 244.

5 *K. Barth,* Theologische Existenz heute!, S. 21.

6 Barth hat keine exegetischen Hemmungen, sich seine These aus den verschiedensten Schriften des Neuen Testamentes zu bestätigen: Aus den *synoptischen Evangelien* (Mk 2,1–12; Mt 11,27.28; 16,16; 28,63 f.; Lk 24,19) ebenso wie aus der *Apostelgeschichte* (1,1; 2,22; 10,36.38), dem *Johannesevangelium* (1,3.9 f.14.18; 3,16.18; 5,18; 10,30 u. ö.), den *Paulinen* (Phil 2,7.9.10; 1Kor 6,11; 8,6; 2Kor 5,19; Röm 8,32) sowie den *Deuteropaulinen* (Kol 1,13; 3,17; 2,9; Hebr 1,9 f.).

7 Die hier folgende Auslegung des »belangvollsten Dokuments des kirchlichen Dogmas von der Gottheit Christi« (I/1,144), des Symbolum Nicaeno-Constantinopolitanum bringt sachlich nichts Neues, obwohl Barth hier erstmals auf das Problem von Zeit und Ewigkeit eingeht (I/1, 447–449). Auf dieses Problem müssen auch wir später eigens eingehen. Das »Problem der Christologie«, Inkarnation und Jungfrauengeburt (I/2, 145–187; 202–214) kann hier – so reizvoll das auch im Lichte heutiger feministischer Theologie wäre (vgl.: I/2, 212!) – nicht eigens zur Sprache kommen.

8 Barth nimmt diese Lehre ausdrücklich vor der Kritik in Schutz, sie verdunkele die Menschheit Jesu (I/2, 180).

9 Vgl. *E. Busch,* Karl Barths Lebenslauf, S. 320 f.328. Eine ausführliche Darstellung, Kritik und theologiegesch. Einordnung der Barthschen Erwählungslehre bei: *G. Kraus,* Vorherbestimmung. Traditionelle Prädestinationslehre im Licht gegenwärtiger Theologie, S. 213–282.

10 *K. Barth,* How my mind has changed (1938–1948), S. 192 f.

11 Vgl. Hauptteil III: C I/2

12 Vgl. *Th. v. Aquin,* Summa theologiae III, qu. 24 art. 1c.

13 Der *exegetischen Begründung* für den von Barth behaupteten »ontischen Zusammenhang zwischen Jesus Christus und der Schöpfung« (III/1,54) können wir hier nicht im einzelnen nachgehen. Barth zögert auch hier nicht, flächenhaft »Stellen« aus den verschiedensten Schriften des NT (dem Kolosserbrief, Johannesevangelium, Hebräerbrief, 1. Korintherbrief und sogar dem Matthäusev.) zusammenzustellen, um zu folgern: »Er (Jesus Christus) steht *wie* Gott und *mit* Gott vor und über dem mit der Schöpfung geschehenen Anfang aller Dinge. Er ist anfänglich, indem Gott selbst anfänglich ist« (III/1,54).

14 *K. Barth,* Brechen und Bauen. Eine Diskussion, in: Der Götze wackelt, S. 108–123. Zit. S. 112.

15 Ebd.

16 Ebd. Zu *W. A. Mozarts Musik* vgl.: *K. Barth,* W. A. Mozart (1756–1956); *ders.,* KD III/3, S. 337–339.

17 *Karl Barth,* Brechen und Bauen, S. 113.
18 Vgl. zum *Problem der Zeit* die Arbeiten von *F. Seven,* Die Ewigkeit Gottes und die Zeitlichkeit des Menschen (1979). *K. Stock,* Anthropologie der Verheißung (1980). *D. Clausert,* Theologischer Zeitbegriff und politisches Zeitbewußtsein in Karl Barths Dogmatik (1982).
19 *O. Culllmann,* Christus und die Zeit, Zollikon-Zürich 1946.
20 Vgl. zum Verhältnis von AT und NT auch: KD I/2, S. 77–111.
21 *D. Clausert,* Theologischer Zeitbegriff, S. 71.
22 *W. Kreck,* Karl Barth (1978), S. 395.
23 Vgl. dazu: *E. Jüngel,* Einführung in Leben und Werk K. Barths, in: *ders.,* Barthstudien, S. 22–60. Zit. S. 54.
24 Unbegründet erscheint mir deshalb die These von B. Klappert, beim späten Barth würde die »Auferweckung des Gekreuzigten« zum Zentrum Barthscher Christologie: *B. Klappert,* Die Auferweckung des Gekreuzigten, S. 388. Ebenso unbegründet erscheint mir die These von *Ch. C. Dickinson* (vgl. Bibliogr.), daß Barth unter dem Einfluß Bultmanns eine Wende von einem »katabatischen« Ansatz von oben zu einem »anabatischen« Ansatz von unten vollzogen habe. Vgl. dagegen nur KD IV/1, S. 54–57.

VI. Karl Barth als Herausforderung heute

1 *A. v. Harnack,* Lehrbuch der Dogmengeschichte Bd. I (1885), S. 806.
2 *E. Jüngel,* Gottes Sein ist im Werden, S. 87. Vgl. dazu auch den programmatischen Vortrag von Barth selbst aus dem Jahre 1956, in dem er eine Korrektur seiner früheren Einseitigkeiten eingestand und statt exklusiv die Göttlichkeit Gottes nun auch die Menschlichkeit Gottes betonte: *K. Barth,* Die Menschlichkeit Gottes, bes. S. 14 f.
3 Dies hat gut herausgestellt: *W. Kreck,* Grundentscheidungen in Karl Barths Dogmatik, S. 234.
4 *D. Schellong,* Karl Barth als Theologe der Neuzeit, S. 86.
5 *E. Bloch,* Atheismus im Christentum, S. 73.
6 Ebd., S. 79.
7 *K. Barth,* How my mind has changed (1928–1938), in: Der Götze wackelt, S. 185.
8 Ebd., S. 187. Vgl. auch die 1. These der Barmer theologischen Erklärung.
9 Hier wäre eine entschiedene theologische Kritik zu leisten an: *C. G. Jung,* Christus als Archetyp, in: *ders.,* Ges. Werke Bd. XI, Olten 1971, S. 166–172.
10 *M. Weinrich,* Die religiöse Verlegenheit der Kirche, in: P. Eicher – M. Weinrich, Der gute Widerspruch, S. 110.
11 *M. Horkheimer – Th. W. Adorno,* Dialektik der Aufklärung. Philosophische Fragmente (1944), TB-Ausgabe, Frankfurt/M. 1971.
12 Vgl. *R. Guardini,* Das Ende der Neuzeit. Ein Versuch zur Orientierung, Würzburg 1950.
13 *F. Wagner,* Theologische Gleichschaltung, in: Realisierung der Freiheit, S. 10–43.
14 *Chr. Gestrich,* Neuzeitliches Denken, S. 6 f.
15 Ebd., S. 321.
16 Vgl. *H. Küng,* Karl Barth und die katholische Theologie, S. 569–573.

17 *F. W. Graf*, Ein Radikaler unter den Theologen, in: Süddeutsche Zeitung vom 10./11. 5. 1986.

18 Vgl. *H. Küng – D. Tracy (Hrsg.)*, Theologie wohin? – Auf dem Weg zu einem neuen Paradigma, Zürich-Gütersloh, 1984; *dies.*, Das neue Paradigma von Theologie. Strukturen und Dimensionen Zürich–Gütersloh 1986.

19 *Chr. Gestrich*, Neuzeitliches Denken, S. 7.

20 *C. F. v. Weizsäcker*, Der Garten des Menschlichen. Beiträge zur geschichtlichen Anthropologie. München–Wien 1977, S. 460.

21 Ebd., S. 460.

22 Ebd., S. 462.

23 Vgl. dazu auch: *P. Eicher*, Offenbarung. Prinzip neuzeitlicher Theologie. München 1977.

24 *H. U. v. Balthasar*, Karl Barth, S. 253. Aus Raumgründen mußte hier ein schon ausgearbeitetes Kapitel über die Bedeutung der Christologie Barths für die katholische Theologie (H. U. v. Balthasar, H. Volk, H. Küng, A. Quadt, »Mysterium Salutis«, P. Eicher) entfallen.

C. Christologie im Schatten des Mythos: Rudolf Bultmann

I. Werke und Briefe

1. Bibliographie

Veröffentlichungen von R. Bultmann (1908–1967), in: Exegetica. Aufsätze zur Erforschung des Neuen Testaments, hrsg. v. E. Dinkler, Tübingen 1967, S. 483–507.

Veröffentlichungen von R. Bultmann (1967–1974), in: Theologische Rundschau NF 39 (1975), S. 91–93.

2. Werke und Schriften

Rez. v. *A. Deissmann*, Licht im Osten, in: Monatsschrift für Pastoraltheologie 5 (1908), S. 72–82.

Der Stil der paulinischen Predigt und die kynisch-stoische Diatribe, Göttingen 1910.

Rez. v. *J. Weiss*, Jesus im Glauben des Urchristentums, in: Die Christliche Welt 24 (1910), S. 861.

Rez. v. *A. Deissmann*, Paulus, in: Die Christliche Welt 25 (1911), S. 1178.

Die Schriften des Neuen Testaments und der Hellenismus, in: Die Christliche Welt 25 (1911), S. 589–593.

Rez.: *Vier neue Darstellungen der Theologie des Neuen Testaments* (Holtzmann, Weinel, Feine und Schlatter), in: Monatsschrift für Pastoraltheologie 8 (1912), S. 432–443.

Von der Mission des alten Christentums (Rez. zu A. v. Harnack, Mission und Ausbreitung des Christentums 1915; H. Lietzmann, Petrus und Paulus in Rom 1915), in: Die Christliche Welt 30 (1916), S. 523–526.

Rez. v. *G. P. Wetter*, Phos, in: Berliner Philologische Wochenschrift 36 (1916), Sp. 1172–1175.

Rez. v. *H. Schumacher*, Christus in seiner Präexistenz nach Phil. 2,5–8, in: Theologische Literaturzeitung 42 (1917), S. 338 f.

Ethische und mystische Religion im Urchristentum, in: Die Christliche Welt 34 (1920), S. 725–731; auch in: Anfänge der dialektischen Theologie Bd. II, hrsg. v. J. Moltmann, München 1963, S. 29–47.

Die Geschichte der synoptischen Tradition, Göttingen 1921.

Karl Barths Römerbrief in zweiter Auflage, in: Die Christliche Welt 36 (1922), S. 320–323.330–334.358–361.369–373; auch in: Anfänge der dialektischen Theologie Bd. I, hrsg. v. J. Moltmann, München 1962, S. 119–142.

Der religionsgeschichtliche Hintergrund des Prologs zum Johannes-Evangelium, in: Eucharisterion. Festschrift für H. Gunkel Bd. II, Göttingen 1923, S. 3–26, auch in: Exegetica. Aufsätze zur Erforschung des Neuen Testaments, hrsg. v. E. Dinkler, Tübingen 1967, S. 10–35.

Die liberale Theologie und die jüngste theologische Bewegung, in: Theologische Blätter 3 (1924), S. 73–86; auch in: Glauben und Verstehen Bd. I, Tübingen 1966, S. 1–25.

Die Bedeutung der neuerschlossenen mandäischen und manichäischen Quellen für das Verständnis des Johannesevangeliums, in: Zeitschrift für die neutestamentliche Wissenschaft 24 (1925), S. 100–146; auch in: Exegetica. Aufsätze zur Erforschung des Neuen Testaments, hrsg. v. E. Dinkler, Tübingen 1967, S. 55–104.

Das Problem einer theologischen Exegese des Neuen Testaments, in: Zwischen den Zeiten 3 (1925), S. 334–357; auch in: Anfänge der dialektischen Theologie Bd. II, hrsg. v. J. Moltmann, München 1963, S. 47–72.

Welchen Sinn hat es von Gott zu reden?, in: Theologische Blätter 4 (1925), S. 129–135; auch in: Glauben und Verstehen Bd. I, Tübingen 1966, S. 26–37.

Jesus, Berlin 1926.

Wilhelm Heitmüller, in: Die Christliche Welt 40 (1926), S. 209–213.

Karl Barth: Die Auferstehung der Toten, in: Theologische Blätter 5 (1926), S. 1–14; auch in: Glauben und Verstehen Bd. I, Tübingen 1966, S. 38–64.

Analyse des ersten Johannesbriefes, in: Festgabe für A. Jülicher, Tübingen 1927, S. 138–158; auch in: Exegetica. Aufsätze zur Erforschung des Neuen Testaments, hrsg. v. E. Dinkler, Tübingen 1967, S. 105–123.

Das Johannesevangelium in der neuesten Forschung, in: Die Christliche Welt 41 (1927), S. 502–511.

Zur Frage der Christologie (Über E. Hirsch, Jesus Christus der Herr), in: Zwischen den Zeiten 5 (1927), S. 41–69; auch in: Glauben und Verstehen Bd. I, Tübingen 1966, S. 85–113.

Untersuchungen zum Johannesevangelium, in: ZNW 27 (1928), S. 113–163; auch in: Exegetica. Aufsätze zur Erforschung des Neuen Testaments, hrsg. v. E. Dinkler, Tübingen 1967, S. 124–173.

Die Eschatologie des Johannesevangeliums, in: Zwischen den Zeiten 6 (1928), S. 4–22; auch in: Glauben und Verstehen Bd. I, Tübingen 1966, S. 134–152.

Die Bedeutung der dialektischen Theologie für die neutestamentliche Wissenschaft, in: Theologische Blätter 7 (1928), S. 57–67; auch in: Glauben und Verstehen Bd. I, Tübingen 1966, S. 114–133.

Die Bedeutung des geschichtlichen Jesus für die Theologie des Paulus, in: Theologische Blätter 8 (1929), S. 137–151; auch in: Glauben und Verstehen Bd. I, Tübingen 1933, 6. Aufl. 1966, S. 188–213.

Zur Geschichte der Paulus-Forschung, in: Theologische Rundschau NF 1 (1929), S. 26–59.

Art. Paulus, in: RGG Bd. IV, Tübingen 2. Aufl. 1930, Sp. 1019–1045.

Rez v. E. Lohmeyer, Der Brief an die Phil. 1928, *ders.*, Kyrios Jesus. Eine Untersuchung zu Phil. 2,5–11, in: Deutsche Literaturzeitung 51 (1930), S. 774–780.

Art. Mythos und Mythologie, III/B im NT, in: RGG Bd. IV, Tübingen 2. Aufl. 1930, S. 390–394.

Rez. v. E. Lohmeyer, Grundlagen paulinischer Theologie 1929, in: Theologische Literaturzeitung 55 (1930), S. 207–223.

Untersuchungen zum Johannesevangelium, in: Beiheft zur ZNW 29 (1930), S. 169–192; auch in: Exegetica. Aufsätze zur Erforschung des Neuen Testaments, hrsg. v. E. Dinkler, Tübingen 1967, S. 174–197.

Urchristentum und Religionsgeschichte (Über K. Holls gleichbetitelte Schrift), in: Theologische Rundschau NF 4 (1932), S. 1–21.

Rez. v. R. Reitzenstein, Die hellenistischen Mysterienreligionen. Die Vorgeschichte der christlichen Taufe, 3. Aufl. 1932, in: Historische Zeitschrift 145 (1932), S. 372–376.

Der Arierparagraph im Raum der Kirche (1933/34), in: Die Marburger Theologen und der Arierparagraph in der Kirche. Eine Sammlung von Texten aus den Jahren 1933 und 1934, hrsg. v. H. Liebig, Marburg 1977, S. 14.
Zur Frage des Wunders, in: Glauben und Verstehen Bd. I, Tübingen 1933, 6. Aufl. 1966, S. 214–228.
Die Christologie des Neuen Testaments, in: Glauben und Verstehen Bd. I, Tübingen 1933, 6. Aufl. 1966, S. 245–267.
Der Begriff des Wortes Gottes im Neuen Testament, in: Glauben und Verstehen Bd. I, Tübingen 1933, 6. Aufl. 1966, S. 268–293.
Das Problem der ›Natürlichen Theologie‹, in: Glauben und Verstehen Bd. I, Tübingen 1933, 6. Aufl. 1966, S. 294–312.
Neueste Paulusforschung, in: ThR 6 (1934), S. 229–246.
Neueste Paulusforschung, in: ThR 8 (1936), S. 1–22.
Der Sinn des christlichen Schöpfungsglaubens, in: Zeitschrift für Missionskunde und Religionswissenschaft 51 (1936), S. 1–20.
Reich Gottes und Menschensohn, in: ThR 9 (1937), S. 1–35.
Johanneische Schriften und Gnosis, (Über E. Percy, Untersuchungen über den Ursprung der johanneischen Theologie), in: Orientalistische Literaturzeitung 43 (1940), S. 150–175; auch in: Exegetica. Aufsätze zur Erforschung des Neuen Testaments, hrsg. v. E. Dinkler, Tübingen 1967, S. 230–254.
Das Evangelium des Johannes, Göttingen 1941 (Zitiert wird die 18. Auflage 1964)
Die Frage nach der Echtheit von Mt 16,17–19 (1941), in: Exegetica, hrsg. v. E. Dinkler, Tübingen 1967, S. 255–277.
Neues Testament und Mythologie. Das Problem der Entmythologisierung der neutestamentlichen Verkündigung, in: Offenbarung und Heilsgeschehen, München 1941, S. 15–53; auch in: Kerygma und Mythos Bd. I, hrsg. v. H. W. Bartsch, Hamburg 1948, S. 15–48. Es wird zitiert nach der Neuausgabe der Fassung von 1941, hrsg. v. E. Jüngel, München 1985 (BEvTh 96).
Anknüpfung und Widerspruch, in: ThZ 2 (1946), S. 401–418; auch in: Glauben und Verstehen Bd. II, Tübingen 1968, S. 117–132.
Das Urchristentum im Rahmen der antiken Religionen, Zürich 1949.
Geleitwort zur Neuauflage von *A. von Harnack*, Das Wesen des Christentums (1950), München-Hamburg 1964, S. 7–14 (Siebenstern TB 27).
Das christologische Bekenntnis des Ökumenischen Rates, in: Schweizerische Theologische Umschau 21 (1951), S. 25–36; auch in: Glauben und Verstehen Bd. II Tübingen 1968, S. 246–261.
Gnosis (Besprechung von Dom Jacques Dupont, Gnosis. La Connaissance religieuse dans les Epitres de Saint Paul), in: Journal of Theological Studies N.S. 3 (1952), S. 10–26.
Zum Problem der Entmythologisierung (Abschließende Stellungnahme) in: Kerygma und Mythos Bd. II, hrsg. v. H. W. Bartsch, Hamburg 1952, S. 179–208.
Jesus Christus und die Mythologie (urspr. engl. 1958), in: Glauben und Verstehen Bd. IV, Tübingen 1965, S. 141–189.
Theologie des Neuen Testaments, Tübingen 1953. Es wird zitiert nach der 6. Auflage von 1958.
Zur Frage der Entmythologisierung. Antwort an Karl Jaspers, in: Theologische Zeitschrift 10 (1954), S. 81–95; auch in: Kerygma und Mythos Bd. III, hrsg. v. H. W. Bartsch, Hamburg 1954, S. 47–59; sowie in: Karl Jaspers – Rudolf Bultmann. Die Frage der Entmythologisierung, München 1954, S. 57–73.

Marburger Predigten, Tübingen 1956.
In eigener Sache, (Besprechung von R. Marlé, Bultmann et l'interpretation du NT), in: Theologische Literaturzeitung 82 (1957), S. 241–250; auch in: Glauben und Verstehen Bd. III, Tübingen 1965, S. 178–189.
Geschichte und Eschatologie, Tübingen 1958.
Das Befremdliche des christlichen Glaubens, in: ZThK 55 (1958), S. 185–200; auch in: Glauben und Verstehen Bd. III, Tübingen 1965, S. 197–212.
Das Verhältnis der urchristlichen Christusbotschaft zum historischen Jesus, Heidelberg 1960; auch in: Exegetica. Aufsätze zur Erforschung des Neuen Testaments, hrsg. v. E. Dinkler, Tübingen 1967.
Art. *Mystik IV; Mythos und Mythologie IV*, in: RGG Bd. IV, Tübingen 3. Aufl. 1960, Sp. 1278–1282.
Zur Frage einer »Philosophischen Theologie« (1962), in: Glauben und Verstehen Bd. IV, Tübingen 1965, S. 104–106.
Zur Interpretation des Johannesevangeliums, (Besprechung der Bücher von W. Thüsing, Die Erhöhung und Verherrlichung Jesu im Johannesevangelium und von D. E. Holwerda, The Holy Spirit and Eschatology in the Gospel of John), in: Theologische Literaturzeitung 87 (1962), S. 1–8.
Zum Problem der Entmythologisierung, in: Kerygma und Mythos Bd. VI/1, hrsg. v. H. W. Bartsch u. a., Hamburg 1963, S. 19–27; auch in: Glauben und Verstehen Bd. IV, Tübingen 1967, S. 128–137.
Geleitwort zu: *G. Hasenhüttl*, Der Glaubensvollzug. Eine Begegnung mit Rudolf Bultmann aus katholischem Glaubensverständnis, Essen 1963, S. 9–11.
Geleitwort zur 5. Auflage von *W. Bousset*, Kyrios Christos, Göttingen 1965.
Ist Jesus auferstanden wie Goethe? (Titel nicht von R. Bultmann). Spiegelgespräch mit dem Marburger Theologieprofessor, in: Der Spiegel 31 (1966), S. 42–45.
Das verkündigte Wort. Predigten – Andachten – Ansprachen 1906–1941, hrsg. v. E. Grässer, Tübingen 1984.

2. Briefe

Briefwechsel mit Karl Barth (1922–1966), hrsg. v. B. Jaspert, Zürich 1971 (Karl Barth Gesamtausgabe, V: Briefe).
Der unveröffentlichte Nachlaß von Rudolf Bultmann. Ausschnitte aus dem biographischen Quellenmaterial, hrsg. v. A. Lemke-Bultmann, in: R. Bultmann. Werk und Wirkung, hrsg. v. B. Jaspert, Darmstadt 1984, S. 194–207.
Brief an E. Foerster, hrsg. u. komm. v. W. Schmithals, in: R. Bultmann, Werk und Wirkung, S. 70–80.
Briefwechsel mit M. Rade, hrsg. v. B. Jaspert, in: R. Bultmann, Werk und Wirkung, S. 25–43.

II. Literatur über Bultmann

1. Bibliographie

G. Bornkamm, Die Theologie Bultmanns in der neueren Diskussion. Literaturbericht zum Problem der Entmythologisierung und Hermeneutik, in: G. Bornkamm, Geschichte und Glaube Bd. I, München 1968, S. 173–275.
M. Kwiran, Index to Literature on Barth, Bonhoeffer and Bultmann, Basel 1977.

2. Zur Biographie

B. Jaspert, Rudolf Bultmann. Werk und Wirkung, Darmstadt 1984 (vor allem die Beiträge von B. Jaspert, H. Thyen, W. Schmithals, A. Bultmann-Lemke).

H. Thyen (Hrsg.), Rudolf Bultmann 100 Jahre. Oldenburger Vorträge, Oldenburg 1985 (mit Beiträgen u. a. v. H. Thyen, S. Vierzig, D. Sölle, R. Schumann).

M. Evang, Rudolf Bultmann in seiner Frühzeit, Tübingen 1988.

3. Zur Theologie allgemein

W. Klaas, Der moderne Mensch in der Theologie Rudolf Bultmanns, Zürich 1947.

Festschrift Rudolf Bultmann, zum 60. Geburtstag überreicht, Stuttgart 1949.

Für und wider die Theologie Bultmanns. Denkschrift der Evangelisch theologischen Fakultät der Universität Tübingen, dem württembergischen Landeskirchentag überreicht am 11. 3. 1952, Tübingen 1952.

Neutestamentliche Studien für Rudolf Bultmann zu seinem 70. Geburtstag, Berlin 1954.

H. Ott, Geschichte und Heilsgeschichte in der Theologie Rudolf Bultmanns, Tübingen 1955.

C. E. Braaten – R. A. Harrisville (Hrsg.), Kerygma and History. A Symposium on the Theology of Rudolf Bultmann, New York-Nashville 1962.

G. Ebeling, Theologie und Verkündigung. Ein Gespräch mit Rudolf Bultmann, Tübingen 1963.

E. Dinkler (Hrsg.), Zeit und Geschichte. Dankesgabe an Rudolf Bultmann zum 80. Geburtstag, Tübingen 1964.

F. Hohmeir, Das Schriftverständnis in der Theologie Rudolf Bultmanns, Berlin-Hamburg 1964.

Ch. W. Kegley (Hrsg.), The Theology of Rudolf Bultmann, New York 1966.

W. Schmithals, Die Theologie Rudolf Bultmanns. Eine Einführung, Tübingen 1966.

G. Bornkamm, Die Theologie Rudolf Bultmanns, in: G. Bornkamm, Geschichte und Glaube Bd. I, München 1968, S. 157–172.

F. Peerlinck, Rudolf Bultmann als Prediger. Verkündigung als Vollzug seiner Theologie, Hamburg-Bergstedt 1970.

D. Sölle, Politische Theologie. Auseinandersetzung mit Rudolf Bultmann, Stuttgart 1971.

D. Georgi, Bleibende Aufgaben, die uns Rudolf Bultmann stellt, in: Die Theologie Rudolf Bultmanns als Vermächtnis (auch mit Beiträgen von P. Niederstein, F. Peerlinck u. W. Schmithals), Evangelische Zeitstimmen Bd. 59/60, Hamburg 1971, S. 65–76.

M. Ashcraft, Rudolf Bultmann, Waco/Texas 1972 (Maker of Modern Theologial Mind).

H. Hübner, Politische Theologie und existentiale Interpretation. Zur Auseinandersetzung Dorothee Sölles mit Rudolf Bultmann, Witten 1973.

R. A. Johnson, The origins of demythologizing. Philosophy and historiography in the theology of Rudolf Bultmann, Brill 1974.

B. Dieckmann, »Welt« und »Entweltlichung« in der Theologie Rudolf Bultmanns. Zum Zusammenhang von Welt- und Heilsverständnis, München-Paderborn-Wien 1977.

Chr. Gestrich, Neuzeitliches Denken und die Spaltung der dialektischen Theologie. Zur Frage der natürlichen Theologie, Tübingen 1977.

O. Kaiser (Hrsg.), Gedenken an Rudolf Bultmann (mit Beiträgen von R. Zingel, E. Vollmer, K. Rahner, E. Dinkler, H. Jonas), Tübingen 1977.
R. C. Roberts, Rudolf Bultmann's Theology. A Critical Interpretation, 1977.
G. Klein, Rudolf Bultmann, in: Theologen des Protestantismus im 19. und 20. Jahrhundert Bd. II, hrsg. v. M. Greschat, Stuttgart-Berlin-Köln-Mainz 1978, S. 400–419.
W. Stegemann, Der Denkweg Rudolf Bultmanns. Darstellung der Entwicklung und der Grundlagen seiner Theologie, Stuttgart-Berlin-Köln-Mainz 1978.
H. Fries, Rudolf Bultmann, in: Klassiker der Theologie Bd. II, hrsg. v. H. Fries u. G. Kretschmar, München 1983, S. 297–317.
W. G. Kümmel, Rudolf Bultmann als Paulusforscher, in: Rudolf Bultmanns Werk und Wirkung, hrsg. von B. Jaspert, Darmstadt 1984, S. 174–193.
E. Lohse, Die evangelische Theologie vor der Theologie R. Bultmanns, in: ZThK 82 (1985), S. 173–191.
B. Jaspert, Sackgassen im Streit mit Rudolf Bultmann. Hermeneutische Probleme der Bultmannrezeption in Theologie und Kirche, St. Ottilien 1985.

4. Zur katholischen Bultmannrezeption

H. Fries, Bultmann – Barth und die katholische Theologie, Stuttgart 1955.
K. Schubert (Hrsg.), Der historische Jesus und der Christus unseres Glaubens. Eine katholische Auseinandersetzung mit den Folgen der Entmythologisierungstheorie, Freiburg/Br. 1962.
D. Eickelschulte, Hermeneutik und Theologie bei Rudolf Bultmann. Zu den Möglichkeiten eines Gesprächs mit der katholischen Theologie, in: Scholastik 40 (1965), S. 23–54.
R. Marlé S.J., Bultmann und die Interpretation des Neuen Testaments, Paderborn 2. Aufl. 1967.
Th. F. O'Meara OP (Hrsg.), Rudolf Bultmann in catholic thought, New York 1968.
G. Greshake, Historie wird Geschichte. Bedeutung und Sinn der Unterscheidung von Historie und Geschichte in der Theologie Rudolf Bultmanns, Essen 1969.
K. Hollmann, Existenz und Glaube. Entwicklung und Ergebnisse der Bultmann-Diskussion in der katholischen Theologie, Paderborn 1972 (Lit.!).
H. Häring, Kirche und Kerygma. Das Kirchenbild in der Bultmannschule, Freiburg 1972.
ders., Ungeliebter Kronzeuge, in: Rudolf Bultmanns Werk und Wirkung, Darmstadt 1984, S. 379–395.

5. Zur Christologie

G. V. Jones, Christology and Myth in the New Testament, New York 1956.
J. M. Robinson, Kerygma und historischer Jesus, Zürich 1960.
H. Ott, Die Frage nach dem historischen Jesus und die Ontologie der Geschichte, in: Theologische Studien 62 (1960), S. 3–34.
J. C. Weber, The Significance of the Historical Jesus for Christian Faith in the Thought of Rudolf Bultmann, Ernst Fuchs and Karl Barth, Boston 1963.
U. Gerber, Christologie und Gotteslehre. Überlegungen zur Theologie von Rudolf Bultmann und Dorothee Sölle, Zürich 1969 (ThSt 99).
K. Kienzler, Logik der Auferstehung. Eine Untersuchung zu Rudolf Bultmann, Gerhard Ebeling und Wolfhart Pannenberg. Freiburg-Basel-Wien 1976.
W. Baird, The Quest of Christ of Faith: Reflections on the Bultmann Era, Waco/Texas 1977.

J. E. Scheid, Die Heilstat Gottes in Christus. Eine Studie zu Rudolf Bultmanns Auffassung von der Erlösung in Jesu Tod und Auferstehung, Hamburg 1982 (Kerygma und Mythos Bd. V/2).

S. Zoske, Die Mitte der Trinität. Möglichkeiten trinitarischer Rede von Gott nach Karl Barth und Rudolf Bultmann, Reichenbach-Merzbach 1984.

6. Zum Problem Entmythologisierung und existentialer Interpretation

J. Schniewind, Antwort an Rudolf Bultmann. Thesen zum Problem der Entmythologisierung, in: Kerygma und Mythos Bd. I, hrsg. v. H. W. Bartsch, Hamburg 1948, S. 77–121.

W. G. Kümmel, Mythische Rede und Heilsgeschehen im Neuen Testament, in: Kerygma und Mythos Bd. II, Hamburg 1952, hrsg. v. H. W. Bartsch, S. 153–169.

F. Gogarten, Entmythologisierung und Kirche, Stuttgart 1953.

E. Kinder (Hrsg.), Zur Entmythologisierung. Ein Wort lutherischer Theologie, München 1952.

E. Fuchs, Das Programm der Entmythologisierung, Bad Cannstatt 1954.

R. Bultmann – K. Jaspers, Die Frage der Entmythologisierung, München 1954.

H. Ott, Objektivierendes Denken und existentielles Denken, in: Kerygma und Mythos Bd. IV, hrsg. v. H. W. Bartsch, Hamburg 1955, S. 105–131.

K. Kerenyi, Theos und Mythos, in: Kerygma und Mythos Bd. VI/1, hrsg. v. H. W. Bartsch, Hamburg 1963, S. 28–37.

H. Fries, Entmythologisierung und theologische Wahrheit, in: Gott in Welt, FS Karl Rahner Bd. I, Freiburg-Basel-Wien 1964, S. 366–391.

J. B. Cobb – J. M. Robinson (Hrsg.), Der spätere Heidegger und die Theologie, Zürich 1964.

H. G. Gadamer, Martin Heidegger und die Marburger Theologie, in: Zeit und Geschichte. Dankesgabe an Rudolf Bultmann, hrsg. v. E. Dinkler, Tübingen 1964, S. 479–490.

E. Hübner, Entmythologisierung als theologische Aufgabe, in: Parrhesia. Karl Barth zum 80. Geburtstag, Zürich 1966, S. 238–261.

F. M. Marquardt, Religionskritik und Entmythologisierung. Über einen Beitrag Karl Barths zur Entmythologisierung, in: Theologie zwischen Gestern und Morgen. Interpretationen und Anfragen zum Werk Karl Barths, hrsg. v. W. Dantine u. K. Lüthi, München 1968, S. 88–123.

G. Bornkamm, Die Theologie Bultmanns in der Diskussion. Literaturbericht zum Problem der Entmythologisierung und Hermeneutik, in: *ders.,* Geschichte und Glaube Bd. I, München 1968, S. 173–275.

M. Schmidt, Die Zusammenarbeit von Martin Heidegger und Rudolf Bultmann unter konfessionskundlichem Gesichtspunkt, in: Materialdienst des Konfessionskundlichen Instituts Bensheim 28 (1977), S. 45–51.

E. Käsemann, Die Verkündigung des Kreuzes Christi in einer Zeit der Selbsttäuschung, in: Kirchliche Konflikte Bd. I, Göttingen 1982, S. 168–178.

W. Nethöfel, Strukturen existentialer Interpretation. Bultmanns Johanneskommentar im Wechsel theologischer Paradigmen, Göttingen 1983.

M. Lill, Zeitlichkeit und Offenbarung. Ein Vergleich Martin Heideggers »Sein und Zeit« mit Rudolf Bultmanns »Das Evangelium des Johannes«, Frankfurt/M. 1987.

H. Weder, Der Mythos vom Logos. Überlegungen zum Problem der Entmythologisierung, in: Evangelische Kommentare 20 (1987), S. 627–631.

7. Zur Frage der Gnosis und des Judentums
H. Schlier, Zur Mandäerfrage, in: ThR 5 (1933), S. 1–34.69–92.
J. Schoeps, Zur Standortbestimmung der Gnosis, in: Theologische Literaturzeitung 81 (1956), Sp. 413–422; auch in: Gnosis und Gnostizismus, hrsg. v. K. Rudolph, Darmstadt 1975, S. 463–475.
C. Colpe, Die religionsgeschichtliche Schule. Darstellung und Kritik ihres Bildes vom gnostischen Erlösermythos. Göttingen 1961.
W. Rordorf, Die Theologie Rudolf Bultmanns und die Gnosis des 2. Jahrhunderts, in: Oikonomia. Heilsgeschichte als Thema der Theologie, FS. O. Cullmann zum 65. Geburtstag, hrsg. v. F. Christ, Hamburg 1967, S. 191–202.
H. M. Schenke, Die neutestamentliche Christologie und der gnostische Erlöser, in: K.-W. Tröger (Hrsg.), Gnosis und Neues Testament. Studien aus Religionswissenschaft und Theologie, Berlin 1973, S. 205–229.
P. v. der Osten-Sacken, Rückzug ins Wesen und aus der Geschichte. Antijudaismus bei A. v. Harnack und R. Bultmann, in: Wissenschaft und Praxis in Kirche und Gesellschaft 67 (1978), S. 106–122.
P.-G. Müller, Altes Testament, Israel und das Judentum in der Theologie Rudolf Bultmanns, in: Kontinuität und Einheit. FS. F. Mussner, Freiburg/Br. 1981, S. 439–472.
K. Berger, Art. Gnosis/Gnostizismus, in: TRE Bd. XIII, Berlin-New York 1984, S. 19–535.
W. Schmithals, Neues Testament und Gnosis, Darmstadt 1984 (Lit.!).

8. Zum Verhältnis Bultmann – Barth
Siehe im Barth-Teil Literatur über Barth Nr. 12.

Anmerkungen Rudolf Bultmann

I. Die Wende von der liberalen zur dialektischen Theologie

1 *R. Bultmann*, Ist Jesus auferstanden wie Goethe?, S. 42f.
2 Zum *Verhältnis Bultmann – Barth* vlg. Literaturverzeichnis im Barth-Teil Nr. 12
3 Zur *Christologie Bultmanns* vgl. Literaturverzeichnis im Bultmann-Teil Nr. 5
4 Vgl. *E. Busch*, Karl Barths Lebenslauf, S. 61f. sowie: *K. Barth – R. Bultmann*, Briefwechsel, S. VI.
5 *Der Unveröffentlichte Nachlaß*, hrsg. v. A. Bultmann-Lemke, in: R. Bultmann, Werk und Wirkung, hrsg. v. B. Jaspert, Darmstadt 1984, S. 198.
6 Ebd.
7 Ebd., S. 200.
8 Ebd.
9 *R. Bultmann*, Der Stil der paulinischen Predigt und die kynisch-stoische Diatribe (1910).
10 *R. Bultmann*, Die Exegese des Theodor von Mopsuestia (Habil.-Schrift v. 1912), Stuttgart-Berlin-Köln-Mainz 1984.

11 *R. Bultmann,* Das verkündigte Wort, S. 113.

12 Vgl. die Besprechungen Bultmanns aus den Jahren 1908–1916 von: *A. Deissmann,* Licht im Osten; *J. Weiss,* Jesus im Glauben des Urchristentums; *A. Deissmann,* Paulus; Vier neue Darstellungen der Theologie des Neuen Testaments (*Holtzmann, Weinel, Feine* und *Schlatter*); Von der Mission des alten Christentums (A. v. Harnack, H. Lietzmann).

13 Um nur die wichtigsten zu nennen:
W. Bousset, Jesus (1904). *J. Weiss,* Christus, die Anfänge des Dogmas (1909); *ders.,* Jesus im Glauben des Urchristentums (1910). *H. Weinel,* Jesus (1912). *W. Heitmüller,* Jesus (1913). *P. Wernle,* Jesus (1916).

14 *W. Bousset,* Jesus, Tübingen 1904, 3. Aufl. 1907, S. 90; vgl. ebenso: S. 86; 91; 99.

15 Vlg. *W. Heitmüller,* Jesus, Tübingen 1913, bes. S. 20 u. 71.

16 *P. Wernle,* Jesus, Tübingen 1916, S. 327 u. 328.

17 *R. Bultmann,* Ethische und mystische Religion im Urchristentum, in: die Christliche Welt 134 (1920) Sp. 725–731. 738–743; auch abgedruckt in: Anfänge der dialektischen Theologie Bd. II, hrsg. v. J. Moltmann, München 1963, S. 29–47. Im folgenden wird nach diesem Neudruck zitiert: Anfänge II+Seite.

18 *Brief von P. Wernle an M. Rade* vom 6. 12. 1920, in: Rudolf Bultmann. Werk und Wirkung, S. 28. Im folgenden abgekürzt zitiert: WuW+Seite.

19 WuW, S. 30.

20 WuW, S. 31.

21 WuW, S. 38.

22 WuW, S. 72.

23 WuW, S. 31.

24 *R. Bultmann,* Wilhelm Heitmüller (1926). Bemerkenswert ist, daß Bultmanns Lehrer ausgerechnet den Präexistenz-Artikel für die 1. Aufl. von RGG geschrieben hat. Vgl. dort Bd. IV, Tübingen 1913, Sp. 1712 f. Die lapidare Kürze dieses Artikels zeigt freilich den mangelnden Stellenwert dieses Topos für die Christologie der religionsgeschichtlichen Schule.

II. Der Bundesgenosse einer Theologie »zwischen den Zeiten«

1 Beide Zitate WuW, S. 34.

2 Alle Zitate Anfänge II, S. 30.

3 Alle Zitate ebd., S. 31 f.

4 Beide Zitate ebd., S. 36.

5 Ebd., S. 42.

6 Ebd., S. 33.

7 Anfänge II, S. 43 f.

8 Ebd., S. 44.

9 Ebd.

10 Ebd., S. 45.

11 Ebd., S. 46.

12 WuW, S. 37.

13 Unter den *Aufsätzen Bultmanns* dieser Zeit vor allem wichtig: Die liberale Theologie und die jüngste theologische Bewegung (1924). Das Problem einer

theologischen Exegese des Neuen Testaments (1925). Welchen Sinn hat es von Gott zu reden? (1925). Die Bedeutung der »dialektischen Theologie« für die neutestamentliche Wissenschaft (1928). Ferner die *Monographie*: Jesus (1926).

14 Werden im folgenden Aufsätze aus den vier Bänden von »Glauben und Verstehen« (Tübingen 1933–1965) zitiert, findet sich direkt im Text die Quelle belegt mit folgender Abkürzung: GV+Band+Seite.

III. Auf dem Weg zur eigenen Christologie

1 Hier mag ein Hinweis am Platz sein auf das bis dahin gründlichste Werk über die Präexistenzchristologie: *H. Schuhmacher*, Christus in seiner Präexistenz und Kenose nach Phil. 2,5–8 Bd. I–II, Rom 1914/1921, Zitat: Bd. II, S. 245. Bultmann hat dieses Werk im Jahre 1917 kritisch rezensiert. Dieses Buch des katholischen Theologen Schuhmacher ist denn auch in der Tat gänzlich von dogmatischen Interessen bestimmt. Es grenzt sich gegen »abweichende Theorien über die Präexistenz Christi« ab (die kosmisch-heilsökonomische Erscheinungsform, himmlischer Mensch, ideelle Präexistenz, Erscheinungsform Gottes) und meint, insbesondere im Philipper-Hymnus, die klassische Zwei-Naturen-Lehre wiederfinden zu können.

2 Zum *Verhältnis Barth-Bultmann* in dieser Zeit vgl.: *R. Bultmann*. Karl Barths »Römerbrief« in zweiter Auflage, in: Die Christliche Welt 36 (1922), S. 320–323; 330–334; 369–372; auch in: Anfänge I, S. 119–142. Diese 2. Auflage hatte Bultmann zustimmend besprochen, während er die 1. Auflage in seinem Wartburg-Vortrag noch abgelehnt hatte (Anfänge II, S. 43). Barth selbst hat noch 40 Jahre später im Vorwort zum Nachdruck der 1. Auflage des »Römerbriefs« bestätigt, daß es »auf Grund des zweiten Römerbriefs für eine Weile zu einer beträchtlichen Nähe« zwischen ihm und Bultmann gekommen sei.

3 Als *Schlüsselwerk* gilt: *R. Reitzenstein*, Die hellenistischen Mysterienreligionen nach ihren Grundgedanken und Wirkungen (1910), Neudruck der 3. Aufl. v. 1927 Darmstadt. Weitere wichtige Werke Reitzensteins:
Studien zum antiken Synkretismus (zus. mit H. Schaeder), Leipzig 1926.
Vorchristliche Erlösungslehren, in: Kyrkohistorisk Arsskrift, Uppsala 1922, S. 94–128.
Hellenistische Wundererzählungen (1906), Neudruck der 3. Aufl. Darmstadt 1974.

4 *G.P. Wetter*, Phos. Eine Untersuchung über hellenistische Frömmigkeit, zugleich ein Beitrag zum Verständnis des Manichäismus, Leipzig 1915. Vgl. *Bultmanns* Rezension von »Phos« (1916).

5 *W. Bousset*, Kyrios Christos. Geschichte des Christusglaubens von den Anfängen des Christentums bis Irenäus (1913), Göttingen 6. Aufl. 1967 (*R. Bultmanns* Geleitwort, S. V–VI).

6 *Bultmann* bezieht sich auf: *J. Weiss*, Christus, die Anfänge des Dogmas, Tübingen 1909.

7 Schlüsselwerk der Luther-Renaissance nach dem 1. Weltkrieg, interessanterweise parallel mit der Dialektischen Theologie, ist: *K. Holl*, Ges. Aufsätze zur Kirchengeschichte: Luther (1921), 7. Aufl. Tübingen 1948.

IV. Paulus und die gnostischen Spuren seiner Theologie

1 *R. Bultmann,* Die Schriften des Neuen Testaments und des Hellenismus (1911), Sp. 589–593.

2 Vgl. *W. G. Kümmel,* Rudolf Bultmann als Paulusforscher, in: WuW (1984).

3 *R. Bultmann,* Neueste Paulusforschung II: Die Voraussetzungen der paulinischen Theologie (1936), S. 18.

4 *R. Bultmann,* Johanneische Schriften und Gnosis (1940), S. 250. Vgl. ebenso: Zur Geschichte der Paulusforschung (1929), S. 45. Ferner: Art. Paulus (1930), Sp. 1029–1031. Art. Mythos und Mythologie im NT (1930), Sp. 393.

5 Alle Zitate *R. Bultmann,* Das Urchristentum, S. 7.

6 Ein gutes und detailliertes Referat der Bultmannschen Rekonstruktion der »hellenistischen Gemeinde vor und neben Paulus« und der Bultmannschen Gnosisrezeption bei: *J. E. Scheid,* die Heilszeit Gottes in Christus, S. 86–121.

7 Alle Zitate *R. Bultmann,* Das Urchristentum, Einleitung S. 7.

8 *R. Bultmann,* Neueste Paulusforschung (1936), S. 19.

9 Alle Zitate *R. Bultmann,* Das Urchristentum, S. 178f. Vgl. auch: *R. Bultmann,* Gnosis (1952), S. 10–26.

10 R. Bultmann, Das Urchristentum, S. 177.

11 Ebd.

12 Ebd.

13 Ebd., S. 178.

14 Ebd., S. 182.

15 Ebd., S. 183.

16 Ebd., S. 194.

17 Ebd.

18 *E. Lohmeyer,* Kyrios Jesus, Heidelberg 1928 (Sitzungsberichte der Heidelberger Akademie der Wissenschaften, Philosophisch-Historische Klasse 1927/28, 4. Abhandlung).

19 *R. Bultmann,* Das Urchristentum, S. 214.

20 Vgl. dazu: *W. Rordorf,* Die Theologie R. Bultmanns und die Gnosis des 2. Jahrhunderts (1967). Hier eine theologische Kritik der Bultmannschen Gnosisrezeption.

21 Vgl. *R. Bultmann,* Das Urchristentum, S. 216.

22 Beide Zitate ebd., S. 219.

23 Ebd., S. 208.

24 Ebd., S. 220f.

25 Ebd.

26 *K. Berger,* Art. Gnosis und Gnostizismus (1984), S. 521f.

27 *R. Bultmann,* Theologie des Neuen Testaments (1953). Im folgenden wird dieses Buch nach der 6. Auflage 1968 mit dieser Abkürzung zitiert: ThNT+Seite.

28 ThNT, S. IX.

29 ThNT, S. 52.

30 ThNT, S. 30–32.

31 ThNT, S. 53.

32 Ebd.

33 ThNT, S. 133–135.

34 ThNT, S. 133.
35 Ebd.
36 Ebd. Die Präexistenz Christi bei Paulus sieht Bultmann ebenso gegeben in: 1 Kor 2,6–9; 1 Kor 8,6; 2 Kor 4,4; 2 Kor 8,9; Röm 8,3.32.35.39; Gal 4,4.
37 ThNT, S. 135.
38 Ebd.
39 Beide Zitate ebd., S. 305. Vgl. auch Art. Paulus (1930), Sp. 1038.
40 Ebd.
41 Zur Modifikation der älteren Messiasanschauung durch die Vorstellung von einer metaphysischen Gottessohnschaft im Sinne des Präexistenzgedankens bei Paulus und die Spannung zu Röm 1,4: *R. Bultmann*, Die Frage nach der Echtheit von Mt 16,17–19 (1941), S. 274.

V. Johannes und der Mythos vom Offenbarer

1 in: Exegetica, S. 10–35.
2 *R. Bultmann*, Analyse des ersten Johannesbriefes (1927); Untersuchungen zum Johannesevangelium (1928).
3 in: Exegetica, S. 55–104.
4 in: Die christliche Welt 41 (1927), Sp. 502–511.
5 in: Exegetica, S. 230–254.
6 *R. Bultmann*, Das Evangelium des Johannes (1941). Wir benutzen den unveränderten Nachdruck der Auflage von 1968 und zitieren: JK+Seite.
7 *R. Bultmann*, Die drei Johannesbriefe (1967).
Vgl. zur Rezeption: *W. Nethöfel*, Strukturen existentialer Interpretation (1983).
8 Vgl. *R. Bultmann*, Die Bedeutung der neuerschlossenen mandäischen und manichäischen Quellen, S. 55–59.
9 *R. Bultmann*, Der religionsgeschichtliche Hintergrund, S. 13.
10 *R. Bultmann*, Die Bedeutung der neuerschlossenen mandäischen und manichäischen Quellen, S. 100f.
11 *R. Bultmann*, Der religionsgeschichtliche Hintergrund, S. 13.
12 Vgl. *R. Bultmann*, Die Bedeutung der neuerschlossenen mandäischen und manichäischen Quellen, S. 59.
13 Vgl. ebd., S. 97 und JK, S. 11f.
14 *R. Bultmann*, Der religionsgeschichtliche Hintergrund, S. 34.
15 *R. Bultmann*, Das Johannesevangelium in der neuesten Forschung (1927), Sp. 505f.
16 Ebd. Vgl. auch *R. Bultmann*, das Urchristentum, S. 215 und ThNT, S. 358.
17 *R. Bultmann*, Das Johannesevangelium in der neuesten Forschung, Sp. 506. Vgl. auch ThNT, S. 365.
18 Vgl. *R. Bultmann*, Die Bedeutung der neuerschlossenen mandäischen und manichäischen Quellen, S. 103f.
19 Ebd.
20 Ebd.
21 Alle Zitate ebd.
22 Vgl. in dieser Studie Hauptteil I: V/2: Die Urentscheidung: Gnadenwahl des Vaters.

23 JK, S. 40, Anm. 2.
24 JK, S. 41, Anm. 1.
25 Vgl. ThNT, S. 392.
26 Ebd., S. 393.
27 Ebd.
28 Beide Zitate ebd.
29 Alle Zitate JK, S. 40, Anm. 2.
30 JK, S. 43.
31 ThNT, S. 402.
32 Ebd., S. 403.
33 Ebd.
34 Ebd. und JK, S. 470f.
35 ThNT, S. 414f.
36 Ebd., S. 419.
37 Ebd., S. 418.
38 Ebd., S. 419.
39 Ebd., S. 420.
40 Ebd., S. 428.
41 Ebd.
42 Vgl. ebd., S. 431.

VI. Der Streit um die Entmythologisierung

1 *R. Bultmann,* Neues Testament und Mythologie. Das Problem der Entmythologisierung der neutestamentlichen Verkündigung (1941). Wir zitieren nach der Neuausgabe dieses Aufsatzes, München 1985.
2 Zur Wirkung der Bultmannschen Theologie vgl.: *G. Bornkamm,* Die Theologie Bultmanns in der neueren Diskussion, bes. S. 30, Anm. 32.
3 Die Äußerungen von *H. Asmussen* und *H.-J. Iwand* finden sich zitiert in der Einleitung von E. Jüngel zu der unter Anm. 1 angegebenen Neuausgabe der Entmythologisierungsrede. Das Zitat von *D. Bonhoeffer* findet sich in: Tagebücher – Briefe – Dokumente (1923–1945), hrsg. v. E. Bethge, München 1974, S. 569–571.
4 *R. Bultmann,* Neues Testament und Mythologie, S. 14.
5 Ein erster Versuch bei *F. Peerlinck,* Rudolf Bultmann als Prediger (1970).
6 *R. Bultmann,* Neues Testament und Mythologie, S. 17.
7 Ebd.
8 Ebd., S. 19.
9 Ebd.
10 Ebd., S. 20.
11 Ebd., S. 21.
12 Ebd., S. 23.
13 Ebd., S. 28.
14 Ebd., S. 53.
15 Ebd.
16 Ebd., S. 54.
17 Ebd., S. 63.
18 Ebd.

19 Ebd., S. 63 f. Vgl. auch: *R. Bultmann,* Jesus Christus und die Mythologie (1958), S. 145 und 185.
20 Beide Zitate in: *R. Bultmann,* Neues Testament und Mythologie, S. 47.
21 Ebd.
22 *K. Jaspers* hat nicht zufällig R. Bultmanns Vereinnahmung der Philosophie eine Absage erteilt. Vgl. *K. Jaspers – R. Bultmann,* Die Frage der Entmythologisierung (1954).
23 *D. Bonhoeffer,* Gesammelte Werke, hrsg. v. E. Bethge, München 1960, Bd. III, S. 45 f.
24 Vgl. *R. Bultmann,* Das christologische Bekenntnis des ökumenischen Rates (1951), S. 246–261.
25 *K. Barth,* Rudolf Bultmann. Ein Versuch ihn zu verstehen, (1952).
26 KD IV/1, Vorwort.
27 *Es geht um die Bibel.* Ein Wort an alle bibelgläubigen Kreise unserer evangelischen Kirche, in: Kirchliches Jahrbuch 78 (1951), S. 210–212, Zitat S. 211.
28 B-B, S. 279–281.
29 Stellungnahme des »leitenden geistlichen Amtes« der Ev.-Kirche in Hessen und Nassau zur Entmythologisierung, in: Kirchliches Jahrbuch 78 (1951), S. 186–199.
30 Ebd., S. 189.
31 Ebd.
32 Ebd., S. 195.
33 Ebd.

VII. Versuch eines Dreiecksgesprächs zwischen Harnack, Barth und Bultmann

1 *D. Sölle,* Die Hinreise. Zur religiösen Erfahrung, Stuttgart 1975.
2 *E. Drewermann,* Tiefenpsychologie und Exegese Bd. I–II, Olten 1984.
3 *Chr. Mulack,* Maria. Die geheime Göttin im Christentum, Stuttgart 1985.
4 Vgl. *M. Franck,* Der kommende Gott. Vorlesungen über die Neue Mythologie, Frankfurt 1982; *ders.,* Gott im Exil. Vorlesungen über die Neue Mythologie, Frankfurt/M. 1988 sowie: *H. Blumenberg,* Arbeit am Mythos, Frankfurt/M. 1979
5 *C. Levi-Strauß,* Mythos und Bedeutung, Frankfurt 1980.
6 Aus dem umfangreichen Werk von *M. Eliade* sei hier nur angegeben: A History of Religious Ideas Bd. I–II, Chicago 1978. Deutsche Übersetzung: Geschichte der religiösen Ideen Bd. I–II, Freiburg/Br. 1979. Dazu: Quellentexte, übers. u. hrsg. v. G. Lanczkowski, Freiburg/Br. 1981.
7 *W. Barner,* Literaturtheologie oder Literaturmythologie, in: W. Jens – H. Küng – K.-J. Kuschel (Hrsg.), Theologie und Literatur. Zum Stand des Dialogs, München 1986, S. 146–163.
8 *K. Hübner,* Der Mythos, der Logos und das spezifisch Religiöse. Drei Elemente christlichen Glaubens, in: Mythos und Rationalität, hrsg. v. H. H. Schmid, Gütersloh 1988, S. 27–41, Zitat S. 27.
9 *W. Pannenberg,* Die weltbegründende Funktion des Mythos und der christliche Offenbarungsglaube, in: Mythos und Rationalität, hrsg. v. H. H. Schmid, Gütersloh 1988, S. 108–123. Vgl. auch den Schlüsselaufsatz von

W. Pannenberg, Zum Problem der Mythologie: Christentum und Mythos. Späthorizonte des Mythos in biblischer und christlicher Überlieferung, Gütersloh 1972.

10 Vgl. zusammenfassend: *H. Hollmann*, Existenz und Glaube (1972), S. 41–43. Ebenso: *G. Bornkamm*, Die Theologie Bultmanns (1968), S. 190–201.

11 *R. Bultmann*, Zum Problem der Entmythologisierung (1952), S. 179–190.

12 *R. Bultmann*, Neues Testament und Mythologie (1941), S. 22f., Anm. 2.

13 Ebd., S. 14.

14 *J. Schniewind*, Antwort an Rudolf Bultmann (1960), beide Zitate S. 91.

15 Ebd., S. 117.

16 Ebd., S. 118.

17 *R. Bultmann*, Zum Problem der Entmythologisierung (1952), S. 186.

18 *W. G. Kümmel*, Mythische Rede und Heilsgeschehen (1952), beide Zitate S. 155.

19 Ebd., S. 156.

20 Zur katholischen Exegese vgl. *K. Hollmann*, Existenz und Glaube (1972), S. 42f.

21 *W. G. Kümmel*, Mythische Rede und Heilsgeschehen (1952), S. 156f.

22 *R. Bultmann*, Neues Testament und Mythologie (1941), S. 22.

23 *Für und wider die Theologie Rudolf Bultmanns*. Denkschrift, Tübingen 1952.

24 *H. Weder*, Der Mythos vom Logos (Jo 1). Überlegungen zur Sachproblematik der Entmythologisierung, in: Mythos und Rationalität, hrsg. v. H. H. Schmid, Gütersloh 1988, S. 44–75, Zitat S. 61.

25 *H. Weder*, Der Mythos vom Logos . . ., S. 62 u. 63.

26 B-B, S. 319.

27 B-B, S. 320.

28 B-B, S. 287. Vgl. dazu auch die überzeugende Analyse von *G. Bornkamm*, Die Theologie R. Bultmanns (1960), S. 158.

29 Alle Zitate K. Barth, KD III/2, S. 531–537.

30 *K. Kerenyi*, Theos und Mythos (1963), in: Kerygma und Mythos Bd. VI/1, 1963, S. 28–37, Zitat S. 37.

31 *F. Hölderlin*, Über Religion, in: Werke und Briefe Bd. II, hrsg. v. F. Beißner u. J. Schmidt, Frankfurt/M. 1969, S. 635–641, Zitat S. 641.

32 *W. Schmithals*, Die Theologie Rudolf Bultmanns, S. 143.

33 *G. Hasenhüttl*, Der Glaubensvollzug, S. 126.

34 *Chr. Gestrich*, Neuzeitliches Denken . . ., S. 288.

35 *E. Käsemann*, Das Problem des historischen Jesus (1953), in: *ders.*, Exegetische Versuche und Besinnungen Bd. I, Göttingen 1964, S. 187–214, Zitat S. 189.

ZWEITER HAUPTTEIL
Leitlinien der Schrift:

Präexistenzchristologie im ökumenischen Gespräch der Schriftverständigen

A. Von Hiob zu Henoch: Das Alte Testament

I. Geschichtliche Überblicke

E. Schürer, Die Geschichte des jüdischen Volkes im Zeitalter Jesu Christi Bd. III (1909), Neudr. Hildesheim-New York 1970; überarbeit. engl. Ausgabe: The History of the Jewish People in the Age of Jesus Christ, ed. by G. Vermes u. F. Millar Bd. I–II, Edinburgh 1973–1979.

W. Bousset – H. Gressmann, Die Religion des Judentums im späthellenistischen Zeitalter (1902, 3. Aufl. 1926), Neudruck mit Vorwort v. E. Lohse, Tübingen 1966.

G. F. Moore, Judaism in the First Centuries of the Christian Era. The Age of the Tannaim Bd. I–II, Cambridge, Mass. 1927–1932.

P. Volz, Die Eschatologie der jüdischen Gemeinde im neutestamentlichen Zeitalter (1934), Neudruck Hildesheim 1966.

H. H. Ben-Sasson (Hrsg.), A History of the Jewish People (1969), engl. Übersetzung London 1976, 2. Aufl. 1977.

M. Hengel, Judentum und Hellenismus. Studien zu ihrer Begegnung unter bes. Berücksichtigung Palästinas bis zur Mitte des 2. Jahrhunderts v. Chr., Tübingen 1969, 2. Aufl. 1973.

A. H. J. Gunneweg, Geschichte Israels bis Bar Kochba, Stuttgart-Berlin-Köln-Mainz 1972, 7. Aufl. 1982.

J. Maier, Geschichte der jüdischen Religion. Von der Zeit Alexanders d. Gr. bis zur Aufklärung mit einem Ausblick auf das 19./20. Jhdt., Berlin-New York 1972.

S. Herrmann, Geschichte Israels in alttestamentlicher Zeit, München 1973, 2. Aufl. 1980.

J. Meier – J. Schreiner (Hrsg.), Literatur und Religion des Frühjudentums, Würzburg-Gütersloh 1973.

S. Safrai – M. Stern (Hrsg.), The Jewish People in the First Century Bd. I, Leiden 1974.

W. Haase (Hrsg.), Aufstieg und Niedergang der Römischen Welt (II. Principat), Bd. XIX/1–2 (Palästinisches Judentum), Berlin-New York 1979.

H. Conzelmann, Heiden – Juden – Christen. Auseinandersetzungen in der Literatur der hellenistisch-römischen Zeit, Tübingen 1981.

H. Donner, Geschichte des Volkes Israel und seiner Nachbarn in Grundzügen Bd. I–II, Göttingen 1984–86.

W. Haase, Aufstieg und Niedergang der Römischen Welt (II. Principat), Bd. XX/1 (Hellenistisches Judentum in Römischer Zeit, ausgen. Philo u. Josephus), Berlin-New York 1987.

II. Theologien des Alten Testaments

W. Eichrodt, Theologie des AT Bd. I–II, Stuttgart-Göttingen, Bd. I 1957, 7. Aufl. 1962; Bd. II 1961, 5. Aufl. 1964.

G. von Rad, Theologie des AT Bd. I–II, München 1960, 7. Aufl. 1978/80.

W. H. Schmidt, Alttestamentlicher Glaube in seiner Geschichte, Neukirchen-Vluyn 1968, 4. Aufl. 1982.

G. Fohrer, Theologische Grundstrukturen des Alten Testaments, Berlin-New York 1972.

W. Zimmerli, Grundriß der alttestamentlichen Theologie, Stuttgart-Berlin-Köln-Mainz 1972, 3. Aufl. 1978.

J. L. McKenzie, A Theology of the Old Testament, Garden City, N. Y. 1974.

C. Westermann, Theologie des Alten Testaments in Grundzügen, Göttingen 1978, 2. Aufl. 1985.

I. Vom Urgrund der Schöpfung: Die Weisheit

1 *F. Fuchs*, Zum hermeneutischen Problem in der Theologie. Die existentiale Interpretation, Tübingen 1960, 2. Aufl. 1965.

2 *W. Pannenberg*, Die Subjektivität Gottes und die Trinitätslehre. Ein Beitrag zur Beziehung zwischen Karl Barth und der Philosophie Hegels, in: *ders.*, Grundfragen systematischer Theologie. Ges. Aufsätze Bd. II, Göttingen 1980, S. 96–111, Zitat S. 101.

3 Aus der unübersehbaren Literatur zum Verhältnis Exegese-Dogmatik: *H. Vorgrimmler (Hrsg.)*, Exegese und Dogmatik, Mainz 1962 (mit Beiträgen von K. H. Schelkle, K. Rahner, A. Vögtle, H. Schlier, E. Schillebeeckx, R. Schnackenburg, H. Groß, F. Mussner). *W. Kasper*, Dogma unter dem Wort Gottes, Mainz 1965, *ders.*, Schrift-Tradition-Verkündigung / Exegese-Dogmatik-Verkündigung / Evangelium und Dogma, in: *ders.*, Glaube und Geschichte, Mainz 1970, S. 159–208. *W. Thüsing*, Zur Relevanz der Bibel für heutige Theologie und zur Problematik der Zusammenarbeit von Dogmatik und Exegese, in: *K. Rahner – W. Thüsing*, Christologie – systematisch und exegetisch, Freiburg/Br. 1972, S. 82–97. *Die Exegese in der Theologie*. Themenheft der ThQ 159 (1979) H. 1 (bes. die Beiträge von J. Blank, H. Küng, W. Kasper, B. Lang). *M. Seckler*, Im Spannungsfeld von Wissenschaft und Kirche. Theologie als schöpferische Auslegung der Wirklichkeit, Freiburg 1980. *H. Küng*, Theologie im Aufbruch. Eine ökumenische Grundlegung, München 1987. *J. Ratzinger (Hrsg.)*, Schriftauslegung im Widerstreit, Freiburg/Br. 1989 (mit Beiträgen von: R. Brown, W. H. Lazareth, G. Lindbeck, J. Ratzinger).

4 Concilium Vaticanum II: Dekret über die Ausbildung der Priester »Optatam Totius«, Nr. 16. Vgl. auch: Die dogmatische Konstitution über die göttliche Offenbarung »Dei Verbum« Nr. 24: »Die Heiligen Schriften enthalten das Wort Gottes und, weil inspiriert, sind sie wahrhaft Wort Gottes: Deshalb sei das Studium des heiligen Buches gleichsam die Seele der heiligen Theologie.«

5 *W. Kasper*, Prolegomena zur Erneuerung der geistlichen Schriftauslegung, in: Vom Urchristentum zu Jesus, FS J. Gnilka, hrsg. v. H. Frankenmölle u. K. Kertelge, Freiburg/Br. 1989, S. 508–526, Zit. S. 511 f.

6 *P.-G. Müller (Hrsg.)*, Bibel und Christologie. Ein Dokument der Päpstlichen Bibelkommission in Französisch und Latein (Kommentar: J. Fitzmyer; Geleitwort: J. Ratzinger), Stuttgart 1987. Von ähnlicher Bedeutung ist das Dokument: Ausgewählte Fragen zur Christologie. Eine Studie der Internationalen Theologenkommission, in: Herder Korrespondenz 35 (1981), S. 137–145.

7 Alle Zitate in: *Bibel und Christologie . . .*, S. 79.

8 Ebd., S. 65.

9 *H. Oldenberg*, Die Religionen des Veda, Berlin 1894, S. 280.

10 Ich zitiere nach der folgenden Ausgabe: *H. v. Glasenapp*, Indische Geisteswelt Bd. I (Glaube und Weisheit der Hindus), Wiesbaden 1958, S. 20f.

11 Übersicht über die orientalischen Schöpfungsmythen bei: *M. Eliade (Hrsg.)*. Die Schöpfungsmythen. Ägypter, Sumerer, Hurriter, Hethiter, Kanaaniter und Israeliten, Darmstadt 1980. Vgl. ebenso: *W. Beyerlin (Hrsg.)*, Religionsgeschichtliches Textbuch zum Alten Testament, Göttingen 1975. Für die Praxis sehr brauchbar: *H. Halbfas (Hrsg.)*, Das Welthaus. Ein religionsgeschichtliches Lesebuch, Stuttgart-Düsseldorf 1983.

12 Zitiert bei *V. Notter*, Biblischer Schöpfungsbericht und ägyptische Schöpfungsmythen, Stuttgart 1974, S. 22.

13 *Platon*, Phaidon 72e. 73a (Übers. F. Schleiermacher).

14 Guter Überblick bei: *R. Moore*, Art. Pre-Existence, in: Encyclopedia of Religion and Ethics, hrsg. v. J. Hastings, Edinburgh 1918, Bd. X, S. 235–241. Nach wie vor grundlegend: *E. Rohde*, Psyche. Seelenkult und Unsterblichkeitsglaube der Griechen Bd. I–II, Tübingen 1897, 6. Aufl. 1910. *Art. Soul*, in: The Encyclopedia of Religion Bd. XIII, New York-London 1987, S. 426–465 (Lit.!).

15 Nach alttestamentlichem Verständnis ist die Urflut von Gen 1,2 noch kein Schöpfungswerk Gottes, sondern ist der Schöpfung vorausliegend. Andererseits ist klar, daß diese präexistente Urflut zu dem Ungeordneten und Bedrohenden gehört, das Gott selbst als Herr der Schöpfung gestaltet und ordnet. Vgl. dazu: *H. Schweizer*, Sémiotique (française) contre exégèse historico-critique (allemande)? Remarques a partir de Genèse 1,1–10, in: Semiotique et Bible Sept. 1987, S. 1–17.

16 Man muß vorsichtig sein, in Gen 2,7 einen so problemgeladenen Begriff wie Seele wiederzufinden, da die »naive Begrifflichkeit« eine derartige Assoziation kaum erlaubt. Deshalb sei hier das Wort Seele in Anführungszeichen gesetzt. All diese Differenzierungen verdanke ich meinem Tübinger Kollegen *Prof. Dr. Harald Schweizer*, dem ich an dieser Stelle herzlich für die Durchsicht des AT-Teiles und eines guten Stückes des NT-Teiles danken möchte.

17 Vgl. neuerdings zusammenfassend: *H. D. Preuss*, Einführung in die alttestamentliche Weisheitsliteratur, Stuttgart-Berlin-Köln-Mainz 1987, S. 10–30.

18 *G. von Rad*, Weisheit in Israel, Neukirchen-Vluyn 1970, S. 21. Weisheitliche Paralleltexte aus Ägypten u. Mesopotamien bei: *W. Beyerlin (Hrsg.)*, Religionsgeschichtliches Textbuch zum AT, Göttingen 1975. Zu Ägypten bes.: *G. E. Bryce*, A Legacy of Wisdom. The Egyptian Contribution to the Wisdom of Israel, Levisburg-London 1979.

19 *H. Gese*, Die Weisheit, der Menschensohn und die Ursprünge der Christologie als konsequente Entfaltung der biblischen Theologie, in: Svensk Exegetisk Arsbok 44 (1979), S. 77–113, Zitat S. 79.

20 Ebd.

21 *O. Kaiser*, Einleitung, S. 367.
22 *W. Eichrodt*, Theologie des Alten Testaments Bd. II, S. 49.
23 Ebd.
24 Alle Zitate ebd., S. 49f. Zum Problem der staatlichen Existenz Israels nach dem Zusammenbruch Judas und der Zerstörung Jerusalems vgl.: *W. Groß*, Israels Hoffnung auf die Erneuerung des Staates, in: J. Schreiner (Hrsg.), Unterwegs zur Kirche. Alttestamentliche Konzeptionen, Freiburg/Br. 1987, S. 87–122.
25 Vgl. neben den genannten Arbeiten von *G. v. Rad* und *H. D. Preuss* an *neuerer Literatur zur Weisheit*: *W. Zimmerli*, Zur Struktur der neutestamentlichen Weisheit, in: Zeitschrift für alttestamentliche Wissenschaft 51 (1933), S. 177–204; *ders.*, Ort und Grenze der Weisheit im Rahmen der alttestamentlichen Theologie, in: *ders.*, Gottes Offenbarung. Ges. Aufsätze, München 1963, S. 300–315. *H. Ringgren*, Word and Wisdom. Studies in the Hypostatization of Divine Qualities and Functions in the Ancient Near East, Lund 1947; *ders.*, Wisdom in Israel and the Ancient Near East, Leiden 1955. *H. Gese*, Leben und Wirklichkeit in der alten Weisheit. Studien zu den Sprüchen Salomos und zu dem Buch Hiob, Tübingen 1958. *H. H. Schmidt*, Wesen und Geschichte der Weisheit. Eine Untersuchung zur altorientalischen Weisheitsliteratur, Berlin 1966. *H.-J. Hermisson*, Studien zur israelitischen Spruchweisheit, Neukirchen-Vluyn 1968; *ders.*, Observations in the Creation Theology in Wisdom, in: J. G. Gammie u. a. (Hrsg.), Israelite Wisdom, FS S. Terrien, New York 1978, S. 43–57. *R. B. Y. Scott*, The Way of Wisdom in the Old Testament, New York 1971. *P. W. Skehan*, Studies in Israelite Poetry and Wisdom, Washington 1971. *B. L. Mack*, Logos und Sophia. Untersuchungen zur Weisheitstheologie im hellenistischen Judentum, Göttingen 1973. *R. E. Murphy*, Wisdom Literature, Grand Rapids 1981. *R. Michaud*, La Litérature de Sagesse, Bd. I, Paris 1984. *P. Doll*, Menschenschöpfung und Weltschöpfung in der alttestamentlichen Weisheit, Stuttgart 1985 (SBS 117). – Auf die in der Forschung umstrittene Frage, wie die »Weisheit« überhaupt definitorisch zu bestimmen sei, ob primär inhaltlich-ideell oder mehr formal-strukturell (Redeformen), müssen wir hier nicht eingehen. Ebensowenig auf den Streit, ob die Weisheit generell als »Schulweisheit«, als »Lehre« zu verstehen ist (so vor allem Gese, Hermisson, der späte v. Rad) oder zwischen einer frühen »Volksweisheit« (wie Spr 10–20) und einer späten »Schulweisheit« (Gedichte wie Spr 1–9) unterschieden werden müsse (so Eissfeldt, der frühe v. Rad, Westermann).
26 Vgl. neben der genannten Arbeit von *H. Gese* (1979): *H. Hegermann*, Die Vorstellung vom Schöpfungsmittler im hellenistischen Judentum und Urchristentum, Berlin 1961. *E. Schweizer*, Aufnahme und Korrektur jüdischer Sophia-Theologie im Neuen Testament, in: Hören und Handeln. FS E. Wolf, München 1962, S. 330–340. *R. G. Hammerton-Kelly*, Pre-existence, Wisdom and the Son of Man. A Study of the Idea of Pre-existence in the New Testament, Cambridge 1973. *R. L. Wilken (Hrsg.)*, Aspects of Wisdom in Judaism and Early Christianity, Notre-Dame-London 1975. *M. Hengel*, Jesus als messianischer Lehrer der Weisheit und die Anfänge der Christologie, in: Sagesse et religion. Colloque de Strasbourg (Oct. 1976), Vendome 1979, S. 147–188. *J. D. G. Dunn*, Christology in the Making. A New Testament Inquiry into the Origins of the Doctrine of the Incarnation, Philadelphia 1980,

S. 163–212. *G. Schimanowski,* Weisheit und Messias. Die jüdischen Voraussetzungen der urchristlichen Präexistenzchristologie, Tübingen 1985 (Lit!).

27 *E. Sellin – G. Fohrer,* Einleitung, S. 337.

28 *G. v. Rad,* Weisheit in Israel, S. 200–202.

29 Zum *Buch Hiob* allgemein vgl. neben den genannten Einleitungen u. Theologien: *H. D. Preuss,* Einführung, S. 69–113 (Lit.!). *G. v. Rad,* Weisheit in Israel, S. 267–292. *H. P. Müller,* Das Hiobproblem, Darmstadt 1978 (EdF 84). Zur Präexistenzproblematik vgl.: *G. Schimanowski,* Weisheit und Messias, S. 17–26. *H. Gese,* Die Weisheit, der Menschensohn . . ., S. 82–85. *B. L. Mack,* Logos und Sophia, S. 49–60.

30 Vgl. *H. Gese,* Das Gesetz, in: *ders.,* Zur Biblischen Theologie. Alttestamentliche Vorträge, München 1977, S. 55–84. Zu Hi 28 schreibt Gese S. 72: »Als der Schöpfung vorgeordnete und damit für die Welt transzendente Größe ist die Weisheit von Gott gegründet, um ihm als Maß der Schöpfung zu dienen. So vermittelt sich Gott in ihr an die Welt.«

31 Zur Diskussion vgl. *G. Schimanowski,* Weisheit und Messias, S. 17. Für eine spätere Einfügung noch: *P. Doll,* Menschenschöpfung u. Weltschöpfung, S. 57. *H. D. Preuss,* Einführung, S. 85–87.

32 So *G. Schimanowski,* Weisheit und Messias, S. 17f.

33 *H. D. Preuss,* Einführung, S. 86. Vgl. zum Lohn-Strafe-Gedanken auch: *H. Schweizer,* Zur Systematisierung der Theologie. Ein Beitrag zur Methodendiskussion in der Theologie. Dargestellt anhand von 1 Kö 15 und 2 Chr 14–16, in: ThQ 159 (1979), S. 58–67.

34 *G. v. Rad,* Weisheit in Israel, S. 267.

35 Ebd.

36 Ebd., S. 280.

37 *M. Hengel,* Judentum und Hellenismus, S. 200.

38 Gegen *H. Gese,* Die Weisheit, S. 84f., der aus offenkundigem christlich-theologischem Interesse heraus hier interpretatorisch überzieht: »Hier wird als Person gefaßt, was in engster Weise mit dem Personsein Gottes zusammenhängt und damit mit dem personalen Charakter der Offenbarung überhaupt. Man spricht mit Recht von Hypostase.«

39 Zum *Buch Kohelet* allg. vgl. neben den üblichen Einleitungen und Theologien: *H. D. Preuss,* Einführung, S. 114–136 (Lit.!). *M. Hengel,* Judentum und Hellenismus, S. 210–240. *G. v. Rad,* Weisheit in Israel, S. 292–308. *N. Lohfink,* Kohelet-Kommentar, Würzburg 1980 (NEB).

40 *K. Galling,* Kohelet Studien, in: Zeitschrift für Alttestamentliche Wissenschaft 50 (1932), S. 276–299, Zitat S. 291.

41 *M. Hengel,* Judentum und Hellenismus, S. 234.

42 Ebd., S. 222.

43 Zum *Buch der Sprichwörter* allg. vgl. neben den üblichen Einleitungen und Theologien den Überblick bei: *H. D. Preuss,* Einführung, S. 31–68 (Lit.!). Zur *Präexistenzfrage* speziell: *G. Schimanowski,* Weisheit und Messias, S. 26–38. *M. Hengel,* Judentum und Hellenismus, S. 275–284.

44 Zur *Traditionsgeschichte von Spr* 1–9 vgl. neuerdings: *P. Doll,* Menschenschöpfung und Weltschöpfung, S. 41–48. Die These von B. Lang (»Ich glaube, in der israelitisch-jüdischen Institution der Schreiberschule den Schlüssel zum Verständnis der Gedichte über Frau Weisheit gefunden zu haben. Ich verstehe die Gedichte als Schulgedichte von hohem poetischem Wert«) dürfte

zu hypothetisch und einseitig sein, da die Existenz von Schreiberschulen in Palästina nicht eindeutig nachweisbar ist. (Frau Weisheit. Deutung einer biblischen Gestalt, Düsseldorf 1975, S. 11).

45 Dazu: *B. Lang*, Frau Weisheit, bes. S. 147–184.

46 *H.-J. Hermisson*, Weisheit, in: H. J. Boecker – H.-J. Hermisson – J. M. Schmidt – L. Schmidt, Altes Testament, S. 165–188, Zitat S. 173.

47 Zur neuesten *Monotheismus-Diskussion* vgl. *O. Keel (Hrsg.)*, Monotheismus im Alten Israel und seiner Umwelt, Fribourg 1980. *B. Lang (Hrsg.)*, Der einzige Gott. Die Geburt des biblischen Monotheismus, München 1981; *ders.*, The Yahweh Alone Movement and the Making of Jewish Monotheism, in: *ders.*, Monotheism and the Prophetic Minority. An Essay on Biblical History and Sociology, Sheffield 1973, S. 13–56; *ders.*, Neues über die Geschichte des Monotheismus, in: ThQ 163 (1983), S. 54–58. *E. Haag (Hrsg.)*, Gott, der einzige. Zur Entstehung des Monotheismus in Israel, Freiburg/Br. 1985 (Lit.!).

48 *M. Hengel*, Judentum und Hellenismus, S. 209f.

49 Dazu: *B. Lang*, Frau Weisheit, S. 158–160: Gab es einen jüdischen Weisheitsmythos?

50 *B. Lang*, Der einzige Gott, S. 80.

51 *H. Donner*, Die religionsgeschichtlichen Ursprünge von Prov. 8, in: Zeitschrift für Ägyptische Sprache und Altertumskunde 82 (1958), S. 8–18. Für den *Isis-Einfluß* hatte plädiert: *H. Conzelmann*, Die Mutter der Weisheit, in: *ders.*, Theologie als Schriftauslegung, München 1974, S. 167–176. Dagegen: *B. Lang*, Frau Weisheit, S. 152–154.

52 Vgl. *G. v. Rad*, Weisheit in Israel, S. 218. *M. Hengel*, Judentum und Hellenismus, S. 278f. *D. L. Mack*, Logos und Sophia, S. 34–49.

53 *B. Lang*, Frau Weisheit, S. 148f.

54 Ebd., S. 149–152.

55 *B. Lang*, Der einzige Gott, S. 80.

56 *B. Lang*, Frau Weisheit, S. 149.152.

57 *M. Hengel*, Judentum und Hellenismus, S. 278.

58 *G. Hölscher*, Das Buch Hiob, Tübingen 1952, S. 69.

59 Vgl. *O. Keel*, Die Weisheit spielt vor Gott. Ein ikonographischer Beitrag zur Deutung des Mesahäquät in Spr. 8,30f., Fribourg-Göttingen 1974. Ebenso: *U. Winter*, Frau und Göttin. Exegetische und ikonographische Studien zum biblischen Gottesbild im Alten Testament und in dessen Umwelt, Fribourg-Göttingen 1973, S. 508–576, bes. 516–524.

60 Den Hinweis auf diese Deutung von Spr 8 verdanke ich meinem Kollegen für Altes Testament an der Kath.-Theol.-Fakultät der Universität Tübingen *Prof. Dr. Walter Gross*, dem ich an dieser Stelle ebenfalls herzlich danken möchte für die kritische Durchsicht des alttestamentlichen Teiles dieser Studie. Als dem exegetischen Gutachter in meinem Habilitationsverfahren, dem diese Studie zugrunde lag, bin ich gerade ihm zu besonderem Dank verpflichtet. Er hat mir wichtige exegetische Anregungen und bibliographische Hinweise gegeben.

61 *Ch. Mulack*, Die Weiblichkeit Gottes. Matriarchalische Voraussetzungen des Gottesbildes, Stuttgart 1983, S. 174.176.178. Zum kritischen Gespräch mit Ch. Mulack vgl. neuerdings: *J. Flatters*, Von der Aufwertung des »Weiblichen« und ihrem Preis. Kritische Anmerkungen zu Ch. Mulacks »Jesus – der

Gesalbte der Frauen«, in: Verdrängte Vergangenheit, die uns bedrängt. Feministische Theologie in der Verantwortung für die Geschichte, München 1988, S. 164–180.

62 *B. Lang*, Frau Weisheit, S. 170. Gegen die Existenz einer höfischen Weisheitsschule hat vehement argumentiert: *F. W. Golke*, Die israelitische Weisheitsschule oder »Des Kaisers neue Kleider« in: Vetus Testamentum 33 (1983), S. 257–270. Golke selbst plädiert für ein sog. Magister-Famulus-System.

63 Beide Zitate *H. D. Preuss*, Einführung, S. 64. Ähnlich kritisch: *W. Eichrodt*, Theologie des AT Bd. II, S. 52 sowie *U. Winter*, Frau und Göttin, S. 510.

64 *M. Hengel*, Judentum und Hellenismus, S. 280f.

65 *H. Ringgren*, Word and Wisdom (siehe Anm. 25).

66 *W. Bousset – H. Gressmann*, Die Religion des Judentums im späthellenistischen Zeitalter, Zitate S. 3.9. Über Angelologie, Dämonologie und die Hypostasen-Vorstellung vgl. hier S. 320–357.

67 Vgl. in dieser Studie Hauptteil I: B V,3: Jesus Christ – Mittler, kein Mittelwesen.

68 *G. Pfeiffer*, Ursprung und Wesen der Hypostasenvorstellung im Judentum, Stuttgart 1967, S. 15.

69 So schon *G. v. Rad*, Weisheit in Israel, S. 193.

70 *M. Hengel*, Judentum und Hellenismus, S. 280.

71 Beide Zitate ebd., S. 280.

72 Zum *Buch Jesus Sirach* allg. vgl. neben den üblichen Einleitungen und Theologien den Überblick bei: *H. D. Preuss*, Einführung, S. 138–146. *M. Hengel*, Judentum und Hellenismus, S. 241–275, sowie *G. v. Rad*, Weisheit in Israel, S. 309–336. *Th. Middendorp*, Die Stellung Jesu Ben Siras zwischen Judentum und Hellenismus, Leiden 1973. *J. T. Sanders*, Ben Sira and Demotic Wisdom, Missoula 1983. Zur *Präexistenzproblematik* speziell vgl.: *G. Schimanowski*, Weisheit und Messias, S. 38–61.

73 *H. D. Preuss*, Einführung, S. 145.

74 *M. Hengel*, Judentum und Hellenismus, S. 274.

75 *R. Smend*, Die Weisheit des Jesus Sirach, Berlin 1906, S. XXIII.

76 *M. Hengel*, Judentum und Hellenismus, S. 235.

77 *S. Holm-Nielsen*, Religiöse Poesie des Spätjudentums, in: ANRW Bd. XIX/1, Berlin-New York 1979, S. 152–186, Zit. S. 164.

78 *E. Schürer*, Geschichte des jüdischen Volkes Bd. III, S. 212.

79 *H. Gese*, Die Weisheit, S. 88 (vgl. Anm. 19).

80 Gegen *G. Schimanowski*, Weisheit und Messias, S. 68.

81 *M. Hengel*, Judentum und Hellenismus, S. 287. Das Problem der inhaltlich-strukturellen oder genetischen Abhängigkeit der alttestamentlichen Weisheitshymnik (wie Sir 24) von ägyptischer Isishymnik ist umstritten. Die These von *H. Conzelmann* (vgl. Anm. 51) ist neuerding von *J. T. Sanders* (vgl. Anm. 72) heftig bestritten worden. Freilich: Wenn man auch die direkte Übertragung eines Isishymnus in das AT nicht annehmen muß, so ist eine Kenntnis ägyptischer Weisheit bei Jesus Sirach durchaus wahrscheinlich. Vgl. dazu: *J. M. Rose*, Hellenistic Influence on the Book of Wisdom and its Consequences, Rom 1970. *D. Müller*, Ägypten und die griechischen Isis-Aretologien, Berlin 1961. *J. Bergman*, Ich bin Isis. Studien zum memphitischen Hintergrund der griech. Isisaretologie, Uppsala 1968. *F. Dunand*, Le culte d'Isis dans le bassin oriental de la méditerrannée, Leiden 1973.

82 Zum *Buch Baruch* allg. vgl.: *M. Küchler*, Frühjüdische Weisheitstraditionen. Zum Fortgang weisheitlichen Denkens im Bereich des frühjüdischen Jahweglaubens, Fribourg-Göttingen 1979, S. 39f. Zur *Präexistenzproblematik* speziell vgl.: *G. Schimanowski*, Weisheit und Messias, S. 61–67.

83 Zur literarkrit. Diskussion dieser Stelle vgl. *G. Schimanowski*, Weisheit und Messias, S. 63f.

84 Zitat bei *G. Schimanowski*, S. 284. Zur Einordnung und Deutung des Midrasch vgl.: *A. Goldberg*, Schöpfung und Geschichte. Der Midrasch von den Dingen, die vor der Welt erschaffen wurden, in: Judaica 24 (1968), S. 27–44; *ders.*, Die Namen des Messias in der rabbinischen Traditionsliteratur. Ein Beitrag zur Messiaslehre des rabbinischen Judentums, in: Frankfurter judaistische Beiträge 7 (1979), S. 1–93. *P. Schäfer*, Zur Geschichtsauffassung des rabbinischen Judentums (1975), in: *ders.*, Studien zur Geschichte und Theologie des rabbinischen Judentums, Leiden 1978, S. 23–44. *G. Schimanowski*, Weisheit und Messias, S. 233–303.

85 Zu *Aristobul* allg. vgl.: *M. Hengel*, Judentum und Hellenismus, S. 295–307. *M. Küchler*, Frühjüdische Weisheitstraditionen, S. 57f. u. 125–127. Zur *Präexistenzproblematik* speziell: *G. Schimanowski*, Weisheit und Messias, S. 69–74.

86 Einen Überblick über die *Philo-Forschung* auf neuestem Stand bietet: *W. Haase (Hrsg.)*, ANRW Bd. XXI/1 (Hellenist. Judentum in römischer Zeit: Philo u. Josephus), Berlin-New York 1984. Hier bes. *E. Hilgert*, Bibliographie Philonienne 1935–1981 sowie der Forschungsbericht v. *P. Borgen*, Philo of Alex. Critical and Synthetical Survey of Research since World War II. Zu *Philos Weisheitsverständnis* bes.: *B. L. Mack*, Logos und Sophia, S. 108–184. *W. Reister*, Die Sophia im Denken Philos, in: B. Lang, Frau Weisheit, S. 161–164. *H.-Fr. Weiss*, Untersuchungen zur Kosmologie des hellenistischen und palästinischen Judentums, Berlin 1966, S. 204–211. Zur *Präexistenzfrage* speziell vgl.: *G. Schimanowski*, Weisheit und Messias, S. 85–95.

87 Zum *Buch der Weisheit* allg. vgl. neben den üblichen Einleitungen und Theologien den Überblick bei: *H.D. Preuss*, Einführung, S. 147–151. *B. L. Mack*, Logos und Sophia, S. 63–107. *J. M. Reese*, Hellenistic Influence on the Book of Wisdom and its Consequences, Rom 1970. *C. Lorcher*, Etude sur le livre de la Sagesse, Paris 1969; *ders.*, Le livre de la Sagesse ou la Sagesse de Salomon Bd. I–III, Paris 1986. Dazu die Kommentare von *J. Fichtner*, Tübingen 1938 (HbAT). *D. Winston*, New York 1979 (AB).*D. Georgi*, Gütersloh 1980 (Jüd. Schriften aus hell. Zeit Bd. III). Zur *Präexistenzproblematik* speziell: *G. Schimanowski*, Weisheit und Messias, S. 74–85.

88 *J. Fichtner*, Die Stellung der Sap. Sal. in der Literatur- und Geistesgeschichte ihrer Zeit, in: ZNW 37 (1937), S. 113–132, Zitat S. 132.

89 *D. Winston*, Weish.-Kom., S. 3 (eigene Übersetzung).

90 Ebd., S. 63 (eigene Übersetzung).

91 Vgl. die Belege bei *D. Winston*, S. 63f.

92 Für diese nicht unumstrittenen Stellen vgl. die Belege bei *D. Winston*, S. 25–32f. Zum Problem der *Präexistenz des Menschensohnes* im alexandrinischen Judentum (insbes. auch bei Philo), aber auch im palästinischen Judentum (insbes. bei den Essenern) vgl. *H. L. Strack – P. Billerbeck*, Kommentar zum NT aus Talmud und Midrasch Bd. II, München 6. Aufl. 1974, S. 340–347. Zum Problem der Präexistenz und Ewigkeit der Materie als

Kontrast zur erst im 2. Jhdt. entstandenen kirchlichen Lehre von einer »creatio ex nihilo« vgl.: *G. May*, Schöpfung aus dem Nichts. Die Entstehung der Lehre von der creatio ex nihilo, Berlin-New York 1978.

93 Zu diesem Problemkreis vgl. die beiden jüngsten Beiträge von *D. Georgi*, Das Wesen der Weisheit nach »Weisheit Salomos«, in: Gnosis und Politik, hrsg. v. J. Taubes, München-Paderborn 1984, S. 66–81; *ders.*, Frau Weisheit oder das Recht auf Freiheit als schöpferische Kraft, in: Verdrängte Vergangenheit, die uns bedrängt. Feministische Theologie in der Verantwortung für die Geschichte, München 1988, S. 243–276.

94 *D. Georgi*, Frau Weisheit oder das Recht auf Freiheit, S. 273.

95 *G. Schimanowski*, Weisheit und Messias, S. 82. Vgl. dazu auch *C. Lorcher*, Etude, S. 398–414: »Le probleme personification de la Sagesse«.

96 *G. v. Rad*, Weisheit in Israel, S. 222.

97 So *W. Eichrodt*, Theologie des AT Bd. II, S. 52; vgl. auch *H. D. Preuss*, Einführung, S. 150.

98 Vgl. *G. Schimanowski*, Weisheit und Messias, S. 105 f.

99 *B. Lang*, Frau Weisheit, S. 176–184: »Frau Weisheit in Kirche, Spekulation und Mystik«: »Im zweiten Jahrhundert identifiziert Justin Christus mit der Weisheit von Spr. 8, im dritten Jhdt. findet sich diese Auslegung in den ältesten Bibelkommentaren. In den Auseinandersetzungen um die Christologie des Arius versuchten beide Parteien, ihre Anschauung aus Spr. 8 zu legitimieren, wobei die Arianer mit ihrer Ansicht von der Erschaffung des Christus zweifellos im Vorteil waren. Jedenfalls war Spr. 8 im 4. Jhdt. ein klassischer Text der Christologie geworden« (S. 180).

100 *H. Ringgren*, Word and Wisdom, S. 192.

101 Dies hatte schon 1937 *J. Fichtner* betont: Die Stellung der Sap., bes. S. 130. Vgl. auch den Kommentar *J. Fichtners* von 1938, S. 9: »Der Weise der Sap. hat einen sehr lebendigen und fest gegründeten Glauben an Gottes rettende und richtende Allmacht, aber hat keine in jeder Beziehung klar durchdachte ›Dogmatik‹. So ist etwa die Auffassung der Weisheit als Hypostase keineswegs – auch nur in *einem* Teil des Buches – folgerichtig durchgeführt, und diese Hypostase ›Weisheit‹ ist auch nicht das nach einem bestimmten philosophischen System unentbehrliche Mittelwesen zwischen Gott und Welt, alleiniger Schöpfer und Weisheitsvermittler, sondern Gott tritt daneben ohne ihre Vermittlung handelnd auf. Vieles wird in der Sap. von Gott und von der Weisheit ausgesagt.«

II. Vom Urplan der Geschichte: Der Menschensohn/Messias

1 Neuere geschichtliche und forschungsgeschichtliche Überblicke zur *Apokalyptik* bei: *M. Hengel*, Judentum und Hellenismus, Kap. III, 6: »Die Chasidim und der erste Höhepunkt jüdischer Apokalyptik«. *J. M. Schmidt*, Die jüdische Apokalyptik. Die Geschichte ihrer Erforschung von den Anfängen bis zu den Textfunden von Qumran, Neukirchen-Vluyn 1969. *J. Schreiner*, Alttestamentlich-jüdische Apokalyptik, München 1969. *L. Morris*, Apocalyptic, Grand Rapids 1972. *W. Schmithals*, Die Apokalyptik. Einführung und Deutung, Göttingen 1978. *K. Müller*, Art. Die jüdische Apokalyptik. Anfänge und Merkmale, in: TRE Bd. III, Berlin-New York 1978, S. 202–251. *I. Gruenwald*,

Jewish Apocalyptic Literature, in: ANRW Bd. XIX/1, Berlin-New York 1979, S. 89–118. *K. Koch – J. M. Schmidt (Hrsg.)*, Apokalyptik, Darmstadt 1982 (WdF 365). Zur tiefenpsychologischen Bedeutung der Apokalyptik: *E. Drewermann*, Tiefenpsychologie und Exegese Bd. II, Olten-Freiburg/Br. 1985, S. 467–511.

2 *E. Zenger*, Jesus von Nazareth und die messianische Hoffnung des alttestamentlichen Israel, in: W. Kasper (Hrsg.), Christologische Schwerpunkte, Düsseldorf 1980, S. 37–78, Zitat S. 70.

3 *M. Hengel*, Judentum und Hellenismus, S. 354.

4 Ebd., S. 456.

5 Vgl. *Ph. Vielhauer*, Apokalypsen und Verwandtes (1971), in: Apokalyptik, hrsg. v. K. Koch – J. M. Schmidt, S. 403–439.

6 Zitate bei: *E. Schürer*, Geschichte des jüdischen Volkes Bd. III, S. 260. Vgl. auch *H. Ringgren*, Art. Apokalyptik I u. II, in: RGG Bd. I, Tübingen 3. Aufl. 1957, Sp. 463–466.

7 Zum Verhältnis *Weisheit – Apokalyptik* vgl.: *G. v. Rad*, Theologie des AT Bd. II, S. 316–323. *M. Hengel*, Judentum und Hellenismus, S. 369–381 (»Weisheit durch Offenbarung«), aber auch den anschließenden Exkurs 4: »Höhere Weisheit durch Offenbarung als Wesensmerkmal spätantiker Religiosität«. Ebenso – unter Einbeziehung babylonischen und ägyptischen Materials: *J. Z. Smith*, Map is not Territory. Studies in the History of Religions, Leiden 1978, S. 67–87.

8 Zum jüdischen *Menschensohn/Messias* vgl. an neuerer Literatur: *C. Colpe*, Art. Ho hyios tou anthropou, in: ThWNT Bd. VIII, Stuttgart-Berlin-Köln-Mainz 1969, S. 403–481. *G. Scholem*, Zum Verständnis der messianischen Idee im Judentum. Mit einer Nachbemerkung: Aus einem Brief an einen protestantischen Theologen, in: *ders.*, Über einige Grundbegriffe des Judentums, Frankfurt/M. 1970, S. 121–170. *U. B. Müller*, Messias und Menschensohn in jüdischen Apokalypsen und in der Offenbarung des Johannes, Gütersloh 1972. *K. Müller*, Menschensohn und Messias. Religionsgeschichtliche Vorüberlegungen zum Menschensohnproblem in den synoptischen Evangelien, in: BZ 16 (1972), S. 161–187; 17 (1973), S. 52–66. *H. Gese*, Der Messias, in: *ders.*, Zur biblischen Theologie, München 1977, S. 128–151. *J. Becker*, Messiaserwartung im AT, Stuttgart 1977 (SBS 83). *J. H. Charlesworth*, The Concept of the Messiah in the Pseudepigrapha, in: ANRW Bd. XIX/1, Berlin-New York 1979, S. 188–218. *E. Zenger*, Jesus von Nazareth und die messianische Hoffnung, (s. Anm. 2). *C. C. Caragounis*, The Son of Man. Vision and Interpretation, Tübingen 1986.

9 Zu dieser Problematik vgl.: *W. Bousset – H. Gressmann*, Die Religion des Judentums, S. 263–268. *G. F. Moore*, Judaism Bd. II, S. 343f. *P. Volz*, Die Eschatologie der jüdischen Gemeinde im neutestamentlichen Zeitalter (1934), Neudruck Hildesheim 1966, S. 186–190.

10 *Ph. Vielhauer*, Apokalypsen und Verwandtes, S. 411.

11 Ebd.

12 Vgl. dazu: *J. Sjöberg*, Der verborgene Menschensohn in den Evangelien, Lund 1955, S. 48, Anm. 1. *U. B. Müller*, Messias und Menschensohn, S. 152. Müller geht davon aus, daß die Präexistenz des Menschensohnes im äth. Henoch und die des Messias in 4 Esra unabhängig voneinander entstanden sind und beide in den Bereich der Präexistenz von Heilsgrößen gehören.

13 Zum *Buch Daniel* vgl. neben den üblichen Einleitungen und Theologien an neueren Kommentaren: *N. H. Porteous*, Göttingen 1962, 3. Aufl. 1978 (ATD). *O. Plöger*, Gütersloh 1965 (KAT). *M. Delcor*, Paris 1971 (Sources Biblique). *L. F. Hartmann-A. Di Lella*, New York 1978 (AB). Geistesgeschichtliche Überblicke bei: *K. Koch*, Spätisraelitisches Geschichtsdenken am Beispiel des Buches Daniel (1961), in: Apokalyptik, hrsg. v. K. Koch – J. M. Schmidt, S. 276–310. Forschungsgeschichtlicher Überblick bei: *K. Koch – T. Niewisch – J. Tubach*, Das Buch Daniel, Darmstadt 1980 (WdF 165). Weitere wichtige Literatur seither: *O. H. Steck*, Weltgeschehen und Gottesvolk im Buch Daniel, in: D. Lührmann – G. Strecker (Hrsg.), Kirche. FS G. Bornkamm, Tübingen 1980, S. 53–78. *Th. Seidl*, Volk Gottes und seine Zukunft nach Aussagen des Buches Daniel, in: Unterwegs zur Kirche. Alttestamentliche Konzeptionen, hrsg. v. J. Schreiner, Freiburg 1987, S. 168–200.

14 *P. D. Hanson*, Alttestamentliche Apokalyptik in neuer Sicht (1971), in: Apokalyptik, hrsg. v. K. Koch – J. M. Schmidt, S. 440–470, Zitat S. 463.

15 *E. Schürer*, Geschichte des jüdischen Volkes Bd. III, S. 265.

16 Für eine *kollektive Deutung*: *U. B. Müller*, Messias und Menschensohn (1972). *K. H. Müller*, Der Menschensohn im Danielzyklus, in: R. Pesch – R. Schnackenburg (Hrsg.), Jesus und der Menschensohn. FS A. Vögtle, Freiburg/Br. 1975, S. 37–80. *A. Deissler*, Der »Menschensohn« und »das Volk der Heiligen des Höchsten« in Dan 7, in: ebd., S. 81–91. *M. Casey*, Son of Man. The Interpretation and Influence of Daniel 7, London 1979. *O. Plöger*, Daniel – Kommentar, Gütersloh 1985.

17 Überblick über die Diskussion bei: *K. Koch – T. Niewisch – J. Tubach*, Das Buch Daniel, S. 214–234. Für eine individualistische Deutung überdies: *K. Koch*, Spätisraelitisches Geschichtsdenken, S. 300–302. *W. G. Kümmel*, Jesus der Menschensohn?, Stuttgart 1984. *C. C. Caragounis*, The Son of Man (1980).

18 So *W. G. Kümmel*, Jesus der Menschensohn?, S. 161.

19 *C. C. Caragounis*, The Son of Man, S. 81.223.248–250.

20 So etwa *O. H. Steck*, Weltgeschehen und Gottesvolk, S. 62 (Anm. 13).

21 So vor allem: *K. H. Schelkle*, Theologie des NT Bd. II, Düsseldorf 1973, S. 201: »Gegenüber der Urgestalt der Tiere ist der Menschensohn Sinnbild der Menschlichkeit«. *J. Jeremias*, Neutestamentliche Theologie Teil I, Gütersloh 1971, S. 255–259. Beide Exegeten bevorzugen die kollektive Deutung von Dan 7.

22 Zur literarkrit. Problematik des Daniel-Buches vgl. vor allem den genannten Aufsatz v. *Th. Seidl* (Anm. 13).

23 *J. D. G. Dunn*, Christology in the Making, S. 72.

24 *O. Cullmann*, Die Christologie des Neuen Testaments, Tübingen 1957, 4. Aufl. 1975, S. 143.

25 *Textausgaben*: *Äth. Henoch* auf neuestem Stand bietet: *M. A. Knibb*, The Ethiopic Book of Enoch. A New Edition in the Light of the Aramaic Dead Sea Fragments Bd. I–II, Oxford 1978. – Zum *slav. Hennoch* noch immer heranzuziehen: *G. N. Bonwetsch*, Die Bücher der Geheimnisse Henochs. Das sogenannte slavische Henochbuch, Berlin 1922. – Zu *IV. Esra*: *B. Violet (Hrsg.)*, Die Esra-Apokalypse (IV. Esra), Teil I: Die Überlieferung, Leipzig 1910. Deutsche Übersetzungen von äth. Henoch, slav. Henoch u. IV. Esra auch bei: *P. Riessler*, Altjüdisches Schrifttum außerhalb der Bibel (1928), Heidelberg 3.

Aufl. 1975, S. 355–451.452–473.255–305, sowie: *E. Kautzsch*, Die Apokryphen und Pseudepigraphen des Alten Testaments Bd. I–II (1900), Neudruck Darmstadt 1975 Bd. II, S. 236–310 (nur Äth. Henoch), S. 352–401 (IV. Esra).
Zur *Einordnung und Interpretation*: *L. Rost*, Einleitung in die Apokryphen und Pseudepigraphen, Heidelberg 3. Aufl. 1979. *E. Rau*, Kosmologie, Eschatologie und die Lehrautorität Henochs. Traditions- und formgeschichtliche Untersuchungen zum äth. Henochbuch und zu verwandten Schriften. Diss. Hamburg 1974.
Zum Verhältnis von *präexistent-verborgener Weisheit und apokalyptisch-messianischem Erscheinen*: *G. Schimanowski*, Weisheit und Messias, S. 95–103.
Neuere Literatur zur *Menschensohngestalt*: *E. Sjöberg*, Der Menschensohn im Äth. Henochbuch, Lund 1946. *T. J. Theisohn*, Der auserwählte Richter. Untersuchungen zum traditionsgeschichtlichen Ort der Menschensohngestalt der Bilderreden des äth. Henoch, Göttingen 1975. *P. D. Hanson*, The Dawn of Apoclayptic, Philadelphia 1975. *K. Berger*, Die Auferstehung des Propheten und die Erhöhung des Menschensohnes, Göttingen 1976. *C. C. Caragounis*, The Son of Man, Kap. III, B. Zur *Präexistenzfrage* speziell: *G. Schimanowski*, Weisheit und Messias, S. 153–198.

26 Zur *Datierungsproblematik* vgl. die Diskussion bei *E. Sjöberg*, Der Menschensohn, S. 3–20. Für späte Datierung: *J. T. Milik (Hrsg.)*, The Books of Enoch. Aramaic Fragments of Qumran Cave 4, Oxford 1976, S. 91–98; *ders.*, Problèmes de la litérature henochique à la lumière des fragments araméens de Qumran, in: Harvard Theological Review 64 (1971), S. 333–378. Dagegen: *M. A. Knibb*, The Date of the Parable of Enoch: A Critical Review, in: NTS 25 (1979), S. 345–359. *Ch. L. Mearns*, The Parables of Enoch. Origin and Date, in: Expository Times 89 (1978), S. 118f.; *ders.*, Dating the Similitude of Enoch, in: NTS 25 (1979), S. 360–369. *M. Jas*, Hénoch et le fils de l'homme. Datation de livre des paraboles pour une situation de l'origine du Gnosticisme, in: Revue reformée 110 (1979), S. 105–119.

27 So etwa: J. Jeremias, Neutestamentliche Theologie, S. 256.

28 *G. Schimanowski*, Weisheit und Messias, S. 170.

29 *M. Hengel*, Jesus als messianischer Lehrer, S. 179 (vgl. Anm. I, 26).

30 *R. Schnackenburg*, Das Johannesevangelium Bd. I, Freiburg/Br. 1965, S. 296.

31 *U. B. Müller*, Messias und Menschensohn, S. 38.

32 Zitiert nach *U. B. Müller*, ebd., S. 47.

33 Ebd., S. 48.

34 Gegen *U. B. Müller*, ebd., S. 49, der die unbegründete Ansicht vertritt, 1 Hen 38,1f. u. bes. 39,3ff. setzten die Präexistenz des Auserwählten einfach voraus, ohne sie lehrhaft zu entfalten, und erst im Kap. 48 käme es zu einer »dogmatischen Fixierung«. Denn in Kap. 48 werde der Menschensohn genauer bestimmt als derjenige, der vor den anderen Geschöpfen geschaffen worden sei. Davon kann aber vom Wortlaut des Textes her keine Rede sein.

35 Zum *Text von IV Esra* s. Anm. 25. Zur *Einordnung und Deutung*: *P. Volz*, Die Eschatologie (1934), Hildesheim 1966, S. 114–117. *M. E. Stone*, Features of Eschatology in 4 Esra, Diss. Harvard University 1964; *ders.*, The Concept of the Messiah in 4 Esra, in: Religions in Antiquity, Leiden 1968, S. 295–312. *E. Brandenburger*, Die Verborgenheit Gottes im Weltgeschehen. Das literarische und theologische Problem des 4. Esrabuches, Zürich 1981. Zur *Präexi-*

stenzfrage speziell: *U. B. Müller*, Messias und Menschensohn, S. 147–154. *J. Theisohn*, Der auserwählte Richter, S. 144–148. *G. Schimanowski*, Weisheit und Messias, S. 195–198.

36 *U. B. Müller*, ebd., S. 149. Was die weitere Entwicklung der jüdischen Messianologie betrifft, so geht auch in den folgenden Jahrhunderten – möglicherweise schon unter christlichem Einfluß – der Trend zur Betonung der Vorzeitigkeit des Messias als einer präexistenten Gestalt auffällig weiter. Beispiele dafür sind etwa die aramäischen und syrischen Übersetzungen (Targum, Peschitta) messianischer Stellen im Alten Testament wie Mi 5, Ps 110 und Ps 72. Eine Verlagerung der Herkunft des Messias aus der Geschichte in die Vorgeschichte, der irdischen Existenz in die himmlische Präexistenz ist hier deutlich zu erkennen. Interpretationen des Materials bei *G. Schimanowski*, Weisheit und Messias, S. 112–135 (zu Mi 5), S. 136–143 (zu Ps 110), S. 143–153 (zu Ps 72).

37 *H. L. Strack – P. Billerbeck*, Kommentar zum Neuen Testament aus Talmud und Midrasch Bd. II, München 1926, 6. Aufl. 1974, S. 352. Schon vorher: *P. Billerbeck*, Hat die Synagoge einen präexistenten Messias gekannt?, in: Nathanael 19 (1903), S. 97–125; 21 (1905), S. 89–150.

38 *H. L. Strack – P. Billerbeck*, Kommentar Bd. II, S. 335.

39 *G. Schimanowski*, Weisheit und Messias, S. 215.

40 *E. E. Urbach*, The Sages. Their Concepts and Belief Bd. I–II, Jerusalem 1979, Bd. I, S. 685. Gegen die Urbachsche Gleichsetzung von realer und ideeller Präexistenz des Messias mit guten Gründen: *G. Lindeskog*, Das jüdisch-christliche Problem. Randglossen zu einer Forschungsepoche, Uppsala 1986, S. 115f.: »Ich möchte hier eine grundsätzliche Überlegung zur Frage der Präexistenz anstellen. Warum wird eine Institution bzw. eine Person mit der Präexistenzvorstellung verbunden? Antwort: Weil dieser Institution oder Person in der aktuellen Situation eine wichtige Funktion zukommt. Ein Beispiel ist das *Gesetz*. Aber das Gesetz hat gemäß der rabbinischen Theologie auch eine vorzeitige Aufgabe, denn mit ihm schuf Gott die Welt. Nicht so der Messias: Er war nur eine Zukunftshoffnung. Er hatte vor seinem Auftreten keine Funktion. Ebensowenig gab es Anlaß, ihn als präexistente Gestalt zu denken. Dagegen konnte man sich vorstellen, daß er im Weltplan des Schöpfers als ein ›Gedanke‹ da war.«

41 *N. Walter*, Rez. von G. Schimanowski »Weisheit und Messias«, in: Theologische Literaturzeitung 112 (1987), S. 896–898.

42 *N. Walter*, Rez., S. 897.

43 *J. Jeremias*, Neutestamentliche Theologie, S. 258. Vgl. auch *O. Cullmann*, Christologie, S. 143. Ebenso: *L. Baeck*, Der Glaube des Paulus (1952), in: Das Paulusbild der neueren Forschung, hrsg. v. K. H. Rengstorf, Darmstadt 1969, S. 565–590, bes. S. 573.

44 *P. Volz*, Eschatologie, S. 5.

45 *G. Scholem*, Zum Verständnis der messianischen Idee, S. 129.

46 *Ph. Vielhauer*, Apokalypsen und Verwandtes, S. 415f.

47 *E. Zenger*, Jesus von Nazareth, S. 70.

48 *P. Volz*, Eschatologie, S. 6.

49 *C. Westermann*, Theologie des AT, S. 131: »Mit dem Ende der Geschichte hört auch die Partikulargeschichte Gottes mit seinem Volk auf, sie mündet wieder ein in die Menschheitsgeschichte und die Geschichte des Kosmos. Darin entspricht die Apokalyptik der Urgeschichte.«

50 *M. Hengel*, Judentum und Hellenismus, S. 354.
51 *G. Scholem*, Zum Verständnis der messianischen Idee, S. 133.

B. Von Jesus zu Johannes: Das Neue Testament

I. Geschichtliche Überblicke

H. Conzelmann, Geschichte des Urchristentums, Göttingen 2. Aufl. 1971.
H. Köster – J. M. Robinson, Entwicklungslinien durch die Welt des frühen Christentums, Tübingen 1971.
Ph. Vielhauer, Geschichte der urchristlichen Literatur, Berlin-New York 1975.
H. M. Schenke – K. M. Fischer, Einleitung in die Schriften des NT Bd. I–II, Gütersloh 1978/79.
G. Dautzenberg – H. Merklein – K. Müller (Hrsg.), Zur Geschichte des Urchristentums, Freiburg/Br. 1979 (QD 87).
M. Hengel, Zur urchristlichen Geschichtsschreibung, Stuttgart 1979.
H. Köster, Einführung in das Neue Testament, Berlin-New York 1980.
H. Kraft, Die Entstehung des Christentums, Darmstadt 1981.
W. Schneemelcher, Das Urchristentum, Stuttgart-Berlin-Köln-Mainz 1981.
W. Grundmann, Die frühe Christenheit und ihre Schriften, Stuttgart 1983.
K. M. Fischer, Das Urchristentum, Berlin 1985 (Kirchengeschichte in Einzeldarst. Bd. I/1).
J. Becker u. a., Die Anfänge des Christentums, Stuttgart-Berlin-Köln-Mainz 1987.
L. W. Hurtado, One God, One Lord. Early Christian Devotion and Ancient Jewish Monotheism, Philadelphia 1988.
J. Neusner, Judentum in frühchristlicher Zeit, Stuttgart 1988.

II. Theologien des Neuen Testaments

H. Conzelmann, Grundriß der Theologie des NT, München 1967, 2. Aufl. 1968.
W. G. Kümmel, Die Theologie des NT nach seinen Hauptzeugen, Göttingen 1969, 3 Aufl. 1976.
J. Jeremias, Neutestamentl. Theologie Bd. I (Verkündigung Jesu), Gütersloh 1971, 2. Aufl. 1973.
K. H. Schelkle, Theologie des NT Bd. II (Gott war in Christus), Düsseldorf 1973.
L. Goppelt, Theologie des NT, hrsg. v. J. Roloff, Göttingen 1976, 3. Aufl. 1980.
W. Thüsing, Die neutestamentliche Theologie und Jesus Christus Bd. I (Kriterien), Freiburg 1980.

III. Jesusbücher und Christologien des Neuen Testaments

G. Bornkamm, Jesus von Nazareth, Stuttgart 1956, 13. Aufl. 1983.
O. Cullmann, Die Christologie des NT, Tübingen 1957, 5. Aufl. 1975.
N. Perrin, Rediscovering the Teaching of Jesus, New York-Evanston 1967.

E. Schweizer, Jesus Christus in vielfältigen Zeugnissen des NT, Gütersloh 1968, 5. Aufl. 1976.
H. Braun, Jesus. Der Mann aus Nazareth und seine Zeit, Stuttgart 1969.
C. H. Dodd, The Founder of Christianity, New York-London 1970.
J. Gnilka, Jesus nach frühen Zeugnissen des Glaubens, München 1970.
ders., Zur Christologie des NT, in: W. Kasper (Hrsg.), Christologische Schwerpunkte, Düsseldorf 1980, S. 79–91.
B. Welte (Hrsg.), Zur Frühgeschichte der Christologie. Ihre biblischen Anfänge und die Lehrformel von Nikaia, Freiburg/Br. 1970 (QD 51).
Jesus in den Evangelien. Ein Symposium mit J. Blinzler, H. Geist, P. Hofmann, H. Leroy, F. Mußner, R. Pesch, G. Voss, Stuttgart 1970.
R. Schnackenburg, Christologie des NT, in: Mysterium Salutis Bd. III/1, Zürich-Einsiedeln 1970, S. 227–388 (Lit!).
ders., Der Ursprung der Christologie, in: ders., Maßstab des Glaubens. Fragen heutiger Christen im Licht des NT, Freiburg 1978, S. 37–61; auch in: J. Blank – G. Hasenhüttl (Hrsg.), Glauben an Jesus Christus. Neue Beiträge zur Christologie, Düsseldorf 1980, S. 42–63;
ders., Paulinische und johanneische Christologie. Ein Vergleich, in: ders., Das Johannesevangelium Bd. IV (Ergänz. Auslegungen und Exkurse), Freiburg/Br. 1984, S. 102–118.
J. Ernst, Anfänge der Christologie, Stuttgart 1972.
R. Schäfer, Jesus und der Gottesglaube, Tübingen 1972.
F. J. Schierse, Christologie – Neutestamentliche Aspekte, in: ders. (Hrsg.), Jesus von Nazareth, Mainz 1972, S. 135–155;
ders., Christologie, Düsseldorf 1979.
K. Rahner – W. Thüsing, Christologie – systematisch und exegetisch, Freiburg 1972 (QD 55).
S. W. Sykes – J. P. Clayton (Hrsg.), Christ. Faith and History. Studies in Christology, Cambridge 1972.
F. Hahn, Christologische Hoheitstitel. Ihre Geschichte im frühen Christentum, Göttingen 1974.
C. F. D. Moule, The Origin of Christology, Cambridge 1977.
A. Vögtle, Der verkündigende und verkündigte Jesus »Christus«, in: Wer ist Jesus Christus?, hrsg. v. J. Sauer, Freiburg/Br. 1977, S. 27–91.
H. J. Leroy, Jesus. Überlieferung und Deutung, Darmstadt 1978 (EdF 95).
A. Grillmeier, Jesus Christus im Glauben der Kirche Bd. I (Von der Apostolischen Zeit zum Konzil von Chalcedon), Freiburg/Br. 2. Aufl. 1979.
C. Feneberg – W. Feneberg, Das Leben Jesu im Evangelium, Freiburg 1980.
J. D. G. Dunn, Christology in the Making. A New Testament Inquiry into the Origins of the Doctrine of the Incarnation, Philadelphia 1980 (Lit!).
R. Riesner, Jesus als Lehrer, Tübingen 1981.
H. Kahlefeld, Die Gestalt Jesu in den synoptischen Evangelien, Frankfurt/M. 1981.
H. Merklein, Die Auferweckung Jesu und die Anfänge der Christologie, in: ZNW 72 (1981), S. 1–26.
G. O'Collins, S. J., Interpreting Jesus, London 1983.
P. Pokorny, Die Entstehung der Christologie. Voraussetzungen einer Theologie des Neuen Testaments, Berlin 1984.
W. G. Kümmel, Dreißig Jahre Jesusforschung (1950–1980), Königstein-Bonn, 1985 (Lit.!).

E. P. Sanders, Jesus and Judaism, Philadelphia 1985.
P. G. Müller (Hrsg.), Bibel und Christologie. Ein Dokument der päpstlichen Bibelkommission, Stuttgart 1987.
P. Stuhlmacher, Jesus von Nazaret – Christus des Glaubens, Stuttgart 1988.

IV. Zur Präexistenzchristologie

E. Schweizer, Zur Herkunft der Präexistenz-Vorstellung bei Paulus, in: Evangelische Theologie 19 (1959), S. 65–70; auch in: Neotestamentica, Zürich 1963, S. 105–109.
J. Macquarrie, The Pre-existence of Jesus Christ, in: Expository Times 77 (1965/66), S. 199–202.
R. Schnackenburg, Der Präexistenzgedanke, in: ders., Das Johannesevangelium Bd. I, Freiburg/Br. 1965, 3. Aufl. 1972, S. 290–302; Bd. IV, S. 108–110.
F. B. Craddock, The Pre-existence of Christ in the NT, Nashville-New York 1968.
P. Benoit, Préexistence et Incarnation, in: Revue Biblique 77 (1970), S. 5–29.
W. Thüsing, Klassische Christologie und kritische Funktion des NT, in: K. Rahner – W. Thüsing, Christologie – systematisch und exegetisch, Freiburg/Br. 1972, S. 243–273.
R. G. Hamerton-Kelly, Pre-existence, Wisdom, and the Son of Man, Cambridge 1973.
W. Schneider, Präexistenz Christi. Der Ursprung einer neutestamentlichen Vorstellung und das Problem ihrer Auslegung, in: Neues Testament und Kirche. FS R. Schnackenburg, hrsg. v. J. Gnilka, Freiburg 1974, S. 399–412.
ders., Christologische Präexistenzaussagen im Neuen Testament, in: Internationale Katholische Zeitschrift 6 (1977), S. 21–30.
M. Hengel, Präexistenz, Schöpfungsmittlerschaft und Sendung in die Welt, in: *ders.*, Sohn Gottes. Die Entstehung der Christologie und die jüdisch-hellenistische Religionsgeschichte, Tübingen 1975, S. 104–120.
H. Merklein, Zur Entstehung der urchristlichen Aussage vom präexistenten Sohn, in: Zur Geschichte des Urchristentums, Freiburg 1979, S. 33–62 (Lit!).
G. Schimanowski, Die Präexistenz Christi in den frühen neutestamentlichen Schriften, in: *ders.*, Weisheit und Messias. Die jüdischen Voraussetzungen der Präexistenzchristologie, Tübingen 1985, S. 309–344 (Lit!).
W. Stenger, Hermeneutische Überlegungen zur Präexistenzchristologie des Neuen Testaments, in: Katechetische Blätter 110 (1985), S. 256–266.
N. Walter, Geschichte und Mythos in der urchristlichen Präexistenzchristologie, in: H. H. Schmid (Hrsg.), Mythos und Rationalität, Gütersloh 1988, S. 224–234.

I. Was glaubten die ältesten Gemeinden?

1 Zum Problem des historischen Jesus in der neueren Theologiegeschichte die Überblicke bei: *H. Leroy*, Jesus, S. 1–48 sowie *W. G. Kümmel*, Dreißig Jahre Jesusforschung (1950–1980). Neuestens: *F. Mußner*, Rückfrage nach Jesus. Bericht über neue Wege und Methoden, in: Theologische Berichte Bd. XIII (Methoden der Evangelienexegese), hrsg. v. J. Pfammatter – F. Furger, Zürich-Einsiedeln 1985, S. 165–182.

2 *E. Bloch,* Das Prinzip Hoffnung Bd. III, Frankfurt/M. 1959, S. 1482.
3 Ebd., S. 1485 f.
4 *R. Bultmann,* Das Verhältnis der urchristlichen Christusbotschaft zum historischen Jesus (1960), in: Exegetica, Tübingen 1967, S. 451 f.
5 Ebd., S. 457. Vgl. ebenso: *R. Bultmann,* Theologie des NT, Tübingen 1968, S. 46.
6 Vgl. *J. D. G. Dunn,* Christology in the Making (1980); *ders.,* The evidence for Jesus, Philadelphia 1985. Da dem ersten Buch des britischen Exegeten Dunn eine gewisse Schlüsselrolle in der gegenwärtigen christologischen Debatte zukommt, sei auf die kritische Diskussion zu diesem Buch aufmerksam gemacht: *F. M. Young,* Rez., in: Theology 34 (1981), S. 303–305. *C. R. Holladay,* Rez., in: Journal of Biblical Literature 101 (1982), S. 609–612. *D. M. Mackinnon,* Rez., in: Scottish Journal of Theology 35 (1982), S. 362–364. *C. F. D. Moule,* Rez., in: The Journal of Theological Studies N. S. 33 (1982), S. 258–263. Ein ganzer Sammelband direkt und indirekt gegen Dunn wurde hrsg. v. *H. H. Rowdon,* Christ the Lord. Studies in Christology pres. to D. Guthrie, Leicester 1982. Sachlicher und differenzierter wurde die Diskussion geführt in: *R. Jewett (Hrsg.),* Christology and Exegesis: New Approaches, Decatur 1985 (Society of Bibl. Literature: Semeia 30). Vgl. dazu die Rez. v. *E. Schweizer,* in: Theologische Literaturzeitung 111 (1986), S. 741–744.
7 *M. Hengel,* Urchristliche Geschichtsschreibung (1979).
8 Vgl. den Überblick bei: *H. Köster,* Einführung in das NT, S. 507–528; 582–614 und *C. Colpe,* Die älteste judenchristliche Gemeinde, in: Die Anfänge des Christentums, S. 59–79.
9 *W. Thüsing,* Erhöhungsvorstellung und Parusieerwartung in der ältesten nachösterlichen Christologie, Stuttgart 1970, S. 85.
10 *W. Schneemelcher,* Das Urchristentum, S. 86.
11 *C. Colpe,* Die älteste judenchristliche Gemeinde, S. 60.
12 *H. Merklein,* Die Auferweckung Jesu . . ., S. 2. Zur Bedeutung des *Osterglaubens* vgl. den Forschungsbericht von: *H. W. Bartsch,* Inhalt und Funktion des urchristlichen Osterglaubens, mit einer Bibliographie zum Thema »Auferstehung Jesu Christi« 1862–1959 (in Auswahl) und 1960–1974 v. H. Rumpelts sowie 1975–1980 von Th. Pola, in: ANRW Bd. XXV/1, hrsg. v. W. Haase, Berlin-New York 1982, S. 794–890.
13 Vgl. dazu *W. Thüsing,* Erhöhungsvorstellung . . ., S. 46–48. *F. Hahn,* Christologische Hoheitstitel, S. 100–109.
14 Zur *Apokalypse von Mk 13* vgl.: *Ph. Vielhauer,* Apokalypsen und Verwandtes (1971), in: Apokalyptik, hrsg. v. K. Koch u. J. M. Schmidt, S. 427–432. Neuerdings: *E. Brandenburger,* Mk 13 und die Apokalyptik, Göttingen 1984 (Lit!).
15 *H. Lietzmann,* Der Menschensohn. Ein Beitrag zur neutestamentlichen Theologie, Tübingen 1896.
16 Vgl. zur *Menschensohn-Frage im NT* die Forschungsberichte von: *W. G. Kümmel,* Jesus der Menschensohn?, Stuttgart 1984; ders., Dreißig Jahre Jesusforschung, S. 341–374; 520–528. Ein guter Überblick über den Forschungsstand der siebziger Jahre bei: *R. Pesch – R. Schnackenburg (Hrsg.),* Jesus und der Menschensohn. FS A. Vögtle, Freiburg/Br. 1975. Neuerdings: *C. C. Caragounis,* The Son of Man (1986). *O. Betz,* Jesus und das Danielbuch Bd. II (Die Menschensohnworte Jesu und die Zukunftserwartung des Paulus),

Bern-Frankfurt/M. 1985. *R. Kearns,* Das Traditionsgefüge um den Menschensohn. Ursprünglicher Gehalt und älteste Veränderung im Urchristentum, Tübingen 1986.

17 Vgl. *R. Kearns,* Vorfragen zur Christologie Bd. I–III, Tübingen 1978–1982.

18 So *H. Lietzmann* (1896). Vgl. ebenso: *E. Käsemann,* Zum Thema der urchristlichen Apokalyptik (1962), in: ders., Exegetische Versuche und Besinnungen Bd. II, Göttingen 1964, S. 105–131, bes. 107–119. *H. Conzelmann,* Grundriß der Theologie des NT, S. 151–156. *Ph. Vielhauer,* Gottesreich und Menschensohn in der Verkündigung Jesu, in: *ders.,* Aufsätze zum NT, München 1965, S. 55–91; *ders.,* Jesus und der Menschensohn. Zur Diskussion mit H. E. Tödt u. E. Schweizer, ebd., S. 92–140. *A. Vögtle,* Art. Menschensohn, in: LThK Bd. VII, Freiburg 1962, S. 297–300. Zögernd in dieser Frage: *J. Ernst,* Anfänge der Christologie, S. 43–49, u. *K. H. Schelkle,* Theologie des NT Bd. II, S. 199–207.

19 So *H. E. Tödt,* Der Menschensohn in der synoptischen Überlieferung, Gütersloh 1959, 4. Aufl. 1978. Dazu wirkungsgeschichtlich: *J. Tödt,* Der »Menschensohn« und die Folgen, in: Schöpferische Nachfolge. FS H. E. Tödt, hrsg. v. Ch. Frey u. W. Huber, Heidelberg 1978, S. 541–561. *F. Hahn,* Christologische Hoheitstitel, S. 13–53. *G. Hauffe,* Das Menschensohnproblem in der gegenwärtigen wissenschaftlichen Diskussion, in: Evang. Theologie 26 (1966), S. 130–141. Auch *C. Colpe* führt eine größere Zahl futurischer Menschensohnworte auf den historischen Jesus zurück, ohne dabei auf zwei verschiedene Gestalten zu schließen: Art. Menschensohn, in: ThWNT Bd. VIII, Stuttgart-Berlin-Köln-Mainz 1969, S. 403–481 (Lit!); *ders.,* Der Begriff »Menschensohn« und die Methode der Erforschung messianischer Prototypen, in: Kairos 11 (1969), S. 241–263; 12 (1970), S. 81–112; 13 (1971), S. 1–17.

20 So etwa *J. Jeremias,* Neutestamentliche Theologie, S. 245–263, der dahingehend differenziert: »Jesus unterscheidet, wenn er vom Menschensohn in der dritten Person spricht, nicht zwei verschiedene Gestalten, sondern zwischen seiner Gegenwart und dem *status exaltationis.* Die dritte Person bringt die ›geheimnisvolle Relation‹ zum Ausdruck, die zwischen Jesus und dem Menschensohn besteht: er ist noch nicht der Menschensohn, aber er wird zum Menschensohn erhöht werden« (S. 263). Ähnlich *E. Schweizer,* Der Menschensohn. Zur eschatologischen Erwartung Jesu, in: ders., Neotestamentica, Zürich-Stuttgart 1963, S. 56–84; *ders.,* Son of Man again, in: Neotestamentica, Zürich-Stuttgart 1963, S. 85–92; *ders.,* Menschensohn und eschatologischer Mensch im Frühjudentum, in: Jesus und der Menschensohn. FS A. Vögtle, Freiburg/Br. 1975, hrsg. v. R. Pesch – R. Schnackenburg, S. 100–116; auch in: Neues Testament und Christologie im Werden, Göttingen 1982, S. 104–120. Ebenso: *J. H. Marshall,* The Synoptic Son of Man Sayings in Recent Discussion, in: NTS 12 (1965/66), S. 327–351; *ders.,* The Son of Man in Contemporary Debate, in: Evangelical Quarterly 42 (1970), S. 67–87.

21 So etwa *G. Vermes,* The Use of Bar-nas in Jewish Aramaic, in: *M. Black (Hrsg.),* An Aramaic Approach to the Gospel and Acts, Oxford 3. Aufl. 1967, S. 310–330; *ders.,* The Present State of the »Son of Man Debate«, in: Journal of Jewish Studies 29 (1978), S. 123–134. Ebenso: *M. Casey,* Son of Man. The interpretation and influence of Dan. 7, London 1967. Die These von G. Ver-

mes hat energisch angefochten: *J. Fitzmyer*, The New Testament Titel »Son of Man« Philologically Considered, in: *ders.*, A Wandering Aramean. Collected Aramaic Essays, Missoula, MT 1979, S. 143–160.

22 *G. Schwarz*, Jesus der »Menschensohn«. Aramaistische Untersuchungen zu den synoptischen Menschensohnworten Jesu, Stuttgart-Berlin-Köln-Mainz 1986 (Lit!).

23 So schon *N. Perrin*, The Son of Man in Ancient Judaism and Primitive Christianity. A Suggestion and Postscript / The Son of Man in the Synoptic Tradition and Postscript, in: *ders.*, A Modern Pilgrimage in New Testament Christology, Philadelphia 1974, S. 23–40/57–83. Dagegen: *S. Légasse*, Jesus historique et le Fils de l'homme. Aperçu sur les opinions contemporaines, in: Apocalypses et théologie de l'espérance, Lectio Divina 95 (1977), S. 271–298.

24 *R. Leivestadt*, Der apokalyptische Menschensohn. Ein theologisches Phantom, in: Annual of the Swedish Theological Institute (Jerusalem) 6 (1968), S. 49–105; *ders.*, Exit the Apocalyptic Son of Man, in: NTS 18 (1972), S. 243–267; *ders.*, Jesus-Messias-Menschensohn. Die jüdischen Heilserwartungen zur Zeit der ersten römischen Kaiser und die Frage nach dem messianischen Selbstbewußtsein Jesu, in: ANRW Bd. XXV/1, hrsg. v. W. Haase, Berlin-New York 1982, S. 220–264.

25 *B. Lindars*, Re-enter the Apocalyptic Son of Man, in: NTS 22 (1976), S. 52–72. *M. Müller*, Über den Ausdruck »Menschensohn« in den Evangelien, in: Studia Theologica 31 (1977), S. 65–82. In die gleiche Richtung geht neuestens: *H. Bietenhard*, »Der Menschensohn«. Sprachliche und religionsgeschichtliche Untersuchungen zu einem Begriff der synoptischen Evangelien (I. Sprachlicher und religionsgeschichtlicher Teil), in: ANRW Bd. XXV/1, hrsg. v. W. Haase, Berlin-New York 1982, S. 265–350. Das Fazit hier lautet: Da es im Judentum keine individuelle Deutung von Dan 7,13f. gegeben habe (äth Henoch 48 u. 4. Esra 13 seien später als Jesus und die Evangelisten!) habe erst Jesus diese individuelle Deutung vorgenommen: »Kein anderer vor ihm oder neben ihm hat es gewagt, Dan 7,13f. individuell zu deuten oder gar auf sich selbst zu beziehen... Aus dem Bewußtsein seiner Vollmacht hat er (Jesus) die Stelle Dan 7,13f. gedeutet und auf sich bezogen. Am Anfang steht also nicht ein schon bereitliegendes apokalyptisches Schema vom himmlischen oder zukünftigen Menschensohn, sondern am Anfang steht das Vollmachts-Bewußtsein Jesu« (S. 346).

26 So *R. G. Hamerton-Kelly*, Pre-existence, Wisdom..., S. 100f.; *C. C. Caragounis*, Son of Man, S. 233.250.

27 *H. E. Tödt*, Der Menschensohn, S. 258.

28 Über die Wirkungsgeschichte von Dan 7 im Urchristentum vgl. die genannte Arbeit von *E. Brandenburger* (Anm. 14).

29 *L. Goppelt*, Theologie des NT, S. 232. Ebenso: *H. Conzelmann*, Grundriß der Theologie des NT, S. 152: »Im Unterschied zur jüdischen Apokalyptik wissen die Synoptiker allerdings nichts von einer himmlischen Präexistenz des Menschensohnes.« Vgl. auch *J. Blank*, Jesus und Paulus. Eine theologische Grundlegung, München 1968, S. 266.

30 *R. Pesch*, Das Evangelium der Urgemeinde, Freiburg/Br. 1979, S. 107.

31 Ebd., S. 106.

32 Ebd., S. 109.

33 *H. Merklein*, Die Auferweckung Jesu, S. 10.

34 Ebd.

35 Ebd., S. 35. Vgl. auch: *E. Zenger*, Jesus von Nazareth und die messiansichen Hoffnungen..., S. 74: »Diese von den Römern im Sinne politischen Hochverrats und von der sadduzäischen Oberschicht als gefährliche Bedrohung des politischen Status quo interpretierte Anklage gegen Jesus wurde von den Jüngern nach Ostern aufgenommen und nun positiv gewendet: Ja, Jesus war der König der Juden, er ist der von Gott legitimierte Messias – wenn auch anders als in dem nationalpolitischen Sinn.«

36 So *H. Merklein*, Zur Entstehung..., S. 46f.

37 So *J. Schreiber*, Die Christologie des Markusevangeliums. Beobachtungen zur Theologie und Komposition des zweiten Evangeliums, in: ZThK 58 (1961), S. 154–183, bes. S. 166f.

38 *J. Blank*, Die Sendung des Sohnes. Zur christologischen Bedeutung des Gleichnisses von den bösen Winzern Mk 12,1–12, in: Neues Testament und Kirche. FS R. Schnackenburg, Freiburg/Br. 1974, S. 11–41; jetzt auch in: *ders.*, Der Jesus des Evangeliums. Entwürfe zur biblischen Christologie, München 1971, S. 117–156.

39 Ebd. (1981), S. 124.

40 *A. Vögtle*, Der verkündigende und der verkündigte Jesus »Christus«, S. 83.

41 *R. Pesch*, Das Evangelium der Urgemeinde, S. 98.

42 *H. Merklein*, Die Auferweckung Jesu..., S. 12f.

43 Zum Stand der *Q-Forschung* vgl.: *W. Schmithals*, Einleitung in die drei ersten Evangelien, S. 384–404.
Zur *Christologie der Logienquelle* vgl.: *P. Polag*, Christologie der Logienquelle (1968), Neukirchen 1977. *H. Schürmann*, Die vorösterlichen Anfänge der Logien-Tradition, in: ders., Traditionsgesch. Untersuchungen zu den synoptischen Evangelien, Düsseldorf 1965, S. 39–65. *J. Gnilka*, Jesus Christus nach den frühen Zeugnissen des Glaubens, München 1970. *P. Hoffmann*, Studien zur Logienquelle, Münster 1972, 3. Aufl. 1982; *ders.*, Jesu Verkündigung in der Logienquelle, in: Jesus in den Evangelien (1970), S. 50–70. *R. A. Edwards*, A Theology of Q, Philadelphia 1976. *R. Laufen*, Die Doppelüberlieferungen der Logienquelle und des Markusevangeliums, Königstein/Ts-Bonn 1980. *H. Schürmann*, Gottes Reich – Jesu Geschick. Jesu ureigener Tod im Lichte seiner Basileia-Verkündigung, Freiburg/Br. 1983, S. 65–182. *J. Harener*, Q. The Sayings of Jesus, Wilmington 1987.

44 Vgl. *S. Schulz*, Q. Die Spruchquelle der Evangelien, Zürich 1972. *M. Sato*, Q und Prophetie. Studien zur Gattungs- und Traditionsgeschichte der Quelle Q, Tübingen 1988.

45 *J. Gnilka*, Jesus Christus..., S. 114.

46 Zur *Menschensohnfrage in Q* vgl. bes.: *H. Schürmann*, Beobachtungen zum Menschensohn-Titel in der Redequelle, in: Jesus der Menschensohn. FS A. Vögtle, Freiburg/Br. 1975, S. 124–147. Ebenso die Darstellungen in Christologien und neutestamentl. Theologien: *O. Cullmann*, S. 154–169: »So wenig er (Jesus) über seine Präexistenz spekuliert, so fern liegt ihm auch, von seiner Menschwerdung zu sprechen und sie in Parallele zur Parusie zu setzen, wie dies später geschehen wird... So sehen wir, daß die Menschensohnbezeichnung im Munde Jesu zugleich eine Niedrigkeitsaussage ist, sobald sie von ihm auf seinen irdischen Beruf bezogen wird; mit anderen Worten: daß Jesus an entscheidenden Stellen den Titel ›Menschensohn‹ mit dem Leiden des

›Gottesknechts‹ zusammenbringen kann« (S. 163). Vgl. auch *J. Jeremias*, Neutest. Theologie, S. 259–263, der überzeugend nachweist, daß die Vorstellung vom Herabkommen des Menschensohns in den Evangelien »redaktionell« sei (S. 260). Jeremias folgert: »Während wir keine alten Menschensohnlogien besitzen, die eindeutig von seinem Herabkommen reden, scheint in einigen von ihnen die Vorstellung einer Bewegung *von unten nach oben* vorzuliegen, die dann eindeutig älter wäre« (ebd.). *Fazit*: »Wenn sich auch keine letzte Klarheit gewinnen läßt, so spricht doch vieles dafür, daß die älteste Vorstellung die war, daß die Offenbarung des Menschensohnes in der Form seiner Entrückung erfolgen würde« (S. 261). Im Klartext: Die Parusievorstellung in der ältesten Evangeliumsschicht setzt nicht das Oben-Unten-Schema voraus (Präexistenz – Erscheinung auf Erden), sondern das Unten-Oben-Schema: Entrückung aus dem Tode zu Gott.

47 Beide Zitate von: *P. Hoffmann*, Studien ..., S. 143.

48 *J. Gnilka*, Jesus Christus ..., S. 120.

49 Ebd.

50 Ebd., S. 120f.

51 *E. Zenger*, Jesus von Nazareth ..., S. 75f. Der Gedanke einer messianischen Gegengesellschaft findet seine Entsprechung im Begriff einer »Kontrastgesellschaft«, der ebenfalls mit Bezug auf die Urkirche vorgeschlagen wurde von: *G. Lohfink*, Wie hat Jesus Gemeinde gewollt? Zur gesellschaftlichen Dimension des christlichen Glaubens, Freiburg/Br. 1982.

52 Vgl. in dieser Studie Hauptteil I: C IV/4: Wie man »Sohn Gottes« wird: Die Geschichte eines Titels.

53 Aus der unübersehbaren Fülle von Literatur zum *Gottessohn-Titel* sei neben den angeführten Jesus-Büchern sowie den Theologien und Christologien des NT an neueren Arbeiten genannt:

Zu Ägypten: *E. Brunner-Traut*, Pharao und Jesus als Söhne Gottes (1961), in: *dies.*, Gelebte Mythen, Darmstadt 1981, S. 34–54. *H. Brunner*, Die Geburt des Gottkönigs. Studien zur Überlieferung eines altägyptischen Mythus, Wiesbaden 1964.

Zum AT und Judentum: *G. Fohrer*, Art. Sohn Gottes (AT), in: ThWNT Bd. VIII, Stuttgart-Berlin-Köln-Mainz 1969, S. 340–354. *O. Michel – O. Betz*, Von Gott gezeugt, in: Judentum – Urchristentum – Kirche. FS J. Jeremias, hrsg. v. W. Eltester, Berlin 1964, S. 3–23 (zu Ps2; Ps110; LXX; Targum; Midrasch; Qumran u. Jungfrauengeburt). *H. Schliske*, Gottessöhne und Gottessohn im AT, Stuttgart 1973. *H. Haag*, Sohn Gottes im AT, in: ThQ 154 (1974), S. 223–231; *ders.*, »Sohn Gottes« in der Sprache und Begrifflichkeit des AT, in: Concilium 18 (1982), S. 177–181. *V. Huonder*, Israel Sohn Gottes. Zur Deutung eines alttestamentlichen Themas in der jüdischen Exegese des Mittelalters, Fribourg-Göttingen 1975.

Zum NT: *E. Lohse*, Art. Gottessohn (Paläst. Judentum), in: ThWNT Bd. VIII, Stuttgart-Berlin-Köln-Mainz 1969, S. 358–363. *H. Leroy*, Jesus von Nazaret – Sohn Gottes. Zur Verkündigung des Apostels Paulus und der Evangelisten, in: ThQ 154 (1974), S. 232–249. *M. Hengel*, Der Sohn Gottes. Die Entstehung der Christologie und die jüdisch-hellenistische Religionsgeschichte, Tübingen 1975. *F. Mussner*, Ursprünge und Entfaltung der neutest. Sohneschristologie, in: Grundfragen der Christologie heute, hrsg. v. L. Scheffczyk, Freiburg/Br. 1976, S. 77–113. *J. M. McDermatt*, Jesus and the Son of God

Titel, in: Gregorianum 62 (1981), S. 277–318 (Lit!). *B. van Iersel*, »Sohn Gottes« im NT, in: Concilium 18 (1982), S. 182–193 (Weitere Literatur in den entsprechenden Abschnitten dieser Studie zur Christologie der Synoptiker, des Paulus, der Deuteropaulinen und des Johannesevangeliums).

54 *H. Haag*, »Sohn Gottes« in der Sprache ..., S. 181.

55 *J. Gnilka*, Jesus Christus ..., S. 119.

56 So *J. Jeremias*, Neutest. Theologie, S. 67: »Wann und wo Jesus diese Offenbarung empfing, bei der sich Gott ihm erschloß wie ein Vater seinem Sohn, das erfahren wir nicht. Einen Hinweis enthält jedoch der Aorist ›paredothä‹, der auf einen einmaligen Vorgang hinweist ... Es liegt nahe, den Aorist auf Jesu Taufe zu beziehen.« Vgl. auch *R. Schäfer*, Jesus und der Gottesglaube: »Was war aber die letzte sachliche Ursache für Jesu Sohnesbewußtsein? Es gehört wohl zu den großen unerklärlichen, kontingenten Ereignissen der Vergangenheit, vergleichbar den anderen kausal nicht mehr ableitbaren schöpferischen Momenten der Religions- und Geistesgeschichte. Das Staunen darüber hat sich in den bildlichen oder begrifflichen Ausdeutungen der nachösterlichen Zeit niedergeschlagen« (S. 74). Daß damit heute die Position Harnacks (»Sohnesbewußtsein«) faktisch erneut bestätigt wird, ist ein theologiegeschichtlich bemerkenswerter Vorgang. Vgl. dazu *J. D. G. Dunn*, Christology, S. 22–25.

57 *B. van Iersel*, »Sohn Gottes« im NT, S. 186.

58 *J. Jeremias*, Abba. Studien zur neutest. Theologie und Zeitgeschichte, Göttingen 1966; *ders.*, Neutest. Theologie, § 7: »Die Gottesanrede Abba«. Kritik an dieser sehr exklusiven These von Jeremias (keine Parallele im Judentum) hat geübt: *G. Vermes*, Jesus the Jew, London 1973, TB-Ausgabe 1976, S. 210–213 (vgl. hier das ganze Kap. 8: Jesus the Son of God). Zur Diskussion des ganzen Problems vgl.: *J. D. G. Dunn*, Christology, S. 26–33. Dunn kommt zu dem überzeugenden Resultat: »In particular our evidence is such that we are able to say, again with confidence, that Jesus understood and expressed his relationship to Got in terms of *sonship*. Indeed we may say further that his consciousness was of an *intimacy* of sonship which, as embodied in his regular and characteristic address in prayer, ›Abba‹, still lacks any real parallel among his contemporaries. To that extent Jesus' sense of sonship was something distinctive« (S. 32). Zu einem ähnlichen Ergebnis kommt neuerdings auch: *J. H. Charlesworth*, Jesus within Judaism. New Light from Exciting Archaeological Discoveries, New York 1988, S. 131–164 (»Jesus' Concept of God and his Self-Understanding«).

59 Dieser Konsens unter katholischen Exegeten reicht von *J. Ernst* (Anfänge, S. 21–31), *K. H. Schelkle* (Theologie des NT Bd. II, S. 207–216), *F. Mussner* (Ursprünge und Entfaltung, S. 81 f.) in den siebziger Jahren bis zu *B. van Iersel* u. *G. O'Collins* (Interpreting Jesus, S. 60–67 u. 183–188) in den achtziger Jahren.

60 *F. M. Dostojewski*, Die Brüder Karamasoff, übers. v. E. K. Rahsin, München 1925, TB-Ausgabe in 2 Bdn., Frankfurt/M. 1971, Bd. I, S. 288.

61 *J. M. Robinson*, Logoi sophon. Zur Gattung der Spruchquelle Q, in: *H. Köster – J. M. Robinson*, Entwicklungslinien durch die Welt des frühen Christentums, Tübingen 1971, S. 70–106.

62 *F. Christ*, Jesus Sophia. Die Sophia Christologie bei den Synoptikern, Zürich 1970.

63 *F. Christ*, Jesus Sophia, S. 91.

64 So z. B. *J. M. Robinson*, Jesus as Sophos and Sophia: Wisdom Tradition and the Gospels, in: Aspects of Wisdom in Judaism and Early Christianity, Notre Dame-London 1975, S. 1–16. Robinson geht davon aus, daß »at least at the last stage of Q that shift to a sophia christology has been made« (S. 10). Ähnlich: *N. W. Porteous*, Royal Wisdom, in: ders., Living the Mystery. Collected Essays, Oxford 1967, S. 77–91, bes. S. 88–91, der soweit geht, Mt 11, 25–30 für authentisch zu halten und damit behauptet, »that Jesus did indeed think of Himself as fulfilling and, in his own royal way, combining the roles both of the King-Messiah and of the Divine Wisdom« (S. 90).

65 Ebd., S. 130.

66 Ebd., S. 154.

67 *M. J. Suggs*, Wisdom, Christology and Law in Matthew's Gospel, Cambridge, Mass. 1970, S. 19.

68 *R. G. Hamerton-Kelly*, Pre-existence ..., S. 31. Zur Logienquelle vgl. S. 22–47. Zustimmung zur Interpretation von Suggs, S. 36.

69 *J. D. G. Dunn*, Christology, S. 202.

70 *E. Schweizer*, Kommentar zum Mt-Evangelium, S. 284 (vgl. das folgende Kap. IV, Anm. 37).

71 *G. Schimanowski*, Weisheit und Messias, S. 311.

72 *M. Sato*, Q und Prophetie. Studien zur Gattungs- und Traditionsgeschichte der Quelle Q, Tübingen 1988, S. 160f.

73 *H. Köster*, Einführung, S. 510.

74 *M. Hengel*, Jesus als messianischer Lehrer ..., S. 159f.

75 *S. Schulz*, Q. Die Spruchquelle, S. 483.

76 *J. Fitzmyer*, Kommentar, in: Bibel und Christologie, hrsg. v. P.-G. Müller, S. 252.

77 *Bibel und Christologie* ..., S. 63 (Nr. 1.1.11.4).

II. Die älteste Aussage von der Präexistenz Christi? Phil 2,6–11

1 Zur *Forschungsgeschichte* vgl.: *R. P. Martin*, Carmen Christi. Phil. 2,5–11 in recent Interpretation and in the Setting of Early Christian Worship, Cambridge 1967, 2. Aufl. 1983. *W. Schenk*, Der Philipperbrief in der neueren Forschung (1945–1985), in: ANRW Bd. XXV/4, hrsg. v. W. Haase, Berlin-New-York 1987, S. 3280–3313.
Neuere Kommentare: siehe das folgende Kap. III, Anm. 91.

2 *J. Gnilka*, Phil.-Kom., S. 146f.

3 Vgl. *E. Lohmeyer*, Kyrios Jesus. Eine Untersuchung zu Phil 2,5–11 (1927/28), Darmstadt 1961; *ders.*, Die Briefe an die Philipper, Kolosser und an Philemon, Göttingen 1930.

4 So *U. Wilkens*, Art. Präexistenz (NT), in: RGG Bd. V, 3. Aufl. Tübingen 1961, Sp. 491f.

5 So *G. Schneider*, Präexistenz Christi. Der Ursprung einer neutestamentlichen Vorstellung und das Problem ihrer Auslegung, in: Neues Testament und Kirche. FS R. Schnackenburg, hrsg. v. J. Gnilka, Freiburg/Br. 1974, S. 399–412, Zit. S. 405f. Hinsichtlich der Frage der Präexistenz stimmen ansonsten eher divergierende Exegeten protest. und kathol. Provenienz überein. Als *Hauptvertreter protest. Exegese* zu dieser Frage seien genannt: *E. Kä-*

semann, Kritische Analyse von Phil 2,5–11 (1950), in: *ders.*, Exegetische Versuche und Besinnungen Bd. I, Göttingen 1960, S. 51–95. *G. Bornkamm*, Zum Verständnis des Christushymnus Phil 2,6–11, in: *ders.*, Studien zu Antike und Urchristentum, München 2. Aufl. 1963, S. 177–187. *D. Georgi*, Der vorpaulinische Hymnus Phil 2,6–11, in: Zeit und Geschichte. FS R. Bultmann, Tübingen 1964, S. 263–293. *G. Strecker*, Redaktion und Tradition im Christushymnus Phil 2,6–11 (1964), in: *ders.*, Eschaton und Historie, Göttingen 1979, S. 142–157. *O. Hofius*, Der Christushymnus Phil 2,6–11, Tübingen 1976. *W. Grundmann*, Der Weg des Kyrios Jesus Christos. Erwägungen zum Christushymnus Phil 2,6–11 und der mit ihm verbundenen Konzeption im Neuen Testament, in: *ders.*, Wandlungen im Verständnis des Heils, Stuttgart 1980, S. 9–24. *U. B. Müller*, Der Christushymnus Phil. 2,6–11, in: ZNW 79 (1988), S. 16–44. Als *Hauptvertreter der kath. Exegese* seien genannt: *R. Schnackenburg*, Christologie des Neues Testaments, in: Mysterium Salutis Bd. III/1, hrsg. v. J. Feiner – M. Löhrer, Zürich – Köln 1970, S. 309–322. *G. Schneider*, Präexistenz Christi (s. o.). *H. Merklein*, Zur Entstehung der urchristlichen Aussage vom präexistenten Sohn Gottes, in: Zur Geschichte des Urchristentums, Freiburg/Br. 1979, S. 33–62.

6 *L. Oeing-Hanhoff*, »Er war wie Gott«, in: ThQ 161 (1981), S. 67–69; *ders.*, »Der in Gottesgestalt war ...«. Erneute Kritik der Einheitsübersetzung, in: ThQ 161 (1981), S. 288–304.

7 *E. Käsemann*, Kritische Analyse (s. Anm. 5).

8 *C. Colpe*, Die religionsgeschichtliche Schule. Darstellung und Kritik ihres Bildes vom gnostischen Erlösermythos, Göttingen 1961.

9 *H.-M. Schenke*, Die neutestamentliche Christologie und der gnostische Erlöser, in: Gnosis und NT. Studien aus Religionswissenschaft und Theologie, hrsg. v. K.-W. Tröger, Berlin 1973, S. 205–229, Zit. S. 210f.

10 Angesichts einer Überfülle von Literatur zu *Christentum und Gnosis* seien hier zur Orientierung nur die wichtigesten neueren Sammelbände und Monographien genannt: *W. Eltester*, Christentum und Gnosis, Berlin 1969. *K.-W. Tröger (Hrsg.)*, Gnosis und NT. Studien aus Religionswissenschaft und Theologie, Berlin 1973. *K. Rudolf (Hrsg.)*, Gnosis und Gnostizismus, Darmstadt 1975; *ders.*, Die Gnosis. Wesen und Geschichte einer spätantiken Religion, Göttingen 1977. *B. Aland (Hrsg.)*, Gnosis. FS Hans Jonas, Göttingen 1978. *K.-W. Tröger (Hrsg.)*, Altes Testament – Frühjudentum – Gnosis. Neue Studien zu »Gnosis und Bibel«, Gütersloh 1980. *P. Perkins*, The Gnostic Dialogue. The Early Church and the Crisis of Gnosticism, New York 1980; *dies.*, Gnostic Christology and the New Testament, in: CBQ 43 (1981), S. 590–606. *C. Colpe*, Art. Gnosis II (Gnostizismus), in: Reallexikon für Antike und Christentum Bd. XI, Stuttgart 1981, S. 538–659. *H. Pagels*, The Gnostic Gospel, New York 1981. *A. H. B. Logan – A. J. M. Wedderburn (Hrsg.)*, The New Testament and Gnosis. Essays in Honor of R. McL. Wilson, Edinburgh 1983. *K. Berger – R. McL. Wilson*, Art. Gnosis und Gnostizismus, in: TRE Bd. XIII, Berlin-New York 1984, S. 519–550. *W. Schmithals*, Neues Testament und Gnosis, Darmstadt 1984 (EdF 208). *J. Taubes (Hrsg.)*, Gnosis und Politik, München-Paderborn 1984 (Religionstheorie u. Politische Theologie Bd. II).

11 Vgl. *J. Gnilka*, Phil.-Kom., S. 144–147.

12 Ebd., S. 146.

13 Vgl. dazu: *E. Yamauchi,* Pre-Christian Gnosticism. A Survey of the Proposed Evidence, Grand Rapids 1973. Dazu kritisch: *W. Schmithals,* Gnosis und Neues Testament, in: Verkündigung und Forschung. Neues Testament. Beiheft zu: Evangelische Theologie 21 (1976), S. 22–46.

14 *M. Hengel,* Der Sohn Gottes, S. 55.

15 *K.-W. Tröger,* Einführung. Zum gegenwärtigen Stand der Gnosis und Nag-Hammadi-Forschung, in: ders. (Hrsg.), Altes Testament, Frühjudentum, Gnosis ... S. 29.

16 *W. Schmithals,* Gnosis und Neues Testament ..., S. 40.

17 *C. Colpe,* Die religionsgeschichtliche Schule ..., S. 207.

18 Ebd.

19 Vgl. ebenso: *C. Colpe,* New Testament and Gnostic Christology, in: Studies in the History of Religion 14 (1968), S. 227–249.

20 *K. Rudolf,* »Gnosis« and »Gnosticism« – the Problems of their Definition and their Relation to the Writings of the New Testament, in: New Testament and Gnosis ..., S. 21–37, Zit. S. 30.

21 *H.-M. Schenke,* Die neutestamentl. Christologie ..., S. 219.

22 Ebd. Kurze Zeit später hat Schenke seine Position modifiziert und vorgeschlagen, man müsse »die Gesamtstruktur des Philipperhymnus von der Weisheit her« verstehen. Da Schenke sich aber auch hier auf gnostische Texte aus dem 2./3. Jahrhundert *nach* Christus beruft, haben auch diese Überlegungen nur spekulativen Wert: *H.-M. Schenke,* Die Tendenz der Weisheit zur Gnosis, in: Gnosis. FS H. Jonas, hrsg. v. B. Aland, Göttingen 1978, S. 351–372.

23 Vgl. *K. Berger,* Art. Gnosis, in: TRE Bd. XIII, Berlin-New York 1984, S. 520.

24 *D. Georgi,* Der vorpaulinische Hymnus ..., S. 264–266.

25 *H.-M. Schenke,* Die neutestamentl. Christologie ..., S. 206.

26 *M. Hengel,* Zwischen Jesus und Paulus. Die »Hellenisten«, die »Sieben« und Stephanus, in: ZThK 72 (1975), S. 151–206; *ders.,* Christologie und neutestamentliche Chronologie. Zu einer Aporie in der Geschichte des Urchristentums, in: Neues Testament und Geschichte. FS O. Cullmann zum 70. Geb., hrsg. v. H. Baltensweiler u. B. Reicke, Zürich-Tübingen 1972, S. 43–67; *ders.,* Zur urchristlichen Geschichtsschreibung, Stuttgart 1979.

27 Zur *Problematik der Paulus-Chronologie* vgl.: *R. Jewett,* Paulus-Chronologie. Ein Versuch, München 1982.

28 *M. Hengel,* Zur urchristlichen Geschichtsschreibung, S. 78; vgl. ebenso: *ders.,* Christologie und neutest. Chronologie, S. 62–64.

29 Diese Position vertreten: *J. Harvey,* A New Look of the Christ Hymn in Phil 2,6–11, in: The Expository Times 76 (1964/65), S. 337–339. *Ch. H. Talbert,* The Problem of Pre-existence in Phil 2,6–11, in: Journal of Biblical Literature 86 (1967), S. 141–153. *J. M. Furness,* Behind the Philippian Hymn, in: The Expository Times 79 (1967/68), S. 178–182. *J. D. G. Dunn,* Christology in the Making, S. 114–121. *R. Brown,* The Community of the Beloved Disciple. The Life, Loves, and Hates of an Individual Church in New Testament Times, New York 1979, S. 45f. Unter den deutschen Exegeten: *H.-W. Bartsch,* Die konkrete Wahrheit und die Lüge der Spekulation. Untersuchung über den vorpaulinischen Christushymnus und seine gnostische Mythisierung, Frankfurt/M.-Bern 1974. Neuerdings auch in der katholischen amerikanischen Theologie: *Th. N. Hart,* To Know and Follow Jesus, New York 1984, S. 93–100. *L. Swidler,* Yeshua. A Modell for Moderns, Kansas City 1988, S. 23–26.

30 Vgl. *F.-W. Eltester*, Eikon im Neuen Testament, Berlin 1958, der die Parallele zu 2 Kor 4,4 zieht (S. 133). Vgl. ebenso: *J. Behm*, Art. ›Morphe‹, in: ThWNT Bd. IV, hrsg. v. G. Kittel, Stuttgart 1942, S. 750–760, bes. S. 759: »Die morphe theou, in der der präexistente Christus war, ist nichts anderes als die göttliche doxa: das ›en morphe hyparchon‹ des Paulus entspricht ganz Jes 17,5.«

31 So z. B. Neues Testament, übers. v. *U. Wilkens*, Hamburg-Köln-Zürich 1970, 2. Aufl. 1971.

32 *J. Murphy-O'Connor, O. P.*, Christological Anthropology in Phil 2,6–11, in: Revue Biblique 93 (1976), S. 25–50, Zit. S. 39.

33 Ebd., S. 49f. Gegen die Thesen von Murphy-O'Connor: *G. Howart*, Phil 2,6–11 and the Human Christ, in: CBQ 40 (1978), S. 356–387. *J. H. Marshall*, Incarnational Christology in the NT, in: Christ the Lord. Studies in Christology pres. to D. Guthrie, hrsg. v. H. H. Rowdon, Leicester 1982, S. 1–16. *L. D. Hurst*, Re-enter the Pre-existent Christ in Phil 2,5–11, in: NTS 32 (1986), S. 449–457. *C. A. Wanamaker*, Phil 2,6–11: Son of God or Adamic Christology?, in: NTS 33 (1987), S. 179–193.

34 So schon *J. M. Furness* (siehe Anm. 29).

35 *J. Jeremias*, Art. pais theou, in: ThWNT, hrsg. v. G. Kittel Bd. V, Stuttgart 1954, S. 698–713; *ders.*, Zu Phil 2,7: heauton ekenosen, in: Novum Testamentum 6 (1963), S. 182–188.

36 *M. Rissi*, Der Christushymnus in Phil 2,5–11, in: ANRW Bd. XXV/4, hrsg. v. W. Haase, Berlin-New York 1987, S. 3314–3326.

37 Ebd., S. 3317.

38 Ebd.

39 Ebd.

40 Vgl. auch *J. Gnilka*, Phil.-Kom., S. 140f.

41 Vgl. dazu bes.: *O. Hofius*, Der Christushymnus (Anm. 5), der den Hymnus gänzlich aus alttest. Topoi aufgebaut sieht.

42 *M. Rissi*, Der Christushymnus . . ., S. 3324.

43 *K. Berger*, Hellenistische Gattungen im Neuen Testament, in: ANRW Bd. XXV/2, hrsg. v. W. Haase, S. 1031–1432, bes. 1179–1184.

44 Neben der genannten Arbeit v. *D. Georgi* vor allem: *E. Schweizer*, Erniedrigung und Erhöhung bei Jesus und seinen Nachfolgern, Zürich 1955, 2. Aufl. 1962; *ders.* Zur Herkunft der Präexistenzvorstellung bei Paulus, in: *ders.*, Neotestamentica, Zürich 1963, S. 105–109; *ders.*, Aufnahme und Korrektur jüdischer Sophiatheologie im NT, in: *ders.*, Neotestamentica, Zürich 1963, S. 110–121; *ders.*, Neutestamentliche Christologie und gnostischer Erlösermythos, in: J. Brantschen – P. Selvatico (Hrsg.), Unterwegs zur Einheit. FS Heinrich Stirnimann, Freiburg/Br. 1980, S. 215–224; *ders.*, Die Christologie von Phil 2,6–11 und Q, in: ThZ 41 (1985), S. 258–263. *W. Kramer*, Christus-Kyrios-Gottessohn. Untersuchungen zu Gebrauch und Bedeutung der christologischen Bezeichnungen bei Paulus und den vorpaulinischen Gemeinden, Zürich 1963. *H. Conzelmann*, Paulus und die Weisheit (1965/66), in: ders., Theologie als Schriftauslegung, München 1974, S. 177–190.

45 Vgl. Anm. 30.

46 Höchst umstritten ist in der Exegese, wie »Gottesgestalt« präzise zu bestimmen ist. Argumente und Gegenargumente halten sich die Waage. Wer sich etwa für »Erscheinungsform« entscheidet (so *O. Knoch*, »Er war wie Gott«.

Anmerkungen zur Übersetzung von »morphe« in der Einheitsübersetzung, in: ThQ 161 (1981), S. 285–287, bes. 286), läuft Gefahr, einen Gegensatz von wechselnder »äußerer Erscheinung« und bleibendem »innerem Wesen« in den Text hineinzulegen. Doch von einer Art Rollenspiel Christi kann vom Text her keine Rede sein (so vor allem *G. Bornkamm*, Zum Verständnis..., S. 181). Wer für eine Wesensaussage plädiert (vgl. den genannten Aufsatz von *L. Oeing-Hanhoff*, »Der in Gottesgestalt war«), nimmt in Kauf, daß eine solche Aussage über Jesus »physisch-real mißverstanden werden kann, als habe bereits die Person des vorweltlichen präexistenten ›Jesus Christus‹ eine menschliche oder menschenförmige Gestalt gehabt« (so *O. Knoch*, »Er war wie Gott«, S. 286). Auch wer für Status, Position, Stellung argumentiert (so *E. Schweizer*, Erniedrigung und Erhöhung..., S. 95f.), wird schwerlich eine Parallele in den sonstigen neutestamentlichen Schriften finden (so zu Recht *J. Gnilka*, Phil-Kom., S. 113f.). Und wer für die »göttliche Herrscherhoheit« oder den »Status göttlicher Herrlichkeit« eintritt (so *R. Schnackenburg*, Christologie des NT, S. 315), übersieht, daß der Gehorsame, dem Hymnus zufolge, diese ja erst *nach* der Erniedrigung erhalten hat und nicht vorher. Am überzeugendsten scheint mir nach wie vor die Deutung von *E. Käsemann*: Das en morphe »bezeichnet den Bereich, in dem man steht und der einen bestimmt wie ein Kraftfeld. So eben sieht der Hellenismus Existenz: Sie ist jeweils in ein Kraftfeld gestellt und dadurch qualifiziert« (S. 33). Käsemann hat damit »en morphe« weniger als personale Wesensaussage, sondern als Herkunftsaussage bestimmt. So auch *G. Eichholz*, Die Theologie des Paulus im Umriß, Neukirchen-Vluyn 1972, S. 131.

47 *O. Hofius*, Der Christushymnus, S. 58.

48 So schon *O. Cullmann*, Christologie, S. 180: »Dann aber ist in V. 6 nicht etwa an die göttliche ›Natur‹ zu denken, sondern an Gottes *Ebenbild*, das Jesus von Anfang an dargestellt hat.« Ebenso neuerdings wieder: *W. Schenk*, Phil-Kom., S. 211 (s. Kap. III, Anm. 91).

49 *R. Schnackenburg*, Christologie des NT, S. 316.

50 *L. Oeing-Hanhoff*, »Der in Gottesgestalt war«, S. 297.

51 *J. Gnilka*, Phil.-Kom., S. 114.

52 *A. Grillmeier*, Jesus der Christus im Glauben der Kirche Bd. I, S. 86.

53 *R. Schnackenburg*, Christologie des NT, S. 317.

54 *D. Georgi*, Der vorpaulinische Hymnus, S. 279.

55 *H. Binder*, Erwägungen zu Phil 2,6–7b, in: ZNW 78 (1987), S. 230–243, Zit. S. 236. *Binder* beruft sich bei seiner Deutung auf *E. Käsemann* und formuliert überzeugend: »So dürfen wir von der Vorstellung Gestalt gänzlich abrücken und mit Käsemann an einen Bereich, an ein Kraftfeld, jedenfalls an eine räumliche Größe denken. Das führt uns aus der Enge der individuell-personalen Betrachtungsweise heraus: Der Begriff morphe aus Phil 2 meint nicht etwas der Person Christus Eigenes; die morphe enthält ihn. Innerhalb der morphe theou ist er mit Gott zusammen getan, in der morphe doulou ist er unter den Menschen. Die morphe theou ist das Bezugsfeld, in dem die Begegnung zwischen Gott und Christus statt hat, die morphe doulou ist das Betätigungsfeld des Knechtes, die weltweite Sphäre der Begegnung zwischen dem dienenden Christus und der von ihm bedienten Menschheit« (S. 235f.).

56 Zum *liturgischen Hintergrund und der hymnischen Form* vgl.: *R. Deichgräber*, Gotteshymnus und Christushymnus in der frühen Christenheit. Untersu-

chungen zu Form, Sprache und Stil der frühchristlichen Hymnen, Göttingen 1967. *K. Gamber*, Der Christus-Hymnus in liturgiegeschichtlicher Sicht, in: Biblica 51 (1970), S. 369–376. *J. T. Sanders*, The New Testament Christological Hymns. Their Historical Religious Background, Cambridge 1971. *K. Wengst*, Christologische Formeln und Lieder des Urchristentums, Gütersloh 1972. *M. Hengel*, Hymnus und Christologie, in: W. Haubeck – M. Bachmann (Hrsg.), Wort in der Zeit. FS K. H. Rengstorff, Leiden 1980, S. 1–23.

57 *M. Hengel*, Der Sohn Gottes, S. 119f. Ebenso der kath. Exeget *F. J. Schierse*, Christologie, S. 92: »Angesichts der Variationsbreite des zugrunde liegenden Erzählmusters ist es unwahrscheinlich, daß sich der Verfasser des Liedes an eine einzelne literarische Vorlage oder ein bestimmtes religionsgeschichtliches Modell (sei es alttestamentlich, gnostisch oder sonstwie) gehalten hat. Er ging einfach von dem aus, was die christliche Gemeinde von Jesus wußte: Von seinem Gottesbewußtsein und Gehorsam im Leiden, in seinem Tod und seiner Erhöhung zum Kyrios. Daß er den Weg Jesu in seiner göttlichen Präexistenz beginnen ließ, war wohl weniger das Ergebnis theologischer Spekulation als der dichterische Ausdruck einer liturgischen Intuition.«

58 *J. Blank*, Paulus und Jesus, S. 266: »Ist diese Überlegung ... *vom Gottesdienst als dem ›Sitz im Leben‹ für die hymnisch zu verstehenden Präexistenzaussagen* ... richtig, dann wird auch ihr Sinn eigentlich erst von daher voll verständlich. Sie gehören dann zum Lobpreis der in Christus geschehenen Heilstat Gottes, die als eschatologische Tat in *Gottes Tiefen* entspringt und darin vorzeitlicher Art ist und die sich die Gemeinde in Dankbarkeit und Freude gefallen läßt ... So gesehen hat sie nicht bloß ›theologische‹ sondern ›religiöse‹ Bedeutung, weil Anbetung und Dank darin eingeschlossen sind. Andernfalls wäre zu fragen, was ›theologische Spekulation‹, die einer anderen Gattung mit anderem Sitz im Leben gehört, in einem christologischen Hymnus, der ja nicht ohne Begeisterung gesungen wurde, soll?« (S. 267).

59 *O. Hofius*, Der Christushymnus, S. 73.

60 Vgl. *D. Georgi*, Der vorpaulinische Hymnus, S. 278.

61 So die überzeugende Formulierung von *E. Schweizer*, Jesus Christus im vielfältigen Zeugnis des NT, Gütersloh 1968, TB-Ausgabe 1979, *S.* 90: »Auch hier wollen die Aussagen über das, was im ›Himmel‹ vor Jesu Geburt und nach seiner Auferstehung geschah, die Tiefendimension beschreiben, in der das Leben und Sterben und Auferstehen Jesu geschah.«

62 *M. Hengel*, Hymnus und Christologie, S. 17f.

63 *R. Schnackenburg*, Christologie des NT, S. 315.

64 *J. Gnilka*, Phil-Kom., S. 145.

65 *A. Vögtle*, Der verkündigende und der verkündigte Jesus »Christus«, S. 89. Ebenso: *G. Schneider*, Der Ursprung, S. 408f. sowie *J. Ernst*, Phil-Kom., S. 77.

66 *N. Walter*, Geschichte und Mythus in der urchristlichen Präexistenzchristologie, in: H. H. Schmid (Hrsg.), Mythos und Rationalität, Gütersloh 1988, S. 229f.

67 *J. Ernst*, Phil.-Kom., S. 67. Vgl. dort auch die sehr überzeugende Zusammenfassung der »Christologie des Hymnus« S. 77f. Die Aussagen V. 6 seien »keine Wesensbeschreibungen, denn es handelt sich hier lediglich um die Kennzeichnung jener Position, welche der Niedrigkeit vorausgegangen ist, aber der erste Schritt zur bewußten Deutung der Präexistenz ist getan«. Die »Voraussetzungen für die Inkarnationschristologie« seien zwar geschaffen.

Diese werde hier aber unter »negativem Vorzeichen« gesehen: »Es wird nur davon gesprochen, daß er (Christus) etwas aufgegeben hat. Offenbar ist der Verzicht auf die Stellung, die er vorher innehatte, der einzig interessierende Gesichtspunkt. Das geht aus den verschiedenen bereits angedeuteten ›Statusbeschreibungen‹ für die irdische Daseinsweise hervor. Von einer positiven Deutung der Inkarnation kann hier noch nicht die Rede sein.«

68 *G. Schneider,* Der Ursprung . . ., S. 408.

69 *E. Schweizer,* Die Christologie von Phil 2,6–11 und Q, in: ThZ 41 (1985), S. 258–263.

70 Beide Zitate, S. 261.262.

71 Wir konzentrieren uns hier auf die Herausforderung an das jüdische Establishment. Die *Herausforderung an das hellenistische Establishment* ist dabei nicht kleiner. In einer Welt, die daran glaubte, daß sie von erbarmungslosen Mächten und vor allem von einem blinden Schicksal regiert wurde, in der quer durch alle Schichten die Sehnsucht stark war nach »Befreiung von den kosmischen Mächten und nach Partizipation an der oberen, göttlichen Welt«, mußte eine Botschaft von einem solchen Herrscher anstößig für die einen und befreiend für die anderen wirken! In der Tat: Der *gekreuzigte Jude Jesus* aus Nazareth als der neue Kosmokrator, der Gottgleiche, der erhöht wurde nach der freiwilligen Preisgabe von Macht – das war das radikale christliche *Gegenbild* zu allen vergöttlichten Herrschergestalten der Antike, ob zu Alexander dem Großen oder den römischen Kaisern, die man ebenfalls »gottgleich« nannte! Vgl. zum ganzen: *G. Bornkamm,* Paulus, S. 74–76 (s. Kap. III, Anm. 5). Ebenso: *E. Schüssler-Fiorenza,* Wisdom Mythologie and Christological Hymns of the New Testament, in: R. L. Wilson (Hrsg.), Aspects of Wisdom in Judaism and Early Christianity, Notre Dame 1975, S. 17–41. Ebenso: *A. A. T. Ehrhardt,* Jesus Christ and Alexander the Great, in: Journal of Theological Studies 46 (1945), S. 45–51. *L. Ross Taylor,* The Divinity of the Roman Emperor (1931). Neudruck Middletown, Conn. 1980. *C. H. Talbert,* The Concept of Immortals in Mediterranean Antiquity, in: Journal of Biblical Literature 94 (1975), S. 419–436; *ders.,* The Myth of a Descending-ascending Redeemer in Mediterranean Antiquity, in: NTS 22 (1976), S. 418–439. Eine Auseinandersetzung mit dem Jesus-Verständnis *E. Blochs* u. *A. Camus'* aus der Perspektive des Phil.-Hymnus führt: *H. Sierig,* Das Ende der Revolte. Jesus Christus in der Philosophie der Gegenwart, dargestellt unter bes. Berücksichtigung von Phil. 2,5–11, in: Mensch und Menschensohn. FS Bischof K. Witte, Hamburg 1963, S. 45–57. Ebenso: *A. Ziegenaus,* Die Präexistenz Christi als Maßstab des christlichen Zeugnisses angesichts der Verneinung Gottes, in: Münchner Theologische Zeitschrift 33 (1982), S. 83–98.

72 *M. Hengel,* Christologie und neutestamentliche Chronologie, S. 62f.

73 *M. Hengel,* Zur urchristlichen Geschichtsschreibung, S. 90.

74 *M. Hengel,* Der Sohn Gottes, S. 112.

75 *R. Schnackenburg,* Der Ursprung der Christologie, S. 60.

76 *H. Merklein,* Zur Entstehung der urchristlichen Aussage, S. 53.

77 Ebd., S. 54.

III. Präexistenzchristologie bei Paulus?

1 *H. Merklein*, Zur Entstehung der urchristlichen Aussage ..., S. 37.

2 *M. Brückner*, Die Entstehung der paulinischen Christologie, Straßburg 1903, S. 65. Dazu kritisch: *E. Güttgemanns*, Der leidende Apostel und sein Herr. Studien zur paulinischen Theologie, Göttingen 1966, S. 335–340.

3 *E. Barnikol*, Mensch und Messias. Der nichtpaulinische Ursprung der Präexistenz-Christologie, Kiel 1932, S. 135.

4 Ebd., S. 52.

5 Zur *Geschichte der Paulus-Forschung* vgl.: *K. H. Rengstorf*, Das Paulusbild in der neueren deutschen Forschung, Darmstadt 1969 (WdF 24). *K. H. Schelkle*, Paulus. Leben-Briefe-Theologie, Darmstadt 1981 (EdF 152). *H. Hübner*, Paulusforschung seit 1945. Ein kritischer Literaturbericht, in: ANRW Bd. XXV/4, hrsg. v. W. Haase, Berlin-New York 1987, S. 2649–2840.

Zur *Christologie des Paulus* seien neben den genannten Theologien und Christologien des NT für unseren Zusammenhang einige besonders wichtige neuere Arbeiten genannt: *W. Thüsing*, Per Christum in Deum. Studien zum Verhältnis von Christozentrik und Theozentrik in den paulinischen Hauptbriefen, Münster 1965. *J. Blank*, Paulus und Jesus. Eine theologische Grundlegung, München 1968. *G. Bornkamm*, Paulus, Stuttgart-Berlin-Köln-Mainz 1969. *E. Käsemann*, Paulinische Perspektiven, Tübingen 1969. *Ch. Burger*, Jesus als Davidsohn. Eine traditionsgeschichtliche Untersuchung, Göttingen 1970. *O. Kuss*, Paulus. Die Rolle des Apostels in der theologischen Entwicklung der Urkirche, Regensburg 1971, 2. Aufl. 1976. *J. G. Gibbs*, Creation and Redemption. A Study in Pauline Theology, Leiden 1971. *G. Eichholz*, Die Theologie des Paulus im Umriß, Neukirchen-Vluyn 1972. *A. Feuillet*, Christologie paulinienne et tradition biblique, Paris 1973. *J. J. Gunther*, St. Paul's Opponents and their Background. A Study of Apocalyptic and Jewish Sectarian Teachings, Leiden 1973. *J. W. Fraser*, Jesus and Paul. Paul as Interpreter of Jesus from Harnack to Kümmel, Abingdon Berkshire 1974. *F. F. Bruce*, Paul and Jesus, London 1977. *I. Dugandzic*, Das »Ja« Gottes in Christus. Eine Studie zur Bedeutung des Alten Testamentes für das Christusverständnis des Paulus, Würzburg 1977. *E. P. Sanders*, Paul and Palestinian Judaism. A Comparison of Patterns of Religion, Philadelphia 1977. *P. Stuhlmacher*, Zur paulinischen Christologie, in: ZThK 74 (1977), S. 449–463. *H. Schlier*, Grundzüge einer paulinischen Theologie, Freiburg/Br. 1978. *F. Froitzheim*, Christologie und Eschatologie bei Paulus, Würzburg 1979. *A. Lindemann*, Paulus im ältesten Christentum, Tübingen 1979. *B. Byrne*, »Son of God« – »Seed of Abraham«. A Study of the Idea of the Sonship of God of all Christians in Paul against the Jewish Background, Rom 1979. *G. Lüdemann*, Paulus, der Heidenapostel Bd. I–II, Göttingen 1980–1982. *W. Schmithals*, Die theologische Anthropologie des Paulus. Auslegung von Röm 7,17–8,39, Stuttgart-Berlin-Köln-Mainz 1980. *K. Kertelge (Hrsg.)*, Paulus in den neutestamentlichen Spätschriften, Freiburg/Br. 1981. *H.-H. Schade*, Apokalyptische Christologie bei Paulus. Studien zum Zusammenhang von Christologie und Eschatologie in den Paulusbriefen, Göttingen 1981. *W. Radl*, Ankunft des Herrn. Zur Bedeutung der Funktion der Parusieaussagen bei Paulus, Frankfurt/M. 1981. *H. Weder*, Das Kreuz bei Paulus. Ein Versuch, über den Geschichtsbezug des christlichen Glaubens nachzudenken, Göttingen 1981. *J. Blank*, Paulus. Von Jesus zum Christentum, München 1982. *Chr. Dietzfelbinger*, Die Berufung des Paulus als Ursprung seiner Theologie, Neukirchen-Vluyn 1985.

6 Zum 1. *Thessalonicher-Brief*: Umfassende *Übersicht über die Literatur* bei: *W. Trilling*, Die beiden Briefe des Apostels Paulus an die Thessalonicher. Eine Forschungsübersicht in: ANRW Bd. XXV/4, hrsg. v. W. Haase, Berlin-New York 1987, S. 3365–3403.
Neuere Kommentare: *E. Best*, London 1972, 2. Aufl. 1977 (BNTC). *H. Schlier*, Freiburg/Br. 1972. *G. Friedrich*, Göttingen 1976 (NTD). *W. Marxsen*, Zürich 1979 (ZBK). *T. Holtz*, Zürich-Neukirchen-Vluyn 1976 (EKK).
Neuere Arbeiten: *F. Laub*, Eschatologische Verkündigung und Lebensgestaltung nach Paulus. Eine Untersuchung zum Wirken des Apostels beim Aufbau der Gemeinde in Thessaloniki, Regensburg 1973. *H.-H. Schade*, Apokalyptische Christologie bei Paulus, Göttingen 1981, S. 31–34; 115–190. *W. Elliger*, Paulus in Griechenland, Stuttgart 1987, S. 78–116. *R. C. Collins*, Studies on the First Letter to the Thessalonians, Leiden 1984 (Lit.!).

7 *B. van Iersel*, »Sohn Gottes« im Neuen Testament, in: Concilium 18 (1982), S. 182–193, Zit. S. 185.

8 *H. A. Wolfson*, The Philosophy of the Church Fathers. Faith – Trinity – Incarnation, Cambridge/Mass.-London 1956, 3. Aufl. 1970, S. 175.

9 *R. C. Collins*, Studies, S. 279.283.

10 *H.-H. Schade*, Apokalyptische Christologie, S. 171.

11 Zum *Galater-Brief*: Umfassende Übersicht über die Literatur bei *K. H. Schelkle*, Paulus, S. 80f.
Neuere Kommentare: *H. Schlier*, Göttingen 1949, 5. Aufl. der Neubearbeitung 1971 (KEK). *F. Mussner*, Freiburg /Br. 1977 (HThK). *D. Lührmann*, Zürich 1978 (ZBK). *H. D. Betz*, Philadelphia 1979 (Hermeneia), dt: München 1988. *U. Borse*, Regensburg 1984 (RNT). *J. Becker*, Göttingen 1985 (NTD). *W. Egger*, Würzburg 1985 (NEB).
Neuere Arbeiten: *J. Eckert*, Die urchristliche Verkündigung im Streit zwischen Paulus und seinen Gegnern nach dem Galaterbrief, Regensburg 1971. *G. Howard*, Crisis in Galatia. A Study in Early Christian Theology, Cambridge 1979. *H. Feld*, Christus Diener der Sünde. Zum Ausgang des Streits zwischen Petrus und Paulus, in: ThQ 153 (1983), S. 119–131. *A. Suhl*, Der Galaterbrief – Situation und Argumentation, in: ANRW Bd. XXV/4, hrsg. v. W. Haase, Berlin-New York 1987, S. 3067–3134 (Lit.!).

12 *H. Schlier*, Gal.-Kom., S. 196.

13 *F. Hahn*, Christologische Hoheitstitel, S. 315f.

14 *F. Mussner*, Gal.-Kom., S. 272f. Ebenso: *U. Borse*, Gal.-Kom., S. 143f. Borse beruft sich für die Menschwerdungsaussagen neben Gal 4,4 auf Phil 2,7. Beides ist fragwürdig. Das gleiche gilt für *F. Froitzheim*, Christologie und Eschatologie (1979), S. 51–55. Im merkwürdigen Widerspruch dazu steht die (richtige) Aussage von F. Froitzheim, daß die frühe Gemeinde und Paulus die Präexistenz Christi »nirgends zum Thema« gemacht, sondern »immer in Relation zum Heilsgeschehen« gesehen hätten (S. 50). Ähnlich ambivalent an dieser Stelle: *O. Kuss*, Paulus, S. 358: »Im Galaterbrief heißt es noch nicht ganz klar . . .«.

15 *A. Seeberg*, Der Katechismus der Urchristenheit (1903), München 1966, bes. S. 58–70.

16 *L. Goppelt,* Theologie des NT, S. 400f.

17 *J. D. G. Dunn,* Christology, S. 39f. Ähnlich auch *H. D. Betz,* Gal-Kom. (1988): »Ganz allgemein ist in der Antike die Vorstellung von einer Gottheit, die ihren Stellvertreter als ›Erlöser‹ in die Welt schickt, in verschiedenen Formen und bei verschiedenen Religionen weit verbreitet. Diese Vorstellungen setzen nicht automatisch eine ›Präexistenz‹ voraus, und sie sind auch nicht unbedingt mit Ehrentiteln wie ›Sohn Gottes‹ in Verbindung zu bringen« (S. 361). Allerdings muß der Vollständigkeit halber erwähnt werden, daß Betz bei Paulus an anderen Stellen eine ›Präexistenzchristologie‹ meint erkennen zu können (1Kor 8,6; 2Kor 8,9; Röm 8,3; Phil 2,6–11 im Gegensatz freilich zu Röm 1,3f.). Daß der Ausdruck »Präexistenzchristologie« für Paulus nicht adäquat ist, werden wir im folgenden zu zeigen versuchen. Ähnlich zurückhaltend auch: *J. Lührmann,* Gal-Kom., S. 33: »Wenn nun Jesus im frühen Christentum der ›Sohn Gottes‹ schlechthin war, schwang für diejenigen, die dies bekannten, mit, daß er als der Gerechte die Gerechtigkeit Gottes ist. Erst später(!) erhält der Titel die Bedeutung der direkten Abstammung von Gott, die dann durch die Entwicklung des christologischen Dogmas in der Alten Kirche zu seinem wesentlichen Inhalt wird.«

18 *J. Blank,* Paulus und Jesus, S. 264.265.267.

19 *K. Rahner – W. Thüsing,* Christologie, S. 250. Vgl. auch S. 245: »Der Begriff der ›Sendung des Sohnes‹ dürfte in Gal 4,4 und Röm 8,3 jedoch nicht eindeutig auf eine Sendung aus der Präexistenz heraus festgelegt sein, wenn Paulus auch den Präexistenzvorstellungen seiner hellenistischen Gemeinden keine ausdrückliche Absage erteilt.«

20 *B. van Iersel,* »Sohn Gottes« im NT, S. 189f.

21 *E. Schweizer,* Zum religionsgeschichtlichen Hintergrund der »Sendungsformel« Gal 4,4f., Röm 8,3f., Joh 3,16f., 1 Joh 4,9 (1966), in: *ders.,* Beiträge zur Theologie des Neues Testaments. Neutestamentliche Aufsätze (1955–1970), Zürich 1970, S. 83–95, Zit. S. 95.

22 *E. Schweizer,* Jesus in vielfältigen Zeugnissen des NT (1968), TB-Ausgabe Gütersloh 1979, S. 86.

23 Wie sehr sich die Forschungslage in Sachen Inkarnationschristologie bei Paulus gewandelt hat, zeigt ein Vergleich von: *G. Eichholz,* Die Theologie des Paulus, S. 126: »Man könnte von einer Inkarnationschristologie sprechen«, bis *J. D. G. Dunn,* Christology, S. 44: »We cannot safely conclude from Gal 4,4 that Paul believed in or was already teaching a doctrine of incarnation.« Schon der bedeutende Exeget *G. Bornkamm* hatte zu Beginn der sechziger Jahre die Ansicht vertreten: »Bemerkenswert ist auch, daß das Inkarnations- und Epiphaniemotiv (im Sinne von Joh 1,14) bei Paulus völlig fehlt« (in: RGG Bd. V, Tübingen 3. Aufl 1961, S. 1984). Ähnlich zurückhaltend der katholische Exeget *G. Byrne* (s. Anm. 5): »The question concerning the pre-existence of Christ is raised in a more pressing way by the first principal phrase in the ›inner‹ statement: genomenon ek gynaikos (Gal 4,4). The parallels adducted for this phrase appear to refer simply to human existence as such, as distinct from others (especially divine or angelic) ways of being. Safe for Mt 11,11, contexts connote the aspects of weakness and brevity that characterize human live ... The pre-existence of the son is, at least implicit, in Paul's statement. But ›incarnation‹ is not the main point« (S. 181).

24 Wir können hier auf literarkritische Details dieser Aussage nicht eingehen. *H.*

D. Betz z. B. vermutet – da ja ein »Geborensein aus der Frau« in diesem Brief gar nicht zur Diskussion stehe – »vorpaulinisches Gedankengut«, ja Teile einer »vorpaulinischen Christologie«. Diese Christologie hat Betz zufolge betont, »daß Christus als Mensch und zwar als Jude gelebt hat. Als Parallele zu ›von einem Weibe geboren‹ muß die Wendung ›dem Gesetz unterworfen‹ ursprünglich im Gegensatz zum paulinischen Kontext eine positive Bedeutung gehabt haben. Ursprünglich handelte es sich nicht einmal um eine christologische, sondern um eine anthropologische Aussage: Es ist eine Definition des menschlichen Lebens ... Diese anthropologische Definition wird zu einer christologischen Aussage durch den Hinweis, daß das Erscheinen Christi das eines im vollen Sinne menschlichen Wesens war. Diese Christologie unterscheidet sich in charakteristischer Weise von anderen paulinischen christologischen Aussagen, wird aber von Paulus akzeptiert« (S. 362f.). Schon *J. J. Gunther* (s. Anm. 5) hatte 1973 zu dieser Stelle bemerkt: »This condition as pertinent to the ordinary potential believer meant being a slave or infant enslaved to stoicheia tou kosmou ... The terms ... suggest a natural human birth. Was the Virgin Birth already under discussion?« (S. 214).

25 *J. Blank* hat diesen strikt theologischen Schwerpunkt der Sendungsaussage treffend beschrieben: »Das Heilsgeschehen wird als ein Geschehen angesagt, dessen Ursprung und Subjekt Gott selbst ist und das deshalb seinen Ursprung nicht in innerweltlichen Voraussetzungen hat. So betrachtet erscheint die ›Sendung des Sohnes‹, wie immer es mit ihrem religionsgeschichtlichen Hintergrund bestellt sein mag, als Ausdruck für Gottes rettendes Handeln, als ein ›Hoheitsakt der Sendung‹ , die sich im Christusgeschehen manifestiert« (S. 264f.).

26 So auch: *W. G. Kümmel*, Die Theologie des NT, S. 143. Ebenso: *G. Eichholz*, Paulus, S. 126.

27 Wir können hier nicht auf die zahlreichen *Teilungshypothesen* eingehen, die zu den Korintherbriefen geäußert wurden. Daß zumindest vier Briefe aus den beiden vorhandenen zu erschließen sind, wird heute auch von der katholischen Exegese akzeptiert. Nach *K. H. Schelkle* (Paulus, S. 91f.) muß man davon ausgehen: *Brief I*, der in 1Kor 5,9–11 erwähnt ist, ging verloren. *Brief II* wäre der vorliegende 1Kor, geschrieben in Reaktion auf Nachrichten und einen Brief aus Korinth (1Kor 7,1). *Brief III*, den Paulus in 2Kor 2,4 u. 7,12 erwähnt und den der Apostel »unter vielen Tränen« offensichtlich nach einem kurzen, aber aufregenden Zwischenbesuch in Korinth geschrieben hat, ging möglicherweise ebenfalls verloren, könnte aber teilweise in 2Kor 10–13 erhalten sein. *Brief IV* wäre dann der übrige 2Kor. Allerdings ist auffällig, daß die Passagen 2Kor 2,14–7,4 (lange Ausführungen über das Apostelamt) den ursprünglichen Kontext von 2Kor 1,1–2,13 (Reisepläne) zerreißen und wie ein Einschub wirken, zumal die Reisefragen in 2Kor 7,5–14 fortgesetzt werden. Kontextsprengend ist auch der Abschnitt 2Kor 6,14–7,1, der wie ein Meteorit aus qumranischem Himmel hier hereingefallen zu sein scheint und wahrscheinlich nicht von Paulus selber stammt. Schließlich ist merkwürdig, daß Paulus in den Kapiteln 8 und 9 im Zusammenhang der zu sammelnden Hilfsgelder für die »Heiligen« in Jerusalem (vgl. Gal 2,20; 1Kor 16,1–4; Röm 15,25–28) widersprüchliche Aussagen macht. Möglicherweise stellen Kapitel 8 und 9 ursprünglich 2 verschiedene Einzelschreiben dar, die erst nachträglich bei der Sammlung der Paulusbriefe unter thematischer Rücksicht vereinigt

wurden. Vgl. zur ganzen Problematik neuerdings: *G. Dautzenberg*, Der 2Kor als Briefsammlung. Zur Frage der literarischen Einheitlichkeit und des theologischen Gefüges von 2Kor 1–8, in: ANRW Bd. XXV/4, hrsg. v. W. Haase, Berlin-New York 1987, S. 3045–3066.

Zum *1. Korinther-Brief*: Umfassende *Übersicht über die Literatur* bei: *G. Sellin*, Hauptprobleme des Ersten Korintherbriefes, in: ANRW Bd. XXV/4, hrsg. v. W. Haase, Berlin-New York 1987, S. 2940–3044.

Neuere Kommentare: *C.K. Barrett*, London 1968, 2. Aufl. 1971 (BNTC). *H. Conzelmann*, Göttingen 1969, 12. Aufl. 1981 (KEK). *E. Fascher*, Berlin 1975, 3. Aufl. 1984 (ThHK: Kap. 1–7). *W. F. Orr*, New York 1976 (AB). *Ch. Senft*, Neuchatel-Paris 1979. *Chr. Wolff*, Berlin 2. Aufl. 1982 (ThHK: Kap. 8–16). *H.-J. Klauck*, Würzburg 1984 (NEB). *F. Lang*, Göttingen 1986 (NTD). *R. Pesch*, Paulus ringt um die Lebensform der Kirche. Vier Briefe an die Gemeinde in Korinth, Freiburg/Br. 1986. *Ch. H. Talbert*, Reading Corinthians. A Literary and Theological Commentary on 1/2 Cor, New York 1987.

Neuere Arbeiten: *R. Baumann*, Mitte und Norm des Christlichen. Eine Auslegung von 1 Kor 1,1–3,4. Münster 1968. *G. Dautzenberg*, Urchristliche Prophetie. Ihre Erforschung, ihre Voraussetzung im Judentum und ihre Struktur im 1. Korintherbrief, Stuttgart 1975. *A. Schreiber*, Die Gemeinde in Korinth. Versuch einer gruppendynamischen Betrachtung der Entwicklung der Gemeinde von Korinth auf der Basis des 1. Korintherbriefs, Münster 1977. *H.-J. Klauck*, Herrenmahl und heidnischer Kult. Eine religionsgeschichtliche Untersuchung zum 1Kor (1Kor 8–11), Münster 1982. *G. Theissen*, Studien zur Soziologie des Urchristentums, Tübingen 2. Aufl. 1983, S. 231–271 (»Soziale Schichtung in der korinthischen Gemeinde«) u. S. 272–289 (»Die Starken und Schwachen in Korinth«). *W. Elliger*, Paulus in Griechenland, Stuttgart 1987, S. 200–251.

28 Zum *religionsgeschichtlichen Hintergrund* von 1 Kor.: *N. Winter*, Pneumatiker und Psychiker in Korinth. Zum religionsgeschichtlichen Hintergrund von 1 Kor. 2,6–3,4, Marburg 1975.

29 Zur *Weisheitstheologie* bei Paulus: *U. Wilckens*, Weisheit und Torheit. Eine exegetisch-religionsgeschichtliche Untersuchung zu 1 Kor. 1 und 2, Tübingen 1959. *E. Brandenburger*, Fleisch und Geist. Paulus und die dualistische Weisheit, Neukirchen-Vluyn 1968. *B. A. Pearson*, Hellenistic-Jewish Wisdom Speculation and Paul, in: Aspects of Wisdom in Judaism and Early Christianity, hrsg. v. R. L. Wilken, Notre Dame-London 1975, S. 43–66. *J.-Ch. Kim*, Der gekreuzigte Christus als geheimnisvolle Weisheit Gottes. Exegetische Studien zu 1 Kor. 2,16–16. Diss. Tübingen 1987.

30 So etwa: *R. G. Hamerton-Kelly*, Pre-existence, S. 123.

31 Zur *Gnosis und Korinth* neben der genannten Arbeit von U. Wilckens: *W. Schmithals*, Die Gnosis in Korinth. Eine Untersuchung zu den Korintherbriefen, Göttingen 3. Aufl. 1969; *ders.*, The Corpus Paulinum and Gnosis, in: A. H. B. Logan-A. J. M. Wedderburn (Hrsg.), The New Testament and Gnosis, Edinburgh 1983, S. 107–124. *E. Fischer*, Die Korintherbriefe und die Gnosis, in: K. W. Tröger (Hrsg.), Gnosis und NT. Studien zur Religionswissenschaft und Theologie, Gütersloh-Berlin 1973, S. 281–291. Zum *Einfluß paulinischer Theologie auf die Gnosis* vgl.: *E. H. Pagels*, The Gnostic Paul. Gnostic Exegesis of the Pauline Letters, Philadelphia 1975.

32 *F. Lang*, 1Kor-Kom., S. 26. Ähnlich: H. Köster, Einführung, S. 555.

33 So vor allem: *J. D. G. Dunn,* Christology, S. 176–179: »So far as we can tell there is no thought here of wisdom as a pre-existent divine hypostasis or person, either among the Corinthians or in Paul himself. For Paul God's wisdom is essentially God's plan to achieve salvation through the crucifixion of Jesus and through the proclamation of the crucified Christ (1 Kor 1, 20–25).« Zitat S. 178.

34 *H. Conzelmann,* 1Kor-Kom., S. 81. Neuerdings ebenso: *H. Weder,* Das Kreuz bei Paulus, S. 125–137 (s. Anm. 5).

35 *F. Lang,* 1Kor-Kom., S. 43f.

36 Vgl. dazu: *H.-J. Klauck,* 1Kor-Kom., S. 60.

37 So *H.-J. Klauck.* ebd., S. 64 unter Berufung auf *G. Theissen,* Studien, S. 201–230 (»Legitimation und Lebensunterhalt: Ein Beitrag zur Soziologie urchristlicher Missionare«).

38 So *C. K. Barrett,* 1Kor-Kom., S. 223. *F. Lang,* 1Kor-Kom., S. 124. *H.-J. Klauck,* 1Kor-Kom., S. 71.

39 *H. Conzelmann,* 1Kor-Kom., S. 196.

40 *G. W. H. Lampe,* God as Spirit, Oxford 1977, S. 124. Die rabbinischen Parallelen zu 1Kor 10,4 sind zu finden bei: *H. Strack–P. Billerbeck,* Kommentar zum NT aus Talmud und Midrasch Bd. III, München 1975, S. 408f.

41 *E. Schweizer,* Art. Jesus Christus I, in: TRE Bd. XVI, Berlin-New York 1987, S. 687.

42 So *H.-J. Klauck,* 1Kor-Kom., S. 71.

43 So *R. Pesch,* Paulus ringt . . ., S. 160. Eine pneumatologische Deutung dieser Stelle gibt auch: *H. A. Wolfson,* The Philosophy of the Church Fathers, S. 164. Daß aber der »geistliche Felsen« direkt mit dem Heiligen Geist und damit mit dem präexistenten Christus identisch ist, ist nicht erweisbar.

44 Diese Alternative erwägt zu Recht: *G. W. H. Lampe,* God as Spirit, S. 123f. Doch auch Lampe ist hinsichtlich einer präexistenzchristologischen Deutung von 1Kor 10,4 sehr zurückhaltend: »It seems much less likely that Paul believed that the rock actually mediated to the people in the wilderness the personal presence of the pre-existent Christ« (S. 124).

45 *I. Dugandzic,* Das »Ja« Gottes in Christus, S. 243f. (s. Anm. 5).

46 So früher die traditionelle katholische und protestantische Exegese: *A. Feuillet,* La Profession de foi monothéiste de 1 Kor 8,4–6, in: Studii Biblici Franciscani 13 (1962/1963), S. 7–32. *A. Schlatter,* Paulus, der Bote Jesu. Eine Deutung seiner Briefe an die Korinther, Stuttgart 2. Aufl. 1956.

47 So: *F. Lang* 1Kor-Kom., S. 110. *H.-J. Klauck,* 1Kor-Kom., S. 63f. *Ch. Wolff,* 1Kor-Kom., S. 8.

48 *H. Conzelmann,* 1Kor-Kom., S. 172.

49 *E. Schweizer* (s. Anm. 41), S. 681.

50 *M. Hengel,* Sohn Gottes, S. 29. Ebenso: *G. Schimanowski,* Weisheit und Messias, S. 320.

51 *M. Hengel,* ebd.

52 Populär hat diese These gemacht: *E. Norden,* Agnostos Theos. Untersuchungen zur Formgeschichte religiöser Rede (1913), Neudruck Darmstadt 1974, S. 240–250.

53 So *R. A. Horsley,* The Background of the Confessional Formula in 1Cor 8,6, in: ZNW 69 (1978), S. 130–135.

54 So *J. Murphy-O'Connor,* 1Cor 8,6: Cosmology or Soteriology? in: Revue Biblique 85 (1978), S. 253–267.

55 So *R. Kerst*, 1Kor 8,6 – ein urchristliches Taufbekenntnis, in: ZNW 66 (1975), S. 130–139, Zit. S. 132.

56 So *W. Kramer*, Christos Kyrios Gottessohn, S. 91–94, u. ähnlich: *H. Langkammer*, Literarische und theologische Einzelstücke in 1Kor 8,6, in: NTS 17 (1970), S. 193–197.

57 *R. Kerst*, ebd., S. 136.

58 Ebd., S. 138.

59 *J. Murphy-O'Connor*, ebd., S. 258.

60 So erstmals bei *R. Kerst*, ebd., S. 138f.

61 Merkwürdiger- und inkonsequenterweise hat keiner der gegenwärtigen Exegeten von 1Kor eine Stelle wie 1Kor 15,45–47 präexistenzchristologisch gedeutet, wird doch hier Christus der »Zweite Mensch« genannt, der im Gegensatz zum »Ersten Menschen« (Adam) »vom Himmel stammt« (vgl. *H. Conzelmann*, S. 342: »und die Präexistenz ist nicht berücksichtigt«; *H.-J. Klauck*, S. 119: »Zum lebenspendenden Geist wurde er (Christus) nicht als Präexistenter und erst recht nicht bei seiner Inkarnation, sondern bei seiner Auferstehung und Erhöhung.« Wenn aber diese Stelle eschatologisch und pneumatologisch interpretiert wird, warum dann nicht auch 1Kor 10,4 und 1Kor 8,6?

Wir können hier nicht auf die komplexe *Geist-Theologie von Paulus* eingehen in all ihren theologischen (genaue Zuordnung von Gott-Christus-Geist), anthropologischen (Gottes/Christi Geist im Menschen) und ekklesiologischen (Charismenlehre) Dimensionen. Zur ersten Orientierung sei verwiesen auf: *I. Herrmann*, Kyrios und Pneuma. Studien zur Christologie der Paulinischen Hauptbriefe, München 1961. *W. Pfister*, Das Leben im Geist nach Paulus. Der Geist als Anfang und Vollendung christlichen Lebens, Freiburg/Br. 1963. *J. S. Vos*, Traditionsgeschichtliche Untersuchungen zur paulinischen Pneumatologie, Assen 1973. *E. Schweizer*, Heiliger Geist, Stuttgart 1978. *Y. Congar*, Der Heilige Geist, Freiburg/Br. 1982.

62 *W. Thüsing*, Per Christum in Deum, S. 229.

63 *G. Schneider*, Präexistenz Christi, S. 404f. Ähnlich zurückhaltend und aus eschatologischer Perspektive interpretierend: *A. Vögtle*, Der verkündigende und der verkündigte Jesus »Christus«, S. 89: »Will die Aussage 1Kor 8,6 von der Schöpfungsmittlerschaft, mit der auch die Bezeichnung des auf Christus Getauften als ›neue Schöpfung‹ zusammenhängen könnte, ›den eschatologischen Charakter des Heilswerkes Christi und zugleich dessen kosmische Tragweite herausstellen‹, so lassen spätere (!) Aussagen ein wachsendes Interesse an der Verdeutlichung erkennen.«

64 *J. Murphy-O'Connor*, (s. Anm. 54). In die gleiche Richtung hatte bereits argumentiert: *C. H. Giblin, S. J.*, Three monotheistic texts in Paul (zu 1Kor 8,1–13; Gal 3,15–29; Rö 3,27–31), in: The CBQ 37 (1975), S. 527–547: »Paul's attention in this text or context does not center on Christ's preexistence ... The forgoing analysis of vss. 4–6 in the context of 1Cor 8,1–13 indicates that Paul's monotheism is personalistic rather than ontological, functional rather than notionally abstract« (S. 537). *Grundsätzlich theologisch* zu 1Kor 8,6: *E. Grässer*, »Ein einziger ist Gott« (Röm 3,30). Zum christologischen Gottesverständnis bei Paulus, in: »Ich will euer Gott werden«. Beispiele biblischen Redens von Gott, Stuttgart 1981, S. 177–205. *T. Holtz*, Theo-logie und Christologie bei Paulus, in: Glaube und Eschatologie. FS W. G. Kümmel, Tübingen 1985, S. 105–121.

65 R. Brown, The Community of the Beloved Disciple, New York-Toronto 1979, S. 45.

66 Vgl. dazu: *L. Cerfeaux*, Christus in der Paulinischen Theologie (franz. Original, Paris 1951), dt.: Düsseldorf 1964, S. 289. Mit guten Gründen hat jüngst der kanadische Theologe *L. W. Hurtado* nachgewiesen, daß diese Stelle ebenfalls mit dem jüdischen Monotheismus gut vereinbar ist. Hurtado interpretiert hier die Erhöhung Christi mit der »Jewish divine agency category«: »Jesus is not simply made a heavenly being . . . he is not portrayed as a another god with a cultus of his own . . . The Christian conception of the exaltation of Christ shows a concern for the uniqueness and supremacy of the one God, just as we found in the Jewish evidence dealing with chief agents« (One God, One Lord, S. 99).

67 *J. D. G. Dunn*, Christology, S. 182.

68 Neuere Kommentare zum *2. Korintherbrief: H. Windisch*, Göttingen 1924 (Neudruck, hrsg. v. G. Strecker: KEK). *H. Lietzmann*, Tübingen 1949, 5. Aufl. 1965 (HbNT). *Ph. E. Hughes*, Edinburgh 1962. *K. H. Schekle*, Düsseldorf 1964 (Geistl. Schriftl.). *K. Prümm* Bd. I, Rom 1967. *R. Bultmann*, Göttingen 1976 (hrsg. v. E. Dinkler: KEK Sonderb.). *V. P. Furnish*, New York 1984 (AB). *H.-J. Klauck*, Würzburg 1986 (NEB). *F. Lang*, Göttingen 1986 (NTD). *R. P. Martin*, Waco/Tx 1986 (WBCom). *R. Pesch*, Drei weitere Briefe an die Gemeinde Gottes in Korinth, Freiburg/Br. 1987.
Neuere Arbeiten: D. Georgi, Die Gegner des Paulus in 2Kor. Studien zur religiösen Propaganda in der Spätantike, Tübingen 1964. *M. Rissi*, Studien zu 2 Kor. Der alte Bund – Der Prediger – Der Tod, Zürich 1969. *N. Baumert*, Täglich Sterben und Auferstehen. Der Literalsinn von 2 Kor 4,12–5,10, München 1973. *M. Theobald*, Die überströmende Gnade. Studien zu einem paulinischen Motivfeld, Würzburg 1982.

69 *H. Köster*, Einführung, S. 561.

70 So hermeneutisch fragwürdig: *K. Prümm*, 2 Kor-Kom. Bd. I, S. 224f.

71 So historisch harmonisierend: *Ph. E. Hughes*, 2 Kor-Kom., S. 132–134.

72 Einfluß des Urmensch-Mythos und ägyptischer und babylonischer Religionen vermutet: *H. Windisch*, 2 Kor-Kom., S. 136f. Ähnlich: *F.-W. Eltester*, Eikon im NT, Berlin 1958, S. 133: »Wenn Paulus in 2 Kor 4,4 Christus als Eikon Gottes bezeichnet, liegt für ihn im Blickpunkt, daß der Christus die Offenbarung und Repräsentation Gottes ist . . . Auf der anderen Seite bleibt deutlich der mythologische Hintergrund sichtbar; die Eikon Gottes ist eine Art himmlisches Wesen, denn der auferstandene Christus trägt diese Bezeichnung.«

73 s. Anm. 70.

74 *K. H. Schelkle*, 2 Kor-Kom., S. 78.

75 *V. P. Furnish*, 2 Kor-Kom., S. 248. Furnish fügt richtig hinzu: »But Paul shows no interest here in how Christ is related to God in his image, or in Christ's cosmological role as God's image (contrast Col 1,15–20). His point is only that those who have not seen the splendor of Christ in the gospel have not seen the splendor of God« (S. 249).

76 *R. P. Martin*, 2 Kor-Kom., S. 79.

77 Zur ganzen Problematik neuerdings die umfassende Studie von *Chr. Dietzfelbinger*, Die Berufung des Paulus als Ursprung seiner Theologie, Neukirchen-Vluyn 1985, S. 49–51.62–64.73–75.

78 Ebd., S. 62.

79 Dies hat gut herausgestellt: *E. Grässer* (s. Anm. 64), S. 193. Zur ganzen Problematik neuerdings: *J. Eckert*, Christus als »Bild Gottes« und die Gottebenbildlichkeit des Menschen in der paulinischen Theologie, in: Vom Urchristentum zu Jesus. FS J. Gnilka, hrsg. v. H. Frankemölle u. K. Kertelge, Freiburg/Br. 1989, S. 337–357, bes. 350–357.

80 *W. Thüsing* ist einer der wenigen Exegeten, der auch im Zusammenhang mit der Präexistenzproblematik die Bedeutung der Pneumatologie herausgestellt hat: K. Rahner–W. Thüsing, Christologie, S. 165; vgl. auch S. 100f.153–155.166f.251.

81 Die Deutungsbreite reicht von *K. Prümm* bis *R. P. Martin* (s. Anm. 68).

82 *H. Windisch*, 2 Kor-Kom., S. 252. Wichtig ist aber, daß Windisch Präexistenz an dieser Stelle nur aufgrund mythischen Hintergrunds der Christologie annimmt: »Die Vorbildlichkeit Jesu ist hier also von dem geschichtlich-menschlichen Niveau in das des Mythus erhoben« (S. 253).

83 *K. H. Schelkle*, 2 Kor-Kom., S. 139.

84 *K. Prümm*, 2 Kor-Kom. Bd. I, S. 513.

85 *H. Lietzmann*, 2 Kor-Kom., S. 134.

86 *F. Lang*, 2 Kor-Kom., S. 319.

87 *V. P. Furnish*, 2 Kor-Kom., S. 417.

88 *R. P. Martin*, 2 Kor-Kom., 263.

89 In diese Richtung, nicht präexistenzchristologisch, sondern von der Adam-Christologie her hat argumentiert: *J. D. G. Dunn*, Christology, S. 121–123.

90 Hinweise dazu bei *H. Windisch*, 2 Kor-Kom., S. 252f.

91 Zum *Philipper-Brief: Umfassender Überblick über die Literatur* bei: *W. Schenk*, Der Philipperbrief in der neueren Forschung (1945–1985), in: ANRW Bd. XXV/4, hrsg. v. W. Haase, Berlin–New York 1987, S. 3280–3381.

Neuere Kommentare: E. Lohmeyer, Göttingen 1931, 14. Aufl. 1974 (KEK). *F. W. Beare*, London 1959, 3. Aufl. 1973 (BNTC). *J. Gnilka*, Freiburg/Br. 1968, 3. Aufl. 1980 (HThK). *J. Ernst*, Regensburg 1974 (RNT). *G. Friedrich*, Göttingen 1976, 3. Aufl. 1985 (NTD). *G. Barth*, Zürich 1979 (ZBK). *W. Schenk*, Stuttgart–Berlin–Köln–Mainz 1984. *W. Egger*, Würzburg 1985 (NEB).

Neuere Arbeiten: P. C. Böttger, Die eschatologische Existenz des Christen. Erwägungen zu Phil 3,20, in: ZNW 60 (1969), S. 244–263. *G. Bornkamm*, Der Philipperbrief als paulinische Briefsammlung, in: ders., Geschichte und Glaube Bd. II (Ges. Aufsätze 4), München 1971, S. 195–205. *R. Jewett*, Conflicting Movements in the Early Church as reflected in Phil., in: Novum Testamentum 12 (1970), S. 362–390. *G. Baumbach*, Die von Paulus bekämpften Irrlehrer, in: K. W. Tröger (Hrsg.), Gnosis und Neues Testament. Studien zur Religionswissenschaft und Theologie, Gütersloh–Berlin 1973, S. 293–310. *N. Walter*, Die Philipper und das Leiden, in: Die Kirche des Anfangs. FS H. Schürmann, Leipzig 1977, S. 417–433. *W. Elliger*, Paulus in Griechenland, Stuttgart 1987, S. 23–77.

Zum *Philemon-Brief: Umfassender Überblick über die Literatur* bei: *W. Schenk*, Der Brief des Paulus an Philemon in der neueren Forschung (1945–1987), in: ANRW Bd. XXV/4, hrsg. v. W. Haase, Berlin–New York 1987, S. 3439–3495.

Neuere Kommentare: G. Friedrich, Göttingen 1965, 3. Aufl. 1985 (NTD). *E. Lohse,* Göttingen 14. Aufl. 1968, 15. Aufl. 1977 (KEK). *J. Ernst,* Regensburg 1974 (RNT). *P. Stuhlmacher,* Zürich–Neukirchen–Vluyn 1975, 2. Aufl. 1981 (EKK). *A. Suhl,* Zürich 1981 (ZBK). *J. Gnilka,* Freiburg/Br. 1982 (HThK). *W. Egger,* Würzburg 1985 (NEB). *Neuere Arbeiten: R. Gayer,* Die Stellung der Sklaven in den paulinischen Gemeinden. Zugleich ein sozialgeschichtlich vergleichender Beitrag zur Wertung der Sklaven in der Antike, Bern 1976. *H.-J. Klauck,* Hausgemeinde und Hauskirche im frühen Christentum, Stuttgart 1981. *F. Laub,* Die Begegnung des frühen Christentums mit der antiken Sklaverei, Stuttgart 1982. *N. R. Petersen,* Rediscovering Paul. Philemon and the Sociology of Paul's Narrative World, Philadelphia 1985.

92 Diese von der Forschung weithin akzeptierte Annahme Lohmeyers hat neuerdings in Frage gestellt: *O. Hofius,* Der Christushymnus, S. 56.

93 Zur Funktion der Paränese in diesem Brief vgl. neuerdings: *J. Heriban,* Retto Phronein e Kenosis. Studio esegetica in Fil 2,1–5.6–11, Rom 1983.

94 *E. Käsemann,* Kritische Analyse, S. 95: »Hier wird nicht ein ethisches Vorbild aufgewiesen. Damit wäre der Raum der alten Welt noch nicht verlassen. Hier wird bezeugt, daß die Welt den Gehorsamen gehört und der Herr ist, damit wir gehorsam würden. Gehorsam werden wir jedoch nicht durch ein Vorbild, sondern durch das Wort, das uns als ihm zugehörig bezeugt.« Neuerdings auch: *H. Weder,* Das Kreuz bei Paulus, S. 209–217.

95 Zum *Römer-Brief*: Umfassender *Überblick über die Literatur* bei: *J. D. G. Dunn,* Paul's Epistle to the Romans: An Analysis of Structure and Argument, in: ANRW Bd. XXV/4, hrsg. v. W. Haase, Berlin–New York 1987, S. 2842–2890.

Neuere Kommentare: E. Käsemann, Tübingen 1973 (HbNT). *H. Schlier,* Freiburg/Br. 1977 (HThK). *K. Wilckens,* Bd. I–III, Zürich-Neukirchen-Vluyn 1978–1982 (EKK). *J. D. G. Dunn,* Bd. I–II, Waco/Tx 1988 (WBCom). *W. Schmithals,* Gütersloh 1988. *P. Stuhlmacher,* Göttingen 1989 (NTD).

Neuere Arbeiten: G. Bornkamm, Der Römerbrief als Testament des Paulus, in: *ders.,* Glaube und Geschichte Bd. II (Ges. Aufsätze 4), München 1971, S. 120–139. *W. G. Kümmel,* Römer 7 und das Bild des Menschen im NT. Zwei Studien, München 1974. *U. Wilckens,* Über Abfassungszweck und Aufbau des Römerbriefs, in: *ders.,* Rechtfertigung als Freiheit, Neukirchen–Vluyn 1974, S. 110–170. *W. Schmithals,* Der Römerbrief als historisches Problem. Gütersloh 1975. *H. Moxnes,* Theology in Conflict. Studies in Paul's Understanding of God in Romans, Leiden 1980. *F. Mussner,* Heil für Alle. Der Grundgedanke des Römerbriefs, in: Kairos 23 (1981), S. 207–214. *H. Räisänen,* Paul and the Law, Tübingen 1983.

96 *E. Schweizer,* Zum religionsgeschichtlichen Hintergrund, S. 95.

97 *E. Käsemann,* An die Römer, S. 207.

98 *W. Schmithals,* Die theologische Anthropologie, S. 94. Neuerdings auch in seinem Röm-Kom., S. 262.

99 *H. Schlier,* Röm-Kom., S. 241.

100 *U. Wilckens,* Röm-Kom. Bd. II, S. 124.

101 Ebd., S. 128.

102 In seinem neuesten Röm-Kom. (1988) hat *J. D. G. Dunn* dies noch einmal herausgestellt und davor gewarnt, diese Stelle präexistenzchristologisch und

inkarnatorisch zu lesen (S. 420f.). Anders *W. Schmithals*, Röm-Kom., S. 51.261–265.

103 *H. Schlier*, Röm-Kom., S. 288.

104 Beide Zitate: *E. Käsemann*, Röm-Kom., S. 247.248.

105 *K. H. Schelkle*, Paulus, S. 177. Vgl. ebenso: *K. Rahner – W. Thüsing*, Christologie, S. 261: »In Rö 9,5 liegt sicher keine Aussage vor, daß Jesus ›Gott‹ sei, sondern eine den bisherigen Gedankengang 9,1–4 abschließende Doxologie auf den Vater« (so auch schon S. 249).

106 *K. H. Schelkle*, Paulus der Lehrer der Väter. Die altkirchliche Auslegung von Rö 1–11, Düsseldorf 1956, 2. Aufl. 1959.

107 *K. H. Schelkle*, Paulus, S. 178.

108 *O. Kuss*, Paulus, S. 360–362.

109 Ebd., S. 362.

110 *A. Grillmeier*, Jesus der Christus im Glauben der Kirche Bd. I, S. 78.

111 *B. van Iersel*, »Sohn Gottes« im NT, S. 190.

112 *R. Brown*, The Community of the Beloved Disciple, New York–Toronto 1979, S. 45f.

113 Gut schreibt *J. Blank*: »Paulus sieht das Menschsein Jesu grundlegend unter soteriologischem Aspekt, nicht in einem rein metaphysischen Sinn und auch nicht rein historisch« (Paulus und Jesus, S. 270). Blank dürfte damit die Mitte getroffen haben zwischen reiner Metaphysik und reiner Historie, die auszusagen Paulus sich in seiner Christologie mühte und die auszusagen auch Aufgabe heutiger Christologie ist.

114 So etwa *K. H. Schelkle*, Paulus, S. 179: »Die Aussage der Präexistenz Christi ist eine Folgerung des Glaubens, der ausgeht vom Ende der neutestamentlichen Christologie.« Ebenso auch *H. Leroy*, Jesus von Nazareth – Sohn Gottes. Zur Verkündigung des Apostels Paulus und der Evangelisten, in: ThQ 154 (1974), S. 232–249: »Die Präexistenzaussagen sind bei Paulus wesentlich eschatologisch bestimmt« (S. 241). Vor allem: *J. Blank*, Paulus und Jesus, S. 266.

115 *K. Rahner–W. Thüsing*, Christologie, S. 248f.

116 Vgl. dazu *H. Windisch*, Die göttliche Weisheit der Juden und die paulinische Christologie, in: Neutestamentliche Studien für G. Heinrici, hrsg. v. A. Deissmann und H. Windisch, Leipzig 1914, S. 220–234.

117 Zur Aussage von Rö 1,3f. neuerdings: *M. Theobald*, »Den Juden zuerst und auch den Heiden«. Die paulinische Auslegung der Glaubensformel Rö 1,3f., in: P.-G. Müller–W. Stenger (Hrsg.), Kontinuität und Einheit. FS F. Mussner, Freiburg/Br. 1981, S. 376–392. *B. van Iersel*, »Sohn Gottes« im NT, S. 185.

118 So vor allem *H. Schlier*, Grundzüge, S. 153. Vgl. auch die bemerkenswert restriktive Behandlung der paulinischen Präexistenzaussagen in diesem Buch, S. 128: »Wir können hier nicht ins einzelne gehen, sondern nur summarisch feststellen: Von den etwa 20 in seinen Briefen – Kol und Eph mit eingerechnet – vermuteten Fragmenten formulierter Überlieferungen wird einmal (Kol 1,15f.) von Christi sogenannter ›Präexistenz‹ allein gesprochen (Paulus nennt sie natürlich nicht so); zweimal wird von dieser Präexistenz Christi im Zusammenhang mit seiner Menschwerdung bzw. mit seinem Menschsein gesprochen (2 Kor 8,9; Phil 2,5ff.). Einmal wird diese Menschwerdung im Zusammenhang mit seiner Erhöhung (Röm 1,3f.) bzw. seinem Kyrios-Sein erwähnt.

Diese Erhöhung selbst, sein Kyriossein, kommt sechsmal zur Sprache (Röm 1,3f.; 8,34; 10,9; 1 Kor 12,3; Eph 4,5; Phil 2,5ff.). Neun Stellen von solchen Traditionen, die er aufgenommen hat, erwähnen Tod und Auferstehung oder Auferweckung Christi, zwei den Tod und die Erhöhung, vier die Auferwekkung Jesu Christi allein. Eine als Überlieferung unsichere Stelle (1 Thess 1, 10) und eine als LOGOS KYRIOU, als ›Wort des Herrn‹, bezeichnete Stelle (1 Thess 4,15f.) haben die Parusie Christi vor Augen. Das ist ein bezeichnender Tatbestand. Er besagt, daß in bezug auf Jesus Christus die paulinische Christologie zentral um Tod und Auferweckung bzw. Erhöhung Jesu Christi kreist.«

119 *E. Schweizer*, Zur Herkunft der Präexistenzvorstellung, S. 69.

120 *H. Weder*, Das Kreuz bei Paulus, S. 232f.

121 s. Hauptteil I: A II/2.

122 s. Hauptteil I: B V/2.

123 s. Hauptteil I: C IV.

124 Zum ganzen Problem zusammenfassend: *U. Mauser*, Gottesbild und Menschwerdung. Eine Untersuchung zur Einheit des Alten und Neuen Testaments, Tübingen 1971.

125 Zu Paulus von *jüdischer Seite* und im *jüdisch-christlichen Dialog* vgl. an neuerer Literatur: *S. Sandmel*, The Genius of Paul. A. Study in History, New York 1958. *H.-J. Schoeps*, Paulus. Die Theologie des Apostels im Lichte der jüdischen Religionsgeschichte, Tübingen 1959. *S. Ben-Chorin*, Paulus. Der Völkerapostel in jüdischer Sicht, München 1970. *E. P. Sanders*, Paul and Palestinian Judaism, Philadelphia 1977. *Paulus – Apostat oder Apostel?* Jüdische und christliche Antworten (mit Beiträgen von M. Barth, J. Bloch, F. Mussner, R. J. Zwi Werblowski), Regensburg 1977. *F. Mussner*, Traktat über die Juden, München 1979. *P. Lapide–P. Stuhlmacher*, Paulus–Rabbi und Apostel. Ein jüdisch-christlicher Dialog, München–Stuttgart 1981. *P. von der Osten-Sacken*, Grundzüge einer Theologie im christlich-jüdischen Gespräch, München 1982. *G. Lüdemann*, Paulus und das Judentum, München 1983. *F.-W. Marquardt*, Die Gegenwart des Auferstandenen bei seinem Volk Israel. Ein dogmatisches Experiment, München 1983.

IV. Der Kontrapunkt in den Evangelien: Warum man von der Präexistenz Christi nicht erzählen konnte

1 Lk 21,20f. Eusebius, Kirchengeschichte III/5,3. Die Pella-Tradition ist freilich historisch ungesichert.

2 Zum Verhältnis *Paulus – Apostelgeschichte* vgl. neuerdings: *P. G. Müller*, Der »Paulinismus« in der Apostelgeschichte. Ein forschungsgeschichtlicher Überblick, in: K. Kertelge (Hrsg.), Paulus in den neutestamentlichen Spätschriften. Zur Paulusrezeption im Neuen Testament, Freiburg/Br. 1981, S. 157–201. *K. Löning*, Paulinismus in der Apostelgeschichte, in: ebd., S. 202–234.

3 Zum *Markus-Evangelium:* Umfassender *Überblick über die Literatur* bei: *P. Pokorny*, Das Markusevangelium. Literarische und theologische Einleitung mit Forschungsbericht, in: ANRW Bd. XXV/3 hrsg. v. W. Haase, Berlin-New York 1985, S. 1969–2035. Ebenso: *R. Pesch (Hrsg.)*, Das Markusevangelium, Darmstadt 1979 (WdF 911).

Neuere Kommentare: E. Schweizer, Göttingen 1973 (NTD). *R. Pesch* Bd. I–II, Freiburg/Br. 1976/77 (HThK). *J. Gnilka,* Bd. I–II, Zürich–Neukirchen/Vluyn 1978/79 (EKK). *W. Schmithals* Bd. I–II, Gütersloh 1979 (ÖTK). *D. Lührmann,* Tübingen 1978 (HbNT). *J. Ernst,* Regensburg 1981 (RNT). *L. Schenke,* Stuttgart–Berlin–Köln–Mainz 1988.
Zur Christologie des Mk-Ev.: J. Schreiber, Die Christologie des Markusevangeliums. Beobachtung zur Theologie und Komposition des zweiten Evangeliums, in: ZThK 58 (1961), S. 154–183. *Ph. Vielhauer,* Erwägungen zur Christologie des Markusevangeliums (1964), in: ders., Aufsätze zum Neuen Testament, München 1965, S. 199–214. *E. Schweizer,* Die theologische Leistung des Markus (1964), in: *ders.,* Beiträge zur Theologie des Neuen Testaments, Zürich 1970, S. 21–42; *ders.,* Zur Christologie im Werden, Göttingen 1982, S. 86–103. *J. Blinzler,* Jesusverkündigung im Markusevangelium, in: Jesus in den Evangelien. Ein Symposium, Stuttgart 1970, S. 71–104. *M. Horstmann,* Studien zur markinischen Christologie, Münster 1969. *N. Perrin,* The Christology of Mark, in: ders., A Modern Pilgrimage in New Testament Christology, Philadelphia 1974, S. 104–121. *D.-A. Koch,* Die Bedeutung der Wundererzählungen für die Christologie des Mk-Ev., Berlin–New York 1975. *C. R. Kazmierski,* Jesus, the Son of God. A Study of the Markan Tradition and its Redaction by the Evangelist, Würzburg 1979. *W. H. Kelber,* Mark's Story of Jesus, Houston/Tx. 1979. *R. Laufen,* Die Doppelüberlieferungen der Logienquelle und des Markusevangeliums, Königstein/Ts-Bonn 1980. *J. D. Kingsbury,* The Christology of Mark's Gospel, Philadelphia 1983. *M. E. Boring,* The Christology of Mark: Hermeneutical Issues for Systematic Theology, in: Semeia 30 (1984), S. 125–153 (Christology and Exegesis: New Approaches). *J. Zmijewski,* Die Sohn-Gottes-Prädikation im Markusevangelium. Zur Folge einer eigenständigen markinischen Titelchristologie, in: Studien zum Neuen Testament und seiner Umwelt Bd. XII, Linz 1987, S. 5–34.

4 Vgl. dazu: *H. C. Kee,* Community of the New Age, Philadelphia 1977. *J. K. Riches,* Die Synoptiker und ihre Gemeinde, in: Die Anfänge des Christentums, S. 160–184.

5 Vgl. dazu: *G. Theissen,* Urchristliche Wundergeschichten, Gütersloh 1974.

6 Vgl. dazu: *W. H. Kelber,* The Oral and the Written Gospel. The Hermeneutics of Speaking and Writing in the Synoptic Tradition. Mark, Paul, and Q, Philadelphia 1983.

7 Vgl. in dieser Studie: Hauptteil I: C I/3; IV/4.

8 Für Bultmann noch: *W. Schmithals,* Mk-Kom. Bd. I, S. 85f. *H. M. Schenke,* Einleitung Bd. II, S. 72. 89f.

9 *M. Hengel,* Sohn Gottes, S. 50–53. Dazu auch die umfassende kritische Studie von *C. R. Holladay,* Theios Aner in Hellenistic-Judaism: A Critique of the Use of this Category in New Testament Christology, Missoula, Mt 1977.

10 *R. Pesch,* Mk.-Kom. Bd. I, S. 279.

11 Ebd., S. 281.

12 Ebd.

13 *J. K. Riches,* Die Synotpiker ..., S. 165.

14 Ebd., S. 166.

15 *G. Sevenster,* Christologie des Urchristentums, in: RGG Bd. I, 3. Aufl. Tübingen 1957, Sp. 1753.

16 *Th. de Kruijf,* Der Sohn des lebendigen Gottes. Ein Beitrag zur Christologie des Mt-Ev., Rom 1962, S. 146.
17 *D. Lührmann,* Mk-Kom., S. 38.
18 Vgl. dazu neuerdings: *H. J. Steichele,* Der leidende Sohn Gottes. Eine Untersuchung eines alttestamentlichen Motivs in der Christologie des Mk-Ev., Regensburg 1980.
19 Vgl. dazu: *W. H. Kelber,* From Passion Narrative to Gospel, in: ders. (Hrsg.), The Passion in Mark. Studies on Mark 14–16, Philadelphia 1976, S. 153–180. Neuerdings auch: *R. Feldmeier,* Die Krisis des Gottessohnes. Die Gethsemaneerzählung als Schlüssel der Markuspassion, Tübingen 1987 (Lit!).
20 Kritisch dazu: *R. Pesch,* Mk-Kom. Bd. II, S. 36–47.
21 *G. Dautzenberg,* »Sohn Gottes« im Evangelium nach Markus, S. 4. Dieses bisher noch unveröffentlichte Manuskript hat mir Prof. Dautzenberg (Universität Gießen) für diese Arbeit überlassen. Ich danke ihm an dieser Stelle ausdrücklich dafür, daß ich aus diesem hochinteressanten Manuskript zitieren darf. Vgl. ebenso: *J. Gnilka,* Mk-Kom. Bd. II, S. 325: »Keine Wesensaussage«.
22 *R. Pesch,* Mk-Kom. Bd. I, S. 62.
23 *G. Dautzenberg,* ebd. Der gleichen Ansicht war bereits *N. Perrin,* The creative Use of the Son of Man Traditions by Mark, in: ders., A Modern Pilgrimage . . ., S. 84–93, bes. S. 85.: »In effect, he uses Son of Man to interpret and give content to the conception of Jesus as Son of God.«
24 *J. Gnilka,* Mk-Kom. Bd. I, S. 18.62.
25 *R. Pesch,* Mk-Kom. Bd. II, S. 43.
26 So noch auf der Linie Bultmanns: *H. Weihnacht,* Die Menschwerdung des Sohnes Gottes im Markusevangelium. Studien zur Christologie des Evangeliums, Tübingen 1972, S. 142.
27 *H.-M. Schenke,* Einleitung Bd. II, S. 72.
28 *E. Schweizer,* Mk-Kom., S. 221.
29 Ebd.
30 Ebd., S. 221f.
31 Ebd., S. 221.
32 *G. Dautzenberg,* ebd., S. 5. Zu einem ähnlichen Ergebnis kommt: *R. Laufen,* Die Doppelüberlieferungen, S. 386f. Das Fazit dieser Arbeit besagt, »daß die Logienquelle und das Markusevangelium nicht nur in ihrer paränetischen, sondern auch in ihrer christologischen Konzeption sich näherstehen, als bisweilen behauptet«.
33 So: *R. Pesch,* Mk-Kom. Bd. I, S. 3–11. *J. Gnilka,* Mk-Kom. Bd. I, S. 32–35.
34 Gegen *F. Hahn,* Christologische Hoheitstitel, S. 318f. Sowie: *J. Gnilka,* Mk-Kom. Bd. II, S. 325.
35 *B. van Iersel,* »Sohn Gottes« im NT, S. 188.
36 *G. Dautzenberg,* ebd., S. 5.
37 Zum *Matthäus-Evangelium:* Umfassender *Überblick über die Literatur* bei: *G. Stanton,* The Origin and Purpose of Matthew's Gospel: Matthean Scholarship from 1945 to 1980, in: ANRW Bd. XXV/3, hrsg. v. W. Haase, Berlin-New York 1985, S. 1889–1951. *J. Lange,* Das Mt-Ev, Darmstadt 1980 (WdF 525).
Neuere Kommentare: W. Grundmann, Berlin 1968 (ThHK). *W. F. Albright–C. S. Mann,* New York 1971 (AB). *E. Schweizer,* Göttingen 1973

(NTD). *F. W. Beare*, Oxford 1981. *U. Luz*, Zürich–Neukirchen/Vluyn, 1985 (EKK). *A. Sand*, Regensburg 1986 (RNT). *J. Gnilka*, Bd. I–II, Freiburg/Br. 1986–1988 (HThK).

Zur *Christologie des Mt-Ev.: H. Geist*, Jesusverkündigung im Mt-Ev., in: Jesus in den Evangelien. Ein Symposium, Stuttgart 1970, S. 105–126. *E. Schweizer*, Christus und Gemeinde im Mt-Ev., in: *ders.*, Matthäus und seine Gemeinde, Stuttgart 1974, S. 9–68. *J. D. Kingsbury*, Matthew. Structure-Christology-Kingdom, London 1975. *M. J. Suggs*, Wisdom, Christology and Law in Matthew's Gospel, Cambridge, Mass. 1970. *R. Pregeant*, Christology beyond Dogma: Matthew's Christ in Process Hermeneutic, Philadelphia 1978. *B. Nolan*, The Royal Son of God: The Christology of Matthew 1–2, Göttingen 1979. *H. Kahlefeld*, Die Gestalt Jesu in den synoptischen Evangelien, Frankfurt/M. 1981. *H. Geist*, Menschensohn und Gemeinde. Eine redaktionskritische Untersuchung zur Menschensohnprädikation im Mt-Ev., Würzburg 1986.

Zum *Lukas-Evangelium:* Umfassender *Überblick über die Literatur* bei: *M. Rese*, Das Lk-Ev. Ein Forschungsbericht, in: ANRW Bd. XXV/3, hrsg. v. W. Haase, Berlin–New York 1985, S. 2258–2328. *G. Braumann (Hrsg.)*, Das Lk-Ev. Die redaktions- und kompositionsgeschichtliche Forschung, Darmstadt 1974.

Neuere Kommentare: W. Grundmann, Berlin 1961, 7. Aufl. 1974 (ThHK). *H. Schürmann*, Freibrug/Br. 1969 (HThK). *J. Ernst*, Regensburg 1977 (RNT). *G. Schneider*, Gütersloh 1977 (ÖTK). *I. H. Marshall*, Exeter 1978. *J. A. Fitzmyer*, Bd. I–II, New York 1980–1985 (AB). *Ch. H. Talbert*, Reading Luke 1982. *E. Schweizer*, Göttingen 1986 (NTD). *F. Bovon*, Bd. I, Zürich-Neukirchen/Vluyn 1989 (EKK).

Zur *Christologie des Lk-Ev.: G. Voss*, Die Christologie der lukanischen Schriften in Grundzügen, Paris-Brügge 1965; *ders.*, Jesusverkündigung im Lk-Ev., in: Jesus in den Evangelien. Ein Symposium, Stuttgart 1970, S. 127–147. *M. Rese*, Alttestamentliche Motive in der Christologie des Lukas, Gütersloh 1969. *F. Schütz*, Der leidende Christus. Die angefochtene Gemeinde und das Christus-Kerygma der lukanischen Schriften, Stuttgart 1969. *E. Franklin*, Christ the Lord. A Study in the Purpose and Theology of Luke-Acts, London 1975. *U. Busse*, Die Wunder des Propheten Jesus. Die Rezeption, Komposition und Interpretation der Wundertradition im Ev. des Lk, Stuttgart 1977. *M. Dörner*, Das Heil Gottes. Studien zur Theologie des lukanischen Doppelwerkes, Köln–Bonn 1978. *J. M. Nützel*, Jesus als Offenbarer Gottes nach den lukanischen Schriften, Würzburg 1980. *J. G. Kelly*, Lucan Christology and the Jewish Christian Dialogue, in: JES 21 (1984), S. 688–708. *G. Schneider*, Lukas, Theologe der Heilsgeschichte. Aufsätze zum lukanischen Doppelwerk, Königstein/Ts-Bonn 1985.

38 *F. Christ*, Jesus Sophia. Die Sophia-Christologie bei den Synoptikern, Zürich 1970,S. 135. Ebenso: *M. J. Suggs*, Wisdom, S. 60. *R. G. Hamerton-Kelly*, Preexistence, S. 32.

39 *M. J. Suggs*, ebd., S. 61.

40 *E. Schweizer*, Mt-Kom., S. 284.

41 *H. Gese*, Die Weisheit, der Menschensohn und die Ursprünge der Christologie..., S. 100. Ähnlich: *M. Hengel*, Jesus als messianischer Lehrer, S. 180–184.

42 Vgl. dazu: *G. Schimanowski,* Weisheit und Messias, S. 112–135.
43 *F. Hahn,* Christologische Hoheitstitel, S. 314.
44 Vgl. dazu auch *W. Pannenberg,* Grundzüge der Christologie, Gütersloh 1964, 4. Aufl. 1972, S. 140–150.
45 *G. Lohfink,* Extreme Theologie oder radikale Erneuerung? Zu einem neuen Buch von Hans Küng, in: Herder Korrespondenz 28 (1974), S. 542.
46 *R. Brown,* The Birth of the Messiah. A Commentary on the Infancy Narratives in Matthew and Luke, New York 1977, S. 141 f. Zur Verbindung von Trinitätslehre und Jungfrauengeburt vgl.: *U. Luz,* Mt-Kom. Bd. I, S. 108–111.
47 Zur Geschichte der antiochenischen Gemeinde vgl.: *J. P. Meier-R. Brown,* Antioch and Rome. New Testament Cradles and Catholic Christianity, New York 1983.
48 Ebd., S. 59.
49 Vgl. dazu besonders: *A. Sand,* Mt-Kom., S. 344–357.
50 So *Th. de Kruijf,* Der Sohn des lebendigen Gottes, S. 146.
51 *B. van Iersel,* »Sohn Gottes« im NT, S. 186. Bereits vorher: *ders.,* »Der Sohn« in den synoptischen Jesusworten, Leiden 1961, 2. Aufl. 1964.
52 *H. Conzelmann,* Die Mitte der Zeit. Studien zur Theologie des Lukas, Tübingen 1954, 5. Aufl. 1964.
53 *G. Schneider,* Lk-Kom., S. 97.
54 *J. A. Fitzmyer,* Lk-Kom., Bd. I, S. 197.
55 *R. Brown,* The Birth of the Messiah, S. 141.
56 Dies hat besonders betont: *H. Schürmann,* Lk-Kom., S. 188. Zum christologischen Problem der Synoptiker neuerdings: *R. Grant,* Gods and the One God, Philadelphia 1986, S. 125: Lukas »certainly accepted a view of Jesus as essentially human and said nothing about his pre-existence.«
57 Daß die lukanische Christologie (Evangelium und Apostelgeschichte) einen ausgesprochen »subordinatianischen« Grundzug hat, haben vor allem betont: *U. Wilckens,* Die Missionsreden der Apostelgeschichte. Form- und redaktionsgeschichtliche Untersuchung, Neukirchen–Vluyn 3. Aufl. 1974, S. 163. Ebenso: *H. Conzelmann,* Die Mitte der Zeit, S. 161–172.
58 *E. Schweizer,* Lk-Kom., S. 253.
59 Ebd., S. 255.
60 *J. A. Fitzmyer,* Lk-Kom., S. 207. Ebenso *G. Schneider:* »Jesus ist von seiner Geburt an der Heilige und der Sohn Gottes. Wenn diese Qualifikation mit dem Wirken des Gottesgeistes begründet wird, liegt doch noch keine Wesenschristologie vor, die von einer physischen Gottessohnschaft spräche. Der ›Heilige‹ ist gänzlich für den Dienst Gottes ausgesondert und erwählt. Der ›Sohn Gottes‹ ist dem Vater grundsätzlich untergeordnet« (Lukas, Theologe der Heilsgeschichte, S. 96).
61 *H. Conzelmann,* Der geschichtliche Ort der lukanischen Schriften im Urchristentum, in: *G. Braumann (Hrsg.),* Das Lk-Ev. Die redaktions- und kompositionsgeschichtliche Forschung, Darmstadt 1974, S. 236–260, Zit. S. 258 f.
62 *U. Luz,* Mt-Kom. Bd. I, S. 73.
63 *E. Schweizer,* Lk-Kom., S. 4.
64 *H. Schürmann,* Lk-Kom., S. 3.
65 *Ch. H. Talbert,* Die antidoketische Frontstellung in der lukanischen Christologie (1968), in: *G. Braumann (Hrsg.),* Das Lk-Ev. Die redaktions- und kompositionsgeschichtliche Forschung, Darmstadt 1974, S. 354–377.

66 Ebd., S. 367.
67 *H. Schürmann,* Lk-Kom., S. 263. Vgl. auch: *G. Lohfink,* Himmelfahrt Jesu. Untersuchung zu den Himmelfahrts- und Erhöhungstexten, München 1971, S. 262–272.
68 Auf der Linie Bultmanns noch: *E. Käsemann,* Neutestamentliche Fragen von heute (1957), in: ders., Exegetische Versuche und Besinnungen Bd. II, Göttingen 1964, S. 11–31, bes. S. 29f.
69 *H. Köster–J. M. Robinson,* Entwicklungslinien durch die Welt des frühen Christentums, Tübingen 1971, S. 107–134. Zustimmend: *H.-M. Schenke,* Einleitung Bd. II, S. 27f.71f.98f.
70 *B. Blatz,* Das koptische Thomasevangelium, in: *W. Schneemelcher (Hrsg.),* Neutestamentliche Apokryphen in deutscher Übersetzung Bd. I (Evangelien), Tübingen 1987, S. 93–113.
71 Ebd. S. 96.
72 *Ph. Vielhauer,* Die Geschichte der urchristlichen Literatur, S. 634.
73 *H. Köster–J. M. Robinson,* Entwicklungslinien, S. 207.
74 Konstruktiv dazu: *J. P. Meier–R. Brown,* Antioch and Rome, S. 62.
75 *K. Rudolph,* Die Gnosis, S. 162–184, Zit. S. 165.

V. Er ist vor aller Schöpfung: Warum man die Präexistenz Christi bekennen mußte

1 *Zum Kolosser-Brief:* Umfassender *Überblick über die Literatur* bei: *W. Schenk,* Der Kolosserbrief in der neueren Forschung (1945–1985), in: ANRW Bd. XXV/4, hrsg. v. W. Haase, Berlin–New York 1987, S. 3327–3364.
Neuere Kommentare: H. Conzelmann, Göttingen 1962 (NTD). *E. Lohse,* Göttingen 1968 (EKK). *J. Ernst,* Regensburg 1974 (RNT). *E. Schweizer,* Zürich-Neukirchen/Vluyn 1976 (EKK). *G. B. Caird,* Oxford 1976 (NCB). *J. Gnilka,* Freiburg/Br. 1980 (HThK). *A. Lindemann,* Zürich 1983 (ZBK). *P. Pokorny,* Berlin 1987 (ThHK).
Zur Christologie des Kol.: W. Barcley, The All-Sufficient Christ. Studies in Paul's Letter to Colossians, London 1963. *E. Lohse,* Christologie und Ethik im Kol., Berlin 1964, S. 156–168. *F. J. Steinmetz,* Protologische Heilszuversicht. Die Strukturen des soteriologischen und christologischen Denkens im Kolosser- und Epheserbrief, Frankfurt 1969. *A. Vögtle,* Das Neue Testament und die Zukunft des Kosmos, Düsseldorf 1970. *J. B. Gibbs,* Creation and Redemption. A Study in Pauline Theology, Leiden 1971. *F. Zeilinger,* Der Erstgeborene der Schöpfung. Untersuchungen zur Formalstruktur und Theologie des Kol., Wien 1974. *Ch. Burger,* Schöpfung und Versöhnung. Studien zum liturgischen Gut im Kolosser- und Epheserbrief, Neukirchen/Vluyn 1975. *F. O. Francis,* The Christological Argument of Colossians, in: J. Jervell–W. A. Meeks (Hrsg.), God's Christ and his People. FS N. Dahl, Oslo 1977, S. 192–207. *J. C. O'Neill,* The Source of Christology in Colossians, in: NTS 26 (1979/80), S. 87–100. *W. Schenk,* Christus, das Geheimnis der Welt als dogmatisches und ethisches Grundprinzip des Kol., in: Evangelische Theologie 43 (1983), S. 138–155. *H. E. Lona,* Die Eschatologie im Kol und Eph., Würzburg 1984. *P. Müller,* Die Anfänge der Paulusschule. Dargestellt am 2 Thess und Kol., Zürich 1988.

2 *L. Schottroff,* Der Christushymnus im Kol. Bibelarbeit zu Kol 1,15–23, in: D. Sölle–L. Schottroff, Die Erde gehört Gott. Texte zur Bibelarbeit von Frauen, Hamburg 1985, S. 131, Zit. S. 120.

3 *H. Schelkle,* Paulus, S. 132. Zum Konflikt in der Gemeinde vgl.: *F. O. Francis-W. A. Meeks (Hrsg).,* Conflict at Colossae: A Problem in the interpretation of Early Christianity, Missoula, Mt. 1973.

4 *H. Conzelmann–A. Lindemann,* Arbeitsbuch zum Neuen Testament, Tübingen 7. Aufl. 1983, S. 236.

5 *K. Rudolph,* Die Gnosis, S. 321. Zum religionsgeschichtlichen Hintergrund und zur Auseinandersetzung im Kol.: *J. Lähnemann,* Der Kol. Komposition, Situation und Argumentation, Gütersloh 1971.

6 *G. Iber (Hrsg.),* Neues Testament. Einführungen, Texte, Kommentare. Mit einer Einführung von G. Bornkamm, München 1972, 3. Aufl. 1984, S. 332.

7 *E. Schweizer,* Versöhnung des Alls. Kol 1,20 (1975), in: ders., Neues Testament und Christologie im Werden, Göttingen 1982, S. 164–178, Zit. S. 176.

8 Neuere Literatur speziell zum *Hymnus des Kol.: A. Hockel,* Christus der Erstgeborene. Zur Geschichte der Exegese von Kol 1,15, Düsseldorf 1965. *H. J. Gabathuler,* Jesus Christus – Haupt der Kirche – Haupt der Welt. Der Christushymnus Kol 1,15–20 in der theologischen Forschung der letzten 130 Jahre, Zürich 1965. *N. Kehl,* Der Christushymnus im Kol. Eine motivgeschichtliche Untersuchung zu Kol 1,12–20, Stuttgart 1967. *R. Schnackenburg,* Die Aufnahme des Christushymnus durch den Verfasser des Kol., in: EKK-Vorarbeiten Bd. I, Zürich–Neukirchen/Vluyn 1969, S. 33–50. *E. Schweizer,* Kol 1,15–20, in: EKK-Vorarbeiten Bd. I, Zürich–Neukirchen/Vluyn 1969, S. 7–31, auch abgedruckt in: ders., Beiträge zur Theologie des Neues Testaments, Zürich 1970, S. 113–145. *W. Pöhlmann,* Die hymnischen All-Prädikationen in Kol 1,15–20, in: ZNW 64 (1973), S. 53–74. *P. Benoit,* L'hymne christologique de Col 1,15–20, in: Christianity, Judaism and other Greco-Roman Cults Bd. I, FS M. Smith, Leiden 1975, S. 226–263.

9 *Zur Rezeption der paulinischen Theologie im Kol.: J. Gnilka,* Das Paulusbild im Kolosser- und Epheserbrief, in: P.-G. Müller–W. Stenger (Hrsg.), Kontinuität und Einheit. FS Mussner, Freiburg/Br. 1981, S. 179–193. *H. Merklein,* Die Rezeption paulinischer Theologie im Kolosser- und Epheserbrief, in: K. Kertelge (Hrsg.), Paulus in den Neutestamentlichen Spätschriften. Zur Paulusrezeption im Neuen Testament, Freiburg/Br. 1981, S. 25–69.

10 Vgl. dazu auch: *K.-H. Schelkle,* Paulus, S. 129. *E. Schweizer,* Kol-Kom., S. 217–220.

11 So *J. Gnilka,* Kol-Kom., S. 62.

12 *F. Zeilinger,* Der Erstgeborene der Schöpfung, S. 188. Konsequent eschatologisch hat auch *P. Pokorny* in einem der neuesten Kol-Kom. (1987) die 1. Strophe des Hymnus interpretiert. Auch er will – im Gegensatz zur trad. Struktur der Katechese – »die erste Strophe auf die eschatologische Neuschöpfung« beziehen (S. 59). Hinsichtlich Präexistenz in Kol 1 überhaupt zurückhaltend ist: *R. Brown,* The Community, S. 46: »The Colossian passage speaks of God's Son as the ›first-born of all creation‹. The parallel designation in Col 1,18 the ›firstborn of the dead‹, means that Jesus was the first to be raised from the dead. It is possible that Col 1,15 means that Jesus was the first one to be created, so that there ist nothing in the Pauline Corpus to match Joh 1,1–2 on the pre-existence of the divine word before all creation.«

13 So schon *E. Käsemann,* Eine urchristliche Taufliturgie (1949), in: *ders.,* Exegetische Versuche und Besinnungen Bd. I, Göttingen 1964, S. 34–51.

14 Vgl. dazu besonders die Arbeit von: *N. Kehl,* Der Christushymnus, S. 72–76.

15 So *E. Schweizer,* Kol-Kom., S. 61.

16 *J. P. Gibbs,* Creation and Redemption, S. 102. So auch neuerdings: *P. Pokorny,* Kol-Kom., S. 63.

17 Vgl. dazu besonders: *J. Gnilka,* Kol-Kom., S. 61.

18 *E. Schweizer,* Kol-Kom., S. 58.

19 *E. Lohmeyer,* Die Briefe an die Philipper, Kolosser und an Philemon, Göttingen 1930, S. 55.

20 *W. D. Davies,* Paul and Rabbinic Judaism. Some Rabbinic Elements in Pauline Theology, Philadelphia 1948, 4. Aufl. 1980, S. 162.

21 *A. Hockel,* Christus der Erstgeborene, S. 21–23.126–130.

22 Ebd., S. 129.

23 Ebd.

24 Ebd., S. 129f.

25 So mit Recht: *J. Gnilka,* Kol-Kom., S. 63. Zur theologiegeschichtlichen Bedeutung des Kol-Hymnus: *J. Gnilka,* Kol-Kom., S. 77–87. *E. Schweizer,* Kol-Kom., S. 183–214. Völlig zu Recht hat *J. Gnilka* ebenso darauf hingewiesen: »Man darf einen frühen christologischen Text nicht vom Standpunkt des Konzils von Chalcedon aus beurteilen ... der Gottesname für Christus wird bewußt vermieden, weil Christus gerade auch in der Erlösungsordnung Gott repräsentiert. Wenn man demnach fragt, zu welchem Zeitpunkt das so zu bestimmende Pleroma in Christus Wohnung nahm, so kann dies nach dem Vorausgegangenen nur die Auferstehung sein. Dies läßt sich nur dann recht verstehen, wenn man die soteriologische Dimension der christologischen Aussage berücksichtigt. Die Christologie ist auch hier noch primär eine funktionale, wenngleich eine Wesensaussage durchschimmert« (Kol-Kom., S. 73f.).

26 Mit Recht hat *J. G. Gibbs* darauf hingewiesen, daß in diesem Text nur grundsätzlich das »Voraus« vor aller Schöpfung betont wird, nicht aber, um »zeitliche Priorität« anzudeuten, sondern die Souveränität über die Schöpfung« (S. 103). Gut kommentiert auch *E. Schweizer*: »Gilt also, daß die Welt in ihrer Vergangenheit, von der sie herkommt, in ihrer Gegenwart, in der sie jetzt existiert, und in ihrem Ziel, auf das sie hinläuft, nur aus Gottes guter Zuwendung leben kann, so gilt auch, daß diese Zuwendung den Namen Jesus Christus trägt« (S. 62).

27 *E. Schweizer,* Kol-Kom., S. 60.

28 *E. Schweizer,* Jesus Christus in vielfältigen Zeugnissen des Neuen Testaments, S. 89.

29 *L. Schottroff,* Aut Caesar aut Christus. Caesar oder Christus in Kolossae, in: D. Sölle–L. Schottroff, Die Erde gehört Gott, S. 128.

30 So *J. Gnilka,* Kol-Kom., S. 75. Eine überzeugende politische Interpretation des Kol-Hymnus auch bei: *G. Baudler,* Wahrer Gott als wahrer Mensch. Entwürfe zu einer narrativen Christologie, München 1977, S. 188–224.

31 Die Konfliktgeschichte und ihr Preis im Zusammenhang mit den antiarianischen Kämpfen ist gut skizziert bei: *H. Häring,* Über den Widerstreit von Wahrheit und Macht: Athanasius gegen die Welt, in: H. Häring–K.-J. Kuschel (Hrsg.), Gegenentwürfe. 24 Lebensläufe für eine andere Theologie, München 1988, S. 37–52.

32 *E. Schweizer*, Kol-Kom., S. 72f.

VI. Oszillationen: Vorausbestimmungen und Vorausexistenz in den neutestamentlichen Spätschriften

1 *H. Merklein*, Paulinische Theologie in der Rezeption des Kolosser- und Epheserbriefes, bes. S. 25f.
Zum *Epheser-Brief:* Umfassender *Überblick über die Literatur* bei: *H. Merkel*, Der Eph. in der neueren exegetischen Diskussion, in: ANRW Bd. XXV/4, hrsg. v. W. Haase, Berlin–New York 1987, S. 3156–3246.
Neuere Kommentare: H. Schlier, Düsseldorf 1957, 3. Aufl. 1971. *H. Conzelmann*, Göttingen 1965 (NTD). *J. Ernst*, Regensburg 1974 (RNT). *M. Barth*, New York 1974 (AB). *J. Gnilka*, Freiburg/Br. 1977 (HThK). *F. Mussner*, Gütersloh 1982 (ÖTK). *R. Schnackenburg*, Zürich–Neukirchen/Vluyn 1982 (EKK).
Zur Christologie: F. Mussner, Christus, das All und die Kirche. Studien zur Theologie des Eph., Tier 1955. *P. Benoit*, Leib, Haupt und Pleroma in den Gefangenschaftsbriefen, in: *ders.*, Exegese und Theologie. Gesammelte Aufsätze, Düsseldorf 1965, S. 246–279. *F. J. Steinmetz*, Protologische Heilszuversicht. Die Strukturen des soteriologischen und christologischen Denkens im Kol. und Eph., Frankfurt/M. 1969. *H. Merklein*, Christus und die Kirche. Die theologische Grundstruktur des Eph., Stuttgart 1973. *R. Boules*, L'insondable richesse du Christ. Etude des thèmes de l'Epitre aux Ephésiens, Paris 1971. *C. C. Caragounis*, The Ephesian Mysterion. Meaning and Content, Lund 1977.

2 Vgl. in dieser Studie Hauptteil I: B V/2: Der Erwählende und der Erwählte: Präexistenz und Prädestination.

3 *H. Schlier*, Eph-Kom., S. 49.

4 *G. Iber (Hrsg.)*, Neues Testament. Einführungen, Texte, Kommentare. Mit einer Einführung von G. Bornkamm, München 1972, 3. Aufl. 1984, S. 338.

5 Der Verfasser weiß sich nicht nur in der jüdischen Tradition formal wie inhaltlich geschickt zu bewegen (Schriftzitate, Schriftauswertung). Seine Konzeptionen weisen darüber hinaus Berührungen mit dem Denken Philos auf (Pleroma, Haupt und Leib, Makro-Anthropos), seine Paränese zeigt Einflüsse griechisch-stoischer Ethik, sein universales Weltbild, seine kosmische Christologie generell Berührungen mit gnostischem Denken, ohne aber der Gnosis zu erliegen. Vgl. dazu *R. Schnackenburg*, Eph-Kom., S. 30–34. *J. Gnilka*, Eph-Kom., S. 33–45.

6 *K.-H. Schelkle*, Paulus, S. 138. Zur Ekklesiologie des Eph. neuerdings: *H. Merklein*, Das kirchliche Amt nach dem Eph., München 1973. *R. P. Meyer*, Kirche und Mission im Eph., Stuttgart 1977.

7 *H. Merklein*, Paulinische Theologie ..., S. 60.

8 *R. Schnackenburg*, Eph-Kom., S. 53.

9 So vor allem: *A. Lindemann*, Die Aufhebung der Zeit. Geschichtsverständnis und Eschatologie im Eph., Gütersloh 1975. Neuerdings: *H. Lona*, Die Eschatologie im Kol und Eph., Würzburg 1984.

10 So *H. Köster*, Einführung, S. 707.

11 *H. Merklein*, Paulinische Theologie ..., S. 60.

12 Ebd., S. 56f.

13 *R. Schnackenburg* geht zwar in seinem Kommentar (1982) davon aus, daß es die Präexistenzchristologie von Kolosser 1 war, die den Verfasser des Epheser-Briefes zu einer Ausdehnung des Christusbereiches »bis in die Vorweltlichkeit« gezwungen habe. Aber: Im Unterschied zu Kolosser 1 sei dieser Verfasser »nicht unmittelbar und vordringlich an dieser Christologie interessiert.« Er mache sie »seinem ekklesiologischen Anliegen dienstbar«. Die Gläubigen würden hier als die Glieder des Leibes Christi verstanden, der Leib Christi aber – wie schon im Kolosser-Brief – als Kirche. So würden die Gläubigen über die Kolosser-Christologie »in die umfassende Heilsplanung und -verwirklichung Gottes einbezogen.« Und in Abgrenzung gegen Schlier betont Schnackenburg: »Den Gläubigen wird keine real-personale Präexistenz, auch keine himmlische Entrücktheit in ihrer irdischen Existenz zugesprochen, sondern nur eine himmlische Anwesenheit ›in Christus‹ (vgl. 2,6), die aber das Leben auf Erden mit seinen irdischen Implikationen und Verpflichtungen nicht aufhebt« (S. 49f.).

14 *K. M. Fischer,* Tendenz und Absicht des Eph., Göttingen 1973. Auch *F. Mussner* weist darauf hin, daß hinter einer Passage wie 2,11–22 ein »heidnisch-jüdischer Antagonismus« stehe, der im Zusammenhang des jüdisch-römischen Krieges von 66–70 n. Chr. erneut aufgebrochen sein könnte (Eph-Kom., S. 35). Zum ganzen Problem ebenso: *P. Stuhlmacher,* »Er ist unser Friede« (Eph 2,14). Zur Exegese und Bedeutung von Eph 2,14–18, in: NT und Kirche. FS Schnackenburg, Freiburg/Br. 1974, S. 337–358.

15 *J. D. G. Dunn,* Christology, S. 235.

16 Gut herausgestellt hat *F. Mussner* das spezifisch Christliche der Eulogie gegenüber dem jüdischen Prädestinationsglauben. Entscheidend sei die Tatsache, daß die Erwählung der Christen in der Epheser-Eulogie *vor* der Weltschöpfung erwähnt werde, was im Klartext heiße: Die Aktion Gottes in Christus hat »den Vorrang vor der Schöpfung. Mit anderen Worten: Die Schöpfung ist von vorneherein auf ein eschatologisches Ziel hin gerichtet, das von Christus unablösbar ist. Das eigentliche Ziel der Schöpfung und der Menschheit ist das Heil in Christus. Der Schöpfungsplan steht im Dienst des Heilsplans. Vielleicht ist der Verfasser zu diesem Gedanken wieder durch die jüdische Idee inspiriert: ›Israel ist der Beginn der Schöpfung; denn Gott schuf die Welt um seines Volkes willen‹« (Eph-Kom., S. 44f.).

17 *M. Barth,* Eph-Kom., S. 110.

18 Vgl. dazu nochmals *M. Barth,* Eph-Kom., S. 110.

19 Zum *Hebräer-Brief:* Umfassender *Überblick über die Literatur* bei: *H. Feld,* Der Hebr., Darmstadt 1985 (EdF 228); *ders.,* Der Hebr. Literarische Form, religionsgeschichtlicher Hintergrund, theologische Fragen, in: ANRW Bd. XXV/4, hrsg. v. W. Haase, Berlin–New York 1987, S. 3522–3601.
Neuere Kommentare: O. Michel, Göttingen 1936, 12. Aufl. 1966 (KEK). *O. Kuss,* Regensburg 1953, 2. Aufl. 1966 (RNT). *H. Montefiore,* London 1964 (BNTC). *A. M. Stibbs,* London 1970 (NBC). *G. W. Buchanan,* New York 1972 (AB). *A. Strobel,* Göttingen 1975 (NTD). *R. Jewett,* Letter to the Pilgrims, New York 1981. *H. Braun,* Tübingen 1984 (HbNT). *H. Hegerman,* Berlin 1988 (ThHK).
Zur Christologie: F. Büchsel, Die Christologie des Hebräerbriefes, Gütersloh 1922. *G. Bornkamm,* Das Bekenntnis im Hebr., in: *ders.,* Studien zu Antike

und Urchristentum, München 1959, S. 188–203. *H. Zimmermann,* Die Hohepriester-Christologie des Hebr., Paderborn 1964. *P.-G. Müller,* Christus Archegos. Der religionsgeschichtliche und theologische Hintergrund einer neutestamentlichen Christusprädikation, Bern–Frankfurt/M. 1973. *E. Grässer,* Zur Christologie des Hebr. Eine Auseinandersetzung mit H. Braun, in: H.-D. Betz–L. Schottroff (Hrsg.), Neues Testament und christliche Existenz. FS H. Braun, Tübingen 1973, S. 195–206. *A. Stadelmann,* Zur Christologie des Hebr. in der neueren Diskussion, in: Theologischer Bericht Bd. II, Zürich 1973, S. 135–221. *J. Roloff,* Der mitleidende Hohepriester. Zur Frage nach der Bedeutung des irdischen Jesus für die Christologie des Hebr., in: G. Strecker (Hrsg.), Jesus Christus in Historie und Theologie. FS H. Conzelmann, Tübingen 1975, S. 143–166. *F. Laub,* Bekenntnis und Auslegung. Die paränetische Funktion der Christologie im Hebr., Regensburg 1980; *ders.,* »Schaut auf Jesus« (Hebr 3,1). Die Bedeutung des irdischen Jesus für den Glauben nach dem Hebr., in: Vom Urchristentum zu Jesus. FS J. Gnilka, hrsg. v. H. Frankemölle u. K. Kertelge, Freiburg/Br. 1989, S. 417–432. *W. R. G. Loader,* Sohn und Hoherpriester. Eine traditionsgeschichtliche Untersuchung zur Christologie des Hebr., Neukirchen–Vluyn 1981. *M. Rissi,* Die Theologie des Hebr., Tübingen 1987, S. 45–91.

20 Zum religionsgeschichtlichen und literaturgeschichtlichen Hintergrund vgl.: *H. Feld,* Der Hebr. (1985), S. 29–51.

21 So *A. Stadelmann,* Zur Christologie, S. 147.

22 Dazu vor allem *A. Strobel,* Hebr-Kom., S. 85 (»lebhafte Naherwartung«).

23 *M. Rissi,* Die Theologie des Hebr., S. 58.

24 Dazu grundsätzlich: *E. Grässer,* Exegese nach Auschwitz? Kritische Anmerkungen zur hermeneutischen Bedeutung des Holocaust am Beispiel von Hebr. 11, in: Kerygma und Dogma 27 (1981), S. 152–163.

25 Zum *Hymnus* speziell an neuerer Literatur: *E. Grässer,* Hebr. 1,1–4. Ein exegetischer Versuch, in: EKK-Vorarbeiten Bd. III, Zürich 1971, S. 55–91. *O. Hofius,* Der Skopus des Christushymnus und der Hebr., in: ders., Der Christushymnus Phil 2,6–11, Tübingen 1976, S. 75–102. *J. W. Thompson,* The Structure and Purpose of the Catena in Hebr. 1,5–13, in: CBQ 38 (1976), S. 352–363.

26 Vgl. bes. *O. Hofius,* Der Skopus . . ., S. 81–88, der einen jüdischen Hymnus als Vorlage vermutet und der als geistigen Hintergrund des Hebr. überdies jüdische Märkabhah-Esoterik annimmt.

27 *H. Feld,* Der Hebr. (1985), S. 66. Ebenso: *A. Stadelmann,* Zur Christologie, S. 165f.

28 Vgl. dazu *H. Feld,* Der Hebr. (1985), S. 70–76 (»Der irdische Jesus«); S. 76–82 (»Der Hohepriester«).

29 Vgl. dazu vor allem *H. Braun,* Der Sinn der neutestamentlichen Christologie (1957), in: ders., Gesammelte Studien zum NT und seiner Umwelt, Tübingen 1962, S. 243–282.

30 Vgl. Anm. 19. Überdies: *H. Braun,* Die Gewinnung der Gewißheit in dem Hebr., in: Theologische Literaturzeitung 96 (1971), S. 321–330. Dagegen *E. Grässer* (s. Anm. 19).

31 *H. Braun,* Hebr.-Kom., S. 25.

32 Ebd., S. 32.

33 Ebd., S. 33.

34 *O. Hofius,* Katapausis. Die Vorstellung vom endzeitlichen Ruheort im Hebr., Tübingen 1970; *ders.,* Der Vorhang vor dem Thron Gottes. Eine exegetisch-religionsgeschichtliche Untersuchung zu Hebr. 6,19f. und 10,19f., Tübingen 1972.

35 *O. Hofius,* Der Skopus ..., S. 80.

36 Genannt seien die Arbeiten von *E. Grässer, W. R. G. Loader, M. Rissi* (Anm. 19) sowie *J. D. G. Dunn,* Christology, S. 206–209. Neuestens auch *H. Hegermann,* Hebr.-Kom., S. 39: »Demnach ist das Thema der Überbietung der Engel primär soteriologisch relevant. Demgemäß argumentiert der Verfasser in 1,4 nicht mit der kosmischen Stellung des Schöpfungsmittlers über allen denkbaren Mächten des Alls, sondern mit seiner erst im Endgeschehen erlangten Hoheit. Der Autor kommt dann auch auf den Gegenstand der Schöpfungsmittler-Christologie nur noch einmal anläßlich einer christologischen Prädikation ausdrücklich zurück (1,10–12). Dies ist nicht zufällig; die Präexistenz-Christologie stellt eine Entfaltung der grundlegend bleibenden österlichen Erhöhungschristologie dar. Sie ist eine durch eine besondere theologiegeschichtliche Situation herausgeforderte Weise, das Bekenntnis zu ›Gott in Jesus‹ auszusagen. Ganz unbefangen ist von einem Werden und Gewordensein des Sohnes die Rede.«

37 *E. Grässer,* Hebr. 1,1–4 ..., S. 80.

38 So *O. Kuss,* Hebr.-Kom., S. 28–31.

39 So *H. Strathmann,* Hebr-Kom., Göttingen 1935, S. 77.

40 So *E. Käsemann,* Das wandernde Gottesvolk. Eine Untersuchung zum Hebr., Göttingen 1961, S. 58f.

41 *E. Grässer,* Hebr. 1,1–4 ...,S. 82.

42 *M. Rissi,* Die Theologie des Hebr., S. 46.

43 So *M. Hengel,* Die christologischen Hoheitstitel im Urchristentum. Der gekreuzigte Gottessohn, in: H. v. Stietencron (Hrsg.), Der Name Gottes, Düsseldorf 1975, S. 90–111, bes. S. 102; *ders.,* Der Sohn im Hebr. Der Gekreuzigte und Erhöhte, in: ders., Der Sohn Gottes, S. 131–136.

44 *M. Rissi,* Die Theologie des Hebr., S. 47.

45 So überzeugend: *W. R. G. Loader,* Sohn und Hoherpriester, S. 251.

46 Vgl. dazu die Literatur bei: *H. Feld,* Der Hebr. (1985), S. 60–62.

47 *Ph. Vielhauer,* Geschichte der urchristlichen Literatur, S. 243.

48 Das hat besonders herausgestellt: *M. Hengel,* Der Sohn im Hebr., S. 135: »Es ist eigenartig, daß gerade dort, wo die Gottessohnschaft und Präexistenz des Sohnes besonders hervorgehoben werden, zugleich auch die Schmach seiner Passion im Mittelpunkt steht. Dies gilt für Paulus, den Verfasser des Hebräerbriefes und – in abgewandelter Form – für den zweiten (Mk 15,39) und den vierten Evangelisten (Joh 19,5). Die ›Doxa‹ des Gottessohnes läßt sich von der Schande seines Kreuzes nicht trennen.«

49 So *J. Jeremias,* Abba, S. 326.

50 *M. Rissi,* Die Theologie des Hebr., S. 59f. Neuerdings auch: *F. Laub,* »Schaut auf Jesus«, bes. S. 426.

51 Vgl. in dieser Studie Hauptteil I: A II/2: Was Harnack bejahte.

52 Zum *1. Petrus-Brief:* Umfassender *Überblick über die neuere Literatur* bei: *D. Sylva,* A 1 Peter Bibliography, in: Journal of the Evangelical Theological Society 25 (1982), S. 75–89.
Neuere Kommentare: E. Schweizer, Zürich 1949, 3. Auf. 1972 (ZBK).

K. H. Schelkle, Freiburg/Br. 1961, 2. Aufl. 1964 (HThK). *B. Reicke*, New York 1964 (AB). *F. W. Beare*, Oxford, 3. Aufl. 1970 (NCB). *W. Schrage*, Göttingen 1973 (NTD). *L. Goppelt*, Göttingen 1978 (KEK). *N. Brox*, Zürich–Neukirchen/Vluyn 1979 (EKK). *H. Frankemölle*, Würzburg 1987 (NEB).
Neuere Arbeiten: C. H. Hunzinger, Babylon als Deckname für Rom und die Datierung des 1 Petr., in: Wort Gottes und Gottes Land. FS H.-W. Hertzberg, Göttingen 1965, S. 66–77; *ders.*, Zur Struktur der Christus-Hymnen in Phil 2 und 1 Petr 3, in: E. Lohse u. a. (Hrsg.), Der Ruf Jesu und die Antwort der Gemeinde. FS J. Jeremias, Göttingen 1970, S. 142–156. *H. Manke*, Leiden und Herrlichkeit. Eine Studie zur Christologie des 1. Petrusbriefs, Münster 1975. *H. Millauer*, Leiden als Gnade. Eine traditionsgeschichtliche Untersuchung zur Leidenstheologie des 1. Petrusbriefes, Bern–Frankfurt 1976. *P. E. Davies*, Primitive Christology in 1 Peter, in: E. H. Barth (Hrsg.), FS F. W. Gingrich, Leiden 1972, S. 115–122. *G. Delling*, Der Bezug der christlichen Existenz auf das Heilshandeln Gottes nach dem 1. Petrusbrief, in: H.-D. Betz – L. Schottroff (Hrsg.), Neues Testament und christliche Existenz. FS H. Braun, Tübingen 1973, S. 95–113. *J. H. Elliott*, A Home for the Homeless. A Sociological Exegese of 1 Peter, Its Situation an Strategy, Philadelphia 1981.

53 *N. Brox*, 1 Petr-Kom., S. 16.

54 *L. Goppelt*, 1 Petr-Kom., S. 125.126. Goppelt weist mit Recht darauf hin, daß die Formel 1 Petr 1,20 bei den Apostolischen Vätern bereits präexistenzchristologisch interpretiert wurde. Diese Interpretation hat sich bis in Kommentare des 20. Jahrhunderts gehalten: *K.-H. Schelkle*, 1 Petr-Kom., S. 50. Unklar an dieser Stelle auch noch *N. Brox:* »Innerhalb der weiterlaufenden Satzperiode (Anschluß durch Partizipialkonstruktion) wird das Thema Erlösung verlassen und christologisch mit der ewigen Bestimmung und der endzeitlichen Epiphanie Christi fortgefahren. Zunächst bleiben das rein darstellende christologische Sätze: Seine Sendung (durch Gott) ist älter als diese Welt; Präexistenz Christi ist da nicht ausdrücklich gemacht, aber eher ein- als ausgeschlossen« (1 Petr-Kom., S. 83).

55 Die einzige Stelle, die innerhalb der *Pastoralbriefe* in der Tradition bisweilen präexistenzchristologisch gelesen wurde, ist 1 Tim 3,16. Daß dies ungerechtfertigt ist, haben neuerdings dargelegt: *W. Stenger*, Der Christushymnus in 1 Tim 3,16. Eine strukturanalytische Untersuchung, Bern–Frankfurt/M. 1977 sowie: *W. Metzger*, Der Christushymnus 1 Tim 3,16. Fragment einer Homologie der paulinischen Gemeinden, Stuttgart 1979.

VII. Die verwegene Synthese des Johannes

1 Zum *Johannes-Evangelium*: Umfassender Überblick über die Literatur bei: *H. Thyen*, Aus der Literatur zum Joh-Ev., in: ThR 39 (1975), S. 1–69; 222–252; 289–330; 42 (1977), S. 211–270; 43 (1978), S. 328–359; 44 (1979), S. 97–134. *J. Becker*, Aus der Literatur zum Joh-Ev. (1978–1980), in: ThR 47 (1982), S. 279–301; 305–347; *ders.*, Das Joh-Ev. im Streit der Methoden (1980–1984), in: ThR 51 (1986), S. 1–78. *R. Kysar*, The Fourth Gospel. A Report of Recent Research, in: ANRW Bd. XXV/3, hrsg. v. W. Haase, Berlin-New York 1985, S. 2389–2480.
Neuere Kommentare: C. K. Barrett, London 1962, 2. Aufl. 1978. *R. Schnak-*

kenburg Bd. I–III, Freiburg 1962–1975; IV. Ergänzungsband Freiburg 1984 (HThK). *R. Brown* Bd. I–II, New York 1966–1970 (AB). *S. Schulz*, Göttingen 1972 (NTD). *B. Lindars*, London 1972 (NCB). *D. M. Smith*, Philadelphia 1976 (Proclamation Comm.). *R. Kysar*, Atlanta 1976. *J. Schneider*, Berlin 1976 (ThHK). *J. Blank*, Bd. I–IV, Düsseldorf 1977–1981 (Geistl. Schriftlesung). *G. W. MacRae*, New York 1978 (Image Books). *P. Perkins*, Chicago 1978. *J. Becker*, Bd. I–II, Gütersloh 1979–1981 (ÖTK). *E. Haenchen*, hrsg. v. U. Busse, Tübingen 1981. *J. Gnilka*, Würzburg 1983 (NEB).

Zur *Christologie des Joh-Ev.: J. Blank*, Krisis. Studien zur johanneischen Christologie und Eschatologie, Freiburg/Br. 1964; *ders.*, Zur johann. Christologie, in: ders., Der Jesus des Evangeliums, München 1981, S. 167–269. *F. Mussner*, Die johanneische Sehweise und die Frage nach dem historischen Jesus, Freiburg/Br. 1965. *H. Leroy*, Jesusverkündigung im Joh-Ev, in: Jesus in den Evangelien. Ein Symposium, Stuttgart 1970, S. 148–170. *K. M. Fischer*, Der johanneische Christus und der gnostische Erlöser. Überlegungen auf Grund von Joh 10, in: K.-W. Tröger (Hrsg.), Gnosis und Neues Testament. Studien aus Religionswissenschaft und Theologie, Berlin 1973, S. 245–266. *R. Fortna*, Christology in the Fourth Gospel, in: NTS 21 (1975), S. 489–504. *U. B. Müller*, Die Geschichte der Christologie in der johanneischen Gemeinde, Stuttgart 1975. *M. L. Appold*, The Oneness Motif in the Fourth Gospel, Tübingen 1976. *J.-A. Bühner*, Der Gesandte und sein Weg im 4. Ev. Die kultur- und religionsgeschichtlichen Grundlagen der johanneischen Sendungschristologie sowie ihre traditionsgeschichtliche Entwicklung, Tübingen 1977. *M. de Jong*, Jesus: Stranger from Heaven and Son of God. Jesus Christ and the Christians in Johannine Perspektive, Missoula, Mt 1977. *J. P. Miranda*, Die Sendung Jesu im 4. Ev., Stuttgart 1977. *W. Thüsing*, Die Erhöhung und Verherrlichung Jesu im Joh-Ev., Münster 2. Aufl. 1979. *J. Gnilka*, Zur Christologie des Joh-Ev., in: W. Kasper (Hrsg.), Christologische Schwerpunkte, Düsseldorf 1980, S. 92–107. *E. Pinto*, Jesus the Son and Giver of Live in the Fourth Gospel, Rom 1981. *J. D. G. Dunn*, Let John be John. A Gospel for its Time, in: Das Evangelium und die Evangelien, hrsg. v. P. Stuhlmacher, Tübingen 1983, S. 309–339. *R. Baum-Bodenbender*, Hoheit und Niedrigkeit. Johanneische Christologie im Prozeß Jesu vor Pilatus, Würzburg 1984. *J. Painter*, Christology and the History of the Johannine Community in the Prologue of the Fourth Gospel, in: NTS 30 (1984), S. 460–474. *W. R. G. Loader*, The Central Structure of Johannine Christology, in: NTS 30 (1984), S. 188–216. *J. A. Robinson*, The priority of John, London 1985. *L. T. Witkamp*, Jezus van Nazareth in de gemeente van Johannes. Over de interaktie van traditie en ervaring, Berg 1986. *H. Kohler*, Kreuz und Menschwerdung im Joh-Ev. Exegetisch-hermeneutischer Versuch zur johanneischen Kreuzestheologie, Zürich 1987. *H.-J. Kuhn*, Christologie und Wunder. Untersuchungen zu Joh 1, 35–51, Regensburg 1988. *E. Ruckstuhl*, Jesus und der geschichtliche Mutterboden im 4. Ev., in: Vom Urchristentum zu Jesus. FS J. Gnilka, hrsg. v. H. Frankemölle u. K. Kertelge, Freiburg/Br. 1989, S. 256–286.

2 Zum Verhältnis *Johannes – Synoptiker* vgl. neben den Kommentaren vor allem: *J. Blinzler*, Joh und die Synoptiker. Ein Forschungsbericht, Stuttgart 1965. *F. Schnider – W. Stenger*, Joh und die Synoptiker. Ein Vergleich ihrer Parallelen, München 1971. *F. Neirynck*, John and the Synoptics, in: *M. de Jong (Hrsg.)*, L'Evangile de Jean. Sources, rédaction, theologie, Gembloux-

Löwen 1977, S. 73–106. *D. M. Smith,* Johannine Christianity, University of South Carolina 1984, S. 95–172.

3 So die vieldiskutierte These von *E. Käsemann,* Jesu letzter Wille nach Joh 17, Tübingen 1966, S. 52. Dagegen bereits: *G. Bornkamm,* Zur Interpretation des Joh-Ev. Eine Auseinandersetzung mit E. Käsemann, in: *ders.*, Geschichte und Glaube Bd. I, München 1968, S. 104–121. Neuerdings: *H. Kohler,* Kreuz und Menschwerdung, S. 45–63.

4 *L. Schottroff,* Der Glaubende und die feindliche Welt. Beobachtungen zum gnostischen Dualismus und seiner Bedeutung für Paulus und das Joh-Ev., Neukirchen–Vluyn 1970, bes. S. 277. Eine erste grundsätzliche Kritik bei: *E. Ruckstuhl,* Das Joh-Ev. und die Gnosis, in: Neues Testament und Geschichte. FS O. Cullmann, hrsg. v. H. Baltensweiler u. B. Reicke, Zürich–Tübingen 1972, S. 143–156. Neuerdings: *H. Kohler,* Kreuz und Menschwerdung, S. 64–83.

5 Guter Überblick bei: *R. Brown* Recent Reconstructions of Johannine Community History, in: *ders.*, The Community of the Beloved Disciple, New York-Toronto 1979, S. 171–182. Neuerdings: *H.-P. Heerkerens,* Die Zeichen-Quelle der johanneischen Redaktion. Ein Beitrag zur Entstehungsgeschichte des 4. Ev., Stuttgart 1984. *H. Kohler,* Kreuz und Menschwerdung, S. 85–124.

6 *G. Richter,* Studien zum Joh-Ev., hrsg. v. J. Hainz, Regensburg 1977. *H. Thyen,* Joh 13 und die »kirchliche Redaktion« des 4. Evangeliums, in: Tradition und Glaube. FS G. Kuhn, Göttingen 1971, S. 343–356. *M.-E. Boismard,* L'Evangile de Jean, Paris 1977. *W. Langbrandtner,* Weltferner Gott oder Gott der Liebe. Der Ketzerstreit in der Johanneischen Kirche, Bern–Frankfurt/M. 1977 *J. Becker,* Joh-Kom. Bd. I, S. 40–58.

7 Gegen die von R. Bultmann und E. Käsemann populär gemachte und von L. Schottroff und K. M. Fischer weitergeführte *Gnosis-Hypothese* zur Bestimmung des religionsgesch. Hintergrundes des Joh-Ev., hat vor allem *J.-A. Bühner* auf den alttestamentlichen Hintergrund der joh. Sendungschristologie aufmerksam gemacht (s. Anm. 1). Bühners Ansatz hat Konsequenzen auch für die Interpretation der Präexistenzchristologie im Joh-Ev (s. dort S. 426). Überzeugenden Einspruch dagegen bei *J. D. G. Dunn,* Let John be John, S. 329f., und *R. Schnackenburg,* Joh-Kom. Bd. IV, S. 105f.

8 Siehe Kommentare Anm. 1.

9 Für *J. Becker, E. Haenchen, H. Thyen* siehe Anm. 1. Außerdem: *O. Cullmann,* Der johanneische Kreis. Zum Ursprung des Joh-Ev., Tübingen 1975, *K. Wengst,* Bedrängte Gemeinde und verherrlichter Christus. Der historische Ort des Joh-Ev. als Schlüssel zu seiner Interpretation. Neukirchen–Vluyn 1981.

10 *R. Schnackenburg,* Joh-Kom. Bd. I, S. 60.

11 Ebd. Bd. III, S. 464.

12 So vor allem: *O. Cullmann,* Der johanneische Kreis, 1975. *J. L. Martyn,* History and Theology in the Fourth Gospel, Nashville 1968, 2. Aufl. 1979; *ders.,* The Gospel of John in Christian History, New York–Toronto 1978. *R. Brown,* The Community of the Beloved Disciple. The Life, Loves and Hates of an Individual Church in New Testament Times, New York–Toronto 1979. *J. Becker,* Joh-Kom. Bd. I, S. 40–48. *D. B. Woll,* Johannine Christianity in Conflict, Chico, Ca. 1981.

13 Zum Verhältnis *Joh-Ev. – Gnosis* vgl. neben den genannten Arbeiten von

L. Schottroff, W. Langbrandtner, K. M. Fischer: *R. Schnackenburg,* Joh-Kom. Bd. I, S. 45–56. *H. Kohler,* Kreuz und Menschwerdung, S. 125–139. *K.-W. Tröger,* Ja oder Nein zur Welt. War der Evangelist Johannes Christ oder Gnostiker, in: Theologische Versuche Bd. II, Berlin 1976, S. 61–80.

14 *J. Blank,* Joh-Kom. Bd. I, S. 55.

15 Vgl. in dieser Studie Hauptteil I: C V/4: Existenzbegründung: Der Sinn der Präexistenz bei Johannes.

16 *E. Käsemann,* Jesu letzter Wille, S. 13.

17 Ebd. S. 73 u. 130.

18 So *K. Wengst,* Bedrängte Gemeinde, S. 30. Zur *soziologischen Sicht des Joh-Ev.* vgl. ebenso: *W. A. Meeks,* Die Funktion des vom Himmel herabgestiegenen Offenbarers für das Selbstverständnis der johanneischen Gemeinde, in: ders. (Hrsg.), Zur Soziologie des Urchristentums, München 1979, S. 245–283. *T. Onuki,* Zur literatursoziologischen Analyse des Joh-Ev., in: Annual of the Japanese Biblical Institute 8 (1982), S. 162–216. *W. Rebell,* Gemeinde als Gegenwelt. Zur soziologischen und didaktischen Funktion des Joh-Ev., Frankfurt/M.–Bern 1987.

19 Siehe Anm. 2.

20 Zum ganzen Problemkreis vgl.: *R. Culpepper,* The Johannine School. An Evaluation of the Johannine School Hypothesis, London 1974.

21 *G. Richter,* Studien, S. 267.

22 Ebd., S. 355.

23 *J. Becker,* Das Joh-Ev. im Streit der Methoden, in: ThR 51 (1986), S. 32.

24 Vgl. dazu vor allem: *B. Lindars,* The Gospel of John (1972), der davon ausgeht, daß der Evangelist kurze schriftliche Kollektionen zur Verfügung gehabt habe, die mit den Synoptikern traditionsverwandt gewesen seien.

25 Vgl. dazu neuerdings: *H.-J. Kuhn,* Christologie und Wunder (1988).

26 *R. Brown,* The Community, S. 25.

27 So etwa von *E. Käsemann,* Aufbau und Anliegen des johanneischen Prologs (1957), in: ders., Exegetische Versuche und Besinnungen Bd. II, Göttingen 1964, S. 155–180. Zum Problem des *gnostischen Erlöser-Mythos* bei Joh. vgl.: *R. Schnackenburg,* Joh-Kom. Bd. I. S. 433–447.

28 Zum Verhältnis *Joh-Ev. – Judentum* vgl. bes.: *C. K. Barrett,* The Gospel of John and Judaism, Philadelphia 1975. *W. Trilling,* Gegner Jesu – Widersacher der Gemeinde – Repräsentanten der »Welt«. Das Joh-Ev. und die Juden, in: H. Goldstein (Hrsg.), Gottesverächter und Menschenfeinde? Düsseldorf 1979, S. 190–210. *H. Thyen,* »Das Heil kommt von den Juden«, in: Kirche. FS G. Bornkamm, Tübingen 1980, S. 163–184. *F. Hahn,* »Die Juden« im Joh-Ev., in: P.-G. Müller – W. Stenger (Hrsg.), Kontinuität und Einheit. FS F. Mussner, Freiburg/Br. 1981, S. 430–438.

29 Vgl. dazu *O. Cullmann,* Der johanneische Kreis, S. 49–52. *R. Brown,* The Community, S. 43–47. *Ch. H. H. Scobie,* The Origin an Development of Samaritan Christianity, in: NTS 19 (1973), S. 390–414. *J. Bowman,* The Samaritan Problem. Studies in the Relationship of Samaritanism, Judaism and Early Christianity, Pittsburgh, Penn. 1975.

30 Dazu vor allem: *K. Wengst,* Bedrängte Gemeinde, S. 48–61.

31 Zitiert nach *K. Wengst,* Bedrängte Gemeinde, S. 54. Dort auch die Diskussion über die historische Einordnung des Textes. Zur Wirkungsgeschichte vgl. den selbstkritischen Beitrag von: *Sch. Ben-Chorin,* Die Ketzerformel, in: P.-

G. Müller – W. Stenger (Hrsg.), Kontinuität und Einheit. FS F. Mussner, Freiburg/Br. 1981, S. 473–483.

32 *K. Wengst*, Bedrängte Gemeinde, S. 58.

33 Zum *johanneischen Dualismus* vgl. die Übersicht bei: *J. Becker*, Joh-Kom. Bd. I, S. 147–151.

34 *R. Brown*, The Community, S. 78.

35 *C. K. Barrett*, Johanneisches Christentum, in: Anfänge des Christentums, S. 277.

36 So mit Recht: *J. Becker*, Joh-Ev. Bd. I, S. 44.

37 *R. Brown*, The Community, S. 83.

38 Ebd., S. 85f.

39 Beide Zitate: *E. Käsemann*, Jesu letzter Wille, S. 24.29.

40 *L. Schottroff*, Der Glaubende, S. 275.

41 So *U. B. Müller*, Die Geschichte, S. 69.70.

42 *E. Bloch*, Das Prinzip Hoffnung Bd. III, S. 1486.

43 *U. Schnelle*, Antidoketische Christologie im Johannesevangelium. Eine Untersuchung zur Stellung des 4. Ev. in der johanneischen Schule, Göttingen 1987, S. 250.

44 Gut kommentiert *H. Kohler:* »Das vierte Evangelium macht vom Kreuz Jesu einen solchen theologischen Gebrauch, daß es von der Menschwerdung Gottes reden kann. Anders gesagt: Die Rede von der Menschwerdung des ewigen Logos zeigt präzise an, daß der Kreuzestod Jesu theologisch verstanden worden ist. Wenn gilt, daß die Stunde der Erhöhung Jesu ans Kreuz die Stunde der Verherrlichung ist, so wird damit der Kreuzestod Jesu auf die genaueste und umfassendste Weise als Offenbarung Gottes bestimmt« (Kreuz und Menschwerdung, S. 271).

45 *R. Bultmann*, Joh-Kom, S. 41.

46 Die *neuere Literatur* zum *Prolog* ist in den unter Anm. 1 genannten Forschungsberichten und Kommentaren umfassend dokumentiert. Ergänzend sei hingewiesen auf: *R. Schnackenburg*, Joh-Kom. Bd. IV, S. 201–203. In jüngster Zeit sind erschienen und für unseren Zusammenhang wichtig: *O. Hofius*, Struktur und Gedankengang des Logos Hymnus in Joh 1,1–18, in: ZNW 78 (1987), S. 1–25. *J. Painter*, Christology and the History of the Johannine Community in the Prologue of the Fourth Gospel, in: NTS 30 (1984), S. 460–474. *P. Hofrichter*, Im Anfang war der Johannesprolog. Das urchristliche Logosbekenntnis – die Basis neutestamentlicher und gnostischer Theologie, Regensburg 1986. *H. Weder*, Der Mythos vom Logos (Joh 1). Überlegungen zur Sachproblematik der Entmythologisierung, in: H. H. Schmid (Hrsg.), Mythos und Rationalität, Gütersloh 1988, S. 44–75. *M. Theobald*, Die Fleischwerdung des Logos. Studien zum Verhältnis des Johannesprologs zum Corpus des Evangeliums und zu 1 Joh, Münster 1988 (Lit.!).

47 Zitiert nach *K. Rudolph*, Die Gnosis, S. 166.

48 *M. Luther*, Ein Danklied für die höchsten Wohltaten, in: Luther Deutsch Bd. VI, hrsg. v. K. Aland, Stuttgart–Göttingen 1966, S. 282–284, Zit. S. 283.

49 *P. Gerhard*, Ein Lämmlein geht und trägt die Schuld, zit. nach: Evangelisches Kirchengesangbuch. Ausgabe für die Evang. Landeskirche in Württemberg, Stuttgart 1980, Nr. 62.

50 *F. G. Klopstock*, Der Messias, in: Ausgew. Werke Bd. I, hrsg. v. K. A. Schleiden, München–Wien 1981, S. 199 (VV 92–94).

51 So treffend: *J. Blank*, Joh-Kom. Bd. I, S. 83.

52 Überzeugend erklärt *E. Haenchen*: »Es versteht sich eigentlich von selbst, daß der Hymnus statt ›Logos‹ nicht ›Messias‹ oder ›Menschensohn‹ sagen konnte. Denn diese beiden Größen treten ja erst nach der Schöpfung auf, wenn nicht sogar am Ende dieses Äons. Zwar hat nach jüdischer Überlieferung Gott schon vor der Schöpfung den Namen des Messias genannt. Aber das besagt nur, daß die Größe ›Messias‹ – ebenso wie z. B. die des Sabbats – schon im Schöpfungsplan Gottes enthalten war. Auch die Wendung ›der Sohn‹ war unbrauchbar. Jeder Leser hätte es als widersinnig empfunden, hätte der Hymnus mit den Worten begonnen: ›Im Anfang war der Sohn.‹ Das Wort Logos dient hier also nicht als Lockvogel für griechische Leser. Es gab kaum ein anderes Ausdrucksmittel als das vom Hymnus gewählte« (Joh-Kom., S. 116f.).

53 So stellvertretend für andere Exegeten: *J. Becker*, Joh-Kom. Bd. I, S. 83.

54 Vgl. dazu bes. *O. Hofius*, Struktur und Gedankengang, S. 16–20.

55 So *C. Schedl*, Neue Sicht der Logos-Theologie nach dem aramäischen Targum Neophyti, in: Theologie im Dialog. Gesellschaftsrelevanz und Wissenschaftlichkeit der Theologie, Graz–Wien–Köln 1985, S. 205–210. Schedl knüpft an diese plausible These die Frage an: »Will Johannes in seinem Logos-Hymnus beweisen, daß die Gegenwart Gottes nach der Zerstörung des Tempels nicht von der Erde gewichen, sondern in Jesus Christus, dem Logos und Sohn Gottes, neu sein Zelt aufgeschlagen hat?« (S. 210).

56 *E. Haenchen*, Joh-Kom., S. 111.

57 *L. Goppelt*, Theologie im NT, S. 634.

58 Aus exegetischen Gründen hatten schon in den fünfziger und sechziger Jahren protestantische und katholische Theologen gegen die Barthschen Spekulationen Einspruch erhoben. Von *protestantischer Seite: G. Gloege*, Zur Prädestinationslehre Karl Barths, in: Kerygma und Dogma 2 (1956), S. 193–217; 233–255, bes. 211–213. *E. Buess*, Zur Prädestinationslehre Karl Barths, Zollikon–Zürich 1955, S. 48f. *E.-W. Wendebourg*, Die Christusgemeinde und ihr Herr. Eine kritische Studie zur Ekklesiologie Karl Barths, Berlin–Hamburg 1967, bes. 207–219. Von *katholischer Seite: W. Breuning*, Neue Wege der protestantischen Theologie in der Prädestinationslehre, in: Trierer Theologische Zeitschrift 68 (1959), S. 193–210, bes. S. 203. *G. Kraus*, Vorherbestimmung. Traditionelle Prädestinationslehre im Lichte gegenwärtiger Theologie, Freiburg/Br. 1977, bes. S. 290f.: »Barth beachtet nicht den Unterschied zwischen realer und idealer (= intentionaler) Präexistenz und läßt sogar Jesus als Mensch präexistieren, während nach dem NT – wie G. Gloege konstatiert – gilt: Als ›Christus‹ kommt ihm reale, als ›Jesus‹ nur intentionale Präexistenz zu.«

59 *M. Theobald*, Die Fleischwerdung des Logos, S. 490.

60 *F. J. Schierse* hat sich mit Recht (kritisch gegenüber R. Schnackenburg) von einer allzu forcierten Interpretation des Logos abgesetzt, die nach dem Schema verläuft »Im Alten Testament bleibe die Existenz einer zweiten göttlichen Person noch im ahnungsvollen Nebel, aber der Prolog des Joh-Ev. habe die ›personal-reale Präexistenz‹ des Logos klar geoffenbart. Eine solche Interpretation verkennt nicht nur den exegetischen Tatbestand, daß die erste Strophe des Prologs im Kontext des ganzen Liedes gelesen werden muß, sie verfällt auch theologisch dem gnostischen Mißverständnis, als sei Jesus von Nazareth schon vor seiner Geburt eine ›reale Person‹ gewesen, die sich im Augenblick

der Inkarnation mit einer menschlichen Natur bekleidet habe. Außerdem würde – wie in der Gnosis – die Präexistenz zum Ausgangspunkt des christologischen Denkens werden, so daß man zuerst an den Logos und sein vorweltliches Wirken glauben müßte, um dann in einem zweiten Schritt auch noch der Tatsache zu gedenken, daß dieser Logos einmal Mensch geworden ist. In Wahrheit knüpft aber der legitime christliche Glaube an das Auftreten Jesu von Nazareths an, und alle theologischen, das heißt interpretativen Aussagen werden im Hinblick auf die Heilsbedeutung dieses Menschen gemacht. Genau dies unterscheidet das kirchliche vom gnostischen Christentum« (Christologie – neutestamentliche Aspekte, S. 151f.).

61 Darauf hat ebenfalls zu Recht hingewiesen: *F. J. Schierse*, Christologie, S. 100.

62 *M. D. Smith*, Joh-Kom., S. 24f.

63 *R. Bultmann*, Theologie des NT, S. 414f. Hier muß auch gegen die Interpretation von *J. D. G. Dunn* Einspruch erhoben werden, der dem johanneischen Christus »personal preexistence of a divine being« zuschreibt (Christology, S. 59). Überall im Joh-Ev. werde Jesu »pre-existence as a person with God« affirmiert (S. 250). Mit *J. A. T. Robinson*, der sich von Dunn kritisch absetzt, bin ich der Meinung: »What I believe John is saying is that the Word, which was theos (1,1), God in his self-revelation and expression, sarx egeneto was embodied totally in and as a human being, *became a person*, was *personalized not just personified*. But that the Logos came into existence or expression as a person, does not mean that it was a person before« (The priority of John, S. 380).

64 *H. Conzelmann*, Grundriß der Theologie des NT, S. 375. In dieser Frage zeichnet sich in jüngster Zeit eine gemeinsame Linie der Exegeten ab: *W. R. G. Loader*, The Central Structure of Johannine Christology, in: NTS 30 (1984), S. 202: »The author does not yet give any indication of an attempt to define this pre-existent relationship more clearly. This came later.« Ebenso: *H. Kohler*, Kreuz und Menschwerdung, S. 271: »Um die bleibende Bedeutung der Ankunft Jesu und damit des Weges Jesu ans Kreuz zu sichern, verlegt das vierte Evangelium den Ursprung dieses Weges in Gottes Ewigkeit, ohne die Beziehung zur irdischen Geschichte Jesu auch nur einen Moment zu lockern.«

65 *R. Schnackenburg*, Joh-Kom. Bd. I, S. 446.

66 *J. Blank*, Joh-Kom. Bd. I, S. 81.

67 *K. Rahner–W. Thüsing*, Christologie, S. 249.

68 *U. Schnelle* spricht zu Recht von einer »Horizontverschmelzung, einer Verschränkung der Zeitebenen der nachösterlichen Blickrichtung und Situation des Evangelisten und der vor allem durch Traditionen vermittelten Vergangenheit des Christusgeschehens« (Antidoketische Christologie, S. 253).

69 Zum Ganzen: *W. Thüsing*, Die Erhöhung und Verherrlichung Jesu.

70 *G. Richter*, Studien, S. 356f.

71 Die johanneische Christologie ist ohne die präzise Bestimmung der Rolle des *Geistes* in diesem Ev. nicht zu begreifen, und dieser Geist ist niemand anderer als der Geist des erhöhten Christus (Joh 6,63; 16,7). Dazu *J. Blank*, Krisis, S. 316–340. *R. Schnackenburg*, Die johanneische Gemeinde und ihre Geisterfahrung, in: Joh-Kom. Bd. IV., S. 33–58.

72 Vgl. dazu vor allem: *D. M. Smith*, Johannine Christianity, S. 175–189 (»The Presentation of Jesus in the Fourth Gospel«).

73 So *J. Blank*, Krisis, S. 215.

74 Dazu hat bereits das Nötige gesagt: *W. Thüsing*, Die Erhöhung der Verherrlichung, S. 206–214, bes. S. 210: »Was bedeutet die Begründung ›denn der Vater ist größer als ich‹? Sie muß in dem Sinne interpretiert werden, in dem das Verhältnis von Vater und Sohn sonst im Ev. dargestellt ist: Der Vater ist dem Sohn gegenüber immer der Gebende, derjenige, der die Initiative hat, der den Auftrag erteilt. Der Sohn hört und empfängt immer vom Vater, er erfüllt den Willen des Vaters, er führt das aus, was der Vater begonnen hat – aber nicht umgekehrt. Auch sonst im NT begegnet ›größer sein‹ nicht als eine metaphysische oder wertmäßige Verschiedenheit, sondern drückt ein Verhältnis der Über- und Unterordnung aus.«

75 *H. Strathmann*, Evangelium nach Johannes, Göttingen 1951, S. 259.

76 *K. Rahner–W. Thüsing*, Christologie, S. 261. Zu Joh 1,1 erklärt Thüsing überzeugend, der »Logos« sei »hier ebenfalls nicht die zweite Subsistenzweise der Trinität, sondern das Offenbarungswort Gottes« (S. 261).

77 *R. Brown*, The Community, S. 53.

78 *K. H. Schelkle*, Theologie des NT Bd. II, S. 215.

79 *G. MacRae*, Joh-Kom., S. 134.

80 *R. Schnackenburg*, Joh-Kom. Bd. II, S. 387.

81 Ebd., S. 167: »Die johanneische Sohn-Christologie ist wesentlich Heilslehre für die Glaubenden, also nicht isolierte Lehre über Jesus Christus selbst, sondern im Hinblick auf die Menschen entworfene Lehre von ihm als Gottes Gesandten, der das Heil offenbart und vermittelt. Wenn man darin ihre Mitte, ihren eigentlichen Sinn erblickt, wird man die für die alte Kirche allerdings bedeutsamen und zur Abwehr unzulänglicher Auffassungen auch notwendigen Erörterungen über die metaphysische Wesenheit des Sohnes und sein innertrinitarisches Verhältnis zum Vater, seine Präexistenz und die Verbindung der göttlichen und menschlichen Natur im inkarnierten Sohn nicht für die entscheidenden Fragen dieser Christologie halten.«

82 *K. H. Schelkle*, Theologie des NT Bd. II, S. 215. Für ein offenbarungstheologisches Verständnis der Einheit plädiert auch *J. Blank*: »Die spätere, vom griechischen Denken beeinflußte Theologie hat diese Aussage im Sinne einer ›Wesens-Einheit‹ zwischen Vater und Sohn verstanden, allerdings dabei oft vergessen, daß es sich hier um eine ›Offenbarungsaussage‹ handelt« (Joh-Kom. Bd. II, S. 237).

83 *J. Gnilka*, Joh-Kom., S. 86.

84 *F. Mussner*, Ursprünge und Entfaltung, S. 110.

85 Vgl. in dieser Studie Hauptteil I: B V/1: Die dritte Position in der Christologie. Daß Joh 10,30 auch in der alten, vornicaenischen Kirche zunächst nicht als metaphysisch-ontologische Wesenheit betrachtet und daß vollends erst durch Athanasius und die antiarianischen Polemiken Joh 10,30 als Göttlichkeit von Vater und Sohn ausgelegt wurde, hat bestens dokumentiert: *T. E. Pollard*, The Exegesis of John 10,30 in the Early Trinitarian Controversies, in: NTS 3 (1956), S. 324–349; *ders.*, Johannine Christology and the Early Church, Cambridge 1970. Im Kommentar zum Dokument »Bibel und Christologie« hat *J. Fitzmyer* hervorgehoben, die Päpstliche Bibelkommision habe »ihren warnenden Finger auf einen katholischen Fundamentalismus gelegt«. Als abschreckendes Beispiel für solchen Fundamentalismus führt Fitzmyer an: »Ein Beispiel dieser Art von Verwendung des NT mag die Berufung auf Joh 10,30 ›Ich und der Vater sind eins‹ sein, um die Göttlichkeit Christi nachzuweisen« (S. 207).

86 Auch protestantische Exegese hat dies betont: *W. G. Kümmel,* Die Theologie des NT, S. 242. *E. Haenchen,* Joh-Kom., S. 392: »Johannes vertritt eine ausgesprochen subordinatianische Christologie.« *C. K. Barrett,* The Father is greater than I. Subordinationist Christology in the New Testament, in: J. Gnilka (Hrsg.), Neues Testament und Kirche. FS R. Schnackenburg, Freiburg/Br. 1974, S. 144–159. *F. Hahn,* Die Hirtenrede Joh 10, in: C. Andresen–G. Klein (Hrsg.), Theologia Crucis – Signum Crucis. FS E. Dinkler, Tübingen 1979, S. 185–200. Zum ganzen Problemkreis: *M. L. Appold,* The Oneness Motif in the Fourth Gospel, Tübingen 1976.

87 *H. Strathmann,* Das Evangelium nach Johannes, S. 170.

88 *K. Rahner–W. Thüsing,* Christologie, S. 246f.

89 *F. Mussner,* Ursprünge und Entfaltung, S. 103. Der Verweis auf Thüsing bezieht sich auf: *W. Thüsing – K. Rahner,* Christologie, S. 243–253. Der Verweis auf Schürmann bezieht sich auf: *H. Schürmann,* Der pro-existente Christus – die Mitte des Glaubens von morgen?, in: ders., Jesu ureigener Tod. Exegetische Besinnungen und Ausblick, Freiburg/Br. 1975, S. 121–155. Zu einem ähnlichen Ergebnis kommt: *H. Ritt,* Das Gebet zum Vater. Zur Interpretation von Joh 17, Würzburg 1979, bes. S. 463–469.

90 Zum *Prolog von 1 Joh* neuerdings: *H.-J. Klauck,* Der »Rückgriff« auf Jesus im Prolog des 1 Joh, in: Vom Urchristentum zu Jesus. FS J. Gnilka, hrsg. v. H. Frankemölle u. K. Kertelge. Freiburg/Br. 1989, S. 433–451.

91 So etwa *J. D. G. Dunn,* Let John be John, S. 336: »If the Fourth Gospel is interpreted primarily as an exposition of the relationship between the Father and the Son, it becomes difficult to avoid slipping over into a form of bi-theism or tri-theism – as popular treatments purporting to expound the orthodox trinitarian faith often demonstrate. Rather, the Fourth Evangelist's contribution to that subsequent stage of christian reflexion is that by this presentation of the Logos-Son he established *monotheism as the primary framework for further tought.*« Ebenso: *K. Rahner–W. Thüsing,* Christologie, S. 274–277.

92 Zur Wirkungsgeschichte johanneischer Christologie vgl. neben der in Anm. 85 genannten Arbeit von T. E. Pollard: *R. Brown,* The Community, S. 147–162. *E. H. Pagels,* The Johannine Gospel in Gnostic Exegesis. Heracleons Commentary on John, Nashville 1973.

93 Vgl. die kritische Literatur zu Harnack in Hauptteil I: A unter Anm. 3 u. 79.

94 *K. Beyschlag,* Grundriß der Dogmengeschichte Bd. I, Darmstadt 2. erw. Aufl. 1988, S. 117.

95 Ebd., S. 119.

96 Ebd.

97 *Ignatius von Antiochien,* An die Magnesier, Kap. 6, in: Die Apostolischen Väter, übers v. F. Zellinger, München 1918, S. 128 (Bibl. der Kirchenväter Bd. 35).

98 Vgl. ebd., S. 139 (»An die Römer«, Kap. 6); S. 124 (»An die Epheser«, Kap. 17); S. 154 (»An Polykarp«, Kap. 3).

99 *Justin,* Dialog mit dem Juden Tryphon, Kap. 48,2, in: Des Heiligen Philosophen und Märtyrers Justins Dialog mit dem Juden Tryphon, übers. v. Ph. Haeuser, München 1917, S. 72f. (Bibl. der Kirchenväter Bd. 33). Zur *Präexistenzchristologie Justins: D. C. Trakatellis,* The Pre-existence of Christ in Justin Martyr. An Exegetical Study with Reference to the Humilation and Exaltation Christology, Missoula, Mt 1976.

100 Dieses und die folgenden Zitate: Justin, Dialog Kap. 48,1f.

101 Vgl. dazu *G. W. H. Lampe*, A Patristic Greec Lexicon, Oxford 2. Auf. 1968, S. 1191.

102 Eusebius, Kirchengeschichte III, 27 (Übersetzung nach der Ausgabe: *H. Kraft*, München 1967).

103 *A. von Harnack*, Dogmengeschichte Bd. II. S. 529–538. *A. Schlatter*, Geschichte der ersten Christenheit (1926), Stuttgart 5. Aufl. 1971. *H. J. Schoeps*, Theologie und Geschichte des Judenchristentums, Tübingen 1949. *C. Schedl*, Muhammad und Jesus. Die christologisch relevanten Texte des Koran, Freiburg/Br. 1978. *C. Colpe*, Die älteste judenchristliche Gemeinde, in: Die Anfänge des Christentums, Stuttgart–Berlin–Köln–Mainz 1987, S. 59–79; *ders.*, Die Mhagraye. Hinweise auf ein arabisches Judenchristentum?, in: Internationale Kirchliche Zeitschrift 76 (1986), S. 203–217. *G. Lindeskog*, Das jüdisch-christliche Problem. Randglossen zu einer Forschungsepoche, Uppsala 1986. *Sh. Pines–Sh. Shaked*, Fragment of a Jewish – Christian Composition from the Cairo Geniza, in: Studies in Islamic History and Civilization. FS D. Ayalon, Leiden 1986, S. 307–318. *Sh. Pines*, Gospel Quotations and Cognate Topics in 'Abd al Jabbar's *Tathbit* in Relation to Early Christian and Judaeo Christian Readings and Traditions, in: Jerusalem Studies in Arabic and Islam 9 (1987), S. 195–278.

DRITTER HAUPTTEIL
Zum Gespräch mit der Gegenwartstheologie:

Die Funktion der Präexistenzchristologie für ein neues Gottesverständnis

1 Zur *neueren christologischen Diskussion* vgl. neben den in der Einleitung Anm. 26 genannten Sammelbänden und Dokumenten überdies: *A. Schilson–W. Kasper,* Christologie im Präsens. Kritische Sichtung neuer Entwürfe, Freiburg/Br. 1974. *Jesus. Ort der Erfahrung Gottes* (mit Beiträgen von B. Casper u. a.), Freiburg/Br. 1976. *J. Hick (Hrsg.),* The Myth of God Incarnate, Philadelphia 1977; dt.: Wurde Gott Mensch? Der Mythos vom fleischgewordenen Gott, Gütersloh 1979. *M. Goulder (Hrsg.),* Incarnation and Myth. The Debate Continued, Grand Rapids 1979. Dazu: *I. U. Dalferth,* Der Mythos vom inkarnierten Gott und das Thema der Christologie, in: ZThK 84 (1987), S. 320–344. *G. H. Tavard,* Images of the Christ. An Enquiry into Christology, Washington 1982. *J. C. Dwyer,* Son of Man and Son of God. A New Language for Faith, New York 1983. *K. Runia,* The present-day christological debate, Leicester 1984. *Th. N. Hart,* To Know and Follow Jesus. Contemporary Christology, New York 1984. *K. H. Ohlig,* Fundamentalchristologie. Im Spannungsfeld von Christentum und Kultur, München 1986. *M. Bordoni,* Jesus di Nazareth. Signore e Christo Bd. I–III, Rom 1985–86.

A. Der Umbruch in der protestantischen und katholischen Gegenwartschristologie

I. Eine Christologie der Auferweckung: Wolfhart Pannenberg

2 Umfassender Überblick über die *Publikationen W. Pannenbergs* bei: *B. Burckhardt,* Bibliographie W. Pannenberg 1953–1987, in: Vernunft des Glaubens. Wissenschaftliche Theologie und Kirchliche Lehre. FS W. Pannenberg, hrsg. v. J. Rohls – G. Wenz, Göttingen 1988, S. 693–731.
Zur *Christologie W. Pannenbergs* vgl. an neueren Monographien: *K. Kienzler,* Logik der Auferstehung. Eine Untersuchung zu R. Bultmann, G. Ebeling und W. Pannenberg, Freiburg/Br. 1976. *K. Gozdz,* Jesus Christus als Sinn der Geschichte bei Wolfhart Pannenberg, Regensburg 1988. *K. Koch,* Der Gott der Geschichte. Theologie der Geschichte bei Wolfhart Pannenberg als Paradigma einer Philosophischen Theologie in ökumenischer Perspektive, Mainz 1988.

3 Die folgende Passage findet sich in *W. Pannenberg,* Grundzüge der Christologie, Gütersloh 1964, S. 28f.

4 Ebd., S. 29.

5 Ebd., S. 32.

6 Ebd., S. 42f.

7 Vgl. dazu neuerdings: *P. Lonning,* Der begreifliche Unbegreifliche. »Sein Gottes« und modern-theologische Denkstrukturen, Göttingen 1986, bes. S. 180–220.
8 *W. Pannenberg,* Grundzüge, S. 127.
9 Ebd.
10 Ebd., S. 128.
11 Ebd., S. 130.
12 Ebd., S. 131.
13 Ebd., S. 132.
14 Ebd., S. 135.
15 Ebd., S. 150.
16 Ebd., S. 152.
17 Ebd.
18 Ebd., S. 154.
19 Ebd.
20 Ebd.
21 Ebd.
22 Ebd., S. 155.
23 Ebd.
24 Kritik an Barths Lehre von der Präexistenz des Menschen Jesus hatte schon früh geübt: *E. Brunner,* Der neue Barth. Bemerkungen zu Karl Barths Lehre vom Menschen, in: ZThK 48 (1951), S. 89–100; *ders.,* Die Erwählungslehre Karl Barths, in: ders., Dogmatik Bd. I (Die christliche Lehre von Gott), Zürich–Stuttgart 1960, S. 353–357.
25 Ebd.
26 Ebd., S. 159.
27 Ebd.
28 Alle Zitate ebd.
29 Ebd., S. 160.
30 Ebd.
31 Ebd., S. 152.
32 Ebd.
33 *W. Pannenberg,* Das Glaubensbekenntnis, ausgelegt und verantwortet vor den Fragen der Gegenwart, Hamburg 1972, S. 75.
34 Ebd.
35 Ebd.
36 *K. Barth,* Briefe 1961–1968, hrsg. v. J. Fangmeier u. H. Stoevesandt, Zürich 1979, S. 281.
37 Ebd., S. 282.
38 Ebd.
39 Ein Blick in den kürzlich erschienenen ersten Band der »Systematischen Theologie« (1988) von *W. Pannenberg* zeigt ein ähnliches, ja noch verstärkt zwiespältiges Bild. Zwar legt Pannenberg mit diesem Band noch keine neue Christologie vor, aber in Sachen Präexistenz werden entscheidende Aussagen bereits hier vollzogen. Zwar sieht Pannenberg auch jetzt noch die Auferwekkung durch Gott als für Jesu Gottessohnschaft zentral an (entsprechend Röm 1,3f.), gleichzeitig aber behauptet Pannenberg bruchlos und ohne nochmaligen Bezug auf das Neue Testament: »Andererseits aber gehört der Gottessohn auch schon von Ewigkeit her an die Seite Gottes. Die Vorstellung einer

›Präexistenz‹ steht nicht im Widerspruch dazu, daß seine Gottessohnschaft erst eschatologisch offenbar werden wird oder in einem geschichtlichen Ereignis schon offenbar ist, das wie die Auferstehung Jesu die eschatologische Vollendung antizipiert. Daß alles das, was eschatologisch offenbar werden wird, in der verborgenen Welt Gottes, im Himmel, bereits Gegenwart ist, entspricht einer allgemeinen Regel apokalyptischer Vorstellungsweise« (S. 288 f.). Diese entscheidende Passage macht deutlich, daß Pannenberg die neuere exegetische Diskussion (zitiert werden in den Fußnoten im wesentlichen nur M. Hengel und F. Hahn) nicht zur Kenntnis genommen hat. Wie anders könnte er so pauschal davon ausgehen, im NT werde eine *ewige* Gottessohnschaft Jesu gleichsam »eschatologisch offenbar«? Eschatologisch offenbar wird im NT die definitive Zusage Gottes, daß im Ereignis Jesus Christus das universale Heil für alle Menschen grundgelegt ist. Hier wird nun vollends klar, daß Pannenberg mit einem vorgegebenen apokalyptischen Vorstellungsschema an die Präexistenzaussagen des NT herangeht, das für diese Aussagen im NT selber gerade keine Rolle spielt. Nirgendwo hat das NT ein eigentlich apokalyptisch-protologisches Präexistenzverständnis.

II. Entwurf einer »suchenden Christologie«: Karl Rahner

1 Umfassender Überblick über die Publikationen *K. Rahners* bei: *R. Bleistein–E. Klinger (Hrsg.)*, Bibliographie Karl Rahner (1924–1969), Freiburg 1969. *R. Bleistein (Hrsg.)*, Bibliographie K. Rahner (1969–1974), Freiburg/Br. 1974. *P. Imhof–H. Treziak (Hrsg.)*, Bibliographie Karl Rahner (1974–1979), in: Wagnis Theologie. Erfahrungen mit der Theologie Karl Rahners, hrsg. v. H. Vorgrimmler, Freiburg/Br. 1979, S. 579–597. *P. Imhof–M. Meuser (Hrsg.)*, Bibliographie K. Rahner (1979–1985), in: Glaube im Prozeß. Christsein nach dem II. Vatikanum, hrsg. v. E. Klinger u. K. Wittstadt, Freiburg/Br. 1984, S. 854–871.
Zur *Christologie K. Rahners* vgl. an neueren Arbeiten: *W. Bowarzik*, Dogmatische Forschung zwischen der Transzendentaltheologie Karl Rahners und der Offenbarungstheologie Karl Barths, Berlin 1970. *B. van der Heijden*, Karl Rahner. Darstellung und Kritik seiner Grundpositionen, Einsiedeln 1973. *E. Greiner*, Die Menschlichkeit der Offenbarung. Die transzendentale Grundlegung der Theologie bei Karl Rahner, München 1978; *ders.*, Die Menschlichkeit der Offenbarung. Die transzendentale Grundlegung der Theologie bei Karl Rahner im Lichte seiner Christologie, in: Zeitschrift für Katholische Theologie 100 (1978), S. 596–619. *J. Herberg*, Kirchliche Heilsvermittlung. Ein Gespräch zwischen Karl Barth und Karl Rahner, Frankfurt/M.–Berlin-Los Angeles 1978. *W. J. Haye*, Die Verfinsterung des absoluten Geheimnisses. Eine Kritik der Gotteslehre K. Rahners, Düsseldorf 1979. *K. H. Ohlig*, Impulse zu einer »Christologie von unten« bei K. Rahner, in: Wagnis Theologie. Erfahrungen mit der Theologie Karl Rahners, hrsg. v. H. Vorgrimmler, Freiburg/Br. 1979, S. 259–273. *P. Schoonenberg*, Zur Trinitätslehre Karl Rahners, in: Glaube im Prozeß. Christsein nach dem II. Vatikanum, hrsg. v. E. Klinger u. K. Wittstadt, Freiburg/Br. 1984, S. 471–491.

2 *J. B. Metz*, Karl Rahner, in: Tendenzen der Theologie im 20. Jhdt. Eine Geschichte in Portraits, hrsg. v. H. J. Schultz, Stuttgart–Berlin 1966, S. 513–518, Zit. S. 512 f.

3 Unter den zahlreichen *Aufsätzen und Artikeln Karl Rahners zur Christologie* haben folgende Schlüsselbedeutung: *Probleme der Christologie von heute,* in: Schriften zur Theologie Bd. I, Einsiedeln–Zürich–Köln 1954, S. 169–222. *Bemerkungen zum dogmatischen Traktat* »De Trinitate«, in: Schriften zur Theologie Bd. IV, Einsiedeln–Zürich–Köln 1960, S. 103–133. *Zur Theologie der Menschwerdung,* in: Schriften zur Theologie Bd. IV, S. 137–155. *Die Christologie innerhalb einer evolutiven Weltanschauung,* in: Schriften zur Theologie Bd. V, Zürich–Einsiedeln–Köln 1962, S. 183–221. *Kirchliche Christologie zwischen Exegese und Dogmatik,* in: Schriften zur Theologie Bd. IX, Zürich–Einsiedeln–Köln 1970, S. 197–226. *Christologie im Rahmen des modernen Selbst- und Weltverständnisses,* in: Schriften zur Theologie Bd. IX, S. 227–241. *Christologie heute?* in: Schriften zur Theologie Bd. XII, Einsiedeln–Zürich–Köln 1975, S. 353–369. *Christologie heute,* in: Schriften zur Theologie Bd. XV, Einsiedeln–Zürich-Köln 1983, S. 217–224. *Kleine Anmerkung zur systematischen Christologie heute,* in: ebd., S. 225–235.

4 *K. Rahner,* Art. Jesus Christus, in: Sacramentum Mundi Bd. II, Freiburg 1968, S. 920–957, Zit. S. 941.

5 *H. Küng,* Menschwerdung Gottes. Eine Einführung in Hegels theologisches Denken als Prolegomena zu einer künftigen Christologie, Freiburg/Br. 1970, S. 648.

6 *K. Rahner,* Probleme der Christologie heute, in: Schriften Bd. I, S. 169.

7 Vgl. dazu: *H. Vorgrimmler,* Karl Rahner verstehen. Eine Einführung in sein Werk und Denken, Freiburg/Br. 1985, S. 109–117.

8 *K. Rahner,* Probleme, in: Bd. I, S. 177 f.

9 Ebd., S. 176 f.

10 Auf diese Gefahr macht K. Rahner immer wieder aufmerksam: Bd. IV, S. 152; Bd. V, S. 204.

11 *K. Rahner,* Probleme, in: Bd. I, S. 206.

12 *K. Rahner,* Art. Jesus Christus, in: Sacramentum Mundi Bd. II, S. 942.

13 *K. Rahner,* Grundkurs des Glaubens. Eine Einführung in den Begriff des Christentums, Freiburg/Br. 1976, S. 207.

14 *K. Rahner,* Art. Jesus Christus, in: LThK Bd. V, Freiburg/Br. 1960, S. 953–961, Zit. S. 956.

15 Ebd.

16 Zu diesem Begriff vgl. *K. Rahner,* Zur Theologie der Menschwerdung, in: Bd. IV, S. 295 f.

17 *K. Rahner,* Art. Jesus Christus, in: LThK Bd. V, S. 956.

18 Dieses und das folgende Zitat ebd., S. 957.

19 *K. Rahner,* Probleme, in: Bd. I, S. 183.

20 *K. Rahner,* Zur Theologie der Menschwerdung, in: Bd. IV, S. 147 f.

21 *K. Rahner,* Bemerkungen zum dogmatischen Traktat, in: Bd. IV, S. 105.

22 Ebd., S. 109.

23 Ebd., S. 128.

24 Ebd.

25 Zur Kritik vgl. bes.: *B. van der Heijden,* Karl Rahner, S. 399–423. *W. Kasper,* Christologie von unten? Kritik und Neuansatz gegenwärtiger Christologie, in: Grundfragen der Christologie heute, hrsg. v. L. Scheffczyk, Freiburg/Br. 1985, bes. S. 153–159.

26 *K. Rahner,* Art. Jesus Christus, in: Sacramentum Mundi Bd. II, S. 945.

27 Ebd., S. 946.
28 Ebd., S. 947.
29 Ebd., S. 947f.
30 Ebd., S. 947.
31 Ebd.
32 *K. Rahner,* Der dreifaltige Gott als transzendenter Urgrund der Heilsgeschichte, in: Mysterium Salutis Bd. II, Einsiedeln–Zürich–Köln 1967, S. 317–401.
33 Ebd., S. 357.
34 Ebd., S. 358.
35 Ebd., S. 359.
36 Dieses Zitat und die folgenden Zitate des Abschnitts ebd., S. 359.
37 Vgl. dazu die Kritik von *A. Schilson–W. Kasper,* Christologie im Präsens, S. 88f. *H. Küng,* Theologie im Übergang. Zum Tode von Karl Rahner, in: Die Zeit vom 6. April 1984.
38 *W. Kasper,* Christologie von unten?, S. 157.
39 Vgl. *K. Rahner–W. Thüsing,* Christologie – systematisch und exegetisch, S. 81.
40 Ebd., S. 68.
41 Ebd., S. 244.
42 Ebd., S. 245.
43 Ebd., S. 249.
44 Ebd., S. 249f.
45 Ebd., S. 256.
46 Zum Spannungsverhältnis von Exegese und Dogmatik hat Rahner sich gelegentlich geäußert, ohne das Problem der Präexistenz weiter zu vertiefen. Vgl. Schriften Bd. IX, S. 197–226; Bd. XII, S. 353–369.
47 *K. Rahner–W. Thüsing,* Christologie, S. 6.
48 *K. Rahner,* Grundkurs, S. 296f.
49 Alle Zitate ebd., S. 294f.
50 *H. Küng,* Theologie im Übergang (s. Anm. 37).
51 *K. Rahner,* Gnade als Mitte christlicher Existenz. Ein Gespräch aus Anlaß seines 70. Geb., in: Herder-Korrespondenz 28 (1974), S. 87. Vgl. ebenso: *K. Rahner,* Im Gespräch Bd. I (1964–1972), hrsg. v. P. Imhof und H. Biallowons, München 1982, S. 240–242. *K. Rahner,* Schriften Bd. XV, S. 206–216; 217–224; 225–235.

III. Ökumenischer Konsens in Sachen Gottessohnschaft

1 *W. Trillhaas,* Dogmatik, Berlin–New York 4. Aufl. 1980, S. 272.
2 Ebd.
3 *G. O'Collins,* What are they saying about Jesus?, New York 2. Aufl. 1983, S. 5.
4 *G. O'Collins,* Interpreting Jesus, London–New York 1983, S. 172.
5 Ebd., S. 173.
6 Ebd.
7 Ebd. Vgl. dazu auch: *P. Schoonenberg,* Ein Gott der Menschen, Einsiedeln–Zürich–Köln 1969, S. 53–69. *H. Küng,* Christ sein, München 1974, S. 121–125.

8 *W. Kasper*, Jesus der Christus, Mainz 1974, S. 280.

9 Ebd.

10 Ebd., S. 280 f.

11 *J. Sobrino*, Cristologia desde americana latina (1976); engl.: Christology at the Crossroads. A Latin American Approach, New York 1978, S. 351 f.

12 *J. Moltmann*, Der gekreuzigte Gott. Das Kreuz Christi als Grund und Kritik christlicher Theologie, München 1972, S. 80.

13 Ebd., S. 82.

14 *W. Kasper*, Jesus der Christus, S. 43.

15 Ebd., S. 44.

16 *G. Ebeling*, Dogmatik des christlichen Glaubens Bd. II, Tübingen 1977, S. 474 f.

17 *E. Schillebeeckx*, Die Auferstehung Jesu als Grund der Erlösung, Freiburg/Br. 1979, S. 44. Ebenso: *H. Küng*, Theologie im Aufbruch. Eine ökumenische Grundlegung, München 1987, S. 138.

18 *W. Joest*, Dogmatik Bd. I (Die Wirklichkeit Gottes), Göttingen 1984, S. 186.

19 *H. Häring–K.-J. Kuschel*, Hans Küng, Weg und Werk, München 1981, S. 174. Ebenso: *H. Küng*, Anmerkungen zu W. Kasper »Christologie von unten?«, in: Grundfragen der Christologie heute, hrsg. v. L. Scheffczyk, Freiburg/Br. 1985, S. 170–172.

20 *E. Jüngel*, Gott als Geheimnis der Welt. Zur Begründung der Theologie des Gekreuzigten im Streit zwischen Theismus und Atheismus, Tübingen 1977, S. 479. Ebenso: *E. Schlink*, Ökumenische Dogmatik. Grundzüge, Göttingen 1983, S. 272 f.

21 Beide Zitate in: *E. Schillebeeckx*, Jesus. Die Geschichte von einem Lebenden, Freiburg/Br. 1975, S. 228.

22 *W. Kasper*, Jesus der Christus, S. 129.

23 Ebd., S. 130.

24 Ebd., S. 129.

25 *W. Joest*, Dogmatik Bd. I., S. 188. Ebenso: *W. Trillhaas*, Dogmatik, S. 281. *H. Dembowski*, Einführung in die Christologie, Darmstadt 1976, 2. Aufl. 1987, S. 63. *E. Schlink*, Ökumenische Dogmatik, S. 272. *H. Küng*, Christ sein, S. 308. *G. O'Collins*, Interpreting Jesus, S. 60–185.

26 *E. Schlink*, Ökumenische Dogmatik, S. 272.

27 Ebd., S. 273.

28 *H. Küng*, Christ sein, S. 308. Ebenso: *W. Kasper*, Jesus der Christus, S. 170–188. *E. Schillebeeckx*, Jesus, S. 472–482.

29 *E. Jüngel*, Gott als Geheimnis der Welt, S. 498.

30 Ebd., S. 499.

31 *K. Rahner*, Christologie heute, in: Schriften Bd. XV, S. 221.

32 *G. Ebeling*, Dogmatik Bd. II, S. 334 f.

33 *J. Moltmann*, Der gekreuzigte Gott, S. 165.

34 Ebd., S. 182.

B. Christologie jenseits von Theismus und Atheismus

I. Selbstunterscheidung in Gott – Voraussetzung der Präexistenz?

1 *E. Jüngel,* Gott als Geheimnis der Welt, S. IX (künftig abgekürzt zitiert: GGW).
2 Zum Problem des Theismus vgl. vor allem *P. Tillich,* Mut zum Sein, Hamburg 1965.
3 GGW, S. 56.
4 Ebd.
5 Dies wurde erstmals programmatisch deutlich in: *E. Jüngel,* Gottes Sein ist im Werden. Verantwortliche Rede vom Sein Gottes bei Karl Barth. Eine Paraphrase, Tübingen 1967.
6 *E. Jüngel,* ... keine Menschenlosigkeit Gottes ... Zur Theologie Karl Barths zwischen Theismus und Atheismus, in: *ders.,* Barth-Studien, Zürich–Gütersloh 1982, S. 332–347, Zit. S. 334.
7 Besonders aufschlußreich dafür ist Jüngels Kritik an W. Pannenberg, in: GGW, S. 19f.
8 GGW, S. X.
9 GGW, S. 410.
10 GGW, S. 46.
11 GGW, S. 47.
12 GGW, S. 496.
13 GGW, S. 481.
14 GGW, S. 481f.
15 GGW, S. 482–505.
16 GGW, S. 493.
17 Ausführliche Analyse zum Topos »Tod Gottes« in: GGW, S. 55–137.
18 GGW, S. 409.
19 GGW, S. 496.
20 GGW, S. 498 (Unterstreichung von mir).
21 GGW, S. 409.
22 Ebd.
23 GGW, S. 430.
24 GGW, S. 448.
25 GGW, S. 508.
26 Ebd.
27 GGW, S. 509.
28 GGW, S. 524.
29 GGW, S. 526.
30 GGW, S. 526f.
31 GGW, S. 527.
32 GGW, S. 510f.
33 GGW, S. 511.
34 Über die Entwicklung seiner Theologie gibt *J. Moltmann* selber Auskunft in:

W. Jens (Hrsg.), Warum ich Christ bin, München 1979, S. 264–280 (»Der Gott, auf den ich hoffe«). Ebenso in: *J. B. Bauer (Hrsg.)*, Entwürfe der Theologie, Graz–Wien–Köln 1985, S. 235–257.

Zur *Christologie von J. Moltmann: P. F. Momose*, Kreuzestheologie. Eine Auseinandersetzung mit Jürgen Moltmann, Freiburg/Br. 1978. *M. Welker (Hrsg.)*, Diskussion über Jürgen Moltmanns Buch »Der gekreuzigte Gott«, München 1979. *J. Niewiadomski*, Die Zweideutigkeit von Gott und Welt in J. Moltmanns Theologien, Innsbruck 1982.

35 *J. Moltmann*, Der Gott, auf den ich hoffe, S. 270f.

36 Ebd., S. 277.

37 Zur *Trinitätslehre* von *J. Moltmann* vgl. neben dem Buch »Trinität und Reich Gottes« noch folgende Aufsätze und Schriften: *Gedanken zur trinitarischen Geschichte Gottes*, in: Evangelische Theologie 35 (1975), S. 208–223. *Christliche Trinitätslehre*, in: P. Lapide–J. Moltmann, Jüdischer Monotheismus – Christliche Trinitätslehre. Ein Gespräch, München 1979, S. 32–46. *Die Gemeinschaft des Heiligen Geistes. Zur trinitarischen Pneumatologie*, in: Theologische Literaturzeitung 107 (1982), S. 705–715. *Die Einheit des dreieinigen Gottes. Bemerkungen zur heilsgeschichtlichen Begründung und zur Begrifflichkeit der Trinitätslehre*, in: W. Breuning (Hrsg.), Trinität. Aktuelle Perspektiven der Theologie, Freiburg/Br. 1984, S. 97–113. *Gott in der Schöpfung. Ökologische Schöpfungslehre*, München 1985. In seinem neuesten Buch zur Christologie »*Der Weg Jesu Christi. Christologie in messianischen Dimensionen*«, München 1989, geht J. Moltmann auf die Trinitätslehre und Präexistenzchristologie nicht mehr eigens ein. Moltmann will hier bewußt vom »Weg Jesu Christi« erzählen: »Ich habe dieser Christologie darum nicht das christologische Dogma der Alten Kirche zugrundegelegt, sondern bin – soweit es in meinen Kräften stand – historisch und exegetisch in die biblischen Traditionsgeschichten zurückgekehrt, um mit ihrer Hilfe zu neuen, gegenwärtig relevanten Christusinterpretationen zu kommen. Diese Christologie ist darum auch eine narrative Christologie, die Erinnerungen mit Erwartungen Christi verbinden will« (S. 12).

38 *J. Moltmann*, Der Gott, auf den ich hoffe, S. 278.

49 Ebd.

40 Ebd.

41 *J. Moltmann*, Trinität und Reich Gottes, München 1980, S. 20 (künftig abgekürzt zitiert: TRG).

42 Ebd.

43 Alle Zitate dieses Abschnittes in: TRG, S. 34f.

44 TRG, S. 35.

45 TRG, S. 25.

46 TRG, S. 73.

47 So etwa TRG, S. 127–133.

48 TRG, S. 74.

49 Ebd.

50 TRG, S. 75.

51 Ebd.

52 TRG, S. 76.

53 TRG, S. 77.

54 TRG, S. 80.

55 TRG, S. 81.
56 Alle Zitate TRG, S. 80.
57 TRG, S. 83.
58 TRG, S. 84.
59 TRG, S. 84f.
60 *L. Goppelt*, Theologie des NT, S. 252.
61 TRG, S. 90. Die Zitate davor beziehen sich auf die Seiten 87–89.
62 TRG, S. 90.
63 Ebd.
64 Vgl. *J. Moltmann–P. Lapide*, Jüdischer Monotheismus – Christliche Trinitätslehre, bes. S. 50f.
65 TRG, S. 90.
66 Ebd.
67 TRG, S. 91.
68 Ebd.
69 TRG, S. 103.
70 TRG, S. 96.
71 TRG, S. 94.
72 TRG, S. 95.
73 Ebd.
74 TRG, S. 180.
75 Vgl. dazu auch den Artikel von *J. Moltmann*, Ich glaube an Gott, den Vater. Patriarchalische oder nichtpatriarchalische Rede von Gott?, in: Evangelische Theologie 43 (1983), S. 397–415.
76 TRG, S. 181.
77 *G. Ebeling*, Dogmatik Bd. III, S. 535.
78 Ebd., S. 540.
79 Ebd., Bd. II, S. 76.
80 *W. Joest*, Dogmatik, S. 338.
81 Ebd., S. 339.
82 Ebd., S. 339f.
83 Ebd., S. 241.
84 Ebd., S. 242. Vgl. auch *W. Trillhaas*, Dogmatik, S. 266–276.

II. Die Unableitbarkeit und universale Bedeutung Jesu: Wege einer geschichtlichen Interpretation der Präexistenzaussagen

1 *A. Schweitzer*, Geschichte der Leben-Jesu-Forschung (1906), Taschenbuchausgabe in 2 Bdn. Hamburg 1966, Bd. II, S. 621.
2 *W. Kasper*, Jesus der Christus, Mainz 1974, S. 176 (künftig abgekürzt zitiert: JCh).
3 JCh, S. 175.
4 JCh, S. 97.
5 JCh, S. 98.
6 JCh, S. 198f.
7 JCh, S. 172.
8 JCh, S. 207.
9 Ebd.

10 Ebd.
11 JCh, S. 204.
12 Ebd.
13 Wir zitieren hier die präzisere spätere Fassung dieses Gedankens in: *W. Kasper*, Der Gott Jesu Christi, Mainz 1982, S. 227f.; vgl. JCh, S. 209f.
14 JCh, S. 205.
15 JCh, S. 222.
16 *W. Kasper*, Neuansätze gegenwärtiger Christologie, in: Wer ist Jesus Christus? hrsg. v. J. Sauer, Freiburg/Br. 1977, S. 121–150, Zit. S. 146.
17 Ebd., S. 150.
18 JCh, S. 218.
19 *W. Kasper*, Der Gott Jesu Christi, S. 205 (künftig abgekürzt zitiert: GJCh).
20 JCh, S. 220f.
21 GJCh, S. 243.
22 GJCh, S. 244.
23 Ebd.
24 Ebd.
25 GJCh, S. 244f.
26 *H. Küng*, Menschwerdung Gottes. Eine Einführung in Hegels theologisches Denken als Prolegomena zu einer künftigen Christologie, Freiburg/Br. 1970, S. 610.
27 Umfassender Überblick über die Publikationen von *H. Küng* bei: *H. Häring–K. J. Kuschel*, Hans Küng, Weg und Werk, München 1981, S. 213–264 (künftig abgekürzt zitiert: WuW).
Zur Christologie von Hans Küng: W. Kasper, Christologie von unten? Kritik und Neuansatz gegenwärtiger Christologie, in: Grundfragen der Christologie heute, hrsg. v. L. Scheffczyk, Freiburg/Br. 1975, S. 159–165. Dazu: *H. Küng*, Anmerkungen zu W. Kasper »Christologie von unten?«, ebd., S. 170–179. Dazu: *W. Kasper*, Für eine Christologie in geschichtlicher Perspektive. Replik auf die Anmerkungen von Hans Küng, ebd., S. 179–183. *A. Grillmeier*, Jesus von Nazaret – im Schatten des Gottessohnes?, in: Diskussion über Hans Küngs »Christ sein«, Mainz 1976, S. 60–82; *ders.*, Die Einzigartigkeit Jesu Christi und unser Christsein. Zu Hans Küngs »Christ sein«, in: Theologie und Philosophie 51 (1976), S. 196–243; *ders.*, Wir glauben an den einen Herrn, Jesus Christus, Gottes eingeborenen Sohn. Unwandelbare Lehre im Wandel der Verkündigung, in: Zur Sache. Theologische Streitfragen im »Fall Küng«, hrsg. v. L. Bertsch–M. Kehl, Würzburg 1980, S. 35–79. *P. Hünermann*, Information – Reflexion – Kritik. Zur Auseinandersetzung zwischen H. Küng und dem kirchlichen Lehramt, in: Zur Sache. Theologische Streitfragen im »Fall Küng«, S. 154–171. *H. G. Pöhlmann*, Solidarität unter Vorbehalt. Evangelische Erwägungen zur Christologie von Hans Küng, in: Lutherische Monatshefte 19 (1980), S. 525–527. *R. A. Krieg*, Is Jesus the Focus of Küng's Christology?, in: The Heythrop Journal 22 (1981), S. 243–260. *E. Huovinen*, Idea Christi. Die idealistische Denkform und Christologie in der Theologie von H. Küng, Hannover 1985.
28 *H. Küng*, Rechtfertigung. Die Lehre Karl Barths und eine katholische Besinnung, Einsiedeln 1957 (vgl. dort den hochspekulativen Exkurs I: Der Erlöser in Gottes Ewigkeit).
29 WuW, S. 167.

30 *H. Küng,* Menschwerdung Gottes, S. 556.
31 *H. Küng,* Christ sein, S. 285 (künftig abgekürzt zitiert: CS).
32 Ebd.
33 So *A. Grillmeier,* Die Einzigartigkeit Jesu Christi, S. 207
34 *W. Kasper,* Christsein ohne Tradition?, in: Diskussion über Hans Küng »Christ sein«, Mainz 1976, S. 30.
35 CS, S. 297.
36 CS, S. 303.
37 CS, S. 373.
38 CS, S. 434.
39 CS, S. 435.
40 CS, S. 435 f.
41 Alle Zitate CS, S. 436.
42 Vgl. CS, S. 437 f.
43 So etwa: *W. Kasper,* Für eine Christologie in geschichtlicher Perspektive. Replik auf die Anmerkungen von H. Küng, S. 182.
44 So die Röm. Glaubenskongregation in: *N. Greinacher–H. Haag (Hrsg.),* Der Fall Küng: Eine Dokumentation, München 1980, S. 107 (Erklärung vom 18. Dez. 1979). Ähnlich die Deutsche Bischofskonferenz in ihrem »Gemeinsamen Kanzelwort« vom 7. Jan. 1980, in: Der Fall Küng, S. 160.
45 So etwa *W. Kasper,* Neuansätze gegenwärtiger Theologie, S. 145.
46 Alle Zitate: *H. Küng,* Existiert Gott? Antwort auf die Gottesfrage der Neuzeit, München 1978, S. 855. Vgl. auch: *H. Küng,* Glauben an Jesus Christus, Zürich 1982, S. 29–46.
47 *H. Küng,* Existiert Gott?, S. 748.
48 Ebd., S. 748 f.
49 *H. Küng,* Anmerkungen zu W. Kasper »Christologie von unten?«, S. 174.
50 Ebd., S. 176.
51 *H. Küng,* Existiert Gott?, S. 750.
52 Ebd.
53 Ebd. zu Küngs Christologie vgl. auch die zustimmenden Äußerungen von *K. Rahner,* Ich sehe keinen Affront, in: Der Fall Küng, S. 444 sowie *D. Wiederkehr,* Kritische Respektierung: Fall »Küng« oder Fall »Glaubenskongregation?«, in: Der Fall Küng, S. 320 f.
54 *H. Küng,* Existiert Gott?, S. 767.
55 *E. Jüngel,* Theologie der Gnade. Zu E. Schillebeeckx »Christus und die Christen«, in: Evangelische Kommentare 12 (1979), S. 360.
56 Die wichtigsten deutschsprachigen Rezensionen zu *E. Schillebeeckx* »Jesus. Die Geschichte von einem Lebenden«: *N. Greitemann,* in: Herder Korrespondenz 29 (1975), S. 306–309. *E. Schweizer,* in: Neue Zürcher Zeitung vom 16./17. April 1976. *W. Kasper,* in: Evangelische Kommentare 9 (1976), S. 357–360. *W. Breuning,* in: Theologische Revue 73 (1977), S. 89–95. *R. Slenczka,* in: Theologische Literaturzeitung 103 (1978), S. 423–426. Seinen Kritikern gegenüber nimmt *E. Schillebeeckx* Stellung in: Die Auferstehung Jesu als Grund der Erlösung. Zwischenbericht über die Prolegomena zu einer Christologie, Freiburg/Br. 1979.
Die wichtigsten deutschsprachigen Rezensionen zu *E. Schillebeeckx* »Christus und die Christen«: *H. G. Koch,* in: Herder Korrespondenz 21 (1978), S. 102 f. *G. Greshake,* in: Theologische Revue 74 (1978), S. 310–314.

R. Slenczka, in: Theologische Literaturzeitung 104 (1979), S. 294–298. *E. Jüngel*, in: Evangelische Kommentare 12 (1979), S. 360.

57 *G. Greshake* in seiner Rez., S. 314.

58 *E. Schillebeeckx*, Jesus, S. 27 (künftig abgekürzt zitiert: J).

59 J, S. 28.

60 J, S. 532.

61 J, S. 526.

62 So etwa in: J, S. 492.

63 J, S. 382.

64 J, S. 474.

65 J, S. 381.

66 *E. Schillebeeckx*, Christus und die Christen. Die Geschichte einer neuen Lebenspraxis, Freiburg/Br. 1977, S. 164 (künftig abgekürzt zitiert: Ch).

67 Vgl. zur Präexistenz im Phil.-Hymnus: Ch, S. 160 u. 165.

68 Die Interpretation des »prototokos« in Kol 1,15b im Sinne von »geschaffen und doch präexistent« dürfte unzutreffend sein (vgl. meine Interpretation zur Stelle im II. Hauptteil). Es ist bedauerlich, daß Schillebeeckx die neueste Literatur zum Kol-Brief die vor 1979 vorlag, nicht einbezogen hat (z. B. E. Schweizer, J. Gnilka, E. Zeilinger, A. Hocke, N. Kehl, J. G. Gibbs).

69 Ch, S. 175.

70 Vgl. Ch, S. 226–281, bes. S. 240–242.

71 Zur Frage der Rückprojektion des »kirchlichen« Christus auf den »historischen« vgl. die unterschiedlichen Aussagen in: Ch., S. 311 und 336.

72 Ch, S. 417.

73 J, S. 532.

74 J, S. 28.

75 J, S. 580.

76 J, S. 582f.

77 J, S. 584.

78 J, S. 532.

79 J, S. 582.

80 J, S. 584.

81 Ebd.

82 J, S. 586.

83 Alle Zitate J, S. 586f.

84 J, S. 592.

85 Ebd.

86 Ch, S. 784–787; 806–815; 823–835.

87 *E. Schillebeeckx*, Die Auferstehung als Grund der Erlösung, S. 148.

88 Die Dokumente des »Falles Schillebeeckx« sind greifbar bei: *T. Schoof (Hrsg.)*, The Schillebeeckx Case. Official exchange of letters and documents in the investigation of Fr. E. Schillebeeckx by the Sacred Congregation for the Doctrine of the Faith 1976–1980, New York 1980 (künftig abgekürzt zitiert: Dok). Stellungnahmen vor allem zum Röm. Kolloquium: *B. van Iersel*, Wie fair war das Kolloquium mit Schillebeeckx? in: Orientierung 44 (1980), S. 42–45. *H. Häring*, »Sohn Gottes«, er ist es, was aber heißt das? Zum inhaltlichen Ergebnis im römischen Prozeß von E. Schillebeeckx, in: Orientierung 44 (1980), S. 83–86. *H. Rikhof*, Of Shadows and Substance. Analysis and Evaluation of the Documents in the Schillebeeckx Case, in: JES 19 (1982), S. 244–267.

89 J, S. 593.
90 Dok., S. 27.
91 Dok., S. 35.
92 Ebd.
93 Dok., S. 59.
94 Dok., S. 60.
95 Dok., S. 123.
96 Ebd.
97 Dok., S. 123f.
98 Dok., S. 148.
99 *E. Schillebeeckx,* Theologische Reflexionen im Rückblick, in: Theologie der Gegenwart 24 (1981), S. 142–146, Zit. S. 146.
100 Alle Zitate ebd., S. 145f.
101 Alle Zitate ebd., S. 146.
102 *E. Schillebeeckx,* Die Auferstehung Jesu als Grund der Erlösung, S. 148.

Epilog

Was heißt: Ich glaube an Jesus Christus – Gottes ewigen Sohn? Antwortversuche und künftige Gesprächsfelder

1 *S. Heym*, Ahasver. Roman, München 1981, S. 208f.

2 *W. Jens*, Vorwort zu K.-J. Kuschel, Jesus in der deutschsprachigen Gegenwartsliteratur (1978), München TB-Ausgabe 1987, S. XVI.

3 *Bibel und Christologie*, S. 206.

4 Ebd., S. 65 (Nr. 1.2.1.1).

5 Ebd., S. 67 (Nr. 1.2.2.1).

6 Zum *Judentum* vgl. den entsprechenden Abschnitt in dieser *Studie*. *Zum Islam* vgl. das in der Einleitung Ausgeführte über die verschiedenen Präexistenzvorstellungen im Islam. *Neuere Literatur zum Thema Jesus/Christologie und Islam: H. Räisänen*, The Portrait of Jesus in the Qur'an. Reflections of a Biblical Scholar, in: The Muslim World 70 (1980), S. 122–133. *F. Köster*, Jesus im Islam, in: Jesus in den Weltreligionen, St. Ottilien 1981, S. 51–76. *F. P. Cotterell*, The Christology of Islam, in: Christ the Lord. Studies in Christology presented to D. Guthrie, Leicester 1982, S. 282–298. *J. Bouman*, Monotheismus-Trinität-Jesus. Eine theologische Grundfrage im Dialog mit dem Islam, in: Bibel und Kirche H. 1/1984, S. 8–15; *ders.*, Der Glaube an den einen Gott im Christentum und im Islam, Gießen–Basel 1983. *A. Th. Khoury*, Jesus und die Christologie in den Aussagen des Korans, in: Bibel und Kirche H. 1/1984, S. 15–20. *H. Küng–J. van Ess*, Der Islam und die anderen Religionen. Jesus im Koran, in: H. Küng u. a., Christentum und Weltreligionen. Hinführung zum Dialog mit Islam, Hinduismus und Buddhismus, München 1984, S. 157–201 (Lit!). *K. Cragg*, Jesus and the Muslim, London 1985; *ders.*, The Christ and the Faiths, London 1986, bes. S. 29–93. *R. Hassan*, Messianism and Islam, in: JES 22 (1985), S. 261–291.

7 *Neuere Literatur zum Thema Jesus/Christologie und der Hinduismus: S. J. Samartha*, Hindus vor dem universalen Christus. Beiträge zu einer Christologie in Indien, Stuttgart 1970. *M. M. Thomas*, The Acknowledged Christ in the Indian Renaissance, Madras 1970. *L. F. M. van Bergen*, Eine indische Christologie, in: *H. Bettscheider (Hrsg.)*, Das asiatische Gesicht Christi, St. Augustin 1976, S. 35–47. *B. H. Willeke*, Das Jesusbild im Hinduismus, in: Jesus in den Weltreligionen, St. Ottilien 1981, S. 77–98. *H. Bürkle*, Der kosmische Christus. Ein Kapitel indischer Theologie, in: Jesus in den Weltreligionen, St. Ottilien 1981, S. 117–145. *G. M. Soares-Prabhu (Hrsg.)*, Das Johannesevangelium in indischer Deutung, Freiburg/Br. 1984. *H. Küng–H. v. Stietencron*, Religiöse Praxis: Ritus, Mythos, Meditation, in: H. Küng u. a., Christentum und Weltreligionen, München 1984, S. 350–408 (Lit!). *M. v. Brück*, Gott, Gotteserfahrung und Meditation im hinduistisch-christlichen Dialog, München 1986. *D. Koch*, Entwurf einer vedischen Dreifaltigkeitslehre, in: H.-J. Braun–D. J. Krieger (Hrsg.), Indische Religionen und das Christentum im Dialog, Zürich 1986, S. 75–95. *K. Cragg*, Christologies and India, in: ders.,

The Christ and the Faiths. Theology in Cross-Reference, London 1986, S. 175–241. *R. Panikkar,* Der unbekannte Christus im Hinduismus, Neuausgabe Mainz 1986. *M. Vekathanam,* Christology in the Indian Anthropological Context. An Evaluative Encounter with K. Rahner and W. Pannenberg, Frankfurt/M.–Bern–New York 1986 (Lit!). *A. Pieris,* Theologie der Befreiung in Asien. Christentum im Kontext der Armut und der Religionen, Freiburg/Br. 1986. *F. D'sa,* Gott der Dreieine und der All-Ganze. Vorwort zur Begegnung zwischen Christentum und Hinduismus, Düsseldorf 1987.
Neue Literatur zum Thema Jesus/Christologie – Buddhismus: J. Cobb, Beyond Dialogue. Towards Mutual Transformation of Christianity and Buddhism, Philadelphia 1982. *A. Pieris,* Sprechen vom Sohn Gottes in nichtchristlichen Kulturen – zum Beispiel Asien, in: Concilium 18 (1982), S. 206–211; *ders.,* Christianity and Buddhism in Core-to-Core Dialogue, in: Cross Currents 37/1 (1987), S. 47–75. *H. Waldenfels,* Faszination des Buddhismus. Zum christlich-buddhistischen Dialog, Mainz 1982; *ders.,* An der Grenze des Denkbaren. Meditation – Ost und West, München 1988. *H. Küng–H. Bechert,* Buddhismus und Gesellschaft. Buddhismus in unserer Zeit, in: H. Küng u. a., Christentum und Weltreligionen, München 1984, S. 560–614 (Lit!). *K. Cragg,* The Buddha and the Self, in: *ders.,* The Christ and the Faiths. Theology in Cross-Reference, London 1986, S. 245–313. *K. Takizawa,* Das Heil im Heute. Texte einer japanischen Theologie, Göttingen 1987.

8 *Neuere Literatur zum Thema Jesus/Christologie und chinesische Religionen: R. P. Kramers,* Der vollkommene Mensch in konfuzianischer und in christlicher Sicht. Das gegenwärtige Gespräch zwischen chinesischen Konfuzianern und Christen; in: Evangelische Missionszeitschrift 23 (1966), S. 87–101. *A. B. Chang Ch'un-shen,* Dann sind Himmel und Mensch in Einheit. Bausteine chinesischer Theologie, Freiburg/Br. 1984. *L. Gutheinz,* China im Wandel. Das chinesische Denken im Umbruch seit dem 19. Jhdt., München 1985. *H. Küng–J. Ching,* Christentum und Chinesische Religion, München 1988 (Lit!).

9 Zum *Dialog Theologie – Naturwissenschaft* liegt neuerdings eine umfassende Übersicht über die neuere Literatur vor: *J. Hübner (Hrsg.),* Der Dialog zwischen Theologie und Naturwissenschaft. Ein bibliographischer Bericht, München 1987.
Neuere kosmologische Entwürfe: St. Weinberg, Die ersten drei Minuten. Der Ursprung des Universums, München 1977. *O. Heckmann,* Sterne-Kosmos-Weltmodelle, München 1977. *E. Harrison,* Cosmology, Cambridge 1981. *H. Fritzsch,* Vom Urknall zum Zerfall. Die Welt zwischen Anfang und Ende, München 1983. *S. Hawkins,* Kurze Geschichte der Zeit. Die Suche nach der Urkraft des Universums, Hamburg 1988. *Neuere theologische Gesprächsansätze: H. Küng,* Existiert Gott? Antwort auf die Gottesfrage der Neuzeit, München 1978. *H. v. Ditfurth,* Wir sind nicht nur von dieser Welt, Hamburg 1981. *S. N. Bosshard,* Erschafft die Welt sich selbst? Die Selbstorganisation von Natur und Mensch aus naturwissenschaftlicher, philosophischer und theologischer Sicht, Freiburg/Br. 1985. *J. Moltmann,* Ökologische Schöpfungslehre, München 1985. *P. Davies,* Gott und die moderne Physik, Gütersloh 1986. *W. Pannenberg,* Schöpfungstheologie und moderne Naturwissenschaft, in: Gottes Zukunft – Zukunft der Welt. FS J. Moltmann, München 1986, S. 276–291.

Neuere philosophisch-religiöse Gesprächsansätze: C. Capra, Das Tao der Physik. Die Konvergenz von westlicher Wissenschaft und östlicher Philosophie (engl. 1975); dt.: Bern–München–Wien 1983; *ders.,* Das Neue Denken. Aufbruch zu neuem Bewußtsein. Die Entstehung eines ganzheitlichen Weltbildes im Spannungsfeld zwischen Naturwissenschaft und Mystik, Bern–München–Wien 1987. *G. Zukav,* Die tanzenden Wu Li Meister. Der östliche Pfad zum Verständnis der modernen Physik: Vom Quantensprung zum Schwarzen Loch (engl. 1979); dt. Hamburg 1981.

10 *Zum Jesus-Bild der zeitgenössischen Literatur* vgl.: *K.-J. Kuschel,* Jesus in der deutschsprachigen Gegenwartsliteratur (1978), TB-Ausgabe München 1987; *ders.,* Der andere Jesus. Ein Lesebuch moderner literarischer Texte (1980), TB-Ausgabe München 1987.

Zum Jesus-Bild der zeitgenössischen Kunst: H. Schwebel, Das Christusbild in der bildenden Kunst der Gegenwart, Gießen 1980. *G. Rombold–H. Schwebel,* Christus in der Kunst des 20. Jhdts., Freiburg/Br. 1983. *F. J. van der Grinten–F. Mennekes,* Menschenbild – Christusbild. Auseinandersetzung mit einem Thema der Gegenwartskunst, Stuttgart 1984.

11 *Neuere Literatur zur Christologie der lateinamerikanischen Befreiungstheologie: J. M. Bonino,* Faces of Jesus. Latin American Christologies, New York 1977, 2. Aufl. 1985. *N. Greinacher,* Die Kirche der Armen. Zur Theologie der Befreiung, München 1980; *ders. (Hrsg.),* Konflikt um die Theologie der Befreiung. Diskussion und Dokumentation, Zürich 1985. *C. Bussmann,* Befreiung durch Jesus? Die Christologie der lateinamerikanischen Befreiungstheologie, München 1980. *H. Goldstein,* Befreiungstheologie als Herausforderung, Düsseldorf 1981. *C. Collet (Hrsg.),* Der Christus der Armen. Das Christuszeugnis der lateinamerikanischen Befreiungstheologie, Freiburg/Br. 1988.

12 *Neuere Literatur zur Christologie in der feministischen Theologie: A. Röper–K. Rahner,* Ist Gott ein Mann? Ein Gespräch, Düsseldorf 1979, S. 66–78. *E. Moltmann-Wendel,* Ein eigener Mensch werden. Frauen um Jesus, Gütersloh 1980; *dies.,* Das Land, wo Milch und Honig fließt. Perspektiven einer feministischen Theologie, Gütersloh 1985. *C. M. Halkes,* Gott hat nicht nur starke Söhne. Grundzüge einer feministischen Theologie, Gütersloh 1980. *J. Wenck,* Gott ist im Mann zu kurz gekommen. Eine Frau über Jesus von Nazaret, Gütersloh 1982. *R. R. Ruether,* Sexismus und die Rede von Gott. Schritte zu einer anderen Theologie (engl. 1983); dt.: Gütersloh 1985. *H. Wöller,* Ein Traum von Christus. In der Seele geboren, im Geist erkannt, Stuttgart 1987. *Ch. Mulack,* Jesus – der Gesalbte der Frauen. Weiblichkeit als Grundlage christlicher Ethik, Stuttgart 1987.

13 *W. Thüsing,* Die neutestamentlichen Theologien und Jesus Christus Bd. I, Düsseldorf 1981, S. 264.

14 *K. Rahner–W. Thüsing,* Christologie, S. 253.

15 *J. Blank,* Jesus und Paulus, S. 266.

16 *K. H. Schelkle,* Theologie des NT Bd. II, S. 189. Ebenso: *W. Trillhaas,* Dogmatik, S. 266.

17 *K. Rahner–W. Thüsing,* Christologie, S. 249.250.

18 Vgl. Hauptteil I: B V/4: Der Herr aller Zeit als Mensch seiner Zeit.

19 *K. H. Schelkle,* Theologie des NT Bd. II, S. 189.

20 *K. Rahner–W. Thüsing,* Christologie, S. 250f.

21 Was den *Text von Nikaia und Konstantinopel* betrifft: In Konstantinopel wurde die Wendung »aus dem Wesen des Vaters«, die sich ursprünglich im nizänischen Credo befand, wieder gestrichen. Sonstige kleinere sprachliche Anpassungen sind nicht von inhaltlicher Bedeutung. Zur *theologiegeschichtlichen Einordnung* der beiden Konzilien vgl. neben den klassischen Dogmengeschichten von *A. v. Harnack, R. Seeberg, F. Loofs* an neuerer Literatur: *I. Ortiz de Urbina,* Nizäa und Konstantinopel, Mainz 1964. *J. Pelikan,* The Christian Tradition. A History of the Development of Doctrine Bd. I, Chicago–London 1971. *J. N. D. Kelly* Altchristliche Glaubensbekenntnisse. Geschichte und Theologie, Göttingen 1972. *Chr. Stead,* Divine Substance, Oxford 1977, S. 190–222 (»The Word Homoousios«); S. 223–266 (»Nicaea«). *A. Grillmeier,* Jesus Christus im Glauben der Kirche Bd. I, Freiburg/Br. 2. Aufl. 1979. *A. M. Ritter,* Dogma und Lehre in der Alten Kirche, in: Handbuch der Dogmen- und Theologiegeschichte Bd. I, hrsg. v. C. Andresen, Göttingen 1982, S. 99–283. *K. Beyschlag,* Grundriß der Dogmengeschichte Bd. I, Darmstadt 2. Aufl. 1988.

22 Einige Schlüsselpublikationen seien hier genannt: *F. Ricken,* Das Homousios von Nikaia als Krisis des altchristlichen Platonismus, in: Zur Frühgeschichte der Christologie, hrsg. v. B. Welte, Freiburg/Br. 1970, S. 74–99. *K. Lehmann,* Dogmengeschichtliche Hermeneutik am Beispiel der Christologie des Konzils von Nikaia, in: Jesus. Ort der Erfahrung Gottes, Freiburg/Br. 1976, S. 190–209 (Lit.!). *W. Kasper,* Der Gott Jesu Christi, Mainz 1982, S. 224–229.313–321. *K. Lehmann–W. Pannenberg (Hrsg.),* Glaubensbekenntnis und Kirchengemeinschaft. Das Modell des Konzils von Konstantinopel (381), Freiburg/Br.–Göttingen 1982. *Th. Schneider,* Was wir glauben. Eine Auslegung des Apostolischen Glaubensbekenntnisses, Düsseldorf 1985, S. 220–231.

23 *K. Lehmann,* Dogmengeschichtliche Hermeneutik, S. 193.

24 *A. M. Ritter,* Dogma und Lehre, S. 148.

25 Zum *Arianismus* vgl. neben den Anm. 21 genannten Dogmengeschichten und Überblickswerken neuerdings: *A. M. Ritter,* Art. Arianismus, in: TRE Bd. III, Berlin–New York 1978, S. 692–719 (Lit.!). *R. C. Gregg–D. E. Groh,* Early Arianism. A View of Salvation, Philadelphia 1981.

26 *Texte von Arius* bei: *H. Karpp,* Textbuch zur altkirchlichen Christologie, Neukirchen–Vluyn 1972, S. 83–86, Zit. S. 86. Ebenso: *A. M. Ritter,* Alte Kirche. Ein Arbeitsbuch, Neukirchen–Vluyn 1977, S. 130–138.

27 Zit. nach *H. Karpp,* Textbuch, S. 84.

28 *K. Lehmann,* Dogmengeschichtliche Hermeneutik, S. 199.

29 Das Anathem von Nikaia lautet vollständig: »Diejenigen, die da sagen, es habe eine Zeit gegeben, da der Sohn Gottes nicht war, und er sei nicht gewesen, bevor er gezeugt wurde, und er sei aus Nichts geworden oder aus einer anderen Substanz oder Wesenheit oder der Sohn Gottes sei wandelbar oder veränderlich, diese schließt die Apostolische und Katholische Kirche aus« (D 156; NR 126).

30 So *K. Beyschlag,* Grundriß, S. 273.

31 Vgl. *A. Grillmeier,* Jesus der Christus, S. 408–413. Das Wort entstammt wohl ursprünglich »aus der Emanationslehre der valentinianischen Gnosis und war darum vielen Vätern in Nikaia und erst recht vielen Bischöfen und Theologen nach Nikaia höchst verdächtig« (so W. Kasper, Der Gott Jesu Christi, S. 228).

32 Vgl. dazu: *K. Lehmann*, ebd., S. 200. *Th. Schneider*, Was wir glauben, S. 224. *R. Seeberg*, Lehrbuch der Dogmengeschichte Bd. II, Darmstadt 1974, S. 26.

33 *R. Seeberg*, ebd., S. 27.

34 Vgl. *Athanasius*, De Syn. 41.

35 *K. Lehmann*, ebd., S. 202.

36 *Evangelischer Erwachsenenkatechismus*. Kursbuch des Glaubens, Gütersloh 1975, S. 407f. Ähnlich: *H.-G. Link (Hrsg.)*, Ein Gott–Ein Herr–Ein Geist. Zur Auslegung des Apostolischen Glaubens heute, Frankfurt/M. 1987, S. 73f.

37 *Katholischer Erwachsenenkatechismus*. Das Glaubensbekenntnis der Kirche, Kevelaer 1985, S. 79. Auf seine Weise hat Kardinal *J. Ratzinger* die Grundaussage von Nikaia wie folgt eindrücklich beschrieben: »Diese philosophische Vokabel ›gleichwesentlich‹ fügt dem Neuen Testament nichts hinzu, sondern ist an der entscheidenden Stelle seines Zeugnisses die Verteidigung seiner Wörtlichkeit gegen jeden Allegorismus. Sie bedeutet also dies: Gottes Wort täuscht uns nicht. Jesus wird nicht nur als Sohn Gottes *bezeichnet*, er *ist* es. Gott bleibt nicht auf ewig unter der Wolke der Bilder verborgen, die mehr verdecken als öffnen. Er rührt den Menschen wirklich an und läßt sich vom Menschen wirklich anrühren in dem, der der Sohn *ist*. Indem das Neue Testament vom Sohn spricht, durchbricht es die Bilderwand der Religionsgeschichte und zeigt uns die Wirklichkeit – die Wahrheit, auf der wir stehen, leben und sterben können« (Schauen auf den Durchbohrten. Versuche zu einer spirituellen Christologie, Einsiedeln 1984, S. 32f.).

38 *K. Lehmann*, ebd., S. 205. Ebenso: *W. Kasper*, Der Gott Jesu Christi, S. 229.

39 *Th. Schneider*, Was wir glauben, S. 226f.

40 *W. Kasper*, Der Gott Jesu Christi, S. 228.

41 *Athanasius*, De Syn. 45,7; *ders.*, Ep. ad Afros 6. Vgl. dazu *F. Ricken*, ebd., S. 96f.

42 *K. Lehmann*, ebd., S. 203f.

43 *B. Welte*, Die Krisis der dogmatischen Christusaussagen, in: Die Frage nach Jesus, hrsg. v. A. Paus, Graz–Wien–Köln 1973, S. 151–179, Zit. S. 168; *ders.*, Die Lehrformel von Nikaia und die abendländische Metaphysik, in: Zur Frühgeschichte der Christologie, hrsg. v. B. Welte, Freiburg/Br. 1970, S. 100–117.

44 *W. Kasper*, Der Gott Jesu Christi, S. 228.

45 *B. Welte*, Die Krisis, S. 176f.

46 *K. Rahner–W. Thüsing*, Christologie, S. 251.

47 *M. Daly*, Jenseits von Gottvater, Sohn und Co. Aufbruch zu einer Philosophie der Frauenbewegung, München 1980.

48 Vgl. dazu die überzeugenden Ausführungen von *H. Häring*, Die Mutter als die Schmerzensreiche. Zur Geschichte des Weiblichen in der Trinität, in: *M.-Th. Wacker (Hrsg.)*, Der Gott der Männer und die Frauen, Düsseldorf 1987, S. 38–69, sowie *A. Jensen*, Wie patriarchalisch ist die Ostkirche? Frauenfragen in der orthodoxen Theologie, in: Una Sancta 40 (1985), S. 130–145.

49 *J. Sobrino*, Der Glaube an den Sohn Gottes aus der Sicht eines gekreuzigten Volkes, in: Concilium 18 (1982), S. 171–176, Zit. S. 175f.

50 Überprüft man die in Anm. 11 (Epilog) genannten lateinamerikanischen christologischen Ansätze, so fällt ein Defizit in dieser Frage auf. Einzige bedeutende Ausnahme ist die – allerdings ein teilweise erschreckendes exege-

tisches, aber auch philosophisch-religionskritisches Informationsdefizit aufweisende – Trinitätslehre von *L. Boff*, Der dreieinige Gott (port. 1987); dt.: Düsseldorf 1987.

51 Zit nach *N. Greinacher*, Die Kirche der Armen, S. 105.

52 *G. Benn*, Verlorenes Ich, in: Ges. Werke Bd. I, hrsg. v. D. Wellershoff, Wiesbaden 1960, S. 215 f.

53 *C. F. v. Weizsäcker*, Der Hymnus des Kolosserbriefes, in: ders. Bewußtseinswandel, München–Wien 1988, S. 227–239, Zit. S. 237.

54 *A. Ganoczy*, Theologie der Natur, Zürich 1982; *ders.*, Schöpfungslehre, Düsseldorf 1987, bes. S. 59–85. *J. Moltmann*, Gott in der Schöpfung. Ökologische Schöpfungslehre, München 1985. *A. Auer*, Umweltethik. Ein theologischer Beitrag zur ökologischen Diskussion, Düsseldorf 1984, bes. S. 242–274 (»Christozentrik der Schöpfung«).

55 Zur kosmischen Christologie *Teilhard de Chardins* vgl.: Art. Christus, in: A. Haas, Teilhard-de-Chardin-Lexikon Bd. I, Freiburg/Br. 1971, S. 163–176. *S. Schneider*, Die »kosmische« Größe Christi als Ermöglichung seiner universalen Heilswirklichkeit an Hand des kosmogenetischen Entwurfs Teilhard de Chardins und der Christologie Nikolaus von Cues, Münster 1979.

56 Für eine Versöhnung von Evolutionsglaube und Religion plädiert: *H. v. Ditfurth*, Wir sind nicht nur von dieser Welt. Naturwissenschaft, Religion und die Zukunft des Menschen, Hamburg 1981. Dazu die zustimmende Rezension von *H. Küng*, in: Der Spiegel H. 42/1981, S. 255–262.

57 *H. Fritzsch*, Vom Urknall zum Zerfall. Die Welt zwischen Anfang und Ende, München 1983, Zitate S. 337 f.

58 *C. Bresch*, Epilog – jenseits von Wissenschaft, in: ders., Zwischenstufe Leben. Evolution ohne Ziel? (1977); TB-Ausgabe Frankfurt/M. 1980.

59 So etwa bei: *A. Ziegenaus*, Grundstrukturen neuzeitlicher Christologie, in: ders. (Hrsg.), Wegmarken der Christologie, Donauwörth 1980, S. 182: »In der ewigen Gottessohnschaft ist auch die Absolutheit des Christentums begründet.«

60 *Sh. Ben-Chorin*, Bruder Jesus. Mensch – nicht Messias, München 1967, S. 12.

61 *Die Deutschen Bischöfe*, Erklärung über das Verhältnis der Kirche zum Judentum vom 28. 4. 1980, in: Die Kirchen und das Judentum, Dokumente von 1945–1985, hrsg. v. R. Rendtorff u. H. H. Henrix, Paderborn–München 1988, S. 275.

62 Es muß erstaunen, daß von den zahlreichen internationalen Dokumenten diese entscheidende Frage nie ernsthaft angepackt wurde. Nur in wenigen Dokumenten finden sich Spuren von Hinweisen. So etwa in den Richtlinien und Hinweisen für die Durchführung der Konzilserklärung »›Nostra aetate‹ Art. 4« vom 1. 12. 1974, herausgegeben von der Vatikanischen Kommission für die religiösen Beziehungen zum Judentum, ebd., S. 49: »In gleicher Weise werden sie (die Katholiken) bestrebt sein, die Schwierigkeiten zu verstehen, die die jüdische Seele, gerade weil sie von einem hohen und sehr reinen Begriff der göttlichen Transzendenz geprägt ist, gegenüber dem Geheimnis des fleischgewordenen Wortes empfindet.«

63 *M. Buber*, Zwei Glaubensweisen, in: Werke Bd. I (Schriften zur Philosophie), München 1962, S. 653–782, Zit. S. 751 f.

64 *C. F. v. Weizsäcker*, Der Hymnus, S. 230.

65 *E. Mörike*, Göttliche Reminiszenz, in: Sämtliche Werke, hrsg. v. H. G. Göpfert, München 1964, S. 164 f.

66 *R. Guardini*, Göttliche Reminiszenz, in: *ders.*, Gegenwart und Geheimnis. Eine Auslegung von fünf Gedichten E. Mörikes, Würzburg 1957, S. 50–64, Zitate S. 57 u. 58.

67 *K. Marti*, immerwährende kreuzigung, in: *ders.*, Abendland. Gedichte, Darmstadt 1980, S. 47.

68 Ebd., S. 54f. Eine politisch-ökologische Deutung der Präexistenzaussagen auch in folgenden Publikationen von *K. Marti*, Schöpfungsglaube. Die Ökologie Gottes, Stuttgart 1983; *ders.*, Gottesbefragung. Der 1. Johannesbrief heute, Stuttgart 1982.

69 *P. Celan*, Ansprache anläßlich der Entgegennahme des Literaturpreises der Freien Hansestadt Bremen, in: Ausgew. Gedichte. Nachwort B. Allemann, Frankfurt/M. 1967, S. 127–129, Zit. S. 128.

70 *P. Celan*, Mandorla, in: Gedichte Bd. I, Frankfurg/M. 1975, S. 244.

71 *S.-M. Wittschier*, Das Purpurwort. Trinitarische Spuren bei Paul Celan. Baustein zu einer poetischen Theologie, in: Im Gespräch mit dem dreieinigen Gott. FS W. Breuning, Düsseldorf 1985, S. 435–456, Zit. S. 448. Vgl. ebenso den früheren, ausführlichen Aufsatz desselben Vf.: Dem unbekannten König. Zu dem Gedicht »Mandorla« von P. Celan, in: Renovatio 36 (1980), S. 74–80; 127–133. *Zur theologischen Rezeption P. Celans* vgl.: *H. M. Krämer*, Eine Sprache des Leidens. Zur Lyrik von Paul Celan, München 1979. *G. Fuchs*, »... lautlos geschrieen, daß es anders sein soll« – Theologische Anmerkungen zur Dichtung P. Celans, in: Unter dem Bogen des Bundes, hrsg. v. H. H. Henrix, Aachen 1981, S. 108–132. *H.-J. Heise*, Vermessungsmaßstäbe bilden den Gottesbegriff. Über G. Benn, G. Eich, E. Meister, P. Celan, Schloß Scheer 1985.

72 Vgl. dazu: *K.-J. Kuschel*, Jesus in der deutschsprachigen Gegenwartsliteratur, S. 285–290 (s. Epilog, Anm. 2).

73 *H.-G. Schwandt*, »... nur lallen und lallen ...«. Kriterien theologischen Sprechens anhand P. Celans Suche nach dem »erschwiegenen Wort«, in: Geist und Leben 60 (1987), S. 40–50, Zit. S. 49f.

74 Das Christus-Bild findet sich in: *P. Klee*, Im Zwischenreich. Aquarelle und Zeichnungen, Köln 1957, S. 61. Zur *Biographie* P. Klees vgl.: *C. Giedion-Welcker*, Klee in Selbstzeugnissen und Bilddokumenten, Hamburg 1961. *Ch. Geelhaar*, P. Klee. Leben und Werk, Köln 1974. Zum *Christus-Bild von P. Klee* vgl.: *G. Rombold–H. Schwebel*, Christus in der Kunst des 20. Jhdts., Freiburg/Br. 1982, S. 50–52.

75 *P. Klee*, Schöpferische Konfession, in: *ders.*, Im Zwischenreich, S. 1 u. 4.

76 Ebd., S. 5.

77 Das Bild »Dornenkrone« findet sich in: *C. Weiler*, A. Jawlensky. Köpfe, Gesichte, Meditationen, Hanau 1970, Nr. 12. Dort auch alles Nötige zur Biographie. Außerdem wichtig: *W. A. Nagel (Hrsg.)*, A. Jawlensky. Meditationen, Hanau 1983. Zum *Christus-Bild* vgl.: *G. Rombold–H. Schwebel*, Christus in der Kunst des 20. Jhdts., S. 53f.

78 Zitiert bei *C. Weiler*, A. Jawlensky, S. 124f.

79 *K. Rahner*, Erfahrungen eines katholischen Theologen, in: K. Lehmann (Hrsg.), Vor dem Geheimnis Gottes den Menschen verstehen. Karl Rahner zum 80. Geburtstag, München–Zürich 1984, S. 105–119, Zit. S. 119. Daß dieser Gedanke einen tiefen mystischen Hintergrund hat, hat in einem schönen Aufsatz gezeigt: *G. Fuchs*, »Lichterfüllung Abgrund«. Anregungen für

eine »Christologie von innen«, in: Katechetische Blätter 110 (1985), S. 246–256.

80 Text zu finden bei: *W. Jens,* Zum Geleit, in: ders. (Hrsg.), Assoziationen. Gedanken zu biblischen Texten Bd. I, Stuttgart 1978, S. 5.

Register

Hier wurden nur diejenigen Namen aufgenommen, die im Textteil (nicht im Dokumentationsteil) erwähnt sind. Biblische Namen sind nicht verzeichnet. Wo ein Autor ausführlich behandelt wird, erscheinen die entsprechenden Seiten *kursiv* gedruckt.

Hans Küng

Unfehlbar?
Eine unerledigte Anfrage.
Erweiterte Neuausgabe. Mit einem Vorwort zur Taschenbuchausgabe von Herbert Haag.
267 Seiten. Serie Piper 1016

Katholische Kirche – wohin?
Wider den Verrat am Konzil.
Herausgegeben von Norbert Greinacher und Hans Küng.
467 Seiten. Serie Piper 488

Hans Küng / Josef van Ess / Heinrich von Stietencron / Heinz Bechert
Christentum und Weltreligionen
Hinführung zum Dialog mit Islam, Hinduismus und Buddhismus
631 Seiten. Geb.

Hans Küng / Julia Ching
Christentum und Chinesische Religion
319 Seiten. Geb.

Menschwerdung Gottes
Eine Einführung in Hegels theologisches Denken als Prolegomena zu einer künftigen Christologie.
Mit einem Vorwort zur Taschenbuchausgabe.
704 Seiten. Serie Piper 1049

Walter Jens / Hans Küng
Dichtung und Religion
Pascal, Gryphius, Lessing, Hölderlin, Novalis, Kierkegaard, Dostojewski, Kafka
388 Seiten. Serie Piper 901

Karl-Josef Kuschel

Jesus in der deutschsprachigen Gegenwartsliteratur

Mit einem Geleitwort von Walter Jens und einem Vorwort zur Taschenbuchausgabe.
394 Seiten. Serie Piper 627

Karl-Josef Kuschel stellt am Schnittpunkt von Theologie und Literatur dar, wie die Jesus-Gestalt in der modernen Literatur gesehen wird. Er zeigt anhand wichtiger Texte (u. a. von Böll, Frisch, Dürrenmatt, Andersch, Handke, Seghers, Celan) welche überragende Bedeutung die Jesusfigur auch gerade für nicht-christliche Schriftsteller hat.

»Kuschel gelingt hier ein Unternehmen, wohl einzigartig im christlichen Schrifttum ...«
Zeitschrift für katholische Theologie

»Dieses Buch hält mehr, als der Titel verspricht ... Ein Buch, in dem die Dichtung so ernst genommen wird wie die Theologie.«
Elisabeth Endres, Frankfurter Allgemeine Zeitung

Der andere Jesus

Ein Lesebuch moderner literarischer Texte.
Hrsg. von Karl-Josef Kuschel. 413 Seiten. Serie Piper 625

Diese Sammlung von modernen literarischen Texten zeigt, daß Jesus von Nazareth die große Bezugsgestalt auch der zeitgenössischen Literatur ist. Dieser Jesus der Literaten ist freilich zumeist ein anderer als der traditioneller Kirchlichkeit. Über Literatur erschließt dieses Lesebuch einen neuen Zugang zur Gestalt des Nazareners. Es enthält Texte u. a. von: A. Andersch, I. Bachmann, H. Böll, W. Borchert. B. Brecht, P. Celan, H. Domin, I. Drewitz, F. Dürrenmatt, G. Eich, E. Fried, M. Frisch, G. Grass, P. Handke, S. Heym, W. Hildersheimer, R. Hochhuth, W. Jens, M. L. Kaschnitz, W. Koeppen, R. Kunze, K. Marti, L. Rinser, N. Sachs, W. Schnurre, A. Seghers, E. Zeller.

Weil wir uns auf dieser Erde nicht ganz zu Hause fühlen

Zwölf Schriftsteller über Religion und Literatur. In Zusammenarbeit mit Hartmut Musmann. 180 Seiten. Serie Piper 414

Karl-Josef Kuschels Fragestil ist unaufdringlich, unapologetisch.
Literatur wird bei ihm nicht religiös vereinnahmt, sondern als Herausforderung an Theologie, Kirche und Christentum erschlossen.

Lust an der Erkenntnis

Die Theologie des 20. Jahrhunderts. Ein Lesebuch. Hrsg. und eingeleitet von Karl-Josef Kuschel. 506 Seiten. Serie Piper 646

Dieser zweite Band der Reihe »Lust an der Erkenntnis« will die Theologie unseres Jahrhunderts mit wichtigen Autoren und Themen vorstellen. Etwa 50 kürzere, repräsentative Texte zeigen die Entwicklung der modernen Theologie und eröffnen einen Zugang zum christlichen Denken unserer Zeit.